国家出版基金项目
NATIONAL PUBLICATION FOUNDATION

On Urban Cultural Capital of China

中国城市文化资本论

张鸿雁 著

南京出版传媒集团 南京出版社

图书在版编目（CIP）数据

中国城市文化资本论 / 张鸿雁著. -- 南京 : 南京出版社, 2024.5

ISBN 978-7-5533-4670-0

Ⅰ. ①中… Ⅱ. ①张… Ⅲ. ①城市文化 - 研究 - 中国 Ⅳ. ①C912.81

中国国家版本馆CIP数据核字（2024）第050482号

书　　名　中国城市文化资本论

作　　者　张鸿雁

出版发行　南京出版传媒集团

　　　　　南 京 出 版 社

社址：南京市太平门街53号　　邮编：210016

网址：http://www.njcbs.cn　　电子信箱：njcbs1988@163.com

联系电话：025-83283893、83283864（营销）　025-83112257（编务）

出 版 人　项晓宁

出 品 人　卢海鸣

责任编辑　刘　娟　汪　枫

装帧设计　赵海玥

责任印制　杨福彬

排　　版　南京新华丰制版有限公司

印　　刷　南京凯德印刷有限公司

开　　本　889 毫米 × 1194 毫米　1/16

印　　张　67

字　　数　1337千

版　　次　2024年5月第 1 版

印　　次　2024年5月第 1 次印刷

书　　号　ISBN 978-7-5533-4670-0

定　　价　420.00 元

用微信或京东APP扫码购书

用淘宝APP扫码购书

绪论
——城乡与空间的“文化规划”与“城市文化资本”再生产

世界上不存在完美，所以我们才去追求完美，这是由人类的认知所决定的。对完美的追求犹如对真理的追求，应该伴随人类社会发展的永恒。我们只能无限接近完美，或许，这就是人和人类社会发展的一个“文化动力因”。

城市社会学奠基人、芝加哥社会学派核心人物帕克说：“具有优秀文化的城市，必然也都是具有优秀品质的城市和具有良性文化人格的城市。”①这一观点的正确性在于，城市的本质是人，所以有“良性文化人格”才是城市存在的意义和价值所在。我们做城市社会学、城市经济学、城乡规划学和“城市文化资本”等方面的研究，目的就是要创造城市人、乡村人以及所有人的理想美好生活，为在城乡空间里生活着的人们追求幸福与诗意栖居……这里有两个关键性维度：既要创造有优秀品质空间的城市，又要创造有“良性文化人格的城市”。显然，现代性意义上的城乡规划要突破以往单纯的空间规划模式，也要建构、创造新型的“人——文化人格的人”，还要创造“空间——优秀的品质空间”与“良性文化人格”群体构成的新型社会结构性关系，不仅仅是通过规划创造“空间里的生产”和“空间的再生产”，而且还要在城乡空间规划中秉持以人为本的原则，以创造人民幸福生活至上为原则，在创造新的空间再生产的同时，创造空间里的主人——人的现代性——城市市民的“良性文化人格”，这才是城乡空间规划的时代性真谛所在。城乡空间规划、空间的生产最终解决的是人的生存与发展问题。

人的文化与文明素质、人的现代性与思想人格决定“城市价值”，而“城市价值”越高越可以重塑人的文化与文明素质、群体的“良性文化性格”，两者成为互镶互嵌互补的结构关系，人的文

---

① ［美］R. E. 帕克，E. N. 伯吉斯，R. D. 麦肯齐. 城市社会学［M］. 宋俊岭，等译. 北京：华夏出版社，1987：42.

化价值与城市价值本原来自个体的文化资本和集体的“城市文化资本”再生产。我已经出版了有关“城市文化资本”研究的三部曲[①]，这本书是“城市文化资本”系列研究学术专著的第四部，或称“城市文化资本”四部曲，并冠以《中国城市文化资本论》的书名，就是设想创造系统的、具有中国本土化特色的“城市文化资本”理论。虽然，我是“城市文化资本”概念与理论的首创者，但是，这一理论学术体系的进一步系统化、科学化、学理化和理论与方法再创新还需要一个长期努力的过程，我们必须要不断努力，从发端创始，到发展创新，再到对这一理论的丰富和完善，这是作为一个学者的责任，对我来说，也是我毕生的理想追求，而我所做的工作也只是为更多的研究者提供一个新的研究空间、新的视角和新的舞台。

卡西尔认为：“只有人，才发展了一种新的形式，也就是符号化的想象力和智慧。”[②]“城市”概念是人类想象力和智慧创造力的符号化结晶，也是人类生活、生产过程与文明进化择优的结果。当今世界，已经进入了一个以城市作为社会发展主体的时代，“全球城市”[③]“城市群”“都市圈”“都市带”“城乡一体”等新型地域生产布局构成了全新的经济、社会、文化结构关系，城市空间已经成为人类社会发展的空间主体，2023年全球约80亿人口中约有70%的人居住在城市里[④]。

纵观人类社会的发展史，今天的城市和古代的城市相比较已经有了本质性的改变，城市进化与城市生活方式的进化与变迁，不仅代表着人类文明不断自我否定式的进化，而且也代表着人类社会的整体已经进入创新型城市社会。创新力则是城市的专属，这是城乡差别的本质。城市化与城市现

① 张鸿雁《城市形象与城市文化资本论——中外城市形象比较的社会学研究》（东南大学出版社2002年版）；张鸿雁《城市文化资本论》（东南大学出版社2010年版），为中国教育部重大攻关课题之一，2012年获得江苏省政府哲学社会科学二等奖；张鸿雁《城市文化资本与文化软实力——特色文化城市研究》（江苏凤凰教育出版社2019年版），为国家级哲学社会科学重大招标课题成果，2020年获得江苏省政府哲学社会科学一等奖。

② ［德］恩斯特·卡西尔.人论［M］.上海：上海译文出版社，1985：43.

③ “全球城市”（Global city）是由美国哥伦比亚大学社会学系终身教授丝奇雅·沙森（Saskia Sassen）提出。参见：［美］丝奇雅·沙森.全球城市：纽约、伦敦、东京［M］.2版.周振华，译.上海：东方出版中心，2023.

④ 根据联合国网站公布数据，预计到2030年这一数字将增至约85亿，到2050年达到97亿，到2100年达到109亿。参见：联合国经济和社会事务部.世界人口日：释放性别平等的力量［EB/OL］.（2023-07-10）［2023-10-28］.https://www.un.org/zh/desa/World-Population-Day-2023_zh.上海、北京、天津、广东、江苏、辽宁、浙江、重庆、福建等9个省级行政区城镇化率都已经超过70%，比上一年增加1个，即福建。目前，上海、北京、天津这三大直辖市城镇化率位居前三，且均已超过85%，比肩发达国家和地区的水平。其中，上海以89.3%位居榜首；北京次之，达87.6%；天津为85.11%，位居第三。参见：郭倩，刘亮.31省份最新城镇化率：9省份超70%，这10个省份城镇人口最多［EB/OL］.（2023-05-19）［2024-04-06］.https://news.cctv.com/2023/05/19/ARTI0AYSIeZl2Dq2YKQHTXTg230519.shtml.

代化带来的社会整体上的变化如新变革、新思想、新文化、新事物与创新文化的发源和主体都是从城市开始的，而且社会问题发生的主体空间也从乡村转向了城市。仅从城市文明普及率的学术角度来认识，城市化在创造城市文明与城市生活方式的同时，也在改变广袤农村地域的传统乡村生活方式。伏尔泰构想出了城市文明普及率这个概念，并且第一次概述了“城市文明普及的历史观”，当某一区域社会的城市化率接近60%时，就会有80%左右的人在不同程度上感受城市文明或享受城市生活方式，并且会进一步创造新的城市文明和新的城市生活方式；而当城市化率达到85%以上时，就会有95%以上的人可以享受城市文明或城市生活方式，如是，城市化可以认定为基本完成了。从城市演变规律的科学认知角度上分析，可以归结为这样一句话：城市化、城市现代化就是城市文明和城市现代性生活方式的普及化，也是“城市文化资本”在城乡空间创造的“城乡等值化”。

一、筹谋：从“西学东渐”到“东学西渐”学术理性与理想

在世界一体化的大潮面前，每一个国家和民族都遇到了“双面性发展”和两种“文化被选择”的考验：一方面希望能够融入世界现代化的主流之中，吸纳世界先进科技文化用以创造本民族的现代化；另一方面，面对西方文化在全球快速的传播甚至是文化覆盖，又在设想或极力保护本民族的文化，并努力创新本民族文化而不被世界一体化浪潮侵蚀和荡涤。因此说，几乎所有的国家都在极力保护、传承和强化自己民族的文化核心价值。

在城市空间形态及“样态”“式样”发展上，全球范围既有多样化的模式，又有某些方面的共性发展趋势，这个共性就是“城市现代性”。我们主张既要学习世界先进科技文化为我所用，又要保护好本民族的传统文化进而要创新本民族的城市空间形态文化。有些时候，我们往往会忽视人文区位中“文化核”的历史价值与意义，我们强调民族文化关键在于对“质因文化”的再认识和实践创新——既不是完全的历史传统再现，也不是单纯地复古模仿，更不是拿来主义的思维结果，而是在总结中国城市形态历史文化演进规律的基础上，通过比较分析世界各国城市文化和城市空间结构形态的特点，结合现代世界城市形态优化空间的成功模式样板，运用跨学科的知识、现代的科学技术方法和创新思维，建构一种具有新时代民族性特点的本土化城市形态空间结构体系。

曼纽尔·卡斯特（Manuel Castells）曾把资本主义文化作为一种特定空间文化定义来加以认识，或说把空间价值与资本主义文化直接联系起来，他提出只有资本主义才可能创造空间资本与价值等观点，现在看来有些观点是需要商榷的。不同社会制度下的社会空间概念和价值是不同的，不同时

代的资本应用与空间结构的关系也是不同的。卡斯特还认为："空间不是社会的反映，而是社会的基本物质向度，如果将空间独立在社会关系之外来考量，乃是割离了自然与文化，并且破坏了社会科学的首要原则：物质和意识乃互相关联。"这段话的第一句是可以从不同角度来解释的，而我认为：空间一定是社会的反映。卡斯特又说，不能"将空间独立于社会关系之外来考量"，前后观点显然缺乏内在逻辑的一致性。的确，空间是不能独立于社会之外的，空间本身就是社会的构成要素，必然表现为某种社会属性——不同时代、不同社会体制内的空间具有不同的文化与经济价值，这才是对空间与社会关系的正确认识。人，创造的实体空间和认知思维中的空间都是社会的结晶，是社会的反映。空间是社会的切面，是社会属性的直接表达。每一个时代、每一种文化、每一个民族、每一种社会制度都有自己的空间形式、内容和空间语言，包括空间与宗教文化、空间与政治权力、空间的社会关系是具有显性化差异的。卡斯特强调如果把"基本物质向度"作为认识的要素的话，那么资本主义社会的"基本物质向度"是可以视为一种特定空间关系类型的，其实这一观点也是具有普遍意义的，即空间本来就具有商品属性，空间与土地是结构化在一起的，所以空间还是特殊商品，具有完全的唯一性。

正因为城市空间文化不仅具有国家属性、民族属性和地域属性，还具有历史文化属性、宗教文化属性以及社会公平属性等，在中国城市社会已经来临的现实发展中，提出城市形态本土化理论及理念是有其深刻社会意义的。"一个国家能否繁荣，文化是一个重要决定性因素，因为文化影响到个人对风险、报偿和机会的看法……在人类进步的过程中，文化价值观确实是重要的，因为它们影响到人们对进步的想法。"①创造国家、民族与城市的文化核心价值，是文化最深层次的，也是最伟大的建构，同时，也是文化可以作为人类社会、城市社会的一种资本的理由。从古到今，城市始终是人类社会经济与文化发展的中心、动力、主体和时代发展的主题，在城市与乡村的对立统一发展中，人们对城市与乡村差异的本质认识也越来越深刻，它不仅仅存在生活方式与空间上的差异，而且存在文化与文明程度的差异，在深层次上还存在着"城市文化资本"有无的差异。随着当代世界范围网络社会的崛起和科学技术的高速进化，城市与传统乡村的文化、文明差异不但没有缩小，反而愈显深刻。从城市文明发生以来，中国城市至少发生了"六次城市革命"②，形成一次比一次

① ［美］劳伦斯·哈里森，塞缪尔·亨廷顿. 文化的重要作用——价值观如何影响人类进步［M］. 程克雄，译. 北京：新华出版社，2010：343.

② 张鸿雁. 中国式城市文艺复兴的发生与第六次城市革命［J］. 城市问题，2008（01）：3-5. 本书在2008年发表的文章基础上，又进行了新的研究和论证。

深刻的城市社会结构变迁，迫使城乡“二元经济结构”的差别集中体现在文化资本存在与否和生活方式的文明程度上。城市经过几千年的自我进化和结构性的变革洗礼，已经出现了天翻地覆的质性变化，不同发展水平的城市在市民社会的文化传承中创造了不同程度的“城市文化资本”和再生产的土壤，而传统乡村无论在空间与空间形态上，还是在生活方式或生产方式上，都没有创造与城市相似的公共文化意义上的“城市文化资本”，而个人意义上的文化资本，乡村比之城市也少之又少。今天的乡村与两千年前的乡村相比较，几乎没有本质的区别，而两千年前的城市和今天的城市已经不能同日而语，虽然名字相同，古今都曰“城市”，但在本质上已经不是同一个事物，更重要的是乡村无法创造、积累和提供相对充分的文化资本和公共文化资本而让广大农民拥有或享用。相比较而言，城市却能持续创新，创造个体文化资本和公共性的“城市文化资本”及其再生产场域。让更多的城市人获得文化资本，使城市在文化自觉中创造公共性的“城市文化资本”，这就是城乡本质差异的关键所在；一个在偏远乡村里成长的人所拥有的文化资本和在城市里成长的人所拥有的文化资本基本上可以用天壤之别来形容；偏远乡村几乎没有与城市相同的公共“城市文化资本”要素和资源……所以，几千年来，乡村向城市的人口流动从来没有停止过，而这一流动在几千年里都是单向度的——乡村人口向城市流动；只是在人类进入新兴工业化以后，城乡空间结构才出现一定变化，出现了城市人口的郊区化，而这种郊区化、“逆城市化”现象在本质上说明的是城市生活方式、城市文明向郊区及农村地带普及的过程。

以往很少有人关注或从文化资本存在与发展的视角来研究城乡关系，很少有人研究城市与乡村在文化资本上的差异和各自文化资本产生前提的差异，因此当然不能找到城市与乡村差异的本质原因。随着现代科学技术的发展和学术理论研究能力的提升，可以让人们从“城市”“文化”“资本”三者之间的结构关系中寻找、创造和创新城市发展的动力源。“城市”是人类社会发展的主体也是空间载体，“文化”是事物发展的灵魂也是审美表现，“资本”是经济基础也是文化价值及社会意义，三者是一种结构化的构成关系，互为依存，互为里表，越是具有现代性的社会结构，这三者的关系就越紧密。然而，我们却一直没有重新建构这三者的科学性结构关系，如果能够通过深化研究，进一步发现这三者关系的内在联系及价值，我们就应该想到在当代如何创造“中国式城市文化复兴”的意义，改变世界近代社会以来单方面“西学东渐”的文化全球化表象，创造性地提出“东学西渐”的文化主张与战略，这应该是当代中国城市文化精英群体对历史应有的回应、对世界文化发展的回应，也是应有之历史责任和担当。

西方城市经济、城市文化和城市文学艺术从中世纪的城市文艺复兴走来，在世界范围内，一直表现为以“西学东渐”为主流的方式、状态向东方传播，并以发达的科学、技术成果传播和贸易为载体，向全球输出其文化价值观、学术理论思想、生活方式、生产方式和各种各样的文化行为及相关商品，形成世界东西方文化交流、传播的主流方、主体方、主动方，甚至可以说是强势方。中华文明立于世界民族文化之林已经有8000年左右的历史，在古代科技发展和交通条件受限的情况下，已经使中华民族文化的传播、扩散、融合和扩展的地理空间达到了传统交通工具所允许的地理极限范畴。然而，从明清以降特别是近代社会以来，在全球文化西化的浪潮之下，中国文化在世界范围的传播与影响呈现某种式微的局面，被“西学东渐”的强势文化传播所影响，使文化的吸纳大于输出。当然，也可以说恰恰是为中国落后和传统的社会打开了一扇观察世界的窗口和走向世界的大门，同时，也是中国文化向西方文化学习和融合的一个发展期，显示了中华民族文化“核心价值文化”的涵容力和创造力。应该这样说：在世界范围的文化影响和世界文化认同方面，中国文化还需要有持续、广泛的开放式创新，这是中国改革开放40多年的成功经验。从20世纪80年代以来，中国改革开放堪称一次中华文明新的崛起爆发期，是中华文明主动融入世界文化交流主潮的成功实践，并很快展现了中华文化“西渐”——“东学西渐”的趋势与姿态。

20世纪末和21世纪初，中国文化在世界东西方文化的交流、冲突、碰撞和融合中，已经显示了文化核心价值的强大能量，正在以特有的方式走向世界。然而，要创造“东学西渐”主流发展模式——在全球西方文化主潮和强势的传播中，中国文化对世界的有效传播还须做出更多的努力和创新，至少要创造真正的、实质性的“中国式城市文艺复兴”，从创造中国“城市文化自觉”开始，推进中国式的“城市文化资本”再生产模式，创造具有世界性文化认同的民族优秀文化核心价值体系——人的解放与价值最大化、法制与市场经济的再深化、城乡文明体系的普及化、城乡生活品质的高端化、城乡文化资本资源的等值化、空间公平与正义的广泛认同化等等，使中国优秀的民族文化能够真正走出去，走向世界。作为一个东方文化大国，中国必须成为世界认同的文化强国，在人类文化的进化中担当主角。

直至21世纪的20年代，中国的学者们还仍然在呼唤乡村的文化自觉，并且把乡村振兴作为国家的重大战略提出，说明我们的“城乡文明等值化”建设还有很长的路要走。也正是因为如此，城市化、城市现代化和城市文明普及率代表着一个国家与民族的现代化水平。从当代世界的发展经验看，对一些欠发达国家和城市化率不足50%的国家来说，乡村城市化、农民市民化、农业现代化、城乡一体化、城乡融合化及“城乡文明等值化”等，仍然是国家和地区现代化发展的重要战略和核心价值取向，这也是中国一些地区的现实。

全球进入新兴工业化以来，特别是在一些发达国家和城市区域进入后现代社会以来，城市与城市间的差别、城市与乡村之间的差别不仅没有缩小，而且在文化与文明差异上的鸿沟越来越深，就像我们看到的那样，学术界公认的“全球城市”所建构的标准是很多城市望尘莫及的，以往城市间、城乡间的差异主要体现在生产力和经济发展水平上，在进入全球城市现代化和全球网络社会一体化智慧科技的场景化时代后，城市与城乡间的差异重点、焦点和核心价值，已经转移到了城市文化和“城市文化资本”再生产创造的创新土壤方面。世界上所有的国家和城市都在寻求经济、社会、文化和生态的可持续发展方式，其结论是：

世界上的一线城市——“全球城市”都是依靠创新作为发展动力来推进城市进化的，而创新文化是在由市场经济关系为内核的“文化场域”构成的创新土壤中产生的。不同的人、不同的城市创新能力是不同的，因为创新不仅是一种能力，而且需要有“文化场域”构成的一种文化土壤来培育创新能力——“创新的土壤比创新本身更重要，发展的方式比发展本身更重要”是我的一贯观点，而世界一线的“全球城市”无不是创新思想文化土壤深厚的城市。

从现代性意义上进一步解释文化资本的原理，对于个体和群体及各个社会阶层来说，包含了五个层面的内容，而且缺一不可：一是社会与制度认可的学历、学力、学识和为社会服务的某些技术能力与证书等，这一类可以归类为个体的重要文化资本之一；二是属于个体或群体创造的物化文化存在，有建筑、绘画、雕塑、文学、手工艺等创作作品，这些是可以从经济角度加以衡量价值并可归类为具有文化资本属性意义的创作作品；三是个体或群体从家庭、学校及自我习得而来的文化修养、文明素养、行为气质和现代伦理思想等，在日常生活和工作中所体现的绅士化的文明行为；四是一个人所表现的“集体良知”的存在广度和深度，具有公平与正义是作为个体的重要价值取向和外在认知标准，自尊和他尊的谦让是生活习惯的一部分，利他主义是其主要精神价值；五是对新生事物的宽容和理解，对新生文化有宽而深的涵容，并且自我能够在创新中勇于实践等。“文化是制度之母”[①]，不同的文化土壤会产生不同的制度文化，不同的制度文化反过来又决定文化资本的存量和积累的方式，作为公共意义上的、市民社会的文化资本，只有城市可以承载和创新，才能够创造“城市文化资本”再生产这一概念、范畴、体系和逻辑，而“城市文化资本”再生产在现代社会是构成城市经济、社会与文化创新发展的前提、土壤、过程、结果。

既然不同的文化土壤可以养育出不同的制度文化，而文化与资本结合就可以创造具有人文指向的制度文化价值，进而促进“城市文化资本”再生产可以成为创造国家地域生产力的“文化动力因”。

人类发展的历史事实是：从民族文化的发展看，如果“建立一个拥有众多文明的国家，即一

---

① ［美］塞缪尔·亨廷顿，劳伦斯·哈里森. 文化的重要作用——价值观如何影响人类进步［M］. 程克雄，译. 北京：新华出版社，2010：120.

个不属于任何文明的、缺少一个文化核心的国家”①——这样的国家在某些方面是缺乏内在凝聚力的，也很难有民族文化的主体性、延续性和文化核心的价值取向性，古今中外国家和民族文化的演变、冲突、融合的历史已经证明了这一点。

文化如果能够被他者和另外一个文化群体所接受，一是要有世界意义的科学性和真理性，包括文化与技术的发展性；二是要有人类真善美价值取向的共性；三是要有人类文化的原真性、真情性和人文经济指向性；四是要有不断的文化创新性、时尚性和勇于担当的文化先锋性；五是要有文化意义上的智识性、原创性与识别性；六是要有人类文化的伦理性，包括诚实和守信及“集体良知”等；七是要有文化传播的权威性，包括能够给传播的受众带来益处。有人类学者认为，权力与权威起源于传统的原始宗教仪式文化，不管这种说法有多少争议，至少仪式和仪式文化过程既表现了对权威的尊重、相关系列文化符号的含义与价值、礼仪程序对权威和权力的塑造……在仪式程序过程中确立、强化了权威符号价值，也表达了权威的权力和权利象征意义。仪式文化的礼仪过程还具有强大的心理暗示、“规训”化的功能，通过权威文化意识而成为人类社会对权力表达的一种隐喻。因此，仪式是所有国家、民族、团体和权力社会都必然有的一种文化存在，这种文化符号化的存在，或转化为权力资本，或转化为经济资本，或转化为社会资本以及生活习俗惯性等结果形式，当然通过社会筛选和文化综合治理，可以转化为一种社会平等化、一般仪式化及对自然与文明尊重、敬畏的一种文化存在。当然，在现代社会科技的高速发展、资本和财富增加及社会契约型理性增长的发展中，一些仪式文化及其相关的文化积累更多地转化为文化资本价值，之所以如此认识，是因为不同的文化资本与其他文化要素如政治资本、经济资本、权力资本、财富资本等结合，会创造出人类社会不同类型的政治、宗教、生产组织形式和生活方式，而且还构成了经济活动、知识储存、智识传承、文化传播、要素增殖的土壤，不同民族和政治体制下的文化核心价值直接影响人类不同民族的社会进化与进步方式及速度②。因此，全球的所有国家特别是发达国家从未停止过文化改革、文化转型、文化创新、文化开放和文化综合治理③。

---

① ［美］塞缪尔·亨廷顿. 文明的冲突与世界秩序的重建［M］. 周琪，刘绯，张立平，王圆，译. 北京：新华出版社，1999：281-282.

② ［美］林赛·斯特斯《文化，心理模式和国家繁荣》。参见：［美］塞缪尔·亨廷顿，劳伦斯·哈里森.文化的重要作用——价值观如何影响人类进步［M］.程克雄，译.北京：新华出版社，2010：343.

③ 张鸿雁.“文化治理模式”的理论与实践创新——建构全面深化改革的“文化自觉”与“文化自为”［J］. 社会科学，2015（03）：3-10. 又见：宋广玉. 推动中华优秀传统文化创造性转化和创新性发展——对话南京大学城市科学研究院院长、江苏省扬子江创新型城市研究院院长张鸿雁教授［N］. 南京日报，2023-11-01.

相较于社会改革中的其他力量，文化所需要扮演的角色复杂而多变，它可能是改革的对象，也可能是改革的动力，更可能是改革的工具或最终的成果形式——它甚至随时随地表现为改革的方方面面。这不意味着文化因此（至少在逻辑上应然的成分）只能成为政治、经济、社会治理的工具、策略与功能性论述，而是将文化视为一个对政治和经济相关行为、策略与措施进行价值诠释、意义赋予与内在逻辑思维理性论述对话的领域或空间。“文化传承与文化治理”若要成为当代国家治理现代化的一种手段，就必须从人文价值的高度创造国家治理的典范和范式。美国政治学者塞缪尔·亨廷顿认为，关于文化在人世间的地位，最明智的说法或许就是丹尼尔·帕特里克·莫伊尼汉的两句话：“保守地说，真理的中心在于，对一个社会的成功起决定作用的是文化，而不是政治。开明地说，真理的中心在于，政治可以改变文化，使文化免于沉沦。”①“文化向来是强者的武器！”②这是被称为“20世纪的智者”罗素在《中西文明比较》一书中所论，他还说：“不同文明之间的交流过去已经多次证明是人类文明发展的里程碑。希腊学习埃及，罗马借鉴希腊，阿拉伯参照罗马帝国。中世纪的欧洲又模仿阿拉伯，而文艺复兴时期的欧洲又仿效拜占庭帝国。”③人类文化史的进化已经清楚地说明，文化是在交流、冲突、碰撞中进化的，在世界百年未有之大变局的当下，全球的变革关键在于国家与民族“文化核心价值”的传承、建构和创新。当前在世界范围的新文化产业分工和竞争中，我们可以清楚地看到全球化就是全球强势文化的硬性传播，而在很多地方已经表现出全球城市化对地方文化、民族文化的吞噬，强势文化对传统地方性文化荡涤、覆盖、融合已经成为主流，本来多元化的地方化百花齐放构成了绚丽多彩的世界文化大花园，而现在正在趋于单一化。例如，美国流行文化的传播及好莱坞影视文化的传播就被认为是“长久以来人们为实现全球统一而做出的一连串努力的最近的一次行动”④，这种文化强势的表达，证明文化冲突在很多国家已经不可避免，因为这恰恰是经济全球化所带来的必然性的文化全球化的后果，正如马克思在《政治经济学批判·序言》中所指出的那样：“物质生活的生产方式制约着整个社会生活、政治生活和精神生活的过程。不是人们的意识决定人们的存在，相反，是人们的社会存在决定人们的意识。”⑤文

---

① ［美］塞缪尔·亨廷顿，劳伦斯·哈里森. 文化的重要作用——价值观如何影响人类进步［M］. 程克雄，译. 北京：新华出版社，2010：7.

② Anthony D. King. Culture, Globalization and the World-System：contemporary conditions for the representation of identity［M］. Minneapolis：University of Minnesota Press，1997.

③ 成中英. 中国文化的现代化与世界化［M］. 北京：中国和平出版社，1988：6.

④ 张新华. 信息时代国际政治的演变趋势［J］. 国际观察，1998（03）：24-28.

⑤ ［德］马克思，恩格斯. 马克思恩格斯全集：第2卷［M］. 中共中央马克思恩格斯列宁斯大林著作编译局，译. 北京：人民出版社，1957：82.

化全球化对于不同边缘性文化群体的冲击与重构是一种全方位的覆盖，我们也可以把这种文化现象称为“大文化范畴的文化侵入”，是一种自觉与不自觉的过程，涉及政治体制、生活方式、生产方式、价值观及文化认同感等方方面面，也不仅仅是针对发展中国家。当面对文化全球化的冲击与裹胁时，“地方文化和城镇个性尤为迫切和重要”①，因为“人类的历史是文明的历史，不可能用其他任何思路来思考人类的发展”②。人类学家列维·斯特劳斯在他的《忧郁的热带》一书中提到，无论在何时，只要存在着应付他者“异质性”文化的必要，人们通常就运用两种策略：一种是人的禁绝策略，拒绝与封闭；另一种是任其文化吞噬策略③。当然，还有第三种、第四种选择，对于全球化西方文化强势传播，有很多国家出台了不同的政策与对策，选择类型有很多，拿来主义者有之，全面融入者有之，部分吸纳者有之，全面抗拒者有之，汲取优秀杂糅用之者有之，或有吸纳文化糟粕者也有之……当然，有成功者，即文化融合再创新，强力吸收，强化自我创新，从而既强化民族性文化，又能创新强我，选择优秀的、适合自我的文化融合发展，使自己能够创造新的世界文化认同。

从文化历史演变规律来分析，文化融合后的再发展和“文化吞噬”后的结果，最终是有文化核心价值主体力量的一方会占据主导位置，但无论如何，面对世界文化传播与全球化可能带来的某种禁绝和文化吞噬，任何一个处于相对弱势位置的文化都必须主动介入，自强创新，积极参与，同时强我利他，在融合、冲突、碰撞中壮大自己。

全球城市化说到底也是文化的全球化，包括现代生活方式的全球化等，如麦当劳和肯德基文化的全球化，西服和牛仔裤文化的全球化，科学技术和网络终端设备如电脑、手机等文化工具的全球化，科学术语和法理要素文化的全球化等等，显示了西方文化以科技为载体的强势传播趋势。任何人只要有能力掌控网络信息和使用相关工具，就会随时随地了解世界各地发生的变化，随时随地买卖到世界各地的商品以享受世界各国的文化。网络全球化的高速化发展为科技创新型的强势文化传播插上了新的翅膀并强化了传播力度、广度和深度，这些都是不言而喻的……这一切已经成为世界的潮流。世界一线的“全球城市”和其他等级的世界级城市，每年都在面向全球发布创新发展的战

---

① Youngelson-Neal H，Neal A G，Fried J. Global and local culture in the 21st century［J］. Journal of American and Comparative Culture，2001，24（3/4）：31-36.; Steinwand J. The future of nostalgia in Friedrich Schlegel's gender theory: casting German aesthetics beyond ancient Greece and modern Europe［C］//Pickering J and Kehde S.(eds) Narratives of nostalgia，gender and nationalism. London: Macmillan，1997：9-29.

② ［美］塞缪尔·亨廷顿. 文明的冲突与世界秩序的重建［M］. 周琪，刘绯，张立平，王圆，译. 北京：新华出版社，1999：23.

③ ［英］齐格蒙特·鲍曼. 流动的现代性［M］. 欧阳景根，译. 上海：三联出版社，2002：157.

略战术，及时地创造、寻找、确立在全球城市竞争中的准确坐标定位。任何想要成为“全球城市”的那些一线城市，应该能够在“东学西渐”的理想化发展中找到自己的发展定位，应该在优秀的竞争对手那里学习创新经验为我所用，并找到自己城市新的创新支点，成为“东学西渐”主潮的建构者、实践者和推动者。

二、发轫：在不确定性中寻找和建构确定性发展逻辑

历史在进化，社会在进步，科学技术在朝着高级化、智能化方向发展——这是我们当下眼见的社会事实，甚至可以说科学技术越来越先进、越来越智能了——全社会网络智能化管理系统的发展，很多城市都在发展和应用“一网统管模式”“大数据分析控制模式”“城市智慧大脑模式”“智能机器人管理模式”“天网管理模式”“智能控制与智能监控系统”等等，并已经在世界各国的城市中得以广泛应用。从现象上看，我们解决问题的理论、方法和技术手段越来越多，越来越智能，越来越复杂，也越来越高级化……按逻辑推理，我们不仅对未来发展的预判应该更准确、更有把握或者更加清楚才是，而且也应该有更多、更好、更新的对策与方法制止问题的发生和解决问题。然而，在现代高科技迭代更新和高速发展面前，我们反而看到了另一面，或许是科技作为“双刃剑”的发展结果：社会问题不仅没有减少反而越来越多，而且还越来越复杂；科技犯罪越来越多而且技术含量也越来越高——使世界的经济与社会发展越来越具有不确定性。同时，与社会问题快速增多和越来越复杂的现实比较，我们解决问题的理论、方法、手段和具体对策却似乎越来越少了，在某些方面解决社会问题的能力在降低，甚至有时显得束手无策……大家都看到了世界发展格局及问题呈现的不确定性、复杂性和突变性，甚至有些方面正朝着极端性发展。

很多新的问题摆在了我们面前，在这不确定性的发展中，怎样寻找、建构和创造确定性是我们理论研究者、学术研究者和科技研究者应该有的思维方式和优先思考的问题，而不是研究不确定性本身、说明不确定性是什么后就没有结论了，要研究在不确定性中创造确定性才是王道；在不确定性中可以有为而有位才是正道，并能够真正运用越来越多的现代科学技术理论、方法来解决所面临的问题，要针对问题提出具体的解决问题的可行性方案，创造性地改变不确定性的被动局面，发现导致不确定性的原因、规律和因素，这不仅需要真理性探索，还需要一个伟大的历史责任意识，这是一个学者应该选择的学术道路和学术研究的最低道德，也是一种伟大的、具有“集体良知”文化

群体的文化战略选择。

如何以创新型的努力扭转不确定性？何以在不确定性中创造确定性并有所作为？核心词还是经典作家所论：抬眼看向世界，把自己融入世界；开放本体，向世界先进学习；创造自己的综合竞争力和核心竞争力；创造群体性的文化资本和公共性的“城市文化资本”；集世界一切先进、优秀的文化为我所有……在这纷杂变化的世界上，找回人类社会发展本原的目标和动力——就是对人的价值给予尊重，对个体思想解放给予尊重，对人类创造的法理和法制给予尊重，对事物发展规律给予尊重，对科学与理性给予尊重……从而再转化为对社会最本质的主体——对人的尊重和私有财富的尊重，同时，尊重市场经济规律——遵循马克思所论述的基本原理“在交换中确立了主体间的平等”，最大化地发挥个人的价值，发挥每一个个体的创新价值——人的本原是“文化动物”和“文化符号”，强调人本主义精神，更多地强调人的文化资本修养建构和“城市文化资本”再生产在社会经济发展中的意义，在人本主义精神的认知下，让“人文经济”“民本经济”“新经济资本”①“个体文化资本”等新的文化价值理念发生作用——而这一确定性的本质在于为他人建构幸福的同时，为社会和个人创造双重价值，而这个确定性的表达就是对人类文明发展规律的深刻理解和自身融入式的实践。

回归到社会的本原，可以这样认识，事实上，在全球范围内，人类所有的学科，包括人文科学、社会科学、经济科学和金融科学等应用科学、高新科学技术科学及自然科学等研究工作都离不开人、文化、文化价值、文化资本和属于文化范畴的人文经济的属性，人类社会所有领域的学术与科学研究最终都是为人、为社会服务的，都必须有针对性地研究人、研究群体、研究个体和群体的关系、研究文化与社会环境的关系、研究人的创新发展及所属学科领域的文化意义、研究文化属性和文化资本的关系等。人类社会创造的所有学科和科学最终都是为人和社会的发展而存在的，是为人类本身的进化和需求服务的，或可以归结为：为人类生存与幸福生活服务的，反之，则具有不确定性。而人，本身也是作为一种文化符号存在的②，人和人所创造的一切都是文化③，人的所有行为都可以归结为文化行为，自然科学的研究本身既是人类的文化表现和文化行为，也是人类、社会和文化结构性的一种构成方式。

---

① 参见第十一章第二节。

② 卡西尔认为：“我们应当把人定义为符号的动物（animal symbolism）来取代把人定义为理性的动物。只有这样，我们才能指明人的独特之处，也才能理解对人开放的新路——通向文化之路。”参见：［德］恩斯特·卡西尔．人论［M］．上海：上海译文出版社，1985：34.

③ 张鸿雁．民族偏见与文化偏见——中国文化比较新论［M］．沈阳：辽宁教育出版社，1993：1.

人类社会所有领域的研究和创新都是在寻找、解决社会进化、社会与人的健康发展问题的发生规律并提出解决方案和解决方法，就是在不确定性当中寻找和创造确定性。实际上，人类社会从发生那天起就一直处于一个不确定性的状态之中，不确定性是绝对的，而确定性的表达是相对的，就如哲学意义上讲的，变是绝对的，不变是相对的。这一过程必然会追溯到人类社会发展的终极原因——人与社会的存在、发展是有基本需求的，而且这种需求伴随着人类社会而进化，欲望会越来越高。当人类社会进入文明社会以后，人类创造了家族、国家、社会组织、军队和司法制度等。人类面临着双重竞争和斗争，既面对一定人群和国家间的竞争，也面对人类和大自然的竞争，大自然的天灾本身就有不确定性，而群体、民族和国家利益在竞争中也具有不确定性……就如，人类社会的差别是必然存在的，差别就是矛盾，而矛盾在哲学意义上是社会发展的原动力，人类在发展中创造的文化及所构成的文化资本形成某种文化归因，不同国家民族和地域就是不同的文化群体，包括宗教文化，正因为这种归因，不同地域、不同的地理环境和不同的文化源起所形成的各自的文化基因传承，创造了不同的文化势能并融合于所在区位的自然环境，其结果产生不同“文化圈”的共同文化意识，形成区域的、民族的、宗教的具有形形色色差异化的、大大小小的“文化认同圈”“民族文化圈”“宗教文化圈”等等，而在一定意义上说，不同区域、民族的“文化认同”是一种共同的信仰、习俗、语言、伦理、情感和一定范围文化知识构成，也构成民族、国家甚至是城市的一种文化心态和人格，这就是亨廷顿、斯宾格勒等人所强调的人类文化差异和冲突——所以，文化和“城市文化资本”是研究人类社会发展规律的一把钥匙，当然，解释人类社会发展、进化的钥匙有很多种，主要是看各种社会群体的选择能力。

在人类社会发生之初，虽然不同的地理文化认知圈相互隔离并都有独立的发展过程和历史，但是，他们也都发生、创造了某种共同的文化符号和文化意识，如相似的生产工具、生活工具，相似的对天体、对神灵、对自然物的崇拜及相似的文化符号记录。在此仅举一例。人类社会发展之初的原始社会，在世界范围内，各个相对独立的或者是完全封闭的地理隔离空间内发生了不同地区原始民族的不同种族文化，它们虽然相互之间没有任何联系，但在生存与发展的劳动中都发明了功能相同、外表相似、样式相仿的各种各样的劳动工具、生活用具、装饰艺术品、文化符号等，如弓箭最为典型。在原始社会的文化发源地——独立发生成长的原始人类文化，在全世界同期原始聚落中都发现了相似的弓箭、石斧和陶制器皿……更重要的是，当时世界上所有不同内涵的“文化认同圈”，虽然也都是隔绝的，但是，都创造了符合人类进化共性的最低伦理文化，并在历史的演进中不断进化和丰富，并分野为多元文化的伦理道德体系。涂尔干把这一文化现象中的内核称为“集体良知”（collective conscience）——创造“集体良知”是“人类能够创造文化而言的特有价值”，这也是帕森斯所论的一个国家和民族“文化系统”[①]构成的核心文化价值组成部分，是将一个共同体中不同个体有机整合起来的内在文化凝聚力，人类历史发展已经证明，这种文化凝聚力越强的民族与国家越具有现代性、发展性、凝聚力和创新力，原因之一是来自民族文化原始伦理的文化核——“集体良知”可以创造民族与城市的伟大文化人格，正如我们开篇所讲的“优秀品质”和“良性文化人格”所构成的民族的文化核心价值，会使民族和国家文化的整体性有世界性价值和深厚的团结力；原因之二是在“原因之一”的基础上形成的民族历史文化中的英雄主义和利他主义价值观、行为及文化土壤，而这样的文化土壤中产生的英雄文化必然具有影响力和号召力；原因之三是来自民族文化精英创造的制度文化为民众带来的幸福生活感受；等等。经济学家约翰·康芒斯说：“美国经济学者在其《制度经济学：它在政治经济学中的地位》一书提出：人们的经济活动，包括利益意识、利润意识、工作意识、工资意识、地租意识和职业意识等，是以他们共享的习俗文化资源为基础的，包括习俗文化的本质特征是一种集体的强制。”[②]因有了共同意识和共享的文化，就必须产生“集体强制”，而这种“集体强制”不是制度条款的影响力，而是文化认同创造的“文化选择压力”[③]，当大家都认识到某种文化是一个集体必须遵守的最低道德时，不遵守这个最低道德有可能不会被尊重或会被集体所排斥，这种文化认同的力量是无比强大的，当然也具有文化传统意义。爱德华·班菲尔德在《落后社会的道德根据》（*The Moral Basis of a Backward Society*）一书中，通过在意大利南部为期九个月的社会调查，提出当地的贫穷和专制很大程度上源自“无道德家庭主义（Amoral Familism）的文化形态”[④]。在民族文化进化和历史文化的发展中，早期原始文化所具有某种伦理特质构成的文化内核形成的共识起着重要作用，群体缺少“集体良知”必然不会有文化共识，更不会有文化凝聚力[⑤]。当然，社会发展也越具有不确定性。显然，某一群体“无道德家庭主义”越多，社会整体文化凝聚力就会越弱，也不可能创造形成一个有伟大文化的民族和文明。

---

① Talcott Parsons. The Structure of Social Action［M］. New York：Free Press，1937：319-320.

② 易元芝，蔡建娜. 区域经济发展的文化底蕴——以温州为例［J］. 上海经济研究，2008（09）：47.

③ 张鸿雁. 侵入与接替——城市社会结构变迁新论［M］. 南京：东南大学出版社，2000：96.

④ ［美］爱德华·班菲尔德. 落后社会的道德根据［M］. 伊利诺伊州：自由出版社，1958：85，115-116.

⑤ “政治学家爱德华·班菲尔德（Edward C. Banfield）在巴西利卡塔（Basilicata）贫穷小镇的民族志叙述中，提出‘无道德家庭主义’（Amoral Familism）的概念。”参见：［美］弗朗西斯·福山. 政治秩序与政治衰败：从工业革命到民主全球化［M］. 毛俊杰，译. 桂林：广西师范大学出版社，2015：86.

我们研究文化、推动文化进化和文化创新的目的就是让“集体良知”在我们的社会中能够普遍存在，进而创造现代性和现代文明社会[①]。爱弥尔·涂尔干在《职业伦理与公民道德》一书中曾强调：“经济生活必须受到规定，必须提出他的道德标准，只有这样，扰乱经济生活的冲突才能得到遏制，个体才不至于生活在道德真空里。”[②]文化共识前提下形成的“集体良知”是创造社会稳定发展的文化核心因素，伦理良知的底线是恪守法律的基础，法律是给有伦理良知的人准备的——这是我长期坚持的一个观点，没有伦理良知的人也很难遵守法律，而伦理良知的内核是人文精神和文化资本——个体从家庭开始习得的文化、教养、社会制度认可的学历和技术证书及个人对社会服务的技术能力等，这既是个人文化资本的要素，当然，更是现代文明社会发展需要的支撑条件。

在一个有强大生命力、有人类文明内核精华的文化体系内，文化在发展中会不自觉地改变旧我而放弃落后并选择先进文化和内在自觉进化，通过文化内部的自组织功能选择，创造出符合人性本原的文化模式。汤姆斯·库恩说，一种文化模式在文化自觉中能够创造出“一个包括规律、理论、应用和工具在一起的范式（paradigm）”，这种范式的发展逻辑被丹尼尔·贝尔推导出这样的结论：“最终为经济提供方向的并不是价格体系，而是经济生存于其中的文化价值体系。”[③]亨廷顿更是直言不讳地说：“21世纪的竞争将不再是意识形态的竞争、经济的竞争、军事的竞争，而是文化的竞争”[④]，这一切已经被世界发展现实所证明。其实，更多的学者也已经认识到了这一问题，经济发展和创新的本质来源于文化的创新，来源于民族的人文精神和核心价值，这是现代科学技术和人类文明社会进化的内在动力和必然结果，网络社会的文化变革具有“文化价值颠覆性”，所以，才要在这个文化颠覆性的时代，创造民族文化的核心价值和文化创新发展的确定性。现代哲学人类学的奠基人、现象学价值伦理学创立者马克斯·舍勒（Max Scheler，1874—1928），他的学术成果高峰期正是资本主义的矛盾和文化冲突的“混乱”期，

---

① 爱德华·班菲尔德在1958年出版的《落后社会的道德根据》中提出了一个概念——“无道德家庭主义”，这一社会群体，也可以称为一种社会形态，相对自私，只顾小家庭利益，而缺少公共的利他主义意识，甚至有一些非常自私的社会信条，在中国的传统文化中也有类似的糟粕信条，如“人不为己，天诛地灭”等，缺少文明社会的公德和市民社会的利他主义倾向。

② ［法］爱弥尔·涂尔干. 职业伦理与公民道德［M］. 渠敬东，等译. 上海：上海人民出版社，2006：12.

③ ［美］丹尼尔·贝尔. 后工业社会的来临——对社会预测的一项探索［M］. 高铦，王宏周，魏章玲，译. 北京：新华出版社，1997：305.

④ Samuel P. Huntington. The Clash of Civilizations?［J］. Foreign Affairs, Vol. 72, No. 3 (Summer), 1993.

也是资本主义新教伦理与经济结构性变化的耦合初期，马克斯·舍勒这样一个哲学家、社会学家也有这样的感觉："历史上没有一个时代像当前这样，人人对于自身这样的困惑不解"①——其实，每个时代都有相应的哲人提出这样的思索。恩格斯的认识则更加理性和乐观："文化上的每一个进步，都是迈向自由的一步。"②而在混沌的世界中，总有一颗明亮的启明星，关键在于你是否能够发现它。

马克斯·韦伯的《新教伦理与资本主义精神》一书说到底也是在研究、探索资本主义的社会、文化、资本与经济关系中不确定发展因素的终极原因，从某种意义上讲，资本主义始终处于不确定性的变革发展过程中，如何改变自己、改革自己，创造资本主义的新经济内容以适应这个不确定的社会，马克斯·韦伯将解决问题的重心放在"伦理"这个基本点上，一些哲人提出改革并创造了资本主义精神的文化内核——"新教伦理"，显然，至少在解决资本主义发展的周期性危机方面起到了某种作用。

很多学者在寻找社会发展的不确定性原因时，几乎都明确归因于"伦理"——经济伦理、政治伦理、文化伦理、生态伦理和道德伦理所构成的社会"伦理"的"原点"和"终点"上。"伦理"——这是人类社会得以凝聚、得以良性发展、得以善的循环发展的"文化因子"，没有道德底线伦理的民族和国家，就不会有强大的经济理性、资本理性、文化理性、科学理性和人性的理性价值体系，也不可能有强大文化凝聚力的民族性和国家整体性价值观。在资本主义新教伦理文化改革中，资本主义的社会属性也在发生深刻的文化变革，经济与资本的发展在过程上体现了资本的"人本化"和资本的"文化终极原因化"价值，虽然马克斯·韦伯在他的《新教伦理与资本主义精神》一书中并没有提到文化资本的原生概念，但是从理解资本主义文化的本性、理性上来说，从资本主义新教伦理自身理论的深化和科学技术带来的人本主义的变迁上看，是以更高的视角揭示了资本主义经济制度的发生、进化、质性转变的伦理与宗教伦理的文化蜕变及相互结构化的关系。马克斯·韦伯说："一个人对天职负有责任——乃是资产阶级文化的社会伦理中最具代表性的东西，而且在某种意义上说，它是资产阶级文化的根本基础。它是一种对职业活动内容的义务，每个人都应感到，而且确实也感到了这种义务。""把劳动视为一种天职成为现代工人的特征，如同相应的

---

① ［德］马克斯·舍勒. 资本主义的未来［M］. 罗悌伦，译. 上海：生活·读书·新知三联书店，1997：57.

② ［德］马克思，恩格斯. 马克思恩格斯全集：第3卷［M］. 中共中央马克思恩格斯列宁斯大林著作编译局，译. 北京：人民出版社，1974：154.

对获利的态度成为商人的特征一样。”①这一描述和说明是对传统资本主义文化价值的一种新的认识方式，他的价值在于把工人和资本主义发展做一种伦理性归结研究或是归类为文化与人性的本源上，他看到了资本主义发生过程中的文化价值变化和劳资关系的变化，总体归类可以看作是资本主义发展到一定阶段后的文化变异与“文化转向”，开始靠近了人性和社会伦理的本质，是科学、技术、现代全球市场和现代企业组织结构的创新，迫使资本主义对周期性危机做出的一种文化反思和改革，当理性成为社会共识的时候，社会公平和正义就会成为社会的主流，相关法制和伦理就会表现为某种与人类社会进步同步化的现象，这就是文化在伦理上表现的力量。二战以降，从经济资本与文化的关系上看，从现代发达国家出现的现代企业制度创新的现状上看，从发达国家法律制度对劳动者和资本创始者（投资者）的法律关系等方面看……当代所有资本主义国家的生活方式、生产关系、劳资关系、分配制度都已经发生了结构性的改变，马克斯·韦伯所看到的（1904—1906年）资本主义与1843年马克思在写《1844年经济学哲学手稿》时的资本主义已经大不相同，已经发生过多样化深层次的自我改革；而今天资本、资本主义的存在方式、社会意义已经与韦伯时期，即120年前的存在状态又有很大不同了。21世纪20年代的世界，资本主义所赖以存在的社会结构、经济结构、社会资本结构、社会企业结构、社会经济结构和社会文化结构已经与120年前完全不同了，有的国家、区域社会或城市已经进入后现代、后工业社会的发展阶段，越是具有现代性的社会，越是具有某种社会伦理价值文化的核心性，也必然有资本价值文化升华的可能，即资本在法理、法制的制约下，越具有广义的社会公平性，在现代民主社会的“新经济资本”发展中、有新型公司法的治理下，很多国有企业、合资企业、股份制企业及科技型企业、技术合伙人企业、中小科技文化企业和小微企业包括零工经济等，劳资双方之间的界线已经不是那么清晰，投资人与员工是企业共同的主人，而一部分社会资本精英也是社会文化伦理的先锋实践者，因为，在合理的法制制度“规训”下，他们以自己的合理纳税、公益活动和自身的劳动创造了时代价值，构建了社会样板阶层。

当代中国城市化理论、城市文化的认知范畴以及在城市化与城市运作实践中，从概念、命

---

① 马克思的《资本论》草稿是在1863年到1865年完成的，而出版是在1864年到1894年完成。40年以后，马克斯·韦伯在1904年至1906年完成了《新教伦理与资本主义精神》，从中可以看到，马克思和马克斯·韦伯眼里的资本主义是不一样的，所以韦伯对资本主义的改革进行了研究，如果从2024年算起，韦伯的研究距今已经有120年，一个多世纪了，这一个世纪科技的发展特别是网络社会的发展带来的变革是前所未有的，当然内含与内涵是不同的，生产形式、组织形式、劳资关系和资本的存在方式已经发生了本质性变革，科技改革了时代更改变了资本的社会属性。参见：［德］马克斯·韦伯. 新教伦理与资本主义精神［M］. 北京：生活·读书·新知三联书店，1987：16，103.

题、术语到研究路径在某种意义上都带有西化的色彩，这里包含着一个向优秀学习的过程。然而我们要问的是，面对当前的中国城市化，现代西方城市化理论能否十分准确而有效地指导中国的城市化？针对这一重大而严肃的问题，本书再次强调于2006年首次提出的“中国本土化城市形态论”①，再次强化提出“城市文化资本”再生产理论的创新，并明确地提出“中国城市文化资本理论”的创新概念与范畴，在创造主体文化理论价值理性的同时，以开放式的文化核心价值主体吸纳西方城市化理论中优秀的理论与观点，这是一个从城市文艺复兴的价值理性角度的研究方式和研究目的。这里仍然用胡适说的话：中国文化“复兴的结晶看起来似乎使人觉得带着西方色彩。但剥开它的表层，你就可以看出，构成这个结晶的材料，在本质上正是那个饱经风雨侵蚀而可以看得更为明白的中国根底——正是因为接触新世界的科学、民主和文明而复活起来的人文主义与理智主义的中国”②。如果过度地失去自我和强化固化自我都有可能会产生严重的认识偏差与偏见，我们常说，“偏见比无知离真理更远”。少一些偏见，多一些创新性、包容性和人类共性价值的思考，可能会表现为更科学性、更理性、更具有学理性和真理性探求的属性，借鉴西方城市化理论、城市文化研究的优秀思维和成熟经验为我所用，选择人类社会优秀的文化为我所用是一个智者的选择。

安东尼·吉登斯多次谈到“现代性”问题时，强调的是文化价值取向与生活方式的“城市性”，即区别于乡村的城市生活方式与城市文明逐渐高级化的过程，同时，“城市性”与“现代性”在某种意义上具有相同的范畴，所有的现代化都是以城市为载体的，所有的“现代性”都是以城市社会的人的现代化为主体的，因此，“现代性”还表现为世界性——国际化的文化共同认知和人文价值取向的法理型社会关系，社会和个体价值的实现与社会价值的实现具有同一性，有对人类社会理想类型的追求等。约翰·伦尼·肖特认为：“城市不断地被生产和再生产出来。我们可以通过多种途径来考察这一生产过程。……在《空间的生产》中，亨利·列斐伏尔（Henri Lefebvre）区分了空间的三个层面：感知的（the perceived）、空间构想的（the conceived）和生活的（the lived）空间。感知的空间意指包括生产和再生产当中的空间实践；构想的空间指的是依赖于生产关系的城市的表达；而生活的空间则包含城市的想象表达。”③其表达说明的是，城市现代化在空间上则表

---

① 张鸿雁. 中国本土化城市形态论［J］. 城市问题，2006（08）：2-9.

② 胡适. 中国的文艺复兴［M］. 北京：外语教学与研究出版社，2001：151.

③ ［英］约翰·伦尼·肖特. 城市秩序：城市、文化与权力导论［M］. 郑娟，梁捷，译. 上海：上海人民出版社，2023：311.

现为空间再生产，“依赖于生产关系的城市”是关键概念，我们研究“空间里的生产”和“空间的再生产”不是单纯的物化空间本身，而是研究这一空间所创造的社会属性、文化属性和人的“现代性”。在空间再生产的过程中，我们要问：这个空间和空间再生产为社会、民族的历史文化带来哪些价值？否则，空间再生产就会失去文化灵魂，失去民族文化的属性。所以，要从不同学科的角度，分析空间的经济价值、社会价值和文化资本价值，从而在城市化和城市现代化的发展中创造民族性的空间文化形态价值，包括创造中国本土化的城市形态，这才是世界上所有的几万座城市应该有的文化选择。

近代以来，新的社会形态层出不穷，社会的分化却更加深刻，所有的经典社会学家都对城市与乡村的对立存在提出分类化的认知，这样的逻辑也为我们、为后代的城乡演变研究提供了思想方法，从中可以看到不同学科、不同学者对城乡关系的认识也是有巨大差异的，虽然如此，其中有一点是具有共性的，都看到了城乡所表现的社会二元结构，统合起来都可以称为城乡二分法，如滕尼斯的“社区”（Gemeinschaft）和“社会”（Gesellschaft）的二分法，斯宾塞的“农业社会”与“工业社会”，迪尔凯姆的“机械团结”（Mechanical Solidarity）和“有机团结”（Organic Solidarity），罗伯特·雷德菲尔德的“乡民”社会（Folk）与市民社会（Urban）①，韦伯的“宗法传统经济”和“理性资本主义经济”，索罗金的“亲密关系”和“契约关系”②，吉登斯的“传统社会”与“现代社会”③等等，也能看出有的划分方法和分类并不十分科学，但是至少告诉人们：城市

---

① 雷德菲尔德（Robert Redfield，1897—1958）：美国文化人类学者，创用乡民社会—市民社会（folk-urban），20世纪30年代，他在对农村文化向城市文化变迁的研究中，区分民俗社会与都市社会，将两者看作文明的连续统一体。他认为：“社会与社会之间是在不断地彼此交流着。城市与城市之间，农村与农村之间，城市与农村之间都是在交流着……要研究一个群体首先必须对它的广阔的背景做充分的了解。也就是说：不能只局限于从‘小传统’（little tradition）的视角去观察一个群体，而应当采取更大的观察整个文明背景的角度去进行工作，才能使调研工作走上正道，即应该从‘大传统’（great tradition）的角度去区域规划和执行群体的研究。”参见：［美］罗伯特·雷德菲尔德. 农民社会与文化——人类学对文明的一种诠释［M］. 王莹，译. 北京：中国社会科学出版社，2013：3.

② “索罗金则将滕尼斯的社区与社会的区别概括为这样几点：共同意志与个人意志，非个体性与个体性，社区利益支配与个人利益支配，信仰与原则，自然团结与契约团结，共同财产与私人财产等。”参见：周晓虹. 西方社会学历史与体系［M］. 上海：上海人民出版社，2002：292-293. 索罗金认为，家庭是社会中基本的元素，也是最重要的社会团体，它对个体的影响比其他任何其他组织都强，但是城市中家庭的影响低于农村地区家庭的影响。参见：Sorokin，Carle C. Zimmerman. Principles of Rural-urban Sociology［M］. New York：Henry Holt and Company，1929. 索罗金写道：“契约型关系的群体当中，各个成员之间总是在很大程度上保持着彼此陌生的感觉和局外人的态度。”

③ 参见第二十一章。

与乡村的两种类型是一种对立的范畴，这说明了一个道理，从古典社会到中世纪，再到近代及现代社会，城乡的经济与文化差异一直是人类社会的一个赘瘤——社会经济与文化差异是社会问题产生的一个根源，特别是城乡之间“城市文化资本”的差异，始终困扰着人类社会的发展。

三、拔取：“文化规划”理论方法与思维方式重构

为什么要学习和研究“文化规划”的理论与方法？我以为：或用中国传统文化的思维方式与思维逻辑来分析，“文化规划”就是从人文精神认知视角下的“策划+文化哲学+规划+艺术+创意+设计+N”的一种具有战略与实施双重意义的规划设计模式，是具有审美艺术文化的人本主义规划实践，“文化规划”的核心价值之一是中国传统文化中的“人文”精神价值。“人文”一词最早见于《周易》“贲”（bì）卦：“刚柔交错，天文也；文明以止，人文也。观乎天文以察时变，观乎人文以化成天下。”[①]在中国的历史发展中，学者对“人文”一词的意涵进行了不同的文化赋义，如王弼[②]、孔颖达[③]、程颐[④]等哲学思想家对“人文”均有所解释，且“人文”一词原是与“天文”一词对举为“地文”的。根据《辞源》释义：“天文”是指日月星辰等天体在宇宙间分布运行等现象，是一种有似天象的概念，“在天成象，在地成形”[⑤]。“地文”是指地面山岳、河海、丘陵、平原的

---

① 杨天才，张善文，译注.周易[M].北京：中华书局，2018：207-208.

② 魏王弼《周易正义》解：“刚柔交错而成文焉，天之文也；止物不以威武，而以文明，人文也。观天之文，则时变可知也；观人之文，则化成可为也。”参见：[魏]王弼.周易注[M].北京：中华书局，2011：121-127.

③ 唐孔颖达《周易正义》解：“观乎天文，以察时变者，言圣人当观视天文，刚柔交错，相饰成文，以察四时变化。……观乎人文，以化成天下者，言圣人观察人文，则诗书礼乐之谓，当法此教而化成天下也。”参见：[魏]王弼.宋本周易注疏[M].[晋]韩康伯，注；[唐]孔颖达，疏.北京：中华书局，2018：159-165.

④ 宋程颐《伊川易传》解：“天文，天之理也；人文，人之道也。天文，谓日月星辰之错列，寒暑阴阳之代变，观其运行，以察四时之速改也。人文，人理之伦序，观人文以教化天下，天下成其礼俗，乃圣人用贲之道也。”参见：[宋]程颐.周易程氏传[M].北京：中华书局，2011：122-128.

⑤ “天文”《辞源》释义：日月星辰等天体在宇宙间分布运行等现象。古人把风、云、雨、露、霜、雪等地文现象也列入天文范围。《易·贲》：“观乎天文，以察时变。”《艺文类聚》卷二引《春秋说题辞》：“十日小雨，应天文。”参见：[唐]欧阳询.艺文类聚[M].上海：中华书局，1965：26-32.《史记》有《天官书》，《汉书》始有《天文志》，以《后汉书》因之（《魏书》作《天象志》，《新五代史》作《司天考》，《辽史》作《历象志》）。

形状[①]，而“人文”在表意上有特定的两种意涵：一是指文明、礼仪和教化；二是指“人事”和人为的创造，即“人为”和人的作为及“为人”等。也可以解释为人的作为、能力和本事以及做有利于天下的事情[②]。“天文”和“地文”两者均是人们或人类对自然界运行现象、特征、属性和规律的一种描述，而“人文”相对自然而言，则更关注礼乐、教化、伦理、人情、习俗和人的文明行为等内容，也具有某种规律可循。“天文”与“人文”虽然是相对的，但两者并不是截然二分，而是互相契合，由此确立了“循天道，尚人文”和“天人合一”的文化观念的发展历史[③]。中国传统文化中“人文”之义着重在“人文教化”以及“人文化成”，其中蕴含的人文精神历来强调对“人”教育的重要性、人的价值及主体能动的重要性，如“惟天地，万物之母；惟人，万物之灵”[④]“天地之性，人为贵”[⑤]“天地人，万物之本也。天生之，地养之，人成之”[⑥]等，都表明天、地、人三者中，人为贵者，且处于一种能动、主动的核心地位。中国“人文精神”的核心是继承中国传统文化“以人为本”“人文化成”和“文明”“教化”相连接。“文明在中国的语言和文化中占有很高的地位，这是中国文化的一个重要特点，在中文中的表述上有其独特的深刻内涵。“文”与“明”两个汉字连在一起用，在中国最早的文献中几乎都能见到，“文明”的“文”字除了有“天文”“人文”“地文”等含义之外，还有“文华”“文饰”“文章”“花纹”“文雅”“文样”等含意；而“明”字解释多有歧义，有“日”有“月”，可谓与黑暗相对而言的词语，是开放的、光明的、正大的、高雅的等方面的一种表意，在中国古代文献中多有载述：（1）《尚书・尧典》中有多处用了“文明”两字，如“钦思文明”，郑玄注说：“经天纬地曰文，照临四方曰明。”[⑦]（2）《尚

---

① “地文”《辞源》释义：（1）地面山岳、河海、丘陵、平原的形状。《庄子・应帝王》：“乡吾示之以地文，萌乎不震不止。”参见：［清］王夫之. 庄子解：卷七［M］. 北京：中华书局，2009：144-150.（2）半夏的别名。《急就篇》卷四：“半夏，五月苗始生，居夏之半，故为名也。一名地文，亦名守田。”参见：张传官. 急就篇校理［M］. 北京：中华书局，2017：401-402.

② “人文”《辞源》释义：（1）指礼教文化。《易・贲》：“观乎人文以化成天下。”参见：［宋］朱熹. 周易本义［M］. 北京：中华书局，2009：103-106.（2）人事。对自然而言。《后汉书・公孙瓒传》：“舍诸天运，征乎人文。”参见：［南朝宋］范晔. 后汉书［M］.［唐］李贤，等注. 北京：中华书局，1965：2357-2366.

③ 冯天瑜. 中国人文传统论略［A］. 武汉：武汉大学出版社，1998.

④ 《尚书・泰誓》：“惟天地，万物之母；惟人，万物之灵。”参见：［宋］杨时. 杨时集：惟天惠民节［M］. 北京：中华书局，2018：90.

⑤ 《孝经・圣治》：“天地之性，人为贵。”参见：［清］阮元. 十三经注疏［M］. 清嘉庆刊本. 北京：中华书局，2009：5551-5555.

⑥ ［汉］董仲舒. 春秋繁露：立元神第十九［M］. 上海：上海书店出版社，2012：142-143

⑦ ［元］郝经. 郝经集校勘笺注：庸斋记［M］. 太原：三晋出版社，2018：1943-1949.

书·舜典》载有“睿哲文明”之句。《书集传》注：“深沉而有智，文理而光明。”[①]（3）《周易·同人》中用“文明”二字亦有多处。如“文明以健，中正而应，君子正也”。对这句话，魏晋王弼的《周易》注说得很清楚：“行健不以武，而以文明用之，相应不以邪，而以中正应之。”[②]显然，这里的“文明”是“武”的反义语，专指制度、礼仪和文治教化。（4）《周易·大有·象》曰：“其德刚健而文明，应乎天而时行。”[③]（5）《周易·贲》载：“文明以止，人文也。”[④]孙颖达疏：“用此文明之道，裁止于人，是人之文德之教。”[⑤]可见“文明”一词在中国传统文化的认识中多与政治联系在一起。（6）《周易·革》又曰：“文明以说”，孙颖达对这句的注说：“能思文明之德，以说于人，所以革命而为民所信也。”[⑥]（7）《周易·乾》所载是：“见龙在田，天下文明。”[⑦]疏引《正义》：“天下文明者，阳气在田，始生万物，故天下有文章而光明也。”[⑧]近现代学者对“文明”一词的理解也有很多，蔡元培说：“文明者，利用厚生之普及于人人者也”[⑨]，把文明看成一种有文化修养和文明礼仪行为的概括语。另外，古人所讲的“文明”犹言文化素质和生活方式，如物质文明、精神文明等，是表达和强调人类进步的状态，与野蛮相对应。

恩格斯的《家庭、私有制和国家的起源》一书中，专门论述了人类文明社会起源、发生和发展问题，与摩尔根《古代社会》的相关理论具有某种相通性，把原始社会分为三个发展阶段，即蒙昧、野蛮和文明三阶段，这一时期的文明是针对以往的野蛮社会阶段而言的，书中强调人类继野蛮社会之后，发生的人类文明社会有四大标志：文字、城市、国家机器和“一夫一妻制”，其内核是野蛮社会后期，国家的前身——部落已经出现王权和私有制，部落和部族王权在进一步确立国家制度和私有制的时候，更需要以明确的血缘关系、血统关系来维护权力和继承私有财产[⑩]，在这个意

---

① ［宋］蔡沉. 书集传：舜典［M］. 北京：中华书局，2018：8-25.

② ［魏］王弼. 周易注［M］. 北京：中华书局，2011：77-83.

③ ［魏］王弼. 周易注［M］. 北京：中华书局，2011：83-85.

④ ［魏］王弼. 周易注［M］. 北京：中华书局，2011：121-127.

⑤ ［魏］王弼. 宋本周易注疏［M］.［晋］韩康伯，注；［唐］孔颖达，疏. 北京：中华书局，2018：159-165.

⑥ ［清］阮元. 十三经注疏［M］. 清嘉庆刊本. 北京：中华书局，2009：124-125.

⑦ ［魏］王弼. 周易注［M］. 北京：中华书局，2011：1-16.

⑧ ［魏］王弼. 宋本周易注疏［M］.［晋］韩康伯，注；［唐］孔颖达，疏. 北京：中华书局，2018：1-39.

⑨ 蔡元培. 蔡元培美学文选［M］. 北京：北京大学出版社，1983：61.

⑩ 张鸿雁. 古希腊罗马城邦与先秦城市比较研究——从东西方古代商品经济关系透视城市本质特点［J］. 史学理论研究，1993（03）：80-96.

义上人类社会进入了文明社会，之后，国家制度逐渐成熟，城乡之间开始了长达两千多年对立与统一的进化发展。城市作为国家与经济社会发展的动力和中心，从此开始农业与手工业的分离、工业与农业的分离、城市与乡村的分离、脑力劳动与体力劳动的分离……由于部落征战的结果形式不同、自然环境的差异、文化内化特征不同等诸多原因，中西方文明走了两条不同的道路，一个是传统奴隶主贵族民主制度的文化与文明，一个是中央集权制度的文化与文明①。西方文明发展的主要特征在近代以后是以市场经济关系相互结构成社会体系，以市民社会为主构成城市社会契约关系，并构成了现代文明——城市市民社会的主体，因此，在“文化规划”的概念范畴上有所不同，如在英文中“文明”（civilization）的文化释义具有民族传统文化中“开化”的意义，而在生活方式上强调市民社会的特质，如“有礼貌的”“有教养的”“有道德的”“绅士化精神”等等，因而在西方城市社会演化、衍生出“绅士文化”和“绅士阶层”，这种文化意向还包括很多与审美和教养有关的文化表意，也是构成个体人的文化资本价值，如“（生活）惬意的”“愉快舒适的”“举止得体的”“有法制伦理的”（Civil——礼貌的），属于文化特性（Civic——城市、城镇和市民的，Civil society——市民社会）等等。而在文化的本质意义上东西方社会并没有更多内涵差异，如“The Culture of Cities”——城市文化的意涵，也是具有很强的“文明化”的表意；“urbanization”城市化与文明化——市民化双语词根，同“culture”一样也有双重内涵——素养、耕作、栽培和文明教化意涵，综合起来中西方的“人文”和“人文精神”的表意具有大体相同的范畴和文化内核，有着鲜明的人类文化价值的伦理和文明行为礼仪的共性。

当代西方有学者所强调的“文化规划”在推进社会方面具有积极的价值与作用，其意涵的特殊性在于，在某种意义上，表现了人类自身对规划文化的反思，特别是相关规划学者、建筑设计学者、文化学者等率先对文化与文明历史演进认知的反思，对城乡传统发展方式与传统规划模式的反思，对当代规划带来的一些新问题的反思。当人类社会在一些发达国家已经出现了“后现代社会”的结构特征，人们对传统工业化带给人类社会的伤害及反思认识越来越深刻（虽然这是必须经历的过程），在地球的人口容量处于相对饱和的增长窗口期，完全依靠工业方式来推进社会发展会产生更多的问题，换言之，只是根据工业社会产生的规划理论方法来规划网络社会、后现代社会的城乡空间关系，似乎这些规划理论与方法已经过时了，特别是全球意义上的网络智能社

① 张鸿雁. 与西欧中世纪城市比较——春秋战国城市在兴起过程中的特点[J]. 沈阳师范学院学报，1983（03）：54-56. 该文章是中国城市比较研究的第一篇学术论文，著名历史学家杜瑜先生在《中国史研究动态》1991年第5期发表文章说：“（此文）开创了中国古代城市比较研究的端倪。”

会所带来的社会技术的变革，让人们已经深刻地认识到，“科学+文化+人文+艺术+智慧+N”的生产方式与生活方式模式才是有价值的，才是具有可持续性的。所以说，与以往一般意义上的规划区别在于，“文化规划”更多地强调了规划的顶层思维，强调了规划与幸福生活的关系，即空间品质化、艺术价值、审美文化和人的幸福感的表现。实际上，艺术本身也是人的价值和审美结合的结晶，也是生活是否幸福的表现方式。英国学者格雷姆·埃文斯是比较完整系统地研究“文化规划”理论的学者，并对“文化规划”提出了一整套有理论逻辑的新见解，虽然在某些方面具有个体知识的局限而不能完全被认同，但至少从一个更高的层面——以人为本的艺术和审美层面创造了独立的个人解释。他说：“文化规划——一方面是指‘城市规划的艺术’，另一方面是指城市社会中更为广泛的艺术和文化表达的融合。它也被描述为‘城市、区域和国家综合发展的文化资源的战略运用’。当把这些东西组合在一起的时候，就会产生一种城市规划的文化方法，该方法使用了一种艺术规划的基础设施体系。它所采用的机制包括考虑城市设计、公共艺术、交通、安全、文化工作区和产业区，以及创意生产链和设施规模等级结构的连锁概念。考虑到文化发展和文化民主是文化规划方法固有的作用，在规划过程中实施地方治理和社区参与，不仅包括设施选址和城市设计，还包括房地产规划（Planning for Real）、社区规划（Community Planning）和意义不明确的活动（delphic exercises），例如，美国和英国为主要发展区域或场所而运用的城市设计行动或援助小组（UDATs）。”[①]埃文斯的观点可以这样归纳：一是强调了文化规划的思想性和艺术价值的引领性，规划设计者应该创造文化与艺术的学理性价值；二是强调了从文化规划视角上说，城市社会空间应该用文化精神来表达，并强调空间与艺术的融合性是空间文化规划的一种选择；三是强调文化规划就是一种对城市与乡村的文化资源的整合、提升并进行合理应用的过程……这些观点无疑是正确的且具有某种创新性，但有一点是值得注意的，即文化规划如果仅仅归结为或主要归结为艺术层面的价值取向的话，应该说还是缺乏文化认知高度的。其总体上强调文化价值取向是十分有意义的，艺术和审美能力决定着规划水平的高低，也是当下中国的城乡规划设计普遍存在的问题和短板。

进一步研究文化规划的相关理论，格雷姆·埃文斯强调还应该学习和关注如下几个方面的问题：首先，“文化规划涉及构成一个社会文化资源的活动、设备和便利设施。这种规划的框架已经得到了发展，在一定程度上体现了从文化规划视角为政策制定提供的不同领域：‘一个监测并对城

① ［英］格雷姆·埃文斯. 文化规划：一种城市复兴？［M］. 李健盛，译. 北京：北京师范大学出版社，2022：10.

市文化资源的经济、文化、社会、教育、环境、政治以及象征意义发挥作用的过程’。”[①]这里强调的是城市文化资源的价值，而这个资源可以与所有领域合作创造财富和“城市文化资本”，要反复强调的是对文化资源关注的意义，更在于文化规划如何创造性地转化这些资源，创造这些资源的新价值。其次，如果“文化规划是确定项目、制订计划和管理实施策略的过程……它并不意味着一种文化的规划……而是作为任何形式的公共政策的一种文化方法”，是所有规划都不能忽略的规划要素，即规划应该包括文化发展战略的顶层规划，因为文化规划不仅仅是文化本身的规划，还包括确定目标、制订计划和管理实施，是一个真正意义上的系统工程，在范畴上大于传统的城乡规划。最后，按照定义，任何形式的城市规划，在其最广泛的意义上，都是一种“文化规划”形态的一部分，正如从“大文化”学理论所强调的“人和人创造的一切都是文化”一样，文化规划是一种整体性的跨学科、跨领域的规划。如，在文化规划中，“不能不考虑人们的宗教和语言身份，他们的文化制度和生活风格，他们的行为方式和愿望，以及他们对城市面貌做出的贡献”[②]。规划作为脑体结合的劳动形式，本身也是人类大文化中的一种高级文化行为和高级脑力劳动。通过以上简单的分析和研究，我们可以看到，在归纳“文化规划”的内涵、价值与意义的时候，最终都会归结于“以人为本”为内核，规划的终极目的是规划并创造人的现代化、社会的现代化、社会全员在任何空间内的幸福生活的规划等等。“文化规划”是具有总体性顶层战略意识的规划，是一个创造规划设计灵魂的规划，是一种规划某一地方价值哲学的规划，是所有规划设计者的规划活动都应该贯穿全过程的文化主体和主题思想，是一种不能放弃的人文精神规划的价值与理念。

“文化规划”不是传统意义上的城乡空间规划，而是一种全方位解决问题方案的规划，在创造空间真善美的前提下，需要把规划上升到一个系统性规划体系当中：包括顶层战略层面、“中层”规划设计要义层面、微观规划设计内涵的解决问题的方案层面——一个系统集成规划工程。创造一种新文化产业模式——“文化规划”构成新的规划“生产网链”，这种分析方法我们已经广泛应用于其他文化产业、城乡空间规划和“文化规划”等领域。这里可以看看格雷姆·埃文斯的观点和方法，他把这种“文化规划”中某一阶段的程序、文化经济活动划分为五个相互关联的阶段，并要求对一个城市或地区通过其基础设施维持、分布文化活动和产品的能力进行评估：“1.开端——想法

① ［英］格雷姆·埃文斯. 文化规划：一种城市复兴？［M］. 李健盛，译. 北京：北京师范大学出版社，2022：12.

② ［英］格雷姆·埃文斯. 文化规划：一种城市复兴？［M］. 李健盛，译. 北京：北京师范大学出版社，2022：23.

的产生、版权、创造力、培训。2.生产——从想法到产品、场所。对这种‘创造性’转化为生产的能力进行评估。3.流通——分配、批发、营销、信息、流通；它还包括评估辅助材料的质量，如目录、人名地址录、档案、库存清单以及其他有助于艺术产品销售和流通的机制。（基础设施：中介、代理商、推广人、出版商、分销商、运输）。4.递送——场地、电视、电影、商店。这些是使文化产品和服务能够被消费和享受的机制。5.受众——观看、收听、观察。这涉及艺术作品和文化产品被接受的公共的和重要的环境，涉及市场和受众等问题，以及定价和目标（社会市场）、定向（包括青年人、性别和多样性）问题的评估。这项检验可能包括一个地区的文化活动在多大程度上扩展到了广泛的社会和人口群体、海外市场以及所创造的富有生气的文化生活。”[①]不得不说，格雷姆·埃文斯所著的《文化规划》在概念的解释和体系建构上是有创新的，但是总体格局还是略小了一点，缺乏宏大叙事规划与微观设计创新的结合，包括对艺术在文化规划中的作用与价值的认识还需要某种补充。英国学者亚历山大在《艺术社会学》一书中说：“社会学方法帮助我们了解艺术反映社会的程度，塑造社会的方法。它向我们展示了艺术生产的复杂性艺术分配机制。……文化生产取向告诉我们关于艺术及其他职业生涯的知识，……我们也了解到人们如何为了获得审美快感来使用文化，建构意义，建构他们的身份、他们的情绪和他们的身体。我们看到了艺术在强化社会边界和建构社会不同阶层之间的联系两个方面，都发挥着作用。”[②]虽然在格雷姆·埃文斯的描述中可以看到很具体的空间要素表达：“文化规划同样包括的就是这些地方艺术中心、文化大厦、文化宫，无论是共享的村庄大厅、社区中心、工人和协会俱乐部，还是从博物馆、剧院、文化设施、市民歌舞厅到电影院、当地节庆的市政和商业文化设施”[③]，这些都是有必要的，但是，还需要达到更高的境界，将“文化规划”归结为“追求为人类幸福规划”可能更有意义。我们不妨看看并参考、学习格雷姆·埃文斯“文化规划”的一些具体思维方式和具体做法。

其实，我和雷姆·埃文斯有很多方面的观点是不谋而合的，而且我们长期坚持的一个规划核心是——首先解决当地面临的经济与社会问题，强调创造充分就业，规划福民富民经济发展空间，精准规划、精准生态保护，创造持续发展以及保护与精准开发一体化模式。“文化规划”与一般的

---

① ［英］格雷姆·埃文斯. 文化规划：一种城市复兴？［M］. 李健盛，译. 北京：北京师范大学出版社，2022：242-244.

② ［英］维多利亚·D. 亚历山大. 艺术社会学［M］. 章浩，沈杨，译. 南京：江苏凤凰美术出版社，2013：339.

③ ［英］格雷姆·埃文斯. 文化规划：一种城市复兴？［M］. 李健盛，译. 北京：北京师范大学出版社，2022：3.

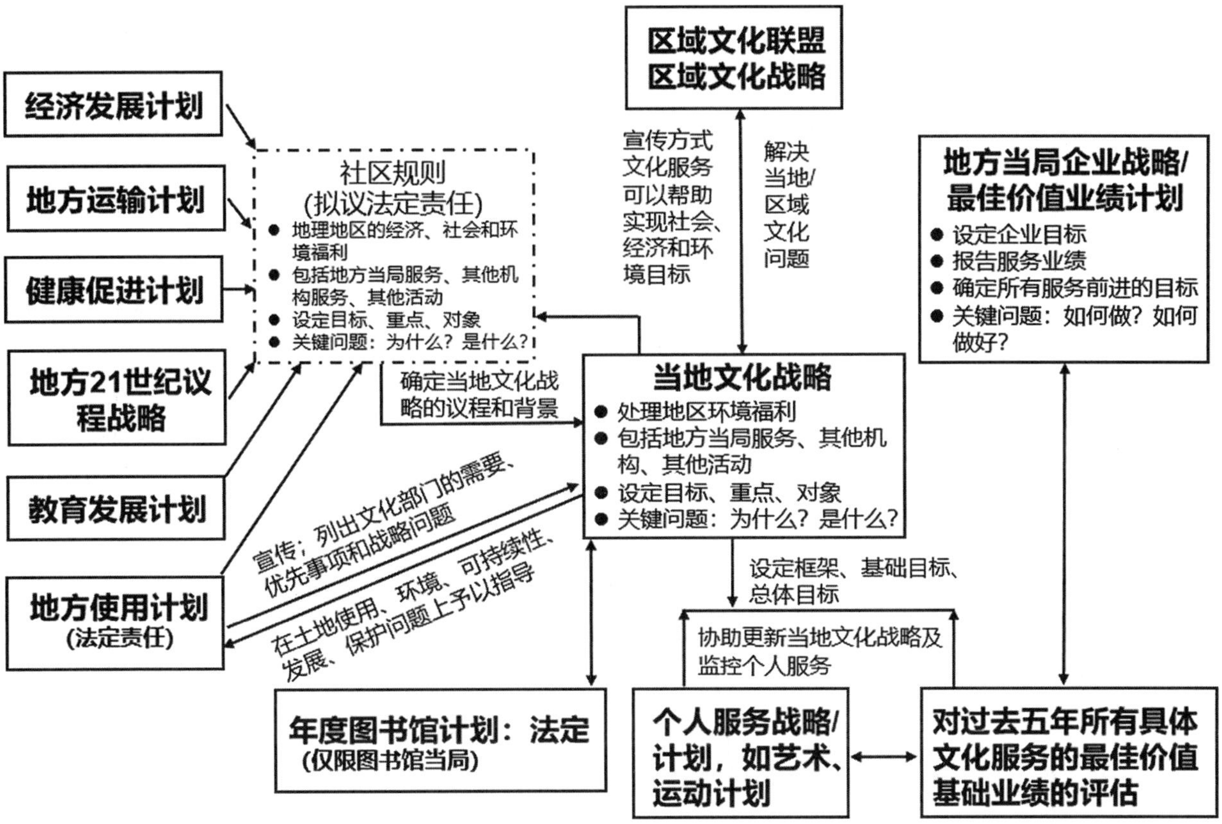

战略和规划之间的联系图[①]

“文化战略规划”是不同的，“文化规划”包括策划、谋划、定位、规划、设计、创意、IP设计、艺术空间、土地空间、色彩规划、盈利模式、赢利模式、管理运营模式和可持续的解决方案等等，是一种大文化理论观指导下的系统集成规划[②]。传统规划与“文化规划”内涵相似，边界不同，核心价值取向不同，“文化规划”模式所表现的是文化学意义上的“有边无界”，在遵循人民需要和尊重自然的基础上，遵循法制化的市场需求来进行“文化规划”[③]。

规划与设计也属于文化创意产业的一个门类。“文化规划”具有文化的引领性，是一种创造规划目标和规划灵魂的规划，其主要方法在全方位运用规划学和设计学的理论与方法之外，还要运用

---

① ［英］格雷姆·埃文斯. 文化规划：一种城市复兴？［M］. 李健盛，译. 北京：北京师范大学出版社，2022：415.

② ［英］格雷姆·埃文斯. 文化规划：一种城市复兴？［M］. 李健盛，译. 北京：北京师范大学出版社，2022：9.

③ ［英］格雷姆·埃文斯. 文化规划：一种城市复兴？［M］. 李健盛，译. 北京：北京师范大学出版社，2022：285.

和参考历史学、哲学、美学、人类文化学、经济学、文化地理学、产业经济学、区域经济学、金融学、景观文化学、人文经济学及“城市文化资本”的理论与理念，在以人为本的价值取向中，运用在城乡规划及其他设计领域的前沿技术理论与方法的一种具有顶层战略意义的规划过程，也是一种以文化赋能的规划。在加文·帕克和乔·多克的《规划核心概念》一书中提到了“文化资本”这一概念，这是在规划类的研究成果中很少见到的，也说明规划学、地理学、人文地理学和城市社会学融合渗透的深度和广度。作者在《规划核心概念》一书中提到了他们所看到的最典型的“文化资本”应用的社会现象，例如，英国“皇家城市规划学会（RTPI）、皇家特许建筑师协会（RICS）或皇家大不列颠建筑师学会（RIBA）也能够为他们的成员提供文化资本”[①]。加文·帕克和乔·多克所说的文化资本的意涵是：这些“高大上”“皇家的”的规划和建筑设计师学会，具有强大而充分的“含金量”，可以给相关机构内的规划师和设计师及组织机构做品牌“背书”，这对规划师和设计师来讲就是一种文化资本——一种荣耀和光环，也是对能力的某种证明。但是，他们还都未认识到如何从一般个人意义上的文化资本转化到公共性的“城市文化资本”上来。应该说规划、设计专业的著作中很少能够见到或提及研究“文化资本”的理论，不得不说这是一个应该值得关注的现象。《规划学核心概念》一书还认识到规划学本身就是一种跨学科最多的学科之一[②]，没有跨学科能力在现代城乡规划中已经不大可能胜任相关的工作。

有些社会科学领域研究成果的贡献主要在于“提出问题”或者包括介绍实事和说明问题，这也是必要的。“城市文化资本”再生产的理论研究与方法之一就是把文化资源转化为资本，把更多的传统资本价值转化为“新经济资本”，并能够在社会实际中解决相关的具体经济与社会问题。规划城市和乡村及做理论研究的最终目的除了提出问题、解释问题外，关键是能够在提出问题的同时，科学地诊断问题，在科学诊断之后还要能对症下药“治疗”，提出解决问题的理论认识与操作方法，其实这也还远远不够，还要能够提出解决问题后的可持续发展问题，并尽可能减少在发展过程中的问题发生，以及有一个针对性、可操作地解决问题的一整套系统方案，以促进规划目标的长期稳定发展，这应该是现代规划科学的一个系统集成服务的创新所在，也是“文化规划”追求的一个目标。彼得·卡尔索普等人在《区域城市——终结蔓延的规划》一书中说：“城市规划不能单独克服城市问题。无论我们的设计有多么好，城区过度集中的贫困人口、条件不佳的学校以及衰退的税基，都会破坏城市振兴所带来的任何成果。过度集中的贫困人口、条件不佳的学校以及衰退的税基

① ［英］加文·帕克，乔·多克.规划核心概念［M］.冯尚，译.南京：江苏教育出版社，2013：189.
② ［英］加文·帕克，乔·多克.规划核心概念［M］.冯尚，译.南京：江苏教育出版社，2013：1.

这些城区问题必须从区域尺度和城区本身来考虑，实际上，这些问题并不是由城市本身产生的，也不能成为城市自己的问题……城区更新也能获得重新融入传统城市规划的机会。”[①]是的，一般的规划，或者是传统意义上的规划本身很难单纯用规划来克服、解决城乡问题，但是至少可以提供解决某一方面问题的方法，否则，规划结果本身就是问题，如果，从“文化规划”的视角看，创造一个系统集成服务的规划体系系统，运用全球最新的科学技术，就有可能为传统规划赋予新的能量，进而解决规划所面临的阶段性问题。

全球化时代的城市被广泛地联结在一个巨大的网络中，虽然在各个国家存在着各种各样的竞争和不同的文化价值观，但是在这个全球网络社会中的所有城市之间不仅有合作和共赢的机会，同时也存在着竞争，甚至存在相互取代的可能。“世界的压缩和世界作为一个整体的意识的强化”[②]，世界各国和世界上所有的城市正处在同一个“全球性巨型网络社区”当中，我们必须严肃地认识这个问题——关键是谁能在这个“全球性巨型网络社区”中创造独立的发展空间、创新空间并占据优势区位空间，这就需要城市自身能够有不断发展创新的能力，能够有核心竞争力、综合竞争力和“城市文化资本”再生产力，就犹如“全球城市”那样，使创新成为城市发展的日常。美国学者理查德·佛罗里达教授在2003年出版了《创意阶层的崛起》（英文版）一书[③]，佛罗里达在书中试图解释的一个重要问题就是：为什么有的城市欣欣向荣并能有长期持久的创新发展？而有的城市却毫无生气而没有创新能力？他认为：首先，关键在于这座城市有没有形成创新的发展空间——创新的文化土壤；其次，是城市内有没有创造大规模的“创意阶层”；另外，是城市内有没有对创意阶层形成的创新文化发展的宽容性……该书出版仅一年左右就被《哈佛商业评论》评为2004年最具有突破性观点的书之一。“创意阶层”是继蓝领阶层、白领阶层和金领阶层之后的一个新型阶层，也是与现代网络智能科技相适应的一个有创造力的新阶层，在开放的社会系统中，“创意阶层”本身就是创新的人才群体，是世界大区域人才需求竞争和抢夺的对象；再有，“创意阶层”产生的重大意义在于，创意与创新在某些方面是文化共同体的两个方面，有创新土壤，一定有创意阶层的崛起。

之所以强调要学习一点“文化规划”，是因为这本身就意味着必须要进行跨学科的研究和学习，挖掘更多的综合性知识以指导规划的高质量发展和具体落实，否则，规划将落后于城乡的发

---

① ［美］彼得·卡尔索普，威廉·富尔顿. 区域城市——终结蔓延的规划［M］. 叶齐茂，倪晓晖，译. 南京：江苏凤凰科学技术出版社，2018：278.

② ［美］罗兰·罗伯森. 全球化——社会理论和全球文化［M］. 梁光严，译. 上海：上海人民出版社，2000.

③ ［美］理查德·佛罗里达. 创意阶层的崛起［M］. 司徒爱勤，译. 北京：中信出版社，2010：79.

展。所有的经济行为都可以归结为文化行为，包括所有的消费行为也都可以看作是文化行为一样，经济学与消费经济学的背后是文化价值和文化心理感知效应，如面对社会“经济疲软”现象，从“经济理性人”的角度解释消费理性是常态，人们都想用最小价值成本来换取最大价值……而社会学、文化学和经济社会学可以解释这样一种现象：在一个经济低迷时期，一个收入很低的人或群体，为什么也会买一个世界名牌——奢侈品包背在身上呢？因为她背的不仅仅是一个简单的名牌包，而是一种商品品牌，而这个品牌是用于证明身份价值和社会交往关系的信任的品牌……其中更多的不是理性消费，而是经济价值、文化价值和社会关系价值的综合隐喻表达，一个名牌包在某种意义上标明了个人“文化资本”的某一方面，或者是暂时的“文化资本”价值，即在经济生活和消费生活领域更多的是文化价值观在起作用，而不是经济成本在决定价值，就如“口红效应”一样。经济学强调“经济人理性”，而在社会和消费市场上，很多生产和消费行为都是非理性的、冲动的、消费潮流性的、时尚性的，因此，消费往往是可以被引导的、刺激的，特别是文化和时尚消费，引导性更强，这从当代“网红经济”的引导性中可见一斑。从凡勃伦的“炫耀性消费”到鲍德里亚的“将消费看作一种符号形式”和通过消费确定阶层化[①]的理论观点证明了文化在经济领域中的作用与价值。所以，研究市场经济、研究规划的空间赢利模式和消费需求，也就自然成为规划设计者所面临和必须思考的问题，否则，空间只是一个空间而已，土地仅仅是土地，没有人的劳动作用在其上，土地也不构成财富——这是马克思理论的基本逻辑。

规划、设计必须关注相关人群的经济发展、社会地位、文化价值取向与心理文化人格等现象及社会问题。阿兰·贝尔托说：有些时候“城市规划师通常不熟悉基本的城市经济学知识：一些城市规划者确实熟悉城市经济学，他们可能会定期向经济期刊投稿。……我发现许多城市规划师，即使是在西欧、北美和东亚等非常富裕的城市，不仅很少了解市场的运作，而且还以假装无视市场为荣，我曾听到一些市长和规划师抱怨他们的城市密度太低，同时又抱怨土地价格太高。在过去的几年里，我为世界各地的城市审查了许多新的总体规划。它们都没有提到房地产市场、土地价格、运输成本、通勤时间或基本供求的概念。它们都建议在各个位置使用特定的密度。选择这些密度，就

---

① 人们今天在消费中更受吸引的不是物品本身的功能，而是某种被制造出来的象征性符码意义。对此，波斯特说，在鲍德里亚这里，“变成消费对象的是能指本身，而非产品；消费对象因为被结构化成一种代码而获得了权力”。所以，今天的消费已然不是人的真实消费，而是意义系统的消费。消费主体不是个人，在现代消费中，真实的个人恰恰是被删除了的。有如拉康所说的那个被斜线划去的$。也是在这个意义上，鲍德里亚宣称：“消费的主体，是符号的秩序。”参见：［法］让·鲍德里亚. 消费社会［M］. 刘成富，全志钢，译. 南京：南京大学出版社，2014：226.

好像密度是由规划师的设计产生而不是因土地和建筑面积的供求规律产生的一样”[①]。阿兰·贝尔托作为一个学者具有很强的批判意识，他说很多规划者“还以假装无视市场为荣”——我对这种批判性的观点是有同感的，“无视市场”的本质就是无视人的存在，如果我们规划的某一空间对于个体、群体和社会经济与文化发展没有意义，这个空间就不具有公平性与正义性，规划完成后的空间对于人来说也不具有价值性，这种规划本身就是失败的。很多规划人都不关注土地与建筑之间的经济构成关系，包括“空间里的生产”赢利模式、效率和后期的运营发展问题等等，很多规划师认为经济发展与他们没有关系，甚至有人提出“规划必须只关注纯粹的空间规划理论”等[②]。而我认为，在城乡规划过程中，应该对城乡经济、文化、生态和社会发展有帮助，对规划地区的就业和社会经济效益增长有帮助。当然，所有的城乡规划伴随社会发展都会面临新发展带来的新问题，我们经常看到全国各地城市都要“调规”——这是必然的也是必要的，规划人必须思考规划对象在规划的中长期发展问题，而长期发展的意涵就是经济的可持续增长，规划不能一劳永逸地解决问题，同时，规划也必须解决所面临的阶段性发展问题。“在世界城市对政治权力和社会意义的竞争中，新城市秩序逐渐成形。中心地区商业竞争激烈、投资方式影响力越来越大，新社会群体……”会“出现被经济变化边缘化的下层阶级”，会出现“当地的失业，尤其是年轻人的失业仍然在持续。所以本地的反抗力量也是存在的”[③]。正因为如此，城乡规划必须关注“文化规划”的顶层设计价值，关注规划对象的社会发展问题，规划人有责任在关注空间的公平与正义的同时，运用自身能力去考虑对社会问题的解决方案，而我们主张的就是所有的规划都要创造某种意义上能够引导充分就业的空间体系。

① ［美］阿兰·贝尔托. 城市的隐秩序——市场如何塑造城市［M］. 王伟，吴培培，朱小川，译. 北京：中国建筑工业出版社，2022：14.

② 我曾经与相关的规划人激烈地争论过这个问题，当然双方僵持不下。“例如，上海环球金融中心（Shanghai World Financial Center），一座建于上海新金融区浦东的壮观写字楼，高101层，总建筑面积37.7万平方米。该写字楼建在一处27800平方米的地块上。建筑面积与土地面积的比率（也称为容积率，或FAR）约为13.5。换句话说，建造上海环球金融中心大厦时，开发商仅用了1平方米的土地就建造了13.5平方米的建筑面积。相比之下，在距上海环球金融中心24千米的上海郊区华新洲，开发商建造的单户住宅占地1350平方米，建筑面积300平方米，容积率为0.22。因此，在上海华新洲建造1平方米建筑面积所占用的土地是浦东的61倍！同一城市两个不同地段生产1平方米建筑面积的土地消耗的巨大差异反映了土地市场设定的土地价格的巨大差异。”［美］阿兰·贝尔托. 城市的隐秩序——市场如何塑造城市［M］. 王伟，吴培培，朱小川，译. 北京：中国建筑工业出版社，2022：43-44.

③ ［英］约翰·伦尼·肖特. 城市秩序：城市、文化与权力导论［M］. 郑娟，梁捷，译. 上海：上海人民出版社，2023：137-138.

四、求知：全球城市化与城乡融合发展规律与特点

掌握事物的发展规律是研究和解决问题的钥匙。我在《社会学研究》发表的文章中有这样一段话：中国的城镇化研究和制度设计必须从传统城市规划学、地理学和区域经济学科领域的局囿中走出来，并上升到城市社会变迁、社会进化的广域角度和高度来研究。城镇化是国家现代化和“现代性”创新的载体，“社会学家把城市形成的历史当作社会进化的一个形式来研究”。城市作为“改造人类的主要场所”，能够“化力为形，化能量为文化，化死的东西为活的艺术形象，化生物的繁衍为社会创造力”，城市成为人们理想与价值的实现地。我们必须学会在科学、理性的前提下，采用科学性与学理性相结合的方法来研究、探索中国城镇化的发展规律，而不是“设计”人类城镇化的规律①。从“文化规划”的视角进入城乡规划，需要建构起新的城市科学研究认知观、城乡空间的公平与正义观、追求规划本身就是规划人人幸福的价值观、“城市文化资本”再生产的“新经济资本”价值观……创造城市社会空间幸福美学的生活方式、创造城市社会的充分选择机制、创造城乡社会一体化的可持续发展——在这一理论逻辑下，要求规划人努力具备相对完善的跨学科知识结构，也需要对城乡社会新的社会结构变迁和概念有更多的了解，如“城乡社会等值化”、城市文明普及率、城乡产业网链结构、农民社会的终结、后现代社会的“中轴理论”和“城市文化资本”再生产的本质就是创造公共的文化资本以形成城市的永续发展动力等等新思维，有更宽的学科跨度，更高的理论思考，才会有更宽的视角，从而才不会有“认知死角”和文化及知识偏见——偏见比无知离真理更远。在一般性意义上，融合城市科学、城市经济学、城市文化学、城市社会学、城市历史学、城市生态学、城市规划学、区域经济学、产业经济学、文化地理学、景观文化学、文化旅游经济学、数字经济和算力科学及大数据应用等综合性学科，建构个体或群体相对完整的知识结构认知平台，才有可能产生更多的规划创意灵感，才有可能发现并把握城乡空间社会结构变迁的一般规律，才有可能充分研究和认识全球工业化以来东西方城市发展规律的异同和断代切面“文化纹理”。只有在充分研究当代城市化和城市现代化进程中发生社会问题的根源与时代特点及趋势之后，才有可能创造相对具有科学属性的、能够解决问题的理论模型和解决问题的方案。另外，无论从何种角度来确立创新思维方式，都必须清楚地了解当代全球范围内城市科学发展理论前沿和最新的科学研究技术手段等。不言而喻，未来城市成功的规划属于有充分知识储备的人。

未来30年全球城市化发展将会展现这样的特点：

---

① 张鸿雁.中国新型城镇化理论与实践创新［J］.社会学研究，2013，28（03）：1-14，241.

1.全球将全面进入城市社会发展阶段。世界城市化水平呈现加速度提高态势，虽然会出现多个全球性城市体系，但是全球范围的城市化发展仍然会呈现集中与分散的两种发展格局，这是与现代全球科技网络社会的发展和新型现代“精准农业”的发展相适应的。

2.全球城市化的主流正由发达国家向发展中国家转移，并出现城市化和城市再现代化的高潮，在这一过程中表现了强烈的文化全球化的特点，即后发达国家以城市化和现代化为主，发达国家以城市再现代化和后现代化为主并具有全球引领性，“全球城市”数量将会有新的突破。

3.发展中国家城市化质量和城市生活方式质量水平提高相对缓慢，混合型社会和梯度型发展呈现多样化趋势，当代世界上的后现代社会结构和传统自然经济结构的传统乡村仍然长期并存，并且是相关政治与社会问题产生的渊薮之一。

4.全球世界城市化形成多种道路并存的多类型模式，而中国和一些后发达国家必然是以大城市为主导的城市化发展模式，而原来的某些发达国家仍然是以发展中小城市为主，世界城市发展正在出现多极化城市群区域结构，并由世界级城市群为发展极且用以划分世界大区域经济格局。

5.世界级特大城市和城市群规模会出现新的结构性增长，而且影响范围会急剧扩大，并具有经济社会发展的引领性。大城市区域、城市群都市圈将成为国家地域生产力和国家实力的集中表现形式，城市群经济结构将成为国家经济的主体①。

6.“全球城市”的样板性和标准性影响会越来越强化，现代化交通体系会促进区域性首位型城市加速发展，成为区域核心竞争力的新兴产业和人才集聚高地，现代高速型公共交通将创造巨型城市群和国家型城市群，很多国家将会出现国家城市化。

7.大都市带经济崛起，包括流域城市经济和流域城市以其通江达海的优势正在成为全球最具发展活力的地区，同时构成国家经济发展的主体经济区②。

---

① 蒋浩，等.为长三角一体化构建“宁合”新力量［N］.新华日报，2021-03-23.

② 张鸿雁.论市场经济的发展与中国城市现代化道路及方式选择［J］.城市问题，1994（06）：9-15.文章提出：“首先，建立中国城市群内部新的地域经济结构：把沿海城市带作为中国经济发展的第一发达地带，使之成为中国经济发展的主导地区。其次，创造内陆城市群与沿海城市带的整合关系，包括以上海为龙头的长江城市带、珠江三角洲城市群，以及黄河城市带。最后，要对沿边口岸城市重点开发。由此，建立沿海北至辽宁，南到广州和海南省的中国最发达的沿海城市带，加上内陆的长江城市带、黄河城市带、京津唐城市圈及沿边内陆口岸城市的多层次、纵横联合、重点突出的立体经济发展战略。”本文是笔者1994年发表在《城市问题》中的学术论文，同年，由于《城市问题》编辑部与法国国家科学研究中心跨学科城市研究规划署（PIR-Villes du CN RS）达成协议：双方同期在中国和法国分别用中文和法文出版介绍法国和中国城市研究成果的论文专辑。本文亦被翻译成法语，登载于巴黎第十大学城市地理研究所主办的《城市比较》杂志中。

8.在世界城市化和城市现代化的进程中，过度城市化与低度城市化现象还会长期并存，地缘政治会深刻影响某一区域的城市化和现代化发展，甚至会产生明显的经济萎缩区域。世界城市文化价值链会创造不同样态的“世界新文化产业分工”和新经济产业“网链结构”体系，而且这种差异将永远存在，只是差异的内在属性和形式内容有所变化。

9.发达国家现代化城市在发展中仍然会不同程度存在和产生各类新的“城市病”，同时随着科技与经济社会结构的变迁还会产生新的“科技网络社会型城市病”，非典型社会问题将会更加非典型，这也是科技智能网络社会的必然现象，即人类社会必然存在与科技网络相伴随的政治、经济与社会问题，人类社会应该对全球化的网络社会有某种预判并共同应对。

10.经济全球化和区域城市群已经作为政治、经济、文化集团化的载体形成全球城市体系多极结构，越是世界型城市越具有开放性，而文化则成为城市社会新的核心竞争力和文化软实力。

11.网络技术、大数据和AI等智能科学技术和新知识发展对城市经济的发展模式影响越来越大，科技创新发展成为国际化城市发展的必由之路，是城市发展硬实力或称城市“硬核”，城市“硬核”越强的城市，越注重城市文化软实力的发展与创新。

12.城市跨区域管理成为新型城市群和新型都市圈发展的重要影响力，全球城市的区域整合机制正在形成，现代交通科技的创新，使大城市的半径正在无限扩张，城市将会呈现“无底、无形、无边、无界”的发展样态，中国城市的行政壁垒在某种程度上会制约区域经济的一体化发展，应该提出相应的对策。

13.全球城市化将会掀起新一轮自然生态城市建设的浪潮，循环经济与“循环社会型城市发展模式”将成为主要趋势，“零耗能”社区已经出现，将会推动“零耗能城市”“海洋城市”“超级建筑城市”“新型立体城市”的建设与发展。

14.全球城乡关系正出现新的结构体系，城乡融合、城乡一体化、城乡等值化、平衡空间模式、城市化区、综合独立节点城市、农村地带独立“区域核”等，正取代传统的城乡认识观，“没有传统农民”的农业社会、城镇会在全世界范围出现：一方面是现在的“全球城市”，一方面是“全球化乡村”。

15.全球城市再现代化催生城市社会新阶层的崛起。从20世纪初开始，城市社会阶层结构出现替代性的社会变迁，城市主要就业群体从以产业工人为主向以工人阶级为主转型，又从以工人阶级为主转型为以“蓝领阶层”为主，在1954年前后城市里出现了以“白领阶层”为主的社会阶层结构转化，此后，“农业白领阶层”“金领阶层”“智识阶层”相继出现，到20世纪90年代“创意阶层”开始崛起，文化和创意产业开始成为城市主体产业之一。

研究城市化进程中的政治、经济、社会、生态、文化和“城市文化资本”的结构性关系，从中可以更深刻地看到文化与所有生产形式的可融合性，在一定条件下，城市文化资源正在从方方面面转化为“城市文化资本”。城市发展是永恒的，所以城市社会问题的存在也必然是永恒的，犹如船在大海中航行一样，一定会遇到风的阻力，航行的速度越快风阻越大，发展本身就是在建构新问题的过程，关键在于如何理解和解决问题。进一步说，社会存在就是问题，这是我多次反复强调过的，每一代人，都是为了解决当代的问题而存在的，而不仅仅是为了享用这个时代的成果而存在的。21世纪20年代的中国，城市化正处在一个新阶段的关键期，人们常常会把某些社会变革阶段、社会结构转型期、市场转型期及社会发展中产生的必然性问题归结为城市化的后果。事实上，面对快速城市化引起的城乡变迁而产生的各种新的社会问题，我们在理论上、政策上和实践上的认识还很不足，也因此付出过代价，对此我们应该从更高的理论与实践意义上认识中国城市化进程中存在的问题，正确地预测并能够应对挑战，这需要提出具有超前性的认识和科学性的战略与战术思考。对于21世纪中后期的中国城市化进程，我们应该清醒地认识到所面临的问题：

1.人口变化将是制约中国城市化发展的主要因素，无论是人口增量或是减量，对中国城市化都具有空前的挑战性，特别是中国老年社会的深化和人口减量问题可能是中国社会发展出现新问题和不确定的因素之一，特别是从人口高速增长到增长快速下降及人口减少所面临的问题可能会更为深刻，应超前预判提出近中远期的发展政策与具体的人口对策，提出强化人口的增长鼓励对策是当务之急，对越来越深化的老年社会要求有一个明晰而具体的对策。同时，城市、土地利用与自然环境的承载关系矛盾将仍然是中国城市化的最大障碍之一，而且是与城市现代化过程并存的问题。

2.城市创造性的可持续发展政策环境还不充分，城市创新的土壤不够深厚，城市创新力普遍不足已经是中国城市发展的一个显性问题。主要表现在城市发展缺乏政策创新的内在连续性、针对性和有效性等。城市总体发展目标与社会需求及长期发展的历史责任目标有偏差，特别是城市中的民营企业数量、规模增长慢，民营企业生命周期比较短，城市市民充分就业的保障性不高，城乡公共服务环境缺乏相对均好性等，影响城市经济与社会高质量发展和社会的稳定性及可持续性。

3.城市更新与城市基础设施建设在低水平上徘徊，既缺乏美学及艺术设计，又缺乏长远的规划设计，由于过去城市隐性基础工程建设欠账较多，城市基础设施的现代化建设将是一个长期工作。要特别强调的是，有些城市基础建设仍然表现为传统性，地表项目建设多，地下“良心工程”建设少；短期赢利工程建设多，长期韧性工程建设少，而且等级不高，因而使得一些城市抗风险能力普遍较低，创造韧性城市成为城市发展的主要选择。城乡多样化的“拥挤不经济”会形成迭代发展，仍然会普遍且长期存在，城市环境质量与生活质量优化的矛盾是一个长期博弈的过程，是一种有关存在与发展方式的结构性社会问题。

4.传统城市政府管理模式在很多方面已经不适应城市现代化建设发展的需要，城市管理体系与机构设计仍然具有传统性，特别是城市群、城市带、都市圈发展所强调的一体化模式已经成为中国经济发展的空间主体战略以后，这一问题将会更加突出，可能会出现相对严重的城市管理缺位和局部过度管理并存的现象，现有的行政壁垒模式会长期影响城市与区域的产业布局，网络社会的“一网统管”只是注重用现代化的手段，旨在强化传统管理模式，城市管理机构设计已经不适应现代社会的发展。

5.按照传统城市行政区划作为空间单元的规划理论与范畴，已经不适应城市空间再生产结构的跨区域增长需求，也不适应市场经济模式下的空间发展，包括一些产业园区及地域生产布局的跨行政区域规划设计的需求。无论是大中小城市，还是小城镇及村落规划与建设尚存在一些显性化负面问题，有些是规划引发的问题，有些是管理模式引发的问题，还有些是行政区域管理方面的问题，主要表现在不同行政区域的城市与城市之间、城镇与城镇之间、不同的行政区划之间……因为规划只是谋求完成指定的某一行政区域内的规划要求，各行政区域之间在有些地方缺乏规划衔接，在很多地方显现区域空间的“结构性空洞”，成为“被遗忘的角落”。发达地区越是发达，相对落后地区的“结构性空洞”问题就会愈加明显，应该关注并提出相对的解决办法，在规划上应该推广跨行政区域的整合空间规划、跨行政区域的产业布局发展规划等等，在有些地区仅针对地方性的规划明显地阻碍了跨省域、跨市域、跨县域、跨行政村镇等跨地域型的地域生产布局和国家层面的产业布局。

6.一些城市化率较低的偏远县域和地区，人口及产业集中度偏低，有些地方仍然存在过度分散的现象，不具有生活的现代性，文化价值观念和生活方式仍然具有传统性，而且一些相对封闭的地方，落后的文化习俗仍然困扰着人们的生活。一些欠发达地区的县域范围城市化水平低于全国水平，城乡差异、乡村与乡村的差异在某些地区会越来越深刻，在国家总体发展规划上应该重点突破，加快城市化、城镇化进程，让偏远地区的村落人口转移到重点镇和重点村上来，让他们过上与城市人一样的生活方式，单纯靠扶贫不能解决生活方式、文化资本拥有、村民集体良知和文化价值观的问题。大城市的“虹吸效应”使得一些地区“二元经济结构”仍然在继续深化，很多相对落后的农业地区在进行乡村振兴建设后出现了“二次空心化”，新建好的村庄虽然设施齐全，但是因为没有产业和就业功能，新建好的村镇有些已经沦为新的“空心村”，这应该引起我们的高度重视。

7.网络社会形成的新工作方式、生活方式和交往方式可能会带来新的社会问题，如“少子不婚不育”、城市以老养老的老龄化、外卖餐饮和预制菜的发展带来家庭生活观念的退化、“零工经济”的普遍化、婚姻伦理道德观念的变化等，会影响城市化和城市现代化的高质量发展，更会影响城市文明社会和马克思所论及的市民社会建设。

8.和发达国家比较，某些城市人口与居住空间过度集中的规划带来很多新的经济与社会问题，主城区域人口中心集聚过度，城市框架又没有拉开，城市生产、生活、交通和社会交往空间半径还停留在农业社会城镇建设的思维方式上，很多地区的荒山坡和没有经济价值的山坡地并没有充分用作居住与生产空间，大量土地空间被浪费，空间再生产缺乏创造性，加上一些地区现代交通体系结构不合理，很多城市“产城分离”严重，已经直接影响了城市社会生活整体上的现代化和高质量发展。

从上述问题分析中我们可以看到，有些时候，我们对城市化、城市现代化和后工业社会发展理论的内在联系认识不足，对全球城市化理论、全球网络社会前提下的城乡一体化空间演变及规划等理论认识不足，加之，没有完全意义上的市场化管理评估体系和对现代城市规划科学的综合评价指标体系，因此，我们的城乡规划缺乏法规性的管控力、指导力和社会约束力，有很多新的城市与乡村问题与规划的不科学有关系，包括城市生态规划与建设方面，未能将自然生态、文化生态、社会生态、市场生态建设与城市人口容量及未来发展全盘规划统一思考，这将会产生后续遗留问题。

之所以把“文化规划”提到一定的认识高度，就是根据上述世界城市化发展趋势的认知和对当下及未来相关问题的认识而提出的。值得强调提出的是，对于现代化意义上的城乡融合规划来说，文化和旅游产业与城乡空间规划的新发展具有自洽性、耦合性、相互赋能性，文化旅游的发展规划与城乡空间一体化规划、“文化规划”有高度重合性，都包含有“三产融合”“三生融合”“空间的生产”、土地合理优化利用、充分就业、产业发展、空间与生活方式、创意设计和城市设计等等。“文化规划”是建构在对个人和社会美好生活规划认知基础之上的一种文化主张——是为区域空间和区域社会谋划幸福的过程。规划主体意识、主题和规划所解决问题的主攻方向是创造区域社会的良性发展。

“全球城市”是世界上经济最发达的城市与区域社会，它们都具有共同的特点：首先，最显性的是“全球城市”都是世界级旅游目的地城市，都有优秀的历史文化遗存、最受消费者欢迎的城市旅游项目、最好的博物馆、最好的图书馆和最好的美术馆等文化空间和国际化的旅游服务体系；其次，“全球城市”也都是世界认同的宜居城市，而且适合世界所有的旅居者在此休闲休假、创业就业，如伦敦连续八年被评为世界宜居城市第一名；最后，“全球城市”也都是文化和创意产业发达的城市，有世界最优秀的“城市文化容器”的文化元素表达，独一无二的文化旅游项目所构成的“城市文化资本”。有学者认为：“尽管‘文化城市’（cities of culture）在过去曾与帝国、城邦、贸易和工业城镇中心联系在一起，但是，城市复兴把文化作为一种消费、生产和形象的战略已经显而易见。”[①]文化是一种产业，当文化与其他人类存在要素相加的时候，就会产生多种多样的产品供给人类需求，越是现代化的国家和城市这种现象越明显，越是世界最优秀的城市，文化艺术表现也最丰富、最有价值和最有文化创新力——“文化的这种象征性和政治性经济从来没有如此紧密地联系在一起”[②]。文化可融合所有的产业和产品而使优秀的产品具有日益增长的文化附加值，“从这个意义上说，文化规划采用工业和经济资源的规划和分配，而公共文化的物质层面——设备、设施、公共领域：一种文化基础设施——则直接有助于城市设计以及土地利用、交通和运输之间的关系，即城市的规划过程”[③]。在这一系列的论述中让我们看到文化转化为文化资本，再转化为“城市文化资本”再生产，就会赋能科技、工业、农业、艺术等，使传统意义上的土地价值表现为人文区位价值，而人文区位价值在创新的发展中，就会建构和创造以“城市文化资本”为核心的“城市价值”。如珍妮特·L.阿布-卢格霍德等人在研究纽约、芝加哥、洛杉矶——美国的“全球城市”时说：“由此可见，对于一个如此长而宽的连续性城市化带——虽然仍旧参差不齐——显然没有‘自然的’边界。只有研究者处于特定目的所选择的多种多样的、半任意性的范围。这是因为，在20世纪不断增长的过程中，第一世界的城市化已突破了19世纪的城市空间限制，产生了萨迪奇（Sudjic）所说的‘一百英里城市’。这一既有环境的分散化反映了广泛而复杂的人际关系社会网络，甚至更为复杂的经贸网络，即全球化体系。”[④]只有知道了“全球城市”和世界各类城市发展的空间结构和范畴，才能创造性地规划自己的研究对象。

在“文化规划”上有这样一个城市空间文化选择定律——“前序文化选择规范、约束并决定着后续的文化选择，使文化选择形成惯性发展”。城市空间文化选择有两种基本形态，一种是城市空间及城市文化的“积累性选择”，这是一种普遍选择，随着城市历史的延长，城市文化要素积累越来越多，如高品质的建筑、历史文化遗存、景观数量的增多等，但是，这种选择方式容易泥沙俱下，往往形成文化发展的二律背反，即“文化进化中的文明之箭，正在刺向文明自己的喉咙，有可

---

① ［英］格雷姆·埃文斯. 文化规划：一种城市复兴？［M］. 李健盛，译. 北京：北京师范大学出版社，2022：2.

② ［英］格雷姆·埃文斯. 文化规划：一种城市复兴？［M］. 李健盛，译. 北京：北京师范大学出版社，2022：2.

③ ［英］格雷姆·埃文斯. 文化规划：一种城市复兴？［M］. 李健盛，译. 北京：北京师范大学出版社，2022：2-3.

④ ［美］珍妮特·L.阿布-卢格霍德. 纽约、芝加哥、洛杉矶：美国的全球城市［M］. 张玥，译. 上海：东方出版中心，2023：551.

能会出现历史发展的反推力”。任何城市空间的文化选择区位，都会影响周边及后续空间的选择与建构，因为在空间社会学上分析，所有的实体空间在世界上只有一个，具有唯一性的价值，当确定了占有空间位置之后，其他空间的建构和空间生产只能成为周边要素，关键是哪一个空间更有内在价值和创新价值并成为空间的主体价值……这些都是文化规划所需要思考的，从而需要在规划中创造空间的文化价值与“城市文化资本”价值。另外一种文化选择的基本形态是“替代性选择”，即能够在历史的发展中择优进化，先进的文化替代落后的文化，一个优秀的国家和民族往往能够形成择优的替代性的文化选择机制。

一个规划虽然不能包罗万象，但是，在解决某一个地区空间规划的问题时，必然会引来土地问题、产业问题、就业问题、环境问题、人口流动问题、旅游发展问题、历史文化保护问题及可持续发展问题等，这要求规划者既要研究更多的相关问题，又要能够拿出一套兼具理论基础、目标定位、案例对标、有创新性、有可落地性和有可持续发展功能的方案，规划者要比需求方想得更多、站得更高、看得更远，使规划成果更具有超前性的应用价值，更有效和更能符合地方实情。列斐伏尔的“空间生产理论”最大的弱点是没有解决“空间里的生产”和“空间再生产”的关系问题，特别是没有强调解决、研究空间里“人的生产”和生活及发展问题。“空间”是创造财富、生产过程和生产结果的基础，在现代社会，城市空间被赋予了更多的属性，城市空间既是一种商品，也是一种创新的资源，在现代社会更是一种全新意义上的“新经济资本”要素，如何让我们能够创造性地规划，给人们提供更好的有美学价值的生活空间、更好的就业空间、更好的创业发展空间……是我们城市研究者和城乡规划人应该追求的目标和责任。

五、创议：新思考、新思维、新模式、新主张与逻辑自洽

“全球已经成为一个网络社区”——这是我们提出的一个全新的概念和范畴，也是对网络社会条件下的全球一体化发展方式的新认知，我们必须以全新的发展方式和创新模式应对“全球一体化网络社区”带来的新挑战，必须在全球化范围的城市竞争中创造世界性独立“文化身份识别”系统，必须在全球城市文化价值链的发展中介入其发展的高端环节，必须使中国城市能够立于世界民族之林的前列，并能够具有民族文化创新的引领性——全球一体化的网络时代，是一个创新的发展机遇。

城市是由一系列文化景观组成的结构化空间，能够成为人类文化认同的景观文化系列除了具有深刻的民族性、艺术性和历史性价值外，还具有特殊的“城市文化资本”价值。巴黎，仅一个

埃菲尔铁塔就创造并表现了经济价值、财富价值、社会价值、历史价值、城市形象价值和“城市文化资本”再生产的可无限增长性价值，伴随巴黎城市历史的演进，其价值会伴随时间的推移而增殖……应该说，埃菲尔铁塔这一城市文化地标和IP，很好地诠释了优秀且伟大的景观作品的象征意义和无穷无尽的历史文化价值。任何景观都是由创作者的文化思想内容和物质意义上的货币符号价值累积而成的，一个有人类文化共性的景观包括了物质、精神、思想、艺术、政治和民族宗教的多重文化内涵，并往往是注入了创作者、需求者、观赏者的思想和时代主题意义，这样的景观作品可以与成千上万的人对话互动，使其本身具有财富意义上的景观升华，凝聚为人类人文精神的表意符号。

凝练、聚焦城市文化意象——塑造特色“城市文化资本”。城市景观是城市文化在时间与时空上的一个凝固化符号，包含着更多的文化内涵，并给人以更多的文化与艺术上的理解空间，特别是相当多的文化系列景观构成城市文化的系列“场景”之后，就会形成景观“文化丛”。一个系列景观——或紧密关联或间接关联的景观群能够创造一个典型的城市文化模式，甚至是以景观文化群落的范式创造城市的价值——除了“全球城市”和世界一线城市之外，如米兰、威尼斯、巴斯等文化特色城市——可以信手拈来。如果景观“文化丛”构成的场景系列能够具有“垄断性”“唯一性”“历史性价值”“民族文化性”“人文价值性”等，这个景观和景观群落就会具有“城市文化资本”性意义，就可以转化为城市文化核心竞争力的要素，如南京紫金山文化景观丛、上海外滩文化景观丛、杭州西湖文化景观丛、北京故宫文化景观丛等等，已经成为城市的文化资本，所产生的价值与影响是不言而喻的，这类典型案例在全球范围内不胜枚举。一个城市文化景观丛系列可以成为凝聚人才与资本的引力，一座城市如果能够创造系列化优秀景观“文化丛”，就有可能成为城市永久性的文化与经济价值源泉，巴黎、伦敦、东京、纽约、上海、北京已然成为世界级的文化中心城市，城市世界级的系列景观文化群落为城市创造了无穷无尽的魅力。

从城市发展的方式看，应该激活现有的、沉睡的城市文化存量资源，将文化资源向资产、文化资本转化并进行资本运作和“城市文化资本”再生产，在文化资源向文化资本的转化过程中创造在全球市场上可以流通并有文化认同的“城市文化资本”符号和文化品牌。其实，巴黎、东京、伦敦、上海甚至是中国的县城“沙县”“义乌”等城市和城市品牌名称已经在全球市场竞争中获得认可。

从人类社会产生城乡对立以来，城市作为人类社会发展中心和主要动力的功能没有改变，但是城市社会空间的意义和文化价值却有了时代性新文化属性。菲利普·麦卡恩说：“生产要素投入通常被划分为三大类型，即资本、劳动力和土地，这些要素在生产过程中所获得的要素报酬分别是利润、工资和租金。”[①]从“新经济资本”的角度分析，“资本、劳动力和土地”这三要素构成一个完整的或完全化的空间状态，可以称之为“空间三要素”，而三者之间相互作用才会使空间产生价值，或者说这“三要素”构建了“空间里的再生产”和“空间的再生产”的场景结构，缺一不可。附着在土地之上的空间，其中有了人的劳动和资本及智力投入，包括脑力和体力劳动——才有可能获得“利润、工资和租金”，所以，城市在“空间三要素”的作用下具有无限可能性。因此，需要时时关注空间的文化意义与学理性价值，对城市科学研究来说是须臾不可忘却的。

我们要说：“深度适应性是复杂系统理论与建筑问题之间最有效的结合点。（克里斯托弗·亚历山大Christopher Alexander）。”[②]城市空间是社会的产物，越是发达的社会，空间的利用越充分，就如一个空间区域构成了区域增长极的功能，其发展本身就具有创造空间的新功能价值[③]。任何城市的发展无不是对空间要素的整合，“人与自然和谐为本”[④]是空间创新的原则，城市社会空间的发展必须遵循人与自然发展的规律，否则就会使城市缺乏韧性。我们知道，很多城市空间的建设规划是缺乏合理性的，束缚了生产力的进化与发展。很显然，城市空间形态在表现地域性的同时，还必然表现为一个民族的空间文化和人文价值观，在芒福德眼中的《清明上河图》展现了宋代时期的一个时空切面，是一种理想类型的城市空间状态[⑤]，具有强烈的识别性、民族性和自然属性，虽然这只是历史的片段，但是对今天的世界及中国城市建设的发展仍然具有借鉴意义。

“城市文化资本”理论与概念是在布尔迪厄（Pierre Bourdieu）“文化资本”理论研究的基础上提出的，虽然是具有首创性的并在城市公共文化意义上提出的概念与范畴，但是在理论体系、研究方法和现实应用等方面还需要有更多的人做出努力使之逐步完善。当下，我们已经看到有越来越多的人在运用“城市文化资本”理论、概念、方法来研究城市问题，而且相关文化越来越多，内涵越来越丰富，说明学术界已经认同“城市文化资本”概念及理论研究。要说明的是，在“城市

---

① ［英］菲利普·麦卡恩. 城市与区域经济学［M］. 李寿德，蒋录全，译. 上海：格致出版社，上海人民出版社，2010：1.

② ［美］汤姆·梅恩. 复合城市行为［M］. 丁俊峰，王青，孙萌，郝盈，译. 南京：江苏凤凰科学技术出版社，2019：25. 原文见：［美］克里斯托弗·亚历山大. 秩序的天性：一篇关于建筑艺术和宇宙属性的随笔［M］. 加州伯克利市：环境结构中心，2002.

③ ［英］菲利普·麦卡恩. 城市与区域经济学［M］. 李寿德，蒋录全，译. 上海：格致出版社，上海人民出版社，2010：50-51.

④ 张鸿雁. 城市形象与城市文化资本论——中外城市形象比较的社会学研究［M］. 南京：东南大学出版社，2002：23. 这一概念在2001年为南京市政府做的项目中首先提出。

⑤ ［美］刘易斯·芒福德. 城市发展史——起源、演变和前景［M］. 倪文彦，宋俊岭，译. 北京：中国建筑工业出版社，1989：74.

文化资本”概念与范畴等方面，特别是英文与中文的释义上还需要明确并进一步厘清。在2010年出版的《城市文化资本论》（第2版）一书中，英文书名翻译为*City Culture Capital*，而2024年版有关“城市文化资本”的研究成果书名定为《中国城市文化资本论》。在书名翻译上，首先参考了1867年德文版的马克思所著的《资本论》，原版名为*Das Kapital*（资本论）（全称为《资本论：政治经济学批判》），在英文翻译上参考了最早在1887年出版的《资本论》第1卷英文译本*On Capital*，该卷是由恩格斯亲自审定。其次，“城市文化资本”概念是在布尔迪厄“文化资本”研究的基础上提出的，旨在从个人意义上的文化资本转化为公共性的“城市文化资本”，强调提出了“城市文化资本”的十大属性，并进行深化和多方面的研究与创新。皮埃尔·布尔迪厄（Pierre Bourdieu）和让·克洛德·帕斯隆（Jean–Claude Passeron）在《文化再生产与社会再生产（Cultural Reproduction and Social Reproduction）》（1977年）一文中深化定义了“文化资本”一词，随后布尔迪厄在《资本的形式（The Forms of Capital）》（1985年）一文和《国家贵族：权力领域中的精英学校（*The State Nobility: Élite Schools in the Field of Power*）》（1996年）一书中发展了这一概念，在法语原版中，“文化资本”原为“Le Capital Culturel”，英文版则翻译为“Cultural Capital”，其著作《文化资本与社会炼金术》英文书名为*Caltural Capital and Social Alchem*。基于此，本书书名对“文化资本”概念的翻译从上一版的“Culture Capital”更正为“Cultural Capital”。另外，在关于“城市”一词的选择上，主要取决于如何明确区分“City”与“Urban”二词的微小差异及用法。从词性上看，“City”是一个名词，译为“城市、都市、全体市民、特许市、特权市”等；“Urban”则是具有某种形容词的意涵，有某种发展的动态感，往往译为“城市的、都市的”等等，两个单词似乎都适用且各有各的说法和侧重点。实际上，由于很多有关“城市”科学的理论是西学东渐的产物，比如“全球城市”“世界城市”“城市群理论”的中国化等，从空间上讲，西方的“City”和中国的“城市”在概念的理解上有某种不完全相同的地理空间单位意涵，而正是因为中西方国家城市历史进程的巨大差异，从而造成了现代区域空间的认知差异。因此，区分“City”与“Urban”二词微小差异，对于理解东西方城市化和城市与区域研究词语要素是具有某种探索性意义的。“City”——城市，可以视为是“空间中的生产”的地点与空间，是相对固定的空间表现，在一定历史时期内的概念认知上是不能轻易变动的，用马克斯·韦伯的话来说，它是具有法律意义的行政实体，是一个比较稳定的空间单位。而“Urban”在某种意义上则是“空间再生产过程中的空间”，是一个具有动态意义的空间存在方式，是无时无刻不在发生变动的或是发展着的……是一个进化与发展过程。如城市规划是“Urban Planning”，城市地理学是“Urban Geography”，城市研究是“Urban Studies”等等。根据列斐伏尔的“空间生产”理论，空间是生产与生活的前提和基础，具有典型的“资本性价值”，是人类得以存在和发展的前提。“城市文化资本”表现的本质就是从“空间里的生产”到“空间的生产”再到“空间的再生产”的发展与建构的全过程，可见，“Urban”才更适用于当代的城市进化与发展理论，当然也包括很多与城市相关的其他理论研究。“Urban”一词的特点和优势在与上一版翻译中使用的“City”对比中就凸显出来了。为了确保学术概念与范畴的相对准确性，我们征求了国内翻译大家的意见，最终本书中文名定名为《中国城市文化资本论》，英文名定为*“On Urban Cultural Capital of China”*。而更重要的意义在于，本书是从中国本土化城市发展研究的视角，进行以中国城市为主的“城市文化资本”的研究，也是探索具有中国本土化城市空间形态学科特点的研究。

全书共有五篇三十四章，分为“取势篇”“明道篇”“致知篇”“优术篇”和“范式篇”。这也是我做学术研究特别是“城市文化资本”再生产研究的一种思维方式和方法论，供大方之家批判。

“取势”（Create Advantage）。做“城市文化资本”研究首先要“取势”，创造理论特点，获取并创新先发优势——摘取、学习世界城市研究的前沿理论精华用以指导自己的研究，包括占据城乡规划与“城市文化资本”研究学术前沿的“位势”。还包括自己的约束——应该努力做到最好，“行其当行，止其当止，止于最好”。“取”，在这里是一个动词，有“摘取”“获取”“索取”等意义，而“取势”组词后的“取”字，包含有主动选择、创造和获取之意，也包含主动“占有”和“占据”优势区位、凭借和蓄势待发之意涵，与“舍生取义”的“取义”有文化意涵的相似性。另外，还有“去粗取精”“去伪存真”等衍生意义。“势”在中国古典文化中具有特殊意义，也是老子《道德经》的思想表述之一，是一种从“道、法、术、器”等方面体现的“势能”，可以指趋势、形势或是优势等。“势”是一种无形的东西，可以感知到，可以看得到，也可以理解为一种文化惯性，一般来说往往具有方向意义，顺势而上则事半功倍，逆势而动则事倍功半，由此，“取势”的第一层意思强调的是：创造优势与位势，引导趋势。可以理解为高瞻远瞩，顺应趋势，但更重要的是应该有能力创造优势，意指对新的事物可能的发展方向要进行判断后再行动，那么“取”“势”之间构成一种关系，“取”，不仅仅是获取、顺应、遵循和顺势而为，而是要能够有为而因势利导创造优势。司马迁《史记·孙子吴起列传》载：“善战者因其势而利导之”[①]，“谋其势”，就是一种“取势”，掌握规律，建构优势。第二层意思是善于使用工具。荀子《劝学篇》

---

① ［汉］司马迁. 史记：孙子吴起列传第五梁孝王世家第二十八［M］.［南朝宋］裴骃，集解；［唐］司马贞，索隐；［唐］张守节，正义. 北京：中华书局，1982：2161-2169.

曰："登高而招，臂非加长也，而见者远；顺风而呼，声非加疾也，而闻着彰。假舆马者，非利足也，而致千里；假舟楫者，非能水也，而绝江河。君子生非异也，善假于物者。"[①]而"善假于物者"中也仍有借势、"取势"而为之意。另外，"取势"一词，也是书法笔势用语，是书法的基本功之一，具有取舍、整合、缔构之意，有用笔或取得结字时的态势和方法。王羲之《笔势论十二章·健壮章第六》云："放纵宜存气力，视笔取势。"[②]明代倪苏门《书法论》云："侧笔取势，晋人不传之秘。"[③]近百本书中反复强调的一个观点是：将"势"认知为优势，"取势"就可以表达为抓住并利用优势，在没有优势的时候创造优势。

"明道"（Enlighten the Truth）。旨在强调申明道理，强化一种主张，即"世界性"和"中国式"的理论主张，在世界文化认同的意义上，创造中国本土化城市空间形态研究体系。还包括对自己的约束：牢记民族文化的核心价值。《老子》第四十一章："明道若昧，进道若退。"[④]也指知晓道理和大义趋势。《逸周书·大匡》："勇如害上，则不登于明堂，明堂所以明道，明道惟法。"[⑤]《汉书·贾山传》："忠臣之事君也，言切直则不用而身危，不切直则不可以明道。"[⑥]在历史的文化演绎中，"明道"被赋予了更多的内容。"明"，含有照亮、点亮、通晓、分辨、尊崇、努力和明辨等意涵。《易·乾卦》有："大明终始。"疏曰："大明，晓乎万物终始。"[⑦]而《易·乾卦》还有"天下文明"之论。疏曰："有文章而光明。"特别是《尚书·尧典》："钦明文思安安"[⑧]，即"照临四方谓之明"。道，在字面意义上是指道路，一个人在道路上行走。"明道"即可谓"明大道"，辨"天道"和宇宙的发展规律，即"大道"是也。《汉书·董仲舒传》："正其谊不谋其利，明其道不计其功。"[⑨]在中国古典文化中的"道"之大义，集中体现在老子的《道德经》中，古往今来，《道德经》版本及历代注释有300多种，《道德经》全文中有75个"道"字，但在关于《道德经》的多数译本中，大多都将"道"译成了"the way（道路）"，这就使

---

① 杨柳桥. 荀子诂译［M］. 济南：齐鲁书社，2009：3-4.

② ［清］倪涛. 六艺之一录：健壮章第六［M］. 杭州：浙江人民美术出版社，2015：5364.

③ ［清］倪涛. 六艺之一录：健壮章第六［M］. 杭州：浙江人民美术出版社，2015：5910-5926.

④ ［清］马骕. 绎史：关令尹喜［M］. 北京：中华书局，2002：1821-1858.

⑤ ［元］郝经. 郝经集校勘笺注：《先天图》说［M］. 太原：三晋出版社，2018：1274-1313.

⑥ ［汉］班固. 汉书：贾山［M］.［唐］颜师古，注. 北京：中华书局，1962：2327-2338.

⑦ ［魏］王弼. 宋本周易注疏：卷第一［M］.［晋］韩康伯，注；［唐］孔颖达，疏. 北京：中华书局，2018：1-39.

⑧ ［清］阮元. 十三经注疏：圣治章第九［M］. 清嘉庆刊本. 北京：中华书局，2009：247-261.

⑨ ［宋］吕祖谦. 春秋集解［M］. 杭州：浙江古籍出版社，2017：233-237.

“道”的内涵变窄了。又或者将“道”音译为“Tao”，如在Arthur Waley[①]的英译本*The Way and Its Power*中，将“明道若昧，进道若退”译为“The Tao，when brightest seen，seems light to back”。但我们认为仅凭借音译，也似乎显得有些过于通俗简单。很多时候，“道”被后人引申为做事的途径、方法、本源、本体、规律、原理、境界、原则和道理等，相对应直译的英文单词有sense、principle、reason、essence等等。而实际上，在中国哲学中，老子《道德经》中的“道”一字最难释义，“道”的内涵过于深刻而宽广。反观西方，古希腊哲学中赫拉克利特的“逻各斯（Logos）”[②]与中国哲学中老子的“道”似乎有某种关联，在“大道”、规律、“天道”、宇宙规律等方面有相通之意[③]。“Logos”通常可以被解释为理性、判断、概念、定义、根据、关系[④]。但是，“逻各斯”与“道”尽管在某些层面上可以互为里表，但各自所蕴含深意的并集还是十分有限的。另外，与“道”含义相似的西方词汇还有亚里士多德提出的“本原”一词，道家以“道”为核心，认为“道”是世界的本原，是宇宙的根本法则，也是生命的本原。而“亚里士多德定义所谓‘本原’就是万物从它那里来，毁灭之后又回到它那里去，万物生灭变化，唯独它不变的东西”[⑤]。“本原”既是开端，又是主宰；既是开始，又是基础，所谓“道”是创生万物的力量、万物秩序之源和运行规律，那么“明道”就是阐明治道，无限地接近、追求真理，研究并懂得事物发展的最原始规律，研究万事万物背后的运行规则。

“致知”（Comprehend Knowledge）。其主要内涵是“获得知识”。而我们在这里强调的包括获得、传播、创造新知识、新观点、新方法和总结经验的意涵，还包括对自己的约束——学无止境，探索真知，不做应景之作，更要不断探索新知。“致”，是指达到、到达、“给予”、“导

---

① Arthur Waley：亚瑟·韦利（1889–1966），英国著名汉学家、文学翻译家，精通汉文、满文、蒙文、梵文、日文和西班牙文等语种。他一生撰著和译著共200余种，其中大部分都与中国文化有关。

② 逻各斯（Logos）：格思里从古代希腊人的著作残篇中总共归纳出十种含义：“（1）任何讲的东西和写的东西，包括虚构的故事和真实的历史；（2）所提到的和价值有关的东西，如评价、名誉等；（3）与感觉相对立的思想或推理；（4）从所讲或所写的发展为原因、理性或论证；（5）事物真相；（6）尺度，即完全的或正当的尺寸；（7）对应关系、比例；（8）一般的原则或规律；（9）理性的力量；（10）定义或公式。此外，格思里还认为，‘逻各斯’在希腊语中是一个最常用的词，严格说来，在英语中不可能找到一个对应的同一词来翻译它。”参见：格思里. 希腊哲学史：第1卷　早期苏格拉底以前学派和毕达戈拉斯学派［M］. 1971年重印本. 伦敦：剑桥大学出版社，1971：420–424.；汪子嵩，范明生，陈村富，等. 希腊哲学史：第一卷［M］. 北京：人民出版社，2014：456–457.

③ 汪子嵩，范明生，陈村富，等. 希腊哲学史：第一卷［M］. 北京：人民出版社，2014：458.

④ ［德］马丁·海德格尔. 存在与时间［M］. 陈嘉映，王庆节，译. 北京：三联书店，1999：37–38.

⑤ 张志伟. 西方哲学十五讲［M］. 北京：北京大学出版社，2004：33.

致”。“致”和“知”组词，有求知、求学、求真理的意涵。《礼记·大学》：“欲诚其意者，先致其知；致知在格物。”[①]致，是“求得”；知，是知识，即“获得知识”之意。“致知”，则意为达到完善的理解。欲做好学问，“先致其知”，通过对万事万物的认识、研究后才能获得真知。“致知”就是究天人之际，追求终极答案，成一家之言。明代王守仁谓“致”即行，以论证其“致良知”和“知行合一”，强调“致知”，就是不断追求真理、接近真理和创造新知。

“优术”（Optimize Strategy）。是指总结、反思和优化城乡规划理论、文旅融合发展理论、“城市文化资本”理论等研究的问题与不足，还包括对我们自己研究成果的反思与约束，要对自己进行不断“优化”，“用今天的我去革杀过去的我”，每一次研究和每一次规划项目都必须拿出最好的作品服务社会。“优”包含了丰厚、优胜，作为“优”和“术”的组词，“优”就具有了某种动词的意涵，“优术”，就有了优化目前的理论与方法、优化战略战术的意义，是作为一种理论与实践的方法而提出的，所有的研究与实践都需要不断“优化”才能走向优秀。如优化内容结构、优化人才结构、优化制度结构与设计、优化各种规划方法等等。“术”则强调一种战术方法，包括个人和集体的能力，是知识、方法、策略和经验集合体的能动性。“术”还包括将智慧、思想转化为具体的经验与方法等。“优术”，即不断地优化，提升结构化能力，提升解决问题方法的技术含量，探索和积累实用的方针与策略，也可指运用新方式方法来达到自己的目标，结合自身的优势，不断地实践，找到最适合自己的方法。“术”，《说文解字》曰：“邑中道也”，直观的理解就是城中的道；甲骨文中的“术”，是由“行”和“秫”构成，中间的“秫”是稷的一种，《说文解字》曰：“稷之黏者。”“术”，是形式，是方式，如“算术”“巫术”“法术”“武术”“权术”等。《人物志》说：“思通造化，策谋奇妙，是为术家。”[②]《孙子兵法》讲：“道为术之灵，术为道之体；以道统术，以术得道。”“术”，在现代就是技术与文化结合的再创新，“优术”物化在具体技术上，赋予人文思想和文化灵魂，用极简的语言表达是：选择最优方法、技术和方案用以解决问题。

“范式”（Establish Paradigm）。追求经典，创造范式，也包括对自己的约束是：“形范”塑造自己，追求创造穿越历史的作品，使之成为个人的文化资本和历史的“城市文化资本”。“范”，有模型、榜样等意涵。《荀子·强国》：“刑范正，金锡美。”[③]《礼·礼运》：“范金合

---

① ［清］刘沅. 十三经恒解：卷四十二［M］. 笺解本. 成都：巴蜀书社，2016：461-463.

② ［三国魏］刘邵. 人物志译注：流业第三［M］. 北京：中华书局，2019：57-73.

③ ［清］马骕. 绎史：荀子著书下［M］. 北京：中华书局，2002：3459-3498.

土，以为台榭宫室牖户。”[①]疏：“范金者，谓为形范以铸金器。”《汉书·扬雄太玄经》：“矩范之动，成败之效也。”[②]注：“范，法也。”范式这个词在希腊语中的含义是词性变化的规则，可以引申为某种思想的源头，其原意类似于“模型”和“形式”。“范式”一词还有科学和哲学等各种学科共享的一个概念。例如古希腊就以希腊神话为范式，倾向于寻找万物的根基、根本。1962年美国科学哲学家托马斯·库恩（Thomas Kuhn）正式将“范式”引入了科学领域。他在《科学革命的结构》（*The Structure of Scientific Revolutions*）（1962年）一书中进行了系统阐述。“我认识到此后我称之为‘范式’的东西在科学研究中所起的作用。我所谓的范式通常是指那些公认的科学成就，它们在一段时间里为实践共同体提供典型的问题和解答。”[③]库恩由此提出“范式理论”，并把范式作为科学研究的核心概念之一。库恩本人把范式定义为：“这是一个与‘常规科学’密切相关的术语。我选择这个术语，意欲提示出某些实际科学实践的公认范例——它们包括定律、理论、应用和仪器在一起——为特定的连贯的科学研究的传统提供模型。”[④]总而言之，可以把范式定义成某一些科学家集体围绕某一学科产生的理论、方法、观点来进行的研究，这些理论、方法、观点是被这些参与者普遍接受的，所以也可称之为共同信念。我们正在努力创造“城市文化资本”的理论框架、理论体系、方法逻辑、法则范畴、概念体系及“城市文化资本”建设方面的具体应用方法等，还要创造共同的信念和学术研究愿景，为后来的研究者提供理论模型和解决问题方案的框架——范式，我们所做的仅仅是一个开始，努力使“城市文化资本”理论研究能够形成一个学科系统，创造共同的理论信念和方法体系，使之成为一个有利于人类社会发展、促进城市化和再现代化永续发展的理论模式。

关于“城市文化资本”理论研究从1999年开始到2024年4月，已经走过了25年的历程。适逢2019年我主持国家哲学社会科学重大招标课题——《特色文化研究》的主报告《城市文化资本与城市文化软实力——特色文化研究》一书正式出版后，我在思考能否再写一本有关“城市文化资本”研究的著作，在前三部书的基础上，进行进一步的系统化研究和梳理，进行自我纠谬和再创新研究，也可以称为“城市文化资本”研究四部曲的第四部。从2019年初开始动笔，历时五年有余，中间经历了新冠疫情的特殊三年……应该说这五年也是一次新的学术研究和人的价值观重生的洗礼，在“人

---

① ［明］王夫之.礼记章句［M］.长沙：岳麓书社，2011：535-549.
② ［汉］扬雄.法言义疏：六　问道卷第四［M］.汪荣宝，注疏.北京：中华书局，1987：109-136.
③ ［美］托马斯·库恩.科学革命的结构［M］.金吾伦，胡新和，译.北京：北京大学出版社，2003：4.
④ ［美］托马斯·库恩.科学革命的结构［M］.金吾伦，胡新和，译.北京：北京大学出版社，2003：9.

生七十古来稀”的当下，对人的存在价值和终极价值有了新的理解，真正懂得了人生苦短仍然要壮心不已的意义。“活着”，要创造性“生活着”，努力“生活着”就是为了解决问题……这五年，每一天都在写书、著书、查阅资料。写书还有一个心结，就是为了献给远在天堂里那天天看着我的父母……；这五年，每天都能想起一生关爱我的父母那天天叮嘱我的话，特别是写书到夜深人静、灯火阑珊之时，耳畔都会响起父母的那句话——“每天不要看书太晚……”

这五年，除了有时指导我的团队做城乡规划、文旅规划、参与国家省市课题项目以及给地方政府、企业做一些专题演讲之外，剩余的时间就是与《中国城市文化资本论》的书稿为伴。因为年事已高，老眼昏花，每写一个章节都要反复修改，之后还能发现新的问题，似乎书稿总在修改之中，这当然也是我经常给很多学生讲的概念：“文章，是改出来的，不是写出来的。”这五年，每天坚持写书稿都在6个小时以上，往往也与日月星辰同步“伴舞”；这五年，所有的双休日、节假日都没有休息过，如果适逢出差途中，高铁上、飞机上、宾馆里、咖啡馆里、茶社里……都是我写书的最好地方。电脑是我真正的随身伴侣，偶尔有哪一天电脑不在身边，心里就会慌慌，有无着无落之感。

原本想《中国城市文化资本论》应该是我的封笔之作，好多朋友和学生都在劝我可以多休息，但我自己知道我有一个愿望一直没有实现，也是从1983年开始就有的愿望，我的硕士论文研究的是《春秋战国城市研究》（1983年），博士论文研究的是《春秋战国城市经济史论》（1987年），我从读硕士研究生时就有一个愿望：要写一部《中国城市发展史》，至今是个遗憾，看来我还应该继续笔耕下去。

在写《中国城市文化资本论》的过程中，要特别感谢几位朋友：一是要感谢著名历史学家、文化学者、南京出版社社长卢海鸣对我们的鼓励、帮助和鞭策。二是要感谢邵颖萍博士、研究员的帮助和大力支持。这五年来为了保证我的写作时间，她替我担当了大量工作。一些省、市、县、乡政府的城乡规划、战略咨询、旅游景区规划、乡村振兴规划、产业规划等项目以及重大课题方面她都能独立担当完成，很多时候代替我带队出差、调研，独立负责项目运行管理、主持课题研发等，做了大量工作，关键是她不仅能够很好地完成各种规划项目和相关工作，而且还能多次受到有关地方省、市、县政府和部门的表扬，为地方经济社会发展做出了应有贡献。我撰写文章说：“弟子不必不如师。”①青年一代已经成长起来，并已经成为社会发展的栋梁。还要感谢岑雅婷学术助理，2023

① 张鸿雁，等.城市社会学新论［M］.南京：南京大学出版社，2023：前言.

年7月到2024年1月，她辅助我对全书进行初校并查找资料。

12世纪的马斯特·格雷戈里是第一个在著作中详细记述罗马的英国游客，他觉得罗马“‘最为绝妙’，什么都比不上罗马的美，‘哪怕罗马成了一片废墟’。布卢瓦的诗人伊尔德贝同样认为罗马是无与伦比的：‘没有哪座城市可以与你相比，哦，罗马，即使你已经完全沦为了废墟：你破落的状态也能展示出你全盛之时是有多么伟大。’但丁称罗马可以赐予人生命，称罗马人为上帝的人民。”[①]我被作者对罗马的感知所感动，我曾去过罗马，也充分研究过古代罗马，罗马人“场所精神”的价值一直影响我的城市科学研究。

城市是有生命的，不是所有的生命都能永生，但是，有伟大文化主张的、为人类创造价值的生命一定可以永生！城市可以永生，城市是人类集体智慧的结晶，特别是创造了人类文化精华和有伟大城市精神理念的城市可以永生！希望中国的城市都能有如罗马城市文化的特质和城市精神——成为人类的“世界不朽之城”。

“将作品写在祖国的大地上。”这句话是我1999年在一个策划、规划文本中提出的理念，在50年的学术生涯中我一直在践行这句话，在江苏、在全国很多地方都有我规划、策划的作品：一面为社会创造价值，一面为未来创造美好，一面为个人创造价值，一面为人类文化与文明添砖加瓦……

仍然用我自己的座右铭来结束这个绪论：

著书立说的意义——我用我的方式来延续生命！

张鸿雁

于半月湾慎独轩

2024年4月

① ［英］克里斯托弗·希伯特. 罗马：一座城市的兴衰史［M］. 孙力，译. 南京：译林出版社，2022：434.

目　录

明道篇

优术篇

范式篇

取势篇

Creat Advantage

土地利用和文化是根本性的自然和人文现象，但是，文化和规划的综合观念和实践又在脑海里浮现出一种张力。这种张力不仅存在于传统、抵制和变化之间，以及遗产与当代文化表达之间，也存在于理想的文化权利、公平与生活福利设施之间。[①]

——格雷姆·埃文斯

① ［英］格雷姆·埃文斯. 文化规划：一种城市复兴？［M］. 李健盛，译. 北京：北京师范大学出版社，2022：1.

第一章
“城市文化资本”理论科学研究思维与范式

“文化深深地改变人类的先天赋予”，而城市则是改变人类天赋之文化“容器”。我们为什么要研究城市文化？为什么要研究“城市文化资本”？其中答案之一是：城市作为“人类的文化容器”是城乡的本质差异所在，城市也因为文化之集成功能而成为乡村的对立面，城乡成为对立统一的一组范畴，几千年的人类文明史就是城乡对立且此消彼长的历史。一座伟大而优秀的城市会通过特有的“人类文化容器”的功能，经过文化储存、传承、酿造、创新和再生产，转化为“城市文化资本”再生产的高级化循环过程，由此，通过“城市文化资本”再生产“文化场域”的锻造，从而可以创造城市社会的永续发展动力，这一发展规律已经被人类城市化和城市现代化的进化过程、阶段性的结果所证明。

一、城市生活方式与乡村生活方式：两种文化资本差异化解读

城市被认为是推进整个社会进步发展的核心力量，是因为城市存在显性和隐性的“城市文化资本”要素的存在，这种存在就是一种“文化软力量”，是一种可以使资源转化为资本的媒介、前提、理论和方法，是一种内在的创新力量，既需要理论认识和文化挖掘，也需要进行创新和再生产，进而使城市的生长成为生生不息的过程。对于城市本身而言，“城市文化资本”是创造空间再生产的本原生产要素；而对于城市中的市民来讲，“城市文化资本”是城市社会文明总和的集中表达，既可造就、养成城市个体的文化资本，也可创造个体和群体不同的生活方式和理想类型，并形成整个社会的创新发展力量……这是研究、创造和创新“城市文化资本”、“城市文化资本”再生产理论最简单的理由。

人类自己创造的城市，是如何异化为人类探究对象的？为什么伴随城市的进化过程，相关伴生问题会越来越多？人类社会发生、发展已经有300多万年的历史，在这已知的历史长河中，为什么人类的城市只有5000—10000年的历史？为什么人类在99%以上的时间里是在没有城市的时空里生存的，而人类一旦创造并走进了城市，人类社会的经济、科技和文化就进入了加速发展的状态？是什么样的文化基因和文化密码使城市成为人类社会现代化的基础和前提？对于城市研究特别是"城市文化资本"的研究者来说会有无数的问题，但从本原性的视角看，城市是人类居住、生活和生产的地方，如何创造城市的最美丽、最幸福、最宜人、最和谐发展状态，让居住其中的人类遭遇更少灾难而获得长久幸福，这或许是我们永远要探究并需要持续加以研究和解决的问题，也是永远要努力追求和创新的过程。

21世纪初的中国是全球城市化发展最快的国家，全世界已经有50%以上的人居住在城市里，2022年中国城市化率达到66%，已经全面进入城市社会！[①]人类历史文明的进化与进步，主体表现为城市的进化与进步，而城市进化中的社会转型和变迁具有时代变迁的革命性意义。

从原始社会的"蒙昧"到"野蛮"阶段，人类社会演进了几百万年，才进入文明社会阶段，"野蛮"时代演化为"城市文明"，这是人类历史上最伟大的社会变革之一[②]。从此，人类进入了以城市为社会发展动力、以城市文明为主导的、以城乡对立统一为表现形式的历史进程，诸多学者对此有过论述。城市是人类文明主要的文化载体和符号，与"文字""一夫一妻制"和"国家机器"[③]一起，构成了人类文明发生的关键性"四要素"，并被构建为人类文明时代性和符号化的标志。

相对于传统的乡村而言，城市是人类进入文明社会的一种结果。人类从原始社会的茫茫原野中走进城市，展示了人类从"蒙昧时代"到"野蛮时代"再到"文明时代"的进化过程，是哲学意义上否定之否定的进化，而文明的载体——城市作为时代发展的主体，创造了区别于乡村的生活方式、生产方式、工作方式、消费方式、享受方式和理想实现方式，结构化为一个不断进化的社会形态，也成为人类社会区别于乡村的"文化集聚类型"和"理性社会进化的样板"。

---

① 1949年中国城市人口占城乡人口比重是10.9%，1978年是18.7%，2001年是30%，在2009年已经达到49%，2010年城市人口超过50%，2022年已经达到66%，接近70%。

② ［德］马克思，恩格斯. 马克思恩格斯全集：第21卷［M］. 中共中央马克思恩格斯列宁斯大林著作编译局，译. 北京：人民出版社，1965：200.

③ ［德］马克思，恩格斯. 马克思恩格斯全集：第21卷［M］. 中共中央马克思恩格斯列宁斯大林著作编译局，译. 北京：人民出版社，1965：200-201.

城市出现后，人类社会分裂为两种社会关系、两种社会机体和两种截然不同的文化价值存在样态，这也是马克思和恩格斯等学者强调和反复论证过的“城乡对立”——构成了一组社会发展范畴。早期社会学家滕尼斯等学者从社会类型学的角度证明城市与乡村是有本质区别的两种社会类型，其代表性的说法就是：“城市——法理型社会”“乡村——礼俗型社会”①，这两种社会类型的存在方式、规模大小至今仍然在左右着社会发展的质量和速度。城市最伟大的意义在于人类文明要素和财富要素的高度集聚和存储。城市区别于传统乡村的本质功能所在就是其自身具有的内在创新动能，这是城市之所以成为“经济发展之母”②和社会发展核心动力的原因。

城市内在的也是天然性的集聚和创新功能，使城市成为社会发展的中心和动力。城市作为人类“集体记忆”的一个特定“文化场域”，是人类创新要素集约的高地，也是国家和地区的地域生产力结构化的集约性中心。城市规模、创新能级、综合竞争力已经成为国家和区域经济实力的象征。纵观全球，凡是经济、社会、生态与文化繁荣的地方，都是城市经济、社会、生态和文化繁荣的地方，反之亦然。城市是人类伟大文化的结晶，其伟大之处不仅在于她的宏大规划，更在于其内生性的自我伟大文化的成长性。正如马凌诺斯基所论，“文化根本是一种‘手段性的现实’，为满足人类需要而存在，其所取的方式却远胜于一切对于环境的直接适应。文化赋予人类以一种生理器官以外的扩充，一种防御保卫的甲胄，一种躯体上原有设备所完全不能达到的在空间中的移动及其速率。文化，人类的累积的创造物，提高了个人效率的程度和动作的力量；并且它与人以这样深刻的思想和远大的眼光，在任何其他动物中，都是梦想不到的。”③而城市又为人类创造了一种生长的特定“文化场域”，这个场域就是由一种城市本身内在社会分工的演进创造的。城市与乡村的本质区别之一，就是城市本身具有广泛且有益深化的社会分工，而这个分工在城市内会形成一种“自主

① 斐迪南·滕尼斯（Ferdinand Tönnies，1855—1936）的最大贡献是把城市与乡村从结构意义上进行了理论分离。其名著《礼俗社会与法理社会》一书中对人类生活中两种相对的居住形态作了描述：以小乡村为其特征的“礼俗社会”和以大城市为其特征的“法理社会”。虽然这种分析理论准备尚不充分，方法上也比较幼稚，但是其两种社会结构观对后来的研究者影响是巨大的。滕尼斯认为，“礼俗社会”一般指较小的乡镇地区，亲族街坊有共同的利益与目标，居民能为共同的目标合作，而结成高度“透明”和整合的社区；城市社区是“法理社会”，由于盛行个人主义，使得亲族邻里的凝聚力不如“礼俗社会”，它的特点是“分崩离析、肆无忌惮的个人主义和自私自利”。参见：蔡勇美，郭文雄. 都市社会学［M］. 台北：巨流图书公司，1984：15。又见：张鸿雁. 侵入与接替：城市社会结构变迁新论［M］. 南京：东南大学出版社，2000：25.

② ［美］Edward W. Soja. 后大都市：城市和区域的批判性研究［M］. 李钧，译. 上海：上海教育出版社，2006：19.

③ ［英］马凌诺斯基. 文化论［M］. 费孝通，译. 北京：华夏出版社，2001：99.

裂变”，换言之，城市就是一个社会分工的职业“裂变场”，通过“异质性”的文化催化，会形成长长的职业阶梯——工程师、教授、研究员、技术员、策划师、设计师等上千种职业名称，而乡村基本没有这种职业裂变，特别是传统乡村，几千年里主要有一种职业——农民。加之，城市是人类财富的集中地，以往对于财富的理解也许仅仅是物质的和货币的。对于国家和城市来说，最大的财富是城市中有受过良好教育的群体和人才阶层，这是城市产生内生性创新功能的动力源泉。正因为如此，虽然不同能级城市的创新能力不同，但是，和乡村比较，由于人口和人才群体的集聚程度不同，一般意义上城市所具有的社会发展动力和功能，也主要是来自人力与人才资本的高度集聚，由此形成了城市特有的“城市文化资本”价值和文化特质，正如经典作家所认为的：先进的思想、先进的文化和先进的科学技术等，往往都是最先产生在城市里。城市产生的开始就具有文化集聚、知识交换、异化整合、相互依存关联、全面竞争、发明创造，以及市民社会摆脱压力体系和追求创新等内在功能。不论城市规模大小，不同的城市普遍存在着不同样态、不同层次、不同性质和不同能级的创新功能，这是与乡村相比较而言的。

二、“城市文化资本”再生产——理论建构、现代性与创新意涵

从城市天然具有的内在发展动力，以及其作为人类文明、财富、地域生产集中地的特点上看，城市是具有“空间再生产”能力和“思想创新空间”的演变型空间结构，在市场经济关系的制约下，在人人思变的“社会压力选择机制”[①]下，产生了社会结构内全面竞争的依赖关系，由此便有了区别于乡村的一种“城市文化自觉”，而其生成的土壤则是市民社会的“契约关系”[②]，城市人必须通过货币交换——市场关系，才能获取生活资源与生产资料，在这样特定的城市社会空间结构内，

① 张鸿雁. 侵入与接替：城市社会结构变迁新论［M］. 南京：东南大学出版社，2000：68.

② “契约关系”来自契约理论，最早见于古希腊哲学家伊壁鸠鲁的观点和主张，一般认为通过契约关系，把社会和国家里的人们联系起来，或者说是通过契约关系使国家之间、个体与个体之间、群体与群体之间、组织机构与组织机构等社会存在要素主体“订立契约”，使国家、社会、人和组织自负其责，在社会理性的文化治理下，创造有序发展的环境与空间。契约关系另一种观点是法制下的市场关系，进一步演化的市场关系就是契约关系，也可以解释为法制关系。《社会契约论》（Du Contract Social），又译《民约论》，或称《政治权利原理》）是让·雅克·卢梭于1762年出版的政治著作。参见：［法］卢梭. 民约论：社会契约论或政治权利原理［M］. 何兆武，译. 北京：法律出版社，1958：12.

建构并形成了人类社会的“全面依赖关系”[①]，即以货币为纽带并以“契约精神”为主导的市场交换关系；而传统乡村是以自然经济为主体的“通体社会”，特定的生活前提是——传统的自然经济的乡村可以不依赖货币而生产和生活。相反，亦如马克思所论的城市里是“一切人反对一切人的战争”，是可以充分竞争、理性竞争甚至包括非理性竞争的社会“文化场域”，在日益深化的社会空间结构内，在城市社会进化的裂变中发展。城市以日益细化的社会分工，代表着人类社会先进生产力的进化。

芒福德说：“城市从其起源时代开始便是一种特殊的构造，它专门用来储存并流传人类文明的成果……从而保存不断积累起来的社会遗产。文字记载一类的发明创造，如图书馆、档案保存、大学等就是属于城市最典型的和最古老的成就之一。”这是对城市文化存在的一种价值判断，而在实质上，城市创新发展的内在动力是“文化+人才+资本+民主+N”，这里的资本不仅仅是金钱，而是由城市内在要素转化而来的“城市文化资本”，是以人性的价值最大化和个性思想解放为前提的，通过人类智慧的再创造、再生产形成的“城市文化资本”，包括自然资源、历史资源、思想文化资源、集体记忆、风土人情、“场所精神”、地方民族文化、国家和英雄主义历史文化体系等。当然，还应包括物化空间、文化存储空间——各种博物馆、艺术馆、图书馆各种各样的建筑与怀旧空间等。甚至可以说城市是人类文化传承、保护与创新的主体[②]，这些都是有客观的、物化的存在和精神思想以及宗教文化作为佐证的。在城市几千年的演变中，特别是在人类社会不同历史阶段的更替中，在无数次天灾人祸的洗礼中，有些城市的历史文化断裂了，有些城市的文化在历史的烽火中消亡了，更有些曾经辉煌一时的城市，后来却成为废墟——成为人们思古凭吊的地方……

“场域”（Field）这个概念，原本是物理学应用的名词，在布尔迪厄的理论中，强调“场所”与“惯习”结合在一起应用，并强调在社会学范畴“场域”是一个关键性的概念，能够在社会学的范畴内，去对某些社会现象加以解释。仅就场域来讲，他认为是一个小的范围，或者称是“社会小世界”：“在高度分化的社会里，社会世界是由具有相对自主性的社会小世界构成的，这些社会小世界就是具有自身逻辑和必然性的客观关系的空间，而这些小世界自身特有的逻辑和必然性也不可

---

① ［德］马克思，恩格斯. 马克思恩格斯全集：第46卷［M］. 中共中央马克思恩格斯列宁斯大林著作编译局，译. 北京：人民出版社，2016：223-224.

② ［美］刘易斯·芒福德. 城市发展史——起源、演变和前景［M］. 宋俊岭，倪文彦，译. 北京：中国建筑工业出版社，1989：23.

化约成支配其他场域运作的那些逻辑和必然性"[①]。挪威建筑学家诺伯舒兹提出"场所精神"的概念[②]，城市细节可以表现为一定艺术空间的文化与社会属性，能够具有艺术价值的城市空间也一定会具有"场所精神"，这也是人们常说的细节成就品位和高贵的原因所在。城市细节是一座城市群体文化价值取向的集中表现，也是一座城市气质的符号化象征。

一些学者对"城市价值"进行了卓有成效的研究，城市经济价值、城市文化价值、城市分配生产力价值等，却很少有人探寻"城市文化资本"的价值，换句话说，以往没有人把"城市"和"文化资本"结合起来研究。本书在以往"城市文化资本"研究的基础之上，从全景式、多学科视角深化研究"城市文化资本"和"城市文化资本"再生产理论与现实的应用价值。从20世纪80年代起，笔者一边做城市经济、城市社会、城市文化和城市经济史等方面的研究和教学工作，一边研究中国传统文化和中西文化比较及现代城市发展战略、城乡规划、产业规划、旅游规划等问题[③]，在对城市文化与城市形象建构的研究中，发现布尔迪厄的"文化资本"理论有博大精深的内涵和广域的应用范围，为笔者的知识视野打开了一扇新天窗，也引领笔者走进了一个新领域。从20世纪90年代末开始，笔者的研究主攻方向之一就是"城市文化资本"问题，先后完成了"城市文化资本"三部曲，对"城市文化资本"的理论体系、概念、范畴、学科方法与应用实践等进行系统的研究。其中，笔者花了大量精力和时间研究了文化与资本的关系问题，如文化社会学问题、中西文化比较问题、中国传统文化问题、城市形象文化问题、城市文化建构与发展战略问题、文化产业及创意产业问题、省域文化战略与文化软实力建构问题等，发表和出版了一系列的学术文章与专著。在对"文化"与"资本"内在关系研究中，笔者还发现布尔迪厄"文化资本"理论有深刻强烈的跨学科的综合研究属性，其中"文化资本"可以通过"文化炼金术"铸造新的价值，"文化资本"不是"文化"与"资本"的简单相加，也不是一般意义上的叠加，而是某种逻辑下的文化"核裂变"，通过人为的思考、创新、创意、运作和再生产过程[④]，可以产生文化价值的增值、渗透、增殖和跨界，创造

---

① ［法］皮埃尔·布尔迪厄，［美］华康德. 实践与反思：反思社会学导引［M］. 李猛，李康，译. 北京：中央编译出版社，1998：134.

② ［挪］诺伯舒兹. 场所精神——迈向建筑现象学［M］. 台北：田园城市文化事业有限公司，2003：8.

③ 张鸿雁. 中国传统文化新论［J］. 社会科学，1986（06）. 该文章被《社会》杂志1986年第5期摘要转载。后被《复旦学报》（社会科学版）编辑部选入论文集，参见：《复旦学报》（社会科学版）编辑部. 断裂与继承——青年学者论传统文化与现代化［M］. 上海：上海人民出版社，1987：11.

④ "文化再生产"理论旨在说明"间接再生产理论"，在"教育以文化为中介"的社会和个体的知识生产和再生产功能的理论中，特定的研究主体是个人的文化资本。参见：［法］皮埃尔·布尔迪厄，J.-C. 帕斯隆. 再生产：一种教育系统理论的要点［M］. 邢克超，译. 北京：商务印书馆，2021：9-80.

"文化动力因"与文化基因转化的新能量，既可以改变个体的生存与发展模式，更可以改变一个国家或城市的社会发展、经济发展、文化发展、生态发展动力机制模式。

"文化资本"通过一定意义上的文化创新孕育，可以转换为经济资本、货币资本和财富资本，甚至可以转换成社会关系资本，使现有的资源转化、升华为现实社会具体应用的"文化资本"，却甚少有人意识到它的存在。通过比较研究，笔者从"城市文化资本"价值认知的角度，提出"资源是可以创造"的概念，在理性的、人本主义文化的前提下，"城市文化资本"再生产可以创造出"新资源"，这个"新资源"范畴有广义和狭义之分，并分为三个层次：一是主观方面的"新资源"创造，如思想和理论、主义和主张、学术与技术、概念与范畴、策划与规划、思维与逻辑、"主意"和"点子"、手段与方法等方面的创意、创造与创新；二是实体客观要素，如制度组织结构、生产组织结构、生产方式、产品功能、产业结构、经济结构、金融体系、服务创新模式以及新经济业态、新网络智慧平台、新载体平台、新盈利模式和发明专利等方面的创意、创造和创新；三是物质创造型的材料资源，如各种新能源、新材料、仿生材料、智能智慧型机器人以及地球以外的材料创新等，文化资本转化意义上的再生产，不是传统的经济资本"再生产"，而是一种"文化再生产"，通过国家、城市"文化创新土壤"所建构的市民社会"文化场域关系"，即创新和文化创意直接可以转化为资产和资本。"文化再生产"的创新之处在于，传统经济学的"再生产"模式是"生产、分配、流通、消费"四个环节，生产起到决定性作用，而"文化再生产"强调的是在四个传统环节中赋能"文化+"的新内涵，即通过文化、思想、观念、政策主张和社会机制及科学管理等方面的创新，直接使资源转化为推动社会发展的动力机制，这在以往的社会发展中特别是在发达国家工业化和后工业社会有直接的表现，通过"中轴理论"①可以透视这一社会现象。

三、"文化规划"意涵与视角："城市文化资本"现代性与历史价值

我们需要进一步强调的是，在传统再生产四要素的发展体系中，进行"文化再生产"已经有特定的价值和社会实践，是以教育和知识的吸取作为人生产"文化资本"的过程。但是"文化资本"再生产特别是"城市文化资本"再生产，尚未得到社会的广泛认识，虽然在学术界已经形成新的研

---

① ［美］丹尼尔·贝尔. 后工业社会的来临——对社会预测的一项探索［M］. 高铦，译. 台北：桂冠图书有限公司，1989：14.

究热潮，但是，还有很多新的领域需要开发和创新。资本体系推动社会的发展，而“城市文化资本”以永续的“文化动力因”的形式渗透到生产、流通、分配和消费等环节中，在文化生产领域形成的不是“文化+资本”的形式，而是“文化×资本×N”的创新发展模式（结构方式的要素公式是乘法而不是简单的加法），特别是在网络智慧经济发展的时代，新经济、新业态、新供给已经形成爆发式增长，以往没有的经济形式、生产形式、工作形式、创新形式等都在发生，甚至突破了传统的生产方式，突破了传统经济学观念，突破了传统的经济结构模式，突破了传统的分配模式，突破了传统的消费方式，开展的是新的技术革命和文化革命以及资源革命，形成全新的以文化为标签的社会生产力。“城市文化资本”再生产不是以往经济学意义上的简单生产和扩大再生产的重复，而是一种从资源到生产过程的增殖性生产。这其中，通过“文化再生产”过程，文化资源孕育、创新并转换为个体和群体的可持续发展的文化软实力和“文化资本”，蕴含着更深层次的文化耦合性。“文化资本再生产”与“城市”的内在功能具有一致性，因为城市本身具有社会发展的中心性和核心动力源的属性，城市化又是人类社会先进生活方式普及的过程，“城市”和“文化资本”所形成的再生产意义，使城市本身作为社会现代化动力的价值动能与“文化资本”的价值动能发生有机的结合、融合和“热核”反应，从而生成一种没有破坏力、没有副作用的社会可持续发展的永续动力，这将是创造城市化和城市现代化的动力源的新理论、新认知和新方法，也是一种必然路径与文化选择。

人们更多是注意文化本身的研究，但是其内涵外延都存在不足，特别是当文化研究深入文化产业领域的时候，发现以往所有的产业研究（工业、农业、科技产业、金融业、旅游业、房地产等）、城市空间研究和城市社会发展研究，以及城乡融合、产城一体、文旅融合和公共文化事业的普及发展，甚至是城乡居民文化消费和幸福指数的提升，都离不开“资本”的介入。然而，国内几乎所有针对文化事业、文化产业和城市文化发展的理论研究和实际应用，都缺乏“文化+资本”的一体化意识，都没有正视文化与资本的关系，特别是文化产业与“文化资本”的关系，没有正视“文化资本”对于文化、文化产业和城市文化的发展而言是不可或缺的存在。1998年前后，笔者就在各种会议中多次提出“城市文化资本”这一概念和观点，之后花费近3年的时间撰写完成《城市形象与城市文化资本论——中外城市比较的社会学研究》一书，于2002年正式在东南大学出版社发行，书中对“城市文化资本”的概念、范畴、体系以及对要素应用进行了系统的研究和论述[①]。专著及相

---

① 张鸿雁. 城市形象与城市文化资本论：中外城市形象比较的社会学研究［M］. 南京：东南大学出版社，2002.

关学术文章发表后引起了较广泛的关注，在持续研究“城市文化资本”相关问题8年后，作为教育部重大攻关课题成果之一——《城市文化资本论》，是第一本书的再版。在前一本45万字的基础上，删除20余万字，增订了50多万字，总计75万字，在系统性的学术建构以及理论与实践结合方面，提出了一系列的应用型、针对性的问题解决方案[①]。经过10年左右的研究，笔者认识到这一研究对中国的城市经济高质量发展和城市文化的竞争性发展具有重要意义。特别是在全球竞争的大环境下，城市已经成为国家间竞争主体，我们更应该把眼光放在“城市文化资本”与城市软实力的研究上，重点研究中国城市的“世界文化身份识别”，如何介入全球城市文化价值链高端环节和城市可持续发展的永续动力等方面的问题。基于以上研究基础，笔者申请到了国家哲学社会科学重大招标课题，2019年出版了《城市文化资本与文化软实力——特色文化城市研究》，也是国家哲学社会科学重大招标课题的结项主报告，同时被纳入“十三五”国家重点出版物出版规划项目，在原有研究的基础上，更加强调理论创新、方法创新和应用方式创新等[②]。以布尔迪厄的“文化资本”理论为基石，不仅创造了“城市文化资本”的概念与范畴，还为其赋予了新的内涵，延伸了“文化资本”的价值内涵，即从个体意义上的“文化资本”，转译为公共意义上的“城市文化资本”，把“城市文化资本”与文化全产业价值链的要素进行整合，形成“城市文化资本”再生产理论体系，并构建了“城市文化资本”的十大社会属性，强调城市是“城市文化资本”积累的本体，更是创造“城市文化资本”再生产的“文化场域”空间，城市应该具有打造“世界文化身份识别”和介入全球城市价值链高端环节的能力。

“城市文化资本”理论从严格意义上说，是一个典型的理论与应用相结合的课题，已经在很多省、市、县、镇的现代化发展战略和实践规划中得到应用，并实施了“城市文化资本”、城市形象建设和具体的创新工程。“城市文化资本”之所以能够在多领域应用和实施，关键是因为“城市文化资本”理论内涵的深刻性和可应用性，不仅在于其从城市文化的认知，到“城市文化资源”的挖掘、提炼和总结，升华到“城市文化资本”建构和全球城市文化价值链的创新方面，而且从“文化”“资本”“价值”和“再生产”的本原意义上，给城市和广义的城市文化及产业建构了一个理论框架，提供了一个具有新涵容性的创新空间结构——“文化资本”的“经济价值”意义。从科学范式层面上说，“城市文化资本”的研究，具有深刻的学术理论建构意义和将“城市文化资本”理

---

① 张鸿雁.城市文化资本论[M].南京：东南大学出版社，2010.

② 笔者主持国家哲学社会科学基金重大招标课题：特色文化城市研究（12ZD029）。在课题之下，由笔者主编完成了“特色文化城市研究”丛书（5本）。

论运用到传统的城市规划、城市设计和城市经济社会文化发展战略中的创新意义，在文化意涵上加以赋能、赋新，把城市“文化规划”的核心内涵解释为“城市文化资本”再生产的发展战略意义，而赋能“文化规划”叠加“城市文化资本”就会形成不同于以往“策划+文化+规划”的创新，除了帮助规划者在城市与乡村、空间与产业、空间与价值的设计中找到规划设计的科学规律之外，同时在城市规划意义上强调顶层设计和文化艺术价值，并能够创造新的文化资本价值造福百姓，同时又能找到一座城市发展的永恒之道。埃文斯在《文化规划》一书中写道：“文化规划——一方面是指‘城市规划的艺术’，另一方面是指城市社会中更为广泛的艺术和文化表达的融合。它也被描述为‘城市、区域和国家综合发展的文化资源的战略运用’。当把这些东西组合在一起的时候，就会产生一种城市规划的文化方法，该方法使用了一种艺术规划的基础设施体系。它所采用的机制包括考虑城市设计、公共艺术、交通、安全、文化工作区和产业区，以及创意生产链和设施规模等级结构的连锁概念。考虑到文化发展和文化民主是文化规划方法固有的作用，在规划过程中实施地方治理和社区参与，不仅包括设施选址和城市设计，还包括房地产规划（Planning for Real）、社区规划（Community Planning）和意义不明确的活动（Delphic Exercises），例如，美国和英国为主要发展区域或场所而运用的城市设计行动或援助小组（UDATs）。”[①]一种推理是：从传统的意义上，所有的产业如数字产业、电子产业、房地产产业、新能源产业、IT产业等，都需要“原始资本”的介入并作为发展的基础和再发展的前提，都需要以文化赋能以求得品牌溢价和超值。可是，即使到了21世纪初，唯有城市文化这种产业综合体系，几乎无人论及“成本、剩余价值与城市文化资本”的结构性关系，即“资本”与“城市文化”的结构性价值；没有人研究，更没有人论及“文化遗产”与“文化资本”的血缘性纽带关系。而事实上，城市文化、城市文化产业和其他存在的事物一样，都需要原始积累，需要从资源到资本的创新，需要资本的合理介入和再生产！

从“历史与逻辑统一”的研究角度认识，城市之所以成为人类社会的发展动力，是因为城市社会构成了一种社会关系和文化场域，城市场域结构呈现出文化容器功能，能够对人类文化进行集聚、积累与文化要素的整合。在城市中，无论是个体和群体，还是各类组织，通过商品经济和社会交换关系作用，使城市中的人和组织成为城市文化、经济、社会关系的创造者、创新者和传递者，文化要素和创新行为可以互相学习、模仿、拷贝，这是一种文化基因的结合和繁殖，更多的时候不是1+1等于2，文化的传承、交流和碰撞往往会产生1+1大于2的效应，即两种及以上新的思想文化

---

① ［英］格雷姆·埃文斯. 文化规划：一种城市复兴?［M］. 李健盛，译. 北京：北京师范大学出版社，2022：10.

交流会产生新的创新行为和结果，这就是城市作为文化容器的价值和“城市文化资本”再生产的功能。个体和群体通过全面依赖关系集聚在城市里，城市内群体的集聚性存在作为一种“壮观的艺术”，成为城市文化符号的一种价值隐喻，也可以看作是城市区别于乡村而产生“城市文化资本”的必然要素和结果。

那么“场所”代表什么意义呢？很显然不只是抽象的区位（location）而已。我们所指的是由具体物质的本质、形态、质感及颜色的具体物所组成的一个整体。这些物的总合决定了一种“环境的特征”，亦即场所的本质。一般而言，场所都会具有一种特性或“气氛”。因此场所是定性的、“整体”现象，不能够约简其任何的特质，诸如空间关系，而不丧失其具体的本性[①]。

——诺伯舒兹

---

①［挪］诺伯舒兹. 场所精神——迈向建筑现象学［M］. 施植明，译. 台北：田园城市文化事业有限公司，1995：6-7.

第二章
学术范式——学理性与学派生成的历史逻辑

学术研究特别是与城市有关的学术研究首先是一种责任，城市研究说到底是城市人—空间—人际—机构之间要素关系的整合研究。上海世博会提出“城市，让生活更美好”的口号，虽然不完全贴切，因为本质上是人的创造和努力，才能让城市和城市生活更美好。但是，从一般意义上说，城市作为一种人类文明的工具和载体，与乡村比较而言被证明是“城市让生活更美好”。之所以城市让生活更美好，其原因和解释的要素很多，特别是从“城市文化资本”的意义上，更能够从本质上说明这一问题，和乡村比较，城市有真正意义上的“城市文化资本”，可以建构与乡村不一样的生活方式。因此，这一研究不仅需要建构学术范式和学理研究的解析模式，更需要有社会属性意义的经济与文化价值分析，对时代和历史的进步有推动作用，而在学理上不是口号式的说明性研究，而是有历史逻辑的学理性研究，并在一种具有科学理性的学科体系上，建构一种“城市文化资本”研究学派，既是一种内在逻辑严密的论证过程，也是逐步完善所创造的理论模式和体系。

一、城乡等值化：“为了人类社会能够变得和谐完美”

在城市研究中的所有战略问题都离不开规划的思维和方法，其中包括被国内学者所忽视的“文化规划”的理论与实践意义，因为任何规划都被定义为“通过一系列选择来确定适合未来的一个过程”。规划就是规划未来、设计未来的美好，但如何保证各种涉及未来的规划都能成为美好的规划或者所有的规划都能实现美好，这里有很多不确定因素，如规划者的学科限制因素、执行者的经验和能力因素、建设水平质量控制因素、后期管理者和运营者的水平因素等等。规划在城市建设和发展中的作用是非常重要的，如常常有人说“规划就是生产力”，这样的认知不完全对，应该这样说："规划也是生产力。"一个好的规划加上一个好的执行团队再加上某种特定的资本，才有可能把规划转化为真正的生产力。笔者反复强调：规划团队的城市规划理论的认知高度、理论运用的熟练程度、规划团队的实战经验和规划科技手段、方法与现状研究深度结合应用的能力等，加之与智慧科学的管理实践应用的具体结合，才有可能使城市规划转化为城市市民的幸福。

那么，如何创造一个能够为城乡人民谋幸福的规划呢？城市文化是城市发展的本原"文化动力因"，"人和人创造的一切都是文化"[①]，城市是人类创造的能够得以保存延续文明的最大的文化容器，也是最伟大的人类作品和人类文化资本，以此类推，城市和城市创造的一切都是文化，城市的发展过程和结果都是人的行为结果，这是从"泛文化"或者是广义文化观的视角来阐释的。

对任何一座城市的任何一个方面的研究，都会遇到文化、资源和空间再生产这三个关系问题，甚至可以说无处不在：如某个单体城市的城市经济问题研究，亦存在生产和创新文化问题，这里讲的不是"文化创新"而是"创新文化"，即这座城市本身的文化自觉，其中包括文化空间再生产和市场文化及文化市场治理问题，因为文化创新的核心是整体城市市民的文化素养和创新意识，包括这座城市的城市哲学、城市价值观、城市市民的整体教育水平等，另外一个层面则是城市社会主流群体的文化消费价值观、消费行为文化、消费地域文化、消费阶层文化等。在做城市空间规划时，必须做好城市历史文化唯一性价值的挖掘以及城墙文化、街区文化、建筑文化、景观文化、道路文化等方面的深入研究。另外，在城市整体发展战略研究方面，必然需要研究城市的制度文化、社会关系文化、职业结构构成文化、城市形象文化营造、城市市民文化的特质等，特别是在深入研究城市产业集群、产业空间生长规律、产业人才引进与培育、产业园区的文化环境机制等问题的时候，还会涉及和解决城市产业结构与生态文化环境、商业经营与创新文化环境、保守思想与时尚文化冲突的表现方式、市民文化与社区文化治理等，这些问题在解决的时候，都必须研究城市政府的政策生成机制、城市精英群体成长与存在方式和影响力等问题。与此同时，城市研究必须打开国际视野，接轨国际相关城市和城市文化研究理论与方法，创造中国的城市科学研究的独立性，反思如何能在打破传统城市科学权威理论、传统城市规划理论的同时，在城乡规划中去理解和实践"文化规划"等全新的认知方式。以往传统空间规划只注意空间范畴的规划，很少注意到空间范畴的"文化规划"，或者说是"文化空间"——虚拟和实体空间的文化规划。很多城市与乡村的空间规划结束后，人们总感觉少一点什么？即这一规划的文化灵魂在哪？美学价值在哪？艺术价值在哪？心理归

---

① 张鸿雁.民族偏见与文化偏见——中西文化比较新论[M].沈阳：辽宁教育出版社，1993：125.

属感在哪？居住者的自豪感在哪？其空间能否成为历史的集体记忆？能否成为“城市文化资本”？我们所看到的古罗马的空间、伦敦的街区空间、巴黎的城市空间结构……有的城市你置身其中，一种可以感知且浓郁的民族文化、艺术文化和城市生活品质文化就会扑面而来；而有的城市你置身其中，就有一种厌恶感，甚至不想驻足。为什么？回答是简单的：没有文化——一种不是每一个人都能描述的、不可言状的意向感知。

实际上，研究城市本身，就已经不自觉地把城市文化和城市整体空间研究融为一体了，只是多数研究主体并没有在“城市文化自觉”的意义上研究城市和城市规划，如果在主观意识上以明确的方式研究城市文化和城市其他要素的关系，就很有可能自觉或不自觉地从历史逻辑的角度，关心“城市文化”和“文化资本”的关系，并演绎出“城市文化资本”理论与实践的一种思想结果，之所以这样说，是因为“城市文化资本”要素是一种客观存在，但是，就如自然的矿藏，只有通过挖掘、提炼、塑造、整合、创新和再生产过程，才能使资源转化为“城市文化资本”。在城市研究和城乡规划的理论与实践应用中，认识到城市文化和“城市文化资本”价值的意义，特别是在后工业社会和网络社会时代，为社会发展找到了一个可持续发展的永续的“文化动力因”。人类存在，人类创造的文化就存在，由此可以产生的“城市文化资本”的价值与意义就存在，而其特殊的存在意义就是一个可以推动社会进化的无穷无尽的力量。因此，在永续发展的意义上，要强调城市研究和城乡规划必须注重城市文化的规划。格雷姆·埃文斯在《文化规划：一种城市复兴》一书中说：“毫不奇怪，直到最近，规划还没有像其他领域的社会政策和城市发展那样，更深入地理解艺术实践和参与的需要，或者说，完全拒绝与‘文化’接触。所以，本书试图针对这些反规划（‘非规划’）的倾向，介绍和分析一些文化和规划已经与可能被整合的方式。”[①]甚至直至当下，城市研究和城乡规划仍然排斥文化规划，即在没有任何文化研究的基础上就开始了城乡空间的规划。

二、从理论创新到建构学派再到“基层—底层”解决方案

要想建立一个完整的学术体系和学科体系，就必须从创新的层面建构学术范式，在此过程中，需要从两个角度来强调：一是纯粹的城市科学学理性的研究，建构模型与模式，解决规律和发展逻

① ［英］格雷姆·埃文斯. 文化规划：一种城市复兴？［M］. 李健盛，译. 北京：北京师范大学出版社. 2022：8.

辑，并最终建构一套科学的、自成体系的学说；二是具有解决方案的、以具体城市和乡村为研究对象的实证性研究，强调能够进行顶层设计，能够解决中层发展问题，最终能够提出解决城乡发展“基层—底层”的解决方案，而且还能持续不断跟踪解决出现的新问题。

所谓纯粹的城市科学的学理性、学术性和科学性的研究，是要从城市的本原出发，研究城市科学的理论逻辑和理论范式，探索城市发展的一般规律，为人类社会的城市发展、人类社会的文明进化、人类的人文成果存续等增添新的理论，填补空白，建构适应时代要求的新理论范畴与“概念的类”，特别是要建构一整套有逻辑的学科体系。必须强调“要有一个沉思默想的生活方式的表征”，以追求科学的理性和学术理性研究为目标和价值取向，而不是其他，这是创造真正学术研究成果的前提。“托马斯在《名言集锦评注》一书中有一句话说得真好：‘为了人类社会能够变得和谐完美，我们当中需要有些人去过无用的沉思默想的生活。’”①这个“无用的沉思默想的生活”指的是不为了某种经济利益沉下心来去做城市科学研究。中国学者王国维在《人间词话》中的第26则所讲的“人生三境界”，就道出了做学问时人生沉思默想的辛苦与乐趣：“古今之成大事业、大学问者，必经过三种之境界：‘昨夜西风凋碧树。独上高楼，望尽天涯路’，此第一境也。‘衣带渐宽终不悔，为伊消得人憔悴’，此第二境也。‘众里寻他千百度，蓦然回首，那人却在灯火阑珊处’，此第三境也。此等语皆非大词人不能道。然遽以此意解释诸词，恐为晏、欧诸公所不许也。”②显然这“三境界”可以被赋予多种理解，但是也是多数人所不能为的。关键是，其意境与乐趣是自己心之所向，个人真心追求的理想空间与境界，才能看到和感受到学术之境界之美与伟大，这对一部分人来说是人生的一种终极价值追求。笔者是从1977年在河南省登封市告成镇参与夏代城市遗址考古挖掘开始，对古代城市、城墙、城市里居住什么人等等，产生了无数的疑问，特别是受生活经历的影响，对城市的产生、城市发展、城乡差别和城市存在价值产生了极高的兴趣，经历中印象最深刻的是对城乡差别存在现状——乡村贫穷的原因等产生要穷极其原因的想法。几十年的城市研究，既在沉思默想，又在乡村田野中实地考察研究，在上下求索的过程中展开了持续一生的城市研究。虽然曾因为探讨消费社会的文化特质而研究过凡勃伦，但是从来没有感受过凡勃伦所谓“有闲阶级”的存在感，对他所描述的有闲阶级③，作为一个探究城市理性研究的学者来说很难与之对号。从“遇到”城市研究开始，就没有感觉到什么时候是“闲”，或许以学问为人生价值取向

---

① ［德］约瑟夫·皮珀. 闲暇：文化的基础［M］. 刘森尧，译. 北京：新星出版社，2005：7.

② 王国维. 人间词话［M］. 北京：人民文学出版社，2018：3-7.

③ ［美］凡勃伦. 有闲阶级论［M］. 甘平，译. 武汉：武汉大学出版社，2014：12.

的人不属于真正的有闲阶级，至少笔者是这样。总感觉时间不够用，唯有追求比生命长久的价值符号——可以经受历史检验的学术著作而已！一切只是一个追求理想实现的过程，生命是有限的，能够让生命延续的，只有那可贵的、让社会认同的学术成果和思想而已！

在城市科学的学理性、科学性和学术性的理想选择下，必须创造性地进行城市科学的实证性研究的同时，提出解决问题的方案，具备解决城市社会发展具体问题的实际能力，并能够分类，分别给不同的城市创造特色研究的专项成果，这是数字化时代、网络智慧化时代、智能化时代的研究成果的最低标准和价值之一。从人类的文化与学术繁荣发展的历史上看，城市经济、文化繁荣是学术繁荣的基础和摇篮，学术繁荣是城市经济文化繁荣的表征，毫无例外。城市繁荣是城市学派生长的基础，世界上古今中外学派的发展都与有文化底蕴的著名城市相关联，一个有学派的城市一定是一个伟大的文化名城；但是，经济繁荣的城市不一定有学派，甚至有的是文化沙漠，是“金钱的地盘”。但是另一个发展规律是显性的：学派繁荣的时代，一定是国家和民族城市文化学术的繁荣时代，也是文化、学术和经济繁荣的基础。

“城市文化资本”研究的目的之一是建构南京的“城市文化资本学派”。对于我们这一代人来说，建立所谓的城市学派几乎已经不可能，因为我们这一代人不仅受到个人知识结构与研究方式及方法上的制约，更重要的是面临着整体社会意义上主体的、独立的学术价值的缺失，还受到学术生成土壤的制约。创造学派不仅要有学术的“领头人”，更重要的是要有一个学派生成的过程和生产的文化土壤，是需要一群人的努力和创造的结果，同时也是一个群体共同的“理想类型”。桑普森说：“尽管很多人认为城市社会学中著名的‘芝加哥学派’已经没落，但本书中，笔者在某些重要方面使用的研究方法实际上继承于这个学派。目前这一研究方向又产生了洛杉矶学派、纽约学派、法国学派和源于1970年代的‘新城市社会学’，而且以后也将产生更多的学派。”[①]创建学派不仅仅是社会学、城市社会学的事情，也是中国整体社会科学发展的大事情。当代中国的一些学术研究之所以缺乏真理性探索，缺乏比较性的、科学性的人文精神探索，主要是因为在偌大一个中国，虽然有数量庞大的学术群体，却没有典型的“学派”之分。这种结果很明显，即偌大的中国没有独立的研究体系和方法，或者说偌大的中国学术界仅仅是一种观点、一种方法、一种体系，这种单一性的“口径”模式，很难在真理性层面有探索、创新的意义。

从21世纪初的学术发展来看，偌大的中国既没有学理性探究的学派存在，也没有地缘化学派的

---

① ［美］罗伯特·J. 桑普森. 伟大的美国城市［M］. 陈广渝，梁玉成，译. 北京：社会科学文献出版社，2018：27.

建构。显然，在人类社会的发展中，如果没有学派的建构，就不会有多元化学术研究的发展，就不可能真正产生百花齐放的文化形式，也就必然不会有中国式的本土化研究体系创新与理论主张。提倡、构建中国本土化“学派”关系，是中国学术研究真理性探索和学术研究走在世界前沿的重要内容和形式，可以这样认为：中国目前正在酝酿、萌发的“中国式城市文艺复兴”有可能成为中国式“学派”的成长土壤和前提。笔者曾提出建构“城市关系学派”和“南京城市社会学派”的“枉想”，但这绝不是仅为个人学术价值追求的非分“枉想”，而是想在单一理论体系中，创造一种“学术浪花”，让更多的人来“踏学术之浪”，设想为中国学术之兴、学术的真理性探索铺路而已！亦从城市社会学发展的视角，以呼应西方“芝加哥城市社会学派”的学术价值和文脉传承，同时，亦想证明芝加哥城市社会学派的理论局限与历史局限。但是，我们所想的是，芝加哥作为一座城市，或者说一座芝加哥城曾是多个学科学派的成长与创新地！仅芝加哥一座城市就诞生了芝加哥城市学派、芝加哥社会学派（其中包括社会心理学派及城市社会学派）、芝加哥建筑学派以及经济学的芝加哥学派、气象学的芝加哥学派等，为什么一个芝加哥能够产生如此多学派？这显然是一种特有的城市社会结构与空间创造了学派产生的土壤和前提。

21世纪初的中国，呼唤城市社会学派的兴起，正是为了创造中国本土化的城市社会学的理论与研究体系，而我们今天要提倡的是“南京城市文化资本学派”建构与兴起，建构成为一个科学、完整、有独立辩护词的典型城市学派，需要经过几代人的努力和创造。这样的学派既要包括完整的主体理论体系和独有方法的建设、一个有学科属性的“独立辩护词”范畴、有一整套的独立话语体系，有一套完整的外部评价体系等，能够在实践中获得认知，并能够解决现实中的实际问题。同时，还需有一个为共同目标而努力工作的群体，其核心是独有的学术理念体系、完整的创新体系等等。

可以这样理解：一个民族或国家的学术学派群体的建构，是学术研究世界化和真理性探索的前提。没有完全意义上的“学派”，没有科学性的“辩争”与辩论，没有学派之间的真理性明辨，中国社会科学的科学性探索很难进入“世界范畴的真理性探索”的境界，而核心是我们的学术研究、城市研究能不能具有世界学术研究中心之一的“世界文化身份”，这是我们应该思考的。古希腊罗马出现过科学与学术的辉煌时代，也就是“学派”繁荣的时代，在雄辩中探求真理，在雄辩中去伪存真，在雄辩中追求真善美，在雄辩中追求理论研究的世界高度，这一系列过程是真理性探索必经的“路径”“方式”“程式”和“范式”，没有这个“程式”和“范式”所表现出的程序的“合法性”，科学的结论和价值中立的社会科学价值观就很难发生。而笔者提出建立城市学派的想法只是对社会学科学性的一种初步探索，或者仅想做一块城市社会学“真理性探索”的“铺路石”，如是，也是笔者个人追求终极价值实现的一种方式。

在这30多年来的城市经济学、城市史学、城市文化学和城市社会学研究的努力中，笔者心中一直追随两个人：一个是“20世纪的智者——罗素”[①]，笔者认同其综合理论的认知方式和复合性知识的社会科学研究能力与理想。罗素在经济学、社会学、哲学、文化学、历史学、数学、伦理学等20多个学科领域里都有很高的建树，是一个真正意义上的“复合型人才”；另一个是司马迁，笔者认同其“究天人之际，通古今之变，成一家之言”的思想学风，并总是力求提出自己的认识和主张，虽然没有获得当朝的认可，但是却能被历史所认可。

实际上，有关建构城市社会学派的想法由来已久，早在华东师范大学读博士期间，笔者就曾提出过建构“城市关系学派”的想法。那是1987年的事情了，笔者在博士论文中提出了这种思想倾向。为什么提“城市关系学派”？主要因为“关系”一词的内涵具有特殊意义。在2002年出版本书第一版之前，笔者研读过马克·第亚尼的《非物质社会——后工业世界的设计、文化与技术》一书，读到了关于“关系”的概念。而今天——时隔第一次想到提出“城市关系学派”想法的37年后（2024年），重读这一观点，又有了更深层次的理解。第亚尼说：“‘关系’这一概念，在当前的思想中越来越关键，它出现在每一种学科中，并成为正在对总体科学进行质问的核心。任何个人都是一个复杂的相互关系网络的一部分，每一件事情都与其他的事情有关系。这一观念在许多科学分支中都占有重要地位，并侵入我们的意识。艺术也不拒绝这种观念，更不会处于这种系统的排列的观念之外。”[②]同样，城市也不例外，笔者把城市视为一种“要素关系”有机体，城市是各种要素关系的有机构成。这一观点虽然还很不成熟，但是，从现代城市发展的角度看，城市就是这类“关系”的集合体、系统与要素关系的表现方式，发展城市、建设城市，在一定意义上就是建立系统性“城市要素有机关系系统”。各要素有机关系能够以一个和谐的方式组织起来，这座城市一定是一个具有可持续发展力的城市——假如是一个在某种意义上具有“天人合一”关系的城市，就会是一个理想类型的城市。

---

① 罗素（Bertrand Arthur William Russell），全名伯特兰·阿瑟·威廉·罗素，出生于英国威尔士，毕业于剑桥大学三一学院，获得研究员职位，是英国哲学家、数学家、逻辑学家、历史学家、文学家，分析哲学的主要创始人，世界和平运动的倡导者和组织者。1950年获得诺贝尔文学奖。主要作品有《西方哲学史》《哲学问题》《心的分析》《物的分析》等。张婷. 罗素，拿下诺贝尔文学奖的哲学家［N］. 新京报，2020-05-18.

② ［法］马克·第亚尼. 非物质社会：后工业世界的设计、文化与技术［M］. 滕守尧，译. 成都：四川人民出版社，1998：158.

之所以长期坚持“中国城市本土化理论”和建设“中国本土化城市形态”的主张，主要原因之一是，改革开放40多年来，全球一体化和全球城市化使得城市的民族性越来越弱，西方化的城市要素符号和空间体系，正在替代中国传统城市空间模式，很多城市已经不像中国的城市了，因此，应该重新找回和创造中国城市的空间形态，创造一个更适合中国国情的城市发展、建设理论来指导中国城市的现代化进程。另一个原因是：在青年时代——还在读博士研究生时，笔者就曾有一种不成熟的想法——是否能走出一条自己的学术研究创新之路。笔者的硕士论文题目是《春秋战国城市发展研究》、博士论文题目是《春秋战国城市经济发展史论》，并在1988年6月由辽宁大学出版社正式出版。对先秦的城市研究，用的是一种全景式研究方式，其内容包括城市规模与城墙结构、国家与区域城市格局、城市内部空间布局、城市市场与商品交换、城市管理与城市法制、城市建设与技术、城市社会结构与职业、城市人口与流动、城市功能与分类、城市文化与学派，以及中外城市社会形态比较等。其中主要的理论指导就是芝加哥城市社会学派的理论和方法，特别是受帕克的理论与思想方法影响最大。

要创造具有中国本土化特色的城市发展理论，必须要站在世界范围比较研究的视角和对中国传统文化、传统城市空间理论深刻研究的基础上，创新本土化的研究理论与实践方式，就是要有世界的眼光与经验借鉴，既要具有中国学的本底①，又要有世界理论前沿的创新能力。研究中国城市也应该有中国文化中“慎独”的精神底气。在研究城市解决社会问题、提出改变社会发展创新主张的同时，提倡中国式本土化城市形态复兴和城市文艺复兴，建构城市社会的创新文化土壤和思想。之所以提出这一认知与研究逻辑，是因为个体文化的知识结构源于中国历史和国学文化的认同，内化于心，已成为笔者城市研究的灵魂，并左右和引导着笔者的城市研究思考方式。对于中国文化中的国学精神和核心文化价值，虽然是仁者见仁，智者见智，但从城市发展历史的角度、从城市社会和城市文化研究的角度看，中国传统的文化精华要素对城市研究是大有裨益的。城市化是人类的共同

---

① 笔者从学习城市考古开始，硕士和博士期间专攻中国古代先秦城市经济史，包括城市产业、城市人口、城市空间和建筑空间结构、城墙文化和城市市民文化以及不同地域城市空间演变过程等。先秦时代的基本文献都学习研究过，《十三经》成为手头必读书，《管子》《论语》《孟子》《韩非子》《商君书》《晏子》等也是在老师指导下逐字逐句研究过的。特别是学习前四史——《史记》《汉书》《后汉书》《三国志》时，曾为之时而废寝，时而忘食。其中《史记》十卷本，一页一页读过来，整整用了一年多的时间。司马光的《资治通鉴》也是从第一卷读起，并从整套书中摘取了有关重农抑商的内容，写成文章发表。在对中国历史特别是先秦史的研究中，笔者感悟到人生的真谛并终身受益，把《尚书》中的“九德”和《礼记》中的“慎独”作为笔者追求的一种生活方式，《礼记·大学》说：“此谓诚于中，形于外，故君子必慎其独也。”

命运，人类现代化的共同结果就是城市化和城市现代化，所以要强调人类共同的核心价值观和世界大同意义上“真”“善”“美”的同一性文化价值，大体上可以这样思考：一是和谐自然，天人合一；二是利他爱人，真诚有信；三是温文尔雅，谦让有礼；四是小胜以智，大胜以德；五是天健自强，无为而治；六是公允正义，合乎法度；七是以人为本，博爱天下；八是家国情怀，与日俱进；九是尚善慎独，三省吾身；十是天下兴亡，匹夫有责。在笔者的城市研究中也正努力设想如何无处不在地渗透这样一种思维方式与感知。

三、本土化城市形态：“城市文化资本”学术研究的未来

跟随芝加哥城市社会学派学者帕克的学术路径，从1994年起笔者在南京大学创办了第一个“南京大学城市科学研究中心”，2009年更名为“南京大学城市科学研究院”，并在南京大学开设了“城市社会学”“现代社区理论”和“城市管理学”等课程。同时给博士研究生和博士后开设了“城市社会结构新论”“城市文化资本论”“城市发展战略”等课程，又在其他大学、全国的一些省、市、县和乡及企业开设各种课程，如城市形象与“城市文化资本”战略、城市建筑文化与空间再生产、城乡融合发展与城市规划、文旅融合规划和全域旅游发展、产城融合与城乡融合发展、新型城市城镇化、企业形象与企业品牌创新等几十种课程和讲座，最多的一年要有数十场讲座，在这所有的课程和讲座当中，所有的案例，如城乡规划案例、旅游规划案例、城市更新案例、各种品牌策划案例等都是自己主持的项目，更多的是在这些解决方案案例的经验中提出这样的结论：新的学术创新，既需要理论研究的创新，也需要解释世界和解释各种专业的创新，还需要传统田野调查方法更加细致的创新，但是，伴随智能网络社会的来临，需要以前者的学术研究为基础，拿出解决问题的创新型方案。

一方面研究这个世界以提出某一方面的理论，一方面解释这个世界告诉世人世界的本质，一方面接触深入了解这个世界让研究者和世人知晓和接近客观世界，最后是面对世界和城市社会问题时，提出解决社会阶段性问题的方案，目的是建设一个追求和逐渐接近理想型的世界。

罗素的《西方的智慧》一书中的前言开篇第一句话就说：“亚历山大的诗人卡尔马丘说：‘一部大书就是一大灾难。’”[①]写一本“应景”的书很容易，写一部能够流传百年、穿越时空、经受

---

① ［英］伯特兰·罗素. 西方的智慧［M］. 亚北，译. 北京：中国妇女出版社，2004：422-433.

历史检验的著作是不易的，《中国城市文化资本论》之所以再次深化研究，全面修正，大量增加新内容，就是在反思、立言，在总结以往研究成果的同时，真正地建构独立思想、独立观点、独立方案，要创造真正属于中国的、也是世界的、更希望是历史的“城市文化资本”理论，并能够让有深厚文化底蕴的民族文化和民族精神在有文化资本的意义上再兴起。如罗素所言“是因为就灾难而言，这本书是不大的”。罗素被称为20世纪的智者，他的有些观点值得我们深思，可以成为我们认识现实世界的一种方法。“一部大书就是一大灾难”，也许对笔者来说更是如此，每完成一次用心的写作研究，哪怕不是十分完善，只要是用心去研究的，在心灵中一定是一种历练，一定是一种灵魂深处的折磨，一定是涅槃重生，一定是一种身心的疲惫。罗素说：“克罗齐尽管批驳了黑格尔，但他仍然在自己的著作中保留了很大程度的辩证法。他在《美学原理》中的说法就使人想起黑格尔的逻辑学。‘谬误与真理之所以会紧密地联系在一起，是因为纯粹、绝对的谬误是不可想象的；也正是因为这个原因，才不存在这种谬误。’谬误用两个声音说话：一个声音对错误进行断定，而另一个声音却在否定它。这是一场‘是’与‘非’的斗争，也就是所谓的矛盾。克罗齐认为这段摘录也可以用来强调以下观点：心灵可以把握住实在。从原则上说，世界上没有什么是我们不能发现的。任何不可想象的东西都可能存在，因此，只要存在的东西就一定可以想象。需要指出的是，布莱德雷的观点正好颠倒过来。他认为可以想象的东西就一定存在，其表达的公式是：可能存在和一定存在的东西才存在着。”①在笔者的研究中，有的是一种想象，有的是一种实证，也有的可能是“不可想象”的，但是，关键是我们是否去想，然后才是是否去做。从理想追求到现实努力中去建构的精神动力就是“天下兴亡，我有责”的理念，而不是“匹夫有责”的理念！

试想一下，在日本、德国、法国会有学者提出“循环社会的发展理想”，并很快会转化为国家的法律与政策，仅就中国而言，“循环社会型的发展模式”会由谁提出，并通过什么关系转化为法律与政策？显然，作为一个知识分子的价值表现方式之一就是——是否能够提出新的理论、新的主张和切合实际的操作模式，并最终转化为推动社会进步的操作方案。而本书从“城市文化资本”再生产的角度来研究城市问题，就是一种“提出”，一种对现实社会的想象，并努力使之成为现实。

学术即生活，当然也是生命所在。柏拉图的理论与思想就是跨越千年而存在的，《柏拉图全集》第一卷里苏格拉底和卡利克勒在辩论满足欲望与美德时说：“你所描述的生命真是一件奇怪的事。你知道的，欧里庇得斯说过：‘有谁知道，死就是生，生就是死？’如果他说得对，那么我也

① ［英］伯特兰·罗素.西方的智慧［M］.亚北，译.北京：中国妇女出版社，2004：1，422-433.

不会感觉奇怪。我们也许真的已经死了，因为我听说过有位聪明人说过我们是死人，我们的身体是一座坟墓，往往在里头的灵魂的性质是摇摆不定的。”这一观点不一定是所谓真理的表述，但是，却是具有真理性的情感说明，每个人的一生，都有过无数次的摇摆不定，无数次的寻寻觅觅，无数次的迷茫与徘徊……如果把学术研究当作“生命”或生命的一部分，那就是说一个人——应该说是笔者的“灵魂”已经死过多次——在否定之否定中再生，或许想通过研究城市获得再生——生命的价值！虽然这是一种极其难以实现的奢望，但是，是必须追求的奢望！

为什么原来的“城市文化资本论”前面要冠以“中国”两个字呢？经过30多年“城市文化资本”研究发现，后现代历史阶段的学术研究，通过大数据可以把握世界一体化发展规律和学术的前沿，可以寻找和创新“中国式”的学术语言和学术逻辑，而且当代中国更需要“中国式”的学术范式，以丰富世界文化的整体，创造世界范围的地域和国别学术研究模式，建构立于世界学术之林的大树，而这一定要从国家和区域的具体实际出发，创造中国范式的学术文化符号。一本书可以成为一种历史文化符号，关键是其能够有益于人类社会的发展。

亚当·斯密被称为“经济学之父”，他的《国富论》出版于1776年，也正是美国独立宣言发表的那一年。亚当·斯密在《国富论》中说：如果一个人拥有的财富只可以用几天的话，“他将会非常谨慎地使用这些资产，并希望在最终使用完这些资产之前，能依靠自身的劳动获得某些东西来取代它。在这种情况下，他的收入完全来自他的劳动。各国大部分贫穷劳动者都过着这样的生活”。如果他有相对足够的资产，“他可以将全部资产划分成两部分：他所希望用来创造收入的部分被称为资本；另一部分则用于目前的消费”。亚当·斯密同时还说，“为投资者产生收入或利润的资本有两种使用方法”。一种是通过运用流动资本形式，“资本”可以被用来生产、制造或购买产品，然后将产品销售出去，取得“利润”。另一种是“资本可以被用来改良土地，购买生产用的机器或工具，或用来购买不需要改变所有者或不需要再次流通就可以创造利润的东西。这样的资本可以称为固定资本”[①]。在这种资本的分析中，亚当·斯密又说：“没有流动资本，固定资本不能产生任何收入。”其实亚当·斯密的这些观点，仅仅作为一种常识而已，为什么我们今天仍然在读这本书？笔者为什么引用《国富论》中的观点？其本质不在于重复一次简单经济学的常识，而在于重复一种理念，以2024年推算起，这本书距今已经248年了。我们可以设想一下，我们在改革开放以来出版的学术专著，248年后，人们将怎样认识？不求其成为经典，而求其观点或者知识仍然能够被人引用和

---

① ［英］亚当·斯密. 国富论［M］. 唐日松，译. 北京：华夏出版社，2005：203，206.

关注或者重复，就已经是难能可贵的了。笔者创造并提出了“城市文化资本”的概念和理论研究的范畴，也希望这种“城市文化资本”在未来的日子里能够成为人们的集体记忆和集体财富，并作为推动社会进步的一种逻辑和思想。

从一般意义上说，学术研究成果应该具有多方面的价值，譬如理论建树价值、填补空白价值、现实应用价值和可能提供的资料性价值等等，中国“城市文化资本”的研究旨在从一个全新的视角，或者以往很少有注意到的视角，即通过城市文化和“城市文化资本”研究视角，来探索、研究城市的内在发展规律，以求通过“城市文化资本”的创新发展和“城市文化资本”再生产的理论主张和思想方法，来创建范式、创新模式、建构体系、完善逻辑、提出问题、解决问题、用于实践、改革城市发展动力和价值的构成与质量，进而建构出城市永续发展的动力和能量——城市文化动力因。而“城市文化资本”的研究在某种程度上参照、参考了马克思的《资本论》立意和一般方法，即站在经济学、金融学、社会学、哲学、历史学、逻辑学和现代科学综合研究的基础上，通过一定的田野调查和“城市文化资本”再生产实践案例，特别是笔者本身的经历和研究、规划以及实际操作案例，在说明问题的同时，提出在实践中解决问题、规划方案的成功经验，这也是本书的一个创新点；或说中国“城市文化资本”的研究，是在以往个人研究成果基础上，力求理论结构完善和站在世界学科前沿，以民族文化自信和城市文化自觉的认知立场，对相关城市文化和“城市文化资本”研究提出新主张并创新立论，以求创造一定价值。

一是时代思想和文化的合理超前性价值。对问题的科学性和伟大意义，对时代的文化思潮、民族文化的复兴和民众思想都能够有一定的文化启蒙教育作用，并在一定程度上丰富人类思想文化库。

二是学术性和学理性价值。能够具有某种科学性、实用性、准确性、学理性、史料性与数据价值，能够为丰富历史、填补空白，并为他人和后来人学术研究提供基础。

三是历史与现实问题的实际应用价值。能够对相关研究领域的问题在某种程度上解释、说明、厘定，能够对以往不准确的和正在研究的相关问题给予一定程度的解决、回答和回应，同时在所研究领域能够为他人解惑，对现实能够提出问题并切实解决问题。

四是对事物和问题具有揭示本质和发现规律的价值。应该强调的是在一定意义上对事物、问题的本质加以探讨，对所研究的事物和问题具有能够说明规律、发现规律，并提出某种驾驭事物发展规律的可能。

五是在所研究的领域能够建构一个体系关系和逻辑模式建构价值，并创造独有的“概念的类”，创造学术范畴。

六是跨学科研究价值，尽可能不产生学科偏见（马克思的《资本论》就是包含了哲学、经济学、社会学和数学等其他学科的理论与方法），因为“偏见比无知离真理更远”。

七是创新与立论、立意的思维价值。尽可能在研究的领域和研究对象上，从某个方面突破创新，从而带动其他立意和发轫。从理论到方法，从实践到应用，并说明宏观、中观和微观层面的问题，最终能产生理论与实践应用价值。同时，也必须认识到，研究城市和“城市文化资本”同研究其他所有的问题一样，我们不能去改变规律，而只能发现规律，我们不能创造真理，只能无限接近真理！因为人类社会创造的城市从产生那天起，就开始了问题的发生，并随着时空变化，不同的时代、不同的技术发展水平、不同的社会阶段，会有不同的问题，我们只是在研究问题和解决问题中发展，问题永远会有，探索永无止境。

判断力并不是意识的理智活动，确切地说，并不是以在按照某一计划建构起来的若干可能性中进行果断选择为目的的某种意识的理智活动，而是惯习（habitus）的实践活动，也就是说，判断力是分类与可分类的实践活动的生成性图式（schèmes générateurs）：这些图式在实践中运作，却没有明确的表现；它们是社会空间中的差别位置（position différentielle）以习性（disposition）的形式混合后形成的产物——斯特劳森（Strawson）对社会空间作了确切的定义，即位置的互为外在性。[①]

——皮埃尔·布尔迪厄

---

① ［法］皮埃尔·布尔迪厄. 国家精英——名牌大学与群体精神［M］. 杨亚平，译. 北京：商务印书馆，2018：3.

第三章
“城市文化资本”[①]理论建构——创造永续文化动力

中国虽然地域广阔，高山大川、平原草地、江河湖海、沙漠雪山等地貌、地质景观多样而且形势有别，自然资源、不同区域经济发展和社会发展水平仍然可以用差异巨大来描述：一边是世界级城市的繁华，一边还有经济欠发达的偏远山村……可以说中国是一个多元、多梯度、多类型的非平衡社会结构体[②]。上海的城镇化率为89.3%，北京的城镇化率为87.5%，天津也达到了84.88%[③]。而很多省份如湖北、吉林、黑龙江的一些县域城市化率只有35%左右。在城市社会的演变历史上，中国城市正处在第七次“城市革命”的特定时代！[④]这是一个全新的城市社会转型时代，中国将从8000多年的农业

---

① 在本书第一版《城市形象与城市文化资本论——中国城市形象比较的社会学研究》（东南大学出版社2002年出版）中，笔者首次提出了“城市文化资本”的概念。2005年，该书被中国社会科学院推荐给全国人大代表。见新华网读书频道《第五辑：关于区域经济发展的好书——社科院专家给代表委员推荐的书目之三》，http://news.xinhuanet.com/book/2004-03/10/content_1357333.htm. 读者和专家的认同是笔者再版本书的推动因素之一。

② 张鸿雁. 论当代中国城乡多梯度社会文化类型与社会结构变迁——依据“社会事实”对“二元结构”的重新认知［J］. 南京社会科学，2007（11）：74-80.

③ 多梯度的城市化结构在“户籍人口第一大省河南很有代表性。河南省统计局发布的数据显示，2021年末，全省城镇常住人口达到5579.0万人，比2020年末增加68.7万人；乡村常住人口4304.0万人，减少126.7万人。常住人口城镇化率为56.45%，比2020年末提高1.02个百分点，比2021年全国0.83的提高幅度高出0.19个百分点。在河南省内，一些流出人口较多的人口大市城镇化率比较低。其中，周口的城镇化率仅为43.62%，驻马店城镇化率为45.17%，商丘为47.21%，南阳为51.61%。”林小昭.31省份城镇化率：8省份超70%，重庆居中西部第一［EB/OL］.（2022-06-15）［2023-10-28］. https://www.yicai.com/news/101434160.html.

④ 张鸿雁. 论中国封建城市经济发展的总体特点［J］. 中国史研究，1997（03）：3-12. 另见：张鸿雁. 中国式城市文艺复兴的发生与第六次城市革命［J］. 城市问题，2008（01）：3-5. 第七次“城市革命”是强调中国正式走入城市更新的发展阶段，并把城市更新作为新经济发展的重要内容。

文明中，创造一个再现代化的城市社会，或曰后现代、后工业社会。城市社会与传统农业社会有很多不同，其中不同的关键是：中国社会问题发生的区位及重点、中国发展的增长及重点的空间范围发生根本性的变化。以往很多问题发生在农村，现代更多的问题发生在城市和城镇。城市发展形成新的地域生产力格局，使生产、生活、工作和消费都出现前所未有的变化——新经济、新业态、新文化、新科技、新场景、新空间、新平台和新智慧网络等正在席卷全球，同时，大国间的竞争所形成的新政治格局，正在重组全球的地缘政治、国家关系和国际城市体系，这一切，重塑了中国与世界经济、政治和文化的新型发展关系，也在为中国城市参与全球竞争提出新的发展要求。

一、从个体“文化资本”到“城市文化资本”的行动逻辑

在网络社会的海量信息中，建构“城市文化资本”和城市新形象，是全球城市共同面临的挑战，而伦敦在这方面走出一条在海量信息中创造城市信息传播、推广、创新的直通高速信息通道：多年来的伦敦市长的文化战略和信息传达，系统而丰富，平等而亲和，并能直接达到向伦敦市民和来过伦敦的客人以及全世界推广的目的。全世界在文化建设上都在效仿伦敦，这座城市的“文化战略”与市长的战略规划，就如和市民、旅游者对话：“市长的文化愿景和优先事项”——“全民文化”，其核心内容是打造一座在国际上不断取得创意成果，并且能够普惠每位市民的城市，市长创造的文化愿景和文化结构要素，可以构成一种软力量，“软力量并不仅仅等同于影响力，毕竟影响力也可依靠威胁或报酬等硬力量得以实现。软力量也不只是劝说或者以理服人的能力，尽管这是软力量的重要组成部分。软力量还包括吸引的能力，吸引力往往导致被吸引人在许多事情上采取默许的态度。简而言之，在行为术语中，软力量系统具有吸引人的力量。就资源而言，软力量的资源即产生吸引力的资产。在衡量一特定资源是否能产生吸引人的软力量时，可通过听取民意调查加以判定。”[①]伦敦的软力量之一就是它创造了“一座充满选择机遇的城市”，在这里，无论男女老幼，都有机会通过文化丰富自己的生活。伦敦“城市文化资本”再生产的最大特点是所创造的文化要素，不但未能被海量信息淹没，反而在海量信息中创造了“主客共享”的伦敦，“是一座充满机遇”的城市，城市受众可以获得伦敦城市特有的亲情化宣传，接受和获得新理念和新文化主张，关键是能

① ［美］约瑟夫·奈. 软力量——世界政坛成功之道［M］. 吴晓辉，钱程，译. 北京：东方出版社，2005：6.

直接获得有用、有价值和具有真善美的信息。

世界网络社会化体系引发的技术革命，导致了城市社会出现多中心化、却中心化状态，也引发城市社会新的生活方式、生产方式、工作方式的变革，包括也引发了城市社会的结构变化，新阶层的崛起、新型职业的区隔化、文化价值的异化和新信息革命所造成的代际区隔和阶层区隔，城市社会出现了阶层的再分化、再异化与文化价值的再裂变，城市社会里文化更加多元，出现更多的“异质化文化群”，各种类型的区隔伴随着“信息茧房”的固化，鸿沟越来越深。事实上，在信息爆炸时代的环境中，由于每个人都能够很容易获得海量信息——有用的和没有用的，正面的和反面的，真实的和虚假的……在对海量信息获取、选择和处理的过程中，个体、群体都必然会形成信息需求与筛选的行为偏好，加之网络智能信息平台本身又能够根据需求者的偏好提供并满足单一的海量信息，往往会在不自觉中自然形成某种区隔，即个体获得的信息和知识要素都自认为是“世界的全部”——个体和媒体互动为各个“自媒体人”——因为有了手机、电脑和网络，可假定每个人都是类自媒体，建立了一个“信息茧房”的自我维持体系，不是海量信息给每一个个体都创造了有用的价值，而是个体在海量信息中选择有用的信息才具有真正的价值，这也是现代技术双刃剑的功能所在。

在网络社会的自媒体、融媒体等都在创造海量信息与个体、群体的信息需求的博弈中，有效信息的选择、筛选便成为现代人的一种能力表现。反思这一问题，我们应该认识到，个体在世界海量信息面前，要有一个预设前提，就像芝加哥社会学学派那样，要能够有“智识立场（intellectual posture）”“智识态度”①，对现代海量信息有一个辨识能力，在理论原则上，学习马克思主义的哲学认知方式：怀疑一切。怀疑也是科学认知的前提。在对海量信息整体上科学认知的前提下，培养个体获得有效信息的能力、辨识信息的能力和查找、选择、处理、筛选、创造科学信息的思维和能力。在当代国家、社会和城市经济与文化信息的传播和推广方面，城市社会至少应该具有一个科学、理性的信息管理与治理机制，以扼制虚假信息、有害信息的流行。否则，城市社会的文化分裂、阶层固化和相关社会问题可能会加剧。当代，全世界多数人已经成为城市人，城市已经成为国家政治、经济、社会、文化、生态发展的主体，也是国家参与全球竞争的主体，处理好海量信息社会后的社会文化裂变也是一个重要任务，关键是如何在海量信息的大数据中寻找、整合、创造高价值文化与信息要素进行“城市文化资本”再生产，使之能够成为城市文化软实力和硬实力的“交汇结晶”。

---

① ［美］罗伯特·E.帕克，等.城市：有关城市环境中人类行为研究的建议［M］.杭苏红，译.北京：商务印书馆，2016：导言3.

21世纪初叶的城市，特别是那些国际化的大都市——“全球城市”以及世界各地形成的都市圈、城市群、城市带已经演绎成为一个特殊的地域地理空间，是一个超越时空的巨型信息交流空间体系，在这个体系内，那些世界级城市群成为一个容纳、积累和创造资本的世界，而且是全球海量信息发布的中心。信息的经济价值所创造的文化价值和文化资本价值，使传统经济条件下的一般经济资本、货币资本正在转型为“城市文化资本”及再生产过程。沙森等人所定位的“全球城市”及全球一线城市空间正成为所有城市发展的“引领者”——使各种类型城市资本再生产的有机体每天都在产生新的财富、新的海量信息、新的剩余价值、新的思想文化、新的观念时尚、新的生活理念、新的语言概念和新的城市故事与集体记忆，并左右着全球经济系统和经济结构的变迁，全球网络社会更以虚拟空间的实体化下沉到市场和日常家庭生活需要之中，使全球一体化表现方式发生了质的改变。城市被特殊的文化要素——信息与资本为纽带相互联系并结构化起来，成为人类和个体实现不同理想的“场所”“空间”“场景”和“地点”，几乎所有的城市都成为现代社会人不断“扎根”又不断被“拔根”的一个个生活舞台。而我们要研究和解释的是社会结构变化的原因和机制，并试图找到城市社会治理之道。布尔迪厄认为：“正如人们通常所想象的，社会学的目的在于揭示构成社会空间的不同社会人群的最深层的结构，以及倾向于确保社会空间的再生产或者变革的‘机制’。”[①]从网络社会创造的所有人都能成为自媒体的“镜像社会”开始，要创造城市的核心竞争力、特色竞争力、综合竞争力和城市的凝聚力就成为一个关键而重要的问题。在这样不断变化的城市社会中，寻找到一个使城市社会能够以进化的、可持续方式发展的可能，关键词是：开放、续古、创新和文化自为——在世界的文化海洋里，创造自己独特的“城市文化资本”。不同的人对城市的进化、发展的理解是不同的，不同的学科对城市的解释也不同[②]。城市作为人类财富的集中形式，是地域生产力的构成体，在人类历史的发展中起到“社会加速器”的作用。人类已知的历史长河已经流淌了300万年漫长的岁月，这一历史告诉我们：人类社会发展具有某种跳跃性或曰有时会出现“突变性”，在进化论的理论体系中，无论自然界还是人类社会，有些进化的环节至今无法解释。在300多万年的时间里，99.8%的时间人类是在没有城市的社会里度过的，或者说，人类到目前发展的300多万年里[③]，城市文明在不同的国家

① ［法］皮埃尔·布尔迪厄.国家精英——名牌大学与群体精神［M］.杨亚平，译.北京：商务印书馆，2018：1.

② ［美］南·艾琳.后现代城市主义［M］.张冠增，译.上海：同济大学出版社，2007：242.

③ 对人类历史的认知根据科学技术的不断发展而进步，关于人类历史的进程有不同的表述，根据有关资料的佐证及人们科学认知水平的不断变化，人类发源的年代也是一个不断变化的认知，有说600万年，有说520万年，还有400万年说等等，目前相对比较统一的观点是从南方古猿开始出现的300万年前。

和地区产生的时间不一样，大概距今有5000年到8000年的城市文明历史。城市社会只是现在已知人类社会的300万分之一不到，而在整个人类史的发展比较中可以看到，从原始社会走进城市文明，再到21世纪的初叶，人类社会经历了从原始社会—农业社会—工业社会—城市社会和后工业社会的基本序列，当代人类社会已经进入以城市文明为主导的社会发展过程。

为什么城市会成为人类社会加速度的动力源？到目前为止，对城市能够具有社会发展动力功能的研究有很多成果，除了从一般意义上城市所具有的政治管治功能、经济集聚功能、产业集中功能、文化整合功能、交通枢纽功能、居住生活生产功能、社会整合功能、信息交流功能、时尚与精英文化培育功能、社会进步的主要动力功能以及近代以来人们发现的城市创新功能等等的解释外，时至今日，越来越多的研究成果已经证明，上述这些功能若能通过社会治理要素如法制、政策、法理、伦理、自律、宗教、文化、教育、市场机制等构成社会与市场关系的文化综合治理，既通过“文化酿造创新土壤”进行场域空间再生产，又能够使社会治理要素按照法治关系合理互动，就会形成一种城市文化自觉前提下择优文化选择机制，形成一个健康发展的、有创新文化场域关系的城市。

从“城市文化资本”再生产的意义上研究城市存续与发展模式，旨在提出并寻找、创造和创新城市发展的时代动力机制，为国家地域生产力建构和创新提供一个全新的视角和方法，并试图寻找和建构城市发展的永续动力。

文化资本的提出者是社会学家布尔迪厄，他文化资本研究方面的著作颇丰[①]，一经提出便引起世界范围内出现有关“文化资本”研究的热潮，从文化资本的学术价值来说，这个领域还有很多新的范畴和空白领域值得重新建构、创新和开拓性研究，正如我们强调的，一切理论都是不完善的，但每一种理论都有存在的合理因素。或者对于布尔迪厄来说，他的文化资本理论的深刻意涵本身还存在很多尚未研究深透和尚未深度开发的领域，笔者在研究布尔迪厄文化资本理论的过程中也发现，布尔迪厄的文化资本理论的确可以用博大精深来描述，但仍存在很多不完善的地方，如在某些概念与范畴、客体与主体、类型与文化模式及相关领域还有很多问题值得深入研究与商榷，在某一研究方面还缺乏全面的、非典型的、结构化和系统化的解释，如假设，当某一社会整体进化、发展之后，社会经济与文化呈现现代化的发展样态，生活质量、生活品位、文化人格和文化格调提高并使整个社会中产阶级

① 皮埃尔·布尔迪厄出版的著作较多，除了《布尔迪厄访谈录：文化资本与社会炼金术》外，还有《区分：判断力的社会批判》（上下册）、《继承人：大学生与文化》《再生产：一种教育系统理论的要点》《国家精英》等，都是商务印书馆2021—2022年出版的。

化，以及高等教育成为普及教育以后，文化资本的差异处于一个合理范围（如某些欧洲发达国家），文化资本的个人因素及个人成长就会与社会形成直接的嵌入性社会结构关系，因而，个体的文化资本差异性的问题，就可能不是社会的主要问题，如此等等。还有，布尔迪厄的研究为后来者留下很多有价值的“空白”，即如何创造共享的文化资本？如何让文化资本获得更加公平？个体性的文化资本如何转化为公共性的文化资本，而社会如何有更公平地享受文化资本的过程？等等，给后来者留下很多研究创新的机会，或许这既说明了这个理论本身的历史性价值，也说明人类文明社会以来的所有理论都是一个逐渐接近真理、接近科学性的过程。正因为如此，笔者从文化资本研究的公共视角——公共资本、公共价值、公共立场、公共空间、公共文化、公共文化资源等历史价值与现实价值结合的角度，吸纳了布尔迪厄文化资本理念的核心价值，在此基础上，创造了一个结合城市社会学视角的“城市文化资本”概念和理论体系。在黑格尔建构理论范式和范畴时，非常强调“概念类”的解析：“概念具有三种较切近的定性，即普遍的、特殊的和单一的。这三种定性之中，每一种如果拆开来孤立地看，就会是一种完全片面的抽象的东西。”[①]“城市文化资本”表现了普遍、特殊和单一的表达方式，之所以从公共文化要素、公共文化财富与公共文化资本等意义上寻找创新点，就是因为城市本身的价值就是群体价值，传统乡村是分散的、个体的，而城市从发生那天起，就处在人类以群体结合构成关系的方式与自然斗争、相处的状态，在一定意义上城市与乡村比较是从个体文化资本转化为群体文化资本的一种发展方式，而人类群体的居住形式最高文化表现就是在城市范畴内演绎的城市生活方式，是区别于乡村的一种活法，即人类以群体的方式与自然和其他社会形态竞争，所以，城市成为社会发展动力的核心。

布尔迪厄的文化资本研究主要是设定一个特殊的概念，即主要把个体文化教育设定为文化资本意义，并以此为出发点，把经济资本、社会资本和文化资本作为一个范畴提出，文化资本作为个体在社会发展中生存和完善自己的前提和必备条件，包括个体的社会教育、个体的家庭教育、个体学术文化类作品（如著作、绘画、雕塑、建筑设计等）、个体掌握的技能（如乐器、各种工匠技能等）、个体习得的行为礼仪、家庭“文化场域”形成的养成气质、个体获得制度型认可的符号（如学历证书、学位证书和各种技能、职业证书等）以及由个体创造文化资本所获得的经济资源、社会资源和文化资源等。在布尔迪厄的几部重要著作中，如《国家精英：名牌大学与群体精神》《再生产：一种教育系统理论的要点》《继承人：大学生与文化》《区分：判断力的社会批判》等，所研究的几乎主要是个体

---

① ［德］黑格尔. 美学：第一卷［M］. 朱光潜，译. 北京：商务印书馆，1997：128–139.

的文化资本获得的社会不公平，以及群体和不同阶层中的不同教育程度转化为文化资本的社会意义。关键是，通过不同程度教育养成的文化资本，对某种社会的结构与解构有着重要意义，从个体转化为一个群体，甚至是一个阶层获得这些教育文化资本，可以改变现有社会阶层的固化，即一个人要上升进入新的社会阶层的时候，对很多人来讲往往是通过文化资本再生产而改变的。布尔迪厄认为：“从第一个意义上讲，教育行动在客观上是一种符号暴力”[①]，是因为一个社会内各集团或阶级构成一种教育交流关系的关键条件……如贵族阶层、绅士阶层、白领阶层和具有文化资本意义上的中产阶级、创意阶层等等，他们作为阶层的文化隐喻就是一种存在的符号——文化资本，而蕴含其中的是所受的教育和教育资源获得的方式和渠道的不同。“在一个给定的社会构成中，被各组成集团或阶级之间的权力关系置于文化专断系统主导地位的文化专断，尽管总是采取间接的方式，还是最完全地表现出统治集团或阶级的（物质的或符号的）客观利益。”[②]其深刻意义在于，阶层、阶级和某些群体，之所以能够保持阶层的分层化符号意义和固化阶层的某种特征及利益关系，其中文化资本从来都是其基本的文化内核，并在不同时代具有不同的文化特质。“传统上把‘教育系统’定义为保证从过去继承来的文化（即积累下来的信息）一代一代传下去的所有组织性或习惯性机制的总和”[③]，并且形成个体在社会存在坐标的一个支点，如果没有某种意义上的文化资本基础，如制度认可的证书、本身所具备的知识能力和个体掌握的相关文化技术等，既难以维持现有阶层的地位和价值符号，又很难获得阶层转型和上升的机会。

二、从“社会炼金术”到“文化炼金术”的双重建构

文化资本符号的价值在不同的社会关系中表现的价值程度是不同的，在布尔迪厄看来，文化资本符号，特别是“制度型文化资本符号”，在一个合理的制度内才能发挥正常的作用，当一些人“在登上经济权力位置的时候，文凭只能发挥有限的效能——尤其是，如果这种文凭并不是那么稀

① ［法］皮埃尔·布尔迪厄，J.–C.帕斯隆. 再生产：一种教育系统理论的要点［M］. 邢克超，译. 北京：商务印书馆，2021：14.

② ［法］皮埃尔·布尔迪厄，J.–C.帕斯隆. 再生产：一种教育系统理论的要点［M］. 邢克超，译. 北京：商务印书馆，2021：17.

③ ［法］皮埃尔·布尔迪厄，J.–C.帕斯隆. 再生产：一种教育系统理论的要点［M］. 邢克超，译. 北京：商务印书馆，2021：19.

罕，而且相比之下更‘世俗’一些时，文凭就必须与称号和资格搭配在一起才能够充分发挥效应，然而，这些称号和资格却不是学校所能灌输和授予的，没有高等教育文凭的总经理，或者毕业于巴黎政治研究学院的总经理一般都出身于古老而高贵的家庭，也就是说，他们的家族一般都是从前的贵族；此外，从比例上来说，他们与贵族家庭的联系要比巴黎综合工科学校毕业的总经理广泛得多，因为后者所属的家族没有那么悠久的历史，也不可能具备那么多贵族的传统特性。”[①]这里，布尔迪厄说的“贵族”除了身份、历史和社会地位之外，还包括了家庭传承的文化、文化素质教育和社会关系网络等所构成的文化资本，即个体的文化资本所表现学历教育后的素养，这不是学校能够超前培养出来的。无论中外社会如何发展，“文凭就必须与称号和资格搭配在一起才能够充分发挥效应”，社会阶层的固化几乎是一个顽疾、痼疾。在某一个阶段的社会改革之后，有可能在新秩序建立之初，阶层的分化和固化并不那么明显，然而，有良好的制度体系能够对阶层差异化、固化加以控制，这种阶层固化往往会在一定时间得到调整和治理。但是，伴随社会结构的周期性变化，阶层化会因社会结构的变迁而固化，随之而来的是社会结构的固化必然导致阶层的固化，这也是社会出现周期性经济、社会危机和其他类型的社会问题的根源所在。“经济或符号价值，即作为文化资本的由教育行动再生产出来的文化专断以及由此而来的这些教育行动的产品（受过教育的人）的价值，按市场规律形成。”[②]布尔迪厄所说的“市场规律”是什么呢？这是需要进一步理解的，在深层次上表达是一种法制社会环境，即法律面前人人平等的社会与市场法则，就如马克思所说的，交换的过程确立了主体间的平等。

进一步说，文化资本意义上的各种符号，如职业证书、学术研究成果、文化艺术作品、建筑设计和物化的优秀作品等都可以转化为经济资本价值，也可以作为阶层、身份和地位的保证与说明。不言而喻，个体的文化资本在本质上是受家庭教育和社会强迫教育的一种结果，因为社会阶层差异、家庭差异、城乡差异和教育资源的分布不均，造成了个体获得文化教育存在不公平、不公正和非正义，形成“选择面前的不平等与选择的不平等”[③]。因此，人的文化素养差异、地位差异在某种意义上表现为文化资本拥有程度的差异，在更多的理性价值选择面前，拼命地创造学习机会，增

① ［法］皮埃尔·布尔迪厄. 国家精英——名牌大学与群体精神［M］. 杨亚平，译. 北京：商务印书馆，2018：559-560.

② ［法］皮埃尔·布尔迪厄，J.-C.帕斯隆. 再生产：一种教育系统理论的要点［M］. 邢克超，译. 北京：商务印书馆，2021：19.

③ ［法］皮埃尔·布尔迪厄，J.-C.帕斯隆. 再生产：一种教育系统理论的要点［M］. 邢克超，译. 北京：商务印书馆，2021：84.

长个体的文化资本，而这一切又是马克思所论及的城市社会的竞争与选择竞争压力，是“一切人反对一切人的战争”的城市社会关系结构的显性表现。要深入研究的是，布尔迪厄过度强调“符号暴力”和“教育专断”的理论概念是有些偏颇的，尽管人类的教育需要“制度型限定”和教育的“强行灌输”以及家庭的习得教育，但这恰恰是人类社会区别于动物界的社会智慧和社会理性所在，在“限定”和“灌输”的文化意义上，更需要强调人本价值和人性价值。

一个文明社会，对无知的幼儿必须进行责任型与义务型的强迫教育，同时还需要有更多的关爱、亲情和对每个人文化素质、全面发展的教育，人类通过教育实现种族、文化、知识的保存与传递，通过真善美的教育能够给人和人类带来欢娱、快乐、健康、审美能力和创新能力，这不仅仅是社会文明的基础，更是人类进步的原生性动能。在布尔迪厄的文化资本理论中，可以看到个人的文化资本一定是要全面发展的，或者说，布尔迪厄的论述也证明了这一点，在社会的整体进步中，文化资本的三要素只是单一发展，并不能使个人或某一群体成功，即在社会实践的领域，仅有的“学业称号”（制度型的学业和技术证书）并不能代表个人能力的全部，仅仅是所学知识、技术的符号证明，在社会经济与文化竞争的世界里，一个人的全面发展才能构成真正意义上的文化资本。在布尔迪厄看来，现代社会在这方面出现的两个大变化就是：“一方面，与经济特性相比，学业称号（无论其是否与经济特性有关）的影响相对地得到了加强，即使在经济场域中也是如此；另一方面，在文化资本的持有者中，为官僚主义式的大文化提供保证的技术称号的衰退为某些称号的发展提供了机会。”[①]很明显，布尔迪厄在个体文化资本价值赋能方面研究是比较深刻的，越是市场化的经济环境，越要求人的全面发展，越要求人的个体特定能力的发展。从城市和城市群体的角度进一步深入研究则可以发现，城市是由无数个体和无数的不同组织形态构成的，在网络社会中如果个体在经济场域中的价值越具有文化资本性，即个人的文化知识与修养、个人的社会认可的学业和技术证书含金量越高、个人创作天才所表现作品的品牌度越高，以及综合素质所形成的利他爱人的文化修养越具有涵养……由个人及群体构成的城市社会进步的内在动力就越充分，也越具有城市市民社会的风尚、功能和力量。

创造一个公平、正义、安全和充满选择机会的城市文化发展环境，是现代社会发展的现代性文化的标志，而且这五项缺一不可，由此会形成的一种文化创新土壤，进而转化为“城市文化资本”再生产文化过程，而“城市文化资本”再生产的最大特性是社会文化、社会资本的公共性和公共空间的

---

① ［法］皮埃尔·布尔迪厄. 国家精英——名牌大学与群体精神［M］. 杨亚平，译. 北京：商务印书馆，2018：470.

公平性与正义性。因此，结论是：城市不仅是文化容器，而且还是文明的容器，城市化、城市现代化本身不是让农民换一个生活和劳动的地方，而在本质上是换一个获得文明养成、建构个体文化资本的地方。正如前面所述，城市化是城市文明及城市生活方式的普及，城市现代化则是城市文明永续的再现代化过程，而"城市文化资本"正是作为城市社会公共价值而使城市人更全面发展的"文化动力因"。"城市文化资本"从社会公共文化资本的意义上，从个体上升到群体，并从群体上升到城市社会的"城市文化资本"。布尔迪厄经常使用的"社会炼金术（alchemy）"这一概念，虽然这一提法还有不同理解和解释，但至少创造了文化资本向经济资本和社会资本转化的"钥匙"，这个"钥匙"就是"城市文化资本"再生产模式——意涵就是"社会炼金术"与"文化炼金术"的双重建构。

"城市文化资本"厘定为公共财富的制度性安排和城市政治、经济、文化的历史结晶，建构为典型的公共资源价值体系，这是区别于一般文化资本的核心与本质，也是本书力图努力研究做出的一种新的认知和理论解释。"城市文化资本"必须通过人类有意识的创意、策划、生产、加工、流动、沉淀、融合、整合、价值再造和再生产等多项过程的"加工"，使一般资源具有"城市文化资本"的"十大特点"及具有"十大社会属性"，才能让一般自然资源、文化资源产生、转化，并有一个思维创新再升华的过程，然后才具有资本性价值，而其中的"升华"是一种文化"转译"过程[①]，之所以用这一"转译"概念，也是"城市文化资本"再生产区别于其他经济类与生产类的再生产意义的全新文化思考，是在"城市文化资本"意义上的再生产。"再生产"（reproduction）本是生物学上的概念，指性和生物的生殖、繁殖或再生。这里除了有重复、再制作、再制造的意思外，也提供了改变和新生的可能性[②]。马克思认为，生产过程也是再生产过程，"不管生产过程的社会形式怎样，它必须是连续不断的，或者说，必须周而复始地经过同样一些阶段。一个社会不能停止消费，同样，它也不能停止生产。因此，每一个社会生产过程，从经常的联系和它不断更新来看，同时也就是再生产过程"[③]。经济与生产的再生产理论在马克思的《资本论》中已经有明确的表述方式，关键是马克思的《资本论》给了我们一个很重要的范式就是：一个研究者的重要研究课题和研究方式一定是跨学科的综合研究方式，如马克思《资本论》本身是典型的大综合、大融合的综合性学术研究范例，包括经济学、政治学、哲学、历史学、伦理学、数学、社会学等多个领域。同样，

① Latour B. Reassembling the social: an introduction to actor-network-theory［M］. New York：Oxford University Press，2005：37.

② Jenks，Chris. Cultural Reproduction［M］.London：Routledge and Kegan Paul，1993：5.

③ ［德］马克思. 资本论：第1卷［M］. 北京：人民出版社，1975：621.

“城市文化资本”意义上的再生产，既不同于传统经济学意义上的再生产，也不同于其他生产、流动领域的再生产，而是一种通过特殊的“转译”过程完成的，涉及哲学与文化思维的“革命”问题，必须在新思维的理论体系下，创造新的“文化作品”而不是产品。即“城市文化资本”再生产创造的产品往往是具有个性的，而不完全是生产线上的产品，当然在现代数字经济和网络智慧经济的前提下，生产线也可以生产出预设好个性的产品，这本身需要一个综合性的学术思维——这也是布尔迪厄说的“必须读很多书”，“学科之间最主要的差异在于它们与文化的联系方式中所表现出来的某些征象：一方面，有的学科由于它们自身使命的模糊性和不确定性，成功和失败的象征既不明显又不稳定，而且还常常需要事先无法确定的知识储备（‘必须读过很多书’），因而这些学科挫伤了人们对于学业的忠诚和热忱；另一方面，有的学科可能给出一些能够做得‘很好’的工作，而且从事这些学科会让人觉得‘有把握’‘有收获’，因为你知道该在哪里花力气，工作的效果也很容易被衡量出来。”①这里所描述的是一种学理性的表达，社会科学的研究有很多“成果”“结论”是不能在实验室里证明和完成的，具有某种不确定性。现代科学研究越来越多地表现了多学科的属性，如一个成功的城市空间规划，所涉及的学科和问题很多，如土地利用问题、生态保护问题、水系流域问题、文化遗存保护问题、历史文化挖掘问题、居民生活问题、道路交通问题、街区与建筑立面问题、城市文化问题、居住与就业问题、人口问题等等，不仅包含了文科的方方面面，也包括理科、工科和其他学科的范畴，还包括很多技术知识和指标问题，更包括了就业体系、项目的运营与盈利模式等问题，既要解决“空间的生产和再生产”问题，还要解决“空间里的生产”问题，空间规划需要一个有独立思想的“作品型”的产品和独一无二的空间再生产成果。

“文化”和“资本”及“文化资本”本身就有很多种理解，无论从广义文化还是狭义文化来解读，仅有关文化概念的解释就已经有数百种之多，对“资本”的理解更是众说纷纭，莫衷一是。或者可以这样说，在概念与范畴的认知方面，“文化”和“资本”一直是一个具有历史感的概念，是一个历史范畴，也是专属人类本身的文化属性范畴——笔者在1993年提出“人和人创造的一切都是文化”，文化是人的专有属性②。西方学者也有同样的认知，因为文化的广义性和普遍性，使“‘文化’一词成为一个有诸多含义③和复杂多解的命题，我们在这里采用最普遍的定义：‘文化

① ［法］皮埃尔·布尔迪厄. 国家精英——名牌大学与群体精神［M］. 杨亚平，译. 北京：商务印书馆，2018：18.

② 张鸿雁. 民族偏见与文化偏见——中西文化比较新论［M］. 沈阳：辽宁教育出版社，1993：9.

③ 张鸿雁. 民族偏见与文化偏见——中西文化比较新论［M］. 沈阳：辽宁教育出版社，1993：2-3.

是人类知识与创新的总和，它由人类创造，在族群内世代相传、广泛传播，不断影响并改变人类生活。’文化之所以能得以发展，是因为人类进化出了语言（包括表达语言的文字），从而使个体间能够进行交流。语言是人类特有的能力，在所有民族中平等地发展；是语言促进了人类社会的繁荣，使人口数量和人类的活动范围得以惊人扩张。在此过程中，各地语言之间不可避免地产生了差异，这也阻碍了各地区的直接沟通和相互理解。”[①]但是，几千年来，人们从来没有把文化和资本结合起来研究并从经济与社会发展的角度提出文化资本的概念，而布尔迪厄的文化资本概念及理论意涵的重要创新之一就是文化资本可以向其他资本的转化意义，而文化资本在现代社会具有更广阔的经济学价值。文化资本需要一个现代理论和现代科学技术创新作为支持系统，文化资本和其他事物一样，也是时代的产物，不同学科背景的学者对文化资本的价值会有不同的解释。维那·罗亚斯等人在《超越机会：文化资本和数字鸿沟的根源》一文中是这样说的："布尔迪厄的理论框架是建立在几种不同类型（1984）的差别之上的，最明显的就是经济、文化和社会资本。……文化资本指的是对某种文化资产的占有，并表现为文化知识实体，这个实体是为卓越的文化消费模式服务的，就像表达权力关系网的经济关系可以被当作经济资本那样，那些表达不同层次的知识和文化权威潜力的文化关系构成了文化资本。"[②]显然，从维那·罗亚斯的角度看（或许是翻译的问题），把文化资本看成是"文化资产的占有"，同时把文化资本与权力关系和文化权威联系在一起，应该说，文化资本区别于其他资本类型的本质，就是在于文化资本不依赖于财富和权力，个体如果真正有了文化资本，是可以创造独立的文化人格的，这就是文化资本可以成为"文化炼金术"的原因所在。文化资本的价值是通过实实在在的独创的有天赋的作品获得资源，从而可以和其他资源进行"合法性交换"，而一般意义的经济资本和社会资本，如果和权力、权力资本交换，在某种意义上说不具有合法性，这也是文化资本理论的伟大价值所在。

维那·罗亚斯对文化资本的认知和所有的人对某事物的认知相似，往往带有个体知识结构、知识背景的痕迹。文化本身具有内在多样性、流动性、传播性和类型化，决定了文化资本内涵本质上的外延性比较大，这也正是文化与水的质性相似之处。文化流动性有许多研究成果与证明：高级文化往往会往发展较慢或低一级的文化圈、地区内"流动与流淌"——是一种文化特有的传播形式，这种文化"流动与流淌性"一般表现为"从高处往低处流"，其动力除了包括高级文化的主动性、

---

① ［意］路易吉·卢卡·卡瓦里·斯福尔扎. 文化的演进［M］. 石豆，译. 北京：中国社会科学出版社，2018：2.

② 薛晓源. 全球化与文化资本［M］. 北京：社会科学文献出版社，2005：251.

强迫性甚至是侵略性外，还包括低一级文化本身的被迫接受性和内在发展的主动接受的内因性需求，虽然好多学者都在强调所谓“文化没有高级低级之分”，但是从人类社会进化的过程来说，或者是从低级到高级社会与文化发展的理论逻辑来讲，因为社会发展的现代化程度不同，所相应的文化也具有与社会形态相应的文化模式，也必然具有某种意义上的高低之分，亦如原始社会的文化和现代文明社会的文化是有先进与落后之分的，这是从文化进化论的角度来强调的。应该说文化资本也是一样，在具有其他一般资本属性的同时，还具有“一般文化资本”没有的文化特质属性和特有的文化意义上的资本质性，有着与其他资本类型不一样的文化价值、人本价值、文化知识与品位价值及特质。文化资本虽然也可以传承，但是传承的方式与经济资本有所不同，经济资本通过直接传承和法律授予，即可直接传承，和接受传承的能力大小没有关系。但文化资本的传承是有一定条件的，不是外部或法律条件所规定，文化资本的传承必须是个体在一定环境中自然参与、体现、学习、习得并通过个体努力才能够获得，简单来说，比如爷爷会书法和绘画，但是儿子、孙子不一定会书法和绘画，这种文化资本和能力不是直接继承的，特别是文化资本的知识属性、品质属性、修养属性、作品创作的能力属性等，不能直接以继承、转让、馈赠等方式传承，而是个体付出某种努力学习、修养，在具备了某种创意、创新能力的前提条件下，才能够较好地承继“家学”“家风”及某种知识、技能等。代际、个人之间拥有的文化资本不能馈赠与传承，个人间的文化资本——包括个人掌握的某种技能不能简单交换，其中个人的文化气质更是必须通过家庭教育、个体修养、个体的自我学习及自律才能获取。

有人通过研究比较了布尔迪厄与古德纳对文化资本的不同解释，比尔·马丁和伊万·撒列尼在《超越文化资本：走向一种符号支配的理论》一文中，对这两个观点进行了比较：“布尔迪厄认为‘文化生产领域’是‘相对自治’与‘物质生产领域’，因此，有理由认为那些能够占用（appropriate）符号生产机制的人是文化资本的所有者。然而，由于文化生产只是相对自治于物质生产的，所以这类资本的所有者只能在支配性的资产阶级内部创建下层社会（substrata）。与此相对照，古德纳认为文化资本是真正自治的，他在严格意义上而非隐喻意义上使用资本概念。在古德纳的理论中，文化资本的所有者是一个新阶级的地位基础，人文主义的知识分子（humanistic intellectuals）和技术知识分子（technical intelligentsia）正运用他们的文化资本使有钱资产阶级（moneyed bourgeoisies）退位。”[①]我们能够明显地看出评判者不同的学科和不同的价值取向，但

① 薛晓源.全球化与文化资本［M］.北京：社会科学文献出版社，2005：297.

是给我们对文化资本的再认识和启迪是：无论是文化资本的自治性建构也好，还是制度型建构也好，至少文化资本为现代社会新阶层的发生提供了一个新的平台和视野，即在个体文化资本积累、形成的过程中，会与个人的财富积累呈正相关，文化资本和经济资本很难截然分开，在一定条件下可以互相转换和交换。无论是“占有”的还是“所有权”意义上的文化资本，最终在现实社会中，都会形成一个与传统的经济资本富有阶层不同的“文化资本阶层”，其中也包括正在崛起的创意阶层[①]。当一座城市的文化资本获得了再生产及运行和创造之后，这座城市会形成新的“文化资本阶层”集聚效应，然后这个阶层仍然可以细分，如“技术型的文化资本拥有者”“符号型的文化资本拥有者”“制度型的文化资本所有者”——画家、工匠艺术大师、设计师、策划人、舞蹈家、软件工程师、品牌创意人、发明专利拥有者、工艺大师、音乐作曲和制作人等等。其实，在现实的城市社会发展中，已经不难看出，一个“城市文化资本”丰富的城市，一定是“文化资本阶层”“创意阶层”人数较多的城市。

笔者非常认同下面的观点，即“文化资本理论向我们提供了文化生产者所享有的权威性质的洞见”。这个权威不仅仅靠金钱的多寡来证明，而是通过文化知识能力、技术所有制、创新作品以及个体的文化修养、品位等来证明。布尔迪厄强调说，“文化资本所有者对其专业领域行使‘符号性的掌握（symbolic mastery）’以区别于被剥夺文化资本那些人的‘实践性把握（practical mastery）’。相类似地，古德纳认为正是他们对‘批判对话的文化（culture of critical disclosure）’的参与使文化资本所有者得以行使其自身的权威，挑战所有其他权威，包括经济资本所有者的权威”[②]。这一论述十分精彩，并具有对现实的和“现代资本”解释说明之功效，精彩之处还在于文化资本所有者对其他类型资本的挑战，这就说明对于一个个体来说，文化资本的符号性、文化资本的实践性、文化资本的知识性、独有性，包括文化资本在某些领域的技术性、天才性的表现，能形成一般经济资本所不具备的历史性的权威与价值，而且在后现代社会关系中，文化资本的属性价值越具有资本的延展性和超值性。相比较而言，“城市文化资本”是作为一个城市与群体性的公共财富而创造出来的，具有群体价值的符号性、群体的实践性、群体的认知性、群体的历史性、群体的集体记忆性和某种区域空间价值的唯一性与垄断性。对文化资本内涵和价值的不同判断、理解，是有学术进步意义的。当社会发展到以网络关系和智力创新为时代标志的时候，社会群体的判断力、市民社会的判断力就具有文化的主导选择性意义，也是一座城市或者是一座城市的“社会选择性”能

---

① ［美］理查德·佛罗里达.创意阶层的崛起［M］.司徒爱勤，译.北京：中信出版社，2010：3.

② 薛晓源.全球化与文化资本［M］.北京：社会科学文献出版社，2005：299.

力，既不是单纯的价值判断（value judgement），也不仅仅是事实判断（fact judgement），而是从客观的标准和唯一性意义上，对新事物和新资本形态的创新型理解。文化资本对当代的大多数人来说，还是一个新事物，特别是“城市文化资本”的概念、理论与事实价值，虽然已经有越来越多的学者在理解、研究和创新之中，但是，在传统经济学的资本属性意义上，对文化资本的判断具有严重的知识断层、文化断层和学科文化区隔。

三、从打造“文化资本阶层”到打造文化生产场域

文化资本以及本书研究的“城市文化资本”概念的创新性，既包括这一问题研究前景的广阔性，还包括这一学科的知识的普及，是否能让“城市文化资本”成为人民的一个推动城市社会高质量创新发展的力量，成为“大众手里推动城市进化的武器”，事实上“城市文化资本”已经成为一个城市文化经济学的全新的经济概念与模式。城市本身就是一个资本的集中地，这一点马克思论述得十分清楚：“城市本身表明了人口、生产工具、资本、享乐和需要的集中；而乡村里是相反的情况：孤立和分散。”[①]马克思所强调城市的集中，其核心是“人”“生产工具”“资本”“享乐”和“需要”等方面的集中，但是，传统的经济学资本理论没有注意到“文化资本”的价值与意义，当然，这与历史及科技发展的时代背景局限有关。城市里集中的要素除上述马克思所讲的之外，还要加上文化的要素，加上文化产业、文化资本的要素。当代城市越来越复杂，新的要素不断增加，各要素组成并构成了一种与时代相适应的生产方式和生活方式的集中，说到底也是一种文化要素的集中。马克思理论中的“资本”还是古典经济理论类型的“资本”，强调的是“被榨取的剩余价值”。在新的历史时期，在21世纪初的社会结构内，虽然在某些地方还存在着被剥削而形成的资本和剩余价值，但是，一些发达国家、一些现代企业内、在一些社会化企业内，资本的形式、类型与社会属性都发生了质的变化，是一种区别于传统资本的“新资本”形式（后面将有论述），特别是“城市文化资本”所构成的城市体系是对具有现代阶级关系的城市表征的说明，如果说“城市文化资本”也是一个历史范畴的话，只有具有现代性、现代化表现的城市才能充分创造“城市文化资本”，否则，就不会产生真正意义的公共性的“城市文化资本”。

---

① ［德］马克思，恩格斯. 马克思恩格斯全集：第1卷［M］. 中共中央马克思恩格斯列宁斯大林著作编译局，译. 北京：人民出版社，1965：57.

在现代城市社会体系内，除了传统的阶级与阶层外，城市出现了一个“文化资本阶层”，也可以称为“智识阶层”“创意阶层”等，他不同于以往的蓝领与白领阶层，是进入后现代的以“智慧生产”方式为主的阶层，这种认知对于推动社会发展具有全新的意义和价值。当传统社会把农业与工业的生产作为绝对财富的增长意义时，社会发展的可持续性会受到阶段性的挑战，在工业社会后期，或者是后工业社会来临的过程中，文化资本的价值不仅对于个人有着十分重要的生存意义，对一个群体、城市和国家都有着十分重要的意义，即在所有工业生产竞争中，当管理水平、技术创新、产品差异、治理水平差距越来越小的时候，“城市文化资本”的创造就会成为社会整体进步的新动力。对文化资本的“判断力并不是意识的理智活动，确切地说，并不是以在按照某一计划建构起来的若干可能性中进行果断选择为目的的某种意识的理智活动，而是惯习（habitus）的实践活动，也就是说，判断力是分类与可分类的实践活动的生成性图式（schèmes générateurs）：这些图式在实践中运作，却没有明确的表现；它们是社会空间中的差别位置（position différentielle）以习性（disposition）的形式混合后形成的产物——斯特劳森（Strawson）对社会空间作了确切的定义，即位置的互为外在性”[①]。当社会整体从简单劳动走向复杂劳动时，从一般性的生产到智能化生产时，甚至当所谓“元宇宙文化”崛起时，文化资本就会越发重要，给全社会努力创新的阶层提供了一种理论与技术支撑，虽然文化资本“最早是在研究过程中作为一种理论假定呈现在我面前的”，最值得从历史上和现实考察的意义是“这种假定能够通过联系学术上的成功，来解释出身于不同社会阶级的孩子取得不同学术成就的原因，即出身于不同阶级和阶级小团体的孩子在学术市场中所能获得的特殊利润，是如何对应于阶级与阶级小团体间的文化资本的分布状况的”[②]。这一历史事实在过去的时代都发生过，贫穷家庭的子弟在政治、经济、文化和科技等领域“逆袭”的故事，就是真正完整意义上的文化资本习得而成的，但是，这种案例以往都没有从文化资本的角度加以分析，并给予理论的创新和事实上的解释和应用。

从更广泛的意义上研究，可以看到“社会世界是一部积累的历史”，这是布尔迪厄在著作《文化资本与社会炼金术》中的一节《文化资本与社会资本》中的第一个观点，强调的是对于一个可以理解为积累文化和财富的“社会世界”——城市，“如果我们不把行动者仅仅看成可以互换的粒子的话，那么，我们必须把资本的概念和伴随这一概念的积累物及其全部效应重新引入社会世

① ［法］皮埃尔·布尔迪厄. 国家精英——名牌大学与群体精神［M］. 杨亚平，译. 北京：商务印书馆，2018：3.

② 包亚明. 文化资本与社会炼金术——布尔迪厄访谈录［M］. 上海：上海人民出版社，1997：193.

界"[①]。根据布尔迪厄的这个理论逻辑，我们完全可以把一座城市视为"一部积累的历史"，完全可以把城市看作一种各类型资本的存在方式，把城市视为一个资本的价值链，视为待开发的"文化资本矿藏"，基于此，我们可以这样说，在人们更多地关注一般财富资本价值的时候，一部分学者更关注"城市文化资本"再生产的价值。除了文化资本以外，任何资本都具有"完全有限性"，即在一定的时空内，货币资本、社会资本和物质资本包括权力资本等都必然是有限、有范围的存在模式，抑或说存量是有限的，存在时间是有限的，再发掘的方式也是被限定的，可以再解释为"有限权阈资本"，并且是通过一定物化的再生产换取的，由此也决定了资源的有限性和权力的有限性。站在人类财富资本价值的立场看，个体和群体的存在也是文化资本积累的历史，只有文化资本是要从人类本身的价值、价值理论和思想理念出发进行再创造的，其中既可以通过智慧的创造重新再建构，也可以通过智慧创造成为一个群体和个人观念层面的"文化动力因"，并成为创造物质财富的不竭动力，从而建构成为人类社会直接的推动力量，成为一个正态发展社会的永续发展动力。

开发、建构、塑造"城市文化资本"并提出相关再生产理论，是为了创造城市发展的永续动力机制，这也是贯穿本书的一种整体性思想和概念，包括通过"城市文化资本"要素之一的城市形象的建设在内，都是创造、创新和"城市文化资本"再生产的行动，或者说，现实的城市发展需要通过挖掘"城市文化资本"来创造城市形象，来创造城市的硬实力和软实力，这是一个与城市现代性的创造相辅相成的过程。对所有城市来说，构建"城市文化资本"都是非常重要的，面对有些城市来说是当务之急，利用以往每座城市都在做的城市形象建构过程，来创造、整合、挖掘城市的"文化动力因"，从现代的眼光来看，本源的动力就是"城市文化资本"和"城市文化资本"再生产，就犹如所有的产业都需要资本的投入一样，而"城市文化资本"作为一种新型的资本形态，其推动城市发展的动力构成是多元的、多层次的、多类型的、可创造的，既可以是物化的——经济的、货币的，也可以是思想上的、文化上的、主意上的（idea、plan）、创意上的，更可以从多方面创新来建构的，这就是"城市文化资本"的再生产具有支配作用的原因。"某些著名的城市，如巴比伦、罗马、雅典、北京、巴黎、伦敦等城市成功地支配了各自国家的历史……那只是因为这些城市始终能够代表他们民族的传统文化，并把其大部分留传给后代。"[②]不同城市的发展阶段的"动力因"构成和表现是不同的，既可以从经济意义上寻找到城市综合发展的整合"动力因"，也可以从社会协调发展方面找到"动力因"，还可以从产业结构构成的合理性功能方面找到"动力因"，同时也

① 包亚明.文化资本与社会炼金术——布尔迪厄访谈录［M］.上海：上海人民出版社，1997：189.
② 陈一筠.城市化与城市社会学［M］.北京：光明日报出版社，1986：54.

可以从城市生态环境构成方面找到可持续发展的“动力因”，可以把对人的潜力和整体性的文化环境创造的整体性人才的成长创新作为城市的“动力因”，当然，还可以从城市创造的优势文化构成中找到城市发展的“文化动力因”。但是，在进入工业化后期以后，一个没有被更多的人所认识的一个因素——“城市文化资本”要素正在成长。一个良好的城市形象既表现为城市市民生活的物质生活水平、城市空间品质、城市人文明素质等综合体现，还表现为一种“城市文化资本”的创造能力，或者说，一个伟大的城市，一定是具有典型“城市文化资本”的城市，必然具有典型的无形资产和有形资产的有机构成[①]，关键是能否认识到这种“城市文化资本”再生产的价值和功能。

既然我们能够认识到城市存在着一种社会场域效应，就应该能够进一步感受到“文化场域”作为“社会炼金术”的特殊意义。我们可以这样问：一座城市在什么情况下能够充分占有、利用和创新发展文化资本？或者能够创造出“文化生产场域”效应？我们在比较和历史研究中会发现，传统乡村及与之相适应的自然经济，在几千年的历史变迁中，仅仅表现为简单的、低层次的、封闭的经济与文化循环，或曰，两千多年前传统自然经济状态下的乡村生产形式和空间形态，与今天的传统型乡村空间相比，几乎没有本质的区别，而两千年前的城市与今天的城市已经有天壤之别。城市从产生那天起，就是人类社会进化的动力和中心，进化方式是结构转型式的进化，如奴隶社会（农奴社会）的城市对应的是传统乡村；封建社会的城市对应的也是传统乡村；资本主义社会（工业化）的城市对应的还是传统乡村；社会主义社会对应的传统乡村也没有改变，只是在资本主义新兴工业化以后，以及社会主义国家如中国等在经历工业化和新兴工业化以后，大部分传统乡村得到了改变，而有些发达国家已经没有了传统乡村和传统农业。从历史的城乡二元结构看，乡村则长期作为城市的对立物而存在，而城市化和城市现代化则是人类社会现代化的方式和结果。我们观察到，城市世界是这样一种模式：不同的国家与民族会创造不同的城市文化，不同的城市文化会形成不同结构的“城市文化资本”力量，而这些力量恰恰是能够推动社会创新的“文化动力因”。

城市要具有“社会与文化炼金术”的功能，就要在对文化资本理论深入研究的基础上，对创新出的衍生性理论——“城市文化资本”理论要素进行挖掘、梳理、建构和再创新，引导城市创造与本体城市文化自洽的“文化生产场域”。布尔迪厄的理论这样认为：“我已经表明，资本是通过三

---

① 秘鲁学者赫南尔多·德·索托说：“资本是货币的潜在根源，但我们已经忘记了‘资本’的最初含义。马克思说过，你必须超越物理学的界限，去接触那只‘下金蛋的母鸡’；亚当·斯密认为，你必须‘从虚无中创造出一条’抵达那只母鸡的‘道路’。”参见：［秘］赫南尔多·德·索托. 资本的秘密［M］. 王晓冬，译. 南京：江苏人民出版社，2001：11.

个基本种类中表现自己的（每一个种类都有比自己低一级别的类别），即经济资本、文化资本和社会资本。我们必须在这些种类中加上象征资本，因为，当我们通过知性范畴去把握这几种资本时，这几种资本呈现的就是象征资本形式……文化资本是以三种形式存在的，即具体化、客观化和制度化这三种形式。”①布尔迪厄在提出文化资本理论和“文化资本的三种资本形式”以后，在文化资本理论的核心概念与范畴上，再没有新的补充和建构，而且，即使到了21世纪初，很多学术达人都未能从深层次上进一步去挖掘、丰富和创新文化资本理论的内核，或者说文化资本理论自从发生以来，留给我们很大的创新空间，可以让后来者加以重构和再丰富。在近些年的学术研究中，人们已经将单纯的个体文化资本研究转化为公共文化资本的研究，或者文化资本的研究业已开始了数字化的、技术化的、量化的和比较方面的“城市文化资本”研究，自2002年正式提出“城市文化资本”概念和理论范畴之后，中国已经有了近千篇以上的有关围绕“城市文化资本”的学术研究论文和学术著作②。

要能够从更高更广义的社会和经济层面理解文化资本的社会意义，特别是能够理解文化资本与社会资本结构化关系的实质。布尔迪厄对社会资本与文化资本关系的解释具有独到见解。他说：“社会资本是实的和虚的资源的总和，个人或团体通过占有大家共同了解和承认的、多少有些制度化的关系的某种持久性网络，能够使自己所控制的社会资本有所增加。”③这个观点可以理解为，社会资本与文化资本不是一种平行、并列的关系。一个可见的事实是，拥有文化资本的个体，一定会演化成某种社会资本，并也一定拥有文化资本的“强关系”，而这种“强关系”构成了社会资本意义，并通过社会资本和文化资本的叠加，形成“文化资本再生产的个人的文化场”，这个“场”，犹如我们所感受的物理场一样，是一种社会背景综合。譬如，在传统中国古代社会，权力场以“极权”的形式使得除“权力资本”以外所有资本都不能充分表现价值，“社会资本”“经济资本”“货币资本”在权力资本面前显得很渺小，只能在一定框架内有所发展，其他资本，特别

---

① 包亚明.文化资本与社会炼金术——布尔迪厄访谈录［M］.上海：上海人民出版社，1997：166.

② 在2002年出版的《城市形象与城市文化资本论——中外城市形象比较的社会学研究》一书中，笔者首创提出“城市文化资本”理论、概念与学术体系，距今已有20余载，并先后出版“城市文化资本”三部曲，共160余万字。很多教授、专家、学者和博士、硕士研究生都在研究和试图丰富“城市文化资本”理论体系，亦有一些城市建设者在运用“城市文化资本”理论指导城市建设工作。经CNKI系统检索统计，20年间关于“城市文化资本”研究的文章共发表了700余篇。涉及“城市文化资本”这一概念的文章有739篇，文章主要涉及文化、建筑科学与工程、文化经济、旅游等学科的方方面面。未来也将会有更多的人运用“城市文化资本”的理论和方法来研究社会发展中的各种问题，因为这一理论本身的文化价值具有无限性。

③ 包亚明.文化资本与社会炼金术——布尔迪厄访谈录［M］.上海：上海人民出版社，1997：166.

是文化资本类型“场”域的文化关系很难得到发生和繁荣，如民间的经济资本再生产长期不能充分发展，因为没有市场经济的契约关系，农业为主的国家生产的产品只是一种以供给型配置为主的封建经济。直到16—17世纪以后，特别是近代以来，西方不仅发生了资本主义的工业化影响了中国，而且得以推动整体社会转型进入工业化时代。而明清时代的中国，资本主义萌芽长期只是“萌而不发”，终是被传统的农业文明淹没了，这与中国封建社会的“权力场”的绝对权力结构有关，同时也与没有形成市场经济意义上的城市文化复兴有关。

在一般文化资本意义上建构的“城市文化资本”价值，会形成双重互动性结构功能，一旦形成“城市文化资本”价值，本身必然会产生一种文化生产场，是一个互为前提的发展结构关系。“城市文化资本”的发生与成长方式，就是与“文化场域”互动式转化的过程，这个“场域”功能就是一种新“文化炼金术”文化土壤，既让人能够将已经存在的文化资源转化成文化资本，又要能够创造文化资源并使之成为“城市文化资本”。这里有一个重要的通过比较得出的观念：在传统的农业文化社会体系中，不可能产生充分的文化资本和文化资本价值，这已经被人类农业文明的历史所证明，而只有到了充分的资本主义发生过程和一般国家的现代化的发展进程中，才能形成典型的、充分的文化资本价值。“城市文化资本”其载体是城市市民社会，只有在与工业文明相伴随发展中形成的现代社会的市民社会结构中，才能够承载现代意义上的“城市文化资本”再生产历程，也就是我们一再强调的，“城市文化资本”的特殊意义就是市民社会的专属属性。“资本是积累的劳动（以物化的形式或‘具体化’‘肉身化’的形式），当这种劳动在私人性，即排他的基础上被行动者或行动者小团体占有时，这种劳动就使得他们能够以具体化的或者劳动的形式占有社会资源。”[①]布尔迪厄认为，私人占有、私人的劳动所表现的私人资本以及小团体性占有资本，这本身也是一种对社会资源的占有，并能够在主观为自己的前提下，资本的利用有为社会创造财富的意义，但这一切只有在法制关系的社会条件下才能成立。这仅仅是一种社会学分析的视角，虽然没有能够全部表达资本的意义，但是在他的逻辑建构中，可以推衍出一种结论：任何资本如果投向社会生产，都具有双重意义——投资主体效益和社会效益，但同时也是在占有社会资源。他特别强调提出：具体的物化的劳动可以“占有社会资源”，资本的发生需要一个积累过程，还需要一个“文化生产场”——社会背景，这是一种“社会游戏”，这个游戏不同于“碰运气”的游戏，而“碰运气”的游戏似乎将机会摆在了每个人的面前。这也是布尔迪厄文化资本的价值属性所在，即在一定

---

① 包亚明.文化资本与社会炼金术——布尔迪厄访谈录[M].上海：上海人民出版社，1997：189.

意义上说，只在城市存在一个“文化生产场”，对于文化资本的拥有者来说，就会有较多的机会。但是，资本不是这样的，“资本流动的社会游戏”，在任何社会场域中都不存在“平均机会”，至少不是在社会整体意义上存在的。这是因为，资本既需要时间去积累，又需要智慧型的复杂劳动去通过创造、创新来积累，“资本需要以同一的形式或是扩大的形式去获取生产利润的潜在能力，资本也是以这些形式去进行自身再生产的潜在能力，因此资本包含了一种坚持其自身存在的意向……”在特定的历史时期内，“是一种被铭写在事物客观性之中的力量，所以，一切事物并不都具有同样的可能性或同样的不可能性。在特定的时刻，资本的不同类型和亚型的分布结构，在时间上体现了社会世界的内在结构，即铭写在这个世界的现实中的一整套强制性因素，这些强制性因素以一种持久方式控制了它所产生的作用，并决定了实践成功的可能性”[①]。在传统的农业社会，制度性因素往往对资本再生产是加以限制，甚至资本再生产是被禁锢的，资源的流动过程不是开放的，往往是“以末治财，用本守之”，农业社会的资本在权力资本的作用下，很少用于农业以外的再生产过程，创造型的社会资本再生产的行为有可能被视为对社会道德的背离，人们在传统的中国农业文化中长期“重农抑商”[②]就是这一社会伦理观的文化体现和事实。而资本主义社会后期的现代化过程，资本特别是城市金融资本，如同全球城市那样，首先是世界的金融中心，通过资本来确定了某种网络金融及全球意义的“一套强制性”资本社会结构，并通过全球城市在某种意义上统治全球的资本社会和资本。全球的一线城市都是金融资本世界中心性城市，如纽约、东京、巴黎、伦敦、苏黎世及新加坡等，构成了世界金融体系中的世界级节点城市，同时，因为是世界金融资本和金融中心城市，也由此造就、养成了世界文化中心城市，就是因这些城市，不仅有金融资本、社会资本，更具有“城市文化资本”，同时，还具有强大的“城市文化资本”再生产能力。所以，21世纪的中国，应该全面提倡建设“城市文化资本”，这是一种全新的社会场域关系的整合和建构。

---

① 包亚明. 文化资本与社会炼金术——布尔迪厄访谈录［M］. 上海：上海人民出版社，1997：190.

② 张鸿雁. 西汉初“重农抑商”政策对经济发展的影响［J］. 辽宁师院学报，1982（06）：69-74.

帕克的城市图景：城市到底有什么东西让帕克如此着迷？首先，与韦伯一样，帕克在现代城市中看到了一种商业结构，这种商业结构又是“围绕城市形成的市场的产物”（Park 1984：12）。与马克思、韦伯和涂尔干一样，帕克在现代生活中看到了一种由产业竞争驱动的复杂劳动分工。与腾尼斯一样，帕克认为这种市场支配性，将导致对传统生活方式深刻而持续的侵蚀。而过去对“家庭关系纽带、地方社团、出身种族、等级地位”的强调肯定会导致一种类似于共同体、“基于职业与地位利益的保守系统”（Park 1984：13–14）。[①]

——约翰·J.马休尼斯，文森特·N.帕里罗

---

① ［美］约翰·J.马休尼斯，文森特·N.帕里罗. 城市社会学：城市与城市生活［M］. 姚伟，王佳，译. 北京：中国人民大学出版社，2016：119.

第四章
“城市文化资本”与空间再生产的后现代社会属性

城市是人类作用于自然的结果，在城市内形成各种关系——个体与群体、群体与群体、组织与组织、建筑与空间的社会关系，并以城市整体存在的方式作用于自然，由此，城市的功能与乡村的功能就形成了截然不同的结果和过程。从一般意义上讲，城市内部的社会关系结构和空间关系是与乡村不同的，是能够如吉斯勒所论的：“对表型是‘自然+文化’这一普遍定义的评论也很有意思。他认为应当修正为‘自然×文化’，因为当其中一个为零，结果就是零。这么说是部分正确的，而实际上两种定义都过于简化了：基因型和环境的相互作用，既不能用数字来概括，也不能用产品来表现，而是通过更为复杂的方式展现，极少数特例除外。”[①]清楚地说，自然与文化不是相“加”的关系，而是相“乘”的关系，但是也有西方学者研究认为，无论自然与文化是用“加法”还是应该用“乘法”都不能很好地表意，都不能很好地阐明自然与文化构成关系的结果，但是至少让我们认识到了，自然的存在，必须赋予人的灵魂。

一、首创“城市文化资本”理论：经济资本+文化资本+社会资本

一座山也好，一条河也好，一旦被赋予人文气质，如若有名人大家咏山诵水的诗词歌赋、有文人墨客的千古文章、有流传千古的神话及爱情传说、有可歌可泣的英雄故事、有雕梁画栋的历史建筑……或者还被赋予了人的感情与劳动投入，这山、这水，就有了人文价值。如紫金山有了中山

① ［意］路易吉·卢卡·卡瓦里·斯福尔扎. 文化的演进［M］. 石豆，译. 北京：中国社会科学出版社，2018：9.

陵、明孝陵和梅花山等文化因素的存在，就使这座山有了文化与特有生命力。这种类型很多，几乎中国所有的名山大川都具有这样的特性。因此，从我们的研究视角看，“自然+文化”还应该加上“N”，这才能够把文化与人的生产活动和生活联系起来，但是还不够，也可以用“乘法”，“自然×文化×N”，那就有了无穷无尽的融合型的创新，就如我们研究所认为的那样，两种文化相加，一般不是两个具体产品或商品的相加，而是会产生文化的变异，往往会产生1+1大于2的效果，而文化的相乘，更是文化创新的叠加效应。我们研究的“城市文化资本”再生产就是一种文化相加又相乘的文化裂变的结果，构成新的能量与价值，或者产生第三种、第四种文化要素和文化形态，而文化产业和“城市文化资本”再生产过程中的特殊效应就是：融合、溶合、增殖、变革和不断创新……

从首次提出“城市文化资本”理论与观点之后，从系统建构的角度上讲，我们力求从概念、立意和体系上使“城市文化资本”理论更加完善，并在深入研究中，从一般意义上的“城市文化资本”研究上升到“城市文化资本”再生产研究创新的层面上，这也只是一种学科体系完善和深入研究的一个方面，特别是针对当代中国城市化发展中亟待解决的空间问题，需要从“城市文化资本”再生产的实际需要出发，进一步完善和建构、发展与时俱进的理论体系和新主张，并围绕这些新概念和新主张提出学术研究的新思想、新概念和新设想，在反思以往研究成果的基础上，追求系统地丰富“城市文化资本”再生产理论的学术体系、学科范畴、研究领域和跨学科的创新型研究——经济资本+文化资本+社会资本+哲学逻辑+文旅融合+生态空间+城乡等值+田野调查+空间的生产+项目落地+N的解决方案的形式，创新发展“城市文化资本”再生产核心价值，推动中国城市化的强可持续发展理论与实践。

第一，作为公共财富性意义上的“城市文化资本”具有新的十大特性或曰十大“城市文化资本”的社会属性。“城市文化资本”不是传统和古典社会理论中的“一般资本”，而是通过历史、时间和文化的沉淀、洗礼、形塑、创新和文化生产场域的建构而形成的文化再生产过程的“作品”和产品，它是一定区域与一定群体共同的经济、思想和文化财富，具有“公共性资本”的价值和意义。通过“城市文化资本”的再生产，创造城市文化的“软实力”和特色竞争力，使之成为城市强可持续发展的“文化动力因”。“城市文化资本”大体有十个方面特点和属性的理论也是一个变迁过程，更是一个加深认识的过程。这也是本书的核心观点和核心价值之一，是在“城市文化资本”三部曲研究演进中逐渐完善的：一是自然与人文资源深度融合演化形成的公共性“城市文化资本”属性；二是自然与人文资源深度整合、沉淀与积累下来的垄断性“城市文化资本”属性；三是自然和人文资源深度融合演化养成的唯一性“城市文化资本”属性；四是制度型文化结晶演化形成的创新文化土壤上的民族性构成的“城市文化资本”属性；五是城市历史文化资源与自然资源融合演化而形成的历史价值刚性的“城市文化资本”属性；六是地方传统与特色符号化文化资源构成“集体记忆性”的城市文化资本属性；七是城市物化的历史遗存资源的艺术价值经典再造的“城市文化资本”属性；八是城市优秀传统思想文化传承与认同性的“城市文化资本”属性；九是城市优秀的风土人情、民风民俗等传统与时尚行为文化生活方式样板性的“城市文化资本”属性；十是城市英雄主义和城市精英群体的文化选择主导性的“城市文化资本”属性。可以简单概括为：公共性、垄断性、唯一性、历史性、集体记忆的文化认同性、文化历史价值刚性、民族性、可再生产性、可创造性、文化精英的选择性。

第二，在“城市文化资本”理论的认知视角上，早在1998年笔者就首创提出了“中国本土化城市空间形态”①的概念和相关理论体系。面对全球化和全球一体化的浪潮，很多国家在不知不觉中，城市建设失去了本土化的空间样态，或者说，西方城市化发展理论、城乡规划理论、建筑设计理论和城市街区空间以及相关的城市文化越来越多地表现为西方城市的特点，应该说，全球化本身是历史的潮流，是一个必然的趋势，西方的城市化理论和城市规划理论是有其先进性的，更多的也是被历史和现实所证明的。但是，不是说全球化就是西方城市文化占据城市发展的主导地位，全球一体化的本质是同一性与经济社会文化的现代化，而现代化的另一个表述就是全球各国文化的充分和多样性发展，包括全世界的各种城市文化多样化的存在和发展，在保持民族性和地方性的同时，进入现代化过程才是真正的全球化本性和意义所在。因此，在全球化文化的冲击下，必须保持中国传统性、民族性和地域性城市的空间结构特点、样态、模式和文化特质才是发展的正道。针对中国城市化高速发展的现实，在很多城市传统城市空间形态格局已经丧失的前提下，要更加明确地提出必须“保持中国传统城市空间结构、空间肌理、空间格局、空间风貌、空间轮廓与民族化城市形态结构发展主张”。保持、传承几千年的中国城市“棋盘型中轴线对称的城市空间格局”，创造、创新发展具有时代特性和时代意义的中国本土化的城市空间结构形态。这一空间再生产的表达具有深刻的民族文化意义，是一种典型的民族文化精神表达，并且是代表世界东方城市空间格局的典型化模式，更是中国城市空间格局的文化之魂，必须在精准保护中坚持时代性城市空间文化符号特质的创新。在目前单一的、以西方城市形态为主的城市化潮流中，把握中国城市优秀的理念和主张，构建具有民族性格的城市形态与空间，使中国传统的与自然和谐的城市空间得到发展，并创造出具有新时代特征的本土化城市形态。

第三，提倡建构“以充分就业为先”的“城市空间再生产中的生活与生产”，以“城市文化资本”再生产理论为基础，创造中国式理论前提下的“新人文区位”理论概念，由此整合、推

① 张鸿雁.中国本土化城市形态论［J］.城市问题，2006（8）：8.

衍、提出创新“城市区域核理论”，创造城市多核心、多中心——即多“核”的城市空间结构，就是与2021年上海提出的“独立综合结点城市”是同一概念体系。即每个以城市的区域文化空间和区域性商圈和产业集聚区为基础形成一定意义上的“核”，就是以就业为“核”，创造一定的空间结构，并在以就业为“核”的同时，形成的创业、就业、居住、工作、生活、生产、分配、交通、消费一体化的柔性“融合性市民生活空间”，有合理的就业半径，有适宜的生活空间和消费空间。在“城市文化资本”再生产过程中，生产本土化的城市空间形态，追求城市发展充分就业创新模式，在产城融合中，追求经济效益、生态效益、社会效益、文化效益和共同富裕的有机共同体的创新发展，这种“多核”——多中心的城市空间发展模式已经成为网络社会时代城市发展的一种必然趋势，去中心化、城市资源的公平与合理的均好化等，要成为现代城市的一种发展方式。

第四，以“城市文化资本”再生产作为城市核心竞争力要素之一，提倡“人与自然和谐为本”的[①]“循环型城市社会发展模式”的理论与实践。“循环型城市社会发展模式”[②]不同于以往的“经济循环”，也不同于以往提出的“循环社会”的概念，而是从最大化的意义上寻求城市中的个体、群体、组织、社会、自然要素五者之间的和谐共生，最终形成“零耗能城市社会模式”。除了清洁能源、生态管控等外，更强调人的文化生态、自然生态的观念变革、意识变革，强调人与自然的和谐、互动、共生，达到人、社会、自然的和谐互动多赢，人与人之间的和谐互动相依，社会与自然之间的和谐互动相长，是一种互动、互嵌式的多层次循环社会结构模式（IMSS, Interactive Multi-recycling Social Structure）。这种模式在5R的循环经济原则上更强调互动的5C原则，即协调、共识、合作、共存、共荣。

第五，以“城市文化资本”再生产理论为引领，强调把城市“空间里的生产”和“空间的生产”形态要素作为“艺术作品”来打造的主张，创造城市细节艺术、创造城市时尚品质、创造城市高雅经典和创造城市的先锋格调等系列城市新文化主张。帕克认为，城市不仅是简单的物质现象，简单的人工建筑物的堆积，而是人类属性的产物。城市当然是人类智慧的产物，本土化的城市形态，有独特的人文精神、有属于民族城市自己的细节，本土化的城市个性体现在城市建设的每一个

---

① 在《循环型城市社会发展模式——城市可持续创新战略》一书的《总序》中，明确提出了中国本土化城市形态的观点并以此为标题，城市应该是“‘人与自然和谐为本’的生态家园”。参见：张鸿雁. 循环型城市社会发展模式：城市可持续创新战略［M］. 南京：东南大学出版社，2007：1.

② 张鸿雁. 循环型城市社会发展模式：城市可持续创新战略［M］. 南京：东南大学出版社，2007：1.

细节，每一条道路、每一个街坊、每一块墙角石、每一盏街灯、每一座雕塑……都以独具匠心的眼光创造与时间空间相对应的文化符号。创造本土化的本质就是创造中国城市民族性的世界性价值。

第六，以“城市文化资本”再生产的历史价值与价格刚性的文化属性特性，重构、重缀中国文化根柢的“集体记忆”，创造新时代的中国式城市邻里空间和空间的人性化、亲情化，真正创造出“城市如家”的文化理论、事实和场景，把理想类型变成理想现实。在普遍意义的城市人性化尺度、街区人性化空间结构、住区的亲情化环境空间以及民族化的文化符号运用等方面，创造切实可行的空间再生产过程，而且应时代之要求，切不能断了城市文脉、城市水脉和城市的风土人情的“人脉”，既要留住“乡愁”，还要留住中国人的中国传统“城愁”。中国人的文化行为、人与人之间互动和传统家族活动决定的空间关系，更是人的文化行为决定空间关系的特定类型和表现方式，如古希腊罗马的城市文化空间、伊斯兰教的城市文化空间和现代西方文化条件下的文化空间，既与个体和群体的文化需要有关，反过来，各自文化的空间规范着人的行为方式和价值取向。因此根据中国人与人的关系、个体和群体的关系、个体与家庭的关系以及组织形态所需要的空间要求，必然要建构中国式的城市文化空间体系，建构符合中国文化的空间体系，当然也是本书的价值主张。因此，本土化的城市空间提倡与民族文化——中国人的行为相符合的空间尺度，提倡能够创造有民族文化心理归属感的空间样态。

第七，在“城市文化资本”再生产的循环创新发展中，以数字化赋能“文化×资本”的N次方，通过城市数字赋能形成一个后工业、后都市主义生活的建设发展方式。传统的城市往往是政治中心，工业化的城市往往是工业生产与居住混杂，当代中国新兴的城市化，在城市社会变迁中，城市功能多元化出现就业与居住严重分离的现象。当产业向园区集中的时候，也出现居住向“卧城”集中的现象，又出现新的就业与居住空间的过度分离，城市“拥挤不经济”已经成为城市形态与空间冲突性矛盾。因此，创造适度紧缩型城市空间体系就是城市现代化的必然选择，笔者原来提出的“城市泛公园化”到当代普遍认同的“花园城市理论”“公园城市”概念，就是强调城市要成为有后现代文化精神取向的城市。对任何城市来说，城市的历史与记忆都是城市发展的有效资源和资本。但是，如果不能创造性开发空间和创造空间，很多资源要素不可能转化为资本，只有使之成为相关类型文化的垄断性、唯一性和集体记忆性等具有“城市文化资本”属性的资源，才有可能向资本性转型。譬如西湖之于杭州，中山陵之于南京，故宫之于北京，外滩之于上海，大小雁塔之于西安等，已经成为这些城市不可磨灭的民族性、唯一性、世界性的文化符号与记忆，才有可能使资源变成资本。

第八，“城市文化资本”再生产是一种复合型的发展概念，包含“城市+文化+资本+空间×N”

的再生产模式[1]，某种意义上也是中国城市现代化和空间发展战略的一种创新模式。根据中国的具体国情，中国应该走“五种城市化道路”。依据中国现存的“多梯度社会类型”的实际，以“五种城市化道路并举”作为发展模式，是在“人与自然和谐为本”的主旨下重新设计制定的战略：第一种是“大都市核心化引领战略”，第二种是“多层次都市圈同城化战略”，第三种是“县域城乡整体一体化战略”，第四种是“区域生态涵养区不开发战略”，第五种是“后都市时代城市现代化战略”。这五种城市发展战略模式，既是为了适应中国不同地区社会类型发展的需要，也是为了适应不同层次城市社会发展的需要。这一“城市文化资本”再生产视角下的城市化模式是针对中国区域空间经济的整合因素过低而提出的，虽然中国城市出现了区域城市群空间格局，如长三角都市群、珠三角城市群，包括南京都市圈（宁镇扬）、武汉都市圈、成渝（成都、重庆）都市圈等，但是，由于各区域经济体制内的城市因政治、机制等因素影响，城市间的各要素不能有效整合，“诸侯经济”和城市本身的政体结构使得区域型国家经济利益不能充分获取，而城市本身的空间价值则成为城市政绩与政体的主体价值。因此，站在国家与民族利益的高度，长三角都市圈应该以首位城市的核心体系为主体概念，其目的是推行区域性经济合理机制的建构，创造完全意义上的经济、政治、文化、生态一体化区，亦如东京都市圈、伦敦都市圈、巴黎都市圈及美国三大都市带一样，形成完全意义上的地区空间组合再生产，如“城市区域联合统计区”“区域共同体”等概念。这种区域空间的整合应该成为中国区域城市群的重要选择方向，而这样的城市群组合的核心动力是市场经济关系。中国未来区域经济发展的沿海三大都市圈应该是“大香港国际化都市区”“大上海国际化都市区”“大北京国际化都市区”，这应该是中国经济发展的重要主体区。

研究对象的复杂性，决定了我们研究的理论与方法必须拥有综合性、跨学科、多方法以及多种学科交叉碰撞以后知识基因的文化整合，对城市研究的相关领域从不同的学科视角提出了一系列相关的创新性概念、理论和方法，并在实践中获得广泛应用。如首次提出了“城市文化基因与城市文化动力因”的概念、“中国大沿海城市空间结构空洞”的概念、“中国沿海城市与内地城市的嵌入性结构关系”的概念、“制度型城市化发展模式”的概念、“中国城市社会来临与中国农民的终结”的概念、“中国城市再现代化的适度紧缩理论”“中国城市全球化发展中的城市价值链高端介入理论与战略”“嵌入性城市定位理论”“中国社会多梯度的社会结构理论”等，这一系列的内容“范畴”与“范式”“概念的类”，是学科理论体系建构的前提，也是构成一个学科“独立辩护词”的基础和逻辑。

---

① 张鸿雁.“大上海国际化都市圈”的整合与建构——中国长三角城市群差序化格局创新研究［J］.社会科学，2007（05）：4-13.

二、社会空间与物理空间VS“自然+文化”和“自然×文化”语义

空间虽然与其他商品生产一样，是被策划、创意、规划、设计和想象出来的，而任何设计、规划等都是“被生产”出来的文化内容产业，或是根据国家的策略，或是根据国家的政治需求，或是根据社会的价值需求，或是由某种理念创意提出的某种正义主张等生产、创造出来的。比如城市广场、城市公园、学校和高楼大厦等。在空间社会学研究领域，经常被学者们提及的齐美尔“社会和空间的同存性（simultaneity）”这一概念的核心是“社会”也是一种空间的同时，强调人是空间的创造主体，并与纯粹的空间“共存”，把空间纳入了社会学和“城市文化资本”的研究范畴。但是其中的某些观点是值得商榷的，即无论从哪一种学科属性看待、认识空间，都会有某种视野局限或者学科局限而形成文化误区，而我们强调的是如何在特定的科学理性前提下、主观与客观结合的意义上研究空间的存在意义才有可能接近真理性探索意义。其有关的观点包括：所谓空间的物理形态是“毫无作用的形式”，而事实上，物理空间的存在意义是具有社会文化意义的。当空间成为社会生活的一部分，同时也具有了如下特性，我们归纳了相关学者的论述，并通过我们的研究和整合，提出我们认为的空间十大特征：

1.空间具有稀缺资源性的价值属性。空间首先是一种资源，是与土地结构化为一体的稀缺性资源。空间是人类生存的前提，更是生产、工作、生活和持续发展的基础，是一种生产要素，在不同时代这一生产要素占据的位置有所不同，传统自然经济条件下的农业社会需要的主要是自然空间，缺乏资本性要素空间和空间的再生产。

2.空间具有唯一性的社会属性。同样的空间不能重复存在，两个同样的空间不能同时占用一个位置，正如人不能同时跳进两条河一样，任何一种空间都是独有的，每个物体都占据一个空间，如某号楼某个房间，在全球范围内只有一个，这与人作为劳动力也是商品一样，具有典型的个性化，没有同样的空间产品。不同的空间被不同的主体所占据，所在空间都存在价值差别和区位差别，当资本集中在某一区位或地点时，距离资本中心越近的空间越具有价值性，反之亦然。

3.空间具有先验性主客观结合的属性。空间，首先作为社会空间的概念，便具有先验性主观意象范畴，感知的实体空间必然具有时代和社会形态的烙印，如果经过人的思维过滤后的空间概念，已经具有先验的价值取向，这种先验性是预先镌刻在人们的文化认知体系中的，比如天主教堂的建筑空间、后现代建筑的空间、中国古典园林建筑及西方古典建筑的希腊式、哥特式、巴洛克式风格空间，已经具有人类主观价值赋予的某种文化，即使你说某一空间没有任何派别风格，已经在先验的价值取向下，进行了文化类型的分类。

4.空间具有排他性的社会属性。关键点是空间要素必然占据一定空间后，首先这一占有会形成后续效应，即只能在“我的旁边创造新的空间生产”，即后续空间只能是我的连续性表达，并限定后续空间规模、大小和高低。空间中的社会行动受制于“分割性”和“排他性”特征，即不同的主体不可能同时占据同一空间，进而形成稀缺型区位优势空间，因此形成了“差序化格局空间体系”，这个“差序化格局空间体系”可能表现了权力、地位和资本的差别，更有可能展现出各种的文化差别，而在这个空间创造的体系内，新的空间可能生成，这就是有文化内涵的“人文区位空间”。

5.空间具有某种价值增值性的属性。实体空间都是与土地结构互嵌在一起的，即使是我们谈到的虚拟空间、人的思想空间、三维空间、四维空间……也是需要与土地关联在一起的空间，因此，从资源属性的意义上，一般的实体型社会空间在价值上具有增值性，从目前看到的所有虚拟空间和实体空间的实现都需要具体的“空间位置”，包括你的IP地址的网络空间，即使有人提及太空舱的空间体系，也是从土地资源开始的。正因为如此，也导致了人们对房地产作为空间的一般产品的价值判断，即在经济社会文化正态发展的条件下，房地产建筑作为一种空间类型和商品具有特有的价值增值性。

6.空间具有地点性和场所性区位固定化的属性。空间的本质是“地点”“区位”“某个地方”“某一场所”等等表述，场所与人的记忆有文化符号化的关联，“地点”和“场所”等作为人活动或生产劳动的空间具有第一性，叙事的三要素是时间、地点、人物，而时间和空间是一对辩证统一体，“地点”“区位”标志着空间的固化属性，任何事情发展都在某一地点上出现，因此，又可以解释为“地点”“区位”“场所”——是某一地方的空间里的生产和空间的生产。

7.空间具有社会公平与正义的属性。由空间的唯一性及资源的稀缺性、财富性、增值性等因素决定，空间就有了社会化意义和空间公平属性意义。空间资源的有限性和人的欲望的扩张性，就会涉及空间的占有和基础的所有权价值问题，因此，不仅涉及公平问题，而且还涉及“空间正义”问题。就居住空间来讲，“居者有其屋是人类的一个梦想”，空间表现社会公平的意义在于空间资源的国家性、民族性和资本性，占有不同空间有了不同阶级、阶层的社会符号象征意义。不同的社会阶层因为资本的拥有程度而占据不同的社会空间，成为社会不公平的要素之一，几乎所有社会形态都追求空间的公平与正义，但因其属性所致——稀缺匮乏与占有需求矛盾具有永恒性，犹如社会关系的永恒性一样，空间正义与公平成为社会追求的“理想类型”。社会必然分化与分层，导致“空间的分化”与分层，与其中社会群体的分化存在着某种程度的交织，不同群体间的社会行为最终导致了社会空间的分化。我们在全世界都可以看到“富人区”和“贫民窟”并存，这是社会空间被占有、被“驱逐”或空间和谐与否的分水岭。

8.空间具有复杂商品特殊性的增值性属性。空间处于某一区位，是具有一般产品的可创造性、可生产性、分割性和权力属性的特殊商品。人和其他动物一样，是具有领域感的高级动物，任何一个被人感知的空间都有空间权属，如各种各样的权力，所有权、使用权、占有权、占用权和买卖权、职务使用权等等，空间可以被“权”“利”“力”分割使用，空间具有鲜明的边界，这是由权属关系决定的，权力关系也决定着空间私密性。因此，空间作为一种资本形态，在一个有阶层区分的社会里，实体空间占有的大小、多寡与个人的政治地位、经济地位呈正相关。同时，空间的唯一性决定空间一旦成为产品和商品，就有了个性化产品和商品的特殊表达，每一个空间都是不同的，首先是因为区位的不同，所以对应空间的价值评价的标准和服务流量也必然不同。如每一个空间商品如商品房的服务流量要素的不同：楼层、朝向、面积、套型、光照时长、交通站的距离、周边商业配套、教育配套、交通半径、就业半径等等。

9.空间区位具有可创造、可建构和再生产的属性。空间是可以创造的，一个荒芜的沙漠，可以从没有人间烟火到形成一个人口稠密的大都市，并成为一个交通枢纽，即当一个自然空间被赋予了文化和人文气质，就具有了“人文区位”价值，在这个意义上，也是我们的理论概念创新之一：区位是可创造的，特别是人文区位，其意义不同于以往的“工业区位论”“农业区位论”等。在城市社会里，几千年来，人口一直是个增量，城乡之间一直存在单向流动，乡村人口向城市流动，正如马克思所说，自从城乡分裂产生以来，乡村人口便开始向城市流动，在两千多年的历史进程中，从来没有停止过。直到近现代，当发达国家的城市人口超过90%时，城乡人口的单向流动才开始平衡。但是，人作为一种劳动力，向哪里流动呢？在社会学、经济学史的研究中都有过相关的成果，特别是早在中国工业化初期，大量农业人口涌向城市，就有很多学者研究过这一问题，从农村流动向城市的原动力是收入和生活方式的差异，同时，也是因为大规模工业化的发展，需要大量的劳动力，所以从韦伯的“工业区位论”①中可以看到人们在工业的兴起中，发生着人类历史上从来没有过的集聚——大机器的生产、工业化中纺织产业密集型就业体系、第三产业的高密度就业机制等，

---

① 《工业区位论》作者是德国韦伯（Alfred Weber，1868—1958）。他是古典区位论的集大成者，是近代工业区位理论的奠基人。他在总结前人研究成果和系统考察当时德国鲁尔工业区的基础上，采用数学方法和因子分析法，系统、深入地分析了影响工业生产布局的因素——区位因子，得出区位因子决定生产区位的结论，并以此作为其区位理论的核心，确定了对生产区位有重大影响的三组因素：运输费用、劳动力费用和集聚（分散）因子，并分别论述了其影响机制、分析法则和处理技术。第一次将工业区位系统化、理论化。韦伯的理论至今仍被视为人文地理，特别是经济地理中进行生产布局和区域规划研究的基础理论之一。该书是其理论的主要代表作，出版于1909年，1926年出版了英文译本。参见：汝信. 世界百科著作辞典［M］. 北京：中国工人出版社，1993：405.

向产业集中的地方集聚。但是，在工业化后期，即在新兴工业化的过程中，人们发现，劳动力在追随产业发展的过程中，随着服务产业的兴起、生产型服务业的繁荣以及人们收入的增加和“城市文化资本”、个体文化资本的增长，人们不仅看重工业产业集聚的空间——当然这是为了便于充分就业，产业投资者和新兴的创业、就业群体，在看重产业集聚的高回报之外，更看到了产业的发展环境、创新环境和就业、居住、个人成长环境，也就是人们看到以人文精神为内核的“人文区位空间”，这样的区位有可能是政府给予的优惠政策区，在中国可能是有高质量学校的社区。这样的区位空间有优质的教育资源，有良好、方便的消费空间，包括文化艺术消费空间，有绿色的生态与生活环境和良好的邻里社区，甚至有可能具有高级就业的可能，再加以就业半径和社区安全等，这就构成了一种文化意义上的人文价值取向，可以创造一个较高质量的生活方式和生活场所，就是“人文区位空间”，也就直接构成了“城市文化资本”要素，而成为公共共享的区位空间。在全球范围内有好多这样以新的人文价值取向为号召、引力而形成的新的空间、新的社区、新的产业集聚和新的城市发展。

10.空间具有社会流动性属性。空间是时间的结晶，时间是空间的切面，是作为时间与空间共同存在的辩证法，即不存在没有时间的空间，同时也不存在没有空间的时间，时间通过空间而表现存在的变化，任何时间的变化都具有空间性，因为空间又是时间流动的表现。空间作为时间的结构化表达——时空关系，空间伴随时间而具有流动性、更新与更替性，人们经常说的“老旧空间”“老破小”小区等，更表现出空间在时间流淌中的衰落性。因此，在任何场合，“怀旧”和“创新”都表现为某种意义上的“空间价值”，特别是“怀旧空间”的文化价值认知，任何人对空间的感知都表现了三个方面：过去、现在和未来。

空间的时空本体结构存在，使人们认识了社会空间的价值，更深刻意义的空间文化的资本价值，我们可以利用各种符号化的“空间结构格式”表达政治、文化和情感意向，如建筑、雕塑、景观等小品，都可以通过政治、宗教、文化及民族风俗因素的注入创造情感，空间演绎成为一种“凝固文化体”，成为历史、现在和未来的表意场所。在此基础上，空间具有更多意义的虚拟空间、想象空间和创新空间……从而创造空间里的“城市文化资本”再生产，创造、寻求城市可持续发展之源。

三、物化空间结构与思想虚拟空间扩张的无限可能性

物化空间结构与思想虚拟空间扩张的无限可能性，是“城市文化资本”再生产的终极价值所

在，城市实体空间的生产和社会思想空间结构性增长的无限可能性还有更多的影响因素，包括文化、智慧和未来空间的创新。城市的增长首先是人口和产业的增长，然后是新型交通工具的出现，促进了城市空间的扩大，城市空间的道路从以往的一般交通转变为立体交通，其中最显性的价值是全球化的网络信息交通，使城市甚至个人的触角能够遍及全球，而在实体空间的延展中，高速公路、高速铁路、城际交通、地铁、私家车的普及以及通用航空业的发展，使得城市有更大的广域空间发展，而其中要强调城市群、都市圈的城际交通及远距离的地铁和轻轨交通的出现与扩张，以及生态立体第四代建筑，使城市的居住空间、生产空间和生活空间都具有了无限的可能性，人造海洋城市、地下城市和新概念的“天空城市”已经出现。在经济利益的目的性扩张方面，必须要提及的是城市郊区化出现，即在“土地极差”经济动力的影响下，住区开发的郊区化和产业郊区化等，使城市空间出现的扩张既有规律可循，又出现无序的扩张，而有些扩张带来一些城市发展的病态结构。还有一个特定的情况是，西方工业化以来，城市新的空间规划理论层出不穷，而很多理论总结于城市发展之后，如拼贴城市理论、紧缩城市理论、“广亩城市”理论等等，其中还有“造城运动”、城市“造美运动”等，城市内部空间出现大面积空间绿地、大面积水景、城市森林、城市广场等，“城市造美运动”[①]形成的大空间体系和城市绿化，一方面使得空间美丽而宏大起来，一方面也使得城市空间更具有景观化，所表现出的城市艺术和城市宏大叙事为城市的建设带来新的空间价值与艺术价值，但也造成了土地浪费现象，因此遭到很多学者的批判。

另外，城市的空间扩张与创造性发展直接形成城市空间文明的普遍化、城市空间文明的乡村化，特别是很多新兴的城市化理论，使城市及城市空间更具有广泛性，如城乡融合理论与实践、产城融合理论与实践、田园城市理论与实践，尤其一些发达国家（如德国）提出的“城乡等值化”理论与实践，创造性地为城市空间扩张和城市空间再生产多样化建构了理论前提和实践样板。城市空间与传统乡村空间形成了一体化的过程，其中不仅创造了空间整合效应，更重

---

① 城市造美运动（City Beautiful movement）：美国在19世纪末20世纪初由一些知识分子、商人、建筑师发起并实践的，致力于改善基础设施、美化城市面貌的城市改革运动。美国城市造美运动旨在帮助解决城市规模急剧扩大、城市卫生条件恶化、居民生活环境肮脏、贫民窟增多、人们精神生活匮乏等日益严重的城市问题。这场运动从1893年芝加哥世界博览会开始，然后扩展到华盛顿、克利夫兰、丹佛、纽约等中心城市。倡导城市造美运动的改革者希望通过美化城市改变城市面貌，同时促进社会和谐、提高市民生活质量、消除社会邪恶等。然而，正当城市造美运动如火如荼地展开之际，却由于政治、经济、社会等方面的原因而举步维艰，最终于20世纪20年代以后逐渐走向衰落。参见：中国大百科全书［EB/OL］. 第三版网络版.（2023-05-31）［2023-10-28］. https://www.zgbk.com/ecph/words?SiteID=1&ID=494807.

要的是也为人类社会城市空间和乡村空间的景观与地景，创造了与自然和谐的表达方式。除了霍华德的田园城市理论与实践外，乡村传统空间的保留与创新形成了具有地方特色的文化创新体系，在这一领域中，“地点精神”“场所精神”“历史地段”“集体记忆”“怀旧空间”等概念被广泛应用，特别是在中国，这些理论实践在很多城市的街区、乡村的空间再生产中有所应用。

在世界发达国家和中国的一、二线城市已经出现超级、跨区域连组城市的出现。不管城市空间多么平衡、多么现代化，作为空间意义的表现，城市社会空间本质上就是一种“城市社会生活方式空间”，城市化和城市现代化就是城市生活方式的普及、“侵入”与“接替”乡村的过程，这种空间的直接描述就是城市空间结构的无限扩张：集中与分散，集聚与扩散，城市郊区漫浸后被变为、改造为城市空间，就是中国近40年所做的城市空心村改造及大面积的土地变成城市建设用地和房地产开发用地。如苏州，1949年时城区面积只有18平方千米，而现在的一种说法是城市建设区有2000多平方千米，并且大面积区域都变成城市生活方式区，即便生活在原农业地带，也都具有城市生活方式，如家庭生活用品、乡村村镇基础设施、乡镇与大中城市的教育完善、文化公共设施的完善，特别是城市中文化、旅游、体育、娱乐设施及私家车的普及，使生活变得更加便利化，城市文明更加普及化。在城市的远距离空间形成一个个节点城市，上海已经在规划实施当中，成为“综合独立结点城市”①。

城市作为地域生产力与“城市文化资本”融合是城市价值再造的发展创新，体现在城市空间地域的生产功能扩大，更表现为空间的生产和再生产的叠加式、核裂变式的扩张。在这里主要是强调中国所有城市中的各种产业园区的建设发展的价值与现代性意义。在中国城市中有不同等级和不同类型的产业园区，如国家级、省级等经济开发区，高科技产业园区等，1980年以来，城市所属的各种开发区面积开始只有5—10平方千米，后来是30平方千米，再后来则是40—60平方千米等，而且不仅大城市有产业园、经济开发区，在获得国家政策支持后，大中小城市、城镇甚至乡里都建设了不同类型的产业园区，一个个产业新城伴随城市的扩张而扩张。从空间上看，开发区和产业园的选址最初都在城市周边5—10千米的区位，在中国城市化高速发展中，刚刚建好的开发区，已经成为城市里的产业园，不得不几经“退二进三”，所谓“腾

① 上海规划的“一城五中心”模式见于《上海市城市总体规划（2017—2035年）》，上海市将全面推进位于重要区域廊道上、发展基础较好的嘉定、青浦、松江、奉贤、南汇等五个新城，将这五个新城培育成在长三角城市群中具有辐射带动作用的综合性节点城市。

笼换鸟”。在世界范围内中国城市第二次、第三次“退二进三”是巨大的城市空间再生产的过程，中国的很多城市都具有世界代表性和典范性，如深圳特区城市的建设与发展、上海浦东的建设与发展、苏州的新加坡科技产业园的建设与发展、上海张江科技产业园的建设与发展等，都代表了中国1980年以来城市化形成的城市空间再生产发展方向，并为世界城市的发展提供了经验。

国家发改委发布的《2018年中国新城新区发展报告》

级别	数量/个	平均规划面积/平方千米	平均规划人口/万人	平均现状人口/万人
国家级新区	19	1260	281	134.9
国家级开发区	552	53.7	17.3	6.8
省级开发区	1991	29.0	8.2	2.8
功能型新城	1284	26.9	8.9	2.6
合计	3845	37.0	11.1	4.0

数据来源：国家发改委发布的《2018年中国新城新区发展报告》。

中国城市化从1987年的17.8%，发展到2022年的66%，只用了40多年时间，就走完西方城市近200多年的城市进程，关键是在这样的变迁中，中国有5亿—8亿农业人口成为城市人，这是世界的一个奇迹，也是前无古人后无来者的发展过程。如前述，中国城市化新城、新区、各类产业园区形成了一个非常壮阔的发展样态。

在空间再生产的意义上，发达国家和近年来改革开放的中国表现最为强烈，除上述所讲的工业化和新兴工业化意义上的各类产业园区外，还有2000年初在中国兴起的各类文化产业园、创意产业园和各类型的怀旧“老街”等，特别是文化创意产业的崛起，和创意阶级的崛起同步，为城市的空间创新提供了全新的产业类型和城市空间景观，北京、上海、深圳、杭州、南京等大城市都有100个以上的不同类型的文化创意产业园，其中大部分是由城市中心区、老城等衰落的工厂区、厂房重建而来，这是城市更新的一种行为，更重要的是城市的空间梳理和疏离，同时又是一种合理的产业集聚和就业空间集聚，创造了各种各样的小总部经济，为城市提供了充分的就业空间，同时培育了城市中的文化精英群体——创意阶层。如前述，有专家在认同列斐伏尔的空间再生产的理论的同时，也提出了列斐伏尔缺少田野经验和空间生产的经验，而笔者领衔规划设计了南京第一家文化创意产业园，起名为“创意东八区”[①]，并跟踪服务了15年。这种创意产业园区型的规划、设计和建设是典型的空间的生产，并为他人创造空间里的生产空间，更为一座城市创造了更多的就业空间，使城市空间不仅仅是住区的聚合，而是“产城融合”的价值空间。原来一个濒临倒闭的企业，通过这样的空间再生产，并赋予“城市文化资本”价值，不仅使土地升值，更重要的是成为“城市文化资本”再生产的有效空间，带来直接和间接就业，带来就业工作空间的方便性，带来社区生活的繁荣性增长，带来政府的税收，同时也使一批面临下岗的员工得以生存下去。而且，在创造实际空间里的生产和空间再生产过程中，其中感触比较深的是，在一个有价值的空间内，如何创意定位或者是如何创造合理的边际效益，以及如何创造空间的景观要素的文化价值，则是“城市文化资本”的内在创新意义。因此，可以说，城市中创造的任何一个新的“城市文化资本”价值，都是我们献给自己和未来城市的礼物，也是留给后代的集体记忆。

文化产业、创意产业、文化+N科技等为“城市文化资本”的价值创新提供了基础。以往的资源性文化发展成为资本性文化。创造了文化资本意义上的空间再生产，而其带动的是全产业链扩展、延长和产业链从单链结构发展为“网链结构”的变革。仅从文化+旅游融合的角度看，空间里的生产和空间的再生产就已经展示出更广阔的意义，具有实体的再生产意义。中国的城市和乡村，有着美丽的环境和悠久的历史文化，大山大河和湖泊等自然山水可以视为一个国家与社会的发展资源，正如土地是一个国家的绝对重要资源一样，那么这些空间如何转化为城市和国家的资本呢？就是赋予一定有特殊内容的空间以文化价值，当一定空间被策划、规划和设计为某一种特定空间时，这个空间往往是一般自然空间的自然属性，当注入了人文精神意义上

---

① 创意东八区：2005年笔者领衔并主持、策划、规划、设计了南京第一家文化创意产业园——“创意东八区”。当时在南京老白下区光华东街濒临倒闭的南京蓝普电子股份有限公司和南京仪表厂两个厂区基础上，创意并打造了南京第一家文化创意产业园，那时强调城市经济产业转型腾笼换鸟，做“2.5产业”即生产型的总部经济服务产业，笔者也是投资人之一，又参与到具体的实践过程中。这个项目得到当时南京市各级领导的大力扶持。笔者多次为省市各级领导和外来参观者讲解，简述创意产业园的策划、规划及社会和经济效益等问题，并在现场与各位专家、领导讨论有关文化产业和创意产业的区别等问题。运行15年，现在已经易手，但其第一代文化创意产业园的开创性价值将是永存的。这个创意东八区产业园项目，也为南京市高校的城市规划、建筑设计、文化产业等专业提供了学术、研究空间，全国好多高校有关专业的学生老师，以创意东八区为研究对象，完成的学士、硕士和博士论文有几十篇。同时，笔者还担任南京创意产业协会会长，并在2005年前后策划了休闲创意产业园、立体生态农业园、华人智慧圈、新能源产业园等。

的文化资本属性时[①]，这些注入文化的价值会使自然空间成为这座城市的文化资本，其意义非常深远而重大，这也是城市文化建设所必须经历的过程。

要想建构一座伟大的城市，必须有伟大的城市市民和这座城市市民社会所养育的城市文化精英群体的行动逻辑——就是能够使城市资源转化为城市资本，并从“文化规划”意义上创造“城市文化资本”的再生产体系，使这一过程能够上升性循环不已，而成为城市发展生生不息的动力。

① 在历史文化和自然结合或者是结构化的角度看，如果名川大山有各种人赋予的建筑和文化精神，这个自然类型的山和川就有了灵魂，比如说峨眉山、黄山、九华山、紫金山、普陀山、蓬莱山等等，自然山水空间注入了人类的文化，就发生了结构型的变化，这个“山”或“水”作为一种空间存在，已然成为社会空间——后边再一一论述。

空间已经获得如此显赫的地位，它是某种“行走在大地上”（sur le terrain）的现实，即某种被生产出来的社会空间中的现实，是社会关系的生产和再生产，不是吗？

区域、城市与建筑三者之间也存在类似的关系：隐含冲突。要想明白这种关系，就必须懂得“逻辑—辩证”以及“结构—机缘”（structure-conjoncture）的关系，这些关系是本书的预设，我们在书中会略做解释。[①]

——亨利·列斐伏尔

---

① ［法］亨利·列斐伏尔. 空间的生产［M］. 刘怀玉，译. 北京：商务印书馆，2021：法文第三版前言.

第五章
学理性与科学性的方法——“纯理想”与“纯反思”

“城市文化资本”再生产理论的意义在于，让文化——其英文词根有耕作意义——能够分裂或产生出“作品”到“产品”的升华，最终还原为“产品—商品”，成为大众消费者手里可使用的“作品”。因为“作品具有某些不可替代性与独一性的特征；与之相反，产品则可以进行精确的复制或再生产，因而，它其实是不断重复进行的活动和创作的结果。自然可以创造但不生产”[①]。列斐伏尔曾设问：“城市究竟是作品还是产品？”他以威尼斯为例说明了城市独一无二的价值——这也就是“城市文化资本”的价值，谁创造了威尼斯的“城市文化资本”价值和“城市文化资本”的再生产呢？

一、从文化地理空间到文化场域空间要素的积累与空间分化

对于城市的研究，我们应该经常反思探索，可以参考哲学家萨特在《存在与虚无》中对“反思”的认知：“反思可能是纯的或不纯的。纯反思——反思的自为面对被反思的自为的在场——同时是反思的原始形式和理想形式；这种形式建立在不纯反思由之出现的基础之上的，它同样不是首先被给定的，它是通过一种涤清（Katharsis）获得的。”[②]这个“涤清”的概念用得非常好，是的，反思就是对以往研究的一种清理和洗涤，在除却旧观念中实现创新。为什么人类能够看到城市问题，却不能有效解决？是不是看到了问题就应该能够解决问题呢？显然不是。当我们能够看清很多

① ［法］亨利·列斐伏尔.空间的生产［M］.刘怀玉，译.北京：商务印书馆，2021：105.
② ［法］萨特.存在与虚无［M］.陈宣良，译.北京：生活·读书·新知三联书店，1987：217，219.

问题的时候，甚至我们能够拿出一些方法来解决问题的时候，问题不仅可能仍然存在，甚至还会有新的问题发生。是谁不能解决问题？是谁不想解决问题？是谁不去解决问题？其回答是简单的，是人类本身的惰性和人类本身的动物本能以及知识局限，导致我们不能完全认识城市并解决问题，这也是现实社会问题产生的终极根源。因此，需要反思，需要反思所有人，包括乡村人和城市人的文化价值，在反思中找到一个正确的思想、理论和方法。

以往的城市研究在很多领域都有突破，在城市经济、城市社会、城市文化、城市建筑、城市发展战略、城市史以及更多领域中的城市研究都取得了长足的进步，还有更多的是关注城市内的某一范畴或某一个学科的某个侧面研究，这样的研究都是非常有必要的，而且也是卓有成效的。“空间成为一种重要的概念，是因为建成环境，包括空间的生产和消费，对日常生活的变化来说至关重要，而不是因为它允诺了某些新的生活形式，如‘后现代主义’之类。现代主义设计认可物理主义谬论——换句话说，它依赖一种信念，认为生活和工作的部署能够很轻易地通过建筑实践来操纵。”①从这个意义上来说，这一社会空间生产的概念不是现代主义的一种形式，它排斥了建筑学的物理主义谬误，但是，有一个问题必须提出：早在苏联时期，就有学者提出过类似的问题，即因为城市是一个大综合的多元存在的有机体，每个学者或学科研究的城市，常常是城市的某一个侧面、某一种类型或某种专业分类的学科项目，往往会归结、归类为某一种学科属性，如研究城市建筑的被归类为建筑学，研究城市中经济现象的被归类为经济学，研究城市中家庭、社区和相关社会问题的被归类为社会学，研究城市地理空间的被归类为地理学或人文地理学……以此类推，很多城市研究只是在探讨“城市内”的属于某一学科的问题，而不属于是城市科学研究本身的范畴。虽然有些时候，城市学科边界很难那么清晰，但是，自觉地把控城市科学、城市研究学科认知的边界是一种很重要的认知科学的方法，这其中的原理是：城市研究必须有一种整体性跨学科的研究视角，从宏观、中观和微观三个层面对城市进行研究，否则会出现很多单一社会视角的跨学科研究，往往是偏见和谬误观点产生的根源，这在西方“伪科学”的研究中有比较充分的说明，此不赘述。一个学科的建立与构成必须有独立的理论核心、独立的发展体系、独立的逻辑概念、独立的学科范畴以及独有的方法论，必须有明确的客观和主观结合的研究对象，更重要的是要有学科属性特有的“独立辩护词”，构成一个系列“概念的类”的一种范畴，而形成特有的看待客观世界的理论和方法论。所谓“独立辩护词”是一个学科科学属性的命脉，譬如，能够被认为是一个独立学科的如医学、物理学、生物学、地理学、化学、数学以及文学、

---

① ［美］马克·戈特迪纳.城市空间的社会生产［M］.任晖，译.南京：江苏教育出版社，2014：9.

历史学和社会学等等，已经被人类的学术研究历史大浪淘沙，并被学科发展的社会应用所证实，具有典型的独立学科特征，也被其他学科所承认，具有学科属性所需要的要素完整性，特别是有一系列的专业术语等，且是其他学科看来可能看不懂的专业术语。

所以，城市文化研究特别是“城市文化资本”研究，也必须强调学科的属性、学术本身的科学性属性和学理性属性，这样“城市文化资本”才能够成为一种科学。“城市文化资本”是在城市科学发展中抽绎出来既具有高度概括性又具有实践应用性的学科概念，不仅有自己独立的体系方法，而且还有自己独立的学术、学科辩护词。因此，这一研究，首先一定是跨学科的一种研究，城市+文化+资本+空间+再生产+N的一种科学逻辑，而这其中必须有专项要素进行充分的研究和论证，或者说，在跨学科的基础上，对相关的主要要素学科必须有较深的研究，而其中的一种方法论就是如何能够形成资本的再生产过程，从理论的高度，创造真善美的文化价值层面，再具体地应用到百姓之道，创造城市社会的整体文化资本性，为社会全员谋幸福。也就是必须把控“城市文化资本”三层面——宏观、中观和微观格局的打通型研究，即必须将跨学科综合研究视角和单向要素研究视角两者结合。当然，必须有一种城市科学研究的学术自觉和城市学术研究科学属性的自觉认识，这就是我们强调的城市文化自觉与自为。否则，很容易出现相关伪科学概念的发生。抑或说，如何避免城市研究中城市科学本身的价值属性不被相关的知识结构所影响而产生认知方式的偏差，就需要在整体把握城市发展规律的同时，正确理解城市的本质和功能，这是城市科学和“城市文化资本”作为一个学科研究的前提。因为，如果对城市整体科学认知不完整，就如古人所讲的寓言故事那样：在巨大的城市面前，对城市的感知与研究所表现的有可能是盲人摸象。

城市具有典型的综合性和有机性，但是很少有人把城市作为一个整体性空间体系和“空间连续统”的逻辑关系来研究，从空间社会学角度看城市是由多样化的空间构成：实体空间、想象空间、逻辑空间、社会空间、人际空间、要素空间、立体空间、文化隐喻空间、私人空间、公共空间、权力空间等等，还有更多概念和类型可以划分。从空间上认识城市，有学者这样解释：“城市既是多种建筑形式的空间组合，又是占据这一组合的结构，并不断地与之相互作用的各种社会联系，各种社团、企业、机构等在时间上的有机结合。”所有问题的研究都具有属性研究的科学解释视角，当你把城市作为一种空间结构和空间关系来研究时，你就会发现，人类居于城市就是活动于空间与时间的有机结构中。城市的发展就是城市空间再生产意义上人的存在价值与时间、空间的共时性延续。城市本来是一个人类创造的特定的居住、生产和生活空间，这个空间是可以被分割的空间结构体，在不同的社会有不同的空间符号和价值表达。人，本身既是一个空间符号和空间里的要素，同时，也是认识空间符号的主体。传统的空间研究理论强调的是：在实体空间中创造财富，也是现实的需要。而当代智慧网络的全球化，不仅可以在实体空间里创造价值——空间里的生产，更可以在想象空间中通过人类活动来创造价值——虚拟空间和实体空间的有机结合，正因为这样，对城市空间是可分割的理解就发生了本质性的变化，不同社会属性的空间有不同的价值，包括空间从虚拟到实体，从二维到三维、四维……不同维度的空间形成不同价值，也可形成特定的空间分割概念和逻辑，而且是无限可创新的空间再生产过程，在不同的空间里进行生产和生产不同的空间，或许是区分社会状态的一个空间界线。

列斐伏尔提出“空间的生产”（production of space）这一概念后，尽管在一些学者看来，这是“西方马克思主义的空间理论”，而且，这个理论在研究进程中，强调资产阶级的空间属性，并与其他社会形成的空间价值和意义区分开来，在很多方面是存在学科局限性的。其主要原因之一是列斐伏尔利用马克思主义相关理论与方式分析了“空间”的存在模式，并把资本主义空间与传统的资本剩余价值关联起来，强调“资本主义空间”演进的时代特征，或者说有些过度强调了社会形态与空间关系利用的表现。在列斐伏尔看来，资本主义的空间利用是最充分和有效的，其中包括了“空间—时间—社会”三维的辩证思维。列斐伏尔认为这也是受黑格尔观点的启发，列斐伏尔“把空间作为个别的、特殊的与普遍的统一体来理解，也就是特殊性（社会空间）、普遍性（逻辑数学意义上的，即精神空间）以及个别性（自然的或感知的现实‘场所’）的统一。”[①]列斐伏尔将空间时代的符号与社会形态进行了连接，并把空间视为“社会行为的发源地”。这其中的理论就是：空间既是生产、生活的先决条件，又是一种抽象空间认知的先决条件，同时又是媒介和市场经济关系——“资本主义生产关系”的生产物[②]。事实上，无论是资本主义前的社会形态，还是资本主义后的各种社会形态，都有不同的充分利用空间的权力和市场法则。把空间与资本主义深刻或者过度强调联系在一起是列斐伏尔的一个特点，虽然这是学术认知当中的一个重要范畴，但也恰恰是其认知局限。封建社会的集权对空间的占有与利用，以及东方社会传统延续至今的“没有土地私有制”或者是没有资产阶级法权意义上的所有制下的空间，更是被充分放大利用，正如中国古代“普天之下，莫非王土”的空间占有是一种极端表现，也是阶级属性下国家和权力者的充分占有与充分开发。如果说列斐伏尔强调的空间被市场经济这只“无形的手”充分配置，在这个意义上，资本主义是有预先话语权的。但是事实上，社会空间和任何社会形态都有必然联系，作为资本主义的生产关系，使得空间和资本成为一对有机体，即资本存在着必然扩张的属性和价值，而资本扩张必然和空间联系在一

---

① ［法］亨利·列斐伏尔.空间的生产［M］.刘怀玉，译.北京：商务印书馆，2021：9.

② 孙江.“空间生产”从马克思到当代［M］.北京：人民出版社，2008：107.

起，因为空间特别是实体空间和土地是浑然一体的，即资本的扩张必然也是空间的扩张，只是空间的解释在不同的主体面前有不同的表达方式。

雷米·埃斯（Remi Hess）对《空间的生产》一书做过很多说明，他在1988年出版过《列斐伏尔和世纪的历险》一书，他还是列斐伏尔的《空间与政治》与《空间的生产》新法文版序言的作者[①]。现在我们所能理解的“空间的生产”理论，是一个歧义丛生的问题。空间的存在，是附着在土地之上的，正如前面我们论述的，任何空间形式都是资源性存在，所以空间既是生产本身的资源，也是生产的前提和基础，同时本身也是生产的结果。而人，不仅在空间里生产，更可以创造这个空间里的内容和空间本身的价值，而且，还可以进行空间的生产和再生产。“上世纪70年代起由哈维发起的城市政治经济学批判”是很有价值的，提出了对空间的新认知和新的批判、生产与空间的新结构观；而后“20世纪80年代以来由索亚发起的后现代地理学研究，将列斐伏尔的思想引入空间文化以及社会科学与人文科学的语言学转向领域”，而后来对空间理论的分析和解释，包括了新世纪以来对列斐伏尔的空间理论的讨论，主要是因为人们对空间社会学的认识不仅涉及意识形态，更涉及了对社会及社会空间的价值判断和科学判断，其核心价值在于，伴随着科技创新和网络体系在各个领域的应用，可以让网络结合空间，形成网络社会空间，进而可以创造更有经济价值、文化价值和资本价值的各种新空间：线上空间、线下空间、线上线下结合空间、虚拟空间和未来空间等等，这与社会发展出现的未来社区、未来城市、未来智能化想象空间相对应，人们越来越理解空间的自然属性、社会属性以及衍生的政治、文化等其他价值与属性。空间作为一种多元价值符号，在经济学范畴则变成协同发展的多样化平台空间，经济价值、政治价值、文化价值和资本性价值范畴空间再生产有着广泛的前景，空间则更从政治、经济、文化、社会领域扩张到全社会领域的空间价值再认识，“则更加经验化且涉及各个领域，包括全球化、城市化、国家空间、差异与节奏理论、建筑学，乃至于女性主义问题，等等。”[②]当人们一旦认识到空间属于资源，从属于资本，而且更从属于政治时，空间的认识就有了更广阔的天地。但是，因为空间是一种稀缺资源，列斐伏尔这样说：“事实上，空间的短缺显然是一种社会经济现象，这种现象只能在非常特殊的区域，即位于或靠近城市中心的地方，才会发生和被看到。这些地方或者是历史上已经建立的中心，或者是从老城市发展而来，也或者是由新城镇逐步演化而成。”[③]空间具有的排他性、稀缺性使得空间成为社会及个体永恒竞争的对象。

---

① ［法］亨利·列斐伏尔.空间的生产［M］.刘怀玉，译.北京：商务印书馆，2021：6.
② ［法］亨利·列斐伏尔.空间的生产［M］.刘怀玉，译.北京：商务印书馆，2021：3.
③ ［法］亨利·列斐伏尔.空间的生产［M］.刘怀玉，译.北京：商务印书馆，2021：488.

二、从“抽象的空间”到“具体的抽象”——空间的文化资本性

当空间被赋予哲学和文化功能与价值的时候，空间便具有了拟人化的、社会化的、主观化的意义，人们会相信，空间可以被创造成为个人、群体、市场主体乃至城市的资本，而这一切都是通过竞争，通过“城市文化资本”再生产的方式完成的。而更多的是，在未来的发展中，如何创造和创新空间存在、发生、成长和发展的逻辑，并给予空间以“城市文化资本”内涵，这才是在空间竞争中获取成功的前提。

从“抽象的空间”到“‘具体的抽象’（abstractions concretes）一词是列斐伏尔从黑格尔和马克思思想中精心提炼而‘独创’的一个极其重要的概念。初见于列斐伏尔的成名作《辩证唯物主义》（1940）一书：‘在任何产品中，无论它们多么微不足道，其客观方面与主观方面、活动与事物，是内在地联系在一起的。这是一些已经脱离了自然的孤立的客体，然而，这些产品依旧保持着自然的客体性的一面。因此，每一种产品，也就是每一种客体，一方面属于自然，另一方面属于人。’”①空间社会学的理论之所以有很多抽象的概念，是因为空间经过个体头脑认知的时候，已然表现为人的主观认知过程中的社会概念，即通过头脑思考或空间感知后的筛选、过滤和“镜像化”后，所有空间都具有某种主观介入的结果。正如，某位教授在一个50多人的班组上课时做一个小测试，让每一个同学画自己所在教室的空间形态，同时，让每一个同学画一下这个大学所在城市的影像感知时，50个同学画出50种空间样态——每一个人按照自己理解的空间感知和空间的理解，画出了自己的城市和空间。同样的试验是一个班组50人，画一个苹果，当然结果是50人画出了50种苹果的样子。列斐伏尔在马克思关于“在实践中变成真实（praktisch wahr）的抽象”的“具体的抽象”的定义基础上，指出资本主义空间是一个在社会的、经济的、政治的和文化的实践中变成的“真实”抽象物②。也就是说，在每个人描述空间时，特别是绘画出自己看到的客观对象时，人们所能做到的只是个人都在力求接近客观事实，都想画出一个和原来存在的客观苹果一模一样的苹果，但事实是所有的人都不能百分之百反映客观，只能是无限接近、逐步还原客观。生活中的事实也是一样，有多少个人，面对同样的客观空间就会有多少种的空间想象和描述，所以才会出现各种各样的空间结构认知和描述。把空间作为社会生产、生活和文化要素来创造，关键的问题是如何给予空间以文化灵魂，给予空间场所精神，即以活的灵魂，也就是“文化”和“资本”作为空间资本的文化

① ［法］亨利·列斐伏尔.空间的生产［M］.刘怀玉，译.北京：商务印书馆，2021：10.

② ［法］亨利·列斐伏尔.空间的生产［M］.刘怀玉，译.北京：商务印书馆，2021：9-12.

赋能的隐喻来表达，就是要创造一种空间的文化意义和文化价值。格雷姆·埃文斯说：很多学者如“安东尼·金、萨斯基雅·萨森和莎朗·佐京等都根据土地利用、景观与开发以及文化经济本身，把象征经济——‘符号、图像和象征贸易’——与后工业城市联系起来。”[①]这可以看出在新兴工业后期以及在后工业化发展的阶段，“空间的生产”和人们所创造的“空间再生产”便大规模地兴盛起来，大城市在无限扩张，中小城镇普遍扩张，乡村空间多样化的生产也在扩张。20世纪80年代，中国就开始了城市化和后来提及的“新型城镇化”进程，仅用40年时间创造了空前的发展状态，城市扩张性的“空间再生产”已经成为“城市性”和社会现代性的时代用语。而这一过程在全世界都发生过，只是不同政策下的空间再生产所表现的发展方式是不同的。

从全球看，如法国“拉德芳斯区公共规划机构（EPAD）和伦敦码头区开发公司（LDDC）——都是由中央资助和任命的，目的是一旦基础设施投资到位就能够自筹资金。根据1968年6亿8000万法郎的债务，拉德芳斯区公共规划机构表明到20世纪90年代中期实现了盈利，而伦敦码头区开发公司却一直依赖于政府资助，直到1998年才结束。”[②]拉德芳斯是一个典型的成功案例，在城市更新和城市空间的再生产中，把握了文化价值的创新，更重要的是创造了巴黎新的城市文化中心。在这一简短的说明中，表明了多个要素：一是规划与投资机构的存在；二是资本存在“基础资金”与“自筹资金”；三是多数人认同的这种空间规划和空间再生产的成功，其成功的关键是能够赋予这个地方以文化的灵魂。虽然在中国的城市更新、城市空间再生产和城市新区改造、建设中也有类似的情况，但现实往往只是城市片区的房地产开发，当然多是政府在起主导作用，经济资本的力量大于文化的力量。中国所有的城市都有新区更新的建设，但能够产生国际影响的屈指可数。

在研究“城市文化资本”的时候，为什么必须把空间的生产提高到“资本再生产”和“文化资本再生产”的价值高度？在传统理论当中，传统的工业生产具有典型的“剩余价值”概念，而这个剩余价值在传统经济学中包含“剥削和榨取”的意涵，马克思的“资本剩余价值理论”[③]——《资本论》相关著作出版已经近160年，这100多年来，科学技术的发展，企业组织形式、阶级关系以及劳资关系都已经发生重大变化，“榨取工人的剩余价值”的概念内涵，在现代社会生产方式中已经发生变化，现代企业的发展本身向国家交税、向地方政府交税还有其他如教育附加税等，更主要的

---

① ［英］格雷姆·埃文斯. 文化规划：一种城市复兴？［M］. 李健盛，译. 北京：北京师范大学出版社，2022：6.

② ［英］格雷姆·埃文斯. 文化规划：一种城市复兴？［M］. 李健盛，译. 北京：北京师范大学出版社，2022：362.

③ 德国卡尔·马克思所著《资本论》，全称《资本论：政治经济学批判》，1867—1894年分为三卷出版。

是企业发展本身还包括员工的社会福利等。特别是在股份制公司、上市公司、合伙人制度的公司、小微企业、个体工商户、个人手工作坊等中已经表现为生产者即“老板”，“老板”也是生产者的社会角色变化，上市公司更是社会化企业，这在马克思的《资本论》中有专门的论述，他强调股份制越充分，社会化程度越深刻，越具有收益的企业全员性，加以国家体系对现代企业制度的治理，企业经营过程是一个社会创造财富的过程，带来的充分就业是社会稳定的前提。而在文化产业、文化事业、文化工业、文化创意产业和“城市文化资本”再生产的运行这一范畴的产业发展中，形成了不同于工业、农业和科技产业等类型的产业“剩余价值概念”——其中包括创造非营利组织的价值体系，产业、个人创业与就业一体化的价值体系，品牌价值、文化附加值的溢价，产品本身的文化符号化价值，生产过程中的全员文化价值以及文化附加值的超值体系，特别是个人产品开发、生产、设计、创新领域及个人专利领域等更多地表现了个体价值的释放和“个体工具所有制”价值的释放，本身蕴涵着城市文艺复兴式的个人解放、个人品牌的社会性创新能力。

通过研究不难看出：“城市文化资本”再生产与所有的生产都有着直接的联系，空间作为国家、城市、群体和个人的资本存在条件，不仅仅是生产资料，也是生活过程和生产者的表现。在一定区域内利用特定资本生产出来的空间，理论上具有无限性，这个特定资本有可能是人的文化资本，也可能是一般意义上的文化资本，还有可能是“城市文化资本”创新的土壤。从创造性地生产出一个特定的场景——空间，如剧场、体育场、五百强总部大楼、开发区以及一个新城市区和城市等到创造性地规划、设计、建设出一个新的居住区、街区、城区及至一个大的景区、一座城市的时候，“城市文化资本”就成为新空间的内在文化动力因，并成为一个可以创新的全新视角，核心观点之一是，“城市文化资本”作为社会的一种发展动力，最可能的价值就在于对生态的精准保护与文化赋能。其最典型的案例是迪士尼文化的发展，作为一种产业创新，在上海不仅带动了一个区域的经济、社会、文化的发展，而且带动了这一区域的人文生态及自然生态的增长，并形成了一个20多平方千米的国际旅游度假区，建构了一个完整的“文旅产业网链”①——创造人类生产、生活的互

① 产业网链：这一概念是笔者首创的，在笔者的很多实际的城市规划、旅游规划、产业规划和乡村规划中，都把产业作为规划的首要任务和价值来完成，但是，笔者也从中发现，以往所强调的“产业链”往往是单线条的，在传统的经济结构与体系中，这种单线条的产业链，在某种意义上说还是比较有价值的，但是，在科技智能产业、网络化、AI等新产业的发展，包括文化+跨学科的发展中，特别是产业、产品的复合化发展中，单一型的产业链往往都比较脆弱，只有进行复合化产业链建构与创新，才有可能形成真正的产业可持续模式和有效的营利模式。比如，一个医疗用的CT机，它本身一定是多种产业复合化发展的结果。所以，在未来，网络+、文化+等概念会层出不穷，应该是在“城市文化资本+N”的概念上，创造更完善的“产业网链”和更多的产业集群。

动空间——这就是“城市文化资本”空间再生产的一种真正的价值判断。

三、从“空间里的生产”到“空间的再生产”：空间的时代赋能

曾创造“规训”理论的福柯也曾研究论及空间、空间文化与空间里的表现以及对空间里要素的控制。他认为19世纪的人们曾经被时间牢牢掌握，如农民感知时间，日出而作，日入而息，遵从时间的规划。但是，从20世纪中期开始，人们开始认识到空间的价值与意义，本来动物也有明确的空间感，空间感用人类的语言描述就是“领地感”和“空间权力感”，他认为“人们被空间的魔力抓住了”，空间在20世纪叙事中被重新认识并赋予内涵，这与科技的发展和“镜像社会”的普遍存在以及科技、哲学的升华有一定关系，在对空间与时间关系及价值的重新认识上，更加懂得空间是“场域权力”，若空间表现为个体价值场域，空间就可以被赋予更多的内容和更新的定义。空间被重新分为“具体空间”和“抽象空间”，即社会创造的空间与时间——时空，在空间内容与价值被重新认定后，可以看到：现代的人，不是传统的根据自然的四季变更而从事“特定空间里的劳动”的人，而是通过理想空间和社会空间创造的“特定空间”的人。某一特定空间里，存在着自然的四季；在人工创造的、可控制时间和季节的空间里劳动和工作生产出来的空间及空间的人的生产产生了既可无限想象又可预期的经济与文化价值。这其中包括许多种类型，如在纯粹的消费空间里，空间也被特殊的文化理念所折叠，如某些老街、老旧建筑里的场景性文化消费空间，当人回到特定年代的空间后，空间里的行为也被规范了：穿着、就餐礼仪、消费路线，甚至个人的面孔都被规范为那个年代——“穿越时空”的样子，这是根据“怀旧消费”理论的文化指数来设计和创造的空间。所以，这种怀旧空间在一定意义上，既可以视为“抽象的具体空间”，也可以视为真正的实体型的“具体空间”，但首先要注意的是，这种空间是根据人们的心理习惯和需要被设计出来的，并规范、规训他人的空间，当然最终也是一个有某种文化意义和“城市文化资本”价值的空间。

以往一般性哲学视角的空间研究，更多地是关注所谓的“抽象空间”，这种被主观意识化和社会塑造的空间，往往是指有某种特定意涵的空间系统或由这个空间系统组成的“概念的类”，由此引起的空间社会学的发展。如被国家或某种机构占用的空间，或是“商品所占用”空间、“第三空间”、现代中国提出的“众创空间”或由某种政治纪念物组成的空间体系等，更多的是具有某种社会属性的空间。

从资本主义发生以来，特别是在大工业生产出现以后，人类城市社会的“空间占有”“空间的

生产”与以往的农业社会发展在空间表现上存在质的不同。农业社会更多的是“占用空间”而不是“空间的生产”；工业社会，特别是新兴工业化以后以及后工业社会，更多的是空间的生产和空间的再生产，在空间里生产的基础上，生产空间、创造空间、发展空间和空间再生产，尤其强调在某个一定的空间里的创新发展，成为一定意义上的“创新的空间体系”，如美国加州的硅谷、纽约的“硅巷”、奥斯汀的“硅丘（Silicon Hills）”等。或者创造了“第三空间”“第四空间”等，或者是创造了“虚拟空间”以及“虚拟与现实结合的空间”，正如2022年前后，人们正热衷于研究“元宇宙空间”，并试图使“元宇宙”等新抽象空间概念应用于更多的现实生产与生活当中。

总体来说，关于空间的学术理论研究已取得充分的成果，因为理解的不同，在此只能提出“充分成果”的结论。无论学术研究界还是企业实业界，已经成功地建构了一种“抽象空间”，并在市场经济关系中，使“抽象空间”——具体的实体空间转换为商品，“空间作为商品”并深化为“空间可以成为资本”，实现从空间里的生产到空间的再生产。列斐伏尔自己有很多疑问：“这个空间是抽象的吗？是的。但它在具体抽象物（abstractions concretes）的意义上也是‘真实’的，正如商品与货币是真实的一样。空间是具体的吗？是的。但不是物或产品意义上的具体。”这是市场经济发展与扩张的手段之一，无论是产品空间、市场空间、企业发展的空间、跨国公司的新空间，还是国家的空间战略——包括在其他国家进行国家级的园区开发等，在一定意义上都是国家国土空间的扩展。空间中的生产（production in space）转向考察空间自身的生产（production of space），空间作为一个资本要素，已经进入了现代资本主义的生产范畴，甚至是“被用来生产剩余价值”①。这一系列认识，多数表面上看是有内在矛盾的，正如有学者评价列斐伏尔的成果是缺乏具体的田野实践一样，不能单纯地把资本主义生产过程中“空间的生产”归因于资本主义本身，因为无论是社会空间还是抽象空间，是与时间共存的，或者说自然属性的空间是早于人类社会而存在的，而人们所认识的社会空间，包括抽象空间等，是与人类社会共时性存在的，区别在于，一方面是对空间的表达认知不同；另一方面，伴随人类社会的进化，在空间的再生产意义上，不同的时代有不同的创新和解释。空间是所有生产类型的必要前提，无论是什么社会结构，只是在市场经济关系中对空间的充分利用程度和创新能力不同而已，这是必须要说明的。

以列斐伏尔和哈维（D. Harvey）为代表的政治经济学派从资本主义体系的角度对城市空间分化进行的研究，一方面有真正的学术价值，另一方面为后世的研究留下了巨大研究空洞。城市空间

---

① ［法］亨利·列斐伏尔.空间的生产［M］.刘怀玉，译.北京：商务印书馆，2021：49.

分化过程是与资本积累、资本流通等资本主义运作过程相联系的，是在资本的内在价值逻辑支配下发生的。其实，在其他社会形态下资本的存在也是同样的，关键是不同社会的资本政策管理控制如何。列斐伏尔的理论把资本主义社会空间的价值提升至一个特殊的地位，立足于对资本主义社会的个人认识，强化了“空间的社会关系”资本指向，在多种场合强调了“社会空间辩证法”的观点，有时不免有失偏颇，包括他认为空间不是“文化的事实，而必须视其为产物”，空间应该被“概括成某种社会产物”，同时，“空间这个概念不能被孤立起来或处于静止状态。它变成辩证的东西：产物——生产者，经济与社会关系的支撑物。”[①]他认为，空间作为一个整体，已经进入了现代资本主义的生产模式：它被用来生产剩余价值。事实上，反观历史和全球的发展，“空间”早已经成为一种商品，古希腊罗马不是这样吗？为了国土空间、权力空间和生存空间而战。以往，人们对空间的社会属性、商品属性的理论认知不足，特别是没有资产阶级意义上的空间竞争逻辑，也没有资产阶级法权意义上的空间属性分析，是缺乏哲学和法理高度的。自从恩格斯《家庭、私有制和国家的起源》[②]一书问世以来，无论个人的私有产权之争，还是国家的国土空间之争，都把一定意义上的空间——房屋甚至是国土，作为商品而存在，只是在自然经济条件下，商品的属性不鲜明而已，有私有制一发生，空间就已然成为商品。历史上任何类型的“割地赔款”不都是把空间作为商品和政治附属物吗？空间作为一个商品，空间的生产承载了商品生产的逻辑，只是在商品经济欠发达的时代，各种空间的表现方式不一样，在权力结构下的空间，是不完全性商品，只是权力的附庸，但是，即使是权力的附庸，也具有某种价值与价值表现的商品性。因此，人类进入文明社会以来，空间就被赋予了各种属性价值——资本性、政治性、文化性以及个体地位标签等意图与目的。因而，与其说是“资本主义空间生产”所造成的中心与外围的分化和矛盾，不如说是“资本”在空间的作用下，使城市空间及其功能被分割和分散。其中最突出的空间演变逻辑是“集中与分散”“集聚与离散”“侵入与接替”……[③]由资本利益形成的城市空间组织造成人口的分割和分散，城市中心区吸引和集中了越来越多的政治权力机构与商业功能，人们的日常生活空间被迫向边缘地区置换，“被迫”一词用得比较有意义，之所以“被迫”是因为这是土地价值、土地级差的资本性价值使然。资本属性空间的再生产形成的集中，导致各种机构向大城市或城市中心的地带集中，也就是资本在起

---

① ［法］亨利·列斐伏尔. 空间的生产［M］. 刘怀玉，译. 北京：商务印书馆，2021：10.

② ［德］马克思，恩格斯. 马克思恩格斯全集：第21卷［M］. 中共中央马克思恩格斯列宁斯大林著作编译局，译. 北京：人民出版社，1965：200−201.

③ 张鸿雁. 侵入与接替：城市社会结构变迁新论［M］. 南京：东南大学出版社，2000：31.

作用，所有的资本都投向投资回报率高的地区和空间。

其实，从当代所有的新经济体系和新经济模式来讲，“生产剩余价值”不是资本主义的专属，列斐伏尔的理论中反复强调某种空间的资本主义属性，这在资本主义发生以来，是对空间的一个重要的认知体系，任何一种社会形态中都存在资本关系对空间的作用，资本主义社会的空间是资本的场所，资本主义的发展本质就是对空间的占有，这在资本主义发展过程中体现得非常充分。但是，列斐伏尔忽略的一个前提要素是，在全球发展的后工业社会阶段，科技、技术、知识比资本更有裂变性增值意义，而占据空间的主导位置，因为在后工业社会“中轴理论”前提下的理论解释是，在后工业社会以前，人们的财富主要是物业（房屋等）、货币和资本，而20世纪70年代后，在经济社会发展中，人的思想、“主意”“主义”“创意”“创新能力”等，开始成为人们的“资本财富”，而这种财富有的不需要实体空间就能产生巨大的经济价值、文化价值和政治价值。杰里米·里夫金在《入径时代》中说：“智力资本……是新时代的推动力，是大家都渴望拥有的资源。观念、想法和想象而非实物，才是新经济真正的法宝。财富不取决于物质资本，而在于人的想象力和创造力。在旧经济时代，我们拥有的资产让我们拥有感觉，在新经济时代，我们应该去转换、分享我们实时拥有的所有权。”①作为一种“作品—产品形态”，空间转换为一种生产形式，包含了一切商品生产、流通的逻辑。而在这一过程中，产生的各种各样的社会空间意义，如其实践性、资本性、政治性等，从全球化和全球市场的统一性来说，空间的扩张与城市、国家的扩张在某种意义上是一样的，而这其中就蕴含着文化多样化意义。

因此，对列斐伏尔的《空间的生产》理论研究也要用批判性的态度来研究，不能用拿来主义的方法对待这一理论，而这种批判的本质是扬弃，即探寻这一理论的合理和创新点，更重要的是探寻这一理论的不足，并结合中国社会、文化前提下对空间的认识，即空间不仅仅是资本主义的“专利”。在现代社会，当世界在全球一体发展中，空间理论显得尤为重要，在很大程度上说，空间是建构现代化社会的前提和基础。最基本的分析是，不能把空间理论和“空间的再生产”理论泛化，甚至虚无化。在空间理论中，一是特别强调文化的概念和空间具有的文化意义，二是强调具体空间—实体空间的价值与资本的再生产的价值，三是强调一切生产、生活、消费和文化活动都在某一空间类型中发展的实践。在中国具体的空间再生产包括城乡规划、文旅融合规划、各类产业规划及各类新型园区空间规划等实际过程中，通过实践性的对比研究，的确感觉到列斐伏尔的空间再生产理论表现了对实际空间、实体空间、具体空间以及空间分类认知上，在生产空间和“空间的生产”

① Jeremy，R. The Age of Access［M］. Fairfield: Putnam Publishing Group，2000：57-58.

方面存在着很多知识上的结构性缺失，当然，空间理论一经提出，已经展现了其理论研究领域博大精深的一面，但是还有很多新领域需要更多的探索，这与很多学科的理论发展一样，需要更多的学者去研究、丰富、完善其内容，并更新空间创造的理论。保罗·亨利·雄巴德劳维（Paul-Henry Chombart de Lauwe）的观点是：列斐伏尔的研究只是一种理论逻辑的研究，不是建立在实际田野工作基础之上的经验。曼纽尔·卡斯特（Manuel Castells）则认为列斐伏尔《空间的生产》一书的弱点在于，它缺少经验研究：“我并不相信一位没有综合的经济学知识、有关城市化进程的直接技术数据以及相应的城市社会政治管理知识的人，能够仅仅以一种严格的哲学知识基础而提出什么空间生产的理论。”[①]而这种批判的意识是研究真理性探索的素质表现。

列斐伏尔的空间理论有强烈的社会属性，特别是对空间研究的“资本主义的空间文化倾向”，我们说这是个体存在的时代和个体认知的一种理论学科属性所带来的局限。列斐伏尔将城市空间作为“工业资本社会再生产”的工具，但列斐伏尔没有强调的是，这种所谓空间的资本主义扩张属性，是一切社会形态扩张和一切类型生产的原动力，即所有商品生产都需要空间、资本和空间的生产，而这种资源性价值空间，正在向资本性价值空间转变，即所有的空间最初都是资源性空间，而当赋予新的资本内容和价值的时候，就使得在资本主义下的城市化过程实质上是资本的城市化，而事实是，在近代社会以来所有国家的城市化、城市现代化都体现了资本的城市化，其中的区别表象是“货币资本”和“权力资本”的不同。因此，城市的空间生产发展负载了资本主义和经济发展规律的空间扩张的逻辑——就是权力、资本、利润和剩余价值。哈维曾对这一现象进行研究并提出反思，巴尔的摩（Baltimore）城市更新，商业地产开发商通过资本的力量获取了一个开发地段——而这片区作为“内城空间成了一个炫耀性消费的空间，称颂商品而非市民价值”；而“当所有的钱都倾入内城从事再开发之际，城市的其余部分只得到一点点钱……于是在败坏的汪洋之中，创造了一个丰裕的市区孤岛。”[②]这种评价虽然过度强调了资本的作用，但是，所有的空间再开发和利用，原则上都不可能离开资本。

简而言之，有学者把“新城市社会学”假设分为三个学派，但其实应该是三个研究属性类型：列斐伏尔和哈维是政治经济学派的代表，卡斯特是结构马克思主义学派的代表，帕尔（R. Pahl）是新韦伯主义学派的代表。虽然在他们的研究总体内容上很难严格区分，但他们的共性是强调社会和空间的“同存性”，强调了城市社会分化（social stratification）和空间分化（spatial stratification）

---

① ［法］亨利·列斐伏尔.空间的生产［M］.刘怀玉，译.北京：商务印书馆，2021：5.

② 包亚明.现代性与空间的生产［M］.上海：上海教育出版社，2003：382.

符号性，即不同阶层可以通过不同的城市空间、居住区分化并表现出来，就是所谓的“住宅阶级”[①]。不同住宅社区空间，具有不同空间区位价值、不同价值空间和不同土地价值，呈正相关。列斐伏尔《空间的生产》强调“社会空间辩证法”时说：“我所概括的理论并不是想要提出一种（或某种）空间话语，而是要把各种不同的空间及其生成样式全都统一到一种理论之中，从而揭示出实际的空间生产过程”，探寻和论证的主要内容是空间中进行工作和生产的社会人和群体，这只是一个切面，而研究目的在于需要一种新的“空间转向”。这种“空间转向”是一种学理性的认知，也就是社会必须存在“空间里生产”，而人类转向的一个目标是“自身的生产”——这里诠释的是“自身也是一种空间存在”，同时，自身的空间可以生产出各种各样的空间产品，进一步探讨是把空间作为产品，进而转化为商品的属性价值，也是我们认为区别于列斐伏尔“社会空间辩证法”的主要内容。我们创造的是“城市文化资本”意义上的空间研究，更注意实体空间、具体空间、客观空间或能为人类创造财富的空间的再生产，然后才是“抽象空间”。因为，这一类“空间的生产”在当代具有决定性的意义，如果经济生产、文化生产和各种人类基础需要的生产都必须在一定的空间里实现，如很多楼宇经济空间、园区经济空间、硅巷经济空间、城市生活空间以及景区空间等，没有空间，一切生产、工作和生活都不复存在，当然剩余价值也不会产生，而空间的再生产也就成为不可能。

空间尤其是被人们感知的社会空间，是为某种目的而被生产出来的，是一种产品，空间作为产品，与其他产品一样有某种商品典型的共性属性的一面，而空间作为商品，最重要的是有其个性化的特殊性。

---

① 住宅阶级：雷克斯和摩尔在《种族、社区和冲突》（1967年）一书中，对英国伯明翰市内稀缺的住宅资源进行了调查，分析了有关住宅和种族的关系，提出了“住宅阶级”（housing class）这个概念。雷克斯和摩尔继承了韦伯的科层制和“市场情境”的理论，并结合了芝加哥学派有关城市发展的理论，给城市社会研究提供了一个新的角度。他们以“人文区位学”的分析为起点，套用伯吉斯的同心圆理论，认为城市内不同的环区分别为不同阶级的居住区。从整体上来说，城市发展的趋势是逐渐向市郊转移；高收入阶层迁入条件较好的市郊居住，而低收入阶层则只能居住在市中心的破落区域。雷克斯和摩尔指出：“如果城市内各阶层人士均以相同的价值观作标准，希望迁入市郊区域居住，那么市郊住宅就成为珍贵的稀缺资源，因此它的分配问题，便往往成为社会冲突的导火线。”同时，他们还运用韦伯社会学理论中“市场情境”的概念，分析了在住宅分配过程中，市场机能和政府机构的具体运作。雷克斯认为，城市内质量不同住宅的取得，并不仅仅是由经济因素决定的，也是一个经由市场机制和科层官僚制运作过程的产物。国家与私人资本对城市住宅的投资，促成了“住宅市场”的兴起，对于不同住宅的拥有就产生了不同的“住宅阶级”。参见：张鸿雁. 侵入与接替：城市社会结构变迁新论［M］. 南京：东南大学出版社，2000：8.

历史告诉我们，最成功的治贫疗法只能来自本身。外援可以有帮助，但是它像意外之财一样，也会有害处。它可能降低自身努力的动力并造成一种有害的无能感。正如非洲人一句谚语所说：“接人东西的手总是在给人东西的手的下方。”这不行。还得靠自己工作，节俭、诚实、耐心、顽强。贫困潦倒的人也许会觉得这些要求做不到而自暴自弃。但是，归根结底，真正有效的办法只能是自强。[①]

——劳伦斯·哈里森，塞缪尔·亨廷顿

---

① ［美］劳伦斯·哈里森，塞缪尔·亨廷顿. 文化的重要作用：价值观如何影响人类进步［M］. 程克雄，译. 北京：新华出版社，2010：58.

第六章
经济结构与文化结构互嵌——终极“文化动力因”

在人类的历史长河中，城市的发展越来越复杂，特别是一座几十万、上百万，甚至几千万人口的特大城市，是一个极其复杂的动态有机体，它的可变参数是一个天文数字。伴随科学技术和各种理论研究的发展，人类似乎对自己所创造的客观事物——城市越来越了解了，本以为通过不断发展科技、现代的网络智慧和大数据技术能持续解决城市产生的问题。然而，事与愿违。现代社会越来越进步，科技越来越发达，而我们面临的城市问题却越来越多，就社会整体而言，面临各种各样更加严峻的风险——人为或自然的灾害。换言之，越是处于现代化高速发展阶段的社会，城市的生活和生产越是依赖于科学技术，这也使得“社会—城市”更加脆弱和敏感，而成为新的风险型社会①。

一、“城市作为经济的发动机”缘由：“城市文化资本”持续再生产

随着历史和社会的变迁，我们面临越来越多也越来越复杂的城市问题，时代需要我们回答：如何应对现实与未来的风险型社会？如何追求城市社会的永续健康发展？这是我们必须探究并在一定程度上寻求解决问题的方法。人类在进入城市社会发展阶段后，社会的主要问题正在向城市集中，现实状况也表现出城市问题越来越多且愈加复杂，我们通过新科学技术和相关理论及方法，研究、探索城市的价值、功能和发展规律。事实上，人们对城市问题的认识也越来越深刻，不仅从政治、经济、文化、社会和生态意义上探寻城市的发展规律，而且在某种程度上从属性的角度、从本质研究的角度加以认识，更可以通过智慧化、网络化和大数据等新型技术手段来解析城市，探索如何降

① 全世界城市的各类型灾害包括人为的和不可抗拒的天灾等，各种媒体报道屡见不鲜。参见：于珊.河南郑州“7·20”特大暴雨灾害调查报告公布[N].新华社，2022-01-21.

低城市社会的风险性，缓解城市社会的脆弱性等。从理论上讲，解决各种城市问题的理论体系、概念和模式已经有很多，可谓层出不穷。或曰创造“田园城市”①，或曰创造“有机城市”，或曰创造“紧缩城市”以及“广亩城市”“拼贴城市”“循环社会型城市”②等等。在以往各种学术研究成果的基础上，近年来学者比较认同的理论是“韧性城市”“有温度的城市”“城市如家”概念的应用等，究其原因，是因为自21世纪以来，城市面临的各种危机类型增多、强度增大、范围增广。需要特别强调的是，人们抵抗自然和人为风险的能力并没有因为高新技术的快速发展而得到显著增强，而现代化的城市危机四伏，包括社会性事件、病毒引发的疫情、各种天灾及技术性故障引发的灾难等等。学者罗斯强调的“韧性城市”的“韧性”是“城市和谐”的元素之一，“也就是一个（城市）系统应对压力和变化的适应能力”。城市“韧性的生态系统可以承受震荡，并在必要的时候进行重建。社会系统的韧性就是人类期待和规划未来的能力总和”③。强化这种“能力总和”的关键是提升城市抵抗风险的系统性能力，包括通过现代高新技术手段规避风险的能力，值得注意的是，罗斯还强调“规划未来”中所说的“规划”是规避“风险社会”④事件的手段之一。

城市抗风险的能力，本质上就是人的抗风险能力。城市的主体是人，需要开发人的能动性，创造人的本体价值，来创造城市文化的集合力和高尚精神，这是一座城市最大的“文化资本”。从现有的创新来讲，就是要通过人和人所制定的科学合理的制度文化与市场机制，一方面创造城市的“硬实力”，强调城市的核心竞争力和综合竞争力，打造城市的“硬核”；另一方面创造城市的“文化软实力”和特色文化竞争力，强调“城市文化资本”再生产，其中要把人和人才作为“城市文化资本”的“硬核”。同时，确立城市与自然的和谐关系，把城市看作自然的一部分，即城市犹如自然界的一棵参天大树⑤，创造一个有机秩序的城市，同时赋予城市可持续的“文化动力因”——人文主义价值取向的“城市文化资本”“炼金术”⑥的文化时空场域。在一定程度上，让城

---

① ［英］霍华德.明日的田园城市［M］.金经元，译.北京：商务印书馆，2000：12.

② 张鸿雁，等.循环型城市社会发展模式：城市可持续创新战略［M］.南京：东南大学出版社，2007：13，424.

③ ［美］乔纳森·罗斯.什么造就了城市［M］.谢幕娟，译.北京：北京时代华文书局，2021：205.

④ 有学者认为“现代性与稳定性是形影不离的”“暴力和经济落后之间有着无可争辩的关系”。亨廷顿提出：“现代性与稳定性之间的相互关系进行的推论貌似顺理成章，合情合理，其实却是不能成立的。事实上，现代性孕育着稳定，而现代化过程却滋生着动乱。”参见：［美］塞缪尔·P，亨廷顿.变化社会中的政治秩序［M］.王冠华，刘为，译.上海：上海人民出版社，2021：38.

⑤ 张鸿雁.城市定位论：城市社会学理论视野下的可持续发展［M］.南京：东南大学出版社，2008：81.

⑥ ［法］布尔迪厄.文化资本与社会炼金术：布尔迪厄访谈录［M］.包亚明，译.上海：上海人民出版社，1997：189.

市遵循精英群体的意志发展，朝着历史进化和进步的方向发展。

索亚（Edward W. Soja）认为："城市是经济发展之母，不是因为城市里的人更聪明，而是因城市里有需求的集聚，还有更多刺激，使人们以各种方式提出以前不能提出的问题……如果没有城市作为经济的发动机，最偏僻的地方就是最穷的……在人类整个历史中，如果你想拥有财富，你必须拥有城市。"①当然，索亚的观点被大多数人所认同，事实也已经证明，城市和乡村比较，城市本身就是社会文明的一种表意，和乡村比较城市更具有先进性的一面。但是，关于这个描述本身有两个观点值得提出：一是"城市是经济发展之母"，这一含义还深刻地说明了城市是一个典型的生产、生活的消费地，在其发展中，特别是在工业化发展阶段，往往会对自然生态产生某种破坏作用；二是"城市是经济的发动机"和个人向往的财富拥有之地，仍然表现为城市对自然的反作用。虽然城市在推动经济社会发展方面的价值是不言自明的，但是，如果想要保证"城市是经济发展之母"和"城市是经济的发动机"的永续性，就必须赋予城市新的功能和灵魂，在经济高速发展和自然生态之间创造一种平衡和和谐，本质上是要创造城市的文化内核——"文化动力因"体系，注入城市使之具有把城市的经济资源、文化资源、社会资源乃至人力资源转化为"城市文化资本"的能力！因为，我们必须充分认识到城市首先是人的集合，人是文化符号的结晶体，城市则是人创造的文化的集合体，是城市文化构成了城市存在与发展的灵魂体系，并使之能传承、积累、多元整合、衍化、增殖。发展优秀的城市，或者"全球城市"都是能够进行自我"城市文化资本"再生产的城市。

所有的经济主体、市场主体的发展都需要资本的介入，城市经济与"城市文化资本"的创新性关系，是现代城市一个典型的结构性缺失，或问，城市和城市文化没有"文化资本"的介入能够创新发展吗？我们不止一次地自我设问，一直力图通过研究获得城市科学的有效答案。然而，虽然经典作家已经明确提出城市是人类社会的中心和发展动力，城市也带给人类新希望与财富，但是，城市从它产生那天起，就伴随着城市自身的问题和乡村的问题走过了几千年。而其中的质性表达是：城市人的"文化资本"和乡村人的"文化资本"存在着天然的差别，这就是城乡分裂、城市对立和城乡差异的本质，城市人一生下来的生活周遭——时代环境所表现的文化遗产，和乡村人相比，就有着巨大的鸿沟。因为城市与乡村发展的"文化动力因"的能量不同，发展、进步、进化的程度、速度和阶段也就不同，存在的问题也必然不同。英国学者戈登·柴尔德1950年代初期在《城市规划评论》（*Town Planning Review*）发表的《城市革命》"The Urban Revolution"一文中说："从历史

---

① ［美］Edward W. Soja. 后大都市：城市和区域的批判性研究［M］. 李钧，译. 上海：上海教育出版社，2006：19.

上——或说从史前史上——把城市作为导致社会进化的一个新的经济阶段的一次‘革命’的结果与象征而提出来。”①并且提出了相应的10条标准，虽然这10条标准或许存在一定的偏差，但是这种所谓“一次‘革命’”说明其意义非常深刻，即社会由此发生质的结构性变迁，关键在于城市作为乡村的对立面出现了，城市里形成了新的发展“文化动力因”，即在社会的“人与人的全面竞争”和社会分工的不断演化过程中，形成了一个全新空间场景——城市，而城市表现出一种文化——“The Culture of Cities”，这种文化的词根有劳动和耕作的意涵，但没有说明本质。而culture有多重性——素养、耕作、栽培和文明教化的意涵。“城市文化就是城市的物质文化与精神文化在一定空间内有机结构化的总和，是人与人的社会关系互动和劳动创造的结果。包括政治、经济、文化、制度、宗教、习俗、语言、传统、建筑、街区空间与人在内的生活方式、生产方式、价值理念、历史传统、创新发展、个人理想实现等系统与自然环境合而为一的有机体，通过长期的历史沉淀形成个性化的文化体系，是与乡村文化对立的文化范畴。”城市文化是在一定空间形成的一种建筑和人的集聚，在人与人的互相依赖和互动中，形成社会分工——“分工只是从物质劳动和精神劳动分离的时候起才开始成为真实的分工。从这时候起意识才能真实地这样想象：它是某种和现存实践的意识不同的东西；它不用想象某种真实的东西而能够真实地想象某种东西。从这时候起，意识才能摆脱世界而去构造‘纯粹的’理论、神学、哲学、道德等等。”②这是在一定空间内独有的市民行为与精神文化融为一体的空间关系内质、表象与隐喻。由文化特质、文化丛和文化模式的养成过程构成一个复杂的社会关系体“文化动力因”，是一个与人类文明和未来交织在一起的人类进化过程。

二、差异就是矛盾，矛盾就是动力：城乡分裂的终极原因

城市犹似人类主观与客观结合建构起来的源于自然的千年古树，带着人类的理想和人类社会的病态一起走到今天！社会学家眼中的城乡差异是：“城市与乡村在当代文明中代表相互对立的两极。二者之间，除了程度之外，还存在着性质差别。城与乡各有其特有的利益、兴趣，特有的社会组织和特有的人性。它们两者形成一个既互相对立，又互为补充的世界。二者的生产方式互为影

---

① V. Gordon Childe. The Urban Revolution［J］. Town Planning Review，1950，21(1)：3−17.

② ［德］马克思，恩格斯. 马克思恩格斯全集：第21卷［M］. 中共中央马克思恩格斯列宁斯大林著作编译局，译. 北京：人民出版社，1965：34−35.

响，但又绝不是平等相配的。有关城乡差别、城乡对立，及其相互影响的分析研究，甚至至今依然未超出现象描述阶段。”[①]所以，认识城市的本质和本原，其意义不仅具有深刻的理论与实践有机结合的一面，更具有在深层次上认识城市发展规律，让人们在一定程度上可以驾驭其发展规律的一面。而与以往的研究不同，从“城市文化资本”的层次上研究城市，根本在于从中可以探求到城市中个体与个体的关系、个体与群体的关系、群体与群体的关系及人、群体与城市制度的关系影响因素，从而能从以往没有的视角和层面建构城市的内生动力、人的能动性所带来的循环社会型的城市，创造未来城市并追求“零耗能”的发展模式，这就有可能降低城市现代化进程中的风险，在人与城市的关系上，创造新的和谐关系，甚至可以说：以往所有的城市宪章都强调的是居住、生活、就业、交通四大主张，而“城市文化资本”研究，前提是把人的解放和价值作为“城市文化资本”的研究主体和核心，在人和城市全面和谐发展的前提下，创造未来永续发展的城市。

马克思对城市产生和城乡第一次分裂的描述有独到见解：“第一次大分工，即城市和乡村的分离，立即使农村人口陷于数千年的愚昧状况……如果说，农民占有土地，城市居民占有手艺，那么，土地就同样地占有农民，手艺同样地占有手工业者。”[②]透过现象看本质，为什么城乡分裂会使“农村人口陷入数千年的愚昧状况”，其根源的探讨已经有很多结论，但是，我们在这里寻找的是“终极原因”，并试图去解释和认识这一“终极原因”。我们说的是，城市里有典型的文化集聚效应并转化为不同的资本，如经济资本、权力资本、货币资本或者是文化资本，以资本为动力来推动城市的进化，而乡村没有和“城市文化资本”价值集聚相似的空间再生产动力，比较而言，乡村的别名是分散、孤立、个体、同质化和没有真正的社会分工体系，自身无法进化。恩格斯曾以伦敦为例：“（城市）这种大规模的集中，250万人这样聚集在一个地方，使这250万人的力量增加了一百倍。”[③]城乡是两种社会结构，而“结构是由生产力和生产关系组成”[④]。借用马克思的理论分析，他说“农民占有土地”的本质是“土地占有农民”，而这个“占有土地的农民”被土地所束缚——“土地占有农民”除了以农业劳动为主体之外，没有文化资本型的教

① ［美］R. E. 帕克，E. N. 伯吉斯，R. D. 麦肯齐. 城市社会学——芝加哥学派城市研究文集［M］. 宋俊岭，吴建华，王登斌，译. 北京：华夏出版社，1987：275.

② ［德］马克思，恩格斯. 马克思恩格斯全集：第21卷［M］. 中共中央马克思恩格斯列宁斯大林著作编译局，译. 北京：人民出版社，1965：315.

③ ［德］马克思，恩格斯. 马克思恩格斯全集：第2卷［M］. 中共中央马克思恩格斯列宁斯大林著作编译局，译. 北京：人民出版社，1957：303.

④ ［法］雷蒙·阿隆. 社会学主要思潮［M］. 葛智强，胡秉诚，王沪宁，译. 上海：上海译文出版社，2005：99.

育、没有机构与组织的创新文化土壤……而是农民被束缚在土地上，这才是本质，即“土地占有农民”的一种存在。而真实的历史是，在世界范围内，无论东方还是西方的国家，多数农民不是土地的真正所有权的“占有者”，而只是土地上的劳动者。在普遍的意义上，对农民来说，土地不具有“私人资本属性”，也就很难滋生出“个体文化资本属性”。当然，这样就不具备个体可以使用和支配意义上的文化资本，如农村不具备城市里的教育与文化资源，不具有生活分工意义上职业选择的充分性，更重要的是农民受教育程度、个体物化的作品和个体的知识所带来的劳动技术资本等都无法和城市居民相提并论，一个是以靠天“吃饭—劳作—循环”为基础，这里的“劳动”强调的是“体力劳动”，劳动的时间是不固定的，往往是“日出而作，日入而息”，劳动时间和闲暇时间混在一起，没有明确分割。另一个是以“生活—工作—休闲—可追求与实现理想”为基础，这里的“工作”意涵是特定的，即一般劳动和休闲是分离的，是有明确时间范畴的。城市里的人“占有手艺”，同样，城市人“被手艺所占有”，就是马克思讲的个人“工具所有制”，其蕴含知识、技术、文化和“作品”的意义，而且劳动者并没有被束缚在土地上，靠技术在城市里工作的人可以流动、技术可以流动、思想可以交换、创新可以传播互学，更可以创造多样化的社会关系，进行商品交换，这个交换包括劳动者创造的个体“文化资本”。城市创造了特有的生活方式，使从乡村走进城市的人类获得了新生，并能够逐步达成“七种自我实现的理想类型”①。城市成为一种自组织结构系统，形成严谨的科层制结构，是一个“社会压力选择”②体系，个体在这个压力社会中选择，去寻找个体生活坐标，每个人都在试图缩小与别人的差异，这

---

① 马斯洛在《人类激励理论》中提出了著名的“需求层次理论”，开始是分为五个层次：第一层次是生理的需要（physiological needs），也是最低需求；第二层是安全的需要（safety needs），是在第一层次得以满足之后的需求；第三层次是爱和归属的需要（love and belonging needs），很明显，当人们的基本需要得到满足后，在某种生存可持续的情况下，可以追求自己的事情和心理归属即群体和社会的定位；第四层次则是尊重的需要（esteem needs），即获得感和地位的社会认可，以表现对一定物质财富和各种资本的支配；第五层次是人生理想的实现，表现为“自我实现的需要”（self-actualization needs），这一层次是和个人的政治与经济地位相关。在这一理论的实施、验证中，特别是在后工业社会来临后，人的需要层次发生了某种变化，或许是伴随社会的高级化和网络化及智能化，人的需要开始裂变，当社会普遍意义上都成为中产阶级的时代，也会分为更多的层次和更多的异质性群体。20世纪70年代以来，马斯洛在原来的“需求层次理论模型”基础上，又提出了两个新的层次，以适应现代社会人的动机变化：第六层次是认知的需求（need to know），人们在实现了经济政治价值和理想之后，探索人的终极价值和存在意义，包括现实和历史的评价；第七层次则是“审美的需求（aesthetic needs）”。参见：［美］马斯洛. 动机与人格［M］. 许金声，程朝翔，译. 北京：华夏出版社，1987：11；马旭东. 马斯洛自我实现理论的特点及其价值分析［J］. 昆明理工大学学报（社会科学版），2006（01）：49-52.

② 张鸿雁. 侵入与接替：城市社会结构变迁新论［M］. 南京：东南大学出版社，2000：37-45.

种动力结构就成为城市特有的动力机制，并成为人类以群体方式共生的一种自然和社会表现。

纵观人类社会的发展，人类社会的先进思想、先进文化、新的组织及制度总是最先产生在城市里。在古代西方，迈锡尼文明创造了“迈锡尼模式”的集权文化，在这一历史文化遗产之上，诞生了古希腊和罗马城市文明，不仅创造了人类文化的黄金时代，而且还创造了希腊人、罗马人特有的城市生活方式，为后代创造了一种城市社会生活的“契约范式”，“法律面前人人平等”的主张，揭示了早期贵族社会的民主思想。同时，这一时期诞生了辉煌的西方古典哲学，出现一系列有个体独立文化主张的思想先哲，而当时古希腊和古罗马正处在城市经济与城市文化的高速发展期，有很多学者在分析古希腊和古罗马为什么能创造人类思想文化的黄金时代时，究其原因，都归结为城市经济、文化的繁荣和早期市民社会的形成，城市因而出现了百花齐放、百家争鸣的相对自由的文化土壤。无独有偶，中国的春秋战国时期是中国真正的城市兴起时代，几千座城市创造了中国历史上独有的城市国家争霸时代，出现了多种多样的地域学派，是东方文化繁荣的黄金时代，而且东西方两种文化的崛起，几乎是同一时期。

中国上古时代，创造了集权与封建意义上的夏、商、周三代城市文明体系，演绎出春秋战国时代的城市“百家争鸣”文化形态和鲜明的地域学派，不仅创造了学术繁盛，更重要的是形成了以儒家为主的“百家文化”思想，并成为中华民族文化根柢的“文明草根”基础，与古希腊罗马城市文化共创了东西方两大城市文明的“文化内核”。明确地说，这种文化的创造、繁盛与创新都是依附在城市之上的。城市发展的历史证明了德国学者斯宾格勒的观点：“人类所有伟大的文化都是由城市产生的。第二代优秀人类，是擅长建造城市的动物。这就是世界史的实际标准，这个标准不同于人类史的标准，世界史就是人类的城市时代史。国家、政府、政治、宗教等等，无不是从人类生存的这一基本形式——城市中发展起来并附着其上的。”①到了21世纪的2024年，城市已成为人类现代化进程的主要载体，人类试图把城市建造成理想的家园，虽然“花园城市”和“城市如家”的理念已经被人们所接受，但是，因为人类本身社会发展的水平、制度型社会关系设置以及财富分配制度等因素的局限，从过去到现在的历史进程中，财富集聚和分配从来就没有真正实现“合理”和“公正”，而且在新的社会问题及新的“社会风险”面前，城市的表现距离我们理想的家园还很远。尽管在已知的社会里，财富的完全平均分配是不可能的，有些灾害是不可避免的，但是在人类理想与理性的价值取向中，社会哲人和人文主义者往往都会将城市社会的

① ［德］斯宾格勒.西方的没落［M］.张兰平，译.西安：陕西师范大学出版社，2008：12.

公平与正义作为社会努力的理想目标。

城市是一个永恒的流动开放体，发展中的城市一定是一个良性循环、动态开放的城市。“随着城市增长而出现的人口流动性，表现在接触、联系频数增加，流动方向上发生变化，外观上发生变化，以及某一特定区域中由于人口群落的继承性而产生的文化；也表现在地价的差别之中。流动性的含义不仅仅是运动（movement），还包含有新的刺激，即刺激因素在数量及强度方面的增加，因而也含有对这些新刺激迅疾做出反应的倾向。城市将其本地因素或外来因素吸收并溶合到自身的机体中的过程，可以称为城市生活的新陈代谢。流动性就是这种新陈代谢的一个指数。”[①]帕克等学者在强调“流动”的同时，把城市“流动”的内涵解析为三个层次：第一个层次是“不仅仅是运动”；第二个层次是“新的刺激”和对这新的刺激做出反应；第三个层次最为重要，即对本地因素和外来因素“吸收并溶合到自身机体中的过程”，这也解释了笔者前面所论述的为什么城市会有创新的文化自觉，而乡村里却没有，因为乡村内部没有“有刺激的流动”和将“外来因素溶合到自身机体的能力”。从城市与乡村的生态结构关系角度认识，不难发现，城市和城市之间的流动、城市和乡村之间的流动方式，表现了一个国家和区域社会的发展水平，如果仅是城乡之间的流动，主要表现在乡村要素向城市的流动，这基本处于农业社会的状态，是城乡差别、对立、异化过程中一种要素的单向流动。当一个社会进入了城市社会的发展阶段，社会城乡之间的要素流动是在城市与城市之间、城乡之间的互补性流动，并朝着“城乡等值化”方向发展，这才是一个现代社会的样态。从城市化与社会结构变迁的角度看，城市现代化被视为城市结构变迁必然的表现形式和直接结果，或者说，城市进化型的社会结构变迁就是城市现代化的内在化过程，因为城市社会结构变迁主要表现为城市本身“城市性”的强化和“城市化地区”现代生活方式的完成，同时，也表现为城市生活方式的现代化深化过程，城市现代化即是城市与乡村社会结构关系的更新[②]。

城市除了作为国家机器之外，还是一个国家与民族的文化载体和容器，同时又是人类任何社会形态与社会结构的“盛载物”。不同时代的国家体系、阶级关系、权力结构关系、社会结构关系、经济结构关系和家庭结构关系等，都在城市中获得了集中而又充分的展示，并形成与乡村不同的生活方式呈现空间，而这个空间则是人类“城市性—现代性”的时间结晶和“集体记忆”。吉迪恩·肖伯格（Gideon Sjoberg）认为“从社会学的立场出发十分重要，强调技术变革和社会权力结构

① ［美］R. E.帕克，E. N.伯吉斯，R. D.麦肯齐. 城市社会学——芝加哥学派城市研究文集［M］. 宋俊岭，吴建华，王登斌，译. 北京：华夏出版社，1987：250.

② 张鸿雁. 城市现代化与城市社会的来临［J］. 理论参考，2003（04）：24-25.

的作用”[①]，由此便产生了城市的现代化；在阶层与阶级分化的社会结构体系内，无论是奴隶制阶段，还是封建制阶段，或是资本主义与社会主义阶段，甚至是一种混合型的社会体系存在阶段，城市一定是社会分化、阶级分化、阶层分化的典型场所与空间，只是社会发展阶段的分化样式和形态不同，如有的属于异质化空间，有的可能表现为阶层分化空间，还有的可能是阶级、民族、种族的对立空间。在集权专制的社会结构内，城市一定是权力集中控制的空间和表现地。在中国古代阶级矛盾对立的社会体系内，权力者和贵族是城市的主宰，而贫困群体一定是多数人，这种不公平是城市社会结构与功能的必然属性之一，时至今日，城市中的“被剥夺感”仍然是这种城市“质”性社会问题的延续。

或许可以这样说，我们研究城市与其说是想改造城市，不如说是改造人类自身而创造更理想的城市！这也许可以说是人类建设城市、改造城市、规划城市的终极目的。

正因为城市是自然与社会的结晶产物，和以往的一切社会空间一样，必然存在着空间的不公正性，所以才使得城市社会的物化空间存在正义与非正义讨论；是人类社会的财富分化、地位分化作为前提而分化的城市物化空间，进而形成或者引发了一系列与城市本身相关的社会问题，进一步说，是人类社会本身制造了城市社会问题——因为人类居住在城市里，所以必然显现出城市的社会问题。

本来，人类创造的客体——城市，成为人类被改造的场所。这就是城市所产生的异化功能，当然，不是所有的城市都能成为改造人类的文化容器，只有那些具有“城市文化资本”功能与价值的城市，才能够成为改造人类自身的工具或场所。同样，人类居住在乡村里就必然有乡村的社会问题。说到底，城市问题是城市人和城市社会结构碰撞出的结构性问题，城市人和城市社会结构性问题是人类社会本身发展的必然产物，人类社会就是在解决问题的过程中得以发展的。我们熟悉的一种理论告诉我们：由社会生产力发展水平决定，一定的生产关系必然产生相适应的社会结构，而城市在任何社会发展阶段内，都必然是社会结构表现的一种方式。人类进化的本身是以拓展生存方式、追求生活品质、满足人类本身欲望为本质的，从这一点上说，人类欲望的提升是一个永恒的过程，是马克思主义“性恶论”的永恒实证，也是推动社会进化的一种发展动力，这也是人类的“质性”所在，是人类存有动物本能必然的结果。

---

① 康少邦.城市社会学[M].张宁，译.杭州：浙江人民出版社，1986：256.

三、城市本能与城市文化自觉：来自市民社会的价值取向

城市的不完善性与人和人类社会本身的不完善性是一致的，是由人类社会发展阶段的不完善决定的；而人类永恒的追求，也迫使城市伴随人类的理论而发展，这应该是一个无穷的过程。人类及人类社会的不完善是永恒的，城市的社会问题也是永恒的。正如我们追求完美一样，是因为社会不存在完美，所以这个追求过程具有永恒性。追求完美是人类永恒的命题，所以我们研究城市、追求城市的完美也是永恒的命题，这是自然界与社会的存在方式。不存在没有问题的时代和社会，只存在相对“善”和“恶”的社会，而我们追求的是创造以“善”为主的社会和城市，积累人类的“大善”，这就是城市文化的本性所在，并让人类的“大善”转化为人类更多的“城市文化资本”，成为人类不断进化的本质动力。这种认知方式是与乡村比较而言的，正如我们从理论上所认识的“乡村与城市”是一对范畴一样，因为，城市化和城市现代化代表着乡村的消亡，法国学者孟德拉斯的《农民的终结》一书中的《结论》说明了这一点[①]。

其一，城市是人类社会发展的中心和动力。从古至今，城市作为一种生产力而存在，这是经典作家的观点，也是已经形成共同认知的常识。城市作为社会发展的中心，与乡村比较，城市代表“现代性”与“集中”，而乡村代表“传统性”与“分散”，城市不仅集聚财富和政治权力，更是以人口集中为特征并已经充分表现出作为社会发展动力的功能与价值。

其二，城市是一种生活方式，是区别于乡村而言的生活方式，是一种以理性和理想类型为目标存在的生活方式。作为城市研究者，笔者十分认同这样的价值与事实判断，城市生活方式的核心是创造人的终极价值，是以城市人的“事本性”，即个体社会角色与能力为基本取向的，并成为其主要价值取向的生活模式，正因为城市社会能够让人们“自发性”地或者“强迫性”地去追求理想，所以城市才成为社会发展的动力源和“文化动力因”。而传统乡村是以亲缘、血缘和地缘为个体角色和价值取向的，被选择为生活本身的需要而存在。

其三，城市是地域生产力的集中表现形式。因为城市具有集中性、集聚性和中心性，生活要素和生产力布局一般都集中在城市区域内，城市是一种生产力地域结构化的表现形式，换言之，城市本身就是生产力，与其他生产力要素不同的是，城市作为地域生产力具有区域性、地域性、区域产业结构和产业群体的发展性，同时还有广域空间的相对性。城市规模在一定意义上能够说明区域的

---

① ［法］H. 孟德拉斯. 农民的终结［M］. 李培林，译. 北京：社会科学文献出版社，2005：268-296.

生产力发展水平与能级。

其四，城市是社会财富积累与资本再生产的中心。无论在马克思等经典作家的著作中，还是在相关的专业论述中，都承认这一事实，即城市本身具有人类财富集聚和积累价值，无论是城市中高大雄伟、鳞次栉比的建筑，还是城市里博物馆、银行、历史文物和货币；无论是艺术馆、教堂、大学、高科技的研究机构，还是工厂与居住区；抑或是集中在城市中的人才，都显示出城市具有人类财富积累与资本积累及再生产的象征意义。

其五，城市是人类文化的容器，是人类记忆积累与传承的文化容器。这一认知也是与乡村比较而言提出的结论。城市是人类文化要素积累的空间，仅就城市的博物馆而言，每座伟大的城市都有一个伟大的博物馆，也就是说，一个伟大的博物馆有可能成就一座伟大的城市。美国城市的博物馆最多，有30000多家，其中洛杉矶是博物馆最多的城市，有680多家，纽约有400多家。截至2023年5月18日，中国共有6565家博物馆，并且90%以上的场馆实现了免费开放，全年共计接待观众5.78亿人次[①]。随着网络技术、智能技术、AI技术、全息影像技术和场景化、互动化、博物馆教育功能化、博物馆文旅功能化等概念的提出，博物馆的功能正在发生革命性的变革！2021年，全国博物馆举办展览3.6万场，教育活动32.3万场。虽受疫情影响，全国博物馆仍接待观众7.79亿人次。策划推出3000余个线上展览、1万余场线上教育活动，网络总浏览量超过41亿人次[②]。而且各种以博物馆为主题的活动与项目也在全国建立与发展起来，博物馆金融、博物馆学术、博物馆基金、博物馆奖学金、博物馆文创研发、博物馆文化产业等新概念、新形式、新模式、新类型层出不穷。人类通过文化要素的积累性选择与甄别机制，使城市在主体上表现出人类的文化精华；虽然人类黑暗的一面也在城市里显现，但是城市本身的主体价值是向上和进化的。

其六，城市是改造人类的一种“文化场域”。人类创造了城市，通过人类社会中多数群体的理性价值取向的整合、控制与制度建构，使城市创造性地建构了群体理性的生存方式，城市内部也形成了不同类型的社会关系和结构。这种结构自身生成了一种互动性结构功能，通过规范、约束，甚至迫使生存在其中的人必须遵循这种结构，个体欲望必须追随多数人的理性价值，人类在适应这种结构中成长和发展，在发展中建设理想型城市（虽然很多城市没有达到理想型城市）；与此同时，城市形成的特有的社会机制、文化氛围和群体理性在发展中反作用于人类，在一定程度上改造和

---

① 冯虎. 博物馆激发文旅新需求［N］. 经济日报，2024-01-02.

② 新华社权威快报丨我国博物馆总数已达6565家［EB/OL］.（2023-05-18）［2023-10-28］.https://baijiahao.baidu.com/s?id=1766214936002551586&wfr=spider&for=pc.

“形塑”人类个体与群体的价值取向和行为文化。城市的理性价值主体推动城市进化，在寻求以多数人利益为前提的社会目的性建设中规范每一个人，正因为这样，不同的城市才会形成不同的文化特质和城市文化人格，也因此而出现“巴黎人”“纽约人”“北京人”“上海人”“东京人”“成都人”“香港人”等不同的文化认知、不同的生活方式、不同的言谈举止、不同的价值取向、不同的文化气质的城市群体。

其七，城市是具有公共财富属性的“城市文化资本”再生产的综合体。“城市文化资本”作为城市特有的一种资源要素，一旦城市资源转化为“城市文化资本”，这种属于城市本身的文化资源就会转化为资本的垄断性、历史的延续性、价格的刚性和文化的品位性，而使城市具有魅力。如北京的故宫、长城、颐和园；杭州的灵隐寺、六和塔、龙井；南京的中山陵、夫子庙、秦淮河；沈阳的东陵、故宫、北陵等。这些要素的价值也往往会成为城市人骄傲的资本和身份地位的价值体现。“城市文化资本”通过人的理性创造，在其再生产的演绎中，形成文化的涵容机制，这个涵容机制使城市体系内存在着的文化具有强烈的地域性、现代性和吸引力。正因为“城市文化资本”存在着特有的功能，在寻求创造千年品牌城市价值的同时，我们极力提倡、建构、创新“城市文化资本”体系，一旦建构成为一种思想运营体系和实际文化资本，城市社会内部就会形成一种内驱力，城市社会的结构与功能便会出现循环累积性增长，并转化为内在结构与功能，通过城市文化的涵容、创造、扬弃与创新性建构，形成一种以人文精神为内核的再生产过程，可谓是取之不尽，用之不竭。譬如杭州的西湖、南京的紫金山……一个可以观察的社会事实是，世界一流的城市都是“城市文化资本”再生产能力十分强劲的城市。

其八，城市在本质上是自然机体结构的构成部分。人是自然的，人和人创造的城市也应该是属于自然的。芒福德说：鸽子和蜜蜂创造的窝是自然的一部分，人类创造的城市为什么不是自然的一部分？他还问：蜜蜂创造蜂房和人类创造的城市哪个更先进？当然回答是显而易见的。城市是自然的一部分！虽然这种观点在人类工业化以来曾被遗忘，但是今天重拾这种理念和价值，对城市的发展具有重大意义。当一个国家和民族的城市真正能够以感恩自然的方式重归自然的时候，这个国家和民族一定会立于世界民族之林的前列。

其九，城市是一种人与人的全面依赖关系。通过“无形的手”形成了城市社会以货币为纽带的关系体系，这种关系构成城市社会本质的底色，即通过迂回的、以价值符号为互动表现的货币交换关系，形成一个以契约关系为前提的陌生人生活共同体，在这个社会关系体系内既能够创造天堂般的美丽故事，又能滋生出地狱般的生活困境。城市适应所有的人，只要你有生存技能，只要你能在这个全面依赖的社会关系内为其他人服务，就可能寻找到自己的生存与生活坐标，就能够寻找到个性化的生活道路。

其十，创新是城市的本能，但要成为真正创新发展的城市，必须建构、培育创新发展的土壤，正如本书多次提及的“创新的土壤比创新本身更重要”。当然，第一层次是创新人才产生、成长和持续培育的过程，即创新人才的发生和可持续成长的“文化场域”关系，即创新的文化氛围、创新思想产生的社会宽容度及创新人才成长的经济、政治和城市文化生态环境。第二层次是创新政策、机制、市场治理和创新文化宽容度，允许试错、允许新事物的成长和争鸣，是创新的保障。第三层次则是相应的城市硬件，如大学、科研院所、企业的创新条件和政府组织的创新发展的力量。第四层次是城市因政策而引发的要素集聚，如科技人才集聚、品牌的集聚和科技企业的集聚和政治引导下的发明专利的转化率等，如新加坡作为城市型国家，仅一座城市就集聚了全球7000多家跨国公司和4000多家跨国公司总部，而且其国际化的开放度也是全球最高的。

为什么我们把城市创新最主要的因素归结为人才的集聚度呢？因为，没有人才，一切创新都是不可能实现的，而人才集中度是创新能级的表现，同时，人才能集中到某一城市，说明这座城市本身就具有创新的文化土壤。人才高度集中的城市。一定是宜居、宜创新、宜创业、宜就业、宜生活、宜旅居且有良好文化、自然和创新生态的城市，城市的创新土壤不是单一要素，而是形成一个综合的“文化场域”关系。人才集聚可以创新思想、行为、成果，同时创新文化流通、互映、拷贝、转移、扩散、放大、渗透、增殖，产生新的科技与文化成果，这是城市人才集聚的真正效应，往往是超预期的。

为什么城市会有上述这样的属性、价值和功能论呢？我们可以假设把人类社会中的人简单归结为两种，这也是哲学和社会学常见的两种分法：一种是“生活着的人”，一种是“活着的人”。“生活着的人”就是在价值理想的存续中，去追求、实现个体或群体理想和价值的人，特别是追求为多数人谋幸福的价值，这是城市生活方式的核心价值，即城市是有价值取向的生活场域。“活着的人”，虽然也是社会的创造物，但因为缺少教育而缺乏理想追求，特别是缺少与社会群体价值相一致的追求。马斯洛所说，当人们不能满足最低需要的时候，某些人追求的价值甚至是生命的自我取向都无从谈起。在笔者所著的《民族偏见与文化偏见——中西文化比较新论》的前言中曾说过：“特别是当我清楚地看到现代文明和现代文化正在重新造就成千成万个‘神灵’的朝拜者时；当我在灵隐寺和鸡鸣寺看到数不清的‘进香人’整齐地排着队，从千里以外赶来朝拜的虔诚面孔时，心中就有一种不可言状的悲哀！”[①]或许应该这样说，无论生活在哪一个阶层的人，都有自己的追

① 张鸿雁.民族偏见与文化偏见——中西文化比较新论[M].沈阳：辽宁教育出版社，1993：11.

求，只是追求的层次不同，或者是对追求的理解层次不同。即使是“活着的人”，也有一种追求，只是这种价值取向离我们的认知太远而已。我们不能苛求每一个人的追求与文化选择，相反应该去尊重每一个人的文化选择。但是，作为一个学者有义务和责任引导社会的人们去选择优秀和“善”的文化，引导社会以向上的力量和方式去让更多的人不仅仅是“活着”，而且要有所追求并创造性地生活。

我们应该思考人类整体或者是人类共同体的终极价值，以一位学者和城市社会学研究者的身份去关心城市人的生活和未来城市的生活，这或许应该是一个典型的研究城市的知识分子的责任。

文化生产场（它被分为艺术场、文学场、科学场等等）的概念，使我们避免了模糊地（通过诸如“语境”“社会环境”“社会基础”“社会背景”这样的词）谈论社会世界，而艺术和文学的社会历史则通常满足于这样的谈论。文化生产场，是文艺界的传统概念中所涉及的完全特殊的社会世界的总和。但我们必须不局限于仅仅把场看成是一个方便的意象这个层面上。人们能够观察到作为一个整体的社会场或政治场，与文学之间的各种各样的结构的和功能的同源关系。而文学场像它们一样，也有它的支配者与被支配者，有它的保守派与先锋派，有它的颠覆性斗争与再生产的机制，而且，这一事实表明了上述每一种现象都将在其内部呈现一种完全特别的形式。[①]

——布尔迪厄

---

① ［法］布尔迪厄. 文化资本与社会炼金术——布尔迪厄访谈录［M］. 包亚明，译. 上海：上海人民出版社，1997：79-80.

第七章
东西方城市两种起源方式、两条道路——两种发展模式

"城市文化资本"的研究，离不开对城市发展历史和不同时代的城市文化特质的分析。为什么东西方的社会发展会走上两条不同的道路？为什么东西方的城市发展呈现两种社会结构形态？一个是以城市市民社会民主的商品经济市场化为主，而另一个是以集权和统一社会关系体制下的区域治理为主。关于这种历史现象的解释应该有很多种，而其中之一是：因为作为社会发展动力的城市在东西方走的是两条不同的道路！一个是中央集权专制政体的向心力体系，对传统社会具有向心力功能，城市首要功能是政治与军事功能；一个是集权专制结构中的离心力体系，城市功能是以市场、贸易为主体的，贵族民主社会关系进而转化为社会发展权力整合的离心力功能。

一、从区域或中心结点到区域文化共同体

对于权力政体来讲，中国传统的城市是国家管理的"区域节点"，是国家管理的区域性行政、政治的管理中心地，城市是国家工具的一部分。所以，城市必然一直在创造国家集权的"向心力"的功能。

中国从上古时期的古村落、居落、部落就出现了"壕""沟""墙""城"作为"聚落"的防护设施。仰韶文化开始就出现了通过挖沟作为保护村落的设施，挖出来的土堆成的墙自然成为城墙的原型与基础，《易经》所说的"城复于隍"的认知便来于此[①]。后来，无论中外，很多城市都有

① 张鸿雁. 春秋战国城市经济发展史论［M］. 沈阳：辽宁大学出版社，1988：7.

护城河作为屏障，而护城河——所谓“城隍”就是挖河取土建城形成的[①]。作为中国城市的一种定制，一般城墙外（下）一定有护城河，这种城市建设模式更多体现的是城市的军事功能和保护权力者的功能，城市成为国家机器的一部分。《墨子》曾有专论说“城”、粮食与兵器这三者是“国家机器”的组成部分[②]。在这样的前提下，东方以及中国的“城”作为国家机器的一部分，在大一统的集权国家政治体制下，城市始终是国家的区域“管理治所”所在地，是国家治理的“区域或中心结点”。在中国的传统社会中，城市也是统治农村和剥削农村的社会发展中心，在中国的历史上通过郡县[③]体制管理各级城市，城市既是国家政治和区域政治中心，又是国家与区域统治的管理治所，同时还是国家及区域的军事中心，而事实上，“郡”最早多是军事设施所在地，后来才转化为“郡县”体系。

比较西方的社会发展而言，中国社会的发展是一个以城市为中心和主体的社会发展结构，春秋战国以降，中国传统社会在整体上强调“重农抑商”[④]，并以此为政策导向，使得中国社会经济发展和城市出现了周期性兴衰变化，城市的兴衰与国家的周期性兴衰是一致的，或者说国家的周期性兴衰集中表现为城市的周期性兴衰，城市与国家命运相通，城市成为一种政权与国家的象征。中国的城市在维护中国封建制度长治久安的过程中，发挥了巨大的作用。中国封建社会的历史比西方长很多，很多学者做过针对性的研究，并提出很多原因，其中传统封建制度赋予中国古代城市在政治上、国家治理上的强大功能，为其转化成特有生命力起到了重要的作用，即国家皇权、统治阶层的主体愿望和汪洋大海般的小农经济的愿望之间形成“经济断裂”。国家一方面需要长治久安，另一方面又需要千千万万的个体为国家提供税收和劳务，而统治阶层的三位一体——官僚、商人和地主是土地兼并的主体，制度型的设计安排使得国家和农民是对立的两个阶层，周期性的农民起义、周期性的自然灾害和周期性的时代更迭，三者混杂，形成周期性的社会问题，在一定的以农业为主的

---

① “城隍”本指护城河，班固《两都赋序》：“京师修宫室，浚城隍。”又有《易·泰卦第六爻》爻辞“上六：城复于隍；勿用师，自邑告命，贞吝”。

② “国家机器”（state apparatus）是一个政治术语。《墨子·七患》：“备者，国之重也：食者，国之宝也；兵者，国之爪也；城者，所以自守也。此三者，国之具也。”按照马克思列宁主义的解释：国家机器是一个阶级统治另一个阶级的工具，军队、警察、法庭、监狱等专政机关都是国家机器的重要组成部分。

③ 《说文》记载：“郡，周制，天子地方千里，分为百县，县有四郡，故《春秋传》曰，上大夫受县，下大夫受郡是也。至秦初置三十六郡，以监其县。朱骏声曰：汉又增四十六郡，二十一国，凡郡国一百有三，古者县大郡小，秦以后郡大县小。”

④ 张鸿雁.西汉初“重农抑商”政策对经济发展的影响［J］.辽宁师院学报，1982（06）：69-74.

低水平上循环发展。有关资料显示，中国农业每亩的平均产量一直在350—400斤上下浮动，从古代到近代吃饭问题一直是社会动乱的第一原因。

笔者接受《每日经济新闻》采访时认为："西安有很多唯一性、垄断性的民族文化精华，西安的文化积淀具有很强烈的世界性和世界首位性。"值得注意的是，西安是古丝路起点，也是丝路经济带的重要支点。自2013年国家提出"一带一路"倡议以来，西安建设国际化大都市迎来前所未有的黄金机遇期。历史资料显示，西安有3100多年建城史，1100多年建都史，以此衍生出的历史和人文底蕴的富集度，是其他城市无可比拟的。"文化是西安最大的城市资本。"首提"城市文化资本"概念的笔者在关于未来西安城市定位的论坛中称："百年能造纽约、上海，但千年也造不出西安。"梳理西安的人文历史遗产可以发现，有6000多年历史的西安半坡遗址、"世界第八大奇迹"兵马俑、中国现存规模最大保存最完整的古代城垣——西安明代城墙等，西安被收录进入联合国教科文组织的《世界遗产名录》的文物古迹达到6处之多……笔者也对记者表示，要在国内城市中找出"中国历史文脉传承的祠堂"，除西安之外的城市未必有信服力①。

马克思深刻地指出："因为食物的生产是直接生产者的生存和一切生产的首要条件，所以在这种生产中使用的劳动，即经济学上广义的农业劳动，必须有足够的生产率……使农业剩余劳动，从而使农业剩余产品成为可能。进一步说，社会上的一部分人用在农业上的全部劳动——必要劳动和剩余劳动——必须足以为整个社会，从而也为非农业工人生产必需的食物；也就是使从事农业的人和从事工业的人都有实现这种巨大分工的可能；并且也使生产食物的农民和生产原料的农民有实现分工的可能。"②没有农业生产的剩余，工业化的发展就不可能发生，所以，直到宋朝以后，及至明清时期，中国局部地区出现了一些以商业为中心的城镇、市镇，市场经济关系和资本主义萌芽才开始发生，其中最明显的是宋代的"破墙开店"——西方学者认为宋代打破"里坊制"③是一种"城市革命"，即城市内的市场结构和城市文化出现"革命性"的变化。从城市文化的立场分析，从宋

---

① 李俊明，杨军. 以文化立城的西安 迎来"丝路"黄金机遇［EB/OL］.（2016-12-05）［2023-10-28］. http://www.nbd.com.cn/articles/2016-12-05/1058711.html.

② ［德］马克思，恩格斯. 马克思恩格斯全集：第23卷［M］. 中共中央马克思恩格斯列宁斯大林著作编译局，译. 北京：人民出版社，2016：715-716.

③ "里坊制"传承于西周时期的闾里制度，是中国古代主要的城市和乡村规划的基本单位与居住管理制度的复合体。把全城分割为若干封闭的"里"作为居住区，商业与手工业则限制在一些定时开闭的"市"中。统治者们的宫殿和衙署占有全城最有利的地位，并用城墙保护起来。"里"和"市"都环以高墙，设里门与市门，由吏卒和市令管理，全城实行宵禁。参见：冯兵. 隋唐时期里坊制、坊市制与"市"的变迁［J］. 学习与实践，2016：125-132.

代以后，中国城市中出现了公共性的市民文化空间，有属于市民社会的戏剧、文学、园林、临街可以开放的商铺，《清明上河图》充分反映了这一点。公元965年宋太祖下令开夜市，中国古代的城市经济、城市文化有了中国式“市民生活”意义上的繁荣[①]。虽然元代以后，开放式的城市街区又回归了传统的里坊制体系，统治者为了进一步地严格管理城市，“里坊制”基本恢复了汉代以后的一些管理要素——在这个意义上说，城市空间的管控，是一种倒退的文化现象，并一直延续、残存到清代。

西方从迈锡尼文化开始，到古希腊罗马城市衰落以及中世纪初期的黑暗……再到近代工业化的发生，城市几经衰落和重生。相比较，中国的城市虽然是伴随政权更迭而兴衰，却没有如罗马城市那样整体衰落甚至很多城市几乎消失。恩格斯有关罗马城市兴衰的论述，很好地揭示了其中原委。当时罗马是“普遍的贫困化，商业、手工业和艺术衰落，人口的减少，都市的衰败，农业退回到更低的水平”“城市丧失了它从前对乡村的统治”[②]。而中国的城市发展，只是到了近代以后，随着西方列强的坚船利炮攻克了中国的城墙，城市的空间结构、城市围墙、传统的城市街道格局以及城市管理理念与模式被打破，中国的天津、上海等城市引进了西方城市管理模式，才开始出现相对意义上纯粹以经济和商业为主要功能的城市；或者说是直到近代，中国的城市整体功能——作为国家“治理节点”的功能才开始突变，并成为现代社会的发展动力。近代上海、天津、北京、无锡和香港等城市的蜕变过程证明，城市文明与文化的改变，是整个社会改变的前提。

二、从城市文化理性到“城市文化资本”的法权意境

迈锡尼的集权式文化与文明衰落后，代之而起的是古希腊城市文明，这一文明延续、利用并强化了古希腊原始的民主关系，以相对发达的迈锡尼集权制度和当时先进生产力的结合，创造了古希腊的奴隶主贵族与平民的民主，在城邦制体系下，建构了希腊文化神话，也因此被誉为人类文化的“黄金时代”。特别值得我们现代城市研究和关注的是，在城邦国家竞争中，相继有300多个城邦岛国，因为土地缺乏，为了生存必须进行海上外贸竞争和征战，在商品贸易的市场化交换中，建立

---

① 张鸿雁.论中国封建城市经济发展的总体特点[J].中国史研究，1997（03）：3-12.

② ［德］马克思，恩格斯.马克思恩格斯全集：第21卷［M］.中共中央马克思恩格斯列宁斯大林著作编译局，译.北京：人民出版社，1965：9，169，175.

了特有的“契约关系”，在城邦和岛国间激烈竞争的贸易和商品交换关系中，创造出一种商业交换意义上的法律原则，为后来的古罗马文化发展奠定了基础，这也是后来西方学者所推崇的，当然也是马克思主义所强调的：罗马法的文化意涵。虽然当时的交换关系与不发达的社会状态并没有相适应，但是，交换在一定的范围内已有所发展，它仍能阐明“法人”关系，以及对进行交换的个体施加各种规定，“因而能成为工业社会的法的先声”①。这一评价具有深刻意义，也是后来西方城市文艺复兴中很重要的一个文化要素，就是强调复兴古典时代的法律主张和原则。那时的城邦制度对交换领域“交换的个人的各种规定”保证了财产的私有地位，私有产权的法权意义在于此，即对个体本身和个体所有权的法律承认，这对于解放个人的能动性即个体的解放具有深远的、历史性的文化影响。特别是，早在那个时代就已经有了“遗产税”，使城邦公民的财产不可侵犯，具有典型的“资产私有法权意义”，也正是从“私有法权”意义上马克思认为东方不存在土地私有制是具有特定内涵的。由于城邦法律保护了城邦公民的政治地位和财产，使雅典这个城邦城市的公民有强烈的“市民意识”，“每一个人所关心的，不仅是他自己的事务，而且也关心国家的事务，就是那些最忙于他们自己的事务的人，对于一般政治也是很熟悉的。”②后来，在马克思的著作中，甚至在很长时间里，他都在研究“市民社会”的经济与文化意义，甚至马克思曾提出“市民社会是历史真正的出发点”的论断。当时的城邦在“解决私人争执的时候，每个人在法律上都是平等的，让一个人负担公职优先于他人的时候，所考虑的不是某一个特殊阶级的成员而是他们有的真正才能。任何人，只要他能够对国家有所贡献，绝对不会因为贫穷而在政治上湮没无闻。”③或许我们很熟悉这样的论述，甚至这与我们现代的城市文化发展思想是一致的，也正是我们始终追求的一种城市文化的“创新土壤”——平等、个性、宽容和创造。

在这种法权的意义上，一个人不会因为贫穷、社会地位低下、缺乏经济基础而没有选择机会，或者是向上流动的机会。我们所熟悉的《伊索寓言》的作者伊索（约前620—前560），原本是一个奴隶，曾被多次转卖，而后来经过自己的努力改变命运。伊索被称为古希腊著名的哲学家、文学家，与克雷洛夫、拉·封丹和莱辛并称世界四大寓言家。而在中国上古时代的奴隶制时期，奴隶甚至平民是没有或很少有接受教育的资格的，春秋时代以后，这种社会现象才得以改变。春秋战国时

① ［德］马克思，恩格斯. 马克思恩格斯全集：第46卷［M］. 中共中央马克思恩格斯列宁斯大林著作编译局，译. 北京：人民出版社，2016：198.

② 修昔底德. 伯罗奔尼撒战争史：上［M］. 谢德风，译. 北京：商务印书馆，1960：132.

③ 修昔底德. 伯罗奔尼撒战争史：上［M］. 谢德风，译. 北京：商务印书馆，1960：130.

代是中国历史上城市经济最早繁荣的时代，这一时期，铁器的使用、牛耕的普及、农业生产技术的提升，使农业生产有了剩余产品，整个社会的经济得到长足的发展，特别是私人工商业的兴起，既带来城市的繁荣，也创造了文化的繁荣。私人工商业者这一阶层属于有经济地位而没有政治地位的人，但是出于他们经营、生产、经商和继承家业的需要，其本人或者后代必须有知识、有技术才能完成经营管理，对于以往的社会来说，这是一个新阶层的崛起，形成了一种思潮——要接受教育，学习知识，而孔子则成了这个时代的担当者，提出了"有教无类"的思想，希望教育下行，能够普及到民间，孔子的教育思想在中国教育史上具有划时代的意义。

中国的春秋战国时代，以新兴手工商业阶层的崛起、发展，带来变革性需求，引发城市文化的变迁和空前繁荣；西方古希腊罗马时代，以新生的城邦贵族、平民阶层和商人的崛起，引发了城邦的商品贸易和竞争带来新的制度体系——以"契约精神"为内核的文化，以及城邦文化繁荣的土壤和基础。东西方两种阶层产生的原因不同、过程不同，绽放出东西方不同的两朵城市文明之花，世界上同时出现了东西方的两个不同样态、不同质性的文化类型，但它们都创造了人类文化的黄金时代。

或许，我们再进一步地探问：为什么古希腊罗马能够出现伟大的城邦文化？能够出现那么多超越时代的思想家、哲学家、建筑家？①这正是我们要深入探讨和要解决的重点问题。人类共同的文明密码，应该有一条探寻之道：古希腊和古罗马的人类文化的黄金时代养成条件是什么？中国春秋战国时代的城市文化出现的"诸子百家"和"百家争鸣"②的社会基础是什么？关键是，那个时代不仅学者多，开创性的学派也多，这是学术思想繁荣的真正表现。

古希腊罗马的神话文化是人类的伟大文化之一，也是人们创造的这个时代城市的伟大，才造就

---

① 古希腊罗马的哲学家、思想家、艺术家、神学家层出不穷，有著作和思想流传下来的哲人非常多：有苏格拉底、柏拉图、亚里士多德、阿基米德和泰勒斯、西塞罗（Marcus Tullius Cicero）、爱比克泰德（Epictetus）、卢克莱修（Titus Lucretius Carus）、安德罗尼柯（Andronicus Rhodius）、埃奈西德穆（Aenesidemus）、斐洛（Philo Judaeus）、塞涅卡（Lucius Annaeus Seneca）、德尔图良（Tertullianus）、第欧根尼·拉尔修（Diogenes Laërtius）、琉善（Loukianos）、马可·奥勒留（Marcus Aurelius Antoninus）、塞克斯都·恩披里柯（Sextus Empiricus）、奥利金（Origenes）等。

② 先秦时代的诸子百家是华夏文明黄金时代辉煌的硕果，奠定了中国文化的知识基础，创造了真正的中国民族的文化底蕴。百家是儒家、道家、墨家、法家、兵家、工家、农家、杂家、名家、阴阳家、医家、小说家、纵横家等；诸子是孔子、老子、孟子、墨子、商鞅、管子、庄子、孙子、许行、鬼谷子、鲁班、晏子、范蠡、扁鹊、尹文、列子、田骈、黄老、杨子、邓析、公孙龙子、惠子、张仪、苏秦、孙膑、庞涓、告子、申不害、慎子、邹衍、荀子、韩非子、吕不韦等。

了伟大的城市文化，即城邦经济、文化与城邦市民社会的繁荣，造就了“城邦—城市”文化的伟大[①]。但是，在这以前的相关研究成果，都把古希腊罗马的神话和文学艺术归结为劳动过程和原始人类对某些自然现象的无知演绎所形成的一种文化现象，这种结论不仅有些偏颇而且荒谬。应该说，城邦文化和城邦市民社会的制度是古希腊罗马神话产生和繁荣的土壤，归纳主要原因有六：一是古典时代城邦经济、商业贸易的繁荣，岛屿海洋经济发达和贵族及市民文化的繁荣；二是贵族、平民的学校兴起，平民及以上阶层教育的普及；三是平民、贵族社会文化生活设施的普遍化，如图书馆、剧场、运动比赛场和各种交易市场的繁荣；四是贵族、市民及奴隶们日常生活消费的繁荣，洗浴文化、戏剧文化、角斗文化、体育文化、辩论文化、哲学文化、神学文化、文学文化、学派文化以及各种探险文化等丰富而多彩，值得说明的是，各种神话、文学、戏剧等，都有专业人士的再加工、再创作，各种学派、流派在创造自己的独立学说时，不是对自然现象不解而产生“幻说故事”；五是各城邦形成有经济竞争、文化竞争和贸易竞争的特色地域空间，产生了不同的城市文化和特色城市文化及主张；六是各城邦立法和独立制度的创造，这些都是属于各自城邦的文化，从而产生城邦之间产业经济与文化发展的竞争……而这一时期的竞技文化，是这个时代文化发展的一种隐喻。

正如古希腊罗马城邦养成了古希腊罗马的哲学一样，同时也培育出古罗马的贵族民主和城市中的市民文化：首先是法律面前人人平等，其次是哲学、艺术、戏剧、小说和私人空间成为一种生活方式——庞贝古城的家庭居住空间与城市格局空间能够充分体现这一点，甚至奴隶都可以写出自己的作品，由此就可以看出城市文化转化为“城市文化资本”的意义——时代结晶，即“条条道路通罗马”和留给历史的“不朽之城”及伟大的哲学家和思想遗产。

这一时期城市内奴隶主贵族间的民主政治在一定范围内形成了某种“城市性”——历史上的某种“相对现代性”意义上的贵族民主的文化土壤和生活体系，如当时已经有了城市市长选举、城市平民阶层和私人工商业者的合法性政治地位等，城市商业和商品交换的繁荣也推动了城市社会结构的进化和成长，促使商业文明产生某种政治上的贵族民主，进而贵族的文化成为城市的一种时尚先锋，因而引发城市空间再生产得到突飞猛进的发展，特别是建筑艺术使城市的空间发展具有划时代的里程碑意义。城市中各种各样的空间，如体育场、角斗场、艺术演绎空间、神庙和各种宫殿空间

---

① ［意］乔万尼·波特若. 论城市伟大至尊之因由［M］. 刘晨光，译；林国基，补注. 上海：华东师范大学出版社，2006：8.

的文化表达，可以概括为两个字——宏大，即以宏大的叙述方式来表达这个时代的空间到达了这个时代的顶峰，甚至后代也很难超越。这个时代的空间不仅表现了建筑空间的规模和空间的大跨度，更表现了时代特有的空间美学，甚至达到了无以复加的高度，成为后人的楷模，其中最珍贵的是使这个时代创造的建筑艺术能够千古流芳。

三、从创造“善”的文化循环到“双动力核心”的城市化发展

在历史的演化中，古希腊罗马的城市文化高度繁荣和贵族社会奢靡形成鲜明的反差，过度发展的商业消费和奴隶制度的矛盾深化导致了社会价值主张和组织结构的解构化，从本质上看是奴隶制极端政治的弊端导致了这一文明的衰落，古希腊的文化衰落代之而起的是古罗马城市文明，罗马的城市文明最终被中世纪新兴的城市所替代。显然，城市发展的政治、文化和商业的畸形化是城市必然衰亡的原因。而所要总结的是现代城市文化如何创造可持续性、是否能代表城市全员的文化复兴至关重要。否则，城市文化只是城市中少数人的文化，城市的生活服务体系只是为少数人服务，其城市文化的生命周期、城市文明的生命周期肯定是短暂的，这也是“恶的城市文化生态循环”。

把资本主义作为一特定空间意义加以认识，可以得出单一的结论，事实上，不同社会制度下的社会空间存在方式是不同的①，即空间作为资本形态并加以契约关系，这是资本主义空间关系的质性，即“空间即资本”。爱德华·索亚（Edward Soja）则认为：“空间性概念是空间与社会互为辩证的空间。”“（1）空间性乃是一种具体可辨认的社会产物，是‘第二自然’的一部分，它社会化且转化了物理与心灵空间。”实际上，有些空间不是“第二自然”的一部分，是归属于自然的即第一自然资源的一部分。“（2）空间性作为一种社会产物，它同时是社会行动与关系的中介与结果、前提与具现。（3）社会生活的时空结构之历程，界定了社会行动与关系（包括阶级关系）如何被物质地建构起来与具体化。”在工业化以后的新兴工业阶段，当某种空间作为家庭和个人的普遍资产时，即房地产住宅成为阶层划分的符号和标准时，也证实了索亚的观点：不同的地位被空间价值分划出来，出现了“住宅阶级”，个体所占有的空间和空间价值决定了社会价值。“（4）这个建构与具体化的过程，充满了矛盾与斗争。（5）矛盾主要是源自空间的双重性质，即它同时是社会

① 王志弘.流动、空间与社会［M］.台北：田园城市文化事业有限公司，1998：5.

活动的结果／具现／产物，以及中介／前提／生产者。（6）因此，具体的空间——真实的人文地理形势——乃是关于社会生产与再生产之斗争的竞逐场域，是意图维持和强化，或是重构和剧烈转变现有之空间性的社会实践的竞争场域。（7）社会生活的时间性，从日常活动的例行事件到长期的历史之创造，都植根于空间的态势（contingency），就好像社会生活的空间植根于时间／历史的势态里一样。”[①]但有一点要特别指出的是，空间利用、占有和表现形式，可以视为社会竞争的动力本原，如果脱离历史阶段、民族文化、宗教主张和地域价值取向来谈论城市社会空间的价值意义，必然会出现某种偏见，正是因为这些外在的无形力量，往往使有些城市的文化资源不能顺利地转化成文化资本，这是一个国家、民族和城市作为文化选择主体的选择能力的证明。或者说，一个优秀的民族在创造城市的“城市文化资本”时，应该是穿越历史时空的文化建构，这种民族文化择优能力在世界上是有差异的，此不赘言，在探究“城市文化资本”的时候，就是要寻找到这一要素的“人类共性”，并把人类共性的价值取向作为选择的终极价值取向。一个具有人类共同记忆的城市空间所表现出来的“城市文化资本”价值，无论是其空间的存在还是空间的表现，一定是在深层次上赋予人性、人本性、原生态性和人类共同的记忆属性。这样才能够创造具有强烈的社会意义和时代意义的“城市文化资本”，才能够让“城市文化资本”为现代社会的政治、经济、文化和科学技术发展服务，才能够成为大众共同忠诚的“消费品”。

可以设定这样一个场景：一个年逾古稀的老人，回到了童年时代的居所，孩提时代在这个空间里创造的梦想，或许已经实现，或许已经成为泡影……往昔的亲情和情感或许都会在这样一个空间里呈现，必然是会感慨万分，唏嘘不已。曾居住于此和不曾居住于此空间的人，感受是截然不同的。哈维也有同样的感知，他给出几个反问：“‘存在’，充满着无法追忆的空间记忆。这就是集体记忆的基础吗？是所有那些影响到我们对于乡村与城市、地区、环境与地方、邻里与社区的意象的、受到场所限制的怀旧的显现吗？被追忆的时间始终都是不流动的……空间意象（尤其是照片的形迹）于是就对历史表明了一种重要力量。”[②]这就是空间的时间感、怀旧感，是历史和社会存在的文化意义。不同的人生，都有特定空间文化的特定感觉，在与自己有关联的文化空间面前——这个空间所带给他的空间意义是极其特殊的，这个空间对于某个人就是人生截面，或许是痛苦，或许是幸福，又或许是悔恨……虽然这个空间已经是一个变化的空间，已经不是彼时空间，有了时间的刻

---

① 王志弘. 流动、空间与社会［M］. 台北：田园城市文化事业有限公司，1998：7.

② ［美］戴维·哈维. 后现代的状况：对文化变迁之缘起的探究［M］. 阎嘉，译. 北京：商务印书馆，2003：274.

文所凝聚的历史感和符号意义，已经超出了空间本身的意义和社会价值。再如，一个名人的故居，当人们把这个空间作为一种纪念空间的时候，这个空间就有了某个时刻文化存在而成为集体记忆的切面，在相异的文化群体面前，这个空间的政治意义大于实体意义，而对另一种文化范畴来说，可能就是一个异类文化符号。还如，当一个人花掉了一生积累的血汗钱购买了一个属于自己的使用空间时，对这种空间的感受可能会超越货币价值而成为一个自己理解的文化符号，往往成为人们的“乡愁”或者“城愁”或者更深层次的感觉，这时的“时间尺度”已经无法用金钱来衡量了[①]。哈维认为“金钱可以用来控制时间（我们自己的或者是别人的时间）和空间。反过来，控制时间和空间可以反过来变为对金钱的控制。”对这一观点的结论可以有不同的理解，但是在中国文化传统的语境来讲：“金钱买不来时间”，这就是不同文化人群的“异质性”的表达，人们对空间与时间的文化感知如果是人们能够共同珍惜的空间，这个空间本身就是所有城市人的财富；相反，这个空间对于某些人来说就是一种负担，因不同文明之间对于空间文化认同的差异而出现的各种事件，可谓屡见不鲜。

城市形象也可以作为一种有空间范畴的表现形式，这种空间既具有边界性，又具有无限的想象性，还具有具体的指向性，要在世界范围的城市海洋里，创造一种文化身份。因此，城市形象所具有的文化空间体系，不是单纯地构建一种表象，而是构建一种城市的主张，是城市的整体哲学价值理念。客观事物存在于主观之外，就必然会产生一种认识关系和实际存在的最大价值，社会创造并生产了某种空间关系，但不一定能创造城市空间的最大价值。一定的空间关系产生一定的社会关系，或者说不同的空间关系会产生不同的群体，相反，不同的群体会创造不同的空间关系，这也是空间属于任何学科研究对象的原因之一。在这个意义上提出的城市空间价值的城市哲学主张，就是使城市内外不同群体对城市文化产生某种共同意义上的主观“读解”，对城市文化形象和存在意义的“读解能力”不同，所表示的“空间语言”也不同，所产生的社会意义必然也不同。哈维与卡斯特对社会空间的解读是有差异的，虽然，很多人并不赞同哈维的观点，分歧主要在于哈维把空间的政治性扩大化，对空间的理解更具有“传统资本性”的价值观，与现代的资本家也是劳动者的现实有些格格不入，对现代空间里的生产的人正“却阶层化”视而不见或者是忽略了。而我们强调的“城市文化资本”再生产价值，是在人的平等、空间公正与正义前提下的再生产过程，正因为如此，才是公共财富意义上的“城市文化资本”。

---

① ［美］戴维·哈维. 后现代的状况：对文化变迁之缘起的探究［M］. 阎嘉，译. 北京：商务印书馆，2003：282.

罗马的城市文明变迁承继了古希腊文明的一般特征，社会结构变迁也似曾相识地出现了部落“原始民主文化”与古希腊文明相对先进的生产技术、政治体制相结合，产生了新的社会结构——罗马上演了奴隶主贵族的民主和奴隶主贵族的平等以及相关文化的种种创新，如那时的城市就有了“城市市政厅”“城市议会”“城市广场”“城市法庭”“城市公共剧场”“城市图书馆”以及新的市场经济关系等，而且成为这个时代的城市文化特征之一。关键是，绝对权力必然产生绝对的腐败。通过进一步研究、分析和归纳以往学者的研究，得到的结论是：古罗马权力者的过度奢侈、宗教对国家的过度控制、国家皇权的过度极化、贵族生活方式的过度侈靡、阶级对立的日益深化及奴隶主贵族对劳动的鄙视（恩格斯观点）……使城市出现衰落后犹如多米诺骨牌一样逐渐导致了国家的消亡。此后至中世纪，西方文化曾长时间沉默，并形成了所谓的“中世纪初期的黑暗”。即使有这样的发展过程，古典时代的奴隶庄园经济还是表现出那个时代的意义与价值——创造了独立于城市以外的经济与社会体系，并出现了奴隶主向庄园主的转化、奴隶向农奴转化的社会变革，从而成为中世纪城市文艺复兴发生的前提。

当西方中世纪城市再度兴起，城市文艺复兴成为这个时代旗帜的时候，我们看到，中世纪城市的兴起区位大多数在交通要道、军事要塞、教堂附近、封建采邑内、河流渡口边等，商业贸易带来的城市、城镇的兴起，是广泛的，而且具有普遍性。马克思曾描述欧洲中世纪的城市：在城市里主要居住的是僧侣、商人、手工业者和城市管理者。而乡村的庄园里居住的则是贵族和权力者。让我们更为关注的是，城市商业的发展使城市作为经济体，成为社会经济发展的动力；城市联盟与城市商业同盟为城市商业设定了“保护伞”；城市中的行会为城市法人的发生创造了土壤。另外，正如马克思所说，欧洲中世纪的城市不是“从历史中现成地继承下来的”，而是由庄园里逃亡出来的农奴建造的[①]。城市里有商业贸易、手工业作坊等，庄园里同样也有商业贸易、纺织作坊、食品作坊等，而欧洲中世纪社会的整体发展表现出了“两个核心力”，或者说是“两个动力源”，指的就是城市和庄园，即城市手工业商业贸易的经济核心与乡村庄园手工业和商业的经济核心——两个“经济核心体”，形成了所谓的“双动力机制”，亦如《共产党宣言》中所讲：“从中世纪的农奴中间产生初期的城市自由居民；从这个市民等级中间发展出最初的资产阶级分子。”[②]而这一层面的核心

---

① ［德］马克思，恩格斯. 马克思恩格斯全集：第3卷［M］. 中共中央马克思恩格斯列宁斯大林著作编译局，译. 北京：人民出版社，1974：57.

② ［德］马克思，恩格斯. 马克思恩格斯全集：第3卷［M］. 中共中央马克思恩格斯列宁斯大林著作编译局，译. 北京：人民出版社，1974：467.

价值是“城市法人”的经济关系与文化，以及从原始贵族民主演化而来的市场经济关系下的民主政治。虽然这样一种制度仍然在一定程度上表现着人类的弱点和发展缺陷，但是，毕竟是经过历史证明和比较印证的一个历史过程。而我们看到中世纪的城市中有一大批科学、艺术、文学研究者，同样，在乡村的庄园里居住的贵族及后裔中也有一群这样的人，这也是后来中世纪文艺复兴的特殊原因之一。

不言而喻，城市作为人类社会的一种生活方式而存在，与人类的国家和某种社会形态的整体命运联系在一起。我们要问的是人类如何理解城市作为文化与社会生活的先锋？在从古至今汗牛充栋的著作中，人们对城市的价值褒贬不一，对城市发展模式、发展方式和发展形态及城市文化发展特色的争论也莫衷一是，甚至一些对城市没有任何研究的人，也会凭借个体的感觉给予城市某种评价和所谓的批判。因为人类居于城市，在城市中的人、城市外部的人，对城市都有自己的感觉、感悟和体验。

当我们剥开个人的或群体的城市认知和城市意象的面纱，寻找人类城市文化整体记忆的时候，我们有责任对城市文化的价值和功能进行再次说明和判断，甚至不断地解释和研究，让更多城市的历史和文化资源转化为“城市文化资本”，并通过理论、方法和科学的再创新，建构“城市文化资本”再生产的逻辑。所以，我们有必要对城市和城市文化本质进行再认识，对城市文化的发展规律深入持续地探索，推进“城市文化资本”在科技上赋能，以此来创造城市的伟大和伟大的城市文化。

雅典的规划，尽管它过于具体化，但是，它的建筑用途和空间的关系都提供了一个蓝本。城镇和城市，尤其是在新古典主义复兴的时代，在城市文化空间和建筑定位中都长期模仿它。

第二次世界大战之后，在英国制定了全面的城市规划立法后不久，城市规划的“艺术”才再一次得到了认可。当时，芒罗试图将哲学和科学的分类结合起来，并列出了一个百种“视觉和听觉艺术”实用指南（1967）。除了可以预见的艺术形式、工艺品和装饰作品外，还包括了城市和区域规划。[①]

——格雷姆·埃文斯

---

① ［英］格雷姆·埃文斯. 文化规划：一种城市复兴？［M］. 李健盛，译. 北京：北京师范大学出版社，2022：35.

第八章
城市、文化和资本拼贴——“活着与生活着”理性叠加

“城市文化资本”研究的概念厘定：首先从城市科学的本体理论和方法论上，综合城市社会学、城市文化学、城市经济学、城市金融学、马克思资本理论以及文化资本理论等加以整合研究，并直接破题，形成“资本+文化+城市”的一种文化研究范式。研究对象与研究范式要求必须利用多学科的研究方法，遵循城市科学规律和学理性，从追求真理层面加以探求。列斐伏尔说：“从孔德时代起，认为社会学应该按照自然科学来塑造的观点就已经成为这一学科的主流看法——虽然这一观点不是没有遇到过挑战，并且被以不同的方式表述过。爱弥儿·涂尔干，这位在20世纪社会学发展中最有影响力的人物，继承了孔德某些观点。”①城市科学特别是“城市文化资本”的研究，也不能脱离自然科学的方法来塑造自己，但同时，也必须用哲学社会科学的逻辑与历史的统一的方法来研究“城市文化资本”。

一、个体文化资本在城乡不同空间的文化转化及动能

相比较而言，城市与乡村就是通过集中、分散表现了这两个空间的功能与价值。笔者作为一个城市研究者，曾经从一座小城市迁居到乡村生活，再从乡村迁居到大城市生活，感受过城市与乡村之间生活方式和经济的差异。中国的城市能够在2022年与世界的发展基本同步，是一个世界奇迹，从自然经济状态走向了商品经济状态并创造了城市社会。1949年中国的城市化率是10.9%，

---

① Giddens A. Sociology: A Brief but Critical Introduction［M］.New York: Harcourt Brace Jovanovich, 1987：11.

从1950年到1978年，中国的城市化率从10%进化到了17.8%，换句话说，1978年前的中国还处在农业社会阶段，经济模式上表现出很强的自然经济的原始方式，在很多农村集市还保留以物易物的习惯，很多县城里还住着大量的农民。即使到2005年前后，深圳、扬州等城市以及像湖北蕲春这样的县城里还有“城中村”和以农业生产为主的农民，很多乡村直到20世纪70年代，甚至80和90年代一些穷乡僻壤仍然没有电灯和自来水。1970年前大量的乡村几乎过着原生态自然经济的传统乡村生活。

正如费孝通先生研究自己的家乡一样，从空间认知实践和田野研究实践的角度，笔者把经历过的城乡之间空间转换的现实作为一种场景化的研究，这一研究方法旨在避免列斐伏尔那样缺少田野经验的缺憾①，提出从实践中来的空间再生产理论和“城市文化资本”理论：

传统乡村自然经济的“文化荒凉化”——多数没有个体的文化资本。1972年，笔者就读于中国辽宁省西丰县凉泉乡（那时叫凉泉公社）凉泉中学，是一名高中二年级的学生，同时担任班长。那年夏天，班里几乎有一多半的人不来上学了，说是父母不让上学，要在农村干农活养家糊口。笔者作为班长，在老师的要求下，便一个人到凉泉乡管辖的十几个村去找同学并说服他们上学，一连十几天从这一座村庄走向另一座村庄探访同学，到同学家里说服他们和他们的家长，劝说他们继续上学读书，各座村庄相隔几十里路，饥饿、疲劳、被拒绝的无助是笔者当时的直接感受，特别是被同学的家长拒之门外时的心情，真是难以言喻。而笔者当时住在城子山脚下德贤村，一个只有30多户人家100多口人的村庄，多数人不识字……夜晚降临，近处是山林呼号，远处有野狼呼嚎，望着星空，那种对理想和生活的绝望，那种对前途和生存的迷茫，那种内心的空虚与生活的空灵，时至今日还历历在目，惴惴于心……是的，乡村的生活可以描写为静谧而恬淡，但是，那是在某些理想和欲望获得一定实现与满足后一时的空灵与独乐，在某种意义上是痛苦的前奏。时至今日笔者仍无法想象那种没有理想、看不到理想和实现不了理想的生活。当人缺少了理想，当人无法追求理想，甚至不知道理想为何物并对外部世界一无所知的时候，才是真正的绝望。城市是一种理想的生活方式，不外乎是因为城市能够给人以理想，城市能够让人看到理想，并给人以理想的阶梯、内容和表现……这些切身的感受与体验，也让笔者更深刻地认识到建构个人的文化资本、创造公共性的“城市文化资本”，在很大程度上是为了推进城市的现代化，而尽可能让所有人都能够在可以实现理想的地方生活。

---

① ［法］亨利·列斐伏尔.空间的生产［M］.刘怀玉，译.北京：商务印书馆，2021：中译本代序言.

布尔迪厄强调个人成长的前提——文化资本，华康德认为这“并非因为布尔迪厄在本质上是个‘教育’社会学家，而是因为他把学校看作在发达的民族国家中为社会等级制提供证明的极为重要的制度机制”[①]，受教育的过程本身是增加文化资本和文化再生产的前提和过程，也是整个社会能够产生“城市文化资本”的基础。

乡村比城市落后，这是我们常见的看法，但是，乡村为什么比城市落后？一百个人可有一百种说法。城市作为一种空间具有推动社会前进的能力，乡村则不能，从本质上说是因为乡村缺少文化资本，乡村里生活的人不仅因为教育缺乏而缺少个体的文化资本，还因为公共文化设施的普及程度低，而缺少公共文化资本，得不到应该有且完善的教育以及文化修养的培育。在传统的乡村里，个体很难创造“作品”且转化为文化资本，这里强调的“作品”就是列斐伏尔所说的不是到处可以复制的产品，而是创造出的“作品”。所以，我们所提倡的“城市文化资本”的意涵立意就在这里。帕森斯说：“中学是一个主要的跳板，教育程度低下的人从这里进入劳动大军，教育程度较高的人从这里进入大学，继续他们的正规教育，其中有一部分人将前进得更远。因此，对于教育程度低的学生，能力类型的分化将导致明显不同的职业类型；对于教育程度高的学生，这一分化主要导致大学里明显不同的角色。”[②]对过往生活过的场景描述，也是一种作者研究城市、城市文化和空间规划亲身体验过的田野经验，但是，当追述这一问题的场景时，已经不是个体的记忆而是一个时代集体的文化记忆。芒福德的名言在我们“城市文化资本”的研究中会经常提道：城市是靠记忆而存在的。而人也是一样，也是靠记忆而存在的，而且这种记忆是个体抽象空间存在的方式，一个人也是一种想象的空间。

笔者曾为生活过的县城、村庄和上海、南京等大城市中的无数记忆所感动，也曾为深山贫苦村民的淳朴而感动，但更多的是为曾经拥有的记忆中的原始农村生活而伤感，之所以写出这样的亲身经历，是因为这是笔者生活在原始乡村之后对城市的理解，旨在告诉所有的人，城乡两个空间的质性差异类型要素很多，关键是教育鸿沟创造了不同的个体文化资本，柯林斯这样评价布尔迪厄，他“不仅是个教育社会学家，他只不过出于策略性的考虑，将教育作为一个主要的研究领域”[③]。我们从同样的路径研究文化资本，研究的问题具有同一路径：城乡差异所形成的文化差异才是社会发展

---

① ［美］华康德.论符号权力的轨迹：对布尔迪厄《国家精英》的讨论［J］.国外社会学，1995（4）.

② ［美］塔尔科特·帕森斯.作为一种社会体系的班级：它在美国社会中的某些功能［M］//张人杰.国外教育社会学基本文选.上海：华东师范大学出版社，1989：507.

③ ［美］华康德.论符号权力的轨迹：对布尔迪厄《国家精英》的讨论［J］.国外社会学，1995（4）.

的一个根本性问题，所谓的“二元经济结构”几乎是现代社会所有问题产生的根源之一，是社会问题的滋生渊薮。

城市化的发展和“城市文化资本”的创造，其最简单的目的是创造文化现代性和人的文化价值、生活价值和生命的价值；创造生活的质量和生命的质量；创造多数人的价值，让多数人能够获得文化资本，有创造文化资本的能力，如马克思所描述的市民社会那样——有理想并能够为实现理想而“生活着”！

乡村的生活，特别是那些刚能够甚至不能够保证最低生活水平的乡村生活，其个体的价值和生命的价值如何去探求？如果还有人生存在生活底层的原始农村，这是我们当代人的失职！城市化的历史就是社会进化的历史，也是文化的进化史。意大利学者路易吉·卢卡等人认为：“文化的演进是由创新和选择之和决定的，更准确地说，是由社会所接纳的创新决定的。因此，总是存在一种统计学上的持续变化，因为所有人做出同样的选择是不太可能的。一些创新会比另外一些幸运，文化的历史也就是创新的历史。历史讲述了哪些创新被淘汰，哪些创新被幸运地接纳，以及被接纳的原因。发明或接纳一项创新的动机几乎总是相同的：人们观察到一种需求，然后想办法去满足它。发明者通常是一个特别的人，具有创造性和独立思考能力。”[①]这一论述明确文化演进是由“创新和选择之和”决定的，前提是表现为文化演进，同时又能够形成“创新和选择”的结合，显然，这种现象在传统的乡村不可能实现，乡村和城市比较，几乎没有“文化的演进”，而表现为“文化的重复”——时间与空间的重复，也正因为如此，人类才要推进整体城市化和城市现代化，城市现代化的过程创造了特色文化城市和“城市文化资本”。

研究和建构“城市文化资本”就是设想能够创造城市的永续动力，即社会的可持续发展，不是把“货币资本”的逐利性作为动力，而是把发挥人的最大价值作为动力，最终让更多的农村人成为城市人——城市生命价值和城市生活方式的创造者，成为能够在为自己创造价值的同时，也能够为他人谋福利的“市民社会经济人”。这是一种理想，也是一种理想类型，或许这也应该是人类城市的理想。城市就是人类追求理想的表征，我们试图在依靠这棵理想之树的同时，也对这棵“老树”加以修整、整饬和保护，甚至给予新的生命与力量。

城乡对立关系作为一对范畴，在此消彼长的过程中，充分表现了人类社会“二律背反”的一种表现体，既要让城市的良性功能充分发挥出来，又要能够让城市克服旧我，以正功能的价值为主体

---

① ［意］路易吉·卢卡卡瓦里·斯福尔扎. 文化的演进［M］. 石豆，译. 北京：中国社会科学出版社，2018：16.

存在于世间，并真正促进人类社会的进化，让城市生活方式普及原农业地带，让城市合理、和谐、科学地进化，让人类在建造、创造城市空间与价值的时候，推进乡村城市化过程，减少并克服其负功能，展现其正功能。

费孝通用一种自然现象来比喻社会的文化现象："丢石头形成的同心圆波的性质"，也即"以'己'为中心，像石子一般投入水中，和别人所联系成的社会关系，不像团体中的分子一般立在一个平面上的，而是像水的波纹一般，一圈圈推出去，愈推愈远，也愈推愈薄"[①]。通过以往学者的研究结论理解这种社会圈层：乡村社会的人际圈层是"同质性"的，是"熟人社会"[②]型"通体社会"[③]，是依赖血缘、地缘关系和土地为主要生产资料而重复进化的；城市社会的人际关系的"异质性"，是"陌生人社会"的"联体社会"，主要靠"业缘关系""事本性"和"货币依赖关系"来创造生活。所以费孝通先生对自己的家乡深入研究后，提出了"文化自觉"，这个"文化自觉"是针对乡村的文化停滞而言的，而我们在深入研究"城市文化资本"理论与实践应用中发现，中国的城市虽然大多数都有悠久的历史，但是，在其发展中，特别是在经济文化的演进中，不仅经济创新不够、几乎没有文化创新，反而对千年的城市文化、城市文脉、城市空间肌理产生了破坏，使得某些城市，因为没有文化特色、因为没有文化软实力、因为没有城市记忆和灵魂，而导致城市经济社会生态不能协调发展，所以我们首次明确地提出了"城市文化自觉"的概念，期盼城市能够在世界经济文化大潮中，创造中国式的城市文艺复兴。

二、封闭城市与开放城市空间的再生产价值

我们在研究社会整体人群的终极价值，特别是群体价值与群体理性所构建的一种社会关系时，

---

① 费孝通.乡土中国[M].北京：生活·读书·新知三联书店，1985：25.

② "熟人社会"是费孝通在《乡土中国生育制度》中提出的概念，主要指基于血缘和地缘而形成的地域型生活生产共同体，该共同体具有明确且清晰的地理边界和生活边界。参见：费孝通.乡土中国生育制度[M].北京：北京大学出版社，1998：6-11.

③ "通体社会"（gemeinschaft society）和"联组社会"（gesellschaft society）是由滕尼斯（Ferdinand Tönnies）提出，他认为"通体社会"是指通体相关的、比较小单位的、联系密切的社区。这种社会是以意志之协同为基础的，并且是建立于其中分子的和谐关系之上的，同时又是依社习、基德和宗教而发展并得到尊荣。参见：Klaus H. Fischer. Der begriff der gemeinschaft im denken von Karl Marx[J]. History of European Ideas，1994：401-406.

能够感受到在世界范围内如何形成群体的生存力量。无论城市社会存在何种问题，人类社会总是希望以大多数人的愿望共同来推动城市社会的发展。但在深入研究中我们发现，这也是一种回归，在研究城市本身价值的同时，又在研究和思考个体的生命价值，推及城市与乡村的群体价值。对于以往的研究，我们必须扪心自问：我们建构了什么？在这里还是用萨特的语言来表述，“同样的看法可应用于任意一个反思的事实，我读，我做梦，我感知，我行动。或者，这些看法导致我们对反思的明确无疑的明晰性：那么我对我的原始认知或然崩溃，我的存在本身只是一种或然性，因为我在瞬间中的存在不是一个存在；或者，应该把反思的种种权力向人的整体扩展，就是说，向过去、将来、在场、对象扩展。然而，如果我们的看法正确，反思，就是要把自己作为不断未完成的整体来把握的自为。”[①]我们的研究是一个过程，或曰仅仅是一个中间过程，仅仅是给后来者创造一个阶梯，尽管如此，我们的研究应该创造自己的研究模式，在认识城市本身价值的同时，能够让更多的人从不同层面来理解和认识城市，在城市的研究中认识个体、群体及居住其中的城市人的生命价值。

人的生命是短暂的，城市空间中的实体空间和抽象空间镌刻着时光和历史的符号，定格在时空的一个历史切面上，历史会在时空中凝固而成为人类的记忆，城市是人类生命与文化延续的载体，创造人类延续生命的文化价值与结晶，是“城市文化资本”的价值所在。城市作为人类生命的精彩舞台，马克思说是市民社会的文化舞台，作为超越个体生命时空的人类进化模式，是文化的演进，“文化作为可传承的知识的总和，人类与动物最大的不同在于，人类拥有语言，它使个体间能够相互交流。”[②]人类的语言有千万种，其中有些是“专业术语”，在“文明”这个用语上，与“城市”语言相连接，有了城市就有了文明，“文明”的另类表述就是城市，这是马克思主义的基本观点。城市是人类“文明”的发祥地[③]，“用生命赞美城市”[④]的理念，事实上是在说：“人类以无数生命力量创造了城市伟大的历程，城市带给人类文明与进步，也正是人民在用生命创造、讴歌城市，而活着的人应该继续用生命创造、创新和赞美城市！”历史真实的写照也是如此，无论是城市中因有英雄市民的历史而伟大，还是城市中那些可歌可泣的日常故事，或是那些让人永远不能忘却

---

① ［法］萨特. 存在与虚无［M］. 陈宣良，译. 北京：生活·读书·新知三联书店，1987：217，219.

② ［意］路易吉·卢卡·卡瓦里·斯福尔扎. 文化的演进［M］. 石豆，译. 北京：中国社会科学出版社，2018：22.

③ ［德］马克思，恩格斯. 马克思恩格斯全集：第21卷［M］. 中共中央马克思恩格斯列宁斯大林著作编译局，译. 北京：人民出版社，1965：169，175.

④ “用生命赞美城市”是笔者的座右铭，也是笔者规划设计团队的理念和口号。

的战争狼烟、烽火燃烧的断壁残垣……城市在人类历史上，不仅作为市民社会的舞台，而且也是英雄的舞台，每个时代的变革都是从城市开始的。

在对中国城市和“城市文化资本”的研究中，探索中国城市发展的历程、规律和中国式城市文化的创造以及地域特色文化城市的形成，最终如何演绎为“城市的文化资本”，是我们有别于他人的探索的重要内容和新的路径。从中国城市文化发生的原生形态到城市文化的次生形态，我们看到的是古代中国城市的空间与价值表现一直是以皇权为中心，其对称式的棋盘形城市格局，成为中国城市元素的文化符号主要代表之一，而中国式的这一城市空间结构——“天人合一”的思想，已成为世界城市百花园中的一朵奇葩，具有典型的中国人的文化理念、思想和独一无二的存在价值，具有鲜明的民族性并具有世界性的影响，当代西方现代城市空间结构的演化正在实践着中国“天人合一”的思想。

任何事物总是存在着两个方面的价值，在中国传统社会里，集权式的皇权意识的空间结构是和当时的社会阶级结构关系、自然条件相适应的，就如古希腊和罗马的城市空间结构与当时可以取用的自然材料及城市城邦各自独立的、多元化的哲学和文化艺术相适应一样，中国传统城市空间因起源于军事和政治功能，创造了封闭型的城市空间结构。从整个国家来看，古代的中国是一个由城墙包围的国家：其一，有巨型城墙、万里长城护卫国家；其二，城市有外城郭；其三，外城郭内有主城城墙；其四，主城城墙内有内城的城墙；其五，内城城墙内有皇宫的高墙；其六，主城内街区有里坊墙到里坊围墙；其七，有从里坊的围墙到四合院落的围墙；其八，从院落围墙往里看去还有一个照壁……一层一层封闭式的城市空间格局，使得中国城市开放程度成为中国近代化和现代化的衡量尺度。“近代社会的中国城市，无论是土筑的城墙，还是被认为十分坚固的砖砌城墙，都不可能抵挡住西方列强的大炮，大炮成了城墙的克星。因此，从保护的意义上说，城墙已经失去原来意义上的功能和作用，从而在资本主义经济和当时科技发展、武器更新的背景下，中国封建城市的一个重要标志——城墙失去了往日的威严和光彩，也标志着一个时代的逝去。而火炮对城市的保护设施城墙的否定，在西方中世纪的城市发展中也曾出现过。西方中世纪晚期城市的发达，市民阶级开始兴起，科学也大大地复兴了；天文学、机械学、解剖学和生理学的研究又重新进行起来。”[①]新兴的资产阶级为了发展工业生产而需要科学。然而在中世纪里“科学只是教会的恭顺的婢女，它不得超

---

① 张鸿雁. 中国古代城墙文化特质论——中国古代城市结构的文化研究视角[J]. 南方文物，1995（04）：11-16.

越宗教信仰所规定的界线”[①]。从城市的发展趋势来说，“资产阶级反对封建贵族的斗争是城市反对乡村、工业反对土地占有、货币经济反对自然经济的斗争”[②]。自从火药在我国唐朝发明，13世纪传入阿拉伯，14世纪初由阿拉伯人传入欧洲，城市市民最先掌握了火药和火器，“火器一开始就是城市和以城市为依靠的新兴君主政体反对封建贵族的武器。以前一直攻不破的贵族城堡的石墙抵不住市民的大炮；市民的枪弹射穿了骑士的盔甲。贵族的统治跟身披铠甲的贵族骑兵同归于尽了。”城墙作用的消失，也是中国城市经济迈入近代社会的第一步。中国近代城墙功能的消失，其原因大体与西方相似，只是时间界标不同而已。

但是，由于中国自古以来以农业立国的经济发展，城市总是在汪洋大海般的农业经济的空间生存着。1840年之后的100年应该说是中国传统封建社会城市空间和社会关系遭到毁灭性打击的100年；同时，在20世纪初叶，也是中国传统城市社会空间结构、社会结构“社会转向”的开始，在汲取了西方的城市管理和城市规划理论后，中国的一部分沿海、沿江和口岸城市开始走向近现代的“乡村城市化”过程，如上海、天津、广州、南京、厦门、福州、宁波、大连、青岛、无锡、武汉等，在接受外来文化的同时，也在创造具有某种民族特色风格的城市空间和城市管理模式，逐步向近现代城市社会转型。

近代中国的历史既是积贫积弱的历史，也是民族解放可歌可泣的历史。战火连年，军阀混战，天灾不断，人祸不已……可谓是1840年之后100多年的历史写照。1949年后，中国的城市发展出现了一个新的历史变迁，但是1949—1978年近30年间，因为原来的工业基础比较落后，城市化水平仍以非常缓慢的方式发展着，到1978年时也只有17.8%的中国城市化率，当时的中国仍处在一个典型的传统农业社会状态。1978年以后，中国改革开放，城市化开始走向正轨。特别是20世纪90年代以来，中国的城市出现了空前的发展，2000年中国城市化率达到30%，并成为全球城市化增长最快的地区。2009年的中国城市化水平已经接近50%，创造了人类城市化的奇迹，国家公布的城市人口数达到6亿多。2010年的城市人口开始超过农业人口，中国进入城市社会发展阶段，可以说即使只有50%的城市人口，中国也是世界上城市人口最多的国家，虽然其城市化质量还相对较低，但其城市人口绝对数值在当时世界范围已经占居首位，这给经济的腾飞奠定了驶向快车道的前提。这正说明了中

---

① ［德］马克思，恩格斯. 马克思恩格斯全集：第22卷［M］. 中共中央马克思恩格斯列宁斯大林著作编译局，译. 北京：人民出版社，1965：348.

② ［德］马克思，恩格斯. 马克思恩格斯全集：第20卷［M］. 中共中央马克思恩格斯列宁斯大林著作编译局，译. 北京：人民出版社，1971：298.

国的城市化走向：一个全新的市民社会正向中国走来！

三、“城市文化资本”再生产的终极价值在于城市文明普及率100%

在中国现有的政治体制前提下，仍然保留了传统城市的功能，即城市作为国家政治管理治点和节点的功能仍居首位。城市是国家机构政体结构体系的一部分，在城市化的发展中“制度型投入城市化”是中国城市化发展的主要动力源，即城市的发展规模是由政府制定的，城市建设投资的主体是政府；城市规划是政府主导、管理制定的，城市建设投资的主体也是政府管理和控制的，这样的城市化使得中国的城市建设与城市政府的政绩效应联结在一起。不可避免的是有些城市急功近利的开发建设，造成了与城市化相关的一系列经济与社会问题，加之，中国城市化的发展来势凶猛，一些城市管理者、规划者、设计者和相关的专家缺乏城市规划历史经验，并不十分了解全球相关城市规划等经验，即使到20世纪90年代，也没有哪座城市经历过40年以上的城市规划验证期，多数是照搬硬套西方城市规划理论方法而制定的，缺乏长远的城市建设规划和成功的城乡规划经验总结，一些城市甚至出现了典型的“建设性破坏”，更有西方学者说：很多城市的问题是规划出来的！就现实来看，导致的结果是使有的城市记忆丧失、城市生态失控、工业化过度发展、历史文化受到破坏等等。

高速发展的城市化使得大量农业人口进城，由此出现的过度城市化引发了一系列的社会矛盾与社会问题，如城市犯罪问题、城市住房问题、城市就业问题、城市贫富分化问题、城市突发事件问题、城市老年人问题、城市交通拥挤问题、城市环境污染问题以及城市家庭伦理问题等，城市出现了“合法化危机”与“合理性危机”①。从城市社会学的角度看，其相关问题的核心是，1980年以来的城市发展阶段，忽略了城市可持续战略的政策制定和管理规范，在规划管理上也缺乏思考。城市与乡村社会保障等民生问题、城乡差距问题等没有及时地关注和解决，即在社会城乡二元结构解决方式上有很大的知识缺口，大多数人理解的农村，还是原本以传统农业为主的农村，在很多人眼里不应该像城市——这其实是一个很大的误区，也影响了中国乡村城市化的进程。通过这些年的长期研究和世界城市化的经验，我们长期呼吁：城市化也好，乡村城市化也好，其过程就是普及城市文

---

① 张鸿雁. 中国城市化进程中的“合理性危机”论［J］. 城市问题，2009（03）：2-8.

明，普及城市生活方式，让更多的人享受城市文明，享受城市生活方式，消灭城乡差异的方法和途径就是城市生活方式的普及。

当然，我提倡应该学习德国的经验：“城乡等值化”，这也是现代化过程所体现的“现代性”目的和文化价值取向，增加社会福利和福祉的投入，创造充分就业。城乡应该有同样的机会和平等的空间发展，城乡要构建公平、正义的个人文化资本学习、传承和创造空间，但是，直到2024年，城乡收入在总体提升的基础上，城乡的差距还在被拉大[①]。城市化人口仍然处在一个高速流动期，乡村人口向城市流动还是主流，特别是中国在“十三五”“十四五”政府规划中提出了城市圈、城市群、城市带的国家发展战略，如长江三角洲城市群、京津唐城市群、珠江三角洲城市群、长江经济带新发展空间，一些三、四线城市以及一些乡镇、村庄因此而出现了某些衰败的迹象，县域城市（镇）体系发展极不均衡，城市虹吸力量仍然强大，百强县的发展有很光明的一面，但是，距离大城市较远的县域城镇发展面临新的挑战，好在2022年，国家又出台了《关于推进以县城为重要载体的城镇化的意见》，以扭转一些县域经济和县域城市发展比较慢的问题。

没有很好的城市与县域发展主张，就不可能有很好的自然生态环境，如果在生态空间没有一种文化建构，即在观念与实际意义上的产权文化的建构，多数人不会把生态文化看成自己的事情。虽然近年来国家对土地和环境的污染问题提出了新的政策和主张，但是如果不经过人和人本主义思想的“城市文化资本”再生产，单纯的生态空间是不能自主转化为物质财富、文化财富和精神财富的。如果农村社会的保障问题不能像城市那样从根本上加以解决，乡村的城市化进程还会出现滞后因素，就是人口城市化中的社会稳定系统建构不充分，就会加深城市化伴随的社会问题的持续发生。在“城乡等值化”的意义上，除了空间需求的空间正义与公平外，“城市文化资本”的力量还包括城市和乡村可持续发展的法律与政策性的建设，包括城市社会环境与社会保障的治理能力，还包括城市市民文化所创造的文化资本所展现的文化软实力的能级提升，让农民也能够传承家族的文化资本，享受城乡融合带来的教育的平等化发展和所形成的文化资本。在布尔迪厄的文化资本系列学术成果中，可以看到布尔迪厄认为城乡之间存在的“文化落差”，本质上就是农村存在天然的“文化资本”不足，教育资源和文化资源的长期匮乏，城乡差异不仅存在于经济生活方面，而且在文化科技教育环境方面的差异更大，在传统的乡村几乎无法欣赏到高雅的学术、艺术和文化活动，尤其是音乐会、博览会几乎没有，参观博物馆、图书馆和参与大型文化活动等方面的机会更少，而

① 笔者2022年主持的一个研究课题《南京市江宁区“十四五”城乡居民收入平衡发展规划》。

在布尔迪厄看来“对于我们前辈所积累和遗留下来的文化财富的继承权，实际只属于那些掌握着获得财富方式的人们”[①]。这个“掌握着获得财富方式的人们”意涵很明确，首先，所谓有文化资本的人就是有文化与知识的人；其次，是指能够把一般知识转化为文化资本的人；最后，必然不仅仅是理论知识，而是在一定程度上掌握创造财富本领的人，而这一切的一切都和前辈所积累和遗留下来的“文化财富的继承权”有关。这里特别强调“前辈所积累”的文化财富，而不是一般人所认为的“万贯家财”的继承，这就是我们在研究文化资本时，始终强调的家族的文化传承、日常生活中“习得的家学文化和修养”以及家庭教养中所形成的、学校培养达不到的个人文化素养和气质等。

中国城市化特有的发展战略和战术上缺乏本土化理论体系的创造与建构，使城市建设的可持续发展仍然面临着很多未知领域，其中就包括城乡间的经济差异、文化差异和生活质量的差异；与此同时，城市发展本质更缺乏特色文化城市、城市文化软实力和“城市文化资本”等新领域、新知识和新供给等问题。进一步归纳，可以提出这样的观点：当代中国的城市化和城市现代化，缺乏具有中国本土化特质的城市建设的理论、法律、规范和政策，这是必须弥补的国家在整体意义上的发展战略与战术的不足，而本土化城市形态、城市制度、城市空间管控体系等设计，城市建筑风貌、城市街区结构设计和城市形象方面的规划设计等，需要全新的理论思维、全新的理论方法、全新的发展模式和全新的未来战略。其中，在打造“城市文化资本”体系的同时，要注重乡村文化资本的文化建设，这一点常常被忽视，长此以往，城市化会永远存在滞后力，而城市化进程会表现为文化进化的“失常”，即马克思所说的“乡村落后文化对城市的渗透”，这一代人所建造的城市能够留给子子孙孙的可能更多的是千古遗憾！

---

① 历以贤. 文化再制与社会再制［M］//布尔迪厄. 西方教育社会学文集. 台北：五南图书出版社，1992：42.

明道篇

Enlighten the Truth

艺术作品不是看作一种尽人皆有的活动的产品，而是看作完全是资禀特异的心灵的创作。这种心灵只消听任它的特殊天赋力量的特质，不但完全无须服从普遍规律，无须让有意识的思考渗入它的本能的创作过程，而且还应该防备这些，因为这种意识对它的创作只能发生污染和歪曲的作用。[①]

——黑格尔

---

① ［德］黑格尔. 美学：第一卷［M］. 朱光潜，译. 北京：商务印书馆，1997：34.

第九章
城市创新文化空间的文化样态与特点

无论什么样的生产和再生产都必须以空间的存在为前提，“城市文化资本”再生产的理论与实践告诉我们，这一理论认知不同于其他生产类型的再生产方式，其区别之一就是，“城市文化资本”在其内涵中具有文化、思想与创意层面的生产，先在某种虚拟空间或实体空间中进行文化思想和具体产品的再生产，然后转化为实体空间产品——作品+商品的生产和再生产；也就是说，在全球网络智能化时代，这种抽象空间的再生产是一种新型的社会动力，是“城市文化资本”再生产区别于或者价值高于其他行业和产业的本质所在，所以，我们说这种资源是可以创意、创造的，是可能通过创新整合、融合出来的资产，具有创造的无限性。如果从另一个角度来理解，也是本书一贯的思想，就是在不破坏自然环境的条件下，创造城市可持续发展的“文化动力因”。

一、传统功能城市与空间再生产前提下的城市价值

无论把空间的特性进行学理性表达，还是把空间和人的生存与发展方式联系在一起，我们需要从城市和城市社会学及城市规划学的视角理解城市空间的存在方式，从更深的层面上理解城市作为一种空间形态的演化规律和功能。中国城市从原始社会走来，城市从原生形态到次生形态，始终是一个增长型的过程，也是空间演变方式复杂化、结构复杂化和要素类型层次复杂化的过程……但是，也有的城市衰亡了，城市衰亡的原因既有共性的也有个性的，都是可以探寻和说明的。无论怎样，一座伟大的城市之所以表现为一种强劲的生命力增长，从城市与生俱来的功能可见一斑，原因可以归结为一句话：有创新土壤且不断创新。因此，认识城市区别于乡村的这些城市特有的内在功能，就是认识、探索城市的本质……从而把握城市的发展规律。

所有的城市自身都积累了不同层次的“城市文化资本”资源型要素，不同城市存在不同程度的文化自觉，关键是提升对资源型要素和城市文化自觉的不断挖掘、不断启蒙的再生产方式与能力，使城市之间产生发展程度的差别。城市构成了一个社会有机体的竞争发展环境——比如压力选择、竞争机制、互动机制、科层体系等，这些要素构成了城市竞争的优胜劣汰机制。马克思曾把这种城市社会环境喻为“一切人反对一切人的战争”——社会环境、组织、家庭，及个人成长的压力等迫使甚至“逼迫”每一个组织和个人要想发展、成长下去而不被淘汰，就必须顺从城市理性的规范和范式，按照城市无形的和有形的压力选择机制、体系生存，个体必须自我学习和向外学习、模仿先进的技能。不同组织都必须向先进学习——城市中所有的人都在城市社会压力体系下的自我学习中、模仿中、拷贝中、创新中互动起来，加之精英汇集所形成的时尚性、先锋性的引导和倡响，在永恒的淘汰与被淘汰的竞争压力选择中，出现一批又一批的先行者，出现一个又一个创新的经验类型。在各种类型的互动中，比如会议、论坛、新闻发布以及经验介绍等，优秀的城市文化形成区别于乡村的创新文化、组织创新功能，使城市具有创新的“场域文化”环境。除了我们认识到的人口集中、财富集中外，关键是由竞争机制形成的各种文化互动关系：创新学习、创新复制、创新传播、创新应用、创新改进和创新发展等等，只是不同时代这一功能的表现方式和程度不同而已。在质性的社会变迁中，两千年前的城市中，如春秋战国时代职业分层是“四民分业”[①]——士（知识分子）、农（小农经济）、工（手工业者）、商（行商坐贾），职业类型、行业种类较为单一，而现代城市新的行业、新的工作方式和新的行业种类已经不能与过去同日而语，这其中就是城市本身的文化传承、文化教育、文化互动和文化竞争等要素构成的城市文明生活与工作方式。更重要的是新的生产关系、新的城市生产形态、新的企业制度、新的法理学说、新的工作方式以及新的科技产业类型都是率先产生在城市里的，这才是城市成为社会发展动力的原因和理由。当然，不是所有的城市都具有肥沃的创新土壤，城市中的“公司数量和规模并不是经济增长的唯一驱动力，事实上，经济增长总是发生在‘包容性强、多元化以及对创意持开放态度’的地区，因为这些地区正是各类创意人士所向往的”——当然，创意阶层也是城市的衍生群体，是城市的创新土壤培育了创意阶层的崛起。由此可以得出这样的结论：文化宽容度高、异质性文化充分、文化多元化是城市文艺复兴的前提，因为这样的城市最吸引人才，特别是文化创意人才。

城市具有弹性与适应性结合的开放性空间结构与功能，在不同的民族和国家的政策及文化影响下，表现的开放程度和开放的世界性不同。开放性的空间结构、经济结构、社会结构以及思想观念

---

① 管子[M].[唐]房玄龄，注；[明]刘绩，补注；刘晓艺，校点.上海：上海古籍出版社，2015：8.

是城市区别于乡村的本质特点之一，正因为有其开放性，所以产业必然有强烈的结构适应性，这里的适应性是指城市结构空间和生活空间适应于所有人，只要有自我发展的内在能力，城市就会接纳你，而这种适应是在竞争中产生的，当然，这种适应性是为那种有准备的、有能力为他人和社会服务的人提供相适用的空间。那么，城市的开放性从哪里来呢？这里的基本原理是一种互为前提的关系：即城市人的生活与生产体系的存在，必须在个体和群体的需求关系——交换关系的基础上形成，城市适用的不是自然经济，每个人不能自己生产为自己用，只能在为他人服务的过程中，创造“需求性交换”，在发展的城市里不可能实现简单的自给自足的自然经济和小农生活方式，必须与外界发生联系，并创造出特有的经济和文化产品输出，亦如古希腊文明、海岛的城邦文明，主要的生活资料和生产资料必须通过交换才能获取，开放、贸易是城市生存的前提。正因为城市人只有通过交换才能维持生活，如果想寻求高质量的生活品质和他乡所谓的珍奇异物，只能通过更开放的社会体系来满足个体或群体需求，从而形成城墙里、城市里的生活方式，而当所有的人都需要通过自己的一技之长维持生存时，城市就会从需要的角度创造更复杂的社会分工和“外来者适应的工作”，只要你有城市里人需要的生存技能，你就可以从农村来城市里生活，而且这个适应性对城市来说是一种无限可能。

城市具有“文化容器”与“财富容器”的双重积累功能，城市代表社会发展的先进力量，充分表现了文化积累性选择和替代性选择的优化功能——因为，城市是市民社会的舞台，这是马克思的一贯思想。我们以往认识的财富主要包括土地、货币、土地之上的建筑及土地之上的生产资料及空间里的生产者，这些都可以归类为人类文化行为的物化产品和财富，但是，往往被人们忽视的是思想文化财富，而从这一点来讲更具有现实与历史价值，比如古罗马的城市衰亡了，但是古希腊罗马流传下来的思想、文化和科学财富更具有价值，特别是古希腊罗马流传下来的人文精神转化为“法律面前人人平等”理念等，成为中世纪文艺复兴的政治主张和社会发展动力，并促进了西方新教伦理的改革，实现了西方社会近代工业化向现代化及后现代社会的转型。可以这样认识城市的人文价值：一是城市作为人口集聚的空间，人是城市的第一财富，围绕人所创造的财富——一是文化思想精华，代表人类整体进步的思想，一直是人类理想的曙光而照耀人类前行；二是城市是人类创造的契约精神所表现的理想社会，即货币符号价值的等价交换的社会意义，当交换的主体确定交换关系时，其平等的意涵就在其中[①]；三是城市所表现物化的空间——私人建筑、公共建筑和人文与自然生

---

① ［德］马克思，恩格斯．马克思恩格斯全集：第21卷［M］．中共中央马克思恩格斯列宁斯大林著作编译局，译．北京：人民出版社，1965：9.

态空间可以有更多的“作品”转化为个人文化资本和公共的“城市文化资本”；四是城市是优秀人才和劳动者集中的地方，他们所创造的科学知识、专业技术、专利知识财富在城市中保存下来；五是城市的财富价值的规模性、历史性、民族性和人文价值性是乡村无法比拟的，更重要的是，人类的财富正在通过城市存在和发展的方式加速积累着，近百年来城市创造的财富是以往历史的总和，虽然这只是一种量的描述，但在现实生活中，也是非常清楚而明确的。说城市是文化容器，不如说城市是创造文化、保存文化和传承文化的容器。当然，城市作为文化容器最大意义在于人的集聚与社会分工，人作为文化的一种符号，集聚本身就造就了文化容器的意义，但关键是，城市作为文化容器的本性使然就是大学等教育机构，具有培养人、教育人的功能，更重要的是具有人类社会的专有职能——价值传递——知识文化的代际传递、传承、传播、创造功能，它在规模上、广度上、深度上和创新自觉上，是乡村所不能相提并论的。另外，城市有各种各样的文学美术艺术机构，有各种各样的商品及文化生产机构，最具有典型意义的是，有各种各样的博物馆的存在与发展，虽然经历了自然灾害和战争破坏，很多人类有价值的文化被遗失了，但是至少人类主体文化通过城市的存在而被保留下来。另外一个层面是，城市对于民族和国家的文化具有选择和引导功能，每座城市都有自己的发展定位，中国几乎所有的城市在城市形象表达上都具有引导性，而且，城市的定位往往是城市精英文化群体引领的结果，比如上海曾定位为中国的“时尚之都”、成都定位为“休闲之都”……这意味着城市对于民族性、地域性和历史性文化具有选择性，对于城市来说，不同城市精英群体的文化选择往往是中国文化的积累性选择和替代性选择博弈的舞台。

二、世俗化文化与理性文化VS镜像化与景观社会的融合化

世俗化文化与理性文化分层的博弈——大众文化与社会精英文化矛盾、冲突建构起来的“文化场域”转化成为推动社会发展的“文化动力因”。伴随城市化的演进，特别是伴随城市社会分工的演化，在城市有限空间和某些有效资源匮乏情况下生活的人群——城市社会中的人们，其社会生活和生产中需要的任何用品，都必须要通过货币关系的交换获取，货币成为“社会关系的符号”和媒介，在这个意义上，西方传统城市中的宗教生活作为主导的方式发生了转换，人们越来越需要从实际生活的利益出发，来观察社会、衡量社会和评判社会，从宗教价值回归真善美的价值特别是经济价值的现实中来。简单说，城市人越来越实际了，实用主义成为城市社会的表象，城市社会在空间演化、进化的同时，城市空间里的人的经济生活、文化生活、政治生活越来越世俗化

（secularization），用滕尼斯和沃斯的观点说，“城市人比乡下人精明”。特别是古典时代的罗马教会作为国家的主导之后，在历史的发展中，宗教地位逐渐旁落，有些教职人员回归世俗社会，更多的不关注宗教，而关注现实的经济与文化利益。商品化、市场化和社会等级的固化，在哲学意义上的因果、主体间科学理性认知，“神”转化为现实中的人，特别是科学的发展成为大众手里的武器之后，人们的一般认知行为都存在着某种程度的世俗化，对某些宗教文化的解释形成个体化的认知观，使社会表现出一种“世俗化”的发展趋势，而且这种世俗化伴随城市的现代化越来越有文化异质性，世俗化由此成为现代社会的一个重要特征，美国学者拉里·席纳尔（Shiner，Larry）的理解大概最为全面细致。城市之所以成为现代化的发祥地，就是因为世俗化带来了对资本竞争欲望和对文化个性创新的冲动，所谓社会各种各样形形色色的文化先锋派，就是现代化的时尚价值的创造者，城市社会中理性生活的选择性压力，使城市人更多的行为和思想选择了实用主义主张和行动逻辑。“非神圣化”和异质性群体的多元化存在成为现代化伴生的有机过程，这个过程涉及两个方面，一是社会关系的结构性变化，新的各种社会关系和组织形式层出不穷；二是社会整体的多元化发展，并在新层面上出现自觉的和不自觉的分离，比如中性文化兴起、非典型都市病多元发生、对政治漠不关心等。

城市社会文化的“世俗化”外在特征是生活方式的多样化和个性化，是城市文化多样化、多层次文化发生的源泉，也是城市文化丰富多彩的基础。因此，可以具体归纳为如下：城市文化越来越表现出层次性，大众文化和精英文化越来越分化，而精英文化群体越来越小，大众文化的范畴越来越宽，主要是大众文化和精英文化的边界有越来越广义的重叠点、重叠区和重叠层次，即原来被认为是精英文化中的一部分，也被大众文化群体所认同，而大众文化中的一部分，正在被精英文化群体认同，这与城市市民阶层的构成和大众传媒的传播方式质性改变有关。1980年代，美国因为城市化和城市现代化的发展，城市服务产业成为城市发展主导型产业，创意阶级崛起，而城市的主体阶级的构成是创意阶级，2000年以后，“全美创意阶层人士已经占到就业人口的近三分之一。不仅美国是这样，世界其他一些国家也存在着同样的情形。根据我和卡内基—梅隆大学的博士生艾琳·蒂娜格里所进行的研究，在经济领先的欧洲国家，创意阶层占总人口的25%—30%。”而这个阶层的收入也是比较高的，“整个创意产业的薪酬约占全美所有产业薪酬的一半（1.7万亿美元），相当于制造业和服务业薪酬的总和。”[①]这正是城市文化现代化进而后现代化的社会起因。

---

① ［美］理查德·佛罗里达. 创意阶层的崛起［M］. 司徒爱勤，译. 北京：中信出版社，2010：3.

城市出现了“镜像化与景观社会融合化”的时代特点。当代网络社会的一个现象是，高科技带来工作与生活方式的改变，电脑与手机成为工作与生活的必需品和符号——甚至可以说没有这两样东西，不能成为城市社会的现代人。具体的表现就是“读图时代”——“读手机信息的时代”“读短视频的时代（受众主动接受）”“读抖音时代（授众主动推送，受众被迫消费）”……几乎社会全员都是读者（“去看”）和被读者（“被看”）。而且一方面，一切都在科技意义上“被镜像化”；另一方面，一切人的场景都“被景观化”。“被镜像化”的生活中一切东西的存储方式、传递方式和交流方式都可以通过照片、复制、复原、拷贝，或被数据化，或被全息化，或被电子档案化；“被景观化”就是你、我、他的一切都被留影、被观察、被知道、被显示，更重要的是很多时候被即时传播，这种科技文化表现在社会文化、城市文化的意义上，便使全民镜像化的同时，引起了行为方式、工作方式、个体生活方式的变异和另类，“自我化”表现为个体和群体的“主动显示”、主动表达和传播等，引发一系列的新经济、新业态、新行为、新场景和所谓“网红打卡和打卡地”的诞生和发展。“社会资本是实际的或者潜在的资源的集合体，那些资源同时与某种持久性网络的占有密不可分，这一网络是大家共同熟悉的，并得到公认的，而且是一种制度化关系的网络。”[①]最直接的是“网红直播”及“网红经济”现象。而且这种“镜像—景观型社会”不仅促进了科技的发展、文化的繁荣和生活的丰富，更重要的也使社会整体下的个体和群体行为都成为镜像社会的客体。镜像社会的前提是从“被看，到看自己”，从自我到他我再到本我，通过这一现象得到某种升华。如现代城市文化中的马拉松活动，在这里笔者没有把这一运动看作单纯的体育活动，而看作一种经济文化活动，是因为，有了手机——镜像工作，使这一活动成为中产阶级文化的一种行为表达和行动逻辑，整个过程通过“自我镜像活动”——自拍，使个人的全过程展现在他人面前，一边自我欣赏，一边向其他人炫耀，而更重要的是一种社会阶层地位的表达——我是中产或白领，我有能力进行高端设备消费，或者我是一个体魄健壮的人、有品位的人等等。几乎所有的中国城市或者是能够有条件“跑半马”的城市都在举行各种各样的马拉松比赛，而且很多景区或者是有旅游功能的乡村也都在修建这样的场所，主要是为了创造这种场景。一个社会活动所表现的多重要素有文化时尚、消费品质、身体健康和群体效应等。吉登斯的研究把这种社会现象视作是在强调身体的实践性特征，同时更强调主观能动性，将身体归结为一整套“镜像—景观系统”，是社会空间再生产和表达的重要媒介，“身体不仅仅是一种实体，而且被体验为应对外在情境和事件的实践模

---

① ［法］皮埃尔·布尔迪厄. 文化资本与社会炼金术［M］. 包亚明，译. 上海：上海人民出版社，1997：189，166，202.

式”[①]。在镜像社会以后，这种功能便放大了，并通过镜像文化再进一步放大双方主客体的功能。由此在“镜像—景观型社会”现象中，孕育多样化的新经济业态和新的生产以及生活方式。

“镜像—景观型社会”带来社会生活的两极化发展。一极是社会文化生活，“镜像—景观型社会”的科技化、智能化极大丰富了现代生活内容和形式，带来后现代生活质性变化；另一极是把人类社会展现得全方位化，以往不能看到的、无法看到的，那些宏观的、微观的，私密的、无法捕捉的，那些最不齿于人类的……都表现为“镜像—景观型”，将这一切放在“巨大的无影灯”下，既可以看到人类最伟大和闪光的事物，也能看到人类社会最黑暗、最残忍、最卑下的一面，并记录或展示出来。这不仅影响着人类文化价值观念的变化，更重要的是颠覆了传统文化认知和认知方式，进而使得人类的城市文化向更加多元化、多层次化发展，甚至可以说，给人类文化的选择进程带来结构性变化。正如有学者说的那样：“无疑，我们的时代……偏爱图像而不信实物，偏爱复制本而忽视原稿，偏爱表现而不顾现实，喜欢表象甚于存在……对这个时代而言，神圣之物仅仅是个幻觉，而世俗之物才是真理。更有甚之，在它眼中，神圣之物随着真相的减少而变大，随着幻觉的增大而变大，于是幻觉的顶峰对它来说也是神圣的顶峰。”[②]居伊・恩斯特・德波是实验主义电影艺术大师，在他出版的《景观社会》中说：现代社会科技生产条件无处不在，在科技作用下，形成“镜像—景观型社会”文化产品的高度聚集、存储的变革，笔者所提出的“景观社会”的概念如果作为一种科学范畴来分析，其内涵和外延是有一定不确定性的，而这一理论认识给我们的启示是：当代社会人从一般读图——读平面的图到读二维、三维的图像，再到全息图像，而这些图像——转化为一种社会图景，被社会所围观，从更深的意义上，每个人在生活中、在工作中、在自己的隐私世界中等都在创造这些海量图景……看、被看，从生活到工作到生产行为以及战争过程等，都在被“镜像—景观社会化”，从而使整个世界都在重读这个世界。其表现为大众对镜像的使用——一方面沉迷其中，一方面成为工作的重要内容。当有一部分人创造出新的“镜像—景观型社会”要素时，往往会出现大众的一种短暂的狂欢。近些年所表现的城市文化现象，展示了这种狂欢的浪潮，而在更冷静、更理想的空间中，如对交通、公共空间和办公空间以及社会治安的管理控制，这些也都在海量“镜像—景观社会化”的堆积之中。用一句极简的话说：只要你想看，就能看到你想要看到的世界……“镜像—景观型文化”无处不在，而作为这样一种文化空间的集中展示地，其文化的创新和

① ［英］安东尼・吉登斯. 现代性与自我认同：现代晚期的自我与社会［M］. 赵旭东，方文，译. 北京：生活・读书・新知三联书店，1998：62.

② ［德］费尔巴哈. 基督教的本质［M］. 荣震华，译. 北京：商务印书馆，1997：2.

“城市文化资本”的创新也随处可见。

三、循环累积性因果效应与“城市文化资本”历史价值刚性效应

城市循环累积因果效应与“城市文化资本”历史价值延展、增值性效应的叠加，形成一个“文化资本再生产”的多元循环过程。而且“文化资本再生产”可以为任何的增长形式创造一种可持续的“文化动力因”，包括观念、品牌、形象、投资的叠加乘数效应，这同样是城市的内存功能所产生的文化价值，是城市区别于乡村的一个显性的也是最有城市现代性的功能。一个正常进化中的城市，只要具备五种条件就可能使城市具有典型的“循环累积因果效应”。一是城市全面开放的创新思想观念和政策，宽松的营商环境与开放的市场体系；二是社会法制文化环境和安全的社会生产、生活和生态环境，具有契约精神的市民生活体系；三是能够跟随世界高科技发展步伐，对标发达的社会分工，具有人才、劳动力流入的发展趋势；四是城市能够充满选择机会，显示某种意义上的公平与正义；五是城市经济相对稳定增长，城市市民有充分选择机会。有良好社会创新的文化氛围和市民社会相对自由和充分的文化生活，就有可能造就一个鲜活的城市和一个具有包容性的城市。

任何一个经济环节，任何经济、生产、制度和文化要素上的投入、建设，都有可能产生累积性循环发展效应，这是城市作为人类群体性居住空间所特有的潜在性创造性功能——城市构成了一个有机生命体，有着一个自我完善、自我成长、自我恢复的内在机制，如果能发现、发掘、创新，一个良性发展的城市所具有的自我造血功能就会显性化起来，而一个分散和封闭的乡村则不具有这样的功能。比如某一座城市的郊区空地上建设了一个装饰城，这也就是创造了一个实体空间，或者说这是一种“空间的生产”形式。而这样一个空间可以容纳2000个经营摊位，每个摊位带来的就业可能是3—10个人，基本上就会带来6000到20000人就业，更重要的是这个装饰城每天流量有一到两万人，这座城市就在一般性、普遍性需要的意义上，形成一个“相对区域增长极”，如餐馆、宾馆、洗浴、理发、小型加工、税务工商、教育培训、娱乐休闲、会展经济、物流经济以及相关经济、文化和商业配套等，还带来大量的消费、货物运输等流动人口。假定装饰城有20万平方米，占地200亩的土地空间，则周边就会形成一个特色商圈，连带着可能发生新的房地产住宅社区、新的中小学校、新的城市配套等等，最后形成一个新的城市“成熟社区”。

随着空间扩张和人口扩张，新的就业人口增加，反过来会推动新需求，如为城市带来税收、间接就业、周边市民的收入增长、城市的总体收入增加等，这样，城市政府会加强城市的基础设施、

配套建设和服务经济的投入，还会带来更重要的城市空间再生产和“城市文化资本”的再生产，而且真正表现了“循环累积性增长”——这是一个真正的文化再生产过程。目前，中国的城市化就是在政府引导和多元主体投入的模式中高速发展起来。当代的中国几乎所有城市都有多个新城区、多个新开发区在建设，虽然有的不是很有成效，但是，新城、新区、新的开发区建设已经成为区域经济发展重要的“增长极”，进一步说，几乎中国每个县城都有新城新区在建设。2024年全国县级以上（含县级）新城新区数量已超3800个，而全国现有的县级行政区划单位有3000个左右。新城（区）空间格局从东部地区逐步向中、西部地区扩散：长三角、珠三角、京津冀、成渝、中原、长江中游、哈长等七大城市群，集聚新城新区总数的44%。截至2022年6月，全国新城新区的平均规划面积37平方千米，平均规划建设用地19平方千米，平均规划人口11万，平均已建设面积7.6平方千米，平均现状人口4万人，平均建成率为55%，平均规划人口实现度为36%。新城（区）已建设的城市空间的再生产，已经成为城市吸纳人才和空间再生产的重要举措。

城市新区建设、城市新城发展带来的经济“循环累积效应”十分明显，每年城市GDP的增长，也与各城市新区的经济要素的投入呈正相关，几乎每座城市都提出引进外资、引进大项目的策略，无疑加速了城市“累积性循环功能”的价值放大，中国2024年在万亿级以上的城市，都是“城市累积性循环因果效应”表现充分的城市。前提是，这样的一座城市一定是一个有良好的营商环境文化、较高的市民文化和市民文明素质的城市，同时也是美丽宜人的旅游目的地城市。“城市循环累积性因果效应”最典型的效应之一是大型商业的投入和商圈的产生。城市人聚居在一起，表现了强烈的城市功能——居住、就业、交通和消费，这是《雅典宪章》对城市的一种定义，也就是说城市区别于乡村的外在表现是“巨大的消费共同体”，因为城市不能像乡村那样，很多生活资料和生产资料一部分可以自给，而必须依赖交换关系来维持生活、生计。所以商圈空间体系是城市发展所必需的要素。中国最大的商圈是上海的“静安寺—南京路商圈”，服务上海近248万户居住人口，而且也是经济最发达的商圈，而每一座城市都有这样的商圈，中心地一般称为CBD（Central Business District，中央商务区），即以金融为主体的商贸、休闲、艺术、宾馆、总部经济等集中的区域。世界著名城市中心都有一个特色CBD，纽约的曼哈顿CBD汇集了世界500强中的大多数；伦敦的金融城是全球最大的OTC金融衍生产品交易市场，“银行之王”标志性建筑格外引人注意，100多家本国银行和520多家外国银行在这里集聚。CBD作为城市金融中心的功能在不断进化，在城市功能不断进化中，各种商圈的意义、性质都有很多变化，很多一线城市在当代的发展中，都提出了多中心化空间体系，有很多大城市都打出了建设100个商圈的目标。

我们现在正需要一种经验的文化论。这种文化论是承认文化的差异性，不问文化的起因，而只问文化是什么，它怎么发生作用，怎样变迁。因为，唯有认清了文化现实和文化历程的定律，我们才能谈得上改造文化；除非以功能论为基础，播化论者和进化论者都不能建立其文化史。[①]

——马凌诺斯基

① ［英］马凌诺斯基. 文化论［M］. 费孝通，译. 北京：华夏出版社，2001：104.

第十章
生活质量与生命质量——双重追求

城市研究是一种实实在在的学问，也是笔者的工作和生活方式。当我们理解到，越来越多的人将成为城市人，不仅仅是让农民挪动一个地方去生活，而是让农民有理想、有追求地活着。当越来越多的人向往大城市的生活时，如何把学术研究转化为“城市社会进化的推动”力量就已经成为知识分子的责任[①]。笔者曾在很多场合说过，城市经济、城市社会与文化发展的研究是笔者生活的全部，从读硕士研究生时代起，城市研究就已经成为笔者生活的一部分。最初从历史学的角度研究城市，不仅要理解城市本身，同时，还要理解城市的发展过程与时代的关系，城市在发展的历史进程中，其社会转型的内在因素和外在因素是什么？是什么成为城市社会发展转型的直接因素？还要理解原始社会的人们，为什么要走进城市？这也是笔者在博士论文中提出的问题。或许正是因为有了城市发展的研究，才能够使笔者在这个纷杂的世界中，找到生活坐标，找到“躲进小楼成一统”的感觉；或许正是因为有了城市研究，才能够使笔者在这纷争的社会中，找到自我感知的宁静与“舍得”，并在一些“放弃”中寻找城市研究的价值和心中的平衡点；或许正是因为有了城市研究，笔者才找到了个人的城市生活方式终极价值取向，才能够自觉寻找并认识到自己的终极认知与人生价值理念——为了推动社会的良性进化去研究城市；为了创造一个活着有意义的生活方式去研究城市；为了社会进步与进化去推广城市意义；为了社会的优化与民族性的创新，去探寻、创造市民社会文化的本质属性，去探寻、创造自己个性化的生活方式，即用生活质量与生命质量的双重认知，去思考社会的存在与进化意义。因为，我们一直在寻找“活着”和“生活着”的本质区别……上述观点看似笔者的感受，实则是40多年来中国城乡社会变迁的一个缩影。

---

① 笔者在1994年起，就给自己贴上了一个标签：城市进化的推动者，包括在自己的名片上都印有“城市进化的推动者”的字样。

一、历史过程与逻辑统一的文化抽绎

“城市文化资本”再生产理论研究和实践是一个系统思维过程，很多观点是在实际研究中、具体的空间规划中和创意案例的应用中提炼出来的，并在实践中反复论证和在自我否定中进化的，这也区别于以往城市研究者的案例（往往是其他书本上或他者的案例），而笔者的研究是结合自己的实践经验案例来说明和论证的。

在早期中国城市经济史的研究中，笔者遍查先秦文献，寻找“城市”一词最早的使用意涵，在战国时期《韩非子·爱臣篇》中载：“大臣之禄虽大，不得籍威城市”[①]，这是中国“城”和“市”最早的组合概念。在40多年的城市学习和研究中，通过中西方学者对人类社会城市发生时期的论断，笔者首先感受到的是城市发生的历史价值与社会变革，正如经典作家经常论及的：人类社会城市诞生是一场革命，可以称之为“城市革命”，也是人类进入文明社会的开始。中国古代多种文献中记载了“鲧作城郭”等概念[②]。在《尚书》《左传》《春秋》《国语》《周礼》等许多先秦文献中都有“城”和“市”以及城市的叙述，征战扩疆、守土保民、修城建廓、城邑礼制、“四民分业”等都与城市有关，其中有关城市的规模、形制、等级也成为治国方针的重要内容。如“大都耦国”“尾大不掉”[③]强调的是中国传统封建体制下，城市经济和城市文化体制与国家政治稳定呈正相关，不能僭越，但通过深入分析可以看到，城市的政治、文化和经济功能是巨大的，而其对于“国家的资本”价值也是显而易见的，只是在那个历史阶段，人们在观念与理论上还没有总结出“城市资本和国家资本”的概念，只是在具体的事物上、从“对谁有利”的意义上去看待城市价值。从古至今，城市对于国家政权的意义是非常重要的，时至当今，中国的城市仍然具有典型的政治意义和经济、文化的主体功能。

从单体城市的研究方面，由于深受“芝加哥城市社会学派”的影响，对芝加哥城市学派又进行了研究和深刻反思之后，把城市研究当作自己的生活方式、工作方式与生命的一部分加以审视，其主要是因为芝加哥学派有一个值得尊敬与称道的学术传统，正如其领军人物帕克告诉他的学生们：“去坐在豪华旅馆的大堂里，也坐在廉价客店的门阶上；坐在高级住宅的沙发里，也坐在贫民棚

---

① 又见《战国策·赵策一》：“今有城市之邑七十（《史记》作十七）愿拜内于王。”参见张鸿雁硕士论文《春秋城国城市研究》（1981）。

② 《世本·作篇》，又见《吕氏春秋·君守》。

③ 张鸿雁.春秋战国城市经济发展史论［M］.沈阳：辽宁大学出版社，1988：386-387。又见《左传·桓公十八年》：“耦国，乱之本也。”

屋的地铺上；坐在庄严堂皇的大音乐厅里，也坐在粗俗下流的小歌舞厅中。简单说吧，去做实际研究，把你裤子的屁股坐脏。”[①]这是笔者做城市研究一直遵循的路线和方法，甚至虔诚地秉承芝加哥城市社会学派的学术思想和行为，这既是一种城市研究基本理论的逻辑起点，也是对中国和世界城市理论研究所进行创新的“原点”，应该在中国城市研究的土壤中，培育、建构如“芝加哥城市社会学派”那样的“南京城市社会学派”体系，有独立主张、独立见解、独立的学术逻辑、独立的学科辩护词、独立而系统的学术创新价值，学派繁荣是中国学术繁荣的基础，“城市文化资本”再生产的理论与方法是“南京城市社会学派”的理论研究、内容创新的方向与维度之一。但是，同时我们的研究和以往的研究有些不同，不局限于了解社会问题、分析和解释社会问题，更重要的是要提出解决社会问题的方略、方案与方法。

一个学者应该从客观和价值中立的立场上来分析历史与现实中的城市社会问题，应该从“创造健康社会”的角度[②]，创造一个知识分子独立的学术研究价值和主张。笔者在南京大学社会学系给本科生讲“城市社会学”，给硕士生讲“现代社区位论”，给博士生和博士后讲“城市社会结构变迁研究”以及城市发展战略、城市与房地产经济学等课程，在教学和指导本科生、硕士、博士研究生的过程中，带领并和学生一起踏遍南京城市的角角落落，研究各个阶层的生活样态、南京城市社会的文脉延续，研究南京人的生活细节，研究南京的风土人情，研究南京人的集体记忆与文化……深入认识南京城市经济、文化和社会的本质与特质，更多地研究鲜为人知的、被人遗忘的南京城市角落……因此，笔者主编“城市角落与记忆”[③]丛书，其志即在此。或许我们自己应该问，在强调推动城市社会进化的意义中，如何实现、创造、提升城市价值和个人价值？这里笔者用的词是城市社会“进化”，而没有用“进步”这个词，就是想从人类进化本原的“质性”状态来说明城市化和城市现代化，不是站在某一阶段和某种文化偏见的立场上来说明和推进城市社会的进化。

“城市文化资本”再生产是一个复合型命题，在破题方面包括五个层次的要素：一是城市，

---

① ［英］布赖恩·特纳. Blackwell社会理论指南［M］. 2版. 李康，译. 上海：上海人民出版社，2003：242.

② 南京大学社会学系的“创造健康社会”的系训是笔者在担任南京大学公共管理学院副院长同时又兼任南京大学社会学系副主任时提出的。那时，南京大学社会学系尚没有独立出来。提出这样的口号是因为：社会学的研究者应该是一个医治社会问题的良医，不仅仅能够发现社会问题，还应该能够解决社会问题，从而创造一个健康发展的社会。

③ 张鸿雁，胡小武. 城市角落与记忆1：社会生态视角［M］. 南京：东南大学出版社，2008：8. 张鸿雁，胡小武. 城市角落与记忆：社会更替视角［M］. 南京：东南大学出版社，2008：8.

二是文化，三是资本，四是再生产，五是全称命题——“城市文化资本”再生产的完整的概念范畴——“文化资本再生产”和“文化再生产”，是城市前提下的“文化资本再生产”，具有多重意义，其复杂性在于整体研究和分类研究的融合性体系，是既需要对某一单体城市的发生、发展和整体性进行深入系统的研究，又需要对城市群和不同地域、国家城市的整体发展状态进行研究，以求探寻城市一般规律和单体城市的特殊性规律，不断研究、跟踪城市进化与螺旋上升型的进程规律。至少要充分研究一个单体城市之后，再从单体城市研究扩展到城乡结构空间研究及都市群和城市带的研究，从微观到中观再到宏观。然后，用比较研究、历史和逻辑统一性的研究方法，再从宏观到中观到微观的研究过程，既有顶层设计理论和战略能力，又有解决具体问题的战术和方法，只有这样，对城市研究的知识结构才不会出现学术上的“结构性的空洞”，才能避免文化偏见而形成“逻辑自洽（logic self-consistency）”体系，避免出现缺乏常识的结论——因为我们时常提醒自己：偏见比无知离真理更远。譬如，有观点认为：“所有的乡村都应该保留，不要搞城市化了”“现代的社会问题都是城市化造成的”“城市从来都是剥削农村的”“城市是资产阶级腐败的滋生地”“城市化是土地城市化”等等，这些都是因为不了解城市发生的历史和演变规律；不了解不同时代的生产力发展不同，城市的性质也有不同；不了解全球城市的经验和社会制度不同的城市化发展结果也不同；不了解国家与地区的土地空间资源不同的，城市化的效果也会不同；更不了解城市文化对乡村文化来说具有进步价值和革命性的意义；不了解城市与乡村是作为两种生活方式而存在的；不了解城市化是人类社会文明在地域上的展开……城市化不是简单的人口城市化，而是以城市文明为核心的生活方式，是一种和“活着”不一样的“生活着”的价值的质性革命；不了解城市是人类社会进化的表达方式，是以社会分工的越来越细化、复杂化和多层次化来区别于乡村的；不了解城市本身是人类社会的一种文明的代言词，表达了与乡村不同的文化价值观体系；不了解城市是一种地域生活结构，全世界范围的发达与繁荣的表达就是城市的发达与繁荣……如果这些城市“质性”基础理论、基础概念、基础功能和城市与乡村的根本区别都无法认识，至于把乡村变成什么样，城市应该发展成什么样，那就是以其昏昏使人昭昭了。我们必须知道城市的历史发展规律和逻辑，城市与乡村分离的历史和原因，城市与乡村分离就是文明与蒙昧的分离，并且是此消彼长的一对范畴。必须知道城市发生和历史阶段的成长特点、社会背景的相互关系，从而才能知道在什么样的社会制度中，才能成长出与之相适应的城市空间结构与文化属性，也必须从世界城市发展的比较中来研究、鉴别城市，从局部到整体把握世界城市理论的前沿，而这一切都必须通过城市与乡村空间规划和建设实践来检验。

二、多维视角与系统性思维的整合审视

在对南京和国内外城市的多角度、多维度、多层次以及从局部到整体的理论研究与具体实践中，总结、提炼出“城市文化资本”和“城市文化资本”再生产理论，伴随中国城市化的高速发展进程，必须从传统城市理论研究和传统的研究方法中走出来，在理解中西方城市演变规律的同时，汇入世界城市发展前沿的理论与方法。1994年针对国内外的城市发展趋势，南京提出南京的国际大都市的建设构想[①]，由于当时的经济社会发展水平有限，人们觉得这一目标有些遥远，但笔者认为，作为城市的发展战略应该有30年和50年以上的规划和发展目标，后来的经验证明，这一目标的提出是有实际意义的。

事实上，早在20世纪80年代后期，我们对城市的研究就已经开始了综合学科的探索，从城市史学、城市经济学、城市文化学、城市社会学、城市建筑学和城市形象学[②]等多重学科视角开始了全新的现当代和未来的城市发展研究。从宏观、中观和微观的三个层次研究城市，并在单体城市研究中，针对性地提出研究问题和解决问题的方法。除了做国家、江苏省和南京市的有关城市研究课题外，在国内和江苏及南京市各种媒体发表有关城市建设的研究成果和建议，同时带领笔者的博士、硕士和青年老师从城区街巷走向郊县村镇，进行全面的田野调查，如南京的沿江开发战略研究、南京城市危机处理研究、南京城市圈发展战略研究、南京市民精神文化研究、南京长江路的街区空间规划、南京老城南熙南里片区城市更新改造策划与规划、南京城市形象识别系统策划与设计、南京城市文化产业发展战略研究、南京城市“楼顶文化”研究与建议、南京城市“广场文化”发展建议、南京城市夜间经济消费研究、南京城市房地产市场分析研究、南京建邺区治理模式研究总结、南京国家级经济开发区的策划与规划、南京第一家创意产业园的规划与设计、南京莫愁湖公园的策划与规划、南京紫金山—玄武湖世界级旅游目的地规划和文脉梳理、南京世界名城博览会的策划、南京市高淳桠溪国际慢城的策划和规划、南京外秦淮河的策划与规划、南京栖霞山文化旅游产业的规划、南京聚宝山体育运动公园的策划与规划、南京幕府山旅游景区的策划与规划、南京青龙山农场的文旅融合规划设计、南京市江宁区全域旅游的模式、南京市建邺区文旅融合发展规划、南京浦口区桥林新城产城融合发展规划、南京溧水全域旅游规划、南京鼓楼区“幸福鼓楼指标体系设计及

---

① 张鸿雁. 论国际化大都市发展战略与南京城市文化发展［J］. 南京大学学报（哲学社会科学版），1995：158−167.

② 张鸿雁. 提出“南京城市整体CI导入”构想［N］. 扬子晚报，1994−10−27.

36个社区问卷调查报告”、南京玄武区的全域旅游发展战略规划、南京环老山民宿旅游发展带的规划设计……特别是在南京城市建设总体发展方面、南京市国际形象与城市竞争力方面、南京“城市文化资本”再生产方面，提出了系列性且具有建设性的意见和构想[①]，分别于1993年、1994年和1995年在媒体上提出南京城市形象体系建设的建议[②]，其中还包括开发市民广场文化、开发城市屋顶文化。在宁沪之间的高速公路、高铁和沿江高速公路建成之后，在媒体上发表并提出了“南京应该按照沿海城市的模式建构城市发展模式的建议”。早在1995年就在《南京日报》上发表文章，以“南京城市建设还缺什么”为题提出城市发展的战略构想[③]。在专心围绕一个单体城市做深入而广泛的研究时，就产生了各种理论，同时还有具体的方法。从1994年开始，笔者在南京大学讲城市社会学、社区理论和城市发展战略课程时，每年都要带学生到城市的社区、街道、楼盘、产业园和新城市区去参观学习。从1997年开始，伴随着城市研究的深入，笔者开始了全国范围城市研究的新征程，除了参与南京市、区的“十四五”规划、城市品牌规划、发展战略规划外，几乎参与了所有区的全域旅游发展规划。在实践中学习，在实践中积累经验，在实践中创新理论和方法。

在对南京进行多维度、系统性、多类型的各种经济、社会、文化要素的研究中发现，这座城市的历史文化已经成为南京人赖以生存和骄傲的文化资本——从一般的情况看，最卑微的人，也会把自己和城市文化的价值联系起来，即使是一个最底层的市民也会对外来者叙述自己城市的优点、特点，甚至可以把这座城市的历史文化资源和风景、物产等作为自己炫耀的资本。对于笔者的研究来讲，这一体验是充分而具体的，对做城市研究也大有裨益。笔者最初居住在类似大乡村的小县城，从县城来到深山里的村庄当知青做农活，然后从这个穷乡僻壤来到辽宁省会沈阳上大学，学习、生活和工作，之后又负笈江南游学，在上海这个世界级的大都会中学习、生活和工作，后又辗转来到南京生活和工作，在大学教书漫长的几十年里，因科研、教学的原因，参加各种学术会议，做多类型的城市研究课题，做各种城乡规划和策划，特别是需要大量时间做各种各样的田野调研，因此，考察研究过世界五大洲很多城市，如纽约、洛杉矶、休斯敦、芝加哥、旧金山、圣安东尼奥、华盛顿；渥太华、多伦多、魁北克、蒙特利尔；伦敦、巴斯；巴黎、里昂；东京、名古屋、京都、奈

① 上述提及有关南京的各种规划、发展战略报告等各项规划和研究，都是在笔者主持下和团队一起完成的，而且上述提及的所有案例都是已经完成的，有各种规范完成的方案，还有各种媒体报道的文章，因数量较多，不再一一注释。参见：张鸿雁.南京应该有成熟的商业文化[N].新华日报，1995-12-11.

② 张鸿雁.城市要为自身设计良好的形象[N].南京日报，1995-02-21.

③ 张鸿雁.南京城市建设还缺什么——访南京大学城市科学研究中心张鸿雁教授[N].南京日报，1995-06-20.

良；首尔、釜山、光州；罗马、米兰、威尼斯、佛罗伦萨；阿布扎比、迪拜；堪培拉、悉尼、墨尔本、布里斯班、凯恩斯等，还有新加坡、吉隆坡、曼谷、中国香港等等[①]，当然，考察最多的还是中国的省会城市、地级市，更多的是在县城、乡镇及村落，或开会，或调研，或培训村民。从学术研究的视角对城市与城市、城市与乡村、乡村与乡村巨大的经济、社会和文化反差有了深刻的认识，还因为几十年研究城市，对城市文化的反差产生了有别于常人的认知。

人们常说有比较才能鉴别，因为长期对中外各种城市进行比较研究，对不同的城市质性有着不同的城市价值认识，而且，因为1949—1980年，国内对中国城市经济史和中外城市比较研究的成果是比较少的，和国外相比起步也比较晚，但笔者个人的研究还是超前一步，有据为证。1991年，中国社会科学院历史研究所研究员杜瑜先生在《中外古代城市比较研究的现状与展望》中指出："中西方古代城市的比较研究是近年才发展起来的新课题。张鸿雁在《沈阳师范学院学报》1983年第4期上发表《与西欧中世纪城市比较——春秋战国在城市兴起过程中的特点》一文，开创了中西方城市比较研究的端倪。此后，他把这篇论文观点加以扩充，在他所著的《春秋战国城市经济发展史论》（1988年7月辽宁大学出版社出版）一书中专门写成一章。《与西欧中世纪城市比较——春秋战国在城市兴起过程中的特点》，具体论述了中西方城市兴起的不同的历史前提，城市经济结构与组织结构的不同，城市在社会发展中的'内聚力'与'分化力'的区别。"同时，在《与西欧中世纪城市比较——春秋战国在城市兴起过程中的特点》发表的8年后，中外古代城市比较研究仍旧是一个新兴课题。杜瑜在文中说道："近年中外古代城市比较研究工作虽然取得不少成绩，但是它毕竟还比较年轻，尚处于起步阶段，存在着不少问题，有待今后努力。"可见当时中外古代城市比较研究的前瞻性和未来的研究空间[②]。而今天所有的研究都必须环顾全球，在比较中寻找城市的成长机会和发展战略。

归纳以往的研究可以浓缩成一个理念：如何让城市经济资源、社会资源、文化资源和自然资源等转化为"城市文化资本"；文化从作为个人的资本转化为公共的"城市文化资本"，是一个直接创造价值和促进价值升值的过程，城市价值一方面蕴藏在每个城市人心中，并通过历史的沉淀和时代的锻造赋新；另一方面，这些深藏在个体心中的文化资本，作为客体的空间存在，在历史的演化过程中有些已然成为"城市文化资本"，但是，很多时候人们没有意识到：这是以往无意识的人类实践、一种集体记忆。而如今应该有意识地把资源创造成资本，其社会发展的整体力量就会充分显

① 对笔者造访过的相关全球城市及有关城市经济、社会、文化等方面的研究会在本书中的一些章节中进一步研究论述。

② 杜瑜. 中外古代城市比较研究的现状与展望［J］. 中国史研究动态，1991（5）：4.

露出来。比如仅就南京来说，中山陵、秦淮河、夫子庙、栖霞山、玄武湖、莫愁湖、牛首山等[①]俨然已经成为南京的“城市文化资本”，也成为南京人个体得以文化自信和个体可炫耀的文化资本。事实上，每座城市的这种“城市文化资本”越多，城市人的自我幸福感就越强，而且这些“城市文化资本”是可以再建构、再创造、再创新的，比如现在中国城市经济发展快的城市——深圳，很多文化资源都是后来者创造的，包括上海、青岛、烟台、大连等其很多文化资源和“城市文化资本”都是近代以来才创造和发展的，这是一种规律性的发展过程，这个认识过程就是长期深入的城市理论研究与实践结合的产物。

区域性空间整合是非常需要空间再生产的理论加以指导的，这其中既需要区域产业空间工业区位论理论的研究，更需要“城市文化资本”要素的研究，只要涉及“资本”，在本原上就与生产、流通、分配等经济学要素有直接关联，历史要素、物化的建筑要素和一切产生价值的生产要素都可以或可以成为“城市文化资本”。在跨区域的发展战略中，“城市文化资本”再生产如何实施与运行呢？这对于区域空间整合与地域生产力融合创新是一个挑战。比如：在江苏江阴大桥建设初期，笔者专门研究了江阴长江大桥的区域性影响和区位熵的价值分析，在地理空间上江阴与靖江一江之隔，开车只有十几分钟的里程，而张家港距离江阴20多千米，跨江的江阴大桥通车后，为这三个县级市带来经济与文化整合的新机制。最初我们提出了三个市整合为一个市的理念，这与韩国首都首尔市的早期发展演变相似。三个小城镇鼎立发展演变，后来伴随经济社会和空间的整合发展成长为一个国际化大都市。这种三点或多点聚合空间演变、成长为一个新型城市的案例在世界范围内比较多，比如，在近代江苏南通市的发展中，针对工业化带动城市发展提出了南通当时传统的三个城镇规划，张謇创造性地提出“三襄鼎立”[②]的城市空间体系，最终为南通的发展创造了中国近代工业城市化的奇迹，可谓“因为一个人，创造了一座城市”。在有案可稽的前提下，笔者提出了三个县级市的跨江空间再创新模式，特别是在规划和策划中，针对当时江阴市、靖江市和张家港市三个县级市的现状，专门提出了江阴城市经济跨江与靖江共建开发区的主张，并且在具体实施后，产生了巨大的经济效益、社会效益和文化效益，因为江阴、靖江以下的长江段是整个长江的黄金水岸段，直接通江达海，具有很强的国际化的战略意义。提出了跨城市空间产业整合共建开发区概念的原因

---

① 笔者在南京如紫金山、栖霞山、幕府山、聚宝山、秦淮河等都做过相关的规划，特别是栖霞山旅游发展规划和文化产业集聚区的规划已经在南京市规划局正式公示，在规划的实践中，对南京的方方面面有比较多的了解。

② 笔者2017年11月主持规划设计项目《南通城市形象与旅游文化资本战略发展研究》。

是，江阴的经济发展比较快，是中国百强县之首，其长江沿江岸线已经开发完毕，几乎没有可开发的岸线空间，而靖江一侧的长江岸线当时还有很多处于尚未开发状态，这样两岸共同创新形成新的发展机制和生产空间——共建一个开发区，并构成了两座城市共同的“城市文化资本”[①]。事实证明，这样的模式，对于打破中国城市间“诸侯经济”的行政壁垒，创造区域空间大跨度的空间再生产，有着重要的经济开发区合作开发的样板性作用。

三、文化资源与“城市文化资本”的双向反哺

实践和具体空间再生产的操作——即布尔迪厄的“社会文化炼金术”[②]意义上的空间再生产，对相关理论指导具有决定性意义，“实践是检验真理的唯一标准”，这一哲学命题本身的价值在于，实践也是多样性的，比如已经被理论与实践证实的前人成熟的经验和验证等。城市资源可以分为人造的物化资源及人类的精神思想文化资源、自然禀赋资源等。

比如，研究沿江、沿河和滨湖城市的空间结构，要创造临水空间的价值体系，包括通过空间的价值提取，创造水岸空间再生产的经济模式。水岸本身具有经济价值和文化价值以及生态价值，如何在城市与水文化之间的空间创造中实现“城市文化资本”再生产是一个非常有价值的命题，虽然历史不能假设，但我们可以通过推理的方式试问：假如上海没有外滩，能够成就今天上海的伟大吗？黄浦江边外滩空间已经成为上海人的文化心理符号，亦是世界认知上海的一个文化符号，或者说是在世界范围内文化身份识别的一个IP，已经构成了完整的“城市文化资本”价值体系，“上海外滩—南京路”作为一个巨型商业的世界级CBD商务中心区，集聚了世界五百强总部、世界级的消费环境、世界级的商务空间、国际化的文化交流空间……近两百年的时间里，上海外滩一直在“空间的生产”和空间再生产的过程中，城市经济、文化和城市综合商务贸易，直接成为上海城市的发展动力，并且构成了“文化动力因”，甚至与其说上海的总体成长形成了国际化大都市，不如说上海的外滩是整个上海成长、繁荣的缩影，正因为有了外滩，所以形成了陆家嘴的“城市文化资本”空间的再生产，引导了浦东的快速繁荣。自1843年以来，上海一直在持续创造以上海南京路—外滩

---

① 张鸿雁. 侵入与接替：城市社会结构变迁新论［M］. 南京：东南大学出版社，2000：410-426.

② ［法］布尔迪厄. 文化资本与社会炼金术：布尔迪厄访谈录［M］. 包亚明，译. 上海：上海人民出版社，1997：166.

为核心的“城市文化资本”再生产。

大河流域是人类文明的发祥地，几乎全世界所有的城市都是或滨江、或滨河、或滨湖、或滨海——滨水而生，只是河流大小滨水远近有所不同，利用城市源于大江大河的历史成因，把“滨水经济”资源转化为“城市文化资本”，是一项很重要的城市文化再生产。自从泰州高港区成立以来，泰州开始融入长三角都市圈。其实，从近代以来高港就是世界著名的内河港口，北宋乾德二年（964），柴墟港口形成，到了明代初期，柴墟港口成为口岸港口。清光绪二十八年（1902），港口开埠通商。特别是在现代化发展中，泰州要走出苏中、走出江苏、走向国际，必须创造滨江通江达海的空间，直接连接上海。1998年笔者在做泰州沿江发展战略时，直接提出：泰州要做“带状组合沿江城市发展战略模式”，高港—泰州主城—姜堰要成为一个带状城市发展空间，整体朝向长江滨江方向发展，而其城市中心的凤城河和泰州老城是泰州的城市文化核，是这座城市的文化之“根”，是城市文化软实力的资源，也是建构泰州国际文化身份识别的重要的“城市文化资本”。可以从城市更新角度，用一种跨跃的方式进行空间的生产，在强化老城和城河文化保护的同时，提出“城”与“河”空间的“城市文化资本”融合创新，使老城区成为城市有机成长的“文化动力因”；从城市更新的视角对“城”“河”“老城”的文化资源和文脉进行梳理研究，从全球范围内对比研究有关城河关系案例①，总结全球范围城市与河流关系的发展规律，同时还进行了“900+”的泰州重点文化资源家底的盘点与研究，对3000年左右的历史文脉梳理溯源，同时绘制了几十张泰州文化地图分类和空间落点图，研究整理地方文化的唯一性要素，进行“城市文化资本”资源的融合和整合，并提出了“城市文化资本”再生产的发展战略和目标②。

做好城市规划的前提之一是对这座城市的文化资源和文脉做深入的研究，否则，“城市文化资本”再生产——“资源”向“资本”的转化过程可谓无米之炊，无法完成。例如，在唐山进行“城市文化资本”开发与城市文脉整合、梳理的研究中，为唐山梳理了127年的28类城市文化，摸清了城市文脉的演变历史，为唐山“城市文化资本”的建构创造了条件。我们调研了唐山地震的废墟街区和社区，到矿山工人居住的棚户区考察，询问工人的需求和现代文化价值取向，在研究现代城市街巷空间的同时，探究城市中每一棵老树的位置，特别是还通过田野调查、文献研究和现场对当地老人询查，了解了唐山的商业“老字号”，并逐一在规划图纸上落点。同时也在具体的历史文化和工

---

① 张鸿雁，邵颖萍. 嬗变与整合［M］. 南京：江苏凤凰教育出版社，2019：1-150. 泰州、四平和南通“城市文化资本”再生产：“凤凰涅槃——传统文化再生产重塑泰州城市精神。”

② 笔者2017年12月主持“泰州凤城河景区文化总体策划”项目。

业遗产的研究中，总结了唐山近代中国工业的七个“第一”[①]及为中国民族工业做出的贡献，并为后来的城市整体发展提供了文化意义上的顶层战略思考。特别是在2005年对唐山城市整体的文脉挖掘以形成“城市文化资本”的开发建议，同时，我们还专门对唐山南湖地段进行调研考察，并提出唐山的“城市文化资本”发展战略及城市形象提升建议[②]。

理论出自实践是“城市文化资本”建构的必由之路。笔者在北京怀柔区做可持续发展战略规划的时候，通过调查研究发现，北京是一个严重缺水的城市，而中国所有的大中城市都属于缺水或严重缺水城市，因缺水而影响经济、社会和生态三生融合的发展，甚至严重影响着现代化的进程和城市高质量的发展。2005年，我们在北京怀柔的县城和乡村及深山中的小村落进行田野考察调研，偏远乡村里的小学生要走十几里路上学，而那些丰厚的历史文化遗迹赫然躺在大山之中，倒映在水中的“荒野长城”显示了丰富的人文原生态风采[③]，感受到北京“城市文化资本”要素的丰厚和伟大，而农家菜那浓浓的烟火气和土炕的温暖给我们的研究增添了充分的文化灵感和力量，一边感受生活在深山中农民的孤独；一面在踏查北京故宫边“清朝遗巷”胡同文化的空间切面；一面体验城市拥挤与宽敞空间的对比——皇城根下贫民的生活追求。那建筑空间历史的斑驳与历史记忆，虽然亦有淡淡的清苦，但历史空间凝固、定格在这里获得充分展示，让人既感受到城市变迁的无情，也感受到变迁中被人遗忘的角落。要减少现代化的“耗能”，只能从全世界整体经济平衡关系和世界经济与社会发展价值链的角度，提前启动“循环型城市社会发展模式”，虽然这种模式离现实还有很远的距离，但这正是人类

---

① 河北省唐山市一位领导看到笔者2002年出版的《城市形象与城市文化资本论——中外城市形象比较的社会学研究》一书后，让主管部门几经曲折打电话联系上笔者，邀请笔者主持做唐山的城市文化项目。参见：笔者2005年2月主持的唐山市重点项目“唐山城市文脉挖掘与城市文化资本运作”。

② 张鸿雁. 城市文化：城市可持续发展的资本——走近张鸿雁及其“城市文化资本论”［N］. 中国建设报，2005-02。张鸿雁. 城市文化：城市可持续发展的资本［N］. 中国建设报，2005-02-17. 又见张鸿雁2005年主持的“唐山城市文脉城市文化资本”课题（120万字）。

③ “循环型城市社会发展模式”是一个循环立体生态体系。城市应创造城市立体绿化体系和立体生态景观，能够充分利用地形、地貌和水体结合共建布局，各组团中心形成延伸的绿轴、绿带、绿园等空间，并与道路、绿化、庭院绿化、平台垂直绿化相连，形成点、线、面循环生态的人居一体生活关系。使城市居民能够在出门不到十分钟内，与花园相遇，形成一种传统的家园式城市生活体系。这种空间充分表现为“宜居性”，体现人与自然和谐共存的关系，“城市在花园中，花园在城中；人在森林中，森林在城中；人在花丛中，花在人丛中”的理想生活空间。如日本学者提出的“森林—工厂”“森林—学校”“森林—住宅”“森林—商业”的“城市森林”和“森林城市”的感知。城市从生产、工作、休闲、消费形成一个完整的循环城市社会发展过程。参见：张鸿雁. 循环型城市社会发展模式——城市可持续创新战略［M］. 南京：东南大学出版社，2007：1. 又见：张鸿雁. 循环型城市社会发展模式——社会学视角的理想类型建构［J］. 社会科学，2006（11）：71-83.

自身的价值体现——为理想而努力。运作“循环型城市社会发展模式”，而不仅仅是运作单一的循环经济发展关系。循环经济与循环社会的发展有着很多方面的不同，如果我们只关注生产、减量回收和再生产的过程，是不能够完全解决中国的可持续发展问题的，“循环型城市社会发展模式”理念的建构，在某种意义上，是一个国家和民族的整体现代性的标志①。

县域空间的战略与空间规划研究是中国新型城镇化的半壁江山，笔者从2000年开始专门对县域空间的发展进行了广泛的研究，一是研究县域空间内的县城经济、社会、文化和发展战略；二是研究县域城区、乡镇和行政村的网状空间结构体系；三是研究全域整体空间的城镇布局和产业发展及一村一品、一镇一品的规划，其中包括安徽宣城广德、郎溪、南陵等，江苏的江宁、高淳、溧水、兴化、江阴、靖江、昆山、六合、吴江、高邮、东海、新沂、洪泽、建湖等，湖北的蕲春、武穴、浠水、京山等，其中包括县级市、百强县等，中国各地山水形势不同，地理人文不同，风土人情不同，特别是文化、文明的现代化程度不同，必须因地制宜，在广泛深入的调查研究之后，针对具体情况和经济文化发展水平提出规划方案，而且我们和其他团队不一样的是，从主导的“城市文化资本”的意义上，进行规划前的文化思想解放的教育，在当地大讲堂，给当地干部、群众进行规划知识、城市文化知识、文明和创新思想的教育，这一程序是一个成功的规划所不能缺少的。2005年笔者走遍安徽广德县的县城、村镇及乡村的农户，那清丽的山水与宁静的山沟，自然唤起笔者重新建构乡村草根文化书院的理想，并为这样一个自然山水之城提出“厚德广行七善之城，青山绿水别有洞天”的城市理念。“厚德广行”，语出《晏子春秋·内篇谏上》，原句为“德厚足以安世，行广足以容众”②，其意思是：为政道德深厚，才能使社会安定；做事胸襟宽广，才能够容纳天下万民。通过这次的规划设计，一些地方的县领导、干部和群众知道了“城市文化资本”的概念，知道了县域空间如何发展自己的经济、文化和旅游及一村一品，知道了县域空间再生产的意义，特别是在县城的规划中，我们得出了“泛公园”的概念，提出“引林入城、引水入城，建设花园城市”的理念，尤其规范了乡镇的文化主题，强调“七善广德”的文化价值和文化资本价值，并在全县推广③。

应该说，在笔者的研究中，所有的理论都源于自己的规划设计实践案例，很多规划案例都会以自己创新的理论加以指导，如“城市文化资本”理论、城市循环社会理论等。本书以案例为基础，来解释、分析、建构和论证空间里的生产、空间的再生产与“城市文化资本”再生产的理论、实践与创新的过程。

---

① 张鸿雁.循环型城市社会发展模式——社会学视角的理想类型建构[J].社会科学，2006（11）：71–83.

② 赵蔚芝.晏子春秋注解[M].济南：齐鲁书社，2009：37–40.

③ 笔者主持2005年广德县、2007年郎溪县的“城市文化资本与县域文化发展战略规划”项目。

要想更深刻地理解城市的现状，我们必须掠过历史的天际线去考察那些依稀可辨的踪迹，去了解城市更远古结构和更原始的功能，这应成为我们城市研究的首要的任务。但这还不够，我们还要遵循这些遗迹继续追寻，沿着城市经历的种种曲折和所留下的印痕……①

——刘易斯·芒福德

---

① ［美］刘易斯·芒福德. 城市发展史——起源、演变和前景［M］. 宋俊岭，倪文彦，译. 北京：中国建筑工业出版社，1989：76.

第十一章

从“社会资本再生产”到“城市文化资本”再生产

资本，在现代社会里是一个很普及和使用频率非常高的词汇，一个受过高等教育的人和一个没有受过高等教育的人，在准备找工作或者实施谋生计划时，都会遇到相同的问题，必然有这样的思考或对话：“我能胜任某种工作”，这句话的内涵是：我有能力、我有学历、我有技术、我有资格——有资本，这些要素构成了每个个体换取工作岗位的文化资本。当经济学和社会学把资本分化为更多的类型时，可以看到，人的社会地位也与“资本”联系在一起：社会资本、财富资本、权力资本、人力资本、服从性资本、文化资本等。

一、网络社会的资本文化与文化资本的网络化：价值重塑

伴随资本主义的发展和现代社会的蜕变，现实的资本主义生产关系、经济结构与资本主义刚刚发生时的社会已经有本质不同，“剥削”“榨取剩余价值”等很多传统经济学、传统资本理论已经不完全适用于现代社会条件下、现代企业制度的经济关系和生产关系。现代企业制度下的股份制企业、现代企业的合伙人制度、现代企业的法人制度、自由职业人、独立纳税人、小微企业和个体工商户等，特别是个体民营经济的社会化、股份制化等，在国家新型法制体系中劳资双方都受到有关法律的保护，已经在很大程度上改变了劳资关系。当下，在社会结构、经济结构整体改变的条件下，“全民国家”“共同富裕”“养老社会”及“大同社会”的目标下，社会组织、经济组织的存在目的也在整体结构变迁中发生了某种变化，人们对马克思创造的“经典资本理论”和“剩余价值理论”从不同侧面提出了新的研究视角、新的解释方式。现代社会的生活，似乎每个人都在依靠资本而活，已经没有了传统认知的无产阶级，每个个体和每个家庭及每一种组织，都必须依赖某种“资本”而存在——住房、工资、储蓄、利

息、租金、投资、社会保障（五险一金）、学位、工资性收入和资本性收入等等，这些看起来不相干的概念，都和“资本”、社会生存、社会地位等有关，并已经是所有人生活的日常，没有某种形态的“资本”已经无法适应现代社会的生活与竞争，关键是你主要依赖于哪种资本。

在寻找任何职业和任何科层制的制度型生态位置的时候，其潜台词都包含了一个设问：你有资格吗？从人类学角度说，人的一生都在积累和创造个体资本的过程中，所谓一生都要学习，就是要一生建构个体的文化资本。我们“在差异化社会（sociétés différenciées）中注意到的社会空间的结构是经济资本与文化资本这两个基本的分化原则（principe de différenciation）的产物，因此，对文化资本分布的再生产起决定性作用，进而又对社会空间结构的再生产起决定作用的教学机构，就成了人们为了垄断霸权位置而进行争夺的关键。”①而现实的社会几乎同时都在强调文化资本的制度型要素——学历、学位、作品和各种各样的技术与职位证书等，“考证”几乎成为一个社会、组织对个体要求的最低标准。你有“资本”吗？或许是文化资本、或许是知识资本、或许是技术资本、或许是货币资本等，因为，中国的大多数企业，都已经熟悉“人力资源”和“人力资本”的概念，虽然，有些制度型的文化符号——文凭，对于某些天才和特殊人才来说不是十分公平，但是，对大多数人来讲，制度型认可的各种证书恰恰是创造多数人公平竞争发展的砝码之一，也是对社会文化资本性人才优先选择的一个导向。如果研究纯粹的资本，弗朗索瓦·沙奈是这样说的：“讲资本就得讲‘资源’（资本本来就具有某种‘货币’的外形）或为打开资源流动渠道（如银行贷款）所作的投入，资源的初始所有权（它在整个战后都受到管制，现在又重新充分和全活跃起来）总是趋于只投入盈利为目的的运营活动中，其目的是让资本‘生出利润’。”②资本是趋利的，也是资本的本性，关键是如何通过社会制度因素，使资本在趋利的过程中，限定在社会公平与正义范畴，让资本发挥正功能，这也是现代社会体系的一种革命。

一般意义上“资本”的资源分为多种类型，或是自然资源，如矿山和原材料，或是人造财富资源，再或是智力资源、文化资源等等，只要是有思想、有创意、有新科技发展作为前置条件，一切都可能成为资源，甚至可以创造资源。文化资本的“资源”具有现代性的特殊意义，正如前面几章论述到的，在以往传统社会当中，文化资本还没有作为学术研究的对象，没有意识到文化资本可以作为创造财富推动社会发展的要素。当我们在现实的社会发展中认识到了文化资本价值之后，许多学者的

---

① ［法］皮埃尔·布尔迪厄. 国家精英——名牌大学与群体精神［M］. 杨亚平，译. 北京：商务印书馆，2018：9.

② ［法］弗朗索瓦·沙奈. 资本全球化［M］. 齐建华，译. 北京：中央编译出版社，2001：11.

文化资本研究取得了丰硕的成果。我们会看到，作为文化资本的资源，也是需要细分的，包括自然资源——某些自然资源被赋予的文化内涵，如某一个雪山，可能从来没有人上去过，但是，它却有无数的美丽传说，自然的山体被赋予了文化和文化生命。另外更重要的是文化资本的资源更多的是新发明和创造，包括知识、技术、工具所有制和智慧成果等，还有通过创意、设计、发明出来的新概念、新事物和新产品等等，从这个角度来讲，文化资本的“资源”更多地来自智慧、思想，而“思想、主意和创意成果是与个体生命为伴的”。“为了使资本‘生出利润’，以盈利为目的的运营活动从根本上说（不过这并非重要）是有‘选择性’的。”[①]这一逻辑本身的价值在于说出资本“生出利润”的本源，那么，这个前提是对资源的重新认识，包括对资源创造性和建构、重构等方式。对于个人、群体和城市来说，都不同程度地存在着某种资源，但是，这些现存的资源不是资本，就如埋藏在地下的货币不完全等于资本一样，只有让货币进入生产、再生产和流通过程，并形成生产、流动和价值转换的再生产过程产生的货币与价值，才能成为真正意义上的资本。

世界上的城市都在不同程度上存有某种有地域性特点的文化资源，有些城市因得天独厚的地理条件和历史原因，可谓天生就具有典型的、丰富的自然与文化资源，当然，相比较而言，也有一些资源不丰富、资源匮乏和资源枯竭型的城市。无论何种情况，所有的城市都面临资源再转化、资源再创造，资源转化为资本和文化资源转化为“城市文化资本”的问题；换言之，很多城市可持续发展的动力不足，在很大程度上是因为没有能够把公共财富转化为具有公共财富价值的“城市文化资本”，根源在于没有“城市文化资本”再生产的土壤和“文化场域”。秘鲁学者赫尔南多在《资本的秘密》一书中是这样说的：第三世界的一些国家，占全世界五分之四的人口，“但他们缺少表述所有权和创造资本的过程。外部有房屋，但是没有所有权凭证；他们有产权，但是没有契约；他们有企业，但是没有法人（资产阶级法权）地位。他们能适应从回形针到核反应堆的每一个西方发明，但正是因为他们缺少这些基本的所有权的表述，才始终无法创造出使他们国内的资本主义制度发挥功效的足够资本。笔者认为这就是资本的奥秘。要解开这个奥秘就必须弄明白：为什么西方人通过用所有权文件以表述资产，就能够从资产中发现并提出资本。我们知道某些事物的存在（例如资本），但却看不到它们——理解并掌握这类事物一直是人类思维的最大挑战之一。”[②]赫尔南多说的情况在传统的古代、近代及改革开放前的中国是这样的。在当下，这种情况正在得到改变，21世纪初的中国在一定领域内的“资产阶级法权”——所有权的法理文化和市场经济的契约关系正在

---

① ［法］弗朗索瓦·沙奈.资本全球化［M］.齐建华，译.北京：中央编译出版社，2001：11.

② ［秘］赫尔南多·德·索托.资本的秘密［M］.王晓冬，译.南京：江苏人民出版社，2001：7.

展开，改革开放后民营经济的繁荣就是这一改革的成果。马克思曾说过“资本是一个历史范畴”，正因为资本是历史范畴，必然具有某种社会属性，在不同的社会发展阶段和不同社会制度环境内，不同资本要素的生成、发展和在经济结构中的地位是不同的，在传统的奴隶社会和封建社会，是没有真正的土地私有制的，这也是马克思对中国及东方的一种土地关系的研判。在传统社会结构中，权力和资本互为本体，表现为权力的首位性，因为权力和货币资本具有同质性，是一支配力量，可以支配千千万万人的手。布尔迪厄的文化资本理论论点也是在强调，文化资本也有一般资本所具有的某种支配功能，他认为“由资产阶级中最古老的家族保障的文化传承除了继续独自开辟通往很大一部分霸权位置的通道之外，还独自获取形式极其特殊的文化资本（如举止、行为方式、口音）和社会资本；这种文化资本和社会资本与继承所得的经济资本结合在一起（甚至也可能不存在经济资本），共同构成了竞争中的优越条件，从而使这些资本的持有者能够战胜拥有相同文凭甚至更高文凭的竞争者。”[①]布尔迪厄的观点核心是，当你有足够的文化资源和资本的时候，加上其中一部分可以传承的家族文化的保障，文化资本与其他资本结合后可能获得更高的资本价值，因为文化资本有钱币的功能，但又不完全等同于钱币本身，更多的是包含个人的修养、学识、学术能力、学历及技术水平甚至包括道德修养等，因此，个体文化资本天生具备的强势——家族文化与求职信，在于可以使经济资本、货币资本和权力资本获得更好的运行动力，而且，结合符合社会规范的契约关系，在文化资本的运行中，会使经济资本、货币资本和权力资本具有更深刻的人本价值，即可以显示更公平、公正的文化属性。当然，这一定是在制度、政策、机制等要素构成的一种“文化场域”内，并且这个“场域”能够对文化资本与其他要素结合给予更宽松的成长空间才有可能如此。

1867年，马克思给恩格斯写信说：“我的书最好地方是：（1）在第一章就着重指出了按不同情况表现为使用人的价值的劳动的二重性（这是对事实的全部理解的基础）；（2）研究剩余价值时，撇开了它的特殊形态——利润、利息、地租等等。这一点特别是在第二卷中表现出来，古典经济学家总把特殊形态和一般形态混淆起来，所以在这种经济学中对特殊形态的研究是乱七八糟的。”[②]可以看出，马克思在研究资本和剩余价值的时候，多数时候是强调利润、利息、地租等，但在《资本论》书信集里，强调“撇开了”经济资本生成的前提，对于这一论述的研究，在经济学领域是一

① ［法］皮埃尔·布尔迪厄．国家精英——名牌大学与群体精神［M］．杨亚平，译．北京：商务印书馆，2018：561.

② ［德］马克思，恩格斯．马克思恩格斯全集：第31卷［M］．中共中央马克思恩格斯列宁斯大林著作编译局，译．北京：人民出版社，1998：225.

个非常常见的观点，在必须了解商品的价值与价格两重性的同时，更要了解资本两重性，即“特殊形态”与“一般关系”。所谓“特殊形态”与“一般关系”的理解是马克思在1883年给《评瓦格纳的〈政治经济学教科书〉》中论述的：“剩余价值本身是从劳动的特有的‘特殊的’使用价值中产生的。”[①]在中国现代化的转化过程中，对资本的认识曾被烙上典型的历史范畴性，即1949年后的中国，曾一度把“资本”视为洪水猛兽，与“垂死的、腐朽的资产阶级一样，具有腐朽性”。历经磨难之后，当代世界经济的一体化，使得任何生产形式都有可能在世界范围的经济环境中产生竞争关系，资本已经成为国家与民族赖以生存的前提和条件。2008年全球金融危机更证明了这一点，即国家的力量，城市的力量，在一定意义上都表现为资本的力量，如纽约这座城市的产生与发展并成为世界经济文化中心之一。之所以如此，学者们大都反复强调曾经是货币资本力量的结果，但是回过头来反观纽约以及和纽约比肩的巴黎、伦敦、东京等“全球城市”，它发展的内在因素恰恰是文化的力量，是城市文化软实力的力量，是典型的“城市文化资本”再生产的力量。

纵观21世纪20年代的全球国际间的城市竞争，国家与城市的发展在需要资本力量的同时，还要加上文化资本的力量。也有人提到一个国家的基础资本，如土地和劳动力等，但是，学术界以及实业界对资本本身的认知是有不同观点的[②]。如赫尔南多认为：现实生产中很多已然存在的事物我们却不能认识，这种情况实际上是人类社会发展的一般常态，即人类本身的存在与发展就是在不断地发现新事物、认识新事物和创造新事物的。

二、“城市文化资本”视角：“新经济资本”理论的人文价值主张

近代以来，在全球现代化的发展中，某些现代化国家和全民福利国家的经济增长，“资本”不

---

① ［德］马克思，恩格斯. 马克思恩格斯全集：第19卷［M］. 中共中央马克思恩格斯列宁斯大林著作编译局，译. 北京：人民出版社，1985：414.

② 简·雅各布斯（Jane Jacobs）认为：“传统观点认为，一个国家的‘基础’资本是土地以及涌入这块土地的劳动力，但这显然是错误的。如果这一观念正确，那么如今以农业为主的国家就应该向高度工业和城市化的国家出口资本和其他金融服务，而不是相反。另外，在工业化和城市化的国家里，农村地区将可能通过为城市提供税收补贴的方式，向城市出口资本。亨利·乔治（Henry George）以城市是基础资本和基础财富为前提，得出城市中制造出的所有利润都源于城市土地价值。当然，城市土地极高的价值并不源自土地本身，而是其上集中的劳动。”参见：［美］简·雅各布斯. 城市经济［M］. 项婷婷，译. 北京：中信出版社，2007：169.

完全都是通过“榨取工人阶级血汗而创造的剩余价值”，米尔斯的《白领》就提到，在20世纪50年代初，美国的白领人数已经超过蓝领人数，传统的工人阶级数量在减少，而其他阶级人数在增长，如“金领”阶层、“农业白领”、“技术阶层”和融合化的创意阶层的崛起等。发达国家的和发达城市的产业工业的比重，已经从二产转向三产，即服务型产业的就业比重在世界一线城市已超过86%左右，这些都是在新的社会关系、阶级关系、阶层关系结构性变化的基础上，“资本”在以多类型的方式创造剩余价值。有时，有些地方资本甚至也是以善的方式创造价值的。比尔·马丁和伊万·撒列尼对此说：“在马克思的阶级理论中，资本包含两个相似的价值：占有和支配，虽然占有和支配之间的关系是‘辩证的’，但至少在资本主义社会的条件下，‘占有’的价值似乎要胜过‘支配’的价值。”[①]通过研究发现，在布尔迪厄的理论中也强调“支配的价值是主要的”，即文化资本的支配性是主要的，这也是与社会的现代性呈正相关的。虽然文化资本允许它的“所有者‘占用’文化生产场域的机制，但这是文化支配而不是狭义的‘剥削’。简要地来说，布尔迪厄并未尝试说明经济剥削来自文化资本所有权。文化资本所有权确保了文化支配，而经济剥削是由金钱资本所有权来说明的”[②]。在很多世界500强企业、全球城市中，高学历成为发展的主导阶层就证明了这个道理，即文化资本的某种支配性意义。

在中国传统经济理论中，人们从马克思《资本论》那里获得对剩余价值与资本的理解至今基本上还没有变化，在很多教科书中仍然沿用马克思传统资本理论的价值观。我们必须承认，马克思时代的生产组织形式、市场关系、产业规模和产品生产的速度等已经不能和现代的发展相比，过去的时代没有智能新科技和网络社会的智能化、数字化、超规模化和国家公共文化设施的某种均好化政策的出台等，资本主义发生时期的生产方式和分配方式彻底改变了，以往那些违背人性的资本扩张受到了某种扼制，现代企业制度的持续变革、资本主义新教伦理的企业经营思想、社会法制的进步等，已经在很多方面改变了“劳资关系”和企业利润的分配结构。现代智能数字化网络的企业经营、企业税费缴纳等，都已经通过国家整体的管控，纳入了法制轨道，社会资本的整体分配体系和劳资关系在发达国家已经具有了法律意义上的公平和正义，虽然在某些领域、某些国家和地区仍然存在着传统意义上的“剥削”，甚至是重复着马克思笔下古典资本主义发生时的过程。但是现在，越来越多的国家正走在“全民福祉”“共同富裕”和中产阶层在不断壮大的路上，资本主义的生产与再生产方式已经发生了质的变化，有些地方所谓的“剥削”与早期资本主义发生时期的剩余价值

---

① 薛晓源.全球化与文化资本［M］.北京：社会科学文献出版社，2005：306.

② 薛晓源.全球化与文化资本［M］.北京：社会科学文献出版社，2005：306.

的剥削有着本质的不同。笔者很同意林南先生的观点，他在《社会资本》一书中说："我把马克思所描述的资本的概念及特征称为古典资本理论。资本作为产生利润的资源投资，这一基本思想在以后所有的资本理论中持续沿用。然而，在马克思的图式中，投资和利润都属于资本家，生产过程的劳动并没有为劳动者产生积累资本。古典资本理论将论点建立在以下基础之上：阶级分化是资本主义的基础，剥削阶级控制着生产资料并占有被剥削阶级劳动所创造的全部剩余价值。"[①]信息技术革命、网络智能化社会、社会整体现代化等，使生产关系、生产形式和生产要素发生了深刻的结构型的变化，包括社会财富总量的增加，企业组织和职工组成结构都发生深刻变迁，企业股东类型多样化，包括技术入股、专利入股、管理入股、知识入股、投资入股及全员股份制企业等，很多人既是企业拥有者，同时也是劳动者[②]。

或者说："在过去40多年里，资本理论已经发展为新资本理论，新资本理论基本上修改或者排除了作为古典理论方向中所必不可少的阶级解释。这些对资本的替代性解释主要包括人力资本、文化资本和社会资本理论"[③]，核心的价值取向是人力资本、文化资本是更重要的财富形式，一些国家的全民化和全民福利化以及更多国家的最低保障政策等，通过一系列的法律政策的管治，传统的劳资对立关系得到了根本的改善。在具有现代性的市民社会关系内，资本剩余价值的获取有多种方式，也可能是所谓"经济独立人"的行为结果，包括股份制的及社会化前提下经济体内新产生的不同的新经济组织形式、新的经济结构体等。上市公司在广义的社会化股份制的整合与分配中，其资本的结构及构成、资本的社会属性都发生了质的变化，包括资本剩余价值的获取方式已经不仅仅是"投资者"——"资本家"的事情，也是股东和股民的事情，也是市场上一般性投资者的事情。

布尔迪厄对资本转换的看法有独到之处，他说：在经济交换中，"实践的经济（economy of practice）是资本主义的历史性发明，它把交换世界简化为商业交换，而商业性的交换无论从客观上，还是从主观上都力图追求利润最高值，即（经济性的）自身利益；正是通过这种简化，经济理论将交换的其他形式隐喻性地界定为非经济（non-economic）交换，因而也就是超功利性

---

① ［美］林南. 社会资本：关于社会结构与行动的理论［M］. 张磊，译. 上海：上海人民出版社，2006：6.

② 中新网2022年8月30日电：截至2021年末，全国中小微企业数量达4800万户，比2012年末增长2.7倍；我国每千人企业数量为34.28户，是2012年末的3.4倍；2021年我国日均新设企业2.48万户，是2012年的3.6倍。中小企业快速发展壮大，是数量最大、最具活力的企业群体，成为我国经济社会发展的主力军。（中新财经）

③ ［美］林南. 社会资本：关于社会结构与行动的理论［M］. 张磊，译. 上海：上海人民出版社，2006：7-8.

（disinterested）的交换。”[①]这种经济理论之所以被定义为“超功利性的（disinterested）交换”，“是因为通过改变性质，绝大多数的物质类型的资本（从严格意义上说是经济的资本类型）都可以表现出文化资本或社会资本的非物质形式；同样，非物质形式的资本（如文化资本）也可以表现出物质的形式。”[②]这种研究结果对我们的启发是：经济资本理论的交换是以商业和利润为目的，通过某些转换方式可以使交换表现为“超功利性交换”，这个“超功利性交换”转换是有条件的，即“契约关系”所规范的具有合法化的、市场化过程，或者说具有“新资本”内涵属性的社会客观性。以往人们单纯地认为货币资本、土地资本和权力资本等是社会资本总体价值的体现，人们在经济活动领域更多地只关注货币、权力和土地资本这三种资本之间的利益转换，这三种资本之间的无论何种利益交换都必然产生“超经济利益关系”，甚至是“超经济利益价值”，往往对某一社会存在的发展造成负面结果。文化资本所具有的天性——客观性、身体性、自为性、技术性、工具性、作品性和知识性，以及附着在文化资本之上的文化传统伦理特质等，在契约关系的制约下，与其他资本的“交换”很少会“超功利的交换”，如果没有权力和传统资本的介入，文化资本的交换往往具有社会意义和商品交换过程的平等性。如，在社会发展法制常态化、程序合法的情况下，一个人因为发表的作品多、成果多、质量高、创新多、发明创造多等，可以理所当然地当上教授、获得奖励，或者被推举为某一机构的领导，其以文化资本的内在的、获得社会和市场认可的、通过合法程序进行的“交换”，也可以是一种“超经济利益价值”——而这种“超经济”表达的是高于经济价值的真善美的反映。或者说，如果基本的硬性指标没有达到，其他权力和资本介入的可能性则比较小，虽然现实中这类现象可以看到权力和资本无孔不入，但是比较而言，真正的文化资本具有社会的客观性，通过用文化资本获取的价值具有相对合理性，这就是文化资本的本原价值。更多的文化资本创造和能量释放以及“城市文化资本”再生产，让我们看到了社会发展的良性前景，“新资本”价值条件下的文化知识、文化产品、文化作品和文化良知结合建构出的文化软力量，对于推动社会进化的意义是十分重要的。

布尔迪厄认为，具有文化资本性价值的产品不是一般的生产者能够完成的，生产过程也与传统生产方式不同。文化资本再生产强调的结果不仅仅是要生产“产品”，而更多地是要创造、创新、创意生产出来的“作品”型产品——独创的、有个性的甚至是天才的作品。一般“生产者们便被纳入了一整套的等级化制度之中，并且具有了合理化的职业生涯。生产单位在技术上和社会关系上都差异化了，甚至常常还被等级化了；人们在这样的生产单位里集体完成了一项工作，而且它在很

---

① 包亚明. 文化资本与社会炼金术——布尔迪厄访谈录［M］. 上海：上海人民出版社，1997：190.
② 包亚明. 文化资本与社会炼金术——布尔迪厄访谈录［M］. 上海：上海人民出版社，1997：191.

大程度上离不开过去或者现在的集体劳动，同样也离不开昂贵的生产工具，那么这项工作就不可能被笼上神圣的光环”。但是，同时也被“那种神化氛围”——“文化场域”生产出来的文化资本性作品“只属于作家、艺术家或者传统的哲学家——天赋。从客观上和主观上来揭示‘创造性’活动的秘密，这与社会生产条件的变化是相互关联的”①。文化资本价值意义在于，既不是权力继承来的，也不是财富继承来的，更多的是创造型、创新型的结果，从个体的文化资本，上升到“城市文化资本”也同样具有“超经济利益”和“超权力经济”的价值和力量，这个“超经济”“超权力”的力量就是不依赖权力性“超经济”力量而创造社会、经济和文化的发展，关键在于主要依赖于社会、大众、技术、历史和市场认可的力量，创造出独一无二作品化的文化资本，并以其本身强大的公共性价值成为社会共同的财富和社会资本，这是一种全新的社会宏大叙事实践，“城市文化资本”是市民社会的产物，又是市民社会演化发展的催化剂。如果说权力资本是腐蚀剂，社会关系资本在某种条件下是权力腐败与资本腐败产生的土壤，货币资本是权力资本和社会关系资本的奴婢，那么，唯有文化资本的最初形态是通过自身、自然、传统、习得的养成和努力获取的，其中蕴藏着毅力、智慧、道德和社会制度性的认同，可以说文化资本特别是通过建构过程创造的“城市文化资本”，是创造健康社会的直接动力，社会需要在整体上像了解传统的一般资本和“新资本”概念一样，懂得“城市文化资本”的内涵与价值。

工业革命以大工业产业的人口集聚为标志，这种集聚为城市化的发展创造了前提和基础，从此，人类自身开始认识到了自己创造的城市成为社会经济发展的核心和动力，同时，城市也成为科学的研究对象，即为什么城市会产生与乡村截然不同的作用？人类在现代化进程中认识到了城市与乡村是作为对立物而存在，城市与乡村此消彼长，人类社会在城市人口达到50%以后，就在整体上已经进入城市社会。近代以来的城市发展经验证明，城市是人类现代化过程中的永远的“中间状态”，是不断进化的现代化过程、形式和结果，并且是代表着社会发展的现代性的经典形式。

人类在城市的进化中认识到：人类自己创造城市，人类本身具有文化积累能力和文化选择能力，人类之所以能够进化并不断发展的一个重要原因是，人类把创造的文化积累起来并传递给后代和远播四方。中华民族的文化就是这样一种发展历史，华夏文明在中世纪以后就已经传播到当时历史和自然界线的极限边缘。积累、传递、传播的最大容器和工具就是城市，人类因城市具有集聚、传承、传播和创新的功能而成就伟大文化与文明。换言之，人类在自然界的伟大是因为自身创造了伟大的城市。

---

① ［法］皮埃尔·布尔迪厄. 国家精英——名牌大学与群体精神［M］. 杨亚平，译. 北京：商务印书馆，2018：595.

所有精神的、物质的、思想的、文化的、技术的人类精华大都存储、产生在城市里，虽然城市里也必然滋生人类文化的糟粕，但乡村却无法像城市一样能够存储、创造人类的先进思想文化。

城市是人类社会发生以来最伟大的财富价值体现集中地[①]。积累和集中资本的过程同时也是城市的产生和发展的进程，亦如马克思所说，城市就是资本的集中。“当资本在一片领土内积累和集中时，这片土地上就会出现城市的增长。”[②]城市代名词与资本紧密相连——城市既是资本的集中地，也是资本的滋生地，更是文化资本的自然集中地——有人集聚的地方就有文化的集聚，人本身就是一种文化符号，卡西尔在《人论》中把人定义为一种文化符号，正因为如此，“城市文化资本”才具有特殊意义的人文价值和科学的认知价值。也因为城市集中表现了人类的财富意义和象征性，所以必然使城市中生活的人们对巨大的建筑物所形成的财富意义产生异想，即面对城市中极富诱惑的财富和财富的个体差异，必然对金钱和世俗关系的产生形成特殊认知，辉煌的城市建筑——一切伟大的建筑构筑的物质化空间必然使神权受到深刻挑战，进而也必然率先在城市社会形成“世俗化”的文化思潮，形成对以往事物“否定之否定”的新生事物的土壤。

面对城市在工业化、现代化及后工业社会所展示的财富意义与文化价值，面对城市里鳞次栉比的高楼大厦，面对一座座先进智慧型的工厂——那一幅幅人类智慧的杰作，面对城市里所表现出的信息智能化和生产方式日新月异的变化，或许我们应该问：这是上帝的作品吗？建造这些人类智慧作品的时候上帝在哪？面对城市里那让人魂魄升华的异类空间，城市，让人们看到人类自身的伟大、人类智慧的伟大、人类财富力量的伟大和城市的伟大，城市是人类自身创造的财富本体，“城市文化资本”是城市文化容器中人的创新行为的最新成果之一，国家和社会现代化、后现代化机能的一部分，其结果性最伟大之处在于城市可以创造性地进行“城市文化资本”再生产。芒福德强调说：“在城市发展的大部分历史阶段中，它作为容器的功能都较其作为磁体的功能更重要；因为城市主要地还是一种贮藏库，一个保管者和积攒者。……城市社区的运动能量，通过城市的公用事业被转化为可贮存的象征形式。”从奥古斯特·孔德（Auguste Comte，1798—1857，法国哲学家）到W. M.惠勒（W. M. Wheeler）的一系列学者都认为：“社会是一种‘积累性的活动’，而城市正是这

---

① “不过我们应当承认：资本，特别是那些依赖于新的信息与通讯技术的资本流动速度与规模，确实催生了某些新东西。我们甚至也承认世界变得更加‘互相依赖’，至少，资本的中心地带发生的经济运动的效应易被全球感知。”埃伦·M.伍德.资本帝国[M].王恒杰，译.上海：上海译文出版社，2006：102.

② ［美］查尔斯·蒂利.强制、资本和欧洲国家：公元900—1992年[M].魏洪钟，译.上海：上海人民出版社，2007：20.

一活动过程中的基本器官。”[①]人类社会是一种有机构成，亦如自然界中鸟类创造的鸟巢一样，是自然的一部分，那么，人类创造城市为什么不是自然的一部分？人类创造的城市在本质上也是自然的一部分，是人类有机体的结构化构成，城市作为“文化容器”之说的得出，鲜明地揭示了城市在人类文化进化方面的意义与功能，而且，对于人类反身认识城市有非常重要的作用。

从资源转化为资本特别是转化为文化资本的问题在历史上长期没有被人们所正视，所以城市长期以来更多的是政治、军事与经济中心，但当网络社会已经连接了全球的时候，“城市文化资本”再生产可以在数字化和智慧化发展中产生无限能量。回顾“城市文化资本”概念发生以来的二十多年的持续研究，从个体文化资本到公共“城市文化资本”的升华对社会进化有重大意义，即中国在2010年已经进入城市社会，城市成为社会发展的主体和创造财富的主体，而“城市文化资本”是推动社会发展主体和创造财富主体——城市的本源动力。

三、历史文脉与场所精神——把集体记忆转译为“城市文化资本”

从个人文化资本——教育和相关文化资源的意义上，延伸到“城市文化资本”的过程，是一种文化模式和范式的转化，当从文化资本意义创造城市功能时，实际上是开创了一个认识世界特别是认识城市世界的新窗口，在这个理论与方法的框架下，使我们能够发现城市的新界面、新层次、新结构、新价值、新功能、新空间和新的内在文化有机的创新演绎规律[②]。这也许应该可以视为人类

---

① ［美］刘易斯·芒福德.城市发展史——起源、演变和前景［M］.宋俊岭，倪文彦，译.北京：中国建筑工业出版社，1989：74.

② 笔者在2002年出版的《城市形象与城市文化资本论——中外城市形象比较的社会研究》一书中，说明了“城市文化资本”首创的起因和过程，但是，那时还没有把“文化资本”和“城市文化资本”从“个体”与“公共”两个范畴在本质上进行严格区分。“文化资本”从原意上是对个人或群体而言的表现为知识或思想形式的财富，它支持着身份和权力的合法性。布尔迪厄提出的文化资本的概念扩展了马克思经济资本的概念。人们认为拥有文化资本的人能对其他群体行使一定的权力，而这种形式的资本可以获得想要的职业、地位，并且可以获得更大的经济资本，并使这种经济资本获得合法化的社会意义。杨善华主编的《当代西方社会学理论》一书对布尔迪厄的文化资本理论进行了说明与介绍：“所谓文化资本，是指借助不同的教育行动传递的文化物品。在一定条件下，这些文化资本可以转化为经济资本，并可以通过教育证书的形式予以制度化。文化资本有三种存在形式：一是身体化的形态，体现在人们身心中根深蒂固的那些性情倾向中；二是客体化的形态，体现在那些文化物品之中（例如书籍、词典、机器等）；三是制度化的形态，体现在那些特定的制度安排上（诸如教育的资格认定方面的规定）。……而且文化资本比经济资本更顽固，这一点特别体现在文化资本的积累上。一个人拥有的文化资本越多，他就会更容易更快地积累新的文化资本。”参见：杨善华.当代西方社会学理论［M］.北京：北京大学出版社，1999：284-285.

对城市发展规律和本质的一个新发现。“城市文化资本”的提出，在一定意义上强调的是城市业已存在的精神文化、物质文化、制度文化和所有类型财富作为资源可以转化为“文化资本性价值”意义：一是赋予资源的资本性价值，二是赋予资本性与文化价值结合性功能，三是赋予文化资本从个人属性转化为公共资源属性——这一理论创造的本身也是一种创新。如城市自身的自然文化遗存、各种优秀物化空间的遗存、流芳千古的英雄人物和得以传承的精神文化，以及城市自身创造的一系列的文化象征符号等，都可以视为文化资源，且均具有鲜明的资本属性和文化意义①，问题只是在于如何把它变成有生命力的“城市文化资本”。在这一认识角度上，芒福德的学术观点进一步证明了“城市文化资本”的价值：“用象征性符号贮存事物的方法发展之后，城市作为容器的能力自然就极大地增强了：它不仅较其他任何形式的社区都更多地聚集了人口、机构和制度，保存和流传文化的数量还超过了一个个人靠脑记口传所能担负的数量。”②城市记忆本身就是城市的资本，特别是那些构成民族和世界意义的“集体记忆”——物质的和非物质的，伴随着城市的发展历程，都可以通过某种条件转化为“城市文化资本”。

中国的城市历史悠久、数量多、类型多样，仅历史文化名城就有140多座③，从全世界范围看，中国几乎所有的城市都可以进行“城市文化资本”再生产，这也是中国国家硬实力和软实力综合的重要组成部分，有些城市的历史文化、集体记忆、自然资源等唯一性要素可以信手拈来，还有些“城市文化资本”已经具有世界意义上的文化唯一性和垄断性价值，如北京的长城、故宫与颐和园文化，上海的外滩、南京路与豫园文化，西安的大小雁塔和大唐文化，南京的六朝、中山陵与夫子庙文化，杭州的西湖、灵隐寺与杭州城文化，拉萨的布达拉宫、唐卡与玛尼堆文化等等，几乎每座城市都有值得人们怀念和观光的地方，这些城市“记忆”符号成为一种历史的象征，既是城市的财富，也是人类社会共同的财富，并构成城市的文化符号和“城市文化资

---

① 美国学者弗雷德理克·詹姆逊在《文化转向》一书中对“文化与金融资本”进行研究分析，他认为：“至于抽象问题——金融资本是其中的一个部分——也必须从它的文化表达上去理解。早期的真正的抽象——在19世纪工业资本主义时期的大城市里货币和数字的作用，被希尔费丁（Hilferding）作了现象上的分析，并被乔治·齐美尔（Georg Simmel）在他的‘大城市与精神生活’这一富有开拓精神的论文中作了文化上的诊断——当时还有一个重要的分支，即各种艺术中我们称之为现代主义的出现。”参见：弗雷德理克·詹姆逊. 文化转向［M］. 胡亚敏，译. 北京：中国社会科学出版社，2000：139-140.

② ［美］刘易斯·芒福德. 城市发展史——起源、演变和前景［M］. 宋俊岭，倪文彦，译. 北京：中国建筑工业出版社，1989：74-75.

③ 胡永秋，白宇. 我国有140座国家历史文化名城［N］. 人民日报，2022-06-20（14）.

本”的形式[①]。

在中国广袤的土地上，许多城市创造了有地方特色的“场所精神”，包括地域的风土人情、城市学派以及有地方性格的城市文化——进而转化为“城市性格”和“城市人格”的文化特质，如北京人、上海人、沈阳人、成都人……几乎每个个体都具有鲜明的城市文化属性和城市文化所表现的城市性格。几千年华夏文明积淀下来的以北京为代表的“京派文化”、近代中西文化冲突与融合而形成的以上海为代表的“海派文化”和以香港为代表的“港派文化”以及岭南文化、关中文化、齐鲁文化、巴蜀文化、川渝文化、吴楚文化、吴越文化、东北文化、江南文化等等，均构成地域的、城市的巨大无形资产，构成“城市文化资本”再生产的价值。以上海为例，“时尚流行文化”“租界文化”“上海小资文化”及中国消费者从文化心理结构上对上海消费品的高度信任等，这种“海派文化”现象，随着市场经济关系的发展越来越深化，上海的时尚和品牌，成为中国人的一个消费文化符号，并在更多的层面上展现着“城市文化资本”的刚性价值与功能。正如杭州灵隐寺与北京故宫所具有的“文化垄断性、唯一性资源”功能一样，自身产生着无限的、与时俱增的文化资本价值，并诠释历史的人文意义。

“城市文化资本”与经济资本之间有一个属性差异，这就是“城市文化资本”具有人文精神与集体文化认同的历史性的一种新意涵，不是简单的赤裸裸的传统资本的剩余价值，而是一定社会阶段的文化精神支柱。一位西方学者对纽约的城市评价很值得研究：“从任何角度来讲，纽约都是一座与众不同的城市。当提到波士顿、费城、芝加哥或者旧金山时，人们通常会谈论这些城市里的人们在想什么或者做什么，可是没有人在提到纽约的时候会谈论它的人民，而只会谈论这座城市本身。因为这座城市比它的人民伟大得多！是纽约造就了它的人民；在别的地方是人民造就城

---

① 笔者提出“城市文化资本”的概念，这仅仅是这一问题研究的开始，在最后一章中还有一些相关的解释。我们可以从乔治·索罗斯的资本认识观中，反面认识“城市文化资本”的意涵。索罗斯在全世界许多国家建立了“索罗斯基金会”，也称为“开放式基金”。他在《开放社会——改革全球资本主义》一书中说：“有意思的是，经济理论也存在着同样的弱点。地缘政治学建立在国家之上；经济学建立在孤立的个人之上，即所谓的经济人（homo economicus）。这两个概念都是靠不住的，都不能作为这种理论的基础。因为在这里经济人被假设拥有完备的知识，他们既完全知道自己需要什么，也完全知道自己所面对的机会是什么，并能够根据这些信息做出理性选择。我们已经明白，这样的假设是不现实的；我们也知道，经济学如何通过把偏好和机会看作给定而回避了这种困难。但我们却留下这么一种印象：人是受其自我利益指导的孤立个人。现实中，人是社会动物：‘适者生存’中必然包含合作与竞争。市场原教旨主义、地缘政治现实主义和庸俗的达尔文主义有一个共同的缺陷：除了狭隘的自利动机之外，不承认其他任何动机。”参见：［匈］乔治·索罗斯. 开放社会——改革全球资本主义［M］. 王宇，译. 北京：商务印书馆，2001：320.

市。”[①]这一结论有些极端商业化描述倾向，虽不能苟同，但暗合了上海世博会的口号：城市，让生活更美好！至少可以在托马斯·科斯纳的观点中看到某类城市作为一种文化资本储存器的强大功能，包括沙森提出的“全球城市”中四座一线城市（纽约、伦敦、东京和巴黎），可以影响全球的城市文化，可以对城市人进行重塑和再造，这恰恰是“城市文化资本”的显性功能！

北京、上海、广州、深圳、沈阳、重庆、成都、苏州等城市都显示出特殊的“地方文化的养成功能”，外来的人或被动或主动地很快就成为“本地人”，究其原因，除了文化的某种排斥性压力因素较小而外，更多是因为这些大城市都具有某种文化特色或曰生活方式的高质量、样板性、时尚性及现代性。北京和上海这两座城市在地方性文化和“场域精神”方面具有代表性，在中国历史发展中的文化引领作用也是其他城市所不能比拟的。北京的“城市文化资本”塑造了北京人的大气和“官本位”的文化性格与意识，上海的“城市文化资本”重塑了从城市外部来到上海的“新上海人”的精明和国际化意识。明清及近代以来从江浙一带走出来的文化人，往往是进京成为“京派”文人和学者，进了上海成为“海派”文人和学者。从城市可以改造人、塑造人、酿造人的文化功能看，城市财富的最大集聚是人才资本的集聚，一座城市一旦形成人才资本的高度集聚，就会形成一种精英文化选择能力。人才资本的高度集聚，也必然是文化资本的高度集聚，群体性创新人才可以创造一种典型的“创新文化场域”，既可以创造这座城市的财富，又可以创造这座城市的精英文化，而使这座城市成为一个时代的思想文化引领者。如果有相对成熟的城市市民阶层，不仅能创造出经典的城市理念、城市文化人格，还可以创造出城市特有的文化行为系统——包括语言、艺术、民风和时尚等。当然，也必然会创造出与城市空间再生产相适应的视觉艺术系统和物化空间。比较典型的是全球创意城市网络，中国南京作为创意城市网络中的“世界文学之都”，就非常典型地体现了这一理论。南京从古至今有着非常强大的文学基因，重要的是在这块土地上生长了无数的文化和文学精英，文学成为南京的一个文化品牌和城市形象的可识别要素，在参与全球文化产业分工中，创造了南京的世界文化身份识别系统，也成为“城市文化资本”再生产层面的城市价值，并成为城市市民文化资本养成的一个要素，形成城市精神与物质层面的双重融合性的价值建构，以此推论，南京历史上的城市文学经典产生在南京不是无缘无故的，是有文化与文学生长的土壤的——形成南京文学之都的“文学+文化”的模式，从而培育出一批具有文化资本的优秀人才和天才，并在一定程度上建构了包容的、书卷气的“金陵派学术文化型”城市文化个性，至今的南京还能在一些市

① ［美］托马斯·科斯纳.资本之城［M］.万丹，译.北京：中信出版社，2004：序言.

民身上看到六朝文化的遗风。

任何城市都存在着个性化的、有地方特色的文脉和文化传统，既有先进文化和高雅文化，也有相对落后的文化和文化糟粕。城市是一种社会存在，存在就是问题，而解决问题也是一种存在。城市文化传统存在着发展先进与落后的差异，但毕竟都是历史的一部分。优秀的文化传统一般包括习俗和地方性的生活元素、政治传统和与人类社会发展相一致的可歌可泣的优秀城市精神文化等，不同层次的文化是城市赖以生存的经济、社会、文化的基础和精神支柱。优秀的历史文化传统要素通过“城市文化资本”的再生产的锻造，会成为鼓舞、激励城市人创新发展的力量，而且在很大程度上也会成为城市人个体的文化资本和心理文化结构要素的一部分。纵观人类历史与文化的发展，每一座城市的个性化的、属于集体记忆的自然空间、人文景观和历史遗存等都具有文化资本意义，因此，对城市历史、精神文化和物质文化的保护与创新，也是“城市文化资本”运作的一种形式。

很多专业研究者都熟悉“历史地段（Historic District ／Historic Site）”①“历史文化街区”等概念，这是历史文化名城和有历史的城市的文化记忆和城市价值的一种表现，我们可以通过“历史地段”保护、再造和再生产来理解“城市文化资本”的个性与城市历史文化属性。对“历史地段”保护，在城市可持续的文化软实力建构、城市形象提升、城市规划、和谐社会建设等方面有重要意义，“城市文化资本”再生产是需要将城市进行空间分解，或结构性地划分出城市历史文化要素构成的“灵魂”所在空间，并实现其价值——历史的和现实的价值。城市的“历史地段”是城市和“城市文化资本”再生产的资源，是城市历史的“文化痕迹”与“记忆”。有些“历史地段”有可能通过再生产直接演化成“城市文化资本”，有些“历史地段”能够集中反映某个城市的自然与人文景观关系的演变和城市文脉、城市肌理及城市历史文化的发展，是社会人文精神和历史文化精华的传承载体之一，也是城市历史的特色、特质和景观意象的文化物质展示区域，是城市的价值与城市人的心理归宿空间的要素之一，经过再建构、再生产会结构化为城市的唯一性资源，成为具有垄断性的“城市文化资本”，并表现为永续价值，如南京的紫金山与六朝文化、民国文化及现代科技文化结合的发展，紫金山已经成为南京全新的“城市文化资本”，而且构成一个文化产业集聚区，成为南京城市文化的一个新的增长极。可以这样说，有些城市的发展离开了这些“历史地段”，这座城市的个性化的文化属性就没有了，所以历史地段是城市集体记忆的“文化结点”。亦如故宫、颐和园、王府井、天坛、“菊儿胡同”等是北京的“历史地段”，是北京城市的主要文化符号，具有典型符号象征性，没有了

---

① 李晨.“历史文化街区”相关概念的生成、解读与辨析［J］.规划师，2011，27（04）：100-103.王景慧.历史地段保护的概念和做法［J］.城市规划，1998（03）：34-36，63.

这些象征性的文化符号，“历史地段”在本质上就不能成为一个可逆的文化定理；或者反过来说，北京的主要文化符号是故宫、颐和园、王府井、天坛、“菊儿胡同”等这些特殊“历史地段”，也是城市的“别名”，是可以识别的文化资本要素，除了具有“城市文化资本”的刚性价值以外，同时也具有不可替代性，在代表城市的文化质性意义上是可逆的。如故宫代表北京，在传统意义上，或在心理归宿的意义上及在居住者景观意象上，如果没有故宫，北京也就不是真正意义上的北京了。因此，任何城市的“城市文化资本”运作和城市形象要素的挖掘与塑造，都不应该失去城市“历史地段”的意义，甚至可以重构未来的“历史地段”，以形成新的“城市文化资本”。作为“城市文化资本”要素的“历史地段”包括自然景观区、传统建筑群、老街巷、具有现代景观意义的街区、历史风貌区等等，一个优秀的民族应该是这些文化的守护者。譬如，上海的外滩、黄浦江和豫园就是上海的“历史地段”。外滩是上海作为“海派文化”的符号要素，也是上海的别名。黄浦江两岸是上海市自然环境与人文结合的景观系统，犹如“城市面孔”；而豫园则反映上海自发生以来的历史文化风俗；“上海新天地”就具有现代价值的“历史地段”文化属性，是现代人重构的上海“城市文化资本”范本，并对中国的城市建设有着重大影响，中国经济发展较快的城市几乎都模仿了“上海新天地”文化地段模式，如天津、杭州、无锡、扬州和南京等都有与之相似的文化项目，这里列举的“历史地段”仅仅是“城市文化资本”运作的一个极小案例。

以日本为例，代表日本文化符号的京都和奈良的“町屋”建筑的保留和开发，是城市传统文化资本价值的一种象征。“西阵织”作为传统高级手工纺织品具有特殊的历史价值与艺术价值，这种历史文化产品的保存与创新构成城市发展的文化资本要素，“西阵织”虽然已经有500多年的历史，至今仍然作为日本重要的文化产业而成为城市的一种文化资本符号，为这座城市增添了无穷的魅力。还如，京都全市一年一次男女老少市民都参加的“大文字祭”，成为京都每一个城市人的“集体记忆”和共同的行为文化，这些传统文化、历史经典和城市文化记忆建构了京都文化的特质和“文化丛”，京都城市也因此被誉为“日本文化的守护者和守望者”[①]。发达国家对城市和城市历史文化保护都是十分重视的，很多国家也都根据自己的国情，规定了保护区的数量，其主要发展趋势是，保护区的总量在逐年增加。城市历史文化遗存是一个民族与国家的文化资本，保护得越多，国家意义和全民意义上的文化资本就越充实。澳大利亚作为一个历史较短的国家，甚至规定100年以上的建筑就不允许拆除了，这不仅是对历史文化的尊重，而且是典型的“城市文化资本”的再生产过程。

---

① 陈雯静. 日本对于传统文化的保护及启迪［C］//湖南省城市文化研究会第六届学术研讨会论文集. 内部资料，2011：105-107.

与其他资本形式比较，“城市文化资本”的“历史顽固性”——价值的历史刚性，表现为伴随着时间的推移而使资本自然地持续“增值”，越具有历史与人文精神的“城市文化资本”越具有资本再积累的功能与价值。前面已经论及过，“城市文化资本”还包含了城市人的行为文化意涵。在精神与物质文化层面建构的同时，还要培育城市人的文明、高尚行为的价值观，城市人的文明行为也是一种文化“软实力”和“城市文化资本”的存在方式。城市人的文明行为在一般意义上表现在城市群体与个体文化、文明程度和教育程度上，这种群体性和个体性的文化资本在行为文化层面的表现上，往往通过文化资本的养成程度、获得教育程度与市民文明教育程度展示一座城市的文明品质；在城市群体文化资本养成、教育程度和群体文化行为的文明程度构成上，也是城市文化公共性的特殊意义所在。城市市民群体的文明程度越高，形成的文化氛围越具有教育性——“文化的场域性”，则会使个人的文化资本养成越充分，市民的文明行为举止就越有文化特色，因而更具有文化凝聚力，进而能从高尚层面上创造经济与社会价值。

良好的城市社会风尚与行为，本身就是“城市文化资本”的创新与再生产环境，亦如有的城市提出的口号：每一个城市人都是投资环境。这句话虽然看上去很简单，但却是很有哲理的一句话，因为每个人都是一个“文化场”——表现出人的教养和文化品质，因此，“城市文化资本”对于现代城市的发展来说，是一个长长的文化产业与资本结合的价值链，甚至在一定程度上是一种“产业网链”，即“网状的产业链”，这也是笔者在文化产业与文化资本再生产实践过程中发现的一种网络社会前提下的产业现象。“产业网链”与一般意义上的单一产业链条相对，有一种强大的适应的能力、平台融合能力和自主创新的发展能力，也是现代智慧产业、数字经济发展创新的一个结晶。在“城市文化资本”再生产的理性、理念、理论和理想类型建构的同时，还需要自觉、自知、自主和自为的思想和行为文化，要有特殊意义的“城市文化自觉”，在此基础上，还要有视觉、感觉、听觉、味觉、触觉的城市空间与艺术，即在城市整体视觉系统意义上创造“城市文化资本”价值，从这个意义上说，这一过程不仅仅是一种经济、产业和资本的获取，也是直接创造城市本身公共的经济价值、文化价值、历史价值和未来的历史刚性价值与价格，就犹如一件艺术品的经济价值与艺术价值一样。无论是城市的建筑艺术、景观艺术、空间艺术还是其他视觉环境要素，所形成的美学价值、艺术价值和生态功能价值，直接表现为现实的经济资本价值，如东欧卡罗维瓦利温泉小镇，整个镇就是一个精美的艺术品，毫不夸张地说，每座建筑都是一件杰作。还有，巴塞罗那创造城市的景观雕塑，曾是人们向往这座城市的一个重要理由；悉尼歌剧院仅仅这一个建筑，也是人们热爱这座城市的一个理由。

一座城市若具有良好“城市文化资本”系统（这里强调的是视觉系统和优秀的文化景观），则能使市民直接得到享受和利益，必然会成为城市的发展动力和投资者创业的文化引力。

所谓“规划”实则就是规划一个地方——“空间再生产”的过程。列斐伏尔的“空间生产理论”最大的特征就是强调“空间里的生产”和“空间的再生产”[①]，“空间”是创造财富、生产过程和生产结果的基础。我曾经在文章中提道：“在现代社会，城市空间被赋予了更多的属性，城市空间既是一种商品，也是一种新的资源，在某种意义上更是一种全新意义上的资本。”[②]如何让我们规划的空间提供给人们更好的生活、更好的就业是我们规划人的责任，这是我个人的理念，也是我希望我的团队所肩负的使命和坚持创新的最大动力。

——张鸿雁

---

① Lefebvre H. The Production of Space[M]. Oxford UK &Cambridge USA：Blackwell，1991：38-40.

② 张鸿雁. “大上海国际化都市圈”的整合与建构——中国长三角城市群差序化格局创新研究[J]. 社会科学，2007（05）：4-13.

第十二章
“城市文化硅巷”与历史地段的“城市文化资本”属性

20世纪80年代以来兴起的中国城市化，到了2022年已经有了很多的变化：一是城市群已经作为中国新型城市城镇化的主要发展模式；二是大城市人口规模在持续增长，都市圈内形成新的节点城市；三是出现了很多新城市、新城区和“镇级市”“市级镇”“新市镇”，有的“镇级市”“市级镇”和经济大镇的人口已接近百万。总体上看，中国的城市不仅数量在增加，更重要的是城市的面貌也在日新月异，城市不仅在“长大”“长高”，而且从地上向地下立体化、复合化方向发展。然而，直到目前为止，人们更多的是关注城市的结构性成长，而没有看到“城市文化资本”的生长价值，多数城市在规模扩大中疏于城市文化价值创造和特有的人文精神的创新，而事实上，这种文化和文化资本的创造才是城市在全球化竞争中的真正力量。

一、社会空间流动与转型的“城市文化资本”视角

城市社会空间变迁是不以人的意志为转移的，城市空间流动与转型可以大体上归结为六种转型形式：

其一，城市社会空间结构从传统的单一中心向城市多中心模式转型。多中心型的城市，多以商圈模式构成城市多中心性的空间感知理念，如近年来几乎所有的城市都朝着这个方向发展，有些城市在空间规划理念上提出要创造一百个以上的城市新中心，就是一百个以上的商业中心区，这样既方便了城市居民的日常生活，也创造了城市社会空间的新价值，而且这种空间再生产形式，使城市中心的空间价值产生更大的社会效应、经济效应和文化效应，这种以商业中心为节点的城市空间结构创新，就等于是创造了围棋的“气眼”，“眼”越多，城市越具有活力和创造力。这样的城市空间再生产，创造了多样化的可就业中心区，形成典型的“区域核”城市结构体系，还创造了多样

化生产、工作、交通和生活的最佳半径。以新型的规模化商圈为中心的区域，已经构成一种有特色的生活方式区，目前，中国很多城市商圈已经是文化旅游的结合体，一些城市商圈有湖、有山、有河、有园林、有景观，已经成为城市旅游消费目的地。上海、北京、广州、深圳、杭州、南京等，几乎所有的商圈都在朝着这个方面发展，在创造空间再生产价值的同时，也创造了城市的新文化、新生态、新时尚、新业态和新生活的样板区。

其二，城市形成广泛的社会空间再生产和“造城运动”模式。城市社会空间的中心性，是城市不同区位生活的中心点，而在城市化的过程中，小型社会生活综合体的中心性模式，在中国城市发展中广泛发生，并形成了具有中国特色的以房地产开发为主的楼盘社区类型。近20年来，开发商和政府一同开启“造城运动”模式——即大规模楼盘的呈现，是城市结构性扩张的动力之一。如某些综合型地产开发，一个单体即一个名称的楼盘面积可以达到800万—3000万平方米以上，包括了所有的生活要素——商业、学校、公共服务、车站、企业总部、社区公园及一些相关文化服务设施空间等，是以房地产开发为目的的“造城运动”，除了能够完成所在地的城市功能及生活功能外，还集聚了一定的就业空间和文化、科技、创意产业空间，具有某种意义上的城市新区功能。城市从传统的平面布局扩张向立体空间结构布局转型，城市地下空间利用与开发，增强了城市的集约性功能和单位面积的价值，甚至一个单体建筑内，创造一个完成型的社区空间结构和空间类型，一个单体或者组合型建筑群，就是一个完整的小社会概念。广东惠州金融街巽寮湾楼盘有3300栋楼房，总计3000多万平方米。贵阳花果园楼盘、天津京津新城、遵义保利未来城市、广州碧桂园凤凰城、北京回龙观楼盘等都是超级楼盘，也是城市空间再生产成果。至2022年，中国已知的800万—3000万平方米的楼盘有40多个，可谓是城市空间结构性增长的奇迹。

其三，从“空间的生产”到“空间里的生产”，“产城融合”成为中国城市高质量发展的特点之一。各种空间生产和再生产形式表现方式结构趋于更高级化模式。适应世界经济发展的潮流，中国的城市从以第二产业为主向以第三产业为主转型，主要表现在新型服务业，特别是生产服务业的发展方面，也包括了文化产业、新兴的网络智慧产业、创意产业等，特别是很多城市都根据自己的情况创造多样化创意产业园区，北京、上海、杭州等城市目前挂牌的文化创意产业园区已经有100个以上。截至2021年，上海市共建立了149家市级文化创意产业园[①]；北京、深圳等城市也是很早开启文创园的建设，据《2021北京市文化产业园区发展报告》显示，2020年北京市首次评出98家市级园

① 礼森园区智库. 上海市文化创意产业园区建设对上海市特色产业园区的借鉴[EB/OL].（2021-12-07）[2023-10-28]. https://mp.weixin.qq.com/s/2_IjkPxsMlNfxRTOiZKYIg.

区[①]，截至2022年11月，北京全市挂牌的文化产业园区超过450家，深圳市市级文化创意产业园区也超过70家[②]。2005年，南京第一家创意产业园创意东八区诞生。如今几乎全国各省市都有国家级产业园区、省级产业集聚区，它们的出现不仅起到美化城市的作用，也为城市带来更多的就业机会。

其四，城市空间的国际化发展模式与空间结构跨行政区域化。城市的任何一种开放都表现城市的世界共性，中国传统的城市从封闭型空间向开放型空间转型，是一种面向国际化的空间再生产，传统的城市格局被打破，城市CBD形成中心型国际化空间价值。外国人居住区、外商工作空间、跨国公司的总部经济以及相关的国际化服务体系等，是创造城市空间国际化的表征。北京的旺京有10多万韩国人居住。上海的古北新区一带居住着很多各个国家的来沪工作生活的人。日本在上海有30万人，其中有10万人居住在古北抱团生活。广州市越秀区的童心路、小北路居住着大量非洲国家的居民。绍兴柯桥是印度人集中居住区，成都桐林社区也是多个国家的外国人居住区，还有青岛、大连、满洲里等，中国的省会城市以及沿海城市几乎都有各色外国人居住、生活和工作。城市国际化，首先能够为国外的人才提供居住、生活、就业和创业环境，这是城市国际化的基础，任何全球意义上城市的国际化，都必须从国际化人才服务功能的完善开始。

其五，“都市圈化”建构中国地域生产力格局。“十四五”规划纲要指出，要推动城市群一体化发展，壮大城市群和都市圈的构建，形成“两横三纵”城镇化战略格局。目前中国布局了19个国家级城市群，属于第一层次的需优化提升的有5个，分别是：京津冀、长三角、珠三角、成渝、长江中游等城市群；属于第二层次发展壮大的有5个，分别是：山东半岛、粤闽浙沿海、中原、关中平原、北部湾等城市群；属于第三层次需培育发展的有9个，分别是：哈长、辽中南、山西中部、黔中、滇中、呼包鄂榆、兰州—西宁、宁夏沿黄、天山北坡等城市群[③]。其实从20世纪

---

① 2022年，北京文化产业投融资协会作为中共北京市委宣传部、北京市文资中心指导成立的文化与金融跨界融合的5A级社会组织，牵头撰写《2021北京市文化产业园区发展报告》，针对2021年北京市文化产业园区发展环境、发展现状、模式分类、发展趋势与困境等方面进行了全面阐述，并对典型案例进行深入分析。《报告》中表示，近年来北京市文化产业园区数量上增长迅速，从市委市政府到区级地方政府，再到企业与资本端，各方都从城市更新的角度做出了各种有力尝试。

② 广东省文化和旅游厅. 深圳聚力塑造文化产业新优势 GDP占比超8%获国务院督查激励［EB/OL］.（2022-11-10）［2023-10-28］. http://whly.gd.gov.cn/gkmlpt/content/4/4043/post_4043958.html#2628.

③ 2021年3月13日，“十四五”规划和2035年远景目标纲要全文印发，在新型城镇化战略篇章提到了19个国家级城市群，全文是这样表述的：“以促进城市群发展为抓手，全面形成‘两横三纵’城镇化战略格局。优化提升京津冀、长三角、珠三角、成渝、长江中游等城市群，发展壮大山东半岛、粤闽浙沿海、中原、关中平原、北部湾等城市群，培育发展哈长、辽中南、山西中部、黔中、滇中、呼包鄂榆、兰州—西宁、宁夏沿黄、天山北坡等城市群。”参见：中华人民共和国国民经济和社会发展第十四个五年规划和2035年远景目标纲要［EB/OL］.（2021-03-13）［2023-10-28］. https://www.12371.cn/2021/03/13/ARTI1615598751923816.shtml.

60年代中国就提出第一个城市群规划——是以长沙、株洲、湘潭为中心的长株潭城市群[①]，由此开始了“城市群”和“都市圈”推进和建构的过程。通过四十多年的研究发现，“城市群”“都市圈”发展比较快与现代科学技术的发展尤其是交通一体化发展有直接关系，由高速公路、城际铁路、高速铁路“八横八纵”[②]格局构成的交通体系使“城市群”“都市圈”的深化发展成为可能。国家整体的高速铁路的结构框架也是按照“都市圈”的空间体系结构进行布局，反过来，交通空间体系又强化了都市圈结构化的深化，这对中国整体的经济发展、社会发展、地域生产力构成的集约型发展有重要意义。也许有一天人们互相问起居住地时，不是问“你在哪座城市”而是“你在哪个都市圈”，比如我们现在熟知的南京都市圈是国家层面第一个获批的都市圈规划，江苏在推进的宁镇扬都市圈发展中提出“宁镇扬一体化”口号，进而又明确了“同城化”的概念，这意味着城市之间在基础设施建设、教育、医疗等民生领域方面更加趋于一致。从“长三角城市群”上升到国家战略层面，我们可以看出上海、杭州、南京、合肥构成了整个城市群的四个发展级，也能够发现在整个都市圈紧凑发展的同时，各城市也在构建自己的都市圈，其中上海最为典型，2018年上海提出“一地五中心”的发展概念，创造“独立综合节点城市”的概念[③]。也符合笔者多年前提出的“区域城市核理论”。上海的城市规划目的很明确，就是建构沙森提出的“全球城市”的理念，比肩伦敦、纽约、巴黎和东京。2020年上海提出“1+8”的城市发展体系，更使城市空间结构迈向紧缩型后现代化的进程，将其周边的城市——江苏省的4个市（苏州、无锡、常州、南通）和浙江省的4个市（嘉兴、宁波、舟山、湖州）融入一个上海都市圈的城市结构[④]。都市圈越来越相互依赖、互补互助、协调共进对于集约性发展相当有益。在这样的空间体系内，形成新的行政区域格局，包括由此形成的产业集聚中心、管理中心和居住区的郊区化，这样一种空间变异，使得城市的整体结构在广泛的地域上展开，构建了一个全新的通过地铁、高铁、高速公路、轻轨和私家车等构成的综合交通体系，并以此为纽带使城市可以在更广阔的地域上，形成跨区域的、开放式的、超行政区的结构空间体系，都市圈、城市群空间越来越大，长三角都市圈的一体

---

① 高梦梦，汤放华.长株潭城市群发展制度变迁［J］.城市，2017（07）：49–55.

② 钟超.“八横八纵”：大手笔续筑强国梦［N］.光明日报，2016–07–24.

③ 韩昊辰.上海：形成合力加快推进“五个中心”建设［N］.文汇报，2018–01–04.转引自：中华人民共和国中央人民政府.李强：充分发挥《上海市城市总体规划（2017–2035年）》引领作用，统筹抓好目标任务落实形成合力加快推进“五个中心”建设 昨调研市规划和国土资源管理局，听取有关工作情况汇报［EB/OL］.（2018–01–04）［2023–10–28］. http://www.gov.cn/xinwen/2018–01/04/content_5253066.htm.

④ 上海市人民政府.上海市贯彻《长江三角洲区域一体化发展规划纲要》实施方案［EB/OL］.（2020–01–10）［2023–10–28］. https://www.shanghai.gov.cn/nw12344/20200813/0001–12344_63344.html.

化已经包括三省一市（上海、江苏、浙江、安徽），就是一个最好的说明。“都市圈化”和“城市群（带）化”，使城市群空间的内聚性和极化效应得到放大，城市从单体经济关系向城市群体经济关系转型，城市群内部构成结构性互补关系，成为互为依存互为前提的经济结构体。中国正在逐渐深化发展为二十多个不同大小的城市群，并成为中国城市发展的主体形式，而这二十多个城市群也必然演绎出二十多个文化圈，最终发展为一种文化区域共同体。

其六，现代城市社区空间生产景观化与自治正在成为中国城市的一种特殊现象，也表现了城市空间的“却阶层化”趋势。首先，房地产开发商在销售房地产商品时，把住宅的环境也作为产品、品牌的要素来打造，消费者也把社区环境作为选择房地产商品的重要决定性要素之一——“花园式小区”成为一些消费者的首选概念。社区的景观化、园林化甚至城市社区“森林化”作为房地产商的品牌销售口号，虽然有些具有广告性质，但是因为各楼盘的竞争和为了迎合消费者的需要，房地产商在城市社区园林景观方面下的功夫，客观上对城市园林化、城市风貌生态化和空间样态更生态化方面的建设起到了重要作用。其次，伴随中国改革的深化和民营企业的增加，混合型社区中居住者的身份越来越“异质化”，正如保罗·吉伊所说：当代都市生活的复杂性和质量源于它的异质性，异质性和同质性的共时存在，使城市社区更多元化，这也是城市区别乡村的本质特征，“没有它，城市就会消亡。有些人认为最好的人生是与‘自己的同类’生活在一起，这种想法是错误的。同样错误的是认为人们需要始终被和自己一样的人包围才能感到安全。在适当条件下，异质性增加人们对差异的忍耐度以及由此产生的‘不安全感’，并确实制造出更开放的社会。”[①]也正因为如此，城市社会学把城市定义为“陌生人的社会”，城市社会中“经济独立人”与“社区人”模式的存在，使城市人的陌生社会和住户区隔越发明显，也显现出某种“现代性”的弊端，越高档的小区邻里之间的联系越少，传统社区当中如《孟子·滕文公上》所讲的“出入相友，守望相助，疾病相扶持”，即“首属邻里”关系在现代城市里已经很难见到，也是这一原因，西方学者曾努力设法改变这一状况，提出了“新都市主义”城市和城市社区建设概念，就是设想把传统乡村中的“首属邻里”关系建构在城市里，但是，城市里陌生人社会注重隐私性，在很多城市社区还是“鸡犬之声相闻，老死不相往来”。

中国推广的“产城融合”发展模式，使得很多旧工厂成为新的文化创意产业或各种总部经济空

---

① ［美］保罗·吉伊.城市、公民与技术：都市生活与后现代性［M］.许苗苗，李建盛，译.北京：北京师范大学出版社，2022：169.

间，而且，从2019年以来，中国也形成了城市“文化硅巷（Silicon Alley）”[①]的建设热潮，城市以见缝插针的方式植入新型科技文化创意产业，甚至有很多文化、艺术和科技型的小微企业生长在社区街道的写字楼、门面房或小区的特定空间里，特别是2021年以来，中国城市更新政策出台，城市成为社会空间再生产的生活与工作单元的基本单位，或者说这种变化是中国城市市民社会发展开始成熟的标志。在主观故意上创造城市空间环境是为了让商品更好卖的同时，客观上表现了公平和正义空间的价值——美好的城市环境是所有阶层都能够享用的，由此在客观上直接会导致空间的“却阶层化”，并成为中国“城市文化资本”建构的一种创新性结果，几乎每一座城市都创造了步行街区的空间，城市的步行街是典型的“却阶层化”的公共空间。

二、“新经济资本”理论与城市空间的价值再造

城市社会与空间结构变迁是中国城市的一种进化，总体上是朝着一种回归自然生态和城市再现代化的方向发展，“这些具有历史性而又空前的城市变化，既表现在城市社会结构的变迁方面，也表现在城市面貌、风格、形象的结构性变化方面。”[②]城市社会变迁给人感觉有一种多样化和重复建设的样态，一些城市没有建成区，城市的规划总是改来改去，找不到自己，缺乏城市创造性的文化自信。大伦敦的市长在文化发展战略中提道：“只有三分之一的伦敦市民认为自己在家门口就能充分享用伦敦的文化资源。”为了把伦敦打造成“伦敦文化之区”，在全市进行了文化建设重点竞赛和会展，“竞赛将会展现伦敦各区的隐藏瑰宝和独特魅力，鼓励树立远大的理想目标，构建新型邻里关系，聚焦当地人们的文化生活”[③]。要想让大众能够享受城市文化，首先是要让市民成为一个懂得文化的人，而最终能够让市民成为可以运用城市文化来创造大伦敦的都市文化，其核心才是“让‘城市文化资本’成为大众手里的武器”。

---

① 2019年以来，“文化硅巷”在中国很多城市兴起，如苏州在平江路历史街区设立了“张家巷戏曲文化创意硅巷”；南京鼓楼区有20多所大学和多家研究机构，共建“南京市‘硅巷’示范标杆”。南京秦淮区“老厂房+”模式，19个城市“文化硅巷”载体，总面积达57.09万平方米，创造新型的文化科技硅巷。另外，还有“北京坊文化硅巷”“西安倍格文化硅巷”、上海市张江虹口园文化硅巷、上海黄浦区的无边界文化硅巷等。

② 张鸿雁.城市建设的“CI方略”[J].城市问题，1995（3）：2-6.

③ ［英］伦敦市长办公室.伦敦全民文化——伦敦市长的文化战略[M].伦敦：大伦敦政府，2018：48.

根据一般事物的发展规律看，对于大型、超大型和一般中等规模的城市来说，其可变参数都具有复杂性、综合性、海量性和随机性，甚至一座几万人的小城镇可变参数都可以用海量数据来描述。城市机体在急剧的社会变迁中，必然会出现内部要素发展不同步的现象，被称之为“文化坠距”和“社会坠距”，由此必然伴生一定的社会问题发生。发展中国家在现代化和城市化进程中社会转型与社会变迁会出现高速变异和非同步性，城市中不仅存在着大量空置的物化空间——土地、建筑、非物质文化遗产和其他自然物等“僵化资本”，还存在许多财富型和货币型资本的“被僵化”，很多具有“城市文化资本”价值的资源由于未被发现或没有能力发现而被僵化和搁置，甚至被破坏掉。每个发展中国家都有“堆积如山的僵化资本。根据我们的计算，在菲律宾，57%的城市居民和67%的乡村居民住房都是僵化资本。在秘鲁，53%的城市居民和81%的农村人口都居住在不受法律控制的住宅内”①。城市本身是一种资本存在，虽然赫南尔多所论的“资本”属于经济资本范畴，或称不完全等同于“城市文化资本”，但是广义的文化与广义的“城市文化资本”范畴中也包含着城市经济资本和相关城市财富意义。

全世界的城市几乎都存在着需要深化“城市文化资本”运作与开发的问题。经济发达国家的城市一般也是城市经济与“城市文化资本”运作比较好的城市，究其发展本质动因，“城市文化资本”真正建构也还只是处于起步阶段，这也是本书不遗余力强调的“城市文化资本”再生产的动因所在，是在寻求新的历史阶段的一种理论模式创新。我们说，发达国家相对走在了前面，是因为，无论是在空间生产的理论上，还是在空间再生产的实践上，发达国家都是先走了一步。如能够在城市中以“空间无边界的方式”“嵌入性方式”“针灸植入式方式”创造各类型科技、艺术、文化、创意等产业的“文化硅巷”，则是从纽约开始的。使成千上万僵化的街巷相关的资源“活”起来，让更多的人成为“空间的生产者”，让每个人都能够显现人才资本价值进行创新、创业，冲破传统的“资本”价值观，这就是真正“让‘城市文化资本’成为大众手里的武器”，让每一个独立个体，每一个独立“经济人”都敢于追逐“新经济资本”价值，并可从“城市文化资本”再生产的角度创造价值，创造财富，创造空间，让人的本性、个性和价值充分发挥出来，让“资本”在与“文化”的结合中，在与城市街巷的空间融合中产生更多的效应，进而创造与创新一个“新经济资本”理论，即有人文价值指向的、有契约精神的、有正义与公平的、有人性和关爱的资本生产方式及生

---

① “第三世界国家和共产主义国家，大约85%的城市土地不能用于创造资本。根据我们计算，在第三世界国家和前共产主义国家，穷人所掌握但并不合法拥有的房地产的总值至少有9.3万亿美元。”参见：［秘］赫南尔多·德·索托. 资本的秘密［M］. 王晓冬，译. 南京：江苏人民出版社，2001：24-25.

产关系。

马克思指出：“作为资本的货币是超出了作为货币的简单规定的一种货币规定。”[①]赫尔南多对马克思的《资本论》的理解是有个性的，也是有偏差的。比如他认为：“马克思对资本的理解通常比亚当·斯密的理解更加全面复杂——乔治·索罗斯（George Soros）在最近关于全球资本主义的危机一本书中就是这么评论的。首先马克思很清楚，‘与其说货币和商品是资本，不如说它们是创造资本和维护资本的手段。它们需要被转化成资本。’他还明白，如果能把资本转化成商品并使之在市场上互相影响，就能表现出来让人察觉不到的价值，如能用来产生租金。对于马克思来说的所有权是一个重要事物，因为利用资本的人得到的不仅仅是资本的物理特性。其结果是，马克思主义的智力方法论使反对资本主义者得到有力的工具来解释为什么私有资本必然会以牺牲穷人为代价……”[②]时代不同了，科学技术发展水平不同了，网络社会形成的人工智能化的生产及社会空间，使资本创造利润的方式和以往也不同了，同时，资本主义为了更好地发展发生了蜕变，形成的资本主义新教伦理催生了现代企业制度，这种现代企业制度约定了企业获得资本的方式也与以往不同了。社会化企业和全民企业是属于社会的，理论上企业是属于全员的，社会全员创造的价值通过国家政府“有形之手”和“无形之手”的调节——税收、分配、社会保险等，对传统“‘旧资本’逐利的恶性表现”给予了某种调控，高福利国家就是这种模式的结果。必须从现代和后现代社会发展的意义上认识“新经济资本”的现代性意义。事实已经证明，资本在不同国家、不同制度条件下和不同的经济关系中以及在不同的人群手中所起的作用是不一样的。我们能够从传统资本和“新经济资本”的范畴中，抽绎出“城市文化资本”的概念，是一种对现实存在的资本要素转化的概念与内涵的再创新。

无论是从经济价值意义上认识“城市文化资本”，还是从文化意义上认识经济资本，我们能够看到的是，在城市社会结构变迁中，很多城市已经不自觉地创造了“城市文化资本”，如中国的深圳等城市，虽然相对比较缺乏历史文化资源，但是在构建现代“城市文化资本”方面却取得了巨大的成功，如科技与创意产业、文化旅游产业及城市的拓荒牛精神等，成为中国城市创新的样板。当下，已经有很多城市管理者开始认识到“城市文化资本”再生产的“城市经营”和“营销城市”的意义。在传统的资本价值理论中，资本是通过生产、流通并进入消费领域和再生产领域才能真正

---

① ［德］马克思，恩格斯. 马克思恩格斯全集：第30卷［M］. 中共中央马克思恩格斯列宁斯大林著作编译局，译. 北京：人民出版社，1995：206.

② ［秘］赫南尔多·德·索托. 资本的秘密［M］. 王晓冬，译. 南京：江苏人民出版社，2001：238.

成为资本并产生剩余价值，而“城市文化资本”除了在上述要素的基础上，通过智慧、智识和创意的方式，可以创造全新的“新经济资本”价值以及文化意义的超值价值之外，还在“经营与行销城市”上创造“文化+”和“文化乘数+”的方式获得“城市文化资本”的价值裂变，传统“旧资本”的经营方式是无法获得这种文化附加值的。

在城市形象的推广和行销中，人们开始认识“城市文化资本”要素对城市经济发展的推动作用，很多城市创造城市形象识别系统（City Identity System）的时候，不是突破以往一般城市形象符号的简单思维，而是更多地利用城市的文化历史资源所转化的“城市文化资本”来创新，并形成再生产的运营方式。20世纪90年代，在改革开放过程中，城市形象作为一门新科学被学者和城市管理者所认识，并把城市形象建设和创新置于城市经济、社会发展和城市国际化的战略之中[①]。从普遍意义上说，在城市形象基本要素建构完成之后，应该进入“城市文化资本”的再生产过程，而很多城市缺少了这个环节，只是停留在城市口号、城市标志和市歌、市花阶段上就终止了。早期西方国家的城市形象建设也是如此，城市形象的表达也往往过度市场化，把商业广告当作城市形象推广和展示的主要内容，“从20世纪20年代初开始，美国和欧洲城市的建筑空间就充斥着各种文本和图像——广告、街道标志、报纸头条、政治性海报和涂鸦等。可以说，这些符号已经成为城市空间的主要组成部分，填充了我们的感知能力，模糊了曾经定义城市的街道和建筑。”[②]经历了过度的商业化、资本化之后，从20世纪60年代以来，城市文化研究者、城市规划者、建筑规划师、园林景观规划专家及城市管理者们都认识到了城市文化与城市形象建设推广的重要性，特别是21世纪初以来，更多的人认识到了城市文化软实力的本身就是城市发展的硬核，巴黎、伦敦、东京、纽约、新加坡、首尔及北京、上海、深圳、南京、香港等城市都做了城市文化发展和城市形象建设推广的国际化战略规划，并提出城市文化和城市形象的发展目标之一就是放大城市市民社会个体的能量，创造个体创新能力成长的土壤，提升城市的核心竞争力……城市特色文化的建设由此也成为城市经济和社会文化的特色竞争力展示在世人面前。如2018年伦敦制定的《伦敦全民文化——伦敦市长的文化战略》中提出多个发展目标：“文化是伦敦最宝贵的基因。无论是艰难时刻还是欢庆时光，文化联系你我。文化让城市的白天活力四射、夜晚活色生香。同时还提出：希望全体伦敦人，无论年

---

① 张鸿雁. 企业形象设计新概念——CIS设计与导入和文化整合［M］. 南京：江苏美术出版社，1998：24.

② ［美］保罗·吉伊. 城市、公民与技术：都市生活与后现代性［M］. 许苗苗，李建盛，译. 北京：北京师范大学出版社，2022：22.

龄、信仰、种族、背景、性别或居住地，都有机会参与伦敦精彩纷呈的文化生活。"[①]话语朴实而亲和，也许就是这样的一种表述，使城市更具有特有的魅力。

城市形象识别系统的建设只是"城市文化资本"创造的一个初级阶段，必须在"城市文化资本"运作的框架下加以整合和创新，从而能够产生一种无形资产价值和文化软实力价值，从城市一般资本的创造，到"城市文化资本"的创造是城市核心竞争力、综合竞争力和特色竞争力"三维一体"的历史性创新。当大多数市民在内心能感觉到个人形象也代表城市形象，并把个人的荣耀与城市的荣耀联系在一起的时候，就可以这样说：这座城市是我和我们的家园，我有责任为这座城市贡献力量。如是，这座城市会产生无穷无尽的文化资本力量，正如我们经常强调的"每一个城市人都代表城市形象，每一个城市人都是城市特殊的文化符号"。美国学者保罗·吉伊的观点从侧面证明了这样一个认知模式："在后现代主义者看来，就像利奥塔所表达的那样，'一个自我并不等于多数，但没有自我就是一座孤岛；每一个人都存在于一个比以往任何时候都更加复杂和流动的关系结构之中。年轻人或老年人、男人或女人、富人或穷人，一个人总是处于特殊传播回路的"节点"上，无论这些节点多么微小。或者更准确地说，一个人总是处在某个站点上，通过这个站点可以传递各种各样的信息'。"[②]这一解释是具有深刻文化意涵的，当城市中每一个人都能够为城市形象要素的创造与传播的"节点"时，城市形象就会有更强、更高、更广的文化力量和识别度。伦敦市长还认为："伦敦文化享誉全球，备受推崇。伦敦文化不仅是伦敦人的身份认同，也塑造了城市的灵魂，并帮助我们应对各种挑战……伦敦未来几年仍将困难重重。但是，我相信未来的伦敦仍将是充满自信、具有前瞻视野的世界文化之都。"[③]应该说，世界上每座城市都想让其文化享誉全球而成为世界文化之都，这就需要"城市文化资本"的挖掘和创新，在城市形象的设计与建设方面，两者的根本目的就是要构建成为世界文化之都的"文化动力因"，让"城市文化资本"得到很好的利用和释放，使城市社会的潜能得到有效地、可持续的发挥。

能够成为"全球城市"的原因很多，其共性因素在于关注城市无形（或称无形资产、无形资源）和有形的财富转化与创新，即文化资源开发和转化，使无形资产有形化，有形财富资本化，"全球城市"在这方面已经走出了一条成功的道路。如东京文化形象的外在表达是"世界动漫

---

① ［英］伦敦市长办公室. 伦敦全民文化——伦敦市长的文化战略［M］. 伦敦：大伦敦政府，2018：5.

② ［美］保罗·吉伊. 城市、公民与技术：都市生活与后现代性［M］. 许苗苗，李建盛，译. 北京：北京师范大学出版社，2022：13.

③ ［英］伦敦市长办公室. 伦敦全民文化——伦敦市长的文化战略［M］. 伦敦：大伦敦政府，2018：5.

之都”“服装时尚之都”“都市文化产业之都”等；巴黎是“服装品牌之都”“化妆品品牌之都”“博物馆之都”“欧洲文化之都”等；纽约在20世纪20年代已经被称为“世界四大魔都”之一，以百老汇为代表的是“世界西方文化艺术中心之都”，值得一提的是，纽约在当代则蝶变为美国的东部硅谷——“文化硅巷之都”；伦敦则被定义为“世界品牌之都”“世界文化创意产业高地之都”等。而要特别指出的是：伦敦文化之都的建设在全球具有引领性，并率先定义了文化与创意产业范畴和十三个领域的内涵，不仅如此，伦敦同时还是世界“文化金融之都”，金融城的贵族文化是伦敦“绅士文化”的集中写照。

世界一线城市成功的关键是文化定位准确且创造的文化要素都具有唯一性和领先性，能够结出如此文化硕果的原因就是：如伦敦具有典型的“城市文化自觉”文化特质，能够自觉地建构“城市文化资本”，并作为城市的一种特殊“资产”，既是城市经济社会发展的基础之一，也是城市文化形象的核心内容，且能表里如一。对外，良好的城市形象直接就是城市投资环境，可以引来更多资本的投入，推动城市经济与社会发展，带来更多的外部经济价值、社会价值和政治价值；对内，可以创造城市文化凝聚力，提高品位而创造城市经济、文化的强辐射力，同时还可以内化为城市优质结构的城市文化向心力，从而达到整合城市政治、经济、文化、社会和心理等各种要素的合力功能，使之形成整体的统一的传达机制和识别机制，最终达到城市内社会各要素整合并形成1+1＞2的叠加效应。

三、从传统企业资本价值向“新经济资本”理论及企业文化资本的转化

城市形象建设在中国还只是20世纪90年代以后的事情。当时企业形象识别系统建设方兴未艾，后来则可以用如火如荼来描述了，笔者也在这一浪潮的裹挟下，从事企业形象、企业品牌、企业市场营销研究和规划设计，在10余年的时间里，在全国先后给几十家企业如南京道桥集团、苏宁集团、双登集团、欧贝黎集团、晶品速冻公司及多家房地产企业等做过企业CIS设计、企业品牌设计、企业战略管理规划设计、企业危机管理规划、市场营销规划设计、企业建筑和场区空间设计等，由于笔者本身几十年的科研和教学主要是研究城市问题，因此，也特别注意研究企业形象设计与城市形象、城市空间规划设计的关系，总是有意无意地把企业形象与城市形象联系起来，并进行比较研究，既从中发现城市形象与企业形象之间既有相通之处，又从中发现两者之间的巨大差别。尤其是在城市研究中发现，城市形象的好与坏，对一座城市的创新创业、招商引资、人才引进和核心力的

建构有着巨大的影响。一座城市可持续发展力包括城市形象的影响力，在这一点上与企业的存在发展是一致的。因此，笔者尝试把企业形象文化部分的应用要素用于城市形象体系研究之中，而城市形象又是"城市文化资本"的重要组成部分，早在20世纪80年代开始，笔者的硕士论文和博士论文主要就是研究城市经济、社会与文化的关系问题①。1992年出版的《城市经济与城市文化发展论》一书，是笔者博士论文时的长篇部分，后来经过深入修改完成的。在研究中深刻认识到，城市形象设计不能生搬硬套企业形象的设计思路和方法，必须走出企业形象设计的市场性取向的误区，创造具有公益型、公共型、社会整体型、文化资本型的属于城市自身独有的城市形象体系。

城市与企业有着本质的不同，城市发展的最终目的是推动社会进步并为全员创造幸福，而企业的最终目的是利益最大化，同时也必须兼顾国家与民众利益，但是最终是效益为王。企业本身可以在整体上视为商品，如企业可以转让等，但是，城市永远不可能也不应该成为商品，不能把城市文化等同于商品或商品品牌进行贩卖和推广。然而，在分析事物属性的时候，一定要寻找事物同一性所在，城市和企业也存在某种同一性属性，如城市与企业都需要创造资本性再生产价值、品牌价值、形象价值、文化价值、人力资本价值、核心竞争力价值等，区别的核心是公共性、国家利益、社会利益和民众利益等。"城市文化资本"再生产既要强调本身价值和公共利益，也要以城市全员的生活幸福和社会福祉的提高以及城市经济、文化、社会的高质量发展为主要目的。因此，在对多家企业和城市形象的差异进行过一些研究后，在1994年12月27日的《扬子晚报》上，笔者发表了关于创造城市新形象的文章。标题是《南京大学张鸿雁教授：提出"南京城市整体CI导入"构想》，这一提法在全国是首次，文章还设置了副标题是"建议给南京城市整体风格定位，扣住整体风格开展城市建设"②。之后在1995年2月2日，又在《南京日报》发表了《城市要为自身设计良好的城市形象》一文，并提出六个方面的系统建议③。将企业CIS系统建构形象识别系统引入城市形象系统的过程中，创造城市特有的城市形象体系。在全球城市化发展的今天，在中国城市社会来临的前夜，1999年前后又正式提出了"城市文化资本"的概念和模式，并在"城市文化资本"的视角下研究城市形象，通过这几年城市研究实践和比较分析，越来越深刻地感受到，通过"城市文化资本"建设城市形象系统显得更加重要，在"城市文化资本"体系中的城市形象建构，其核心价值是在追求中国城市的本土化形态的同时，创造城市的"软实力"和"城市文化资本"再生产能力，这在本质上

---

① 张鸿雁. 春秋战国城市经济发展史论［M］. 沈阳：辽宁大学出版社，1988.
② 张鸿雁. 南京大学张鸿雁教授：提出"南京城市整体CI导入"构想［N］. 扬子晚报，1994-12-27.
③ 张鸿雁. 城市要为自身设计良好的城市形象［N］. 南京日报，1995-02-02.

也是在首创一种城市文化自觉的精神，建构城市价值。我们说：城市价值决定城市人的社会整体价值，因为城市价值是社会整体人的活动结果。保罗在《公民与技术》中以《曼哈顿中转站》为例说：这本书是“最早捕捉到美国现代和现代主义城市精神的美国小说之一。在这些城市中，源源不断地循环着资本、货物、符号和都市主体。在多斯·帕索斯笔下，构成曼哈顿街道的不是沥青和碎石，而是广告标语、报纸标题、流行歌曲和对话的片段。我们正在看到的是‘文本化’的城市——符号之城的出现。”①实际上，在中国的城市中也会有这样的体验，城市是符号化的空间，甚至可以说是符号化的堆集，而在城市生活的人和外来者对城市最初的理解肯定是刻板甚至杂乱无章的，所以，城市要从这样的符号堆集中走出来，给世界以鲜明的、独有的文化特征，并通过统一的象征性文化系统让世界获得感知。一定是在对全球范围各种城市的比较研究中，创造城市的特色和差异性，并由此形成城市独有的理念系统、行为系统、视觉系统以及适合城市本身发展的政策主张等，构成城市整体识别系统，一旦形成城市的“独有文化形象系统”——如成都、香港、伦敦等城市，这个系统就自然表现为“城市文化资本”的自觉性和再生产功能。

城市形象建设是“城市文化资本”建设的有机构成部分，是将城市作为客体和主体结合为一体的双重建构模式，城市形象建构的文化再生产过程，包括从多方面不断地对城市资源要素进行挖掘、调整、整合、定位、研究、比较、重塑、创意、创新、规划、设计、运营、集成……通过一系列的创新构成“城市文化资本”再生产的行动逻辑，使城市在提升自己的品质中完善自身形象，在完善城市形象的过程中，创造城市价值——“城市文化资本”要素的资本化再生产②。在主体定位、理念定位、价值定位已经明确的前提下，实施理念文化识别MI系统（Mind Identity）、行为文化识别BI系统（Behavior Identity）和视觉文化识别VI系统（Visual Identity）三个基本层面的具体规划、设计和运作，并在城市形象建构的过程中完善城市形象与“城市文化资本”的塑造与推广。这里需要重申的是：不能把企业形象的建设模式直接导入城市形象建设中来，在现阶段最适宜的方式是把城市形象构建与导入放在“城市文化资本”体系与框架之下，否则，就会失去城市作为人类灵魂家园的价值。

也可以这样说：“城市文化资本”的再生产的“文化场域”的建构，既是现代城市科学管

---

① ［美］保罗·吉伊.城市、公民与技术：都市生活与后现代性［M］.许苗苗，李建盛，译.北京：北京师范大学出版社，2022：43.

② 城市定位的方法大体上可以分为10种，如超强定位、空隙定位、唯一性定位等。参见：张鸿雁，张登国.城市定位论——城市社会学理论视角下的可持续发展战略［M］.南京：东南大学出版社，2008.

理——“经营、行销城市”的重要内容，也是“城市营销”和高质量管理、智慧城市管理模式的具体步骤，同时也是一座城市可持续发展战略体系的结构性构成[①]，可以分解为“文化+城市+资本+文明”的价值实现过程。“正如克莱恩指出的那样，现在的企业认为他们的品牌‘不是（作为）一种产品，而是一种生活方式、一种态度、一套价值观、一种形象和一种理念’。实际上，他们致力于创造的是被‘品牌’的主体性和被‘品牌’的生活。”[②]其实这句话更适于城市价值和城市品牌，企业都把自己销售的产品与生活方式结构化起来，难道城市不应该更是如此吗？城市之所以区别于乡村，就是因为城市和乡村是两种不同文明程度的生活方式，而作为城市品牌的本质就是在表达城市所具有的属性、价值、个人实现程度、生活质量、正义、尊重与被尊重，更确切地说，城市形象就应该是表达“一种生活方式、一种态度、一套价值观、一种形象和一种理念”，亦正耦合“城市文化资本”再生产的理念，城市形象建设的最终目的是要建设差异化的城市文化形态，而差异化的城市文化形态主要内容之一是创造、创意和创新城市要素的唯一性，如唯一性的差异结构、唯一性的文化空间和景观、唯一性旅游景区等，而一座城市的资源，无论是经济的还是政治的，或者是文化的资源，一旦形成垄断性和唯一性资源，就自然会进入这个城市的“城市文化资本”再生产过程。

“城市文化资本”理论创新的另外一个视角就是对城市“总体设计艺术”审美价值的创新。早在20世纪90年代，笔者就提出要“把城市当作艺术品来打造”，中外城市发展史上有很多城市本身就是一个伟大的艺术品，如巴黎、伦敦、罗马、米兰、威尼斯、佛罗伦萨、京都、奈良、北京、南京、西安、杭州、洛阳、苏州等等，不胜枚举，在比较研究中既有反思也有感悟，城市能够成伟大艺术审美价值的作品，既与民族的历史文化和社会发展水平有关，也与民族与国家的文化艺术创新能力和传承能力有关。“城市文化资本”创造追求的本底是文化和文化艺术资本，追求的是一种城市艺术设计的升华，如果没有资本，特别是城市的文化资本，就不会有伟大的城市艺术作品，这个资本不仅仅是金钱，更多的是文化资本所包涵的文化艺术天才的存在与成长、市民的普遍意义上的审美能力和城市文化主张意义上个体价值的最大化。“城市文化资本”的建构与再生产及概念设计过程，不仅仅要考虑城市的形态、功能和样态，更主要是考虑设计的结果能否成为“城市文化资本”的要素之一，能够成为这座城市100年以后的历史集体记忆。历史已经证明，能够被认同

---

① 张鸿雁. 企业形象设计新概念——CIS设计与导入和文化整合［M］. 南京：江苏美术出版社，1998：64.

② ［美］保罗·吉伊. 城市、公民与技术：都市生活与后现代性［M］. 许苗苗，李建盛，译. 北京：北京师范大学出版社，2022：61.

为“城市文化资本”要素的历史遗存与设计，都是具有穿越时空的历史性价值即人类共同记忆的文化，而且都充分表现了人类伟大的艺术资本价值、文化资本性功能，同时也兼具有历史刚性的经济资本价值。在约瑟夫·多尔蒂所著的《用于全球冒险的文化资本》[①]一文中，讲述了1995年联合国在哥本哈根举行社会发展峰会，其中有一个跨学科的研究组织，叫“特里各拉夫小组”，这个小组以斯洛文尼亚布莱德附近一座山峰命名，象征“爱、精神与思想”，关键是这个小组里有很多跨学科的经济学家与规划学家、文化学家、历史学家、社会学家和心理学家一起进行课题研究，他们研究这一课题时提出了一些全新的理念——“为了让死气沉沉的统计数字充盈着生命与人类的生机、生气，特里格拉夫小组成员采用了联合国的术语‘精神’（spirit）。精神传达着某种‘到场’与‘存在’，它是一种激发意象的东西，驱动着人们（即便是修行打坐的僧道和冥想者）行动起来，去有所作为。这种精神通过三种形式——社会参与（socially engaged）、艺术协调（artistically mediated）和文化感受（culturally sensitive）表现出来，并确证其存在。”[②]就其研究的思路来讲是非常有价值和创新性的。其中关键点是，一个课题的研究与思路尚能改变传统方法，暗合笔者的“让‘城市文化资本’成为大众手里的武器”的理念，让每一个城市社会人都能感觉到“到场”与“存在”感，这是一个以人为本的城市研究和思想方法，强调城市社会的全员“社会参与”，社会的整体审美即“艺术协调”，让更多的人有良好的“文化感受”，虽然这一研究方法提出已经快有30年了，但是其思想、方法和创新精神却具有永恒性。一个成功的城市设计、一座城市的历史文化表达，一定具有深刻的文化精神，要有伟大的文化价值取向，或者是至少有自己独到的思维方式和见解。

一个新的标准是：城市每一个规划、设计和每一种设计结果都应该具有“城市文化资本”价值与功能，都应该是“城市文化资本”要素和可再生产的一部分，否则，可归于无资本价值的文化产品。在历史上，一些无价值的所谓的“产品”一直充斥我们的城市，甚至在历史的文化长河之中也掺杂着一些已经陈腐的文化垃圾，而且有时还会沉渣泛起，影响历史的文化进化。所以，“城市文化资本”再生产必须能够创造出有时代性价值、有历史传承价值、有未来创新价值的“作品”，这三个价值的表述应该是每个城市研究者的最低道德。这就要求城市规划、设计和有关城市学术研究的“作品”（唯一性产品）具有对历史负责，特别是为人民设计城市的理念，要求创造城市社会

---

① ［美］约瑟夫·多尔蒂，李志. 用于全球冒险的文化资本［J］. 马克思主义与现实，2004（01）：56-63.

② 薛晓源，曹荣湘. 全球化与文化资本［M］. 北京：社会科学文献出版社，2005：128.

市民全员参与的机制，并从“城市文化资本”的意义上，让城市和市民能够成为城市艺术表现的载体、实践者、创造者和表现符号，能够让更多的人感受艺术享受的同时，创造中国式的城市市民社会的样板阶层的文化——亦如伦敦的绅士阶层和绅士文化一样，每一个人既是城市社会文明、文化与艺术的创造者，也是文明、文化与艺术的享受者，这样的城市会充满活力，每一位成员都可能成为城市可持续的“文化动力因”。林奇（Lynch）也这样说：总体设计是在基地上安排建筑、塑造建筑之间空间的艺术，城市“总体设计具有一种新的重要性，但却是一门古老的艺术”，这种文化本身必然体现文化资本的张力与刚性。他还说：“Katsura宫、意大利的广场和山镇、Bath城的新月形广场住宅、赖特的塔里埃森冬季住宅或是英格兰的城镇绿化，都是那样优美动人。对比之下，今日美国绝大多数总体设计却是肤浅、草率而丑陋的。”[①]这一评价也适用于中国的一些城市，有些城市景观设计是成功的，然而，更多是“肤浅、草率而丑陋”的和没有独立创新的城市设计。

城市设计作品是一个公共空间的事与物，必须在专家的引领下，创造符合大众的审美需要，必须强调城市总体设计艺术表现的重要性，而不能仅仅是把某种功能要素进行功能性排列，甚至有些功能性安排都不合理。林奇的观点告诉我们，对城市总体艺术的疏忽是一种危险的错误，缺乏总体艺术的城市，必然缺乏“城市文化资本”要素，“因为（城市或建筑）基地是环境关键之点。它在生物学、社会学和心理学上所具有的影响远远超出它对造价和技术功能方面较明显的影响，它限制、规范人的作为，然而又为他们开创新的机会。对于某些年龄组的人们——例如对于幼童——基地能成为他们那个天地的主导特征，其影响比大多数建筑长远，因为基地的组织持续几代人。经营家园对我们的生活产生深远的影响。”[②]人们建设了城市，城市自身演化会具有反向功能，即城市可以改造人，亦如上海文化、巴黎文化、纽约文化、东京文化等——一个有深厚历史文化传统的城市会潜移默化地形塑不同的城市人格。我们分析林奇的观点旨在说明，“城市文化资本”运作，不同于一般意义上经济资本的运作，经济资本是通过市场关系，用“无形”的并且是“无情的手”以资本价值利益最大化为最终目的的配置与目标。“城市文化资本”运作的最终目的是创造一个“幸福的城市”“乐活的城市”“充满选择机会的城市”和“人的价值最大化”的城市，使城市成为社会成员全员满意的城市，并在强调城市总体设计艺术的前提下，使城市成为更适合人居的“艺术环境体”，这既有建筑与规划学意义上的价值，也有社会学和社会发展意义上的价值。创造新的城市形象，就是在“经营家园对我们的生活产生深远的影响”。当代城市已经进入智慧网络化时代，

---

① ［美］凯文·林奇. 总体设计［M］. 黄富厢，译. 北京：中国建筑工业出版社，1999：1–2.
② ［美］凯文·林奇. 总体设计［M］. 黄富厢，译. 北京：中国建筑工业出版社，1999：1–2.

有些城市空间已经成为“赛博空间（Cyberspace）”，“从现代性到后现代性的技术—认识论转型或技术—认识论—政治转型，不可避免地伴随空间性和主体性的转型——前者主要由于信息和传播技术等技术方面的原因，后者主要由于认识论原因，即对知识特征的认识和对知识态度的剧烈变革。”[①]这个变革由于网络和电脑、手机等终端设备使用的普及，加之，中国国家政策对数字经济的鼓励，中国很多城市已经处在一个出现高数字化的经济社会发展环境中，一些发达城市已经被组织在一个智能化管理、控制的综合体范畴内，不仅在数字经济、数字文化产业和数字化的农业管理等领域，而且已经渗透到日常生活方式之中，特别是手机功能的无限放大，不仅使得人们的日常工作、企业管理、生产管理等离不开手机，而且2020年以来，手机使用已经完全嵌入城市生活的衣食住行、生老病死等方方面面，从更深层的意义上讲，城市管理、国家管理及社会治安管理等等，都已经离不开手机的使用并越来越有深化发展的趋势。

在全球城市化的竞争中，“第一世界城市经济已经从以工业为基础过渡到了以后工业为基础”的社会形态，“是经济增长动力从生产转向消费，身份或主体性概念也产生变化”，智慧、科技、创意和文化产业等第三产业的生产型服务产业成为城市社会的主体，生产方式、工作方式和生活方式的界线在逐渐模糊，“人们很可能主要不再通过工作来界定自我并产生满足感。在市场营销的推动下，许多人（也许是大多数人）慢慢地不再通过生产什么而是通过消费什么来定义自己。正是消费定义他们的‘生活方式’（一个很大程度上得益于营销的术语）：他们在什么地方吃什么食物，住什么房子，怎样装修，在哪里度假，穿哪种风格的衣服，看什么电影，听哪类音乐等。”[②]甚至，自由职业也已经成为一种生活方式。在现代社会，科学技术与文化改革伟业的贡献值越来越体现马克思主义的理论：消费也是生产的意义，人们也从更多的层面理解生产的终级目的——为了消费者的消费，同时，为了消费者的消费也是为了自己的消费能够存在。网络既打破了人们的时空感，也打破了存在方式的感知。也正因为如此，人们也在改变对“旧资本”及对“旧资本”价值的认识，即假设：当无人工厂出现并二十四小时进行生产工作，一部分人们只能作为一个消费者而存在的时候，人们对资本的本源性价值的认知就获得了改变，所以，这样的命题可以推出：随着科技、网络、人工智能和文化的发展，“让‘城市文化资本’成为大众手里的武器”是一种具有某种

---

① ［美］保罗·吉伊. 城市、公民与技术：都市生活与后现代性［M］. 许苗苗，李建盛，译. 北京：北京师范大学出版社，2022：11.

② ［美］保罗·吉伊. 城市、公民与技术：都市生活与后现代性［M］. 许苗苗，李建盛，译. 北京：北京师范大学出版社.2022：61.

可能性的社会发展模式。

“城市文化资本”的运作与创造，使我们更能够看清城市规模化、现代化、创新发展与“城市文化资本”的因果关系。在全球城市竞争中，综合竞争力是不可或缺的前提条件，但是，世界几万个大中小城市，全凭综合竞争力参与竞争，则有大部分城市会在竞争中落伍，一些城市将永远无法和全球城市上海、北京、纽约、伦敦、东京等城市相抗衡，但是作为特色城市文化竞争力的创建、城市核心竞争力的创建、创新发展的现代化水平的建设则与城市规模大小无关。我们都知道，日内瓦只是一个有40多万人的小城市，但在全世界所形成的影响远胜于那些数百万人的大城市，是世界著名的典型国际化都市，国际联盟总部、红十字会总部、世界卫生组织、联合国日内瓦办事处等都设在这座城市里，是一个典型的世界性的国际会议中心城市①。有学者说：在“城市文化资本”的意义上，“那种巨大浩瀚，那种对历史和珍品的保持力，也是大城市的最大价值之一”②。但是，“光是人数量众多也是没有用的，大约只有40万居民的佛罗伦萨，比之人口比它多10倍的别的城市，起着更多的大都市的作用”③。而当代全球已经处于“网络智能化的空间内”，单个人体通过互联网可以在自己的家里买到全世界的商品，同时也可以在家里把自己的产品卖到全世界，一个人、一个村、一个镇、一座城市……完全可以参与全球的产业分工④，“城市文化资本”建构的价值性在于，不同等级的城市都可能通过“城市文化资本”再生产参与全球经济与文化发展的竞争，比之其他资本形式的优势在于，依靠“城市文化资本”可以创造城市的特色文化竞争力，形成唯一性的发展定位体系，从而可以创造城市的核心竞争力、特色竞争力优势⑤，而鲜明的特色城市文化优势则是国家文化软实力的载体和保证⑥。

---

① 日内瓦有悠久的制表传统（百达翡丽、江诗丹顿、劳力士、万国表、伯爵表、萧邦表）。

② ［美］刘易斯·芒福德. 城市发展史——起源、演变和前景［M］. 宋俊岭，倪文彦，译. 北京：中国建筑工业出版社，1989：413.

③ ［美］刘易斯·芒福德. 城市发展史——起源、演变和前景［M］. 宋俊岭，倪文彦，译. 北京：中国建筑工业出版社，1989：413.

④ 案例：中国有很多特色产业小镇直接参与全球的文化产业竞争，其产品和商品很多已经占全球的50%—75%以上，如泰州泰兴的小提琴产业占有全世界60%的市场。

⑤ 张鸿雁，张登国. 城市定位论——城市社会学理论视野下的可持续发展战略［M］. 南京：东南大学出版社，2008：40.

⑥ ［美］保罗·吉伊. 城市、公民与技术：都市生活与后现代性［M］. 许苗苗，李建盛，译. 北京：北京师范大学出版社，2022：147.

"城市化"一词源于英文"urbanization"，其词头urban意为都市的、市镇的；其词尾ization由iz(e)+ion组成，表示行为的过程，意为"……化"。城市化（Urbanization）是人类社会发展的一个过程。"城市化"一词，比较公认最早提出这一概念的是马克思。马克思早在1858年《政治经济学批判》中就提出了"现代的历史是乡村城市化，而不像古代那样，是城市乡村化"[①]。

——张鸿雁《城市进化论》

---

① ［德］马克思，恩格斯. 马克思恩格斯全集：第46卷［M］. 中共中央马克思恩格斯列宁斯大林著作编译局，译. 北京：人民出版社，1965：480.

第十三章

重缀与扬弃——“城市革命”与“城市文化资本”结构高级化

为什么中西方城市的进化与发展会出现两种不同的道路？究其原因，很多学者都进行过研究，结论也是歧义丛生，如地理因素说、外民族多次文化融合说、原始民主与先发社会结合说、国家制度因素说等等。但是，有一个因素很少有学者提出，即社会权力结构文化对城市空间的制约体系。在人类社会的发展长河中，存在着多样化的发展空间和社会类型，中国的城市与西方的城市不仅在发展道路、空间样态、文化类型和空间符号特征方面有着鲜明的不同，而且在发展的时序、阶段和进程表现上也有着重大差别，是两条不同的平行发展的历史。

一、传统社会的三次城市革命：空间解放的经济与文化切面

由社会结构、空间结构、文化结构所决定的，中世纪及近代以来，东西方城市物化空间的结构具有本质意义上的差别：一个是属于马克思论及的典型市民社会权力结构下的城市社会空间结构体系，另一个属于典型的中央集权结构属性的城市社会空间结构体系，这两种不同的城市社会空间体系，在推动社会发展进化的功能上也具有明显的区别。两种不同文化属性从城市发生阶段就已经存在了，从发展的序列来看，中国的城市在几千年历史上既没有出现如古罗马那样的城市整体衰落，也没有出现过西方式的中世纪城市文艺复兴。对于古罗马城市的衰落，经典作家马克思和恩格斯等人多有论述，他们特别强调罗马奴隶制对劳动的鄙视、权力的极端化发展、整体制度的堕落等是古罗马城市衰落的主要原因，而这一衰落模式是城市先于国家的衰落而导致国家政权整体的终结。在中国悠久的历史长河中，城市作为政治中心、军事中心和经济中心，一直是处在某种连续发展的过程中，虽然经过无数次战火的洗礼与考验，甚至是数不清的权力更迭，亦经过多次革命性的城市社

会变革，城市不仅没有类同罗马城市一样的衰亡，而且还仍然是权力者的集中地，并在改朝换代和社会发展渐变中，完成、建构了新的集权式城市权力体系。笔者在《城市定位论——城市可持续发展创新战略》中初步提出过“城市革命”的命题①，而本篇做进一步的讨论。

所谓“城市革命”指的是城市在社会发展的某一阶段发生的社会结构、经济结构、产业结构、空间结构、管理制度、城市文化功能及生活方式等方面“质”的改变和变迁，一般意义上可以看作是城市社会进化的表现方式。“城市革命”这一命题旨在强调城市本身所具有的革命性功能和作为社会发展动力的价值，即无论什么时代，城市都是社会变革、创新发展的场域。如城市的发生对人类社会来说，就是一场革命性变革，主要是使社会结构、制度性结构、空间结构、居住与生产方式、脑力与体力劳动的差异等，或被结构，或被解构。而且很多经典作家对人类历史上的第一次“城市革命”给予的“高度”评价，甚至认为比后来的任何“社会革命”形式都来得重要，具有真正的人类社会变革的革命属性。之所以这样评价，是因为城市的出现，就是真正意义上的城市和乡村分离，从而产生了手工业和农业的分工、商业和农业的分工，而这其中最主要的是，城市为人类社会脑力劳动和体力劳动的分工创造了空间载体及社会分工体系，城市与国家制度伴生，使一部分人可以专门从事国家管理、文化、历史、天文、原始宗教、哲学、美学、数学、文学等方面的研究工作，而另一部分人则专门从事农业和手工业的生产活动。在脑力劳动与体力劳动的第一次分工后，开始了城市作为人类文化的生产、积累、创造与创新的“容器”，城市的发生，是人类走入文明社会的标志……虽然这一过程如此残酷，社会的一部分人成为奴隶，但是，就当时的生产力和科学及文化发展水平来说，从原始社会走出来的人类，只能选择与社会生产力发展水平相适应的社会结构和阶级关系。虽然人类文明开始的时间不一样，但是这一开始的起点是相同的——从城市产生开始。

第一次“城市革命”。也就是人类城市第一次出现，当然的理解就是人类第一次城乡分离，这对人类社会和中国社会的进化来讲也是无比深刻的。所谓第一次“城市革命”是以城市发生和城乡分裂为代表的，是以脑力劳动和体力劳动分工为表征的，本底是城市与乡村的文明与文化的分离，这也是与当时生产力水平相适应的必然，起源于中国原始社会后期和夏代②，创造了中国历史上最

---

① 张鸿雁，张登国.城市定位论——城市可持续发展的创新战略［M］.南京：东南大学出版社，2008.

② 笔者在20世纪70年代末曾参加夏代王城冈遗址的挖掘工作，这是原始社会晚期的城市遗址，在河南登封告成镇王城冈村。郭守敬观星台遗址就在这个村，当时住在观星台边的村庄里，挖掘的是一个城堡遗址，城墙每边长不足百米，近些年发现的同期城市遗址大体上都说明了这一点。

早的城乡分离和社会分工及国家形态。“治水文化”和“亚细亚生产方式”创造了“中国式”的“城市文明”制度基础，特别是在传统中国文化“天圆地方”“天人合一”古代哲学理论的认知前提下，在“板筑”城墙围合的空间——城市里形成了典型东方“亚细亚生产方式”的阶级分化——统治阶级与被统治阶级：奴隶主和奴隶。在空间意义上，板筑的城墙创造了对称型棋盘式城市空间格局、形态与结构。在农业社会极权专制制度下的城市结构体系，表现了东方式的社会结构关系并充分体现了体力和脑力劳动的社会分工、手工业和农业的分离以及与商业的分离，《尚书》记载夏代时，殷商的先祖“肇牵车，远服贾”，开展了远距离贸易，同时，也是第一次创造了东方式的城乡差别关系和城乡空间体系，通过围墙隔离出来的城乡两种生活空间——“都”与“鄙”、“国”与“野”、“城”与“乡”。中国式的城乡两种生活方式——“城市人（国人）”与“农村人（野人）”，在城乡之间的商贾贸易往来也十分频繁，据《周礼》记载：“凡国野之道，十里有庐，庐有饮食；三十里有宿，宿有路室，路室有委；五十里有市，市有候馆，候馆有积。”[①]这些记载虽然有夸张溢美之意，但至少说明这一时代在周王权制度下的集权城市文化是很辉煌的，创造了走在世界前沿的中国城市文化及相关的科学（如天文、数学、哲学、农学等），而这一历程从夏代到商代，再到周代，约1800年的历史中，创造了以权力结构为主要价值取向的城市空间，留下了高台式、廊柱型、大屋顶式的具有权力象征属性的空间符号与建筑体系，留下了中华民族的文字符号与中国国家、民族建筑文化的基本理念，更留下了一系列的民族文化符号及共同的文化象征——形成中华民族的文化认同。

之所以西方学者和经典作家把人类第一次城市革命看得比其他任何“革命”都重要，主要是因为当人类开始走进城市之后，人类第一次通过城市与乡村之间的空间分离，使城市实现了文化积累性的选择，城市作为了民族与文化的容器，也成为文化传承和创新的空间，城市中出现了专门从事非体力、非农业、非手工业的劳动群体，专门进行科学与文化的创作，进而创造了多姿多彩的城市文化。夏商周的青铜器、玉器、甲骨文、钟鼎铭文以及天文、数学、农业科技等展现的文化堪称时代的文化知识艺术的顶峰，并有效地传承给了后代。人类进入城市以后，即人类第一次城乡分离以后，人类也有了文化积累传承的符号——文字，人类也从此进入了社会加速度的发展进程，而这一加速的动力本质就在于文化的力量、知识的力量和城市内所集聚脑力劳动者文化智慧的力量，再进一步说，人类的脑力和体力劳动最初的分工——复杂劳动和简单劳动的分工，虽然在现代人眼里是

① ［清］阮元. 十三经注疏［M］. 清嘉庆刊本. 成都：巴蜀书社，2016：281-283.

不那么公平，但是，家庭分工、生产分工、社会分工等是社会进步的尺度，马克思在《资本论》中多次强调论述过社会分工的意义，其中最重要的是分工使得一部分人专门从事文化创造和脑力工作，成为人类社会发展的第一波直接推力。

人类古典时代的历史上，出现两个奇迹，一个是古希腊罗马城邦文化的出现，被称为“西方文化之根”——也被称为“光辉的希腊，伟大的罗马”；一个是中国春秋战国时代“百家争鸣”创造的城市文化，与古希腊罗马文化并称为人类文化的“黄金时代”。

第二次“城市革命”。与第一次不同的是，具有深刻的社会结构与阶层变迁意义。以中国私人工商业第一次兴起为时代特点，“商人”——私人工商业者成为显性阶层，显露了以百家争鸣为代表的早期中国式城市文艺复兴端倪。主要发生在西周以后的春秋战国时期，这一历史阶段与西方的古希腊罗马时期大体相当，这也是人类历史上创新与发展的耦合。西方古希腊罗马文化的城邦创造了人类的文化奇迹，大家熟知的有希腊哲学文化、神话文学、雕塑绘画、建筑艺术、神话史诗等。罗马继承了古希腊文化的精华，并在建筑工艺、法理精神、市民生活等方面创造了令人叹为观止的文化奇迹。在春秋战国时代的中国，第一次出现了以手工业和商业为主的完全意义上的城市，并创造百家争鸣、百花齐放的城市竞争、争雄的时代，正因如此，春秋战国时代才有资格被称为中国文化思想的“黄金时代”，也堪称人类东方文化的奇迹！其主要标志是在城市作为政治中心、军事中心之外，也出现了新型的具有工业商业特点的城市，而这一现象的核心意义是城市中出现了有“独立经济地位”的手工业和私人工商业者群体，这一群体在生活水平与生活质量上，第一次向权力和权力者的生活方式与生活体系发起挑战，通过财富的积累，使那些身价千亿、万亿的大工商业者，可以与权力者、贵族比肩，创造了中国商业文化体系和商业文化精神、原始市场经济公平竞争的内核，如孔子的大弟子子贡曾经是“结驷连骑”，以与很多国家的国君分庭抗礼，被誉为“儒商”的鼻祖①。这一时期在城市内出现了“四民分业”，不同职业群体有相对固定的居住空间，并形成固定的城市空间格局。《国语·齐语》记载：“昔圣王之处士也，使就闲燕；处工，就官府；处商，就市井；处农，就田野。”②《管子·大匡》也有类似记载：“凡仕者近宫，不仕与耕者近门，工贾近市。”③我们经常看到古代文献中有“东郭先生”“南郭先生”等一般是指他们所居住的地方靠

① 《史记·货殖列传》载：“子赣既学于仲尼，退而仕于卫，废著鬻财于曹、鲁之间，七十子之徒，赐最为饶益。”“子贡结驷连骑，束帛之币以聘享诸侯，所至，国君无不分庭与之抗礼。夫使孔子名布扬于天下者，子贡先后之也。此所谓得势而益彰者乎？”

② ［宋］吕祖谦. 左传类编［M］. 杭州：浙江古籍出版社，2017：78-123.

③ ［清］孙诒让. 周礼正义［M］. 北京：中华书局，2015：1129-1173.

“东城墙”或“南城墙”，以地点为姓和名。“士农工商”构成了城市内典型的职业阶层体系，特别是城市私人工商业的发展，第一次为中国社会创造了城市市民社会的文化指向，创造了某种传统商业契约关系和商业伦理，而在传统商业关系的发展中，私人工商业的崛起创造了某种传统意义上的商品交换市场规则，即平等交换的思想，相继出现了“有教无类”“民为贵，君为轻”的“人本思想”。《管子·霸言》说：“夫霸王之所始也，以人为本。本治则国固，本乱则国危。”“以人为本”就是人本主义文化的萌芽，民本主义思想启蒙，带来的是各个阶层的合理竞争。在各种相对充分的竞争中，产生了各种理论学派——百家争鸣现象的出现，儒家、墨家、法家、道家、名家、小说家、兵家、农家、纵横家、杂家、阴阳家等诸子百家学术和思想的兴起，为中国优秀传统文化的传承奠定了伟大的基础。在当时的大城市之一临淄，城里出现了中国最早官办的学府和研究机构，称为“稷下学宫”。其后各城市纷纷效仿，大都以城市为依托创造地域性学术思想，后来出现了以城为载体的齐鲁文化、秦晋文化、燕赵文化、吴楚文化等。第二次“城市革命”创造了先秦文化繁荣和中国文化黄金时代。从这个时候开始，城市所表现出来的区域空间功能和文化特点，也为地域政治文化格局的出现创造了基础。

这一时期，中国第一次出现了较充分发展的地域性市场关系，当然这个市场是以“贩运经济”为主体的经济结构形态，形成地域间货物贸易和文化交流，不仅城市里有市场和市井生活，城外和乡村也有各类型农业集市。国与国、城市与城市之间的贸易非常活跃，从西周以来的宾馆、民宿也到处兴起，商鞅因此上书提出“废除旅馆令”。《商君书·垦令第二》一文说：“废逆旅，则奸伪、躁心、私交、疑农之民不行，逆旅之民无所于食，则必农。”[①]主张废除当时称为宾馆的“逆旅”，来限制商贾和人口的流动。经济的发达和生产力的提升、铁器时代生产工具的发展大大提高了农业和手工业的生产效率，为此也形成了典型的中国商业、手工业文化的地域格局和地方特色，甚至建构了中国传统经商文化智慧与经营理论模式。《尚书·周书》中就有：“农不出则乏其食，工不出则乏其事，商不出则三宝绝，虞不出则财匮少。”[②]而《左传·宣公十五年》的故事更是强调商业文化道德，并成为千年传统商业“宝典”：“我无尔诈，尔无我虞。”还有如“冬资裘，夏资帛”“以末致财，有本守之”“宾至如归”“时贱而买，虽贵已贱：时贵而卖，虽贱已贵”等是经商的经典经验。《周礼》一书还详尽地说明了当时市场上的繁荣情况，所列商品可谓是应有尽有，不一而足。

---

① ［清］马骕. 绎史［M］北京：中华书局，2022：2947–2976.

② ［清］吴楚材，吴调侯，编. 古文观止［M］. 北京：中华书局，2011：336–342.

春秋以降，中国是一个由许许多多“城”组成的“国”，“国”即“城”，初步统计当时春秋战国时代的中国用围墙围起来的大小城市（镇）有两千多座[①]。这个时代既创造了中国地域城市发展的总体格局，也创造了城市内部空间及城市形态的发展格局基础——“封闭式棋盘型对称式里坊制城市空间格局”，很多城市从春秋战国时起两千多年的时间里，城市名称没有变、城市地点没有变、城市总体传统格局没有变、城市文化地域根基没有变——这个时代是为中国城市文化创造根柢的时代，也是中国历史上第一次大规模城市兴起和大建设的时代。不同地域城市文化的兴起，百家争鸣文化的全新局面，创造了一个经典的中国文化黄金时代，这是中国“城市文化资本”最早、最深层次的一种文化沉淀与变革！

第三次“城市革命”。这是一种空间变革式的“城市革命”，是世界范围内城市科学的学术研究者最认可的一种城市空间格局变革，是以宋代城市的“破墙开店”的“宋式城市艺术复兴”为代表的一种城市文化变革，是城市空间封闭与开放的一个分水岭。两宋时代的政治、经济、学术、科技、农耕、绘画、书法、戏剧、手工业、文学和城市文化以及新的发明都达到了中国古代文化的巅峰，《东京梦华录》详细记载了北宋开封城市的风貌，可谓精彩绝伦[②]。南宋都城临安在周密《武林旧事》的追忆中，展现了南宋都城的山水风情、都市景观、夜市华灯……可谓人间天堂[③]。今天看来这是一座充满幸福感的城市。国学大师陈寅恪先生曾言“华夏民族之文化，历数千载之演进，而造极于赵宋之世。后渐衰微，终必复振。”日本史学家宫崎市定在研究中国宋代历史时说：“进入宋代，社会突然打破沉滞而生机勃发……中国的文艺复兴开始了。”[④]——虽然笔者不完全同意这种“中国的文艺复兴”的观点（后面有论述），但是两宋的城市文化应该是人类中世纪文化的一个高峰。历史学家汤因比说：“如果让我选择，我愿意活在宋朝。”《东京梦华录》记载了这个时代打破了中国传统城市的“封闭式里坊制格局”景象。先秦以来，“左祖右社”“前朝后市”及汉以后固定的“东西市”里坊制格局被打破，城市可以临街开店，开放式的城市空间格局是典型的“城市革命”的模式，这一时期城市在某种意义上成为属于城市市民的城市。

汉代许慎在《说文解字》中说：“里，从田从土。”《说文段注》则谓“里”为“有田有土而

---

① 张鸿雁.春秋战国城市经济发展史论[M].沈阳：辽宁大学出版社，1988：207.

② [宋]孟元老.东京梦华录[M].北京：中国商业出版社，1982.

③ [宋]周密.武林旧事[M].北京：中华书局，2020.

④ [日]宫崎市定.宫崎市定中国史[M].焦堃，瞿柘如，译.杭州：浙江人民出版社，2015：287.

里居也”。里坊制的空间结构，最初是源于西周的井田制文化，是依附于农田生产关系的一种居住空间结构。春秋战国城市兴起后，历经两汉、三国及南北朝时代及至隋唐，城市的空间形态格局长期以“里坊制”为主，这既表现了中国城市的权力集中性的本质特点和功能，也表现了中国传统城市空间在地域文化上的适应性功能。“里坊制”发源于周，兴于汉，极盛于唐，几乎发展到了极致，甚至影响了中国周边国家的城市格局。这一城市空间结构及街区型制主要是以唐代都城长安为代表，“里坊制”从春秋战国以后，虽然多经战火洗礼和朝代变迁的影响，但是封闭式的空间格局并没有被突破，唐朝由盛而衰，“里坊制”也受到了某种破坏，唐朝晚期，在扬州等城市的“里坊制”开始被打破，出现了临街开店的现象。只是到了宋代，由于出现了早期初级的“资本主义萌芽”，商业资本、银票和广泛的雇佣劳动成为这一时代经济繁荣的代表。特别应该提及的是，宋朝时的城市化人口已经接近25%（也有说是30%），是当时世界上城市化水平最高的国家，而到了清代末年中国城市化水平却只有10%左右。中国中世纪意义上的“城市市民社会”在这一时期有萌芽状态发生，其代表符号就是城镇商业领域商品交换的流行。如当时“交子”、银票、典当、高利贷、雇佣关系、纺织重镇、墟市繁盛（商贸集市），农业和手工业结合的江南市镇、城市市民的戏剧及“草市”等新经济事物纷纷出现，并成为这一时期商业和城市经济、文化繁荣的突出代表，在很多历史记载中都可以看到多层次的商品雇佣关系、纺织行业的分工、多类型的庄园经济、国际贸易等。更引人注目的是属于城市市民社会的戏剧、小说等在当时城市社会里全面发生与成长，特别是城市文化显示的哲学、文学、历史、艺术、绘画、书法等名家辈出，此可信手拈来：北宋有司马光、王安石、欧阳修、苏轼、苏洵、苏辙、沈括、范仲淹、王安石、狄青、晏殊、黄庭坚等；南宋有陆游、朱熹、范成大、杨万里……历史文化人物犹如一颗颗明珠，镶嵌在中国历史文化长河中，至今熠熠映银汉。无独有偶，西方中世纪城市文艺复兴的明星璀璨，有“哲学三杰”“文学三杰”“艺术三杰”“绘画三杰”，主要代表人物是但丁、彼特拉克、薄伽丘、达·芬奇、拉斐尔、米开朗琪罗、莎士比亚、乔托、波提切利等等，用中国的话说群贤辈出，他们引导着那个时代思想和个性的解放，使中世纪的城市文艺复兴成为孕育资本主义发生的文化土壤。中国历史上的这些“城市名人”，堪称中国城市文化的“脊梁”，正是他们在城市这个早期市民社会的舞台上，创造了中国及中国城市的文化繁荣，并为中国城市式的城市市民社会文化进化奠定了深厚的基础，也因此显示出中国宋代“城市革命”的历史光耀。

与以往的城市社会发展比较，宋代的城市已经是一个具有某种商业关系和“市场性取向”的社会结构体，如那时就已经有了广告文化、夜市文化、戏剧文化等，与西方中世纪城市文艺复兴时代的城市繁荣有异曲同工之处，特别是不同于以往的商业经济结构和新的市场要素的出现，打破了汉唐以来“里坊制”封闭的城市空间格局[①]，可谓历史开风气之先。“清明上河图”进入了一个与西方中世纪经济社会发展相仿的阶段和社会形态，甚至有学者说，如果按照宋朝的商品经济的发展模式走下去，中国有可能与西方同步进入资本主义社会。但是，后来元朝草原民族文化入侵所形成的“游牧文化”权力政治和“游牧经济体系”，使中国经济与社会发展出现了某种倒退，形成了经济走势“马鞍型”的“谷底”现象，同时也使中国古典式的资本主义萌芽夭折。虽然在这一阶段打破了汉唐以来的封闭式“里坊制”，但是，由于元、明时期皇权极权政治的强化，使封闭式的“里坊制”又重新回到城市生活当中。明清以来，特别是清中晚期，闭关锁国，资本主义萌芽成长举步维艰。但是，毕竟是传统城市封闭式格局在宋代第一次被打破，在明清时期的一些江南市镇，资本主义萌芽有了一定的成长，使得宋代“城市革命”创造的城市市民经济文化在一定地区得到某种延续，毕竟宋代——“破墙开店”反映的城市经济发展本身需要的场景——使市场不能局限在某地，不能只有“东市”和“西市”。宋代的“破墙开店”文化在历史上重重地写上了一笔，在一定意义上也推动中国传统城市社会空间文化朝前迈出了一步，这也使得中国进入近代化以后，不得不出现“第四次城市革命”[②]，但这种现代化意义上的“城市革命”毕竟比西方的城市革命晚得多，可以明确地说：中国近代工业城市文明的发生整整比西方晚了一百多年！

二、第四次“城市革命”：从封建社会走入近现代社会的分水岭

应该说，这个时代的城市是负重前行的，宋以降，历经元朝、明朝和清朝，特别是明清两朝的里坊制的强化管治，打开国门、打开城市门、打开里坊的围墙……是一个很艰难的过程。因此说，这一次的“城市革命”是在国门被打开的大背景下发生的，是一种中西文化碰撞、交融的过程，传统城市空间、传统城市要素、传统城市生活、传统城市生产等多方面发生了深刻变革。换言之，所谓第四次“城市革命”是近代中国以引入西方城市现代城市管理模式为代表的城市变革，也是中国传统城市管理模式与城市社会融入世界整体变革的开始，具有时代分水岭意义。

第四次“城市革命”既是世界经济出现一体化的必然结果，也是近代社会西方列强的坚船利炮

① 张鸿雁. 中国古代城墙文化特质论——中国古代城市结构的文化研究视角［J］. 南方文物，1995（04）：11-16.

② 张鸿雁. 论中国封建城市经济发展的总体特点［J］. 中国史研究，1997（3）：3-12.

强行打开国门的结果，当然还是西方工业文明、经济与文化扩张的必然结果。明清以来，虽然权力者采取闭关锁国政策，但是，由于西方工业化的发展，特别是西方对新大陆的发现，包括中国郑和七下西洋对西方的影响，东西方世界互相有了更多的了解，世界开始了某种一体化发展的进程，以农业立国的华夏文明在西方现代文明面前受到全面挑战，而西方列强资本的趋利性，给这个传统世界带来的是从初期的迷茫到新的觉醒，清朝晚期以来的“洋务运动”是这一觉醒的开始，为中国带进来西方发达的科技和文化，也带来对传统经济格局和政治格局的否定。西方坚船利炮在打开中国的大门之后，在中国的部分地区和城市强行霸占土地并推行了西方的殖民主义，在上海、天津、青岛、广州、福州等地建立租界，带来城市生活的巨大反差。有一个现象令人深思，在清朝积贫积弱的历史中，近代以来，一些达人志士在寻找救国的道理时，无不把眼光放在了西方。这一历史阶段，被动的或主动的，包括以被迫的方式引进了西方的物质与精神文化，当然好多是有选择性的。然而，在城市管理制度文化方面，近代中国城市几乎完全照搬了西方城市的管理模式、体系和方法，其中西方列强在租界地的城区管理模式直接影响了中国传统的城市管理制度与文化，因此，在古老中国的土地上，出现了西方式的近代城市管理制度萌芽，最早在天津、上海等城市率先推行了西方的城市管理制度，并建立了与西方城市管理相似的机构和部门，如袁世凯1902年在天津建立了中国最早的“警察局”——巡警局，开始了中国近现代城市治理的新篇章，1904年以后，城市已经有了电车公司、电灯公司、消防队、自来水公司和类似工商管理局等现代城市管理机构与制度，在城市空间上也模仿西方城市空间结构和文化要素，如当时还建设了很多植物园、城市公园、公共图书馆、博物馆、医院、大学和城市景观大道等，在城市经济发展方面，仅在1912年至1914年两年时间里，天津新开各种公司、制造业工厂等有4000多家，还废除科举、兴办免费国民学校等，近代以来，天津创造了很多现代城市管理模式制度的第一。

在上海、青岛、天津、广州租界内的一些城市制度被直接用于非租界地的城市建设与管理，这一过程最重要的是西方城市市民社会的文化要素、生活方式和城市公共生活开始进入中国人的城市生活。上海在1843年正式开埠，从此城市经济与城市文化奇迹般地繁荣起来。1865年在洋务运动的推动下，到清朝灭亡后的1912年到1928年，上海的工业产值占中国的50%左右，创造了许许多多中国近代及城市现代化发展之最①。上海在城市空间格局、城市经济结构、城市金融产业、城市文化艺术和新文学等方面，不仅走在了中国其他城市的前面，也走在了世界的前列，是典型的中西文化交

---

① 《上海之最》编委会. 上海之最［M］. 上海：上海人民出版社，1990：6.

流、碰撞、融合和面向世界开放的产物。为了说明第四次“城市革命”的特殊历史意义——中国的城市，从5000年农业文明的城市，直接转化为近代工商业社会的城市，特选择上海城市迈向近现代城市空间和城市文化等社会转型案例要点，以证之：

1.电灯（路灯）、煤气和自来水等城市基础设施建设的发端与发展。现代城市基础设施的建设，是城市社会、文化、空间转型走进现代化过程的一个重要标志，也具有城市现代化的里程碑意义。上海是中国最早有路灯的城市之一，后来北京、南京、天津等也比较早地有了城市电灯型的路灯。电灯走进寻常百姓家使城市市民生活方式发生了质变，中国近现代以来城市生活照明的路灯发展过程是：植物油灯—煤油灯—煤气灯—电灯—当代多种能源灯等。1864年上海第一盏灯路是一种煤气灯（包括南京等地都是如此），1866年英国商人在泥城桥边开办煤气公司，向两个租界提供煤气，时人称之为“地火”，当时的上海人对一些新生事物有恐惧之心，对电气、煤气、自来水等城市基础建设都有误会和谣传，有记载说：“其初，国人闻者，以为奇事，一时谣诼纷传，谓为将遭雷殛，人心汹汹，不可抑制。当道患其滋事，函请西官禁止，后以试办无害，谣诼乃息。”①传统农业社会科技不发达，加上信息闭塞，人们对这些新生事物有恐惧心理，后来逐渐在具体生活的使用中，获得益处后赞赏有加，文人墨客纷纷写文章描述家庭煤气使用的情景：“由铁管以达各家，虽隔河小巷，弯折上下皆可达。街衢之间遍立铁柱，柱空其中，上置灯火。至晚燃之，照明如昼。富贵家多至数十盏，以小铁管暗砌墙内壁，令火回环从上而下，宛如悬灯。每家铁管总处设立灯表，可测所用煤气多寡。局人按月验表以收费。其人工之巧，几不可思议矣！”②当时，在西方人眼里看到中国城市没有路灯的夜晚是这样说的：“没有公共照明。入夜，街道上漆黑一片，阴森凄凉，行人绝迹。煤油灯在中华帝国各地被广泛用于照明以前，人们一般用蜡烛做的纸灯笼，或者点燃花生油碗内的棉灯芯照明。由于没有良好照明条件，多数人日落而息，日出而作。煤油为家庭生活带来了很多方便，夜晚，人们可以读书，全家人也可以聚在灯光下谈天。”从这些历史情景可见中国城市和社会生活的开放是需要开启民智，进行启蒙教育的。之后，近代的上海城市经济、文化飞速发展，开启了城市金融和商贸国际化，使上海成为世界金融与商贸中心，世界及全国各省的有钱人和工商业者汇聚上海，城市经济繁荣的外在形式就是上海城市商业街区的霓虹灯所展现的灯红酒绿，抑或可以说，从1900年后，上海最大的变化之一是城市国际化、现代化的夜上海——被描述为“东

① 吴博. 上海是打开近代中国的钥匙 代表中国前进脚步［EB/OL］.（2021-05-10）［2023-10-28］. http://www.chinanews.com.cn/gn/news/2010/05-10/2272212.shtml.

② 王韬. 瀛壖杂志［M］. 上海：上海古籍出版社，1989：125.

方夜上海”“东方巴黎”和“世界四大魔都”之一[①]。

从煤气灯到电灯的使用和普及是中国从农业社会走向工业社会的一个分水岭，具有划时代意义。农业社会的城市居民用水主要是靠井水、河水和湖水。1879年清政府为旅顺水师建成了中国第一套供水设施，而上海则是最早为城市居民提供自来水的城市。1881年上海建立了中国第一个水厂，成立了中国第一家自来水公司，而且规模之大有“远东第一大水厂”之称。1883年6月9日时任北洋通商大臣的李鸿章亲自拧开阀门放水[②]，很有历史意义。1908年5月北京先于上海建立了“京师自来水股份有限公司”，集中供水到城市里的千家万户，为城市空间组合和高层住宅的建设创造了基础前提，使人们在更大的城市、更高建筑里的城市生活成为可能，为城市空间结构系统性的现代化提供了一种生活保障，在改善城市生活质量、提高城市市民健康水平方面大大朝前迈进了一步。在以前，由于没有城市公共用水系统，城市里也因此没有公共厕所，其结果是可以想象的，在中国近代科技和公共医院发展起来以前，流行病多发与传统农业社会的饮用水取用水方式有关，这一方面有很多研究成果，此不赘言。

2.电信业务的发端与发展。除了大工业生产能够集聚大规模的劳动力之外，邮政、电话和电报通信等业务，是促进人流、信息流、物流、资金流快速发展的必备条件，由此成为城市化和城市现代化的前提条件。通信业务的科技化和普及是城市人口有效集聚的加速器，是城市经济、文化和商贸得以繁荣的纽带。信息交流越充分、传播速度越快、信息获取越准确，城市市民社会生活、工商业发展、国际贸易和金融流通等就越可以创造更多的经济与文化价值，也会为整座城市带来经济与文化外部化的发展和繁荣。在这一方面，上海在近代还是走在最前面的。1861年（咸丰十一年）在今天上海虎丘路建立了“大英书信馆”，是上海也是中国最早的邮局。1882年上海英商电光公司成立，将电话线从十六铺码头连通到正丰街，这时的家庭电话成为有钱人的标志。1898年（光绪二十四年）上海工部局和外商建立了“华洋德律风公司”（电话公司）；在洋务运动的影响下，1897年（光绪二十二年）清政府将海关邮政正名为“大清邮政局”[③]，第二年就开始办理了包裹投递业务。从全国的发展看，适应当时国内经济发展的需要，北京、天津等24座城市相继建设了邮政体系，而且那时的邮局业务内容非常广泛，就相当于现代的物流配送公司，在上海市区内很多商品都

---

① ［美］E.A.罗斯.变化中的中国人［M］.公茂虹，张皓，译.北京：时事出版社，1998：4.

② 于良春，李勇.中国自来水产业发展及相关产业组织政策［J］.山东大学学报（哲学社会科学版），2006（05）：71-77.

③ 谢彬.中国邮电航空史话［M］.上海：上海三联出版社，2014：79.

可以通过邮局送货上门。1918年开始使用了汽车和自行车投递信函，“构成了近代上海的投资环境之不可缺少的环节”，上海由此成为近代远东最大信息中心城市，并为大工业投资、大宗国际贸易的发展和股票证券市场的繁荣创造一个当时最发达的网络体系[①]。另外，“邮差”的职业在上海还是个“肥差”，可能是经济与文化差异，“邮差”在北京等地及一些偏远地区，这个职业声望就有多样化，在当时的北京曾有“燕京百怪”之说：“远看似乞丐，近则是邮差，褴褛绿衣服，腰悬信一袋。”[②]

3.国际化城市文化的发端与发展。两千多年传统封建官本位体系下的城市文化，转而成为以市民社会生活体系为主体的近代化城市，上海最为典型，从一个传统渔村转变成一个国际化的文化都市。近代以来的上海是一个与世界同步发展的城市，“文化混杂性”或称“文化涵容性”是上海最鲜明的城市性格——不仅是“海派”与“京派”并存，租界地与封建文化并存，而且是新思想和旧文化并存——创造了与传统“京派”截然不同的“海派文化”——“海上文化体系”，与北京并驾齐驱，各自引领江南江北两大文化主流。而上海则更多展现的是新文化时尚的繁荣，现代新闻出版业的发达，电影与小说及戏剧艺术的百花齐放，因此，时尚、国际化、魔幻、投资者的天堂，近代以来一直是上海城市的标签，到了19世纪末的几年里，中国报刊文化的发展可谓是一个黄金时期，仅在1895年到1898年的 3 年多时间里，全国创办了近40家新式报刊，而其中有26家在上海。1902年第一部横排版的中文化图书《英文汉诂》在上海出版；1903年第一本小说杂志《绣像小说》在上海创办，此后各种杂志、报纸如雨后春笋，有《革命军》《中国民族志》《苏报》《汉声》等，上海在城市文化生活、消费格调、品牌文化的影响上持续引领中国时尚达100多年。

从文化的角度看，上海在生活时尚方面的突破可谓可圈可点。在旧中国，最早有些超前的流行时尚主要体现在文化体育运动和各种生活中服装、发型的时尚造型设计，当时对于传统保守的中国人来说，网球、高尔夫和赛马等都是舶来的新鲜事物，而且很快在上海流行起来。然而，对于有男尊女卑、“男女授受不亲”思想的传统社会来说，超时尚莫过于游泳池的创建而更具有反叛性的了，即使到20世纪七八十年代的中国大学生，上游泳课时，很多农村及小城市来的部分女学生都不肯穿泳衣下池。而在1907年上海就有了第一座公共体育文化设施——公共的商业化的游泳池，可谓开城市现代时尚文化风气之先，这是一个突破旧风俗、旧观念的体育文化项目，也是一个大上海反

① 江敬虞.十九世纪西方资本主义对中国的经济侵略［M］.北京：人民出版社，1983：169-170.

② 胡朴安.中华全国风俗志：下［M］.石家庄：河北人民出版社，1988：33.

旧文化传统的时尚性标志事件。

另外，近代以来，上海在文化上还创造了很多个中国第一：1908年上海有了第一家戏院——虹口大戏院；1909年由上海商务印书馆出版中国第一个城市旅游介绍——《上海旅游指南》，显见上海在中国和世界商务、旅游交流中的重要作用和上海文化精英的城市文化自觉；1911年创办了文化用品商店——百新书局，可以窥见上海文化产业发展端倪；特别要提及的是中国第一本宣传马克思主义的刊物《新青年》也是1915年在上海创办……上海这座城市一开始因港而兴，因国际贸易和国际金融而盛，是一个世界各国文化——万国文化的集聚地和展示地，由此，城市也出现了城市市民社会的时尚、潮流、附属文化设施和文化产品及商品，包括形形色色的商业文化品牌。在城市空间上，从传统封闭型式街区转为新型国际化、多样化的城市社会空间，有传统的封闭式街区空间、有国际化的空间、有公共性的城市空间也有市场化空间和私有化空间——特别有了法权意义上的房地产交易，即私有产权意义上的所有权空间。同时，在整个上海变得越来越有跨文化的异质化和多层次化空间，特别是建筑空间的“万国化”为上海增添了无穷魅力，“魔都”的文化个性越来越显性，新的事物不断涌出且一切都在与世界接轨——公共的公园、公共的市民广场、公共视野报纸杂志、房地产市场交易、国际化证券黄金市场、国际化的市民娱乐设施（如电影院、舞厅、酒吧、咖啡厅、跑马场）、公共医院、公共图书馆、公立大学、公共交通、新型百货业等纷纷涌现。其中，历史性的文化经典案例有：早在1918年就有轰动全球的上海时装表演，为上海的国际化贴上了一种开放的标签，从此，上海作为时尚之都一直引领中国人的消费，就是在20世纪六七十年代，国门还没有完全开放时，东北及国内很多偏远城市或乡村追求的时尚消费品牌主要是上海的产品，如上海的自行车、上海的缝纫机、上海牌的手表以及上海生产的烟、化妆品、服装……就是自己家里找木匠制作家具，也有用烙铁烙上或刻上“上海”两个字，显得家里“有文化”“有品位”。直到21世纪初上海的发展战略定位之一都是中国及世界时尚之都，只是在2018年以后，上海的时尚性明显锐减。但是，近代上海一切的一切都已经成为这座城市的文化基因，一旦上海再一次与世界文化深度融合，笔者相信，上海一定会重现“世界魔都”之风采。

当然，这种现代化、现代性意义的“海派文化”繁荣是与上海租界文化与中国传统文化的融合与冲突分不开的。从经济文化侵略的角度认识，西方列强对中国创造国民的不平等待遇，但是，中西文化交流，在客观上传递了工业文明和先进生产力，包括在城市建设上对上海城市“海派文化”空间重构、改变，或者是在现代文化融合等方面发挥了积极的作用。在城市管理的借鉴上，带给上海市民的是：城市生活方式的现代文明化、生产方式及生产关系的现代化，其影响是巨大而深远的。这些，正是当时的上海市民和国内其他城市都能看到的改变：“自租界开辟，通商以来，一切法制之兴革，风尚之迁流，既月异而岁不同。”[①]这种文化向上的引力、经济繁荣的推动，因此而成为中国近代史上移民城市发展最快最多的城市，城市人口结构也发生了质变。在农业立国的传统中国，独树一帜。据1914年统计，上海城市内在各类工厂做工的人数已经达15万人左右，成为全国工厂和工人最多的城市，形成了新的产业工人的群体和阶层。当时的上海人口已经有了200万人，到了1930年上海人口已经超过300万人，到了1949年时上海外来移民占总人口的85%左右。

回过头来看，在1900年前，传统封建农业社会的中国，多数城市人口还是以官僚、手工业者、商人、地主和农民等为主。而1900年后的上海，城市内的阶级关系发生结构性的变化，虽然这些变化在当时对于中国沿海城市来说具有普遍性，但是，上海的变化更为典型和特殊。现在，上海这座城市里可以看到外国投资者——“资本家”，也可以看到中国的投资者——“民族资本家”“绅商”及买办等，还能看到国际型金融大亨、洋行雇员、不同人种的银行职员、形形色色的工厂厂主，不同肤色的律师、医生、工程师、通事（翻译）、编辑、记者、会计、大学教师及电影和戏剧演员等，还有以中国人为主的纺织工人、码头工人、商场营业员、小商小贩、饭店伙计等，长长的职业阶梯，构成了异质性的上海城市文化。

4.现代街区空间的发端与发展。上海最早开始了城市街区空间的现代性转型，部分城市空间结构在保持中国传统的里坊制结构的文化要素之外，还创造了现代城市生活体系的空间关系，即中西文化交流之后的空间结果——“上海石库门”建筑与居住空间，出现了市民社会条件下的公共空间及开放式的街区形态。早先，里弄都是有名称的，多用有关中国传统吉祥的词和字命名，后来演绎出“里”“坊”“村”“园”等名称。称“里”的，一般都是老式里弄；称“坊”的，新老里弄均有；称“村”和“园”的则多为新式里弄[②]。而且，近代以来老上海的里弄里是各种要素混杂，用现在的语言可以这样评价：上海当时的里弄是“产弄融合”“产城融合”“居职融合”——因为那时的上海没有城市的整体规划和产业布局的空间划分，城市居住区里遍布各种类型生活和生产组织——企业和公司；里弄里除了居民居住之外，还有各式各样、形形色色的手工作坊、工厂、钱庄、银号、货栈、旅店、浴室、饭庄、书店、药店、戏馆、报社、书局、电台和学校等。1949年后的上海城市，虽然一些带有封建色彩的烟馆、赌台等没有了，但是，各类型的经营、生产型单位还仍然融入里弄之中，以至于到了20世纪80年代以后，上海的街道经济、产业还仍然比较发达。改革

① 刘华明.近代上海地区交通运输、邮电通讯工具的变迁：1840—1949［J］.史学月刊，1999（03）：118-120.

② 申立.上海里弄的空间变迁［J］.城市问题，2012（08）：68-72.

开放后的今天，这种经济文化现象依然存在，使得上海城市文化和日常生活空间更显得神秘而有魅力，如就上海的文化先锋性来讲，2018年以来上海里弄、石库门依旧表现出非常强烈的文化创新功能——如社区小剧场非常活跃，有些街巷也如纽约的“文化硅巷”一样，出现多样化的创意群体的工作间，表现出“新海派文化”的强大功能，也是上海“魔都”文化的一种延续性创新。可以这样说，上海的石库门文化与北京的胡同文化虽然表象上有很大区别，一个是外来居住文化的代表，一个是传统中国的居住文化的代表，但却都有共同的中国传统居住空间结构文化的基因[①]。

5.国际金融产业的发端与发展。上海经济的历史地位的确立，关键是在近代以来形成的世界金融中心城市地位。由于外国金融资本的大量涌入，使上海城市成为世界级的“信息港”，上海城市价值在全球经济发展中的位置突显出来，这是城市文化和城市空间变革的物质基础。从1928年到1936年的9年间，全国164家银行总行有54家设在上海，外资银行达27家，而当时在时尚领先北京的天津也只有14家，北平有10家、汉口有10家，上海总计各类银行机构182家[②]，在1920年以后的十几年里，上海成为名副其实的世界东方金融中心，黄金市场、外汇市场、证券市场等门类齐全不说，而且黄金交易在当时世界黄金市场居于第三位。

近代上海城市空间的快速空间变革，堪称具有突变性和世界的样板性，对于当时中国东南西北中的城市来说，也非常具有典型性、示范性和引领性，是中国近代沿海城市、沿江城市、口岸城市及区域中心城市发展进化的代表。当时除了上海外，还有南京、北京、天津、广州、福州、厦门、武汉、重庆、成都、沈阳、长春、哈尔滨、大连、青岛、烟台、无锡等城市的民族工业、城市经济结构、城市文化都在得到重新建构，朝着与世界发展同步的方向迈进。近代上海城市的结构性变迁，是中国近代与世界为缘而发生变革的典型，上海外滩就是浓缩的近代中国社会国际化资本的城市空间体，是一个完整见证并且也是表现中国“第四次城市革命”的“历史地段”。面对世界经济文化全球化的大潮，上海是踏浪先锋。或者可以这样说，中国近代以来的城市，开始进入一个开放式空间的“结构与解构”化发展过程，那些较快融入国际潮流的城市，创造了城市空间形态现代化的“人类集体记忆”，这个新的集体记忆是一种文化生态性的“侵入与接替”和城市更新与更替的过程：一方面既包含了西方文化强行、主动的“侵入”因素，也包含了中国文化中部分知识分子群

---

① 张鸿雁. 上海文化核心价值的缺失批判与“新海派文化”的建构研究术——上海城市发展与规划战略纠谬与创新［J］. 中国名城，2011（02）：8-16.

② 佚名. 民国时期上海是如何打败北京成为金融中心的？［EB/OL］.［2023-10-28］. http://finance.efnchina.com/show-99-67168-1.html.

体“主动接替”的文化整合因素；另一方面还包含了世界文化融合与地方文化崛起的价值创新功能，与其说是世界各民族文化整合与文化精英的杰作，还不如说是世界整体科技文化发展趋势使然，当然，这其中也包含了中国城市市民文化社会商品经济关系的内在融合性发展的需求和城市市民文化启蒙后的觉醒。

上海近代传统城墙空间结构，是被早期上海城市市民自行打破的，这在中国城市发展史上是一件很有意义的事情，虽然已经成为历史，但对城墙撤除这件事情的历史评说一直是褒贬不一，直至今天也仍然如此。1553年10月，上海为防止倭寇（其中有一些中国土匪和海盗）抢掠，在官督民办的结合下，特别是当时绅士、商人踊跃捐款，几乎是全民参与建设，不到两个多月，总长4.5千米、高约8米的城墙就建好了，在相当长的时间里城墙有效地保护了当时的居民和工商业者。后来在英军大炮的轰击下，城墙局部被毁，断壁残垣横亘。西方的城市经济、文化和商业进入上海以后，传统城墙在一定意义上又限制了当时的城市居民生活和工商业的发展，城墙内道路狭窄、污水横流、路面泥泞、交通不畅……撤除城墙与否，在当时分成严格对立的两派，一些官员、士绅和工商业者群体提出了撤除旧城墙的要求，但遭到另外一些工商业者和业主代表的强烈反对。随着上海近代经济的高速发展和国际化的深入，城墙成了城市发展的阻碍因素之一，的的确确对当时城市的经济发展和日常生活有明显的负面影响，特别是市民看到租界内的交通、市政和工商业的繁荣，市民要求撤除的声音一直不断。“拆城垣、填城壕、筑马路”成为当时流行的口号。苏、沪总督及民政总长李平书呈请拆城。1912年1月14日，李平书批复呈文：“为商业一方面论，固须拆除城垣，使交通便利，即以上海风气、人民卫生两项论，尤当及早拆除，以便整齐划一。”[①]1912年7月正式撤除城墙，其中北城墙改筑成为同代城市的马路，当时命名为“民国路”，1949年改名为“人民路”。这个时代“城市革命”性的变革和“中国式的小市民社会”在上海等一些城市开始发挥作用，到21世纪上海在寻找自己的城市记忆的时候，在保护城市历史文化方面仍有不同的争论，但是，作为上海的老城墙和城市集体记忆的一部分，老城的残余部分正在得到合理的保护和利用，现在已经成为上海城市的旅游景点之一，在国际化、现代化大都市的社会空间中，在鳞次栉比的高楼大厦映照下，上海老城墙的历史痕迹格外醒目，伴随时间的推移越发具有上海“城市文化资本”的价值和意义。

但是，对于传统的、以农业立国的中国来说，这种以资本主义工业化和新兴工业化文化为背景的城市社会变革，只是在中国局部地域和部分城市才得以发展，虽然上海的发展表现是积极的、充

---

① 杜正贞.上海城墙的兴废：一个功能与象征的表达[J].历史研究，2004（06）：92-104，191.

分的和快速的，但是，近代中国在整体上还是一个传统的农业社会，直到1949年，中国的城市化水平也只有10.6%，还有90%左右的大量农业人口，中国的城市仍然处于汪洋大海般的农业文化土壤之中。

三、第五次“城市革命”：开启中国与世界同步的步伐

中国创造了前无古人、后无来者的城市化速度，整体进入了全球现代化潮流当中，这是一个涉及有6亿—7亿农村人口向城市流动的波澜壮阔的城市化，是一个让更多的农业人口开始享受城市文明的城市化，这主要是指自20世纪80年代以来中国改革开放阶段的第五次“城市革命”，也是一场以国家为主导的、多方市场主体参与的，以城市经济繁荣、城市功能扩张、城乡空间再生产和城市国际化为表现形式的新型城市化，这一过程的结构性变迁也表现为国家之间的竞争主体从企业转向了以城市为单位的全球竞争。

在经历了1949年的政治变革后，由于中国当时还是处于农业经济为主的发展阶段，除了北京、上海、天津、青岛等城市在“半封建和半殖民地”的基础上有一定的民族工业和买办经济外，中国大部分地区仍处于自然经济状态，加之本来就薄弱的工业经济又遭受日本侵略者的毁坏和内战的严重破坏，城市建设和城市化受这一经济发展基础的限制，同时还受制于国内外政治与经济格局的束缚，包括受苏联政治经济的左右。新中国成立后，在一段时间里主要是以发展工业为主，并强调重工业的发展，特别是由于置于小农经济的社会、文化、政治结构及传统思想框架之下，城市社会建设、城市结构变迁缺乏动力，城市基础建设严重滞后。1848年，中国的城市化率是10.6%，100年后的1949年仍然只有10.9%，而从1949到1978年，近二十年的时间里，城市化、城市空间格局几乎没有大的变化和进化，从1949年到1978年的19年间，中国的城市化水平从10.6%增长到17.8%，还有80%的农业人口，中国是当时世界上城市化水平最低的国家之一[①]。

从1978年开始的中国改革，与其说是一场以经济为主导的社会变革，不如说是一种经济、社会、思想和文化多元化的整体性“城市社会革命”。从这时起，中国的城市化以惊人的速度发展起来，并很快与世界城市经济发展同步，并超出了世界城市发展的速度和水平。面对几千年的中国城

① 张鸿雁.中国城市化理论的反思与重构[J].城市问题，2010（12）：2-8.

墙式的封闭城市文化[1]，中国以前所未有的姿态，主动地把自己的社会和城市生活融入世界经济文化的主体之中，这对一个有五千多年传统农业文明的国度来说，是实实在在地第一次跟上了世界步伐并超前走了一步。这一时期，在“以经济建设为中心”的发展理念下，创造了前所未有“制度投入型城市化”[2]的高速发展，使得中国出现整体性的城乡社会结构变迁，集中体现在乡村城市化和城市空间与社会的整体变迁等方面。中国原来有数以百万计（相关统计为1978年时中国还有650万个自然村落）的农村村落，现今只剩下了几十万个自然村庄，而且还在减少并在保护与重建中发展着。到2000年前后以663个设置市为主体，一万多个乡镇为其发展结构系统，中国社会的整体开始进入城市社会。从1978年到2010年这30多年的时间，城市化水平从17.8%发展到50%的水平，与世界发达国家近代以来的城市化速度相一致，25年左右翻了一番。从这时起，人们对城市功能与城市文化价值的理解发生了根本性的变化，除了经典作家论述的城市作为社会发展中心与核心动力外，学者和专家、市民和农民、企业家和城市管理者都对城市现代化的核心作用、中心性作用、引领性作用有了新的理解，城市带动乡村，大中城市周围的土地首先被卷入城市而成为城市区，同时，大中城市周围的乡村率先开始富了起来，城市作为一种地域生产力构成，已经不再仅仅是消费地，更不完全是政治权力结构要素的集中地，而是一种全新的地域生产力结构性关系。

从1995年前后开始，在房地产改革的助力下，中国城市的建设用地在政府的主导下，也成为民营经济和一些房地产商运营的对象，企业家和实业家在一定程度上成为“造城运动”和“城市运营”的重要力量和主体，多方资本特别是民间资本成为城市改造与建设的重要来源之一，这是中国城市建设史上的一次跨越，掀起前所未有的“造城运动”。到了2010年，中国城市人口开始第一次超过农村人口，改革开放的前30年里，已经有5亿—6亿农业人口成为城市人，城市人的职业构成和城市空间性质都发生了变化，城市建设由过去单纯国家权力转化为国家权力和市场主体及市民三者共同的行为。同时，这一时期城市空间结构框架也在更广阔的地域上展开，城市郊区化和城市再现代化同时发生并表现了城市社会空间结构的地域性变迁，真正意义上的城市社会已经来临。

改革开放后的城市化是具有社会现代性意义的城市化，对于中国来说也许是前无古人、后无来者的一场创造城市现代化的“城市革命”，其主要的表现形式是，成千上万的农民在城乡之间

---

① 张鸿雁. 中国古代城墙文化特质论——中国古代城市结构的文化研究视角［J］. 南方文物.1995（04）：11-16.

② 张鸿雁，谢静. “制度投入主导型”城市化论（1）［J］. 上海城市管理职业技术学院学报，2006（02）：23-25.

流动，当然主要是从农村流向城市，最后转化为城市市民。2022年中国城市化率已经达到65%左右，40年来，6亿—8亿的人口城乡流动，其中多数农民已经成为城市的"新市民"，从乡村中"拔根"，在城市里"扎根"——如亚里士多德说："为了生活他们来到了城市，为了更好地生活他们留在了城市。"中国百强县第一名的苏州昆山市（原来是县级市）有65%的外来人口，为了创造本地人与外来人口的文化融合和文化认同，最早提出了"新市民—新昆山人"的概念，并由此树立了良好的开放包容型的城市形象，也成为促进昆山经济、社会和文化繁荣的重要力量。在经济高速发展中，以外来移民为主体的城市越来越多：除了上海、北京、广州等特大城市外，一些中等城市也以突飞猛进的形式加速城市人口的增长，而城市人口的快速增长曾是一段时间城市经济发展的重要动力和红利。如东莞作为典型移民城市，外来人口占比高达75%；湖南浏阳的外来人口也已达到了72%，这座城市的烟花产业别有特色，1000多家同类企业成为城市人口集聚的核心要素。而城市全面发展、城乡融合发展的典范城市苏州，号称是中国第二大移民城市，2022年城市化率高达77%左右，外来人口接近70%。总体来说，中国在城市化和新型城市化的发展中，发达地区和经济增长的城市都是城市人口流入地。其中以上海的人口净流入为中国之最，达到了958.84万人，总量位居全国第一。根据2022年上海市统计公报，2022年末，全市常住人口总数为2428.14万人。其中，户籍常住人口1450.43万人，外来常住人口977.71万人[①]。根据2021年国家统计局的资料，从净流入人口看，第二位是深圳，有793.17万净流入人口；第三位是北京，有756万净流入人口。

人口能够流入城市，从一般意义上说明了八个问题：一是城市产业有比较充分的就业空间，外来人口能够在这座城市里工作然后得以生活；二是城市的劳动价值即一般平均工资高于自己所在地或者高于其他城市；三是这座城市有较为充分的居住空间，无论买房或者租赁房都可以获得具体的相对满足；四是这座城市的日常生活服务体系较为发达，即生活服务产业比较繁荣；五是社会公共文化资源比较丰富，如中小学或幼儿园教育等；六是城市文化的宽容度比较高，对外来者没有文化歧视；七是这座城市往往具有优美的城市环境和旅游资源；第八个当然也是非常重要和关键的一点是，人口流入较多的城市管理者往往都比较开明，在城市政策和文化建构方面有很多创新，如城市市民的整体教育、城市市民及外来务工者的城市文明素质教育等，这一切都是能够使外来者涌入一座城市的重要原因，既说明这座城市文化形象的魅力、城市文化的感召力及"城市文化资本"的再生产能力，也说明城市产业对人口和就业的文化张力和涵容能力，同时说明这样城市的幸福指数都

① 上海市统计局. 2022年上海市统计局政府信息公开工作年度报告［EB/OL］.（2023-01-03）［2023-10-28］. https://www.shanghai.gov.cn/ (tjj.sh.gov.cn).

处于前列。从总体上说，城市化和城市现代化的深化过程，也是城市现代城市文明、城市生活方式的普及过程，从其发展规律来看，一旦城市人口接近超过85%的时候，社会整体就会有95%左右的人能够享受城市文明带来的文化和城市生活方式，城市化也就基本完成了，其中10%—15%左右的农业人口可以很好地享受城市文明带来的益处，像法国、英国、德国、瑞士、瑞典和新加坡等国家那样，创造了国家与社会整体的城市性、现代性生活体系，可以描述为：整个国家的未来发展会有发达城市和发达的农村，但是没有了传统的农民。

如果能够以上海、深圳、广州、杭州、南京等城市那样为样板，中国城市现代化和现代性意义上的市民社会结构就有可能真正形成，虽然这一阶段的中国城市化在很多方面表现着当代特有的社会问题与正负功能，但从总体上说，中国高速城市化直接推动了中国现代化的高质量发展，这是回过头来反思改革开放以来的城市化所能看到的积极意义，是历史性的结果，这个成就也是全球性的，为全球的财富增量创造了中国贡献。从1992年前后开始，中国的城市开始认识到了国际化和参与国际经济竞争的重大意义，据不完全统计，当时，中国有183个地级市以上的城市提出了建设“国际化大都市”的构想规划，后来，经过10多年的城市大拆大建，一些城市走了弯路，有些城市竟然撤销了“国际化大都市”的发展目标（2020年前后，城市国际化热潮又开始兴起），而另外一些城市在认真研究国际一线城市目标之后，制定了新的国际化城市的目标，如上海、北京、天津、广州、深圳、成都、重庆、杭州、昆明以及青岛等城市，重新确立了国际化城市的目标和标准，特别是有些城市是参照美国著名学者沙森提出的“全球城市”的标准[①]，开始了新一轮的城市建设，但是，无论是过去的“国际化大都市”的目标也好，还是当下的上海、北京和成都等以“全球城市”的标准为参照指标体系，建设全球一线的创新型城市也好，应该说这是一个良好的开端，而且在强调全球城市建设的时候，多数学者更多地关注其硬件建设，如是否是国际交通中心、国际金融中心、国际消费中心、国际科技产业创新与流通中心等，这些都是必须的，但更重要的，也是被很多专家和城市管理者忽视的是：“全球城市”养成土壤的建设，城市整体发展与创新的文化培育建设，包括城市市民社会的文化建设、城市精神的文化建设、城市文明程度与生活方式的建设等，还包括文化创意产业在GDP所占比重，及城市形象与文化传播在国际上的影响构建等。

城市社会的变迁是多层次和多维度的，其主体表现为城市社会空间在变迁、城市社会职业构成

---

① 在2015年以后，几乎所有的省会城市又在国际化方面创造城市的发展新路径。参见：杭州日报官方账号.学与思|开启建设社会主义现代化国际大都市新行程［N］.杭州日报，2022-04-06.；曾帅.以打造面向世界的国际化大都市为目标找差距、提动力［N］.潇湘晨报，2022-07-25.

在变迁、城市空间形态在变迁、城市人生活方式在变迁、城市社会阶层在变迁、城市产业结构在变迁、城市文化结构在变迁、城市人消费结构在变迁、城市经济结构在变迁……几乎都在变，天天在变，而这个时代的另一种表述是：一方面，城市化在高速发展，城市空间整体上出现进化与重构；另一方面，又因为城市化发展过快和某些制度结构性设置的影响，使得很多地方城市在全球一体化的城市化中丧失了本土性文化特征，而加之由于急功近利和城市管理政绩效应的影响，使一些城市传统空间、城市文脉和城市记忆正出现某些“建设性破坏”，一些中国传统文化中的“城市记忆”正在丧失，一些城市的文化资源正在被浪费和破坏，更有甚者，有些城市的盲目发展带来对自然资源、生态环境、历史文化等毁灭性的冲击。众所周知，中国城市化正处在一个对资源高耗能的发展期，其高耗能不仅对中国的经济带来结构性影响，更主要的是对可持续发展带来巨大的负面影响[①]。因此，不仅中国城市化道路与模式需要重新建构，而且中国城市化发展动力也需要重新建构与创新，需要建构降低城市化成本的发展模式，需要在直接降低中国城市化经济与社会成本的前提下，还能创造赋予新的动能，而且这已经成为中国经济与社会发展的当务之急。而“城市文化资本”再生产理论与模式，就是在当代城市化和城市再现代化的需求下应运而生的，同时，现代智能科技文化、全球网络社会、创意经济的崛起和发展，为这一理论的广泛应用提供了技术、思维与文化基础，可以创造新的城市文化动力机制，而且文化是决定胜负的关键——正如我们所看到的那样：世界一线的“全球城市”，早在20世纪60年代开始，无不把城市文化规划和城市文化创意产业发展放在战略转型的首位——即从1960年开始就在空间上、文化上规划2000年的城市发展蓝图，提前做出40年以上时间规划的城市发展战略方案，当然，其在过程中还需要修编。全球城市的经验告诉我们，城市的真正成功在于文化的成功，在于能够吸引、集聚全球的人才为我所用。

中国第五次“城市革命”，影响了世界城市化发展格局。诺贝尔奖获得者斯蒂格利茨说：“在21世纪初期，影响世界最大的两件事，一是新技术革命，二是中国的城市化。”另外一个诺贝尔奖经济学奖得主、纽约大学迈克尔·斯彭斯（Michael Spence）教授，在2001年也对中国的城市化评价说：“城镇化不应被视为一个独立的过程，而应把它视为支持经济结构变革的一种力量。一些经济体经历‘坏的城镇化’，是因为人们在没有就业的情况下涌入城区。要避免这种不良后果，城市须有公开透明的土地产权交易市场和完备的基础设施。”[②]高速发展的城市化，既带给我们全新的希望和理

---

① 张鸿雁，等. 循环型城市社会发展模式——城市可持续创新战略［M］. 南京：东南大学出版社，2007：1-18.

② 张璐晶. 诺贝尔奖得主谈城镇化：是中国经济变革的力量［N］. 中国经济周刊，2014-04-22.

想——新的城市社会结构、新的社区空间形态、新的城市生活方式、新的消费生活模式……也带给城市我们全新的城市经济领域、城市社会领域、城市文化领域、城市空间领域等系列问题的发生。

从1990年开始，中国的城市化开启了开发区的建设高潮，城市有了多样化、专门化的空间分工和再生产。第一波是各种类型的经济开发区的建设，几乎所有的市、县、乡都设置了不同类型的开发区，大中城市推行的是“退二进三”的政策，有力推动了产业的集聚发展，推动了城市经济快速繁荣。由于缺乏经验，特别是因城市基础条件发展不充分，城市远距离交通没有形成，私家车还没有普及，城际高速公路发展还不充分等，这一阶段建设的各类开发区大都存在一定问题：一是距离城市中心区和城市建成区较近，开发区的地点一般选择在近郊，距离中心、主城区10—20千米左右，随着城市的迅速扩张，与城市建设高质量的要求形成矛盾，仍然是产业和生活社区混杂，给城市发展带来负面影响；二是各地各级园区标准不同，好多园区根本没有环境标准要求，在招商引资方面采取的方式是“进了篮子都是菜”，环境污染包括噪音污染等比较严重；三是开发区虽然实现了各类产业的集聚，但是产业类型混杂，空间体系和产业体系非但不能形成产业集群和产业链，反而还相互制约；四是很多开发区只是圈地，没有企业入驻，大量土地闲置……另外，这一时期也是中国城市化与开发区同步高速发展的过程，城市不仅大兴土木，还出现很多不合规划的“造城运动”，新的楼盘建成后，社会生活体系不配套，出现一些建设性破坏，城市面积迅速扩张，城市就犹如一个大工地，很多开发区再一次被生活小区、房地产楼盘所包围，这也是改革开放初期城市的一个风貌，后来，在政策的调整下，禁止了“村村搞开发区、镇镇搞园区、大城小城无规划的圈地运动”。1995年前后，开发区建设进入相对有序阶段，分级管理、归类管理和标准化管理开始在全国普及。这一时期开始，各座城市的内外道路交通得到改善提升，城市与城市之间高速公路建设正在兴起，私家车开始普及进入家庭，城市人的就业半径发生了结构型的变化——中国的城市开始了以城乡规划为导向的、相对有序的“空间的生产”模式。几乎每一座城市都提出了再一次“退二进三”的空间发展策略，在加大生态保护力度的同时，以苏州新加坡工业园为标杆（1994年正式启动），中国的各种开发区也开始学习国际上的先进经验。

中国各类型开发区和产业园区的建设，是中国城市空间规模扩张动力之一，开发区的建设主要是以政府为主导的，是一种“制度型投入”的城市建设，也是中国城市经济文化的一个特色。中国开发区的发展还有第二波和第三波，所谓第一代开发区、第二代开发区和第三代开发区等。第二波的开发区建设是在调整管理模式、土地管控和低效用地的基础上开始的，主要是高新技术开发区和新兴产业园区的开发建设；第三波是强调高质量开发、生态环境保护与“一区多园”（南京市就是一区十五园）的整合建设模式。在总体上，中国开发区的发展管理模式逐渐成熟，国家对开发区也参考国际上的标准进行定位和管理控制，有些乡镇不适合搞开发区的就不进行开发区的规划与建设并进行严格的分级分类管理，合理控制工业用地和建设用地的规划，强化企业环保标准，提高土地的利用价值。2018年前后，我们在城市开发区的发展战略、规划和设计方面，强调“产城融合”“三生融合”“文化智慧+”的创新方向发展。开发区建设作为城市结构性增长的一种模式，从“空间里的生产”到“空间的再生产”，使中国的城市空间以结构化、复杂化、复合化、有机化的方式增长，各开发区本身也在朝着特色化的方向发展，有的开发区以“开发区就是公园”的概念，创造了新型的后现代意义上的产业发展空间，一些优秀的开发区已经成为著名的工业旅游景观。到2022年底，仅江苏省境内长江流经的8个地级市，就有32家国家级开发区，在空间上集中分布在长江沿岸和太湖沿岸。中国的东北地区，截至2019年底已设立的国家级高新技术开发区16个，国家级经济技术开发区22个，综合保税区4个，边境经济合作/出口加工区5个。

2020年全国城市新区、开发区发展汇总①

级别	数量/个	平均规划面积/平方千米	平均规划人口/万人	平均现状人口/万人
国家级新区	19	1260	281	134.9
国家级开发区	552	53.7	17.3	6.8
省级开发区	1991	29.0	8.2	2.8
功能型新城	1284	26.9	8.9	2.6
合计	3845	37.0	11.1	4.0

改革开放的四十年，面对城市化进程中的各类问题，国家先后提出了系列顶层战略和对策，对中国城市化和城市化发展方式进行重新建构、创造和创新。中国城市的“第五次革命”尚未结束，城市化的发展仍然极其不平衡，中国社会还存在一个“自然经济—工业社会—后工业社会”的长长阶梯，抑或可以这样说，只有中国的城市化水平在整体上达到85%以上、农业生产人口占总人口的15%左右的时候，两项指标真正完成，中国社会从农业社会全面转型才算结束。

长江经济带国家级高新技术产业开发区产业比较汇总②

开发区名称	面积/平方千米	特色产业
苏州工业园区	288	电子信息制造、机械制造、现代服务业
武汉经济技术开发区	203	汽车整车、汽车零部件、电子电器、战略新兴产业

① 此表格为笔者根据官方公布的最新资料整理绘制。

② 此表格是笔者根据官方公布的数据资料整理绘制，从产业特色的维度逐一分析比较长江经济带各国家级高新产业开发区的产业布局。

（续表）

开发区名称	面积/平方千米	特色产业
昆山经济技术开发区	115	电子信息、精密机械、民生用品
武汉经济技术开发区	203	汽车整车、汽车零部件、电子电器、战略新兴产业
合肥经济技术开发区	259	汽车产业、装备制造、家电电子、日用化工、食品加工
成都经济技术开发区	26	制造研发、贸易博览娱乐、生产生活服务
嘉兴经济技术开发区	70	电子信息、食品、轻工纺织和机械、化工
上海金桥经济技术开发区	27	汽车及零部件产业、信息通信产业（ICT产业）、新能源产业和航空配套产业
江宁经济技术开发区	—	汽车、电子信息、智能电网、软件业
南京经济技术开发区	200	光电显示、生物医药、高端装备、现代物流、科技服务业
徐州经济技术开发区	293.6	装备制造、新能源、现代服务业
常熟经济技术开发区	21	汽车及零部件、装备制造、新能源、创新创意、现代物流
扬州经济技术产业开发区	120	电子信息、新能源、汽车装备、港口物流
宁波高新技术产业开发区	55	新材料、现代服务业、高新技术制造业
南通经济技术开发区	65	电子信息、机械装备、新材料、新医药、新能源、现代服务业
杭州高新技术产业开发区	86	通信设备制造业和软件业、电路设计制造业和数字电视产业
淮安经济技术开发区	166	电子信息、装备制造、化工、现代物流产业
宜兴经济技术开发区	68.6	新能源产业、光电子产业、新材料产业、先进装备制造产业
长沙高新技术产业开发区	19	先进装备制造产业、电子信息产业、生物医药产业、新能源、新材料
镇江经济技术开发区	219	航空航天、新材料、新能源
长沙经济技术开发区	60	先进制造产业、电子信息产业
贵阳国家经济技术开发区	63.13	大数据产业、高端装备制造业、新医药及健康产业
张家港经济技术开发区	153	新能源、新装备、新材料产业
靖江经济技术开发区	472	船舶修造及配套、特色冶金、粮油加工、木材加工、石化能源、汽车配件、生物医药、机电及装备制造
太仓港经济技术开发区	456	电子信息、精密机械、汽车配件、新材料
芜湖经济技术开发区	433	汽车及零部件、电子电器产业、新材料产业
无锡国家高新技术产业开发区	430	电子信息、精密机械及机电一体化、生物医药、精细化工和新材料
常州国家高新技术产业开发区	410	机电一体化、电子信息、生物医药和精细化工
南昌经济技术开发区	285	汽车机电、新材料、电子信息产业、家电产业、生物医药化工、食品饮料（2014年）
湖州经济技术开发区	213	生物医药、新能源、节能环保、新材料
马鞍山经济技术开发区	197	汽车及零部件制造、食品及乳制品、机械深加工及成套设备制造、新材料及环保产业

从总体分析可以看到，中国的改革开放过程的城市化，就是与世界经济接轨同步化发展的城市化，从空间增长模式、城市基本形态、城市文化建设、城市时代特色和商业态及城市商圈结构等，都在强化与世界的一体性和同步性，全球一体化和“地球村”的文化，可以通过全球的网络体系使各个国家的经济、技术、文化、社会治理等经验互相渗透和互相学习，遗憾的是，中国有些城市在追求现代化的时候，忘记了传承自己的城市文化，更忘记了创新中国式的、具有时代意义的本土化城市空间形态文化[①]。

对任何一种事物存在的认识都有其事物属性价值的一面，即在某事物的主体性、功能性、主导性、客观性、功能性、应用性、价值性、文化特质等多方面属性角度加以判断。从三个维度上可以观察中国城市化动态轨迹和规律特点：

从中国城市发展的模式上看，从“速度型城镇化”到“质量型城镇化”再到“自然生态型的后工业社会的城镇化”，也就是从高耗能、高排放、高污染和高速度的增长方式，转化为“以人为本的城市化”“四化同步发展”“优化空间布局发展”“循环社会发展”“文化传承发展”“城市更新和城市再现代化发展”，而城市现代化既是人类现代化的一个起点，也是人类现代化的过程。

从发展主体动能上看，从“被动城镇化”的“制度型城市化”到“主动城镇化”再到城镇化的“城市文化自觉”，实现农村人口没有选择权的“被动城镇化”转向居民自主选择、自由迁徙的、公共服务均等化的“主动城镇化”，最终以城市的生活方式、城市文明普及率的高级化和田园城市为其结果。

从国家整体空间发展格局上看，从“城乡二元分治”到“城乡一体发展”“城乡融合”“产城融合”再到“城乡等值化”，这一发展过程体现的是，中国城市化“都市圈化”的规划——都市圈、城市群、城市带等因区域性经济要素不均衡形成的引力圈，转化为共同体化的空间与文化圈模式，改变资源从农村向城市单向流动的格局，强化城乡产业之间的协作和联系，推进了城乡基本公共服务制度对接，最终以国家和区域的全域城市化和城市生活方式的全面普及为过程和结果。

反思、审视这一过程，我们不难发现，至2024年初的中国城市化的总体发展仍然处于一个多梯度、多元化、差异化的社会结构状态下，多种社会类型、文化类型与社会结构形式交叉混合的社会结构变迁，形成经济与文化的反差：有与世界发展同步的，如上海、北京、广州、深圳、杭州、天津、成都、重庆等具有后现代文化特征的城市；有与世界欠发展国家相似的地区及一些穷乡僻壤，如云南、广西、山西、东北、西藏等偏远山村，社会整体仍处于深刻的“二元经济结构”状态，表

① 张鸿雁.中国本土化城市形态论[J].城市问题，2006(08)：2-9.

现出某种“社会坠距”式的非同步化的社会现代化转型，使中国出现世界未曾有过的城市化进程中的社会问题[①]。但要说清楚的是，偏远、贫困地区的自然村落已经不多了，在城市化的发展中正被裹挟而进入新型城市化、现代化的潮流当中。由于多元化、非同步式的二元社会结构与空间变迁，局部地区可以率先进入现代化，一些大中城市和区域如江苏的城市和苏南地区，已经从“小康社会”转入现代社会，这种经济与城市发展格局——局部地区的超前发展和落后地区的缓慢进程形成的“社会坠距”与“文化坠距”，很明显的表现就是每一省都有相对不发达地区，如江苏的苏南和苏北、安徽的皖南和皖北、河南的豫西和豫东——经济发展的不平衡，必然会出现经济“发展极”，既创造了一个多样化的世界，也创造了世界城市经济发展的奇迹，但是，如何创造未来的中国整体空间城市格局的某种合理的均好性，则是在中国城市化发展中的一个必须解决的问题。1980年以来出现的城市化浪潮，是一场前无古人的巨大的社会变迁，因为中国社会存在着一个长长的社会类型阶梯，即“原始社会类型”的自然经济的结构关系，以农业为主的经济结构关系，工业化进程中的社会关系、新型工业化的社会结构关系、工业化后期的准后工业社会类型，以及后工业社会的城市社会结构关系。中国的城市化在世界上和人类历史上是没有相关经验参照的，未来相当长的一段时间里，中国社会发展仍然会表现为两极分化的发展样态，因为，在理论上，任何国家和地区的经济增长都不会出现共时性的均衡性增长，只有两极分化的二元结构转化为多元结构和多类型的地域空间结构格局，才会出现打破传统二元经济结构的社会关系体系，如“三元结构型类型社会”甚至是“四元结构型类型社会”都有可能出现。

区域经济会出现周期性变化和区位增长的极端变化，社会就是在这种变化和矛盾中获得发展的，只是一个良性的社会结构在某种程度上能够提出控制问题的对策，在一定程度上减少经济周期性变化带来的负效应。而在地域空间格局上，一定是多极化的发展状态，也包括一极化和多极化的经济区位表达，这也是中国整体区域发展和创造合理布局的重要战略思路。如可以预见到的中国区域空间发展极的崛起：原来上海、北京、广州代表中国整体区域发展的三个重点发展极，现在则表现出非常明显的多极化的势态，如“成都与重庆作为中国第四发展极”[②]的功能与价值已经凸显出

---

① 张鸿雁，谢静. 城市进化论——中国城市化进程中的社会问题与治理创新［M］. 南京：东南大学出版社，2011.

② 中央财经委员会在2020年10月审议《成渝地区双城经济圈建设规划纲要》中明确提出：要将成渝地区双城经济圈 打造成为带动全国高质量发展的重要增长极和新的动力源。而此前，成渝的“极”定位和服务范围均聚焦于西部地区，这意味着，成渝已由区域性城市群跃升成为带动全国经济的核心引擎，成为名副其实的经济第四极。

来，新的区域性中心性城市在竞争中获得发展，并且都在与“全球城市”比肩，如武汉、西安、郑州、兰州、天津，甚至青岛等区域性发展极和国家级的中心性城市在激流勇进中崛起，中国东西南北中都能够以城市发展表现区域经济的发展极，则是中国全域进入均好性经济发展现代化的前提。

根据国家发改委发布的《2018年中国新城新区发展报告》显示，在城市空间再生产的表现上，中国的新城、新区已经成为城市和区域经济发展的重要引擎和“区域增长极”：几乎每个县城附近都有新城、新区。

21世纪初中国的高速城市化，是全新的城市市民社会与社会空间双重转型的过程。虽然“第五次城市革命”尚未完成，中国又提出了城市更新的发展战略，中国政府“十四五”时期主要目标任务包括“发展壮大城市群和都市圈，实施城市更新行动，完善住房市场体系和住房保障体系，提升城镇化发展质量”。中国第一次把“城市更新”写入政府工作报告，显然，这是一种城市再现代化的战略，也是城市化和城市现代化的永恒命题。

四、第六次“城市革命”：城乡文化断裂与融合性竞合

但是，我们在中国城市化的具体实践当中，也已经从潜在地方性的一些创新行为中，看到了中国“第六次城市革命”的萌芽：乡村土地确权、城乡一体化、城乡融合、城乡等值化、全域城镇化和田园城市建设、新的规模化智慧农业的兴起及相关新概念的应用，中国正在孕育着所谓“第六次城市革命”①，即假设，中国的乡村土地可以入市、乡村土地与全球市场化同步，甚至乡村土地可以完全“所有权私有化”的方式确权，其变革的深刻性可能会更广泛、更深刻，城乡一体化、城乡融合的模式就能够指日可待。面对这样巨大的社会变迁，中国正处在城市社会全面来临的一场新变革。农民也将成为工业化入口的“化石”②。当代中国社会正处在城市社会的入口处，也将必然面临“中国农民终结”意义上的社会结构变迁。

城市社会来临所带来的社会变革和社会本质性的转型，其深远的影响是国家整体上的，甚至超过以往任何意义上的社会变革，既包括价值观念上的变化，也包括文化行为意义上的文化变迁，而且还包括社会整体阶级与阶层的结构性变迁。在这样的社会结构变迁中，有产阶级应该是社会的多

① 张鸿雁.中国式城市文艺复兴的发生与第六次城市革命［J］.城市问题，2008（01）：3-5.
② ［法］孟德拉斯.农民的终结［M］.李培林，译.北京：社会科学文献出版社，2005：268-271.

数或者是社会的主体，这种变迁转型顺利的话，本身必然使城市社会的消费成为一种空前的发展状态，假设中国在未来的30年中，城市人口超过80%，农业人口只有15%左右，中产阶级人口占总人口的60%以上的话[①]，中国就是中产阶级人口数量最多的国家，这一由数量巨大的、相对高消费城市人群体构成的市场，将对人类社会整体资源需求产生巨大的影响，不仅仅是城市社会，而且对国家和民族的多数资源都会带来压力和各种各样的冲击，这种巨大的消费群形成的力量本身也是一个生产过程，在一个挑战与机会并存的发展过程中，或是一种进化与进步，或是破坏与危机，或是一种被遗忘和被忽略，当然，应该是一种被社会重塑，也许会被重构与重生，因为，从马克思的“消费也是生产、消费就是生产”本身而言，这一种社会结构推动社会的力量也是巨大的。

中国城市化所创造的中国城市社会的来临，正在重新整合、重新配置城市资源，也在调整世界城市在全球经济、文化发展中的地位，正在创造前所未有的城市空间结构——立体的、社会网络的、虚拟的……有些城市文化精英群体能够将一般意义上的文化资源作为创新的文化要素，但是，多数城市在发展中只是单纯地关注经济资源和政治资源的开发与利用，而忽略了文化资源的再挖掘、创造与创新。而笔者要说的是，当代中国城市社会结构变迁和城市社会的全面来临，我们更关注的是除自然财富之外的“城市文化资本”，而城市化和城市现代化本身必然促进“城市新文化行为”的兴起，必然促进“中国式城市文艺复兴”的发展，传统的资源可以通过新的方式创新转化成“城市文化资本”，或者可以这样说，“城市文化资本”的创造、城市形象的塑造与建设，就是“中国式城市文艺复兴”的一种重要发展模式与路径。

事实已经证明，城市政治、经济、社会、文化、生态、城市形象及城市市民文化行为的塑造与发展都离不开以“城市文化资本”做本底。中国的城市化必须在一定意义上改弦易辙，不能走西方已经走过的常规路线，也不能“弯道超车”，而必须“换道超车”，在创造中国城市化理论范式的前提下，创造有独立创新体系与逻辑关系的“中国城市文化资本”理论，创造一种新的本土化理论力量和实践力量，既要吸纳精英群体的智慧，又要寻求社会底层的行动逻辑和文化需要，走出西方城市化的理论模式与模型的羁绊，在全世界范围内寻求学术的同一性、科学性方面，创造同一性的真理性探求模式，比肩全球，寻找有科学性、有学理性、有学术性、有实践性、有应用性等的理论创新模式和相同之处，同时，在范畴、概念、范式、模式和方法上又要有独立体系的“中国式”城市化理论和认知观。

---

① 对于中产阶级的数量，专家和政府有关的分析、统计标准不一，如果中国的城市人口按已经公布的数量看，或从收入的角度来确定中产阶级的标准，至少有4亿城镇人口可以称为中产阶级。

我们也在设想重塑中华民族传统的城市文化行为，建构中国的城市市民文化和新的“新城市文化行为主义”，即“中国式的城市市民风范”、“中国城市的新士绅阶层”、中国社会的样板阶层。中国的城市应该或亦有英国的绅士阶层那样的社会文化行为，中国应该有自己的本土化的“名士文化阶层”，并有中国人自己的现代风貌、行为准则、文化时尚、理想追求、道德行为规范及符合现代社会大同意义上的礼仪教养，并能够成为社会的样板阶层，成为城市、家族文化传承的代表阶层。这是因为“城市文化资本”与其他类型的资本不同，在创造城市价值的同时也在创造城市形象美和塑造城市人的生活审美，也可以说是中国城市市民的“城市新文化行为主义”的实践与创新过程。“城市新文化行为主义”的发生与发展，不仅仅是在单一层面上构建“城市文化资本”的价值与城市形象意义，也不仅仅是如西方20世纪初兴起的“城市造美”运动，而是由中国现代部分城市社会精英群体的行动所表现出来的一种社会责任，也是为了创造21世纪“中国式”的“城市文化资本”力量和“新文化行为”系统。从城市哲学、城市存在价值、城市系统结构、城市空间样态、城市理论模式的宏观意义上进行再创造的同时，也从中层理论的认知角度，从城市理念与精神价值观念到行为，从管理者的行为到市民文化，从一般的视觉系统到城市人的文化心理重构，在整体上重新整饬中国城市社会的文化价值与存在的意义，进而在微观层面再造城市空间符号的社会与文化属性、城市人的行为礼仪、城市人与自然环境的关系、城市人与社会空间的互动关系及城市与社会生态和谐的共生竞争关系，并在深层次上进行再规划与再重构，这个过程所表现的内在的驱动力，有着自上而下和自下而上的双向动因，也是后工业社会即将来临的一个全球化社会的涵容过程。当然，这个过程需要在相对稳定的社会环境中经过几代人来创造完成，这种文化模式就是应对人类社会的资源危机而创造一种可以建构的“城市文化资本”功能。2008年中国奥运会开幕式所反映的“中国元素”的独有价值，在深层次上预示着中国社会文化的整体性升华，也说明着中国蕴含着无与伦比的“城市文化资本”价值，而这个升华就是与这一历史性的城市社会结构变迁伴随而来的“城市新文化行为”运动，是工业社会向后工业社会转型的不可抗拒的历史潮流，也是人类的社会理性与自然属性的一种归宿。

“城市文化资本”再生产的创新，是人类财富与资源的资本性再补偿，以及由此而来的是城市形象作为城市资本化的创新活动之一，“城市文化资本”的建构与塑造，最终结果是促进城市社会生态、文化生态、政治生态、环境生态的和谐与城市社会理性的升华，最终获得利益的是城市社会全员和社会长期的稳定、和谐。

美国学者乔治·瑞泽尔在《后现代社会理论》一书中对后现代理论进行专门的研究：他引用有关学者的观点说："后现代指的是一个社会和政治的新时代，这个新时代通常在一种历史的含义上被视为是紧随在现代时期之后。"（Kunmar 1995; Crook, Pakulski, and Waters 1992）乔治·瑞泽尔自己认为："后现代的观念包含着一个新历史时代、新的文化产品以及一种新的有关社会世界的社会理论类型。当然，所有这些后现代的要素都享有一种共同的视野，即在最近的若干年里已经有一些新的和不同的东西（社会的、文化的或知识性的东西）出现了。这些新的后现代的发展正在日益代表着一种与现代世界不同的另类选择，或者是对后者的一种取代。"[①]

——张鸿雁《城市进化论》

---

① ［美］乔治·瑞泽尔. 后现代社会理论［M］. 谢立中，等译. 北京：华夏出版社，2003：8–9.

第十四章
“城市文化资本”基因——核心性资源与文化核心性价值

资本和财富一定和劳动、资源及文化价值创造有关，也一定与土地价值及其他客观生产资料有关。劳动可以创造财富，但必须在作用于自然的前提下——利用客体物质世界的生活、生产资料与劳动结合后才可能创造财富，进而通过创意、生产、流通、消费和再生产过程，最后转化为资本。比较而言，文化资本一定是和个人及群体的劳动、创意、学习、技术、传承、修养和某种天才的劳动创作成果有关，资本与文化资本的区别关键在于人文精神的文化属性和人性的天性表现的区别，即文化资本不同于传统经济学意义上的剩余价值带来的资本，而是有个人、群体的文化精神为前提的创新与创造，虽然两者的核心都是“劳动”，但是两者劳动的内涵是有区别的，必须在进一步认识“劳动”在创造价值和资本的过程中，认识中西方传统文化语义中的意涵及其演绎，才能在人类共同的知识中寻找本质性和共性，才能深刻理解“劳动”和“资本”的因果性、可逆性的构成关系。

一、空间与土地构成资本要素：劳动、土地与资本结合创造才是财富源泉

“劳动”一词最早出自《庄子》一书，“劳”字，在汉语里是“用力辛苦”的意思。“劳动”在古代汉语中是指操作、劳作，特指干体力活，包括出苦力等与身体有关的行为、行动和担负的内容等。《庄子·让王》记载：“春耕种，形足以劳动。”《后汉书·华佗传》记载：“人体欲得劳动，但不当使极尔。”这里“劳动”可以解释为，一方面是生产性的行为，也包括劳动对人的身体健康有利，但不能“使极尔”，不能过度劳累。宋代朱彧《萍洲可谈》卷三记载：“但人生恶安

逸，喜劳动，惜乎非中庸也。”可以看到，传统的文化和传统汉语中，甚至到今天，人们一般所理解和所强调的“劳动”，多是指使用体力的劳作、干活等，特别是指农业、手工业和工业等出体力活的行为。在中国传统“劳动”一词的文化意涵中还没有包括脑力劳动——复杂劳动的内涵，一般“书呆子”往往是指不劳动或者很少劳动的读书人的意思，主要表意就是“四体不勤，五谷不分”。中国传统的“劳动”一词还没有升华到可以区分“复杂劳动”和“简单劳动”的经济学与哲学层面上来，没有把努力读书学习、刻苦研究学问、皓首穷经做著述、新发明创造看作是一种劳动——复杂劳动。而且在《现代汉语词典》里对“劳动”一词也是强调“专指体力劳动”。同时，词典又从现代语言意义上说：劳动是“人类创造物质或精神财富的活动”，显然，表述上有不完善的地方。

在中国传统古代汉语中，或曰在中国传统文化对“劳动”一词的赋义上，并没有把科学发明、科学研究、学术研究视为“劳动”，只是单纯地把农业、手工业等体力劳动视为劳动，这一观点在中国的传统文化中是根深蒂固的，甚至也影响了中国传统文化在进入现代化的过程中，社会精英缺少底层社会的文化认同，就是因为在“劳动”概念赋义上的区别，对知识型劳动的贬低是中国旧有传统文化的一个糟粕。但事实上，即使是最简单劳动的知识归纳总结、理论总结、技术方法总结等也都是有知识有文化的人创作和总结的。无独有偶，西方语言中，传统的“劳动”概念也与体力劳动相关，“劳动”在不同语言的翻译中是不同的：源于拉丁语“laborem”，英文常用“labour”，既可以作为名词也可作为动词[①]。在古希腊语中译为“εργου”[②]，法语译为“travail”。Labor的众多含义也基本上是以“体力劳动”这一本质含义为基础的，其在字典中的定义是：work, especially physical work，泛指工作，特别是指体力劳动，需要劳其筋骨的活计。作为名词时，它指各种类型的手工工作和任何费力的工作，意指“工作”和“辛苦”（痛苦）；作为动词时，是指“犁地”或“在土地上耕作”[③]。也就是说，在传统语义上，中西方语词中的劳动之词含义具有同一性。中国传统的文化中往往把与劳动有关的一个词“生产”联系在一起，用作“劳动生产”，但“生产”还有另一个特殊含义——“生孩子”“生育”。《三国志·吴志·骆统传》：“又闻民间，非居处小能自供，生产儿子，多不起养；屯田贫兵，亦多弃子。”《古今小说·临安里钱婆留发迹》：“况

---

① Oxford Latin Dictionary［Z］. Oxford：The Clarendon Press，1968：991.

② 罗念生，水建馥. 古希腊语汉语词典［M］. 北京：商务印书馆，2004：324.

③ ［英］雷蒙·威廉斯. 关键词：文化与社会的词汇［M］. 刘建基，译. 北京：生活·读书·新知三联书店，2005：256.

且贵人生产，多有奇异之兆，反为祥瑞，也未可知。”无独有偶，Labor这个词，在美国以外的英语国家大多写成“labour”，含义非常多样，除了表示“劳动”，还指女性分娩，这在中西方语言文化中又是很少见的一种共性，常用表达是go into labor（分娩），也是来自“辛苦、费力”的含义。另外，近现代大工业发展以来，还广泛用于公共领域组织形态的表述上，例如Labor Union（工会）、Labor Party（工党）、Labor relations（劳资关系）等等。日常生活中看到的，在东北及中国大部分地区，都把“生育”称为“生产”。日常生活中，民间邻居、亲友等见面对话的问话有：“你家媳妇是不是要生产了？”问的就是：“快生小孩了吧？”而医院妇产科的地方称为“产房”。通过东西方文化中“劳动”一词的比较，我们还可以在更深的层次上理解马克思所说“消费也是生产”的基本逻辑了，人类本身的消费，是为了人类的“生产”——指对后代的繁殖。

伴随着历史、社会、文化和科学的进步，人们赋予“劳动”一词以更多的内容，近现代经济学把劳动分为“简单劳动”和“复杂劳动”的同时，劳动形式、劳动方式以及因科学技术发展而使劳动形式发生了质的变化——生产方式、工作方式所演绎形成的现代生产方式逐渐高级化起来。今天的labor，也作为一种政治术语使用，用来和management（管理层）以及capital（出资者、投资方）作为相对概念范畴[①]。与劳动相关的生产形式、经济形式、资本运作形式及相关结果如劳动的产品，进而形成的商品以及演化成的各种资本，都成为广义劳动的内容。

在1840年以后，西方文化东渐，中国学术理论界也开始重新认识劳动的范畴、劳动的价值以及开始认识“劳动与资本”关系构成的工业化进程意义，特别是西方马克思主义经济学在中国的应用后，对劳动、劳动价值论和资本范畴劳动意义的认识在知识分子层面有了很多新的解释和定义，并演绎成多种学派。到了21世纪，随着现代科学发明、网络社会、新技术手段和新的生产组织越来越多元化、越来越智能化，劳动形式和资本剩余价值的内容也越来越复杂化和高级化，复杂劳动、知识型脑力劳动价值被越来越多的学者和研究者重新认知，智力劳动可以作为资本、“作为一种劳动贡献”注入生产体系和企业的经营管理之中。科技创新、学术研究、科学试验、科学发明、企业管理、系统工程管理以及个人能力作为复杂劳动的形式，越来越被人们所认识，不仅可以转化为经济价值，更可以转化为资本价值。复杂劳动创造的复杂价值、叠加价值、超值价值等，使资本从传统意义上“血淋淋”地被剥削意义上剥离出来，从“恶魔化”的文化符号中被解放出来。创意、创新和发明专利成为“复杂劳动”的成果，也是资本和人力资本核心价值要素，无情地打破了中国传统

---

① ［美］伊夫·R.西蒙.劳动、社会与文化［M］.周国文，译.北京：中国经济出版社，2009：72-73.

的劳动和资本认知观，甚至有时把“简单劳动”和“复杂劳动”能力作为对一个人、一个组织的价值和能力判断、衡量的一个砝码。

复杂劳动和简单劳动的本质区别，在深层次上说明了以往被人们忽视的文化资本对个体和群体组织创新动力来源的人文价值意义。在改革开放后的中国，更多的人已经认识到了复杂劳动的人本主义精神，可以或应该获得高价值的回报，会产生更多的经济、社会和文化价值。甚至复杂劳动有时就是直接创造新资源、新能源、新资本、新材料、新文化和新的有公平正义感的文化附加值。从这一逻辑推论，劳动、土地、工具三者结合才能够成为财富之母；劳动、土地、复杂工具与知识结合所形成的复杂劳动与资本结合，才有可能创造更大规模的资本价值，如若复杂劳动和一般资本结合，再与“城市文化资本”结合，就会创造垄断性、唯一性、公共性、文化价值刚性和公平与正义的“新经济资本”价值。

当“资本”作为一种社会经济发展要素，被赋予文化内涵之后，从而又能够通过公共权力、市场化的契约关系及文化治理加以控制和引导，使其发挥更多的良性功能和价值的时候；当资本和“城市文化资本”成为大众手里的“武器”的时候，劳动、资本和文化资本“联姻”就可以发生资本的时代需求性蜕变，文化价值意义上的复杂劳动成果可能更多地转化为文化工业产品、文化智能产品、文化艺术产品、文化创造性作品，由此，或可以再升华为文化金融、艺术金融、博物馆金融、专利金融、消费金融、科技金融、数字金融等等，而作为群体性的复杂劳动及成果则可以通过再生产过程转化为“城市文化资本”。这一论证过程也是在为文化资本与劳动生产的关系、城市与“城市文化资本”的关系作一个逻辑和规律化的说明，在“城市文化资本”和企业文化资本整体上成为社会柔性经济价值的时候，资本的本质就已经发生了质的变化，在文化资本要素的整合下，“新经济资本”与文化体系是造福社会、福民富民的一个必要前提。

以往人们总是把货币和财富作为资本来看待，却忽视了知识资本和文化资本的存在意义，面对自然和历史赋予我们人文方面的资源，却很少有人将其视为可用的资本——文化资本和“城市文化资本”，或者以往我们几乎没有将资本的意义赋予自然与人文精神的文化资本意义，正因为如此，当我们面对丰富的自然和文化资源时，或是视而不见，或是束手无策，而更有甚者对自然和文化资源加以破坏。当然，很多时候有些地方可谓“捧着金碗要饭吃”——背负着祖宗留下的遗产讨饭吃，而不能将我们所承继的、祖先留给我们的资源禀赋赋予全新的文化资本价值，更不能使其转化为文化资本价值。阿尔都塞等人在《读资本文化》一书中写道：在“‘哥达纲领’的开头写道：‘劳动是一切财富和一切文化的源泉’。对此，马克思回答道：‘劳动不是一切财富的源泉。自然界和劳动一样也是使用价值（而物质财富本来就是由使用价值构成的！）的源泉，劳动不过是一种自然力的表现，即人的劳动力的表现。'"[1]很显然，如果一般劳动不能赋予新的文化附加值和文化资本意义，劳动的成果只能停留在自然生存的"自然经济范畴"，即简单劳动+简单工具的生活过程。只有使"劳动+自然资源"与文化资本、科技创新、智慧创意有机结合，劳动才会创造最大价值，才会使一般货币、财富转型成为资本。

二、后现代"新经济资本"理论与文化资本的结构化

在中国城市发展史中，很多城市在经过上千年洗礼之后，都在不同程度上拥有得天独厚的自然与人文资源，如果能够加以策划、创意、整合和再生产创新，甚至稍加整理就会使这些资源转化为"城市文化资本"。马克思的经典理论说明了一个理论范式：一般货币不完全是"资本"意义，一般货币要成为资本是有条件的。"作为货币的货币和作为资本的货币的区别，首先只是在于它们具有不同的流通形式。商品流通的直接形式是W—G—W，商品转化为货币，货币再转化为商品，为买而卖。但除这一形式外，我们还看到具有不同特点的另一形式G—W—G，货币转化为商品，商品再转化为货币，为卖而买。在运动中通过一种流通后的货币转化为资本，成为资本，而且按它的使命来说，已经是资本。"[2]在传统的商业体系中，"为买而卖"和"为卖而买"这两个概念非常重要，即如何在货币、商品的转化中建构资本性价值。在中国古代的传统语意中，资本就是钱财、财物和生活、经商、生产商品的本钱。"资"最早见于《诗·大雅》："则莫我敢葵？丧乱蔑资，曾莫惠我师？"[3]这里的"资"就是财富的意思。宋元以后，中国语汇中把"资本"一般比作或者当作经营工商，做生意或者贩运商业的"本钱"，也就是初始的投资资金。宋代何薳在《春渚纪闻·苏刘互谑》记载："吾之隣人，有一子稍长，因使之代掌小解。不逾岁，偶误质盗物，资本耗折殆尽。"宋朝的经济文化已经相对较为发达，资本的概念已经成为日常用词。但是，我们看到的仍然只是传统贩运、做生意、经商和经营手工作坊的"本钱"概念。只是到了近代以后，西方经济

---

① ［法］路易·阿尔都塞，艾蒂安·巴里巴尔. 读《资本论》［M］. 李其庆，冯文光，译. 北京：中央编译出版社，2001：198.

② ［德］马克思，恩格斯. 马克思恩格斯全集：第23卷［M］. 中共中央马克思恩格斯列宁斯大林著作编译局，译. 北京：人民出版社，1965：168.

③ 程俊英，蒋见元. 诗经注析［M］. 北京：中华书局，1991：841-848.

学思想传到中国和日本，而“经济”（economy）一词是近代科学发展中西文化交流的结果，经济学（economics）、金融学、社会学等成为现代科学的一部分，同时赋予了“资本”以时代性的新内涵。当然，伴随中西文化交流的深化，人们对资本的理解可谓大相径庭。李大钊《我的马克思主义观》写道：“宗马氏的说，入十六世纪初期，才有了资本。因为他所谓资本，含有一种新意义，就是指那些能够生出使用费的东西。”①——有关资本的定义可分为：传统经济认为资本是“资本家占有条件下的剥削创造的利润”；现代西方经济学认为资本是生产资源的一部分；现代企业管理和价值规律强调的是资本是指投入生产经营，能够产生效益的货币等。更重要的是，本书所强调的是资本也是可以细分的：自然资本、物质资本、人力资本、技术知识资本（知识产权）、会计资本……以及我们强调的社会资本、经济资本和文化资本、“城市文化资本”等，可以理解的是，资本的概念可以因时代的技术和科学的发展而被赋予新的意涵。

“城市文化资本”再生产的重要理论方法之一，就是能够在一个新的层次上赋予资本以文化、人文精神和伦理价值的意义——“新经济资本”，形成与时代价值和科技共同进步的“后现代新资本理论”与理念，在“后现代资本理论”的价值层次上，使复杂劳动获得赋新、赋能、赋意……在理论的理解上，把“资本”从传统的“榨取剩余价值”的“血淋淋资本”概念上解放出来，通过现代科学技术和人文精神的酿造，在契约关系的管控之下，让资本具有更多的文化资本属性，产生与时代生产方式、管理方式、工作方式相适应的文化价值，这既需要从事实上加以建构，更需要从理论上加以创新，让资本在文化赋能中置于公平与正义的法权社会关系内，表现人性与亲情的内涵。在制度设计上，让操作、运作资本的人，能够规范、归顺于遵守社会规范、遵守契约精神，在制度设计上把“资本”和“权力”合理剥离，并设定在一定框架空间内，使资本本身的“自主疯狂”被合理控制，在资本的内涵注入时代价值和人类共性的人文伦理价值。这既是一种理想类型的宏大设计，也是具体社会制度的微观设计安排，就如资本主义发生之初，在会计制度上设计出“五联单”一样，让大多数人在多数场合没有犯罪的机会和空间，所以必须除却传统的资本的“野性”，在科技与社会进步的前提下，在共生性的竞争中，让“新经济资本”产生更多的剩余价值，而这个剩余价值首先要表现公平与正义的社会理想价值，其次要能够最大化体现资本对利益、利润的最大创造，最后要能够充分表达人文价值、文化价值和历史价值。这三个方面表现资本的新时代性——

---

① 李大钊.我的马克思主义观[EB/OL].（2015-07-13）[2023-10-28].http://www.philosophy.org.cn/zxlp/mkszyzx/mkszyzxzghsddzh/201507/t20150713_2748780.shtml.原文为李大钊所著，1919年5月、11月刊登于《新青年》第6卷第5、6号。

“新经济资本”，从而让更多的个体、组织、城市自然资源与文化资源能够转化为一种现代科学技术+具有人本主义精神的资本性价值创造。而作为城市在进行资本运作的时候，更多的是通过“城市文化资本”的发掘与创新，建构城市社会发展的“资源是可再创造”的体系的认知模式，让城市社会本身具有“资源再创造的自主功能”，自觉地建构“创造新资本”的土壤与文化模式。

在马克思的理论学说中，“商品内在的使用价值和价值的对立，私人劳动同时必须表现为直接社会劳动的对立”，但是，在很多时候，私人劳动未必表现了与“直接社会劳动的对立”，“特殊的具体的劳动同时只是当作抽象的一般的劳动的对立——这种内在的矛盾在商品形态变化的对立中取得了发展的运动形式。因此，这些形式包含着危机的可能性，但仅仅是可能性。这种可能性要发展为现实，必须有整整一系列的关系，从简单商品流通的观点来看，这些关系还根本不存在。”[①] 我们必须强调，就一般私人劳动而言，未必是与社会劳动对立的，特别是在现代社会条件下，私人劳动和一般劳动过程在商品形态的变化中是必然获得发展的，这里蕴含着各种劳动形式和劳动者、资本方、商品及资本再生产过程，包括私人劳动在内的各种要素会形成系列的关系性错综复杂的矛盾，当生产组织和生产形式发生变化的时候，在现代网络智能化的社会中，劳动的价值判断与以往的价值判断是不同的，劳动所产生的价值也是不同的，从智能出发创造的无人工厂，已经成为这个时代的“灯塔企业”，传统的劳动价值论已经有些过时。但是，马克思在所处的时代就发现：这些错综复杂的各生产要素之间的矛盾不一定是对立的，甚至本来就不是对立的，特别是在某种社会现代性的条件下，各要素之间，包括劳动、资本和劳资关系一定不是完全对立的，技术在某种程度上改变了生产关系、生产方式、工作方法与生产要素的关系。

为了能够从劳动、资本和财富构成的视角对城市社会进行“质性”研究，并从中挖掘城市社会“城市文化资本”的价值，必须从多重学科视角的关系上来研究“城市文化资本”，只有在一个宏大、综合性的理论与方法论框架下，才能建构全新的、整体的、系统的“城市文化资本”理论，形成对城市政治结构、城市经济结构、城市社会结构、城市文化结构、城市空间结构以及城市形象系统、城市理念系统、城市行为系统、城市视觉系统、城市象征系统、城市空间价值系统的重新整合与创造，也只有从一个立体、多元、多层次模式上寻找路径和创新，才能在大综合研究的意义上，提出一个具有中国范式的、全新的“新经济资本价值”的“中国城市文化资本论”的理论体系。

劳动力和自然环境一起，共同构成了人类生存意义上的特殊性资本功能。就如在《民族偏见与

---

① ［德］马克思，恩格斯. 马克思恩格斯全集：第23卷［M］. 中共中央马克思恩格斯列宁斯大林著作编译局，译. 北京：人民出版社，1965：133.

文化偏见——中西文化比较新论》一书中定义的那样：人和人创造的一切都是文化[①]。城市作为人类社会的一种组织和空间组合的结构形式，特别中国城市具有典型的“科层制”组织结构，与其他世界任何组织形式一样，需要创造价值，不仅要创造经济价值、社会价值，还要创造文化价值，需要创造城市的核心竞争力，并依赖于城市核心资源系统的开发来创造发展动能，这其中，在文化和文化产业要素创新方面更具有特殊性。城市经济、社会、文化等发展质量和水平的高低，更多的是取决于城市自然资源要素的多寡和区位具有优势与否，亦所谓“靠山吃山，靠水吃水”，很多交通枢纽城市、港口城市以及资源型城市，一度成为社会经济的“发展极”，虽然有些资源城市的资源枯竭了，但是，曾经的辉煌在一定历史阶段也创造了海量财富。或者说，在科技不甚发展的时代或不发达地区，城市发展动力更多依赖所属自然资源和传统产业资源作为其生存与延续的基础，这种情况在世界更多的国家进入新兴工业化和后工业时代以后，很多城市都在试图改变资源依赖的成长方式，出现了很多从自然资源依赖型转向文化依赖型城市，迪拜就是一个从传统资源依赖型转而成为现代“城市文化资本”创造新型城市的典范，从依赖石油到依赖城市文化和旅游，再到文旅融合发展的世界旅游目的地城市的创造，为世界资源枯竭型城市转型创新树立了榜样[②]。

城市无论大小都是经济、社会和文化的综合体，其核心性资源伴随科技的发展都在不同程度上发生了结构型的变化，除了自然资源外，技术、资本、人才和文化也都构成了城市资源型要素，在全球网络社会的发展中，城市资源要素还包括更多：城市社会结构关系、城市社会营商环境、城市文化发展理念、城市市民文明水平、城市形象影响力、城市创意阶层的兴起、城市交通的枢纽性和城市品牌营销等都已经成为城市资源的新要素，也可以称为是城市的“硬核体系”。在上述新生产要素的融合构成中，结构化城市资源是可再创造的创新体系——“城市文化资本”再生产体系。世界当代四大“全球城市”——纽约、东京、伦敦和巴黎，其发展的本源动力来自市民社会的文化自觉和创新群体不断转化为新阶层的社会文化土壤，而不是数量庞大的工厂。“全球城市”之所以被称为世界一线城市，主要是因为其经济发展创新是以文化、金融、创意等生产型服务经济为主，服务产业和服务产业的就业人数均已超过86%以上。世界一线城市除了传承中世纪城市文艺复兴个性解放和个人价值最大化的文化基因外，更多地是创造了一种新的市民社会的文化价值理念——每一个人都可以成为城市经济与文化创新的资源构成要素、每一个能够创造社会价值的人都是“城市文

---

① 张鸿雁. 民族偏见与文化偏见——中西文化比较研究［M］. 沈阳：辽宁教育出版社，1993：18.

② 景普秋，朱俊杰. 资源丰裕区域产业多元化战略选择与经济绩效：迪拜与阿布扎比的比较研究［J］. 兰州财经大学学报，2015，31（05）：1-10.

化资本”要素，而重点还在于人的价值最大化所形成的社会文化共识和法律上对个人价值的社会认同。城市创新的土壤在本质上说是个体的个性解放——人性和人的创新价值的全面释放，是社会发展、创新发展的本源力量。从古希腊、古罗马的“法律面前人人平等”的历史文化精神到中世纪以来的法权意义上的契约精神，再到韦伯的“新教伦理精神”等，成为中世纪以来资产阶级经济、文化和政治蜕化的根源，虽然在西方中世纪初期，这些文化开始只处于萌芽状态，但当城市文艺复兴开启后，承继和复兴的本质就是这种平等、正义的市民精神所构成的文化场域，使任何创新个体都有可能成为创新之树而茁壮成长。

在全球范围城市竞争面前，城市资源的任何一项要素发展都是不充分的，都可能会影响城市的可持续发展，而很多“城市文化资本”资源往往被人们所忽视，如历史上遗留下来的各种资源要素：水文化景观、山体文化景观、桥文化景观、宗教文化景观、植物文化景观、建筑文化景观、风俗文化景观、行为文化景观、工业文化景观、农业文化景观、革命文化景观、人物文化景观、艺术文化景观……以及历史传说、文化习俗、风土人情等物质的、非物质的一切文化要素，在某些地方仍然是视而不见、听而不闻，甚至认为是生活、生产的一种负担……

有一个具体的案例：东北某省会城市郊区有一个镇，镇上领导在四处招商引资，也请了很多领导和企业家来到这个镇上。那年是2019年，我们一行团队有国家发改委、省市区县领导和我们专家、企业家团队，去的时候是在冬季。这里与其说是一个镇，不如说是一个大村落，远远看上去整个村子就只有一棵树，显得十分突兀。走进村子以后我们才看清楚是一棵山楂树。这个村镇没有任何规划，没有交通格局，房屋零散在道路两旁，道路也没有修整，所有的房子和院子都没有合理位置，垃圾到处堆放，似乎是没有人管理，看上去十分脏乱……这个镇的干部不仅在招商，还招来一个住持，建了一座寺院，这座寺院也没有景观建设，感觉是为了收费而建的。座谈会上，当地区县、镇和村上的干部讲了很多话，内容大体一样，无外乎就是我们这个地方区位好，离省会一桥之隔，离省会城市很近，交通和工作方便；我们这个地方区位好，有很多的土地可以保证供给；我们这个地方区位好云云，反反复复地说着同样的话。很多领导专家都发言后，笔者当时直言不讳地说，一个地方特别是乡镇招商，第一个条件应该是：我们的乡村是一个美丽的地方，是一个可以工作、生活、创业和有文明、有文化的地方。你们这个地方的区位，是一个不变的事实，祖上就是这样，应该是几十年前、几百年前区位就很好——可我们在这里只看到一个荒凉的村子，这么大的村子，就只有一棵树，倒是一棵好树，如果你这个村里的人能够勤劳起来，家家都有山楂树，村子里如果能有几百棵、上千棵山楂树，家家户户干干净净，街道绿树干净整齐，可能你们连招商会都不用开，就会有人到这里旅游，就会有人来这里投资……仅有土地是不够的，要有文化……笔者说完后，会议不欢而散，但笔者觉得是尽到责任了。

很多城市和城镇总觉得找不到创新发展的物质基础和动力，使得城市和乡镇形象在大众心里感知不佳，除了上述所说的东北小镇的状态外，很多城镇没有就业体系，城镇的生活空间缺乏艺术感而生活枯燥无味，既不能吸引本地人，更不能吸引外地人来工作生活，是典型的人口流出地，只是剩下老弱病残在以“活着”为目的的居住地，这样的地方必然既缺乏城市生活方式的幸福感，又往往是市民文明素质较差的地方。当然，更重要的是，这些地方不懂也很少关注城市文化和“城市文化资本”理论，甚至有些城市、城镇管理者有关文化和“城市文化资本”的相关知识完全是空白。而事实上，这里的种种表现比自然资源的缺乏更具杀伤力。从文化创新、创意的角度认识，某些资源是可以创造的。但是，对于一些城市和城镇来说，如果表现为知识和文化的荒漠，不仅会出现人才和人口流失、投资者和资金转移、创业者和企业数量增长缓慢等问题，还会出现城市内部缺乏文化认同、社会信用缺失、就业率低等，而引发一系列社会问题。

城市形象构成的美誉度是城市投资环境质量的“质性”表达，也是“城市文化资本”再生产能力识别要素。从创造资本与财富的角度讲，城市形象建构、规划、设计和创新也是一种劳动，而且是典型的复杂劳动，是通过个人或集体智慧创意、创造、创新的复杂劳动过程完成的，也包括那些天才创作“作品”的呈现。城市的形象要达到作为“天才作品”的要求，与个体天才性创作不同，是城市管理者、城市精英、城市市民在历史的传承中积淀下来的共同的劳动成果。良好的形象感知会直接成为“城市文化资本”要素，并自然呈现纵向（历史）与横向（当代）扩张发展的格局，如“上有天堂，下有苏杭”“桂林山水甲天下”的文化认同，是上下纵横传播上千年而形成的。良好的城市形象直接构成投资环境，吸引资本、技术、人才流向形象良好的城市，是一种城市伟大文化的隐喻。

如果“城市文化资本”再生产能在传承中创新时代文化价值，就可以演绎出城市+文化+技术+网络+资本的市民社会“文化场域”。创新土壤包括：城市投资环境与政策、城市人的素质与服务、城市旅游与商务、城市会展与会奖、城市文化与创意、城市治理与生态环境、城市文化形象与市民行为等，都可以在城市文化自觉中锻造出文化自为的成果。这在世界上“全球城市”的创新力中都可以找到佐证，如纽约的“文化硅巷”与百老汇的文化创意体系实现了历史文化和现代文化的创新结合；东京的“都市产业”与动漫创意产业体系是现代产业与未来产业的创新结合；伦敦金融产业与绅士文化体系是传统资本、网络金融与“城市文化资本”的创新结合；巴黎的品牌与时尚产业体系是品牌价值创新与时尚创新的有机结合——最发达的城市的发展结果证明：任何城市都可以通过新模式建构而创造成一个新型的城市核心性竞争资源体系，这些“新资源体系”集中体现在“城市文化资本”的再生产的能力上，而之所以能够产生这样的关系，关键在于创新土壤肥沃和丰厚的程度。

三、城市文化特色决定“城市文化资本”的历史价值

“城市文化资本”再生产的价值创新过程，其中的方法之一就是在传承中创新，在创新中传承和精准治理、精准规划与开发。江苏省的十三市各有各的定位，各有各的城市面孔，各有各的城市形象感知系统。对“城市文化资本”理论与方法的认知程度不同，“城市文化资本”的再生产创新能力当然也必然不同，甚至是差异较大。虽然，很多城市还没有认识到“城市文化资本”和“城市文化资本”再生产的意义与方法，但是，成功的城市在不自觉中正在走向“城市文化资本”创新的过程。从如下案例中可以看到和发现“城市文化资本”在城市发展中的个性意义与价值，如下表达既是一种理论思考，也是策划与战略规划的方法，此谨举一二：

南京作为十朝古都，可谓历史悠久，钟灵毓秀，历史遗存丰富，文化底蕴深厚，很多时候人们会陷入一种文化选择的迷失，不知道选择什么，从哪做起，因为选择主体的多元性，很多人对历史如数家珍，所有文化资源、文化要素都可以呈现出来，但不知所云，谓“眉毛胡子一把抓”，甚至抱残守缺，找不到作为“城市文化资本”再生产的要素。所以，多年来，很多城市都是这样：城市文化形象定位游离不定，主题不鲜明，缺乏国际化的世界性语言文化体系，缺少城市文化的模式建构，更是很少有人懂得通过“文化炼金术”和“社会炼金术”的方法[①]，选择其要而进行“城市文化资本”再生产，让人文历史资源成为现代生产力创新的要素。对一座城市文化的辨识能力，在一定程度上反映的是研究者的理解、认知的思维方式和方法论的现实应用能力。其实，对任何城市的文化研究，历史资源和文化要素的梳理、整体研究是最低要求，而如何提炼出文化的唯一性、文化价值的可再造性、历史价值的代表性、集体记忆文化优质性和可再生产而创造垄断性等十分重要，如南京集体记忆文化中的“天下文枢”“博爱”以及那些脍炙人口、千古流传的佳句就是一座城市文化精华的提炼，如刘禹锡《金陵五题·乌衣巷》：“朱雀桥边野草花，乌衣巷口夕阳斜”；李白的《登金陵凤凰台》：“三山半落青天外，二水中分白鹭洲”；杜

---

① ［法］布尔迪厄. 文化资本与社会炼金术：布尔迪厄访谈录［M］. 包亚明，译. 上海：上海人民出版社，1997：166.

牧的《江南春·千里莺啼绿映红》："南朝四百八十寺，多少楼台烟雨中"……南京有很多千古绝唱成为城市历史的集体记忆。再如，凝结历史与现代发展的"文学之都""和平之都""博爱之都"等，则是南京2500年的文化精华的一部分，也从一个侧面说明了城市的特色文化，从而让人们获得信号和感知，最后形成一种心理文化烙印。"天下文枢"和"博爱"两句话镌刻在南京秦淮河边夫子庙和紫金山中山陵的牌匾上，既是一种典型的地方性文化符号，又是南京人当然也是中国人的集体记忆。南京的山、水、城、林、江、河、湖、岛的城市文化与自然空间形象，孕育了南京特有的文化气质，多元文化的城市内涵始终贯穿着一条主线——自然山水的城市哲学与美学文化。

扬州曾以"诗画瘦西湖，人文古扬州"作为城市文化旅游的定位和广告，但是所有的扬州城市定位说词，都不如"烟花三月下扬州"这一句千古绝唱能够表达扬州的文化质性，因为，这句诗已经融化为中国人的集体记忆符号，抑或说，只要是上过学的人都知道这诗句。再者，因运河而兴的扬州曾是中国历史上传统商贸业繁荣之都，是中国古城"破墙开店"之首——唐朝末年扬州是中国最早打破里坊墙而成为商业繁荣的先锋城市，2019年又被评为"世界美食之都"①，是中国重要的旅游目的地城市。通过整合、宣传、定位和创新，用旅游产业的消费来拉动经济并作为营商环境的基础，可以产生十分精致的扬州"城市文化资本"再生产模式，而且已经成为扬州城市经济发展的支点。扬州的精致和柔美就在扬州人身边——运河文化、盐商文化、园林文化、玉石文化、漆器文化、美食文化、宗教文化，特别是瘦西湖的文化，怎一个"瘦"字了得！彰显了"精致扬州"②无限的"城市文化资本"力量③和价值。扬州在2006年提出了"创新扬州、精致扬州、幸福扬州""三个扬州模式"，而更重要的是，在新的历史条件下，在完全保持传统文化空间的基础上，重构扬州城市元素新体系，创造新的"城市文化资本"，犹如佛罗伦萨和米兰等西方城市文艺复兴发源地城市那样，扬州可以担当起"中国式城市文艺复兴"空间景观创新引领者的责任，从多方面提出新的"中国式城市文艺复兴"空间景观的文化创新构想，在城市空间、城市建筑、城市园林等风格上，

---

① "2019年10月30日，扬州成功加入联合国教科文组织创意城市网络'美食之都'，是继成都、顺德、澳门之后第四个获此殊荣的中国城市，至目前，全球共有36座'世界美食之都'。2020年4月18日，联合国教科文组织授予的"世界美食之都"在扬州正式揭牌，再次让世界人民感受到了扬州美食的独特魅力。江苏扬州将建"世界美食之都"展示馆 宣传普及世界美食文化［EB/OL］.（2020–05–15）［2023–10–28］. https://baijiahao.baidu.com/s?id=1666754130671116152&wfr=spider&for=pc.

② 王燕文，谢正义. 全力推进"创新扬州、精致扬州、幸福扬州"建设［N］. 新华日报，2010–07–09.

③ "旅游产业是幸福产业"是笔者在2010年4月20日《扬州晚报》A3版提出的，建议扬州可建"幸福旅游线路"。

掌控中国式城市传统城市文化特色的有机风格本质。

21世纪中国式城市空间形态的全新创新思考，应该包括建设"生态有机风格城市"、城市新中式主义空间文化美学、人与自然和谐居住模式等后都市主义的理论概念与实践，真正创造、实践传统文化"天人合一"的价值理念，提出的扬州派的"生态有机历史风格"的再创新模式，使当代人的城市建设、创造能够成为未来的"人类集体记忆"。

我们主张历史主义风格的"唯一性"，这是中国所有城市面临的挑战，我们还强调作为"城市文化资本"历史传承的地方性、本土性和唯一性。2005年，笔者提出扬州应该创造"泛城市公园"主题概念和场景——扬州整体应该是座生态有机文化公园城市。以瘦西湖为核心，将整座扬州城市作为一个特大型主题公园来打造，其中包括"泛园林化"的创造，形成一个"泛公园"概念，使城市直接进入世界级文化旅游城市领域。扬州园林始于汉代，唐代即"园林多是宅"。扬州园林非常有特色，集北方妙景之雄与南方佳境之秀于一体，有被誉为"淮东第一观"的"竹西最佳处"。唐代扬州的园林文化，一方面显示了扬州达官贵人造园、游园的闲情雅致，也从侧面反映了唐代扬州人家的殷实富足，"街垂千步柳"是唐朝扬州城里广泛种植的街道植物，可以想象一个"处处垂柳处处花，穿越风景慢回家"的场景……

另外，扬州应该"补中国城市旅游文化之空白，打造隋朝文化经济体"，中国历史文化有八千年的历史，朝代更迭，丰富多彩，唯有隋朝文化在城市旅游开发领域成为被遗忘的角落，甚至是中国城市旅游开发的空白点①，中国几乎没有典型的隋文化旅游城市开发模式。隋文帝开皇九年（589年），吴州改名扬州，这是今扬州在历史上正式称为扬州的初始。隋炀帝即位前在扬州9年，即位后三下扬州，死后葬在扬州。隋炀帝开凿京杭大运河，扬州因运河之兴而兴，因运河之衰而衰。扬州

---

① 隋朝（581—618年）虽国运短暂只有37年，但中国的很多制度文化、思想文化、科技文化都是在隋朝首创，举例而言：一、首创三省六部制，废除了九品中正制，兴科举制；二、开凿沟通中国南北的隋唐大运河，跨越地球十多个纬度；三、首创"万国博览会"；四、隋朝瓷器白瓷；五、建筑方面有李春设计和主持建造的赵州桥；六、发明了世界最早的整体雕版印刷并造出了各种彩色纸张；七、隋朝史书最早记载了糖尿病患者尿甜的现象；八、最早的韵书《切韵》由陆法言执笔编写完成；九、隋代"义仓"是社会经济方面的重要创举；十、隋代著名天文学家刘焯编制《皇极历》，运用等间距二次内插法计算日月的运行，岁差的准确值高于欧洲；十一、大业六年（610年），隋炀帝命臣下撰成《区宇图志》一千二百卷，卷首有图；十二、巢元方等人编著《诸病源候总论》，该书五十卷，内分六十二门，一千七百二十论等等。费正清在《中国：传统与变迁》中说："在隋文帝和隋炀帝的统治下，中国又迎来了第二个辉煌的帝国时期。大一统的政权在中国重新建立起来，长城重新得到修缮，政府开凿了隋唐大运河（这为后来几百年间的繁华提供了可能），建造了宏伟的宫殿，中华帝国终于得以重振雄风。"参见：费正清. 中国：传统与变迁[M]. 张沛，张源，顾思兼，译. 长春：吉林出版集团有限责任公司，2013：77.

的隋文化有独家风光，隋朝在中国历史上曾创造了很多文化之最，对于扬州来说，通过隋文化的打造，可创造扬州独有的“城市文化资本”。

扬州可以成为中国首家“幸福城市旅游线路和幸福文旅融合产业”示范地，扬州是有深厚的文化基础和“城市文化资本”的。首次提出“幸福旅游产业”概念，正是当年为扬州提出的城市定位，这需要扬州从“城市文化资本”再生产的角度注入新的认知与模式——幸福公园城市模式：一是花园城市街区空间观赏游，二是休闲养生旅游目的地游，三是小巷生活的家居度假生活游，四是亲情邻里互助体验旅居模式游，五是精致扬州学习技术（漆器、玉雕和儿童玩具制作等）创业游，六是青少年及亲子互助游，七是美食创意之都闲暇游，八是女性美容美体休闲美学游，九是心理医疗驿站文化游（高邮定位中国心情驿站），十是浪漫爱情之旅文化游（秦少游——“两情若在久长时，又岂在朝朝暮暮”），十一是瘦西湖水韵万花观赏游，十二是烟花三月会展会奖游，十三是“到北京看长城，到扬州看运河”的水岸经济游……着力创造一个典型的旅游与文化生活融合的幸福旅游产业网链和产业模式。

扬州运河的另一种色彩是绿色，运河两岸的柳色青青浇灌出一种独特的扬州江南风韵，原生态文化景观在绿柳掩映下焕发出古典的美，扬州城市文化俯拾皆是，“东关古渡”“东门遗址”“南门遗址”“普哈丁园”“长生寺”“文峰寺”“大王庙遗址公园”“徐凝公园”“观邸码头”“东渡码头”“高旻寺”和万花园等就如一长串文化珍珠，镶嵌在扬州古运河的两岸，使得整个28千米的扬州古运河成为一条“绿色运河旅游文化长廊”，塑造出独特的扬州文化风格。

在扬州最适合创造“循环型城市社会发展理论”的实践模式[①]。该理论首先肯定一座城市的发展必然伴随其对自然资源的依赖和与自然环境的互动，因此，任何城市能够通过自身区域能源与资源的创造，形成一个典型的循环型社会体系，使城市能够具有永续发展力与动力机制。人类的城市化进程对于自然环境而言，不仅是一个“吞食”“入侵”的过程，更是一个“消费”“耗能”“排废”的过程。当代社会发展的一个重要战略选择就是，转化以往传统社会通过消耗自然来发展现代化的过程，使现代社会的发展表现为感恩自然、回报自然和重塑自然的发展过程，最终创造一个循环的“零耗能社会”。城市是一个生命体，有着自己的自然循环和社会循环体系。“循环型城市社会发展理论”就是要抓住城市社会这一循环体，重新构建起一个尊重自然、呵护自然、亲近自然、对自然“少取少耗少排”的生态路径，重塑都市人自然、天然、纯然的美好心灵，复原古人亲水、

---

① “循环型城市社会发展理论”是笔者提出的，见笔者《循环型城市社会发展模式——宜居城市发展战略创新》（东南大学2007年出版）。

品山、闻花、赏绿的自然生态生活，并最大程度发挥城市中每一个居民的力量，建立社会全员的“共同主观”——与自然和谐共处的生活体系。我们的责任不仅仅是学习历史，更要保护历史，超越历史，创造当代经典。

苏州是世界城市百花园里最美丽的花朵之一，以超凡脱俗的气质，早已脱离了仅仅是“东方威尼斯”水城的自然资源属性，以全新的城市文化生态、城市人文景观和人类文化遗产而成为世界知名的文化科技+历史文化的创新型城市，这座城市不仅有优秀的历史资源构成的海量文化遗产，而且还有新加坡工业园等新的城市形象要素、产业要素给苏州带来新的魅力、新的影响和新城市核心竞争力资源。从“城市文化资本”再生产的角度分析，苏州创造了特有的“双面绣”——苏州老城与园林美学的伟大和苏州新城的现代工业与后工业艺术美学创新的伟大。苏州的可持续发展，创造了新的“双翼文化模式”，使优秀传统和后现代艺术科学得到了恰如其分地结合。苏州这座城市从古到今都被誉为“人间天堂”，也是中国人重要的集体记忆，中国人的儿童时代都知晓苏州，而苏州人自己说“自在苏州”——从苏式到舒适的苏州。在外部城市形象当中，苏州是江南文化不可复制的经典“作品”——优秀作品而不是产品。正如笔者在很多场合都说：“读懂了苏州，就读懂了江南”①，虽然江南文化有多种类型，但是，其特殊的人文价值取向和文化地理空间酿造的如同一坛美酒的历史也可以追溯2500多年，作为历史文化和集体记忆的经典文化要素，本地人和外地人都可以如数家珍，信手拈来：盘门，中国唯一现存的水陆并联城门；横塘驿亭，中国唯一保存至今的一座驿亭；拙政园和留园，中国四大园林之二；欢乐胥江桥，世界单孔跨度最大拱桥；苏州博物馆，保存至今最完整的一组太平天国王府建筑物加上现代建筑符号的介入创新；云岩寺塔（虎丘塔），世界第二斜塔（又称东方比萨斜塔）；苏州湾黄金湖岸，中国规模最大的内湖沙滩湖岸；金鸡湖，中国最大的内城湖泊，是现代建构的人工文化符号；宝带桥，中国现存最长连拱古桥；周庄——中国第一水乡，也是世界知名的水乡……苏州依托苏州古城、工业园区、园林古镇、太湖等资源载体，发挥吴文化优势，打造国际一流的旅游目的地，成为具有中国古典文化特色的国际化旅游城市。正如有人说：一百个人的心中，有一百个苏州，可以堪比巴黎“有一百零一种生活方式”。

中国西部的城市成都，是“一个来了就不想离开的城市”，与其说是广告语的成功，还不如说这座古老城市文化青春化的成功，关键是：在成都居住的人和来过成都工作、创业的人都“不愿离

---

① 张鸿雁.“苏式江南文化”生活方式与乡村美学探索——“五种江南文化模式”研究［N］. 新华日报·文化产业周刊. 2022-01-28，第10期.

开”这里，这种想法是值得深入研究的，为什么呢？因为，城市定位为青春与未来，定位为与青年人为伍的文化品位、文化价值、文化意向——“成功之都，多彩之都，美食之都……”建构了成都文化的唯一性、权威性、排他性、亲和性和青春娱乐性的城市形象和感知体系，加上城市文化旅游资源的开发，存有在全国甚至是世界范围内都“叫得响亮”的资源，除了大熊猫以外，还有从本地文化资源、本地的“文化场域”精神、本地风土人情出发，创造的多样化的文化旅游融合空间，如既时尚又兼具深厚地方特色的宽窄巷、市井烟火文化的锦里，特别是春熙路和太古里两大商圈互为背景的文化打造，成为传统与时尚结合最佳的文化型商圈。春熙路1924年就已经是“行商坐贾”①的有名街区，2022年前后，总面积有20公顷，商业网点近800家；成都远洋太古里（Sino-Ocean Taikoo Li Chengdu）坐落于成都中心地带，是一个具有“国际范儿”的开放式、低密度的街区式的综合型购物中心，号称“成渝潮流新地标”。也许是最初商家有意识地选择了一个距离春熙路商圈步行只需要5—10分钟的路程，两片商业组团几乎可以连在一起，其中不仅是大慈寺的建筑形式为这个商业片区增加了色彩，而且在商业文化、消费文化与佛教文化之间，似乎建立了某种联系，创造了“人世间”“人间世”的文化反差，“禅意”与“世俗”的文化碰撞与融合，显得市井世俗的文化气息和人世间禅意文化品位“文化纠缠”，创造了一座城市的原创文化基因，给这里的消费者、给这座城市的人带来更多的文化选择，包括现代青年的时尚气息本身也成为被选择的一种消费。这里销售的已经不仅仅是商品，而是一种市井文化、国际化与青春文化交融的新风，消费者在这里消费的不仅仅是生活方式，而是最大限度地提升了成都的城市影响力和城市形象的美誉度，反过来，这里成为世界级的旅游目的地，而又成为人群集聚——“人群可以成为壮观”②的景象和舞台，从而吸引更多不同年龄的人在这里成为时尚表演者、消费者、观赏者和旅游者。

在对成都调查研究后，感觉成都的城市形象和“城市文化资本”的创新，与世界一线城市标杆比较还有一定差距，从世界一线“全球城市”文化显现的城市精神和市民精神的双重视角可以再提出新的城市文化创新理念，成都应该遵循“从休闲之都到优雅之都再到高尚之都”的文化高级化发展逻辑：“成都应加快建设独具魅力的世界文化名城，要从一个休闲的城市，到一个优雅的城市，再到一个时尚的城市，这是一种城市文化自觉。”“应重视成都城市文化资本，对文化资本进行再

---

① 行商坐贾：“商”为行走经营的商人，“贾”为有固定店面的商人。指有固定店面的商人和转运贩卖的行商。出自宋代范成大《题南塘客舍》：“君看坐贾行商辈，谁复从容唱渭城。”参见［宋］范成大. 范成大集［M］. 北京：中华书局，2020：80-81.

② 张鸿雁. 城市空间的社会与“城市文化资本”论——城市公共空间市民属性研究［J］. 城市问题，2005（05）：2-8.

生产，用城市文化资本支撑城市的发展。加强文化自觉，提高凝聚力、自为力，提高市民社会的完整性、契约精神和集体良知，呼唤成都的城市文艺复兴，用以创造未来时代的集体记忆。短期目标为以产业传承、政策传承和荣誉传承为文化模式，建设历史型文化名城，在发展过程中，发挥所长、补齐短板，努力建设成各维度均衡发展的综合型世界文化名城。”[①]“休闲之都”是成都奔向世界级城市的一个非常良好的状态，是难能可贵的，但这还只是一座国际化城市最基本的文化样态，当然，只有衣食富足，没有生活之忧，才能有休闲之感、休闲之为和休闲之行，这已经比较充分地表达了成都这座城市人的幸福感和外部对这座城市幸福感的文化认同。但是，面对21世纪中国及世界的百年之大变革，面对城市现代化的全球范围的竞争，成都当然应该不止于此，而是应该再领先一步，从“休闲—优雅—高尚”的文化逻辑上创造“成都文化范式”——正如我们一个小样本调查的结果那样，来过成都的人，都会喜爱成都，成都一定会比肩“全球城市”，成为一座能够反身“改造人类场所”的城市。

人类创造了城市，优秀的城市反过来转化成为“改造人类的场所”，应该说，城市反身成为“改造人类的场所”不是所有的城市都能做到的[②]，美国学者乔治·J.兰克维奇的观点是说纽约的城市比其他城市有着更为特殊的文化功能，纽约城的伟大在于对城市人和外来者的文化改造功能，虽然他对纽约这座城市有过多美誉，但是在一般意义上说，兰克维奇的观点道出一个走在世界前沿城市的基本功能：城市文化模式对市民的养育功能。如果一座城市能够被世界公认为“某某城市文化模式”，这座城市就有可能反身成为“改造人类”的文化场所。成都正在加快建设世界文化名城的步伐，正在与“全球城市”的标准看齐，在文化符号识别上，创造了国际化视角的“熊猫文化外交”，成都根据自己的实际与“全球城市”“对标找差”，据有关报道：成都与22个世界文化名城进行了6个综合维度的大数据比较分析，对比中显示，成都在“历史渊源”和“交通通讯”方面有明显长处[③]。

青岛作为中国的一个地级市（副省级城市），也创造了自己特有的城市文化，既占据滨海区位优势，又主动抓住机遇，走出一条品牌文化城市的发展道路。青岛自东周时代建城，到秦始皇东巡，从明清时期一度繁华到被德、日殖民统治，历史的跌宕起伏创造了青岛城市的某种“海派”的

① 张鸿雁.休闲到优雅再到高尚是城市文化自觉［N］.中国日报，2018-11-02.

② ［美］乔治·J.兰克维奇.纽约简史［M］.辛亨复，译.上海：上海人民出版社，2005：326.

③ 魏敏.张鸿雁：休闲到优雅再到高尚是城市文化自觉［N］.中国日报，2018-11-12.这篇文章引起了媒体的高度关注，中国经济网、海外网、城市文化传播网、山东大学文化研究院网站等均有转载。

文化性格，不仅仅具有齐鲁大地传统儒家文化的色彩，同时还受到西方文化的浸染[①]，具有鲜明的开放特色。青岛早在2003年就提出“诚信、博大、和谐、卓越”的城市文化理念，在2019年提出“开放、现代、活力、时尚”的文化定位，不同于山东省其他城市着重传统人文政治的发展，青岛在继承传统文化的基础上，不断孕育出“重工尚商”的中国式城市人文精神特质，走上了一条既有国际化的理性又有民族文化创新理性之路。这座城市的空间景观与空间的意向，有近代以来德国等西方国家留下的强烈的建筑文化的艺术痕迹，也被称为是“万国建筑博览会”城市。城市印象的界面闪光点很多，在自然滨海风光和异国风情建筑空间的文化符号上，搭建了属于青岛独有的城市文化空间再生产文化模式——新的居住环境、新的产业类型、新的市民理念、新的市民素质规范的建构和提升，使青岛不仅成为中国重要的“适合人居城市”，而且还创造了多种世界知名的城市品牌，一度被誉为“品牌文化城市”，如“中国帆船之都”“世界啤酒之城”“东方瑞士”等等，也成为中国重要的投资型、创业型城市，至2022年，有173家世界500强企业在青岛投资了383个项目[②]。2022年的青岛市常住人口已经达到1025.67万人，入选“中国最具幸福感城市”。人们来到青岛已经不仅仅是要去看大海风光，还要看城市景观，更要看海尔、海信和青岛啤酒等知名企业，特别是海尔工业景观和海尔博物馆已经成为工业旅游景区。

从城市形象的发展规律看，无论是城市地区内所属企业和产品，还是城市所属的垄断性旅游文化资源，都与城市形象的提升息息相关。一个良好的城市形象可以使城市走出国门，走向世界，进而引领城市企业、产品、品牌和旅游文化走出城市、走向世界。我们还可以这样说，城市形象所形成的“城市文化资本”是通过城市中的各种主要要素优化和结构化而成的，“城市文化资本”与城市形象塑造可以与城市的人才战略、城市的企业品牌创新、城市的自然与人文景观开发、城市的文化传统特色开发、城市的新经济产业创新、城市的科技创新等活动相结合，既可以创造新的城市经济、社会和文化资源，又可以直接使这些资源转化成城市的政治、经济、文化和社会效益，进而形成新的城市经济资本、社会资本和文化资本。对于一座城市来说，经典案例就是苏州工业园的开发建设。对古老的苏州来讲，城市的另一面是现代性、工业化和因此而兴的高科技、文化工业、创意产业和旅游产业。1994年2月经中华人民共和国国务院批准设立的经济技术开发区，1994年5月实施启动。这是一个特有的行政区，规划面积有278平方千米，中国和新加坡合作区有80平方千米，被誉为“中国改革开放的重要窗口”和“国际合作的成功范例”。这样一个空间的建构，为苏州

① 谭业庭，杨奎臣. 美丽中国“视域下”美丽青岛解读［N］. 青岛日报，2013-05-11.

② 王晨恺. 186家世界500强企业聚势青岛，放大跨国公司主场作用［N］. 中国报道，2022-06-21.

创造了新的“城市文化资本”再生产体系。在经济发展上，2022年苏州工业园区完成了地区生产总值3515.61亿元。截至2021年底，苏州工业园区拥有文化产业单位8000多家，从业人员近5万人，规上文化企业162家，文化及相关产业增加值226亿元，占GDP比重6.79%。2021年，实现旅游总收入271.65亿元，37家重点旅游饭店总营收19.75亿元，总平均房价599.28元。也正是因为有了20世纪90年代苏州工业园区的开发建设，才有了金鸡湖从养鱼塘向国际旅游度假村的转变。1997年5月金鸡湖正式收归苏州工业园区管理，金鸡湖开始进行整体开发与治理。2012年7月2日，金鸡湖被国家旅游局评为国家5A级旅游景区，成为全国唯一一个具有商务旅游特质的同级别景区。这一“城市文化资本”再生产的创新案例清楚地告诉我们，一座城市的“城市文化资本”再生产的行为结果，不仅给这座城市创造了经济价值，而且还创造了文化资本价值，人们到苏州不仅仅是看传统的古代园林，更要去苏州工业园区文化旅游和去参与中国目前唯一的“商业旅游特质”5A级景区。而这一切完全、充分显示了“城市文化资本”的“十大要素”功能与价值——唯一性、垄断性、历史的文化刚性……

每一座世界名城，都有其独特的文化模式，凡是有独特文化模式的城市，一定都是世界文化名城。北京作为古老而伟大的首都城市，以其大气而宽阔的城市空间创造了中国式的“首都风范”，内涵包括“首善之都”的文化底蕴、中国文化和中国城市风范样板的基础，或者说，北京的一切都应该是具有首位价值的，或者还应该说，北京应该处处表现“中华气质”“华夏气质”才是；上海作为中国生活方式的“江南海派”样本，在大众眼里的感知是前卫、先锋、时尚，是引领文化创新的中国样板，并创造了“中国国际化城市的语汇”体系的范本；深圳则是改革开放的产物，从最初的一个渔村经过40年的发展，人口增长42倍，GDP涨1.4万倍①。从一个“文化沙漠”，发展成为一个“文化巨人”“全球海洋中心城市”，而且早在2008年深圳就被联合国教科文组织创意城市网络评选为“设计之都”，这是中国第一个、全球第六个创意城市网络。改革开放是深圳特有的“血统”和文化基因，特别是海洋文化或文化圈的边缘区位，能够较快较早接受外来文化，同时在自然空间文化、城市文脉和历史上的重大文化事件的影响下，两种以上文化的冲击、碰撞、融合，有可以形成新的特色文化而使城市经济社会发展更具有“城市文化资本”的成长性，因而才有了深圳的“拓荒牛”的文化，并创造了举世瞩目的“深圳速度”，被誉为“中国硅谷”。

---

① 张小玲，王睦广. 深圳“爆发力”：40年间人口增42倍，GDP涨1.4万倍［N］. 南方都市报，2021-05-15.

四、人文区位创新性选择，催生城市的全球化发展

中国所谓“非省会城市现象”可以视为一种“城市文化资本”创新的模式来加以讨论，这种现象说明城市发展有“为”就会有“位”，固守城市的政治属性，城市往往会缺乏创新动能，另外，“非省会城市现象”还可以从城市特色文化和区位空间对城市文化塑造的影响来进一步分析研究。从一定意义上讲，即使不是省域的政治、文化、经济中心的城市，只要民众有创新文化的基因，有某种特定的人文区位空间关系，就有可能领先参与全球国际经济循环，参与国际文化的分工竞争。只有通过创新，才可以直接获得国际前沿的经济与文化要素，进而转化为城市核心价值和核心竞争力，虽然不容易成为一个区域性的政治中心，但是有可能成为一座区域性的经济与文化中心城市，这一现象显现了一个道理，作为区域性政治中心的城市，在中国的体制下，城市权力资本的主导功能是显而易见的，中国政治中心城市都是经济中心，对经济和产业要素的集聚有着强烈的主导功能，有时是经济社会的促进力，有时传统的政治观恰恰是经济社会的阻力，比如江苏的苏北和苏南比较，一个是官本位文化较重，一个是市场经济观点较浓。全国很多省都有省域“双城记”现象，如山东的济南和青岛，在城市理念与城市形象的定位当中，有近代中国文化传统和蕴含德国城市建设文化痕迹的青岛以国际化大都市为标杆，与省会济南形成山东省的“双城记”。狄更斯在《双城记》小说中有一句名言：“对于世界而言，你是一个人；但是对于某个人，你是他的整个世界。”以山东省为例：青岛对于山东而言是“非省会”的经济与文化发展的重要城市，和省会济南比较，2022年青岛GDP总量是14921亿元，比济南高出2894亿元；2021年青岛人口是1026万，比济南多92万人。

通过比较研究可以看到，非省会城市现象，既可以看到某一方面形成的天然和本原性的区位的、自然的资源优势，同时还可以看到，也同样有很多自然和本原区位优势的城市至今仍然没有发展起来，甚至还很落后，所以创造资源并通过对资源创新使之转化为资本才是正道。“一省双城记”的现象很多：如江苏的南京与苏州，截至2023年初，苏州的人口和GDP都超过南京，类似的还有广东的广州与深圳、福建的福州与厦门、辽宁的沈阳与大连、浙江的杭州与宁波等，这些城市在区位优势的基础上，又创造了人文区位模式，在科技创新、文化创新、政策创新和营商环境创新方面，在全球也具有某种代表性。这一切表现看起来各省城市的“双城记”都有独有的特点，但是却说明了一个道理，创新是“城市文化资本”再生产与可持续发展最本原的动力，而区位、自然资源、历史文化禀赋则是天然“城市文化资本”要素，如果不经过人工的赋能“智造”和创新，就只能是资源本身的再利用而已。

城市在高速发展的时候，也就是在高消耗自然资源和各种能源的时候；当社会群体中的精英群体在追求社会整体进步与社会福祉的时候，而这个争取所获得的成果就包含了两个方面，一方面是民众幸福要素的获得，一方面是为了大众谋幸福而形成的社会再生产过程，也是必然要消耗自然资源和各种能源的过程——这是自然界的能量守恒定律的结果。显然，其中的一个命题是，所有的人类社会的进步，都是以消耗自然能源和要素为代价的，但人类也能创造新的能源和尽可能去节约能源的消耗。“城市文化资本”的再生产，是一个不断上升式循环的生产、创新过程，通过赋能可以创造没有止境的更高级的再生产循环，促进城市形成循环型高级化的核心性资本。“城市文化资本”与城市形象创新结合，可以视为这种循环的一个环节，如果城市自身能够产生文化自觉和文化自为的功能，其深层次上的文化价值就可以成为这座城市的显学，即一座城市所形成的社会责任和社会使命、文化使命以及生态可持续使命。在城市精英的主导下，城市作为一个有机体可以主动、自觉地使城市创造并保持人类的精华，通过运用这一精华，为促进人类城市社会进步发挥作用，而我们不遗余力地创造“城市文化资本”再生产的理论与理念，就是在人类发展的动力的资源上创新，目的非常明确，以求把资源转化为资本，从人类思想文化的意义上创造新资源与“新经济资本”。

在文化的创新方面，城市是一个不自觉的载体和实践者，城市的主体是人，城市作为有机体，有城市生态学和文化学意义上的“大脑、血管、神经和吐故纳新的系统”。我们应该也能看到，“城市通过它集中的物质的和文化的力量，加速了人类交换的速度，并将它的产品变成可以储存和复制的形式”，这种情况在城市发展的早期阶段，应该说不仅仅是简单的交换，而且是主要在消耗自然，只有到了工业化的后期，人类才开始认识到对自然的回馈或保持自然的原生态是人类得以持续发展的前提。人类在城市中“通过它的纪念性建筑、文字记载、有序的风俗和交往联系，城市扩大了所有人类的活动范围，并使这种活动承上启下，继往开来”①。到了中世纪以后，城市就开始重塑自然——创造第二自然资源。城市通过其许多文化属性意义上储存的设施，如建筑物、博物馆、图书馆、仓库、档案馆、纪念性建筑、石碑、书籍、学校、生产和工作空间等等，保存和生产广义的文化产品和商品，并能够把它复制、增加和创新内容，使文化得以代代相传，这也是人类作为所谓高级动物特有的文化属性，而这些恰恰是城市区别于乡村的基本也是特有的功能，“不但集中传递和扩大这一遗产所需的物质手段，而且也集中了人的智慧和力量。这一点一直是城市给我们的最

① ［美］刘易斯·芒福德．城市发展史——起源、演变与前景［M］．宋俊岭，倪文彦，译．北京：中国建筑工业出版社，1989：580.

大的贡献”[①]。一个开放的城市，一定有充分结构化的共生性竞争——城市的集约性、城市内部关系的结构依赖与互补性、城市人之间生活的互动性、城市社会的异质性和同质性群体的竞争性、城市人际文化传播的可拷贝性等等，其结果就是城市成为人类文化精华传承与创新的载体。

当我们在为了推动社会进步而向前发展的时候，必然去寻找或创造推动城市社会发展的动力，世界上不同的城市会有不同的选择方式，由于城市选择的主体不同，因此会出现不同的城市选择思想、能力、认知与想法。在不同的社会体制和不同的社会文化土壤及不同宗教文化中会有不同的选择方式：或者是急功近利，过度利用和消耗自然，主要依靠自然资源来发展；或者是能够创造良性文化，并在保护自然资源的前提下寻求可持续发展；或者是有一个明确的社会主张，可以从更广泛的意义上发挥个体能动性和创造性——充分发挥个性和天才的价值，让更多的人成为创造城市社会可持续的文化动力要素。

包括芒福德等学者在内，已经意识到了城市文化历史与现实价值关联和承继性的必要性，没有保护与储存，就没有继承与创新发展的基础，相反，如果仅是单纯的保护而没有创新发展的思想和行为，就不可能科学完整地保护优秀传统。一个优秀而伟大的民族，是不应该让城市文化发展断裂的，城市的保存、传承功能是固有的责任和义务，在此基础上，才有可能使城市文化成为推动社会发展的力量。但是，有的城市，包括城市管理者、城市研究者，更多的只是关心经济与产业的发展，单纯强调对城市历史文化保护的单方面价值，未能从“保管员”的身份上升为“保管员+创新者+文化再生产者”的身份。事实上，时代的要求是：应该从文化工匠向文化巨匠转型，应该从一般的文化生产产品向文化创作作品转型，并在创新中把保存好的城市文化上升到“城市文化资本”层面，上升到一种推动社会发展的“新经济资本”层面上来。虽然在所有的现实城市生活中，所有的人都生活在城市过去的“文化积累”之中，但是，以往很多时候，有些城市文化积累并不是把最优秀的文化要素传承下来，因为任何时代的文化都有精华与糟粕，有些城市优秀的文化遗存所剩无几。有时保守主义者把守旧和保守视为一种文化经典行为，把在传承中发展、在传承中创新视为一种“异类”，这是不可取的，历史从来就有保守派和改革派的竞争。正如我们在现实中所看到的，还有些城市的文化遗存和文脉已经断裂了，有些城市文化要素“被消亡”了。能不能充分地把文化资源转化成文化资本，创造社会发展的文化软实力而成为城市生生不息的永续力量，是一个民族、一座城市、一个阶层选择能力的说明。某些城市，在文化选择和“城市文化资本”的创造上，有一

① ［美］刘易斯·芒福德. 城市发展史——起源、演变和前景［M］. 宋俊岭，倪文彦，译. 北京：中国建筑工业出版社，1989：417.

股隐形的“负面文化动力因”——保守和守旧的风气。在中国人的日常生活中也能看出有人会这样评价某一个地方、某一区域、某一城市的文化现象：“这个地方的人很保守”“这个地方的人思想观念很落后”云云。正如人类学家和文化学家提出的那样，人类文化进化发展具有两种文化选择模式：一种是替代性文化选择，一种是积累性文化选择。积累性的文化选择也是城市的特殊性所属，正因为人类发展有着强烈的文化积累功能，所以城市文化的保存、容器功能就存在着两重性，一方面是人类最美好与最先进的科学、技术、文化、时尚行为和创新观念等往往最先产生在城市里，而另一方面是人类社会最落后与最腐朽的负面文化也同样集中产生在城市里，我们所能够看到的“城市病”，即使在世界最发达的城市里也有明显的表现[①]。也正因为如此，我们才需要从构建“城市文化资本”和城市新形象的范畴和角度，运作人类的“城市文化资本”，创新人类社会的“城市文化资本”，并在这一运作过程中，以城市社会全员利益为第一性，即以社会整体满意为第一性，摒弃城市落后的社会与文化糟粕，张扬城市社会与文化的精华，让城市真正成为城市人生活的“理想家园”，使城市的象征文化能够符合现代城市文明与城市市民社会的伦理原则。

美国社会学家特纳（Jonathan Turner）在《社会学：概念与应用》一书中专门研究了“象征和文化”问题，他说：“就某一层面来说，文化和文化产物都只是我们做事的资源。没有语言，我们的沟通就会很有限。没有科技（让我们知道如何操作环境的资讯），我们就无法享受衣食住行。于是，象征可以说是一种媒介，让我们得以适应环境，和别人互动，诠释我们的经验以及组织团体。”[②]我们引证特纳的观点，是认同他的“文化和文化产物都是我们做事的资源”的观点，无独有偶，美国学者、城市学家沃纳也有过类似的论述：“我们把文化活动定义为出自人类美学发展而不是经济发展的闲暇时间的活动。社区提供各种文化资源以促进文化活动……造型艺术（博物馆、美术馆、艺术家的作品展览）也主要是城市文化。此外，还有对于社区具有重要意义的文化资源，如图书馆，以及游乐资源，如动物园、植物园和园林。这些资源都在一定时间地点出现，可以看作是一个社区的文化存量。”[③]尽管过去几乎所有的人都在强调文化与文化产业的价值及社会意义，可

---

① 纽约市74%的选民认为该市犯罪问题非常严重，这是自1999年昆尼皮亚克大学民意调查后首次将这个话题纳入民意调查以来的最高纪录。这项于2022年2月3日至7日对1343名登记选民进行的调查显示，犯罪是纽约面临的最紧迫问题。65%的选民担心自己会成为犯罪的受害者。创新高：超七成纽约选民认为，该市犯罪问题非常严重[EB/OL].（2022-02-14）[2023-10-28]. https://baijiahao.baidu.com/s?id=1724696655905959412&wfr=spider&for=pc.

② ［美］Jonathan H.Turner. 社会学：概念与应用[M]. 张君玫，译. 台北：巨流图书公司，2000：50.

③ ［美］沃纳·赫希. 城市经济学[M]. 北京：中国社会科学出版社，1990：210.

是，从文化资源转化为“城市文化资本”这一层面的意义上，使一般意义上的“文化资本”转化成“城市文化资本”，进而从“城市文化资本”的运作角度来认识文化，在很多城市还不存在，有的还只是刚刚开始。一座优秀而伟大的城市所属的社会精英群体应该必须清楚：文化的积累虽然是一种必须，但是在人类社会的文化发展中，由于社会矛盾和社会变迁的存在，很多城市，甚至是某些国家的文化选择模式，不仅未能择优积累，反而把优秀的那一部分文化给丢失或破坏掉了，不是选择先进而是选择落后，这在世界一些国家是屡见不鲜的，在中国的一些中小城市的文化选择与发展上也有类似的情况，甚至还把自己的“保守文化”视为正确而故步自封。

我们必须注意到另外一种文化选择性，即在积累性的文化选择中能够选择优秀，在替代性文化选择中，能够有对落后的鉴别与淘汰选择能力，而不是把优秀的文化替代掉。我们有时经常会听到有人讲，“我祖上如何优秀”“古代好多东西失传了，我们现在人都做不出来”等等。如前述，所谓“替代性的文化选择”，这种选择的主体往往是社会的权力群体、精英群体的责任，这种选择具有三重性：一种是有些民族和国家的城市缺乏文化鉴别能力及择优汰劣的能力，往往是把“劣”的文化现象与事物保留了下来，如一些陋习和落后的传统与生活方式，这在一种具有“文化传统惯性发展”的群体当中表现十分明显，特别是在传统文化过度留存的封闭式的文化体系内，落后的文化习俗至今仍然影响着现代人的生活；第二种是在现代化的发展中社会选择机制发挥不充分，或者说社会不存在充分的社会选择关系，社会发展的选择主体只是权力者的附庸，使得很多文化选择的结果是权力者个人的行为和偏好，或者说对历史的文化选择成为权力者政绩体现的文化结果，这往往也会出现不自觉的文化误区——一些优秀的、传统的和物化遗存被破坏，而新的文化景观和行为却不能有效构建，出现社会上整体意义的“合法化危机”，其主体表现为大众文化与权力者形成的“文化认同错位”，进而影响社会整体的发展与进步；第三种才是历史的正道，即城市与社会整体具有充分的社会选择机制，并提倡充分选择的价值观，当年伦敦就曾提出一个口号，要创造“充满选择机会的城市”，创造具有马克思说的“市民社会”特点的文化选择机制，这个选择机制来自被社会认同所形成的社会精英群体作为文化选择的主体，而这种文化选择代表着多数人的利益、多数人的审美价值取向和文化价值主张，更重要的是这一选择群体是真正意义上代表人民的社会精英，而具有典型的智识、智识文化选择能力和创新能力，在一些发达国家或者市民社会相对比较完善的城市，这种选择机制已经在发挥着重大作用。

城市形象作为“城市文化资本”再生产的要素之一，也是一种城市社会的创新选择结果。城市形象建构是一个复杂的文化要素和符号的创造选择过程，那么，选择的主体是谁？如何选择？如何提炼和整合？城市形象要素分为两个层面：一个是从城市优秀的文化传统中，提炼出共同的理念和主张，由此作为教育市民、引导市民、培养市民高尚情操的一种文化理想类型，让城市和城市市民成为最好的自我，并建构城市社会文明的社会样板阶层——中国式绅士阶层；另一个是从公众的创新文化中来选择，并通过文化精英群体在世界范围内研究、选择，“对标找差”后，进行再创作，创造和创作出具有唯一性的文化特色城市和特色城市文化。这两个方面，已日渐成为影响城市生存、城市竞争和城市发展的重要因素，有似以往企业CIS形象系统文化体系一样，是一种独立的包括理念系统、行为系统和视觉系统在内的形象识别系统，并促成城市价值和美誉度的提升。当然，其中也包括城市哲学和城市美学价值的讨论与创新。需要说明的是，“城市文化资本”与城市形象建设既有明显的区别，又有典型的核心价值的一致性。“城市文化资本”是城市形象的“基础”和“结果”，是互为前提的表现方式，城市形象多表现为一种时代的社会感知和城市品牌价值的认知提升过程，或者是一个表现为品牌性，一个表现为品质性，或者说具有明显的“外部性”，打造城市形象就是塑造城市的文化品牌，而城市形象文化品牌的核心竞争力就是“城市文化资本”再生产所构成的体系。“城市文化资本”与其他城市要素构成的“动力因素”比较，由“城市文化资本”所构成的城市形象特色，其发展的“文化动力因”具有无限再生产的可能性。世界上城市形象良好、城市文化活力强、城市文化引力强的城市，无不具有特定的“城市文化资本”再生产模式。而其核心能够从一个方面反映这座城市的文化产业价值。如美国的新兴科技之城奥斯汀，号称美国的“硅丘”，通过“音乐+科技+电影+文化+N”的文化模式，用“西南偏南（SXSW）”口号，引领了美国新科技文化“青年态”的时尚潮流，具有强烈的城市形象号召力，似乎有与西部硅谷和东部硅巷分庭抗礼之势[①]。巴黎——在世界消费者的心目中是“世界服装之都”和“世界浪漫之都”，并成为旅游、时尚和购物的目的地城市；维也纳——“世界音乐之乡”，吸引了无数爱好音乐的学子和受众，但这座只有190万人口的城市有1000多个咖啡馆，在这座城市里不仅能听到喜欢的音乐，还能闻到满城的咖啡香，在中文的语义当中，“听”和“闻”[②]两个字，具有同一个文化内涵，这里的“听”与“闻”为音乐爱好者和梦想实现的圣地；东京——东西文化的交汇城市，动漫创意产业吸引了世界动漫爱好者的目光，成为他们的向往之地；罗马——“古典文化集萃”的城市以及历史上“条条道路通罗马”的格言使罗马成为人们心中的理想之城……这些城市的整体形象为城市文化创造了无穷的魅力，城市形象概念要素成为“城市文化资本”的价值系统和品牌表现，这个系统构成

---

① 张新征.“奥斯汀模式”助力美国陆军改革［J］.国防科技工业，2019（04）：56-58.

② 闻：听，听到声音，如博闻强记、闻鸡起舞。《论语·里仁》：“朝闻道，夕死可矣。”《庄子·秋水》：“我尝闻少仲尼之闻而轻伯夷之义者，始吾弗信。”

城市形象的“表意符号”，既有理性内涵又有感性认知。

五、城市文化的思想种子：从传承到创新的永续的巴黎

“城市文化资本”再生产不单纯是为城市提供一种由城市经济、社会、文化和生态建构的特有的城市文化模式，更重要的在“文化场域”和文化创新土壤培育之初，就创造了新的“文化种子”和新的“文化基因密码”，从而促进城市“在文化演进中，创新取代了生物学中的突变，但二者又有着深刻的差异。自然选择仍至关重要……自然选择对文化演进也同样起作用，但并非作用在第一时间。在此之前，存在另外一种选择（称为文化选择），它决定人们是否会接受一项创新。‘文化漂变’和‘文化迁移’都发挥着十分重要的作用。且需要考虑到遗传学的另外一个方面：人们不应忽视文化传播的重要性。当然，上述概念之所以有意义，是因为存在另外一种能够自我复制的东西——文化DNA，它是思想（idea），也被称为‘模因’（memi）、‘记忆因子’（mnemi）或‘思想种子’（semi）。”[①]世界上有这样的案例，北京、西安、南京、广州、上海、巴黎、伦敦、罗马、开罗、新德里、米兰、佛罗伦萨等城市就有强大的文化基因，不止是因为有无数的文化遗存——物化的“文化基因符号”被完整地保护了下来，而且更多的是社会上优秀的、高雅的、高尚的以及“利他主义”的文化基因也被传承了下来，而成为城市进化和城市社会变革的力量。还有一点就是，“城市文化资本”要素是一代又一代城市精英群体有意识地、以身传口授和再创新的方式使文化保留并得以流传，这既有强大的基因作为保证，同时，本身优秀的城市具有的伟大文化也有强大的文化惯性作为一种动能，更有一种社会样板阶层有意识地保护传承。无处不文化的伟大文化城市，一定是有历史、文化、文学、艺术、哲学等领域的大师级人物辈出，“手传手”地培养一代又一代的各个领域的继承人和创新人……成为一种强大的文化传承基因的载体，巴黎实实在在地成为养成大师的“文化场域”。如上情况都曾在巴黎演绎，巴黎才会一直被公认为是世界文化和艺术之都，吸引着世界各国的文化、艺术、时尚青年走向巴黎，同时也吸引全世界的游客旅居、创业、学习在巴黎，到过巴黎的人无不为之感叹——文化艺术殿堂的城市之伟大文化，是人类文化艺术的宝库。巴黎作为重要的世界文化之都具有典型的法国本土化的文化特质，并构成一种属于巴黎自己

---

① ［意］路易吉·卢卡·卡瓦里·斯福尔扎. 文化的演进［M］. 石豆，译. 北京：中国社会科学出版社，2018：161.

的“巴黎文化模式”，虽然近些年来巴黎文化模式在全球化的冲击下遭到一定破坏，但是，从本土性和国际性的双重视角看，巴黎的文化选择、文化模式建构和“城市文化资本”再生产等方面形成的城市文化个性和强大的文化基因演变创新仍然是世界城市文化的典范。

巴黎城市文化硬核价值的恒定性和历史性是值得赞誉的，其背后是对个人价值的充分释放与尊重。巴黎城市历史文化延续时间长，文化积累丰厚，而且各个历史时期都有一个阶层和中坚力量来推动城市文化高级化的发展和精英阶层强大的文化择优能力，形成延续至今的历史性古典主义城市的经典风格。1859年，拿破仑三世任命塞纳大省省长、巴黎警察局长乔治·欧仁·奥斯曼男爵（Baron Georges Eugène Haussmann）任巴黎市长，历经十八年的精心打造，甚至可以说是把巴黎当作了艺术品来创作，形成时至今日人们还享用并具有世界性共识的巴黎城市空间景观体系。这些古典主义风格体现在城市的各个空间领域，能够穿越时空而不衰败——从奥斯曼时代起留存至今的是众多的新古典主义风格的广场、公园、住宅区、医院、火车站、图书馆、学校，以及公共喷泉和街心雕塑等，被同代人感知为“城市家具”的景物和设施仍使用如新。城市要素构成巴黎独有的城市形态与文化，这些文化处处体现着城市历史的纵横文化时空与时代的价值，在好多街巷里，都是中世纪城市文艺复兴、带有艺术气息的建筑的见证者，在这样的空间里获得的不仅仅是历史，还有这里人们的精彩故事……

巴黎是棵根深叶茂的文化之常青树，自然主义和艺术生活融合的城市生活是巴黎的品质，对自然与城市文化传统的敬畏构成了城市的性格。巴黎是欧洲历史上第一个对城市树木进行科学与文化保护的城市，这座城市的“树木报告”记载了巴黎自然主义的城市风格和人文精神。巴黎也是世界上第一个给城市中每一棵树建立档案和辨认卡片的城市。巴黎就是一棵参天大树，而这座城市的每一棵树都是巴黎文化之林的成就者和见证者，当然，巴黎也是世界上公认的“鲜花之都”，是与这座城市的浪漫联系在一起的，在房间里、在阳台上、在院落中、在商店里、在橱窗前、在道路旁和一些建筑顶部，随处可以看到盛开的鲜花，闻到迷人的芳香，可谓“闻香识城市”——真正的“闻香识巴黎”。

巴黎是在保护历史和创新历史的文化博弈中成长的，也可堪称世界历史文化名城精准保护与开发的楷模，在具体城市规划和城市研究的实践中，笔者提出的城市规划和城市更新及历史文化保护、建设的“六精准模式”[①]的观点，也是受巴黎城市文化建设的启发。在巴黎可谓名胜古迹比比

---

① 规划设计“六精准原则”：精准策划、精准规划、精准保护、精准开发、精准建设、精准治理（多方案比对）。参考笔者在江苏省委省政府“长江国家文化公园（江苏段）建设工作座谈会”上的发言。参见曾雪琦.让长江国家文化公园成为江苏闪亮名片，6位专家建言献策［N］.微讯江苏，2022-07-18.

皆是，受到保护的古建筑有3115座[①]。美丽的塞纳河两岸，各类型的公园、绿地、园林景观星罗棋布，流经巴黎市区只有13千米的塞纳河上，有36座形式各异的大桥横跨河上，可谓一桥一文化，一桥一主题。塞纳河畔圣米歇尔林荫大道绵延有数千米，那里的旧书市场，是世界级的文化打卡点，每天都有不少国内外学者、游客来这里选购心爱的古籍，形成塞纳河畔古老的文化区——拉丁区的一大特色，城市与文化有机结构，建构了这座城市的特质。整个巴黎就是一个艺术公园，具有我们提倡的城市“泛公园”概念的全部特征。城市社区有公园397个，总面积358万平方米，平均每个社区有将近20个公园。第12区的公园最多，有24个；公园最少的是第2区，只有3个。第19区的La Vilette公园最大，有3.5万平方米。不仅如此，在城市总长350千米的大街和林荫道两旁，共栽种树木10多万棵[②]。

巴黎是一座有自己个性化城市文化的“根”与“魂”的城市。历史上辈出的文化精英，使现代巴黎人可以同历史上的文化精英进行跨时空“对话”。这座城市有19世纪的巴尔扎克、普鲁斯特、波德莱尔、兰波、乔治·桑、肖邦、王尔德、科莱特、热奈；20世纪的毕加索、本雅明、纪德、萨特、波伏娃、加缪、罗兰·巴特、福柯……这些文化名人，组成巴黎社会文化名人群落，这个名人文化群，给巴黎人带来的不仅仅是骄傲，可能更多的是带来了心理暗示：“或许每一个巴黎人都这样！或许我在巴黎也会这样！”巴黎不仅是一个一般意义上的文化容器，更是一个能够创造人类精神文化的策源地，城市有人们熟知的享誉世界的巴黎“街头艺术”，巴黎歌剧院是世界上面积最大的歌剧院，这些文化空间形成一种“文化再生产的空间场”，一种文化氛围养育、滋润、塑造巴黎人的日常，通过这些文化场馆空间，可以管中窥豹，见其一斑。巴黎有典型的市民社会的文化空间[③]，在利普咖啡馆、花神咖啡馆、双叟咖啡馆……似乎巴黎的每一天都在咖啡馆里闪耀着人类的思想火花。咖啡馆是市民社会的思想文化与思想火花撞击的场域，也可以称为城市的“第三空间”，是思想可以自由放飞的地方，在这一点上，巴黎的文化精英成为这座城市的文化创造者、引导者、实践者和消费者。同时，巴黎各种文化群体不仅在履行着一个法国传统文化守望者的职责，更担负

---

① 巴黎受保护的古建筑有埃菲尔铁塔（La Tour Eiffel）、巴黎凯旋门（Arc de Triomphe）、巴黎圣母院（Notre-Dame de Paris）、荣军院（Les Invalides）、先贤祠（Le Pantheon）、巴黎歌剧院（Opéra de Paris，或又称Opéra Garnier）、圣礼拜堂（La Sainte Chapelle）、圣心堂（白教堂Le Sacre- Coeur）、玛德莲教堂（Eglise de la Madeleine）、巴黎地方法院（Conciergerie）、巴黎市政厅（Hotel de Ville）、卢森堡公园（Jardin du Luxembourg）、波旁宫（Palais Bourbon）（法国国民议会所在地）、拉德芳斯区新凯旋门（La Grande Arche）等。

② 吴越. 巴黎城市公园，简约而不简单［N］. 解放日报，2021-07-05.

③ 钟纪纲. 巴黎城市建设史［M］. 北京：中国建筑工业出版社，2002：156-157.

着巴黎文化创新的职责。巴黎作为世界文化之都的另一侧面：巴黎城市本身就是艺术品，更是创意阶层——思想文化人才集聚的高地，不仅每天有大量的大师新作问世，更有城市人日常艺术文化生活的繁荣，据不完全统计，巴黎有4000处历史古迹，143家博物馆（一说300多家），310家影院，1183个放映厅，354家剧院，5家歌剧院，55个外国文化机构中心，170多家歌舞厅，141个剧院，64所市属公共图书馆，4909座公园和花园，271座特色村庄……[①]这些数据的来源众多，而且几乎没有一个十分准确的数字，但是已经能够代表巴黎作为西方文化之都的价值。

因为传承和创新的双重性，巴黎城市有着无限的文化宝藏，真正的巴黎人对这座城市的文化可以如数家珍，也是巴黎人和世界文化先锋的一个值得毕生学习的文化场域空间，由此也创造了真正巴黎人个体的文化资本——除了各类博物馆外，丰富多彩的各类展览创造了这座城市的文化氛围和文化气质，并为“城市文化资本”高级化循环性的再生产创造多样化的前提[②]，而且巴黎人自己创造了巴黎的“闲逛者”——香榭丽舍大道（Avenue des Champs – Elysées）培育的城市街区人，成为巴黎的一个个性化的市民符号[③]，也显示了这座城市文化闲逸和舒适的代名词。巴黎有世界公认的奢侈品品牌35个，并且已经从个人的文化资本品牌转而成为“城市文化资本”的品牌。这些品牌构成“城市文化资本”的内核要素，已经成为城市文化软实力对外传播的载体，而这个载体符号不仅在全世界所有城市能够见到，甚至在偏远山村也可以看到巴黎品牌的存在——巴黎的许多品牌已经走入寻常百姓家，消费巴黎文化和品牌已经成为所有年龄段人的“消费生活方式”，正如美国学者保罗·吉伊所论：消费正在定义人们的生活方式[④]。巴黎成为世界年轻人的消费生活和生活方式样本，奢侈品文化、轻奢文化和艺术殿堂交织在一起所形成的无数形形色色的品牌，构成梦幻巴黎的

---

① 《巴黎大区 2022 年资料与数据》由以下机构联合发布：巴黎大区投资促进局、巴黎大区研究院和巴黎大区工商会，2022年9月。https://www.chooseparisregion.org/sites/default/files/pdf/Paris-Region-Facts-Figures-2022-Chinese-Edition/Paris-Region-Facts-Figures-2022-Chinese-Edition.pdf.

② 巴黎有很多著名的文化遗产：卢浮宫（Musée du Louvre）（远古和古代艺术）、奥塞美术馆（Musée d’Orsay）（近代艺术）、蓬皮杜中心（Centre Georges Pompidou）（现代艺术）、巴黎格雷万蜡像馆（Musée Grevin）、罗丹博物馆（Musée Rodin）、毕加索博物馆（Musée Picasso）、巴黎达利蒙马特空间（L’Espace Dali）（超现实主义艺术）、克吕尼博物馆（L’Hotel de Cluny）、蒙帕纳斯博物馆（Musée du Montparnasse）、大皇宫（Le Grand Palais）（1900年世界博览会展馆）、小皇宫（Le Petit Palais）（1900年世界博览会展馆）、夏佑宫（Palais de Chaillot）（1937年世界博览会展馆）等等。巴黎有民间文物保护组织2000多个。

③ ［德］瓦尔特·本雅明. 巴黎，19世纪的首都［M］. 刘北城，译. 上海：上海人民出版社，2006：89.

④ ［美］保罗·吉伊. 城市、公民与技术：都市生活与后现代性［M］. 许苗苗，李建盛，译. 北京：北京师范大学出版社，2022：61.

魅力，巴黎成为令人神往的城市，也是“炫耀性消费文化”[①]的舞台，而这种炫耀性消费也成为中下层社会对生活品质和时尚的追求，即使工薪阶层也要在省吃俭用中获得一个能够显示个人文化、表达自己文化品位的奢侈品，在现代意义上的奢侈品文化已经被“轻奢文化”和先锋城市文化所取代，正如人们感受到的那样，“艺术的气息弥漫在空气里”，对于某些文化人来讲，巴黎的城市文化就是一种梦境。

总结文化艺术巴黎的经验有多种结论，与其说城市品牌塑造的“城市文化资本”和城市素质是在一种“文化场域”中形成的，不如说，如果不是刻意地描述和说明巴黎文化伟大的创新能力，巴黎或许不需要外力，其内在文化惯性和动能所建构的“巴黎价值”，就足以使其文化核心竞争力在全球城市中创造独一无二的价值，而成为西方文化之都则必然是水到渠成。

第一，“以文化传承品牌创新建构经典，以经典创造‘城市文化资本’”。巴黎以品牌城市和城市品牌作为“城市文化资本”再生产的主体，一种犹如城市文艺复兴传统的惯性，使相关的文化要素叠加、融通成为一种文化模式：文化保护+文脉传承+文化创新+文化科技+文化品牌+文化时尚+文化创意+文化艺术+文化绅士+文化作品+文化审美+文化先锋+“城市文化资本”再生产=巴黎都市文化模式。

第二，是“以文化创造都市品牌艺术美学形象，以艺术美学形象创造巴黎的消费生活方式”。在表现上看，巴黎十分注重传承，但在本质上更注重创新，因为，有创新意识的人更懂得传承的价值，特别是巴黎倡导、创新以文化政策传承和以荣誉传承作为巴黎的文化灵魂，几乎所有的巴黎市长和法国的领导人都有同样的雄心或称为野心，竭力把巴黎打造成世界文化艺术之都，拉德芳斯的城市更新实践，就是巴黎伟大城市文化创新的具体行动和措施。

第三，以“巴黎作品”创造“巴黎价值”。巴黎都市文化生产的不只是“产品”，而是以巴黎城市文化为主线的“巴黎作品”，巴黎的街道、巴黎的服装、巴黎的绘画艺术品等就像曾经的巴黎圣母院在世界人民心中的价值——是教堂、是小说、是电影、是巴黎故事……是人们心中对真善美的追求。通过城市文化产业形成一个个巴黎的文化创作“作品”，之所以称之为作品，大体上都可以称为天才之作，至少是人们向往的文化品牌“作品”都具有独创性。巴黎仅仅一个“老佛爷”的

---

① 炫耀性消费文化：凡勃伦在其著作《有闲阶级论》中写道，“富裕阶级的这种保守性已经成为这样显著的一个特征，甚至这一点已经渐渐地被看作是荣誉的标志。保守性既然是社会中比较富裕的，因此也就是比较有声望的那部分人的特征，它就有了相当的荣誉价值和炫耀价值。”参见：［美］凡勃伦. 有闲阶级论——关于制度的经济研究［M］. 蔡受百，译. 北京：商务印书馆，1964：146.

空间文化，我们可以称之为百货商场，就已经是世界著名的商业品牌文化空间，一个典型的"空间里的生产"的文化价值空间，也是一个外部化的"空间再生产"的神话，除了创造了奢侈品品牌的故事之外，还创造了一种巴黎消费模式，这一切，林林总总推动了巴黎作为时尚之都更加时尚。

第四，以艺术与旅游融合，创造"艺术文旅联动"的典范。巴黎城市建筑本身就是一个艺术品，当然，在欧洲，城市建筑表现为艺术品的城市还有很多，但是，"艺术文旅联动"与花园城市结合应该属巴黎为先。巴黎的历史可以追溯到2000年前，13世纪的巴黎也只有7万人，继承古罗马的文化，在城市文艺复兴的旗帜下，1546年以后的历代国王都在创造城市美的哲学，城市在扩大中建立了许多宫殿、场馆、行宫、广场、剧院、花园等，都表现了一种凝固的艺术的意涵。虽然巴黎城市是王权的结晶，但在文艺复兴文化影响下，巴黎城市更是市民的舞台和新的历史出发点。巴黎从15世纪以来就是一个旅游目的地城市和创业集聚地。巴黎，无论是按传统旅游要素还是现代旅游全要素的标准来看，文化和旅游融合的产业链都非常完整。

第五，以巴黎"文化风味"创造法式大餐。早在1707年，巴黎就已经出现"法式风格"的大菜，"此时的法国菜已经在整个欧洲流行开来"——即"法国大餐"和法国红葡萄酒[①]为代表的餐饮系列文化已经在欧洲兴起并风靡世界，法式大餐是典型的"文化丛"，包括餐饮礼仪、法式舞会、正餐、餐具、空间表现等等，形成一整套具有贵族餐饮文化特色的世界餐饮文化的典范。虽然，这套餐饮文化当时也受到一些思想家的批判，如"狄德罗、伏尔泰和卢梭等博学之士在内的一批法国启蒙学家（即'文人共和国'成员），将目光转向了以节俭和朴素立国的罗马共和国……重新提出'奢侈的高级饮食是从美德滑向痛苦与战略深渊的第一步'"[②]。但是，经过一种文化革新洗礼和社会的进步后，法式贵族餐饮出现了两极分化，一方面，更加高级化，一方面在平民阶层中也开始流行简约型的"法式大餐"。包维耶在1813年后曾说"能够让步法国人的品位与饮食，像他们的语言和时尚那样，跨越欧洲从南到北那些富裕的国家，建立起帝王般的统治"，《美食与文明：帝国塑造烹饪习俗的全球史》一书总结评价说："法国人对此深感荣幸。"[③]而后是"走向全球法式高级餐饮"。但是，时至今日，"法式大餐"还是一种奢侈餐饮文化。在19世纪晚期后，法式餐饮已经在

---

① ［美］蕾切尔·劳丹. 美食与文明：帝国塑造烹饪习俗的全球史［M］. 杨宁，译. 北京：民主与建设出版社，2021：254，258.

② ［美］蕾切尔·劳丹. 美食与文明：帝国塑造烹饪习俗的全球史［M］. 杨宁，译. 北京：民主与建设出版社，2021：261.

③ ［美］蕾切尔·劳丹. 美食与文明：帝国塑造烹饪习俗的全球史［M］. 杨宁，译. 北京：民主与建设出版社，2021：264.

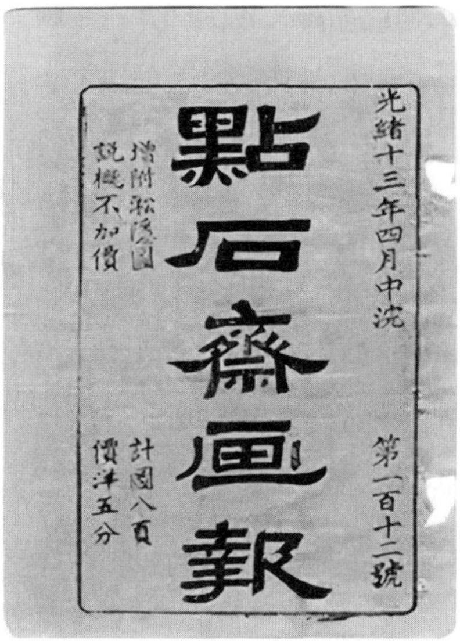

《点石斋画报》

吴友如画宝《别饶风味》

全世界各大城市流行，并成为一种时尚。上海就有法式餐厅——中国《点石斋画报》[①]主笔吴友如曾作有一幅插画，上海一群时髦女子在吃西餐。

第六，以巴黎有“101种生活方式”的文化，创造了巴黎文化模式。“居艺文化”“夜宿巴黎”的消费品牌已经成为来过巴黎的人心中的烙印。住宿，是巴黎艺术之都空间文化的焦点。巴黎的住宿是一种文化+艺术的感觉，最能体现城市旅游者居住质量的是不同等级酒店的空间文化，即使是一个不知名的小酒店、小宾馆都有自己的文化特质，上到富丽堂皇的王宫，下到有地点精神的民居旅舍，都让人可学习可流连忘返。一般从旅游文化角度强调的是某座城市五星级酒店的多寡，来代表城市的品质。但是，对于法国来说，特别是巴黎，作为时尚之都最大特点是豪华酒店的数量，法国总共拥有31家宫殿级别的酒店，其中有12家都位于巴黎，这是法国及巴黎城市文化与“城市文化资本”创新最好的实用样板，也是一种旅游文化的升级版创新，即在2009年法国旅游部门正式确立了“宫殿级别”（Distinction Palace）酒店，用以区别于五星级酒店的服务，而目的是创造更好的酒店——让旅游舒适度和商务住宿服务体系结合而使巴黎成为世界旅居目的地城市[②]。巴黎不仅仅是注重历史文脉的传承，更注重生活方式的传承，而这种传承具有城市文化发展的整体

① 《点石斋画报》于1884年5月8日创刊，1898年停刊，是近代中国最早、影响最大的一份新闻画报，共出了44部528册。每期由上海《申报》附送，共发表了4000余幅作品。

② 巴黎会议和旅游局. Paris Convention and Visitors Bureau [EB/OL]. [2023-10-28]. https://parisjetaime.com/eng/tickets.

性，更能够体现城市市民的风尚和城市性格。因为，法国的文化本底是贵族文化也是由绅士文化深化而来的，这座城市有一个社会样板阶层，能够影响到整体社会的生活方式和时尚。简单说，巴黎给旅居者提供的不仅仅是名牌商品和著名景点，还有一种城市生活和旅居生活的梦想，亦是对世界级文化盛宴享受获取和可能，包括巴黎的香水、巴黎的服装、巴黎的博物馆——一种巴黎绅士的生活方式，虽然这座城市还有很多不尽人意的地方，但是，每个人来到这里都能够得到自己想感知的文化。

第七，以“十六可”[①]的通行通景的艺术道路，创造流动的艺术空间文化场景。巴黎城市交通也最具“巴黎特色”，是一道美丽的城市风景线——巴黎双层观光巴士（Paris L’Open Tour）和Balabus，是20世纪50年代设计开发运营的，几十年一直受人们的喜爱。当然，也不仅仅是因为双层的巴士才使旅游者情钟巴黎，而是因为这座城市处处有景可看、可赏，除了几乎每个建筑都可以称为艺术作品外，双层观光巴士车上有十几种国家语言讲解介绍，满足不同国家旅游者的需要。在总体上说，1850年以来，巴黎放射型网状城市交通结构使交通出行非常便利而丰富，可以游走巴黎、骑行巴黎……丰富，是指交通方式类型多样、站点造型多样、交通工具多样等，而且关键是，巴黎是世界上最早安装路灯的城市，地铁能连通大部分著名景点[②]；“行”与“游”的文化密不可分——巴黎是典型的游玩、游乐、游览、游历、游艺、游学、游眺……可以多样化旅游结合的典范。关键是在于巴黎的旅游服务中的质量和服务产品与内容供给，这一点巴黎有很多成功的经验，但是，作为西方文化之都、世界文化旅游目的地城市，作为具有“首选效应”的旅居地之一，还蕴含着旅游者、学习者、创业者和消费者的更多希望，比如在巴黎能看到经常在文学作品中看到的场景，能看到世界著名人物的文化学习、工作的场景，能知道历史上世界知名的人和事，能学习、补充新的知识，更能补证旅居者某些知识的空白或是验证了以往的知识……这种“游”的本身所带有的不仅仅是旅游本身的快乐，而且还能够满足知识需求和实现某种愿望。巴黎城市本身的历史文化是最值得“游”的一种文化体验，在“游”中获取文化知识，进而转化

---

① 十六可：在笔者2010年主持的《南京秦淮河旅游发展战略规划研究》项目文本中，提出了对秦淮河的旅游开发要打造“可持续，可亲水，可游览，可留驻，可寻访，可居住，可休闲，可购物，可赏玩，可休憩，可审美，可娱乐，可学习，可体验，可读解，可想象”的“十六可”亲水高品质秦淮艺术空间策略。参见笔者于2015年主持的《江苏省南京市玄武区长江路文化体验区规划》项目文本，2020年主持的《江苏省南京市玄武区长江路文化旅游聚集地区重要节点设计》项目文本。

② 黎晴，刘子长，陈玫. 大巴黎2050战略规划中的交通理念［C］//城市交通发展模式转型与创新——中国城市交通规划2011年年会暨第25次学术研讨会论文集. 巴黎：［s. n.］，2014：42-49.

为个体的文化资本，创造个体的人文价值，使个体获得增长文化资本的机会，同时能够以沉浸的方式享受文化和“文化容器”的熏陶……伟大的城市必然有一个伟大的街道——这句话对巴黎来说最契合不过了，香榭丽舍大街几乎与巴黎的声望一样高，这样的城市文化才具有世界性，即一座城市对世界的影响是多方面的，必须有多个具有世界唯一性的“城市文化资本”，这座城市必然会历经风雨，历久弥新，而更多的世界名人，海明威、王尔德、毕加索、莫奈、圣母院、卢浮宫、埃菲尔铁塔……就如镶嵌在这座城市上的宝石，经久不息地反射着不同时代的光芒，照亮城市人前行的道路。

第八，以高雅奢侈品牌文化创造了世界阳春白雪文化的坐标和“首店经济”之都。作为欧洲的交通枢纽，巴黎占有5亿多人消费者市场的核心，一座城市就有世界顶级时尚品牌40多个，大家熟悉的有爱马仕（Hermès）、路易威登、迪奥（Dior）、香奈儿（Chanel）、卡地亚（Cartier）、欧莱雅、皮尔卡丹（pierre cardin）等[①]，香榭丽舍大街是全球十大奢侈品牌消费圣地。另外，巴黎还有很多领域都有世界级品牌，既形成了特有的特色产业链，又具有全球意义上的商品文化价值链，因而成为这座城市都市产业的核心竞争力体系，如化妆品系列、汽车系列、服饰品牌系列、工艺品系列、瓷器系列、运动品牌系列、葡萄酒系列、博物馆文化产业系列、文创产品系列以及航空产品系列等，文化巴黎本身也是品牌，世界各地的城市几乎都有以巴黎命名的楼盘、商品和饭店等，在这里专门强调文化艺术的欣赏、享受、快乐及品位——巴黎是世界文化艺术殿堂。巴黎城市文化特色的歌剧艺术空间就是一个世界级的经典，这里又被称为加尼叶歌剧院，有2200个座位，以建筑师夏尔·加尼叶（Charles Garnier，1825—1898）姓氏命名，应该说是伟大的建筑杰作。总面积11237平方米，是高雅建筑艺术的集中体现场景空间，名副其实的金碧辉煌，当然也被称为上流社会的文化场地。另外，作为巴黎文化的市民社会和中产阶级的娱乐舞台还有两家，一个是红磨坊，一个是丽都，也都属于高雅的大众娱乐空间，是巴黎城市文化要素和旅游要素的一部分，也都是旅游景点和旅游文化活动中不可或缺的内容之一，其中红磨坊的观众有一多半来自外国的游客。值得

---

① 根据英国品牌评估机构“品牌金融”（Brand Finance）发布的“2023全球高档和奢侈品牌价值50强”排行榜（Luxury & Premium 50 2023），位列前十的国际奢侈品排名从高到低依次为：德国保时捷（Porsche）、法国路易威登（Louis Vuitton）、法国香奈儿（Chanel）、意大利古驰（GUCCI）、法国爱马仕（Hermès）、法国迪奥（Dior）、法国卡地亚（Cartier）、瑞士劳力士（Rolex）、美国蒂芙尼（Tiffany & Co.）、意大利法拉利（Ferrari）。中国国际贸易促进委员会浙江委员会. 2023全球高档和奢侈品牌价值50强榜单发布[EB/OL].（2023-07-31）[2023-10-28]. http://www.ccpitzj.gov.cn/art/2023/7/31/art_1229557691_40555.html.

一提的是，巴黎的剧场、影院、音乐厅等作为旅游景点，也是中国当代流行语中场景意义上的“打卡地”。

第九，以独立IP群创造最早“世界网红经济文化之都”。巴黎有很多要素都具有独立IP的特点，IP群的文化是巴黎城市的文化特质，并在此基础上创造了以城市文化特质组成的“巴黎文化丛”，不同系列的“文化丛”在某种意义上创造了巴黎城市的历史，这里不能一一论述，仅从最有表现力的埃菲尔铁塔论起。埃菲尔铁塔高达324米，它是为1889年在巴黎举办的“世界博览会”（Exposition Universelle）而设计的，以其设计师居斯塔夫·埃菲尔（Gustave Eiffel，1832—1923）而命名，距今已经有135年的历史。埃菲尔铁塔从它出世开始，就是全球的眼球经济和注意力文化的代表，每年登上埃菲尔铁塔的人数有600万到800万不等，每年可为巴黎创造15亿欧元的效益[①]。埃菲尔铁塔作为一个特色旅游目的地，可以同时容纳1万多人休闲、小憩、购物，在塔上可以一边欣赏巴黎美景，一边品咖啡，一边体验和创造浪漫。

海明威等学者大家都曾在这里喝咖啡写名著，因为在巴黎的任何一个角度，不同的时段、不同的地点都可以看到不一样的埃菲尔铁塔，所以海明威说：“假如你有幸年轻时在巴黎生活过，那么你此后一生中不论去到哪里它都与你同在，因为巴黎是一席流动的盛宴。”[②]“流动的盛宴”既有千姿百态，又是一场永远不散的宴席。曾经在塔上用餐的莫泊桑说：（在塔上）“这里是巴黎唯一一个看不到铁塔的地方！”埃菲尔铁塔不仅是文化名人来此品咖啡、著书立说的地方，也是与文化名人和科学家永世并存的地方，凡登过埃菲尔铁塔的人都会惊讶和感叹：铁塔第一个平台下方四周的壁面上，可以看到铭刻着的18、19世纪的物理、数学、医学、化学、工程和地理等领域科学家的名字，可以深刻感受到这座城市对科学与知识的尊重，也正因为如此，巴黎才有了与其他城市不一样的巴黎价值。在“城市文化资本”再生产方面，巴黎城市有许许多多世界的唯一性文化资本要素，构成伟大城市文化形象识别体系，就像一颗颗闪光的钻石，有很多界面来反射城市的光芒，如凯旋门、凡尔赛宫、卢浮宫、星形广场、协和广场、香榭丽舍大街等等，无数个具有光环的IP要素在整体上构成了巴黎世界文化身份识别的标识系统。

第十，以“会奖”与博览会产业结合的形式，创造了商务文旅经济的世界高地。会展、会奖和高端商务会议使巴黎的“城市文化资本”再生产不断产生新的经济模式，这是一个最具有现代融合

---

① 余致远. 130岁，生日快乐！埃菲尔铁塔每年约600万人登塔，为法国增收113亿元［N］. 央视财经，2019-04-01.

② ［美］欧内斯特·海明威. 流动的盛宴［M］. 汤永宽，译. 上海：上海译文出版社，2016：前言.

力的产业，可以融通商业、会务、博览会、展销和旅游产业链的延伸，创造世界经济中心地位。“法国是世界会展大国。根据法国贸易展览国际推广处的统计数据，每年法国举行近1200场展会及2800场行业会议，累计为全球范围的展商提供近590万平方米的净展位，平均每年接待展商25万家、观众2000万人次。”[①]巴黎被称为世界真正的“世界会议、会展之都”，之所以能够创造这样世界瞩目的会展经济[②]，原因有很多，我们认为最关键的是会展经济背后持续的城市文化创新和这座城市所带来的无限魅力，国际品牌的汇集及强大的服务配套体系，而从一种文化心理上说：愿意到这里开会、经营、会展是因为这里是美丽的巴黎[③]，是可以尽享旅游文化的地方。当然，巴黎作为世界文化之都、世界会议之都、世界品牌之都等具有丰厚的展陈文化资源还有一个文化引力，是这座城市“从工匠精神到巨匠精神的‘文化场域’永恒创新的文化”，向往巴黎的核心引力价值之一是奢侈品和一般商品的“巴黎品牌”光环——“世界高质量和精湛工艺的代名词”，从文化工匠到巨匠之永恒追求，是所有商家、生产厂家共同的目标，而巴黎城市所在文化符号，无论是建筑还是景观园林，或是大师的作品等等，都具有“城市文化资本”要素的十大特征。巴黎是“城市文化资本”生成的沃土并不断生长出新的文化资本要素，通过千年的锻造成为世界认同且向往的首选的旅游休闲文化之都，因而，也是多年全世界排名第一的旅游胜地[④]。

相比之下，中国也有个别千年古都犹如千年老树，老态龙钟，没有新枝。作为现代文化的某些创新文化虽然也在证明这城市的古老、美丽和价值，但是，有些文化创新与历史的脱节、分离和文化断层也是十分显性的，似乎从心里让人担心，如北京这座皇城能否承担起守望中国优秀传统文化的重任？南京号称“六朝古都”但很少能够看到“六朝文化”遗存和时代的创新，西安的复古文化做得可谓炉火纯青，但是，后现代的都城文化创新较少……好多古老复古保护做得很好，但赋新、创新有些迟疑和滞后。应该明确指出的是，个别古都城市像一个衰败的名门望族，找不到自己曾有

---

① 刘玲玲，刘慧，等. 从各国会展经济情况，看会展怎样为城市发展增添动力［N］. 人民日报，2022-09-04.

② 据胡中华2020年9月29日在《中国贸易报》发表的《巴黎缘何成为世界会议之都》文章说：“巴黎于2019年共接待1084场大会，其中国际会议占比高达53%，符合ICCA标准的国际大会共237场。规模方面，5000人以上的超大型会议共43场，约占总数的4%，同比增长34%；与会者方面，巴黎去年共接待约922900位会议客户，较去年增长4.6%。其中外国会议客户共约292734名，同比增长4.7%，符合ICCA国际会议标准的会议客户约124000名。”

③ 世界会展之都——巴黎［J］. 中国会展，2004（08）：48-49.

④ 上海市商业经济研究中心. 2005国际商业发展报告［R］. 上海：上海科学技术文献出版社，2005：251.

的辉煌，虽然能看到很时尚的空间存在，但是，一看便知缺少根脉传承上的创新。关键是，这些历史文化的积累不仅仅是一种建筑的遗存，也不能仅仅回到唐代、清代……旧有的文化遗存符号应该成为这座城市文化创新发展的物质基础。

“城市文化资本”要素存在较充分的城市，其城市整体形象一般会在大众心中产生好感，能够称其为“城市文化资本”的要素一定是人类共同记忆的那一部分，一定是人类不同文化群体的共同认同的那一部分，而且也必然成为世人向往的地方。巴黎之所以成为引领世界文化时尚潮流的“先导区”和世界旅游目的地城市，主要是因为“城市文化资本”的创新和再生产过程创造的古今文化重叠和重生。城市一旦形成了独有的知名度、美誉度，就会创造消费者和受众的忠诚度——产生崇拜和热爱。相反，则会产生疏离感文化，甚至是一种“反文化”[①]。如近年巴黎城市文化出现很多负面因素，包括城市内部出现的文化矛盾和冲突，使巴黎的城市文化形象严重受损。尽管如此，世界各地旅游者仍然还怀揣过去的巴黎印象而趋之若鹜，就说明了这一道理，一旦某种文化要素构成一种文化模式，就会在大众心里形成文化定式，无论是好的和坏的都是很难改变的。

① 反文化：西方犯罪社会学的一个概念，指的是否定和取消现存的社会文化。T. 罗札克的《反文化的创作》是关于反文化论的主要代表著作。反文化作为西方犯罪社会学的理论观点是基于20世纪60年代西方世界的学生运动提出来的。参见：郭翔. 犯罪学辞典［M］. 上海：上海人民出版社. 1989.

“文化”一词有诸多含义，我们在这里采用最普遍的定义：“文化是人类知识与创新的总和，它由人类创造，在群族内世代相传、广泛传播，不断影响并改变人类生活。”文化之所以能得以发展，是因为人类进化出了语言，从而使个体间能够进行交流。语言是人类特有的能力，在所有民族中平等地发展；是语言促进了人类社会的繁荣，使人口数量和人类的活动范围得以惊人扩张。在此过程中，各地语言之间不可避免地产生了差异，这也阻碍了各地区的直接沟通和相互理解。[①]

——路易吉·卢卡·卡瓦里·斯福尔扎

---

① ［意］路易吉·卢卡·卡瓦里·斯福尔扎. 文化的演进［M］. 石豆，译. 北京：中国社会科学出版社，2018：2.

第十五章
“城市文化资本”新语言价值——文化符号与象征性转译

城市空间是符号化的一种存在隐喻，各种符号要转化为“城市文化资本”是需要再生产过程的，文化再生产包括再创意、再创作和再创新的逐渐升级全过程。城市所属各种文化符号既存在着原始文化之价值，又存在自然原生态之价值，还存在着某种时空意义上的文化资本价值等，但是，如若要使之在现代社会发生作用，就必须在保护原生态价值的同时创造并赋予时代内容，使之具有生生不息的能量，而文化要素如空间内容、位置的物化形态，必须赋予人文精神，即有“场所精神”的文化场域。

一、网络社会智能化感知与“城市文化资本”新语言体系

人们在日常生活中，除了运用语言、文字和特定符号交流、传播各种文化之外，就是运用某种符号化的动作、声音、味道等形式来交流与传播，比如眼神、表情、情绪、肢体语言、手势语言以及符号化专业标识等。弗里德曼认为：“文化作为符号、象征、工具和信仰的可抽象的包裹的这种观念，在20世纪最初的数十年中不断地被系统化。”[①]进入近现代社会以来，人类沟通方法发生了翻天覆地的变化，可以通过各种科技手段传达、表意和沟通等，这些内容在整体上构成了人类作为有思想的群体的一种文化行为，不同的政治、文化和宗教群体有不同的文化符号，这些也是人类特有的文化特质和文化异质性的行为特点。然而，从20世纪六七十年代以来，全球开始进入网络社会，人类文化符号的传播方式也发生了质的变化，人类文化要素传播的各个领域都进入了高科技

① ［美］乔纳森·弗里德曼. 文化认同与全球性过程［M］. 郭建如，译. 北京：商务印书馆，2003：102.

化、智能化、数字化、虚拟化和更复杂的符号化交流过程，这种符号化交流的方式甚至一定程度上表达了某种阶层化的意义，而且数字经济、数字文化产业甚至在某种程度上可以说使人类的符号化进入了社会阶层意义上的表达，如创意阶层的出现、IT文化群的出现等，既有交流、传播创新的后现代特点，也有更复杂的社会文化符号正在成为社会分层的一个尺度和标杆，简单说，就是一部分人被现代符号化网络应用、计算机应用、手机的日常生活应用所隔离，主要包括现代社会所表现的职业隔离以及日常生活中文化符号化的隔离。亦如我们看到的现代所有行业都需要智能化、数字化和创新阶层所表现的设计价值，工业发展规划与工业产品设计、农业机械设计与农业生产空间规划设计、城乡空间规划和设计、一般生产规划和设计以及产品规划等，而这些都在随着数字化的计算机编程、IT行业的创新发展而蓬勃发展，可谓日新月异，有AI人工智能（Artificial Intelligence，简称AI）、AR增强现实技术（Augmented Reality，简称 AR）、VR虚拟现实技术（Virtual Reality，缩写为VR），MVS（元宇宙全称为Metaverse，简称为MVS）等，以符号表达，符号化、数字化等交流方式越来越多地表现了人类社会高级化发展的过程，或许可以说，人类的“语言”表达形式越来越多样化，并朝着越来越高级化和科技化的方向发展。

2023年ChatGPT（Chat Generative Pre-trained Transformer）在世界上流行，可能带来的改变会更多，也许是一种变革性的创造。人类所有的知识都是输入和吸入的，或被动或主动。“ChatGPT-4”的知识也是主动或被动输入与吸入的，关键是知识结构的复杂度和知识整合中的智识创新能力。人类的知识文化创新过程在异化，人类受到自己创造的知识结果的挑战，就其本质来说，是人类知识创新的一种规律性的必然。显然，人类创造的知识结果——智识能力本身已经具有了知识再创新的能力——要提前知晓、认识、研究这一现象——或者去试着驾驭ChatGPT-4才是正道。正如特伦斯·霍克斯在分析评价语言学结构的时候指出的那样：语言明显起着支配作用，处在人类社会的交往关系的绝对地位，“但是，同样明显的是，人类也借助非语词（言）手段进行交流，所使用的方式因而可以说是或者是非语言的（尽管语言的模式仍然是规划而且占支配地位的）……这种‘扩展’恰好是符号学的伟大成就。”[①]而在现实的生活中，没有一个人只是单纯地通过说话来交流和沟通的。“任何语言行为都包含了通过手势、姿势、服饰、发式、香味、口音、社会背景等这样的‘语言’来完成信息传达的。”而作为人类文明和城市生活方式的载体、人类文化的容器也是这样，被人们类型化指定并区别于乡村而有特定的“城市语言”，在传统文化的观念

① ［英］特伦斯·霍克斯.结构主义与符号学［M］.瞿铁鹏，译.上海：上海译文出版社，1997：128.

中，外在认知、感知性的区别于乡村的意象词汇：门庭若市、市民文学、光怪陆离、灯红酒绿、车水马龙、灯火辉煌、万家灯火、大街小巷、四衢八街、熙熙攘攘、燕市悲歌、海市蜃楼、金城汤池……就是城市专有的某些符号的表达，就是一种特定的“城市语言”，所以“人在世界上的作用，最重要的就是交流”，“每一个人既是信息的发送者也是接受者：他收集并且传播信息。”从这个意义上说，城市文化形象中的城市文化符号是“城市语言”的符号和载体，而城市中的每一个人也是“文化符号”的载体，即城市文化符号的创造者、发布者、传播者和享用者，所以，应该在更高的层次上认识城市文化符号的意义和城市自身所有“城市语言”在交流中的作用，是城市伟大文化成就的一个部分。

城市是人创造的集体生存的社会，这是人类依靠群体力量与自然斗争的最佳方式。城市从古至今都能看到这是“人创造的神话、社会制度，实际上他创造他所感知到的整个世界，并且在这个过程中他也创造了他自己”。城市本身成为人类文化容器的同时，也成为积累、创造和创新人类文化以及改造人类的文化场所，“这种创造过程包括不断地创造各种可以认识的、重复的形式，我们现在可以把它称为‘结构’的过程。”[①]同时，也是城市创造区别于乡村的“城市语言”，形成最广博、最深厚、最丰富、最精彩又多样且复杂文化城市范畴的文化意涵，使城市在人类本身的成长和发展中，形成城市的历史性、地方性、市民性、现代性和世界性等特点，但无论是何种国家、何种民族的特色“城市语言”要想让世界都能听到、听懂和欣赏都必须创造有人类文化共性的“世界城市语言”。全世界的城市文化都在发展而愈发复杂化，如何能够在现代的信息海洋中让受众辨识城市美好形象、美好声音，必须创造城市自身的内在美和外在美，而这种美一定是在人类共同美学价值取向基础上，主客观相结合的美的哲学选择。在当代自媒体泛滥的时代，要创造一种能够千古流芳的“城市语言”，至少在某些方面有世界范围内文化认同的城市价值，如罗马城市被誉为“万城之城”。“罗马不是一天建成的！”这是一个千年信息的有效传递，而且城市伟大语言不用面面俱到，一个主题可以包含着无限文化和古老而沧桑的故事。

每一座城市都有自己独有的文化符号语言，就如每个人的气质和声音都不同一样。城市文化语言符号还可以从建筑层面上说起，或者说，从中国城市建筑文化在几千年的文化演绎中，可以看到独立的“城市建筑文化语言”，简单说，大屋顶、九脊歇山、中轴对称式格局等有非常强烈的民族性、地方性及识别性。如《周礼·礼记》载：“昔者先王未有宫室，冬则居营窟，夏则居橧巢……后

---

① ［英］特伦斯·霍克斯.结构主义与符号学［M］.瞿铁鹏，译.上海：上海译文出版社，1997：4.

圣有作，然后修火之利，范金，合土，以为台榭宫室牖户……以正君臣……以齐上下。”纵观古今，城市空间样态要素的中国特色有城墙、女儿墙、高台、大屋顶、四合院、宫殿、坛庙、寺观、佛塔、里坊、厢等；园林建筑景观如亭、台、阁、楼、塔、榭、廊、轩、舫、馆、桥、假山、池、漏窗、双檐、轩窗及粉墙黛瓦等等，这些是中国特有的城市文化符号，也是中国特有的“城市文化语言”，其核心价值之一是具有强烈的识别性和天人合一、尊敬自然的文化取向性。当然，中国自古以农业立国，自夏商周以来中国形成的以中央集权制为中心的制度体系，严格实施的政治等级和文化等级的国家制度，不仅皇权、王权等级森严，就是在乡里乡间的宗族制度也是等级森严，城乡之间形成的庞大而深远的等级皇权与宗法结合的制度文化，仅从城市制度型制和礼仪制度上看，为了适应城市空间的大小也必须与权力等级相适应，有西周以来，在“周礼”的束缚下，对各级政权和官僚都有制度规定。隐公元年《正义》记载：“天子之城方九里，诸侯礼当降杀，则知公七里，侯伯五里，子男三里”，而相关记载也非常明确说：“侯伯之城方五里，径三百雉。一雉之墙，长三丈高一丈”[①]，很多类似记载不绝于先秦文献。比如，“上公九命为伯”所管辖的一切都有制度规定，如宫、室、车、旗、衣、服、礼、仪等，皆为“九节”，即九级，侯伯为“七命”，宫、室、车、旗、衣、服、礼、仪等，皆为“七节”，城墙、城门和宫殿等尺寸皆以九、七、五为级差递减，城市封地也有严格的等级设置，甚至连一些建筑物上的装饰也不能超越礼制，“庄公二十三年，秋，丹桓宫楹。二十四年刻桓公桷”。而《谷梁传》评论说：“丹楹，非礼也，……刻角，非正也。”宫廷、宫室的建筑上加雕刻、增加色彩等都有“逾制”的危险，要么不符合“礼制”，要么不符合“正统”，有僭越之嫌则是一种犯上作乱[②]。这种情况在西周以后春秋战国时代的文献中经常可以看到，因为春秋战国时代对于西周来说，是一个充满变革和社会转型的时代，新兴的私人工商业出现竞争、文化上出现百家争鸣、新的铁制生产工具普遍使用带来生产率的提高等等，守旧和创新成为一对时代性的矛盾，甚至可以看到孔子在《论语・阳货》里对新出现的流行音乐时尚不认同，说是“恶紫之夺朱也，恶郑声之乱雅乐也，恶利口之覆邦家者”。而看到新出现的酒具，孔子也不认同，新疾呼“觚不觚，觚哉！觚哉！”甚至《左传・定公十二年》记载，孔子亲自提议并指挥“隳三都”事件……历史上的任何时代，都有守旧者和创新者矛盾冲突，正因为如此，才使得人类的历史如此波澜壮阔。

在两千多年的封建社会里，宋代的城市文化被誉为中国古代文化发展的顶峰，在城市建筑文化和城市生活方式上也具有鲜明的时代特点，这些日常生活美学在《清明上河图》中可见一斑。当

---

① 张鸿雁. 春秋战国城市经济发展史论［M］. 沈阳：辽宁大学出版社，1988：102.

② 张鸿雁. 春秋战国城市经济发展史论［M］. 沈阳：辽宁大学出版社，1988：79-80.

然，在有阶级分化的社会里，一定有等级制度存在。城市建筑住宅作为群体和个性化的空间价值表现，是有着明显等级划分的，即使在今天，在全世界的城市居民中仍然有“住宅阶级”划分的表现。住宅，一直是社会分层和社会地位、经济地位、政治地位的符号之一。在宋代表现得很有其特殊性，如《宋史·舆服志》中不仅对“车服制度”等做了详尽的规定，记载还十分详细：“私居，执政、亲王曰府，余官曰宅，庶民曰家。六品以上宅舍，许作乌头门[①]。父祖舍宅有者，子孙许应仍之。凡民庶家，不得施重拱、藻井及五色文采为饰，仍不得四铺飞檐。庶人舍屋，许五架，门一间两厦而已。”[②]森严的阶级型等级制带给社会的是某种文化的分裂和阶级对立，在客观上讲，能够保留、传承下来的古典建筑，多是高墙大院，不是大户人家，就是官府衙门，或是富人的私家园林，这些能够遗留、传承下来的空间体系，也包括大户人家的家风等强化了民族文化符号的传承，一些建筑与景观，大多数是那个时代精英的作品，因而成为民族文化的精华，逐渐成为中华民族社会整体的文化认同，包括建筑文化符号及内存的文化价值。特伦斯·霍克斯在《结构主义和符号学》一书中引用维柯的观点：“在人类制度本质中，必定有一种为任何民族所共有的精神语言，它毫无例外地抓住人类社会生活中可能出现的种种事物实质，而以形形色色不同的变化来表现这种实质，如这些事物本身可能具有形形色色不同的方面一样。”霍克斯认为：这种具有共同价值感的“精神语言”“表现它本身是人类普遍具有的能力，不仅形成结构的能力，也是使人的本性服从于结构要求的能力。”[③]要解释的是，不同的社会制度会有不同性质的等级制度，在专制集权制度社会体系内，制度性地规定了建筑符号与社会阶层的关系。

在当代中国社会，虽然已经不存在阶级对立，但是由于还存在社会和经济地位的差异、收入分配和个人能力的差异，城市住宅的阶层化符号化表现也十分鲜明，在城市和城市建筑文化符号的表达、表意上的阶层文化并不弱于传统古代社会，当代人们看到不同价值商品房的社区门楼、建筑装饰外观、空间结构等，特别是那些豪宅门头、门脸等，与普通民众的住宅仍然是差异巨大而鲜明。但要清醒地认识到，这种差异不是阶级对立型差异，而是阶层的社会分层差异，其深刻意义在于，当代中国住宅与经济地位形成的差异是经济地位、政治地位和文化地位所构成的社会地位的差异，而这个差异化的城市文化符号和生活方式文化符号同时也具有文化的表意价值，这一点在全世界都

---

① 乌头门，见《营造法式》卷二，坊门和高官府邸的特殊造型门，以两立柱一横枋构成一门，柱头上染成黑色，被称为乌头门。也称“乌头大门”，或称“棂星门”。《唐六典》记载：“六品以上，仍通用乌头大门。”

② ［元］脱脱，等，撰.宋史：卷一百五十四［M］.北京：中华书局，1985：3600-3601.

③ ［英］特伦斯·霍克斯.结构主义与符号学［M］.瞿铁鹏，译.上海：上海译文出版社，1997：6.

一样，所以联合国针对因收入多寡而分化的住宅差异创造了一个词——“住宅阶级”，在城市和乡村里，特定的豪宅和某些豪宅所表现的建筑艺术也已经成为城市的一道风景线。吉登斯认为：“传统城市是阶级分化社会中纪律权力的焦点，同时也由于这种情况，它们往往和乡村相分离。在那种社会中非常常见的一种现象，就是通过城墙，以物质或符号的方式确定分离。”[①]

历史告诉我们，能够创造一个千年流传的并且能够代表城市文化形象的概念，而且还能够恰如其分地表达一座城市的历史和文化价值是十分重要的。中国有很多千年古城，有很多是能够流传千古的集体记忆，中国十大古都城市都有脍炙人口的城市景象描述和名言佳句，如西安、洛阳、南京、北京、开封、杭州、安阳、郑州、大同、成都等，历代文人墨客都曾留下优美的诗篇，为古都增色添彩。当然，还有很多不是古都但是作为中国历史文化名城的城市，也都有佳话名篇流传，构成城市集体记忆，如广州、宁波、泉州、邯郸、扬州、无锡、泰州、溧阳、高邮等等，可以说是举不胜举。但更多的城市、城镇可能因战乱、自然灾害等原因，城市（镇）的文化、文脉出现过“文化断裂”而未能流传下来，当然，这其中也与城市本身的英雄文化、精英文化的主导性和某种缺失有关。城市（镇），不论大小，或多或少存在着一个优秀的文化精英群体，往往可以作为这座城市的文化与文脉传承的中坚力量，如泰州的泰州学派、桐城的桐城学派、扬州的扬州学派等，都为城市的历史重重地写上一笔。

二、城市文化的“根”与“魂”：在保护中传承与在创新中发展

城市的经济与文化是有“根”的——优秀的历史文化的传承、城市精神的传承和城市空间价值的传承等，都是城市经济和城市文化现代化的基础。我们能够看到，城市文化符号化的建设在21世纪初开始发生了很多变化，已经不仅仅从城市形象的角度来创造特色城市文化，一些城市不自觉地在创造“城市文化资本”再生产的空间样态和创新的文化土壤，越来越多的城市研究者认识到，创造城市文化特色、创造城市文化个性、创造城市文化性格、创造城市文化模式和各种各样的特定功能等多方面的创新，是提升城市在全球、国家和大区域中的文化价值中心性意义的重要方法。各种发展竞争中的指标、排名的“名分”很多，如创新型城市、创业型城市、消费型城市、公共文化均

① ［英］安东尼·吉登斯. 社会的构成［M］. 李康，李猛，译. 北京：生活·读书·新知三联书店，1998：240.

好性城市、合伙人城市、福利型城市、旅游型城市、科技型城市、幸福型城市等，城市可以从多方面找到自己发展的方向和出路。这里仅从消费型城市的认知角度来分析城市空间结构在网络社会前提下的后现代演变规律。因为城市本身就是消费有机体，中国传统型城市多是消费型城市，如1949年以前的北京（北平）、天津、南京、苏州、扬州等曾被理解为以消费功能为主的城市。从比较研究的角度看，因为改革开放前的城市化水平只有18%左右，在一般的中小城市的空间形态与功能上，都是一定区域的消费中心，中国的中小城镇既是区域行政中心，也是不同规模的区域性市场中心，大中城市也往往是一个到两个集中型的、以生态中心型特点为主的消费中心，几乎每座城市的市民在心理认同上都有一个生活与消费中心，如在改革开放前的北京王府井和西单；沈阳的中街和太原街；上海的南京路和淮海路；南京的新街口和山西路等，这类地方往往是一座城市经济和文化相对最繁华的地方，也是改革开放前城市空间结构化的代表，当然，其主要原因是城市的规模不够大，人口还不是那么多。1978年后城市人口快速增长，百万、数百万和上千人以及几千万以上人口的大中城市发展起来，城市的消费中心也出现多中心化、分散化、多层次化和功能类型化的现象，很多大城市在规划城市空间结构和商业空间布局时，都提出了要建设上百个商圈，如上海、北京、深圳、杭州、广州等都提出了要建上百个不同等级商圈的设想。

任何城市的空间增长，都会形成市场配置前提下的商圈经济与城市的生活服务空间新体系。在城市人口超过农业人口以来的城市化发展过程中，特别是那些大城市和特大城市的城市结构变迁，使大城市的商圈发生了结构性和本质性的变化，商圈已经不仅仅是人们购物的地方，而是城市活力、城市价值、城市形象、城市吸引力、城市竞争力和城市国际化的一个要素性标志。现代意义上的城市商圈，或者特定区域空间的商圈区域，已经“被艺术的政治先锋派历史性地占据和聚居”（不尽然——笔者），城市中心性或者中心地带已经成为市民喜欢的除消费以外的价值——“审美化的中心性，以及按旅游业的喜好进行的城市的秩序化”[①]，这是现代城市发展的一种规律性表现和说明。当代中国城市正在建设文旅融合的产业发展模式，而且旅游产业和文化产业的融合，正表现为文化和旅游产业的“泛化特征”和相互渗透性，现实生活的全部，几乎都是文化和旅游的重叠，传统旅游的内核是“吃喝玩乐游购娱”——衍生出学习、商务、会展、会议、会奖、体育、养生、休闲、旅居、亲子、禅修……而城市的全域化旅游的“文化旅游融合”概念正在中国兴起，从城市中心到郊区的全域旅游模式，使城市正在建构城市公园和公园城市——泛公园城市概念，商圈

---

① ［澳］阿德里安·富兰克林. 城市生活［M］. 何文郁，译. 南京：江苏教育出版社，2013：140.

恰恰是旅游产业的全产业链的集中地。有的城市甚至打出这样的口号——“城区即景区，旅居即生活”，而最吸引人流的要素就是城市的商圈，几乎所有城市的重要商圈都是旅游目的地所在，城市商圈的发展和升级，既是为了吸引游客，也是为了吸引投资者，关键是为城市创造了有品位的城市商圈生活方式，而在这一过程中，在普遍意义上成为城市市民生活美好和消费升级样板区。

从全世界城市发展的现实看，城市文化传承给城市带来了全球性的、民族性和国家范围的文化可识别性，有的城市从古代就开始了这种文化可识别性，因文化深厚而伟大，在历史的发展中不断创造、积累而成为人们的理想之地，如汉代和唐代的西安。然而，这是传统社会的城市文化内涵符号的表达，虽然具有一种精华浓缩的文化特点，但是毕竟是在一个传统农业社会的基础上发展而来的，还不是在工业社会和网络社会以后以海量信息为背景条件下的城市文化符号价值表达，在当代如何在海量信息中，创造城市特色文化、城市文化软实力和“城市文化资本”再生产全过程，进而使城市能够成为未来的一个具有历史意义的文化符号，这才是具有真正意义的时代创造！

在信息获取方式多元化，海量信息充斥生活方方面面的时代，如何创造可识别和良好的城市形象已经成为城市发展的重要内容，良好的城市形象就是生产力，就是投资环境，也是城市人个体素质的集中表现。现代网络社会的信息越是海量化，个体越具有“信息茧房”[①]效应；越是海量信息时代，人们获取信息的方式越狭窄，更多的信息无法接收和消化，越具有排异性，因为很多无用的、错误的信息会干扰信息获得者直接获取有效信息。正如我们所看到，现代社会的信息量越来越大了，通信工具越来越现代化了，发布信息内容越来越丰富了，获得以及信息传播的渠道也越来越多样化了……我们本应该会越来越多或更方便地获得有效信息，但是，恰恰相反，对于受众来说，对所获得的信息辨析越来越难，处理信息的时间不是随心所欲的，加之个人偏好的信息又能被智能推送，个体很容易获取自认为的海量信息——实际上每个人只能获得海量信息中很少的一部分，同时，现代的发达科技也使得网络诈骗的犯罪技术和能力也与时俱进，更使得一部分人必然主动和被动地获取无效或虚假信息，这就告诉我们，除了机构以外，或者是专门处理各种信息的机构除外，人们自我获取信息的能力是有局限的，而且还有主观选择性偏好，也就是说，个体在现代海量信息时代中，相当一部分人因技术能力、知识能力、行为能力和经验受限，具有更明显的信息使用短板。作为生活在城市里的个体，所有人都是在不同方面和不同程度上显现信息收集、处理、辨别及应用能力等方面的差异性短板，信息处理的能力和效力，一般与个体学历有一定关系。“比较

---

① SUNSTEIN C R. Infotopia：How many minds produce knowledge［M］. Oxford：Oxford University Press，2006：8-9.

而言，文化的维度，也可以被视为区分的空间，是从人类是交际的动物这样一种假定推断出来的。根据芝加哥学派所说，社会的相互作用是通过符号的交换、共同的认知以及自由选择的践行得以推进——它迫使个体彼此之间去合作及竞争。这使得关于个人操守集体性地达成了一种共识，被称为一种道德秩序。”[①]显然，城市创造一个形象符号，必须做到有效传达，并成为能够让国家和国家间认同的符号，而这一符号除了能够强化城市对外的身份识别外，更重要的也是通过符号传承、传播创造一种集体风尚和集体道德，这可能是城市形象、城市文化传播的永久动力。

在现代经济社会发展关系中，建构和挖掘“城市文化资本”，最基本的功能是唤醒沉睡的城市文化资源、唤醒城市沉睡的集体记忆，让一些沉睡千年的城市文化资源转化为“城市文化资本”。但是，仅仅唤醒是不够的，唤醒是最低标准，更重要的是创新与创造，让“城市文化资本”进入生产与创新过程，形成现代意义上的“新资本剩余价值”，并使其与现代经济结构、产业组织结构和生产组织性质相适应。城市“文化生产场域”是一个完全意义上的信息场域。卡斯特认为：“信息时代引入了一种新都市形式，即信息化城市。”[②]城市本身就是一个信息载体，每天都在吐纳着各种信息和物质，城市越大，信息的文化场域和物流、人流的空间范围就越大，在现代网络社会[③]形成的过程中，信息和使用信息技术成果就成为城市人生活所必需。

通过网络获得的信息会创造现代社会多元化发展的“数字鸿沟”，越是具有现代生活与生存能力的人，越是拥有更多的信息，包括对信息的选择辨识能力。相反，越是缺乏现代社会信息获取能力的人，或是不懂现代社会信息技术及获取方式的人，越容易被社会所排斥或容易成为社会的弱势群体，甚至成为信息偏见的受害者。正如美国学者所论及的：“当代社会组织时空模型的变革已经从根本上改变了当地社区生活的状况。这一新的状态具有以下一些特点。一、社会群体

---

① ［美］马克·戈特迪纳.城市空间的社会生产［M］.任晖，译.南京：江苏教育出版社，2014：29.

② ［美］曼纽尔·卡斯特.网络社会的崛起［M］.夏铸九，王志弘，等译.北京：社会科学文献出版社，2001：491.

③ 卡斯特在《网络社会的崛起》一书的《结论：网络社会》一节中这样说：“我们对横越人类诸活动与经验领域而浮现之社会结构的探察，得出了一个综合性的结论：作为一种历史趋势，信息时代的支配功能与过程日益以网络组织起来。网络建构了我们社会的新社会形态，而网络化逻辑的扩散实质地改变了生产、经验、权力与文化过程中的操作和结果。……网络化逻辑会导致较高层级的社会决定作用甚至经由网络表现出来的特殊社会利益：流动的权力优先于权力的流动。在网络中现身或缺席，以及每个网络相对于其他网络的动态关系，都是我们社会中支配与变迁的关键根源：因此，我们可以称这个社会为网络社会（the network society），其特征在于社会形态胜于社会行动的优越性。”参见：［美］曼纽尔·卡斯特.网络社会的崛起［M］.夏铸九，王志弘，等译.北京：社会科学文献出版社，2001：569.

的空间分层已经把大量的人口从对弱势群体的责任感中解放出来了，因为前者不再紧邻后者。现在是眼看着这些社会群体逐渐边缘化并受到空间上的约束，在政治经济中的作用微不足道。二、更重要的是，抽象空间的行动分裂了所有的社会群体，不仅仅是权力最小的，所以当地的社区生活失去了街道和交流家庭私事的公共区域。”这种论述强调的是实体空间分化而造成不同阶层的生活的某种限制，而抽象空间、虚拟空间、网络空间的“行动分裂了所有的社会群体”，大城市的一些社区几乎很少有实体空间联系，取而代之的是网络上“朋友圈”里的运动，而且情感更加疏离，包括公司、企业、政府机关、社区、楼盘小区等等，人人都有由手机形成的不同的“微信朋友圈”，即使有些时候人们面对面地坐着，也在看自己的手机，对很多人来说，看上去是天天联系，但是很少谋面，邻居们变得越来越疏远，尽管他们之间还有着表面的礼貌，正如通勤者的个人网络取代了过去地方化的社区以及它曾经密切的社会关系。甚至是“新的交际区域密封在一个由消费逻辑驱动的社会世界范围内——购物商场、购物中心、单身酒吧、游乐场和郊区后院”等，城市社会越来越表现了一个“陌生社会”的特质，一个陌生的社会和陌生人的世界，或许是现代科技带来的人际情感交流的一个文化误区[①]。正如很多学者认为的那样，某些科技带来的不完全是社会的进化。中国社会在2010年以来，有很多媒体人都在呼吁对中国2.5亿老年人用智能手机网络支付方面所面临的困境做出举措，这是网络信息时代科学技术高速发展形成的社会“文化坠距”，即知识文化的科技代际差别和一部分老年人特有的行为特征影响了他们的生活，在现代社会科技面前成为“弱者”。事实上，2010年前后中国快速进入网络社会生活方式，通过用手机扫二维码进行各种交换活动和购买商品支付，这一个创举大大地改变了中国人的生活与消费方式。2024年的中国社会，几乎所有生活、生产和交往等一切都离不开手机，可以这样说，无论是吃饭、购物、出行以及办理各种生活、生产的证明和证件等，所有的日常生活、日常工作都与手机有关，至少在当下，手机已经成为中国生活方式的必须用具，是生活方式、工作方式和生产方式的结构构成部分，已经被嵌入性地结构化为生活、工作的方方面面。姑且不统计网络信息获取方式的差异，仅就城市生活的空间来讲，无论强迫的或者是自主地获得信息，都在创造现代城市社会的“异质性群体”，其中越来越明显的是各种信息偏好群体，现代科技的智能推送又强化了个人偏好，甚至在某种意义上已经成为社会的一种普遍意义上的“信息偏好型消费”，而且在文化的意义上更多地出现了多样化的“异质性”群体。

---

① ［美］马克·戈特迪纳.城市空间的社会生产［M］.任晖，译.南京：江苏教育出版社，2014：281.

早在50年前，有西方学者统计，仅仅从城市公共信息——城市户外的文化象征符号如商业符号的信息传递中（在没有智能手机以前），在大城市里生活的人，一个人在街上或看电视或逛商店等活动中，可以获得2000多个各种各样的商业和其他信息，包括大街上无处不在、随时进入眼帘的广告，商品上或多或少的说明，各种街区的指示牌、导向牌、橱窗以及各种纸媒的信息广告等，都在强迫或非强迫地给人们提供着有用的或无用的信息，因为，每个人对外部信息和强迫输入的信息都有主体选择性，因此，一般意义上不经意中的广告进入个体的认识，往往小于七，这一说法虽然是在一定范围通过一般性测试的结果，不具有普遍性，但是，在现实的生活中，可以看到一种现象，也就是面对大量的信息，即使可能经常看到，但是很多人却没有任何反应。笔者在南京大学一个40多人的课堂上做了一个小试验：问上课的同学，有多少人去过新街口？近三个月去过新街口三次以上的有30多人。笔者问了一个问题，新街口的新百门前的巨幅广告内容有谁能记得住？有什么印象？回答几乎是一致的，没有任何印象。所以，对城市人来说，多数人对多数广告没有任何反应，可谓是过眼烟云，因此才有各种各样的广告宣传、广告策划公司以另类的、创意的方式引起消费者的注意。但是，有了电脑、网络及融媒体之后，这种情况发生了巨大的改变，甚至是质变。原来媒体种类界线相对清楚，如报纸、电视、电台、书籍、杂志、电影嵌入式广告等等。和过去比较，当代在智能化网络社会的前提下，已经发展到各种媒体界线模糊不清的时代，传统报纸、电视、电台、书籍、电影、广告等只要一个手机就全部“搞定”。现在已经完全进入自媒体时代，2023年3月的ChatGPT风暴，可以称为风暴，几天内在世界引起关注，并仅在几天内就发生了迭代变化，给个体、群体和各类组织带来巨大的冲击，智慧传媒——虚拟人作为传播主持和传媒人已经成为一种事实。自从微博出现以来，一个微博大V博主就可以拥有几千万甚至上亿的受众流量，一个普普通通的抖音网红直播者也可以有上千万观众流量，而播出内容是良莠不齐，而且这种自媒体随时随地都可以直播，传统新闻的价值和媒体“把关人”被重新定义和定位。几乎可以说，有了手机，人人都可以成为媒体人，事实上，在网络、抖音上通过个人的手机传播所形成的自媒体人不分男女老少，不分职业，形成了一个可以无限扩大的队伍。现实中的个体每天所获取的信息不止几千条，只要个人愿意，甚至可以达到上万条和上万种信息，这其中还包括媒体智能推送、大数据搜索引擎引导等，不仅使多种媒体信息来源的方便性更加强化，每个人还随时随地可以用自己的手机成为“独立自媒体人”而形成再次传播和信息放大。

针对网络社会和智能技术的高速发展，在中国许多城市都出现了新的网络管理、治理体系以及“城市网络智能大脑”，事实上，城市各主管部门、系统都已经建立了相对完整的网络管理系统，创造了全域覆盖行业和管理系统的各种信息管控体系，上海等城市率先提出全市的“一网统管”[①]建设模式等，使城市社会的各种信息“汇聚”，创造巨型海量信息资源库和信息源，每个人都可以随时随地被迫或主动获取海量信息，在这一社会基础条件下，世界范围内的城市与乡村在不间断创造各种“信息浪潮”和“舆论波”，有时用铺天盖地、狂轰滥炸、惊涛骇浪、无孔不入等来形容也不为过。这种海量信息使得社会民众有时不知所措和不知所云，这是一种现实也是一种发展趋势，为城市文化建设、城市形象传播和“城市文化资本”再生产的创新带来难度和新要求及新的高标准。正如我们看到的那样，我们的科学技术手段和水平越来越高了，而相对来讲，现实的社会问题也是越来越多，越来越复杂，更重要的是，社会问题制造者的科技手段也同样提高了。现实社会的多媒体、自媒体、融媒体等新的技术手段所表现的传播智能手段是一把双刃剑，既可以通过“智媒体”和“自媒体”时代的科技融合创造自己城市形象和“城市文化资本”再生产的新发展，同时又可能被一时的海量的、智能的、快速的、多向的舆论信息浪潮冲击所左右，因此，现代城市文化形象建构与传播的要素，即“城市文化资本”的要素、符号等新内容和传播能力的建设，已成为一个以城市为竞争主体的时代的迫切要求，传播的内容要能够入脑入耳、有理有据、有力有效并靶向精准。

经过各种媒介制作、创造、传播、整合后的信息，一部分构成了城市象征性的符号体系，这些信息和文化符号对不同层次的人具有不同的价值和意义，城市特有的“异质性”文化群体及各种各样的亚文化群体，对信息的需要是有不同目的和不同诉求的，新的社会转型使每个人既是传播者——或主动或被动的传播信息，亦是各种信息的消费者，无论是传播者还是消费者其目的是千差万别的，但是，他们的共性就是个体，并具有私人空间的社会属性，虽然那些公共性媒体也必然有着某种个人的认知倾向。所有媒体一旦通过各种手段把信息传播到社会公共领域，也就是说无论是否是自媒体，传播过程的对象都具有公共性和大众性，多数是为了获取流量，满足消费偏好而创造不同价值，虽然也有自媒体是为了传播知识和公共需要的公共价值，但是，由于自媒体的海量和多数媒体都有经济效益考核要求，容易信息鱼龙混杂，往往会影响受众的主观选择意向，更何况即使是以传播知识为主的自媒体，大体上也是具有营利目的。针对时代信息传播的结构性变化所展现的

---

① 所谓“一网统管”是个形象的说法，其实质是充分运用大数据、云计算、物联网、人工智能等先进技术，聚焦全面反映城市运行的各项数据特征，持续提高城市治理现代化水平，让城市生活更美好、生产更高效、治理更便捷、系统更安全。前几年，北京、上海等城市已开始运行“一网统办”“一网统管”，积累了一定经验。参见：中华人民共和国国家发展和改革委员会官网. 冯奎：打造“一网统管”升级版[EB/OL].（2022-04-19）[2023-10-28]. ndrc.gov.cn/wsdwhfz/202204/t20220419_1322384.html.

自媒体技术多元化的变化，必须建构后网络社会时代的“国家与城市多媒体文化传播模式”——大体上可以概括为“城市融媒体整合营销传播模式”，从城市形象建构的价值取向上来说，应该把城市融媒体的文化整合营销作为“城市文化资本”再生产的结构构成部分。正如本尼迪克特所言：“当每种文化自成一个世界（例如相对稳定的爱斯基摩文化），而且在地理上独立于其他一切文化时，那个问题就只是一个理论问题了。但是，我们的文明必须研究我们眼皮底下的文化标准和那些从地平线暗处升起的新标准……即使这个问题关系到曾经哺育过我们的道德。”[①]这里的关键词是“当每种文化自成一个世界，而且在地理上独立于其他一切文化时”——这句话在某种意义上可以理解为犹如当代的“信息茧房”，自封闭在一个世界里，与外部隔绝。这个认识提醒我们的是：文化是千变万化的，是伴生整个社会的必然性的附属产品，随时会有文化“新标准”的发生，必须通过文化迭代创新，才能适应新文化类型、新事物层出不穷的时代，同时，我们还可以看到现代网络传媒文化可以形塑受众，由此形成了各种各样的、相对稳定的亚文化群体，有些时候，主流思想很难突破这种亚文化圈层形成的“茧房型”认知体系。这就要求城市形象的塑造、传播必须创造一种科学合理的文化模式，而这个模式既需要在传统城市文化当中去寻找，更需要针对现代人们观念的变化而去创造，既要把握城市文化的最高意境去引导受众，又要能从最低道德底线上，建构这座城市的高尚与伟大文化。

与传统的传媒价值观不同，对于大众来说，对待城市整体认知往往因获得信息的多寡和方式的不同，会产生不同的认知观，在个体主观“介入—筛选”的前提下，整合成个体现实的认识，正如对于某些城市中杂乱无章的广告一样，不同的人汲取不同的信息，形成选择性需求。城市必须创造以多维度支持的城市形象系统，而核心价值与文化要素必须有同一性和文化结构的稳定性所形成的外部感知体系。这种感知一定因具有社会整体认同和良好感知而具有特色，必须保证在城市形象的结构化内核的文化价值上，经得起历史的考验而不是多变的。但是，至少我们现在能够看到的是，近40年来的中国城市形象表达和核心要素大多数是变化无常的，没有一座城市的文化定位是稳定的，往往因城市领导者的变化而变化，其中领导者的个人偏好在很大程度上影响了城市形象定位的文化内核价值的稳定性和延续性，当然也与这座城市市民文化与精英群体文化构成的市民文化结构有关。

城市形象传播要素的统一性是需要建构的，不能随心所欲的，在统一性标识和独立IP系统核心

---

① ［美］露丝·本尼迪克特. 文化模式［M］. 王炜，等译. 北京：生活·读书·新知三联书店，1988：210.

要素有唯一性的前提下，才可以创造多方面、多层次、多角度的形象识别系统，这不仅是社会本身所需要的，而且也是城市传播主体引导社会需求、创造社会需求的责任。创造与社会发展进步方向相适应的优秀文化信息要素具有历史意义。从城市的细节上看，有些城市那些杂乱无章的店招、店牌和广告等，会使人感到城市形象建设既缺乏管理又缺乏品质和品位，是因为在有些人眼里，此类事情看起来并不重要，从城市发展的质量与品位上来讲，这是城市形象管理水平低下的表现。而另外一个层面上讲，信息发达的社会体系，往往具有信息的“不对称性”，过量的信息会导致人们对某种信息的偏好，包括获得信息方式偏好的养成等。而社会系统中的信息把关人，往往成为信息社会“信息不对称”的关键因素。现代社会需要解决的是，如何使“城市文化资本”要素构成的城市文化形象和软实力在传播过程中形成对称性和有效性，能够让城市形象要素信息的“消费对象”从理解的意义上认同，并获得自我感知的合理性的认知和过程。

城市的各种商业信息往往是无序而又具有强迫性，有些城市的信息作为文化符号的表征会产生负功能，也会以强迫的方式传达给受众。从20世纪80年代以来，在中国城市、城镇和乡村里大体上都可以看到户外广告、路灯路牌、店招店牌、商业橱窗、各种招贴画等，但在2010年后，这种情况有了较大变化，新科技、新光源和新能源的发展，城市传统的亮化被新的科技元素取代，特别是2015年前后，城市很多商业文化空间出现了新型的3D电子屏、场景化文化空间、光环境艺术场景、叙事虚拟亮化空间、激光艺术造型等，带给人们视觉上的冲击，近年来很多城市还出现了“网红街区”“网红打卡点”等“网红经济”[①]，如杭州市有5万多人从事网络直播，每244个人当中就有一个主播，而每12个人当中就有一个从事直播行业的人，构成城市文化产业和城市空间的新亮点，进而也创造了城市夜间消费的新变化与升级，各城市政府为推动经济、拉动消费鼓励夜间经济的发展，用消费来促进城市经济的繁荣，林林总总，这种城市涌现出新经济、新业态、新文化、新场景和新消费行为……这在很多大城市是成功的，而且具有强烈的表现力，也代表中国城市文化形象和城市经济活力的发展趋势。2021年7月5日，中国文化和旅游部发出通知，要求各地开始建设打造一批夜间经济“文化和旅游消费集聚区”，大力发展夜间文化和旅游经济，更好满足人民日益增长的美好生活需要。《通知》对“夜间文化和旅游消费集聚区”的面积等提出要求，并在全国树立标杆。有

---

① 王晶，等. 杭州要怎么做，才能让“网红流量”内外兼修[EB/OL].（2023-03-12）[2023-10-28]. https://weibo.com/ttarticle/p/show?id=2309404878443417567329.“根据中国互联网络信息中心2022年发布的第50次《中国互联网络发展状况统计报告》，截至2022年6月，我国网络直播用户规模达7.16亿，占网民整体的68.1%。其中，直播电商用户最多，为4.69亿。数据显示，预计到2025年直播电商规模将达到21373亿元。《报告》还指出，当下，国内直播带货的用户渗透率接近饱和，各平台的增长都在放缓。”

明确四至范围，街区、旅游景区、省级及以上文化产业示范园区商业区域的占地面积应不超过3平方千米，文体商旅综合体商业面积应不低于1万平方米。这一要求在全国展开，目的是通过消费拉动社会整体经济的发展。

三、优秀城市文化基因源：“常人的感受”中的“城市造美运动”

在研究中我们发现，“城市文化资本”要素通过个体、群体、文化精英和城市文化场域机制之间的互动整合及“共生性竞争”，会形成各种文化力量的良性博弈关系，在良性博弈关系中会产生一种结构性的合力，使城市优质要素的文化符号等变成个体、群体、文化精英和城市文化场域之间解构与结构能量，相互制约、相互促进而成为城市优秀文化的结构构成体系，进而养成、建构为“城市文化资本”性的“优秀城市文化基因源”，这种“优秀文化基因源”是城市特色文化核心竞争力内核。相反，如果一座城市没有个体、群体、文化精英及文化场域之间的互动性和共生性的竞争、互为依赖的良性博弈，城市就不能形成城市文化自觉而创造出“优秀城市文化基因源”，自觉成为城市文化优秀要素养成的“文化容器”。有些城市出现的城市文脉和优秀传统的文化断裂等，在本底上说是因为“优秀城市文化基因源”不强大，既不能承继优秀传统，又不能创造与时代俱进的“优秀文化基因源”；既不能使优秀城市文化成为市民的共同认知和集体记忆，又不能创造创新的土壤而使城市文化形成择优能力。在现实社会的发展中表现为，城市文化要素创新与社会整体不能同步性发展，文化与社会形成一种“文化坠距”[①]结构关系。

从文化的传承结构关系上说，如果优秀文化没有在城市市民社会形成集体记忆，往往会产生社会与文化结构性的转换性和脱节，一种表现是，城市文化符号要素在表述和推广中，结果和表达方式不能代表城市个性、特质和优秀的核心价值，城市文化的优秀性必须由社会认同的社会精英们创造和选择，必须镶嵌于一种合理的、优化的“社会文化场域”的结构之中，这样的城市才有可能创造高品质生活体系和国际化竞争力。“城市文化资本”再生产的过程必须强调整体性，而相关要素

---

① 文化坠距（cultural lag）：同“文化堕距”，亦称文化滞后或文化落后，是指社会变迁过程中，文化集丛中的一部分落后于其他部分而呈现呆滞的现象。文化的两个或多个部分，由于变化的时间和程度不一致，导致彼此间的协调性降低。MBA智库［EB/OL］.［2023-10-28］. https://wiki.mbalib.com/wiki/%E9%A6%96%E9%A1%B5.

的结构构成不是简单“拼贴”，需要创造结构的合理性、有序性和受整体性指导思想的支配，“结构不同于一个集合体，结构的各部组成部分不会以它的结构中存在的同样形式独立地存在于结构之外。”①并且，以“城市文化资本”构成“优秀城市文化基因”是城市的真正生命力所在，虽然结构化的文化构成不是一成不变的，甚至某些时候要进行某种结构性调整，但是其核心价值——优秀传统文化基因是不能变的，关键是，一旦养成这种文化基因，其生命力是无比强大的，正如罗马城市价值是永恒的一样。

“常人感受”是城市生活真实而平实的感受，是城市温度和城市品质的一种表达，这种感受是城市人身份感、幸福感和日常生活美学价值的长期感知——“身份和归属感的新形式使他们感受到了在城市中的存在，这种存在以从工业制造业到文化服务业的转变为基础，也以从生产到消费的转变为基础，这是城市生活的主要推动力。”②城市人的身份与归属感在一般情况下来源于日常生活的关照，来源于城市的温度和安全感，而城市形象包括理论、文化符号和管理模式的内在价值，就是让人们感知到城市常态化的幸福感，而不是一时一事。但是，在城市高质量的发展中，人们对幸福感的要求也是与时俱增的，正是这样的原因，城市的幸福感受应该是常变常新，这个“变”一定是从低级向高级化的发展，从一般意义上的普遍发展，向普遍高质量发展。受现代社会的裹挟，人们有越来越多的追求，都会“受到艺术产业、创造性产业、文化产业、设计/时尚/风格中心等重要作用的影响”，城市在必然表现空间美学价值的同时，围绕市民社会的需求，呈现多样化的发展样态。我们可以看到，城市文化符号在公共性价值的规训下，既象征着经济关系，又象征着社会关系，同时又象征着社会关系发展的品质。亦如我们在城市里看到一个待人礼貌的人和看到一个满嘴脏话的人，心理上一定会感知到文化层次和个人修养的差别，优劣显见高下。虽然每个人的文化价值观都不尽相同，但是，高尚、优雅、诚实、谦逊、博爱、正义……却永远是人类社会共同的文化认知。

城市内必然存在着各种差异，社会学家把所存在的不同阶层、不同文化群众价值偏好的群体厘定为“异质性群体”。城市社会是一个科层体，是一个由不同阶层、不同收入、不同文化背景、不同社会地位、不同职业以及不同级别官员等等组成的社会结构体，从科层制的角度看，城市是一个典型的金字塔型社会结构，城市是区别于乡村“熟人社会”的“陌生人社会”的结构，城市人共同的情感需要往往是城市价值本身，也就是优秀城市文化基因所养成的社会传承与记忆，并有可能成为一种文化心理符号。笔者作为一个城市研究者，曾经徜徉在纽约、伦敦、巴黎、罗马、东京、

① ［英］特伦斯·霍克斯.结构主义与符号学［M］.瞿铁鹏，译.上海：上海译文出版社，1997：7.

② ［澳］阿德里安·富兰克林.城市生活［M］.何文郁，译.南京：江苏教育出版社，2013：135.

奈良、京都、佛罗伦萨、北京、上海、南京、苏州、沈阳、伊斯坦布尔和迪拜等城市的大街上，每一座历史文化名城都会给你留下不可磨灭的印象，也曾深入中国很多省的县以下的小镇和村落中调研，还曾去过加拿大、美国、法国、英国、土耳其、日本、韩国和马来西亚等国进行乡村考察，无论走到哪里，其符号化的文化要素，会给人以第一感知印象，就好比美国建筑师伊利尔·沙里宁说过的"城市是一本打开的书，从中可以看到它的抱负。让我看看你的城市，我就能说出这个城市居民在文化上追求的是什么"[①]。这句话被很多人当然理解为一种经典性的论述，就是说，任何一座城市都有第一印象，都可能有一见钟情的气质。"城市文化资本"包括城市形象塑造系统中的很大一部分是对城市文化符号要素和城市公众信息系统的整合与艺术处理，只有被整理的、创造的并且是有意识创新的文化生产，或者是通过社会优秀群体主动创造的"城市文化资本"所形成的城市符号才有可能转化为"城市价值"，或者有可能通过条件转换形成被感知的城市面孔。

在资本主义发生以前，筑城的目的很明确，一是为了保护君主，二是为了创造城市整体空间容量，以集聚更多财富和人口，特别是帝王居住的京城、首都的建设是为了显示皇权的力量，创造了很多伟大的城市空间形态和建筑奇迹，以往城市的奢华建筑与高大的城墙，主要目的是保护皇权和以皇权为主要特征的国家。《吴越春秋》卷二载："鲧筑城以卫君，造郭以守民，此城郭之始也。"[②]在中国史学界划分的封建社会中，城市是属于权力者的，城市不是属于市民社会的。但是，自从资本主义发生以来，正如马克思在《共产党宣言》里所言，那些封建城堡里的"城关市民"，转而成为"资产阶级的前身"，资本主义社会基本进入了一个契约型的市民社会。马克斯·韦伯的《新教伦理与资本主义精神》[③]一书，1905年前后发表，深刻论证了资本主义发生、发展与宗教伦理改革及精神文化的关系，并解构了资本主义中存在的某些问题，同时在新教伦理的改革中，建构了新的资本主义的发展"理性"，即在某种意义上的自身变革与进化，阐释资本主义经济关系中的"理性"与契约关系的价值，阐明了新教伦理改革在促进资本主义蜕变中吸纳其他制度优越性的理性，在这种社会理性的前提下，包括当时一些国家和地区提出的"全民国家"理念，促进了城市建设的公共化和市民化的进化，城市公共空间建设结果的享用者是城市市民全体，所以在19世纪末20世纪初的年代，在美国兴起了主动创造城市、改变城市环境质量的"城市造美工程"，虽

---

① 童乔慧，包亮玉，刘天卉，张喆. 多元探索与结构创新——埃罗·沙里宁建筑思想及其设计作品分析［J］. 建筑师，2020（03）：77-84.

② ［后汉］赵晔. 吴越春秋辑校汇考［M］. 北京：中华书局，2019：262-278.

③ ［德］马克斯·韦伯. 新教伦理与资本主义精神［M］. 北京：生活·读书·新知三联书店，1987.

然也是大兴土木，但在本质上与中世纪及古典时代皇权意识下的城市奢华建设有所不同。

1893年在美国芝加哥世界博览会开始的“城市造美运动”，是一种市场化的公共空间建设为主的“城市造美运动”，一方面是一群有识之士包括城市精英、商人、建筑师、规划师和文化人，为了改变城市当中豪华建筑与贫民窟并存的现象，特别是为了改变因过度工业化带来的城市无序发展的状态，针对城市中很多地方脏水横流、杂草丛生、居住条件恶化的贫民窟状况，提出新城市建设方案和主张，强调空间公平与正义[①]。一方面是国家与社会政治、科技发展的必然性，新材料、新技术的出现，为城市和建筑空间异形化和大空间、大尺度、大跨度建设创造了可能。在资本主义的自由市场竞争中的城市发展，需要吸引人才，也需要创造城市形象，既要提高城市居民的生活质量，满足城市居民生活质量提高的要求，又要满足城市市民社会的文化时尚追求。由此而产生的“城市造美运动”，深化成了不同内容和形式，城市空间消费场景化创新的浪潮成为城市建设发展的主流。

“城市造美运动”，也被称为“城市美化运动”，虽然有很多城市规划与建筑设计学者及城市历史研究者对此多有微词，批评其有过度夸张和浪费之嫌等等，但笔者却不完全认同这样的想法，作为公共空间的建筑和城市空间的美化，最低的价值也会使城市公共享受空间获得改变，环境优化的受益者是不分阶层的，或者说是“却阶层化”的城市空间体系，最终的受益者还是城市市民整体，这其中有其必要性的一面。从全球范围来看，城市空间的再生产是城市创新发展的一种方式，这从城市发展的本质来说每一座城市天天都在进行空间再生产，每一天城市的空间都在“流动”，天天都需要建构良好的形象，或者可以这样说，从1893年以来，全球范围的“城市造美运动”从来没有停止过，不同社会属性的国家虽然社会制度不同，为了政权的稳定和经济发展无不注重城市环境建设，以改变居民生活质量，获得社会的价值认同，满足全球范围城市经济与文化竞争的需要，特别是在经济发达的国家，城市几乎成为现代和再现代化造美的典范，首先是当代迪拜城市建设和建筑空间的造美，可以用时代性的登峰造极来描述，而中国所有的城市都在试图“造美”，大多数城市的空间再生产和建筑在1978年以后都发生了巨大变化，有些城市几乎可以说是脱胎换骨，随便找出来的一些城市无不如此，上海、重庆、成都、杭州、深圳、南京、苏州、西安等城市甚至一些有一定人口规划和GDP产值的城镇，其“城市造美运动”也是惊人的，不仅使城市面积增大了，而

① 梁启超描述当时的美国是：“天下最繁盛者莫如纽约，天下最黑暗者殆亦莫如纽约。”梁启超. 新大陆游记［M］. 长沙：湖南人民出版社，1981：44.

且也使城市呈立体化发展，截至2023年，中国是世界上超高层建筑最多的国家①，应该说改革开放40年的中国城市化，创造了人类城市建设的奇迹。

中国城市经历了5000多年封闭式空间格局管理模式，纵然经历了“六次城市革命”的突变，但是，在1949年以前，城市的政治、军事中心的功能一直没有改变，每次中国式的“城市革命”更多的是在空间形式上的改变，在社会结构上基本没有改变，缺少“质性”的自我反思。而20世纪80年代以来的中国城市革命，才开始具备了某种“质性”的变革意义，核心是在中国的城市与世界城市化同步发展，在推行全球化的过程中，不仅空间结构被改变，关键是城市里的经济结构、社会结构、文化结构正与世界发展同步，甚至在某些方面还走在世界的前面。中国从传统城市空间格局中走出来，参与全球化的产业发展分工，并成为国家参与全球化竞争的主体的载体，真正开始了“城市社会结构革命”与城市空间再生产的创新过程，虽然城市化和城市空间再生产过程中也走了一些弯路，但是，进化和进步所取得的成绩是巨大的。我们在2024年的当下，在中国仍然可以看到，有些城市的管理者、建设者还不精通如何创造属于城市市民社会的城市、创造属于城市市民社会的城市文化，还不懂得使用“城市文化资本”再生产的理论与方法创建城市的经济与社会资源，一味地、单纯地强调工业化，以增加上级要求的城市GDP总量，这种情况，也使一些城市在经济、社会、文化和生态发展的竞争中失去了发展机会，没有了特色文化城市的建构，城市就不可能完全具有文化容器的功能，倘若丧失了原有的“城市文化资本”意义与价值将是无法挽回的。

我们反复强调的是：创造完整的、系统的、科学的和有文化资本属性的城市形象体系，本身是在谋求建设城市永续发展的核心动力，也是创造一种公共财富和城市文化软实力意义上的城市特色竞争力，建设的成果最终受益者是城市市民，就如上述提到的“城市造美运动”一样，客观的结果大体是有意义的。现代社会所体现的城市性和现代性，其中必然要推出良好的城市形象和美好的城市实体空间，也一定会不断地推广从“造城运动”到“造城美学运动”，关键点在于，在进行“造城美学运动”之前，应该在制度上进行科学安排，要把城市市民社会的利益、大众的利益放在第一位，为人民创造美学城市，从而体现“城市造美运动”的终极价值不是为权力者，这也是城市应有

① 中国城市化集中表现了空间里的生产和空间的再生产，每座城市都在造新城的同时，也在“长高”，趋向立体化的发展走向。“CTBUH发布的《2020高层建筑年度回顾》报告显示，2020年全球建成了106座200米及以上高度的建筑，其中中国就完成56座，占比超一半。该官网最新数据显示，中国目前拥有150米以上的高层建筑2581座，其中200米以上的有861座，300米以上的超高层建筑99座，三项指标均保持全球第一。”参见：中国超高层建筑全球第一，部委再发“限高令”：新建不得超过500米[N]. 第一财经，2021-11-01.

的主张、价值取向和城市建设理念。否则就会出现城市建设的“合法化危机”和“合理性危机”，产生没有文化认同的结果，导致市民对城市建设参与感不足，甚至是对立面。之所以有些公共投入花费巨资却不能产生积极的效应，就是因为城市建设出现了“合理性危机”，即城市建设理念和文化主张及与民生相济上产生文化认同性危机，这是值得我们深思的问题。

必须有意识地创造城市市民社会的城市集体记忆和文化认同机制，形成“合法化”的文化建构、合理性的文化认同与参与体系。“城市文化资本”建构就是要整合城市中政治、经济、社会、文化和心理资源，通过符号化的“文化再生产”，使“符号”成为城市社会市民主体共同认知的要素，成为“城市文化资本”的组成部分，就是要对城市所有可传达信息的载体和媒体进行再开发、再建设，其中也包括对以往落后的文化与信息及载体进行筛选，当然更要对整座城市的信息化景观载体进行艺术再塑造，把城市当作艺术品来打造。这种文化再造既包括对自然资源的保护开发与利用，也包括对历史人文资源的保护开发与利用，还包括从现实城市的经济结构、产业结构、文化结构、社会心理结构进行文化视角的重塑，当然，物化城市文化符号更需要加以再规划、再创意、再设计和再创作，并赋予文化资本意义。包括城市所有的细节，能够思考到的都应该尽可能思考到，就如当年奥斯曼改造巴黎城那样，对城市轮廓、城市立面、城市街区、城市单体建筑、城市雕塑、城市桥梁、城市街头景观小品、城市家具、商业店招店牌、城市亮化、城市园林、城市空间关系等逐步进行美学价值赋能。一座城市有成千成万的细节需要进行雕琢，以城市巨匠的精神精心加以“创作”，城市才有可能成为真正的作品，有似巴黎、米兰、佛罗伦萨……城市已经成为艺术品。虽然，这样的过程需要几代人的努力，但是，必须从现在开始才可以实现这种可能性。

欧洲中世纪以来的一些城市、街区和建筑，已经完整地显示了“城市文化资本”的意义与价值，城市空间美学价值在城市空间结构中创造了音乐感，有学者这样说：“在城市中，生活的韵律似乎是在物质化与灵妙化二者之间变换摇摆：坚硬的构筑物，通过人的感受性，却具有了某种象征意义，将主体同客体联系在一起。”而形成文化心理的“文化音频共振”，就是在一定意义上获得了主客体的统一，这是对审美效果和城市空间真善美价值文化认同的根本前提，也正因为这样，欧洲所有国家城市空间与建筑文化有着强烈的共性美，成为欧洲市民社会的一个传统，城市空间结构和建筑美学与社会文化、宗教艺术、自然生态形成和谐的系统，被统称为欧式风格、欧式建筑和欧式文化生活空间，这种风格与东方的审美形成强烈的对比，并各自占据世界文化的巅峰，具有强烈的符号识别性。包括北美、非洲和澳大利亚，甚至也包括亚洲所有的城市都具有对欧式风格的某种文化认同，“欧式风格”的空间、建筑形式、建筑符号遍布中国城乡，与中国传统的城市空间形成并存状态，这也是全球化的一种结果。当芒福德在谈到主客体关系时，也认识到，对于这个新的事物或者尚未充分了解的时候，即使是“主观的意念、思想、直觉等尚未充分形成时，也具备了实际构筑物的物质属性，其形体、地位、构成、组合，以及美学形式，都扩大了意义与价值的范围，否则便会被淘汰。因而，城市设计就成了社会物质化的过程的极点”①。城市的文化符号要素应当在“物质化与灵妙化”方面进行整合创造，但还应该提及的是，城市空间和建筑文化应该特质化、妙灵化、民族化、地方化，和中国传统的天人合一文化结合起来，把城市当作民族文化的优秀艺术品来打造，民族中优秀的精神思想与物化的文化存在，本身就是世界的！这样才能在深层次上表现为一个民族的艺术思维能力、创造力和对生活高品质的美学追求。

在城市品质提升中，通过科学的、艺术的创新设计，使城市中所有的构筑物的物质实体，从美学的价值上，形成社会象征意义，如对城市交通系统、城市商业业态系统、城市大众传媒系统、街区“家具系统”中各种能够传达信息、表现视觉的要素如店招店牌、各类广告及其他人造景观和自然景观，进行全面设计创新，在“点、线、面”上再加以一个立体思维空间指向，在不同领域、不同层次、不同范围和不同纬度上进行全面再“创作”，使每个“城市文化符号”都能成为城市形象的表现体，成为城市形象的“合理构成部分”。城市通过这些文化符号，从一般的生活体系中升华出来，最终在城市形象塑造中使城市成为“生活与艺术品的容器”，使城市从文化与艺术层面展现形象魅力，从而能够表现一种中国式的城市文艺复兴。赫南尔多·德·索托对城市所具有资本价值的解释，对我们有一定启发，他说：“穷人已经在他们的房屋里积累了上万亿块砖，资本就是从这些砖里面发现潜在能量并释放出来所得到的结果。”同时又说：“不过，从一块砖中释放出能量和从用砖建成的建筑中释放出资本，存在着一个至关重要的差别：人类（或者说，至少是一大批科学家）已经掌握了从物质中获取能量的方法，可我们似乎已经忘记了使我们从资产中获取资本的操作过程是如何进行的。结果，第三世界国家……它们无法从它们的建筑物（或其他任何资产）中提取经济生命来产生资本。”②如何“从一块砖中释放出能量和从用砖建成的建筑中释放出资本”这句话的要义在于，不是从“一块砖”中寻找价值，而是从一块块砖构成的空间再生产中获得价值，正如我们从城市社会学角度论及空间一样，“任何空间都是有价值的，因为空间是附着在土地之上的，空间是生活与生产的前提、基础和工具之一”……因而空间具有典型的资本性价值，但是在经济文化不发达的时代，以及在不发达的国家和地区，这种由“砖”所构成的实体空间也是很难转化为资

---

① ［美］刘易斯·芒福德.城市发展史——起源、演变和前景［M］.宋俊岭，倪文彦，译.北京：中国建筑工业出版社，1989：85.

② ［秘］赫南尔多·德·索托.资本的秘密［M］.王晓冬，译.南京：江苏人民出版社，2001：31.

本价值的。

理解，也是一种创造，甚至是一种创新表达。

我们很多人懂得通过货币换取商品，也懂得通过经济运作和生产运作转换获取财富，甚至有人懂得通过“权力资本”和“社会关系资本”运作来换取财富，但是，相当多的人不懂得运用文化资本来获取和创造财富，对我们生活其中的城市已存在的“城市文化资本”往往被视而不见，这种认识或许对当代中国城市建设与发展来说，是一个十分重要而紧迫的课题。“城市文化资本”运作的意义就在于使城市这一巨大财富集中地的资本价值效益、效能最大化，让更多的人懂得城市作为人类文明的结晶，是创造新的社会结构关系、新的智力资源“新经济资本”的动力。

在我们的日常生活中，对资本的认识更多局限在货币、财富等所谓经济领域，亦如马克思所说：“资本在历史上起初到处是以货币形式，作为货币财产，作为商人资本和高利贷资本，与地产相对立。然而，为了认识货币资本的最初的表现形式，不必回顾资本产生的历史，这个历史每天都在我们面前重演。现在每一个新资本仍然是作为货币出现在舞台上，也就是出现在市场上——商品市场、劳动力市场或货币市场上，经过一定的过程，这个货币就转化为资本。”事实上，一般来说，资本存在的外在表现是货币或是财富，但是货币和一般财富不能简单称其为资本，作为资本的价值存在与表现方式是存在于创造价值与利润的过程中，即能够在流动中产生价值才可能真正视为资本，这也是资本的再生产过程，或者也可以说，资本能够产生再生产的价值才具有资本全称意义，“货币是以商品交换发展到一定高度为前提的”①。这里的“一定高度”是指什么呢？如果简单解释，就是这样的区别，“有钱”不一定有“资本”，特别是不一定有文化资本，就如有知识未必有文化一样，钱只有进入生产、流通环节，经过再生产过程，才可以称为真正的资本，并实现资本所具有的天生本质——生产剩余价值，因为，“即使是很不发达的商品经济也会有货币流通、储藏和支付方式，有了商品流通和货币流通，绝不是具备了资本存在的历史条件，只有当生产资料和生活资料所有者在市场上找到出卖自己劳动力的自由工人的时候，资本才产生；而单是这一历史条件就包含着一部世界史。因此，资本一出现，就标志着社会生产过程的一个新时代”②——资本主义的生产关系、社会关系的“市场性”，往往是文化治理与市场治理结合的产物，构成马克思在《政治

---

① ［德］马克思，恩格斯. 马克思恩格斯全集：第23卷［M］. 中共中央马克思恩格斯列宁斯大林著作编译局，译. 北京：人民出版社，1972：167-168.

② ［德］马克思，恩格斯. 马克思恩格斯全集：第23卷［M］. 中共中央马克思恩格斯列宁斯大林著作编译局，译. 北京：人民出版社，1972：193.

经济学批判》中提到的即社会通过“货币关系—市场关系”结构而形成“全面的社会依赖关系”，其中市场这一“无形的手”发挥着巨大作用，进而转化为“无情的手”的制度和法制关系塑造，不是根据权力关系来拨动经济的神经，而是根据市场需求、客户需求和未来需求，创造适应市场需要的新的产品和商品。很显然，资本生成的前提是能够创造生产“价值”的生产过程，包括“剩余价值”的再生产过程。

当人类从工业社会开始走向后工业社会的时候，或者说1970年从丹尼尔·贝尔的《后工业社会的来临》一书出版前后开始，人们开始认识了“后工业社会”这一概念。在这之前的1954年米尔斯所著《白领》一书讲述了阶层的转换——工人阶层已经不是社会的主要阶层，从此人们开始对“资本”和“剩余价值”的认知进入了一个新的阶段。每一个知识个体、每个白领本身都具有一定的资本性价值，他们在普遍意义上具有一定的经济资本、货币资本，但最典型的是具有文化资本，可以通过自己所具有的不同资本，成为企业的创始人、老板、股东和投资人——“智本家”也是“资本家”——也是生产者、技术员、工程师、合伙人——越来越多社会主体可能是技术生产型、科技研发型的企业组织，有可能全员都是企业主——“资本家”，在很多时候已经不仅仅是以货币多寡的生存为前提，也不仅仅以商品流通为前提，而是从个体价值、创新能力的转化资本的程度来思考社会存在与发展的前提。或者说，现实的发明方式、创新方式、生产方式、工作方式、消费方式等都在互联网的社会前提下被改变，人们在越来越多的领域发现资本性的新价值与新意义，也更多地发现资本及产生资本的多种转换方式。布尔迪厄经常谈的有三种资本——经济资本、社会资本和文化资本，已经显得有些过时了，资本隐藏在社会及宇宙的方方面面之中，是一种需要人类去发现、去重组、去创新的资本要素的组合与拼贴。在新的社会关系中，很多要素在以往的社会环境内可能不会转化成为资本，在现实多元的、信息化和知识经济社会结构中，很多社会、文化要素都通过某种条件转换显现了作为资本的意义和作为资本量的价值，不仅有传统资本，正如本书所提出的，现在我们需要发现、创新和创造新的资本要素、新的资本价值，以及新的资本类型。而且在很多领域已经十分显明，如人力资本、智慧资本、心理文化资本、旅游文化资本等等，在现代智慧网络等新兴经济技术形式层出不穷的时代变革中，资本存在的方式、类型、价值以及资本产生的前提和转化方式也发生了变化。一个有技术和管理经验的人，本身就可以成为或表现为一种资本性价值；一个自然人文空间如果具有垄断性区域资源，自然成为人们可以借用和转化的资本要素，正如以往传统社会，“‘龛位’的样本广泛存在。这里‘龛位’指的是房屋或用于日常居住的地方（即物理上看得见摸得着的东西），它们表现出继承性和惊人的持久性。比如，城市能在同一个地方长久地存在；一些罕见的情况下，同样的房屋能使用数千年。有一些习俗似乎十分古老”[①]。但是，作为文化符号化的要素，除了时间的价值外，更重要的是人们心中的价位与价值，现代人的文化对某些事物已经不是论及价值，更多是“价位”——文化价值，如南京的中山陵、杭州的西湖、北京的故宫，它们的价位就是一种文化价值，是与时俱进的历史价值刚性的文化表现。

当然，我们在现实中更多的感受仍然是权力经济条件下所形成的权力资本、货币资本、服从资本以及权力资本下的关系资本……不管怎样分析资本的价值，现代信息社会的生产方式和经济结构创造了前所未有的事实：通过知识、技术、智慧、创意以及“思想”“主意”“点子”等可以作为资本性的创新。在全球能源短缺的发展环境下，人们一方面必然依赖自然资源发展国家经济，另一方面，在创意、创新的主导下，也可以在资源枯竭的前提下，创造合理智慧产业，引导城市经济结构、产业结构和生产方式创新转型，如，迪拜转化成优秀的世界旅游目的地城市，江苏徐州市的贾汪区——一个资源枯竭型的矿区，转化为旅游景区，等等。这一类成功转型的案例在全球都可以看到。自然禀赋给一定地区的人们以某种资本性价值，同时也看到有些自然资本性价值的丧失和自然资源枯竭型的城市发展现实。

与自然资源相比，文化资本和“智力资本”是不会枯竭的资源。虽然某种意义上两者具有同一性，但是，两者不是“同心圆”式的重合和重复，智力资本只是文化资本的一部分，文化资本除了智慧要素以外，还有物化、特质的结晶、文化创新能力和个人素质品位及修养等，包括了人类正义的、真善美的价值观。“城市文化资本”也具有不会枯竭的文化属性，而且除了具有鲜明的公共性以外，与其他资本类型比较（前面已经总结了十个方面的独有性），最值得特别提出的是历史价值与价格的刚性、垄断性、集体记忆性、资本的可互换性和可再创造性。更准确地说，“城市文化资本”是在公共性财富的形式下具体表现出来的城市文化价值的积累，这种积累在充分的市场环境的“文化场域”中，可以形成典型的商品性和资本再生产功能，这种积累也必然引起物品和服务的不断流动与增值，进而成为某种社会消费品。马克思没有直接研究“文化资本”，但是在他的研究成果中和对某些事物的描述中也从一定角度证实了这一理论的价值所在。如马克思在《资本论》第二卷中说：“撇开自然物质不说，各种不费分文的自然力，也可以作为要素，以或大或小的效能并入生产过程。它们发挥效能的程度，取决于各种方法和科学进步……”[②]很显然，对于自然物质不仅仅

---

① ［意］路易吉·卢卡·卡瓦里·斯福尔扎. 文化的演进［M］. 石豆，译. 北京：中国社会科学出版社，2018：194.

② ［德］马克思，恩格斯. 马克思恩格斯全集：第24卷［M］. 中共中央马克思恩格斯列宁斯大林著作编译局，译. 北京：人民出版社，1972：394.

是索取，而是使自然物质“发挥效能”，必须依赖创新的方法，即现代科学的进步。“城市文化资本”再生产的过程给人类城市社会的经济、社会和文化赋予了新价值与功能，其再创新也必须使用现代社会层出不穷的“各种方法和科学进步”成果，不言而喻，“各种方法和科学进步”既需要文化资本性的知识，也需要各种创新和发明的能力，而这些一定是在创新沃土和创新文化场域之上才能实现。

关于城市空间文化符号，有学者认为：“‘新’的感觉包括这样一种认识，即尽管表面情况与此相反，世界并不是由独立存在的客体组成的，这些客体的具体特征可以清晰地、单独地觉察到，其本质也可以予以分门别类。其实，任何感觉者的感觉方式都可以表明包含了一种固有的偏见，它极大地影响着感觉到的东西。”[①]这是城市要素创新时必须关注的问题，即如何改变传统文化中落后的文化要素，破除传统的刻板印象，特别是扭转所有个体都必然存在的知识盲区和现代性条件下“信息茧房效应”，使城市文化符号从整体的统一性，到结构化的空间创造，再到高雅文化的创新性引导，这是一座优秀城市的责任担当。任何人“对个别实体的完全客观的感觉是不可能的：任何观察者必定从他的观察中创造出某种东西”，人们观察到的事物必然经过头脑的筛选、处理，并不自觉地融合个人的知识结构而产生相应的个人感知与结论。“因此，观察者和被观察对象之间的关系就显得至关重要。这种关系成了唯一能被观察到的东西。它成了现实本身的材料。况且，这里所涉及的原则必须开发整个现实。因此可以说，事物的真正本质不在于事物本身，而在于我们在各种事物之间的构造，然后又在它们之间感觉到的那种关系。”[②]这种分析结果告诉我们，对一个事物，或者是城市的存在与宣传，一定是在整体上定位和细节上优化，让受众在整体感知意向感的同时，在局部上也应该获得良性的感知。从另外一个层面说，就是需要一个系统集成的创造、创新与全程的服务，也是对城市市民和城市以外的“持续的客户服务系统工程”。创造受众的满意体系之后产生文化认同意义上的“文化忠诚”，其重要的参照体系是能够成为优秀人才居住、就业、创业、投资的首选地，美国得州的城市奥斯汀的文化价值创新，在与加州和纽约的城市科技、文化创新和旅游经济的竞争中，胜出一筹，创造了青年人喜欢的城市，因此成为科技文化创新高地。

仅就中华民族两千多年的封建社会而言，一个相对稳定的发展期是不多见的，人们津津乐道的“文景之治”“贞观之治”“康乾盛世”等均多溢美之词，未必完全真实，但是，在中国历史上这

---

① ［英］特伦斯·霍克斯.结构主义和符号学［M］.瞿铁鹏，译.上海：上海译文出版社，1987：8.
② ［英］特伦斯·霍克斯.结构主义和符号学［M］.瞿铁鹏，译.上海：上海译文出版社，1987：8.

种记载也并不多见，因为并不多见，所以才称为“盛世”，更多的是连年战争、连年灾害、连年人祸，使得很多城市遭遇文化的断层。创造现代意义上的“城市文化资本”是一个社会发展到一定阶段的价值取向，一个典型的农业社会对历史的文化遗存和“城市文化资本”的保存、传承能力是有限的。因为，文化遗产保存与传承首先需要的是文化认知，然后是取决于社会文化精英力量的创新能力及保持这种社会稳定的能力，一个灾祸连年、战乱不已、缺乏韧性的社会与城市，文化、文脉的某种断裂是显而易见。“城市文化资本”作为公共产品与财富，不仅仅包括一般性空间与物质形式，还包括一系列与既定人群相符的想法、实践、信念、传统和价值，然而这个群体是事先确定的，或者说是预设的，或者也会导致新的文化商品的出现。欧洲中世纪的城堡，很明显既属于欧洲的财富，从普遍意义上讲也属于全人类的财富，产生了非排他性公共物品——例如选择价值、存在价值和遗产、遗赠价值等。

因为“城市文化资本”具有典型的公共财富性，所以才成为“城市文化资本”而不是个体化的、“身体化”的和自为习得的文化资本。因为，一般意义上的文化资本，是个体性的亲身教育和文化修养被制度化认同的一种结果。“城市文化资本”在作为城市和区域的唯一性资源、具有公共财富价值的前提下，才能够作为“城市文化资本”而存在！事实上，这也是可以顾名思义的，城市本身即市民社会的一种符号化说明。如果没有资源体系和支持体系来维持它们作为一种资本财富，“城市文化资本”在文化价值和经济价值层面上都会贬值。

“城市文化资本”既是一种资本，必然也是一种经济现象，也表现为一般经济规律，这种现象就要求对于“城市文化资本”也必须阐明文化价值和经济价值之间的本质关系，大到典型的城市公共财富，如北京的故宫、上海的外滩、西安大小雁塔、南京的中山陵、美国的自由女神像、巴黎的埃菲尔铁塔、伦敦的大本钟、印度的泰姬陵等等，作为国家的“城市文化资本”要素，是完全可以用经济价值来衡量的。而一栋继承下来的有历史文化的建筑物其早期设定的价值，可能是其“纯经济价值”，然而，如果其内涵所表现的文化资本性特点、属性非常明显，其价值不仅仅是实体的质量价值，除了文化的溢价以外，文化资本价值将是刚性和永久性的。南京民国建筑所表现的“城市文化资本”就具有典型性，不仅成为南京走向世界的城市文化名片，也是南京历史厚重价值的集中表现，是不可以用一般意义的经济价值来衡量的。现实的经济与文化价值告诉人们，我们可以对完全意义上的“城市文化资本”进行专业的、技术性的经济效益分析、经济与文化功能分析，犹如资本预算和成本收益分析等技术那样，可以创造更完整的文化资本性特征和范式，而使“城市文化资本”的效益最大化，最终实现的是城市现代化的可持续发展。

创造“城市文化资本”或者确立“城市文化资本”意识，不仅有益于“城市文化资本”本身的学术、学科的学理性、科学性建设，更重要的是在一个长时态的发展中，创造社会可持续发展的核心动力，形成社会普遍意义上的增值性文化资本赋能。

可以预见：当一座城市社会充满了文化资本丰富的个体，当一座城市随处可以看到“城市文化资本”意义的文化要素的存在（如巴黎等），这座城市本身必然会生生不息，而成为永恒文化之城。

都市空间的空中景观与计算机集成电路的微芯片形象之间惊人的相似可以被视为一种转喻。正如斯科特·布卡特曼（Scott Bukatman）指出的，这种相似性“绝非巧合——芯片的设计目的和城市一样，是为便于循环、稳固流量以及最大化利用空间”。或者，就像亚历桑德罗·奥里吉（Allesandro Aurigi）和斯蒂芬·格雷厄姆（Stephen Graham）所指出的那样，可能“城市概念与有关现代状况的思维模式相互深入交织，以至于[一个人]可以简单地以某种理想化的都市隐喻作为解读互联网服务的接口，事实上，这些互联网服务分散在遍布全球的主机上”。[①]

——保罗·吉伊

---

① ［美］保罗·吉伊.城市、公民与技术：都市生活与后现代性［M］.许苗苗，李建盛，译.北京：北京师范大学出版社，2022：95，429.

第十六章
城市价值空间首要属性——韧性、安全、公平、正义

城市是有边界的，既存在物理的客观边界，也存在心理边界和文化边界。任何社会和任何城市有价值的空间都是有限的，因为空间是有经济价值的，所以有价值的优质空间永远是稀缺的，而这种稀缺空间在城市现代化和现代性的创造过程中永远是匮乏的。

一、城市社会空间与时间异化——空间已然性与空间再生产属性

空间是一种多维的和可以超越现实的东西，更是可以用多种具体方法和思想方式创新与塑造的，任何空间都可以视为社会空间，因为，空间这一概念本身就是通过人的思维创造的，通过人的感知或头脑思考确定或想象出来的。“城市，作为一种空间现象，有三个理论分支致力于对它的研究。第一个分支，称作‘规划理论’，研究怎样制定或者应该怎样制定复杂的城市发展决策。”[①] 事实上，在中国改革开放以来，城市发展战略本身就是一种规划，而一般具体的城市规划包括战略也是作为城市政府决策服务的一部分，特别是中国的城市规划包括乡村规划，和西方不一样的是，所有的规划都是政府主导、领导和管理实施的，所以可以这样说，中国的城市化是制度为主导型的城市化，因为城市规划、城市建设、城市投资、城市管理等的主体都是政府，在政府管理的层面上讲，“远远超出了城市规划”的思维方式，“而且在其他领域中已发展得比较成熟了。因而这个理论有一个更广泛的名称‘决策理论’”，城市规划是城市决定的重要部分，规划包含着战略，也包

① ［美］凯文·林奇.城市形态［M］.林庆怡，陈朝辉，邓华，译.北京：华夏出版社，2003：25.

含着战术。因此，空间的异化与规划本身的异化是相关的，同时也是必然的①。林奇城市空间理论的第二个分支强调的是“功能理论”，城市自身的功能与价值。而他认为：“第三个分支，是一支发展得比较薄弱、需要我们关注的理论，但它却起着非常重要的作用，我称它作‘一般理论’，用于处理人的价值观与居住形态之间的一般性关联，换句话说，当你看到一个城市时，如何认定它是一个好的城市。这才是我们真正关注的问题。”②那么，如何认定它是一个好的城市呢？当然，这个标准从有城市规划和规划理论以来，就一直是一个争论的话题，因为，“好的城市”的标准在变化。正如我经常强调的：一个好的城市理论，不能代替一座城市的好理论。

一个好的城市和城市规划应该包括四个方面的思考：

其一，是空间里人和人的活动价值，即空间里是否建构了就业、创业、生活和创新的要素及场景，而一个有人文价值、经济价值的空间是能够为人类本身带来经济、政治和文化价值与相关效益的，这也是“空间里的生产”“空间的生产”和“空间再生产”的本质意义与价值所在；

其二，空间具有多样性、多层次性和创新性的可持续存在系统，优化的社会结构空间和实体空间能够成为人们创业和创新的“文化场域”，并为创造充分就业而提供“空间里的生产”和“空间再生产”的理由，为城市社会的总体扩张——城市现代化创造理由；

其三，实体空间里应该充满亲情和人文价值，能够给人们的社会生活、社会生产、社会交往带来幸福感和安全感，包括社会生态、文化生态与自然生态有机结合，空间的再生产能够成为社会的集体记忆；

其四，城市空间应该具有某种均好性，要创造地点精神和场所精神，还包括城市空间的公平与正义，空间的公正与正义既包括人与人之间的尊重和空间所占有的契约精神的合理性，也包括对自然的尊重与敬畏，在某种角度上可以描述为城市空间具有文化特色，而不完全具有阶级性，当然虽然这是一种理想状态，但一个好的城市空间体系的理想型创新，必然值得去追求。

为了能够成为一座城市的优势空间，应该创造多个中心性的空间价值群，即现代发展的城市都已经发展为多中心体系，强调某种合理性的均好性，而不是盲目的均好性，这也是现代城市及未来城市社区发展所需要的某种前提，对一座城市来说，城市多中心的空间体系，是对多数人所构成需求、消费和心理效应的最短距离，或是历史流传至今的文化中心，或是有某种特殊意涵的人文区位中心，或是典型的生态意义上的结构节点，或是值得关注的景观区域等，而其中所带来的便捷和城

---

① ［美］凯文·林奇.城市形态［M］.林庆怡，陈朝辉，邓华，译.北京：华夏出版社，2003：26.

② ［美］凯文·林奇.城市形态［M］.林庆怡，陈朝辉，邓华，译.北京：华夏出版社，2003：26.

市人的心理认同是其重要因素之一。城市的多中心、多节点和综合独立节点，是为了满足不同阶层人群和满足不同生活方式和文化价值选择的需要。

空间是人类社会存在的前提，而无论是国家还是个人的发展都是为了保护空间、创造空间和认识空间，所以，空间对于所有学术研究来说，无论是从哲学、社会学、规划学还是从景观学及建筑学多重角度看，都是一种被异化的对象，因为人们对空间的认识不仅包括常识的不足，还包括科学和技术手段的不足，比如我们有显微镜和哈勃望远镜，人类飞船登上月球和火星，人类从微观到宏观的认识是不断被改变的，人们已经可以从整体角度观察一座城市。因为我们有了网络、新型计算机、城市智慧大脑和大数据、数字产业及大数据算力的提升，使城市研究者对城市的要素、因子、可变因素的认识能力、掌控能力都有新的提升，对城市与空间的存在方式有了更多的理解，所有的空间样态、空间要素等不断地被重新解释、认定和定义，所有的学科对城市和空间都有独特的解释。正如哈维所论："空间和时间是人类存在的基本范畴；我们倾向于认为它们理所当然，赋予它们普通的意义或者自证的属性。我们按照秒、分、小时、天、月、年、10年、世纪和时代来记录时间的流逝，似乎一切东西都在单独客观的时间刻度上各具有其位置。"[①]要对哈维的观点加以补充的是，"似乎一切东西在单独客观的时间刻度上具有其位置"，这个"位置"是什么？在哪里？如何存在？时间的刻度一定在某一空间里以某种存在的方式来表述，"时间"和"空间"构成"时空"是一体的存在，这是一种逻辑，时间的变化即空间的变化，即使空间区位不变，但空间的时间感、怀旧感、某种空间在时间推移中的衰败感和空间的再生也是表述空间存在于时间的一种说明，而空间存在于时间之中，时间离开空间则无法表达空间的存在，空间离开时间就没有了空间的社会存在意义与哲学意义。对某一空间的心理认同或者是主客观的一致性，是由空间的人文区位和心理上的时空怀旧，以及个体与群体社会存在的方式、文化生态区位来衡量和决定的。空间的价值性不仅仅是经济的，还包括政治的、文化的、宗教的、真善美的和时间意义上的价值。空间既是客观存在，又是时间的载体与切面，还是人类的一种社会感知和理论与学理性的认知。正因为如此，空间才成为人类生存、生活、生产、交往的前提与基础，也是一个国家、城市存在的前提与基础，国家间多数的竞争、冲突的原因是对空间的争夺，要提醒的是，对空间的争夺包括实体空间，也包括文化空间、虚拟空间。不同的学科、不同的文化背景对空间的定义是不同的，有时甚至是矛盾的。

空间社会学主张空间正义与公正，包括市民社会的公共空间、交往空间和私人空间等，而这些

---

① ［美］戴维·哈维. 后现代的状况：对文化变迁之缘起的探究［M］. 阎嘉，译. 北京：商务印书馆，2003：252.

空间包括被感知的空间和实体的空间，也是组织、群体、个人以及形形色色的机构构成了多样文化类型空间的存在，还包括更广义的城市与乡村空间、不同类型社区空间。芝加哥城市社会学派对城市空间演化的研究具有开创性，伯吉斯等人提出了城市空间的表现有“同心圆类型空间”“多中心类型空间”及不同社会空间的政治与文化中心性意义等。不同空间具有的阶层范围和文化价值的自我意识是相关的，城市社会的异质性和空间的对应性也是相关的。区位理论发生以后，由此生成城市生态学、城市文化生态学、城市人文区位理论等，填补了传统城市社会空间区位理论之不足，进而衍生出很多新的理论。伯吉斯（E. W. Burgess）在1925年的一个研究项目“城市的成长——一个研究项目的介绍”（The Growth of the city: An Introduction to a Research Project）中提出了一个首创式的研究成果，也是城市社会学空间演变研究的标志性的经典成果，就是著名的“同心圆理论模式”，被认为是城市“社会生态学”研究的开始。他与同期在芝加哥大学的城市社会学家L. Wirth、R. Park、D. Mckenzie等人一起带领学生们走遍芝加哥大街小巷，有学者描述是走遍芝加哥城市的角角落落，把芝加哥城市、街区、社区、街角等空间作为“活动实验室”——城市社会研究室，将当时工业化以来的一系列问题包括城市社会空间非正义问题、社会阶层问题、种族冲突问题、过度工业化问题、城市犯罪问题及自然生态与环境污染问题等，全方位地统合在城市区位学、人文区位和城市人类社区研究范畴之中，创造了城市社会学理论，也创造了相应的研究方法，并为后来的社会学的范式建构提供了理论与实践模式，被誉为“芝加哥城市社会学派”。也许是芝加哥的文化与传统，加以芝加哥大学的学术研究和学术创新能力，使这座城市产生很多新的学派，如芝加哥经济学派、芝加哥建筑学派、芝加哥传播学派、芝加哥数学分析学派、芝加哥社会心理学派，后来被统称为“芝加哥学派”（Chicago School），这是属于芝加哥[①]的“城市文化资本”，能够创造、养育出学派的城市，一定是一个在经济、社会和文化上都具有创新能量的城市，一定是具有创新与“城市文化资本”再生产的土壤。有世界顶级学府芝加哥大学（The University of Chicago）、西北大学（Northwestern University）等，直到2024年，有100多位诺贝尔奖得主曾在芝加哥工作，可谓是一个人类工业化过程记忆最充分的城市。

城市社会学先驱帕克（1913—1933年在芝加哥大学社会学系任教）认为：“城市是一种心理状态，是各种礼俗和传统构成的整体，是这些礼俗中所包含，并随传统而流传的那些统一思想和感情所构成的整体。换言之，城市绝非简单的物质现象，绝非简单的人工建筑物。城市已同其居民们的

---

① 芝加哥是美国第三大城市，是世界文化名城、世界国际金融中心、美国最重要的文化科教中心之一，也是世界旅游目的地城市之一，每年接待世界各地游客5000多万人次。芝加哥是“五一国际劳动节”的起源地，1886年5月1日，芝加哥几十万工人罢工，争取八小时工作制。

各种重要活动密切地联系在一起，它是自然的产物，而尤其是人类属性的产物。”[①]帕克的研究视角强调的是城市社会空间中人的存在和人与人的相互关系，也就是马克思主义经典理论强调的社会通过货币关系结构为相互依赖关系，通过货币交换获取每个个体生活的物质需要和生产需要。同时伯吉斯的“同心圆模式”用现代的理论可以概括为是一种理想类型的研究模型，他认为城市同心圆的空间变迁有几种状态，首先是向心，发展到一定阶段会形成离心力，表现为集聚与扩散，同时在城市空间的专门化发展进程中，城市出现向心性的离心状态，所在的城市空间具有无限可能性。第一环即中心区是城市的商业中心区，在城市生活空间演变中具有空间最佳优势；第二环是商业为主的位置，在早期是文化最混乱的地带；第三环是工人和各类服务人员的居住地；第四环是高级住宅区；第五环是城郊接合部，也是“往返阶层—通勤阶层”的居住地，最富有的和最贫穷的大体都会分布在这一区域中。通过对人与空间关系的深入研究，我们发现了当年伯吉斯没有发现的问题，虽然这一研究成果是以芝加哥为背景，但却深刻表现了空间与人的发展、城市社会发展和人与经济地位的关系，空间是有价值的，空间的占有从来都是以社会阶层为主的表现。

工业社会以来的城市中心性的发展，也充分证明了伯吉斯的同心圆理论，并且是后来城市化过程中，城市CBD[②]产生的原型理论的基础，每一座城市都有一个城市中心性的空间区域，同时伴随城市的扩张，多类型的CBD开始发生与发展。城市同心圆的区位，在城市生活中是城市商品交换的活动中心、市民社会活动的中心、市民的第一流中心和城市的重要交通中心。在这一理论框架中的解释是，在城市 5 层的同心圆的CBD被概括为是以金融中心为主的商业贸易、商驻中心、总部经济、俱乐部、文化艺术、宾馆和娱乐设施等集聚度最高的城市活动中心区，而CBD的核心是金融、国际总部和国际贸易。在城市社会学的城市同心圆的理论中，城市的CBD是城市各种功能向外扩张的中心起点，也是终极起点。城市逐渐向外扩张的城市功能可分成一层一层的体现过程，而其基本的圆心点是城市的CBD。这个同心圆圈层论描述的城市空间发展的一般发展规律，有三个特点：

---

① ［美］R. E. 帕克，E. N. 伯吉斯，R. D. 麦肯齐. 城市社会学——芝加哥学派城市研究文集［M］. 宋俊岭，吴建华，王登斌，译. 北京：华夏出版社，1987：1–2.

② CBD：中央商务区。1923年，美国芝加哥大学社会学家伯吉斯教授在研究芝加哥城市结构的时候提出CBD（Central Business District）的概念，当时定义为“商业会聚之处”。随着内容的不断发展丰富，CBD已成为一座城市、一个区域乃至一个国家的经济发展中枢。当前，CBD可以理解为现代商务活动的中心区域和黄金地带，它不但聚集了大量金融、贸易、商业、信息及中介服务机构，同时也拥有了众多商务办公、酒店、公寓等配套设施和完善的市政交通以及高速快捷的通信条件。它不仅是一个国家或地区经济实力和社会文明开放程度的体现，而且是现代化国际大都市的窗口、象征和重要标志。参见：周天怡，刘勇. 国内外金融CBD开发建设的经验借鉴与启示［J］. 国际经济合作，2009（10）：77–80.

一是城市中心区是一个向外扩张的趋势，而且是一环一环地向外侵蚀，犹如人们向一汪湖水中投入一个石子，水波纹一圈一圈地向外扩展……二是距离城市中心越远，一般来讲，家庭住宅和企业所占有的土地面积往往越大，这与城市的土地级差相关；三是越是在城市包围中居住的个人和群体，交通生活成本包括时间成本就越高。这种空间描述的价值在于对城市中心性区域空间发展规划的说明，但是，这只是一种理论研究说明，也是一种理想状态下的类型，因为在城市空间内，任何城市中每一"环"的内涵都不可能是单一的纯粹的，城市居住空间在过去和未来都有其随意性的一面，也必然是多样性的，土地级差的变化规律不是完全以城市同心圆为核心点向外递减的，而且城市的生态空间、人、机构所占据的空间是随机变化没有规律可循的。

"芝加哥城市社会学派"的最大的贡献是笔者研究并应用的"人文区位学派"的建构与完善，这一学术群体的研究在多方面都有建树，后来其中最具代表性的是霍伊德（H. Hoyt）的"扇形理论（sector doctrine）"[①]（1939）以及哈里斯（C. Harris）与厄尔曼（E. Ullman）的"多核心理论（multiple-nucleus theory）"[②]（1945），它们被并称为城市社会空间结构的三大经典基础模型。1938年"芝加哥学派"的路易斯·沃思（L. Wirth）发表了《作为一种生活方式的城市性》[③]论文，使人们在分析、认识城市空间、城市生活方式与乡村空间、乡村生活方式的区别中找到一个理论认识的根本方法，找到城市空间、乡村空间的生活方式本质的不同，而且让人们找到了城乡差异的本质所在。城乡是两种社会关系体，对于人与人的相互关系的作用不同，城市生活方式构成了社会进

---

① 扇形理论（sector doctrine）：指用扇形模式解释城市发展的理论。1939年，美国社会学家海特通过对美国142座城市的地产目录资料进行研究而提出这一理论。这种理论对伯吉斯的同心圆理论作了修正，认为租金高的市区多数是在城市外围的一个或若干个扇形地带或1/4的地区；而某些租金低的市区地段呈现蛋糕状态，由市中心扩展至外围。按照这种理论，当城市人口增长时，租金高的地区便沿着某一线路向外迁移，即高收入居民外迁，而低收入居民迁入。海特认为，决定城市区位分布的是交通线路分布，这一点可根据工业区沿河流和铁路线发展来说明。显然，扇形理论主要是从经济角度分析城市的区域分布，而没有考虑其他非经济因素，因此，和同心圆理论一样，都有一定的局限性。参见：彭克宏，马国泉，陈有进，等. 社会科学大词典［M］. 北京：中国国际广播出版社，1989：328.

② 多核心理论（multiple-nucleus theory）：哈里斯（C. Harris）与乌尔曼（E. Ullman）于1945年所提出的理论。他们认为许多城市的土地利用形态，并非围绕唯一核心，而是围绕有若干距离的多个核心。城市的多中心结构是在城市增长过程中地租和聚集效应综合作用的结果。他们从区位理论出发，认为城市各小区都为了经济效益而选取最佳区位，例如有些企业集聚可互相提供原料和供应产品，因共同使用公共设施集聚在一起而产生集聚效益；有些单位，由于分散而取得效益就互相远离；一些单位要寻求低廉的地价等等。每一种效益都成为强大的吸引力，成为城市小区形成的核心，形成多核心结构。参见：胡代光，高鸿业. 西方经济学大辞典［M］. 北京：经济科学出版社，2000：939.

③ ［美］路易斯·沃思. 作为一种生活方式的城市性［J］. 美国社会学杂志，1938.

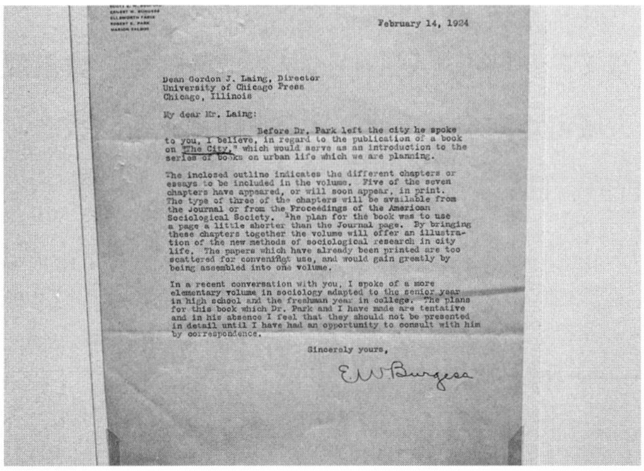

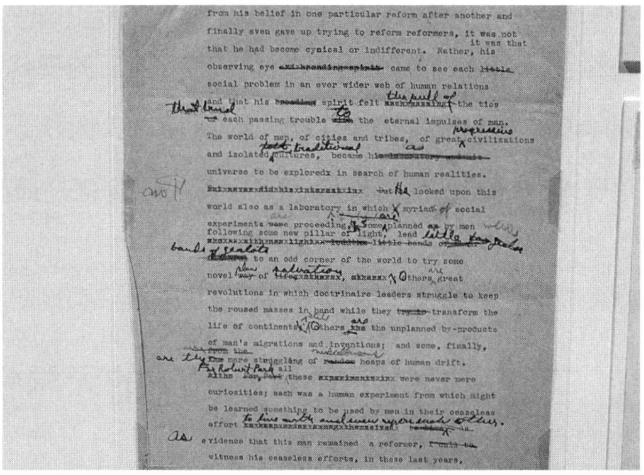

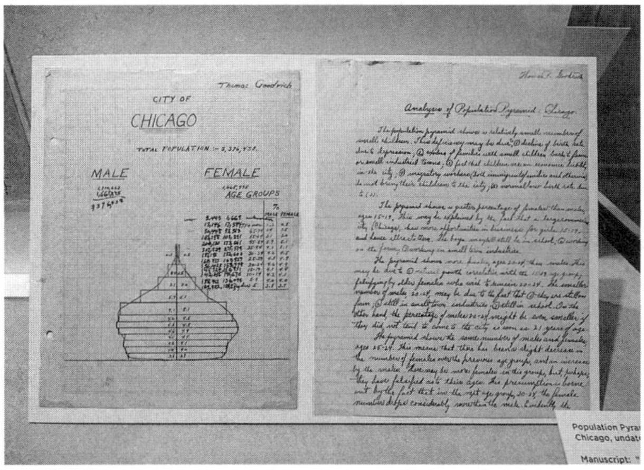

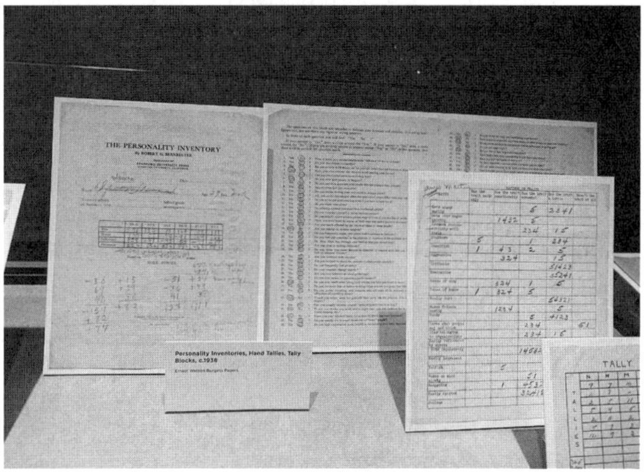

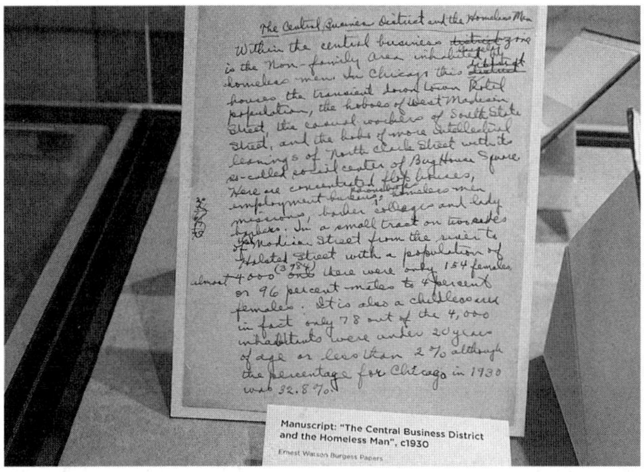

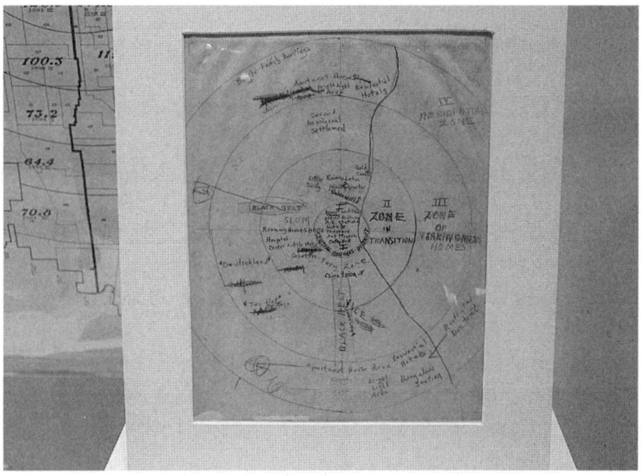

芝加哥社会学派帕克、沃斯和伯吉斯等人的手稿

步的土壤，如沃思所说的“城市性”的本质就是“现代性”，城市生活方式的特征之一就是个体的文化解放，这些内容几乎都被1960年后西方的城市问题研究结果所验证。路易斯·沃思的这篇文章也正式奠定了城市社会学在城市规划理论中的里程碑地位，使得城市社会学和城市规划学找到了同一性：就是强调“城市性”和“都市生活的现代性意义”，城市规划的核心是人的现代化，城市规划本身是“规划空间里的人”，进而以人为核心成为城市规划理论、城市社会空间理论和“城市文化资本”理论的同一性表达——人的现代化是最高价值、目的、意义和逻辑基础。

二、空间的无限性与知识的无限性——时光机的文化进化

因为空间是与时间的结构在一体的，在空间社会、规划学、建筑学及文化学结合的研究上，很多范畴、概念的厘定超出了哲学、社会学、规划学、建筑学、生态学、物理学和文化学范畴，已经是一个“有边无界”的研究对象和研究过程，这是由空间的社会价值、经济价值和未来空间价值决定的，可以视为一种社会进步和学术研究的进化。换句话说，单一学科视角已经不能解释空间及空间再生产的价值，就如单一学科已经不能完成如对人体科学、天体科学、自然科学的研究一样，在现实中也是可以看到的，如医疗器械的CT、核磁共振等机器必须综合多学科知识才能制造出来，简单说必须糅合医学、物理学、光学、化学、机械计算机、智能科学、物联网技术等，还有智能仿生机器人，除了要融合所有的理工科知识和技术以外，还要整合人文、历史和自然地理方面的知识，大家都听说过的制作芯片的光刻机需要整合上百种学科、专业和技术，甚至需要多国合作完成等。纵观现代网络社会和智能AI技术的综合科技发展，重大科学项目和重要领域的研究都是以多学科视角完成的，世界级著名学者都具有复合型人才的特质，都是典型的个体文化资本的拥有者。

中国多学科的复合型研究，应该说是从20世纪80年代开始的，这一时期学术的开放程度比较高，跨学科、跨领域和跨国的学术交流也比较多，当时兴起的“新三论”“老三论”[①]，就是在全球新技术产业和电子技术快速发展的条件下成长起来的，人们在学术研究、科学实验研究和生产

① 老三论：系统论、信息论和控制论。“新三论”是耗散结构和协同论（自组织理论）、混沌理论、突变理论。这几种理论与方法，对于20世纪80年代从事学术研究的理论工作者来说具有很深刻意义，并影响了一代文化与学术的先派，他们在学习中经常应用相关理论，成为20世纪80年代出身的学者群学术和文化修养的理论认知符号。

实践过程中发现，无论是“新三论”还是“老三论”，对现实的理论研究、科学实践、系统工程管理、综合学术研究的创新都有不同层次的指导性和应用性，特别是系统论、协同论的兴起对我国重大工程项目、重大活动的管理有直接的指导意义，这些新的理论范式和新的思维方式，给以往传统封闭的社会关系、各自为战的研究方式和日常工作带来新的思想解放，人们感觉到了新理论和新方法是科技发展现代化的重要手段和方式。虽然在这方面很多学科都给予了重要解释，但是，城市空间社会学理论在体系上还没有完整的建构，特别是在方法论、范畴和概念解析方面，尚没有“独立辩护词”，更缺乏对实体空间的创新发展和社会关系空间存在问题的解决。尽管如此，最有意义的是空间社会学从文化和“城市文化资本”的层面上，创造了一个新的研究视角和学科建设的理论结构。在某种意义上讲，空间具有三重属性，一是资本属性，空间附着在土地之上；二是社会政治属性，城市空间需要公平与正义；三是空间具有世界的唯一性，每个实体空间，世界只有一个。

哲学意义上的空间具有想象性、思维性、主客观结合性和时空性的无限性，但也明显地表现为相对性。在强调时间与空间关系的同时，在学理上把时间的本质和空间的本质作为同一性及对立的范畴来表达。从哲学的高度看，空间必然具有无限性和无限可想象性，如三维空间、四维空间、五维空间……如电影《盗梦空间》虽然是一个科幻故事，但是至少表达了一种哲学意义上的空间思维方式，特别是理想空间的无限想象，这对于新宇宙科学探索是非常必要的。空间不仅仅是时间的结晶和切面，而且是人类生活的空间及宇宙空间无限领域有可能存在多维度空间。从世界观的本源上，把空间、时间、质量视为宇宙三要素，既不存在没有时间的空间，也不存在没有空间的时间，时间表现为空间存在的样态及变化的同一性且互为前提性的过程。“城市文化资本”再生产的理论强调三个核心要素：城市、文化和资本，而复合的认知是城市与文化资本的有机结合，所以必须从传统的、旧有哲学观、辩证思维方式中走出来，重新建构一个立体的有人文精神价值存在意义的空间。如果强调“绝对科学”和“绝对真理”，就必然无视个体人的存在性和人的社会性与独立价值，在“城市文化资本”的理论视野中，城市是人类社会的产物，城市是人类社会的加速器，人是城市的创造者，人被人所创造的城市异化，就是人类被自己创造的科技与哲学观异化一样，因为人本身就存在着自然本原和社会本原的两重性，所以人类社会才有不同阶层和不同的犯罪群体存在，人类社会进化的历史就是人类克服动物本能的历史。正是这样，人类创造城市——这个人类的文化容器，反过来，这个文化容器异化为改造人类的文化场所，这就是人造空间的一种特定功能，即使城市——这个建筑空间的组合也是如此。卡斯腾·哈里斯认为：“建筑不仅仅与控制空间中夺取和塑造一种适于居住的场所有关，它也是对‘时间恐惧’的深入防范……使时间与永恒联系起来。”[①]空间表示为一种时间过程，即使是绝对的时间、空间和质量三要素在系统性表达的时候，也已然具有社会属性，即已然通过了受社会局限、个人知识局限的个体大脑筛选过——2000年前的哲学家在思考这三要素的时候，所依据的社会前提、方法和所使用的要素和今天相比是不能同日而语的。2000年前的学者不可能知道月球和火星表面的情况等等，所以，任何一种纯粹的哲学观都具有时代的社会文化属性和烙印，必然受时代的局限，哪怕是从唯心主义的角度出发确立的逻辑起点并归结为结点的完善逻辑，也仍然是时代的产物。哈里斯回应了波特莱尔著名的现代主义论述：“‘一个人只可能通过利用时间忘却它’，而T. S.艾略特则说过，‘唯有通过时间，时间才能被征服’。”[②]时间是可以检验一切的，时间是真理的熔炉，虽然哲学科学的时空观可以在某种意义上超越时空，但还是需要来证明，这一逻辑本身就是时代的局限包括个体局限。

但是，我们还是主张对城市空间的研究应该具有超前性，这种超前价值所体现的是走在世界的前沿，在理论逻辑推理的演绎中，创造空间的现代性、发展性和未来性意义，即未来的城市空间应该向哪个方向发展？人类的发展是否使地球和城市空间成为局限？2023年西方科学家和企业家（如马斯克）所想的是如何应对地球危机，并已经到了实施阶段，如用星舰把更多的人送往火星，一些国家已经在尝试城市的二维、三维、四维空间的创造，在海洋深处创造城市，通过一个巨型建筑创造城市生活模式等。中国古代老庄哲学强调“质生空”“时生万物”等概念，或者是一种想象，或者是一种错误的认知，但是，这种超越历史局限的某些想法，经过历代“六经注我，我注六经”式的解释和研究，成为中国文化特有的能力价值，在时间的流逝中大浪淘沙。无论传统的古典哲学、空间哲学和城市发展理论科学有何种历史局限，每一种学科理论都有合理内核，对现代中国城市空间形态的演变与再创造都有良好的借鉴意义。

城市是建筑空间的组合，又是占据这一空间的结构。建筑作为一种空间形态，除了是生产、生活的前提外，还包括着“家”和工作场所的概念，是具有某种归属感的空间，也是人们学习、生产、经营、娱乐和生活的仓储空间。广义的建筑还包括与人工建筑相关的各种构筑物，如桥梁、道路、围墙、水坝、水井、隧道、水塔、烟囱及（纪念）碑、水泥杆、招牌、框架等等，建造一座城市和建造一个单体建筑具有同理性，只是规模的区别。但是，从20世纪以来，大工业和新技术使创造一个具有大跨度、超长、超高空间的单体建筑成为可能，已经有了一个建筑就是一座城市的现

---

① ［美］卡斯腾·哈里斯. 建筑的伦理功能［M］. 申嘉，译. 北京：华夏出版社，2001：前言.

② ［美］戴维·哈维. 后现代的状况：对文化变迁之缘起的探究［M］. 阎嘉，译. 北京：商务印书馆，2003：258.

实，这是人类社会对空间价值的再创造，也是人类无限想象的过程和结果①。为了节约土地，或者是为了形成集约性空间结构关系，将一个单体建筑按照城市建设的方式来打造，当代在很多国家都已经开始实施了，现代网络科技给建筑空间的扩展带来无限的想象。当然，建筑文化本身具有的资本性已经体现了经济与文化价值双重性，“城市文化资本”理论的介入，为建筑空间及空间文化的应用创造了广阔的前景。城市空间规划与建筑设计文化所创造的空间，已经超出规划与设计本身，规划与设计即在人的需求层面加以创意，以在创意空间的生成上引导消费者的需求，核心是强调如何通过一个好的规划与设计空间使人的价值最大化。人类创造的实体空间甚至是创造的虚拟空间也都必须能够为人的生活、生产和精神文化需求服务，反之，这类城市和建筑空间便会衰败下去。中国目前所有的县级以上城市都有一个或两个以上新建设的城区，而其中近三分之一都没有很好的产出效应，有些甚至已经衰败不堪，正如斯宾格勒所提出的文明发展有周期是一样的，从出生、发生、繁荣再到衰败以至死亡，这是世界的一般规律。在社会发展领域，有些事物，通过人的理论与科学创新，可以建构一种兴衰周期的规避机制，而事实上，在地球上已经有过获得相对永续发展的城市，虽然出现了发展波动，但没有进入死循环，而经常是涅槃重生，重生力量来自文化力量，来自伟大文化不断创新的力量，让城市获得并创造“城市文化资本”，而不局限于对自然资源的无限索取。

让城市获得永续发展，因为城市是人类现代化的最终家园。我们在生活中也能够感觉到，在不同的空间，会形成不同的心理感应、效应和心理定式，或怀旧，或景仰，或压抑，或绝望，或兴奋，或喜爱，或浪漫，或神秘，或悲伤……建筑空间为什么会有这样的感知与感觉？如我们所认识到的，任何空间，即每个人所感知的空间都是社会空间，不仅有时间刻度，还留有记忆，而怀旧一词也包含着那时、那场景——比如人们经常论及的老井、老房子、老墙根、老祠堂……比如一个相对明显的案例：在巴黎圣母院——一个宗教文化空间，或是在联合国大会——一个政治文化空间，个体的感受反差是鲜明而强烈的，容易引起“我是谁”“我在哪里”“我应该做什么”的自问，社

---

① 根据网络媒体的多种报道：成都新世纪环球中心（成都环球中心），位于四川省成都市武侯区天府大道北段1700号，占地面积约1300亩，总建筑面积约176万平方米，是集游艺、展览、商务、购物、酒店等于一体的多功能建筑。2023年有关资料显示：沙特阿拉伯政府又在计划于利雅得 Murabba 市中心，建造一座名为“New Murabba”的立方体摩天大楼。该项目由沙特王储穆罕默德·本·萨勒曼成立的新穆拉巴开发公司（NMDC）监督。“New Murabba”塔内设有200万平方米的混合用途空间，包括10.4万套住宅单元、9000间酒店客房、98万平方米的零售空间、140万平方米的办公空间、80个娱乐和文化场地，还有180万平方米的社区设施以及一所以技术和设计为重点的大学。

会存在的空间是时间与文化结合后的切面，会形成诸多心理效应。

城市与城市任何空间的建设，都是某种创意和美学“把时间空间化”[①]的过程，在日常生活的体验中，都可以感受到城市中的空间美学差异，在中国还有很多地方的建筑和构筑物几乎不具有美学意义，只有某种功能性价值而没有美学价值，纵观人类建筑发展的历史，只有那些有美学文化价值、文化资本价值的建筑物才能被人类主动保护下来，而有美学价值的意义在于，一个著名作者设计的空间之所以能够穿越时空而被传承下来，主要是因为这类空间本身就是一个有民族文化特点的艺术作品。我们都知道，无论建筑空间美学表达程度充分与否，伴随时间的变化，都具有某种怀旧文化的意涵，所有的建筑空间都是时间的见证者，也都具有“空间里的生产”和“空间再生产”的文化属性。一个老旧的建筑空间无论破旧程度如何，只要是一个曾经在此学习、生活和工作过的空间，都会在头脑中呈现镜像化的场景，都会形成广义的怀旧文化心理，而建筑构成的怀旧空间已经成为多学科研究对象，最引人注意的是市场营销学和消费心理学的研究，把空间作为消费品的研究在消费心理学和消费行为学方面有很多新的成果。

很多实体空间在规划设计方面都有“概念的类”的应用，包括空间描述有不同的层次和类型，如静态空间、动态空间、模糊空间、“黏滞空间”“过渡空间”“灰空间”“中介空间”“负空间”“积极空间和消极空间”“半围合空间”“固定空间”和“可变空间”以及“垂直空间”等等。我们说城市是由广义建筑组成的空间形式，是一个民族和国家历史文化的积淀和文化精神表现，美国学者埃德蒙·N.培根曾描述埃及的金字塔说：作为“一种支配性体量形式完美表现而存在”。它是埃及法老集权文化的一种对应用空间的语言表达，即支配性的文化诉求。他同时还认为“中国建筑恰恰相反，是与自然保持一种和谐状态而不是支配自然的有力表现。屋顶的凹形表现人的恭谦，表现建筑对于宇宙空间的接受，这些屋顶优雅地接受宇宙空间，并成为庭院建筑构图中的核心”[②]。其实，某些西方学者因为对中国历史文化并不十分熟悉，对中国建筑语言、建筑空间文化的描述和理解有很多都是错误的，会在理解上产生文化误区和偏见。

人类社会的建筑文化都表现了某种双面性，不同时代的双面性内容有所不同，在工业社会前的建筑文化，在中国一方面体现了“天人合一”的思想，接近自然、融入自然，但另一方面又与埃及

---

① ［美］戴维·哈维. 后现代的状况：对文化变迁之缘起的探究［M］. 阎嘉，译. 北京：商务印书馆，2003：257.

② ［美］埃德蒙·N.培根. 城市设计［M］. 黄富厢，朱琪，译. 北京：中国建筑工业出版社，2003：16.

文化有同样的东方专制主义思想文化，这是马克思等经典作家曾多次强调的东方专制主义，甚至提出古代东方没有土地私有制，集权文化表现在中国古代建筑空间形态和文化符号上，如大屋顶、高台建筑、左祖右社、廊柱式、坛庙（用于皇权神授的“祭天”“祈谷”等）、宫殿建筑（“金銮殿”）、华表（表示权力象征）、城墙和长城等等。中国古代建筑文化与古埃及的建筑文化因地域文化不同所表现的风格与外在形式也不同，但是它们有一个共性，都是权力的附庸，埃及金字塔与中国的长城、皇帝的陵墓的共同特点是在规模上高大、在细节上精深，都是可以动用全国的力量，创造皇权的神话。另外，在理论与历史文化描述上，专家学者大多数都认为中国历史上的城市和建筑文化对自然具有拥和感、亲近感，这在理论分析上是没有问题的，在中国古诗词当中也可以信手拈来。但是，每一件事物，当你透过它的本质就会发现新的问题或者是事物的另一面，中央集权的最简单表述是权力过于集中，除此而外，对财富和自然物的消耗也必然集中和无度，因为权力没有被约束。如，仅在宫殿建造和权力机构庞大的需求对自然资源消耗方面，古代奴隶社会、封建社会的各个朝代也只是小巫见大巫。以中国唐朝为例，唐朝在中国历史上展示了从中国经济文化高度繁荣到衰落的过程。唐朝的高度集权和官僚体系过于庞大，加上朝廷挥霍无度和极度奢靡，使得盛唐有几个皇帝及整个朝廷官员因粮食不够吃，必须“到东都洛阳就食”，如武则天自弘道元年（683年）临朝称制，到690年武周称帝，至705年去世，共22年中有19年住在洛阳，虽然其中也有漕运不利的原因，但是更多的还有政治与文化原因。其实，早在秦始皇修建阿房宫时，对西安周边森林就已经产生了破坏，好多木材要在遥远的蜀地砍伐，杜牧《阿房宫赋》曰：“蜀山兀，阿房出”，显见集权国家在这一方面的同一性。到了汉代，在司马迁眼里的长安仍然是富庶之地，八百里秦川谓关中沃野，天下三分之二财富集中关中。唐朝是高度集权国家，除了朝廷和城市建设极尽奢华，还有因官僚体制叠床架屋，冗员情况严重，朝廷对自然物索求无度。长安城市占地面积达87.27平方千米，有100多万人口，而关中平原有300多万人口，仅取暖、烧材一项，便是一项巨大的消耗，如白居易的《卖炭翁》一诗所记：“卖炭翁，伐薪烧炭南山中。满面尘灰烟火色，两鬓苍苍十指黑。”[①]史载：唐德宗慨叹关中地区已无大木……开元天宝以后唐朝由盛而衰，原因很多，关中的自然资源遭受了极大的破坏，宫廷建设需要大量砍伐森林，长安从此几乎永久性失去了都城的地

① “武则天执政期间，长期移居东都，并‘徙关内雍、同等七州户数十万以实洛阳’。高宗七次就食于洛阳，从显庆二年（657年）第一次就食于东都至弘道元年（683年）卒于洛阳，二十六年半的时间里，驻洛阳时间占到二分之一。玄宗五次就食于东都。高宗和玄宗都明确提出关中饥迫要就食于洛阳。”参见：丁海斌，国婷婷. 唐代移都就食现象研究［J］. 中原文化研究，2021，9（06）：78-85.

位。而后来的元明清三代定都北京，在中央集权下的权力结构下，仍然是大兴土木，建城墙、城市和宫殿等，从全国各地去砍伐高大、珍稀林木进京，几乎动用全国的力量砍大树，一个故宫，三朝皇宫，几乎穷尽天下高大、珍稀树木，《明史·李化龙传》记载说：国内大树多被伐殆尽，市场上“木贵于玉”。在某种意义上说，传统社会的政治文化很难在深层次上理解人与自然的关系，环境空间的建设也往往是为少数人服务的。工业社会以后，伴随科技的发展，新兴工业化崛起，人们开始认识到了社会要实现可持续发展，就必须“人与自然和谐为本”。

埃德蒙·N.培根在《城市设计》中认为：“在世界上各种文化中，建筑形式是体量与空间的力的相互作用在哲学上的一种表现。这种相互作用反过来又反映人与自然以及人与宇宙之间的关系。以体量和空间确立的明晰性与活力，决定任何文明发展时期建筑作品卓越程度。”[①]几乎每一个古都文明都会创造城市与自然关系的哲学观，都会对城市、建筑、空间与自然的关系创造一种民族文化认知上的解释和逻辑体系，成为一种民族文化和人与自然的一个“文化闭环”。一个古代科技和文明尚不发达的时代，自然理想生活和权力扩张掠夺往往是一对矛盾，在农业文明和工业文明的前期，资本没有现代法律制度约束的时候，经济、社会、文化发展与自然生态关系也是矛盾的，是血与火的洗礼，即使在当代社会，由于某种利益的驱使，很多国家也都没有很好地解决经济发展与生态可持续的关系问题。但是，也是历史的逻辑，在文化上往往这也是各民族建筑的不同风格和不同建筑语言的分类结果，虽然也是集权的结果，但是，这也是那个时代的经济、科技和生产力发展局限的结果，正如金字塔、长城和罗马斗兽场的高大和伟大一样，一方面是民众的血汗，一方面是人类的文化精华，这也是文明发展进程的必然结果，如此这般，才使得世界各国的建筑文化创造了人类文化的一种精彩，建筑文化特色也成为民族文化的直接表现。

人们的日常生活离不开消费，消费行为既包括空间里的消费，也包括把空间作为消费品来消费，在任何时代，每一个人同时既是消费者也必须是生产者，就整个社会而言，生产与消费形成同一过程，即消费也是生产，生产是为了消费，消费存在于生产的全过程，每一个人的日常生活就是在完成消费与生产和再生产的过程——消费的循环。“个人的各种经历可以被理解为‘时间—空间中的生命之路’”，最简单地可以理解为生产—消费—再生产—再消费的循环累积过程[②]。从现实来看，经济学研究领域对空间的表达主要表现在经济活动的生产、流通、再生产和空间再生产及消

① ［美］埃德蒙·N.培根.城市设计［M］.黄富厢，朱琪，译.北京：中国建筑工业出版社，2003：16.

② ［美］戴维·哈维.后现代化的状况：对文化变迁之缘起的探究［M］.阎嘉，译.北京：商务印书馆，2003：265.

费等方面，侧重空间里的生产和生活——生老病死在空间与时间的统一体中。另外，在经济的各种层面中还可以看到很多与生产、生活、再生产相关的空间范畴：生产空间（车间）、消费空间（场所）、工业区位、农业区位、区位熵、中心地论、人文区位理论、市场空间（广度、深度和丰度）、交换空间、“多个次中心”、“中心—外围模式”……[①]人类的主要活动就是广义的生产（工作）、生活日常和消费过程的往复，这也说明空间作为生产和生活的前提、过程和结果，在经济生产与经济生活中的作用与价值，城市本身就是人类自己创造的集合型的一个生产和生活的空间关系体，城市相对于乡村来说就是一种生产和生活空间状态。

城市规划、设计及空间社会学的范畴也是多种多样和多层次的，空间类型在具体实践中有增长的趋势。如有实体空间、虚拟空间、非物质空间、想象空间、自然空间、空间肌理、空间尺度、空间结构、城市网天、城市轮廓、社区空间、邻里空间、空间格局、空间发展方向等等，最多的还是把城市作为一种建筑空间的集合或建筑与文化空间要素的组合，人与空间须臾不能分离，用极简的描述方式可以概括为：空间是人类得以存在和发展的前提。林奇在《城市形态》一书中所描述说，一切要素都是空间的一种存在，“这些对城市形态的影响都是现实的，而且必须在任何标准理论中都要加以考虑。石头、水、古树、时间的印记、天空、岩洞、上下、南北、轴线、序列、中心以及边界等。”[②]事物必然存在空间里，而空间是时间的切面。“城市文化资本”再生产与其他资本类型的再生产方式不同，在创造文化特色空间和空间特色文化的同时，也创造了文化空间里的内容，“空间里的文化资本创新”和文化资本空间创新，建构了双重生产与文化价值。人的生存与社会群体竞争的核心，在一定意义上说是为了获得更大的生存与发展空间，这是空间社会学理论的一个基本的生态竞争原则，空间需求是动物的本能，而城市社会是人类社会群体在克服动物本能的意义上产生的。这也是弗洛伊德所说的一种文明悖论，他在《文明的代价》一书中强调当城市文明创造出一种多数人理性的时候，人的部分本能就被压抑了，尽管弗洛伊德把这看成为“文明的代价”，为了人类的文明，人类不得不对人的某些本能进行规划和压制。笔者认为这是人类进化的必需选择，人类文明就是从压抑人的动物本能开始的，为了人类进化除去负面的本能这一历史责任而创造的，正因为如此，人类才有理性选择行为或者说是人类文明的行动逻辑结果——创造了城市，追求完善的城市文明，这也是一种人类社会自组织系统创造的社会群体的行动逻辑。通过城市文明空间的创

① ［日］藤田昌久，［美］保罗·克鲁格曼，［英］安东尼·J. 维纳布尔希. 空间经济学——城市、区域与国际贸易［M］. 梁琦，译. 北京：中国人民大学出版社，2005：77.

② ［美］凯文·林奇. 城市形态［M］. 林庆怡，陈朝辉，邓华，译. 北京：华夏出版社，2003：59.

造，人类走入理性化的生活结构系统之中。

三、玄远之学与空间是结晶化的时间

除了空间的无限性与有限性、空间的相对性和可以自我认知、自我主观解释性等特点以外，在城市研究领域还可以看到更多的空间属性认知的解读方式，任何想象空间、创意空间与思想空间放入文化和文化资本要素并加以赋能，就会具有更多的创意和创新的可能性，如网络空间的无限放大。现在人们想象的“第五空间”“第六空间”等，包括用虚拟的手法创造3D、4D、5D、6D和7D空间……“元宇宙”就是虚拟空间与实体空间结构化的结合，创造可以无限感觉的空间体系；通过绘画创造不可能存在的各类“矛盾空间”的存在……城市实体空间虽然具有边界性，但是在城市未来空间研究和理想、想象创造方面，可以这样理解：在与现实实体空间的结合上具有实体性；具有可创造的边际，但这种边际的可塑性具有无限可能性，比如超大规模的单体建筑的可拓展思维、单体建筑向城市的转化等。还比如，城市空间格局的无限性，全世界的城市群、都市圈都有着某种向心力，都表现为一体化、融合化的发展趋势，城市连绵的地域更加广阔，有的国家称之为“都市连统区”，都在朝着一体化大空间整合的方向发展；最典型的是中国长江三角洲城市群中的江苏苏南或称江苏长江段沿江八座城市：南京、扬州、泰州、镇江、常州、无锡、苏州和南通，全长420千米，目前有25条过江通道，到了2030年前后，会有45条过江通道，每10千米左右就会有一条过江通道，这八座城市不仅要强调如何实现一体化发展的问题，而且应该强调融合发展的问题。还有上海与南通相望在长江入海口，苏州和上海、无锡和苏州、宁镇扬都市圈，形成全面一体化和互融互通的现实空间结构样态，代表了中国最发达、最现代化区位的大空间融合发展逻辑，我们不禁要提出问题，当我们在强调城乡一体化、城乡等值化的时候，城市空间可以作为无限想象空间的时候，应该如何理解城市未来的空间体系？

空间具有唯一性是空间的价值所在，是人类的空间规划师、建造师“赋予（城市）形态的价值和思想，形成了一种独特的现象。城市形态的历史决不能只是对几何街道肌理转变的描述。北京和芝加哥没有一点相同之处”[①]。美国的芝加哥城市一开始就是近代社会以来工业化的产物，1837年

---

① ［美］凯文·林奇.城市形态［M］.林庆怡，陈朝辉，邓华，译.北京：华夏出版社，2003：25.

成为芝加哥市，当时只有4000多人，1870—1900年芝加哥人口从30万增加到170万，是工业化以来，工业化带动城市化发展的最典型城市。北京则是从农业社会走出来的，西周时代就已经有人类居住，有史书记载，公元前1122年，周代称“燕”，武王灭商后在燕“封召公”，春秋之变，战国争霸，此地为“燕都”，历经3145年，其中有857年的建都史，因此成为一座集中华文化之大成的城市。北京与芝加哥不仅在历史文化上有着鲜明的区别，从空间结构的比较上，应该说有着深层次上的文化质性区别，是生长在不同文化土壤上的大树，是汲取不同的文化营养而成长的，在城市空间再生产上也受着两种文化的制约，都显现了城市的政治文化、宗教文化、民族文化和地域文化的特色，正如林奇所说：“城市形态的历史也不能只是对国家政权力量或市场经济作用的描述。”虽然这一影响是巨大的，但是“决策过程是具有累积性的，不论是好或坏，都会留给下一代和未来的居民”[①]。影响城市形态空间的因素有很多，不同时代政治与其文化的表现强度不同，城市才因此变得更精彩。毋庸置疑，古老文明的城市如印度、埃及、伊朗、英国、泰国和中国的建筑空间、公共空间、私人空间所表达的意涵、意境和空间样式、结构是完全不同的，都有独立的、具有民族文化意义的“空间语言”，这是一种文化表达或者文化符号的象征性。可以这样设问，这种“城市空间语言”差异是由什么决定的呢？如果最简单地回答：当然是由民族文化及其衍生的宗教和习俗传统所决定的，城市空间的文化价值既是历史性的，更是文化性和民族性的，也包括宗教文化的。但是，不同的城市可以从不同的城市哲学角度加以阐释和理解，在列斐伏尔创造的空间理论视野中寻找到了一种空间社会学语言，用一种杂糅哲学、社会学、规划学、心理学和未来学的综合视角对待空间的存在。“列斐伏尔生活于其中的巴黎城市的特殊社会背景及其社会变迁史，以及列斐伏尔融德国辩证法传统（黑格尔—马克思—尼采）与法国现象学（梅洛-庞蒂与巴什拉）于一炉的知识理论背景”“突破传统形而上学的、流动不居的、逼近现实的独特辩证法，以及个人的独一无二的语言写作风格”[②]为人们建构了一种对于空间的想象，留下对空间研究的启发价值，他们的哲学和科学知识背景，决定了他们对空间的解释方式与逻辑之所以与东方和西方的空间结构不一样，其原因是相同的，有自己独立的“空间语言”，这是非常重要的，也是一个创新性研究的前提。

当我们解释一种空间存在价值的时候，其观点之所以能够发生或衍生为逻辑过程，是因为人们对空间认识的理论、方法和技术手段是长期的成长过程，存在内在的逻辑自洽。两个或两个以上的城市形态空间内不同样态的产业的原理是什么？其内在的经济与文化原因是否可以厘定？其答案显

---

① ［美］凯文·林奇.城市形态［M］.林庆怡，陈朝辉，邓华，译.北京：华夏出版社，2003：25.
② ［法］亨利·列斐伏尔.空间的生产［M］.刘怀玉，译.北京：商务印书馆，2021：中译本代序言.

然不是那么简单的，因为，空间作为一种经济、社会、文化、生态和科技的存在形式，有很多种理论解释逻辑，不同视角使空间获得不同的赋意，不同的人们不仅会从不同的社会属性上来表达，如政治的、文化的、经济的、时间上的、功能上的、结构上的、价值意义上的、美学的、宗教的等等，而且因个人的文化背景和社会地位及知识结构的不同，认知结果、答案和感知也是不同的。作为主观意象中的城市空间系统，是与社会存在、社会地位及社会层次性有相关性的，任何空间都是已经被主观化以后的空间意涵，即任何一种空间状态都是通过个人的大脑主观感知、认知、筛选后所描述的。“某种程度上，以前所有的社会学问题思考的是回到静态的空间结构：边界、距离、确定的位置和邻近性就像（会变成人性结构的）空间结构的增加物，它们在这个空间中被分离”①，任何主客观的空间都是主观的反映。城市社会结构变迁的空间分析是在研究一个变化的、流动的，甚至是主观虚拟的空间结构。所以曼纽尔·卡斯特对城市空间的抽象有多种层面的解释：“空间是社会的表现（expression）”，空间在时间里是社会场景的定格，在相关学者看来，这种表述最好的实证就是“两个发展最完善的宇宙模式理论是中国和印度的”②，形成截然不同的空间文化的原生性哲学，表现出不同的空间价值的表达方式，这样的空间也创造了与之相适应的社会空间和社会阶层的结构甚至是社会形态关系。

中国六朝“玄学”的“崇有论”“贵无论”③，就是从中国传统哲学的概念上对空间提出的一种论辩，“玄学”源于《老子》“玄之又玄，众妙之门”，谓“玄远之学”。用现代的话语是“有点玄”或曰有点神秘，有诡辩之嫌，如玄学的争辩主题有“卵有毛”“鸡三足”等，但其包含着中国古代哲学对《老子》《庄子》《周易》传统哲学文化的一种传承，并且是在魏晋时期历史政治文化背景下的一种当时代的哲学文化观，也表现出中国传统文化中一个阶段有关空间思维方式的一种认知。《晋书·裴頠传》的《崇有论》是针对王弼等人提出的“贵无论”而写的文章，虽然也是为当时政治服务的一种哲学观，但是这种“玄对山水”“玄对空间”和空间存在于社会“有”和“无”

---

① ［德］齐奥尔格·西美尔.时尚的哲学［M］.费勇，译.北京：文化艺术出版社，2001：37.

② ［美］凯文·林奇.城市形态［M］.林庆怡，陈朝辉，邓华，译.北京：华夏出版社，2003：53-54.

③ 崇有论、贵无论：《晋书·裴頠传》说：“（頠）深患时俗放荡，不尊儒术。何晏阮籍素有高名于世，谈浮虚，不遵礼法，尸禄耽宠，仕不事事。至王衍之徒，声誉太盛，位高势重，不以物务自婴，遂相放效，风教陵迟。乃著《崇有》之论，以释其蔽。……王衍之徒，攻难交至，并莫能屈。”可见，裴頠著《崇有论》的目的在于维护封建礼教。本论的主要思想有：“有”是天地万物的宗极之道；无不能生有，物各自生，凡事应该有为而不应无为；贵无之议，贱有之论，必然导致忽视名教而伤教化。收入《晋书·裴頠传》和清严可均编《全晋文》。参见：方克立，等.中国哲学大辞典［M］.北京：中国社会科学出版社，1994：628.

的价值思辨给后人提供了一个可以思考的想象力空间；换言之，中国南朝时期的“崇有”与“贵无”的论辩虽然只是玄而又玄的诡辩，但是，其改写并显示了中国古代对空间思维的一种创新思考，也可以视为是中国传统文化中对虚拟和实体空间的哲学思辨，由此，不同文化土壤内的哲学对空间概念的演绎都具有无穷性和思辨性，认识空间就犹如认识世界一样，是一个永远的探索过程，其价值就在于给人以更多的空间思考和启发，正如哲学上认知的宇宙空间具有无限大一样，很多时候，不同个体和群体的思维空间和空间认知往往受限于本民族文化和宗教文化传统哲学的基本原理。当科技在无限发展，当显微镜、射电天文望远镜从微观和宏观两个方面扩展了人们思维空间的时候，越来越多的人认识了空间世界无限小和无限大的发展价值，特别是在对天体和未来世界及未知领域的探索时，人们的空间意识和空间感知变得更加复杂，当然也更加接近客观、接近科学性和空间的实体表达，就像人们探索宇宙空间的起源一样，所谓“三种说法”：一种是自然的过程所引起的宇宙大爆炸的结果；一种是上帝和神创世说，即使到了2024年甚至还有一些科学家在讨论这一问题，一部分人认为世界这么精致应该是有人设计的；一种是你、我、他自己的主观理解、解释所建构出来的宇宙空间……这个空间可以被无限认知，也是人类和自然界的无限发展过程，但其中蕴含的规律是逐渐被发展的。

空间与时间具有共时性[①]，每一种空间的时空延续，都在证明、印证、刻画一个时刻——老旧建筑空间那斑驳陆离的墙壁就是凝固的时间指针……时光在空间的墙壁上缓慢移动，却是真的如白驹过隙……这个空间证明了观察者这种时刻的怀旧心结、想象、情愫和空灵……或是时间在空间里的表现。空间有时是被个体所认知和理解的，有时是被某一群体或阶层所共同理解的，没有个体与群体对时空的怀旧型理解，空间也就不可能被“结晶化”和商品化。当一个伟大人物的雕塑或者一个历史上伟大建筑存在的时刻，这个空间就表达了深刻的文化理念和各种要素隐喻，存在的理由是什么？存在的文化认同的共同点是什么？当这种空间进入人的眼帘和脑海，就会有一个主观的筛选和价值判断，进一步说，所有人来认识这个空间的时候，从一般的认知，上升到感知、文化认知、可能有不同理解，最后是带有某种价值判断的认识……都是对一个空间结晶化的怀旧、反思或批判。这是一个时间和空间的切面、一种时间凝固所留下的怀旧符号，一种空间结晶或者一种空间想象——无不是主观认知的表达或怀旧的升华——一个有深刻文化底蕴的人，对某种空间的认识，和文化底蕴较浅的人会有不同层次的解释和理解，如一个了解某一雕像历史的人，和一个不了解这个

---

① ［美］曼纽尔·卡斯特. 网络社会的崛起［M］. 夏铸九，王志弘，等译. 北京：社会科学文献出版社，2001：504.

雕像历史的人其反映的结果是不一样的，所有的空间与空间符号都会有个性的理解反映，至少对空间关系的理解具有历史感、情感和立体感……有的人反感，有的人喜欢，而有的人几乎没有任何反映。

曼纽尔·卡斯特对空间与时间的关系理解，对我们研究空间“城市文化资本”再生产是大有裨益的，有些观点虽然不能苟同，但是从创新与自己独立意识的角度出发，或者是以人类理性的角度来理解人类创造和认识的空间，曼纽尔·卡斯特笔下的空间，具有网络时代的科学属性的视角和方法论意义。在人类城市化和城市现代化过程中，在现代网络科学技术的支持下，很多优秀学者的空间研究，在某种程度上都表现了人类正从更高的或理性的层面认识人类创造的空间形式——城市，城市作为一个生态结构系统和社会空间结构系统，改变了传统城市社会学的单一认知视角，即“空间，特别是生态位置意义上的空间是一个重要的资源，可以用它来支持对经济利益的追求”[①]。显然这一结论是正确的，但是，后现代意义的城市空间已经不仅仅是生态利益的空间关系，而是一个空间创新体系，一个充分创新空间的本身就可以是一个创新的文化场域，如美国西部硅谷、上海的张江科技园等。城市衍生的空间，形成了新内容，并在这个内容基础上产生了一系列的认知和学科知识，人们经常问：为什么硅谷空间可以成为全球科技创新的典范空间？同样是人类创造的空间，为什么会产生不同生态价值，很多国家都在模仿、克隆美国西部硅谷，可是鲜有成功者，为什么呢？简单回答就是空间的文化场域及空间的文化资本再生产的环境不同，“新经济资本”和文化资本生长的土壤不肥沃。

一个能够成功创造财富并具有特色文化的城市空间，不只指单纯空间的实体范围，还包括“空间里的生产”模式及文化场域。城市空间是人创造的，可分有文化资本的空间和少有或没有文化资本的空间，有些空间成为人类的负担，也就是说，城市的优质空间是缺乏的，那些不被称为优质空间的存在，往往成为一种病态符号，在一座城市里，各种各样的空间并存。全球的一线城市，优质空间往往多于劣质空间。空间是流动的，是通过空间历时变化和空间再生产的动态过程来表现的。每座城市，每一天都在创造空间——衰退的和成长的，城市每天都在变化，城市本身就是一个生产空间的机器。工厂生产产品，城市生产空间，而城市本身空间的结构性成长就是在生产空间。有生产车间必然会有合格产品和不合格产品，也会有高质量产品和低质量产品。在城市化总体过程中，乡村人口流入城市，空间的生长是主要的——城市的新城、城市的新区、城市的新街道、城市的新

① 城市社会学［M］. 康少邦，张宁，等编译. 杭州：浙江人民出版社，1986：71.

楼盘、城市的新小学、城市的新工厂、城市的新开发区的出现几乎每天都在发生，这也是城市空间成长的生命力所在。在理论上讲，城市空间具有无限增长性，全球一线城市如纽约、东京、伦敦和巴黎等，城市空间一直处于一个增长状态，对于城市人口增长的城市来说，城市空间的增长就是为适应新增人口而创造发展的过程，为了新增长的人口能够在“空间里的生产”，更为了人口增长需要进行“空间再生产”。同时，也应该认识到，城市规划本身也是城市空间里的生产和再生产过程，这个过程既包括城市空间的规模性增长，面积、体积的扩大，也包括质量性增长、结构性增长和空间的价值性增长，只是在人为的干预下，进行了规划制度型的控制与设计，才使得城市增长处于某种有序状态。当然，更多的时候，由于权力和资本力量的驱使，多数城市的增长处于无序状态，只是程度不同而已。

具有全球影响力的城市，在一般意义上也是“城市文化资本”积累比较丰厚的城市，这样的城市都有一种强大的文化软实力的张力和传承力。因此，在各种结构型变迁中，都会有内在的城市文化基因的碰撞而产生新的文化空间和新的文化资本要素。美国威斯康新大学的R. B. Andrews认为，任何空间结构在观念上应具备三个性质。

一是实质结构（physical structure），指的是一座城市的建筑形式、地形、配置、土地使用类别及其分区以及所有的基础设施，具体的可称量的有尺度的空间。在实体空间的演化变迁中，往往具有强力的人文控制力，有文化灵魂的城市变迁往往不至于“失速”和跑偏，如伦敦每年的城市发展报告，就具有典型的指导意义，在欧洲一些发达国家的城市空间结构样态上，我们能够看到从11世纪以来的空间文化延续性，同时，还可以看到在传统城市空间文化结构上，创新发展的历史性，这是非常难得的，即现代城市的空间并没有与传统产生“文化断裂”。

二是结构系统（structural system）空间，“指的是各种土地使用类别或分区在经济与社会观点上的功能性关系而言。更广义地说，结构系统可以涵盖许多相互作用、影响的部分，包括人类价值观与制度、自然地形、技术以及社会、经济与政治力量。”[①]结构系统空间是各种结构性要素的结构化关系的构成。有简单结构和复杂结构之分，特别是这种结构空间包含了社会空间要素，即所有的实体结构空间，在现实的社会中，都是各种社会实体的组织存在，如政府、企业、社区组织等的载体，因而这种结构空间也必然存在矛盾和对立文化的空间，或者会出现某种“结构洞”和结构的不合理性，而现代人在研究空间发展的时候，就需要针对性解决空间的结构系统中的问题，能够看到不同制度体系

---

① 栾峰. 城市经济学［M］. 北京：中国建筑工业出版社，2012：93.

下对城市结构的控制方式和理念，至少，一个现存的合理的空间结构系统，能够显现空间的开放性，让更多的优秀文化和传统渗透到城市不同的空间结构系统当中。关键是，有些城市能够在结构系统中注入文化精神的力量，使结构性的调整更具有科学性，所以城市要不断地进行城市更新。

三是城市空间结构系统的变迁过程（structural process）。强调城市空间结构永远处在一种变化过程中[①]。这对于城市来说，主体结构是决定城市总体形态的核心结构，应该有所保留、传承，在结构性增长的过程中，应该是主体结构的延续而不是破坏，如巴黎的空间结构，与160年前比较，主体空间结构没有改变，而现代城市发展又有很强的继承性和现代性。佛罗伦萨的城市空间结构更是如此，在上千年的时空演变中，文化创新不断，中世纪形成的城市空间结构、城市轮廓等一直延续至今，给人很强的历史感和现代性的文化感。

结构性变化需要适应传统和主体结构的机理，强调传统的、核心的和合理的结构不应该总是变化或者被破坏，这样才能成为一个连续的城市空间体系，也可以称其为“时空文化连续结构体系”，既能保存传统、民族风格，又能创造新的未来，就如中国城市传统形态的中轴对称式棋盘型格局，具有世界唯一性和强烈民族文化的对称美，是中国传统城市风格的基本结构，是应该发扬光大和继承的。近些年来，很多学者都在研究城市空间结构、城市社会结构转型和变化问题，就一个具体的实体空间来说，这个变化是以时间的转移为内涵的，而社会结构的变化是以社会的进步与否为标志的，对于中国来说，要保持中国特有的城市空间形态结构体系。

城市空间作为一个物质化要素的存在形式，能够让人们认同的或者是表现为“城市文化资本”要素的城市，一定是具有历史空间结晶化的表现。如前述，“城市文化资本”再生产是以一定的空间为前提的，并通过一定的空间形式构成了“城市文化资本”的结构形态。我们必须分析“城市文化资本”生产的空间意义和空间前提，即当一种空间形态表现为某种资本性价值的时候，必然是通过“某种生产过程”来实现的，“城市文化资本”在本质上与一般商品价值的产生是相通的，必须要经过“某种生产过程”。但是，由于“城市文化资本”又与一般“资本”有着某种质的差异，即表现为“公共空间属性和公共财富空间特质”，加之“资本”又赋予了文化的意义，在遵循一般资本、商品和资本产生的基本规律的同时，“城市文化资本”除通过“空间生产过程”来实现并形成新的“价值”——具有文化属性的资本和资本“剩余价值”外，还必须以大脑的智慧创新和创意的方式进行“思想、思维创意空间的再生产过程”，并且把“城市”与“资本”、“文化”和“再生

① 陈坤宏.空间结构——理论、方法与计划[M].台北：明文书局，1994：15-16.

产”有机结合，形成具有特殊意义的“城市文化资本”再生产的循环生产过程，而不是一般意义上的生产过程。“城市文化资本”再生产的结果不是一般意义上“模具”的“产品”，而是“作品”——具有创作、创意意义的产品，大体上应该说是在某一方面具有唯一性的作品，即称为“城市文化资本”再生产结果的商品，必然具有“作品”的属性，当然，更多的是应该具有“城市文化资本”十大属性，这样的“城市文化资本”再生产，才具有更深的文化意义和更高的文化与经济价值，更重要的是它能够具有唯一性的同时，还具有垄断性、公共性、资本价值性和历史的价值刚性等等。即世界上著名的城市可以视为“城市文化资本”的文化符号要素有很多，此只拾其一二：伦敦大本钟、巴黎埃菲尔铁塔、纽约自由女神像、东京的东京塔……北京天坛、上海东方明珠……“城市文化资本”在特有的文化资本属性上，其生产过程具有独立创造性。这样“城市文化资本”就被赋予了历史过程岁月积累的结晶意涵，需要通过整合历史上的或是“长时间的历史扬弃与涵容生产过程”的结果，并进行现代意义上的文化再生产，如创意、赋予新功能（如旅游功能等），即所谓必须经过创意、生产、流通、创作和再生产等价值实现全过程，才能实现“城市文化资本”的一般价值和剩余价值。亦如一个流传多年的字画或者古董一样，它已经不能以一个现实的一般工人的劳动来衡量，它的内涵包括了“传承”、“历史文化”、艺术价值、唯一性、不可复制性和现代意义上的市场流通过程等，是以其相关文化附加值来表现其特殊价值而实现商品交换和消费的，进而表现为其特有的文化资本的力量。

任何资本价值的表现，都是在某一空间内完成的，用于某一处、某一区域、某一领域或者某一国家，还可以用于网络金融的资本运作行为等等，都表现为某种空间范畴的行为。“当我们提到‘能量’时，必定马上注意到能量必须在一个空间中分布”，其实这一含义主要是说“能量”在哪个空间里，哪种空间能够创造能量，创意文化空间、科技创新空间等这类空间在哪。这就表明了没有空间的表达，就没有能量的集聚价值，而空间的人文区位创造则是空间可以产生新能量的前提，甚至我们可以重复地说：有人文指向的、能够让人才发挥能动性的空间才是能量空间。“当我们提起‘空间’时，必定马上表明是什么占据空间，以及它是如何运行的：能量的分布与‘点’相关且在时间的框架内进行。当我们头脑中闪现‘时间’时，我们必定立即说出运动与变化的究竟是什么。孤立地思考的空间是一种空洞的抽象；这一点同样适用于能量与时间。”[①]空间表达的“能量”的存在意义在一定意义上就是人的价值最大化。在现代城市空间体系内，有些资源能够称之为“城市文化资本”要素，

① ［法］亨利·列斐伏尔.空间的生产［M］.刘怀玉，译.北京：商务印书馆，2021：19.

也可以被视为一种“能量”，而这种能量的区别在于文化因子和文化基因，即在什么样的空间会产生公共财富的资本性价值？在什么样的空间环境关系中才可以创造“能量”使资源转化为资本，并产生新的能量价值？——一定区域空间的唯一性、垄断性、历史性、社会整体认同性、民族情感性、历史意义的价格刚性、文化价值传承性以及某种政治属性等，缺一不可。如南京中山陵整体景区作为南京的“城市文化资本”，是南京城市文化的荣耀，是南京城市文化赖以发展的基础要素之一，其主要特征之一就是在一个较大空间内整合了自然、人文、宗教、政治、科技和休闲文化等要素，成为城市的一个可持续发展的动力源，要发现这个城市“能量”源，并使“能量”转化为“城市文化资本”的可持续再生产过程。“城市文化资本”形成的空间结构及相关要素构成的主体确立过程，是以群体意志的认同和表述为其存在内核的，只有通过群体意志和历史检验的城市文化要素，并通过政治上、文化上和价值取向上的融合创新，形成一种空间的表意和意象，这种“空间表现与结果”有的才会成为历史意义上的象征文化。判断一个城市空间结构的某种文化资源，最终能否成为“城市的文化资本”，关键在于群体性文化创新和文化选择主体的选择方式，特别是现代社会的“城市文化资本”再建构，一定是社会优秀的群体通过合法程序并经过历史检验完成的。

城市“生态位置是一个人在相互作用着的人们和职能机构的空间集群中的地位。这个位置对于获取经济利益的能力是一个具有决定性的因素”①。任何人所获得的空间，放在城市社会学的理论范畴框架内分析，只是一个生态意义上的“生态位置空间”，人是城市生态的一个要素，或者是一个文化符号。“城市文化资本”及城市形象的塑造是对城市空间及空间符号的一种创新性的再产生，或者说是把空间作为一种文化资源，进而将其整合为一种“城市文化资本”形式来运作。西方的相关学术研究成果证明：各区位主体在资本、生产、利润和技术竞争之外，到一定阶段必然形成空间竞争，究其原因，即所有的区域空间的优质资源都具有有限性，所有区域空间内的资源都具有不完全性，没有一个区域空间体可以这样说：“人类需要的所有能源与资源在我这里都是十分丰富的，并是取之不尽用之不竭的。”区域空间资源的有限性，决定了所有空间内的任何群体都需要与外界交换资源，获得生产动力。“空间既是社会生产而成，但它同时亦是资本主义再生产的必需条件”②——这是传统资本理论的结论，应该说任何空间是任何生产要素的一种构成，即不仅仅是“资本主义再生产的必需条件”。科学认识区域的非平衡性和空间的竞争性，以及这一竞争过程所形成的“场效应”引出一个地理事实上的实际“不均衡状态”，这种“不均衡状态”构成动态矛盾与需

① 城市社会学［M］.康少邦，张宁，等编译.杭州：浙江人民出版社，1986：71.
② 李明坤，黄绍伦.社会学新论［M］.香港：商务印书馆，1992：271.

求、集聚与扩散的空间场，反过来必然对社会群体的生活、社会活动和生产活动产生巨大的影响[①]。

四、空间占有与选择本能——话语的文化共同体

人们的空间选择成为一种社会驱动和“本能”，深层次地融合在宏观决策与社会管理当中。大卫·哈维（David Harvey）的观点更能够证明城市空间的社会与“城市文化资本”意义，“哈维以资本积累的逻辑来掌握社会，而空间（都市过程）位居此逻辑的核心，和货币（资本）、时间、劳动等概念一样，是具体的抽象（concrete abstract），因此，空间是社会整体动态之逻辑的要素与转机之一。”[②]空间的存在具有深刻哲学意涵，人们在解释这一存在时，往往处于抽象的思维空间和抽象的思维方式上。王志弘在《流动、空间与社会》一书中总结各家的空间理论时说，空间与社会的关系可以解释为：“空间乃是社会的一个切面，跨越社会的所有领域，是社会存在与运作的展现和结果，以及凭借和中介，我们无法想象一个没有空间而能存在的社会。……空间一开始已然是社会的空间。”[③]空间是人类的一个主观塑造，实体空间是主观创造的客观事物，把自然空间纳入人的主观认识系统，自然空间便从“社会人”的主观意义转化成为社会空间，如面对一个自然山水美丽的地方，传统的权力者、商人和现代城市管理者对这一空间的理想看法与用途是不一样的，一旦论及于此的时候，自然空间在人的主观意识中，或许成为王者的皇宫别墅，或者成为商人的房地产开发地，或者成为现代管理需要的科技创新区。因此，当空间成为人类的一种认知形式时，空间就自然而然具有了人类社会产品意义[④]。

当一座城市整体环境空间都趋向美好的时候——尽管这是一种理想类型，这座城市在整体空间体系内是所有阶层都可以享受这种美好，即使人们看到那些高档商业公共空间、很多高档文化活动空间，在多数情况下低收入群体也可以游历、观赏和消费。世界著名的城市商业空间、商业街区是所有阶层都可以享受的，除了特殊的富人会所之外。大卫·哈维说：“以资本积累的逻辑来掌握社会”，把空间分为绝对空间（absolute space）、抽象空间（abstract space）、相对空间（relative

---

① 牛文元.理论地理学［M］.香港：商务印书馆，1992：816.张鸿雁.侵入与接替——城市社会结构变迁新论［M］.南京：东南大学出版社，2000：418.

② 王志弘.流动、空间与社会［M］.台北：田园城市文化事业有限公司，1998：11.

③ 王志弘.流动、空间与社会［M］.台北：田园城市文化事业有限公司，1998：11.

④ ［英］G.卡伦.城市景观艺术［M］.刘杰，等译.天津：天津大学出版社，1992：18，44.

space）、差异空间（differential space）、关系空间（relational space）[①]等一系列概念，并把不同的空间注入不同的社会含义[②]。这也是普遍的社会现象，无论什么样的空间都需要资本的积累并通过货币交换猎取，因此，正如前面所论述的，不同城市不同类型的空间表现了不同的资本价值，而更是与人的收入、政治地位呈正相关，这恰恰也是市场经济的结果，同时也是社会全体的“全面战争”的结果，这里所说的“全面战争”就是马克思在政治经济学批判里所说的“一切人反对一切人的战争”——市场经济所构成的货币体系创造的无形的手的合理的、全面的竞争及依赖关系。卡斯特主张提出的“空间是社会的基本物质向度”，因此，空间是社会整体之特殊面向（物质面）与存在之基础，并提出地方空间（space of place）和流动空间（space of flow）等概念。这两种观点强调空间的“部分论”，在理论与说明的意义上，还不能全面解读空间与社会发展的内在关系。空间，特别是城市空间是一个“社会属性容纳体”，当一个社会的政治与文明确定了一种文化模式时，空间所承载的内容是有社会属性的，一个某种特定、纯粹的宗教的空间，是不会容纳其他宗教文化的。虽然在有些地方如台湾，会看到多教合一场所（一个空间里“五教合一”），但从整体意义上讲，纯粹的特定政治与宗教空间只能容纳其相关认同的文化要素群体，以证明空间的政治与文化属性。一般意义上的生活空间，在某种场合可以成为多种文化空间价值与多种价值空间的组合，城市空间内必然会存在价值多样性，就如帕克所提出的城市的“异质性”一样，“异质性”群体决定了对城市空间认知的多样性，空间是特定文化、关系、结构和物化事物的集合，更是观念的集合，因此，空间无所不包，当然空间的解释也必然是多项度、多向度和多维的[③]。

---

① 关系空间（relational space）：“包含于客体之内，意即一件事物的存在与否，完全决定于它是否包含和表现了它跟其他客体的关系。”参见：王志弘. 流动、空间与社会［M］. 台北：田园城市文化事业有限公司，1998：71.

② 绝对空间（absolute space）：是由位居某些基地的自然之片段所构成，这些基地是因其固有特质而被选取（洞穴、河边、山顶等）。……绝对空间乃是血缘、土地和语言的纽结之产物，相应的是前资本主义的社会。”抽象空间（abstract space）：对应的是资本主义的社会，此时社会空间是生产力与生产资料、生产的社会关系，以及特别是其再生产的一部分。抽象空间有其矛盾，主要源于均质化与片段化的双重过程，这个矛盾会引发抵抗和斗争。差异空间（differential space）：强调的则是使用价值优先于交换价值，从对自然的支配转为对自然的取用。依亨利·列斐伏尔的观点：“作为革命理想的社会主义空间，正是差异的空间。”参见：王志弘. 流动、空间与社会［M］. 台北：田园城市文化事业有限公司，1998：3-4.

③ 笔者依然用下面的假设来处理这个议题：“空间是一个物质产物，相关于其他物质产物——包括人类——而牵涉于‘历史地’决定的社会关系之中，而这些社会关系赋予空间形式、功能和社会意义。”参见：［美］曼纽尔·卡斯特. 网络社会的崛起［M］. 夏铸九，王志弘，等译. 北京：社会科学文献出版社，2001：504.

空间结构在实现其结构功能关系的时候，既有结构功能，又必须有体系功能，结构和功能互为依存。当出现“结构空洞”时，在本质上可以证明为结构与功能存在着合理性的不完善关系。因为，任何结构都存在着所谓的“结构空洞”，是一种结构的必然存在——我们也可以把这种“结构空洞”视为一种异化空间，而这种“结构空洞”有时也许是一种正功能的价值存在形式，也可能是负功能价值的存在形式，或者是一种结构性缺失。任何“结构空洞”空间都可以是一种经济价值的某种表述。我们经常可以这样问，是谁占有这个空间？这个空间与另外一个空间哪个更具有价值？或者要问空间的主人是谁？所有权属于谁？是谁在主导“空间的生产”和空间的再生产？如何运用城市空间和空间结构关系使其发挥正功能是“城市文化资本”创造的前提，也是内容，更是结果。《马丘比丘宪章》中提出：“在我们的时代，现代建筑的主要问题已经不再是纯体积的表演，而是创造人们能在其中生活的空间，要强调的已经不再是个壳而是内容，不再是孤立的建筑（不管有多美，多讲究），而是城市组织结构的连续性。”①空间是社会结构的结构化构成部分，作为社会人的附属物是与城市人的生存质量相关的。正因为城市空间的安排、变化、流动是城市社会的一种规律秩序，即从无序到有序的往复过程，这种秩序是在对人的某种空间限定条件下完成的。所有的城市形象要素都占有空间，城市空间是所有正在成长的要素（包括个人和组织）想要获取的有价值的生态“位势”，正是这样一个“位势”，使空间成为国家和民族存在的基础、资本和前提，所以要为空间竞争和空间里的行为加以规范，这就是一种空间对人的塑造功能。城市空间在一定条件下成为改造人类的场所，如哈佛大学或曰世界所有的优秀大学都是一种特定空间范畴，培养优秀人才的空间构成城市功能的一部分，而这类空间几乎成为人类最有价值的空间。“人类是有领域感的动物，他们会利用空间来控制人与人之间的交易，会维护领域的所有权以保证拥有其资源。人们对每一片土地都行使这种控制权，同样也对这里的人行使着这种权力。但是，我们这里的主题只是前者。对空间的控制会产生心理结果，例如担忧感、满足感、光荣感、屈从感等。社会结构是建立在这个基础之上的，至少是表现了社会结构。战争的主要动机之一便是争夺土地，而且任何统治权力都是以土地为基础的，所有这些都是非常普遍的现象。”②现代社会国家的内部经济关系中的市场竞争，从本原上说，也是“空间—土地”的竞争，城市建设与城市规划及建设项目开发等，在土地级差价值规律的迫使下，追逐土地级差使城市空间越来越拥挤，使城市人越来越有某种压迫感，特别是发展中国家的城市化建设和中国部分城市的规划建设，几乎是以丧失城市优质空间为代价的，无序的空

① Allan Jacobs，Donald Appleyard，金广君. 城市设计探新［J］. 国外城市规划，1990（04）：6-12.

② ［美］凯文·林奇. 城市形态［M］. 林庆怡，译. 北京：华夏出版社，2001：145.

间再生产给城市社会发展带来长远的负面影响，也给城市形象的塑造带来困难。

“空间连续统”①的创造是城市空间再生产的功能特质，因而，可以认为：区位空间是可以创造的，人文区位是可以建构的，就如“城市文化资本”是可以挖掘和再创造的一样。在优秀的大学旁边（如哈佛和麻省）、在一个美丽且有历史故事的社区（如纽约中央公园）、在一个现代科技产业区（如硅谷）等，这些人文区位往往会有一种“文化场域”空间的文化氛围和城市气质，如上海的城市气质和南京六朝古都的气质就大有不同，各领风骚。之所以强调人文区位的“人文指向”，是因为这样的区位空间形成的“场域文化”能够直接影响、规范人的行为，正如人们评价某人成长的历史时会说：“他从小学习环境就好。”这里的环境是指什么呢？应该包括身边和生活周边触手可及的文化要素和可以习得的家族文化行为习惯，可以用很多文化因子来描述，能够很方便地获取经典书籍、相对容易地学习到文化知识和技能（如绘画、书法、乐器相关技艺等）、有修养和学养的亲戚朋友以及会接触到各种较好的文化设施等——这是一个人文化资本养成、修炼成的前提，也是特定的文化场域。

福州“三坊七巷”的空间构成一种文化资本场域，出了很多文化名人，虽然现在“三坊七巷”已经成为著名的旅游景区，但是，现在来此旅游的人仍然能感受到那时、那场景的学习养育空间，出生在这里的文化和政治名人有“精通西学第一人”的思想家、教育家严复等，其他人就不一一列举身份了，有林则徐、林纾、谢婉莹（冰心）、林徽因、陈宝琛、郁达夫、沈葆桢、梁章钜、何振岱、林长民、林旭等等。巷子深深深几许？何以能人辈出？关键是这里文化深厚深几许，而三坊七巷曾经是一个文化容器。

苏州是中国出状元最多的城市，经有关资料统计，中国有1300多年的科举历史，苏州共出过文武状元51人，其中清代苏州出了26名状元，状元人数在全国城市中排名第一。近代以前这里有10位尚书、10位总督和151位进士，后来这里先后有10位院士——在1949年前后，苏州古城只有14平方千米。小街窄巷、小桥流水、小窗黛瓦……为什么能如此英才、文人辈出？而其他城市却不能？这里的耕读传家、精致生活之风构成一种文化场域。苏州曾经是一个优秀的文化容器。

太湖畔的无锡宜兴是中国教授之乡，是一个有特殊人文区位价值的城市空间体系，历史上宜兴

---

① 所谓“连续统”，就是两端由无数中介点连接在一起的一个统一体。社会空间连续统（Continum），它既是由城市居民居住活动产生的一种开放空间实体，又是一种反映社会关系的意识，同时兼具物质和社会双重属性。吴晓，等.我国大城市流动人口居住空间解析等——面向农民工的实证研究[M].南京：东南大学出版社，2010：8.

曾出现过548名进士。近代以来，在这里生长出了26位院士、百位大学校长和一万多名教授，被誉为“教授之乡”。同样，为什么宜兴可以这样，而其他城市不能？这里是鱼米之乡，是文化底蕴深厚的一个人文区位，宜兴是一个优秀的文化容器。

我们不仅要问，这三个地方——空间，或是街区，或是大城市，或是中小城市——都是出文化作品的地方，都是出名人的地方，都是出新文化、新思想的地方，这三个地方为什么会人杰地灵、钟灵毓秀？因为风水吗？三个空间的共性何在，可归结为一条：是文化资本可以再生产的场所，有独立的场所精神。核心是有着新文化、新智识和新的理想生长的土壤环境，文化价值空间和文化资本有着存续的传统。这样的历史和环境空间对人的行为有着不自觉的“规范与压力”，是一个文化选择压力的空间，正如我们到具有某些宗教文化建筑艺术的空间内，往往被其高大、庄严、神秘的空间所折服——不自觉地会感觉自己渺小……人们往往基于传统心理和文化心理构成，对一些高大雄伟和炫目的消费空间，在心理习惯、行为上和感觉上都会有相应的心理效应，同理可证，在一个充满知识与文化艺术的生活空间，自然造就和养成文化气质，如果没有文化修养、不能主动学习，不能注重整饬文化气质，你可能就会被这个空间里的人群所鄙视，甚至被逐出局——这样的文化场域，就是研究和倡导的“城市文化资本”再生产的文化空间。

用一个假设来回答：在创造一些发展条件下，所有的城市或空间系统都可以像苏州、三坊七巷、宜兴及美国硅谷那样，成为一个孕育优秀人才和名人辈出的地方，同时还可以集聚人才创造价值，那么，所有的城市当然可以朝着文化特色化和科技文化现代化的方向发展了。然而，回答是否定的。从逻辑上讲，世界上不存在两个同样的空间，也不可能有相同的文化环境！

优质空间因为具有如此鲜明的多重文化与商业价值，所以必然是个人和群体、权力和资本追逐的对象，城市的中心区域或相对的某一区域中心往往能够得到较高的经济回报，这是城市空间演变的一个内在动力机制。如当代中国的新型城市化和都市圈化，县城以上的各级城市，特别是那些大城市，正在兴起一个个新的中心，而这些城市的多个新中心往往是以商圈为内核的，以商圈——不同类型的商业综合体为代表的城市不同等级的“中心地”正在中国全面铺开，不用质疑，这是城市结构性和功能性扩张的一种方式，具有必然性和规律性，中国一、二线城市如北京、上海、成都、重庆、广州、深圳、杭州、南京、武汉等，提出了建设50—100个不同规模商圈的构想，一方面是城市人口增长空间扩张的结果，一方面是为城市居民生活服务，创造5分钟、10分钟、15分钟和20分钟等便民服务中心，是城市管理者为了在城市化的空间扩张中创造“均好性”的空间体系。在日常生活中我们经常可以看到，很多商圈中各种经营性公司、商业机构经常会改头换面、改换经营主体，一些商家被这一空间“竞争出局”，是因为越是具有优势区位的空间，越具有经济与文化价值，所以更具有竞争性；越是具有优势区位的空间，越具有稀缺性，而往往是高风险与高收益同在，商圈成为高速运转的社会空间，也是城市空间流动的一个表现，这种竞争性淘汰式流动，在城市商圈内、产业园内和以总部经济为主体的楼宇经济体内已经司空见惯。“以人类经济社会活动空间集聚及其形成的区域城市网络为主体的现代区域空间结构理论，实际上包括三个层次的研究内容：集聚体（城市）本身的发展规模及空间结构规律；集聚体（城市）对周围农村地区的吸聚模式；以及区域内各个集聚体（城市）相互联结的城市网络结构形态。”[①]空间结构理论虽然是从区域规划角度来研究区域空间结构的，但是，城市所有的集聚与扩散的空间都是城市社会结构的空间构成，这个社会结构联结的本质方式是价值交换关系，而价值交换在社会结构中被演化成各种各样的形式和局部结构，整体和局部可以“分层”，可以“区隔”，可以“分化”，可以“重构”。除我们熟悉的市场空间外，还有城市人的闲暇空间、富人空间、穷人空间、女性空间、可介入空间、不可介入空间、临时空间等，每一类空间都由“因子生态”构成空间的社会价值与需求，并由此形成空间再生产的动力。当代一些新的城市发展战略理论在这一方面又多有歧义，如《紧缩城市：一种可持续发展的城市形态》一书，强调土地高效使用，包括混合用地理论等[②]。而笔者在很多研究成果中多次强调，中国的城市化和城市现代化应该提倡“适度紧缩城市理论”，而不应该以超高层林立的高密度城市空间为取向，应该根据城市区位的具体实际，创造有中国特色的生态型城市，而目前的资料显示，中国很多山坡地和四荒地没有得到充分的利用和开发。很多城市高密度人口拥挤居住在相对的平原地带，而靠近山区的部分非基本农田用地的地方却还只是荒地，城市的市域面积和城市建成区面积的比率十分不合理。

空间的异化已经在中国的城市展开。中国很多城市都在建设和设计“15分钟生活圈”“10分钟生活圈”等，城市的公共空间也越来越表现了市民社会的公共空间文化价值，应该说，在城市公共空间开放方面，很多城市都做了特定的规划，如“2016年，上海发布全国首个《15分钟社区生活圈规划导则》；2016年至2019年，启动实施“共享社区、创新园区、魅力风貌、休闲网络”四大城市更新行动计划；2019年起，上海选取15个试点街道全面推动“社区生活圈行动”。应该说，这是中国城市再现代化的一个非常有价值的规划，也是提供城市全民文化认同感的一个规划成果。应该重点说明的是，上海还发布了《“15分钟社区生活圈行动”上海宣言》，提出了与世界一线城市比肩

---

① 彭震伟. 区域研究与区域规划［M］. 上海：同济大学出版社，1998：23.

② ［英］迈克·詹克斯，伊丽莎白·伯顿，凯蒂·威廉姆斯. 紧缩城市：一种可持续发展的城市形态［M］. 周玉鹏，楚先锋，译. 北京：中国建筑工业出版社，2004.

的“社区生活圈”的顶层设计，“结合‘上海2035’‘一张蓝图’实施落地”，进一步“增强市民的获得感、幸福感、安全感”[①]。我们强调并以上海城市15分钟生活圈为案例，是因为上海这座国际化城市的这一规划具有典范性，在强化公共空间创新、公共空间文化的同时，更加强调公共空间的艺术创新，提出以“城市艺术化，艺术生活化”为目标，提升城市空间的文化品质，这对城市市民社会的文化时尚的养成是非常必要的。西方中世纪以来的城市文化，除了市民社会的风范以外，社会整体有一个样板阶层，就是“绅士阶层”，自这一阶层诞生以来至今，对个体行为礼仪都有着强大的文化影响力。上海强调“城市艺术化，艺术生活化”规划理念，显现了上海作为“全球城市”的“城市文化资本”再生产的能力，如果这种方案能够有效落实，在某种意义上就更多地具备了市民社会的特点，也强化了城市作为文化容器和“城市文化资本”的功能，会养育更多具有文化资本的个体。

总结中国40多年来的城市化，总体上应该说是成功的，在城市规划方面也是不断推陈出新，但是也有很多值得反思的地方，截至2023年从中国城市公共空间的文化创新发展现状来看，仍有很多城市的公共空间发展还缺乏美学审美意境、公共空间的公平与正义，一些公共空间过度市场化和阶层化，仍然有很多公共空间挂有市民“禁入”的牌子，一些楼盘和小区空间通过“合法化”渠道获得了多种权力，如空间占有权、空间使用权和所有权等，因先期规划不合理，上述几类空间对城市公共空间挤压非常明显，使得一些城市公共交通、市民公共消费及日常生活半径极不合理。更有的房地产商在开发大型楼盘时号称是在“造城运动”，有些楼盘横跨几条街区，每个楼盘都有围墙和明确的界线，经常因为业主出行要穿过某小区而发生矛盾，这种情况经常见诸报端。而且，这些带有围墙的小区的空间安全事件也频频发生，也无法证明有围墙的小区比无围墙的小区更安全。“长期以来，城市研究学者们对公共空间领域中的失序迹象进行阐释的方式，构成对社会分化的重要影响力量。从19世纪初如查尔斯·布斯（Charles Booth）和亨利·梅休（Henry Mayhew）这样的伦敦观察家，到1961年简·雅各布斯（Jane Jacobs）的著作《美国大城市的死与生》（*The Death and Life of Great American Cities*）对‘破窗’、犯罪及其他失序迹象的忧虑一直以来都被视为都市生活的症候。”[②]而见诸报端的小区事件往往发生在保安守护严密、有电网、有红外线报警的高档小区。

---

① 上海市规划和自然资源局. 上海如何打造“15分钟社区生活圈”？这场发布会为您详解［EB/OL］.（2021–06–04）［2023–10–28］. https://ghzyj.sh.gov.cn/gzdt/20210626/efd244bf543d40cd92f45320dc4dd150.html.

② ［美］罗伯特·J. 桑普森. 伟大的美国城市［M］. 陈广渝，梁玉成，译. 北京：社会科学文献出版社，2018：103，326.

事实上，城市内各类楼盘小区、社区的道路土地所有权也属于业主的产权，有很多城市出现城市交通疏解能力十分有限的情况。深究其原因，主要是由于早期城市规划和土地空间规划超前意识不足，没有从更长远的战略眼光整体规划城市空间格局和道路用地权属关系，一些城市的局部空间产权关系混乱不清，为后来的城市发展造成了很多新问题，亦如有西方学者所言，“有些城市问题是规划出来的”。政府往往不舍得把建设用地作为一般意义上的公共用地，多以土地出让的方式来获得财政收入，而城市中真正属于政府的可用于公共空间开发的土地几乎没有，这一方面，促进了政府和各个领域城市建设者的积极性，另一方面，必然出现城市密度过大而缺乏公共空间利用和创新的问题。在城市化的高速发展中，城市空间扩张最典型的表现形式就是城市建设用地被大量转化为以房地产开发为主的新型楼盘小区（社区），具有封闭管理的基本特征。新型楼盘小区的居住者不仅是某种空间的占有者，还是房屋的所有权拥有者，而且对小区内部的道路、公共绿地也有所有权。这一个个封闭式的社区空间，形成中国式的一种特色，这种封闭形成典型的社会“区隔”，这类空间越多，城市真正意义上的市民社会公共空间就会越少。相反，在一些发达国家，相当多的居住小区是没有围墙和大门的，不是封闭的。英国、法国的很多传统居民社区，相对一段距离就有一个小型的城市公园作为居民区和社区的公共空间，这样的空间建设也成为中国城市发展的一个样板。

城市发展本身就是一种城市空间再生产，任何区位的空间占有，都会对后续的空间开发产生影响，所以，要有城市远见，应该有至少50年以上的城市空间规划逻辑思考，对城市公共空间规划建设要预留空间。当然这些城市空间矛盾与冲突问题的产生，还与城市理论界、城市规划界对城市发展规律、城市建成区边界及城市扩用地范围的认识不足和分歧有关。譬如，城市里能不能有农业空间体系？城市框架能不能拉得更大一些？城乡一体建设能不能采取田园城市理论？其实这在一些发达国家已经有了很好的经验，特别是现代化交通体系和交通方式的普及，一定要对城市规划的空间结构进行全面反思！在中国城市化发展的初期，还没有这种理论认识和理论觉悟，只是想在一个空间框框里做城市规划，这也与当时的交通方式有关，还没有地铁、高速公路、轻轨、城际高速列车……所在城市的组团只能局限于主城区内，而现在可以看到，城市的主城组团之间还可以用地铁、轻轨和高速公路公司连接，这样，城市框架可以在更广阔的空间拓展，城市的边界可以不因为基本农田的限定而造成空间结构不合理，因此，城市空间的创新和城市空间的“城市文化资本”再生产的新技术时代已经来临，城市的空间体系连续统应该有新的表达方式。

在日常生活中，经常可以看到，有些本应该属于公共空间的场域，或被个人或被企业或被机构等通过某种法权关系及地方习俗关系获得空间使用管控权，使得很多公共空间不能获得价值最大化，个别公共空间在缺乏法律意识的前提下扭曲或被权力化，或被私有化，或被个别组织集团以合法的形式占据等，这种情况在中国城市化发展中经常可以看到，特别是在特定时期，这种情况被衍化为公权力的滥用，如在疫情期间政府管理不到位的地方，实体空间被不具有管辖法权的集体所管控，更有很多空间被虚拟化后，或者个体或某一群体的移动空间被“锁定”，中国一个时期的“红码”“绿码”“黄码”等“二维码”的使用，从当时来看是网络管理的一种技术手段创新，以“虚拟空间”控制实体空间中人的流动，应该说，对特定人群的管理是非常有效的，但是，从城市发展的历史和未来看，公共空间的合理、科学创新的管理非常重要，从“红码”“绿码”“黄码”等“二维码”最初的使用到最后停止使用，这一过程中人们对公共空间的使用与管理、对公共空间法理上的理解、解释权还有很多问题是值得回味和反思的。

这种多元的、普遍的城市空间分离与分割及封闭形式，会在深层次上引发更多新的社会问题，在表层上看，解决了城市小区或楼盘居民的安全问题，在深层次上看，涉及的是空间文化的公平与正义问题。卡斯特认为：“欧洲城市的郊区世界是个具有社会多样性的空间，亦即围绕着中心城市（central city）而分隔成为不同的边缘。在传统的劳工阶级郊区，其组织经常以大型公共住宅区为中心，近来则获得了住屋所有权。法国、英国或瑞典的新镇，住的是中产阶级里比较年轻的人群，因为他们年龄太轻，无法进入中心城市的住宅市场。还有边缘较为古老的公共住宅区里的族裔集居区，以巴黎的拉康奴（La Courneuve）为代表，新移民人口与贫穷的劳工家庭在那里经历着他们‘接近城市之权利’的被剥夺。郊区也是欧洲城市制造业的生产地点，包括传统的制造业，以及坐落在较新且环境宜人的都会区边缘的高新科技产业，既离通信中心较近，也脱离了旧工业地区。”①几乎在全世界的城市中都会出现类似的情况，因为土地级差的不同，不同的区位的土地价格不同，不同收入的群体、不同职业群体就会有不同的居住区位，反过来说，居住地是人群不同收入的反映，房地产作为个人和家庭的经济基础，表现为一定意义上的阶层——社会地位和收入。但是，现代城市社会的现代性和社会的现代化本身要求的是空间的正义与公平性，每一个城市人都应该获得宽敞明亮的住宅，这应该是城市发展的“理想类型”，虽然“居者有其屋”是人类诞生以来的共同理想类型，至今未能实现，但是，我们和很多发达国家至少正在朝着这个方向努力。

“城市文化资本”再生产的空间塑造也包括建构公平、正义的城市空间文化，是在创造新的具有文化艺术的城市空间要素，如巴黎、伦敦和上海等城市在规划中提出的那样，使居住在其中的人

① ［美］曼纽尔·卡斯特. 网络社会的崛起［M］. 夏铸九，王志弘，等译. 北京：社会科学文献出版社，2001：495.

能够有一个与生活、心理、理念和价值实现空间相一致的社会空间系统，就是在公平和正义的空间中从事生产和消费。有学者认为，城市的“空间与时间是人类生活的根本物质向度。物理学家超越空间与时间直观上简单的谬误，揭露了这些观念的复杂性”[①]。“城市文化资本”再生产本身就具有历史向度和文化传承性，只有在文化传承与创新中，才能创造具有文化资本属性的空间，使城市给人以身份感和归属感，正如很多学者在争论空间的文化属性价值时说的那样，我们探讨的是“空间与时间的社会意义”，即与城市及城市人的生存观念相关的空间社会符号意义。对“城市文化资本”要素的积累和创新，可以影响到城市的再现代化及空间生态结构的进化，城市空间在集聚与扩散过程中表现为同一反复的过程，当大型的商业设施在城市某一区位集中到一定程度时，相关中小商业也在以连锁、特许经营的方式向外扩散，扩散到城市的各种社区中，特别是扩散到城市的郊区社区中。在集聚的层面上，如大型同类或相关的商业、金融及其他服务设施往城市中心集聚，构成一个特定的区域空间——新型商圈经济，即是商业消费生活区，这种现象在中国目前已经十分普遍，在这一区域内，集中了相当数量的大型商场、酒店、金融机构、商驻楼、娱乐设施、休闲设施、文化艺术设施、教育设施和一般生活设施等。在城市内形成具有国际性或区域性影响力的一个城市中心区位，以商务中心区（CBD）为代表，当下已转化为不同文化内涵的多种类型的文化商业区域、文化旅游区、文化商贸会展区等，这种空间上的集聚具有城市业态“集萃”的特征，世界上所有的大中城市都有相应的商业集聚空间，如纽约的曼哈顿、香港的中环、东京的新宿、北京的王府井、上海的南京路外滩和陆家嘴等，这种空间结构明显地表现了土地价值高和区位收益高的结果，而世界上的大中城市都有稀缺区位的显性化的楼宇经济现象，上海某地一栋楼的一年租金就3亿多元，中国已经成为世界高层建筑最多的国家，楼宇经济已经成为经济发展的支柱产业之一，而很多中国的一、二线城市都强调发展总部经济也是这一经济模式的行动逻辑。

高层建筑集中的地区，一般都是城市中土地价值最高的地区，也是城市形象文化符号识别表现区，城市中心性空间一般具有如下特征：一是高层建筑多，如上海的陆家嘴和纽约的曼哈顿，而外在形式上最显性的是美国的一些城市，如芝加哥、休斯敦等城市，在大量的中低层建筑中，城市中心的高层建筑显得有些突兀，而且城市中心区的服务设施豪华且集中，在所有的大中型城市中都能看到这种情况；二是服务机构的构成随着城市国际化程度而越来越复杂，相对来说，这类建筑的物业费比较高，所进入的企业往往是规模大、效益突出的跨国公司、上市或者高利润企业，除此之

---

① ［美］曼纽尔·卡斯特. 网络社会的崛起［M］. 夏铸九，王志弘，等译. 北京：社会科学文献出版社，2001：466.

外，商业中心区CBD更多的包括了高档商业、高档酒店、高档文化设计、高档艺术空间，以及各种财务、法律、咨询、广告、房地产等方面的服务机构，往往是国际业务的集中地；三是就业人员层次高，金领、白领层、创意阶层成为就业的主体，而且伴随当代社会网络化、智能化的发展，这种就业空间越来越集中化，有些网络平台型的公司，一个公司每天就有四五万人上下班，而在伦敦金融城（City of London）[①]仅金融工作者最高的时候就有50万人就业，虽然网络社会使金融的分散化成为可能，保守估计伦敦金融城仍然有550多家跨国银行的40多万人就业；四是公共空间类型比较多，如各种商业中心区都有步行街、中心广场、街心花园等；五是人口流量大，世界知名的城市重要商务中心区，流动人口在百万以上；六是租金与消费水平高，这一空间区域内不仅消费水平高，而且经营与消费总量和价值都处在高位段，门面房的租金往往是其他地区的5倍到10倍。城市中心区的集聚空间，直接构成城市形象的表现和知名度的核心要素之一。

① 伦敦金融城：位于伦敦著名的圣保罗大教堂东侧，面积2.6平方千米，被称为“一平方英里（Square Mile）”。然而，这里聚集了大量银行、证券交易所、黄金市场等金融机构，是全球知名的伦敦金融城。这里被认为是伦敦的“华尔街”，也是全球最重要的金融中心之一，掌管全英经济命脉的英格兰银行就在此区。参见：澎湃金融中心. London|伦敦三大金融城[EB/OL].（2020-10-28）[2023-10-28]. https://m.thepaper.cn/baijiahao_9758679.

致知篇

Comprehend Knowledge

格雷夫（Greiff，1971，p.7）描述道：“时钟停摆了过去的历史，被珍藏在玻璃之后或被放入壁龛，人们可以仰慕它或忘掉它。历史和艺术没有作为活生生的存在来丰富我们的生活”。因此，在振兴历史街区的过程中，必须把历史遗产、传统和场所感与当代的经济需求、政治和社会状况结合起来。[①]

——史蒂文·蒂耶斯德尔，蒂姆·希思，塔内尔·厄奇

---

① ［英］史蒂文·蒂耶斯德尔，蒂姆·希思，［土］塔内尔·厄奇. 城市历史街区的复兴［M］. 张玫英，董卫，译. 北京：中国建筑工业出版社，2006：68.

第十七章
城市社会空间的流动——空间的区隔性与社会分层

城市空间变迁和变异是城市社会的常态，世界所有的城市都以空间再生产和空间的转型作为空间增长的形式。人为理性控制的、有合理规划的城市变迁，在保存和传承历史文化中会发挥积极的作用，成为酿造城市文化的一种力量。相反，无序的城市空间的变迁和流动，会出现文化断裂性和对传统人文要素及景观的破坏。我们在对一些县城和城镇进行规划时，发现一些很有历史文化底蕴的中小城市（镇）在工业化发展的进程中，一些历史文化遗迹几乎荡然无存，只能后来复原一些假文物来建构一种文化。当然，在尊重城市历史文化的意义上，对某些被毁坏的重要文化遗存重建或者复原本无可厚非，但是，在保存历史文化的时候，是否能够创造这个时代的新文化机制与文化，历史的“城市文化资本”被遗弃，是否能够创造新的“城市文化资本”才是更重要的。

一、空间流动与“城市—文化—资本”三者的互动创新

既然我们知道城市是一个活动、流动的有机体，我们就应该思考如何把握这种空间流动与变迁的规律，使城市在人类主体的掌控中，实现从无序到有序的过程。城市“流动空间乃是通过流动而运作的共享时间之社会实践的物质组织”[①]。城市每天在以吐故纳新的方式流动，这是一个活的有机体的存在方式，用另类的概念表述“城市就是集合在一起的人群形成的生活方式”，人群中的个体思想千差万别，如何创造一种合力则是城市文化建设的重要内容。现代城市正以数字化、信息化

---

① ［美］曼纽尔·卡斯特. 网络社会的崛起［M］. 夏铸九，王志弘，等译. 北京：社会科学文献出版社，2001：505.

和智慧化的方式发展，虽然这一发展模式是人类本身的创造，但反过来，这种以智慧科学型和创意阶层为主体的城市如果不能很好地研究发现其变化规律，有很多方面会成为人类的异化产物，如人类工业化早期工业化无序、过度发展对城市带来的污染那样，数字城市和智慧型城市提出的本意是为了掌控规律、驾驭城市发展，但任何科技发展都可能有两种结果。因为科技型、智慧型社会本身就是风险型社会，科技与智慧型网络连锁效应十分强烈，某一环节出现问题，带来的结果往往就会整体失效，也正因为如此，近年来，许多学者都在强调“韧性城市”的概念，以求城市能够抗御风险。

城市有机性的“空间流动”，在网络社会已经出现“大分散的结点集聚型空间结构”特征，在整体区域空间仍然表现为传统理论所描述的城市经济与生态演化逻辑效应，如“集聚与扩散”“集中与分散”“侵入与接替”和“区隔”等空间演化特征，同样的逻辑在不同社会发展阶段和全新的科学技术手段下，城市空间演变方式发展会发生结构型的变化，城市空间进化的“集聚”“扩散”“集中”“分散”的方式呈现为多重格局，或是蛙跳式发展，或是线性发展，或是以新的“综合独立结点”模式发生与发展，或是在远郊区形成独立型的完善科技小镇或完全型社区等多种空间的生态变迁形式。在网络社会的全球化空间中，城市空间的生态变迁形式逻辑出现新样态，城市、镇和乡村都已经在全球的网络社会的笼罩之下，城市能够感知的世界，在乡村里也可以做到，远距离、快速交通的出现，使更多的乡村获得与城市生产方式一样的生活信息和生活方式，从本质上说，这种变迁被注入了科技文化动能，网络畅通会使偏远乡村脱离孤独并与世界联通，即网络社会的城乡空间变迁被注入了一种“文化和文化资本能量”，简单举例：以往在一个偏远乡村可能很难获得一本想要的世界名著，可是有了网络社会的全球化，这种情况迎刃而解，甚至，偏远山区的居住者想获得世界著名哈佛大学的名师课程也可以通过网络来解决，这在网络社会出现之前是难以想象的，这就是本书通篇所强调的“城市文化资本”创造和再生产维度的价值。网络社会，拉近了世界所有人与城市中心的距离；网络社会，造就了多中心城市社会和国家区域经济多中心的形成。

从人文区位和“城市—文化—资本”三者关系的内在价值出发，可将人类的城市生活方式和乡村生活方式视为两种不同的文化和文化资本获取方式，在这一方面已经有很多研究成果，论证乡村与城市人获得资本的差异，正是“从人类是交际的动物这样一种假定推断出来的”，城市生活方式构成了以货币为纽带的社会关系，即交往、交际关系的完全型社会结构，也是城市与乡村经济、文化特质的区别之一，城市是“联体社会”，而乡村则是“通体社会”。根据芝加哥学派所说，“社会的相互作用通过符号的交换、共同的认知以及自由选择的践行得以推进——它迫使个体彼此之间去合作及竞争。”[①]而这个“个体彼此间的合作与竞争”正是城市社会空间流动、变迁的原动力，人类社会竞争的本质就是为了生存的空间，如芝加哥学派认识的那样：个人、组织、国家间的竞争，在空间特别是生存与生态发展空间的竞争，只是由于社会与科技的进步，人们对空间的认识和创造也越来越多样化，空间的竞争方式和需求也发生了质的变化。比如一个城市优质区位的商业空间竞争、一个人在科层体制内的生态空间位置的竞争、一个企业的产品市场空间的竞争、一个网络虚拟空间的占有竞争……源于个体、群体与国家利益，空间的竞争与社会发展是互为表里的过程，空间是任何社会城市发展与存在的前提。

早在20世纪90年代，卡斯特就曾有这样的描述：“先进的电子通信似乎可显然容许办公室区位无所不在，让企业总部得以离开昂贵、拥挤、厌烦的中心商业区，迁移到全球各地景色宜人和适宜的基地。”[②]中心性空间的变化和非中心化是网络社会崛起的结果，多中心的建构也是现代社会空间竞争的一种模式和方式，因为网络，个体工作空间发生了结构型变化，远距离办公不仅成为可能，也已经成为一种常态，2020年全球疫情暴发，很多公司都采取了居家办公模式，甚至是长期居家办公，这与经济区域性中心的分散化相一致。中国各类型的经济开发区、各类型产业园区等所呈现的工作方式也完全证明了这一点，美国硅谷的高新技术企业、网络类型公司是对这一概念最好的完整诠释——在风景和气候最好的地方形成全球最发达、最高端的科技产业集聚空间。

中国各种各样的产业园区相当多一部分位于城市环境最好的地方，也是区位最好的地方，同时，有些开发区本身也创造了自己的空间价值，即具有人文区位的产业集聚区，很多产业集聚区之后也发展、转型为新城区、新型社区和独立综合节点的城镇。在人文区位的创新上，一些产业园创造了特色发展的道路，如有些产业园区本身就在打造成为景区式的、园林化的办公区或园区，而有些也被评为3A或4A景区，一些发展好、目标明确的开发区就直接按照工业和文化旅游景区打造，关键是园林化、生活体系完善的产业集聚区，也是招商引资、引进人才的前提条件。以苏州为例：古城和工业新区已经成为苏州的“双面绣”的城市风貌，姑苏区聚苏州千年城市之文脉，是全国唯一的国家历史文化名城保护区，也是国家古城旅游示范区，是国内外品读、了解苏州的最重要的窗口；苏州工业园区更是“中国改革开放的重要窗口”和“国际合作的成功范例”，是新加坡参与国家空间竞争的一个成功案例。这个地方当然成为全国唯一的国家商务旅游示范区。苏州依托姑苏区

---

① ［美］马克·戈特迪纳.城市空间的社会生产［M］.任晖，译.南京：凤凰教育出版社，2014：29.

② ［美］曼纽尔·卡斯特.网络社会的崛起［M］.夏铸九，王志弘，等译.北京：社会科学文献出版社，2001：447.

和工业园区的“古城+园区”组合，建设吸引国内外游客的文化旅游“主极核”，打造集古老文化与现代、传统与时尚为一体的、文商工旅交融及产城融合的“双面绣”“苏式”江南文化的体验核，已经是中国文旅工商融合发展示范区和国际旅游目的地。苏州现代化与传统文化景观可谓是交相辉映，依托苏州古城内的好多景区和历史场景，包括平江路、山塘街、沧浪亭、狮子林、虎丘、拙政园、苏州博物馆、金鸡湖景区、白鹭园、独墅湖以及昆曲、苏绣等非物质文化遗产、各类文化创意产业园区，实现古城与科技产业园区的文旅资源互用互通互联，通过优化各种旅游资源要素，包括古城旅游、工业旅游、文博研学旅游、商务会展旅游、园林观光等旅游产品，完善旅游公共服务设施，创意网红业态，建设最具特色、充满活力的城市文旅“硬核”，形成东方与西方对接、传统与现代交融的发展格局，在古今文化传承、新旧空间文化的创新发展方式上苏州具有典型的样板性[①]。

时代新技术带给空间新的文化价值属性。卡斯特在他2001年以前的网络空间理论中，提出了“三个层次的流动空间”的概念：时间已经过去20多年了，虽然有些观点具有穿越时空的价值，但是卡斯特对关于城市空间流动的问题尚没有充分论证，还有某些认知的时代局限和结构性认知空洞，可以适当加以补充。

第一层次是流动空间的第一物质支持。这是由电子交换网络空间所形成的智慧化网络体系及平台经济，这种类比是强调平台交换和信息与逆向数字化的跟踪反馈体系，形成一种真正意义上的社会网络空间的生产和工作模式，这一模式在当代已经发展得更充分、更智能并具有仿生智能人的文化价值，不仅改变了工作方式、生活方式和就业方式，甚至还在改变人类的认知方式，ChatGPT、AI和元宇宙更新换代的速度和在某些方面代替人类的人工智能，是人类在创造网络社会出现之初时没有想到的，抑或可以说：人类创造了网络智能化体系，反过来，人类不得不面对网络智能化的挑战。

第二层次是由全球化的区域城市节点与核心构成的实体空间网络体系，越是现代化就越具有生产要素集聚某一结点空间的效应，这样的集聚模式具有“离心的分散性”，等于是在总体上扩大了区域范围的某种均衡性发展模式，即“中心地”的空间更为广阔，城市多中心建设已经成为多数城市的发展选择，因为交通结构的改善和城市远距离快速交通结构的形成，城市的半径已经是判断城市大小的标志，城市与乡村的边界越来越模糊，越具有城市的融合性，城市的空间越来越大，半径从几十千米、上百千米到几百千米，特别是城市群、城市带的发展，有些地方是几座城市在空间上的相互渗透整合，所以，不创造多中心的模式，不建设更多的中心区位，包括商业中心区，就必然

---

① 见江苏匠工营国规划设计公司规划方案《苏州“十四五”文化和旅游规划》。

出现城市发展不具有均好性的现象，城市设施就不会符合市民的意愿。“区域核理论”[①]对于当代中国城市来讲是一个非常适用的理论，实际上笔者在20世纪90年代以来就多次在学术会议上主张，或发表文章推广“区域核理论”，万斯在1977年提出这一理论后，没有进行详细论证，笔者进一步给予总结和论证如何应用于中国的城市化，其核心概念就是：无论城市大小，或者是一个村镇，能够在合理的就业半径内，创造充分就业和完善生产、生活、生态体系，由于交通工具的发展和网络社会营销体系的完善，为在空间独立于大城市之外的小城、小镇、小村提供了相对完整的生产、生活和消费服务系统，对于中国广大的农村来说就是“就地城镇化”。笔者在主持南京高淳桠溪国际慢城的策划和规划时，就是运用这一理念来指导的，并且已经成为中国乡村就地城镇化的样板[②]。

空间创新和空间的再生产是无止境的。上海作为长三角城市群国家战略的龙头城市，2018年对上海城市内部空间结构现代化进行了新的、有独立视角的空间战略发展创新，首提“一地五中心模式”，国务院批复的《上海市城市总体规划（2017—2035）》明确指出，将嘉定、青浦、松江、奉贤和南汇等五个新城，培育成“在长三角城市群中具有辐射带动作用的综合性节点城市”，这一规划引起强烈反响，也成为其他城市和都市圈的规划样板。上海在空间创新上一直走在前面，2022年上海又提出上海大都市圈“1+8”建设全球城市区域空间体系，目的是“构建上海大都市圈，打造具有全球影响力的世界级城市群”[③]。这一规划和战略在国内又引起了较大反响，关键是规划的重点是“文化维度”和文化高度，遗憾的是没有从“城市文化资本”的角度提出发展创新，但是在文化方面提出城市群的“城市文化圈”的概念，且具有很强的融合性和认同性，最重要的是对未来国际化都市圈的文化认同和文化深度融合的建构。

任何实体空间融合，在本质上都是文化的融合，文化的一体化、文化的认同才是都市圈发展的文化软实力，犹如以香港为核心的都市圈那样：香港、广州、深圳、蛇口和珠海城市间的文化认同度非常高，而且有着强烈的经济和文化向心力。上海和其他八座城市，亦可谓“九市拥有水脉相依、河网密布的生态圈和文化同源、人缘相亲的文化圈”。这样做的一个很重要的意义在于在空间创新的同时，又可以强化文化圈的文化认同，把上海周边空间的经济、文化、生态做实、做强、做

---

① ［美］詹姆斯·E.万斯.延伸的城市——西方文明中的城市形态学［M］.凌霓，潘荣，译.北京：中国建筑工业出版社，2013：426，466，467.

② 笔者2010年主持的“南京高淳桠溪国际慢城的策划和规划”项目。

③ 许秋莲.上海大都市圈“1+8”共建全球城市区域，50万亿元经济体这么“圈”［N］.21世纪经济报道，2022-10-10.《上海大都市圈空间协同规划》范围包括上海、无锡、常州、苏州、南通、宁波、湖州、嘉兴、舟山在内的“1+8”市域行政区域。

高，而真正形成长三角城市群的龙头城市，这一点，上海在城市空间发展创新方面也具有很典型的样板性。

第三层次是“占支配地位的管理精英（而非阶级）的空间组织”[①]。上海是创意阶层高度集聚的地方，也是金融、IT行业就业人数最高的城市，更是文化产业高度发展和艺术人才辈出的城市，精英阶层的国际化是这一城市的外在形象。在城市空间的再现代化过程中，城市内部的社会阶层正发生变化，从中世纪城市以手工业者为主，到中世纪后期以工商业者为主，再到近代大工业发展的城市，以产业工人为主体，经过工业化和新兴工业化以后，发达国家和发达城市的产业结构开始以生产性服务业为主，而后进入后工业社会以来，城市里又崛起了一个创意阶层，专门从事文化创意产业，这也与丹尼尔·贝尔提出的观点相似，强调理论知识处于中心地位，是创新与制定政策的源泉——这些理论明确告诉我们，现代社会关系中的网络技术创新和创意产业在改变着城市空间价值，在“重组全世界不同时间里的价值，也因此从市场资本化（capitalization）之中创造市场资本化”[②]。社会支配关系都可以在网络社会之中得以实现，其价值就在于空间里的“城市文化资本”化，也可以是虚拟的再生产空间里的生产条件之一，包括网络金融、艺术金融、数字人、虚拟场景与实景结合等，而城市现代意义上的流动性，不仅仅是实体空间的流动，网络空间又为现代城市创造“城市文化资本”提供前所未有的基础和前提。

早在20世纪90年代以后，新科技之高效生产力也伴随产生了弹性化的工作与不稳定的生产关系，信息科技催动了网络社会的崛起。“网络社会”概念一经提起，便成为改变社会、改变科技、改变创新发展的新的力量，关键“网络社会”是一个新型的空间，谁是网络社会的“主人”，即谁控制网络，谁就会具有资本和权力。网络社会的自我学习能力，也为智能社会创造了技术培训与科学基础，“不但显示了组织网络之重要性和劳动个体化的趋势，将‘发展’（development）重新定义为‘信息发展’（info-development），也在转化时间与空间。跨国资本快速巨幅移动，流动空间（space of flows）正在转化为地方空间（space of places），电子多媒体也正在把我们分化为‘互动的’与‘被互动的’两种人口，前者能参与主动创新，后者则被动接受信息。在历史剧变之中，流动空间并非简单地消灭了地方空间：转化的过程才是关键”[③]。卡斯特的这一观点在之后的20多年

---

① ［美］曼纽尔·卡斯特. 网络社会的崛起［M］. 夏铸九，王志弘，等译. 北京：社会科学文献出版社，2001：505-509.

② ［美］曼纽尔·卡斯特. 网络社会的崛起［M］. 夏铸九，王志弘，等译. 北京：社会科学文献出版社，2001：123.

③ 夏铸九. 全球化与社会认同［M］. 南昌：二十一世纪出版社，2001：2-11.

里，某些预言得以实现，21世纪初的产业革命和技术革命，已经通过网络智能的新“赛道”，创造出更多智能化科技和虚拟空间的新价值和新产业，产业数字化、智能化、AI和工业产业“文化+”的赋能等，使经济、技术发展出现迭代式的几何型爆发式成长。而像苏州这样古老而美丽的城市的新型工业化发展，已经以数字经济为主体，智能经济、创意经济和“文化工业”在经济发展中已经占有重要的位置，特别是文化产业要素和创意产业在深层次上改变着城市经济的结构构成。

2024年的全球经济一体化虽然因地缘政治矛盾和世界多元化体系的强化显得不那么充分，但是，网络社会对政治、经济和文化问题的控制及引导能力是显而易见的，全球网络社会所展现的“虚拟空间的全球化”却仍然在创新发展之中，不仅出现全球化贸易竞争的多层次化，也使得世界各国都出现了“国际化地方性”发展模式，通过特定的、不同层次的渠道走向世界，一些有国际化特色的小镇、乡村、产业群落等正在蓬勃发展。这一方面，中国的特色城镇、淘宝镇、淘宝村的发展显得尤为突出，一些中小城市（镇）的特色产业占全球产业的比重非常惊人，如江苏丹阳是“中国眼镜之都”，“坐拥眼镜相关企业1600多家，从业人员超5万人”。丹阳年产镜架1亿副，镜片4亿副，其中镜片占全国生产总量75%、世界总量40%，是世界第一大镜片生产基地。也就是说，在全球，每两个人戴的眼镜中，就有一副是来自丹阳[①]。这类小城镇的特殊意义在于，不仅创造了国际化的实体空间大市场——虚拟的和实体的，而且还创造了专门化的网络空间交流的国际化模式，形成线上和线下结合的产业、产品创新的市场空间体系，这个空间具有全球性的同时，还具备了国际化的地方性发展模式，是脱离大城市为中心的“城市区域核”发展的一种形式。在这里所强调的是，中国这样的地方化产业所创造的国际化产城融合模式，均已经形成了有特色文化的“空间连续统”——原材料产地空间、产品创意设计空间、生产加工空间、产品销售展示空间、智能化网络管理空间、国际化金融平台空间、全球化的贸易平台化空间、文化旅游融合的生活空间等，换言之，形成生产制造、产品创意、订单生产、品牌集聚的空间里的消费和空间的消费，也可以用现代网络语言表达即是“网红经济”集聚的空间，“网红经济”虽然表现出了大起大落的景象，但这是经济竞争中必然会出现的优胜劣汰的过程，是符合经济发展规律的。

总体上说，“区域核”理论下的“综合独立节点城镇体系”创造的是国际化、全球化乡村在网络全球化前提下的地方化的发展结果，新的网络社会数字化带来的经济与文化发展的双重效应，促进、催生了全球化空间发展的一种全新模式——“综合独立节点城镇体系”，全球化网络社会空间

---

① 王峻峰.新业态+新模式，商贸大省扩张新版图[N].江苏经济报，2022-10-19.

将会成为普遍增长模式，通过全球化网络空间占领市场高端层次、创造唯一性和垄断性，这也是“城市文化资本”再造的核心价值。

浙江的诸暨是一座县级市，2020年的常住人口有121.8万人，这样的县级市的城镇产业、经济和文化发展十分耀眼：首先，诸暨市是一座有悠久历史文化之城，公元前222年秦时置县，1989年撤县设市，拥有2200多年的建城史，是越国故地、西施故里、越王勾践图谋复国之所，属于越文化发祥地之一。截至2021年底，全市共16个国家A级旅游景区，其中4A级景区4家（包括珍珠小镇），3A级景区10家，2A级景区1家，1A级景区1家。其次，诸暨还是一个特色产业之城，创造了独具文化的特色市场空间——中国袜业之都、中国珍珠之都、中国五金之乡。诸暨市大唐镇是“中国袜业之乡”，袜业产业群的产量占全国的65%，在世界市场占有35%的份额。诸暨市山下湖镇的珍珠小镇的珍珠产量占淡水珍珠全国的80%、全世界的70%[①]。诸暨市店口镇的“中国五金之乡”，产量占全国的70%。再其次，各具特色的产业城镇、村创造成为“综合独立节点”的空间发展体系，既展现了强大的产业发展能力并在全球占有市场份额，又有特色文化的创意产业的体系，每天都在生产新的产品。最后，这些产业镇本身也是文化旅游产业融合示范区，展示了农、文、旅、工、商和科技融合的新时代城镇化发展的一种空间样态，创造了小城、小镇的“城市文化资本”的再生产能力。从广义来讲，所有大城小镇如果能够依据本地的产业基础，创造特色空间里的生产和空间的生产，再加以能够在网络社会空间创造占有市场和创新的赢利模式，就有可能建构特色产业群和城镇国际文化价值链，这也是诸暨发展的经验。

人类社会全球化浪潮出现的多中心结构，已经被网络社会的智能化所强化，而且这是当代全球化时代特质，以往的理论研究关注的焦点是“资本的全球化”，以世界金融中心城市的核心价值作为城市价值的导向，这当然是城市现代和国际化主要指标之一，所以世界一线城市都在强化“信息港”和“金融港”功能的建设，应该说这是一个必要条件。事实上这一切是“建立于19世纪后期变革的基础之上的”，即工业化向后工业化转型带来的城市化和城市现代化的过程，大量城市人口涌入城市，一些国家的城市人口正在超过乡村人口，而世界中心城市开始出现，“人们普遍认为，这些变革消解了‘礼俗社会’（社区）的社会结构。由于城市化大举入侵小镇，人们认为传统形式的亲自交往减少了；对其他著名学者如涂尔干、齐美尔和韦伯而言，工业化变成了核心问题。之后，

---

① 周夏林. 2022世界珍珠大会在诸暨开幕，看诸暨这个珍珠小镇如何走向世界[N]. 钱江晚报，2022-08-28. 笔者参加了这次大会，并在这个会议上做了主旨演讲：《诸暨珍珠小镇——产城融合与文旅融合创新发展》。

路易斯·沃思（Louis Wirth）扩大了这种忧虑，他认为庞大的人口规模、人口密度和种族差异是社会分解的表征，是急剧变化的城市所特有的。”而纽约、芝加哥、上海、东京、伦敦、巴黎等这一时期的发展，显见了世界金融中心城市的特点，国际化的城市社会打破了民族的、国家的某些界线，成为全球就业的中心。据《上海公安志》等有关资料统计，20世纪30年代的上海人口有300多万，其中外国人口有6万多，而到了20世纪40年代，外国人口增加到15万左右，来自50多个国家。当下而言，外国人居住者增量并不是很高，据上海市政府网站2021年3月2日统计："目前在沪工作的外国人达21.5万，占全国的23.7%，居全国第一。2017年4月全国全面实施外国人来华工作许可制度以来，截至2021年2月底，上海共核发《外国人工作许可证》27万余份，其中外国高端人才（A类）近5万份，占比约18%，上海引进外国人才的数量居全国第一。"[①]可见，工业早期的国际化一线城市，开放程度还是很高的，无怪乎"沃思在1938年有一个著名的断言，即这些都市生活的定义性元素使社会关系'匿名化'（如网上冲浪？博客评论？）和'肤浅化'（如发短信？脸书？），由此产生的疏离感会慢慢破坏家庭生活，最终破坏构成社区的邻里纽带。今天若重读沃思的文章，将技术作为破坏（社区的）元素之一加入，会得到一个相似的结果。"[②]其实，这句话也不必过度解读，关键是20世纪30年代以来的世界秩序和各国家的开放程度还没有那么多的限定，只是在东西方冷战以后一些国家间开放才受到制约，中国加入WTO之后，世界一度形成一种特定的国际化贸易关系才使之有所好转。

当下全球政治格局多元化，网络化社会导致全球国家开放面临前所未有的挑战（本书会有专门的章节论证金融城市和金融中心分散的问题）。假设我们可以把文化资本特别是"城市文化资本"的意义注入全球化经济与文化过程，对于所有城市的发展和创新来说都是具有突破性意义的，即不能采取过度竞争以损害他国利益为国际竞争的基本原则，注入"城市文化资本"就是注入人本主义和人文经济的精神理念，尊重每一个人的存在价值，在尊重他国发展的基础上形成共生性竞争，不以邻为壑、不巧取豪夺，这才是人类发展应该选择的共同理念，这种发展理念的建立也是预防和消除金融危机的新策略之一，虽然这具有理想化的色彩，但是人文主义和人本主义的文化原则及由此产生的利他主义原则是值得提倡的。当一个国家的"城市文化资本"能够体现在"现代资本的主

---

① 上海市科委. 上海引进外国人才数量全国第一，在沪工作外国人占全国逾23%［EB/OL］.（2021-03-02）［2023-10-28］. https://www.shanghai.gov.cn/nw31406/20210302/4ed13975209b41dc97d87950932f5ae2.html.

② ［美］罗伯特·J.桑普森. 伟大的美国城市［M］. 陈广渝，梁玉成，译. 北京：社会科学文献出版社，2018：4.

体价值”体系之中时，也就是在构筑一个国家和城市完整的文化软实力体系，就如世界一线城市纽约、伦敦、巴黎、新加坡都是世界金融中心一样，同时，这些城市也都是世界文化之都，是“城市文化资本”再生产充分发展的城市，如是，在国家和城市的整体价值体系上，就会显现文化感召力、政策影响力、人才吸引力和科技创新力以及世界的文化认同力。

法国学者弗朗索瓦·沙奈的著作《资本全球化》是1994年出版的，当时书中对美国的金融危机有着科学的预测和解释，该书其中的一节标题是这样写的：“‘逍遥于危机之外的美国’还能坚持多久？”强调美国在20世纪90年代亚洲金融危机中并没有受到深层次的冲击，但还存在着潜在危机，他强调：“金融的危机脆弱性和体系风险是全球化的‘致命弱点’。”“任何真正的严重金融‘危机’，其震源是在美国。但是，危机不是‘从天上’掉下来的。即使危机的最初形式是华尔街‘投机泡沫’的破碎。”[①]这里我们不是分析如何预测金融风暴，而是通过这一问题的视角研究出资本全球化的发展规律以及世界范围内相关各要素的影响关系，无论是“蝴蝶效应”还是“金融风暴”，所反映的世界一体化和问题发生的世界同步性早已经是个事实，马克思就曾通过分析东印度公司对中国的贸易和太平天国运动预言世界一体化的到来，而我们现代是要在世界深度一体化中找到自己的“文化坐标”，在文化自信基础上，更需要设想的是如何创造全球化意义上的中国的“城市文化资本”——因为，全球化的竞争已经是以全球城市之间的竞争为主体，城市是国际经济、产业和文化竞争的主要载体和参与体。在全球化城市化和城市全球化进程中，如果把人类城市化和城市现代化作为人类现代化的一种结果的话，全球化和现代化也应该包括“城市文化资本”的全球化，亦如当代美国文化产业的全球化、日本动漫产业的全球化、法国服装和奢侈品产业的全球化、英国金融产业的全球化、迪拜转型为世界旅游和奢侈品消费之都等一样。丹尼尔·贝尔曾在《后工业社会的来临》中描述过这样的城市：“一个大规模社会的特点不在于巨大的人口数量，或者说不是只在于人口数量，而在于人口的集中和密度。土地辽阔的社会可能有大量的人口，但是过去，他们分布在广大地区，他们的社会组织基础是分散的，而不是整体的。只有当这种分散状况被打破，和人民的相互联系影响日益增加的时候（过去是通过大量的城市集中，今天是通过大规模的通讯交往），一个大规模社会的特征才显示出来。”[②]中国的二十几个城市群的发展已经证明这一理论的合理性，在全球化的发展中，城市的空间结构、特征在改变，城市文化属性在改变，现代通信技术使

---

① ［法］弗朗索瓦·沙奈.资本全球化［M］.齐建华，译.北京：中央编译局，2001：286-287.

② ［美］丹尼尔·贝尔.后工业社会的来临——对社会预测的一种探索［M］.高铦，王宏周，魏章玲，译.北京：商务印书馆，1984：348.

城市空间集聚模式发生某种质变，城市流动的核心不仅仅是城市空间的变异，也不仅仅是不同空间发生的变化和转化，还包括在不同空间不同人群的生活方式、价值取向的变迁性“流动”，而从全球的视角来说，一座伟大的城市一定是人们向往的宜居城市，由此成为人才高度集聚的城市，人才的流动是社会空间流动高级化的一种写照和说明。

二、城市空间区隔与分化：个体和群体文化资本占有的差异

空间是“社会要素的共性因子”，是社会能量互动的场域，任何群体都需要空间，无论生产和生活，都需要保卫空间、扩展空间、开发空间和创造空间，国家与城市、个人无不如此，所以，人们都十分在意空间的所有权问题，空间所有权是人的居住权、生存权的保障，具有共性。城市是各种空间要素的组合和结构化的空间体系，空间与时间的共时性，表达了空间的变化与“流动性”，不同的学科对城市空间变化与流动的解释有明显差异，有学者认为，“所谓的流动，指的是在社会的经济、政治与象征结构中，社会行动者所占有的物理上分离的位置之间那些有所企图的、重复的、可程式化交换和互动序列。”[①]我们日常理解的城市空间的流动，除了城市本身的更新与更替之外，还包括空间里的人和组织对空间使用的方式的变化和流动，最直接的解释是，某一建筑空间，今天可能是一个办公楼、写字楼，明天可能就是酒店或者是一个生产车间，或者这栋建筑被夷为平地而变成公园……或者有的城市出现整片区的变化甚至衰落等。目前正在全国推广的城市更新就是对空间流动最好的诠释。2016年发布的《中共中央国务院关于进一步加强城市规划建设管理工作的若干意见》提出，有序实施城市修补和有机更新。2019年中央经济工作会议再次提出，要加强城市更新和存量住房改造提升。2020年中央经济工作会议也指出“要实施城市更新行动，推进城镇老旧小区改造”。2021年3月，李克强总理做政府工作报告，明确“十四五”时期要深入推进以人为核心的新型城镇化战略，“加快农业转移人口市民化，常住人口城镇化率提高到65%，发展壮大城市群和都市圈，实施城市更新行动，完善住房市场体系和住房保障体系，提升城镇化发展质量”。“城市更新”首次写入政府工作报告，这意味着中国已到了明确提出城市更新和城市再现代化的发展新阶段。城市更新热度不断攀升，成为各级政策的

① ［美］曼纽尔·卡斯特. 网络社会的崛起［M］. 夏铸九，王志弘，等译. 北京：社会科学文献出版社，2001：505-506.

新风向口，也成为各地方“十四五”时期城市发展工作重点。2009年，深圳在全国率先提出“城市更新”概念，颁布《深圳市城市更新办法》，成为全国第一部以政府规章形式颁布的城市更新法规。2015年上海提出“城市有机更新”的理念，注重“公众参与”与“微治理”。一是推动包括规划者、建设者、运行者、管理者、需求者等在内的社会多元协同，搭建社会多方沟通协调平台，建设社区参与机制。二是模式探索，开展城市更新创新行动计划，构建“共享社区计划、创新园区计划、魅力风貌计划、休闲网络计划”四大更新行动计划，形成“12+X”的示范重点项目。三是开展“行走上海”“城市设计挑战赛”、拓展众筹共治等创新行动，探索针对不同空间的创意改造模式。对于这种城市更新意义上的空间转化、空间流动的再认识和再分析，有助于我们认识城市作为一种社会空间存在的价值与意义，在传统的农业社会中，最不缺的是时间，最缺少的是利用、创造和创新空间，而对资本与财富积累高速发展的资本主义社会来说，最缺少的是时间，利用最多的是空间，资本的市场性取向，不会轻易放弃空间包括土地的价值，或者我们反复说：空间是资本产生的前提和基础，也是资本的资本。

留给一代人最深刻的记忆是20世纪80年代，中国深圳蛇口工业区的一幅醒目标语：“时间就是金钱，效率就是生命。”对于当时把金钱视为资本主义代名词的中国人来说，这句口号就是“突破思想禁锢的春雷”，影响巨大，也深入人心，经过“文化大革命”十年，中国的经济与发达国家的差距人们都看得到，因此，将所失去的找回来，追赶世界先进是人们的共识。“时间就是金钱”说出了人存在的本质与价值，因为每一个人的生命和时间是有限的，而发展是无限的，竞争也是无限的。通过资本的力量，必然会充分利用时间和空间。竞争核心是空间的社会占有与私人占有，而且无论是国家、组织还是个人，都需要某种空间形式来发展，“倘若空间确实被认为是社会力量之容器（利用福柯的比喻）的一个系统的话，那么结果就是资本积累将通过重新塑造地理基础而不断地解构这种社会力量。”[①]以土地扩张为外在形式的空间变化与竞争，就是资本的力量，在改革开放之初的一段时间里，这种传统资本扩张表现了某种传统资本竞争的野性，留下初期工业化粗犷发展的深刻烙印。“商人与投机性的资金把老的贸易小城转变成为能容纳新的经济功能和吸收大量劳动力的新型城市。而这一切都是通过巨大的努力而达到的。这样的结果从来就不只是凭着有效的工作场所规划或整体性的公共交通系统就能做到的。”[②]当代中国正全面进入城市社会，市场经济的发展

① ［美］戴维·哈维.后现代的状况：对文化变迁之缘起的探究［M］.阎嘉，译.北京：商务印书馆，2003：297.

② ［美］凯文·林奇.城市形态［M］.林庆怡，陈朝辉，邓华，译.北京：华夏出版社，2003：24.

也正在诠释时间与空间的金钱和资本意义，时间即是金钱的认知正在发生变化，公平与正义成为空间扩张约束的内在文化动力。城市文化形象、城市空间结构每天都在被改变，在合理利用空间的前提下，创造新资本注入人本主义的“新经济资本”的价值。40多年以来，中国出台了很多与城市规划有关的政策，调整城市空间规划与发展的方向、调整和管控土地利用规划，引导资本朝着与自然环境、社会发展、人本主义文化相和谐的方向发展，应该说是很有成效的，虽然有些城市失去中国城市传统文化空间特征，但是，总体上说是良性循环而不是恶性循环，朝着城市空间的优化方向发展，特别是有一批文化人、学者正在实践着中国式城市空间形态的回归与创新发展。

空间流动的方式有多种形式和多种解释，往往表现为社会阶层的流动，而且这种流动在阶层的变化、异动来看主要是上下流动过程，但是，所有的城市都表现了富人阶层——即“住宅阶层”的空间分化，与社会阶层流动的规律相似，也表现了某种同质性相聚拢的模式。“作为社会产物的空间组织”所表现的“空间性”[①]是以社会为基础的，正如我们强调的空间具有社会人主观过滤的过程一样，城市空间的流动是全方位的，即上下纵向和左右空间平行流动，这种流动在社会结构的变迁中表现为社会的多重分化。学者卢曼（Luhman）提出了三种社会空间的分化类型，或许这一问题具有博大精深的特点，还有可以再认识、再发展和再创新的理论与实践空间。

城市社会区隔是城市生态的一个客观存在，我们必须打开区隔的内在空间意义，不同的空间环境、空间区位具有不同的文化内涵，而有些空间区位在具有人文区位价值的同时，自然形成空间的“城市文化资本”价值。为什么城市的区隔会成为城市形态演变的表象、结果和动力？“正如人们通常所想象的，社会学的目的在于揭示构成社会空间的不同社会人群的最深层的结构，以及倾向于确保社会空间的再生产或者变革的‘机制’。”[②]虽然区隔是城市空间演变过程的必然现象，但是我们必须寻找这一现象的本质。在城市社会体系中，在空间上往往会有人为的或自然障碍的区隔，自然的空间区域有如河流、湖泊、山体和沟壑等，人为的空间区隔如道路（高速公路）、铁路、公园、桥梁和机关及工厂区的围墙等，有时候仅一条铁路两边的发展就有可能是两重天，这也有人称其为“区位价值”，如在中国有很多城市都有“铁西”“铁北”“铁东”等路名，如沈阳有铁西区的行政区的名字。沈阳铁西区成立于1938年1月1日，因位于长（春）大

---

① ［美］爱德华·W. 苏贾. 后现代地理学：重申批判社会理论中的空间［M］. 王文斌，译. 北京：商务印书馆，2004：120.

② ［法］皮埃尔·布尔迪厄. 国家精英——名牌大学与群体精神［M］. 杨亚平，译. 北京：商务印书馆，2018：1.

（连）铁路西侧而得名，即以铁道线为界而被划分的。还有因河而形成的区隔，如“河西”“河东”“江南”等地区称呼。这种自然区隔与人为障碍区隔在20世纪90年代以前，在城市规划和建设不充分的阶段经常可以看到，那时很多城市里有“棚户区”“下支角”“城中村”等，2003年联合国的有关报告称世界上有10亿人居住在“贫民窟”中。城市这种区隔往往在空间上有明显的时代印痕和发展差异，有时也被称为“遗忘的角落”。城市社会发展问题显性化特点之一是社会区隔的深化与泛化，其中包括文化教育区隔、社会地位区隔、种族宗教区隔、收入区隔、消费区隔以及富人与穷人住区空间的区隔等等，这种区隔自人类城市社会产生以来，就在不同时代以不同的方式呈现，而且全世界都有相类的表现。但是，在一个以城市市民社会为先的城市，这种情况在逐渐得到改善，现代城市发展的自然区隔、社会区隔性印痕正在淡化，不同的国家和不同的城市正在创造“却阶层化”的空间，城市阶级对立性质的区隔空间正在减少，而很多城市都提出新的“却阶层化”的主张。但是，从城市文明和空间正义的角度看，收入区隔、宗教区隔、政治区隔和空间区隔可能是社会发展的客观存在。

阶层分化本质是个体与群体获得和创造文化资本的差异。在现代社会，阶层的划分与家庭、学历和个体的经济收入有直接关系，最显性最普遍的是经济收入差异，比如“白领”和“中产阶级”就包含着某种收入层次的概念，很多学者都研究过“白领”和“中产阶级”发生与演变问题，如C.赖特·米尔斯的《白领——美国的中产阶级》、中国学者陆学艺的《当代中国社会阶层研究报告》对“中产阶级”这个概念厘定的时候，用了很多方法和参数，无论是多少种指标，基于家庭背景、学历（文化）和收入三者均是必要的条件，因为在文化修养方面，很多时候个人的文化修养、个人气质、文明素质与阶层无关，有些个体的文化资本可以跨阶层来完成，如一个人没有学历，但是却有很好的绘画或歌唱能力，就可以获得很高的社会回报。无论穷人和富人及学历高低者都会有文化修养和文化气质高雅的人，同样，在文化意义上也都有修养、学养和气质不高雅的人，所以中产阶级最直接、最清晰的概念确定就是：以中等收入作为中产阶级群体的一个重要指标，并参考其他条件，而白领自然列入其中，在城市里阶层的分化与经济社会的结构变迁呈正相关，因为职业不同、能力不同和所学专业不同等等，都会带来收入的不同，而收入的变化是城市经济结构变化的外在标识。

现代社会的科学技术发展和产业分类更加复杂，2022年《中华人民共和国职业分类大典》就将职业归为8个大类，75个中类，434个小类，1838个细类，2670个工种，并标注了12个绿色职业，而伴随新的科技发展，每年都有新的职业名称出现。2022年10月中国人力资源社会保障部网站刊登了《国家职业分类大典首次标识数字职业》，“《大典》首次增加‘数字职业’标识（标识为S），共标识数字职业97个”[①]。从近代工业化以来的历史看，职业名称是社会阶层变化的标签，1986年国家统计局、国家标准局制发了我国第一部职业分类的国家标准，即《职业分类与代码（GB/T 6565–1986）》。此标准分为大、中、小类三层，包括8个大类、64个中类和301个小类。此后，《职业分类与代码》分别于1999年、2009年和2015年进行了更新。最新版为《职业分类与代码（GBT6565–2015）》，划分为大类、中类、小类三层，其中大类8个，中类65个，小类410个。职业一般和收入挂钩，从职业上就能大体上判断出个体收入、职业群体的收入水平及社会地位，如公务员、事业编的职业和农民工、中小民营企业员工比较，至少有着“铁饭碗”与否的区别。行业之间的差别、行业中的职业差别、职业差别中的职称差别等都可以表现为收入的差异，加上不同的行业有不同的技术壁垒，对一个陌生的行业，多数人几乎不了解，正如有人经常讲自己“外行”，技术能力在某些方面也自然体现在生活日常和习惯上，可以把个体地位差异分为不同“层次”，也可以分为“阶层”，或有的分为“阶级”，在职业分层上有收入高的高级职业群体，如金融、IT和创意设计等职业类型，多是同时对应高收入阶层，而一般意义上的高级职业也都是高学历和高职称占比较高。2023年5月26日《第一财经》以《中国“新的社会阶层”已近1亿人，其中超六成有高等学历》为题目的文章说：“当时代的列车从剧中的上世纪90年代驶到现在，网络直播、外卖骑手、微商、职业游戏玩家、新媒体营销、时尚买手……”以往人们认为“不务正业”的新工作、新职业层出不穷。文章引用上海大学社会学院教授、上海新的社会阶层研究中心执行主任张海东所说，“从狭义上讲，新的社会阶层包括民营企业和外商投资企业管理技术人员、中介组织和社会组织从业人员、自由职业人员、新媒体从业人员四类群体。最新数据显示，2021年这四类群体总体人数约为9100万人，比2016年增加了约1900万人，5年增幅达26.4%[②]。在四类人群中，专业技术人员是主体，传统上也被称为知识分子阶层。”

为了能够创造充分就业，笔者专门进行“零工经济”的研究，建议政府要进行智能化的“一张网”管理，创造各种类型企业的“智慧网络型零工经济”管理体系，主要是指利用互联网、大数据和移动技术构成的一种平台经济，对失业、临时失业、做零工经济的打工人和要找工作特别是找一些灵活就业的人形成快速信息对称服务体系和管理体系，可快速、精准、有效匹配就业供需方，创

---

① 中华人民共和国人力资源和社会保障部. 国家职业分类大典首次标识数字职业［EB/OL］.（2022–10–28）［2023–10–28］. http://www.mohrss.gov.cn/wap/xw/rsxw/202210/t20221028_489104.html.

② 彭小玲. 中国“新的社会阶层”已近1亿人 其中超六成有高等学历［N］. 新浪财经，2023–05–26.

造信息对称模式，从而通过充分就业带动经济的平稳发展[①]。美国学者研究显示，几乎四分之一的美国成年人在零工经济（Gig）中赚钱，“零工”工人占美国劳动力的43%。今年已有城市把“零工经济”写入政府工作报告。充分就业既是社会稳定的前提，也是解决疫情后诸多社会问题的有效方法。“智慧网络型零工经济”已经成为“新就业形态”的重要推动力。

“零工经济”在全球经济体系特别是发达国家已经不是新鲜词汇，在网络社会出现以来，在发达国家成为一种普遍就业现象，而发达国家通过社会保障的网络管理体系，创造一种信息对称性的管理模式。有研究报告说：“‘零工经济’正在全球范围内增长，并且创造了5.2万亿美元的总产值。根据欧盟委员会统计，欧盟目前有超过2800万人通过数字平台工作；日本内阁府公布的数据显示，日本临时就业者人数已经超过了2100万人（2022年）。而在中国，据中国政府网数据，2021年，我国灵活就业规模已达到2亿人之多。”“‘零工经济’可以说是来势汹涌。在达拉斯举行的‘2022年零工经济合作峰会’上，人力资源行业分析公司SIA的总裁巴里·阿辛列举了塑造零工经济的35个趋势和创新。”[②]全球自由职业者平台Upwork发布了*Freelance Forward 2022*报告，“超过6000万名美国人从事自由职业工作，占整个美国劳动力的39%”[③]。在中国，“零工经济”在一些行业或企业中比较重点突出：第一类是生活型服务行业，有超市、宾馆、饭店、商场、中小零售企业、各种各样的特色门面店及相关的小微企业等；第二类是文化创意产业，所谓创意阶层的涌现，如文化科技、旅游、创意设计、游戏电竞、商业培训、策划及家政公司等；第三类是服务型手工业，如一些门、窗、玻璃、装饰装潢、服装、食品等日常生活用品的加工服务企业。这三类企业或者公司一部分是密集型就业体系，如各种商务服务型工作群体；一部分是高学历就业人群，如创意、IT、艺术和设计工作者等；一部分是有特殊技能的就业人群，如钳工、电工、钣金工等，当企业裁员时有发生时，形成一定量的“暂时失业人口”——或称“隐性失业人口”，除了大家熟知的外卖员和快递员等职业外，笔者曾经专门做过调研和访谈，有专门的钢琴工搬运、街头画画者、调音师、代驾、独立翻译人、医院护工、3D渲染师、自媒体撰稿人、策划文案、手工客等等，他们工作不定期、每天不定时，一方面维持生计，一方面追求自由，创造一种独立的生活方式。在这一体系中，催生的不仅是新职业，也引来新行业的发生并给社会带来新的产品，甚至在某些方面引发创

---

① 张鸿雁.创建“智慧网络型零工经济”平台的建议［N］.资政专报（第29期）.南京市社会科学院、江苏扬子江创新型城市研究院，2021-09-02.

② 段志飞.越来越多人打零工，不敢想按时退休［N］.新周刊，2023-05-22.

③ Upwork. Freelance Forward 2022［EB/OL］. https://www.upwork.com/research/freelance-forward-2021.

新性的成果。

总体上说，“暂时失业人口”面临临时用工的市场，个体难以应对。而且“零工经济”人员数量多，工种类型复杂，就业层次差异大，具有多样性的个人社会属性。如何让这一部分人合理就业、快速就业、准确就业，甚至能够保障充分就业，使之形成有相对稳定收入的群体，是社会稳定的重要保障之一。这种经济模式表现为：用工时间短、工作方式多样化，而且工作形式灵活，既可以在某种意义上取代传统的朝九晚五工作形式，还可以加深我们提倡的“夜经济消费生活体系和新业态的供给体系”，同时，在工作平台，还可以使咨询顾问、承接协定、多业兼职、自由职业等通过“智慧网络型零工经济”平台找到适合个人特点的工作等，让他们充分发挥价值为社会贡献力量，从而推动当前经济高质量发展和社会的稳定，应该说创造“智慧网络型零工经济平台”是其关键，是一种既符合当前社会发展现状的创新方法，又符合未来数字经济创新的新发展格局。

“智慧网络型零工经济”平台就是创造服务经济新模式，通过特有平台“一张网”管理模式，创造广义数字化的就业信息对称体系，既有零工可打，又有兼职兼业可行，还有独立的生活方式，更可以创造不同类型的新形态，如果说中国有两亿“零工经济”的打工者，这是中国巨大的财富，是一种城市社会的“城市文化资本”。通过运作、整合和创新，进行“城市文化资本”再生产，而人才和人力本身就是巨大的资本，如何使之能够成为城市的文化资本，恰恰需要进行现代性意义上的创新——就是“让城市充满选择机会”，其更深层的意义上是充分的法制经济，也就是充分的市场经济，进而可以充分挖掘城市人力资源，充分创造使人力资源转化为人力资本的土壤，充分发展个人价值和创造社会财富的能力，并提升社会财富的总量。

“智慧网络型零工经济”平台是一种全新业态，与过去人们所熟知的个体户“打零工”有根本区别，其创新与建构方法可以从如下几个方面思考：第一方面，要依赖智慧型大数据互联网技术，加强顶层设计，通过全市、全区域整体甚至可以从全省及全国形成完整的信息整合、分类、梳理、分发，进行科学合理调配，整合多种信息平台，形成全市“一张网”，达到就业、社会保障信息的充分对称；第二方面，“智慧网络型零工经济”是一种新型平台，平等具有随机性的劳务雇佣关系，不仅管理雇佣关系中的个人信誉体系，还包括“五险一金”的统筹管理，以及工资管理、质量投诉管理体系等内容；第三方面，“智慧网络型零工经济”平台的创新将替代企业专门化管理模式，采取分散式、临时性的用工形式，在县域、市域和省城乡通过“网链连接模式”创造更新更多更宽阔的就业服务经济模式，伴随现代社会网络社会的科技越来越发达，在服务经济当中发展“网络智慧型零工经济平台”可以说正当其时。

“智慧网络型零工经济”平台，可以在更广泛、更深层的意义上繁荣发展生活型服务经济。以餐饮业为例，在2022年上海市有餐饮店10万多家，苏州市有7万多家，南京5万多家，疫情后的餐饮经济总体上在下滑，如南京，餐饮业在就业的广度和深度上与上海、苏州相比还有一定差距，餐饮业自身就业量非常大，而且个人零工就业也比较广泛。如果南京的餐馆数量与苏州相当，再增加2万家，就业人数可以形成倍增模式。一个有温度的城市就是能够充分就业的城市，而餐饮业的发达也是城市文化形象的主要内涵之一，旅游产业所提出的传统旅游“六要素”是“吃”排在第一位，苏州、上海、广州、成都、重庆、扬州等都是以餐饮文化著名，世界上的著名城市如巴黎、东京、京都、伊斯坦布尔等无不如此。如果能够通过建立“智慧网络型零工经济”平台，可以让更多的城市重点打造个体化的小餐饮、特色餐饮、品牌小吃街。又如南京这样的大城市没有早茶经济（全国很多大城市都没有早茶服务经济体系），完全可以通过“智慧网络型零工经济”平台，创造城市特有的早餐与配送等系列餐饮业，既可以增加就业，又可以提高城市经济与文化生活质量。关键是在相关企业成长过程中，政府要提出有效的服务政策。在“智慧网络型零工经济”平台的统筹下，中国的城市可以构建“非登记就业企业”发展模式（欧洲早就形成了非登记企业体系），广泛推广“非登记企业”的新政策供给体系，这是一个建立在个人社会信誉基础体系相对完善的前提下的发展模式，而中国现在的网络社会个人信息和网络对个人信誉的识别查询系统已经相对完善，是完全可以办得到的。个人不用登记办企业，凭个人的身份证、个人信誉和网络对个人情况的掌控，就可以创业、就业，可以进行生产和商品交换……可以个人缴纳税收，进一步降低创业成本，让更多的人为社会、为自己创造财富。同时，还可以通过“智慧网络型零工经济”平台，完善个人信誉责任体系，从而扶植、孵化更多的企业成长，创造更多的就业空间。一个庞大而具有地方特色的餐饮产品，也是一座城市的文化资本，而这个餐饮创意的产品具有“城市文化资本”发展的无限性，餐饮文化是一个与人类共同进步的产业[①]。

任何时期的城市社会变迁，都是以阶层的分化为突出特征的。近现代以来，对阶层的划分重点强调的是政治、文化和收入的区别，而不是对立阶级的区别，联合国提出的“住宅阶级”，其内涵也是因收入的差异而演化成不同住区、地段、区位的差异。现在对非对抗的阶级概念有很多新的描述：如白领阶层、创意阶层、“小资阶级”及最近网络新名词“躺平阶级”等，甚至被社会学经常使用的名词“阶级固化”也成了网络热词，但是，“阶层固化”的本质也是阶层分化严重并更加深化的一种表述，即阶层印痕更深，只是不易改变，这也是某些社会形态缺乏活力的表现。

---

① 张鸿雁.创建“智慧网络型零工经济”平台的建议[N].资政专报（第29期）.南京市社会科学院、江苏扬子江创新型城市研究院，2021-09-02.

春秋战国以来，两千多年的时间里，城市空间格局、产业格局基本没有变化，只是到了近代，中国沿海和内地一些大城市在西方列强的刺激下，城市中才有了初期的工业发展。1848年的城市化水平和1949年城市化水平是一样的，都是10%左右，而真正进入工业化过程是在1949年后，受苏联的影响，中国的工业化取得一些进展，但是，工业化未能和城市化同步，1978年中国的城市化只有17.8%，还是一个典型的农业社会。工业化与城市化相对同步发展，或者是交替发展是在1978年开始的，2000年已经达到30.1%，更重要的是在制度型城市化率的发展中，城市化开始了在中国大地上的高速发展，速度之快，世界瞩目。城市面积在迅速增大，都市群、都市圈、都市带的建设和新型城镇建设成为推动中国经济发展的力量，在中国已经有了20多个不同等级、不同规模的主体城市群，并以城市群、都市圈作为中国城市地域生产力空间布局的基础，这是国家和大区域空间范围的产业整合的空间再生产，也是一种经济地理和文化地理空间的重组，特别是与世界城市群比肩的长三角城市群、珠江三角洲城市群、京津冀城市群，及各种不同规模等级的区域都市圈，如南京都市圈、湘株潭都市圈等，创造了很多新型产业空间、科技创新走廊和全新的科技文化创新区。

在区域和经济地理及产业空间上，很多城市间的跨区域、跨行政界线的城市群都在整合和规划实施中，如两个省会之间的“合肥—南京一体化城市群”上升到国家发展战略之中，此类空间整合，也是中国城市圈创新的一种路径，强调的“都市群文化圈”①，或文化都市圈、“城市群文化共同体”。具有时代和中国文化特色的城市变迁是城市空间的新成长逻辑。中国每座城市，特别是县级（包括一些乡镇、街道）以上的城市（镇）都有“新城市区”的发展和建设，“新城市”“新市区”“城市新区”已经成为一个特有概念，在空间增长和功能性变化中还有新的区域、区位空间的概念：如高铁新城、滨湖新城、滨江新城、科技新城、医药新城、开发区新城等等，这是中国城市空间成长和城市化高速发展、扩张的一个显著外部特征。在城市外部关系上也有很多新的功能性空间在继续分化，很多新概念在兴起，而且在中国经常设定为一个行政区，有行政级别的新区，如“新市镇”（有市级待遇的城镇）、国家级旅游度假区、省级旅游度假区、国家级农业科技园、国家级农业高新区以及特色小镇、中心镇、空港经济区等，这些都有某种政治行政级别的区域空间体系，并包括在区域内还有几个城镇和相对数量的人口，面积达一百到几百平方千米以上。另外值得一提的是，2022年江苏昆山、浙江义乌、浙江慈溪和福建晋江被“破格”升格为大城市等，这是中

① 蒋浩. 南京大学城市科学研究院院长张鸿雁解读《南京都市圈发展规划》[N]. 新华日报，2021-03-23.

国城市空间快速扩大和增长的范例①。综上分析，西方学者提出的空间分化分析模式是有一定学术性价值的，但是，其研究的理论结论大体是在中国新型城市化以前的事实，尚没有包括中国城市化的案例，而中国的城市化从全球的角度看，可以重申的是：前无古人，后无来者，因为几乎是从一个典型的农业社会，开始工业化而进入城市社会发展的。所以，西方学者阐释的传统理论中对空间三种分化模式的解释，还是有很多学术和实证性说明的欠缺，中国城市社会结构分化不同于一般西方意义的空间分化，虽然全世界的社会空间的分化在本质上具有同一性，但是，中国的城市化因为人口多，快速进入全球城市化主流，特别是中国社会有梯度社会结构限制，其发展有独特性，问题有专属性，可用更有针对性、更有实践性和更有科学性的方法加以说明。

当我们用现代观点和新知识、新科技及数字化对空间变迁加以认识的时候，有很多研究和成果偏重于利用西方的认知和理论思维方式，这当然是必须采取的一种方法，科学的研究就应该寻找科学的理论作为依据，但是，全球城市空间的流动与变迁、对世界全球化和网络空间一体化，应该在空间的理解和研究之上，加入本土化的研究理论与方法的创新，不能总食嗟来之食而没有自己的创新，因为中国有其独有的国情，至少有“六种社会形式”以阶梯式的方式存在，从后现代的城市到传统的自然经济的乡村——这是中国的具体国情，而其中社会空间、生产空间、工作空间、生活方式空间差距巨大而各有其特性，因此，在这样的社会结构体系内，在变迁中创造中国式的“城市文化资本”再生产模式，就是在城市社会空间的分化中，找到中国本土化的变迁方式规律和理论认知及理论与方法，面对西方的理论模式，应该有中国式的“空间语言”和“城市文化资本”的“话语体系”，建构中国的“城市文化资本”理论与价值，使中国城市在空间流动与分化中能够形成“中国元素”特色，创造国际化的城市理论研究的文化识别体系。

三、空间的多样化与城乡生活方式文化符号的多元化

城市与乡村的关系也是一种空间流动关系，是通过人作为一种文化和空间符号来说明的，这种

---

① 《人民网江苏频道》2022年10月19日报道：“在这105个大城市中，包括了4个县级市，分别是江苏昆山、浙江义乌、浙江慈溪和福建晋江，均为Ⅱ型大城市。上述资料提供的七普数据显示，江苏昆山常住人口达到209.25万人，城区人口达到141.43万人；浙江义乌常住人口达到185.94万人，城区人口达到118.42万人；浙江慈溪常住人口达到182.95万人，城区人口达到106.19万人；福建晋江常住人口达到206.16万人，城区人口达到101.25万人。”

社会结构变迁可能会出现两种结果：一种是一些城市通过人口集聚，促进城市空间的发展，进而形成城市各种资本要素和人才的集聚，创造城市的永续动力；另一种是一些城市出现人口流失，使城市丧失或缺乏“城市文化资本”再生产的功能，出现城市动力的缺失。人类城市化就是城市与乡村的空间转化，就是乡村人口向城市转移的过程，这个转化是以追求城市生活方式为核心的转化，同时，通过生活方式的转化，让乡村的空间城市化，让在城市空间生存群体的生活方式价值最大化，让乡村的农业生产、生活空间更适合人的生存，并满足人的多种需求。人类集聚于城市，其潜在意识就是享受城市的公共资源，还原人类群居的本体的社会性。城市社会作为一种共生体，依赖于共同的物质基础，如城市中的一部分居民可共用同一自来水公司的水、共用公共公园、共用公共交通等一样，通过一种共生关系，在多样化空间结构之中创造个性的、理性的生活方式。居于其中的城市居民，不同城市的居民对城市公共资源创造性的选择能力和享受的程度是不同的，除了是因为某些城市公共空间资源匮乏外，还与这座城市本身的社会结构构成有关系，与城市的文化资本“存量”有关系，与这座城市管理者群体的智慧、城市现代化发达程度有关系。不同现代化水平的城市，因社会结构的某种制约，个体的选择能力也是不同的。但是从城市社会整体选择的高度看，城市对于市民的公共需求有着具体的责任和任务，城市社会结构是城市社会共生体的机体，城市社会的“空间再生产”的选择，具有整体性社会选择的意义。与乡村的生活方式比较，城市人的享受和理想实现空间较为广阔，这是城市区别于乡村的一个文化特质，也是人类共同的希望。

城市社会结构是一个历史过程，城市人的存在方式就是流动，每一个生活在城市里的人都能够看到城市的变化。流动是城市存在的表现，必然也是城市社会结构存在的表现。人口在流动，社区在变化，工厂在搬迁，新居如雨后春笋；有的企业倒闭，有的企业开张……搬家在城市里已经习以为常，更有一部分人向郊外迁移，空间的流动不仅表现在城市内的人流、物流、信息流和空间转换的速度上，2022年的大城市房地产市场二手房已经成为市场的主体。在传统社会里，一般强调社会结构以封闭、稳定为主要特征，社会分层简单，层次间缺乏流动的机会和渠道，人在社会结构中的地位主要依据其血缘或地缘而定，社会等级制度森严，各等级之间有着难以跨越的鸿沟。城市社会特别是现代城市社会则不仅在城乡、城市之间流动频繁，而且由于城市内部工作与居住空间的分离，政治、经济、文化活动空间的分离，以及社会分工的专业化和相互协作的增加，客观上要求在各系统、各部门之间做出各种形式的流动；而居民闲暇时间增多，使得非物质文化需求逐渐增加，对文化消费产生多样化的需要，在这方面社会个体的主观上的流动意识也在加强，旅游、旅居和“候鸟式”生活方式在很多地区已经成为常态。“人们与地区的联系更加分散，城市成了‘不同空间规模上重叠的关系网运动轨迹’。城市内部社会分异与日俱增，新的生活方式扑面而来，巨大的社会差异造成了至少两个方面的空间效应：一是社会极化、分割和社会差异相伴而来。差异的空间和社会相互作用导致人们对社会分割熟视无睹。”在欧洲城市中，由于社会分割导致被分割人群聚集于特定社区的现象出现，而在中国这种现象也比较普遍，城市改造和建设中的老旧小区改造后，动迁房的居民往往被集中到郊区的某一新建社区内，有时会形成规模较大的低收入群体社区，这种极化分异的空间，至少不利于空间正义的表达，目前，在新的城市发展中这种状况正在得到改善。社会经济的变化产生了新的空间形式。特别是在德国“城乡等值化”概念的影响下，在中国的城乡之间，新空间形式和空间节点有增加的趋势，如郊区或远离城市的地方产生了诸多形式的特色空间——文化特色乡村、产业重点村、民俗文化村、田园综合体、民宿村以及“一村一品”形成的各种各样的特色村等等。从全球范围看，在原来的农业地带形成的各种具有城市生活方式的村镇，发达国家从近代以来就开始出现了。英国的郊区化和逆城市化[①]得到发展，城市走廊和边缘城市出现。在美国，人们争论的焦点是郊区化在蔓延还是在快速增长[②]。城市化永远是一种中间状态，没有止境，没有范围，城市空间的流动性，不仅使空间发生了各种变化，而且也使得城市文化形象具有永恒的“变异性”，城市的主要标志和主要特征在空间流动中发生变化，新的要素取代旧的要素，新的空间取代旧的空间，认识城市空间流动规律，构建具有跨时代的城市形象要素，是“城市文化资本”运作的核心和重点。事实证明，越是具有跨越时空特征的城市文化要素，越具有“城市文化资本”质性，越具有人类遗产价值。

每一座城市都有与其他城市不同的“天然地”——区位，进一步说，每一座城市所处的区位、自然条件和城市景观形态都是独有的，我们可以把它称为“城市个性化的空间要素”，但是，某一城市与其他城市不一样的、值得人们成为共同的集体记忆的特征，可以描述的就只有几个主要的空间或景象。因此，在鲁道夫的理论中：“只有让‘部分’保持某种程度的自我独立，才能展示出‘部分’的真正特征。一个‘部分’越是自我完善，它的某些特征就越易于参与到‘整体’之中。当然，各个‘部分’能够与‘整体’结合为一体的程度是各不相同的，没有这样一种多样性，任何

---

① “逆城市化”概念是美国地理学家波恩在1976年提出来的。它指的是西方国家的“城市化”发展到一定阶段之后，人口增多、交通拥挤、环境污染等“城市病”越来越严重之后，大量城市人口开始往郊区或者农村流动。参见：Clare J.A. Mitchell，Christopher R. Bryant.International Encyclopedia of Human Geography［EB/OL］. Science Direct. 2020：433−438. https://www.sciencedirect.com/referencework/9780081022962/international−encyclopedia−of−human−geography.

② A. Keams，R. Paddison. New challenges for urban governance：Introduction to the review issue［J］. Urban Studies，2000（37）：5−6.

有机的‘整体’（尤其是艺术品）都会成为令人乏味的东西。”[①]以南京城市举例，有自然地理环境和自然资源形成的一些风景旅游点与历史人文结合形成得天独厚的人文资源，如紫金山、夫子庙、秦淮河、牛首山等具有典型的“城市文化资本”属性，城市内的山体、河流和湖泊等通过注入人文精神，特别是与现代社会发展相适应的人文要素，其资本价值是不可估量的。我们可以这样说，与唯一性的自然山水相结合的人文景观，再加以历史的“醇化”，会以传统个性形成与众不同的特点，这些要素有的成为“城市文化资本”特有的文化资本价值，有的成为南京城市特点“印象”的直接表现，有的成为南京人怀旧心理的文化符号……而这些“城市印象”说到底也就是在人们心中的“记忆”形象感觉，就是“城市文化资本”生成的支点。城市空间变迁与“时间切面”的空间存在，时间在空间中移动，空间在时间中蜕变，成为这个时代每个人的“城愁”……这种认识与感觉，强调对城市“记忆”的文化符号表达。是的，关键是哪些城市要素会引起人们的注意而成为记忆？对每个人来说，接触或走近过的任何陌生城市，都会产生某种“记忆”，可是，一座城市应该为人们留下什么“记忆”呢？“城市文化”的“凝固”会留下“记忆”，“城市血脉终致断裂”也会留下“记忆”，古老与现实形成科学的“串连”与“链接”同样会留下“记忆”，而最可怕的是城市不存在有历史价值可以留给他人的“记忆”。

正如世界上没有两片完全相同的叶子一样，世界上也没有两座完全相同的城市，每座城市都有可能给人留下关于这座城市特点的“印象”，一般的“城市印象”与我们所要求建构的“城市整体形象”所产生的印象是不同的。差别在于：一般存在意义上的“城市印象”是任何城市都可能有的东西，它不是自觉的、非系统的和非整体性创造的结果，是人对客观存在事物的自然反映，这种印象如果来自这座城市历史与自然传承下来的天然美、自然美，所谓天生丽质，应该说至少是一座人们喜爱而又伟大的城市，这是历史的选择与文化的选择之后的结果，就如我们知道的“桂林山水甲天下，阳朔山水甲桂林”是一样的感觉，还犹如我们知道的世界上的著名文化名城和历史传承而来的景区、景点等，很多虽未谋面，而已经知其名。这种一般性的“印象”可能是借助于外部条件形成的。然而，时代在发展，几乎世界上所有优秀的、伟大的城市都在建构与时代相匹配的城市文化形象和“城市文化资本”，传统的文化底蕴值得保存、发扬和光大，仅有历史的文化而没有现代性，不仅城市本身不能发展，而且也不能适应时代变化、现代化背景下的大众的需求，仅躺在历史的“传统资源”上吃老本，城市经济和文化必然会萎缩、衰败，甚至仅有的历史传统也会被全球

---

① ［德］鲁道夫·阿恩海姆.艺术与视知觉［M］.滕守尧，等译.成都：四川人民出版社，1998：97.

化、现代化的浪潮所吞噬，进而导致城市文化活力和动力不足。现代性意义上塑造的城市文化形象，应该将“传统”转化为现代的“城市文化资本”。或者可能只是一种自然属性感觉，尽管城市中的某些自然遗存也会形成很多良好印象，但毕竟不是城市整体意义上对社会受众构建的结果，如人的行为的构建等等。正如我们曾有的感受那样，有的城市很美丽，可是城市流行的脏话却使人感到大煞风景。一般意义的城市印象，与城市形象的感受的区别是：城市形象是现代意义上城市人有目的的、自觉的、主动塑造的结果，是现代社会城市发展战略和城市全员参与的一种城市新文化行为；而一般意义上的城市印象，是人们对城市要素与“城市的记忆”的自然感受与记忆，如果自然感受和人为的精准塑造能够有机结合，就是典型的“城市文化资本”再生产的过程和结果。

中国南北方城市、小镇的空间区隔与曲折空间具有鲜明的不同风格和区隔的内涵，也是一种文化特色。中国古代传统城市空间南北方街道的曲折、关联的视觉感受虽不同，但都有共同的美妙感受之处。南方城市街区中的空间体系显得更委婉。笔者出生在北方，在孩提时代，特别是在中学时代读过一些文学作品，对中国南方的城镇有着极好印象，想象中的江南城镇：那蜿蜒曲折的石板路、那城镇中的小桥流水、那城镇中可亲的“一人街巷”“三尺巷”“六尺巷”①和那路边的花径……曾唤起很多北方人的幻想，也唤起对生活特别是对江南水乡生活方式的期望，每次流连都会给人以不一样的心绪飘扬。江南城市空间的“区隔”方式有很多新的变换和转换方式，空间在变化中变化，在变化中获得灵感，在变化中让人找到新生的感觉，在变化中意趣盎然，似如音乐给人跌宕起伏的魅力，可以在心中绕梁三日。“曲则全，枉则直”“曲径通幽”，在“疑无路”中“收”“放”自如，变幻成丰富的诗一样的空间。或以虽地处长江以北却有江南风情的扬州为例，在唐代姚合的《扬州春词》里说的却是“暖日凝花柳，春风散管弦”“满郭是春光，街衢土亦香”②。从总体上看，中国古代一些经典城市的街区既能曲折、收放自如，让人不仅能看，又能小巷通幽，柳暗花明，让人回味无穷。或者是景有界，而意无穷，或者是无景无界，情无尽……

这种具有中国元素意味的主动的城市空间“区隔”与城市社会学理论上理解的“区隔”有着不

---

① 三尺巷又名“六尺巷”。清代开国状元傅以渐，在京城为秘书院大学士，家中因为宅基纠纷，修书一封，希望他能为家中撑腰。收到家人来书，遂修一纸家书：“千里修书只为墙，让他三尺又何妨？万里长城今犹在，不见当年秦始皇。”家人看后，自感惭愧，主动让出三尺，邻居知道后，也深感惭愧，让出三尺来，于是就形成了今天的六尺巷。参见：中国知网［EB/OL］. https://kns.cnki.net/kcms/detail/detail.aspx?dbcode=CJFD&dbname=CJFDLASN2017&filename=FZJH201707051&uniplatform=NZKPT&v=PxOUD2uhVZJnmVMiBGsziTPUG6cdbXKeSI4Pmek8vbF7s6CkSfiEw6FNJp5YC80p&f_ww=1.

② ［清］彭定求，等，编. 全唐诗：扬州春词三首［M］. 北京：中华书局，1960：5666.

同的文化意涵，这种“主动的空间区隔”是将人创造的城市空间与人对自然的尊重理念结合在一起的，以天人合一的态度，酿就中国式的江南城市的里巷文化，在某种意义上养育了江南人的城市性格和江南水乡的文化性格，虽然其还有很多传统农业社会的痕迹，但是毕竟铸就的是中华民族文化根柢之一！

中国北方的“胡同里的文化”“大院里的文化”“街坊邻里文化”和“大杂院里文化”成就了北方一些古老的城市，虽然有些传统文化基因过于繁重，但是毕竟给予了北方城市特有的生命和城市有机体的延续。城市街区文化景观体现的是一座城市的文化习俗、惯习和经济、社会、政治状况以及城市居民的生活习性。以北京为例，林语堂的《京华烟云》对近代老北京城街区的生动描述犹如历历在目，似乎给了你一整段的画面，让人身临其境，虽然有味道，但感觉已“老矣”，应该获得新生。

上海是新兴的中西文化交流地——“海派文化”城市。在近代东西方文化的碰撞、入侵的冲击下，中国很多城市被设立租界和新区，大量兴建商行、银行、商场、洋楼及各种近代商业、工业设施。城市中新兴的被殖民统治的城区，形成了新的现代化商业新街区，与城市的旧街区形成了鲜明的“区隔”空间，也创造了城市空间发展的不平衡布局：西方商品的大量涌入，商业界各种势力的明争暗斗，新区的各类商业设施与新型娱乐场所重组了新的近代城市街区的文化景观，也重构了这类空间的生活方式。如上海沿黄浦江一带的早期租界地区逐渐发展成为以商业、金融和行政中心的上海外滩文化①。传统中国街区文化景观在外来文化的冲击下，被迫渐渐淡去，西方文化通过在上海这个地方进行的冲撞与交融，形成了中国的、国际化的前沿地区，使上海成为中国文化与世界文化交流的样板集聚高地，“十里洋场”喻示一个新城市文化符号的生成。上海的“海派文化”风格与北京的“京派文化”风格形成鲜明对比，在城市空间文化上也最具城市特性，上海石库门文化与北京胡同文化又形成各自独立的城市市民生活风情。上海近代城市发展是中国近代城市社会变迁的一个典型，整座城市在近代社会诸多制约因素中，发生了激烈的重组与分化，同时它也在近代文明的潜移默化中，伴随着世界文明的发展而构建新的城市“海派”形象与新的城市文明。

我们也不妨用“近代老上海元素”来说明“海派文化”的特色、近代老上海元素对上海城市文

---

① 当年上海领事馆翻译麦华陀曾说过：“商人们究竟应该安居在什么地点？”“英国的民政暨海军当局已经预选好一块令人羡慕的地址；在开埠的时候，领事认为他首先应该尽到的责任之一，就是将这个地址的界限正式定下来。领事慎重地把未来租界的四至作了规定，它的周围都是乡村、河浜和大江，这就使这块地区在必要时容易加以防卫。”参见：汤志钧. 近代上海大事记[M]. 上海：上海辞书出版社，1989：18.

化塑造形成的文化基因和这个文化基因强大的力量。甚至在当代的上海文化中，人们在建筑上海文化根的时候，在上海文化复兴的本源上，仍然怀念二三十年代的老上海，而老上海文化甚至成为一部分上海的文化资本。当然，老上海文化，肯定是上海城市文化资本的一部分。无论是站在上海的南京路上、黄浦江边；还是徜徉在上海淮海路（原霞飞路）、苏州河边；或是上海的私人花园与石库门内，从语言，到行为，到空间，到文化符号，再到消费模式和生活方式……海派之风扑面而来：（1）侬好（方言）；（2）领事法庭；（3）领事公堂；（4）会审公廨；（5）法租界；（6）浙绍会所；（7）潮州会所；（8）三山会馆（晚清）；（9）江宁会馆等（各类会所有几百家）；（10）租界公部局；（11）圣约翰大学；（12）黄包车；（13）下支脚；（14）西式马车；（15）古库门；（16）里弄；（17）租界；（18）外地人；（19）美国长老会；（20）白相党；（21）红头阿三；（22）锡克教徒；（23）西式洋房；（24）老虎窗；（25）百老汇；（26）《良友画报》；（27）瘪三；（28）罗马传教士；（29）《申报》；（30）大世界；（31）跑马厅；（32）大楼八埭头；（33）外白渡桥；（34）巡捕房；（35）公董局；（36）南京路；（37）上海国际饭店；（38）亨得利；（39）雷允上；（40）永安百货；（41）跑狗场；（42）文明棍（手杖）；（43）汇丰银行；（44）冠生园；（45）天厨味精；（46）《万国公报》；（47）城隍庙；（48）江南制造局；（49）沪剧；（50）浦东鸡；（51）买办；（52）老凤祥；（53）洋泾浜；（54）露天通事；（55）西崽；（56）光明乳业；（57）总工会；（58）回旋楼梯；（59）双层巴士；（60）亭子间作家；（61）本帮菜；（62）麦乳精；（63）鲁迅；（64）杏花楼；（65）弄堂；（66）恒源祥；（67）丁香花园；（68）露香园顾绣；（69）提篮桥；（70）功德林；（71）徐家汇教堂；（72）外白渡桥；（73）假领子；（74）沪剧；（75）弄堂小店；（76）张家姆妈；（77）洋行；（78）和平饭店；（79）百乐门；（80）老克拉；（81）老上海电影海报；（82）老克勒斯；（83）老正兴；（84）拜码头；（85）雪花膏；（86）拎不清；（87）小杨生煎；（88）王开照相；（89）馆小绍兴；（90）十三点；（91）摆渡轮；（92）思南路；（93）豫园；（94）阮玲玉；（95）过房亲；（96）大光明电影院；（97）乌鲁木齐中路；（98）十六铺；（99）永安百货；（100）摆渡轮；（101）乡下人；（102）英国伦敦会……

笔者在上海生活过8个年头，可以随意找出100多种老上海文化元素，但这些也只是上海文化之山的一角。通过对上海和北京这两座城市的比较，足可以让我们清楚地看到“老上海文化元素”与“老北京文化元素”的差异性和各自风格，可谓一个是“租界里的文化”，一个是“皇城边的文化”；一个有些开放，一个有些封闭。正是各自不同的文化演绎成为中国近代城市文化的两种模式。近代上海“人常讥上海四不像，不中不西，亦中亦西，无所可而又无所不可的怪物，这正是将来文明的特征。将来文明要混合一切而成，在其混合的过程中，当然表现无可名言的离奇现象。但一经陶炼，至熟纯净之候，人们要惊叹其无边彩耀了！”[①]实际上，“四不像”也可以说成“四个都像”，上海在接受外来文化方面付出过巨大的代价，这也是人类进步的一种范式，只有通过某种痛苦的选择，才能获取新的要素。上海通过“四不像”的发展过程，寻找到了自己的发展定位，2010年上海世博会后的城市文化建设，已经显现出上海与“全球城市”一线城市的距离已经越来越短了。

北京的“京派文化”和上海的“海派文化”本身就是两种“文化区隔”。在这里我们还可以论及一下北京和上海之间的南京“城市文化资本”要素的构成，也是能说明一个类型的典型案例。南京是十朝都会，六朝文化遗存丰厚，有2500多年城市发展史，也有诸多的辉煌，六朝石刻、南朝陵墓、《昭明文选》、《文心雕龙》、玄武湖、莫愁湖、明城墙、夫子庙、秦淮河、金陵十二钗、马头墙、明孝陵、雨花石、桃花扇、中山陵、中华门城堡、民国建筑、乌衣巷、中央大学、总统府、江宁织造、红楼文化、紫金山、梧桐树等，也是数不尽的繁华，道不尽的沧桑……中国有著名的十大古都，除了北京和南京外，还有西安、杭州、洛阳、开封、安阳、大同、成都、郑州等，另外，还有从春秋战国时代以来的两千多座城市（镇），都有悠久的历史和丰富的文化，几乎所有的城市都需要文化资源向文化资本的转化，都需要在新时代的要求下，进行“城市文化资本”再生产。所以，我们所看到的空间与空间文化的流动、变迁等，在现代化的“驱使下”，很多城市的历史文化断裂了，这个时代需要在其主要文化的表现形式上，创造中国式城市文艺复兴的理论与模式，不能让这些历史文化要素停留在古代和近代文化表层意义上，仅仅是供人观赏，而是以创造、创新视角，重拾、重缀和创新中国城市文化，使之成为中国高质量现代化的一个创新发展动力。

让各种城市中的“城市文化资本”要素成为属于城市自己的文化资本，这需要在更广泛的意义上普及“城市文化资本”再生产的知识，熟悉相关的理论与方法。当然，北京、上海、南京等城市的一些特色文化元素可能是其他城市不曾有的，而且未来也不会有。相反，很多城市即使是中小城市的地方文化元素，也是北京、上海和南京所没有的。但是，当代发展需要与时俱进的创新，需要创造城市文化的唯一性和伟大性，可以肯定地说，城市无论大小，文化本身的力量是无限的，关键是如何建构、创新和进行“城市文化资本”的再生产创新。我们从中国城市发展历史中可以发现，一些城市的基本文化元素是经过自然无意识地流传下来的，有的城市在各要素的冲

① 熊月之. 论近代上海城市文化的异质性［J］. 中国名城，2008（01）：15-20，43.

突、互动和矛盾运动中不自觉伴随着民族文化的发展而发展，这一切虽然有民族文化和城市文化特色优秀的一面，但是，有些城市历史文化和城市特有的元素只是保存或“就在那”，有可能随时会消失。这种情况在中国的城市发展中已经非常普遍，虽可谓亡羊补牢，未为晚也，但是，在国际科学技术、文化和经济高速发展的今天，那些传统的文化遗存若不能在保护中精准开发，在开发中精准保护，有可能丧失城市的新发展机会。随着现代社会科学、智能化的网络社会、技术、智慧产业及创意阶层的发展，我们完全可以创造一个可以改造的，可以通过民族与文化的力量自己创造的城市文化资源与文化资本体系，包括民族化的“城市文化资本”再生产体系，这是民族创新的新探索，通过现代民族文化力量有意识地重构中华民族自己的本土化“城市文化资本”价值，这应该是现代城市人所追求的一个目标。如纽约、巴黎、东京、新加坡等城市独自创造的文化资本的发展战略已经充分表现了这一点——后现代社会，城市依然需要资本发展，但是更需要“城市文化资本”再生产的发展与创新。

“怀旧情绪是由于急速变迁产生的”[①]，“怀旧是一种采用了特殊的历史性事件并有选择性地重构了这些历史的现象”“怀旧是一种我们在永无止境地建构、维护和重构身份的过程中所采用的方法之一”[②]。“怀旧”开始之时被作为医学上的抑郁病症出现，其英文拼写“nostalgia”一词来源于两个希腊词根的组合，其中一个词根为nostos，为返乡之意，另外一个词根为algos，为痛苦、烦恼之意，这种医学上的抑郁病症被瑞士医生 J. 霍弗尔用来形容在外苦战渴望归乡的瑞士雇佣兵身上。斯维特兰娜·博伊姆（Svetlana Boym）在《怀旧的未来》（*The Future of Nostalgia*）一书中以“从治愈的士兵到无法医治的浪漫派”[③]表述了怀旧的演变，而怀旧消费则是一种典型的心理偏好。

——张鸿雁

---

① ［加］马歇尔·麦克卢汉. 机器新娘：工业人的民俗［M］. 何道宽，译. 北京：中国人民大学出版社，2004.

② Fred Davis. Yearning for Yesterday: A Sociology of Nostalgia［M］, New York: Free Press, 1979.

③ ［美］斯维特兰娜·博伊姆. 怀旧的未来［M］. 杨德友，译. 南京：译林出版社，2010.

第十八章
城市社会空间的错位与时间刻度——空间的怀旧性

“城愁”与“乡愁”成为“异位同位词”——怀念家乡。城市化使得成千上万的农民背井离乡，经常有怀念家乡的惆怅，可以简单理解为乡愁。而在城市化与城市现代化过程中，城市流动和空间变化使城市也改变了“面孔”，很多人离开家乡，离开自己居住的城市，以游子、边际人、移民、新市民的身份在他乡、他城求学、打工、创业和生活……思念自己曾经居住的大城、小镇和村庄。

一、城市是人类永恒怀旧地：城市本质是人类生活的消费中心与节点

高速发展的城市化，使得原来的城市面孔已经不复存在，自己上过的小学，居住过的老房子、院落、老街巷……那熟悉的城市变得陌生，城里人，也一样会有“少小离家老大回，乡音无改鬓毛衰”的感觉，原来居住的老地方、街道等已经被高楼大厦取代，或者被道路所占用，或者已经有了新人以新的空间在居住，当代城市人和乡村人有着同样的经历：离城又离乡，一次次扎根，又一次次被拔根……城市人和乡村人同样的感觉是怀旧的“愁”，无论是“城愁”还是“乡愁”——具有同质的文化内涵，就是怀旧文化，而怀旧文化的对象往往是曾经生活、学习、工作的空间。

空间的再生产的目的是空间的消费，在空间的剩余价值理论上，也充分体现了马克思所论述的消费也是生产，即空间的生产、空间里消费和空间作为商品的消费。现代怀旧空间即人的一种文化心理活动，现代社会也成为人类社会的一种消费心理，并出现了某种“消费文化错位”，这是一种社会发展特殊阶层、社会急剧变迁所产生的特殊效应。当“百年不遇”的社会变革发生

在各个领域，人们还没有做好心理准备，很多事情或已经时过境迁，简单说，面对社会的快速变化，人们还来不及多想，各类空间就已经变了模样，甚至恍如隔世。在网络科学科技和政治风云的推动下，社会变革变迁中新的事物一浪高过一浪的出现和发生，新空间的创造与创新形成了一种潮流性的、时尚性和超预期的变化，因此，各种怀旧空间应运而生。高速发展的城市化与城市现代化本身就是空间流动和变迁的过程，而所有的城市化和城市现代化都表现了不同深度、不同形式的城市更新与更替，而一般意义上的怀旧心理创造的空间、人们怀旧心理存续的空间和相应的空间符号，则成为社会急剧变迁的时代性产品。西方学者R. Evansr提出城市更新的三种文化转向，笔者在研究中在他的认知基础上加上了自己的再理解（城市的转型变迁与怀旧是一对孪生子，城市社会转型变迁催生一种新的文化，而新的文化又引导着城市文化的再生）：一是社会变迁是在文化引导下的城市空间价值再生，文化变迁的感知是所有人的心理感知和反映，而表现方式是空间的存在方式，不论是虚拟和实体的空间，怀旧感是需要空间存放的；二是怀旧文化伴随空间转向而转向，正因为个体生存于空间之中，生存的空间对每个人都留下不同层次和不同深度的印痕，它伴随时间的流动融入个体心理也流入城乡的空间变迁过程，而这些空间就是场所记忆——也就是怀旧的感知和记忆；三是文化和城市变迁是一种空间再生产过程，每一个空间都留下记忆和时光的印迹[①]。也就是说，城市变迁本质是城市文化和空间的变迁，而怀旧则成为一个时代城乡空间快速变迁的空间再生产的“作品”，也可能是每一个人心中的“作品”——“文化空间的怀旧感”。

怀旧和怀旧消费的兴起，既是一种人生的社会属性和生命价值属性的文化现象，更是从一种情愫感知转向另一种社会建构的空间再生产消费。在社会快速转型变迁的特殊时代，人人都是城市与乡村社会转型变迁中的匆匆过客，空间转换成为某种压力，“迫使”每个人都是怀旧人，是以往经历的实践者和“记录者”，每个人都有怀旧的情愫，都有怀旧的文化心理结构。关键是，可以怀旧的空间在一定条件下成为一种价值空间，有的是个人和群体所珍视的丰富人生经历的价值空间，有的转化为社会转型中值得人们去回忆和怀旧的消费品，当然有些是隐性消费品，往往是商家和相关“商品—空间”的设计者唤醒的社会个体的怀旧心理和欲望，借用、利用或者把握和创造了人类个体的自然本性和社会本性的怀旧心理，让他们对某种怀旧空间从产生心理依赖到消费依赖再到对怀旧空间的心理“忠诚”，就如某一群体会经常到某一类空间一样，中国几乎所

① Sacco P L, Blessi G T, Tavano G. Urban Regeneration，Culture and Happiness.Bridging Communities through Cultural Policies：A Theoretical Framework［J］. Policy for Happiness，2007：16-24.

有城市都有一条“老街”或者是仿古一条街一样，这是社会总体、群体心理怀旧的集中表现，事实上，怀旧消费已经成为人生文化消费的全过程。无论是怀旧消费者和怀旧消费空间的生产者，对空间的价值特别是怀旧价值有了共同的认知，从空间里的生产，到空间里的消费，再到人们对怀旧空间的消费和再生产，成为一个“城市文化资本”再生产螺旋形高级化发展的全过程。空间与消费的融合，怀旧与消费的文化错位，恰恰创造了一个新的消费理论的创新，或者是对传统消费理论的一种突破。人类从有记忆时起，就有了怀旧，从本质上讲，迪士尼文化就是人类怀旧文化的一种产物，而怀旧的心理随着年龄的增长而加深，这就是人类对某些文化空间、文化艺术品、文学作品等产生青睐的原因，因为社会巨变，也因为社会的财富在增长，更因为社会整体文化资本和“城市文化资本”的积累越来越多，人们对怀旧文化的认识也越具有历史性和真善美的价值，也就有越来越多的人成为收藏家，城市文化容器的功能也越来越强大，现实生活也成为当代的一种文化思潮与消费时尚。

在城市社会变迁中，我们提出中国城市形态的本土化主张，是强调保护城市空间形态的民族传统特色，也正是把握了当代社会变迁中的一种怀旧文化成为热点的事实[①]。城市空间结构与社会结构变迁使城市形象也成为一种流动的“怀旧感”和“文化感”，这样的城市文化建构创造了全新的“集体记忆”，也创造了具有民族性的城市空间结构。一座城市如果具有人们怀旧之后的“集体记忆”，这些记忆一定是民族文化心理文化认同的关键性文化符号，是民族性和地方性乃至世界性的集中表达。我们应该常说：不是民族的就是世界的，是民族文化中优秀的那一部分才会是世界性的。虽然城市必然多有万变，但是必须万变而不离其宗，其文化内核必须保持一种民族性的文化灵魂。

城市空间和一般意义上的文化变迁，除了我们能够直接看到的空间和文化符号及要素的改变而外，城市形象是空间文化变迁的高级化文化符号的集中表现，城市文化形象在某种意义上，其内涵文化的表现也是一个动态的过程，要有时代的文化特质，这种变化与变迁在中国的城市化过程中表现十分突出，而重新建构、推广和再建构城市新形象已经成为城市政府工作的常态，由此往往出现人们对城市文化形象的片面理解和感知，即多数城市没有真正的城市文化形象定位核心价值，而事实上，人们对有着悠久历史文化的世界名城，早已有心理定式和定位，如有“上有天堂，下有苏杭”美誉的苏州、杭州及罗马、米兰、巴黎等的文化艺术形象已经不是跨国家、跨民族、跨文化的

---

① 张鸿雁. 中国本土化城市形态论[J]. 城市问题，2006（08）：2-9.

认同，而是上千年的文化传承认同，创造了城市美誉度和全球范围的文化识别度。为了避免城市文化形象与空间再生产及城市空间怀旧文化消费作为发展“文化动力因”“文化因子纠缠”，需要在理论上整合、文化上梳理和方法上创新，创造一个人们在文化心理上认同并愿意进行文化怀旧消费的城市，创造合理的“城市文化资本”再生产的“文化场域”，使城市空间具有更多的怀旧文化功能，成为滋养城市文化创新的新场域文化空间，从而创造城市在世界范围的“集体记忆”，而使各种“文化因子纠缠”产生合力，变成城市的文化特色竞争力、文化核心竞争力、文化综合竞争力的“三合一要素”——“城市文化资本”的价值整合。

二、创造社会样板阶层：城市经济价值与社会价值双重建构

所有的城市文化形象都是一个不断推陈出新的动态过程，原因有二：一是观察主体的必然性变化，每一个观察主体对客观事物都有一个认识过程，审判感知和水平或变好或转坏；二是作为客体的城市文化形象本身和所有的事物一样也是必然变化的，要适应时代的发展建构城市新形象，动态的城市文化形象空间是一种“城市空间文化流”。假设，一座城市对某一个体所产生最初的影响具有某种“城市整体形象”意义，但其实这一“城市整体形象”只是城市的某一方面或者是因表达不准确形成的，或者说是个体自认为的整体形式，这在日常生活当中随处可见，正如经常可以看到某人对某人的评价一样，形象往往是因为误解造成，或者是因为距离才产生各种形象判断。所谓城市的整体形象，也只是某一个体对城市客体在心理上形成城市形象的阶段性感知，或者称为一般印象——因为，个体的一般印象，往往都会自认为是某一城市的总体印象，这是经常会发生的“社会空间错位”和文化误解，对局部和整体空间认知的错位，这也是普遍存在的问题，所以才经常需要提倡对某一问题争议的结论是：“要再深入研究。”因为，所有的事物和所有的人，都不可能获得客观物体的总体、全面、深刻、完全、完整的客观认识和描述，对所有城市的感知都是对城市的不完全了解的感知，正如我们所看到的：“形象是因为误解造成的”，就是从理论上讲，人们对客体描述永远不能是百分之百准确的。所以，城市文化形象的第一印象、第一感知、第一表达是创造良好城市文化形象的关键步骤，至少是创造对城市文化形象要素一种总体的良好感知的创新开端，是容易造成“刻板印象”的关键，是精准设计、精准建构和“城市文化资本”再生产之后的结果，创造、创新“初步印象”是城市整体良好形象向世界传播的基础，也是城市文化形象长期推广的“文

化硬核”，而“初步印象”具有“首因效应”[①]，是有历史文化痕迹且具有“先入为主”的特点和效应——这一点是普遍存在的。而且，正是因为“首因效应”而产生“刻板印象”[②]，或好或坏——而相当一部分人往往会因固守刻板印象而很难改变，甚至，有些人有了“初步的刻板印象”后，不愿意去寻求改变，所以，要认真研究城市文化形象传播的“首因效应”，分析主观和客观结合的印象感知心理的关系，避免出现因城市文化形象的“时空错位”而造成长期的、具有负面文化效应的“刻板印象”。

从客体来讲，对一座城市总体形象印象的了解，在过去多是通过读书、看文章或者是广播、电视及口碑传说了解的，当下，自媒体时代，获得城市印象的渠道可谓多如牛毛，除了读书、看报，现在有了网络、手机、融媒体——在手机上可以获得无数个自媒体介绍，有关记载，2023年3月工信部说在中国市场上监测到活跃的App数量为261万款，所以获得任何城市的信息的渠道都是多层次和“多管道”的。当然，个体单一的个性化的感受对城市文化形象的“首因效应”，不同于对一般事物和个人交往中获得的感知效应，是非常重要的。相比较而言，城市是一个多面体的空间系统，从任意角度都可以获取对这座城市的感知，如和城市中的某一个人的接触，和这座城市中某个公共服务窗口接触，或者看到这座城市某一角落和特定空间环境的好或坏等，都会有某种反映，可能是理性的也可能是非理性的感知。当然，最初的感知还包括城市自然景观、人文景观、城市风貌和城市人的语言及文明与否的行为等多重文化要素。有的城市自然与人为景观表现出强烈的和谐共生表象，很容易成为人们的第一印象，如黄浦江与上海、古典园林与苏州、西湖与杭州、中山陵与南京、瘦西湖与扬州、塞纳河

① 首因效应（Primacy Effect）：也叫优先效应（Superiority Effect），由美国心理学家洛钦斯首先提出，也叫首次效应、优先效应或第一印象效应，指交往双方形成的第一次印象对今后交往关系的影响，也即是“先入为主”带来的效果。虽然这些第一印象并非总是正确的，但却是最鲜明、最牢固的，并且决定着以后双方交往的进程。如果一个人在初次见面时给人留下良好的印象，那么人们就愿意和他接近，彼此也能较快地取得相互了解，并会影响人们对他以后一系列行为和表现的解释。反之，对于一个初次见面就引起对方反感的人，即使由于各种原因难以避免与之接触，人们也会对之很冷淡，在极端的情况下，甚至会在心理上和实际行为中与之产生对抗状态。时蓉华. 社会心理学词典［M］. 成都：四川人民出版社，1988：157.

② 刻板印象：和心里原有存在的印象相一致，也称为固有印象、固定看法，或者是某种负面印象，并往往把这种负面印象推广扩大。但是，另一个方面，如果某一个经常表现为对某些事物的“刻板印象”的行为反映，往往表现为某种程度的保守和个体知识的“茧房效应”，如一些人因为个人的文化因素对某一地区、某一城市的人会产生“刻板印象”，克劳德·M.斯蒂尔认为：“一旦进入充斥着刻板印象风险的环境中，他们就会意识到，只要稍有差池，自己就会被贴上对应的标签，进而遭受相应的对待。这就是刻板印象风险——一种在不同场合中由身份引致的不确定性。”参见：［美］克劳德·M.斯蒂尔. 刻板印象——我们为何歧视与被歧视［M］. 陈默，译. 北京：民主与建设出版社，2021：7.

与巴黎、泰晤士河与伦敦、中央公园与纽约等，自然、人文景观与城市生活融为一体，良好的自然生态、文化生态、政治生态和社区生活环境四者和谐相容，展现了一个良好的城市文化形象空间体系，从事物的客观存在意义上说，第一印象必然是自然景观与人工创造的“第二自然”最佳结合的产物。无论如何美的自然与人文景观都会落实在城市文化形象的内核上——即人和人的行为文化，正因为有了良好的、文明的大众文化行为，才能创造自然景观与人文景观结合的最佳景象，人的文化行为除了日常行为外，还包括各种人和群体的创新行为，如果城市形象和“城市文化资本”创新集中在人的现代化上，一定会为这座城市带来永续发展的动力。所以说，必须从现代性的意义上，建构城市市民的高尚文明时尚、高雅和尊重他人的市民精神，创造全新的“新时代城市市民行为文化”，就如我们经常所论及的，城市的美好形象，来自每个人的高尚与高雅。

事实上我们也可以看到，有些城市和城市文化空间能够成为社会文化精英的摇篮，而有些城市却不能。城市创造了城市社会的文化精英，或者称之为市民社会的“样板阶层”，他们就能够成为这座城市市民的生活“样板”。我们经常问，为什么有些城市创新能力有限？为什么有些城市吸引人才能力有限？而有些城市为什么创新能力很强？虽然结论是多种多样，但有一点是一致的，即城市创新文化土壤的肥沃程度决定了这座城市的创新能级。一个有良好城市创新文化环境空间体系的城市，一定能够培养出一个文化创新和新文化行为的“样板阶层”，这个阶层就有可能成为“新城市文化行为”的创造者、实践者和引领者，而这一阶层也是“城市文化资本”再生产的核心价值和元素，这是值得我们认真思考的问题。

当下一些城市所表现的文化精英样板群体尚没有完全形成，在引导社会正向发展、引导社会进化性的发展方面声音不强，样板性较弱，甚至有人认为在现代性、现代生活方式、现代时尚创新方面是知识分子所不为也，而有些时候这些空间往往被过度的“萎靡时尚”所占领。而事实上，无论古今中外，知识分子——文化人应该有时代的担当和先锋派的理想及责任，当低俗文化和“萎靡时尚”在网络空间大有泛滥趋势之时，在有些低俗“网红文化”的强势传播中，优秀的知识分子应该成为时代时尚的引导者，当年鲁迅正是如此，占领文化高地、创造文化高地，创新高雅的、文明的、时尚的、前沿的新文化和新思想。之所以时尚引导和文化创新引导性的文化行为在学术界往往视之为不屑，而缺乏时代的担当，是因为这与传统文化对知识分子的“刻板印象”有关，好像只有待在书斋死读书的人才是真正的知识分子。

我们必须创造一种城市文化氛围，形成一种城市文化选择压力，让这种压力转化为市民的自觉行动，使城市社会整体中的多数人能够履行城市文明公约，遵从契约关系，能够在公共场合完成履行个人基本道德行为和公共道德义务，并能够自觉而有意识地维护个人形象以及公众城市形象，或者说，虽然这是最低的公德意识，但也是一座城市共同文化价值创新的最牢固的文明根基，这是“新城市文化行为”的最低要求与最低表现，从城市空间社会学的视角看，我们所看到的行为，都是某种空间里的行为，而社会个体和群体的行为本身也具有空间性。

在另外一个层面来说，城市中的文化精英的价值就在于，能够成为这个时代城市主流文化的倡响者和实践者，进而能够引导城市社会文化时尚向文明与高雅的方向发展，青花瓷自带美丽，犹如南京的“古都型的学术氛围”、上海的“海派型时尚精致文化氛围”、深圳的“拓荒牛创新创业氛围”、成都的“国际化休闲文化氛围”、巴黎的“引领时尚创新的氛围”、伦敦的“绅士文明的文化氛围”、苏州的江南文化的创新等等，这种社会空间意向、文化氛围、文化土壤似乎具有与生俱来的感知……实际上，由社会精英文化所构建的样板群体，其创造的文化压力氛围，是能够让城市文化具有吸引力和向外扩张力的综合“城市文化软实力”，亦如目前世界上最有影响力的一线“全球城市”那样，城市中新兴的各种阶层，本身就具有国际化的能力和文化创造力，“迫使”城市本身就具有世界化和国际化的品质，也使城市成为世界范围的文化创新发祥地。

以美国纽约这座城市为例。纽约一直是美国及西方前沿文化的代表，在创造、创新和文化引导上有独立的理性与价值取向。对于这座城市，人们的认识往往大相径庭，有的把它理解为“天堂”，有的说它是“地狱”。当然，分析一个事物，特别是研究分析一座城市，绝不能用简单的肯定与否定、好与坏来评价或下结论。的确，纽约城市发展本身就具有鲜明的两面性——城市伟大和角落的黑暗。原因很多，其中一个原因是：这座城市为想要努力成功的人，创造了一个可以攀登高峰的阶梯，同时也为不努力或者努力不成功者创造了一个深陷的地狱，而社会没有平衡的政策与文化治理能力，城市就会形成一面高高雄伟的城市建筑所显示的现代文明，一面是沉陷于社会问题的渊薮。因为，城市人中所有的努力者都在创造与其他人的差异，有些人在竞争中成为落伍者。在这样的城市里，文化是以一种模式存在的，这种模式要求外来者必须适应这种文化，并在这个“文化酱缸”中使个体的文化在“碎片化”中被融化，也有很多人在“文化碎片化”中重新建构了自己的个性文化，有些则被城市的“文化碎片化”所淹没。

在纽约的生存与发展，“你首先必须适应这座城市”①，如美国作为一个超前消费的国家，成为一种资本主义生产的时尚消费地，而这一点上，纽约历史上就曾有过之而无不及，“过度消费”文化模式曾经是纽约城市最具魅力和典型创造力的地方，是消费也是生产的经典之城。早在1895年，

---

① 张鸿雁.城市文化资本论[M].2版.南京：东南大学出版社，2010：78.

纽约就有很多“超前消费”与“过度消费”的惊人事件和故事，这也许是纽约城市文化的一种价值取向：“抱有生活更好这种观念，你就得要么拥有财富，要么幻想拥有财富。虽然幻想拥有财富只能是一时的，但很多美国人和欧洲人都心存这种幻想。一个会冒充贵族身份的人如果擅长表演，就能在别人发现要根本付不起账之前，买到一大堆东西。”[①]如果按照《纽约先驱报》的观点，虽然，这一说法有点非学术化，但是，很多“要想体验‘惬意的世界’就要‘换换位置’，一个人就必须融入其中，必须处在与‘他们’相同的位置，才会有切身体会。”[②]这是一个事实，是一种文化现象，当世界的文化精华集于此的时候，关于文化的副产品就一定会发生，文化衍生品就一定会出现，或者是好的，或者是坏的。

在100多年后的2008年，美国国家及城市社会的“过度消费”行为文化可谓是有增无减，“次贷危机”引发为金融风暴，其原因虽然众说纷纭，但是美国及纽约城市典型的超前与过度消费也是其原因之一。回顾这一过程，我们从中看到美国金融体系在经济发展中的金融控制正在相对完善，对金融危机的风险也正在通过网络金融体系加强风险预控。“用信用卡购买”——所有的商品都可以先不付钱就可以获得，从20世纪90年代以来，几乎所有西方国家和市民都成了负债的“负翁”。“40%的法国家庭负债”“千百万比利时人绝望地背上债”[③]。事实上，有的西方学者对这一现象已经有明确的论述：“资本主义是在围绕‘信贷’或它的助手‘高利贷’在一片争论中诞生的。”[④]可以看到，一座城市的文化特质，是城市社会整体文化的结果和结晶，又有城市自身可以独立创造的文化属性。如何避免类似问题的发生，除了创造城市经济的稳定结构外，还需要建构一种有文化价值取向的、有文化资本属性的城市文化结构，这种结构应该包括城市市民的文化价值观、消费伦理观和公平正义的契约关系，而不要形成城市文化的“深刻异质性”，即不要形成文化价值的鸿沟与对立，包括思想文化、消费文化和阶层文化的对立。当一座城市具有伟大文化的质性后，一定把这种伟大文化下沉到不同阶层特别是社会底层之中，要创造所有阶层共同的文化价值核心和文化价值取向，并共同朝着这个方面努力；而纽约相反，在伟大的城市文化之下，还存在着严重的文化对

---

① ［美］M. H.邓洛普. 镀金城市——世纪之交纽约城的丑闻与轰动事件［M］. 顾笑言，译. 北京：新星出版社，2006：156.

② ［美］M. H.邓洛普. 镀金城市——世纪之交纽约城的丑闻与轰动事件［M］. 顾笑言，译. 北京：新星出版社，2006：163.

③ ［法］马克·第亚尼. 非物质社会——后工业世界的设计、文化与技术［M］. 滕首尧，译. 四川：四川人民出版社，1998：212.

④ ［法］马克·第亚尼. 非物质社会——后工业世界的设计、文化与技术［M］. 滕首尧，译. 四川：四川人民出版社，1998：213.

立、严重的文化分层、严重的文化价值观的对立，集中表现在种族社区的错位与隔离、消费空间的区隔与过度分层等，这也许是城市创造压力选择最典型的城市，如何解决贫困社区和富人社区的文化分歧与对立，虽说是一个世界普遍的问题，但恰是纽约应该率先解决的问题，因为城市伟大的一面，往往被深陷的文化对立关系所桎梏，降低了纽约城市文化样板性价值，城市社会空间与文化空间的错位与对立及城市内部深刻的二元结构是必须要改变的。

摒弃传统落后的城市文化因素是城市现代性意义上的一种建构，也是本书提出的另外一种文化价值取向，可以归结为一种城市文化模式创新，“创造新城市行为文化”，亦如当年一些学者提倡“新农村文化建设”一样。“新城市文化建设”的最高境界是能够让城市具有永恒的创新发展能量，要想实现这一目标，要有科学、技术和生态的创新发展，在空间上表现为自然与人的和谐。社会空间里的人的现代化是决定现代化水平和发展走向的关键。当一座城市能够受到尊重的时候，这座城市的人也一定会受到尊重；当这座城市的人给人以良好的文明印象，这座城市也一定会受到尊重，任何社会空间都会对人有某种约束。

三、城市的作用在于改造人——人类文明的摇篮和蜕化空间

“城市的作用在于改造人”[①]，这是罗伯特·雷德菲尔德的观点。我们很容易在外表、气质和文化特质上识别出纽约人、东京人、巴黎人、伦敦人、柏林人、新德里人、新加坡人及北京人、上海人、广州人、香港人、哈尔滨人、苏州人等等，这已经被城市文化养成的个性特质和个人的城市文化属性所证明，也是人们日常生活经验的结果，就像人们在外在上、言谈举止上可以很容易分辨出城市人和乡下人一样。“城市可以在改造人”这一认知上成为一个智者的认识，“城市让生活更美好”，是对这一方面观点的最有力的诠释。“缔造和改造人类自身，正是城市的主要功能之一，在任何一个时代中，相应的城市时期都产生了多种多样的新角色和同样丰富多彩的新潜力。这些东西带来了法律规范、举止风度、道德标准、服装、建筑等各方面的相应变化，而这些新变化最后又将城市转变成一个活的整体。”[②]城市是一个活的有机整体，是由具有某种地方性文化特质的人构

---

① ［美］乔治·J. 兰克维奇. 纽约简史［M］. 辛亨复，译. 上海：上海人民出版社，2005：326.

② ［美］刘易斯·芒福德. 城市发展史——起源、演变和前景［M］. 宋俊岭，倪文彦，译. 北京：中国建筑工业出版社，1989：87.

成的，创造完全意义上的“城市文化资本”，就犹如创造了一种文化模式，就像一个“新文化染缸”，任何走进去的人都会发生变化，而成为一个有城市属性文化特质的人。

我们在强调城市新文化行为主义的时候，从更深层次的意义上是追求人的自觉文明意识，每一个人能够意识到，在社会机体中，个人的文明行为价值是对公众价值的尊重！如果连这一点都做不到，作为城市居民社会的最低伦理行为都不能守护，这座城市就不能说是一个典型的市民社会，至多只能说是农民社会的、城市里的乡村居民文化，还有着原始的、传统的乡村文化特质。“城市文化资本”的系统性建设，就是在创造城市整体存在的价值，使城市的理念和城市的存在价值成为城市中多数人的共识，形成群体意义上的民族优秀文化的“主观介入”“主观共享”，即当这种文化成为城市中多数人认同的文化机制时，他们就会参与这一城市文化的建构。优秀的城市精神理念应成为每一个城市人的心理文化符号和烙印，良好的理念必然影响人的行为，在善良的土壤上会产生无数善良，在真诚的土壤上会产生无数的真诚。“城市文化资本”与城市形象是一个系统，必须通过系统的塑造与设计才有可能完成。在城市形象塑造的过程中，除了能够形成广泛认同的城市理念以外，还要根据新的城市文化行为要求推出城市市民的行为守则体系、日常生活道德与伦理规范等，并要求城市市民遵守这些行为规范和守则，使城市人的行为朝着追求高品位的方向发展。

一个好的城市理念需要一种视觉意义上的文化载体，这就是城市对外形象的视觉表现系统，这些系统必须通过艺术化、美学化的符号表现出来，所以要求城市形象系统构建美学与哲学的视觉关系与结构系统，让城市的整体空间与环境朝着艺术化、科技化及高层次、高品位方向发展，使城市新的空间环境能够成为熏陶人、改造人、形塑人的“文化场域”，这一场域在一定程度上影响人的心情、视觉感观和规范人的行为。绿色的草坪、蓝蓝的天空、整洁的街区、艺术化的建筑、高雅的商业符号、有文化内涵的景观、有舒适感的色彩环境、有品位的空间体系、有礼让习惯的人际交往、有充分就业的空间、有时尚文化的可选择性……这样，使每一个人都会珍惜这种环境，每一个人对这种空间的小小破坏都会产生“犯罪感”。1965年新加坡建立了独立的共和国——城市国家，城市花园国家的大规模重建也正是从那时开始的。“花园城市”理念在20世纪60年代到90年代得到充分发展，新加坡为提高“花园城市”的建设水平，在每个不同的发展时期都有新的目标提出。20世纪60年代提出绿化净化新加坡，大力种植行道树，并提供开放性生活空间。20世纪70年代制定了道路绿化规划，加强环境绿化中的彩色植物的应用，强调特殊空间（灯柱、人行过街天桥、挡土墙等）的绿化，绿地中增加休闲娱乐设施，对新开发的区域植树造林，进行停车场绿化等。20世纪80年代提出种植果树，增设专门的休闲设施，制订长期的战略规划，实现机械化操作和计算机化管理，引进更多色彩鲜艳、香气浓郁的植物种类。20世纪90年代提出建设生态平衡的公园，发展各种各样的主题公园，引入刺激性强的娱乐设施，建设连接各公园的廊道系统，加强人行道的遮阴树种植，减少维护费用，增加机械化操作。由于新加坡政府较早地认识到城市环境的重要性，园林不仅仅能创造“使房地产增值”的经济效益，更是国民综合素质和精神面貌的体现，从而使建设“花园城市”的运动深入人心，与广大民众达成共识。这一切都给新加坡“花园城市”①的建设注入了活力，同时，从1999年到2015年间，新加坡推广、实施了城市“文艺复兴城市”的发展战略，“提高了新加坡文化艺术的国际认知度，极大增强了新加坡文化艺术领域的活力，提高了艺术与文化的需求与欣赏水平，确立了国家自豪感”②。2019年新加坡发布了总体规划草案并提出了国家创意产业发展规划，在一系列的规划中，明确提出城市转型，“让就业机会和便利设施更靠近居民”，如针对樟宜机场地区的空间，创造全球经济门户的同时，“依托机场、集生活—工作—玩乐—学习于一体的活力生态循环区”，同时还强调三个担当：即创意产业担当、商务功能担当和休闲娱乐担当，这一地区的局部发展使整个新加坡城市的产业结构、空间环境和居民生活体系得到了良好调整，为城市的可持续发展创造物质和产业发展的优质空间③。

纵观全世界城市的发展，一些发达国家在城市产业结构升级性变迁中，城市市民社会日渐成

---

① “花园城市”的思想从萌芽状态起就表现出强烈的政治性、思想性和社会性，也因历史发展阶段、国家和地区、民族与文化的不同有着不同的时代观念、文化内涵、民族特征以及不同的地域风貌。这一概念最早是在1820年由著名的空想社会主义者罗伯特·欧文（Robert Owen，1771–1858）提出的。在经历了英、美两国的工业城市的种种弊端，目睹了工业化浪潮对自然的毁坏后，英国著名的规划专家艾比尼泽·霍华德（Ebenezer Howard，1850—1928）于1898年提出了“花园城市”的理论，中心思想是使人们能够生活在一个新型有田园的自然意义上的城市环境之中。“花园城市”模式的人口构成是城市用地1000亩，农业用地5000英亩，人口3.2万人。花园城市的理想图形：一个核心，六条120英尺宽的壮丽的林荫大道（boulevards），这些大道以放射线和几个圈层组合的放射状同心圆构成，每个圈层由中心向外：“农业用地上有：新森林、果园、农学院、大农场、小出租地、自留地、奶牛场、癫痫病人农场、盲聋收容所、儿童夏令营、疗养院、工业学校、砖场、自流井”等。城外有各类工厂，如自行车厂、火车站等。在城市里，有绿地、市政设施、商业服务区、居住区和外围绿化带，整个城区被绿带网分割成不同的城市单元，每个单元都有一定的人口容量限制（约3万人）。新增人口再沿着放射线向外面新城扩展。这些分析虽然带有理想的色彩，甚至还有某种“乌托邦”的色彩，但毕竟反映了人们对城市的理想需求状态，而在有些方面是可以实现的，并且有些已经实现。从20世纪初开始，随着伦敦附近的莱斯奇沃思花园城、韦林花园城和澳大利亚首都堪培拉等一系列花园新村、花园新区、花园城市的规划建设，“花园城市”的理想也逐渐变成了现实。参见：［英］艾比尼泽·霍华德.明日的田园城市［M］.金经元，译.北京：商务印书馆，2000：11–19.

② 林兰.新加坡“文艺复兴城市”战略15年回顾//邓智团，苏宁，等.国际城市蓝皮书：国际城市发展报告：2017［M］.北京：社会科学文献出版社，2017：198–206.

③ 邦城规划.为梦想打造空间：新加坡未来50年规划［EB/OL］. https://mp.weixin.qq.com/s/T5j–ouF_JM–rfvG3js–x2A. 另见：新加坡市区重建局（URA）［EB/OL］. https://www.ura.gov.sg/Corporate/Planning/Long–Term–Plan–Review/Space–for–Our–Dreams–Exhibition.

熟，包括中国一、二线的城市，白领阶层和创意阶层的就业群体日渐增加，城市社会的中产阶级数量也在不断增加，在城市社会空间内形成了一定意义上仍然在变迁过程中的“样板层”群体，因此也形成了现代城市市民的“社会风范”。有学者研究认为，市民社会风范的特质之一就是“白领雇员阶层中，诸如懂礼貌、乐于助人、和蔼可亲这样一些品格，原来还只属于个人，现在却成了非个人的谋生手段的组成部分。所以，自我的异化在他们身上与劳动的异化比肩而来”。米尔斯·C.W在《白领》一书“导言”中的论述[①]，说明了这样一个事实的存在，而中国发达城市的“职场文化”也正在形成一种无形的“白领职场规范”，入职前和入职后的职业形象和职业文明礼仪规范的培训，已经成为一些较好企业的管理规范。

城市文化形象建构与人的行为的高级文明化发展是呈正相关的。提高城市的整体形象，其核心是要全面提升城市市民的文明素质和文化素养，创造特有的城市文化内在治理机制和特有的城市行为文化。在这里，我们同感于芒福德曾有的想法：“通过将创造活动应用于艺术，应用于思想，应用于人际关系之中，城市的价值是可以大大增强的，它绝不只是由工厂、仓房、兵营、法庭、监狱、控制中心等构成的一个纯粹的功能性组织。历史名城中那些高耸的尖塔和穹顶便提醒人们不要忘记这一至今尚未实现的允诺。”[②]“城市文化资本”的再生产就是要应用于艺术、应用于思想……全面将城市市民塑造成为具有“现代性”的市民，也是城市环境改造和城市更新的过程。目前中国一些城市的城市形象建设，无不在改变着城市的现状，提升城市的整体质量，更直接的是提高了城市市民的生活质量，为现代新型的城市生活方式和城市行为文化的创新打下了基础，避免城市空间里的文化行为与文化人格“错位”。

从城市文化创新发展的视角，把城市转化为“创造性文化产业”的创新空间[③]。人类的传统型农业社会向工业社会转型之初曾是人类的一场噩梦，也是一场文化灾难——工业污染，虽然学者经常论及这个过程的必然性，但是，它带给人类发展史的灾难性结果是难以估量的。而“城市文化资本”运作的过程，就是试图在全新意义上解放城市人和城市生产与生活本身，用一种智慧型的、数字的创新发展模式，取代落后的生活方式和生产方式，终极目的是使人类与地球能够长久共处，而其过程中的一系列目的是直接获得发展的益处，使城市的人居环境更美。

---

① ［美］赖特·米尔斯. 白领——美国的中产阶级［M］. 杨小东，等译. 杭州：浙江人民出版社，1987：11.

② ［美］刘易斯·芒福德. 城市发展史——起源、演变和前景［M］. 宋俊岭，倪文彦，译. 北京：中国建筑工业出版社，1989：76.

③ ［美］南·艾琳. 后现代城市主义［M］. 上海：同济大学出版社，2007：6.

提倡中国式审美文化介入城市空间创新。在近百年的世界文化融合中，中国式的城市景观文化要素，有很多方面已经被西方城市文化建设所吸纳，全人类都在把城市与自然的和谐关系视为城市建设的一种文化归宿。这其中的表述包括人、思想、资本、价值、文化和城市意境等，新兴工业化以来，人类正在把城市真正当作自己的家园、自己生活的一部分。城市形象塑造通过“城市文化资本”的渗透，城市正在塑造有民族性美学审美意境的景观体系，使城市更美和更具有特色城市文化内涵的同时，注重其美学意义上的艺术和浪漫主义色彩，在这一方面，西方从中世纪城市文艺复兴时期就已经开始了。巴黎人对自己城市骄傲的感觉，来自两百年前奥斯曼把巴黎打造成世界文化之都时，从这时起巴黎人内心的荣耀感就开始产生了。城市人内心的荣耀对于当代中国人来说，或许只是刚刚开始的事情，只有当“城市如家”或多数人对一座城市审美的主客观相适应的时候，这种荣耀感才可能会发生。因为，五千多年的中国城市发展史，只有近四十多年来，中国城市居民才真正成为城市的主人，才成为城市社会的市民——只有成为城市的主人，才能够把自己的情感与城市的情感联系起来，虽然在历史上城市有过“天人合一”的思想，但城市中的主要居住者毕竟是权力者贵族，同时这也只是城市统治者的思想，而这种“天人合一”的感觉，也仅仅集中表现在统治者的生活方式之中而已。

对城市产生真正意义上的心理归属感的前提是：城市和市民是一个文化及生活共同体，市民把城市当作靠山。中国杭州为了进一步美化城市，拓展城市地域的旅游文化和购物的消费文化时间与空间，体现杭州作为重点风景旅游城市的风采和特色，杭州市政府于1996年4月决定实施“为西湖增辉，让杭州更美”的形象工程。其目的是扩大杭州在国内外的影响，构筑现代化大都市的文化氛围，展示西湖美景和历史文化名城特色，促进城市第三产业尤其是旅游业、商业及社会事业的发展，西湖成为杭州人引以为傲的文化符号。2009年春节，杭州市民每人得到了从未得到过的“消费券”，在市民中流传着这样一句话：“作为杭州人感觉很幸福！”把幸福感与城市联系在一起，这是市民社会的一种进步。

“城市性”和现代性的表述方式就是“城市文化资本”再生产的升级式的运作，包括对城市市民社会进行城市文明的“启蒙教育”。“城市性”作为一种现代化意义上的语言模式，不同的学科有不同的理解，西方理性主义学者曾设想用城市规划和设计的方式来表现“城市性”。“在意大利和西班牙，从20世纪60年代初开始逐渐出现一个团体，被称为新理性主义者，他们希望通过对建筑的重新解读来实现城市性。”[①]他们把城市和城市中的建筑视为一个“记忆的剧场”，和18世纪的理

① 张鸿雁.城市文化资本论［M］.2版.南京：东南大学出版社，2010：77.

性主义一样，新理性主义努力去寻找“基本生活的形态：街道、拱廊、广场、院落、小区、柱廊、大街、林荫道、中心、核心区、聚集点、放射点、节点……这样一座城市就能够徒步穿越，而且变成一个清晰、易懂的主题。”[①]传统理性主义和现代新理性主义在很多方面有着不同的认识世界的方式，但是对于一座城市来说，这些节点要素是必须的，是“城市性”的文化符号表述，关键是一种创意和排列组合方式，如同英文的字母，26个字母可以无限组合，这本身也是一种创造，而且也是美丽的，甚至是可以被享受的文化行为。但是，很显然，有人认为新理性主义的城市理念，对于城市发展的难驾驭性来说，“选择了减速（而不是加速）”，“减速”这一词用得非常微妙，既可以理解为一种传统性再选择，也可以理解为一种创新和必须，如果人类社会再出现工业化进程那样对地球的整体性摧残，人类与地球的共生将不复存在。因此，从人类的“文化转向”和“社会转向”的文化意向上来说，中国的城市发展必须形成国内大文化和中西文化的交流，在交流中丰富、提升本国发展的城市与建筑文化民族文化含量，并创造性地使本民族的城市文化空间更具有民族美学文化价值，使市民在城市内享受到世界一流的文化、艺术信息的同时，感受到民族文化资本的力量，从而在更高的文化层面与世界发展同步。

世界一线城市不仅都有良好的城市形象，而且都是以第三产业为主的城市。如果一座城市以第二产业为主，工业污染必然严重，城市的职业构成也一定是以产业工人为主，而高层次、高学历的人才群体必然不足[②]。据《巴黎大区2022年资料与数据》记载：“巴黎大区是一个具有丰富知识底蕴的文化大都市，一个高科技型城市实验室，是法国的经济动力之源，GDP占全国总量的30.7%，劳动力占全法国的23%，研究人员占全国总人数的40.5%。本大区53.4%的居民年龄在40岁以下。巴黎大区不仅拥有丰富的经济机会，还能提供卓越的生活品质，吸引众多年轻人士来此奋斗，这一数量逐年稳步增长。”[③]在有完整市场经济体系的条件下，良好的城市形象既能体现城市的综合竞争能力，又能体现城市的特色文化竞争力，即城市文化软实力，并在很大程度上左右着人才的流动、资金融合、技术渗透程度和国家建设外资吸引力的大小。城市形象作为城市巨型的无形资产，可以相对提高人才、资金、技术在城市中存在与发展的稳定性，使得城市得以更加广泛地开展多种形式的

---

① ［美］南·艾琳. 后现代城市主义［M］. 上海：同济大学出版社，2007：6.

② ［美］C. 赖特·米尔斯. 白领——美国的中产阶级［M］. 杨小东，等译. 杭州：浙江人民出版社，1987：83-100.

③ ［法］巴黎大区投资促进局，等.《巴黎大区2022年资料与数据》最新发布［EB/OL］.（2022-09-13）［2023-10-28］. http://www.chooseparisregion.org/sites/default/files/pdf/Paris-Region-Facts-Figures-2022-Chinese-Edition/Paris-Region-Facts-Figures-2022-Chinese-Edition.pdf.

对外交流与协作，从而加快城市的建设与发展，促进城市经济与产业结构不断向高级化转型，再造城市优势的“催生剂”，促进城市在经济结构、政治结构、文化结构以及产业结构等方面向更高一层次转化。

良好的投资环境，对市民具有强大的改造力，对投资者有强大的吸引力。城市形象所构成的城市环境体系的文化资本性功能，在世界很多城市都有显现。越具有“城市文化资本”价值的城市，越具有资本的向心力，因而形成城市发展的“马太效应”①。城市作为一个客观实体，在不同的学科学者眼中起的作用也是不同的，其本质属性认知也是有差异的。如刘易斯·芒福德说：“城市的主要功能是化力为形，化能量为文化，化死的东西为活的艺术形象，化生物的繁衍为社会创造力。必须创立起一种社会组织形式，使之能处理现代人类所掌握的巨大能量：这种创立不亚于原先把发展过大的村庄及其堡垒改变为核心作用的高度组织起来的城市那样大胆，不创立这种新的组织形式，城市不可能行使积极的功能。”②“城市文化资本”就是要通过“化”的形式创造新的资本，把城市中的资源与资本转化为“文化能量”，通过所谓“文化炼金术”和“社会炼金术”的再生产方式，塑造具有现代功能的城市。

① 马太效应：一种强者越强、弱者越弱的现象，在社会心理、教育、金融、科学等各个领域都有广泛的应用。《圣经·新约·马太福音》中有这样一个比喻：“凡有的，还要加倍给他，叫他多余；没有的，连他所有的也要夺过来。”“马太效应”是一个经常被社会学家、经济学家使用的名词，用来形容一个社会中的贫富差距。

② ［美］刘易斯·芒福德. 城市发展史——起源、演变和前景［M］. 宋俊岭，倪文彦，译. 北京：中国建筑工业出版社，1989：76.

以金相交，金耗则忘；以利相交，利尽则散；以势相交，势败则倾；以权相交，权失则弃；以情相交，情断则伤；唯以心相交，方能成其久远。

——［隋］王通《中说·礼乐》

第十九章
文化特质、文化丛、文化模式与城市文化价值

城市形象和城市文化感召力，不仅仅是“城市文化资本”再生产的结果，而且是一座城市政治、经济、文化、生态、科技和政策“六位一体”整合构成的“硬实力”和“软实力”综合模式的总体呈现[①]。一座伟大的城市，一定有一个伟大的灵魂——城市精神。这种精神闪烁着人类城市进化与进步的科学真理光芒，照耀着伟大的城市砥砺前行，让城市里人们幸福地生活、幸福地工作，幸福地保护家园文化而传承城市文脉。在追求正义与公平中，人们有文明礼貌和高雅的生活，成为这座城市的时尚；在追求理想与创新发展的过程中，人们有幸福感和责任感地为国家和民族担负重任；适逢国家和民族危难的时刻，人们能舍生取义和浴血奋战，守土守国为国家创造长治久安；适逢百年风云变幻和全球范围科学、技术、文化和经济竞争的大潮，人们勇于破浪前行，直至走在世界经济发展的前沿……这应该是中国城市的共同愿景与城市精神内涵的部分表达。正因为有了这种精神，才使很多英雄城市历经几千年风雨，生生不息、英雄辈出而创造辉煌，既创造出伟大的城市文化遗产，又创造出城市里伟大的人民，这样的城市真正是养育人民的文化容器。

一、“有形”与“无形”——城市“形象”与“意象”

城市形象是城市的资源，也是一种文化资本。美国学者德瑞克·李·阿姆斯壮曾讲过：“形象资产比实际资产更重要。”[②]这句话的意义在于，形象资产可以带来无限的“实际资产”，而良好的城市形象也预示着城市本身的经济实力与创新能力。“城市文化资本”再生产的前提是要整理城市

① ［美］约瑟夫·奈.软力量：世界政坛成功之道［M］.吴晓辉，钱程，译.北京：东方出版社，2005.

② ［美］德瑞克·李·阿姆斯壮，余金伟.皮尔松那形象法则［M］.张美惠，译.北京：经济管理出版社，2001.

的文化资本，即所谓的城市“资产”就是城市“有形”与“无形”资产的总和。

一般意义上的资产是指个人、企业和国家积累的财富，包括产业、货币和中国人认为的“资财”。“资产”一词在中文中较早见于《后汉书·崔骃传》载：“葬讫，资产竭尽，因穷困，以酤酿贩鬻为业。”①如果从经济学和城市经济学的双重视角看，财富可分为多种类型，流动资产、固定资产、轻资产、重资产等等，还有“无形资产”，往往指的是城市和企业的品牌价值和城市与企业的文化影响力等。城市虽然与企业有着本质的区别，一个是政府管辖下的区域空间，区域空间里包括了各类型的组织；一个是专门的生产型经营组织，分为国有、集体所有和民营等。但是城市，特别是中国的城市，作为一个行政区域管理的节点单位，每年要追求和完成城市经济的GDP指标，这一点上与企业存在的经济价值有着某种一致性。从总体上说，城市作为一个科层制的组织形式，既包括以土地和建筑空间为代表的有形资本，也包括以城市形象、文化影响力+投资环境为代表的无形资产，城市无形资产就是城市文化价值。对于城市而言，无形资产的基础是“城市文化资本”再生产过程，并且有着与一般财富和资本所不具有的深刻意涵——“城市文化资本”的价值增量是“增殖”过程，之所以在这里用“增殖”而不用“增值”，因为“城市文化资本”在其再生产和创新发展中会形成文化因子的裂变，创意与创造的价值具有无限可能性。正如国际所强调的“罗马价值”“伦敦价值”“东京价值”等，城市作为一个巨型的有机综合体，所有的“无形资产”，从城市文化形象传播创新的意义上说也都是“有形”的，任何城市文化形象的传播都需要通过符号化的文化要素整合，“城市文化资本”的积累和再生产，就是一个无形和有形资产的多重再生产循环创新。城市形象对任何人来说都是对城市外在化的感知，同时也构成了城市总体资产价值体系的重要部分。城市形象所构成的资产和资本与一般企业的资产和资本不同，它是公共文化资源，具有公共财富和公共资本的社会属性，是国家和所属城市群体的公共资源。“有形”和“无形”在一定条件下会直接转化为经济资本、社会资本、环境资本和人力资本等。亦如上海、深圳、义乌等城市的文化符号意义一样，具有文化资本和经济资本性价值的同时，还表现为一种区域性经济社会发展的投资环境，可以得出这样的结论：良好的城市形象就是一座城市的投资环境。

在每一个人的心中都有自己向往的城市，乡村人向往城市生活，小城市的人向往大城市生活——普遍意义上说，人们向往美丽而有文化品位、时尚高雅的城市生活，其中更重要的原因是优秀而伟大的城市是可能实现理想的地方，而能够实现理想的城市往往是个体生命的一部分，同样，

① 王云度.秦汉史编年：史部：编年类[M].南京：凤凰出版社，2011：1056-1063.

城市的荣耀也会成为个体荣耀的一部分。历史学家、哲学家斯宾格勒说：“一切伟大的文化都是市镇文化，这是一件结论性事实。”[①]很多学者直接翻译为“一切伟大的文化都是城市所创造的文化”，主要原因是，人类自诞生以来，创新载体、创新文化、创新思想的源泉来自城市，这是由城市区别于乡村的性质决定的。因为城市是每个人实现人生价值的舞台，所以千百年来乡村人口一直向城市流动。对于城市区别于乡村的“伟大文化”的认知不止于斯宾格勒，乔万尼·波特若在1588年出版的《论城市伟大至尊之因由》也说，“城市的伟大被认为是人民的集合，他们团结起来在丰裕和繁荣中悠闲地共度更好的生活。城市的伟大则被认为并非因其处所或围墙的宽广，而是民众和居民数量及其权力的伟大。”[②]“要把一座城市推向伟大，单靠自身土地的丰饶是不够的。”[③]伟大城市文化的创造是城市人的创新文化土壤的培育，要靠城市社会的公平、正义、开放、科学、亲情……现代社会的理性则告诉我们：“‘伟大城市文化’一定是真正的以人民为中心，城市的主人一定是城市市民，城市生活一定是安全而和谐，一定有更好的‘社区照顾体系’，而形成一种社区如家的生活体系。”[④]

一座陌生的城市带给你特有的感知：或新奇，或平淡无奇；或豁然开朗，或似曾相识；或厌烦，或新城如家……各种感知虽然不同，但总有一种文化气息会帮助你来识别这座城市——当然，这至少是在有文化底蕴的城市中才能够如此，但毕竟每一个人对任何新的事物特别是城市都会有不同的心理反应，而对于文化人来说，对未曾来过的城市都有一种心理预期，结果可能与自己的预期不同，特别是走进自己曾经向往的城市，这种感觉会更深刻，很多人虽然没有到过某些城市，但在书本上，似曾在记忆中以心灵抚摸过这座城市，在心里会对这座城市进行“心理定式”的比较。这是现代信息社会、网络社会人们对城市意象和相关信息的认知。或许很多城市形象通过网络传媒已经在某些人的心目中形成“心理定式”，而能够成为人们向往的城市一定是具有“城市文化资本”含量的城市，存有那些能够让人们想去感受、接触、朝拜的文化要素，特别是城市本身特有的文化内涵或个性的形象要素，会带给你抹不去的“印象”“意象”或“形象”感知，甚至可以成为心里

---

① ［德］奥斯瓦尔德·斯宾格勒.西方的没落［M］.齐世荣，等译.北京：商务印书馆，2001：199.

② ［意］乔万尼·波特若.论城市伟大至尊之因由［M］.刘晨光，译；林国基，补注.上海：华东师范大学出版社，2006：3.

③ ［意］乔万尼·波特若.论城市伟大至尊之因由［M］.刘晨光，译；林国基，补注.上海：华东师范大学出版社，2006：3.

④ ［意］乔纳林·罗斯.什么造就了城市［M］.谢幕娟，译.北京：北京时代华文书局［M］，2021：20-22.

的“文化痕迹”。每一个人对新的城市都会有一种全新的心理反差或对应性的心理感受，但更多的人很容易出现另一种反差，即落差性的反差。往往在心理形成一种文化空间想象氛围，成为想象中的“场域环境”效应，在自己记忆的“定势”与“定式”中寻找相同或相似，并不自觉地加以区分，以期找到这座新城市的特点、本质和新鲜感的要素来源，特别是最能够清晰地感受到这座城市与自己生活过的城市之间的差异。城市是文化的容器，我们经常引用芒福德的观点，而每座城市的“文化是包括一套工具及一套风俗——人体的或心灵的习惯，它们都是直接地或间接地满足人类的需求”。如成都和重庆虽然都在四川盆地一带，苏州和无锡虽然地处江南且都位于太湖之滨……但都有各自文化的“一套工具及一套风俗”，而在传统的农业社会文化中有“十里不同风”的俗语。“若是我们对一切文化要素的看法是对的，一定都是在活动着的，发生作用，而且是有效的。文化要素的动态性质指示了人类学的重要工作就在研究文化的功能。”[①]城市从它诞生之日起，就是一个活的有机体，是人们群体活动的一种存在和繁衍方式，也是进化方式的一种选择。

城市在某种意义上说，就是一个“人人都想旋转”的万花筒，转到自己喜欢的“城市花式”，这种“旋转”，对于个体或群体来说，也是在寻找和自我创造一种新的“城市花式”——城市的理想样态。城市是一个流动的空间，很多过往很容易被人们遗忘或消失。如今天的巴黎与纽约已经是今非昔比，除了城市的辉煌之外，如今传媒文化的智能化和网络全球化使很多微小的事物都可能成为世界的焦点，全球范围的“全球城市”在自我进化中，均在不同程度的文化创新方面建构了独自的“一套工具及一套风俗”，并沿着特色化的文化创新方向发展，构成多样化的世界城市文化模式及样态。“镜像社会”使人们感知世界、感知城市的方式与方法发生了重大变化，对未知领域或者未能在现场的时空感知可以通过多种方式获取，从而形成新的身临其境的场景化、多维立体化的感觉，如当代最为时髦的AI、数字3D、全息摄影和元宇宙等，可以用多种方式远距离获得对目标或未来虚拟空间场景的感知，重点是可以远距离了解、认识和研究城市，甚至可以重现城市中的某一历史故事和历史片段，创造一种新时代的“城市时光机”，而那些历史上非常重要的、陈旧的历史画卷也可以让画中人“活”起来。城市空间和城市文化对所有的城市来说，可以是多种多样、多姿多彩，可以划分为很多种“文化特质”，梳理出“文化丛”，提炼出“文化类型”，区别出“文化圈”和划分出“文化模式”……中国有很多千年古都古城，如“十三朝古都”“十朝古都”“六朝古都”等，历经千年风风雨雨而不倒，而有万千风情各显风采。有明亮快意、海风习习的厦门、大

---

① ［英］马凌诺斯基. 文化论［M］. 费孝通，译. 北京：华夏出版社［M］. 2001：15.

连、连云港和鼓浪屿；有“天鹅项下珍珠城”“丁香城”“音乐之都”“冰城夏都”和圣·索菲亚大教堂文化的“东方小莫斯科”哈尔滨；有13世纪意大利旅行家马可·波罗称为“世界上最美丽华贵之城”且“浓妆淡抹总相宜”的杭州；有“十里洋场烟花地，风云际会上海滩”的近代远东第一大城市、经百年磨难的“魔都”上海；有3000多年建城史和800多年建都史、象天法地的气质和老字商号名满城厢的皇城北京；有“上吞九水，中连百沽，下达渤海”和意大利洋房古意的天津；有“新乐遗址”“丁香园文化”“清故宫”“北陵公园”“大帅府”“东北讲武堂”及东北大学遍盛京的沈阳；有《文心雕龙》文学理论之首创，民国建筑遍金陵及“总统府文化”“六朝玄学”“夫子庙状元文化”，在秦淮河文化冲刷下龙盘虎踞的南京；有“不看金字塔，不算到埃及，不看秦俑，不算到中国”“秋风吹渭水，落叶满长安”，秦汉和大唐遗风重现古城的西安；有“千古黄河一道桥”“两山夹川”，在黄土高原上有黄河流韵和拉面遍神州的兰州；有与大运河同龄，距今已有2400多年繁盛的盐商文化和漆器文化，一个“瘦”字创造唯美诗雅精致的扬州[①]；还有“市井民俗”和“楚鄂文化”镶嵌的武汉、“慢得休闲雄起宽心”的成都、江山锁雾和乐不已的重庆、南洋印迹和闯荡全世界的广州、园林借景双面绣美的苏州、从渔村走向创新都市的深圳、秘境不解万人仰望的拉萨、寂寥草原马嘶奔腾的呼和浩特、歌舞天下背倚帕米尔高原的乌鲁木齐、天涯海角总是情的三亚……还包括那些数不清的古镇、古村和无数有自然与人文特色的小镇、小村。中国每一座有悠久历史文化的城市、城镇、村庄一起构成了一个中华文化整体又独特的文化单元，从中可以看到中国城市、镇、村无论大小，都有民族文化中伟大文化闪光的一面。但是，我们经常讲的是，虽然中国文化是那样的具有历史性和民族性，但是也有很多的城市文化资源、文化财富等，或“被消失”，或没有被很好地挖掘和被创新，也就是说有的城市、城镇几乎没有“城市文化资本”的构成，有的城市即使具备了“城市文化资本”的资源，却也缺少对“城市文化资本”再生产的建构知识和能力。

城市形象表现往往是通过多种或无数种要素符号传达给受众的，而传播主体选择更多地强调通过创造一个优秀的界面和系统来传播，这是城市形象传播的共性，也是要点。一般城市口碑传颂的要素和符号都必然是有文化内涵的，并成为一座城市、一个地区、民族和国家的集体记忆。一类是城市中物化空间结晶的文化要素识别系统，或是最高的某种建筑形态，或是最有地方特色的街区，或是最奇异而有特色的景观，或是政治或文化名人故居，或是有历史故事的文化符号，或是灯光下

① 笔者主持的“2005扬州烟花三月国际旅游节”策划、规划研究课题。

的某种特殊街景，或是从未见到过的全新雕塑，或是听说过的和某些著名诗篇有关联的景观等等。第一类，是非物化的以人的行为文化为主的系统，包括城市人的性格特点、共性的善良品质、城市生活习俗品位、城市英雄的故事、城市中精英群体的时尚与创新能力、城市思想文化与政策主张等等。第二类，则主要是在现代网络时代中所表现的文化潮流及社会传播中的城市温度、城市韧性、城市安全和城市的亲情文化。抑或可以说，城市的形象是通过“城市文化资本”价值发展充分的一面，以主体性、主题性、客观性、多重性、多层次性、亲情性和众多人的行为认同方式构成传播系统的整体，而受众也只是通过其主要的或者是特定要素，选择性地接收和接受，所有的城市主动传播，都应该是整合型的传播，至少包含传播者通过研究所知道的大众喜欢的内容，再加上本城市创新的文化，但无论是什么样的传播形式和内容，最终是为受众带来益处，带来正向发展的动力，带来精神、物质、文化和学习新知识的福利和快乐，带来对未来的希望。

我们平时都能够观察到，已知的未经实地观察过的城市形象的文化要素一定是已经预设的。在授受关系中，客体文化转化为主体认识时，其结果是千差万别的，甚至会出现扭曲，这与个体的社会地位、文化背景、价值取向、社会人格、宗教意向等有着直接的联系。人们生活的城市是个体地位的价值表现，甚至在很大程度上，或者在某种范围内，城市价值决定个人价值!

城市形象通过以人为主体的主动构建才能够得以提升，才能够显现优秀群体意志的品位与品质，只有通过科学的认知体系和创新、创意的实践，城市形象才有可能提升。人们会自觉与不自觉地传播城市文化和城市形象要素，因此，城市形象亦如所有事物的形象感知一样，必须加以精准创意、精准设计、精准运作，并使之成为一个具有历史性的系统工程。正如月亮向人类展示的永远是它的一个面，无法同时展示其全部一样，这既有事物的客观性，又有人的认识能力与方式的局限性。只有通过对局部推论到整体，把握、接近、认识事物发展规律的认知意识，才能够最终获得整体上的某种认知。这是任何存在的客观性，也是人类认识事物的客观局限。现实给我们的启示是：任何人对城市的局部感受、印象往往都自以为是对整座城市的感受，每个人对事物的分析，在事实的基础上，需要以逻辑和历史的统一视角来加以再认识。凯文·林奇说：“通常我们对城市的理解并不是固定不变的，而是与其他一些相关事物混杂在一起形成的，部分的、片面的印象，在城市中每一个感官都会产生反应，综合之后就成为印象。”[①]人们心中的城市印象与自己个人融入城市和在这座城市中所处的社会地位及文化程度有关，因此，通过特定空间和物化的形式展示城市形象，创

① [美]凯文·林奇.城市意象[M].方益萍，何晓军，译.北京：华夏出版社，2001：1.

造“城市文化资本”已经是现代城市建设的核心内容。

为什么有些城市不能创造城市的“伟大文化”？显然回答是明确的——有些城市没有典型的“城市文化资本”，难以创造城市“伟大文化”：首先，是由于原有文化资源、文化资本相对缺乏，而后又缺乏构建；其次，可能已有原生态的文化资源、资本被人为地破坏掉了，这种情况在很多城市都发生过；再其次，是对“城市文化资本”的认知缺乏发现与创新能力；最后，“城市文化资本”是可以建构的，是可以进行再生产的，也就是说有些城市从来就没有设想过要建构“城市文化资本”。笔者曾对一些城市进行文脉挖掘和历史文化梳理研究，非常遗憾地发现，在高速的经济发展和社会变迁中，有些城市本来就没有留下有价值的文化资源，当然也有些是有历史和人文价值的资源却被人为地破坏掉了，有些城市是因为没有“城市文化资本”再生产的文化土壤——“文化生产场域”，而不能使文化资源向“城市文化资本”转型，没有文化创新的社会机制，必然使城市文化的价值缩水，这在一些欠发达国家中比较常见；也有的是因为城市管理者从来就没有过“城市文化资本”意识和认知，甚至是不知“城市文化资本”为何物！可以想象，如果就连文化资本的基本范畴都不知道，何谈“城市文化资本”的建构？可谓“不知有汉，无论魏晋”。

城市与乡村比较，城市存在的本身即是社会理性的结晶，这是一种社会关系前提下的社会理性和文化自觉理性。城市人口大量集聚，必须创造一种生活秩序，必须按照城市群体生存的基本规则来生活和工作，否则城市会进入一个无序错乱的状态，城市理性是区别于乡村文化的重要特征，其意义就在于从古时候开始，原始部落中的一部分人从茫茫荒野的乡村走进了设有围墙的传统城市，虽然比较原始，甚至是带有围墙的乡村，但是，一旦走进了这个“有土围墙的乡村”，社会结构就发生了质变——人们必须通过权力对群体进行分工，互相依赖而工作和生活，必须交往、必须交换、必须工作和劳动并通过货币换取生活资源与生产资料——即为了脱离单纯的个体生活方式，脱离简单而传统的、自给自足的自然经济生活关系，脱离没有理想实现的乡土生活，走到城市里就是为了以相互“全面依赖+竞争+再依赖”的群体共生关系的方式生存，当一个社会群体通过“共生性竞争+依赖”而生存的时候，建构相互的规范就成为社会群体存在与发展的前提，没有规范就没有了相互依赖的条件，这就是“城市理性”，是乡村不具备的城市理性，而这个规范一旦形成某种制度形式，就必然表现出权力者或者是多数人的理性和价值取向，形成以一定利益团体为前提的社会规范和制度，这就是城市人群体区别于乡村人群体存在的前提与模式，为多数人建构的规范与社会化关系是城市理性的本质。在中国传统的社会里，从家长制、宗法制转化制度前提下的阶级与科层制的统治管理结构，到资本主义的市场经济制度关系条件下的法制管理体系，社会越来越多地表现为“全面的依赖关系”，完全不同于传统的“资本剩余价值榨取利润”的关系，这一观点在马克思的

《政治经济学批判》中和马克思晚期的理论中有相关的论述。

城市社会是一个压力结构关系体，每一个人都设想在竞争中实现自己的梦想，并创造与他人的差距，减弱被剥夺感，特别是那些城市自文艺复兴以来人文主义文化情愫所创造的文化理想，使城市一直是乡村的梦想之地，而乡村更是城市人的大地诗意栖息之地，或许向往不熟悉的地方才是人的本原性。

二、城市“美的生命在于显现”[①]内在与外在的统一

建构和创造城市“形象就是创造城市内在与外在对立的统一美”，这是美的哲学的一种追求和文化建构，即主客观的结合、内在美与外在美的结合、民族文化中优秀的与世界文化优秀的文化共性认同美。黑格尔说：“美的生命在于显现（外在）。”[②]《美学》一书的译者朱光潜在注释中说：“Schein亦可译为‘现形’或‘形象’。依黑格尔理念‘显现’于现象，成为具体的统一体，才有美。译‘显现’比较妥，因为它含有动词意味。”这一论点证明“美”和美的“形”与“象”具有外在性、主动的显性，是一种主动与被动的文化流动和传播。“美的形象是丰富多彩的，而美也是到处出现的。”[③]这句话的含义包括了你可能发现美和认识美，才有可能是“到处出现的”美，而现实生活中美是比较出来的，应该不是“到处出现的”。“形象”首先是一种外在美的存在和表现，在美的哲学意义上说是具有外在性的象征文化。“象征一般是直接呈现于感性关照的一种现成的外在事物，对这种外在事物并不能直接就它本身来看，而是应该就它所暗示的一种较广泛较普遍的意义来看。因此，我们在象征里应该分出两个因素，第一是意义，回答和理解象征什么；第二是这意义的表现，即能否表达美的原始本原意义。意义就是一种观念或对象，不管它的内容是什么，表现是一种感性存在或一种形象。”[④]能够成为形象的一种表征必须有意义，或从普遍的美学与文化学的双重角度来说，形象是对事物内在质性的外部“显性”，是一种事物本质的外部性象征。

中国传统文化中的“形象”一词有更深刻的中国哲学和中国式美学意涵，不仅在中国传统文化

① ［德］黑格尔. 美学：第一卷［M］. 朱光潜，译. 北京：商务印书馆，1997：7.
② ［德］黑格尔. 美学：第一卷［M］. 朱光潜，译. 北京：商务印书馆，1997：7.
③ ［德］黑格尔. 美学：第一卷［M］. 朱光潜，译. 北京：商务印书馆，1997：9.
④ ［德］黑格尔. 美学：第二卷［M］. 朱光潜，译. 北京：商务印书馆，1997：10.

和语言中有多种解释赋义，在中国古典释义方面有很深刻的中国哲学意味。需要强调的是：外在美是认知和文化认同具有存在性的普遍意义。据《尚书·商书·说命上》记载说："高宗梦得说，使百工营求诸野，得诸傅岩。"《汉书·孔安国传》和《尚书正义》对此既有记载又有详细解析："使百官以所梦之形象，经营求之于野外，得之于傅岩之谷。"或许在汉代的日常语汇中已经有"形象"一词，但到目前为止，在古典文献中，"形象"一词最早明确使用的记载是《后汉书·蔡茂传》，所使用的语言直接把整体建筑的外在样态描述为一种"形象"。据记载："大殿者，宫府之形象也。"可以看出"形象"一词应该已经成为官方和民间的常用语，亦如当代很多城市政府、银行把办公楼的建设当作城市和机构形象的表达要素如出一辙，要么证明权力，要么证明金钱的力量。《易经·系辞上》中对"形象"的描述更具有中国传统哲学观之精华的代表性，并表现了对"形象"词意宏大哲理内涵的把握："在天成象，在地成形，变化见矣。"[①]每读之，则被中国文化的博大精深所感动，其中对大自然和日常事物以天人合一的文化视角进行了创造性解读，而后来在唐代文学家、书法家欧阳询与令狐德棻、陈叔达、裴矩亦等人编纂的《艺文类聚》（二十二）中，记载了东汉建安七子应瑒所作《文质论》对这一概念进行的再解释："是以圣人合德天地，秉气醇灵，仰观象于玄表，俯察式于群形，穷神知化，万物是经。""象"是一种意境和境界的无限性表达，"形"是一种直接感知和普遍认识。凡形于外者，可观察到的都可以为"象"。我们经常会说，"要看天象"，包括西汉以来的"天人感应"学说，就是看天象，设人事，思政事，以知人间世。《周易·系辞上》还说："子曰：书不尽言，言不尽意。然则圣人之意，其不可见乎？子曰：圣人立象以尽意，设卦以尽情伪。……圣人有以见于下之赜，而拟诸其形容，象其物宜，是故谓之象。"这里的"立象以尽意"的"象"还可以有更多的解释，既可以理解为"形象"和"象征"或是未来的感知意象、意向及意义，也可以理解为通过形象感受其意义和未来。同时，从主观的角度分析，"象"还可以解释为一种心理结构、符号化意义和自我感知的理念，亦如"道"，也可以理解为一种"象"，是可以通过个人的主观理念、价值取向加以重新认识"注解"的要素。王弼在《周易略论·明象》中又载："夫象，出意者也。""象生于意，故可寻象以观意"，通过外在观察可以知其本质。同时，"象"也是一种方法，特别是在中国造字文化方面，具有很强的中国文化的传统印痕。《汉书·艺文志》说：古代八岁入小学，"教之六书，谓象形、象事、象意、象声、转注、假借，造字之本"。用现代的思维方式来解释，就是"造字"策划、创意、设计及构思

① 杨天才，张善文，译注. 易经：系辞上［M］. 北京：中华书局，2018：560-561.

的原则和方法，也适用于今天的城市文化形象、城市规划和创意设计思想方法的一般规律。在传统文化语言体系中，因为“象”的意境高远，所以，对“形象”的塑造和理解更有中国传统文化解析特色，“象”文化在理论和方法论上，已经上升到了哲学、艺术、美学的高度，呈现了“象”的“文化丛”，引申出“象文化”系统的认知方式，从而就有了更多“象”的赋义，如“意象”“象限”“象征”“抽象”“现象”“印象”“星象”“血象”“景象”等等，形成一个完整的“象文化”系统赋义。

中国的“象文化”可谓深邃远大，给人以强大空间想象和社会空间广域哲学表达。刘勰在《文心雕龙·神思》中也多有论述：“独照之匠，窥意象而运斤”[①]，大概可以视为“意”与“象”的最早的组合并用。“意”的本义是“意思”“意图”。所谓“书不尽言，言不尽意”即此。其中单词“意向”和“意象”有所区分，“意向”被解释为“心意所向”，“意象”被解释为“意思与形象”。前者强调自我意志和想法，后者强调自我意识如何被他人所理解和认知。如《南齐书·庾杲之传》说：“（王）俭谓人曰：‘昔袁公作恶性卫军，欲用我为长史，虽为获就，要是意向如此’……”显然，“意向”的主体性想法是向外的；“意象”在古典语言中强调“自己的行为、事物如何让他人感知，并创造良好的印象”。如汉代王充《论衡·乱龙》一文中记载：“夫画布为熊麋之象，名布为侯，礼贵之意象，示义取名也”，有明显的外在的、想让他人知晓的象征意义。在中国传统文化中的“意”与“象”，或者是“形”与“象”均有清楚的范畴与定义。

“在天成象，在地成形，变化见矣”[②]这一传统的天地自然观，蕴含着一个深刻的空间哲理的原理：在天上——称为“象”，仰看的或者虚拟空间的事物只能通过观察、描述、推演、推论和探索其规律和逻辑，或者只能通过感知，从认知层面加以研究、探寻思维方式谓之“象”；在地上——称为“形”，可以观察的、实体空间外在的、可以具体描述的或可以触摸到的事物、人等等，称之为“形”。“形”与“象”组成一词，即可以观察到的、物化的事与物、人与符号的特质、特征和本质的外在显性，还包括气质、气度、胸怀、成熟、魅力、风范、城府、心态、风格、形神、阅历、修养以及如何让人被感知的内涵等，是人们对事物形成的一种感觉、感知和意象。亦如人们对某种人、某座城市，从外在形象上就已经形成好恶的感觉，形象既是人和事物存在的表象，也是事物与人的本质及心智的反映，美好的形象来源于美好的内在品质和修养。我们可采用黑格尔的观点来表明：“象征首先是一种符号。不过在单纯的符号里，意义和其表现的联系是一种完全任意构成

---

① ［梁］刘勰. 增订文心雕龙校注［M］. 北京：中华书局，2012：365-367.

② 杨天才，张善文，译注. 周易：经部：易类［M］. 北京：中华书局，2018：560-561.

的拼凑。”[①]虽然这是哲学与美学大师的论点，但表述得还是粗糙了一点，能够作为“象征”表达的，首先一定是一种符号化的事与物，一定是内在的外显。但是，不是所有的符号都能够具有典型的象征意义，也就是说，仅仅单纯的、不加创造和没有经过“城市文化资本”再生产的一般性事物并不具有象征性，任何一种具有象征性功能的符号都有其自己的内在要素解释或者具有深刻的意涵，如某些城市的标志性建筑或特色景观等，我们可以随意选择一些世界城市象征性的文化符号，古代和现代的都有可能具有城市整体象征文化意义，如北京天安门和鸟巢、上海外白渡桥和东方明珠电视塔、巴黎卢浮宫和拉德芳斯、南京夫子庙和长江大桥等，一个具有世界文化影响力的城市都必然有多个、多种、多样态的，由历史文化内涵符号构成的这座城市的象征文化系统。

从内在与外在及现象与本质的关系来看，城市形象是通过象征性符号表达的一种外部显示，传播主体和获得感知的主体，都可能被认为是对城市整体空间或城市整体文化的感知，至少传播者是这样设想的：传播一种良好的整体形象。但是，如何能够达到整体性的良好感知——城市形象美誉度，就需要尽可能避免出现文化偏见、民族文化偏见与世俗偏见，就要能够深入研究并以全球范围美誉度高的城市形象与整合传播为标准，择其善而从之。《易经》所言：“形而上者谓之道，形而下者谓之器”，“道”和“器”都要用，强调高层次的科学理论运用，把握规律、切合实际开展“城市文化资本”再生产的开发，在获得科学认知、科学结晶的同时，获得文化资本性的价值。林奇在《城市意象》一书中从“营造意象”论及“可意象”，从创造良好意象而被感知的角度提出：在“营造意象”之前强调“可读性”，也是一种被感知的过程，“可读性”就是一种“可理解”和“被理解”，即城市、街区、标志物、各道路以及各要素道路之间连续的系统性结构性空间，都需要“可读性”，强调的是能够让民众读懂城市空间和城市形象。人民所营造的城市的目的应该是为城市的人民，核心是或者最终目的是“创造一个开放的、能够不断发展的秩序”[②]而能够为人民造福的城市。“营造意象”的目的，一方面是如何让别人感知，一方面是如何让主客同享。“营造意象”就是创造新鲜事物，新鲜事物往往是“结构和个性”与时代现实事物不同甚至“十分鲜明，因为他们具有体现和影响自身形式的惊人物质特征。”[③]城市环境意象被林奇归纳为三个部分：个性、结构和意蕴，而个性是非常重要的，强调的是独立性、唯一性；强调景观与观察者的空间关系和认知关系；另外，林奇还强调景观物体意象除去空间以外的关系，如“情感上的文化意蕴”等，

① ［德］黑格尔. 美学：第二卷［M］. 朱光潜，译. 北京：商务印书馆，1997：10.
② ［美］凯文·林奇. 城市意象［M］. 方益萍，何晓军，译. 北京：华夏出版社，2001：4-5.
③ ［美］凯文·林奇. 城市意象［M］. 方益萍，何晓军，译. 北京：华夏出版社，2001：5.

在“可意象性”方面，“一个美丽的环境除此之外应该还有一些基本的特征，诸如意蕴和表现力、愉悦感情、韵律、兴奋点、可选择性等等。”[①]但是，在笔者的研究中，仅仅是这些还不够，还应该包括人文意向、亲情与安全、超越时代的时尚价值以及真正意义上的历史价值、集体记忆等，当然，还包括可接近性、可互动性、表达方式的场景性等等。

虽然，我们对城市形象已经做了很多探讨，但是，由于现代城市形象与“城市文化资本”的特殊关联性，同时，也由于每座城市都具有某种文化个性，一个良好的城市形象应该具备什么样的素质、气质、品质、价值与功能，几乎没有统一的标准答案，这里我们只提出城市形象理想类型最低标准的关键词：有审美感、幸福感、时代感、先进感、荣耀感和感召力。为什么美学价值的审美感放在了城市形象“理想类型”的第一位呢？这是人类对一般事物接近与认同的前提——或许可以用“爱美是人类的天性”来说明，当然，真的具有审美价值的象征物和符号，一定包含有“真”和“善”的价值取向。黑格尔说：“人类本性中就有普遍的爱美的要求；还可以进一步推论：对于美的看法是复杂的，几乎是各人各样的，所以关于美和审美的鉴赏力，就不可能得到有放皆准的普遍规划。”[②]而我们强调的是主客体结合条件下的理想类型中的城市形象应该是一种“文化表达”，而这种“文化表达”必须具有美学价值，包括真善美的价值，还包括城市形象所体现的“城市文化资本”再生产的“新经济资本价值”。

我们也认同马凌诺斯基所说，城市作为一种文化存在，需要对其学理意义上的原理做一研究，“我们现在正需要着一种经验的文化论。这种文化论是承认文化的差异性，不问文化的起因，而只问文化是什么，它怎么发生作用，怎样变迁的。因为，唯有认清了文化现实和文化历程的定律，我们才能谈得上改造文化；除非以功能论为基础，播化论者和进化论者都不能建立其文化史。”[③]城市形象作为“城市文化资本”运作的一种形式，如果不能从文化的学理上加以分析，从文化的本质上创造人类优秀文化的结晶，城市形象是不能成为人民认同的文化象征符号的，必须经过“城市文化资本”的再生产过程。这里埋伏着一个概念，不是所有的文化存在都是先进和优秀的，也不是所有存在的文化都是与人类前进方向一致的。所以，不从城市形象美学的文化原理、文化模式上深入研究，就很难加以厘清：

第一，中国的城市形象与城市空间形态应该是中国本土化“天人合一”的典范，是自然与人和

① ［美］凯文·林奇. 城市意象［M］. 方益萍，何晓军，译. 北京：华夏出版社，2001：7.
② ［德］黑格尔. 美学：第二卷［M］. 朱光潜，译. 北京：商务印书馆，1997：9.
③ ［英］马凌诺斯基. 文化论［M］. 费孝通，译. 北京：华夏出版社，2001：104.

谐关系的结构体。艺术和美学用于感性形式表现最崇高的事物，并使这崇高的事物更接近自然，更接近我们的感觉和情感[①]。这是一种社会进化向高级化的一种逻辑表达。如新加坡、墨尔本、华沙、深圳、扬州、京都和奈良等，世界上很多城市都走在回归自然、与自然和谐相处的路上。

第二，中国城市形象与空间形态应该表现为一种宜居住、宜就业、宜交通、宜生活、宜消费、宜生态、宜创业和宜创新的人类生活方式综合实践的有机体，而且每座城市都必定有自己的生活方式和文化特质，亦如北京文化中的“皇城根文化”、上海文化中的“精明小市民文化”、成都文化中的“闲逸与摆龙门阵文化”和西安文化中的“废都文化”等等。

第三，中国城市形象与空间形态的未来发展应该转向以“人与自然和谐为本”的高质量的现代化并成为后工业社会文明的典范，城市本身就应该是一个公园，而未来型的城市应该会有完整的“城市照顾型文化体系”，就如社区照顾理论那样，城市作为一种田园城市，邻里相望、友爱互助，整个城乡社会朝着100%的城市文明普及率迈进。

第四，中国城市形象与城市空间形态应该有文化感召力和亲和力，要能够让创新人才、投资者、旅游者和创业者趋之若鹜。新时代的城市要创造和适应网络社会条件下的居住空间、工作空间、生活空间、消费空间等各类空间的融合化和亲情化。高科技社会本身也是风险型社会，面对生活与科技发展的不确定性，各种各样的大综合空间正在创新之中：商业艺术综合体、商业农业艺术综合体，大体量建筑空间的出现，甚至一座建筑就是一座城市——飞机场已经是旅游景点，并具有商业、就业、生态、生产和生活功能，如新加坡的樟宜机场等[②]。

第五，中国城市形象与城市空间形态应该有现代“城愁文化”的时代表达，能够使城市、社区与街道成为使民族、地方和家族文化得以传承的文化载体。会不会创造现代社会的“城市文化世家”，也是这个时代需要考虑的问题，因为随着城市社会结构变迁的快速转型，特别是在一些后发达国家中这种情况非常严重，有些城市已经面目皆非了，记忆中的城市都已经只是虚拟了，而现实空间已经没有了“时间切面”，相反，发达国家在这方面保持得很好，欧洲的许多城市不仅保留着

---

① ［德］黑格尔. 美学：第二卷［M］. 朱光潜，译. 北京：商务印书馆，1997：10.

② 新加坡机制有一个“星耀樟宜综合体”（Jewel Changi Airport），是一个具有后现代空间特色的生态商业艺术综合体，是一种典型的空间创新，即空间的生产和空间再生产经典案例。不仅让消费者在空间里消费，而且消费者在这里消费的目的是在新加坡这个新创造的“星耀樟宜综合体”空间里消费，这里既聚集了航空设施应有的设计，又有购物休闲、住宿餐饮、游乐项目、景观花园等多功能于一体的机场综合体，特别是地上部分为“穹形薄壳结构玻璃屋顶”。作为一种空间再生产的创新，成为一种具有唯一性景观价值的空间体系，包括“中心向下凹陷构成雨旋涡”，给人以新加坡城市地点精神的直接感受和意象。

11世纪、12世纪以来的建筑和城市风貌，而且还在强化保护式更新，新的建筑与历史风格相呼应使之成为城市的一个有机系统。

是的，这里所论述的仅仅是“应该”，这也是我们所追求的一种可以实现的“理想类型”，在一个稳定并且是良性发展的社会文化体系中，这种理想类型的实现不是不可能的，也正因为人类可以从科学和理性及理想的多重角度思考问题，人类才有可能创造丰富多彩的世界，才有追求与思考的价值，也证明了人类社会智慧的意义。有学者说：“城市的新心灵采用一种新语言，它很快地就和文化本身的语言等同起来。广阔的乡村及其村落中的人类受到了伤害，使它不再能了解这种语言，它感到狼狈，缄默无语。所有真正的风格历史都是在城市中演出的。”[①]这种理想将在中国大地上更广泛的地域上展开。面对世界的一体化潮流，中国或者所有的民族与国家都应该建构城市独特应有之形象，就是要能够创造真正的“历史风格”和“风格历史”。而当前最需要思考的是，当代中国城市中的某些城市正在失去历史风格，特别是在过去的一百年中，说得严重一点，在全球一体化面前，中国很多城市民族性的文化风格并没有“香火延续”下来，我们这个时代对城市空间的民族化缺少整体性的思考和创新。

偏见来自知识不充分和知识结构不合理，或者是对知识的获取方式有问题，自己构筑了一个“信息茧房”，封闭自己的世界，而以为自己获得的信息是世界的全部，进而导致对事物认识得不全面，甚至出现偏见，克服把局部当作整体的认识观是一种认知能力，古代成语“盲人摸象”说的就是这个问题。城市形象一旦构成了城市经济、社会、文化和环境的美学文化结晶，就必然会转化为“城市文化资本”。当“上有天堂，下有苏杭”成为多数人的文化认同时，文化资本价值所反映的经济资本功能就是不言而喻的了，而这种文化形象本身就说明了城市具有很好的营商和投资环境。在当代中国的城市正以大城市为主导模式创造新的城市空间体系，在飞速地建造一种新的功能组织——大都市区，但是，我们同时还要明白，这种新的组织也需要与其相应的建筑空间形象与意向。苏赞·格兰在她对建筑的简略定义中表明了这个问题，她认为“建筑是‘一切被创造的可见的环境’”[②]，大都市区也是建筑空间的组合结构所构成的生活空间，空间里的生活本身是一种美学创造，城市是被创造出来的人工环境——这种环境本身是一种景观，是风景，是艺术空间，居艺生活体系——这一切构成了城市的意向、意象和“城市文化资本”价值。

---

① ［德］奥斯瓦尔德·斯宾格勒. 西方的没落：上［M］. 齐世荣，等译. 北京：商务印书馆，2001：203.

② ［美］凯文·林奇. 城市意象［M］. 方益萍，何晓军，译. 北京：华夏出版社，2001：9.

对于城市形象的“城市文化资本”性建构，我们可以从中国的文化体系中寻找与世界结构化的同一性，从人类共同的空间认知中寻找共同点。其结论和观点一定是一个多层面、多角度和多系统的认识体系：城市的“形”与“象”是在受众心目中的感受、感知与反映，构成的“头脑意境”，或可称为“城市形象意识”。大体分为两个群体——居住在这座城市的市民群体和不是这座城市的外部群体，这两个群体对同一座城市认知的文化心理结构是有差别的。在以往的认知中，对某一城市形象的“感知意象”的影响因素是多元的，城市居民主体的个体出生地、家庭收入、社会地位及所居住空间的大小、街区的状态、生活区域的局部再到城市的整体，因个人的社会地位改变而改变对城市的形象意向。作为出生于某一城市的人来说，很多城市主体认知是和个人的成长、个人的文化资本及个人家庭在这座城市的文化地位影响有关的，其对城市的感知颇有“城市社会习得”因素的影响，文化的养成过程所产生的观念和文化感知容易产生某种“心理定式”，然后通过自己的学习和个人地位及文化资本的不断积累，对城市的感知得到城市的一般意象，在这种印象与意象中，也是根据个人的社会资本获取方式，而对这座城市形成主体与客体评价。一个孩提时代的城市生活场景，一个成人生活过的城市景观……可能成为这种认知必然的前提。另外一个群体是某座城市的外部群体，获得这座城市的印象往往是从学习中获取的——有的则是口碑传诵。对于城市外部的群体来说，城市本身创造的形象往往被“营造的意象”所影响，如果是被营造出来的良好形象，具有一定意义的“城市文化资本”价值，则这种形象是一个“伟大城市文化”的起点。

三、城市文化语言：“自我形象”与“他人意象”的主客互照

城市作为一个巨大而复杂的社会有机系统结构而存在，对于个体而言，由于个体或群体的观察视野和知识认知的局限，任何人看到的城市都只能是一个层面、一个角度、一个侧面……任何主体对客体认知的程度，都与对客体研究所投入的程度、能力和研究深度有关。

城市和一般的事物不同，是物质与精神结合的经济文化综合体，精神与物质文化“需要相配”城市才能和谐成长，有专家认为“这是比较复杂、比较难于类别或分析”，也是“很明显是不能缺少的”，这是马凌诺斯基的一个观点。任何城市的精神与物质文化都具有特定“城市语言”，这语言不仅仅是方言，而是属于某一城市的遣词造句及城市文化心理人格构成的“城市文化语系”，如北京人的语言和话语体系会自觉地流露出“官气”和“皇城根”的味道，上海人的语言和话语体系饱含精明和精细的味道，苏州人的语言和话语体系让人能直接感觉出精致和吴侬软语的城市性

格……如果去过成都、长春、广州、包头、武汉、济南……随机选择一座城市，一出这座城市的车站或者一出飞机场就可以感受到扑面而来不同的“城市语言”风格，这个语言系列包括城市建筑语言、城市风景语言、城市的民众风情语言，以及城市人的文明素质语言，这个“城市语言”所表达出的是城市所显现符号化的形象隐喻，有些是不言而喻的，“这部分是包括着种种知识，包括着道德上、精神上及经济上的价值体系，包括着社会组织的方式，及最后——并非最次要的——包括着语言，这些我们可以总称作精神方面的文化。只有在人类的精神改变了物质时，使人们依他们的理智及道德的见解去应用时，物质才有用处。”[①]之所以用马凌诺斯基的说法来表达一种对城市人的认知，关键是，从一个综合的经济文化有机体的视角来理解城市，是一种认知方式，我们所看到城市中的任何物化的空间及物品，实质上已经带有民族化的文化内涵，已经作为一种城市文化语言并表现出一种语义，就如我们往往通过一个人的行为和穿着总体上就可以初步判断这个人的修养程度一样。物质文化形成的本质是许许多多文化要素的堆集和结构化的构成，进一步说，即使是我们所看到城市中的任何物化、表现的或人内在的文化现象，业已表现并构成了一座城市特色文化内在的说词，再加上，每个人对这座城市都可能获得不同的具体感知并形成文化心理结构，这也决定了个人的审美方式和价值取向，任何外在的象征型符号的认知关系，都是人们“心相”的一种反映和互照，也是个体头脑中的一种“境象”。

通过符号化的方式表达、传播城市形象的意象，是改变人们对城市的局部理解或者是某种属性理解的偏差，或者称是纠正被某种筛选后的“文化错觉”的一种方法，用独立IP引导城市形象和品牌塑造。因为对任何事情的认识和理解都有两种，好的理解和不好的理解，无论哪一种理解，都与客观事物有差异。有学者说“如何让自己的主观能够成为他人的同样的主观”，这就是文化传播的关键所在，很有神秘宗教色彩的传播往往会有这种效果。作为一个传播者，对受众、对城市形象和对一般客体的“文化误解”正负值是应该预设的，内在意义上对城市形象的理解无论是正面还是负面的，都只是接近或远离客体的实际，因为任何符号的象征性意义都有民族化、地方化的内涵，城市形象创造者主动创造的象征性符号必然具有内在意义，不同城市、不同时代、不同国家和不同民族的文化对所表达的象征性符号，无论主体还是客体都会有自己的解释，都有在地性，即“场所精神”。必须了解、研究一个国家和民族对象征符号的普遍文化认同的文化价值取向，才有可能做好形象的整合传播，这是不能或缺的。马凌诺斯基谈到这个问题时曾举例说：“作为象征来用的符号

---

① ［英］马凌诺斯基. 文化论［M］. 费孝通，译. 北京：华夏出版社，2001：5.

是另一种，例如狮子象征刚强，狐狸象征狡猾，圆形象征永恒，三角形象征神的三位一体。其中狮子和狐狸都有作为符号时所要表达的性质。”[①]这是部分西方国家文化中万千符号文化的隐喻内容之一。很多国家都对狮子文化的象征符号赋予了很多文化内涵，可以称为“狮子文化”系统。中国的狮子文化流传甚广，从传统社会衙门口的狮子，到各银行门前的狮子，再到卢沟桥的狮子以及很多景区里的狮子，还有过年过节中国各地舞狮子等等，狮子文化在西方一些国家和中国具有一种普遍认同的文化符号，是威猛、智慧、力量和繁荣的化身，而且还象征着地位高贵和权力尊严等。很明显，通过一些拟人化的象征、隐喻符号及内在价值的传播，更具有传播理论的学理性、实用性和说理性价值。当人们对某些文化现象与事物的判断已经在内心形成某种文化心理定式，而我们在传播过程所要推广的文化象征和隐喻正好击中了客体心理的文化定式，形成耦合与自洽，一般来说，这种传播往往是最容易成功的，可以入脑入心，产生心灵的碰撞。

我们所强调的是，所有的象征符号都具有某种意义上的深刻或某种意涵，否则就不能成为一种象征符号。在广告传播理论中，经常有人用一个概念：“形象往往是因误解造成的”，这个“文化误解”[②]说的是所有客体的外在描述，都只是在试图接近客观，对任何形象的被感知，都是以外在形象为主要的感知，自己的理解都只是自己所建构的，这就是为什么任何事物的形象都需要建构形象的权威性的原因所在，否则，就有可能不被信任，而权威形象是需要建构与塑造的，就如很多大学根本没有百年的历史，需要东拉西扯来拼凑百年名校一样。因此，创造历史的根基性、争取获得世界范围和权威机构颁发的荣誉、传播城市历史上可歌可泣的人物故事、城市文化所表现的生活体系以及国际认可的人才群体和丰富的物质文化遗存等构成的“城市文化资本”才是城市文化形象与传播被客体所接受的原生性根据。城市和任何事物的文化形象传播所建构的“意象”，其重要的功能是修正“形象是因误解造成的结果”，在传播和创造形象的时候要避免出现偏差，就需要把握好“十大原则”：原真性原则、真诚性原则、真相原则、真善美原则、客户立场原则、人本亲情性原则、正义性原则、保护权威性原则、以大众利益为上原则和创新性原则，这是使城市形象具有“城市文化资本”要素功能的底线，必须根据在传播过程中减损的“形象因子要素”具体情况，或者因在传播过程产生的负面文化要素来规范预案设计，要有对信息整合传播过程中出现偏差的修正能

---

① 原文为黑格尔所述。[德]黑格尔. 美学：第2卷[M]. 朱光潜，译. 北京：商务印书馆，1996：10.

② 文化误解：美国学者罗斯费尔就把部分少数民族学生学业成绩的失败归因于那些把这些学生当作不可教育的对象而放弃的教师身上，因为他们不理解他们的学生不同的文化团体和动机。班克斯也把这种关于教育计划的设计对少数民族学生不适宜的现象归咎于对其文化所采取的“真空般地带”或者“文化的误解”。参见：周光大. 现代民族学：上[M]. 昆明：云南人民出版社，2009：609.

力，使形象传播过程既能够充分展现客观，又能够不断地加以建构和修正，以适应不断变化的外部环境，使之能够准确达到目标。

如何让客体在获得城市的感知意象后留下深刻而难忘的印象，就一定要使上述的“十大原则”进行系统性的表达，缺一不可，其重要性在于只有让客体获得真实而有价值的、触动灵魂的信息，并能够有亲情的人本性价值，才能够创造和培育出忠诚客户，这是一件具有科学性创意的事情。除了一般意义上强化、反复、重复和提升内容质量外，更需要有很好的科学方法，运用相关的综合性理论如传播学理论、文化学理论、经济学理论、消费行为学理论等作为相关研究和传播工作的支持系统，另外要特别提出的是还需要有典型而深厚的市场营销学和心理学的知识，从综合性“文化+N”的方案与方法开始，创造对客体有直接价值的、不偏废的、有个性的城市文化形象的象征要素的传播，进而降低或减少“形象作为文化误解”的结果。之所以会有“形象创造中的文化误解”，亦如平时经常会有人讲的所谓“距离产生美”，是因为不了解才有可能被一时表象所感动——如青春偶像和想象中的白马王子等，城市不是一般事物，“罗马不是一天建成的”，城市本身除了具有复杂性、综合性、巨大性、有机性之外，还是一个能够传播、吸纳海量信息的文化载体，每天会吐故纳新，向内部和外部传播出成千成万的信息，在千千万万的客户面前必然产生各种各样的解释和自我解嘲。因此，必须从城市哲学和精准定位的意义对城市精神文化加以高度概括，在一定具有抽象意义的哲理中，创造多数人的文化认同，并使之能够产生心理文化共鸣和共情，形成共同的文化愿景，构筑主客共同认同的“城市价值”。

在经济与财富的意义上，“城市价值往往决定房地产价值”，城市价值越高，所体现的城市土地价值也就越高，而任何空间——任何建筑空间都附着在土地之上，世界排名前十位的“全球城市”也都是土地价值最高的城市，同时也是创新能力最强的城市，因而也是空间再生产价值最高的城市。同样，“城市价值也决定人才的价值”，城市价值现代性的本质就是要创新生活方式的环境和土壤，越是有创新能力的城市越是一个世界级的舞台，马克思曾反复强调城市是市民社会的舞台，是历史的出发点。如纽约、伦敦、上海和北京等城市无不是如此。此类城市的创新行为和文化自觉，无不是在创新城市文化特色和城市文化软实力，而最终的表现是在创造“城市文化资本”再生产的环境。而从定性的意义上再提炼、再概括这些城市创新与城市价值，就是“城市文化资本”再生产意义上的显性化传播，创造文化显示度和世界范围的“文化身份识别”，是全球范围国家与城市竞争的需要。如果创造城市主体价值内涵和城市意象口号能够有高度的一致性，往往一句城市理念、城市广告语所形成的文化意义就有可能成为“城市文化资本”的价值之一，如最近比较火的黄河国家文化公园的河南版宣传语：“河南老家”，寓意深远，对于当代急剧变迁的社会来说，对于现代几乎所有都在“他乡”“他城”而“身在异乡为异客”的人来说，具有明显的认同感和归属感。再如“条条道路通罗马”这样的象征性概念所产生的城市形象、意象和意境甚至成为全世界所有人的集体记忆。

从20世纪90年代开始，中国城市开始注重城市形象研究（见前文有关的论述），有学者认为，对“城市CIS”含义的理解有两种不同取向，一种是将城市形象理解为包罗万象的“City Image”，另一种是将之理解为主要与视觉识别有关的“City Identity”，并且把企业形象与城市形象等同起来，两者都存有偏差，在笔者的“城市文化资本”三部曲中的第一部就已经有专门的论述。在形象的整合营销传播系统中，首先要知道“我”是谁，“我”在他者眼中的形象是什么，要有完整的内省、内视机制，必须清楚了解“我”在他者眼中的价值与社会地位，即知晓第三方评价和认知结果，这是城市文化如何“破圈”必备的前提。如何能在全世界城市的竞争中脱颖而出？必须是知己知彼[①]。同济大学团队经过研究整理认为：全世界面积100平方千米以上的城市有937个，面积在50平方千米以上的城市有2036个，30平方千米以上的城市有3520个，团队还绘制了全球面积在1平方千米以上所有的城市和建成区，共有13810个，同时对相关项目做了比较研究，从13810个城市中“归纳出七大类城市发展类型：萌芽型435个、佝偻型3601个、成长型2365个、发育型831个、成熟型1900个、区域型143个、衰退型201个”[②]。虽然这个数字可能不是精确统计，但至少告诉我们，要在13000多座城市中表现文化个性和城市文化软实力，在全球范围内创造出具有鲜明个性的城市识别度和美誉度并不是一件很容易的事情。

当下，由于城市以及企业、自媒体的大量存在，包括相关海量大数据的存在，用传统方式参与全球竞争已经很难解决“他人意象”的好感问题，要让受众在海量信息中获得可以认同的、正确的、可识别的信息和文化符号，能够引起共鸣并在自我建构的识别认同文化中产生自洽对称的信息，这仅仅是城市形象文化传播的初步。一个人或者一个事件产生知名的结果只有两种：或恶名或善名，就如传统文化中曾有的文化现象，即一部分人的价值观或遗臭万年或流芳千古，这虽然不是

---

① 中国城市数量：地区级单位有334个，其中有294个地级市、7个地区、30个自治州和3个盟。据有关资料统计，全世界城市中有15万人以上的城市大约有4416个。一说世界上有227个国家和地区，其中国家196个，城市数量大约为10295个。应该说都是一些不准确的数据，仅可参考。截至2022年第一季度，中国市场主体有1.6亿户，从2012年的5000万户，到2022年10年间，市场主体总数增长2倍。个体工商户占三分之二以上。见《环球网财经中心》2022年8月13日。

② 张炯强. 全球第一张！13810个城市！同济团队精准绘制最完整的世界城市地图［N］. 新民晚报，2019-08-13.

我们完全提倡的，但是，事情的结果往往是这样，任何事物的出现对于受众来说都会有一个初步判断，或好或坏；第二步是在有了知名度之后，在建构美誉度的过程中传播文化核心价值，追求最佳形象以顺应时代的要求；第三步是创造唯一性。越来越多的人认识到了创造独立IP（20世纪八九十年代开始称之为城市形象识别系统CIS）的价值，由城市唯一性的“文化特质”组成的“文化丛”，经过系统的建设，是可以创造可识别的“美好刻板印象”的必须环节，但其中应该合理地以亲情化的方式渗透性介入，才能在特有的“镜像社会”中被转化、重构和被迫选择为多数受众认同的文化系统。人们多习惯于或者“一般总是因一个形象或一幅图景，本身只能唤起对一个直接存在的事物的观念。例如一只狮子、一只鹰或是一种颜色所呈现的是它本身，它单凭它本身就足以发生效力”①。这种对某一个已经存在于大众心理的文化符号要素的使用，就是利用人们已经存在的文化认同心理创造的文化符号，再创造一个有内在文化价值的传播逻辑过程，因为，城市整体形象是由多要素组成的系统集成，只有通过挖掘、创造、升华人们心中业已存在的优秀文化要素并加以强化，同时选择社会集体记忆中相对深刻的文化要素，才有可能创造一个成功的形象符号，如迪士尼文化中的各种动物形象和符号，本来在大多数人的心里早已经自我塑造了某种可爱的文化意象和感知，通过从系统化的文化特质入手，创造可爱、可亲和自我心理认同的“文化丛”，进而在怀旧文化认同的互动中找到自我价值与他者的文化心理自洽。

色彩是人们判断事物的一个心理前置条件，所有人对色彩都存有偏好，这与不同人不同的人生经历和对生活美学的理解深度有关，所以才有色彩心理学和色彩与人格关系的发生。在传播学理论当中，对某一件事物的传播影响，色彩也起着某种关键性作用。所以，在以往的城市形象和企业形象创建中，有基本五要素：标识、标准字、标准图形、标准色和吉祥物，缺一不可。在城市形象的建构中有以颜色创新取胜的成功案例——以土黄色（也有人称为米黄色）为主基调的英国巴斯小城（The City of Bath），位于英格兰西南部爱文河谷（Avon Valley），城区面积只有约29平方千米，人口有9万人，属巴斯和东北森姆撒地方政府（Bath & North East Somerset Council）管辖范围。该地在公元1世纪罗马人统治时代建立庙宇及温泉浴场，是英国唯一列入世界文化遗产的城市。需要指出的是，这里对色彩的运用发挥得淋漓尽致，整座城市的建筑、街道和空间系统基本在一个色系内②，全城被列入世界文化遗产，截至2009年有6400个登录建筑、47个指定保护区及9个被注册的历史公

---

① ［德］黑格尔. 美学：第二卷［M］. 朱光潜，译. 北京：商务印书馆，1997：12.
② 傅玉兰. 巴斯古城的博物馆群——全城保护的世界文化遗产地［J］. 中国博物馆，2009（04）：118-128.

巴斯的城市街景、空间与色彩

园。巴斯还是一座世界著名的博物馆城，有近20家博物馆，如罗马浴场博物馆、服装博物馆、维多利亚美术馆和古代建筑博物馆等，其中皇家新月楼是巴斯最有气势的也是世界最具艺术感的大型古建筑群之一，建立于1767—1775年，由连体的30幢楼组成，共有114根圆柱，建筑的道路与房屋都排列成新月弧形，尽显高雅贵族风范，被誉为英国最高贵的建筑，其“皇家新月1号博物馆[①]”是展示皇家生活方式和生活细节的博物馆，也是人们最喜欢的博物馆。巴斯本身既是一个永恒的“城市文化资本”载体，又是“城市文化资本”的本体。

四、从独立人格符号到“熊本人”：主客体互照与共情

通过创意、设计和创造出来的拟人化象征性符号，如果建构得相对完美，无论从思想到内容再到外在形象都能够让受众所接受，甚至是十分喜爱，这是很不容易的，并且可以创造巨大的“城市文化资本”价值。世界上成功的吉祥物和品牌符号文化还有很多，比较有代表性的有芭比娃娃（Barbie）、凯蒂猫（Hello Kitty）、泰迪熊（Teddy Bear）、蓝精灵（The Smurfs）、加菲猫（Garfield）、机器猫/哆啦A梦（日语：ドラえもん，英语：Doraemon）、米老鼠和唐老鸭（Mickey Mouse and Donald Duck）等，通过这些可爱的卡通形象，设计成为有血有肉有思想有智慧+抽象感知的人设，可以根据需要创造卡通形象的文化人格和特质，这类文化符号化的人设，不容易产生歧义和出现人设崩塌。比较而言，中国在卡通人物文化塑造、商业传播方面还较为落后，其关键是在观念与思维方式上的落后。以文化符号的拟人化方式塑造和城市文化形象IP的创造是当代不可或缺的重要手法，能够代表城市的文化符号本身就是“城市文化资本”的构成之一[②]。通过对城市文化符号的文化创意，赋予城市IP文化资本更深刻、更鲜活的内容，其中加以伦理人格的塑造而具有更深层次的现实意义。

通过创造某些特定的文化符号来传播城市价值，传播优秀文化的一面，世界上也有很多成功的

---

① 皇家新月楼1号（No.1 Royal Crescent）是英国乔治王朝时代的建筑，建筑曲线优美，尽显高雅贵族之风范，呈现了巴斯繁荣的乔治王朝时代生活画面。皇家新月楼由建筑师小约翰·伍德（John Wood）设计，堪称18世纪最宏大的城市建筑之一，并且是巴斯最具代表性的帕拉迪奥式建筑。当时，新月楼1号是来巴斯度假的上流社会人士的奢华度假别墅。参见：BATH PRESERVATION TRUST英国——巴斯保护信托基金.皇家新月楼1号博物馆［EB/OL］. http://lvyou168.cn/travel/uk/bath-preservation-trust/about_crescent.html.

② 陆绮雯.城市符号是文化资本——张鸿雁教授的“城市文化资本论”［N］.解放日报，2010-7-24.

案例，如日本熊本县创造的“熊本熊”文化符号是城市形象传播、城市旅游价值符号创新的优秀案例，仅一个城市的吉祥物和相关的系统性传播方式，就使得熊本县在世界范围呈现出可爱形象的显示度、识别度和知名度。“日本的卡通形象熊本熊（日文：くまモン；英文：Kumamon）就已经走出国门在东亚乃至全球爆红。早在2015年，“熊本熊”在其社交网站推特上拥有近50万粉丝，其中有13%的粉丝来自日本以外”[①]。“熊本熊”作为城市形象标志符号的吉祥物，政府和设计者通过完全拟人化的手法，创造出了一个活生生的可爱人物形象，并且首创拟人化的“能人”熊本熊，它在熊本县的城市形象、旅游推广工作上还担任很多具体的“职务”，如在2011年被授予熊本县营业部长兼幸福部长的职位，成为日本第一位吉祥物公务员，并且有自己的办公室和电话。在振兴熊本县经济、宣传熊本县文化的同时，熊本熊还依靠自身呆萌的形象、独特的授权运营方式，创造了超乎想象的经济价值，成为世界上拥有极高人气的吉祥物。

“熊本熊”为什么不是“熊”而是“人”呢？在全球城市发展的竞争中，如何创造出在世界范围有唯一性的城市形象识别标识系统，是每一座城市都在做的事情，世界上几乎所有的城市都在尝试创新并建立自己的城市形象品牌识别体系，包括城市形象IP系列、城市形象“吉祥物”系列、城市标准图形系列、城市标准字系列和标准色系列等，通过融合和创新，对一座城市的外在形象与内在个性进行抽象凝练，来表达城市的精神理念和哲学价值。在21世纪的20年代，旅游经济已经成为所有国家和城市的支柱产业，任何国家和城市都需要建构一个具有“眼球经济”功能的文化符号，来代表国家和城市形象，成功的城市形象识别系统能够充分代表这座城市的精神理念和市民优秀文化行为，更能够通过符号化的方式引导受众成为这座城市的“粉丝”，进而能够吸引更多的人来到这座城市，不仅仅是旅游观光购物，而且还能够旅居休闲、运动养生、商务会展、就业创业……在更深层次上创造城市的文化价值和城市文化软实力，创造“城市文化资本”再生产的空间场域环境与文化价值。而在城市形象识别的系统中，最有亲和力、最具内涵、最具有再创造和再创意的就是城市标识系统中的吉祥物文化系统，完全可以演化为城市的独立IP系统。虽然很多城市、机构和组织在形象系统建构中都创意和创造了城市吉祥物及相关系统，但是，能够充分创造出吉祥物文化价值，并成功地使吉祥物成为一个大众喜爱的“能人”则较为鲜见，而熊本市的“熊本熊”则是成功的典型案例[②]。

---

① 郝诗楠．“熊本熊”与日本熊本县地方治理创新及其启示［J］．重庆科技学院学报（社会科学版），2022（01）：30-36.

② 宋磊．文旅吉祥物的价值与设计［J］．美术观察，2019（12）：23.

日本作为动漫文化十分发达的国家，城市吉祥物的种类数量众多。日本的“47个都道府县（相当于中国的省）都有自己的吉祥物，每年组织的城市旅游吉祥物大赛有一千多个形象报名，简直可以被称作‘吉祥物之国’”。为此，日本专门成立了“吉祥物峰会协会”来对其进行管理。日本吉祥物文化发达的原因，首先是在“萌文化”的日本，日本动漫的发展具有全民性的广泛基础，这种文化氛围为吉祥物的发展提供了环境。其次，不同地区的吉祥物都带有各自鲜明的人物性格，吉祥物的出现能够对某一地方的旅游宣传起到一定的推动作用，并为所代表的城市创造经济和社会的双重收益。最后，近年来，日本吉祥物文化已经成为一种时尚和产业，而成为专有的文化概念，“日本流行将城市吉祥物称为‘Yuru–kyara’，日文写作‘ゆるキャラ’，意为‘慢悠悠的胖角色’，特指地方用以宣传当地产业和文化而产生的吉祥物。”[①]

熊本县作为47个都道府县之一，政府自然不会“免俗”。2011年日本九州新干线全面开通，为其沿线地区带来了更多的游客，由于熊本县只是这条路线上的一个小站，熊本县知事蒲岛郁夫认为，九州新干线的开通虽然便捷了人们前往周边旅游景点的交通方式，但熊本县作为其中知名度较低的地区，新干线的开通必然会使当地的旅游发展受限。早在九州新干线开通前，“‘财团法人’地域流通研究室在熊本县进行了民意调查，针对‘新干线全线开通后对本地经济会带来什么样的影响’的问题，回答‘正面影响’的人只有37.4%，低于福冈县的41.7%，以及鹿儿岛的50.5%；回答‘负面影响’的县民则有17%，远高于福冈县的1.9%以及鹿儿岛的7.8%。”[②]为庆祝新干线的开通，也为解决熊本县的“困境”，日本知名设计师、编剧，同时也是熊本县人的小山薰堂与设计师水野学合作，构建了能够代表当地的“熊本熊”形象载体，被认为是“在面临地方发展困境和危机时制造出的一种符号”[③]。

从“熊本熊”地方城市符号的创作、推广到营销的整个过程来看，与日本其他地方的吉祥物相比已然“脱俗”。随着“熊本熊”的热度不断攀升，“熊本熊”已经成为代表城市的一种符号、一个品牌，更重要的是，其已被转化为能够推动促进熊本县城市发展的“城市文化资本”要素。

城市吉祥物的人文价值创造。“熊本熊”原名为“KUMAMON”，读音上源于熊本县的

---

① 杨程程. 文化产业视角下的日本城市吉祥物研究——以熊本熊为例［J］. 文化产业导刊，2019（06）.

② ［日］蒲岛郁夫. 我是熊本熊的上司［M］. 台北：野人文化出版社，2014. 郝诗楠. “熊本熊”与日本熊本县地方治理创新及其启示［J］. 重庆科技学院学报（社会科学版），2022（01）：31.

③ 郝诗楠. “熊本熊”与日本熊本县地方治理创新及其启示［J］. 重庆科技学院学报（社会科学版），2022（01）：30–36.

“KUMAMOTO”和当地方言“人”的“MON”，意为“熊本人”，其设计原型的初衷是塑造一个真实生活在熊本，且具有独立人格的“熊本人”。而自创立以来，因受到日本国内外游客高度的关注与青睐，常被“误称”为“熊本熊”。“熊本熊”最初是基于“真实存在的角色”而设定的，这种真实感则是通过符号拟人化和人格创造来实现的。设计之初，小山熏堂和水野学的想法是以“熊本惊喜”作为灵感来制作一款形象。“因为要用表情来传达‘惊喜’的特点，刚开始熊本熊总是一副瞪大眼睛、微张开嘴的吃惊样子，水野学创作出了数千种形象组合，最后在其中选出了我们如今看到的呆萌的熊本熊形象。”[①]因为是“人”，所以就必须要有个性。根据“熊本熊”的官方主页上的介绍：“熊本熊，生于3月12日，男，熊本县公务员，出身熊本县，好奇心旺盛又顽皮，兴趣是熊本体操”[②]。“熊本熊”身兼熊本县“营业部长”（仅次于熊本县知事、副知事的第三最重要的职位，与熊本县宣传部长齐名）一职，是日本第一位以吉祥物角色担任的公务员。

城市吉祥物的主体性格构建。设计者通过“将‘熊本熊’进行拟人化编码，进而塑造成为具有人类特征的符号，以此赋予熊本熊超越吉祥物本身的意义，将外在形象与内在特征融合成完整的符号”[③]。在小山熏堂的带领下，“熊本熊”被拟人化为了一个外表可爱憨厚，但骨子里却藏着一股“贱萌”气质的熊本县部长形象，“举止从不中规中矩，会当众出丑甚至恶作剧，甚至会种地会骑摩托车，这些拟人化的设定打破了大众对传统吉祥物的刻板印象”[④]，使人物形象在“反差萌”中显得格外有吸引力，不但赋予了熊本熊独树一帜的“人格”，为城市形象注入鲜活的生命力，同时为日后的事件营销的“合理性”奠定了基础。

城市吉祥物的客体性格感知。“熊本熊”形象的成功构建，形成了“‘虚拟’的吉祥物与‘现实’社会受众之间的一种奇特的心理纽带，让人们感受到熊本熊是活生生存在的。”[⑤]据悉，“熊部长会骑着电动车在大街上风驰电掣，会一本正经地去泡温泉然后把自己全身都吹干，两年前去大阪旅游的时候还会因为风景太美走失了……他甚至还因为遗失过自己两团腮红去警察厅报案。他的日常，基本就是欺负其他吉祥物、摔倒、撒娇、卖萌……”[⑥]在人们眼中，“熊本熊”是有性格、有脾

---

① 李延，方昕. 中国萌［M］. 杭州：浙江大学出版社，2019：105-106.

② 佚名. 熊本熊自我介绍［EB/OL］.［2023-10-28］. https://kumamon-official.jp/kiji0031657/index.html.

③ 刘美忆. “网红”熊本熊的符号学解析［J］. 青年记者，2017，580（32）：84-85.

④ 刘美忆. “网红”熊本熊的符号学解析［J］. 青年记者，2017，580（32）：85.

⑤ 郝诗楠. “熊本熊”与日本熊本县地方治理创新及其启示［J］. 重庆科技学院学报（社会科学版），2022（01）：34.

⑥ 叶欣. 游走酷MA萌的家乡日本熊本县：拜访熊部长办公室［EB/OL］.（2016-08-16）［2023-10-28］. http://travel.people.com.cn/n1/2016/0816/c41570-28640449.html.

性、有缺陷、有趣味，具有独立人格魅力和生活处世态度的“熊部长”，笨拙憨厚的外在形象和鲜活真实的内在性格形成了强烈的对比，构成丰满而立体的“熊本熊”形象，使受众将“熊本熊”能够感知为“活生生”的人，而不是皮套下的某个角色扮演者。

从情感化的城市品牌形象到城市“温度”提升。城市文化形象的性格特质可以视为一座城市整体形象和城市性格的缩影，“熊本熊”城市符号的构建，不仅仅是一种城市品牌形象的展现，也是一座城市情感化和城市“温度”的体现。在吉祥物的设计中，“熊”的形象很常见，圆润的外表，蓬松的毛发，可爱的表情，更容易拉近与人的距离，让人产生亲近感。“熊本熊”的设计师在处理其整体性设计上，“有意将‘熊本熊’的线条处理得圆润而简洁，这使得摆放在新干线旁的萌萌的‘熊本熊’形象玩偶更容易在短时间内被游客记住，从而产生深刻的印象”[①]。在“熊本熊”的具体形象上，短小的四肢、“呆萌”的面部表情、给人以柔软的触感、偶尔容易疏忽犯错的个性，以及在真实场景中所做出如“捂嘴”“挥手”等被精心设计过的，敏捷而精细的动作和神态，显著的“娃娃脸效应”都能够令人感觉可爱、亲切或安全，而产生好感或“温暖的感觉”。同时，“熊本熊”极具“反差萌”的性格，这种“萌”是“呆萌”“蠢萌”甚至“贱萌”，符合普遍性的大众喜好，在无形中拉近了与大众的距离。

主客体的共同认知所赋予的情感化内涵。共同认知是人们普遍性认可的，品牌创建想要得到认同就需要一种情感植入，当主客体的认知达成共识时能够加深情感化的深度，也就是能够加深用户的忠诚度。究其原因，具体如下：

重视“熊本熊”与粉丝之间的情感建设。粉丝是“一群对服务或品牌拥有共同兴趣和价值观的用户，基于情感的信任形成的社群”[②]，而作为熊本县的公众人物，“熊本熊”每一天都会更新Facebook和Twitter，其内容除了当地的旅游特色宣传、发布每日“熊出没”的行程，推动新的活动企划之外，也包括一些“无厘头”的行为与事件，并为促进粉丝交流成立“熊本熊FANS”，长期保持话题新鲜感，以全方位互动方式增强了大众的忠诚度与黏性，让公众能够共同见证“熊本熊”的成长与发展。在他们心里，“熊本熊”更像一个自己身边的好朋友。因此，“熊本县作为养育‘熊本熊’的地方，也是一个友善的地方，所以在熊本县地震以后，‘熊本熊’没有更新互联网上的信

① 李雪. 吉祥物经济：打造城市品牌建设的新思路——以日本熊本县吉祥物“熊本熊”为例[J]. 青年记者，2017（09）：92.

② 李雪. 吉祥物经济：打造城市品牌建设的新思路——以日本熊本县吉祥物“熊本熊”为例[J]. 青年记者，2017（09）：93.

息，大家纷纷在网上对‘熊本熊’表示关心。”[①]即使是没有去过熊本县的人，也能够由于对“熊本熊”的情感属性，而加深对某一陌生地点的认知，环球网评论说：“虽然说空间意义上的熊本县比较生疏，但‘熊本熊’使得这种生疏感减弱，在无形中加深了中国民众对于日本的了解。”[②]

利用“共感”拉近与消费者之间的距离。中国动漫集团发展研究部主任宋磊说：“世界观是吉祥物获得消费者共感的重要原因，是支撑其成立的后盾。”[③]从人性的角度分析，“熊本熊”的个性能够间接映射出熊本县民众所具备的轻松幽默的生活处世态度，且这种情感特质能够很好地引起普通大众的认同感，形成与人们情感联结的共振点，同时在作为“部长”的“熊本熊”身上所形成体现的反差感，也能够引起人们主动关注的好奇心而拉近人与城市之间的距离。

从“明星感”的文化资源塑造到“城市文化资本”构建，“熊本熊”亲民而幽默的政府形象提高了地方执政能力。“熊本熊”的出现打破了日本传统严谨的官场规则的束缚，创新性的举措提升了地方政府的业务绩效，促使熊本县能够实现农业型城市到旅游型城市“质”的飞跃与转变。熊本熊的身份不仅仅是地方性吉祥物，同时担任了熊本县的营业部部长兼幸福部部长，负责全县形象的宣传推广活动。从“熊本熊”诞生以来，熊本“县政府就启动了相应的营销计划，聘任其为政府公务人员，并为其申请到相应的宣传预算。与当时日本绝大多数地方吉祥物相比，这已经是相当高级别的待遇了”。熊本县知事蒲岛郁夫说，“‘熊本熊’不是为宣传熊本县创造出来的吉祥物，而是在熊本县厅上班的公务员。”[④]因此，“熊本熊”所担任的“部长”身份并非虚名，而常常与蒲岛郁夫及各部长等政府官员一同出席公务活动，在蒲岛郁夫看来，“如今的‘熊本熊’并不是布偶袋，而是名为‘熊本熊’的生物，是一名正宗的公务员”，‘熊本熊’推广科团队将其理念确立为“不过分拘泥于规矩”以及“一旦犹豫就马上行动”[⑤]，这种做法在日本47个都道府县中是大胆而具有创新性的。

“熊本熊”具有带动熊本县城市旅游发展的创收能力。“熊本熊”加强了熊本县的地方宣传，提高了地方知名度，促使“熊本熊”成为熊本县具有垄断性的文化符号，极大拓展了熊本县新的经

① 李雪. 吉祥物经济：打造城市品牌建设的新思路——以日本熊本县吉祥物“熊本熊”为例［J］. 青年记者，2017（09）：93.

② 陈洋. 为“熊本熊”祈福是对地震灾区的一种精神支持［EB/OL］.（2016-4-19）［2023-10-28］. http://opinion.huanqiu.com/opinion_world/2016-04/8815486.html.

③ 宋磊. 文旅吉祥物的价值与设计［J］. 美术观察，2019（12）：23-24.

④ ［日］蒲岛郁夫. 我是熊本熊的上司［M］. 台北：野人文化出版社，2014：11.

⑤ ［日］蒲岛郁夫. 我是熊本熊的上司［M］. 台北：野人文化出版社，2014：64.；郝诗楠. “熊本熊”与日本熊本县地方治理创新及其启示［J］. 重庆科技学院学报（社会科学版），2022（01）：30-36.

济增长点，促进其三产特别是旅游业的发展。根据日本国土交通省观光厅公布的数据来看，2021年日本都道府熊本县旅游人数达到了1956.7万人次，其中过夜游客数为227.7万人次；“一日游”游客数1729万人次。旅游累计消费总额达到1238.79亿日元，其中，过夜游客累计消费额501.73亿日元，人均消费额41455日元；“一日游”游客数累计消费额737.06亿日元，人均消费额10154日元[①]。在熊本县知事蒲岛郁夫的支持下，任命吉祥物为“营业部长”的创新性举措不但迎合了日本政府大力发展观光旅游产业振兴经济的战略需要，当然，也为当地带来了斐然的经济效益，使熊本县成功将“资源”转化为“资本”。

“熊本熊”符号本身具有可创造性和可再生产性的衍生能力。随着“熊本熊”的知名度不断提高，他已经不仅仅是简单的地方吉祥物，而衍生扩展为世界性的城市经营品牌“超级文化IP”，目前与熊本熊相关的产品种类已达到两万多种，衍生出多种多样的文创类产品，主要包括了食品类和商品类两大类，“熊本熊”官方授权的“酷MA萌”系列周边商品自上市以来销售额始终十分可观。根据日本熊本县熊本熊集团知事办公室在2022年3月23日公布的数据显示，即使在一定程度上受到了疫情影响，2021年“熊本熊”周边产品的年销售额为1546亿日元，约合人民币79.89亿元。其中，在日本国内的销售额为1479亿6295万日元，在国外的销售额为66亿9597万日元。自2011年开始对“熊本熊”周边产品销售额调查以来，销售额累计达到10000亿1341万日元，超过了1万亿日元的目标[②]。“文化产品消费是一种相对深度的消费，文化产品对人的影响往往可以持续很长时间，具有长尾效应。而旅游消费则是一种相对浅度的消费，具有即时性，不具备长尾效应。”[③]由此，“熊本熊”文化创意产品的出现，一定程度上能够弥补熊本县旅游消费的不足，与旅游产品在消费效率和深度上能够起到互补作用。

从热点形象符号传播到整合营销的国际化传播。“熊本熊”简洁的形象符号易于传播。“熊本熊”形象上的黑白两色提取于当地地标性古迹“熊本城”的色彩，而“腮红”作为日本动漫形象的标配，同时源于熊本县火山地理特征，即红色蕴含着熊本县“火之国”之意，简洁的形象和色彩设计使“熊本熊”的符号原型具有独特辨识度，也因此具有更灵活的延展性而能够被广泛传播。从平面到立体，当前被人所熟知的“熊本熊”整体形象，则是经过三代的改良才得以最终形成。“熊本熊”不仅仅是日本动漫产业中的一种全新性的表达方式，充分融合了熊本县的地域特色，同时“简

① 数据来源于日本国土交通省观光厅：https://www.mlit.go.jp kankocho siryou toukei irikomi.html.
② 数据来源于熊本县官网：https://www.pref.kumamoto.jpindex2.html.
③ 宋磊. 文旅吉祥物的价值与设计［J］. 美术观察，2019（12）：24.

洁的形象具有很强的拓展性，可以在不同物料上进行兼容，这就大大提高了其周边产品的销售空间”[①]。其形象符号能够很好地推动熊本县城市文化形象的推广及城市文化产品的营销，成为一种资本化的“文化符号”。诸如“熊本熊”这类地方吉祥物，并非熊本县的首创，但而后出现的其他地方吉祥物无一能够与“熊本熊”传播的广泛度和影响力相比拟。

“熊本熊”通过整合营销开展传播活动。在网络技术快速发展的今天，数字化平台的传播方式越来越丰富，从热点形象符号传播到整合营销的国际化传播，“熊本熊”的传播“以顾客价值为导向、多元化的传播途径、统一的传播风格以及循环沟通”[②]等，整合使用多种传播载体，将“虚拟”和“现实”有机地结合在一起，使其能够覆盖大部分的目标受众，从而更加方便地进行有效的宣传。具体的营销方式如下：

传递情感的事件营销。也是一种故事营销，通过对角色故事的精心塑造，“使得消费者更全面地了解和认识IP，亦可从生动的故事内容上打动消费者，传递情感价值”[③]。熊本县最初主要以农业生产为主，经济效益并不突出，无力进行大规模、高成本的营销推广。因此，在信息化、数字化时代潮流下，熊本县政府借助网络经济，借助大众传媒和社交媒体的手段，通过时间与剧情策划、推广、创造“热点”新闻和话题。熊本熊的品牌事件营销宣传是熊本县知事蒲岛郁夫及专业的“熊本熊”推广科团队一手打造的，成功策划营销了大家所熟知的“大阪出差失踪”事件、“腮红丢失”事件、“因减肥失败而被降职”事件等，随着被日本各大电视台争相报道而被大众逐渐认知、接受再到认同，“在电影编剧的手法中，利用危机事件营造故事张力，会大大增加观众对人物的移情程度”[④]。有日本媒体测算过，“仅仅‘熊本熊寻找红脸颊’事件，就至少达成了6亿日元（约合3360万元人民币）的广告营销效果”[⑤]。

商务会展会议营销。就是利用各种会议、聚会等形式开展的一种营销方式。熊本县知事蒲岛郁夫本人常以政府官员身份与“熊本熊”一同出席公共活动或相关会议，以提升“熊本熊”职位的“权威”和曝光度，不但扩大了“熊本熊”的影响度，也为熊本县的募捐活动及其他各大活动起到

---

① 李雪.吉祥物经济：打造城市品牌建设的新思路——以日本熊本县吉祥物“熊本熊”为例［J］.青年记者，2017（09）：92.

② 李雪.吉祥物经济：打造城市品牌建设的新思路——以日本熊本县吉祥物“熊本熊”为例［J］.青年记者，2017（09）：92.

③ 刘美忆.“网红”熊本熊的符号学解析［J］.青年记者，2017（32）：85.

④ 鲁婧涵.熊本熊是如何走红的？日本城市的文化IP意识［EB/OL］.（2020-01-13）［2023-10-28］. https://www.jiemian.com/article/3868842.html.

⑤ 李延，方昕.中国萌［M］.杭州：浙江大学出版社，2019：109.

了良好宣传效果，同时也增强了公众的参与性与沉浸式的交互体验，使其实现从熊本县的“熊本熊”到日本的“熊本熊”角色转化。

网红营销塑造价值。熊本县地方政府在Facebook、Twitter等社交媒体上注册了以“熊本熊”命名的官方账户，熊本熊生日当天，在Twitter上为“熊本熊”“贺寿”会收到“熊本熊”的回复，这种互动式参与增强了大众的参与度和忠诚度，使话题保持新鲜。在中国的推广主要是通过官方微博“邂逅熊本”、相关账号“熊本部长KUMAMON国际应援团”等，内容包括熊本熊最新速报，还有表情包、动图以及短视频，这些都会引发网友疯狂转发[①]。自“熊本熊”2015年成名以后，它荡秋千、骑摩托车、摔跤等一些行为还被网友们做成了表情包，并且反响剧烈，为人广泛使用。

整合与跨界融合化传播。除上述营销方式外，“熊本熊”团队还积极与体育界、影视界、游戏界、教育界多方合作进行跨界营销，不仅提高了城市的品牌形象，还促进了当地多种产业和综合产业链的发展。在体育上，安排“熊本熊”在日本足球J联赛上进行互动；在影视上，“熊本熊”参加了日本春晚红白歌会，同时在官网上线《熊本到元气项目》等动画连载节目；在游戏上，熊本县推出了演绎熊本县特产的游戏《制作熊本特产》，受到了广大民众的欢迎；在教育上，熊本县也积极开展教育游学类的活动。可见，“熊本熊”的营销借助跨界、联名等营销手法，不断提高受众的期待值。“熊本熊”在知名度提高之后，“不断地与餐厅、奶茶店、主题乐园等不同领域合作，其形象也被印在各种大牌商品上，相互带动了利益的发展。而所有的推广都是建立在消费者的体验感上，增加了角色IP“活化”的概念。”[②]

与此同时，“熊本熊”作为知名的文化IP，在其形象经营的授权上并非如其他IP形象一样需要征收版税，根据熊本县规定，本县企业均可免费使用“熊本熊”的形象使用权，而本县外企业均也可通过申请授权许可而免费使用。此举通过降低使用门槛，使有意向的企业纷纷主动注册使用“熊本熊”的形象直至“熊本熊”IP形象延伸传播至海外，拓展了城市品牌形象的可再生产性和可创造性，也更有利于拓宽“熊本熊”在国际上的知名度和影响力。

每一个成功的案例，都有创新的经验。对于一个地方的城市经济、社会和文化发展而言，促进城市“软实力”的提升，注重创意型文化产业的研究和发展，能够加快城市产业结构的调整与升级。“熊本熊”的成功，正是通过充分结合地域性特色及大众的审美倾向，打造专属于其城市的品

---

① 刘美忆.“网红”熊本熊的符号学解析［J］.青年记者，2017，（32）：85.

② 陈娍，陈一凡.角色IP艺术孵化的策略研究——以日本熊本熊为例［J］.今古文创，2021（35）：73-74.

牌形象、构建城市文化符号，并使之成为一个完整的产业链，形成熊本县具有唯一性的“城市文化资本”，进而促进城市可持续发展，它不仅仅是一种物质财富，更是一种精神的象征。面对新时代的发展，“熊本熊”的发展应当与时俱进，使超级IP“赋能”城市更新发展，使“熊本熊”城市IP能够更有力量、更加鲜活、更加能够适应新时代的发展。

这一成功的经验带给我们的思考是：

一是融媒体的整合传播需要持续创新，全媒体整合延伸及渠道需要持续拓宽。虽然从当前来看，“熊本熊”的营销手段已经十分广泛了，但随着时代的发展，传播媒体的技术水平也在不断提升。当前，“熊本熊”的传播可以借助现代高新技术，如功能6G、ChatGPT、元宇宙技术、裸眼3D\7D、数字人和全媒体数字赋能等，例如以“熊本熊”为主体构建属于自己的元宇宙世界，创作NFT作品等，将宣传营销融入虚拟经济之中，实现虚实结合创造新经济体系下的城市IP经济模式，为公众提供更新鲜、更具沉浸式的新消费体验。

二是创造更多的空间再生产的新场景、新空间和新体验。在“Z世代”群体逐渐成为消费主力，其消费升级意识逐渐苏醒，移动互联网大举“入侵”的大背景下，消费者更倾向于购买特定场景的产品。“熊本熊”传播场景的构建着眼点不能仅仅局限于气氛的营造，而需要主题的设定、产品的搭配、文化的核心等诸多因素影响下产生的共同作用，才能够对消费者产生更为持久的吸引力。新场景营造的目的，就是要使城市IP与当地文化进行有机更新式的结合，用统一的文化符号来输出，构建可感知、可参与的消费体验新空间，以此适应城市的不断发展，以及城市发展中不断出现的新事物。

当然，熊本县对于“熊本熊”的研究与发展也尚未止步，近几年来不断完善，当地政府长期致力于“熊本熊文化研究”，以开发熊本县新的区域文化资源，提高“熊本熊”的品牌价值，使“熊本熊”自身的价值不仅仅局限于对地区起到宣传作用，而是能够吸纳和辐射更多的城市资源，成为连接城市经济社会生活各个元素的纽带，为城市发展带来更高的效益。

城市是现代人生产、工作、享受和休闲的空间，也是各阶层的城市人可实现多种理想的空间。一个优秀而伟大的、有完善人格特征的城市形象，其传播过程也是一个再教育过程。对优秀城市形象要素的传播与接受，是一个双向过程，需要社会整体文明素质的提高，需要解决当代社会文化的整体水平和个体文化结构适应性的问题，既需要与所处时代的政治审美、文化审美、艺术审美、宗教审美、生活审美相适应，又要培育市民社会文化与文明水平的整体提升，需要有时尚先锋和文化精英的创新要素的整合，需要城市精英群体与大众审美文化互动……一个能代表城市整体品质的符号或口号，一定是这座城市社会整体的文明的结晶，也是这座城市的品性与品质的集中表达。

哲学家们只是用不同的方式解释世界，而问题在于改变世界。[1]

——卡尔·马克思

“空间”在建筑理论中当然不是新名词，不过空间表示许多事。在现代文学中可区分为二种用法：视空间为三向度的几何形；或为知觉场（perceptual field）。然而二者都无法令人满意。在日常经验中从本能的三向度整体所抽离出来的空间可称之为“具体空间”。[2]

——诺伯舒兹

---

① ［德］马克思，恩格斯. 马克思恩格斯全集：第3卷［M］. 中共中央马克思恩格斯列宁斯大林著作编译局，译. 北京：人民出版社，1965：6.

② ［挪］诺伯舒兹. 场所精神——迈向建筑现象学［M］. 施植明，译. 台北：田园城市文化事业有限公司，1995：11.

第二十章
数字城市与文化祛魅——城市空间的有机秩序

ChatGPT已经成为一种科技文化时代的智能和现代性符号，其中最值得关注的是主客体在互动中可以形成知识累积性增长，ChatGPT可以被成千成万的客户需求所培养而快速成长，这几乎是人类异化结果的全面挑战。人类自己创造了思想文化、科学技术、学术逻辑、艺术设计和语言体系等智识领域，而ChatGPT的智慧功能和知识储藏几乎涵盖了人类所有的智识领域，通过从对话、思想交流和客户提问中获得自助型成长，这种功能的发展前景不可预测。反观人类的历史，这种情况也似曾相识，事实上，人类自己创造的城市，对于人类来说也与ChatGPT所具有的功能相似，即人类被自己创造的优秀城市所改造。城市也是人类智慧和文化创新的结果，人类在城市中被规范、被教化、被理性和被规训，也是双向互动发展的对立统一体，特别是在全球网络社会的一体化的快速发展过程中，越来越多的人认识到，城市不仅是现代化的载体，也是人类实现现代化的工具和结果，可以推论，距离有似ChatGPT功能的城市大脑的出现已经为期不远。

一、城市文化异化与“城市文化物种”：在创造城市中被城市所改造

城市文化形象和特色文化也可以被称为一种“城市文化语言”，一旦这种“城市文化语言”被高度概括而成为城市文化的大众哲学理念就会不胫而走，成为人们感知而认同的集体记忆。每座城市都有属于这个时代的地方性语言，包括民间俚语和流行的时尚性“城市文化语言”。1978年后的中国，随着社会变迁转型长期存在和发展，从“乡愁”到“城愁”，使大多数人都成为“他乡

人”“他城客”和“游子”[①]。在城乡之间的人口流动和社会结构变迁型高速转换之中，人在这样的旋涡中被“离心力”创造的“社会坠距”所改变，“甩”成不同阶层和不同文化心理结构的“边际人”，并成为各种各样的亚文化群体，包括所谓“同质性文化”和“异质性文化”群体，他们在生活和工作中创造具有可以标识的、有“断代”特点的“术语”和“流行语”，社会变迁的文化叠加、迭代和变换、转化，流行时尚被替代的概率非常高，流行的和“超时尚文化”现象会瞬息而过，既显示了鲜明的时代特征，又创造了一个个具有典型社会转型期文化特质的语言符号，而其中“始作俑者”当然是网络媒体，包括多样自媒体创造的网络语言，是社会变迁的一个缩影和时代的文化切面。虽然中国的东南西北中所有的城市都有自己的独立语言文化体系，相比之下，流行语、时尚性语言的通用性和快速传播性，显示了网络功能的强大和青年人特别是专业人士接受新事物的能力。

网络的广域功能，一旦造成城市所属的“网络语言”，则会成为一种文化身份的象征性符号，如深圳这座城市，人们总是把“创新”一词与深圳联系起来，“创新”成为深圳的一种城市文化标签，也谓外界认可的“城市文化语言”。《深圳特区报》以《让创新成为深圳的城市符号》为标题的文章这样说：“城市符号是城市的文化、城市的灵魂，城市的根，是一座城市与其他城市区别开来的鲜明城市性格、身份象征”，文章认为：“人们常说，深圳是座创新之城，创新是深圳的基因。当下对深圳而言，创新更是推动高质量发展必不可少的‘法宝’。”[②]“创新”文化成为一座城市的外在符号或者是标识，就具有了巨大的“城市文化资本”价值，既有无形资产也有有形资产，对于城市吸引人才、吸引创业者和吸引投资者等都具有重大意义，从中引发思考的是：几乎所有的城市都在大谈创新，几乎所有的城市口号和城市精神理论上都有创新一词，为什么创新会成为深圳城市的专有代名词呢？

一个人对新事物的接受能力和对现代传媒技术的掌握程度是现代人的标志之一，每年世界各地大学的毕业季，都会有著名学者和校长毕业致辞，往往都是包含了时髦网络语言和词汇的演讲会，这是学者和学术研究者对大家已经认同的现代词汇的认可。有学者说：“毫不意外，斯图亚特（Stuart）和伊丽莎白·伊文（Elizabeth Ewen）认为‘城市提供了大众时尚扎根的肥沃土壤。作为一种流动的、个性化的展示形式，时尚尤其适合这个日益以流动的个人为特色的社会’。正如嘉莉

---

① 张鸿雁. 拔根与扎根：从乡愁到城愁［EB/OL］.（2018-02-23）［2023-10-28］. zgxcfx.com/sannonglunjian/107836.html.

② 赵强. 让创新成为深圳的城市符号［N］. 深圳特区报，2023-06-02.

到纽约不久之后所发现的那样，百老汇大街上的步行‘就是由一个个漂亮的脸和精致的衣服构成的非常壮观的队列。’”[①]在现代语言的流行上，个体时尚性的表现符号和行业文化的区隔有着一定关联，某些专业“行话”成为流行语言，可能红极一时，当然也有的稍纵即逝，虽然变幻莫测的时代与社会变迁使流行文化如过眼烟云，但是很多流行语的时代性印痕倒是难以磨灭，成为鉴别时代文化特质的标识——而实际上，这也是城市文化生活方式的魅力和价值所在。马克思把传统社会历史上城墙内居住的人，即具有城市生活方式属性的群体称之为“城市动物”——我们可以转译为“城市文化动物”，这种描述或许犹如现代的网络语言，是具有那个时代属性的学术时髦话语，而马克思所论的概念内涵极具学理性，以至于很多学者或很多不相干领域的学者都会使用此类话语。

中国改革开放40多年有7亿左右的农业人口成为城市人、城镇人，城市文明和城市文化传播也已经走进了乡村，我们强调的城市生活方式的内在原因是城市特有的并区别于乡村的文化模式，城市有了自己的“城市语言”——文化风格，如中国历史上很多城市都具有地域文化风格和城市风貌一样，徽州的建筑文言、金陵的民国风尚、上海的里弄文化、北京的大院情怀、广州的骑楼景象、扬州的八怪艺术等等，构成了人们理解城市的文化语言，在本质上是城市的话语权和城市的文化身份表征。过往，留存在共同记忆中的流行词汇有“下海”“洋插队”“倒爷”“万元户”“定位”“创客”“网红”“直播带货”等，如果说，中国改革开放前三十年流行语所显示的是具体的生活需要，如“实干”“赚钱”“创业”“创新”等词汇，体现的是当时社会以经济发展为主题的时代主旋律。而2023年的流行语或曰时髦语言则是被完全灌入了时代科技文化的内容和理念，如“星链”“智慧人”“数字化”“数字人”“人机一体”“仿真人”“大脑人机接口”及“超算”等等，当然，还有另外一个与社会层面的日常生活相关的语言体系及反映社会问题的流行语，如“躺平”“内卷”“甩锅”“外卖”“emo（emotional）”“破防”等等，同时，由于中国大多数行政单位、组织、社会团体、企业、非营利组织和一般的临时群体（如婚丧嫁娶、广场舞群体、健身群体等等），几乎都要使用手机进行“组群”建立管理沟通渠道，所以还有好多在“朋友圈”“微信群”里的专门用语等，如果不会用手机去参与各种“朋友圈”，就有可能和社会形成某种“文化断裂”，通过这样现实社会的文化传播现象分析，可以进行某种推论，建构城市文化识别体系，必须发现并掌控流行文化与大众时尚追求的一般规律，让不同的阶层和不同的文化群体都能够理解感知城市应该有的时代价值。

---

① ［美］保罗·吉伊. 城市、公民与技术：都市生活与后现代性［M］. 许苗苗，李建盛，译. 北京：北京师范大学出版社，2022：29，142.

现代科技数字化与文化的融合，使城市文化和“城市文化资本”创新有了更多更新的技术应用，其主要表现形式就是“城市文化数字化+N”模式，这也是网络社会全球化对城市文化建设提出的新要求和必须手段，用以适应不断变化的社会文化环境，这一模式中“N”的意涵是指新技术、新产业、新经济、新场景、新业态和新方法等与数字文化结合后，在城市文化建设中运用的无限组合，也是“城市文化资本”现代性建构和资源转化为资本的重要战略选择，只有通过数字化、AI、元宇宙等新技术的应用，才能够实现城市“社会炼金术”和“文化炼金术”的双重应用型创新，使资源向资本转化。“城市文化数字化+N”有五个重要的发展方向和内容：

其一，“城市文化数字化+N”与海量存储结合，开发具有无限可能性。网络智能化变革的深刻性表现为从机器到智能人再到情感思维能力人的发展转变，几乎所有传统产业和新兴产业都与数字、智能、文化、科技、生态和未来有关，而其中贯穿着一个产业的核心就是文化创意产业的融合与“城市文化资本”再生产。

其二，“城市文化数字化+N”与“云、网、端综合开发”融合创造“城市文化资本”再生产叠加价值。“云”指云计算，以大数据基础的应用，使得各种生产率提升，商业模式创新转型，且都有赖于数据的利用能力。而“网”不仅包括原有的“互联网”，还拓展到“物联网”，以及网络全球星链体系，会使传统的智能技术发生革命性变革。“端”是用户，而用户的形态和描述也发生了变化，包括以ChatGPT为基础的“仿生人智能人客户”，除了直接接触的个人电脑、移动设备、可穿戴设备、传感器和未来空间虚拟现实外，还包括对整座城市的控制——城市大脑也可以作为客户端。

其三，“城市文化数字化+N”与计算美学结合，创造全球范围城市文化软实力竞争的新赛道。人类对社会的理解通过现代计算机技术会出现各种创新，也包括城市形态和城市生活方式的创新，其中也包括美学认知转化为计算机能够处理的符号化表示，既可以量化地描述人类对艺术品的风格、情感的感知，更可以通过智能和数字化创造更伟大的生活艺术和生活艺术场景，包括对古代的绘画艺术品——历史文化资本的再活化和真实场景化，人们对历史的理解不仅仅停留在历史书上，更可能体现在当时的几乎是真实的历史场景中。

其四，“城市文化数字化+N”与“情感计算”结合，可以创造一个虚拟与现实结合的新城市文化模式。这种结合可以创造城市的多种感知、多种识别能力和理解人们情绪的“算法”，是智能机器人的主要构成要素之一，能针对人的情感做出智能、灵敏、友好或其他反应的计算系统。而“社会计算”可以与之交叉，用以研究社会、群体和社会发展与个体发展的需求，在社会问题、个人情感表达和数字计算技术之间架起桥梁，在基础理论、实验手段及新层次领域的应用等方面，突破社会科学、计算科学及与其他学科交叉借鉴应用的困难。这些新的数字化与文化产业融合发展的创新，已经在一些国家和一些实验场景中得以实现。

其五，“城市文化数字化+N”与城乡特定空间进行双重整合，直接面对全球文化分工创造地方性多元化的创新中心。全球在任何一个地方都可能出现新的创新中心——或一座城市，或一个镇村，或一个偏远乡村，或一个社区，这可以称为后现代版“中轴理论”的延续，数字运算和“工程技术咨询决策”成为社会发展的一种动力，并且发展成为社会的普遍现象，在一个新的意义上创造新的社会生产和生活现实，是以大综合和大融合的新算力的高能来表现“虚拟现实（VR）”“混合现实（MR）”“扩展现实（XR）”“增强现实（AR）”等新数字经济融合应用，使城市与乡村的空间再生产和生活方式更加融合化、一体化和等值化。空间形态在数字化赋能创新上，使空间越来越表现为具有科技文化上的特殊价值的商品，在空间里享受、生产、消费和生活的模拟及虚实城市空间模式管控的结果更加具体并接近实体化，虚拟现实空间及运用计算机技术创建的超现实空间，创造了与真实世界完全不同甚至超越现实的空间系统，与真实世界互换体验、虚实结合的感知，通过计算机、人工智能和新算力等技术结合可穿戴设备，产生一个真实与虚拟结合又可以人机交互创新的环境……回望这一切，虽然都是人类城市生活的附庸，但是，人类将以新的城市空间和新的城市文明创造新的城市结构，而现代城市文明的结晶，就是城市生活方式中的人类创造了科技的一切，并为人类的城市生活方式服务，而这一过程一定是从无序到有序的按“熵定理”演化规律的过程。

马克思称之为的“城市动物”——我们转译[①]为“城市文化动物”，表明了一种特殊意义，城市承担着人类社会现代化发展中心的责任，人类社会的一个永恒的过程就是不断地现代化，表现为持续的城市更新和城市再现代化。城市是人类现代化的载体，也是现代化的动力，更是人类现代化的过程本身。在上古时代，一部分人走进了城市，人类文明从此开始，从这时起，乡村人从

① 这里的转译（translation）是一种社会学意义上的概念厘定：“转译就是核心行动者不断把其他行动者的问题和兴趣用自己的语言转换出来的过程，是构建行动者网络的关键，因此，行动者网络理论也称为转译社会学。转译通常有四个阶段：问题化，即让所有行动者接受实现各自利益的途径，并提出实现各方利益必须要解决的关键问题，也就是强制通行点；利益相关化，即核心行动者根据其他行动者的目标赋予其相应的利益；招募，即核心行动者尽可能把其他行动者纳入相关网络中来；动员，即所有的行动者在即将构建的网络中能发挥自身的作用。”Latour B. Postmodern? No，Simply Amodern! Steps Toward an Anthropology of Science［J］，Studies in History and Philosophy of Science，1990，21（1）：145–171. 参见：谢元，张鸿雁. 行动者网络理论视角下的乡村治理困境与路径研究——转译与公共性的生成［J］. 南京社会科学，2018（03）：70–75.

未停止流入城市，正如马克思说的："城市本身表明了人口、生产工具、资本、享乐和需求的集中；而在乡村里所看到的却是完全相反的情况：孤立和分散。"这个"集中"与"分散"概念设定，说明了"城市文化动物"与"乡村文化动物"的差别。马克思还说"城乡之间的对立只有在私有制的范围内才能存在。这种对立鲜明地反映出个人屈从于分工、屈从于他被迫从事的某种活动"，从而形成两种不同的生活方式和社会分工——城市社会的异质性文化和乡村社会的同质性文化，两种空间里的个体和群体的理想实现程度不同，"把一部分人变为受局限的城市动物，把另一部分人变为受局限的乡村动物，并且每天都不断地产生他们利益之间的对立"[①]。马克思的这种说法在某种意义上揭示了城乡区别的本质，城市空间从产生那天起就开始了从自然分工转型为复杂的社会分工的社会进化过程，经过5000—8000年长期的城乡分野和对立而形成了两种文化，千差万别的区隔如城乡户口的区别、工作与生产方式的区别、经济形态的区别、社会交往方式的区别、地方风俗和宗法权力关系的区别，特别是个体实现理想方式的区别等，使城乡呈现两种不同的"文化酱缸"，经过两种文化"浸润"和"浸泡"，在两种空间里通过习得、传承的文化熏陶形成两大类基本人格文化特质，人格化群体表现了某种外显的文化符号——就如古典社会家沃斯、滕尼斯等人论及的"联体社会"和"通体社会"VS"城里人"和"乡下人"概念与内涵所表达的意义。

人类创造了城市也创造了区别于乡村的城市生活方式，而城市也成为人类社会发展的动力和中心，城市是一个可以创造"伟大文化"的地方，用现代的语言说"城市让生活更美好"。有学者说，人类中的一部分人"意识到自己比内在自然和外在自然都比较优越，（才有崇高感）"，因为有了城市，才使得人类的一部分成为——"城市物种"，从此对自然的新理解有了某种优越感。我们不断地说城市是人类的一个伟大创造，伟大在哪里呢？关键是城市应该创造具有复杂社会分工的伟大文化空间，这个空间从起初农业与手工业的分工开始，到出现脑力劳动与体力劳动的分工，城市则越来越复杂化，不断深化社会分工的外在表现就是城市有了越来越多的职业类型和职业名称……经典作家把这种越来越复杂的社会分工，看作城市是社会发展动力和中心的原因所在。在与乡村不同的城市社会空间里，城市共同体的内部竞争是产生创新的"催化剂"，在这种竞争性文化创新空间里，可以让个人、群体和各种组织的价值最大化，城市空间不是简单的物理空间，是各种文化要素竞争性的空间，在群体理性约束下，理性、法理、正义、公正和民主成为城市社会空间主

---

① ［德］马克思，恩格斯. 马克思恩格斯全集：第3卷［M］. 中共中央马克思恩格斯列宁斯大林著作编译局，译. 北京：人民出版社，1965：57.

导性选择，这样的实体空间与社会空间结构化后，会内生为有文化自觉和文化自为的社会体系[①]，这类空间的发展过程就是人类进化的归宿。“康德在下面的一段话就是这个意思：‘真正的崇高不能容纳在任何感性形式里，它所涉及的是无法找到恰合的形象来表现的那种理性观念；但是正由这种不恰合（这是感性对象所能表现出的），才把心里的崇高激发起来’。崇高一般是一种表达无限的企图，而在现象领域里又找不到一个恰好能表达无限的对象。”[②]城市化与城市永恒的再现代化具有崇高和发展优化的无限性，在当代社会则表现为不断地进行城市更新与更替，人类无法想象100年以后的城市生活样态，但是，人们都在不停地创造城市的新空间、新经济和新发展模式，一些发达国家和地区已经展示了智慧和网络社会所带来的城市样态——“未来城市”“未来社区”“海底城市”“元宇宙城市”“月亮上的城市”“火星上的城市”“行走的城市”以及“太空漂浮城市”等等，网络科技所带来城市空间的变化是难以准确预测的。

哲学家们总是从事物某种属性的角度或从另类层面认识城市。德国哲学家黑格尔说：“我们（人类——引者注）将第一次成为城市物种”[③]，这和马克思的说法相近，是从文化哲学的高度来认识城市人范畴的，在有些哲学家看来，生活在传统乡村里的人，与生活在有围墙的“城市人”是不一样的“文化物种”，各在特有的一种文化基因环境中生存，包括文化信仰的创新。德国学者卡尔·雅斯贝斯在《历史起源与目标》一书中说：“只有信仰才发动了各种力量，它们控制人类道德基本的动物本能，剥夺了本能力量的主宰地位，把它们转变为提高人性的动力。”因城市具有强大的文化资本价值，它能够创造“城市文化资本”化的氛围和文化资本的创新力，可以创造属性独有的城市精神理念和市民社会价值，从而构成一种市民社会共同的文化信仰，这种信仰是可以创造城市文化的凝聚力的。那么，哲学家们何以强调文化信仰的意义呢？因为城市文化在创造市民社会信仰的同时，信仰可以引领、建构城市文化的核心价值，进而使信仰可以升华，也正因为如此，城市化才具有与人类现代化同样的文化内涵。城市有比乡村优越或乡村没有的文化资本环境、文化资本基础和教育资源，特别是城市里享受教育和文化素质养成的基础条件及有文化资本的人口比例大大高于乡村，这表现了社会存在的某种非公平性，是城乡二元结构造成城乡文化资本多寡的差异。城市与乡村有不一样的文化资本和文化背景的人群，而个体文化资本占有的差异是城乡鸿沟的本

---

① 张鸿雁. 构建与市场经济相适应的崇高伦理道德观——理想与现实文化价值观“错位”的透视［J］. 南京社会科学，1996（04）：40-46.

② ［德］黑格尔. 美学：第二卷［M］. 朱光潜，译. 北京：商务印书馆，1997：79.

③ ［美］莱斯特·R. 布朗. 生态经济［M］. 林自新，等译. 北京：东方出版社，2002：211.

原，正因为如此，人类社会从城市产生以来，人们渴望减小城乡差异，并世世代代从农村向城市流动……近代以来的经济学家、哲学家和历史学家们甚至所有的人文社科及自然科学界的学者们都在唱响消灭城乡差别，建立正义、公平与平等的社会空间，而现实的全球经验就是：一些发达国家已经消灭了城乡差异，城市化率已经超过90%。

"城市文化动物"的表述既具有文化哲学的意义，又具有文化人类学的意义，当然也是代表人类对自己创造城市文化的自我解嘲，用以强化城市文化价值与城市文化模式在人类社会中的主体地位。人类成为"城市物种"的结果怎样？显然，城市发展、创新的历史已经做出了回答。设问：人类本来是自然界的一个物种，是以个体的方式（传统农业中的小农经济为主）与自然抗争？还是以群体的方式——集居于城市并以群体的力量与自然抗争？显然，结论是不说自明的，在人类进化的历史中，城市社会把人类"规训"成为"城市的物种"。马克思用"市民社会"来表达"城市社会人"的社会特质，即一个通过以货币交换关系联结起来的群体社会，以群体集聚并形成相互依赖关系的理性社会，"规训"城市人成为遵循城市理性选择的"城市物种"——"市民社会"。"市民社会"这一用语是在18世纪产生的，"当时财产关系已经摆脱了古代的和中世纪的共同体。真正的资产阶级社会只是随同资产阶级发展起来的；但是这一名称始终标志着直接从生产和交往中发展起来的社会组织，这种社会组织在一切时代都构成国家的基础以及任何其他观念的上层建筑的基础。"[①]这就是城市和"城市物种"的社会与文化特质，如果用简单的语言表达，城市就是人类为维护自身发展创造的一种科层组织，在这样的科层组织中创造了独特的文化行动逻辑。无独有偶，不仅哲学家们这样认识，建筑景观学者林奇也在某种无意识的前提下，提出过"城市物种"——我们称之为"城市文化物种"的概念，在一定意义上说明了不同学科对城市本质认识的加深和同一性。我们要反复强调城市是一个有机体，人是城市的主人和主体，必须在城市文化自觉中控制"城市物种"能够在理性的规范内发展和创新，在城市这个复杂而有机的系统内，建立一个合理的、具有"城市物种"群体审美观和文化意义的空间，包括对城市价值的创新，就如伦敦提出"让城市充满选择机会"一样，让城市人能够有充分的就业选择、生活方式选择……才能使人获得安全和幸福感，这样认识的价值在于：逐渐接近认识城市经济文化的本质，能够发现和驾驭城市运行发展规律。

林奇把城市空间形态和社会形态结合并组合成某种指标，他强调城市的第一价值是"生命活

---

① ［德］马克思，恩格斯.马克思恩格斯全集：第3卷［M］.中共中央马克思恩格斯列宁斯大林著作编译局，译.北京：人民出版社，1965：41.

力”。可以这样确认：任何物种都需要活力，特别是文化活力和内生的主动力，应该是“城市物种”发展和价值创造的首选，以强化表现城市可以作为有机生命体来研究和思考，优秀的城市本身可以创造有内在生命力的城市文化自觉机制。“生命活力”是任何有机体得以持续存在、创造价值和旺盛生命力的集中表现。“一个聚落形态表现了对于生命的机能、生态的要求和人类能力的支持程度，而最重要的是，如何保护物种的延续，这是一个人类学的标准。”①一个良好的有机城市，其终极价值就是如何创造城市的“活力”，进而保护生活在其中的人类本身的生命力，“生命活力”就是人与城市空间和谐存在的最大价值！这一具有人类现代性概念的表述其内涵就是城市应该创造文化自觉，文化自觉就是一种“活力”，创造文化自觉是“城市物种”得以文化延续推动社会进步的主动力，可以创造一个有益健康的、有良好生态功能的、有利于生物生存的空间环境，而林奇把这个结果归结为三个重要特征：即延续性、安全性与和谐性，虽然不甚完善，但至少从城市空间形态规划的视角，说出了“城市文化物种”生存与发展的基础。

“城市文化物种”必须有城市精神理念——市民社会最大特点之一是由城市社会精英群体主张形成的“集体良知”，通过市场经济关系和法制关系衍生出一种群体意识和群体精神，以凝聚城市市民社会中的每一个个体。它的前提是：完整的市民社会才能构成城市社会的主体。城市文化和城市形象强调主客体结合的感受与感知，即“一个聚落在时间和空间上可以被其居民感觉、辨识和建构的程度以及居民的精神构造与其价值观和思想之间的联系程度，即：空间环境、我们的感觉和精神能力以及我们文化建构之间的协调程度”②。在林奇看来，有“精神构造”价值的空间，加以市民整体高雅文明的时尚风范，可以看作是一种“表里如一”，有机空间美在透明，往往会给人以直觉美的研究。

“感知能力取决于空间的形态与品质”，表现自然美的空间肌理是城市应有的属性。人类是一个有空间领域感的“文化动物”，无论是对城市内部还是外部感知都会产生个体的价值判断，市民社会所处的空间环境和空间意向应该是城市市民的思想结晶，城市的可感知元素能够和其他相关的时间及空间的精神感受相连接，进而去理解实体和其实体空间的观念和价值。莱斯特·R.布朗通过引证相关学者的研究成果证明，人类对自然的依赖包括心理依赖是一种天性，正因为如此，在中国传统文化中的主体思想是强调“天人合一”。他说：“以E. O.威尔逊为首的生态学家系统地表述了‘天性热爱生命的假说’，强调被剥夺了接触自然的人，在心理上受到伤害，这种剥夺导致幸福生

① ［美］凯文·林奇.城市形态［M］.林庆怡，等译.北京：华夏出版社，2001：84.
② ［美］凯文·林奇.城市形态［M］.林庆怡，等译.北京：华夏出版社，2001：84.

活在某种程度的下降。”[①]重归自然是一种理念，是人类传统文化的底色和自然属性，这是城市理念定位的终极价值取向，是一种新的有机城市的再造[②]。不断地强调“为人民重新建设城市”和规划城市，可以被认为是一种“最佳决策过程”[③]。“人民性”是城市规划和创新精神理念与城市价值的最高哲学，柏拉图在《理想国》中用城邦（polis）和灵魂（psyche）分析比喻提倡“人应该选择正义”，笔者认为从哲学和美学的高度看，“正义”是具有美感的，是一种代表时代的真善美的选择，鲁道夫也强调审美直觉展开美的表达，“城市之歌”[④]的内在意涵是人民的审美和大众的审美，同时，柏拉图在《共和国》中还强调用音乐来培育英雄，因为音乐具有美学价值，“音乐能达到感观无法达到的宇宙的数学秩序与和谐”，城市本身应该就是所有秩序和和谐的化身[⑤]，而这种自然的规律性就是“秩序”与“和谐”的美。

城市与人类文明社会的存在具有共时性，“历史的每一阶段都遇到有一定的物质结果、一定数量的生产力总和，人和自然以及人与人之间在历史上形成的关系，都遇到有前一代传给后一代的大量生产力、资金和环境，尽管一方面这些生产力、资金和环境为新的一代所改变，但另一方面，它们也预先规定新的一代的生活条件，使它得到一定的发展和具有特殊的性质。由此可见，这种观点表明：人创造环境，同样环境也创造人。”[⑥]在前几章中，我们多次论述人类创造了城市，城市也成为改造人类的场所。仅以“田园城市（Garden City）”理论为例[⑦]，作为人类的一种文化遗产，不仅影响着全世界范围的城市规划人的思想方法，也成为21世纪中国城市建设的一种选择，而这种回归田园、回归自然的生活理念和生活方式，也教育影响了人们对城市生活方式高质量的创造——保护自然、创造新的自然、创造城市自然美等，已经成为人类城市化发展建设的理想类型，而在这样的森林和花园式的空间里生活，又规范着居住的行为。

---

① ［美］莱斯特·R.布朗. 生态经济［M］. 林自新，等译. 北京：东方出版社，2002：22-29.

② ［英］克里夫·莫夫汀. 都市设计——街道与广场［M］. 王淑宜，译. 台北：创兴出版社，1999：28.

③ 联合国人居署. 全球化世界中的城市——全球人类住区报告2001［M］. 司然，焦怡雪，李昕，司玲，译. 北京：中国建筑工业出版社，2004：56.

④ ［德］鲁道夫·阿恩海姆. 视觉思维——审美直觉心理学［M］. 滕守尧，等译. 成都：四川人民出版社，1998：26-36.

⑤ ［法］让·卡泽纳弗. 社会学十大概念［M］. 杨捷，译. 上海：上海人民出版社，2003：66.

⑥ ［德］马克思，恩格斯. 马克思恩格斯全集：第3卷［M］. 中共中央马克思恩格斯列宁斯大林著作编译局，译. 北京：人民出版社，1965：43.

⑦ ［英］艾比尼泽·霍华德. 明日的田园城市［M］. 金经元，译. 北京：商务印书馆，2000：11-19.

中国已经创造了“泛城市化空间布局体系”，在中国版图内，有二十几个城市群组成的中国城市总体格局，已经展现了大区域连绵型的城市化生活区，在中国发达地区这已经不是构想，是中国式的城市化战略模式，其关键词就是：“城市文化资本”“城乡一体”“城市等值”“城市循环社会关系”“区域文化共同体”“都市联合统计区”“文化都市圈”和“区域文化共同体”……中国正需要创造这样一种图景：城乡融合一体，有发达的科技型农业，而没有传统的农民——农业白领阶层是继创意阶层崛起之后的新阶层。

二、选择是一种能力：文化选择机制的社会理性与制度理性

“城市文化资本”再生产是一个创意、创造和创新的过程，就如人类创造本原的资本价值一样，每一次资本依法、依规、依人性创造的剩余价值都是一次真正的创新。每个时代和每个时代的政治体制及社会对资本都有不同的解释：资本在大多数时候是权力的附庸，不同社会形态对资本的态度、认识与概念厘定是有分歧的，有些是对立的学术研究观点，而有些则是“血与火”的认知搏杀。资本涉及所有的领域，既包括政治、经济和文化领域，也包括生产、生活和日常消费领域，亦如有人描述的：“资本无处不在，须臾不可分开”，就如现代城市社会离不开商品交换一样，资本也是人类社会健康生活不可分离的要素，其原理很简单，任何人和群体在创业、就业、生产、工作、生活、交往、消费、娱乐的过程中都必须要进行货币与财富交换，资本在流动中才能产生价值，而流动最终会产生资本性剩余价值，货币与财富流通过程贯穿人生与社会存在的全过程，是社会存在与发展的产物，这一过程如能在法制的市场经济条件下运行，则可能会出现“正功能”大于“负功能”的结果，甚至少有负功能，否则，则相反。显然，功能不在于资本本身，而在于资本运用权力结构下的政治制度和文化模式。

在消费中产生价值，是资本的一种天性功能，经济学意义上的消费既是生活也是生产的过程，从这个意义上说，必须给资本赋予人性翅膀才会有人性的文化价值，给资本插上“文化+”的翅膀，资本才会自由地翱翔，这个翅膀就是给资本赋予人文精神、法理精神和人本主义文化的内涵。给资本赋予人性真善美的属性，创造“城市文化资本”再生产的有“人民性”文化的城市空间，是使城市更具有同情心，更关注城市社会的公平和正义，在城市文化和城市形象的建构与传播中，追求社会全体的福祉。一旦形成和创造出具有公共价值的“城市文化资本”，就已经脱离了传统资产阶级的资本本性，而是本书前述提出的“新经济资本”的文化意义，就是强调“城市文化资本”再生

产，旨在城市经济、城市文化、城市社会、城市法制环境和城市创新领域凸显的城市温度、城市韧性、城市正义和城市如家的价值取向及独有的城市文化语言体系。

一个不争的事实：现代数字城市、智慧城市、网络智能城市、信息化城市都只是创造、积累“城市文化资本”再生产的现代手段之一，也是在不确定中创造确定性的“城市社会发展的中轴理念”，即民本经济加上现代智慧城市的科技手段，是城市新的生存与发展之道，前提是民本经济。通过网络获取信息源，创造海量垄断信息并进行数字化的生产，才可以使再生产成为垄断性资源进而转化为垄断性的“城市文化资本”。

近年来见诸各种媒体有关“卡脖子”概念用词等表述得非常多，其实我们应该反过来扪心自问，为什么我们被别人“卡脖子”？为什么我们不去卡别人的脖子？有些论述是可以不言自明的。诚然，其内在问题及原因很多，但是，有一条关键性的问题必须清醒：即垄断信息、垄断性技术、垄断性的文化资本……包括专利技术和知识产权发明专利及信息源的创造与创新，我们具有多少原创性？有多少民族知识产权的专利占有和垄断？知识产权型的科学发明和科技创新是根本，是基础。显然，我们还是缺乏原生性科学发明专利和大型跨国合作研发的成果、机构及垄断性系列产品的服务创新系统，甚至可以说，不是被“卡脖子”，而是受自己的能力局限而卡了自己的脖子，要发展和创新，必须从内省的角度认识到这一点，这才是我们的城市能否成为世界文化中心和世界科技研发中心城市的意义所在。

信息的富有是现代人和现代社会群体的特征，正如有学者所说：网络“创造了平行通信系统：一个为那些高收入、高教育——字面上——高联系性的人，提供了低成本、高速度的丰富信息；而另一方面，那些缺乏联系性，被时代、成本、不确定性等门槛因素孤立起来的人只能得到过时的信息。这两个体系中的人们并行生活、相互竞争，显然联系性的优势是无比巨大的。那些早已处于贫困中人们的问题——低收入、低教育、公众制度的低参与性——更加被人忽略和排斥。”[①]卡斯特在20世纪90年代初就说过，未来穷富的差别是信息拥有量的差别，显然，经过近40年的发展已经证明了这一观点的正确性。世界级城市的建设至少需要两个条件：第一个是世界科学技术的“信息港”城市的建设，特别是数字化城市在全球竞争中的地位，已经不仅仅是在创造某种新功能、新产品，而在一定意义上说是在创造一种创新环境，主要是社会与人才发展的公平正义的创新、创业环境；第二个是城市中的每个市民享用数字化和信息社会功能的权力，社会提供的不仅仅是信息资源，而

① 联合国人居署. 全球化世界中的城市——全球人类住区报告2001［M］. 司然，焦怡雪，李昕，司玲，译. 北京：中国建筑工业出版社，2004：8-9.

是在公平与正义的前提下，在法制范围内平等获得信息、享用相关信息的权力，“城市不仅是现代知识经济的创新、交易中心，同时也成为对信息通信技术改变经济、社会以及文化现象提出反面呼声最活跃的地方。计算机网络的迅速蔓延使利用全球化的优势不再仅仅是某些人的特权。但同时，它也巩固了落后者与发达者之间现实的地理障碍。”[①]这一结果本身是告诉我们：人类的任何一种进步都包含着对人类文化某些方面的否定，都带有空间正义的文化势能，虽然信息也带来很多负面的文化和反进步的力量，但是任何人都必须在法制的范围内创造权力与资本的关系，时代要求“城市文化资本”型的特殊内涵是“资本+文化”，而文化在现代劳动的意义上就是“文化产业数字化”，城市要发展就必须在新科技领域创造人才，创新人才成长的空间环境，为什么有些城市被誉为创新型城市，其原理就在这里。

很多时候人们只是在自己传统的、旧有的知识茧房中“游荡”，很难突破自己的知识结构。世界著名的社会学家曼纽尔·卡斯特（有翻译成卡斯泰尔、卡斯提尔等）在20世纪90年代出版的《信息化城市》《网络社会的崛起》中以及后来的尼葛洛庞帝的《数字化生存》、泰普斯科特的《数字化成长》等，给我们展示出了一个全新的城市发展趋势，信息城市社会带给我们的是城市社会网络化的发展，而且他们的很多观点，在30年后仍然是热点。我们的新观点是：

1.全球一体化网络社会关联性与多中心性。托夫勒在《第三次浪潮》中指出了工业社会的六个相互关联的原则：标准化、专业化、集中化、同步化、大规模化、中央集权化。标准化，即社会生活的各方面所遵循的规范化、统一化规则。专业化，即劳动分工、操作工序、教育培养目标等专业化。集中化，即一切事物与活动形成密集区或地点，能源集中、资本集中、劳动集中、人口集中、教育集中等等。同步化，即一切工作、学习、生活都按照统一的节奏和步调进行，同时作息、同时食膳等。大规模化，即一切都在追求规模，大规模生产带来了大规模销售，使市场成为人们生活的中心。中央集权化，即经济和政治的指挥管理形成“金字塔式”的结构。这六条原则像无形的法令，统辖着工业社会的一切活动，集中反映了工业社会的文明特征。信息社会与农业社会、工业社会不同，它是以知识和信息为基础的社会，它以现代信息技术的出现和发展为技术特征，以信息经济发展为社会进步，以社会信息化的发展为标志。在信息社会里，社会的主导产业将从一系列传统工业群转向信息产业和智力产业，数字革命的兴起，逐渐给社会各领域带来了深刻的巨变。

2.全球文化数字化催生文化资本型阶层扩张。在新的数字化社会中，会产生各种各样新的职

---

① 联合国人居署. 全球化世界中的城市——全球人类住区报告2001［M］. 司然，焦怡雪，李昕，司玲，译. 北京：中国建筑工业出版社，2004：13.

业，这是网络社会带来的一种结果，即在社会快速更新的条件下的社会职业变迁，或者说，未来的社会职业更新会越来越快，有些职业会消失，会有更多、更新的职业产生，即新的职业、新的行业和新的工作形式，都是前所未有的状态。从事脑力劳动的高级管理人员、专业技术人员、高级职员、店员、教员、文秘等白领就业者将成为社会就业者的大多数，蓝领阶层日益衰落，而白领阶层不断壮大，形成白领社会，并确定了专业技术阶层的主导地位。策划师、网络师、家庭理财师、创意师、个人营养保健师等，新的行业和职业会层出不穷。

3.全球网络智能化裂变使个体创新呈现新趋势，也使得各类生产型组织结构更加扁平化。无论是城市管理、社区管理、企业管理、企业市场网络管理都有扁平化趋向，正如我们可以通过网络买到全世界的商品，也可以把商品卖到全世界，网络可以“探视”世界各个角落。这既有人的素质提高的因素，更有现代通信手段与技术革命带来的管理要素的简约化、智能化和管理通道的高速化，一些对网络依赖度高的企业，除了居家办公外，“远距离面对面”“远距离直接管理”“网络医疗会诊”“网络视频会议”“远距离控制机器人生产”以及远距离通过网络直接操作工具进行各种生产行为等已经成为这个世界另外的空间模式，个体创新已经成为世界多中心化的缩影。

4.网络社会创造两极化生活群体——传统人际关系回归与现代性的人际冷漠双重存在。私家交通工具普及、公共交通具有可达性与均好性、电子通信技术的家庭化等等，促进新型核心家庭的重建与回归。城市形态在扩张，不同的国家表现出不同的郊区化形式，但是在自然回归创造人与自然新的和谐层面上，世界具有一致性。美国20世纪后期的别墅区，更像中国古典园林生活区便是一例。人们的交往半径、交往时空都出现与以往不同的形态，人们有更多的时间与自然、与他人交往，休闲与工作的内涵与特征包括工作与休闲消耗的时间比例正在接近。另一种观点是：远程工作将改变社会关系。人们社会活动的范围增大，城市内部各部分彼此联系增加，家庭关系增进，家庭活动增多，但邻里关系弱化。在不同的区域和不同的社会层面，有两种表现共存的现象。

5.信息港城市和文化特色城市成为一种国家力量。信息港城市一般属于“全球城市”的第一层，能否成为信息港城市是全球城市中一线城市的重要标志，而信息港城市的最大价值是人文精神的再造，城市作为文化容器的最大价值是信息的容量和流量。人类步入网络社会后，由于信息产业发展水平的不断提高和规模的不断扩大，城市的经济基础发生了很大变化，信息产业已成为新的基础经济部门，推动着城市向前发展。信息城市具有两重性：一方面，信息的生产、加工和分配成为推动社会经济活动的主导方面。另一方面，城市对现代网络技术依赖程度增加，在某些方面，城市显得更加脆弱，一些城市出现的灾害告诉我们现代社会所面临的风险社会问题。由于计算机和电子通信相结合的技术手段成为经济活动赖以存在和发展的基础设施和先决条件，城市的技术依赖一旦失灵，城市就会出现整体瘫痪。信息港型的城市是全球信息网络中的节点，具有现代化和国际化的管理、流通和服务功能，在区域经济中起着中枢或支点作用，也有更多的可能成为创新中心和经济增长极。各种跨国、跨地区的大公司采用远程工作方式的生产组织形式，金领、白领与灰领阶层是最具有远程工作方式的职业集团，也使得新科技创新成为一种普遍现象，如美国最早出现并在中国城市广泛推广的“硅巷”“文化硅巷”等，是网络社会全球化使文化特色城市、文化科技创新城市的普遍存在成为可能。

网络社会越来越需要城市文化建设和“城市文化资本”再生产的系统工程性创新，统一性的文化创新成为网络社会“城市文化资本”再生产的一个高标准要求，事实是，每一座城市都在创造世界前沿的发展格局和产业结构，有些已经成功，有些却是因为在城市文化建设的系统性环节出了问题，当城市高高举起创新大旗时，却发现没有创新人才；当城市占位为创新型城市时，却发现城市市民社会文明程度和文化资本修养相差甚远……使得目标无法实现，甚至还有相当多的文盲存在[①]。当一座城市在整体形成非结构化、非系统化发展时，或者是明显地存在政治、经济、科技与文化间的结构失衡时，城市社会问题就会越来越多，而有人对这种现象是百思不得其解，关键是缺乏系统性的思维方式。中国在某一阶段、某些城市也出现过这种情况，社会整体出现“社会坠距”和“文化坠距”之间的矛盾，社会结构和相关要素建设与发展不能相对同步，处在发展中的边际人群体就会成为社会进化的阻力，当我们一面发展信息化、数字化和高科技的时候，我们的社会中还有一部分文盲或识字不多的群体存在，这种发展所造成的“社会坠距”与“文化坠距”，往往会诱发新的社会问题，而使社会的经济、文化发展速度放缓。

从总体上看，中国城市数字产业化和相关的产业数字化、信息化内部发展条件不够理想，制约了数字信息产业的发展。

第一，产业结构没有在整体上进入高级化领域，企业与产业素质不高。目前，多数城市三次产业结构不合理，独角兽企业和瞪羚企业成长的文化环境和土壤不够深厚，而真的成了“孤独企业”，缺乏群体性成长环境，个别的高成长因环境不适应也容易夭折，更重要的是城市文化建设、文化场域创新建设与世界一线城市相差甚远。如上海、苏州、南京这样的文化型城市，仍然是第二

---

① 南京2022年常住人口是942.34万人，城镇人口有818.98万人，城市化率是86.9%，南京人口受教育程度全国领先，拥有大学文化程度的人口为328.15万人，每10万人中拥有大学文化程度的有3.53万人，仅次于北京，位居全国第二。在常住人口中，文盲人口，即指15岁以上不识字的人有198813人，文盲率为2.13%，而其中还有高中、初中和小学文化程度的群体大约为6万人。数据根据第七次人口普查和相关资料统计。

产业比重最大，到21世纪的20年代仍然是以工业为主的城市产业结构，还没有实现生活服务型产业向生产服务型经济的转型。在第三产业中，传统服务业、商业仍占较大比重，而真正体现后工业特色的信息密集服务业，尤其是生产性服务业的发展水平不高，其就业和产值比重也较低。

第二，现代基础设施虽有一定发展，但利用不足，说到底是因为市场化不足。近年来，中国城市的现代化科学基础设施发展很快，但由于资金分配不合理，部门分割、条块分割和行政区域区隔、权属利益分割等，使信息网络的建设十分复杂和艰难，已建的网络也缺乏一网通联，而一网通联和“一网统管”几乎成为每座城市网络开发的一个口号，但实施起来非常困难，而更重要的是信息资源开发更为落后，导致信息系统畸形发展：一方面是相关大量的无效信息占据空间，另一方面是有效信息供给不足，更有大量信息设备利用严重不足，还有，即使是非常有限的数据库也是因利益关系而利用率极低。这些问题的存在，不仅使得信息使用效益不高，效用不大，而且难以形成信息集合力、信息辐射力和权威性，并在一定程度上影响了政府的决策、企业的市场竞争能力、投资环境的改善、多种服务的提供和市民生活质量的提高。

第三，信息产业集约度低，集中而不能集成。到目前为止，中国尚没有可以与美国硅谷相提并论的科技研发基地，我们也多次在呼吁，以多区域空间联合在长三角城市群内部建设“中国国家级硅谷”。从总体上看，中国信息产业地域特色不鲜明，区域分布与区域结构不合理，这将会滞缓数字化城市和世界级城市群的发展。首先，作为未来城市增长点的集聚作用不够强，要有世界级城市群，如我们提出的“扬子江世界级创意城市群”的建设等。其次，作为未来经济竞争主角的CBD的形态和功能级别不高，应该有世界级经济文化艺术中心，如美国的曼哈顿地区，包括这里首创产生了世界最早的“文化硅巷”。中国几乎所有的城市都有高新技术开发区，甚至一座城市有多个高新技术开发区，很多城市一区多园，有的甚至“一区十五园”等，城市内部产生的竞争，缺乏整体管控，不能集中优势发展创新型的高新技术开发区，而很多开发区只是一个扩大了的工厂。高新技术开发区和IT产业建设的发展都是从较低起点开始的，虽然数量多，但建设和发展水平较低。许多高新技术产业也是徒有虚名，产品水平不高，影响了高新技术企业的进一步集聚，进而影响了增长点的形成。

第四，城市精神理念与园区的制度创新结合度低。城市的变革是人的变革，而人的变革是城市人的观念的变革。城市要创造、寻找自己的优势，就必须进行创新。优秀的人不缺乏创新能力，而缺乏创新的社会土壤。在整体创新土壤方面，因为人才选择的非科学性，在一定范围内形成了“创新型”即是“另类型”的文化误区，新思想几乎没有“市场”，正因为如此，城市数字化也好，城市创新能力也好，和城市的大学教育呈负相关，这就说明了这样一个问题，如北京、上海和南京都是高等院校最多的城市，可是就创新的能力来讲，并不是最突出的。而像深圳、青岛、大连这样的城市却成为典型的创新型城市，并成为区域经济的主导区。由于后工业社会的发展动力已转变为以知识经济为核心，智能、信息、数字经济应摆在城市发展的中心位置上，制度创新是新观念实现和政策实施的保证。

全球智慧网络化城市的互动体系和交往关系，使传统意义上的“区位论”和区位分工理论受到挑战，生产形式的分散、多中心化、远距离面对面的商贸成为日常，工作方式与生产方式在持续改变。城市是一个巨大而复杂的有机系统，必须有一种系统思维方式来研究和建构有机生态系统风貌的城市，让城市在表现人性的同时，始终处于一个可持续发展并螺旋上升的文化与经济生态系统中，这样才有可能创造一座有高成长性和高质量发展的城市，发展创造有自组织功能的空间集成系统结构性关系。“都市空间的空中景观与计算机集成电路的微芯片形象之间惊人的相似可以被视为一种转喻。正如斯科特·布卡特曼（Scott Bukatman）指出的，这种相似性‘绝非巧合——芯片的设计目的和城市一样，是为便于循环、稳固流量以及最大化利用空间’。或者，就像亚历桑德罗·奥里吉（Allesandro Aurigi）和斯蒂芬·格雷厄姆（Stephen Graham）所指出的那样，可能‘城市概念与有关现代状况的思维模式相互深入交织，以至于（一个人）可以简单地以某种理想化的都市隐喻作为解读互联网服务的接口，事实上，这些互联网服务分散在遍布全球的主机上’。”[①]在新的国际化视角下构建中国“城市中心性与分散性区域城市化”地域空间格局，这是不以人的意志为转移的，而是现代新城市形象和城市形态的一种选择，城市越来越“无底、无形、无边”，创造性地开发城市化、中心化与分散化结合的地域结构关系，驾驭城市的中心性发展和城市郊区地域创新节点化趋势（上海已经创新出郊区的独立综合节点城市概念），科学技术对于城市社会变迁的推动包括对城市社会如何认识和认识深度的扩展，利用现代技术、方法及系统有组织的科学研究，可以使人们对城市社会变迁与科学技术的关系有更深的认识和理解。

我们秉承芝加哥城市社会学的学术研究风格有二，首先强调“热衷于发现在表面混乱中潜藏的常规类型（patterns of regularity）”[②]。其次，“芝加哥学派的知识立场（intellectual posture）”贯穿研究过程的始终。“知识立场”在笔者2002年的《城市形象与城市文化资本论——中外城市形象

---

① ［美］保罗·吉伊. 城市、公民与技术：都市生活与后现代性［M］. 许苗苗，李建盛，译. 北京：北京师范大学出版社，2022：95.

② ［美］罗伯特·E.帕克，等. 城市：有关城市环境中人类行为研究的建议［M］. 杭苏红，译. 北京：商务印书馆，2016：导言2.

比较的社会学研究》一书中译作“智识态度”，“智识态度”的翻译比较科学，对城市的研究一定要保持科学理性，以一个“智识”的态度研究城市可能更具有合理性，因为“城市不只是一个人造物，或者一种居住安排。与之相反，城市体现了人类真正的自然本性。它既表现了普遍意义上的人性，也表现了由地域性（territoriality）而产生的社会关系的独特性。随着城市进入平等的文明化进程，现代科技已经改变了城市的地域性，但并没有消除它”①。我们认同这一观点，现代科技已经改变了城市的地域性，甚至人们经常谈论到世界是一个“地球村”，特别是在网络社会的发展中，这种现状会有更深刻的变化，必须用现代科技理论的方法与“智识态度”来研究城市这个复杂的系统。

人们对城市形象判断的主观性是十分明显的，城市虽然作为物化事物存在着，但是城市的主体是人，不是单纯的一个物，城市比之一般物体的差异就是人作为城市的本质而存在的，正如本书强调的那样：城市是一种生活方式！是区别于乡村的具有现代性的生活方式。如果说，就一个建筑而言，是一件“物体”的话，但是，任何人谈论城市所论及的都不仅仅是城市中的一个“物体”，而是城市的生活方式，所以，说到城市质性分析的话，论及城市整体就是在论及城市群体的存在意义，甚至可以说，人们对城市形象的感觉，不如说是对这座城市里的人的感觉。说重庆如何，其本质是在说“重庆人如何”。如果论某个建筑如何，这仅仅是在说这个建筑的文化、艺术与质量如何。如果说这个建筑是某一个公司或组织单位，如学校、工厂、机构和机关等如何，实际上是在说这个建筑里的人和人的组织如何。正因为如此，城市形象才是复杂的社会有机体的要素表现。对城市文化和“城市文化资本”再生产的认识，而“应当求之于一代代人类产生文化的过程及每一代新生的机体如何受文化熏陶的情形中。玄学上的概念，如集团心灵、集合感觉中枢或良心等，都是逃不出把社会实体分作两个对立部分——一方是属于个人心理性质的文化，一方是属于集团的超个人性质的文化——的说法”。城市作为一种组织，在创造性发展中，强调城市的“心灵”“感觉中枢”及良心，这才是城市有机、复杂、集成和“伟大文化”的关键。城市伟大文化源于伟大的市民和精英创造的城市英雄文化——一种超越现实的城市精神和理念。“杜尔干（Durkheim）的‘道德逼迫出于社会实体直接影响’的学说，和其他认为出于集合潜意识及文化高层结构的学说以及同类意识或集合模仿等概念，都是着重于社会的心理基础而认为这是超个人的社会实体……”②从这些理

① ［美］罗伯特·E.帕克，等.城市：有关城市环境中人类行为研究的建议［M］.杭苏红，译.北京：商务印书馆，2016：导言3.

② ［英］马凌诺斯基.文化论［M］.费孝通，译.北京：华夏出版社，2001：10.

论观点的研究中，我们必须清醒地看到，城市伟大的文化在创造物化文化的同时，也要创造整体城市人创造和形成高尚伦理价值取向的土壤，这个土壤也是创造“城市文化资本”的土壤。

在美国学者所著的《城之理念——有关罗马、意大利及古代世界的城市形态人类学》再版前言里有段话很值得参考：“城市理论家们偏爱的城市形象就是把城市想象成为似乎具有某种内在本能的东西，可以不假思索地对外在和内在的压力做出反应。如果城市真是这么一种‘自然性’产物，接下来人们要做的事情就是发现并遵守城市的技术性增长、土地市场机制或者交通流量的‘法则’，这样，规划师和建筑师们就可以不必在他们的主观上有什么责任感，也不需要价值判断——还有，不需要技巧，他们似乎可以不必再为任何艺术的‘规则’发愁了。”[①]城市的发展不是自然的“流淌”，需要人为的理念加以控制、加以设计、加以修饰，加以艺术化。任何城市都需要构建城市精神和“城市理念文化”，并形成城市人的理念，以及市民群体的主观认知，这需要在整体诉求“主观介入”文化的发展，从深层次上说，城市理念需要一个建构过程。2014年受到费孝通先生的启发，在乡村文化自觉的基础上，我们提出了“城市文化自觉”的概念。费孝通提出的“文化自觉”概念是指对传统文化的自觉，在其概念逻辑中，文化自觉的主体是民族，或者说是中国人这个群体——需要注意的是，这个意义上的文化自觉强调的是“乡土中国”的文化自觉，是以农村社会为主体的文化自觉，这是通常研究者们论述文化自觉时会“自觉”过滤掉的一个很重要的层次，另外，可能过滤掉的还有全球城市化时代的到来。无论是从历史的溯源还是从现实的需求角度出发，要能够更完整更科学地实现现代化进程中的文化传承和创新，必须反思以乡村为主体的“文化自觉”类型本身在全球城市化时代背景下表达的有效性和代表性，城市和城市人的文化自觉应被予以更多的关注[②]。城市文化自觉是一个新命题，也是在全球范围内参与竞争的一个城市文化启蒙运动，就犹如中国应该创造中国式城市文艺复兴一样。

城市“理念”创新所遵循的道路就是城市文化自觉，包括应有的自觉意识和具有芝加哥城市社会学学派那样的“智识心态”。创新发展是城市理念的内核，如果上升到哲学层面就是“城市的世界观”，城市群体特别是精英群体的世界观，即城市为什么而存在？为谁而存在？为什么要创新发展？回答是直接的：为人创造城市发展，在全球竞争中创新发展，不发展就会衰败——全球有

---

① ［美］约瑟夫·里克沃特. 城之理念——有关罗马、意大利及古代世界的城市形态人类学［M］. 刘东洋，译. 北京：中国建筑工业出版社，2006：6.

② 张鸿雁，邵颖萍. 率先基本实现现代化进程中的文化传承与创新［M］//载国家社科重大项目组. 区域现代化理论与实践研究. 南京：江苏人民出版社，2014：360-382.

很多缺乏创新而衰败的城市案例，所以说，创新发展是城市“理念”“观念”和价值观的直接表述，也是所谓的看法、思想，最终可以归结为思维的结果。虽然城市社会进入了全球化的网络社会，城市内在空间意义和发展的理念本质仍然是以人民的利益为上，但是，城市所创造经济文化价值的方法和模式都发生了某种改变，“然而，网格本身的形式能够告诉我们的是，关于一个特定城市或社会的信息并不一定是清晰的或统一的。如前所述，网格作为一种城市形态，比笛卡尔早了至少八千年，纵观整个历史，它出现在人类已知的每一个经济和管理体系所统治的城市。它的角色经常转换并在过去常常是模棱两可的，同样它也在后现代城市中保持着复杂性和模糊性。”[①]这一观点虽然说出了城市发展的复杂性，但在城市精神的理念上，仍然可以在学理研究上将柏拉图的“理念”加以运用，这是一个十分复杂的问题，对这一问题的回答具有玄学的文化意境，如在《巴门尼德篇》结束时对话是这样的：“小结一下，从上我们可以认为，如果一不存在，那么就根本没有任何事物存在。此外，我们还可以添上这个结论：看起来，无论存在或不存在，其他事物存在或不存在，它们都以所有事物的方式和样式，对它们自身或在它们之间，显得既存在又不存在。”[②]对柏拉图的“理念”的理解或许亦如柏拉图本人一样是一个矛盾体，或许是具有某种超自然的感觉，理念是主观的依据客观的一种哲学理性的升华，所有受其影响的后来研究者对“理念”的研究都有自己个人的解释和主观价值判断。对“理念”核心解释研究的终极化和多样化，说明社会发展本身不仅是具有规律的，而且是存在人类共同的价值取向的同时，还有多样化的世界在创造，从中可以追溯人类共同的价值取向并可以升华为一种“理念”，成为多数人的主观和意向。后来在康德和黑格尔的哲学中，又把“理念”理解为理性领域的概念，康德称观念是“纯粹理性的概念”。黑格尔则认为“观念”是“自在而自为的真理——概念和客观性的统一”。在主观唯心主义的哲学中，“理念”被归结为主体的感觉与印象或产生世界的创造本原，是事物的“涵义”或本质。在英国的经验派哲学体系中，“理念”是人类意识或思维对象，即感觉与知觉。贝克莱认为外界事物是“观念的集合”，是“感觉的组合”[③]。在休谟的哲学体系中，理念与观念是“印象”或“想到的印象”。而从中文的意义上理解，“理念”又可以解释为理想与信念，即一个事物存在的本原生命的意义，是一种思想和主张，能够带给人类理想实现的思想主张，在这个意义上，又可以回归为

① ［美］保罗·吉伊. 城市、公民与技术：都市生活与后现代性［M］. 许苗苗，李建盛，译. 北京：北京师范大学出版社，2022：104.

② ［古希腊］柏拉图. 柏拉图全集：第二卷［M］. 王晓朝，译. 北京：人民出版社，2002：806.

③ 《简明社会科学词典》编辑委员会. 简明社会科学词典［M］. 上海：上海辞书出版社，1982：415.

“理念”即为引导社会朝前进化、进步和社会的思想主张，创造一个能够符合大众创新思想的，并使之成为社会共同的“理念”——在现实中具有吸引力、引导力、号召力和推动力的思想主张。恰巧，意大利著名学者路斯福尔扎在《文化的演进》一书中也提出类似的说法：“到目前为止，我们仍在使用‘思想’（idea）一词，来表示在文化演进中能够自我复制的东西。现在我们来讨论其他一些被提出的术语。理查德·道金斯（Richard Dawkins）在他《自私的基因》（1976）一书中，提议把‘思想’，即能够自我复制并且发生突变的东西，也就是文化演进的基本单元，称为‘模因’（Meme）。……我们在书中使用的，用于说明能够自我复制的文化基本单元的术语既不是‘思想’也不是‘模因’，而是‘文化特性’。”[①]当把城市理性归因为一种思想的时候，其本质就是一种文化，就是城市的“文化特性”，通过理念创造思想，通过思想表现文化特性，进而形成世界范围内的识别体系而创造城市发展创新的特色城市竞争力，显然，最高的城市理念，最终要落实到现实城市社会的具体发展质量上来。

在传统的社会里，城市是为统治者而存在的，特别是中国古代城市的发展在这一点上十分鲜明，从夏商周以来的城市，皇宫一直是居于城市中心区位或主要区位的，如古代郑州商城、西周的王城、汉唐都城，及至宋元明清的城市，无不是如此。所谓“前朝后市，左祖右社”，明清时代的北京故宫——皇城居于城市中央，享受城市生活方式的是城市中的统治阶层，皇城居中本身就是城市存在价值和城市理念的一种反映。在世界经济与文化一体化的发展竞争中，城市理念显得愈发重要。有学者这样说：“在规划师所使用的思考框架中根本没有问过我们自己是否正在向城市强加一种过分经济化的秩序。对约束的恐惧通常会表现为对自发生长限制的恐惧。这就是为什么每当规划师谈到城镇存在和生长的方式时，总要从自然那里借来一些形象来描述他们的规划：比如，一棵树、一片叶子、一块皮肤、一只手等等，一形容起危机的时候，他们还会引入病理学的名词。但是城市真的不像自然现象。它是一个物件——一个奇怪的物件，混杂着意志性随机性的元素，并且被不完善地操控着，如果硬要把城市与生理学连在一起，那城市最像的还是梦。”[②]约瑟夫·里克沃特的某些观点、认知和比喻是有某种文化误区的，对城市的理解有偏差。虽然城市“混杂着意志性随机性的元素”，但是城市的主体是“城市社会人”。城市是人类社会和自然的共同造物，其发

① ［意］路易吉·卢卡·卡瓦里·斯福尔扎. 文化的演进［M］. 石豆，译. 北京：中国社会科学出版社，2018：168.

② ［美］约瑟夫·里克沃特. 城之理念——有关罗马、意大利及古代世界的城市形态人类学［M］. 刘东洋，译. 北京：中国建筑工业出版社，2006：34.

展、进化与自然界的所有事物一样是有规律可循的，但必须通过研究才可能发现其规律性。城市和人都是自然界的衍生物，同一性除了在于物质外，还在于终极理念上，城市和人都必然是同归而殊途——回归天人合一的自然。

有学者认为，城市概念的原型是“居民在心智上构建出来的，并常在家居形态中表现出来。所以，家通常被看作一个城市的微缩”[①]。对城市本原价值的推论，叙说了城市应该有的价值回归，城市是人类自己创造的一个“家”——家园，城市应该能够创造“如家”的存在感觉，这是一种可以实现的理想类型和城市理念，这种理念也应该是人类共同的理念，或许，我们还是把这种理念归结为社会学意义上的“理想类型”吧。在中国，当代城市社会的来临，城市理念在近30年里获得尽情的发挥，一些城市管理者在提出“经营城市”之后，似乎有一种顿悟，在现代社会，城市不仅仅是“统治”——管理、治理，还要经营、服务和创造美学概念用于其中，而经营城市的理念一经展开，在中国就出现了多种类型的城市发展模式：经营型城市、客户服务型城市、行销型城市、文化治理型城市、幸福型城市、创业型城市、精致型城市、旅游型城市、度假型城市、体育型城市、康养型城市等等，应该说，这其中有很多成功的经验，也有许多失败的教训！可谓有“伤”也有“痛”。中国的城市管理在1978年以前国家计划经济的大背景下，城市很少有个性化的城市文化塑造，而是到了1978年改革开放的40多年里，城市的发展、城市形象建设和城市产业结构，在市场经济的深化发展过程中得到了张扬，并有效地推动了城市经济、社会、文化和生态的发展，及至2022年提出全国统一大市场的概念，城市化和城市现代化及城市经济结构的变化可谓是大合大开，在当代重新演绎了世界近代以来的乡村城市化历史的进程和模式。然而，由于中国的城市化发展是“制度型城市化”模式，具有强烈的政府权力集约推动性，城市化的速度是前无古人、后无来者。城市化建设的主体是各级政府，城市土地又是国家所有，因此，在中国出现了普遍意义上的以土地交换为主要内容的经营城市模式，应该说是中国以乡村城市化为主体模式，创造了一个人间奇迹——从一个农业社会，经过30多年的发展便直接进入了城市社会。

城市经营的哲学是强调以人为本，其本质不仅仅是以现实的人的需求为本，而且还是以人类社会的长远发展为其核心价值，这就是我们要提倡城市理念的人类共性价值的意义所在。中国的城市是国家GDP的统计、考核单位（单元），这也决定了中国城市作为社会发展动力的责任和义务，必须要为国家经济发展做贡献，并能够为民众创造就业机会和创造高质量的生活方式，同时在文化上

---

① ［美］约瑟夫·里克沃特. 城之理念——有关罗马、意大利及古代世界的城市形态人类学［M］. 刘东洋，译. 北京：中国建筑工业出版社，2006：34.

能够创造一座城市在工业化以后的新发展动力——“城市文化资本”再生产体系与集成系统，寻找城市与人类发展相适应的城市文化软实力，而不完全靠买卖土地和单纯发展工业对自然的破坏来发展城市，这样才是城市理念应该有的创新内容。

在这一方面，伦敦的城市文化理念的建构经验为我们树立了榜样：伦敦近代早期工业化是“血与火”的工业化圈地运动，并且是一个典型代表，曾经严重的工业化带来了过度污染和工人阶级“绝对贫困”——恩格斯曾在1844年9月到1845年用大量第一手材料、研究了伦敦和利物浦等城市的工人，并撰写著名的《英国工人阶级状况》一书。在近代工业化的100多年里，伦敦这座城市进行了脱胎换骨的自我改造和创新发展，特别是近30年来，伦敦有意识地创造城市文化自觉，打造世界金融之都和世界文化之都的品牌，整座城市创造了真正意义上的文化容器功能，而不是工厂空间的组合。伦敦从生产工业化的空间转向为文化产业、创意产业的空间，成为一个世界级品牌城市。伦敦创造了多元化的、艺术的、市民社会的、主客共享的、随时随地的公共艺术的城市空间，《伦敦全民文化》发展报告说：“各式文化场所、地点和空间，大到世界级的博物馆、画廊和庆典，小至街角酒馆或路边的溜冰场，都能够在伦敦蓬勃发展……伦敦政府、私营部门、文化组织和伦敦市民须齐心协力，保护和留住让这座伟大城市变得与众不同的文化财富和创意人才。”①

伦敦的城市文化建设和理念创新有四个维度：一是市民家门口、街巷的伦敦文化，可以让更多的人热爱、享受身边的“伦敦文化”；二是培育和创造了创意阶层发展的土壤，伦敦政府主动有意识地投资培育，使创意产业成为伦敦的主体产业，创意产业的基本内涵也是伦敦首创的；三是

伦敦城市文化理念创新

① ［英］伦敦市长办公室.伦敦全民文化［M］.伦敦：大伦敦政府，2018：27.

创造和生产了更多的文化公共空间、市民公共空间和艺术化的场景空间，还强化了“空间里的生产”——空间里的文化产业的优质和普遍性的增长；四是立足伦敦，创造全球视野和全球文化产业的文化价值链。当然，伦敦也有雄厚的金融资本——世界金融中心作为发展前提，也表现了充分的“文化金融”向“文化资本”的转化。

在城市文化理念的创新上，强化推广文化民族融合、世界文化的开放性融合以及城市各阶层的文化融合，承认阶层的差异，但也在主动寻找和创造各阶层间共同的“幸福交叉点”，使大家都能够成为伦敦公共空间里的主人。伦敦是世界上文化最多元的城市之一，这座城市的人来自世界各地，“人们说着300多种语言。45%的伦敦市民为英国白人，40%为黑人、亚裔和少数族裔（BAME），另外15%为其他白人。”[①]这种文化多元化、文化同质和异质性群体、亚文化群体和不同族裔群体、不同信仰群体、不同政治群体和不同风俗的传统构成“伦敦人文化”，显现了一座城市的文化复杂性、混杂性和认同性。应该说在文化融合方面伦敦算是一座比较成功的城市，尽管还存在很多问题，但是，已经表现出文化超越的组合和融合。近20年的发展伦敦又有了新的文化创新，“是世界上最具创意的城市之一”，文化财富和遗产深厚而多样。这里高雅艺术和大众艺术共生：艺术画廊、戏剧院、电影院、庆典活动、10家大型音乐厅、192座博物馆、1000多个现场音乐表演地、4000多个酒馆、325家公共图书馆……是典型的世界文化的容器。

相比较，从中国城市近40年的发展历史看，2010年以前的城市经营，更多的是注重工业化和土地财政的经营，用土地换资金、用土地换投资、用土地引进投资、用土地换工业生产等，这是为城市化的本源与城市发展所必须。但是，任何城市的土地资源既是有限的，也是稀缺的，土地是不可再生资源，在城市发展的比较意义上，人口是个增量，土地是个减量，从土地经济资本稀缺意义上，经营城市不能仅仅依靠卖土地，而是要创造资源、挖掘新的资源体系来创造资本，开发新的“城市文化资本”价值。“城市文化资本”再生产就是对那些以往看起来不是资源的要素，进行整合、规划、设计、创造与创新，城市文化符号要素、城市文化的工业化生产和城市文化形象系统要素，是城市发展的一种重要资源，原本已经作为一种城市“文化动力因”的形式而存在，只是不被认识、未被开发，本是可以进行“文化资本经营”的城市资源，是可以进行“文化再生产”的资本性要素，所以在当下的网络社会，“文化再生产”的核心就是“城市文化资本”的经营与创新，以及与人类共同价值有同一性的城市终极理念的建立。

---

① ［英］伦敦市长办公室.伦敦全民文化［M］.伦敦：大伦敦政府，2018：30.

三、城市应该是个伟大的科学艺术装置：风格、风度、风貌与风范

生活在城市中的每个人，都会对城市形象形成自己的感受，美和不美是有世界认同的文化内在标准的，在罗马、巴黎、米兰、佛罗伦萨、苏州、南京、北京、西安、洛阳等城市，虽然有着不一样的风情，但是大家都会从美学和艺术的角度来衡量这座城市——“艺术似乎是文化通衢中最闭塞，而同时又是最具有国际性的种族共通性的一种”①。虽然异样的建筑，却有着人类共同的审美价值。所以，创造城市风范和气质，对任何一个国家和民族来讲都是必需的，城市是人类创造的艺术品，也是人类自己创造自己的“蜂房”，应该具有比“蜂房”更工整更有空间的美学价值，人类创造的城市空间除了有美学价值之外，还有资本价值，有资本再生产的功能，而每个空间都应该是人类的“作品”……这一切，才真正决定城市的整体价值，生活其中的人应该成为社会的生活样板。

城市是一出永不落幕的戏剧。在这个戏剧中，有个体也有群体，而个体自身的品质与品行，是中国现代城市社会最需要建构的内容之一。当下，城市中的个体品德与品质缺乏社会的调控机制，城市文化还没有成为典型的“酱缸型文化容器”，城市文明的风范礼仪，尚没有成为城市人的压力选择，即创造和主动履行城市风范礼仪的群体还没有形成主流，正因为如此，中国的城市文明建设才成为城市形象建设的重要内容。中国自古以来的文明和文明礼仪建构仅仅停留在士大夫群体和他们的文章中，而却失于整体的、多层次的社会人的行为之中。鲁迅对此有相关精彩的论述：当儒学的道统成为社会主宰，而遵循这些道统的文化人却寥寥无几，文明只是在民众和社会精英分子中少数人的主张，而“绿林好汉”“强人”“匪气文化”却往往成为一部分社会的主流和社会底层群体追捧的文化行为。韦伯认为，教育所追求的目标是培养“有教养的人”，而不仅仅是培养“专家”。“有教养的人”，意味着教育的目的是由一个人生活举止的品质所构成的，希望其举止被认为是“有教养的”，而不是由以培养专家为目的的专门训练来构成。“有教养的”人格构成了带有统治阶级烙印的教育理想及带有经济阶层人士中社会条件烙印的教育理想②。城市是人类文明进化的一种表述。人类社会从蒙昧时代发展到野蛮时代，再进入到文明时代，城市是人类进入文明社会的四个标志之一：文字、国家、一夫一妻制和城市。城市的出现代表着人类社会地域生产力分工的开始，代表着工业和农业的分离，同时还代表着脑力劳动和体力劳动的分工。城市人不是通过直接作

---

① ［英］马凌诺斯基. 文化论［M］. 费孝通，译. 北京：华夏出版社，2001：92.

② 谢维和. 教育活动的社会学分析［M］. 北京：教育科学出版社，2000：40.

用于自然——农业生产来获得生活与生产资源，而是通过迂回的方式——货币交换的方式，来获得生活与生产资料。在这样的社会分工中，城市中衍生出不直接参加体力劳动的脑力劳动者阶层，尽管最初的这个阶层是统治者、贵族、神职人员，但是在人类社会发展的长河中，这种分化是人类社会的一大进步，也是城市社会作为社会发展的文化中心和创新中心的源泉所在，城市社会的文明即是人类社会分工进化的进步。那么，也就是说，城市从一开始就存在着一种与人类文明行为相一致的发展动因，城市在外在的意义上，表现着人类整体“理念”与理性，并在这一动因中，城市社会中的各个阶级分化发展，并自觉与不自觉地分化出城市社会生活方式的样板阶层，这个阶层创造出城市中的生活方式样态、行为标准、行为体系和文明礼仪，这在西方中世纪城市文艺复兴后出现了显性的结果。

所谓的“社会样板阶层”在奴隶社会主要表现在奴隶主贵族和平民阶层之中，而在西方中世纪封建社会则表现在贵族和骑士阶层之中，在资产阶级发生后，从传统的“城关”市民，转化为资产阶级阶层，并转化为现代社会意义上的“市民社会”，西方在资本主义新教伦理的制度蜕变当中，完成了宗教价值与经济价值的良性结合。马克思把资本主义发生以来的市民社会称为历史的真正出发点和舞台，而市民社会的本质是城市生活方式。在西方中世纪形成的贵族包括传统的骑士阶层在内，其生活行为、内容、价值取向，往往成为市民效仿的生活样式，英国王室的生活，一直在深层次上影响着英国市民的生活方式。相反，在近代社会的东方，在农业社会向工业社会转型的过程中，社会动乱频发，社会阶层上下流动的变化复杂，社会整体财富积累度低，既出现了家族文化断裂，也出现了城市文化断裂，所谓“上查三代，没有富过三代贵族”，进一步说，中国传统文化中的某些文化也出现过局部的断裂，正因为如此，城市文明一直未能发育成市民社会，城市作为物化的存在形式，与西方城市比较形成“城市社会早熟”与“市民社会晚熟”的巨大差别，直到21世纪的当代也仍然不具备典型的市民社会生活体系，很多方面仍然存在农业社会的生活方式和理念，城市社会的文明文化要素，一直被农业社会的思想和文化包围着，即使在高等学府中，也是传统农业社会的知识分子，成为现代学术官府的掌控人，我们不得不说，中国城市文明、现代城市人文明行为系统的建设，已经到了关键的历史时期，任何到过一些发达国家的人，在比较中都会感受到中国城市文明行为的滞后，虽然西方的城市也存在着各种各样的问题，但是，仅就文明行为而言，中国的文明建设可谓是任重道远！

城市的风度，源于市民的风度，来源于这座城市的文化底蕴和“城市文化资本”再生产能力，其另一个重要决定因素，是城市个体所拥有的文化资本和文化资本的传承方式，比如鼓浪屿这个小城，个体文化资本性就非常明显，很多人都会弹钢琴，这是一种典型的文化资本[①]。我们城市的行为文化系统的建设，需要个体与集体文化真正贯通，成为一种和谐的有机体。社会学家迪尔凯姆（该书翻译成涂尔干）说："如果有人说，在某种程度上，集体表现外在于个体心灵，这意味着集体表现并非来源于诸如此类的个体心灵，而是来源于心灵的关联，这是截然有别的。毋庸置疑，在整体形成的过程中，每个人都贡献了他的那个部分，但私人的情感不会成为社会的情感，除非在自成一类的力量的作用下，通过联合中发展起来的结合。"[②]在这里引用迪尔凯姆的话，目的是想说，一座城市的形象，是群体行为，而城市的群体行为依赖于个体行为的形成部分，需要城市中的每个人"都贡献了他的那个部分"，并形成城市人"心灵的关联"才有可能真正建设中国式的城市文明与文明城市。传统中国在两千多年中，城市社会的文化、艺术始终表现为宫廷文化和宫廷艺术，而没有走向民间，如近代以前中国城市中属于市民的戏剧、图书馆、公园、开放式的大学和职业教育、开放式医院等，即公共的文化艺术空间的出现都比西方的城市晚了一到两千年，这种情况不能不使我们从民族文化发展的意义上进行深思，为什么会这样？文化的某种断裂、家族文化的某种断裂、老字号的文化某种断裂与失传，加之市民社会的晚出，直接的表现是城市社会缺乏生活的"集体道德"底线。

实际上，文明行为的日常表现所反映的是一个人的心理人格美与善的问题，如果以一个能够以"善"藏于"习"，"善"成为日常习惯，而"习惯则成为自然"的时候，一个典型的社会样板阶层才能形成，如"善"能"常住"于心，就应该关注自己的行为是否对别人产生了伤害，是否给别人带来不便，因此，城市文明中的行为文化的建设，是一种人间的"大爱"，是一个人的品质再现！有西方学者将道德分为三个层次："最高的层次是利他主义和无私无我——这是圣人和殉道者的道德；最低的层次道德是犯罪，不顾他人的权力和无视法律。中间的层次则是雷蒙德·阿论所说的'合理的利己主义'：个人的行为既不是圣人，也不是犯罪，而是在履行社会责任和遵守法律的范围之内，合理地谋求自己的利益。"[③]而中间层次应该是城市社会普遍意义上的存在价值，是多数

---

① 自19世纪中期，随着基督教的传入，西洋音乐大量涌入鼓浪屿，与其优美的居住环境融为一体，形成今天鼓浪屿的音乐传统，并产生了周淑安、林俊卿、殷承宗、陈佐煌、许斐平等一大批优秀的音乐家。目前，鼓浪屿拥有钢琴的家庭超过100户，中国音乐家协会于2002年将鼓浪屿命名为"音乐之岛"。当前，鼓浪屿拥有世界上唯一的顶级钢琴展览馆，每年都有大型的音乐节，如鼓浪屿钢琴节、国家青年钢琴大赛、美国音乐周等。

② ［法］爱弥尔·涂尔干.社会学与哲学［M］.梁栋，译.上海：上海人民出版社，2002：25.

③ ［美］塞缪尔·亨廷顿，等.文化的重要作用——价值观如何影响人类进步［M］.北京：新华出版社，2002：85.

人可以履行的社会文化行为与道德。很显然，我们在创造“城市终极人本”的文化价值的时候，应该站在最高的道德和中间层次的道德上形成合理的伦理框架，使城市全员能够成为城市终极目标的实践者和创造者。“道德方面的法律与社会现实是实际上相吻合的。而在阻碍发展的文化中，则是存在着彼此不通的两个世界。一个是最高标准的崇高世界，另一个是鲜廉寡耻、普遍伪善的现实世界。”很明显，只有主动、自觉追求崇高文化与境界的人，才能够具有中间层次的基本道德伦理，因此，要建构一座城市的文化与形象，必须先行建构崇高与伟大文化，才能够形成多数人的中间道德力量！

我们对于城市风范和个体的绅士风度的塑造，可谓是当务之急，经历了六千年农业文明的中国，至今仍然没有摆脱小农经济的思想理念，特别是小农经济的思想和价值观念至今没有脱胎换骨，其行为方式和交往方式文化与城市生活方式文化截然对立，仅从城乡不同群体的文化行为就大体上可以区分，有着深深的文化与行为烙印。

在中国的城市社会既要思考如何形塑一个社会的样板阶层，更要思考如何让社会整体中的多数个体成为社会文明行为的实践者和受益者，这就需要我们的城市管理者和城市市民要能够构建崇高文化、“伟大城市文化”和个人的良性品行，包括中国传统文化中力倡的言行一致的品行！“从我们的立场出发，如果有人把个体表现生活所独有的特性称为精神性，那么他们就应该把社会生活定义为超精神性。这里，我们指的是一切构成心理生活的特性都可以从社会生活中找到，不过，它们还会被提升为一种更高的力量，并通过这种方式构成一种全新的东西。尽管这种说法带有形而上学的外表，但它所指的不过是用自然原因来解释自然的事实。然而，它也提醒我们，由此为科学开启的新世界，要比其他所有世界都更为复杂；这不仅仅是用模棱两可的术语来构想的低等研究领域，而是一种尚未引起疑问的力量在发挥作用的领域，单靠低级的分析方法，我们根本无法发现这一领域的规律。”①对于个体的行为文化的建构不是单纯的代表一种文明符号，而是一个社会的现代性的个性体现，中国的现代化发展问题越来越多，固然是多种因素酿成的，但是其中一个重要因素是中国社会中人的思想行为与社会经济进化而出现的“文化坠距”，虽然引进了西方现代化的经济发展模式，但是，缺乏个人的现代意识和现代性的行为能力、观念和精神！我们反复强调“城市文化资本”和城市形象的建设是一个大系统，其中最难的就是当代中国城市人现代性的建构！当制度城市化使大量农民成为“城市市民”的时候，在思想和文化模式上，这些“城市市民”还是农民的意

① ［法］爱弥尔·涂尔干.社会学与哲学［M］.梁栋，译.上海：上海人民出版社，2002：25.

识和思想境界。而当2024年的中国仍然有70%的农民时，在农村文化熏陶中走出来的知识分子，还不能成为中国新文化建构的时尚先锋，也不能成为城市市民社会文化的中坚力量而自觉创造新文化行为。

因此，在城市伟大文化的艺术空间里的行为，需要系统性地建构，包括城市政府的管理行为、公务员的语言行为风范和样板性、城市市民语言和文明行为、消费方式和交往方式、公共空间的行为表现等。在城市文化、城市形象、城市美学的建设中，属于市民的整体行为体系都要进行建设，包括风范行为的设计、引导和强制性规范。“城市管理就是服务。”①马克思说：“服务这个词，一般地说，不过是指这种劳动所提供的特殊使用价值，就像其他一切商品也提供自己的特殊价值一样。但是，这种劳动的特殊使用价值在这里取得了‘服务’这个特殊名称，是因为劳动不是作为物，而是作为活动提供服务的，可是，这一点，并不使它同某种机器有什么区别。”②由此看来，在创造城市新型文明行为体系的时候，城市服务行为模式建设，是城市新一轮竞争力的关键，21世纪开始，几乎全世界的城市都提出了发展服务产业的战略目标，特别是生产型的服务产业更为重要。各城市提出的“总部经济”就是生产服务业的典型模式。服务理念与服务能力是“城市文化资本”创造的基础条件之一。服务理念与行为模式的一体化，首先要解决为什么服务？为谁服务？服务为了什么？只有在观念上的解决，才能解决一座城市服务文化和文明提升的问题。服务必须解决三个层次的认识：一是对每一个人来说，服务是一种责任更是一种义务，任何人都应该在这个社会为他人服务，这个义务具有社会意义，同时，任何人都享用他人的服务，这样社会才能良性运转，而且，服务的义务又嵌入在职业道德之中，为他人服务是必须的，也是应该的。二是服务是一个人获得社会存在及社会地位的资本，也是一个人的价值体现，所谓能力，就是个人服务社会、服务他人的能力；又因为服务是有偿的，不是给每一个人白白服务，所以服务者应该是利益获得者，因此，服务具有契约关系，必须符合、遵循市场规律与社会规范。三是为他人服务的同时，也是在为自己服务，这就是马克思讲的“社会的全面依赖关系”。现代社会，是通过服务与被服务相互联结的，每个人既是服务者，也是被服务者。尊重服务者和被服务者是城市人伦理文化中的最低道德。不言而喻，一个城市、组织机构或者是一个企业的特色服务行为与方式，是人与人的尊重，这一总体模

---

① 张鸿雁. 城市化进程中的社会问题治理与控制论——城市管治与客户服务型城市政府的理论与行为创新［J］. 南京社会科学，2010（01）：68-75.

② ［德］马克思，恩格斯. 马克思恩格斯全集：第26卷［M］. 中共中央马克思恩格斯列宁斯大林著作编译局，译. 北京：人民出版社，1965：435.

式，包括服务理念与行为结构在内，显见的完整服务是城市文化的创新土壤，也是在创造城市的创新文化环境。

城市在服务创造尊重和被尊重就是城市的风度和丰度的体现，有的城市表现出某种灵智，有的城市让人感觉到一种沮丧，有的城市给人信心，有的城市让人获得灵感！这一切往往归结于城市的服务水平和服务所创造的价值。在这样的思想理念下创造的空间符号，一定会是一个有人情味的空间和空间的真善美的艺术价值，当然也一定是一个让人惬意的地方。如贝多芬所言：音乐是“比一切智慧及哲学还崇高的一种启示”；叔本华也曾说过许多艺术家都感觉到了一句话：“音乐是唯一直接表现事物的真如或绝实的艺术。以上的话，不论证诸原始形态的节奏和短曲，或文明社会较为发展的音乐，都是正确无误的”[①]。城市空间的韵律，是一种空间美学的表现，美的空间让人产生依赖感，所谓流连忘返，即这种价值就如城市是人类社会的依赖之地一样，我们不禁反问：人类假如没有了城市会如何？简单回答就是：如是，就没有了人类文明。

城市是财富和文化的容器，也应该是艺术的容器。“艺术作品不是看作一种尽人皆有的活动的产品，而是看作完全是资禀特异的心灵的创作。”[②]城市的艺术性是城市集体记忆的一部分，生活在其中的感受是刻骨铭心的文化烙印。人类集聚在城市内生活，天天都在感受城市脉动，如果“城市是一个家”，那应该是一个以群体利益为核心的“大家”，是一个集人类智慧的创造地，是人类美好理想的实现地，虽然，从城市产生那天起，人们就憧憬着这种美好理想，直到今天，仍然是一个美好的愿望，但毕竟人类所创造的城市在朝着“城市如家”的概念在转化。城市生活社会分工越来越细，生活节奏本身也越来越紧凑，社会化分工使得人与人之间的关系越来越相互依赖，包括对环境的依赖、对生活方式需求的依赖、对通信服务的依赖、对现代科技技术的依赖，还包括对自然与城市存在的客观关系的依赖等。假设“城市如家”，城市就应该有“家”的文化特点、符号体系和家人喜欢的视觉系统。如果城市能够有家的“意象”，就应该有家的表现方式与价值。多数人理解的“家”是生活避风港，是一种心理归宿地，是一种通过视觉反映的温馨空间！“‘象征’无论就它的概念来说，还是就它在历史上出现的次第来说，都是艺术的开始，因此，它只应看作艺术前的艺术，主要起源于东方，经过许多转变、改革和调和，才达到理想的真正实现，即古典型艺术。”[③]

---

① ［英］马凌诺斯基. 文化论［M］. 费孝通，译. 北京：华夏出版社，2001：93.
② ［德］黑格尔. 美学：第一卷［M］. 朱光潜，译. 北京：商务印书馆，1997：34.
③ ［德］黑格尔. 美学：第二卷［M］. 朱光潜，译. 北京：商务印书馆，1997：9.

对于现代社会来说，视觉文化的发展越来越充斥于现代城市生活之中，城市空间建筑色彩、街区艺术符号、企业标识、建筑空间结构表现、街区景观、城市小品、商业广告、城市生活资讯、城市夜晚灯光亮化等。在居家生活范畴内，室内生活艺术、居艺生活用品等，都在展现一种视觉文化系统，而且这一系统已经成为人们生活的重要组成部分，甚至一部分社会人，以追求视觉文化为其生活方式和生活手段。正如美国学者尼古拉斯·米尔佐夫在《视觉文化导论》的《绪言》开篇所说："现代生活就发生在荧屏上。在工业化国家里，生活越来越受到视频的监视：在公共汽车的购物商场里，在高速公路和桥梁上，以及在自动取款（ATM）的边上，摄像镜头在一刻不停地监视着人们的行动。人们越来越多地借助于从传统的照相机到便携式摄像机及网络摄像头等在内的各种设备来回顾往事。……在这个图像的漩涡里，观看胜于相信。这绝非日常生活的一部分，而正是日常生活的本身。"①这里所说的视觉感觉，虽然与我们所强调的城市公共空间的视觉文化及室内的视觉文化不是同一个问题，但是，至少从一个侧面告诉我们，这个时代进入了一个某种意义上通过"视觉"来审视生活、观察生活、感受生活、了解生活及参与生活的时代，视觉文化是生活的组成，它构成了我们整体生活的空间意义。

城市人正在通过视觉感觉生活的价值，这是城市后现代生活的样式。这其中最有力的语言是现代生活的"视觉化"。"德国哲学家马丁·海德格尔（Martin Heidegger）是最早注意到这些发展的人之一，他把这个称为世界图景的出现。他指出：'世界图景……指的并不是一幅关于世界的图画，而是作为一幅图画加以理解和把握的世界……世界图景也不是从中世纪的图景变化为现代的图景的，事实上，世界成为图景根本就是现代的区别性本质'。设想一下驾车行驶在典型的美国高速公路上，车辆前行有赖于驾车者做出一系列视觉判断，他要注意其他车辆的相对车速，以及完成旅程所必需的任何操作。同时，他或她还要遭到其他信息的轰击：交通灯、路标、转弯信号、广告牌、汽油价格、商店招牌、当地时间和气温等等，然而大多数人都会认为这是常规程序……"②这一判断本身就是对现代生活中视觉要素的说明，关键是这种视觉在城市生活中所展现的是商业化、无序化、低层次化，无论你到城市哪个地方，都会被各种想占有你视觉空间的要素所影响，除非你不睁开眼睛，所见之处都是现代社会他人想让你记忆的视觉符号，在这种信息海洋中，信息充分发达逼迫人类本身对强迫进入视觉的符号形成"选择性记忆"，相当多的符号虽然能够进入人们的视觉，但是却不能留在人们的思想和记忆之中。很多城市的视觉符号不仅没有美感和艺术感，反而造

① ［美］尼古拉斯·米尔佐夫．视觉文化导论［M］．倪伟，译．南京：江苏人民出版社，2006：1.
② ［美］尼古拉斯·米尔佐夫．视觉文化导论［M］．倪伟，译．南京：江苏人民出版社，2006：6.

成人们内心的反感，这就是我们要在现代信息过度的社会中，创造城市艺术视觉系统的价值所在，让人们通过视觉文化获得知识与需要的同时获得艺术享受！

城市是一个超级信息容器，更是一个视觉文化的集中展示地。通过视觉、听觉、体觉、味觉、触觉和一系列感觉等所能感受、接触和观察到的城市形象要素的表现体系，是人们对城市部分视觉要素整合后的感知与意向。城市人生活其中，或享受这种视觉文化系统，或是被这个文化系统所干扰，但是，我们不能不说城市是人类视觉空间最充分的场域，几乎每天都受到不同样态的、有艺术价值和没有艺术价值的视觉符号的冲击。有关资料证明，一个人80%的信息是来源于视觉。城市人对于城市视觉符号的接受，多是被动的，在地铁站里等车的时候、在公共汽车上乘坐的时候，你无法回避你身边各种各样的符号与视觉文化要素，不得不在这样视觉文化充斥的世界里生活着。

视觉文化与艺术是人对客观事物的视觉感受，并通过对客观事物的文化内容整合、洗炼、选择而呈现的一种群体认知后的艺术化。这其中有一种文化的指向，即艺术本身是群体价值共同筛选结果的个人内化，即在社会公认的艺术文化标准前提下的与个人文化心理结构的契合。城市个体的个人文化修养和知识水平，对于城市的文化符号与认同的态度上是不同的。我们应该认识到的是，城市空间艺术符号价值，是城市区域性和场域性的文化符号的表现，往往形成城市个性化的认知表现和认知能力，我们可以看到，几乎每一座城市都有与其他城市不同的艺术文化符号取向和表现方式，在中国的台北、高雄；在日本的东京、京都；在澳大利亚的悉尼和墨尔本；在法国的巴黎和英国的伦敦等城市，空间符号的艺术化本身已经告诉我们这座城市与其他城市不同，同时也告诉我们，城市视觉艺术必然成为城市人生活“用品”的组成部分，并以直观的形象表现出来艺术的价值。在现代城市文化发展中，视觉文化艺术已经直接构成城市文化产业的一部分，其中一部分也是城市创意产业的范畴，而作为“城市文化资本”要素的城市形象体系中视觉部分的建设，主要是通过一种视觉表现把城市形象理念所要表现的价值取向，用最直观的方式表达出来并传达给受众。

由于城市形象涉及城市中的方方面面，因而，在城市形象提升的过程中一定要遵循系统与结构的整体性原则，要充分注重各子系统之间的相互制约、相互影响的互动关系。城市形象建设是一个动态性的创新过程，“城市文化资本”运作贯穿于城市管理、经营、行销的全过程，城市形象的提升不能一蹴而就，要对以往的城市形象建设不断地加以检讨、修正、补充和创新。此外，在城市形象的提升过程中，一定要树立起差异化、唯一性的可识别性的意识，要塑造自身城市独特性优势，而不能简单地模仿、照搬或“克隆”其他城市，要创造独有的、完整的从精神理念到城市行为再到城市视觉系统的“城市文化资本”体系。一个成功的城市形象在以人为核心的结构体系中，人的理念—精神、行为—姿态、视觉—感知等都被纳入其中，一旦形成一种“城市文化资本”属性的结构关系，就自然形成了“城市文化生产场”，而城市形象在人的主观与客观结构的场域中，对城市的总体形象必然由“它和既定情境中的其他因素之间的关系所决定”，而直接产生文化资本效应。

追求高雅、高尚和高贵是人类社会的进化与进步的一种追求，正是城市有了这样一种功能，让人们聚居在一起来追求完美，城市之所以需要按照艺术品来打造，是因为只有在城市市民社会文化的契约精神面前，这样一种社会样板阶层才能出现，即在法理的前提下、诚信社会的前提下、有信誉的社会关系的前提下，才能养成高尚的群体，因此，马凌诺斯基说：“没有别的部分会像艺术这样使我们觉得我们的文化所带着的贵族气了，而同时它却又使我们觉得，在这里，我们自己和最低级的野蛮人真是相近。”[①]我们就是要创造城市的高贵和高雅气质，让更多的城市人具备更多的文化资本，让更多的城市具有“城市文化资本”再生产能力。

---

① [英]马凌诺斯基.文化论[M].费孝通，译.北京：华夏出版社，2001：92.

艺术的各部门都是直接依赖感官作用的。[①]

——马凌诺斯基

一个国家必须能以有利于经济发展的方式度过诱惑的关头。如果有一定的价值观占上风，就可以做到这一点。塔尔科特·帕森斯指出，“价值观”可视作常规象征体系之中的一个因子，它能充作一根准绳，人们依据它而在一定情况下可供选择的各种行动方针中，作出自己的抉择。国家必须具备那种有利于抵制诱惑而做出正确决策的价值观体系，才能实现持续的、迅速的发展。[②]

——劳伦斯·哈里森，塞缪尔·亨廷顿

---

① ［英］马凌诺斯基. 文化论［M］. 费孝通，译. 北京：华夏出版社，2001：93.

② ［美］劳伦斯·哈里森，塞缪尔·亨廷顿. 文化的重要作用——价值观如何影响人类进步［M］. 程克雄，译. 北京：新华出版社，2010：88.

第二十一章
城市空间意象——美学艺术与世界文化身份识别

城市美学意象既具有内涵与外延的宏大叙事性，又具有“空间里的生产”和“空间再生产”的中观与“中层理论”[①]的美学表述意义，同时还具有景观建筑工艺、工法在细节上创新的从工匠到巨匠的转化意义，更有历史与当代结合的审美价值、格调和品位的建构，应该说，城市美学意象极具多元性和多层次性的文化特色，一方面，城市景观空间很容易依据先验感知而形成一种“文化认知定式”——刻板印象；另一方面，也很容易从个体感觉的视角上否定现实中其他事物存在的合理性，因此，必须创造空间意象的理论认识，而能够整合无数个体不同感知印象，创造主客观合一的文化指向，提出大多数人认同的文化价值和文化认同体系，如是才能穿越时空而成为一座城市或一个民族的集体记忆和共同的意象。

长期居住和生活在某一城市的人，往往容易以家庭、里巷、社区中个人习得和个体亲身体验获得的知识，通过一定的经验和文化融合构成所谓的早期“文化认知定式”，其实，人也有某种动物普遍存在的“首因效应”，所谓的一见钟情在某种意义上也具有“首因效应”特征，“首因效应”在一部分人心中会转化为“刻板印象”而不易改变，只有经历了再认证后，才有可能改变。所有人在所生活的空间内，经过一定时期的文化环境熏陶，有可能在一定时期与一定社会阶段建构某种文

① 中层理论（Theories of Middle Range）：20世纪50年代社会学家罗伯特·默顿（Robert King Merton，1910—2003）提出中层理论（或中观理论）。默顿对中层理论最严格的定义是：“中层理论既非日常研究中广泛的微观但必要的工作假设，也不是尽一切系统化努力而发展出来的用以解释所能观察到的社会行为、社会组织和社会变迁的一致性的统一理论，而是指介于这两者之间的理论……中层理论介于社会系统的一般理论和对细节的详尽描述之间。社会系统的一般理论由于远离特定类型的社会行为、社会组织和社会变迁而难以解释所观察到的事物，而对细节的详尽描述则完全缺乏一般性的概括。当然，中层理论也涉及抽象，但是这些抽象是与观察到的资料密切相关的，是结合在可进行经验检验的命题之中的。”参见：［美］罗伯特·默顿.社会理论和社会结构［M］.唐少杰，等译.南京：译林出版社，2008：50-51.

化心理结构，不同文化心理结构的人对生活过的城市有不同的理解和解释，同时，对城市美学意象的理解也与个体知识增长、生活遭遇等相关，而形成对生活客体认知不同的深度。

在具体现实中需要我们认知思考的是：无论城市文化发展历史如何，建构先入为主的文化印象——创造“首因效应”是非常重要的。在创造城市意象美学理念方面，中国有着一种自然而然的文化传统——在中国，除了有“烟花三月下扬州”这样脍炙人口的诗句能够代表中国人的集体记忆以外，还有很多城市有这样的城市意象文化传承与演绎，如“夜泊秦淮近酒家”“姑苏城外寒山寺，夜半钟声到客船”“秋风吹渭水，落叶满长安”“欲把西湖比西子，淡妆浓抹总相宜”“何时到溧阳，一见平生亲”“三十六湖秋水阔，苍烟一点指高邮”“洛阳亲友如相问，一片冰心在玉壶”“城楼隐映山如戟，笳鼓萧萧送夕阳”——这些名言佳句无须解释，很多人都会知道描写的是哪座城市，这些脍炙人口的诗句，成为先入为主的“首因效应”文化，有的在孩提时代就已经知晓，会影响人的一生。这些名言佳句是一种想象也是一种意象，更是大多数人一定的美学感知意象，既有物化的人文空间表意，又有一种理想类型的想象空间意境，还有着人文价值的思想美学意义，所以一句话就会使其具有“城市文化资本”的价值，因为一句话会影响很多人一生的感知和认识——而很多城市不会去构建人们共同的感知文化来创造集体记忆。我们可以用最商业化的语言说，很多有文化内涵的口号和古代诗篇，已经成为今天“招财进宝”的金字招牌，也是城市文化核心价值和城市的文化核心竞争力，并从中国人的集体记忆扩散到世界的集体记忆……仅每年扬州“烟花三月国际旅游节”所创造的经济与文化价值的意义则尽在不言中。

一、空间肌理构成“文化场域”：构筑艺术美学人文区位

城市是一个“文化场域”，是市民社会以市场经济的契约关系要素构成的城市社会经济有机体，只有具有市民社会属性的城市才可能产生有人文区位价值的“文化场域”，这也是“城市文化资本”概念与范畴中的一个重要要素，“场域”并非一个新的概念，梅洛-庞蒂、萨特在其著作中都多次使用这一概念。“场”本原是物理学的概念，在物理学中的“场”是用来描述物体在空间中分布情况的术语，活动空间体系和载体，表示的是物体之间的相互关系①。“场域”同时也是社会心理

① Robbins D. The Work of Pierre Bourdieu: Recognizing Society Boulder and San Francisco [M]. Boulder: Westview Press, 1991: 87.

学的重要概念，起源于19世纪中叶的物理学，需要着重说明的是社会学也起源于“社会物理学”[①]。在心理学方面，“场域”是关于人类行为在一定空间里的一种模式，也是对行为范畴的说明。库尔特·考夫卡曾有很多专门的研究，也为其他学科的应用奠定了基础，因为所有的事物和想象都会遭遇空间的概念，所以“场域”这个词在多种学科领域的应用十分广泛，其内涵和外延在各自专业领域都有特定的意涵，或者称“概念类”的表述，在社会学、政治学、管理学、哲学、教育学、经济学及控制论等领域曾出现“场域”研究热，力图用以说明某种空间样态和社会空间的本质对社会整体发展的意义，从而论证人在不同“场域”空间中的不同行为和文化现象。

不同的学科对“场域”的文化价值给予了不同的界定及学科属性的解释，如用于“规训”“行动逻辑”“文化差异”“文化资本”和教育不平等的研究等。1966年，布尔迪厄在《论知识分子场及创造性规划》一文中使用了“场域”一词，这一术语随即成为布尔迪厄学术研究中的一个重要范畴，他后来在1992年出版的《艺术的法则：文学场的生成与结构》《实践与反思：反思社会学导引》等书中多次强调“场域”的概念与文化资本生成的社会原因等，很显然，文化资本的拥有与个体生活的“场域”有着深刻的关联，“场域”不是一个虚空概念，而是被“争夺的空间，场域中各种位置的占据者利用种种策略来保证或改善他们在场域中的位置，不断在场域中展开斗争”。但是在“场域”斗争中胜出的关键却是“谁能够强加一种对自身所拥有的资本最为有利的等级化原则”[②]，“其根据就是这些位置在不同类型的权力（或资本）——占有这些权力就意味着把持了在这一场域中利害攸关的专门利润（specific profit）的得益权——的分配结构中实际的和潜在的处境（status），以及它们与其他位置之间的客观关系（支配关系、屈从关系、结构上的对应关系，等等）。”[③]布尔迪厄以“场域”理论作为一种文化资本生成、占有、拥有和学养培育的研究工具，同时还提出了“科学场”“文学场”“教育场”“媒体场”“知识分子场”等

---

① 社会物理学（Social Physics）：一门运用自然科学特别是物理学研究社会现象及其运行规律的交叉性学科。早在1830年，法国社会学家孔德（A. Comte）就提出了“社会物理学”的概念，认为“社会秩序”是“自然秩序”的延伸。参见：张立红. 社会物理学视域下网络谣言传播模型及仿真［J］. 自然辩证法通讯，2021，43（11）：104-109. 学者钟学富在其《物理社会学》一书中，将组织理论全面用于社会系统，包括技术、经济、政治和文化系统的构建，并引入一系列新概念，如变分原理、意志自由的选择模型等。有人评价本书初步构建了自然科学与社会科学相融合的大统一理论。参见：钟学富. 物理社会学［M］. 北京：中国社会科学出版社，2002.

② 杨善华. 当代西方社会学理论［M］. 北京：北京大学出版社，1999：280-281.

③ ［法］皮埃尔·布尔迪厄，［美］华康德. 实践与反思：反思社会学导引［M］. 李猛，李康，译. 北京：中央编译出版社，1998：133-134.

研究范畴、概念和研究对象[①]。

布尔迪厄对“场域”概念做了相对清晰的归纳，但也仍然没有赋予人文价值及文化属性，他说：“即在各种位置之间存在的客观关系的一个网络（network），或一个构型（configuration）。”不同的“场域”具有不同的功能，“场域”是需要建构的，要赋予文化和人文的功能，才能形成我们所提出的一个“城市文化资本”再生产的“文化场域”空间。“场域”的本质是文化，所有的“场域”在具体的生活中，都具有文化的本质属性，因此，“场域”概念应该冠以文化，即“文化场域”，只有这样才能从更科学和严谨的逻辑意义上，创造有关文化资本、“城市文化资本”生产的空间与“场域”条件。

在“文化场域”空间的竞争中，胜出的关键影响因素是个体或群体在什么条件下或占有或拥有更多的文化资本，虽然是权力资本可能处于最有利的位置，就如有学者所说的：“谁能够强加一种对自身所拥有的资本最为有利的等级化原则”，就可能获得更充分的资本，这是现实生活中的一般规则和“潜规则”，甚至可以说是社会生活在科层体制内的一般法则，是一种政治制度前提下的“场域文化”，这种现象是任何社会制度结构下的一种权力表现，但是，不同社会体系对权力的法定限制条款是不同的。权力，构成一种“权力资本”，是可以和文化资本并列的概念，权力资本处理社会资源和交换各种资源是一种普遍现象，因为权力本身的意义在于分配或占有资源。在非正义和非公平的前提下，因为权力在很大程度上具有公权力性，社会资本特别是在经济资本、货币和权力资本交换的时候，很容易发生社会法律制度下不认可的结果，很多交换具有不公平性和破坏性。因为，权力的本质功能和意义就是如何分配社会资源——分配权力、货币和财富等。从原理上讲，任何社会资源都是有限的，而优质资源必然又是稀缺的，所以才产生了权力。用经济学的专业术语描述：从社会需求供给规律来讲，资源永远是匮乏的，把有限的资源分配给谁？这是权力价值的体现和结果，所以人类历史上的各种竞争、战争都是为了获得某种权力，如所有权和国家权力等，在不同的“文化场域”空间内，权力的社会属性和表达方式是不同的。

在社会所有的竞争关系当中，能够在某种程度上打破权力垄断的或能够创造个体和群体创新发展的就是特定的“文化场域”，进一步说，就是文化资本视角下的“社会炼金术”和“文化炼金术”的价值与能力。文化资本通过建构成具有唯一性、垄断性、历史价值性的功能后，会突破权力“文化场域”关系的屏障，而建立不同个体和群体的文化核心价值，会形成当某种权力在选择社会

① ［法］皮埃尔·布尔迪厄. 艺术的法则：文学场的生成和结构［M］. 刘晖，译. 北京：中央编译出版社，2011：168-170.

发展、选择各种分配机制缺乏公正的时候，“文化场域”会养育成一种社会机制，形成的社会权力资本选择的大众性、公平性、正义性以及多数人认同的真善美属性，特别是在人才选择机制上，将非常明显地表现为那些有真才实学和“货真价实”的学者会成为社会的中坚，而形成在社会发展中被选择的精英群体，使其朝着择优文化选择的方向发展。这尽管有着某种“理想类型”的文化意象和主张，但是，在社会发展的比较中，我们已经看到，在有些特定社会环境内已经成为主导性的文化选择模式或者是文化模式。这也可以视为从文化资本到“城市文化资本”建构意涵的深刻性：除了能够使有价值的人、事、物脱颖而出之外，更能够创造一个社会、一座城市对城市发展方向选择的优秀群体，在择优的创新中生生不息。事实上，在全世界我们也能够看到，那些能够持续创新发展并引领世界新发展的大多是我们所熟知的城市，一般也都是“全球城市”，而这些城市的共性就是都有一个科学与文化创新的“文化场域”。换言之，全球一线城市无不是“文化场域”空间土壤属性非常鲜明的城市，这样的城市创新的文化土壤表现在方方面面，如至少有一批文化精英引导社会时尚，至少有一批科技精英在创新和发明创造，至少有一批思想前卫的学者创造新人文精神……有那么多创意阶层的群体，投入城市文化和空间艺术的创新领域，并推动城市文化成为世界级的文化艺术中心，这方面“趋向于其他个人的超验：我们都具有一种感知，在这种感知中，所有艺术作为艺术本身其实都在呈现这样的一种趋向，在此而言，我们所说的就是，我们总是从作品所表现的形式和内容去辨识一个艺术家的风格”[①]。无数有创新思想的企业家、艺术家、政治家和学者的创作——“作品”，不是模仿的而是独立创造的“名著”，即“全球城市”的文化价值所在。

有优秀历史文化并能汲取世界优秀文化的城市，才能有创新“文化场域”的基因传承。个人的才能、思想和群体的先进思想和行为等行动逻辑，均被行动发生的“文化场域”所影响，“文化场域”并非单指物理空间环境而言，更多的是包括人文、人文经济，包括个人的文化涵养、他人的文化互动、群体社会文化心理及社会关系资本构成的人文环境系统中的“文化场域”，而在这个“文化场域”内，建构每一个人在内的社会文化心理、行为的文化逻辑、人与客观环境空间互动的“场域”，以及与此相连的诸多因素，使“文化场域”成为一个小的社会，一种社会空间的总构成。考夫卡将我们外在的环境分为两类，一类是地理环境（客观的），另一类是行为环境（包括主观的和行为逻辑的），地理环境就是现实的环境，行为环境既有思想和意境中的环境，也有行为和心理活动过程，每个人的行为、行动逻辑在受到物理环境影响的同时，还会受到社会心理环境的影响——

① ［英］保罗·克劳瑟.视觉艺术的现象学［M］.李牧，译.南京：南京大学出版社，2021：131.

包括身边某一个体构成的文化空间价值，而其中包括终极观念影响、他人的行为影响——群众行动逻辑的影响，以及政治文化的影响等，除此而外，还有更直接的影响，往往因人而异，因城市而不同，因居住的街区空间而不同……①

“文化场域”也可以看作是个人心理、社会心理、社会政治、经济结构、文化治理和社会价值观等构成的一种社会文化关系模式，如美国、法国、英国、日本、印度的城市，你一走近这座城市，无论是什么类型的文化，都会使人轻易地感受到一种扑面而来的文化气息，这种文化气息往往是由建筑、街区、景观、小品、服饰、饮食、公司组织、路人神态、陌生人的礼节等综合文化要素共同构成的一种文化风格，你会感受到一种特有的“文化场域”，有的人还会产生一种异样兴奋的感觉等。越具有民族性，各国、各城市之间的这种“文化场域”差异就越鲜明。再如，在深圳创业和在一个三、四线的县城创业，无论从心理感知、未来预知、现实政策环境、社会心理、社会认同和他者的心理反应等方面都是不一样的，要比较的文化差异要素可能会有几十种，甚至上百种，即使有明显的差异感知，但有时又根本说不清楚。有人说，为什么全球优秀的高新技术企业会集聚、生长在美国加州硅谷？而为什么“文化硅巷”产生在纽约？单一的原因都不能说明问题。因此，从多角度、多维度和科学的立场看待“文化场域”，对其的理解可以这样再厘定：“文化场域”是个人心理环境、他者的认知心理文化环境、社会心理环境及政治、经济与文化环境的总和，或可以理解为一种社会整体上的个体文化修养、社会样板阶层的养成和创新、创业、发明创造环境。根据这种厘定，“文化场域”就是不言而喻的。

著名的“格式塔”心理学家考夫卡认为，从某种角度上讲，世界是“心物”的，经验世界与物理世界不一样。观察者知觉现实的观念称作“心理场（psychological field）”，被知觉的现实称作“物理场（physical field）”，在社会发展的城市空间内，这两种“场文化”是互嵌和互相制约的，构成一种结构化的关系和集体的认知方式和方法。中国城市空间中经常用的地名，显示了中国城市空间的“文化基因密码”，大家熟悉的“老地名”“老地方”就是这个意义，但是在心理文化层面都可以“明白”，这是一个过去式的但是现存的地方——“老街”“老城厢”“胡同”“街坊邻里”“三尺巷”“一人巷”“庙前街”“老屋”“四合院”“后街”“三条巷”“七家湾”“河沿”“里弄”“牌坊”“站前街”……以及近代现代城市的“中山路”“建设路”“人民路”……在这些街巷的老地名中，可以管中窥豹，可见一斑。而英文中一个单词就可以代表城市主街道以外

① Spehar，van Tonder，G. J. Koffka’s Aesthetic Gestalt［J］. Leonardo (Oxford)，2017（1）：53–57.

的巷子，即“alley”，翻译为小巷的意思。透视中国城市空间的“老街”、里坊和街坊，城市空间中“文化场域”所形成的空间概念以及表现出来的观念差异，是具有很深刻的城市文化学和人类学的意义，有些城市地名文化可能已经渗透在这座城市居民的血液中，转化为一种文化基因，如苏州的平江府路、冠前街，沈阳的中街、太原街，南京的中山路和白下路，上海的南京路和霞飞路等地名，每座城市都有多条让人记忆深刻的街巷，亦已成为深藏于这座城市中人的内在心理符号，也是城市外部认识理解某一城市文化的一个窗口。从这些老地名中也可以读出历史文化和城市个性，虽然大江南北、黄河上下、国境边陲和大海沿岸及各地城市空间街区院落的地名不同，但是从那些“老地方”和名人故居街巷胡同里走出来的人，自带一种文化符号和各自的文化自信。就如有人所说：看看你这座城市的地名，就知道了你这座城市的文化厚度，就如走在苏州“干将”“莫邪”[①]的街道上，你会不自觉地有一种熔炼的历史感……

城市空间肌理可以是“文化场域”的构成部分。必须说明的是，“文化场域”也是城市文化与城市形象对外感知的客观要素，正如林奇所论，有些街巷空间体系构成了人们对城市的第一印象，当然也是个体对城市信息筛选后的直接感知，或者是知识本体的一种文化反射。虽然，网络时代大数据等新兴科技给个体和群体搜集、存储和处理城市各方面的信息创造了很多便利的条件，但是，因为人们对客体的反映是直接的，也是有局限的，加之个体搜集和处理信息的能力也是有限的，人们对城市空间和文化信息整体的、客观的感知与意象往往是不全面的，城市空间和信息的多变性和海量性也是原因之一。保罗·克劳瑟说：“其中特别值得一提的是，一件作品的视觉肌理结构（visual texture）和它的主题素材的呈现之间有丰富的一致性，被置换为单纯为了满足社会需求而进行的实际技能的运用（功利性目的——译者注），而非作为艺术家对于媒介的把握。”一件作品都很难有同一性的感知，很多时候的社会认知和评价是具有功利性的，其中肯度就可能会打折扣。“再次需要说明的是，还原主义和对于消费者重要性的强调等观念，将‘制作/创作’本身的重要意涵消解了。”[②]在很大程度上，在外部对城市的观察很难理解空间价值的原创性意义，特别是当人们

---

① 干将、莫邪：相传春秋楚国人干将、莫邪合铸的宝剑之一。参见：［汉］司马迁. 高祖本纪汇注［M］. 太原：三晋出版社，2021：156-176. 干宝《搜神记》中载：楚干将、莫邪为楚王作剑，三年乃成。王怒，欲杀之。剑有雌雄，其妻重身当产，夫语妻曰：“吾为王作剑，三年乃成，王怒，往必杀我。汝生子男，大，告之曰：‘出户望南山，松生石上，剑在其背。’”参见：［东晋］干宝. 搜神记［M］. 马银琴，译注. 北京：中华书局，2012：240-243.《战国策·齐策五》：“（苏秦说齐闵王曰）今虽干将、莫邪，非得人力，则不能割刿矣。”参见：缪文远，缪伟，罗永莲，译注. 战国策［M］. 北京：中华书局，2012：335-354.

② ［英］保罗·克劳瑟. 视觉艺术的现象学［M］. 李牧，译. 南京：南京大学出版社，2021：19.

把空间作为消费品的时候，人们对城市空间的评判会产生强烈的价值判断，人们对城市空间和街区肌理的理解和认识往往更多地强调个人的感受，这也是理所当然的一种社会现象。

对任何一座城市而言，人们都有自己先验的印象，也可以称之为“意境地图（mental maps）”[①]，是指在自己头脑中形成的空间意象或城市形象，就如，很多人没有去过纽约，但每个人都会在脑海里有一种印象和意象。很多人对没有去过的城市，其在脑海里会预先设定一种印象或意象，这种地图意象往往是通过在以往书本上获取知识后的整合、筛选，或称“后感知”——如北京，没有去过北京的人，大体都会用最简单的语句回答：天高地阔、故宫长城、天坛地坛、封闭胡同和官员的四合院、大院……有这样一位研究城市的教授，在上课培训学生的城市空间意境感知时，往往都会提出一些题目，包括让学生画一张简单图画，用来表示对某一城市的感知和印象，一个班级可能有几十个学生或者是上百个学生，结果是可想而知的，无论准确与否，每个人都有事先预设的感知印象，即个体主观通过对城市空间要素进行整合后，形成一定的文化心理结构，并由此勾勒出来的主观意象和感知，当然这种意象的素材主要来自相关媒体的照片和文章，学生们通过对“城市要素碎片化整合”之后，形成“某种整体感的主观感知”，也有学者称之为“印象地图”“心理感知地图”“头脑意境地图”等，总体上是主观对客观——即相关照片、文章作为物化的客观存在，反映个体知识再造后的结果。最初，这种印象主观认知一方面占有主导性，任何人对所获得的所有信息是不能完全接受的，这是个体接受信息的能力和偏好所决定的，所以才有各种各样的学术观点，并需要通过讨论和学术交流来创造具有同一认知可能性的平台。对城市整体信息和客观信息的评价需要一个选择和再建构的过程，越是对个人的感知刺激较强烈的、刺激次数多的人、事、物越容易被记住，相反则很难留下任何印象，几乎所有的人都会受到选择性记忆的左右，即原有知识水平和知识结构是接受外部知识、新知识的栅栏。任何事物都有可感知和易被感知的部分，这是文化传播和文化授受的特点和特质，人们对信息的选择都有局限和偏好，在某种程度上决定着不同群体关系的异质性和复杂性，从某一方面说，不同的“信息茧房”也是城市形成“异质性

---

① 意境地图（Mental maps）：第一次在地理文献中提到“意境地图”这个术语的是S. W. 伍尔德里吉（1965），他用这个术语描述所见到的环境，农民们依此作出土地利用的决定。P. 古尔德（1966）对“意境地图”作出了第一个重要说明。他从地理学家主要关心的是人类空间行为的前提出发，认为了解空间行为的关键之一是了解人们对围绕人类空间的智能意象。因为人们常常是根据他们所见到的东西而不是根据客观实际情况作出关于区位的选择。P. 古尔德建议我们需要更好地了解人们是如何观察其环境和他们如何认识他们所知道的东西。参见：吕建华. 意境地图（Mental maps）人类头脑中的空间意象[J]. 地理译报，1987（04）：64-65.

文化群体”的原因之一。

城市集政治、经济、文化、社会、艺术和生态要素为一体，在中国改革开放前，因为经济发展水平等原因，多数情况下人们会忽略城市的空间艺术价值，忽略城市艺术美学形象的塑造，而单纯强调城市基本的居住和交通功能的价值。当城市经济与文化发展到一定水平以后，人们对艺术和审美的要求也越来越高，从人类美学和审美的历史进程考察，我们可以看到，艺术美学的价值往往是超时代、超时空和跨民族文化的，真正具有真善美价值空间的都是具有全人类文化认同的“超经验”结果，其本质是共同认知基础上的升华，表现为人类共同的审美和共同的艺术价值观，即使是不同的地域文化、不同的国度和不同的民族，也会在文化层面产生某种认同，在这一点上可以肯定地说：真正的艺术美学在人类的认知上是具有同质性的，尽管艺术的美千差万别，但是真善美的本质是具有同一性的。无论是创造特色城市文化也好，还是创造城市空间艺术美学价值也好，或者是创造“城市文化资本”再生产的“文化场域”也好，都应该把“人类本源同质美”——人类共同的审美核心价值，作为创造城市形象、“城市文化资本”和城市艺术美学空间“超经验”的“超先验”感知。要做到这样，一是要创造“趋向于其他个人的超验”，要能够使城市文化和城市形象抽绎出一个总体的认知：每个人“具有一种感知，在这种感知中，所有艺术作为艺术本身其实都在呈现这样的一种趋向，在此而言，我们所说的就是，我们总是从作品所表现的形式和内容去辨识一个艺术家的风格”[①]。我们之所以提出这样的主张，是因为城市不是一次性完成的天才型“作品”，就如俗语所言“罗马不是一天建成的”一样，所有的城市都是历经历史磨砺的几代人甚至是几十代人的作品，而其中的创作之力量和灵感来自民族文化的创新土壤和特有的“文化场域”，人类的战争、各种天灾人祸对城市的摧残，很难保证这种艺术作品的完整性，但是，因为人类的顽强，也使很多城市以顽强的生命力保护、传承和创新这座城市的人文价值和艺术价值，而转化为厚重的“城市文化资本”价值。我们不仅要强化去创造城市这个“作品”的个体的感知，还要强化另一个方面，即“趋向于一个群体的超验”，一个群体性、民族性的文化认同和精神主张：“无论一个艺术家在心理上或者地理位置上如何孤独，他的作品通常都具有一种典型性或代表性的维度，例如，这种维度是通过其风格和思想观念而展现的，这些风格和思想观念对于艺术家身处的文化而言是具有基础性的。”[②]这个基础就是民族越深厚、越广大，这座城市的文化底蕴和底色就越浓重，优秀的城市文化不仅仅是一个民族的文化容器，也是一个民族精神的文化脊梁，如果一座城市能够有民族文

① ［英］保罗·克劳瑟.视觉艺术的现象学［M］.李牧，译.南京：南京大学出版社，2021：131.
② ［英］保罗·克劳瑟.视觉艺术的现象学［M］.李牧，译.南京：南京大学出版社，2021：132.

化担当，那这座城市一定是民族文化脊梁，而这个民族一定有希望。

城市形象创新也是一种艺术哲学的创新，其本源价值的价值判断来自空间美学和生活方式美学，对一座城市好的印象，大体有三个维度：一是来自城市各类形式的建筑空间结构美学，包括街区系统、景观空间等公认的空间美学价值，优秀的建筑、街区就是天才的独一无二的作品；二是来自人们对这座城市的生活品位、时尚、格调、市民行为、风土人情和创新精神等构成的生活方式的美学认同，如江南文化中的上海、苏州和杭州等；三是来自这座城市与自然的空间关系，与自然的和谐美学的价值创造，如桂林山水中的龙胜、阳朔荔浦和滨海的鼓浪屿小城几乎是与自然环境融为一体的人类杰作。

重庆山城居民与山的和谐自然关系，堪称人类创造的经典作品。人们往往以18层的高楼民居没有电梯谈起，居民楼依山而建，似乎每一楼层都是在第一层，每一层门前就是街道，可以称重庆的居住方式是“空间趣味艺术美学”，而且，无论是重庆人还是外地人，对重庆的整体印象是一种自然特色和美学意义结合的最佳城市。重庆山城，可以称为是人类征服自然的杰作，也是与自然和谐相处的“名著”，在这样的山体空间中生活，人类没有把山作为负担，而是作为一种生活的力量，正如昆德拉《不能承受的生命之轻》一书中所说：“最沉重的负担压迫着我们，让我们屈服于它，把我们压到地上。最沉重的负担同时成了最强盛的生命力的影像。负担越重，我们的生命越贴近大地，它就越真切实在。相反，当负担完全缺失，人就变得比空气还轻，就会飘起来，就会远离大地和地上的生命，人也就只是一个半真的存在，其运动也会变得自由而没有意义。那么，到底选择什么？是重还是轻？”[①]“压倒她的不是重，而是不能承受的生命之轻。”[②]重庆山城的人们，把生活的重担变成力量，越接近大地，越感觉充实，负面因素成为这个“文化场域”的文化力量。

当然，世界上还有其他很多这样的国家或城市，与自然和谐相处，相得益彰，如北欧五国的丹麦、挪威、瑞典、芬兰和冰岛，有的似童话里的城市和国度，特别是冰岛国家经济与社会的发展，显示了人类智慧，也显示了人与自然相互共荣发展的前景。俄罗斯首都莫斯科（Moscow）也是人与自然和谐相处的经典，被称为世界上最寒冷的首都之一，人口有1260多万（截至2023年），夏天最高温度有38.3摄氏度，冬天经常在零下30摄氏度以下，最冷的记录有零下42.2摄氏度。莫斯科从沙漠

① ［捷克］米兰·昆德拉.不能承受的生命之轻［M］.许钧，译.上海：上海译文出版社，2014：2–3.
② ［捷克］米兰·昆德拉.不能承受的生命之轻［M］.许钧，译.上海：上海译文出版社，2014：98.

之城转化为森林花园城市，被誉为“生长在森林里的城市”[①]。根据俄罗斯莫斯科城市经济综合部门发布的公告，2022年莫斯科有近1300万人口，面积为2561平方千米。而其中，莫斯科市的公园和绿化带已从10年前的130个增长到800多个，全市近50%的区域是绿地，目前90%的市民居住在公园或街心花园附近[②]。莫斯科是一个集生态和艺术于一体的城市，也是人类历史上少有的城市空间艺术化的典范，是世界艺术中心城市之一，堪称世界上最美丽、最有艺术感的城市之一，如1935年建设的莫斯科地铁，至今仍被称为世界上最伟大的充满艺术价值的地铁……[③]莫斯科的伟大，是人与自然和谐共生的伟大，在莫斯科可以让人充分感受到人类的力量，天气寒冷不是影响发展的问题，关键是这座城市有没有市民社会的文化自觉与文化自为，在艰苦的自然条件面前不仅可以让城市创造经济的繁荣，还可以创造文化和艺术的繁荣和伟大。这一切靠的是智慧的力量、文化的精神和群体的力量，可以改变人类的生存环境，没有资源，可以通过集体的智慧、赋能并创造资源，把原本并不丰富的资源，变得丰富起来，进而把人类创造的资源转化为“城市文化资本”。

这些人类社会罕见的经典城市，其成功的过程给我们的启示是：只要城市有文化创新的人群，有创新文化的精神理念，自觉建构创新意义上的“文化场域”机制，就能够释放每一个人的活力、价值和创造力，城市就能够勇敢地面对各种恶劣的自然环境，在合理地改造自然、顺应自然规律并与之和谐相处的同时，城市就会真正成为人民的城市，人类在城市以回归自然的方式与自然成为朋友。

黑格尔说我们把美学局限于艺术的美，是不完全正确的，就如人和人创造的一切虽然都可视为文化，但是文化发展有高有低、有优有劣，艺术水平也是差别无限的，所以，美学应该渗透到人类生活的所有领域，追求生活美学的完善，就如我们追求真理、追求高雅，是人类社会的一个永恒命题一样。如在日常生活中，“我们固然常说美的颜色、美的天空、美的河流，以及美的花卉、美的动物，尤其常说的是美的人。我们在这里姑且不去争辩在什么程度上可以把美的性质加到这些对象上去，以及自然美是否可以和艺术美相提并论，不过我们可以肯定地说，艺术美高于自然。因为艺术美是由心

---

① 莫斯科是举世闻名的“绿都”“森林城市”。这里的绿不是在楼房之间栽种一些树，而是在森林中“栽种”一些楼房。参见：陈效卫.莫斯科建成“森林城市”［N］.人民日报，2014-08-10.

② 俄罗斯卫星通讯社.莫斯科市约九成居民家旁有公园或街心花园［EB/OL］.（2022-06-05）［2023-10-28］. https://sputniknews.cn/20220605/1041766117.html.

③ 莫斯科地铁于1935年5月15日正式开通，大部分线路都建在地面50米以下，曾被用作战时避难之地，兼顾平时客运。莫斯科地铁规模庞大，上百座车站大都由著名建筑师设计，风格迥异，莫斯科地铁被誉为“全世界最美地铁”“地下艺术殿堂”。参见：中国一带一路网.莫斯科超美地铁背后，多的是你不知道的事［EB/OL］.（2019-11-20）［2023-10-28］. https://baijiahao.baidu.com/s?id=1650692757048893949&wfr=spider&for=pc.

灵产生和再生的美，心灵和它的产品比自然和它的现象高多少，艺术美也就比自然美高多少。”[①]黑格尔之所以这样说是有原因的或是有不同观点的，“姑且不去争辩”美的高低，在审美的标准上，是有标尺的。为什么我们在生活中常常说：风景如画，而不说画如风景？其内在意涵是：“风景虽然美，但是多数风景不如画美，才用风景如画来说明自然界美丽，其内在逻辑的意义上，有的地方风景不如画。”说的是，人工创作之美是集自然美和人类追求、理想审美结合的产物或称为作品，城市的特殊性就在于是自然美和人类创造的人工美，两个方面的有机结合并构成社会发展主体。但是，黑格尔还强调说“只有心灵才是真实的，只有心灵才涵盖一切”，这一观点似乎有些偏颇和唯心论的倾向，当然黑格尔本来就有些唯心主义的倾向。心灵美，虽然更具有高境界感和超自我感，但只是一种自我的理想型感知，也是一种追求和梦想。无论是自己的心灵感知，还是群体的心灵感知，这是需要在“他者”与自我客观的统一性文化下产生的认同性感知，才能达到多数人的审美意境。这里要说的是，作品是理想和现实结合的结果，也是心灵和现实所需要的结果，而现实更需要的是如何把心灵美的群体理想类型落实到具体的生活中，落实到“人间世”——人类生活、生产和享受的实体空间上来。这既需要有真善美的价值取向——但这只是最低要求，还需要来自小部分有天赋的天才发挥的能力，需要他们对现实生活的理解和研究，更需要社会群体为一部分有天赋的天才给予或主动提供思想放飞的广阔空间，这种全新的能够推动社会整体变革的“文化场域”空间，需要社会来创造，更需要有产生这种空间的肥沃土壤，这才是城市实现“超现实”感知、超现实心灵之美的意义。

二、城市空间连续统：耦合、镶嵌、互洽的文化结晶

世界上很多城市在某种程度上具备了人们所能够想象的自然与空间关系的图景，在所有人的城市意象感知中，那些世界级的文化名城，在城市建筑文化、街区文化、景观文化、生态文化以及城市轮廓、立面、天际线[②]等城市空间中的体现都显示出强烈的美学意义，正如一辆豪华轿车与一辆价

---

① ［德］黑格尔. 美学［M］. 朱光潜，译. 北京：商务印书馆，1997：4.

② 天际线：又称城市轮廓或全景，也称天空线，由城市中的高楼大厦构成的整体结构，或由许多摩天大厦构成的局部景观。天际线亦被作为城市整体结构的人为天际，扮演着每座城市给人的独特印象。现今世界上还没有两条完全一样的天际线。在城市中，天际线展开一个广阔的天际景观，因此大城市都被叫作“城市风光影画片”。在许多大都市，摩天大厦在其天际线上都扮演着一个重要角色。参见：齐新明. 城市风貌规划理论与实证研究［M］. 兰州：甘肃人民出版社，2014：131.

格低廉的轿车比较，无论在整体造型、内部装饰、外部线条以及所有的细节上，似乎都具有人类共同认知的美学感，这其中自然有经济和资本的力量，但更重要的是有文化资本所形成的创意和创新思维的力量，使高档轿车在气质与风度表现上、知识与技术含量表达上，以及在审美与舒适度上，在世界东西方文化中大体上能够得到相对一致的文化认同与价值认同。每座城市的空间文化和艺术的表现都是独一无二的，但是，能够得到世界东西方文化一致认同的可谓屈指可数，虽然如此，但是其评价标准和发展目标却是相对集中的，我们大体上可以参考沙森的"全球城市"标准就可以看到世界的一般性，世界一线城市、大多数国家的首都和一些经历风雨、历史文脉绵长且具有文化特色的城市，都有自己独创的艺术与审美理念。如伦敦优秀的建筑空间显示了设计审美与高品质艺术的交汇融合，打造出服务和启发所有伦敦市民的公共空间，整座城市与巴黎一样，以不同的风貌显示城市空间的艺术价值。伦敦城市政府在这方面专门听取专家和市民的意见，市长提出并开展了"设计促进优质增长"项目和计划，鼓励人们提出最佳城市街区、景观与社区的设计方案。一家名为公共实践（Public Practice）的新成立的社会企业为各区自治委员会提供设计师和规划师人才。市长还委派五十个"设计倡导者"支持优秀设计，提高设计标准[①]，这样能够创造出有专家审美艺术感的空间，而不是仅仅迎合领导的偏好。对于城市来说，任何与城市生活及空间有关系的"艺术品不须借承载它的外在形式来存在，关键在于它被理解的状况、被纳入与环境共存的复杂性"[②]。"被理解"就是能够得到市民的文化认同，"纳入与环境共存"就是要成为城市环境结构化的一部分，成为城市优质环境空间的表现方式。

相比较而言，巴黎这座城市在历史文化保护、传承和创新方面也是在世界范围内认同度非常高的，除了城市空间的美学、艺术价值、文化赋能外，在这座城市空间肌理中养育了城市的产品——准确地说应该是"作品"和系列"作品"的品牌文化。透过巴黎那些繁多而伟大的巴黎美学故事——"巴黎故事""巴黎价值""巴黎春天"和"巴黎秋天"以及巴黎的咖啡，那些天才作家与城市空间融为一体的创作再生产的作品，可以使人强烈地感受到特有的巴黎美学价值文化在世界领先的地位，这种意象是公共的，如类似巴黎花神咖啡馆的公共空间在巴黎随处可见，让-保罗·萨特（Jean-Paul Sartre）和西蒙娜·德·波伏娃（Simone de Beauvoir）在花神咖啡馆里一起写《存在

---

① ［英］伦敦市长办公室. 伦敦全民文化［R］. 大伦敦政府，2018：18.

② ［法］卡特琳·格鲁. 艺术介入空间：都会里的艺术创作［M］. 姚孟吟，译. 桂林：广西师范大学出版社，2005：17.

与虚无》[①]……这可能是独一无二的文化场景了，在物理的时空中，创造了人类无限的虚拟哲学空间，给人以无限的遐想……正因为如此，才产生了无数的“巴黎旧事”“巴黎之恋”……几乎在全世界各国都曾有喜爱巴黎文化的说法与做法，包括很多空间都用巴黎文化来表达（当然，近些年来巴黎的文化有些衰落），从作品创作的方式上，建构城市文化和空间体系，其结果则构成了这座城市的“城市文化资本”再生产的“文化场域”，主要表现为市民社会法制下市场交换的公平与正义的精神理念，进而产生城市文化裂变效应和乘数效应——巴黎服装、巴黎红酒、巴黎咖啡、巴黎陶瓷、巴黎艺术、巴黎街巷、巴黎橱窗……

当然，世界上还有可以与巴黎相媲美的其他特色型文化城市……在这样的城市空间里，不仅有典型的“空间里生产”的杰出产品，还有杰出的“新空间被生产”出来，可以想象的是，强烈地表现了城市空间创作“作品”的普遍性，即到处都能看到独一无二的空间文化形态，在艺术审美的融合下，结晶为时空与艺术创作融合的关系，由此构成巴黎城市特有的城市文化符号连续统。就城市空间美学元素与城市空间的结构化发展而言，中国的一些中小城市是缺乏美学审美空间创造的，这一切，可能是城市的规划者、设计者的问题，也可能是经济资本的介入问题，还可能是城市管理者和建设者的美学修养、审美能力问题，或许需要进行一场全民性美学审美的普及或是扫盲教育，才有可能出现如艺术品的城市。

“城市空间自然生态主题化”的发展趋势已经演绎了很多年，从“现代性”到“后现代性”的城市发展，表现为城市自然观的美学价值赋能的价值取向——回归自然美、再造自然已经成为全人类的共识，低碳、零耗能就是这种共识的结晶，在这个概念和发展理念上也表现了世界性的趋同性，全球各国特别是在进入后现代社会国家中的学者和社会精英都在追求从美学创作作品的意义，规划城市、描绘城市和推动城市自然美的建设，强调城市与自然融合，大自然的每一个作品——每一处风景都具有独一无二性，都是鬼斧神工的作品而不是产品。城市回归自然应该是一个永恒的主题，在中国“泛公园”“花园城市”“城区即景区”等概念已经在很多地区有所实现，表现了人们

---

① 王志艳. 咖啡店里的邂逅：与哲学一生为伍的萨特［M］. 延吉：延边人民出版社，2006：63-64. 让-保罗·萨特（1905—1980），是法国20世纪最重要的哲学家之一，法国无神论存在主义的主要代表人物，西方社会主义最积极的倡导者之一，一生中拒绝接受任何奖项，包括1964年的诺贝尔文学奖。其与波伏娃的爱情也被人津津乐道。参见：文松辉. 存在，或者虚无——萨特的世纪［EB/OL］.（2005-11-22）［2023-10-28］. http://www.people.com.cn/. 西蒙娜·德·波伏娃（1908—1986），又译作西蒙·波娃瓦。法国存在主义作家，女权运动的创始人之一。《存在与虚无》是萨特创作的一部关于“存在主义”的哲学著作，首次出版于1943年，是20世纪法国存在主义的奠基之作。

对城市生活回归自然的美好期望。其实，城市是自然的一部分，正在深刻影响着学者们的城市研究，借用自然遗产，来创造城市得天独厚的唯一性。

城市、人与自然美在空间上的协调，核心概念可以用“自然互洽”“耦合互嵌”来表达。城市生活在理想的追求中，首先要尊重自然，并在某种意义上顺其自然，保证地方居民的传统优秀风俗习惯能够传承，并与城市空间结合，创造一种标志性的“地景文化”。“一个聚居地是否适宜，是指其空间和当时的肌理是否与其居民的行为习惯相符，是指在行为空间和行为轨迹中活动和形式的相符。”林奇说：一个教室是否是一个好的教学场所？适宜与一般的人体学和物理定律相关，“但是因为‘适宜’是指地方与整个行为模式之间的相配，所以它便和文化非常紧密地联系起来了，包括与期望、标准、做事的习惯等等。”[①]林奇在不自觉的文化感知中，提到了场所与内容的“适宜”及与“习惯”文化的空间关系，“‘适宜’这个词与舒适、满足、效率等一些普通的词有一点关联”。空间的基本条件是“舒适”，否则，这个空间就不会有人喜欢。但是，林奇又说：“一个舒适的地方很可能是一个不健康的地方。适宜和健康一样，比较容易在失去的时候才明白。”所以，一个空间的价值，一定是由多方面要素构成的，前提是要与高雅、美学、健康及适宜什么连接起来。适宜是相对的，是与传统、习俗、习惯呈正相关的，郊区住宅对于美国的富人、中产阶级是适宜的，而对一个来自偏远山区的牧人来说是不适宜的。在城市形象与城市文化的构建中，包括“城市文化资本”与人的文化行为的创新在内，“既可以改造地方以适应人的行为，也可以改变人的行为去适应一个特定的地方”。这两者在城市形象和“城市文化资本”运作中都应该是进行创新的实践活动。林奇提出的“可及性”是指“一个聚落居民接触其他的人、其他的活动、资源、服务、信息或其他地方的能力，并包括能够接触到元素的数量和多样化程度”。在我们的认知体系中，可及性还应该包含方便性。“一个具有很高移动能力的人一定是有钱人，要么便是流浪汉或被迫地移民。”[②]这种分析给我们一个启示，无论什么事物都有可能出现相反的结果和认知。这里的“高移动”是指那些经常超远距离“高移动”的人，因此，我们从隐性功能意义上说，城市形象的“意象”或核心是“人性化”的张扬，越具有人性化的城市文化要素，越能够让人们亲近，越容易让人产生共鸣和“共感”，越能让“高移动”的人群集聚，当然，人的集聚是文化集聚的前提。

一个人用一生的时间可能也读不完一座城市，但是，有可能某人会在理论与实践的支配下，“顿悟”、领会、创造和总结出一座城市的价值概念和城市的文化精神理念，如果能够将事物的价

---

① [美]凯文·林奇.城市形态[M].林庆怡，等译.北京：华夏出版社，2001：108-109.

② [美]凯文·林奇.城市形态[M].林庆怡，等译.北京：华夏出版社，2001：133.

值与本质文化属性高度凝练和提炼，除了对这座城市有深度的研究外，就是在思维方式和方法上有自己的独到见解，关于对事物本质的把握。“一个可读的城市，它的街区、标志或是道路，应该容易认明，进而组成一个完整的形态。”①“完整的形态”还不能充分解读城市空间意义，街区、标志和道路，一定是一个完整的有规律可循的系统，让人能够举一反三。“可读的城市”就是让人可以“读懂的城市”，其实，有很多城市是让人很难读懂的。城市应该犹如一篇优美的散文那样，在读的过程中激发作者的想象力，而且在关键的可识别性上，能够以强力的方式启发人们的“意象”感，激发人们的“意象能力”。其中易读、易懂、可识别、可想象和可学习是关键：

其一，容易让人一见钟情的城市都是具有美感和历史感的城市，爱美之心人皆有之，城市美的空间，是一种城市价值的体现，而城市价值决定空间的价值，反过来，空间价值可以进一步赋能城市的价值。

其二，城市是一本读不完的书——作品，必须有可识别性和可读性，并能够吸引人而让人留下深刻印象。在一个充满现代性的社会里，无论是在个体还是群体的眼里，城市是世俗的力量，他不是上帝的作品，而是人类社会由精英带领的群体创作且集体完成的作品，城市是人的力量、人的智慧结晶，世俗文化和市民社会的文化具有更深刻的意涵。

其三，城市空间系统结构和空间连续统应该具有自我生长和创新功能。显而易见，城市的价值往往是世界通用的城市空间价值，如城市空间体系中有国际化的CBD、世界信息港、区域性的金融中心、高新技术创新区、大学城及园区、国际性的交通枢纽、国际化的商圈、世界著名的旅游景点、世界五百强企业集聚区、世界范围可识别的建筑空间和标识物……并且有不断增长的新空间，即新的空间再生产，如上海围绕迪士尼乐园创建的国际旅游度假区，还如南京和苏州的两个文化产业园②空间的创新与空间再生产创新等，既能够给国家创造税收，也带动了地

---

① ［美］凯文·林奇. 城市意象［M］. 方益萍，何晓军，译. 北京：华夏出版社，2001：2.

② 南京秦淮特色文化产业园：一个综合文化旅游的文化创意产业园，于2009年启动建设，2014年12月入选全省唯一国家级文化产业试验园区，2020年12月被列为国家级文化产业示范园区创建单位，其2022年总营收是563.6亿元，较2019年实现20%左右的增长。参见：江永强，王传瑞，杨康. 连获三个“国字号”荣誉·产业升级推动“流量变现”·南京秦淮入选国家级文化产业示范园区［N］. 新华日报，2023-03-29. 苏州元和塘文化产业园区：位于苏州相城区，是一个以数字文化产业为主导的产业功能区，2022年营业收入是345亿元。参见：张晓芳. 各具特色！15家新增国家级文化产业示范园区“简历”来了［EB/OL］.（2023-05-10）［2023-10-28］. https://go.huanqiu.com/article/4CpeUTupMog. 截至2020年，已被认定的江苏省文化产业园区共有28家，其中，上述的两家为国家级文化产业示范园区。2020年，江苏省28家文化产业园区的营业总收入约为2030亿元。数据来源于内部统计。

方就业，更重要的是，给这样的文化型城市增加了创意阶层的力量，为产业结构优化带来重要的创新要素。

其四，城市肌理的不断更新与空间再生产的文化模式创新是一个永恒的过程。城市空间机体的有机增长，是城市的生命力所在，也是城市生命力的表现。前几章已经论述了城市新区的空间增长在中国已经是一个普遍现象，近代以来具有代表性的空间增长就是上海的外滩，应该说，近代以来的凡是开放性城市都有新的空间增长，而改革开放以后，这种空间增长显示了中国城市化与城市现代化的世界性发展，中国的城市化无论从规模到人口流动，再到城市空间的再生产速度都是前所未有的，城市的每一次小进步，都是人类文明的一个大进步。其典型的案例有很多，如南京的建邺区是南京市新增长出来的一个滨江空间，而且在某种程度上可以说是代表了南京城市现代化、国际化的形象，也是南京总部经济的集聚空间和CBD所在地，一个区的面积有86平方千米，成为南京国际化和跨江发展的重要区位，2023年又生产出了一个新的产业类型空间，属于空间再生产的典型——“国家对外文化贸易基地”①，截至2023年全国共有12家，其中南京市建邺区的是江苏唯一的一家。这种空间里的生活、生产和空间类型的增长、裂变，为城市的创新发展提供了空间生长的文化土壤——“场域文化”，而且空间本身就带有文化和资本意义，所以，从空间的生产到空间的再生产持续的过程，会产生“马太效应”，也称

① 国家对外文化贸易基地：是指国家规划建设的以文化和旅游贸易企业发展需求为导向，能够提供多元化、多层次、多渠道、全方位服务，引领和服务企业开拓海外市场，具有国际影响力和竞争力的市场主体为要求的一批文化和旅游贸易服务平台。参见：文化和旅游部办公厅，商务部办公厅. 关于开展新一批国家对外文化贸易基地申报工作的通知［EB/OL］.（2022-07-15）［2023-10-28］. https://www.mct.gov.cn/. 2023年6月1日，文化和旅游部拟确定12家国家对外文化贸易基地。其运营主体分别为：武强嘉华乐器有限公司、深圳（哈尔滨）产业园投资开发有限公司、南京市建邺区高新科技投资集团有限公司、杭州良渚文化城集团有限公司、景德镇市国信城市运营发展有限公司、山东同程尚品文化传媒有限公司、广州市文化金融服务中心有限公司、海南国际文物艺术品交易中心有限公司、自贡彩灯文化传播运营有限公司、霍尔果斯国际文化旅游发展有限公司、上海东方汇文国际文化服务贸易有限公司、深圳华荟国际文化传播有限公司。参见：中华人民共和国文化和旅游部产业发展司. 关于国家对外文化贸易基地名单的公示［EB/OL］.（2023-06-01）［2023-10-28］. https://zwgk.mct.gov.cn/zfxxgkml/cyfz/202306/t20230601_944176.html. 建邺区国家对外文化贸易基地是由笔者带领的匠工营国团队辅导、规划和完成的。参见国家对外文化贸易基地汇报材料《构建平台强磁场，释放创新新动能——贡献对外文化贸易高质量发展的南京力量》，以及邵颖萍等收录于《南京市文化发展蓝皮书（2022—2023）》的文章《对外文化贸易高质量发展的南京经验和未来展望》。

为“循环累积因果论”[①]，在一座城市的某一区位，出现空间里的生产和空间再生产，就会形成一种空间生长机制，会有相关系统性的产业集聚在空间内，形成城市新的增长点和就业机会，从而形成循环的并且是向高级化发展的过程，城市空间的有机体发育越成熟、越高级、越完善，空间的创新性就越强，人才的集聚度就越高，越能创造改变区位的质性，而变成具有人文价值的“人文区位”。

新旧空间的连续统在文化自觉意识的整合下，有机的历史文化空间会显示出人文特点，能够形成城市文化自觉空间连续统的文化结晶，形成区位的历史感、文化自豪感和荣誉感，并能够构建成人文区位空间里人的社会阶层感，就如在北京胡同里、上海弄堂里、苏州水街小巷里、机关部队大院里及天津洋房街区里走出来的居民，自带不同的文化自我感知、文化特质，并由一系列“文化特质”，构成街区空间的“文化丛”，由“文化丛”联连、建构成“文化模式”，形成区域性、城市板块性文化异质性现象——包括一座城市不同区位有不同的语音语调、不同的文化习俗，南京的老城南和南京的城市北，在南京地方话上，完全可以分化为不同的人群，甚至有着某种程度上的“文化鄙视链”。比如，南通这座城市中有一个通州区，很多南通人也听不懂通州地方话……这些现象既有历史原因，也有城市区位板块形成的空间文化模式的原因。区位空间型的城市板块，可以从人、物体与空间之间的联系中体现出来，被现代人定义为“历史街区和历史地段”，并形成各种亚文化群，一个从自古传承“耕读人家”文化街区里走出来的人，内心往往会推崇“腹有诗书气自华”的文化自信，就如人们会很容易辨别北京人和香港人的文化特质一样。“环境最具体的说法是场所。一般的说法是行为和事件的发生，事实上，若不考虑地方性而幻想任何事件是没有意义的。‘场所’是存在所不可缺少的一部分。那么‘场所’代表意涵有多重解释，很显然不只是单纯而抽象的区位（location）而已。我们所指的是由具体物质的本质、形态、质感及颜色的具体物所组成的一个整体。这些物的总合决定了一种‘环境的特征’，亦即场所的本质。一般而言，场所都会具有一种特性或‘气氛’。因此场所是定性的、‘整体’现象，不能够约简其任何的特质，诸如空间关

---

① 循环累积因果论：Cumulative Circle and Causation，由瑞典经济学家G. 缪尔达尔（Myrdal. Karl Gunnar）在其1957年出版的《经济理论和不发达地区》一书中首先提出，是较早阐述区域经济非均衡增长发展原因的区域发展理论。该理论还提出了“扩散效应”（spread effect）和“回流效应”（backwash effect）的概念，创建了“地理上的二元经济”（geographical dual economy）结构。缪尔达尔指出由于地区间人均收入和工资水平差距的存在，导致地区经济发展的非均衡性，一旦某些区域由于初始优势而超前于别的区域发展，在既得优势的基础上会继续超前发展，即发展快的地区发展更快、发展慢的地区发展更慢，这就是所谓的“循环累积因果论”。参见：徐桂兰，周万生. 欧美区域经济政策与四川跨越式发展[M]. 成都：电子科技大学出版社，2003：20.

系，而不丧失其具体的本性。”[①]前文提到“场所”所形成的“场所精神”，与本章所提到的“文化场域”有异曲同工之意，只是从不同的空间范围表达了不同的文化意义，“场所”和“场域”的共性在于都具有某种“氛围与气氛”的意涵，即文化气氛的意义。“文化场域”具有相对性，大到一座城市和国家的社会机制与文化土壤，而“场所”更强调地表现为某种“地点”和“地点精神”。

“帕克和伯吉斯提出的广义上的邻里是指人和机构占有明确的空间范围，这些空间范围均受一系列生态、文化和政治力量的支配。帕克在这条乌托邦式的道路上越走越远，甚至认为邻里塑造了‘当地特有的情感、传统和历史’。同时，他也将邻里视为社会组织和政治组织的基础。”[②]个体和群体的成长都会和自己生活的区域空间文化有关联，或者说是狭义的地缘空间关系，或者进一步说是邻里空间关系，它们在空间形态上存在着有形与无形的文化关联。街区邻里、街坊风尚、人物、习惯和街区的历史文化积淀，会与观察者、受教育者及生活其中的人发生某种潜移默化的关系，譬如居住于重要的历史纪念物旁，或是居住在一个历史文化遗迹边上，或是居住于一个历史名人故居的小巷里，甚至居住在一个著名的历史博物馆附近……这一切会与观察者及观察者背后的景观与空间发生一定的联系，而且居住其中的人，在某种意义上也是学习者和参与者，一言以蔽之，这个空间里的人及附近的人，或自觉或不自觉地比别人先知道、多知道这座城市的某一街巷的故事，对街巷里的故事耳濡目染，知道与这座城市有关的人、物、事的历史知识，会作为参照系而成为人生的文化坐标。因为任何人居住的地方都是一种文化场，童年成长在穷乡僻壤的人，获取知识的渠道就比较晚，甚至永远不足。不同的文化场的文化内涵有多有少，有高有低，成为不同文化层次人的“文化场域”机制，构成个体文化资本养成的基础，使这座城市街巷形成的“文化场域”中的文化具有了“醇化”或“教养”人的功能。

空间的再生产及相关的人工物体包含了规划者、设计者的文化价值观，其知识含量有高有低，也有文化知识深厚与浅薄之分……但他们都有共同本质，即时代的社会属性和社会权力者的文化表现。纽约“曼哈顿天际线的意象可能代表生机、权力、颓废、混乱、伟大，或是其他什么，但在任何情况下这些轮廓分明的图像都体现并加强了这种意蕴”。之所以这样说，是因为曼哈顿作为一个区域空间，文化内涵本身具有混杂性，在其不同文化体系内的人，对同样的事物，即使在同

① ［挪］诺伯舒兹. 场所精神——迈向建筑现象学［M］. 施植明，译. 台北：田园城市文化事业有限公司，1995：6-7.

② ［美］罗伯特·J. 桑普森. 伟大的美国城市［M］. 陈广渝，梁玉成，译. 北京：社会科学文献出版社，2018：45.

一地点，由于不同政治文化背景，对空间都有不同的解释，甚至是截然相反的结论，唯有真正意义上具有真善美的艺术价值的空间，才有可能成为人类共同的主观与客观结合的审美取向。罗伯特·J.桑普森以他的经历证明："当我跨越芝加哥河进入卢普区时，千禧公园在经典的背景下继续传达着大胆与时髦的主旨，并持续吸引着大批游客。我不得不承认，这个充满争议的大胆作品令人印象深刻，该项目确实是芝加哥的雄心壮志和建筑的傲视群伦的证明。从路易斯·沙利文（Louis Sullivan）到弗兰克·格里（Frank Gehry），看起来近乎浑然天成。无论如何，在这一天，盖里（Gehry）设计的音乐厅反射着阳光并与环境恰如其分地融为一体。"[①]无论这种评价的水平高低如何，但都能看出他的文化价值取向，也有着深厚的个人感知色彩，此类案例很多。

总结城市空间的文化价值与意象，并使城市文化能够伟大起来，应该从最简单的如下几点做起：一是保护和创造有特色的人文空间政策措施，并最终形成有人文区位价值的"文化场域"；二是有自然与人文区位融合的特色文化艺术空间；三是有丰富和多样性的空间里的文化再生产；四是由历史地段所构成的"地点精神"，而且还有建立其上的时尚生活；五是有尊重和被尊重所展示的社会空间邻里关系。这五点是构成城市意象空间的核心价值"因子"，这种归纳无疑是经过一定总结思考后才提出的。在生活中往往有特色、有一定联系和有特殊意涵的、能够让人产生激情和共鸣的空间，是最容易留下深刻印象的，也是最具有感染力的，这五点具有不可分割性，即一座有特色的伟大文化城市，必然是由很多不同的、有地点精神和"文化场域"内涵的城市片段所构成的，这一点在全世界具有共性。

雅各布斯说："一条伟大的街道必须有助于邻里关系的形成，它应该能够促进人们的交谊与互动，共同实现那些他们不能独自实现的目标。"[②]"伟大的街道"与"邻里"是构成人文区位肌理的空间系统，"在芝加哥也有许多众所周知的社区，这些地方往往具有鲜明的边界，如高速公路、公园和主要街道。芝加哥有77个这类'正式划分的社区'，平均每个社区约有3.7万人，包含具有社会意义的自然地理边界"[③]。发达国家的街道与城市主干道的连接类型丰富，有的很具有人性化，而有的则是高速边的社区。在雅各布斯眼里，城市街坊空间体系有着女性特有的审美和价值选择，她

① ［美］罗伯特·J.桑普森. 伟大的美国城市［M］. 陈广渝，梁玉成，译. 北京：社会科学文献出版社，2018：326.

② ［美］阿兰·B. 雅各布斯. 伟大的街道［M］. 王又佳，金秋野，译. 北京：中国建筑工业出版社，2009：7.

③ ［美］罗伯特·J.桑普森. 伟大的美国城市［M］. 陈广渝，梁玉成，译. 北京：社会科学文献出版社，2018：66.

总结了伟大街道的共性和判断条件，她认为：除了强调要有能够与社区共同体相适应的生活方式之外，伟大的街坊邻里关系还应该是一种城市文化传承与习得的空间，有如笔者前文提到的历史地段和人文区位空间一样，也一定是人们最想去的地方。从一般意义上说，到一座新的城市最想去的地方有五种：一是最繁华的商业中心区，二是特色的历史街区，三是城市内著名的旅游景区，四是能代表这座城市的博物馆和艺术馆，五是有历史故事和传说的地段和建筑……笔者的理解是，这五种类型虽然不能代表全部，但都是与街区、街巷和住宅历史等文化有关联，如果透过现象看本质，这五种类型的街区都有某种怀旧的痕迹，也是全球范围内人的城市化和社会转型所带来的一种人们的社会心态，例如人们都愿意去的迪士尼乐园就是具有某种怀旧情怀的娱乐项目。同时，大家喜欢的五种街区类型，也与居住在这座城市的人和外来的人都喜欢的价值空间有关，即大多数人喜欢的地方，一定具有前提引导性，也是与人们和消费者都有从众心理有关。

从另外一个层面说，特定的空间包括怀旧空间是现代人旅游休闲的一种普遍选择，那些具有某种安全性的区位空间，可以纳凉、避暑、躲雨、避风，这也是空间艺术价值和功能的体现，而城市中的各种“灰空间”[①]和其他空间形式，丰富了空间形式和市民的生活方式，也创造了城市多样化的空间结构。一条伟大的街道，之所以称之为伟大，一定有丰富的空间创新，一定有较多的为市民着想的“黏滞空间”，能让更多的人停下休息，放慢生活的脚步，在“闲逛”中，有相互交流、欣赏城市街景的过程，演绎个人的生活方式。对于城市空间来说，每一个人或者群体都有可能在“地点精神”的建构过程中，或被动或主动参与，并形成城市空间建设的伟大力量，正如我们所看到的，人们的消费偏好和热情，是空间创造和空间再生产最好的“导师”。伟大的城市街道一定是具有代表性、典范性的；一定要有舒适感，空间组织有人文趣味性，一定是“巧妙的、美好的”；一定要有好的配置，就应该有如家氛围的空间感一样，这样可以使街道有自己的文化风格、色彩、造型、特有尺度，使“街道变得与众不同”[②]。特别是现代城市的街区，更多地是有复合性文化与消费功能，包括学习、办公、购物、娱乐等，除了能够喝一杯咖啡外——还可获得消费和可以创业、

---

① 灰空间：由日本建筑师黑川纪章首先提出，“灰色是由黑和白混合而成的，混合的结果既非黑亦非白，而变成一种新的特别的中间色”。若把空间比作色彩，那么作为室内外结合区域的“缘侧”，就属于这种灰空间。它作为室内外的插入空间，介乎于内与外的第三域，特点在于既不割裂内外，又不独立于内外，是内与外的媒介结合区域。这个区域提供室内外的中途点，也是人们生活区域的延伸。参见：陈雅男．“灰空间”［J］．现代装饰：家居，2012（9）：5.

② ［美］阿兰·B．雅各布斯．伟大的街道［M］．王又佳，金秋野，译．北京：中国建筑工业出版社，2009：9－10.

就业……这才是人们喜欢的街道。在中国，目前有很多城市的街道都是重要的旅游目的地。雅各布斯在街道研究中，还列举了一些城市“伟大街道”的特点，但无可否认的是，城市伟大的街道，无一不是城市的旅游目的地，她从个人的角度对街道属性进行了类型划分：如“气势恢宏”的伟大街道、“至今尚存的中世纪伟大街道”“伟大的居住街道”“仅由树木成就的伟大街道”“伟大街道的协奏曲”等等，这种分类方法虽然显得有些简单随意和表象化，但是也确定地告诉我们，一条街道要想充满神奇的力量，给行人带来快乐，必须能够创造浪漫和传奇，能够演绎无数的城市故事，甚至能感受到这座城市里人的精神面貌、人情世故、生活偏好等所具有的人本主义精神，显然这样的街道对于一座城市来说，更具有传播力、影响力和城市价值提升力，同时，这样的街道可以构成典型的“城市文化资本”。

世界上很多城市就只是因为一条街道而创造了城市的知名度，甚至带动了一座城市的旅游发展，最典型的是巴黎香榭丽舍大街、上海的南京路等。这些街道本身具有强烈的地方文化，同时，又是城市经济与文化的盛载空间，是城市经济繁荣、文化时尚的缩影和城市风情的表现。此处以哈尔滨俄罗斯风情的中央大街为例，人们甚至可以通过这条中央大街来理解这座城市的文化和历史——街道比较干净，充满异国味道，繁华的中央大街与多个社区相连接，可以显见一个城市市民的生活方式和喜好。各种商品物价较低，东北地方风俗文化和俄罗斯风情结合得淋漓尽致。中国和俄国文化的传统依旧在，时尚有新出，原本哈尔滨就是一个时尚之都，可以说是曾有的时尚仍在，并且新的风情也在不断演绎与出新。

中央大街的尽头是松花江沿岸的休憩空间，2022年秋天的江边，以一个定格场景可以看到：作为一个经济发展比较缓慢的城市来说，这里到处是大众可以参与的街区活动，大众是这个街区上的主人、表演者，也是一个“人群可以壮观”的地方，传播文化和传播时尚……一切看上去那么自然、安定、美好。但与中国沿海和内地发达地区的城市比较，不足也是非常明显，道路上是匆匆而过的行人，大街好像是行人走秀的T台，除了进入商店，行人步伐很快，很少有驻留者和徜徉流连者，没有如巴黎香榭丽舍大街那样创造的“巴黎闲逛人”，缺少更多的“黏滞空间”“灰空间”和公共空间。主街的繁忙却被“通道”感替代和强化了，而主街旁边不但没有附加的“非字形街区”空间，也没有与主街具有差异化的“复街”商业与消费空间。成都的宽窄巷子之所以成功，除了区位和城市文化历史创造这样的空间原因外，关键还因为街区空间有一种令人一眼不能望穿的感觉，街区会让人产生好奇和意外，有“宽巷”和“窄巷”供你荡步、探寻其中，并有街巷深度的表达：谓“小巷深深，深几许”的意境。所谓“复街”或“非字形”街区，是最有利于商业街区发展的空间形态，可以使主街的功能向两边延伸，而使主街功能更能完善和创新，形成人们可以选择的多样化的空间。

从哈尔滨城市来看，其特性是十分明显的，这样一条伟大的街道和这座城市的经济发展不相匹配：一是作为东北亚重要城市，哈尔滨的国际化程度目前还较低，虽然与俄罗斯很近，但是国际文化交往还停留在过去。2023年，作为一个省会城市，五星级酒店就两家，5A级景区仅一家，虽然20世纪近代以来的俄罗斯餐厅和建筑大体都在，甚至名称照旧，但服务水平相对较低。二是城市化率只有55%，低于全国平均水平。甚至GDP在全国省会城市中垫底，消费水平不容乐观。三是除了冬季滑雪外，文化旅游经济还停留在观光阶段，2021年前，全年共接待国内外游客9188.6万人次，旅游业务总收入945.1亿元。人均消费在1000元左右，与城市地位十分不符。四是餐饮文化依旧，粗犷有余且精细不足，南方菜系基本没有市场，油炸食品和城市人的"啤酒肚"随处可见。五是城市建设滞后，地下停车场数量与国内其他省会城市及一线城市比较而言差距较大，很多路面都被停车场占领，显得城市有点乱。六是科技创新和创意产业人才缺乏集聚和引力，创新发展没有成为城市主体文化。七是旅游资源虽然充分，但利用与开发严重不足，淡旺季差异过大，应该充分开发周边旅游，建构"城市文化资本"。八是城市市民的"文化场域"没有完全形成，如马克思所讲，农业社会的文化"渗透"力很强，城市生活方式缺乏创新性和引领性。九是中央大街的功能应该扩大、延展新的旅游业态和场景，以上海南京路为标杆创新发展。十是哈尔滨作为省会城市应该加速城市化进程，哈尔滨下辖县的依兰县城市化率只有37%，还处于农业社会……因此，哈尔滨应该高质量发展，创造欧亚大陆桥和空中走廊的国际性综合交通枢纽城市，在空间体系上拉开空间格局，至少在未来的城市发展中，县域城市的城市化率要超过50%……总之，从目前看，比笔者心中的哈尔滨还相差甚远！①

马凌诺斯基在论述文化时说："他们曾不加辨别地将种种概念，如文化特质、特质丛、文化丛等用过于单纯的器物或工具，如标枪、弓或钻火器或用于一堆物质文化的模糊特性，如纪念某事的石碑，暗示性生活的贝壳或用于文化的某一方面，如农业、多子崇拜或用于模糊的集团原则，好像对偶

---

① 一座伟大的城市，一定有一个伟大的街道。这也是雅各布斯的观点。2019年，笔者和团队为完成几座城市的街区的规划，趁着开会游学之际，考察步行街：中央大街是哈尔滨市很繁盛的一条商业步行街，长1400米。这条长街始建于1900年，街道建筑包罗了文艺复兴、巴洛克等多种风格的建筑71栋。1928年7月，中国大街正式改称"中央大街"。从它诞生起，就成为著名的商业一条街。中央大街步行街区总占地面积94.05公顷，约1平方千米，最具特色的就是整条街由方石铺成，其中马路方石路宽10.8米。街区内共有休闲区17个，停车场18个，欧式古典路灯152盏，草坪绿地14处，约2600平方米，各类雕塑小品5个，喷泉3处。设监控中心1个，全街区共设置30个摄像头，实行全覆盖的24小时不间断监控。但还有一些问题，如黏滞空间少、半围合灰空间少、业态重复单一、空间色彩不丰富等。

组织、氏族组织或用于宗教的崇拜典礼。”[①]城市里存在着文化特质、文化丛，存在着社会人类学家眼中的种种文化现象，构成了一个文化整体，即城市文化的整体形象，这一形象在被感知的过程中，每一个感知者的心里都存在着某种先验、预设的心理“定式”，而专门的城市研究者可以从辩证的角度来认识城市文化与形象，可以对城市客观存在的文化、形象进行重新认知与定位，在被感知的结果中注入新的主观的印象，可以成就一座城市的整体文化表达，从这个意义上说，城市形象和“城市文化资本”的研究与创新，需要掌握一定的人类文化学、社会人类学的知识范畴及方法，这样的城市研究才不至于是从单一概念体系和单一学科视角来解释复杂而庞大的城市科学和城市文化。

林奇的“五要素说”对城市形象认识与构建是有重要意义的，并显示出了作者的灵性和创造性。在对“五要素说”的解释中，我们可以看到林奇在强调人的“主观意象方面”独有见解。但是，他的“五要素说”中还存在着很多值得重新认识的问题，特别是在当代，网络社会全球化、文化数字产业化、实体与虚拟空间智能化的时代，城市空间的界线在“元宇宙”的认知视野中，人类在宏观、中观和微观的多重视角上，可以重新认识城市点、线、面的空间关系和结构理论，林奇的某些观点已经不能完全解释现代意义上的城市和城市空间体系了，空间已经有新赋义和新的解释。当代世界越来越网络社会智能化，城市文明分野的界线也越来越分明了，解释方式的原点逻辑发生了某种变化，所以，我们试图从真正意义上的城市形象、空间意象和人的价值、人的存在意义、人与城市的关系及整体生存环境的自由、公正和创造性等方面提出新认识观。亦如有学者所言，林奇的“五要素说”显得有些生硬和简单，并缺乏对整体的和逻辑关系意义上的解释。当然，更重要的是人们在何种程度上来认识林奇的观点和解释，既是学科问题，也是学术的创新问题，以及新科学技术条件下的空间再认识问题。

城市形象作为人类的一种文化现象和感知，或者作为一种研究对象，在城市设计者与建筑设计者眼中早就被提到重要位置，城市美学、建筑美学、景观美学等研究都是从不同的层面研究城市形象的要素。鲁道夫在其所著的《艺术与视知觉》一书中提出：“视觉不是对元素的机械复制，而是对有意义的整体结构式样的把握。”但这一解释又让我们提出了新的问题，即对“有意义的整体结构式样的把握”是因人而异的，社会中的哪一个层面的人能够对一个事物的“有意义的整体结构式样”进行科学的、理性的把握呢？而大众中的个体对一座城市的感知，一般情况下是不可能全面、整体地获得某种升华与总结性认知的，因此，城市的印象，虽然可以解释为对一个或一种事物的总

① ［英］马凌诺斯基.文化论［M］.费孝通，译.北京：华夏出版社，2001：14.

体感觉，但这种感觉是有程度的，也是不同的文化视角和文化层次的一种解释及感觉。虽然，在传统的城市与建筑理论的研究中，城市形象尚未形成完整的学科意义，但是相关的研究成果已经在一定层面上论述了城市形象的存在价值与意义。诺伯格·舒茨（Norberg Schulz）从人的头脑如何构成外部世界图式出发，论述空间理论并提出“环境图式”的构成要素，包括中心和地点、方向和途径、地区和领域、要素间的相互作用、地点精神等。但无论是何种观点，在现实的发展中，城市社会的转型与城市形象构建之间的矛盾是非常明显的。如当一种城市古典意义上的建筑文化区或建筑群应该受到保护时，现代城市市民的新型居住生活就要受到某种负面影响；当人们在追求自然回归城市时，城市的街区和建筑正在以汽车作为交通的主体进行规划，以汽车为交通工具成了城市交通的主宰。所以，“关于象征型艺术还可以有这样一个问题：是否应该把一切神话和艺术都要按照象征的方式去了解呢？例如弗·许莱格尔就认为在每一个艺术作品里都应该找出一个寓意。因此，所谓‘象征的’或‘寓意的’就是指每一件艺术作品和每一个神话形象后面都有一个普遍性的思想作为基础，因此在进行解释时就要把这种抽象的思想指点出来。”[①]——城市是大众欣赏的作品，对城市“环境图式”的感知与认知结论是不同的。中国传统城市中的景观是世界范围内的一种独立风格，并被世界文化所认同，其中的要素是中国文化传统的“文化特质”，是在千百年来的文化熔铸中创造的，给人以稳定、惬意、与自然浑然一体的感觉，并表现了独有的民族审美价值，文化中的建筑空间“文化特质”要素可以信手拈来：红墙、绿树、黄瓦、飞檐、斗拱、干栏、龙吻[②]、钟鼓楼、戏楼、假山、塔、亭、台、楼、榭、殿、阁、廊、桥等，具有强烈的识别性和代表性，构成有独立辩护词的学科性和民族性的“环境图式”，也是中国及世界所认同的东方城市景观文化特征，这种景观是中国特有的自然文化的延伸和对社会及家庭生活的介入。

西方城市的传统景观是“文艺复兴”后对古希腊罗马文化的张扬与重塑，强调“复兴”，当然在整个欧洲城市文化复兴的过程中，“复兴”侧重于复兴古典时代最高艺术，但是更多地以借复兴之名，进行创新之实，是以解放人性为前提的一种文化创新，这种主张和行为成为西方城市景观规划和创作的灵魂。当代西方城市景观大体上可以分为两个部分：一部分是工业化、城市化、现代化和科技化发展形成的社会符号与文化符号——几何形建筑、工业化景观、新材料创造的超跨度空间结构、抽象景观、有工业化痕迹的花园（修饰得过于整齐等）、工业化别墅、新型

① ［德］黑格尔. 美学：第二卷［M］. 朱光潜，译. 北京：商务印书馆，1997：19.

② ［清］姚承祖. 营造法原［M］. 姚承祖先生原著手稿影印本. 苏州：联合国教科文组织亚太区世界遗产培训与研究中心（苏州），苏州市园林和绿化管理局，2022.

宗教建筑、科技喷泉、技术型数字化雕塑、3D打印景观、元宇宙景观及虚拟空间的创新等为其重要的文化特征；另一部分是后工业社会自然回归的文化表现，取自自然的材料、野生植物型自然公园、野生动物型的自然公园、生态森林型社区景观、零耗能建筑景观及能够增补能源的动态景观（能够发电的和利用太阳能动能景观等）、“反公园”概念采用等。在21世纪以来的美国或其他发达国家，很多别墅区反而更像中国传统的园林景观建筑区，中国式的“小桥、流水、人家”景观，在美国及发达国家很常见，与中国传统的居住方式很接近。城市文化景观是潮流和反时尚的创造，反映的是历史变迁的特殊意义和文化现象。另外，一些城市文化在创新上，采取的完整保护和完整复古的概念，也创造了一个时代的景观大色调，如中国西安、苏州和日本的京都、奈良，在城市整体景观的创造上，使城市历史文化精华得以保护，有些城市文化景观就是城市历史的写照，就是新的历史场景，也是这个时代人们文化认知的一个转型创新——城市文化景观往往具有政治和特定的文化意义。

景观、场所和场景文化的文化资本意义，显现了民族文化赋能与文化认知的变革，不仅仅是生产、工作、交通和生活四大功能载体，《马丘比丘宪章》[①]说的城市四大功能已经有些不合时宜，现代人们认识的城市，包括城市应该是旅游、旅居的目的地，某种旅游方式的终点，而旅游的终点是风景，风景在某种意义上是由一系列景观构成的，而城市存在的本身就是场景化的组合构成，是时间和社会片段。“在现代生产条件无所不在的社会，生活本身展现为景观（spectacles）的庞大堆集。”[②]这一观点笔者十分赞同，在深层次上，说明了城市社会的存在方式，人的一生也是由无数个场景构成的，一座城市当然就是景观可以无限堆积的地方。

如要打造一座伟大城市，就必须创造优秀“作品型”景观的组合“互嵌”，构成人类审美的一种图景。居伊·德波在《景观社会》一书中说：“景观不是一个图像的集合。”因为图像是一种平

---

① 《马丘比丘宪章》（*Chapter of Machupicchu*）：是继《雅典宪章》之后对世界城市规划和建筑设计界颇有影响的一个文件。《雅典宪章》发表44年之后，1977年底，一些从事城市规划的建筑师和大学教授在智利利马，以《雅典宪章》为出发点进行了讨论，随后又在附近的马丘比丘古城遗址签署了《马丘比丘宪章》。宪章按近年来城市规划理论和实践中有关问题的重要性，依次分为十一节加以论述。参见：章宏伟. 西方现代派文学艺术辞典［M］. 北京：社会科学文献出版社，1989：536–537. 1933年所制定的《雅典宪章》随着时间的推移，特别是第二次世界大战后，出现了不少理论上的根本缺陷。《马丘比丘宪章》是为了在新的形势下指出建筑与城市规划应该有什么样的指导思想来适应时代的，其按问题的重要程度逐条予以修正，并简单扼要地予以阐明。参见：陈占祥. 雅典宪章与马丘比丘宪章述评［J］. 国际城市规划，2009，24（S1）：41–42.

② ［法］居伊·德波. 景观社会［M］. 王昭凤，译. 南京：南京大学出版社，2006：1，3.

面的文化存在，不是一种空间关系，“图像为中介的一种人与人之间的社会关系”，只是说明了一种过去的存在。“景观”，作为一种公众视点，是社会的具体空间与事物的产物，有些景观是人类可以介入的空间，反映的是社会文化关系中的文化认同指向，任何景观都有一定政治文化和宗教意义，在景观构成的空间里，“场所精神的发展过程中保存了生活的真实性，虽然它不会被如此命名过。艺术家和作家都在场所里找到了灵感，将日常生活的现象诠释为属于地景和都市环境的艺术。因此歌德（Goethe）说：‘眼睛自孩提便受物所训练是有根据的，所以威尼斯画家在看到任何东西时必须看得更清楚，而且要比别人有更多的乐趣去看任何东西’”①。虽然这里对景观有些误读，或者理解的角度不同，但是景观是客观存在的，有些景观不一定“保存了生活的真实性”，而那些表达真实的景观才具有生活的真实性，是可以穿越时空的文化景观，犹如古希腊和古罗马时代流传下来的景观一样，虽然是物化的景观，但她似乎有生命价值，甚至在一定意义上比普通人的生命存在还要长久，而代表更多人的文化追求与理想，这也是某些景观能够穿越历史保留下来的原因。或者说，很多景观没有做到真善美的原价值取向，而被历史和社会所淘汰。

景观的价值之一是表现为某种“场所精神”，从原来的意义上分析，“‘场所精神’（genius loci）是罗马人的想法。根据古罗马人的信仰，每一种‘独立的’本体都有自己的灵魂（genius），守护神灵（guardian spirit）这种灵魂赋予人和场所生命，自生至死伴随任何场所，同时决定了他们的特性和本质。”②虽然这种认知有所谓“神灵”的唯心主义文化倾向，但是，从人类文化发展的本身来说，“场所”一定是有精神存在，否则为什么人类对世界某些地方会那么怀念。当然，这种精神是人类自身所赋予的，这种精神存在是时间与空间+人的思想存在的结果，同时，建筑空间所构成的场所本身就有建造者、空间主人和时代所赋予的人文价值，如埃及的金字塔、中国的长城、美国的总统山……即使一个名人故居甚至是祖上的故居，也都包含着文化意义上的“场所精神”。罗马人认为：“即使是众神也都有他们自己的神灵，这个事实说明了这种想法主要的本质。因此genius表示‘物之为何’（What a thing is），用康德的说法则是什么是物所‘意欲为何’（Wants to be）。在我们的生活脉络中重返过去灵魂的想法和希腊神性（daimon）的想法是没有必要的。不过必须指出的是，古代人所认识的环境是有明确特性的，尤其是他们所认为和生活场所的神灵妥协是

① ［挪］诺伯舒兹. 场所精神——迈向建筑现象学［M］. 施植明，译. 台北：田园城市文化事业有限公司，1995：18.

② ［挪］诺伯舒兹. 场所精神——迈向建筑现象学［M］. 施植明，译. 台北：田园城市文化事业有限公司，1995：18.

生存最主要的重点。”[①]一座城市景观开发的目的，就是要探索如何注入全新的现代人的思想和精神理念，并使这种精神永世流传。当然，很多景观是很多城市设计者所思考的问题，若是能流芳千古，设计所表达的是时代的文化特质和民族共同的文化理念，使景观、“场所”产生一种民族和世界文化认同的精神，如不是，则不可能流传。事实上，从中国古老的文化中可以获得全新意义，创新或者通过“中国式城市文艺复兴”的方式，可以创造世界一体化前提下的地方性文化，进而形成城市个性化的资源与资本，并可以从这样的感觉中构建景观创意与创新。

一个人不能没有理想，所以才有个体化的世界观与价值观的认知方式。一座城市也不能没有理想，才有群体的意志和精英文化人格，才有“场所精神”。生活空间的价值取向，表现为一座城市的历史意义与现实价值。人们需要什么样的城市空间呢？虽然我们的城市在创造宜居型的空间结构，甚至提出了宜居城市的指标体系，但是，能够在更高的层面，创造新的理解，创造人们心中理想的城市家园，可能更有价值。人类本身从来就没有停止过对理想类型的追求，亦如每一个个体都希望有自由、希望无拘无束地生活一样，但是，人们却不自觉地走进城市，创造了一个理性化的空间样态，在城市这个空间结构体内，人们必须按照一定的法律规范、城市个性规范、一般传统生活规范、一定群体的规范、一种组织化的规范、不影响他人生活的规范和生活中“显规则”和“潜规则”来保证生活，那种人文主义的理想性的完全无拘无束的生活仅仅是一种理想而已。在城市里，必须按照规定的时间上班、必须按照规定的路线行走，否则在现代城市中就会被设在马路边的摄像机曝光、被罚款等。这种理性是以一种城市人生活方式的认同为前提，不这样就不能有多数人的良性生存。从另一个方面认识，在城市中也给予人们在乡村不具备的某种充分的自由，包括自己创造的私人空间和思想放飞的自由，即在一定相对的条件和前提下，并在理性的规范机制内，城市人也有着充分的选择权，这种选择权既是追求的，也是可以创造的，特别是对城市生活方式“理想类型”的追求与创造，应该是城市精英群体的价值取向和社会责任。

在理性选择中创造艺术生活与空间，这可能是人类文化的特质，群体价值理性追求的是人类最高理想境界的真善美价值。城市生活应该是一种“居艺生活”，城市景观要素应该成为城市生活的日常文化要素和日常生活的补充，从而体现典型的现代人和生活艺术哲学。作为整合性的要素，在生活体系中对于城市市民的整体可以包括“5S城市要素”体系：景观（Scenery）文化、阳光（Sun）环境、运动（Sport）场地、溪流（Stream）水景的自然生活、故事（Story）与人文精神。

---

① ［挪］诺伯舒兹. 场所精神——迈向建筑现象学［M］. 施植明，译. 台北：田园城市文化事业有限公司，1995：18.

在这样一个传统原生态自然条件下再构现代的人文空间，通过这种空间的后都市主义状态，给人以实现城市生活方式的理想，如我们提出的需要安静，但是，“静”不是绝对的无声，而是一种有序的和谐韵律，正如一个十分惬意的夜晚，最能感觉的静意境是大自然虫叫蛙鸣的协奏曲……可以反复地强调：一座伟大的城市应该有一条伟大的街道，是城市酿造伟大文化的空间，也是世界城市文化身份的识别标志之一。

三、城市混合型空间新场景[①]：艺术空间VS烟火集市

包容性在于城市构成了与乡村不同的生活方式，城市与农村有着千差万别，其中一条被人忽略的原因就是人口的异质性与城市空间的混合型、复合性和包容性。

城市与乡村的区别有的人用“生活着”和“活着”来形容，有的人用常理性语言来说明，如费孝通说乡村是“熟人社会”，城市是“生人社会”[②]；滕尼斯说乡村是“共同体”，城市是“社会”，乡村是“礼俗社会”，城市是“法理社会”[③]；社会学家涂尔干说乡村是“机械团结”，城市是“有机团结”[④]；芝加哥城市社会学派领军人物帕克说乡村是“同质性社会”，城市是“异质性社会”；吉登斯说乡村是“传统社会”，城市是“现代社会”；哲学家说“城乡是相互对立的一组范畴”；经济学家说城市表现了“集中”，乡村表现为“分散”；云云。其实，还有一个角度可以描述城市与乡村的区别，即城市空间的多样性和乡村空间的单一性……多种视角和多学科类的学者都能从不同的学科角度描述城市与乡村的多种不同，但有一个基本的共识：乡村与城市比较代表落后，而城市与乡村比较代表先进，甚至有些社会学家说：城市是金钱的地盘，而乡村代表老成，

---

① 英国《经济学家》集团旗下的研究机构“经济学家信息部”之前对世界各地的127座城市进行了调查，调查内容包括城市安全指数、医疗服务、文化与环境、教育、基础设施以及服务等大约40项指标，然后按各座城市在这些指标领域的现实情况来评估和打分。评选结果，加拿大的温哥华市名列第一，中国香港名列第41位，北京、天津和上海同列第70位。参见：佚名．“全球最适合居住城市”揭晓［N］．天津日报，2005-10-10.

② 费孝通．乡土中国［M］．上海：上海人民出版社，2006：9-11.

③ ［德］斐迪南·滕尼斯．共同体与社会：纯粹社会学的基本概念［M］．林荣远，译．北京：北京大学出版社，2010：ii-iii，288-290.

④ ［法］埃米尔·涂尔干．社会分工论［M］．渠敬东，译．北京：生活·读书·新知三联书店，2017：1，89-91，139-142.

但无论何种观点都统一在了“城市是社会发展的动力，是人类社会现代化和现代性的集中表现”这一观点上来了，虽然这已经是一个不争的事实，但是，要能够真正理解其中的道理，是需要深入学习和研究的，只有将相关的学科理论知识融会贯通，才能真正理解城市对人类社会进步的意义。雷蒙·威廉斯在《乡村与城市》一书中的观点是：“‘Country’（乡村）与‘city’（城市）是两个很有感染力的词，我们只需想想它们代表了人类社会的多少经验，就会明白这一点。在英语中，‘country’可以表示一个国家，也可表示一片‘土地’；‘the country’可以是整个社会，也可以是该社会中的乡村。在人类漫长的居住史上，我们直接或间接地加深了以之谋生的土地与人类社会成就之间的这一联系，历来为人们所熟知。而人类社会的成就之一就是城市：首都，大城镇，一种特色鲜明的文明形式。”[①]——人类社会从诞生以来，就在城乡对立与统一的矛盾中进化，而城市则成为人类社会现代化的代名词。

我们要经常自问，与乡村比较，城市为什么会那么吸引人？恩格斯说：城市从产生那天起，农村人口向城市流动的状况在两千多年的时间里没有发生根本变化。而且，这种情况至今仍然如此，乡村人口向城市流动，小城市人口向大城市流动，大城市间的流动从未停止过，中国改革开放最伟大的成就之一就是，已经有6亿—7亿乡村人成为城市人。我们对中国的二十多个省的一些县市做过规划前的田野调查，特别是在北京、天津、江苏、吉林、湖北、河北、山东、山西、新疆、辽宁、安徽、河南、云南、广西、四川和陕西等省级行政区的县市做城乡规划、文旅融合发展规划、产业规划和街区改造城市更新等方面的规划时，深深地感受到了中国的地区经济差异和收入差异，在某些地方城乡差别仍然有着不可逾越的鸿沟，村落空间及文化传播相对封闭，传统文化和观念仍然根深蒂固。很多县城及乡镇社区不仅没有提倡的“城市温度”“城市韧性”“城市亲情”“城市如家”“社区如家”等感知，而且，熟人社会所创造的空间文化、宗法文化及落后的习俗仍然占有空间，邻里的首属性关系非常突出……从这个意义上看，中国的城市化不仅需要高质量发展，而且还要创造均好性，要把穷乡僻壤的乡村纳入广泛的现代文明建构体系当中，其前提是必须解决中国城市化和城市现代进程中的短板问题，即拉长板、补短板，这样城市与乡村的文化鸿沟和文化资本占有的差异才能缩小。全世界的现代化国家已经告诉我们这样的事实：农业、农村和农民的现代化才是真正的现代化。

要让更多的人走进城市，城市必须有更大更多更广意义上的包容性，让各个阶层的人和各种

---

① ［英］雷蒙·威廉斯. 乡村与城市［M］. 韩子满，刘戈，徐珊珊，译. 北京：商务印书馆，2013：1.

异质性群体、亚文化人群等能够在城市中生存和发展下去，一个新命题就被提了出来：城市空间的包容性如何创新？城市的空间再生产如何能够让城市人的生活，一方面打破地缘关系而成为现代城市人，一方面又能表现乡村的“首属邻里性”而形成“社区如家”的感觉，既有现代大城市的风貌和风采，又能有传统社会共同体的生活方式在城市中再现，能够让城市人感受到亲情和平凡生活的“烟火气”——在这个层面要在创造城市文化气质的同时，也要创造城市生活的底色，使城市表现为“既是生活的厅堂，又是生活的厨房”——创造城市复合型的土地与空间再生产模式，这在很多一线城市已经出现了多种空间样态的创新，这也遵循了霍华德“花园城市”的基本观点：城市与乡村结合，在空间创造“乡愁”与“城愁”的结合，烟火市里的生活从平凡到高尚，再到高雅的“城市烟火气”。让城市艺术空间与烟火气的菜市场空间产生文化碰撞——这也是城市社会空间的一种变革，既可以创造一个使不同教育背景和不同文化层次的人群能够共同参与的充分的就业空间，又可以创造一个使不同教育背景和不同文化层次的人群能够共同享用现代文明的高雅艺术空间。

社会分工的复杂性是城市与乡村差异的另外一个比较值，城市里有成千上万种职业名称，而且天天都有新的行业和职业产生，有社会学家称：城市里有“长长的职业阶梯”[①]，也是生活的阶梯，而乡村里的职业往往是单一的，大多是传统农民以从事农业生产为主的群体，个人的理想实现程度低，要想成为专家、学者和艺术家等，只能从乡村流动到城市并要通过努力才能实现。从社会公正的视角认识，不论从事什么工作，就社会地位来说是不分高低的，但从现实和具体的职业状态来看是有社会地位差异的，这也是通过收入来显示社会分层和社会地位的具体表现。社会分工的结果是有前提条件的，由于每个个体所受教育程度不同，所学专业内容不同，个人的能力有所不同，加上个体获取和占有的文化资本不同，会影响千千万万个体的职业选择。就工作类型来说，必然有复杂劳动和简单劳动之分，有体力劳动和脑力劳动之分，有管理者和被管理者之分……现实的社会是不可能完全公正的，从理论上讲，正因为社会存在着不公正，甚至有时缺乏空间正义，所以，缩小差异才是人们所追求的理想大同社会的前提。

作为现代化的一座城市，其现代性的主要表现有三：第一是社会空间的公平与正义；第二是社

---

① 《光明日报》文章说：净增158个新职业，1639个细类（职业），但在前几个国家颁布的《中华人民共和国职业分类大典》版本中说法不一，还有的说是1838个细类（职业）名称等，实际上，在日常工作中，社会上每年都会在行业和企业内新增很多岗位和新岗位的职业名称，会演变为社会认同的新职业名称。参见：邱玥. 新版职业分类大典［N］. 光明日报，2022-09-29. 又见本书第十六章。

会充分就业和社会安全感；第三是自由的放飞的创新思想，让每个个体都能够充分展现个性和人性，让城市社会的每个人充满选择机会，这虽然不是现代性的全部，但至少是现代社会所必需的文化特质。城市的生活方式、工作方式和社会分工从古代起，中国和西方就走了两条不同的道路，这也是由历史传统和观念传承所形成的。我们可以追溯到中国的春秋战国时代和“回到雅典时代的城市问题上思考”，古希腊罗马城邦社会较早地出现了社会分工的城市管理意识、市场意识和职业专业化的意识，包括艺术家、工匠等劳动者在社会分工中都有详细的说明和职业称号，大约在125000人中有一半以上的人在从事家政服务，“而18岁以上的雅典男性公民约有45000人，在职业上如工匠、手艺人和艺术家也把他们排除在外”。“‘Techne’这个词，是‘technique’的词根，用来指艺术和工艺。手艺的从业人员是体力劳动者，不同于诗人和剧作家，他们不能被看作‘绅士’。建筑师——‘arkhitetron’或‘工头（master builder）’——也在努力工作，薪水很低（类似于工匠），没有今天的设计师、建筑师渴望的那种地位，尽管‘设计和建造’的趋势（有些人可能会说是‘傻瓜化’）与当代建筑师和开发商之间的关系具有相似性。”[①]这样的社会分工和职业说明，表现了城市社会生活中的职业概念、地位和社会声望，至少有建筑师和艺术家的称呼，社会分工程度远超过乡村，通过社会分工在城市内形成各种各样的交换，有了商品和劳动技术作为商品的交换，就会在城市中产生各种各样的商品——包括艺术品、技术和劳动力的交换空间，在这一点上，东西方就走了两条不同的道路。在中国，这种市场经济的萌芽在宋代才出现，明清时期有了进一步发展，而清朝晚期却因闭关锁国而夭折，直到近代西方现代化打开中国的国门，从此，中国从沿海的城市开始，走上了艰难曲折的近代化和现代化道路。

在城市空间建设的文化理念中，约瑟夫·克里沃特在《城市与基地》中说：“今人经常会援引柏拉图和亚里士多德的话，把它们当成支撑古代规划的一种‘常识性’观念。……是城市所处的地点应该有利于开展城市的市民活动和军事活动……”[②]城市规划师和工匠在古希腊罗马是有一定社会地位的，西方古典时代的城市规划和建设就已经关注到了城市平民和市民社会的需求，同时也开始注重城市品位的建设，当然中国从古代起也十分注重城市品质与艺术价值的建设，但是，因为在某种意义上只是为王权而服务，宫殿的富丽堂皇与菜市场空间的鄙陋呈鲜明的对比。

---

① ［英］格雷姆·埃文斯. 文化规划：一种城市复兴？［M］. 李健盛，译. 北京：北京师范大学出版社，2022：33-34.

② ［美］约瑟夫·克里沃特. 城之理念——有关罗马、意大利及古代世界的城市形态人类学［M］. 刘东洋，译. 北京：中国建筑工业出版社，2006：50.

春秋时期，临淄作为齐国的都城随着多年发展而成为当时最繁华的城市，据文献记载，临淄城分大小二城，有十三个城门，在《晏子使楚》中，晏子对楚王曰：“齐之临淄三百闾，张袂成阴，挥汗成雨，比肩继踵而在……”[①]可见临淄城人之多，而对比出城之大。临淄城见于文献的宫殿有寿宫、箐室，还有章华之台、路寝之台等。元代于钦载：“营丘，临淄西二里，塔寺后……”[②]此处的“营丘”为“桓公台”，据专家考证，“桓公台”为西汉齐王宫的南宫，主要用于处理政事，在桓公台周围曾多次出土铺地花纹方砖、脊砖以及有着树木双兽纹、树木卷云纹的瓦当，在距桓公台约1000米处，现存有6000平方米的夯土建筑台基，后人俗称“金銮殿”，可见其宫殿及其建筑装饰之华贵[③]。相比之下，在《左传·昭公三年》有齐景公与宰相晏子的对话，齐景公说：晏子你的住房靠近市场，市场环境是“湫隘嚣尘，不可以居”，晏子的回答也说明了市场状况，说：“且小人近市，朝夕得所求，小人之利也……”[④]从春秋时代的社会制度及状况的角度来解释晏子的说法：市场周边是“小人”——平民、奴隶和下层社会人居住的地方，“湫隘嚣尘”是说菜市场那个地方低洼、潮湿又狭小，而且还吵吵闹闹，不适合居住……从这种描述中可以看到城市的两种空间样态，齐国的王宫史载是恢宏而壮观，而市场则是喧闹多尘土。菜市场，是城市居民天天都要去的地方——公共空间，在传统社会却也是最缺乏美感的地方，《周礼》规定，不仅王公贵族不能过市，而且是“弃市”刑法的实施地，即在人多集聚的闹市，对犯人执行死刑，以示为大众所弃的刑罚。《礼记》载：“刑人于市，与众弃之。”[⑤]直到清末，这一刑法仍然使用，市场仍然是行刑斩首的地方。1898年谭嗣同被处死在北京菜市口[⑥]……空间的正义和公平，是城市

---

① 唐子恒. 晏子春秋［M］. 南京：凤凰出版社，2017：101-102.

② ［元］于钦. 齐乘校释［M］. 北京：中华书局，2012：185-186.

③ 临淄区人民政府. 桓公台［EB/OL］.（2013-11-22）［2023-10-28］. http://linzi.gov.cn/art/2013/11/22/art_6452_1089884.html.

④ 根据当时的语境来看，晏婴作为齐国重要的卿相而称自己为“小人”，是一种对地位高于己者的谦称，其目的在于劝谏齐侯减少刑罚。［春秋］左丘明. 左传［M］. 郭丹，等译注. 北京：中华书局，2018：1600-1601.

⑤ ［汉］郑玄. 礼记注［M］. 北京：中华书局，2021：151-187.

⑥ 菜市口：清代法定的刑场。北京的胡同多，街口就多，名气最大的当数宣武门外的菜市口。菜市口名气大是因为那曾是刑场，有不少名人都是被斩首在菜市口。菜市口在京城的名气可是不小，一千年前的辽代，这里是安东门外的郊野，金代是施仁门里的丁字街，明朝时是京城最大的蔬菜市场，沿街菜摊、菜店众多，所以“四九城”的许多人都来此买菜，并把菜市最集中的街口称为“菜市街”，清代时改称“菜市口”，此名一直沿用到今日。参见：佚名. 菜市口［EB/OL］.（2020-01-10）［2023-10-28］. http://www.yanchengdj.com/topic/2675.html.

现代性的集中体现，当代城市的空间，越来越具有公平性，但是，还需要努力创造更多的“却阶层化”的空间，以创造城市的空间正义。

我们可以看到，在古典时期，东西方城市都被赋予了城市形象和城市艺术空间建设的思想，追求城市空间美感，是城市人和城市建设者本原性的追求。更值得思考的是，西方古典时代的城市规划理念、城市精神理念和城市文化价值取向，多来自哲学家、宗教人士、思想者和市民——平民；而中国古典时代的哲学家和思想者对城市空间和城市形态建设的相关论述记载甚少，虽然《周礼·考工记》显示了春秋战国时期的城市建设成果，但是由于学者们对这部书的产生时间有争论，而其中还有些方面的部分描述与那个时代不完全相符，但至少我们在东西方古代早期的城市空间规划及规划理念中，看到了和感受到了城市规划的一些哲学思考和空间意象。另外，在研究中我们也看到，“古希腊民主概念得到最纯粹的表达。普里安尼城或许代表着迄今所能找到的单一设计概念支配整个城市的最佳范例。中央运动系统——主要街道，从城市的西门逐步引上坡，到坡度急变处边通广场，一个沿路的、平整开阔的、经过整理并呈几何的被限定的空间。市场活动受到雅典娜神庙的支配，这座神庙坐落在广场西北的显要位置上。北部柱廊与市场毗邻……”[1]我们可以在其中看到关键词之一是“北部柱廊与市场毗邻”，至少市场不是被鄙视之地，这些描述给了我们一种意向和印象，即城市是一个充分市民化、宗教化和世俗化并存的空间，既有艺术、宗教与政治权力的宏大叙事，又有城市市民和劳动者的文化表达，城市文化还受到了“神庙”文化支配，有走向民间的广场型市场，是空间交换场地，甚至有些夸大地说：街道的尽头是市场。城市空间的混合性发展，就是能够做到城市空间利用的最大化，简·雅各布斯（Jane Jacobs）在《美国大城市的死与生》中所述：“当我们想到一个城市时，首先出现在脑海里的就是街道。街道有生气，城市也就有了生气，街道沉闷，城市也就沉闷。”如果介入新的空间模式，街道就会发生变化，特别是临街的业态与空间的再利用，就会产生空间的叠加效应，我们看到很多失败的街道，其主要原因就是空间形态的单一和功能的单一，以及相关空间里的生产单一。这与中国春秋战国时期的城市有所不同，在很多时候中国的城市是权力者的居住地，必然就少了很多平民需要的“烟火气”，现代人们生活的城市的现代性表达已经展现了这样一种风貌，城市的艺术空间与烟火市井的世俗化空间并存，同时在内在结构上互相转化，而能够使人民真正喜欢的城市一定是艺术空间与市民“烟火气”空间互为里

---

① ［美］埃德蒙·N. 培根. 城市设计［M］. 黄富厢，朱琪，译. 北京：中国建筑工业出版社，2003：80.

表的城市，让市民能够有“城市如家”“社区如家”和“社区照顾”[①]的感觉。

相比较而言，古希腊罗马的城市更具有政治权力与宗教结合的象征性，同时也显示了早期市民社会与平民的力量。除了神庙以外，公共设施如体育类的建筑、各种表现政治主张的雕塑、表达个性文化的建筑装饰、显示人体美的运动景观、高耸的廊柱文化……都告诉我们这个时代的王权价值、宗教价值、市民价值、个人价值都能够通过某种方式获得表达。古希腊城邦和罗马城市的伟大之处，就在于在无序中创造了一种有序，并创造了“条条道路通罗马”“罗马不是一天建成”的起点和“不朽之城”的理念。“罗马帝国统治时期的城市发展最初沿袭了希腊后期城市的网格模式。后来被中世纪城镇弯曲的、蜿蜒的小巷打破和‘软化’了”，罗马城的“交叉口，这个集会公共场所把集市区和卫城区连接起来，不仅有庙宇用于行政和储藏的建筑物，还有图书馆、学校、市场、浴室和剧院。宽阔的中央大道或广场（Plateia）建设了大量的有顶的柱廊和商店，一直延伸到有围墙的防御工事，并在城门结束。”[②]空间尽头是市场，虽然这不是一个科学的结论，但通过分析我们可以得出一个结论：城市是城市人的家园，在创造之初就已经成为人类追求具有审美性生活方式的一部分，必须以城市市井文化“烟火气”为生活底色，加以城市的艺术审美，用以养成城市人的生活模式，因为，任何阶层的城市人都要食人间烟火。

因政治、宗教、地域、文化和自然禀赋等因素不同，形成了国家与地域性的城市景观，而这个景观就是城市形象的一种存在，当西方传统教堂的塔尖指向天国，给人以让上帝感知的空间关系，创造了西方文化典型的城市轮廓和城市网天系统；当东方以佛教塔式建筑也指向天国并连接大地时，所表现的是一种与上天、自然和人生世世轮回、相互联结的时空理念系统——这两种空间景观模式，可以很好地识别出这是东西方文化中的一座城市，东西方城市的发展是和而不同、互学互鉴的，在现代化的过程中展示出了殊途同归的趋势——追求各自的空间想象和理想，共同追求城市空间的进化，可见人类的城市在本质上是有共性的，如所有的城市都会创造与自然相适应的空间结构关系及景观模式一样。

---

① 社区照顾：有多种定义，人们较为普遍接受的是英国1989年的《社区照顾白皮书》对“社区照顾”所下的定义：社区照顾是指提供适当程度的干预和支持，以使人们能获得最大的自主性，且掌握自己的生活。为给老人提供服务的老人家庭成员提供喘息照顾（Respite care）和日间照顾，通过团体之家和临时收容所，以增加照顾范围，直至提供居家照顾。参见：李旭初，刘兴策. 新编老年学词典［M］. 武汉：武汉大学出版社，2016：392-441.

② ［英］格雷姆·埃文斯. 文化规划：一种城市复兴？［M］. 李健盛，译. 北京：北京师范大学出版社，2022：39.

矛盾空间在某种意义上就是分离，或通过色彩分离显示差异，或通过差异显示空间的分离，城市轮廓的天际线，就是用高低差异来显示分离和组合，并构成一种以天空为背景的图景的城市轮廓。正因为有了人类城市的空间文化共性，才需要区别出个性，而形成多样化的世界，在多样的世界中创造某种内在本质的同一性。城市“公共建筑——剧院、教堂、露天剧场、寺庙、图书馆、音乐厅和马戏院等等。这些公共建筑用绘画、雕塑和喷泉点缀和装饰，它们是市民自豪感的泉源……”[①]这些要素恰恰是城市专有的“空间产品”，不属于乡村，有着强烈的文化艺术价值属性。空间与景观、场景公共性的真善美，是人们对城市依赖并得以产生自豪感的资本之一，是“城市文化资本”的重要因素，这一要素与“城市文化资本”的属性十分一致，即公共性。通过东西方城市空间结构的表现和差异的研究，我们可以从中悟出一个道理：城市作为人类的聚居形式，因为对城市控制的权力体系、结构和功能的不同，城市空间的社会属性有着本质上的差异。古希腊罗马的城市由于是奴隶主贵族和平民意义上的民主，加上一种城邦制度，所以，从一开始，城市就具有社会原始民主的物质，“法律面前人人平等”的社会治理理念在很多方面都有体现，其制度性的安排，明显地表现了关注城市市民的日常生活空间、创造文化艺术性空间的思想倾向。相比较之下，在皇权占绝对统治地位的国家的城市，历史典籍中很少见到城市下层社会生活中市民“烟火气”的记载，在西方城市中称为市场交换关系的生活多有文献载述，而中国的文献典籍，多是为帝王将相谱写家史的正史，城市市井生活中的烟火味道在历史文献中很难“闻”到[②]。

如果把城市文化作为分层研究的话，城市社会对文化艺术追求，需要创造高雅时尚的真善美的生活环境与氛围，但是，高雅也需要食人间烟火，“城市文化资本”所表现的“烟火气”，是城市社会文化的“底气”，是“城市文化资本”再生产得到的“本”和“底”，城市如果没有了烟火气，再高雅的城市文化艺术都会束之高阁，成为无源之水，如是，城市也就没有了生命力。虽然城市社会的需求是分层次、分类型的，但是，即使是创造城市艺术生活的群体和大多数中下层社会群体的日常生活也需要每天都在忙碌的城市菜市场中穿梭——这类日常生活的公共空间，是城市人每

---

① ［英］格雷姆·埃文斯. 文化规划：一种城市复兴？［M］. 李健盛，译. 北京：北京师范大学出版社，2022：39.

② “公元113年，罗马终于有了一个连贯的中心，包括建设了一个巨大的露天剧场、斗兽场（可容纳60000人）。到了公元356年，它拥有28个图书馆，11个露天剧场，2个圆形露天竞技场，3个剧院，2个马戏团。到了这个时候，它的总人口可能有100多万人，从公元100年开始下降，到目前为止仍然是人口最多的城市，甚至新罗马的君士坦丁堡也比不上它。”参见：［英］格雷姆·埃文斯. 文化规划：一种城市复兴？［M］. 李健盛，译. 北京：北京师范大学出版社，2022：40. 又见：鲁迅于1934年刊发的杂文《中国人失掉自信力了吗》。

天生活的依赖，天天在这里购物甚至讨价还价，每天可能在这里遇到街坊邻居，这个来来往往的城市空间，也是多数人每天都惦念价格变化的菜市场，成为城市生活质量的晴雨表——从菜市场的人间烟火空间上，可以感觉到这座城市“人世间”的冷暖。

或许，可以有一种另类的思考：如霍华德说城市和乡村应该“结婚”，就是城市的艺术价值空间与乡村野舍的“烟火气”价值的空间联姻，各自寻找对方的优点，创造新的有烟火气和艺术气质的城市共融空间，让城市真正成为可以满足人类最高理想和最低需求的理想家园。

城市菜市场空间的社会属性是什么？这是以往城市空间再生产的理论研究者所忽略的问题。城市菜市场的空间应该怎样实现空间再生产？是否可以成为一个雅俗共赏的公共空间？与城市的其他空间是什么样的结构关系才能获得最大化的文化资本价值？“烟火气”的“文化场域”应该是城市最温馨、最具城市活力、最具城市生活方式感知而可以品味价值的地方，当然也是应该最有城市文化特质和最有特色艺术感的地方……每天早晨天还没有亮，这个空间里的生产已经开始忙碌，创造属于城市与乡村共有的消费行为：“又见炊烟升起，暮色照大地”，或许这才是城市生活的真实写照，难道不是我们应该定格这样的艺术空间和场景吗？这才是真正的时间切面，时间与空间的结晶：或下午或晚上，这是市民为了城市生活、为了更好地生活而行动的场所和场景，城市菜市场空间是城市生活的命脉。

所以，我们如果从城市空间的整体结构上进行分析，“城市不再被认为是一种单一的操作系统”，城市社会不再是一个被操作的系统，而是生活的全景展示，菜市场空间却是被空间再生产的研究者们忘却的又是最精彩的生活场景，“它是由‘突现’和‘内生’组成的累积——一种巨大的总合”，是城市艺术最精彩的补充，是无比包容的空间系统，从本质上讲，无论是什么人，高雅的、低俗的，钱多的、钱少的，都是菜市场空间的享用人。城市就是“某种类型上的混合体”空间结构[①]，城市的烟火气是城市艺术活力的一种表达，城市就是高雅艺术与市井生活结构化的、永远的“清明上河图”，是城市真实的生活写照，所以才可以把城市的菜市场称为“人性化场所”。

全世界的城市化和城市更新都在持续转型升级，其中城市更新的一个重要题目就是对传统菜市场空间进行更新改造，从原来“脏乱差”的空间转化为人性化的、有艺术感的生活创造空间，甚至可以说，全世界城市的菜市场也都在转型升级换代，从单一功能向复合化、混合化、多功能方向改

---

① [美]汤姆·梅恩.复合城市行为[M].丁俊峰，王青，孙萌，郝盈，译.南京：江苏凤凰科学技术出版社，2019：19.

进，在全球视野范围内搜集城市菜市场空间的转换升级案例，可以发现很多城市的菜市场空间从单一的卖菜空间，成为一个人们所喜欢的公共空间，使得城市菜市场与文化教育、艺术会展、创业与就业、文化创意、科技创新、咖啡书吧、美育美容、社会交往等空间共处在同一个体系内，增加了文化品位，带给城市以更多的文化包容感，也提升了城市形象和市民的自豪感。现代网络和智能科技让菜市场的烟火市井可以高档化、高品质化、格调化和艺术化，甚至可以成为一座城市的重要旅游景点和旅游购物目的地，城市菜市场也可以成为可参观、可游玩、可消遣、可学习、可创作的多元化空间“人性场所”。克莱尔·库珀·马库斯等人在其所著《人性场所——城市开放空间设计导则》一书中说：“人性场所”强调的是人，是空间的主人，人性空间应该有人本主义的文化内涵，而且，这种场所一定是开放的，能够具有文化的融合性和包容性，并强调“人性场所”在空间设计上需要有如下思考：“第一，公共生活在当代工业化的城市中继续繁荣兴旺；第二，评估公共开放空间成功性的重要标准之一就是它的用途；第三，一个空间的利用度和受喜爱程度很大程度上取决于它的区位和设计的细部；第四，我们必须传播目前已经了解的有关设计区位和用途之间联系性的知识。”[①]城市的本质是人，城市菜市场是理性城市的市井烟火之地，也是最人性化的场所，一个人性化场所带来的“烟火气”，便是这座城市市民社会的“文化场域”，代表着这座城市的文化品质、城市温度和社会生活的活力。苏州双塔市集[②]空间里的生产和空间的再生产，体现了苏州的城市文化品位和文化素养，也创造出城市生活最平和的人性空间，也会让更多的人走进这个“文化场域”，而使其成为业主和市民的舞台。

城市菜市场是城市人实现日常美好生活方式的交往或称是社交场所，必然有“场所精神”，不仅应该有烟火气，还应该有日常生活审美感和美学艺术气息，既是生活必需品的展示空间，还应该是城市艺术价值的体现空间，这既是城市生活的最低标准，也是城市的最高格调。这样，城市菜市场作为城市生活的公共空间，更能发挥城市经济、文化、生态特质流动的通畅和

---

① ［美］克莱尔·库珀·马库斯，卡罗琳·弗朗西斯. 人性场所——城市开放空间设计导则［M］. 俞孔坚，孙鹏，王志芳，译. 北京：中国建筑工业出版社，2001：8.

② 苏州双塔市集：建于1998年，原名双塔菜场，占地面积2310平方米。到2019年，市集内出现外观老旧、功能单一、配套不足等问题，整体空置面积达25%左右。2019年，姑苏区政府联合上海东方卫视《梦想改造家》栏目组，以“助力城市创新治理，推动古城有机更新”为核心，对双塔菜场进行全面改造升级。该项目的设计师朱镕全程参与了此次改造更新工作，他说：“‘双塔’改造的着眼点在于为人们打造美好生活的空间，建立从菜场到生活美学的生态链，回归市民对理想生活的期盼，通过建造温暖有序的舒适空间，提升城市生活品质和市民幸福感。”参见：王璇. 双塔市集：在菜场里遇见一整个苏州［N］. 中国建设报，2023-02-28.

吐故纳新的成长，是“循环型城市社会”[①]发展的关键节点，是让世界观察城市居民生活质量的窗口。

城市菜市场不仅要供给市民日常所用的多种商品，还应该供给日常生活的美学文化与价值时尚，菜市场可以显见城市管理的能力和市民的审美情操。我们能看到的是国际“全球城市”的菜市场，都是艺术空间的一部分，就如米兰的高铁站和莫斯科的地铁站本身就是艺术空间一样，见诸各种媒体的有关概念很多，如“全球最美的十大菜市场”“中国最美十大菜市场”，如荷兰的鹿特丹市场堪称“食物界的西斯廷教堂”；巴塞罗那的博克利亚市场（La Boqueria）被喻为“欧洲的菜篮子”；纽约的联合广场农夫市集被称为最热闹最受市民喜爱的街心公园；上海乌中菜市场是“复古风小资菜市场”；北京三源里菜市场（Sanyuanli Market）被称为“可能是北京最好的菜市场”[②]；等等，不胜枚举。全新的城市菜市场一个个在“改头换面”、换新装，很多城市的菜市场已经实现了传统空间向现代空间的转型，从原来的土气变得洋气和高雅起来，不仅有日常生活气息和高品质的工作环境，还有市民生活时尚表达和高品质的社交空间。但是，追溯一下这种空间的演变历史，我们仍然可以看到，目前大多数的城市菜市场还是一副老面孔，还有的仍然是脏乱差的角落，所以，城市菜市场的空间向高级化、复合化、品质化的转换，既取决于城市管理者的审美水平，还取决于市民对生活品质的追求和其本身生活格调、品位的高低。

城市菜市场中口碑好的、能够被市民认同的，一定不仅仅是市民日常生活的“全生活馆”，肯定还必然是市民能够参与其中并具有可愉悦、可购物的市民综合文化馆的功能。城市菜市场不仅应该是城市最清洁的地方，还应该是可以带来一定区域内的充分就业、快乐购物的地方。城市菜市场不仅仅应该是一个色彩丰富的空间，还应该是创意产品、文化艺术品和干净、整洁的货品琳琅满目、色彩缤纷，能够在空间布局上更加丰富和更具辨识度的空间。

在现代城市转型、城市更新与更替、追求城市生活高质量发展的过程中，城市菜市场面临着角色和空间功能的更新与时代文化艺术赋能的转型，要实现从日常的市民生活消费的满足，到文化精

---

① 循环型城市社会：是由笔者提出的创新性理论。笔者在《循环型城市社会发展模式——城市可持续创新战略》一书中提出：“循环型城市社会发展模式”是以人为核心的整体社会进化的过程，既是人类在经历农业革命、工业革命和知识经济革命后，对地球与人的关系的一种新的认识，也是社会运行的一种新模式。参见：张鸿雁. 循环型城市社会发展模式：城市可持续创新战略［M］. 南京：东南大学出版社，2007.

② 佚名. 全球十大最美菜市场，给你极致的购物体验［EB/OL］.（2020-06-28）［2023-10-28］. https://www.sohu.com/a/351527514_120143556.

神生活的满足、到人们从空间里消费的满足、再到空间作为商品来消费的满足，不仅要能够在休闲中购物，还要在休闲购物中感受到高雅、艺术的环境，以形成中国市民的“绅士文化”的创造空间，以追求这个时代价值的转型，创造一个“人性化空间”，使之成为有“地点精神”的城市菜市场，使之成为城市的集体记忆符号[1]。

① ［日］芦原义信.街道的美学：上［M］.尹培桐，译.南京：江苏凤凰文艺出版社，2017：39.

爱默生说“风景没有所有者”，除了能够将各部分整合起来的“诗人”。但是莫尔的照片展示了这样一种景色（sight）或者地点（site），它要求诗人能够这样发问：“谁拥有这片土地？”是那些从坚固的居所向外监视的殖民定居者吗？还是山谷中那些传统房屋里的居民？……但是每个人都必须承认或坦白自己对这片风景负有一定责任，与它有着某种牵连，从这个意义而言，每个人又都“拥有”（或者应该拥有）这片风景。……这还是一个全球诗学的问题：圣地作为想象的风景，扮演了历史的和神话的角色。在这里，东西方文化在冲突中发生了碰撞，而这种冲突不再把自己局限于想象之中。①

——米切尔

“美丽不难，显出美丽才难。”②真正能够显示出美丽的是事物的本质美。美丽不是完美，美丽是通过比较及主客观的结合所获得的一种感知。生活中不存在完美，或许正因为世间没有完美，人们才追求完美……城市形象塑造，是一个没有终点的追求完美的过程。

——张鸿雁

---

① ［美］W. J. T.米切尔. 风景与权力［M］. 杨丽，万信琼，译. 南京：译林出版社，2014：31.

② 该书引用的是法兰克·欧哈拉（Frank O’ Hara）所著的《危难省思》（Meditations in an Emergency）一书。参见：［美］德瑞克·李·阿姆斯壮，余金伟. 皮尔松那形象法则［M］. 张美惠，译. 北京：经济管理出版社，2001：44.

第二十二章

景观符号隐喻——创造艺术城市人性场所①

城市本身就是景观的集合体，应该以人类的“第二类自然富源”②来看待，城市既应该是一件艺术品，城市本身也就应该具有一个“巨型景观”。“景观”在中国古代汉语中，并没有较早出现的明确记载，《词源》工具书中没有对景观一词的解释和描述，只有“景”和“观”单字的解释。在日语中“景观”用词的出现倒是比较早，初步的判断是源于中国古代汉语“景”和“观”的组合创意。“景”有光亮、大的意涵，如人的名字中经常可以看到“景福”即大福的意思。“景”字与“景观”有相近的表达、表意有“景光”“景迹”“景物”“景云”“景象”“景风”“景气”“景致”等等，如“景物”一词在晋代《陆云·陆士龙集二》中载有诗曰：“时文唯晋，天祚有祥。圣宰作弼，受言既臧。有赫斯庸，勋格昊苍。景物台晖，栋隆玉堂。惟帝思庸，大兴光迪。圣敬远跻，神道玄邈。”③其中一句“景物台晖，栋隆玉堂”中的“景物”，则有现代“景观”的文化意涵。三国魏文帝（曹丕）《与朝歌令吴质书》中有“景风”诗句，现代很少用，但是这一用词颇有意境感：“方今蕤宾纪时，景风扇物，天气和暖，众果具繁。时驾而游，北遵可曲，从者鸣笳以启路，文学托乘于后车。”④其中“景风扇物，天气和暖”之意尤为特别且含蓄，而让人有身临其境的感觉，“景”和

---

① ［美］克莱尔·库珀·马库斯，卡罗琳·弗朗西斯. 人性场所——城市开放空间设计导则［M］. 俞孔坚，孙鹏，王志芳，译. 北京：中国建筑工业出版社，2001：3.

② 第二类自然富源：马克思认为：“外界自然条件在经济上可以分为两大类：生活资料的自然富源，例如土壤的肥力、鱼产丰富的水域等等；劳动资料的自然富源，如奔腾的瀑布、可以航行的河流、森林、金属、煤炭等等。在文化初期，第一类自然富源具有决定性的意义；在较高的发展阶段，第二类自然富源具有决定性的意义。”参见：［德］卡尔·马克思. 资本论：第一卷［M］. 北京：人民出版社，1975：560.

③ ［晋］陆云. 陆士龙文集校注［M］. 南京：凤凰出版社，2010：285-287.

④ ［晋］陈寿，撰，［南朝宋］裴松之，注. 三国志［M］. 北京：中华书局，1982：607-610.

“风”如是“景美风和”，或有“清风徐来，人入画中”的感觉，从而可以在诗人的感知中窥见，景观、风景和“景风”有着某种内在联系，景观要有值得“观”的“景”，如果有“风”，就有灵动感，有风的景才令人快意……“风”与“景”构成一种关系，即包括某种动感。

既有自然而然的内涵，又有风格、风情、风致的动态表意，一种“风”和“景”的“风格”似乎有着某种联系……是一种“风动”中的感觉。因此，景观，一定是自然与人文精神的互为里表，是人类生活的结构性补充和人类审美生活的一种必要需求。

一、城市色彩与视觉艺术结构：可以作为风景的城市景观

“景观”作为生活中的客体存在，是人经过主观意识后创意与创造的结果，承载着个体与群体的某些观念、意愿和理想，是设计者和建构者的主观意识形态的时代特征及文化价值取向表现的符号，是一种文化意象的表达，任何人造景观都已经被赋予了某种个体和群体的具体的文化倾向，因而具有不同的价值和内涵。在空间社会学的学科意识上，即使是自然景观，当人们用一种思想来确认某些事物被称为景观的时候，景观已经成为主观的产物，并有了主观的赋义。景观这一概念是人类思想文化的“后时空结构性认知”的伴随物，与政治、经济、文化、社会和宗教的需求息息相关，几乎在所有的政治领域、宗教领域和文化领域都有景观和景观文化的表达诉求。美国学者W. J. T.米切尔在《风景与权力》一书中，提出了关于风景的命题，观点有九：“1.风景不是一种艺术类型而是一种媒介。2.风景是人与自然、自我和他者之间交换的媒介。在这方面，它就像金钱：本身毫无价值，但却表现出某种可能无限的价值储备。3.类似金钱，风景是一种社会密文。通过自然化其习俗和习俗化其自然，它隐匿了实际的价值基础。4.风景是以文化为媒介的自然景色。它既是再现的又是呈现的空间，既是能指（signifer）又是所指（signied），既是框架又是内涵，既是真实的地方又是拟境，既是包装又是包装起来的商品。5.风景这一媒介存在于所有的文化中。6.风景是一种特殊的历史构型，与欧洲帝国主义密切有关。7.命题5与命题6并不矛盾。8.风景是一种枯竭的媒介，作为一种艺术表现方式不再活力盎然但我们不能因此就说，风景犹如生活令人生厌。9.命题8中的风景所指与命题6的所指相同。”[①]这种论述把风景概念既神秘化又单一化，风景具有复杂的自然与人

---

① ［美］W. J. T. 米切尔. 风景与权力［M］. 杨丽，万信琼，译. 南京：译林出版社，2014：5.

类文化杂糅的内涵，是人类在审美世界观的认知下，对客观世界创造的自然空间与时间的审美的文化结晶。其一，风景一定具有审美和美学价值；其二，一定是经过人的主观塑造和比较后的认识结果；其三，能够作为风景而描述的感知文化，一定处在人们喜爱或可以得到某种感官享受的场域；其四，风景，是人类对环境的追求。黑格尔说："'景观类型的文化'涉及隐喻，第一点应注意的就是：单就它本身来看，隐喻其实也就是一种显喻，因为它把一个本身明晰的意义表现于一个和它相比拟类似的具体现实现象。在纯粹的显喻里，真正的意义和意象是划分明确的，而在隐喻里这种划分却只是隐含的而不是明白说出的。"[①]因此，对景观的再认识上，我们知道了景观作为一种文化符号，是人类文化价值及城市文化价值和城市形象的构成要素，当然，更多的景观是政治和文化精英思想文化反思的结果，而作为大众和市民的景观文化来说，它应该和风景、景致联系在一起，这样的景观存在的价值更会具有集体记忆性、历史的延续性、"城市文化资本"性，因此会穿越时空而长期留存人间。

客观环境可以规范或改造人的行为，这是本书的一个重要观点，一个由艺术景观构成的空间环境，一定是一种可以影响和改变人类行为的"文化场域"，一定具有特定的社会空间意义，并具有某种人文精神、地点精神和人文经济学的价值，必然有一定内生性的创造个体或群体的文化自觉蕴含在其中。埃德蒙·N. 培根在《城市设计》一书中这样评价：北京城市的空间所具有的色彩文化、艺术含量和空间所表现的政治文化内涵，使北京具有这样的地位："北京可能是人类在地球上最伟大的单一作品。这座中国城市，设计成帝王的住处，意图标志出宇宙的中心。这座城市十分讲究礼仪程式和宗教思想……"虽然，设计之初的想法和我们今天的生活"毫无关系"，但是，"在设计上它是如此光辉灿烂，以致成为一个现代城市概念的宝库"[②]。应该说，北京城市的历史价值怎么评价都不为过，无论城市形态的民族性上，还是世界范围的城市样板性方面，北京城市都可以说是独树一帜。在具体生活和现实的社会空间中，一切景观都是有色彩的，或者说一切事物都是有色彩的，而且色彩与空间一样，是有结构和结构的构成关系的，色彩的结构关系不同，色彩的文化价值、经济价值、审美价值和文化资本价值也会不同，色彩是某一事物可否成为"城市文化资本"的决定性构成要素之一。

色彩是城市空间环境的构成部分，也是空间不可分割的结构构成部分。任何空间都是有色彩

---

① ［德］黑格尔. 美学：第二卷［M］. 朱光潜，译. 北京：商务印书馆，1997：127.

② ［美］埃德蒙·N. 培根. 城市设计［M］. 黄富厢，朱琪，译. 北京：中国建筑工业出版社，2003：244.

的，不存在没有颜色的事物，没有颜色和有颜色都是颜色的一种表现，也不存在没有色彩的空间，正如不存在没有结构的空间一样，可以这样归纳说：时间、空间、维度、色彩和容积率是空间的基本五要素：（1）所有的空间都是时间的存在，是时间的结晶与切面，空间与时间互为本体，表现世界的存在；（2）空间本质上是一种社会存在，无论是自然属性的还是社会属性的空间，也无论是实体空间还是虚拟空间，都是经过人的头脑建构、设计、创造、筛选的结果意象；（3）所有的空间形态都是有维度表达的，或是被感知的，或二个维度或三个维度以上，当然也可以通过想象创造无限维度空间；（4）所有的空间都具有某种色彩性即色彩属性，色彩是空间结构和结构构成部分，即使是我们认为的黑暗、至暗的世界，或无色、透明的空间也是一种色彩模式，也是一种颜色，这个色彩叫“无色”；（5）空间占有容积，这与占有土地的存在方式是可共同表述的，实体空间是附着在土地之上的，可以用范围、边界、高度、大小、距离等等来表达，即使是虚拟空间，也是空间容量和“质”的表现，哪怕是无限空间也是一种“量”“质”和范围的表述。

城市本身就具有视觉艺术价值，而视觉艺术是一种现行的“城市秩序”内在与外在的统一，特别是视觉艺术上的文化秩序具有强烈的意志力和惯性，不是仅仅提出某种创新想法就可以解决的，是需要一个成熟社会的长期实践和创造才可能出现。在过去的几十年中，城市化和城市现代化的科技发展使城市面貌发生了变化，城市空间文化表现的载体——建筑，在很多“中心城市的整体形象已经彻底改头换面了”。城市空间结构和样态变得更为复杂，特别是后现代建筑风格与极简主义掺杂传统建筑的顶部结构，使城市空间愈加复杂丰富，“直身平顶的现代主义高楼不得不和形态各异、色彩缤纷的建筑竞争”。约翰·伦尼·肖特说，有些城市里的“办公楼区设计得像希腊神庙，政府办公楼又弄得好像文艺复兴式宫殿，和这些颜色、形状、装饰物的大集合比起来，现代主义建筑实在太朴素了”。而事实上，各个时期的建筑空间恰恰是城市文化厚重的说明，“现代主义建筑学的领袖密斯·凡德罗（Mies van der Rohe）曾说‘简约即丰富’（Less is more），后现代主义建筑学的代表查尔斯·詹克斯（Charles Jencks）却把这句话反了过来，变成‘简约即乏味’（Less is bore）。”[①]对于流行的城市空间和色彩所表现的视觉文化，我们不是要求完全打破传统，而是在保留、传承的基础上，有时代的更新和创新，在中国式城市文艺复兴中创造现代意义上的城市艺术生活空间和城市视觉艺术的“城市文化资本”属性，关键是，在城市现代化这一发展的本质上，空间总体形态与样态越来越有趋同的趋势。本章不是单纯地从景观规划设计的角度讨论城市，而是

---

① ［英］约翰·伦尼·肖特. 城市秩序：城市、文化与权力导论［M］. 郑娟，梁捷，译. 上海：上海人民出版社，2023：26.

从人、景观、色彩与空间再生产的关系中，探寻人、景观、文化艺术与社会空间发展所构成的城市文化秩序中的景观视觉艺术。假设：人们在一个被公认为具有高雅艺术品质的景观环境中，则会培养出人的高雅文化感知，并且培养、规范人的行动文化逻辑，这在一定程度上会创造出相应的行为规范。事实上，这种假设在特定的群体历史发展中已经被证实，从已知的城市社会学、城市社会心理学、环境心理学、城市文化学和环境艺术学领域已经有相关的理论与实践支撑，因此，在创造“城市文化资本”再生产的现实中，创造城市环境的视觉艺术文化和城市文化景观的艺术秩序，进而通过城市视觉艺术景观文化空间的塑造，提升城市经济、文化和人的品质，创造新的城市文化资本力、城市文化核心竞争力、城市特色文化竞争力、城市文化综合竞争力和城市文化软实力，进而形成新的“城市文化五力结构”，参与全球城市文化价值链的高端环节的竞争。有西方学者曾这样说：“‘与现行的社会秩序较量很难，而提出一个根本不存在的社会秩序更难’，这样的观点道出了20世纪的主题，当时的欧洲思想界已经无力构想出令人满意的乌托邦世界。要是在以前，即紧随法国大革命的时候，大多数作家肯定会把霍夫曼·斯塔尔的断言颠倒过来，因为他们觉得与现行的社会秩序较量，远比勾勒出一种理想的秩序更为艰难。”[①]好在，时代已经发生了变化，更多的学者已经认识到了景观、空间、艺术和人——四者之间关系的现代性意义，而这一种具有文化属性的社会空间关系体系，本质上是一种有“文化艺术秩序”的现代文明社会体系建构，它是必要的，也是必须的，用以建构城市文化核心价值和城市文化灵魂的永续性。

城市视觉环境（Urban Visual Environment）作为城市形象（Image of City）的一部分，也是建构城市艺术美学秩序的关键环节，在某些方面也可以称为“都市景观”系统。很多时候一些城市的“都市景观”缺乏艺术文化秩序的建构，很少有城市把艺术美学秩序作为城市规划内容来管理。我们也可以认为城市风景、风致和景观是生活品质系统的一部分，城市空间实体环境艺术秩序是创造城市某种印象的关键因素，进一步准确地说，经过城市文化艺术空间秩序的不断创新，可以使受众从城市空间局部环境构成的城市意象中，引发、导出对城市整体上的良好感知和印象。林奇说：“环境形象是观察者与他的环境之间两向过程的产物。”这必须是一种艺术的价值再造，“景观”艺术价值再造在现代意义上的两层表述，一是自然景观，天生、天然存在无雕琢，可以被认定为景观或景观体系，就如我们制定的A级旅游景区里的自然景观等那样；二是人工景观，即人工产品或作品，有些可能是天才的作者所创造的作品——风景可以如画，但有些人工景观成为城市生活中的

① ［美］卡尔·休斯克.世纪末的维也纳［M］.李锋，译.南京：江苏人民出版社，2007：301.

文化败笔，而影响城市生活的艺术文化秩序。“艺术和知识也是极相近的东西，”当然，真正的科学知识一定是具有某种艺术特质的，“一方面在写实的艺术中，常含有许多正确的观察和研究周围环境的动机”，这样才有可能成为作品的画作和场景构成的景观艺术秩序体系。人工景观作品既有写实性的表达类型，也有抽象性的表达形式，无论何种情景、类型和形式的城市景观，都是空间占有和空间再生产的表现。“另一方面，艺术的象征和科学的图解，也是常联合在一起的。审美的动机在不同的文化水准上，都会使知识统一化和完整化。格言、谜语、故事以及历史的叙述，不论在原始或发达的文化中，往往都是艺术和知识的混合物。”[①]景观本身也是多种学科知识的集合体，往往是某种“城市语言”“民族文化”的政治、文化、风俗和宗教等语言作品的结晶，每个作者都是在用自己的“语言”创作景观的，就如好的文章都有作者的语言风格一样。所以，世界上有很多景观表达的是一种伟大思想，这往往是成功的作品，并具有历史意义。另外，还有来自民间林林总总的对具体现实生活写实的景观作品，虽然描写的是生活的细节，但是无论何种生活细节和生活样态的景观文化，只要是能够体现一个民族文化的优秀精髓、体现人类文化共性的一面，就能够产生伟大文化的闪光点。景观作为空间里的产品和空间再生产形式的“作品”，一定是生活中最美的一个个感人故事的定格……有艺术审美价值的景观是有生命的，虽然有些景观因种种原因“生命”很短，但是，即使是这样，人们也十分愿意通过景观来表达人类永远进步的审美和伟大的民族精神，由此构成城市艺术文化的景观秩序。

城市本身就是人类社会色彩使用、集聚、累积与创作的伟大作品，是人类色彩文化的容器和拼图，甚至可用万花筒来形容城市的色彩存在，具有无限的可变性，如生活在城市里就是生活在五颜六色的、绚丽多彩的、五彩缤纷的、色彩斑斓的、五光十色的、形形色色的色彩空间关系之中，中国的语言词汇中描写色彩及色彩空间的史记、典故也可以信手拈来，十分丰富，可见中国人对色彩的理解和创造具有世界性和独特性。在日常生活中用色彩来描写事物、描绘感知、反映情感、表示好恶的词汇很多，同时，色彩具有多种代表性表意功能，可以用色彩褒贬人、事、物：如光怪陆离、花里胡哨、灯红酒绿、花样翻新、目迷五色、万紫千红、姹紫嫣红等等，色彩与政治、经济、宗教、自然和民俗等文化也须臾不能分离。人们在生活中能够感受到的自然空间、建筑空间、社会空间、城市空间等本身就是不同的色彩结构空间。有时，不同的人在不同的色彩空间里生活和工作，不同的色彩空间能够带给人不同的喜怒哀乐。卡西尔说：现实社会的人们“不再生活在事物的

---

① ［英］马凌诺斯基. 文化论［M］. 费孝通，译. 北京：华夏出版社，2001：96.

直接实在性之中，而是生活在诸形式的节奏之中，生活在各种色彩的和谐和反差之中，生活在明暗的协调之中。审美经验正是存在于这种对形式的动态方面的专注之中”①。虽然卡西尔是从某一角度来描述社会色彩空间的构成，是的，人们就是生活在色彩空间里的，在可以让人愉悦的色彩空间里生活、工作、运动、休闲等，是幸福感的另类表述，如能够用清新淡雅、色彩明快、粲然可观、橙黄橘绿、青山绿水等词汇等来描述某一城市，这座城市一定具有某种魅力、创造力和生命力，也会具有亲情感和幸福感并能受到人们的喜爱。

城市的色彩犹如一个人的性格，色彩影响情绪，带动情绪，还可以改变情绪，这方面有很多专家研究和著书立说，但更重要的一点是，也是人们往往忽略的一个认知是：城市的色彩审美表达的充分与否、结构合理与否、色彩与人性关系合理与否，与城市的开放度、思想解放理论水平、创新发展能力等有着密切的联系，大体上可以看到，凡是与国际发展同步或是开放程度较高的城市，都有着明显的审美文化选择能力和创新力，高雅、时尚、和谐、与自然充分融合的色彩空间很多，很少见到“土气+俗气”，或者对人性限制的、有色彩等级规定的，以及审美低下的色彩空间组合。但是，在一些县城和乡镇的街区、建筑和一些公共空间的色彩组合搭配上不合理、与周边环境相矛盾，或者只能用“丑”来形容的空间较多，包括脏乱差的空间，使色彩成为衰败文化的婢女，或用庄子评论色彩的语言：“五色乱目，使目不明。”②文化开放开明的城市，则色彩亦明亮而和谐。开放型的城市之所以能够呈现相对科学而具有审美的空间色彩关系，在中国当然与相关领域管理者、创作者的审美修养和能力有关，某省会城市的一个小区楼盘建筑色彩，已经通过专家规划设计后并建设完成，某领导视察后直接命令改成他喜欢的颜色……结果可想而知。一个好的整体城市空间规划包括色彩规划的成功，与城市创意阶层的崛起程度有关，与这座城市的文化精英群体能在多大程度上主导城市空间设计有关，还与市民群体审美学养有关……而生活中我们感受到的是虽然每座城市都有自己的色彩，但是，有的和谐，有的古怪，有的明亮，有的黯淡，有的具有神秘感，有的让人沮丧，有的城市令人喜欢，有的令人讨厌……

所有的城市都希望有参与全球经济、文化竞争的能力，如若城市自身没有建构“城市文化资本”再生产的“文化场域”，没有好的文化修为，没有文化核心价值作为主体与文化核心竞争力，

---

① ［德］恩斯特·卡西尔.人论［M］.上海：上海译文出版社，1985：93.

② 《庄子·天地》曰：“且夫失性有五：一曰五色乱目，使目不明；二曰五声乱耳，使耳不聪；三曰五臭薰鼻，困惾中颡；四曰五味浊口，使口厉爽；五曰趣舍滑心，使性飞扬。此五者，皆生之害也。”参见：许嘉璐.庄子义证［M］.杭州：浙江古籍出版社，2019：277-308.

参与全球竞争的可能性就很小，就会被排除在世界城市文化价值链之外，换句话说，如果一座城市连对自己的色彩都没有很好的管理能力，参与全球竞争的能力从何谈起？

从近代工业化开始，发达国家就开始了城市色彩的规划，进入后工业社会以后，很多城市都把城市色彩规划提升到了全球化竞争的高度，中国的很多城市都参与了这一竞争圈层，中国和世界其他各国有很多历史悠久的城市，并都有与其所在的自然环境和历史发展相适应的“各自美丽”空间色彩，或古朴典雅或清丽高雅或时尚淡雅……有很多或堪称美丽的城市。城市在长期的发展中会积累、沉淀、创造出与其生长的自然环境相适应的色彩风格，也会在文化传承中构建地方与民族风俗习惯相融合的色彩选择，世界上很多历史文化名城在历史街区、重要建筑和特定区域空间都有色彩限定，如巴黎为米黄色，伦敦为土黄色等，北京、南京、深圳、厦门、青岛、成都等城市在国内都曾率先提出城市主色调的定位，由此可以判断中国的城市建设已进入了有一定审美创新的阶段。但是，在2024年的中国，多数城市还没有完整的色彩规划，即使有了初步的规划方案，一般也没有完全遵循色彩规划方案制度标准，包括即使已经有了色彩规划，在长期推广方面也没有历届政府接力执行的情形，在当下中国城市的色彩建设还是一个涉及面很广的问题，包括管理层和大众的审美教育的缺乏等。尽管如此，毕竟中国的城市文化与城市形象建设已经到了一个新阶段，城市景观空间及街区的色彩已经在一些城市展开，已经告别了以往只是单纯地盖楼、修马路，单纯强调使用功能而忽略了艺术功能与艺术价值的阶段[①]。

城市的色彩是自然的一部分，所有的自然景观都具有唯一性，城市艺术空间的秩序和城市色彩规划首先要尊重自然，在城市回归自然的理念下，创造城市空间的艺术文化秩序中的色彩系统，城市景观和色彩规划要以自然作为城市的背景，如杭州之美，是离不开杭州西湖水和周围群山映照的，西湖里里外外共十几座山，有孤山、三台山、吴山、夕照山、宝石山、凤凰山……[②]这山、这水——在人工的打造下，俨然已经是一幅人间水墨山水画——可谓风景如画，衬托着美丽的杭州城在西湖映照下，仿佛杭州就是山山水水中镶嵌的宝石，集西湖周边自然美于一身……浙江省的旅游

---

① 张鸿雁. 专家评说“城市主色调”［J］. 徐砚梅，责编. 中国经济快讯，2001（15）：20-21.

② 西湖群山：西湖周围群山分布面积约35平方千米，风景十分优美。以西湖为中心，三面环山，中涵碧水；区内山、水、石、洞、峰、谷、江、湖自然景观丰富多彩，楼台亭阁文物古迹丰蕴灿烂，真可谓山外青山楼外楼。西湖群山由西南往北东山势由高及低可分为三个圈层。参见：傅隐鸿. 杭州西湖周边地质遗迹景观及其意义［J］. 地质论评，2020，66（02）：475，477；西湖风景名胜区内有灵峰、北高峰、老和山、十里琅、虎跑后山、九溪、云栖竹径、五云山、棋盘山、凤凰山、玉皇山、南屏山、九曜山、吴山等近20千米山道全线贯通。参见：吕雄伟，俞宸亭. 构筑西湖群山景观廊道之我见［J］. 商业经济与管理，2003（04）：61.

口号整体定位为“诗画江南”[①]，杭州色彩定位是“水墨淡彩”[②]，与浙江总体定位可谓一脉相承。城市景观与色彩的绘就必须创造可持续发展的景观保护性规划和精准的设计原则，让城市成为与人、水、山、湖融为一体的艺术生活空间体系，自成一种艺术景观秩序。

坚持以自然景观、人文景观符合自然属性为主的设计开发原则，创造城市新的自然与人工景观和谐的新人文生态系统，根据自然生态中的建筑、山脉、水系、聚落（村落）所构成的不同自然空间和色彩体系及特征，遵循城镇人居环境的历史文脉，用以增强城市与自然要素的耦合性、自洽性、连通性、融合性和可生长性，以提高城市环境景观生态的多样性为基本准则，保护并恢复城市原生态的自然山水风貌，形成千姿百态的城市形象与色彩空间格局。事实上，中华文明历经5000年的文化锻造和文化筛选与创新，地理文化鲜明、传统文化核心主体价值明确，形成了与地方自然山水结合的、地域性色彩文化与地域性空间特点鲜明的地域文化人格，我们熟知的与地方自然山水文化嵌合深厚的徽派文化[③]，建筑形态、空间色彩、乡村风貌、村落肌理、乡村地景等景观文化自有秩序，可谓有典型的文化“熵定理”[④]的逻辑体现，浑然天成，自成一体，在很大地域空间上表现了派别文化。大江南文化区包括江苏、浙江、安徽、江西和上海，总体上都是以徽派文化和徽派建

---

① 诗画江南：2001年，浙江就曾面向全球征集浙江旅游形象，确定了“诗画江南，山水浙江”的全省旅游宣传口号；2014年，浙江省政府将“诗画浙江”作为浙江旅游的整体形象品牌，此后便一直沿用；2022年6月，更新确立“诗画江南、活力浙江”为浙江省省域品牌主题词。参见：王璐怡.“诗画江南、活力浙江”是这样诞生的［N］.浙江日报，2022-06-24.

② 水墨淡彩：是由中国美术学院色彩研究所所长宋建明所提出的杭州色彩定位，为凸显杭州城市美学的价值观，他认为，杭州城市的“人们重视品味文化、审美教育，也重视造园、休闲、欣赏。慢慢地，形成了一种浪漫诗意的城市气质，它是宁静的、风雅的。所以，‘水墨淡彩’和这座城市的搭配恰到好处”。参见：余雯雯.水墨淡彩，是杭州的一种恰到好处［N］.钱江晚报，2016-09-29.

③ 徽派文化：即徽州文化，原本指的是“徽州一府六县”（歙县、黟县、绩溪、婺源、祁门、休宁）物质文明和精神文明的区域文化总和，涉及徽州经济、社会、教育、学术、文学、艺术、工艺、建筑、医学等诸学科，凡与徽州社会历史发展范畴相关，可以用“物质文明和精神文明的总和”来加以概括。在概念上来说，“小徽州”指的是徽州本土，而“大徽州”则指徽州文化辐射圈，包括徽州以外的国内地区乃至海外空间。参见：牛津.徽州文化意象的整体建构与对外传播［J］.学术界，2020（10）：162-163.

④ 熵定理（Entropie）：熵，热力学中表征物质状态的参量之一，由克劳修斯（T. Clausius）于1854年提出的概念。“熵”就是“无序化”的度量，熵定理也可以用于物理学以外的学科。“熵定律告诉我们，每当一定的有效能量被消耗掉，周围环境的混乱就会增加。城市越大，所需输入能量就越多。流进城市的能量越多，随之而来的混乱就越厉害，混乱越厉害，组织内部结构便更趋庞大以对付各种骚乱，这个过程不能被永久地维持下去。参见：［美］杰里米·里夫金，特德·霍华德.熵：一种新的世界观［M］.吕明，袁舟，译.上海：上海译文出版社，1987：71，131.

筑文化为主体的，识别性非常强，色彩符合江南山水文化的本质，并具有中国文化底色的价值与意涵；黄土高原文化区[①]横跨中国青海、甘肃、宁夏、内蒙古、陕西、山西、河南7省区，有着统一的黄土地文化的特质，而山西、陕西更为显性，呈现出黄土高坡特有的建筑文化与色彩——黄色和黄土地，从夏、商、周以来，黄土高原就有独特的民俗民风、民间艺术、宗教信仰、居住文化和板筑屋宅等，而中国的皇权文化“以黄色为尊”大体上与此有关。在春秋战国时期的五行学说中，黄色就居于五行的中央位置，东汉史学家班固在《白虎通·号篇》中写道：“黄者，中和之色，自然之性，万世不易。”[②]明末清初思想家王夫之在《读通鉴论》中有所叙及：“开皇元年，隋主服黄，定黄为上服之尊，建为永制。”[③]清代极权体制具有强权型的“崇黄”思想和制度，普通百姓不能随意穿黄色服装，而皇帝动辄对某某“赏穿黄马褂”，这种色彩等级制度在中国的封建社会传承甚久，商周以来就有。传统社会因科技不发达而交通不便，很多地方隔山隔水形成不同地域的小范围区隔，形成“文化小气候”条件下的风土人情及山村风貌，不论是“十里不同风”，还是“百里不同俗”都会形成小范围的“亚文化丛”和特定且封闭的文化圈，在长期的文化流动和融合中，小的地域范围会演化成一种相对大范围的文化模式，如成都、重庆四川盆地的巴蜀建筑文化及巴蜀文化模式，就是中国地域文化圈和地域文化模式发展、形成的典型代表之一。历史上，有些“山高皇帝远”的偏远地方，形成了很多具有地方性并自成一体的文化圈，创造了独特的文化。19世纪末，法国旅行家古德尔孟入蜀时，看到蜀地风土人情极为特殊，并感觉非常繁华而特别，他说：“入四川更惊其人工生产。入其野，桑麻遍野，井井有条，其农之勤可知。入其市，人工制造的物品，陈列满场，且发运他省者相望于道。”他在《云南游记》里这样描述成都，“此等绝妙未经开辟的舞台，如加点缀，即可成为东方的巴黎。”[④]今天的成都很多方面可堪比巴黎，成都与重庆一起可以称

---

① 黄土高原文化区：属于中原文化区的亚区之一。黄土高原文化亚区基本上以黄土高原为中心，向西北扩展至河西走廊，向东南延伸至豫东，主要包括陕西省秦岭以北部分、山西全部、河南淮河以北部分、安徽淮河以北涡河以西部分、甘肃大部（渭水以南甘南藏区除外）、宁夏南半部，以及青海西宁及海东地区。黄土高原亚区内部，可进一步划分为三个文化核区，即秦陇文化核区（陕西和甘肃为主）、三晋文化核区（山西为主）、中州文化核区（河南为主）。参见：吴必虎. 中国文化区的形成与划分［J］. 学术月刊，1996（03）：13-14.

② ［清］陈立. 白虎通疏证［M］. 北京：中华书局，1994：49-66.

③ ［清］王夫之. 读通鉴论［M］. 北京：中华书局，1975：540-541.

④ 谭继和. 成都城市文化和基本性质及其特征［J］. 四川大学学报（哲学社会科学版），1988（03）：93-102. 1896年，法国派工程师古德尔孟（L' ingenieur Coustellemont）游行云南，遍历迤东、迤南、迤西，假道西藏回国，著有《云南游记》。参见：车辚. 南方丝绸之路上的陌生人——清末民初在云南游历和工作的外国人述略［J］. 云南农业大学学报（社会科学），2015，9（03）：117.

为巴蜀地域文化的“双城记”，在两座城市都已经具有个性文化的前提下，形成具有同一性“区域共同体文化色彩”；再加上两座城市的政府推出“成渝都市圈”“成渝一体”的发展战略，正在引导巴蜀文化——“成都—重庆双城记”更有共生互容互补互嵌的文化共同体的色彩。双城文化圈，这是偌大中国的一个区域性文化的空间整合案例，当然还有如本书已经提到的齐鲁文化圈、东北黑土地文化圈、岭南文化圈、湘楚文化圈、吴越文化圈、江南文化圈等。另外，每个省、市、县、镇甚至每个村落都有自己的地方性文化风格、独立的生长肌理、独特空间特点及乡土文化习俗，包括对色彩的偏好，就中国的文化圈和文化模式来讲，可以用波澜壮阔和多姿多彩来形容。

城市规划和城市形象建设中的色彩发展战略，要有超前意识，要对城市所在地区的自然山水色彩特性、特征、原住民的历史住宅的色彩要素进行提取，了解色彩演化逻辑及民风民俗的色彩喜好等，要进行系统性的、整体性的分析和比较研究，避免对城市原有色彩系统不符合民意的大范围、整体性的改动，人为创造“文化与色彩”的文化断裂，应该是在增强及强化传承城市“原色”——“原生态颜色”系统协调性的基础之上，对城市和相关建设区域、人类活动强度较高的区域进行局部的重点控制与推进，坚持“九原原则”[①]，尊重符合当地地理环境的自然色彩理念，保证城市色彩的科学性，以及社会、人文和自然属性的协调性。必须重点强调要保护地域特色、历史特色和文化传统的色彩本土化建构，用以保证整体色彩的地方性和全球文化价值的审美认同意义。

必须认识到人类社会的色彩美感、审美来自自然的启示和禀赋，自然的原生态色彩是大自然对人类的奉献，也是人类自然审美陶冶的源泉。自然的原生态色彩在本质上是符合人类本性的，是易于接受和被接受的真正的自然美，也是人类共性的审美的智慧源泉，山水清音、青山绿水、山水交融、田园风光……是人类共同的审美取向，因此，必须保护城市地域色彩传统，与地域性自然特色及与习俗相关的色彩偏好。城市色彩规划在科学色彩选择方法上，已经有一套科学的方法，笔者带领团队，曾在江苏南京高淳区桠溪国际慢城的大山村做了中国第一个乡村色彩规划[②]，在色彩体系设计管控的基础上，强调景观色彩与世界各种流行色彩的比对，探究城市地域色彩的原生态文化特

① 九原原则：笔者在《龟山村规划手记》中说：“龟山村曾经是一个空心村，在我主持策划、规划和设计实践中总结提出了乡村振兴‘九原文化模式’：（1）原文化根底；（2）原生态结构；（3）原地点精神；（4）原文化肌理；（5）原住民生活方式；（6）原地材料使用；（7）原空间样态；（8）原乡愁守望；（9）原集体记忆……”

② 参见笔者2011年主持的《中国桠溪“国际慢城”概念规划与旅游策划》项目文本。其中，创造性地制定了全国首个城乡色彩规划条例——《桠溪城乡色彩规划》，确定了桠溪慢城色彩与主题印象——“七彩扮青山，绿水绕慢城”。

质，连缀城市地域文化色彩的“文化丛秩序样本”，创造城市地域文化色彩的“模式与模型”，最终归属于民族文化的总体文化色彩，使色彩符号更具有中国本土化的色彩逻辑，采用国际化标准的色彩科学工具管控和引导城市色彩规划设计，创造能够经过风风雨雨洗刷而永不磨灭的、永续存在的、在文化心理上认同的景观和景观色彩文化。

世界上有很多城市的色彩具有地域性、特色性和不同阶层的受众心理的可接受性。如日本京都城市色彩——朱红+清谈和细致的清雅，来过这里旅游的人，无论年龄大小都能够喜欢这里。京都的传统建筑空间文化与现代化的空间形成的有机关系堪称是世界典范。京都融入古都大大小小的神社在朱色调的主导下，好似植栽在城市中有生命的构筑物；宫殿和到处可见的传统建筑物有着历史的沉重而古朴，可以称为这座城市历史的集体记忆，与之相关的景、物也都很完整地被保护下来。整座城市生活的不同景观和不同角落中的青苔、古松、砂似水、石似山的景观，处处显见日本文化的枯山水风格，禅意在平淡中出奇彩……林林总总，仅京都就有近1900个寺院和神社，其建筑的局部朱红色在城市中显得十分突出，连同整座城市表现出细致、清雅的风格，传统建筑与现代建筑相容镶嵌。为了保证城市色彩的原生态和原色调，从古代起，就成为一种民风民俗，即以采用原生的木料、石材作为建材的建造形式，再加上传统建筑样式的经典魅力，京都城市景观在色、形、材三方面达到了堪为典范的完美统一。

印度焦德普尔城市色彩——蓝色梦幻，梦幻般的蓝色拥有天空般的澄净、大海般的深邃、美梦般的迷幻，当一座城市仅以一种色彩就能予人如此多的遐想时，让人不得不叹服其建设者的神笔奇技，对于一些特点尤为明显，气质风格尤为统一的城市（特别是个性鲜明的小城市）或区域而言，单纯却印象深刻，同时又蕴含丰富变化的色彩应用手法，不失为城市色彩规划的一条好路径①。

韩国首尔的“小法国村”②则是运用橙色系表现出法国式浪漫，并有一种强烈的温馨和热烈的感觉。16栋法式建筑组成的“小法国”，表现了“小法国”“小王子”的文化，并生产所有配套周边的文创产品，如橙色的手表、服装、包包、地图、鞋子、防化服、各种玩具、男子潮流系列产品……再到橙色系建筑——空间与生活方式用橙色连接在一起，创造了一个独立的空间体系。这个小村位于从清平水坝往南怡岛方向，加平郡清平面古城里一带，是兼有青少年集训设施（古城青少

---

① 佚名.城市色彩，路在何方：印度焦德普尔城市色彩［EB/OL］.景观中国—LANDSCAPE. http://www.landscape.cn/special/urbancolor/index.html.

② 韩国首尔的“小法国村”：位于韩国京畿道的小法国村（Petite France），由16栋法国式建筑组成。在这个文化村内，游客可以足不出户地感受到欧式风情，欣赏到法国建筑和工艺品等文化元素。同时，游客还可以选择在此住宿，同时体验法国的“衣食住”文化。

年修炼院）的法国文化村，占地11万7357平方米。这种橙色的运用非常成功，“小法国”的建筑色彩主题橙色系给人以兴奋感，而且用的主色调感觉强烈，建筑基调色是浅黄色、黄色，屋顶色主要是橙色。设计概念是以“花、星星、小王子”为主题，也是“小王子”故事的主题乐园，在图案形象中可以看见许多法国象征——“鸡”的雕刻和艺术走廊，也可以听见八音盒中放出的优美旋律的八音盒店，以及花草芳香店、纪念品店等，在这里，不但可以体验独特的法国文化，更可以在此住宿并同时体验法国食衣住行的育乐文化等。小村位于山丘上，浅色异国风的建筑，参差不齐地聚集在一起，光看建筑物就像是集中在海边沿岸的小村庄，与虎鸣山周围秀丽的风景一同观赏，则像阿尔卑斯山麓的田园村庄，故称为法国文化之村“小法国”①。其实，真正有特色的文化空间，色彩一定是有独立风格的，这既是主体选择，也是遵循消费者选择色彩的结果。

苏州城市空间形象已经成为中国人印象中一定的空间文化定式——“小桥，流水，人家”“鱼白，蟹黄，荷红”“日出江花红胜火，春来江水绿如蓝”……如此诗句已经构成一种彩色画面，形成城市空间色彩的总体意象就是：小桥流水间的断想，粉墙黛瓦旁的遐思；雨巷尽头的红雨伞，从来不耽误时间的栀子花、茉莉花和白兰花……苏州城市空间与空间色彩在中国非常具有代表性，代表着生活的精致与舒适，还有某种文化身份感——粉墙黛瓦，白墙青瓦，浓墨淡彩，水墨江南；又有芦花白、银杏黄、孔雀蓝、枫叶红、柳色青、稻花金、灰白黑……这些似乎可以被感知和被触摸的色彩描述，每一个色彩单名似乎都可以说在描述苏州，但细细想来，哪一个单句单色又不能代表苏州，或许这就是苏州在人们心中感受到的美，又无法用完全准确的语言描述。苏州的空间与空间色彩美，不是美在颜色亮丽，而是美在色彩的和谐和颜色的淡雅相宜，不浓不艳、不深不淡、不花不乱——因和谐美而构成苏州的底色，当然也是中华文化色彩的底色构成的主体要素，苏州色彩在天人合一的感应下，以中庸平和的文化流动，释放着一种伟大城市文化脉动，可谓“腹有诗书气自华”本底。

是的，色彩空间丰富了人类生活，即使在一个特定的空间，色彩亦能显示其应用的内在文化价值。在城市的一个小小的咖啡馆里，空间色彩也成为消费品，更是一种推动消费的“文化动力因”。现实中，只有一部分咖啡馆是受到消费者特殊喜爱的，一般是“具有强烈装饰艺术风格的马赛克地板和玻璃瓦天花板”都会吸引很多消费者，而且还具有消费者的忠诚度。有的咖啡馆里，“紫罗兰色、黄色与黄绿色的超现代发光树脂架子覆盖了后墙，将人们的目光吸引到咖啡馆的中

① 佚名. 韩国京畿道的小法国村Petite France［EB/OL］.（2015-11-09）［2023-10-28］. http://www.landscape.cn/planning/3452.html.

心——一个耀眼而前卫的咖啡吧台。如同一个太空时代（Space Age）的幻想，亮橙色的墙面衬托着钢制吧台，形成了一个聚光灯下的舞台，展示着第三次咖啡浪潮的成果。克洛特的设计塑造出鲜明大胆的对比，让过去与未来并行，不过这里最‘微妙’之处，其实是精致的特调咖啡。咖啡师提供了5种在本地烘焙的咖啡豆，以满足不同客人的风味喜好（包括烟草、榛子、柠檬等）”[①]。这样的空间色彩与气味的混合，更具有对空间混合文化的创造，当然也是人们喜欢的空间感觉。

在中国传统文化中，色彩具有某种政治社会属性，一定色彩属于一定阶层，一定色彩代表一定意义，包括吉、凶、平安、浪漫等都有相应的色彩，不同的人，在心理上都有色彩偏好和符号意义的认知。特别是在有阶层对立和阶层划分十分明显的社会，或者在贫富差异过大的社会里，不同阶层对色彩既有选择偏好，也有色彩歧视。在传统社会，有些色彩在不同时代属于权力者的专属享用品，中国从上古时代至清末，有的朝代如殷商“尚白”[②]，春秋战国时代有很多与色彩相关的国运故事，如齐桓公好紫衣的故事，国人都追风紫色衣裳[③]。秦朝“尚黑”——而在汉隋唐以后崇尚朱色、紫色、红色，并且这类色彩多专属权贵使用，曹丕在采纳九品中正制时首先提出用“紫、绯、绿”三色为九品之别[④]。清代时的黄色只能是皇家使用，皇帝的龙袍都是黄色，黄色是帝王专有颜色，平民如果使用了黄色就是犯上作乱，这都是权力者或贵族社会属性的体现，城市中的老百姓和一般市民是不能使用朱、紫、红等色彩的。如对上层社会专有朱户、朱邸、朱衣、朱门等称呼。遍读相关文献我们可以发现中国古代文化中色彩的等级性、阶级性和政治权力属性[⑤]。色彩与人的原始本性有相关性，可以展现人的喜怒哀乐，还可以展示个人和群体阶层的地位，自从有人类社会以来，色彩就有了社会属性，通过人的主观反映表现了色彩的政治、经济和文化属性。红色在中国人的眼里有着吉祥和生活红红火火的意象，同时，还有一种社会革命的潮流性。曾经在中国历史的某

---

① Eve Hill-Agnus. The Warp and Weft of Time［J］. Drift，2022（10）：31.

② 古代文献中有所谓“殷人尚白”的记载，如《礼记·檀弓上》：“夏后氏尚黑，大事敛用昏，戎事乘骊，牲用玄；殷人尚白，大事敛用日中，戎事乘翰，牲用白；周人尚赤，大事敛用日出，戎事乘騵，牲用骍。”［汉］董仲舒. 春秋繁露义证［M］. 北京：中华书局，1992：183-213.

③ “齐桓公好服紫，一国尽服紫。当是时也，五素不得一紫。桓公患之，谓管仲曰：‘寡人好服紫，紫贵甚，一国百姓好服紫不已，寡人奈何？’管仲曰：‘君欲止之，何不试勿衣紫也？’谓左右曰：‘吾甚恶紫之臭。’于是左右适有衣紫而进者，公必曰：‘少却！吾恶紫臭。’公曰：‘诺！’于是日，宫中莫衣紫；其明日，国中莫衣紫；三日，境内莫衣紫也。”参见：高华平，等译注. 韩非子［M］. 北京：中华书局，2015：391-434.

④ “诸臣禁用赤黄，于是有紫、绯、绿、青之差。”参见：王国维，罗振玉. 流沙坠简［M］. 杭州：浙江古籍出版社，2013：172-192.

⑤ 张鸿雁. 城市文化资本论［M］. 2版. 南京：东南大学出版社，2010：406-407.

一阶段，朱色、紫色成了富人的代言词和享受品，而作为一般的百姓，紫朱色是穷人不能够使用的颜色。正因为这样，北京故宫的墙可以是红色的，对于一般老百姓来讲，只能享用灰色，并通过灰色来衬托统治者的高贵和权威。这种色彩的政治化、权力化是落后的，甚至对社会及广大市民来讲是极不公平的。而北京仍然以灰色基调作为城市的主色调，是缺乏历史感和历史责任的，因为，明快、清丽、高贵和淡雅是现代生活的主旋律，是人类所共同追求的，北京的“中国范”一定是中国城市色彩空间样板，应该是中国现代市民社会的典范。“高雅艺术和大众文化的二分法在大众文化景观——各种形式的公共广场（agora）和剧场（odeon）——中，从某种程度上可以被看作文化规划的一种手段”[①]，要特别强调的是，构建城市标准色，不是仅仅给城市空间创造一种色彩，而是强调城市色彩的艺术风格和景观秩序，城市复杂性、城市社会内部文化多元性和城市市民的异质性决定了城市色彩的多元性。所以，“艺术一方面是直接由于人类在生理上需要一种情感的经验——即声、色、形并合的产物。另一方面它有一种重要的完整化的功能，驱使着人们在手艺上推进到完美之境，激励他们以工作的动机。同时，它也是创造价值和标准化的情感经验的有效工具。由这上述种种功能，艺术对于技术、经济、科学、巫术和宗教，便都有所影响。”[②]城市形象塑造中的色彩规划和设计，首先要根据时代的需要和大众的追求进行创新，追求高雅、高尚是所有人的理想，哪怕是自我感觉最卑微的人，也喜爱高雅、美丽和时尚，所以要创造一座城市的符号和城市IP，让人们一想到某一座城市，在头脑里就会闪现这座城市著名的文化景观符号，就如成都那样，一想到成都就想到了大熊猫，而想到大熊猫就会和成都联系起来，在这一文化符号的传播中，所有阶层的人都有共同的文化认同，这既是城市文化形象传播的最低表现，也是城市文化形象传播的最高文化叙事。

一个成功的城市景观能够表达城市文化精神美学意义上的视觉艺术，一定会在大众心理上产生文化和审美意义上的共鸣，并成为城市市民文化心理结构上的印痕，成为他乡遇故知的认同符号。世界上每一座城市都能找到景观艺术化符号的代表，人们总是会把某个重要景观、重大文化事件和重要历史人物等和城市的声望、光彩、荣耀联系起来，成为城市意象的“共识IP”，这种景观艺术的自身的形态、结构与功能等经过“文化场域”的影响，可以构成“城市文化资本”的结构化要素。几乎所有的人，对居住过或旅游过的城市都有某种怀旧感，这种感觉可以形成各种各样的片段

---

① ［英］格雷姆·埃文斯. 文化规划：一种城市复兴？［M］. 李健盛，编译. 北京：北京师范大学出版社，2022：60.

② ［英］马凌诺斯基. 文化论［M］. 费孝通，译. 北京：华夏出版社，2001：96-97.

和场景，其价值就是场景中的人、物、事、色彩的场景感——景观时空的穿越价值，成为穿越历史城市文化的精神符号。对某一城市的第一印象，或可以解释为某种意义上“首因效应”的文化符号影响，一定是一个或几个特定的景观符号在心理上的影响，也就是说城市景观符号能够在总体上代表城市文化和特质，这就是创造城市标识与城市IP群的意义所在，特别是有世界性知名度和影响的城市景观、城市IP等文化符号，能够有效传达城市政治、经济、文化的历史与现实意义，成为城市特色文化、文化价值和文化核心竞争力的一部分。

景观文化要真正成为能够代表良好城市形象的符号，就必须表现文化核心价值的唯一性，主题鲜明而有特色，根据城市景观文化及相关符号标志的文化定义，我们可以大致为“城市标志性景观和文化要素”进行文化类型的分类，对城市文化IP进行系统性的创意，包括城市精神理念系统、城市行为系统和城市视觉系统，还包括创造一个围绕主题的IP群，从不同的层次上创造受众的多层次和多元化需求，在突出文化核心价值的同时，表达多层次的文化意涵，进而获得不同文化圈层、不同文化背景的人以及大众的广泛文化认同。关键是创造、创新在文化价值内核上的世界唯一性、内涵思想文化创新上的唯一性、图形结构选型设计创意上的唯一性、空间色彩结构化组合的唯一性等等，这个“唯一性文化属性”是规划和设计者的设计基本原则，即原创性原则，这也是所有科学研究的根本，从能否创造唯一性角度来说，可以看出创作者的学识、学养、研究深度和创新能力。

创造代表城市形象的景观和IP系统需要考虑两个原则：一是城市形象的“伟大之文化”的代表性原则；二是适应广大受众多元、多层次喜好的原则，只有创造具有独特风格并能够体现市民共享性的城市色彩，才可能表现人的本原需要和人性的本底文化。在规划设计上的诉求是方方面面的，这里仅从景观与IP的色彩及城市空间色彩创新上的实际应用方面提出个人的看法：（1）城市空间的色彩体系，要强调标准色的合理运用，标准色是城市的底色也是主体色，必须符合城市自然山水特色、历史文化特色和现代性方面的城市发展需求的文化特色，并与之相协调。（2）城市空间的色彩规划要与城市理念相一致，城市色彩结构本身具有一定经济、社会和文化含义，如果色彩规划及城市色彩空间的感觉与城市理念背道而驰，则不会有统一完美的形象。（3）城市空间色彩应与城市市民的色彩心理习惯与心理文化结构相适应，要有人性化、亲和性及色彩文化的普世性。（4）城市形象的标准色与相关辅助色之间要构成某种结构性关系，并适合应用，不能造成城市色彩的混乱，这是由城市的复杂性所决定的，城市色彩关系也具有复杂性，因此，和谐、系统性、自然属性是必须强调的，城市的标准色是一种组合关系，不可能也不应该由单一、单调的色彩组成，而是结构化的色彩关系。因此，城市空间的色彩的构成、结构性关系，应该集中体现城市的整体性特色、历史性特性和时代性特色，创造与城市整体形象相一致的差异性和独有性。（5）城市色彩系统应具有广泛的应用性，不同的环境下、不同的色彩关系中、不同的时间里及不同场合都要创造可应用性。要求色彩的设计必须强调应用的广泛性，即在不同环境下的色彩关系，都应该具有鲜明、明快、愉悦的感觉。（6）城市主体表现的主色调与辅助色的科学搭配关系是有规律的，必须从学术性、学理性和科学性上创造科学的说词、推理和逻辑关系，既丰富有序，又要有地方特色。

城市空间色彩是城市生命可持续的一部分。

二、城市面孔：有中国风范的城市“骨相”与风骨

一座有伟大文化的城市，或如山峰，让人有高山仰止之感；或如大海，让人有被博大胸怀所包容之感。一座有伟大文化的城市，一定会有外在形象的独有风骨，也一定会有内在的坚实“骨相”——而能有伟大的母爱之情——庇护城市儿女。

城市是可以有无数面孔，也可以有百变之能以适应社会的发展，但是中国风的文化核心价值不能变，中国风范、中国范式和中国城市面孔不能变，作为中国城市的风骨与骨相不能变，因为，城市的面孔犹如母亲的面孔，一生都不会忘记。

我们可以从很多方面来解读城市的存在和文化价值，如有学者说“城市可以被看作是一个故事，一个反映人群关系的图示，一个整体分散并存的空间，一个物质作用的领域，一个相关决策的系列或者一个充满矛盾的领域”等等，我们可以说出更多的描述：城市是人生最好的舞台，城市是一个生态系统，城市是一个你我他互相依赖的生存空间，城市是一个阶层结构化的社会体等等，因为，每一座城市都是一个有特色的社会体系，还“暗喻包括有很多价值的内容：历史的延续、稳定的平衡、运行的效率、有能力的决策和管理、最大限度的相互作用，甚至政治斗争的过程。某些角色会从不同的角度成为这个运转过程的决定性因素，如政治领导人、家庭和种族、主要投资者、交通技术人员、决策精英、革命阶层等等。”[①]此外，还有城市经历的从灾难到重生的可歌可泣的故事。城市作为人类文化“种群”的集合形态，是为了更好地生活，才走进城市并创造城市。城市既存在着要素的冲突机制，也存在着要素的共容、融合、整合机制。在人类主观的创造中，城市现实景观作为文化符号，必然是思想者的表现和象征，也是多数人群体价值的集中地。任何城市的文化

---

① ［美］凯文·林奇.城市形态［M］.林庆怡，陈朝辉，邓华，译.北京：华夏出版社，2001：27.

景观秩序都具有某种政治与文化意义，“在有规律的相互作用或相互依赖中连接起来的那些对象所构成的一个聚集或集合体；由自然或人工组合成为一个完整的、有机的，或者有组织的整体之单元集合”[①]，作为空间所表现出的建筑文化及相关的系列景观，在识别性上还取决于造型、材料、色彩之外的一些因素，如城市与建筑及建筑组合后的轮廓线，相关空间的细部文化，所处的人文区位等，构成了种种城市形象的“面孔”之一，所有对城市的认知、了解和考察，都会从一个陌生城市的空间及建筑本身的特点开始，由此产生意象与印象。卡斯腾·哈里斯说：“任何美国城市中都挤满了具有类似象征功能的建筑，如法院、邮局、博物馆，特别是银行。我们可能会想，银行建成寺庙形状是否表明，将社会凝固在一起的并非宗教，而是金钱。无论如何，过去时代神圣建筑的象征看来有更实在的作用：赋予一个建筑物意义，向我们表明我们所看到的不仅是一个建筑物，而是一件建筑艺术品。”[②]这种概念的时空转化，强调的是城市是建筑的集合体，是城市的结构化的空间表现，每一座建筑组成的空间都具有文化符号意义，但是，因不同的建筑有不同的文化含量，其象征意义也不同，由此表现出城市空间美学和艺术价值的差异，因而，其作为文化的存在意义与价值也不同。

城市形象的构建本身是力求使城市增加文化含量和美学价值，建筑的象征性是城市文化含量的构成要素。正如人们所认同的，美丽的城市取决于美丽的建筑及空间环境。“人类机体对空间的感知能力是发展的，由无空间感的胚胎状态，经过婴儿对有限空间的探索，再到在地上爬的孩子初步的两度量探索，直至运动员的技巧和舞蹈家的艺术不可或缺的跃向空间。”而城市空间的美感和个体知识含量、文化资本拥有多少有关。正如埃德蒙·N. 培根所说，人的知识有一个积累的成长过程，也需要有知识结构的扩张和合理性，人的知识结构“由于连接愈来愈大的系统，感知也愈来愈深化。在建筑语汇中，则意味着由地球和地球上的材料组成的实体空间，进展到宇宙中不那么看得见、摸得着的要素组成的整体空间。通过这种与比他自己更大的系统的联系，人得到美的满足；这个系统越接近宇宙，满足也越大。这正是为什么一种有意识空间的表现，对建筑的最高表现来说确属必不可少的原因所在。”[③]城市的空间具有无限大的可能，人的知识也具有无限大的可能，而城市空间与人在空间里的生产方式一直在不断变化，同时，人们在创造空间的再生产的方式、理论、

---

① ［美］小拉尔夫·佛·迈尔斯. 系统思想［M］. 杨志信，葛明浩，译. 成都：四川人民出版社，1986：4.

② ［美］卡斯腾·哈里斯. 建筑的伦理功能［M］. 申嘉，陈朝晖，译. 北京：华夏出版社，2001：100.

③ ［美］埃德蒙·N. 培根. 城市设计［M］. 黄富厢，朱琪，译. 北京：中国建筑工业出版社，2003：15.

空间存在形式也都在向高级化发展。城市空间转型的本质是社会空间的质性变化，是人类进化的中间形式，所以我们要进一步研究其基本的空间存在，包括轮廓、天际线和城市面孔等空间文化进化规律，特别是由建筑空间结构化而组成的现代化空间与人的现代化的发展关系研究，在审美和美学的艺术表达上如何跟上后现代社会城市空间进化的速度，以便真正从科学理性的高度驾驭其演化规律。

城市景观的构成系统有多种形式，主要有标志性景观系统或称“第一景观系统”、城市文化主体景观系统、道路景观系统、建筑空间景观要素系统、空间节点符号景观应用系统、城市轮廓景观系统、历史文化传统及文脉景观系统、方向标识识别景观系统、城市家具文化景观系统、旅游观光景观系统、自然风貌景观管理控制系统等，这一切的建设都要求人必须有很好的审美能力和审美思维。清代文化审美虽然在绘画、书法、手工业技术上有一定发展，但远不及明朝以前特别是宋朝的整体审美水平及发展的高度，从很多方面都可显见，可能的主要原因有三：一是政治结构所决定的社会文化及美学审美体系发育不足，甚至在某些方面停滞或倒退；二是原始性游牧文化的习俗和社会整体发展的教育，限制了文化和审美教育的发展，没有形成具有哲学高度的美学艺术创新理论，没有具有世界眼光的哲学大师、美学大师的科学发明，更没有在哲学科学理论引导下的技术美学、艺术美学和工艺美学的创新；三是统治者草原民族文化心理结构与相对落后的农业社会的小农文化层面的修养所造成的……而在广袤的乡村，有一定文化但是代表旧传统守护者形象的“乡绅”，其主体还是封建地主，而不是市民社会的“绅士”和贵族。从这一点上比较来看，在德国艺术史的发展历程中，可以看到很多美学理论的创始人、学者和学派的创造者和能独树一帜的大师，“从黑格尔、罗伯特·费舍尔（Robert Vischer）、康拉德·费德勒（Conrad Fiedler），到希尔德布兰德、李格尔、沃林格、沃尔夫林、早期潘诺夫斯基，甚至埃德加·温德（Edgar Wind），都提出了许多有关图像的内在意涵的重要观点（虽然看起来有些零散）。”[①]每个著名学者都是从哲学、美学的高度来看待审美，并在不断地创造审美和美学理论，同时，还用自己创造的理论来引导市民社会、教育市民，推动社会整体审美文化和审美价值观的提升。而清朝的统治者主要是出身于狩猎文化的民族，并一直延续到清朝灭亡。在清朝满族进关后，基本上是采取闭关锁国的政策，对某些外来文化和历史上优秀的及世界上先进的科技文化采取的是“断、舍、离”的文化政策与态度，造成了与世界文化的某种“文化断裂”，与西方发达国家相比较，在科技、文化、艺术等方面清朝落后了一百

① ［英］保罗·克劳瑟.视觉艺术的现象学［M］.李牧，译.南京：南京大学出版社，2021：13.

多年，既缺少世界意义上的城市审美文化理论，又缺少科学哲学意义上的民族美学理论的创新，更缺少人体工学、工艺美学和相关技术发明的专利，可以这样说，清朝后期的中国是工匠多，巨匠少；为宫廷服务的能工巧匠多，为社会创造科学技术发明和工艺理论创新的大师少；工匠精工细作者多，工艺流程科学创新者少，新近的科学技术和文化领域的发明创造都是在鸦片战争以后。

城市有历史内涵和有传奇的城市记忆作为城市文化标识或称“城市第一景观系统”，很容易受到人们更多的关注，其前提条件是：有惊天地泣鬼神的人物和故事场景、有历史文化传承价值的标志性建筑空间、有唯一性的符号性空间、重要交通枢纽区位与位置的景观，以及特殊高度的台地景观……城市中最高、最大、最奇特、最能给人以意外的空间或标志性景观都有可能成为城市的代表性符号，人们往往会不自觉地约定俗成，认同城市的第一标识，“之最”或“唯一”是作为标识的资本。一座独特的有个性的城市，应该有世界唯一或区域性第一的景观。在这一点上，中国古代早就认识到了这种方法，如在很多旅游景点我们都可以看到，所谓“天下第一泉”“天下第一关”“天下第一名刹”“天下第一山”“天下第一塔”“天下第一楼”“天下第一桥”“天下第一庙”“天下第一窟”等等①，这个名气一经传播出去之后，很快便会成为城市的标识，成为城市文化“骨相”的最初要素。

一座城市要有好的“风骨”和“骨相”，是需要建构和创新的，需要这座城市有良性的文化场域，良好的市民社会结构，能够使“城市文化资本”充分再生产，从而创造城市“骨相”，而最终创造城市民族性的文化脊梁，这就构成了一座城市文化创新能力、生存能力、发展能级的结构骨架，以一种内在的可持续发展力，以文化自觉的城市社会心态，形成自己的核心竞争力。从“城市文化骨架”、城市文化风骨、城市文化“骨相”的要素中，我们可以回溯城市建构的文化模式，“如此，我才有了从城市结构，形象一点可以说是城市的‘骨相’”，这视角是独特的，城市作为人类智慧的有机体，是空间结构构成的建筑文化体系，是景观化的空间，也是有“骨架”结构的，而这个骨架结构所构成的关系系统就是“骨相”，亦如中国传统文化中的“相面”就有“骨相”一说，由此用来分析个体的存在价值与未来前途，这里虽然有某种唯心论的成分，作为一座城市来说是要通过对“骨架”的分析，透过现象看本质，通过外在形象，看到城市“骨相”是否结构合理，

---

① 以“天下第一”为名号的风景名胜在不同地域的认同度也不尽相同，下面主要列举了几个认同度普遍较高的“天下第一名胜”。天下第一泉：趵突泉（济南），天下第一关：山海关（秦皇岛），天下第一名刹：少林寺（登封），天下第一塔：应县木塔（朔州）、铁塔（开封），天下第一楼：光岳楼（聊城），天下第一桥：赵州桥（石家庄），天下第一庙：孔庙（曲阜），天下第一石窟：莫高窟（敦煌）。

是否有种铁骨铮铮的城市精神，可以用这个“骨相”作为“发现城市个性的新视角”。在日本“相似的建筑，形成了日本城市千篇一律的表象。一旦深入挖掘其‘骨相’，城市丰富的个性就自然显现。如果能从这种乍看毫无个性的风景中找到其背后蕴含的个性，那么反过来也能成为改善表象、寻回个性的线索。更为具体的内容，我们将通过走访具体城市，借助相应历史资料予以明确遵循地图与老照片等线索，一边行走一边思考，反复回顾历史，畅游现代城市。我想通过这本书，与读者一起踏上旅程，体会每座城市本来的故事。”①——这是一位日本学者的认知视角，如果中国的城市研究和城市文化精神逻辑，也能从这个角度加以思考，城市的研究和“城市文化资本”再生产，就是创造一种城市精神指引下的有民族脊梁的“城市骨相”，观察其结构的牢固性、案例性和应有的城市风骨，以成为社会整体发展的民族文化创新中心。

所谓第一文化景观，就是人们所论及“首位度②景观”概念及“首选景观”概念，一提起巴黎首先想到凯旋门、埃菲尔铁塔和卢浮宫；一提起莫斯科首先想到红场、克里姆林宫和玛丽亚修道院；一提起北京首先想到故宫、天安门和长城；一提起上海首先想到外滩、南京路和东方明珠；一提起西安首先想到秦始皇兵马俑、大小雁塔和大唐芙蓉园；一提起杭州首先想到西湖和灵隐寺；一提起南京首先想到中山陵、玄武湖和夫子庙……在某些时候、某些场合，城市被浓缩为一种符号或者是某个标志建筑，多数被浓缩为一个标志性景观空间体系。能够成为一个城市形象代表或城市的首选景观因素有很多，如建筑、景观、街区、广场、自然风景等，能够代表城市整体形象的符号就是城市风骨的构成要素。要创造城市风范和不自觉显示城市“风骨”，建构“骨相”所构成的城市脊梁，是需要特定的审美和艺术标准指引进行创新与再创作的。英国学者保罗·克劳瑟说：“还原论自身或者涉及还原主义倾向的各种方法，都面临着以下这个非常致命的问题。还原论的主要概念‘生产’（production），是指一种将更大范围内的不同意义系统进行整合和建构的现象。”创造“城市之最”和“唯一性”文化标识，就是创造社会审美声望和美誉，必须引导市民和城市外部受

---

① ［日］西村幸夫. 日本都会叙事：一种阅读城市空间的方法［M］. 傅舒兰，译. 上海：同济大学出版社，2023：23-24.

② 首位度：在一定程度上代表了城镇体系中的城市发展要素在最大城市的集中程度。1939年，马克·杰斐逊（M. Jefferson）提出了城市首位律（Law of the Primate City），并被定义为首位城市与第二位城市的人口规模之比，他强调首位城市应在政治、经济、社会等各方面占据绝对优势。首位度概念提出伊始，国外学者热衷于关联首位度指数与经济增长率来寻找首位城市的最优人口规模。从区域的不均衡发展出发，佩鲁的增长极理论与缪尔达尔的扩散—回波效应阐述了首位城市辐射带动区域发展的机制，为探讨城市等级体系中首位城市的最优人口规模提供了理论基础。参见：李哲睿，甄峰，徐锋. 城市能级和城市网络结合视角下的南京城市首位度评估与提升研究［J］. 现代城市研究，2023（06）：100-101.

众的自觉参与，“如此，艺术创作活动的参与，便被认为仅是构成生产过程的各种构成性要素中的一环，而非将之作为一种主导其他环节与要素的整合性原则。这样的结果便是，视觉艺术的创作及其意涵在本质属性上的独特性。”[①]因此，城市风骨的建构需要引导大众和精英一起协同创新，需要使城市风骨成为“城市文化资本”的核心文化要素之一，更需要市民本身是城市风骨的创造者。在当代世界城市中，凡是有风骨和“骨相”的城市，都有世界级艺术文化之都的风采，都具有以城市文化风骨而成为担当民族文化脊梁的主体。

任何景观都不是随意出现的，而是能够在社会存留并立于城乡与天地之间，也是社会淘汰性选择的结果。一个明显的例子是，有些国家和民族的城市，其历史上优秀的景物和事件标志等都能够较为充分地保留下来，并通过保护性开发和利用，成为推动城市经济与文化发展的“城市文化资本”。而有些国家和民族的城市则不能，甚至有些国家和民族的城市选择了一种历史虚无主义的态度，城市记忆和文化资本被清除。我们多次以巴黎的埃菲尔铁塔为案例，从不同的角度加以分析，如从景观文化的角度：这样一个文化图形，包括从景观视角分析的空间模式，可以称埃菲尔铁塔是城市文化景观的经典作品，当然是巴黎的一个代表和首选象征，罗兰·巴特（Roland Barthes）认为：“城市是个论述……我们仅仅借由住在城市里，在其中漫步、观览，就是在谈论自己的城市，谈论我们处身的城市。据此，城市本身是有意义而可读的正文，而且城市正文的写作者，正是生活其中的人。”埃菲尔铁塔在巴黎已经是城市中的人和事构成的一系列文化故事，在这一个景观空间的周边，已经构成一本特殊的可读的历史书，无论是这个景观作品本身产生的艺术价值，还是这个景观与历史文化名人结缘所带来的文化溢出效应，都已经让我们感受到了一个景观文化的博大精深。

其实我们可以有三问：为什么埃菲尔铁塔能够与文化名人构成值得称颂的历史文化故事？为什么埃菲尔铁塔能够产生那么多的作品和人们认同的与之合影的照片——图景流传世界？为什么埃菲尔铁塔能够穿越不同历史文化背景、不同宗教文化背景的人而在心灵上有共同的感知？笔者曾多次去过埃菲尔铁塔，在那里探寻名人的文化思想，探寻这个景观建筑艺术感染力的奥秘。罗兰·巴特评价埃菲尔铁塔说：“铁塔最终同一切重要的人类场所具有的基本功能——自给自足——重新联结起来；铁塔可以独立自存：你可以在那儿梦想、吃喝、观赏、理解、惊叹、购物；正像在一艘邮轮（这是令孩童梦想的另一个神奇对象）上一样，可以感觉自己与世隔绝，但仍然是世界的主

① ［英］保罗·克劳瑟.视觉艺术的现象学［M］.李牧，译.南京：南京大学出版社，2021：19.

人。”[①]这就是城市风骨和“骨相”的结点，是文化“骨相”的节点。“铁塔可以独立自存”，可以傲视巴黎，可以亲吻巴黎，是献给巴黎的礼物，也是献给世界的礼物，无论经受多少风和雨，“仍然是世界的主人”，傲立巴黎，叹为观止。毋庸讳言，某些建筑之所以成为城市的标志，在一个特定区域内，它是具有某种环境、背景与主要事物“分离”性所产生的效果。在鲁道夫看来：“分离具有巨大的生物学意义。这是因为，生物如果想看到物体，就必须把这个物体从周围的背景中分离出来。歌德曾说：‘显现与分离是同义语’，意思是说，‘只要物体想把自己显现出来，就必须分离’。”[②]而埃菲尔铁塔无论在地点、结构、样式、高度与环境的结合度等方面，都显著地与周边“分离”出来，与城市独立出来，而色彩分离恰是一种显示和显现，是一种突出的过程，我们既可以把这种分离称为“鹤立鸡群”，也可以说是“标新立异”，还可说是创造差异，而埃菲尔铁塔已经跃进为巴黎的“城市文化资本”。

我们中国人从传统的乡村里走出来，都会有儿童时代玩耍“老地方”的记忆，是儿童“约会”游戏的老地方，这也就是我们说的“乡愁”。有学者认为，城市里的人际关系和乡村传统有异曲同工之妙：“城市是我们和他人相遇的地方……城市中心被认为是社会活动交换的地方，而且……这是一种情欲的活动。城市中心总是被认为是颠覆性力量、决裂的力量以及游戏的力量作用与会遇的空间。”[③]城市中的第一景观和人们共同记忆的景观，更多的时候成为一个社会交往的地标，在大多数人的生活经历中都有这样的经验：在某某建筑或某某公共建筑、著名标志物下约会……可识别性、标志性、枢纽性和必需的转换空间等，多是人们容易识别和喜欢的地标景观，城市景观空间的特殊性和可识别性，加强了城市中“我们和他人相遇的地方”的价值，城市标志性建筑和景观往往是人们在陌生城市相约、相会的地点，是城市可识别的最主要要素。中国上海浦东陆家嘴地区的金茂大厦、东方明珠电视塔、南京的玄武湖和鼓楼公园等，都曾是城市“形象的代言物”，景观的标志物和高层建筑的综合体系，既在城市形象及城市轮廓上创造了自己的价值，也在城市高地价中体现了城市的综合实力，高楼林立的地方也是经济、文化、政治活动集中的地方，也必然具有城市形象标志性的功能而成为人们聚会、相约和可识别的“历史地段和高价值地段”。但是，这里需要强调的是，那些成为城市标志性的各类景观，也一定是美丽的和美学价值高度重合的场景——因为人们喜欢，所以我们才会在这里相会。

---

① 王志弘.流动、空间与社会[M].台北：田园城市文化事业有限公司，1998：299.
② [德]鲁道夫·阿恩海姆.艺术与视知觉[M].滕守尧，等译.成都：四川人民出版社，1998：91.
③ 王志弘.流动、空间与社会[M].台北：田园城市文化事业有限公司，1998：300.

多数人对代表城市形象构成要素的认知，主要集中在重要建筑物和景观构筑物系统上。世界经典案例是澳大利亚悉尼在1956年开始建设的悉尼歌剧院，这个建筑被称为是大海的一部分，是大海文化的结晶，一个标志性建筑创造了一个城市性的世界文化意义，其成功的关键是其建筑风格融入了当地的自然环境——大海，又重新创造了当地自然环境与人工景观的文化关系，使之更具有自然与人文结合的美，是一种独立的风格，是一种景观与自然的再创作的风格[①]。贡布里希（E.H. Gonmbrch）在《论风格》一文中说："风格是表现者或者创作者所采取的或应当采取的独特而可辨认的方式。"[②]显然，悉尼歌剧院的建筑风格具有独有性、唯一性、可识别性和哲学审美的属性，景观本身构建了文化核心价值创造的源泉，由此，悉尼歌剧院以建筑为核心文化，在全世界演绎了永续的故事，成为悉尼城市永远的"文化动力因"。正因为有这些特性和文化属性及独立风格，也由此塑造了悉尼这座城市文化的伟大，也塑造了这座城市里的人及外来人的审美感知。

城市形象的塑造也是在创造风格，本质上是在创造可识别性的风格。贡布里希还提到，关于风格的术语可以表现在各个领域，最熟悉的欧陆风、日式风、中国风，还如很多种风格，即中国本土内部就有各种地域风格，如陕北黄土高原风、江南风和东北风等，在世界各地、各种原生态风格，都可以成为建筑、服饰、音乐和创意产品的风格，如吉卜赛风格音乐、"西塞罗风格"等，"还有一些现在用来表示类别的专门术语，如建筑学领域'罗马式'或'巴洛克式'风格"。这一解释的关键在于，风格是可以在人所创造的所有领域来表现的，这也是一种文化多元化进化的表现方式。

风格不是一成不变的，风格是时代政治和文化的产物，能够成为后来人为之歌颂的风格往往都是在反映时代进化、进步本质的同时，能够超越时代而形成个性特征。贡布里希还在"风格与时期"一节中说："特别是黑格尔的《历史哲学》。黑格尔把历史视为'绝对观念'自我发展过程的体现，并把这个过程中的每个阶段视为某个特定民族发展的辩证过程中的一步。一个民族的艺术同该民族的哲学、宗教、法律、道德、科学、技术一样总是能反映'绝对精神'发展所处的阶段。这一切的方面都能表现一种共同的东西，即时代的本质。"同时他引用了奥地利现代建筑的开创者阿道夫·卢斯（Adolf Loos）的一句话："即使一个绝种的民族除了一颗纽扣之外没有留下任何别的东西，我也能从这颗纽扣的形状上推断出这个民族的人们是如何穿戴、如何建房、如何生活以及他们

---

① 当悉尼歌剧院历时10年完工之日，也成了悉尼城市形象走向世界之时，悉尼歌剧院使悉尼的城市形象广传世界，并一步跨进享有世界盛名的一流城市行列。悉尼歌剧院成为悉尼的象征、文化符号和资源，成为悉尼城市风格的"代言物"，是城市形象的集中体现。在民族与区域文化的意义上，风格具有不同的价值判断性和不同文化的理解性。

② 范景中. 艺术与人文科学：贡布里希文选［M］. 杭州：浙江摄影出版社，1989：84.

有什么样的宗教、艺术和精神状态。”[①]我们研究城市形象问题，就是想在城市现代化的过程中，使中国的城市不失去风格。传统城市都必然具有某种历史和地域的风格，但在现代化发展中，中国的一些城市风格越来越趋同，这是必须纠正的一种倾向。汉斯·侯雷恩（Hans Hollein）在论述有关城市空间的类同性时说：“建筑是一种由建筑来实现的精神上的秩序”，建筑尚且如此，何况学者乎？而我们看到的巴黎、伦敦和北京等城市，建筑的确表现了一种民族性与地域性的文化精神，所以，创造独具风格的城市，是全世界面临的共同问题。

建筑，是一种建在无穷无尽空间中的思想构成，它体现人的精神能量和力量；城市，是人类社会发展的动力，不就是建筑空间的组合和组合起来的建筑空间吗？同时，建筑在本质上说又是人的命运和生命物质形式的表达方式。从其发源到如今，建筑的本质和意义从未改变，建筑与政治、文化、阶级、财富和社会安定息息相关，建筑空间是人类生存的一种前提和基本需求，“这首先并不是体现在建立保护性的屋顶，而是体现在创造神圣的建筑和预示人的活动焦点——城市的开始。”[②]城市建筑空间是人类生产和生活的载体，凝结着人类的思想文化，因此，城市建筑的文化缺失的不仅仅是城市形象，还有民族文化的特质和民族的脊梁与精神。

一座城市个性化的首选因素，有些是由城市与自然的和谐景观体系所构成的，而这个与自然和谐的景观体系，是“城市文化资本”。如日本有富士山、中国台湾有阿里山，南京有紫金山，北京有香山，加上每座著名的城市都有一条著名的河流……这一类自然景观其意义在于可以创造城市空间格局和品质，由此还可以建构和影响城市人的文化性格。自然景观往往是唯一性的个性化景观，有很多民间故事和文化流传，既是一座城市可持续的经济与文化资源，同时又是一种文化符号，深深地烙在人们的心中，成为一种文化积淀，有的甚至成为一个有心理归属感的文化要素。风景可分两大类：一类是纯自然的风景，千秋万载风景如画；另一类是经过了人的作用，风景具有了人文痕迹，于是可称为人文风景。当然，在人文风景中也有两个层面：一是高层的精神文化，过去多表现为帝王文化；另一个则是市井文化，即老百姓的文化。两者各有各的功能，许多时候既对立也能互补。南京作为十朝都会，有着丰富的文化资源和文化资本，从自然与历史文化资源来看，有牛首山、花神庙、珍珠泉、天妃宫、雨花台、朝天宫、梅花山、阳山碑材、江心洲等，其中一些有可能成为世界级的景观，如果经过再打造、创新、文化赋能，大体上有十余个：一是中山陵风景区，二是夫子庙景区，三是玄武湖景区，四是明城墙文化风光带，五是大报恩寺，六是牛首山和南唐二

---

① 范景中．艺术与人文科学：贡布里希文选［M］．杭州：浙江摄影出版社，1989：96.

② ［美］卡斯腾·哈里斯．建筑的伦理功能［M］．申嘉，陈朝晖，译．北京：华夏出版社，2001：100.

陵，七是内外秦淮河，八是栖霞山，九是阅江楼，十是六朝文化……通过再挖掘、传承和再创新，有可能创造世界级的文化旅游综合体系。只有看清楚某些文化的特殊意义，才有可能创造与“长城”“故宫”“泰山”“黄山”“华山”相媲美的“城市文化资本”，才有可能成为世界向往的旅游目的地。因为这些资源在中国及世界来说，都具有唯一性、垄断性、规模性、多内涵性、可开发性和历史价值性，可以从资源经过融合创新转化为资本。

在其他文化特质上，南京还有一些值得骄傲和通过运作转化而来的“城市文化资本”的资源。如具有南京城市形象唯一性和强烈表现性的还有城市中的绿树。南京“树木景观体系”或称“森林景观体系”，具有规模性、历史性和特殊文化样式，即具有多方面的优势。南京应该是“绿树中的城市”或“森林中的城市”，也应该有城市中的森林。还如，南京城市形象要素中具有唯一性的民国建筑文化系统。这是南京最多、最具特色的景观系统之一。国民党在南京仅别墅就建造了2700多栋，是中国文化和南京文化不可多得的资源，也是不可再生的资源，这些别墅在很多方面表现了设计者和居住者的个性需求和个性文化。“一个建筑师从私人角度是了解其顾客的，也许还有共同的价值观和美学译码。类似的个性今天也有，尽管它们的尺度谦逊并相当罕见。建在美国的大都市之外的‘手工业自建住宅’（Handmade Houses），在桑撒丽湾、旧金山湾的船坞，它们都是由居民按其不同的个人喜好风格自建的。这些住宅证实，当建筑艺术生产规模很小又由居民自己控制时，其内容和形式之间的应答是亲切的。”①这些别具一格的建筑，都具有居住者的个性和建筑者的个性，是人类建筑文化的重要遗产。

“轮廓”，是文人风骨的表现要素之一，同时，也是城市“风骨”和“骨相”的外在特征。轮廓清楚的城市立面——城市面孔，或表现刚毅，或表现伟岸，或令人仰止，或天际线与苍天接应……如是，则会意义深刻而又深邃。城市与一切事物一样，都有特定的“脸庞”，而城市的轮廓能够从总体上深刻表现城市文化形象，人们则首先从这一角度来观察城市是否大气有风范，因为在苍茫天地间，城市的轮廓就是父亲和母亲的面孔，决定着城市能否具有伟大的文化表象，如果这个表象没有做好，那么这座城市的风骨和风范就是缺乏说服力的。城市的“轮廓线是城市生命的体现，同时也是潜在的艺术形象。城市轮廓线是城市的远景景观，是唯一的，合拢的城市体形的视觉形象。对每一幢可能以身试法城市轮廓线的建筑都应该研究它与城市整体的关系”②。虽然这个轮廓是城市形象的外表，但它却能说明城市的文化本质，说明城市发展的水平。因为很简单，城市轮廓

---

① ［美］查尔斯·詹克斯.后现代建筑语言［M］.李大夏，摘译.北京：中国建筑工业出版社，1986：8.
② ［英］F.吉伯德.市镇设计［M］.程里尧，译.北京：中国建筑工业出版社，1983：36.

线的最高点及由点、线、面构成的轮廓体系，会呈现“结构性相关的视觉属性，包括明暗变化，以及线条、块面和细节在形式刻画中的相互关系”。当然，在这个体系中还包含着“必定与色彩相互关联”[①]，在城市轮廓背景下的天高地阔和城市与天地的关系，同时也是城市的实力、规模、经济水平、科学技术水平和城市文化特质的显现。城市轮廓的复杂性与城市经济社会要素发展的繁荣成正比。世界上一些知名的小城小镇小村，虽然在面积与空间上与大城市比较来说具有相对有限的空间，但也是著名的旅游目的地，除了具有丰富的旅游资源外，一般也都能展现其独特的空间关系，在很深刻的意义上展现与自然和谐关系的“骨相”。

日本京都有一千多条古城保护规划法律条例，其中有一个法律文件是专门对“眺望”做出的保护条例，让人们在登高远眺的时候获得最佳效果。登高，是人类文化行为的一种特定行为，是在突破视线的前提下发现的新空间。中国和日本文化中都有登高望远的文化历史传统，如“欲穷千里目，更上一层楼”以及民俗文化中的“登高节”等，通过登高而获得新的空间感知之后，可以改变心情、情绪和心境，或者对天地间的事物有新感知，甚至在顿悟中改变人生，或在晚霞红映夕阳东照的时候，或在晨曦初上朦胧盖四野的时候，从高处眺望城市，呈现在眼帘的是城市的天际线，你每每都会发出感叹，这不仅仅是人类空间文化的集聚，更是人类智慧的结晶，这是笔者生活的城市……人们在这些空间中的感受也是能否对一座城市一见钟情的重要因素。纽约曼哈顿天际线呈台阶型或称锯齿状，显示出世界金融中心的形象；莫斯科的城市天际线主要是由传统的宗教建筑创造的文化符号意境，而在20世纪以后，电视塔成为城市天际线高度变化的重要角色，也使很多城市的天际线显示出一个大都市的风采，东京晴空塔634米、广州塔600米、多伦多电视塔553米、莫斯科奥斯坦金诺塔540米、东方明珠广播电视塔468米。[②]虽然，在有线电视运营以后，电视塔功能已经发生了变化，但是在城市空间文化上还是具有重要的城市轮廓文化景观价值。

---

① ［英］保罗·克劳瑟.视觉艺术的现象学［M］.李牧，译.南京：南京大学出版社，2021：219.

② 在20世纪90年代，人们认识的世界十大高楼：（1）纽约辛格大厦（1908）186米；（2）纽约大都会生活大厦（1909）213米；（3）纽约伍尔沃斯大厦（1913）241米；（4）纽约华尔街40号大厦（1929）282米；（5）纽约克莱斯勒大厦（1930）319米；（6）纽约帝国大厦（1931）381米；（7）纽约世界贸易中心大厦（1972、1973）417米；（8）芝加哥西尔斯大厦（1974）442米；（9）吉隆坡佩罗纳斯大厦（1997）452米；（10）上海世界金融中心大厦（2002）460米。截至2023年，世界十大高楼更新为：（1）迪拜哈利法塔（2010）828米；（2）吉隆坡默迪卡118（2021）679米；（3）上海中心大厦（2015）632米；（4）麦加皇家钟塔（2012）601米；（5）深圳平安金融中心（2016）599米；（6）天津高银金融117大厦（2019）597米；（7）首尔乐天世界大厦（2016）555米；（8）纽约世贸中心一号楼（2014）541米；（9）广州周大福金融中心（2016）530米；（10）天津周大福滨海中心（2019）530米。

现代科技的发展和新材料、新技术的应用使城市越来越高——城市中的建筑越来越高，这是一个不争的事实，利用地上和地下空间的价值是人类社会发展的一种选择和创新，有其必要性。但是，不是所有的城市都适合建造高层住宅，而是既要根据城市的具体情况和需要，合理、适度地发展，更要根据城市经济、文化与历史文脉的特点，创造城市空间结构，并且在一定范围控制建筑的高度。这里以南京为例，登高也是南京的文化习俗，在南京台城——玄武湖边的城头上，一睹南京古老城市的风采，可以看到一个比较完美的天际线，东南西北城市的四个面各具特色，建筑虽然仍在长高，但是，整体上构成了山、湖、城、林入画，群山绵亘入城，湖水倒映入天，建筑高耸入云，湖鸟飞翔入眼帘……古城傲视历史沧桑，“好一派山湖光山色”，构成了城市存在与发展的背景。我们可以回溯到古典时代的城市文化建筑艺术的感知上来，可以用一种比喻的手法来理解城市建筑作为人工作品与自然结构化的意义，古希腊神庙的柱状结构类似人类躯体的直立形态，这些柱状结构被排列成“一个类似于防护方队的样子”①，可以感受人类的力量，更可以感受这一建筑空间的艺术感染力，“这一类建筑物存在的目的，并不仅仅是为了创造令人惊叹的伟大作品，而是为了利用这个地方安放神的雕塑——这个神本身被创制为一个理想化的人的形态。这些立柱通过环绕着神像成护卫式方阵的样子来保护它。而且，通过立柱上方的柱顶楣构的重量，来展现这种姿态架构的力量和强度”②。这也是一种力量的视觉表现，城市是建筑的集合体，城市的轮廓在某一视角表现出城市的天际线，也是一种力量的表现，可以理解为向上、更高、更远的动能与力量，建筑尚且如此，一座伟大城市当然应该顶天立地于世界城市之林。

城市天际线是由一系列建筑和景观与自然的天空一起构成的，包括城市的建筑风格、建筑高度、建筑形式、自然地理景观特征等，不同样态和形制的建筑顶部与天空为背景构成一种伟岸的图式，让人心动的城市轮廓在本质上反映的是城市文化气质的表达形式，蕴含着城市市民社会的文化价值取向。任何城市的建筑都是以群、组和区域、空间关系出现的，市民社会就是这个空间的主人，就是这座城市的主体，也是城市空间文化创作的主体。城市轮廓、天际线的产生有一个历史演进过程，也是这座城市建筑空间“城市文化资本”日积月累的结果所在，从城市外部轮廓的角度可以反观城市的文化属性，城市外部能观察到的建筑轮廓和天际线对很多人来说是城市的重要感知印象，亦可以说是印象的原始来源之一，可以让人直接感受城市文化的高远、和谐和韵律。这方面，在世界著名的城市中都可以看到和感受到，上海的外滩是最能使人感受到城市天际线、城市面孔、

---

① ［英］保罗·克劳瑟.视觉艺术的现象学［M］.李牧，译.南京：南京大学出版社，2021：267.

② ［英］保罗·克劳瑟.视觉艺术的现象学［M］.李牧，译.南京：南京大学出版社，2021：267-268.

城市建筑韵律、城市空间艺术和空间和谐的地方，万国建筑艺术的精华美学符号，也是上海能够早在20世纪20年代起就与纽约、伦敦、东京比肩，被称为“世界四大魔都”之一的文化原因所在。

每个人对城市的认识往往是根据自己的认知能力和局限来评价的，应该说，人类对所有的事物都是如此，在评价中产生分歧。很多学者说纽约是一个特殊的文化容器，纽约具有反身和异化的功能，本来是人创造了城市，而唯独纽约是教育和养育了纽约人，而且既能改造纽约本地人，又能改造纽约的外来人。[①]美国学者威廉·H. 怀特说：“我住在纽约，所以，我的大部分初步研究是在纽约做的。一些人为此责难我，他们认为，纽约这个城市太特殊、太扭曲、太不正常了。他们的这种看法并不全错。纽约的确是一个很夸张的城市。但是，这并非一定就减少了它能提供给我们有用信息的可能。在其他地方看上去比较忸怩的行为，在纽约则成了大胆的行为。”[②]是的，城市是人类的伟大作品，但是，恩格斯也有相似的观点，城市是人类文明和野蛮文化的集合体，只是因为人类文明作为城市主体才使城市在人类的发展进程中发挥着积极的作用，依据这样的逻辑，纽约和所有的事物一样，从一分为二的哲学认知上说，在伟大城市的文化之下，还有很多文化垃圾，城市还有很多阴暗的角落，在滋生着人类的落后文化。也正是这样，那些特别伟大的城市，如西方的纽约和东方的上海才充满惊奇和传奇，城市因此才有更多喜怒哀乐的故事而创造城市的无限魅力。

或许，可以换一个新的视角，创造城市的轮廓、天际线、城市面孔和城市的风骨与“骨相”，是21世纪城市建设的重要内容，就如城市的再现代化一样。无论是什么类型的城市空间结构体系，都必须具有韵律美、和谐美、精致美与特有的格调，这也是城市轮廓和天际线所表现的文化灵魂，没有韵律与和谐就是一种对伟大城市建构的破坏性建设，在这一点上，天际线留给人的感觉只有绝对的两种方式，要么和谐，要么不和谐；要么是先进的，要么是落后的。纽约的曼哈顿、香港的维多利亚湾、北京的中轴线、南京的古城墙，还有成都、天津、哈尔滨、沈阳、大连以及苏州等城市特有的城市立面，不但有历史沧桑的一面，又有与时俱进、与天争高的一面，都展现出时代的风貌和城市“骨相”。城市轮廓线和相关要素构成城市的面孔和城市形象，合理的空间色彩关系、和谐有韵律的天际线，会让人获得振奋、兴奋的感觉。1990年，笔者和当地领导一起从长江上眺望南京城，城市空间、城市天际线和城市景观系统可以说是非常典型的杂乱、不和谐、无韵律的，破烂的工厂、陈旧杂乱色彩的建筑、沿江“破陋的厂房”……那时从长江上看南京，好似感觉南京仍然是

---

① ［美］托马斯·科斯纳. 资本之城［M］. 万丹，译. 北京：中信出版社，2004：序言.

② ［美］威廉·H. 怀特. 城市：重新发现市中心［M］. 叶齐茂，倪晓晖，译. 上海：上海译文出版社，2020：25.

20世纪50年代的以传统工业为主的城市，似乎是一个已经在衰退的城市，当然，今天已经变化，而这种变化体现在中国所有城市的发展上，只是变化大小和转型的快慢不同而已。天际线的和谐是整体意义上的，是有清晰感觉的，当然也必须有整体的规划、设计和管控。尤其需要指出的是，下关阅江楼的建设，也在改变这种局面，笔者主持的南京阅江楼的规划，规划方案中提出将阅江楼从原来的不足0.5平方千米的面积提升到3—5平方千米的面积，创造并打开南京模式，使阅江楼能够真正成为立于江岸的江南四大名楼，成为可以丰富南京天际线的一个代表性古典符号。[①]

城市轮廓和天际线应该有节奏和韵律，既不是有学者所言那样简单的“高—低—高—低”或“实—空—实—空”的变化，也不是有学者所言的“越高越有特色”；而应是“实空有理”“高低有序”“错落有致”……随着时间的推移亦可变化无穷，而天际线高低和变化是城市内在气质的反映，其高低空间转换与城市土地经济的增长和土地价值变化相关。城市个性表达、空间背景及自然色彩融合创造，在无序中可以创造有序，在有序中可以创造和创新变化，在变化中构建个性。城市的有机生命价值可以通过城市轮廓和天际线的变化表现出来，相关的各种要素不是孤立的，是城市社会以人为主体的“城市文化资本”再生产的表现，犹如西方宗教建筑中尖尖的高塔似乎在与苍天对话，城市的天际线也是人与自然的某种“对话”，当然，重要的是“可以感动人的心灵的对话”。

中国城市轮廓线具有普遍性弱点：一是缺少城市立面和观察城市立面——“城市面孔”的空间场域；二是因为在城市设计之初就缺乏系统性思考，城市天际线难以成为一个与自然环境互嵌、互洽的特定景观；三是建筑艺术含量较低，建筑顶部设计创新表现不突出，在很多方位上无法让人感受城市轮廓的变化和城市伟大文化意涵；四是高层建筑、多层建筑造型设计雷同，缺乏标新立异的文化特质，楼顶变化少，缺乏视觉冲击力；五是楼体立面装饰艺术和颜色结构变化小，缺少美感和情趣；等等。当然，也有特例。在香港维多利亚湾可以从特定海湾的视角，观察城市立面以理解香港城市文化的辉煌，另外，在上海的外滩和黄浦江上可以观赏上海多姿多彩的城市立面与轮廓。

从城市轮廓和城市面孔及城市风骨文化建构的角度来看，在长江下游的沿江八市（南京、镇江、扬州、常州、无锡、苏州和南通）[②]的城市轮廓、城市天际线和城市面孔的建设上，思考一下普

---

① 参见张鸿雁于2023年主持的《鼓楼阅江楼景区提升方案》与《鼓楼阅江楼片区概念规划》项目文本。

② 长江文化公园江苏段沿江八市已经作为“世界级扬子江城市群”的概念提出。参见：张鸿雁. 建构扬子江创意城市群，打造世界级创意经济新高地［N］. 新华日报，2022-04-22.

遍性建设和个体城市特殊性建设的创新点，对江苏长江边的八市提高城市文化识别度是有裨益的：首先，长江江苏段沿长江的八座城市要有针对性地对城市立面与轮廓进行高端战略定位，并在高端定位思想的指导下进行有序设计与规划，创造城市风范和城市新的“骨相”。同时，长江两岸要从整体设计的角度进行两岸对等、对景设计，形成两岸融合发展的空间体系，朝着世界级创意城市群的方向发展，并重点提升江北城市立面与轮廓，尽快创造把长江变成为城市内江的发展模式。其次，对所有城市码头、港口和自然岸线建设进行统一规划、统一设计，创造城市的新资源，并将这些资源转化为“城市文化资本”，对处于城市立面和“城市面孔”区位的建筑顶部进行限制性规划和色彩规划，对高层建筑的分布、高度、风格及外形设计进行城市形象层面的规划指导和管控，在沿江、两岸可多建高层建筑，拉开并延伸城市的轮廓线，使其增加城市外观的文化品位。最后，对城市轮廓和表现城市风骨的建筑要进行色彩规划和总体要求，按照城市形象文化资本再生产的文化模式，强化主色调的价值，对有个性的色彩合理化进行统一管理。总之，在城市形象建设中，应着重创造城市风范、城市风骨、城市骨相、“城市新立面”和“城市新轮廓”。

城市形象定位战略的指导思想之一就是建立城市的差异化发展体系，无论是经济结构、产业结构还是文化结构以及城市空间再生产的发展，都需要独立形象体系和特色文化要点，扬子江创意城市群的文化差异包括历史人文景观的差异、形象要素的差异、城市理念的差异、城市信息系统的差异、城市居民行为文化的差异和城市视觉系统的差异等。只有在总体与特色层面构建一个在一定区域、全国及世界的“唯一性体系”，才能真正塑造城市独有的形象和世界级的、以创意产业为纽带的城市群体系。

三、城市客厅：广场犹如围棋之“眼”——城市活力之源

城市是以人为主体的有机生命体和空间的有机结构体系，是自然与社会结构的构成部分，人是城市的主体，城市与人类一样既需要“氧气”也需要“呼吸通畅”，需要空气和物质的流通空间——也可以称之为生存与发展需要的质量型空间，犹如围棋，其中的“气”和“眼”越多，越能吐故纳新和有机生产，就会使城市越有活力。城市中的绿地、公园、广场和各种公共空间构成的文化场域是城市文化生命力得以成长的土壤。城市既需要市民群体活动的生活、工作、生产、娱乐空间，也需要以市民为核心的个人隐私空间、私人交往空间等，更需要多层次、多样态的思想、文化和学术交流空间，包括“第三空间”，如咖啡馆、茶社、书吧、论坛、沙龙等，一些具有国际化发

展目标的开放属性的城市，还需要国际化的思想和文化艺术交流空间，在全球文化产业分工的角度上说，城市还必须提供创意阶层产生、壮大的社会空间和土壤，让人们能够在文化创意、发明创造、创新发展等方面开放思想放飞的空间。

仅从城市市民群体活动空间的广场文化来分析，“没有广场的城市不能叫作城市……没有什么可以替代这种自发的社会聚集——它的基本单元是城市的市民”。城市之所以是城市，是因为城市作为一个开放式的空间而存在，是人类社会以群体生活来创造发展的一种选择，人与人之间的开放式交流是城市的特性，城市中有不同类型和不同阶层的亚文化群体和“异质性”群体的存在，城市广场这类空间就是适应这种城市社会的本质属性而产生的一种结果，在很多时候是先锋文化、创新文化、新文学艺术文化等思想碰撞和创新的空间。保罗·古德曼和帕西瓦尔·古德曼（Communitas，1960）认为“广场是城市中最古老的一个开放空间类型”，在古希腊罗马时期广场文化就已经很发达了，并且广场、法院、寺院、商品市场和日常活动综合在一起，这时的广场是综合型的混合空间，这类广场在当时“通常存在于旧城区里。市场类的广场最初位于庙宇周围，因此并不是所有人都能到达的——这种局面在多年以后才有所改观。市场与庙宇的分离出现在美索不达米亚和古希腊时期”[①]。古希腊时期的市场与庙宇分离的问题是可以进一步探讨的，但是广场从城市物理空间到承担市民社会文化功能的空间转化意义上，是具有特殊文化价值内涵的，即城市需要有更多、更有特色、更公平、更“却阶层化”的社会广场空间和人际交往空间，这也是城市区别于乡村的外在形式和内在价值的标识之一，开放与否是城市与乡村的最原始的区别，甚至一直延续到今天！而我们经常会把城市的空间围合起来，特别是很多城市规划的目的和结果甚至可以说就是一种“围合性的规划”——划出四至边界和空间范围。

从中国的城市规划和设计的结果上看，城市基本上是由一个个围合起来的小区和有围墙的楼盘组成的空间组合，这种说法虽然只是强化了一种认识角度，但并不是没有道理。海伦·伍利在《城市开放空间》一书中说：“规划师、设计师和管理者是否应该认为拥有不同文化背景的人对城市开放空间有着不同的需求呢？”[②]这种疑问实际上是一种自问自答的设问，不同阶层和不同社会地位的人对空间的需求、要求是不同的：空间是有价值的，因为空间是土地的一部分，所以，对空间的需求、要求当然也是有层次的甚至是阶层划分的标尺，进一步说，无论哪一个阶层对空间都有强烈的、必然的、必要的和必需的要求，只是对需求的层次内容不同而已。我们已经清楚地论述过：

---

① ［英］海伦·伍利.城市开放空间［M］.孙喆，译.南京：译林出版社，2023：141.

② ［英］海伦·伍利.城市开放空间［M］.孙喆，译.南京：译林出版社，2023：35.

空间是人类生活、生产、工作、享乐的前提、基础、过程和结果，空间占有权和所有权的大小，是可以作为划分社会阶层的基础的，联合国就在社会阶层划分上，提出了一个“住宅阶级”的概念。另外，有人在市民大众的需求方面做过专门的研究，对美国明尼苏达州最大城市明尼阿波利斯的五个商业广场进行了较深入的调查，“结果再次表明，在使用方面存在一个高峰期，即从上午十一点到下午两点，比午餐时段稍长一些。人们对那些有更多餐馆、酒吧、办公室和停车场的商业广场的使用会更多”。几乎这座城市的所有不同阶层的人士都青睐这些广场，但是，在使用上略有差异，“那些与住宅区以及百货公司毗邻的商业广场的被使用率较低，而与银行相连的商业广场的被使用率则最低。因此可以得出结论：商业广场周边的土地利用能够对人们使用商业广场的频率产生影响”[①]。因为这个研究看到的是广场的负面影响因素，而我们从中看到的是，在城市一般开放空间和市民可介入空间有着巨大的参照性、方便性和群体的共同参与性，甚至将广场上购物看作是生活中的“小确幸”，是一个快乐的过程，其意义的本质在于开放、交往、购物、“人从众”、个人展示和“向他者学习”（服装、穿着的样式等）……这些都可以在这样的广场空间里实现。而另外一层意义在于，城市广场为城市所有的人创造“却阶层化”的空间，无论是绿草茵茵的花园式广场，还是可以展示身手的体育公园，或是以奢侈品消费为主的豪华商业广场，或是烟火气十足的农贸菜场，或是可以阅读的文化空间……这种空间越多，城市的文化品位就越高，也越具有市民风范的社会气质，就如上海人、香港人、巴黎人、伦敦人是有不同文化气质的人，某些城市的人，你一眼就能感知其出身的城市带来的文化本色，当然也有的城市人带有某种“匪气”和“庸俗气”，事实上从他们的言谈举止上是非常好辨认的，甚至有些城市文化特质让人产生某些虚假感……虽然这样说有些直白，但是，笔者在很多场合都说过，城市作为一种文化容器和载体，当然也是“文化酱缸”。汤姆·梅恩曾说：对一个特定类型的广场文化来说，“一个纪念过去，另一个拥抱现在。纪念空间缅怀逝去生命的同时，这个广场也成为人们聚集的场所，表达了生命的不断延续”[②]。纵观全球，当我们回首某些著名城市的历史文化大事件时，往往都是与某一广场有关。

城市广场就是城市中心性的表现方式，城市从发生起，通过城市有机性增长和空间的竞争，在某一发展阶段必然有一个第一层次的中心性的广场，这个中心性比其他区位更具有历史积淀的深厚性和代表性。而相对来说，城市中任何类型的广场，哪怕是一个很小的广场，在其区域空间上都具有

① ［英］海伦·伍利. 城市开放空间［M］. 孙喆，译. 南京：译林出版社，2023：145.

② ［美］汤姆·梅恩. 复合城市行为［M］. 丁俊峰，王青，孙萌，郝盈，译. 南京：江苏凤凰科学技术出版社，2019：76.

某种中心性的价值——这也是后来城市发展为多中心区域的必然，多中心是城市结构性增长和城市空间再生产的产物，这种中心性具有一个实体市场的功能，而且在功能与价值上的成长，与城市一级中心的成长规律相似，具有一定范围的和区位空间生活与感知的中心性。[①]当然，这个中心性也是“边界”，即中心性的特质功能随着半径的扩大，中心性引力会递减，而在城市实体空间上，有一种空间隔离感才能让人获得一定范围的中心感和某种安全与归属感，而真正的中心也是有明确边界感的。“防御与团结的分界是划分内与外的‘边界线’，是城墙，是围郭城市。大体上说，城市围郭的目的就是防御外敌和在其内部划定共同的空间。”[②]中心性的边界是城市集聚与扩散功能的表现，边界——墙，有时也是空间连续结构体和空间存在方式在城市的实体意义上的空间理解，任何形式的空间，如中心区位、广场和“场域”等都必然有边界，无论是事实上还是心理上都是如此，所以对“墙”边界的理解要有所改变，特别是在现代空间再生产理论的框架内，“墙”的作用并不完全等于“封闭”和“隔离”，而恰恰是在一定意义上空间得以存在的保证。人类也是动物，只是被称为高级动物，而任何动物在生存本能上都是空间性动物，或者说任何动物无论是高级动物还是低级动物都具有敏感的空间感，而人类的空间感和对空间的认识都具有强烈的社会属性，而这个社会属性在很多时候表现为政治空间，在现实中都可以看到权力空间、所有权空间、使用空间和某种形式的空间占有，国与国之间的冲突90%是附着在土地之上的空间，而这种空间一定是权力所属的群体的文化价值取向。因此，在某种意义上说，城市广场的发达程度，也是城市文明发达程度的尺度之一。[③]

广场是城市的“客厅”，是城市市民的“起居室”，是家庭客厅文化的延伸和扩展，这在西方演绎得更充分，如意大利——人们更多的是利用城市的各种广场，补充家庭房间客厅功能之不足，城市广场具有典型的空间社会学、空间经济学、空间文化学和家庭社会学的意义，可以厘定这样的概念：城市广场是人类以群体居住方式展示人类文化本能的地方。如果我们设想创造“城市如家”的感觉，城市本身就应该是一个被放大的“家庭”，城市就应该有“大家庭”所需要的各种要素，如城市家具、城市摆件、城市艺术品、城市起居室、城市客厅等。如果说，我们能够充分认识到“城市的主体是人”的概念的话，城市人的生存与发展就需要有更多的公共空间，更多的人有更多的公共空间利用模式，体现城市个体或群体生活质量与生活方式及社会平等关系。近些年来，在伦

---

① ［美］克里夫·莫夫汀.都市设计——街道与广场［M］.王淑宜，译.台北：创兴出版社，1999：128.

② ［日］芦原义信.街道的美学：上［M］.尹培桐，译.南京：江苏凤凰文艺出版社，2017：33.

③ ［美］克莱尔·库珀·马库斯，卡罗琳·弗朗西斯.人性场所——城市开放空间设计导则［M］.俞孔坚，孙鹏，王志芳，译.北京：中国建筑工业出版社，2001：1.

敦、巴黎、芝加哥等发达国家的新成长型城市的发展战略中，都提出了类似的城市文化发展主张：在家门口就可以感受到更多的城市公共空间，让更多的市民参与其中，如文化艺术活动、艺术展示和艺术表演等。西格拉姆大厦广场位于美国纽约市中心，这个“广场的确吸引了很多人……让纽约的规划师们设计了建设广场给予奖励的政策。西格拉姆大厦的广场建于1958年，这个相当优雅的地方原先并不是作为市民广场而设计的，但是，它后来成为一个市民广场。天气好，午餐时，会有大约150人坐在那里，晒晒太阳，吃东西，聊天。沃特街77号，俗称浪荡公子广场，也聚集了很多人，放荡不羁的年轻人喜欢那里”[①]。这样的广场，让城市人因工作产生的紧张得以放松，更是一个人们可以交流、读书、休憩和遐想的地方，真正属于市民。

广场一般都与城市的“可步行的街道、人的尺度的居住地块和可以使用的公共空间”相连接，在美国很多“公共空间变成了居住区，住宅失去了它的街区尺度，街道失去了步行者，这些都是司空见惯的事了。于是，过去形成街区和社区的形体基础，即社区标志和场所的意义消失了”[②]。这样的空间可以从个体、群体、组织、社会和国家的不同层面上加以理解，即自下而上的一种理解模式，也可以是从国家、群体、个体的自上而下的一种理解模式。第一空间是国家和国家政体；第二空间应该是城市社会空间，即城市是国家政治的节点空间；第三空间应该是市民社会及社会团体的交往活动空间；第四空间是城市市民的家庭交往和生活空间；第五空间是市民个体私密空间，是尊重与被尊重的社会体系空间，而且包括了个体隐私空间的权力和价值。无论从社会发展的意义上，还是从“城市文化资本”价值的意义上，空间的价值关键在于开放和文化包容性，在于国家的、公共的、群体的、家庭的和私人的空间多类型的存在价值。“家庭、邻里和公共，这也是基于‘巢域’概念得到的结果。有两个因素可以看出这一分类方法十分有益。首先是关于物质空间方面的原因，涉及从这些开放空间到家庭地点的物理距离。其次是社会方面的原因，考虑到了人们在不同空间中的不同行为，既有可能会花时间在某些地方深入游玩，也可能只是简单地随处看看。这三种不同的城市开放空间其实暗含了三种不同的社交层次，熟悉感、社交感和匿名感。尽管这三种社交体验中的任何一种都可能会在三种城市开放空间类型中的任何一种里发生，但总体来看，这三者之间还是存在着一种过渡变化的关系。”[③]从古至今，权力者和富有者往往是空间的主要占有者，虽然随

---

① ［美］威廉·H. 怀特. 城市：重新发现市中心［M］. 叶齐茂，倪晓晖，译. 上海：上海译文出版社，2020：120.

② ［美］彼得·卡尔索普，威廉·富尔顿. 区域城市——终结蔓延的规划［M］. 叶齐茂，倪晓晖，译. 南京：江苏凤凰科学技术出版社，2018：55.

③ ［英］海伦·伍利. 城市开放空间［M］. 孙喆，译. 南京：译林出版社，2023：89.

着人类社会民主化与市场化进程的演进，城市空间的社会化越来越表现为公共空间的成长方面，公共空间领域的扩张是城市现代性的符号隐喻，空间社会公平与正义意义上的创新，一直是被一些城市管理者所忽视的，特别是在文化相对保守的一些城市中，公共空间的开放意识相对缺乏。笔者曾在江苏的一座地级市做城市旅游规划，这座城市就如其他城市一样，有一条著名的老街，但是，在繁华的老街上一个咖啡馆也没有，甚至传统的茶社也没有。笔者就给相关领导提出建议，为了旅游发展与文旅融合创新，可以多引进和创办咖啡馆及相关的书吧等。回答是："我们这里城市人是不喝咖啡的。"笔者直接反问："本地人不喝咖啡，外地来的旅游者不喝咖啡吗？"后来笔者在大会演讲时，又提到了这一问题，并引起了相关领导的注意，而这座城市从那以后，成了一个咖啡文化比较繁荣的城市，还创造了各种各样的咖啡节。

广场中的户外空间是家庭生活的一部分，在孩提时代，每当夕阳东照时，一些户外空间、小广场等便成为孩子们的天下，同时也成为大人们团聚在一起聊天的空间，这种感觉是一种人性的尺度。广场是一种公共性的城市客厅，是家庭空间与社会空间的结合，这种空间具有人类自然的属性，也成为孩提时代的记忆，不需要表现某种身份来介入其中，这种自然的社会空间需求似乎告诉我们，我们居住的空间是自然的一部分，我们的生活样态也应该具有自然的属性，而城市广场是人类生活方式居家生活的一部分。①

在欧洲的古典时代，在传统原始民主习俗文化的注入下，有了某种"贵族民主化"的城市管理模式与制度体系，这种制度生成的文化土壤，创造了城市精英的文化特质与精神世界生活的物质载体之一，即贵族与平民可享用的公共空间——多种类型的广场与市场。贵族特有的民主政治使得广场与市场有时是不可分割的空间形式，甚至可以这样说：没有当时混合型的公共空间，就没有属于西方的现代文明和现代文明的载体。从理论上讲，国家、社会、群体、组织、市民、私人个体都需要不断地扩展自己的生存空间。一个"城市文化资本"价值往往可以通过丰富的城市社会空间来表现，空间是生产力最直接、最主要、最核心的要素，没有空间也就无法布置产业和规划产业格局，无法创造地域生产的总体价值，任何城市空间本身都附着在土地之上，甚至也可以说，城市中的任何空间都带有资源性价值、商品性价值和货币资本价值，这种价值带有天然的增值性。创造更多的城市公共空间，就是为了创造城市人生活方式质量的提升，吸引人们到一个有人文价值的空间里创新。城市广场的最低功能是吸引人、集聚人，创造壮观的人群与人流，进而带来信息流、资本流和

---

① ［日］藤田昌久，［美］保罗·克鲁格曼，［英］安东尼·J. 维纳布尔斯. 空间经济学——城市、区域与国际贸易［M］. 梁琦，译. 北京：中国人民大学出版社，2005：11.

时尚流："简单讲，（广场）最吸引人的还是人。笔者之所以重提这个观点是因为，许多设计出来的城市空间似乎把这个相反的判断当成了事实，他们认为人们最喜欢的地方实际却是他们避而远之的。人们常常这样谈论，所以，他们对这类问题的回答可能会造成误导。有几个人会说他愿意待在人群里呢？相反，他们会说，他会躲开人群，他们使用诸如'沙漠绿洲''僻静的角落''逃避'之类的术语。我很高兴，事实证明我的假说是不正确的。它迫使我去观察人们究竟在做什么。"[①]某些时候，有些人要逃避城市的喧闹，是因为已经阅尽城市的繁华和城市喧闹的铅华，那么，我阅尽城市铅华时你在哪？我在哪？城市繁荣与喧闹是城市的文化本性，否则就是回归乡村的寂静和单调，因为，城市有壮观的人群——可以展示思想、才华、美丽或贫穷，而某些文化关于广场文化的无病呻吟，每每都是被成千成万的人流所淹没……

为了更好地生活，一方面人们是需要努力工作，有理性地遵循城市生活的基本规则；另一方面，必须面对城市生活中"一切人反对一切人的战争"，必须创造存在感和生活的舞台，以各种各样的"社会角色""职业角色"来完成生活和创造生活。在规划方面，我们也应遵循社会生活的基本原则，创造城市社会"舞台性"价值，让更多的"我"成为生活的"舞者"。"科斯托夫指出，作为剧场的城市并不是宏伟风格的专属领地。在每一个时代，城市空间——街道和广场——都充当舞台景观，全体市民作为演员和观众参与其中。如果没有戏剧，城市生活就什么都不是。"[②]很显然，城市社会如果缺乏甚至没有个人展示空间，只有国家政治空间，这个国家一定是典型的集权专制的政体，如果能够既充分表现国家政治空间，又能够充分表现社会民众的政治与价值愿望，同时又能够以广义文化象征表现私人空间，并能够充分表达人民的意愿，这种空间关系一定具有某种科学民主文化和科学民主政治的关系，很多学者提出的"空间正义""空间公平"和"空间再生产"理论，主要是在新的社会条件下对空间价值与功能的再认识。公共空间的表现方式是市民化民主政体和集权专制政体的重要分水岭，仅"凭着它们是娱乐空间，就构成了一个广大的'反空间'。这种看法完全是一个幻觉。这个针对休闲的例子太过简单闭合。一个不容更改的判断是：休闲像劳动一样，既是被异化的也是在进行异化的；休闲也像它自身一样，既是被吸收进来的，也可以作为代理去吸收；休闲既是'体制'（生产方式）的一个同化者，又是被同化的部分。一旦对工人阶级的

---

① ［美］威廉·H. 怀特. 城市：重新发现市中心［M］. 叶齐茂，倪晓晖，译. 上海：上海译文出版社，2020：11.

② ［英］格雷姆·埃文斯. 文化规划：一种城市复兴？［M］. 李健盛，译. 北京：北京师范大学出版社，2022：76.

征服表现为带薪假期、节日、周末等形式，休闲便被转化为一种产业，转变为新资本主义的胜利和资产阶级霸权向整个空间的扩展”[①]。公共空间需要从五个方面向一个合理的市民化、大众化、社会化的“公共空间内核挤压”，五个力作用于一个要素，向同一方向延伸，使得社会更需要真正意义上的公共型社会空间，这个空间是平等的，而且是不需要证明的，同时是多数人可以参与的。国家、城市、市民社会、家庭和个体需求的空间具有不同的社会意义，这五种空间在不同的社会体制内占有的比例是不同的，而其社会意义在不同的历史时期也表现为不同的内容与需要。[②]

历史时空的存续，使政治国家、市民社会及最微小的细胞——家庭需要一个相关的空间重叠部分，即真正意义上展现市民生活方式的空间，这便是城市社会市民需要的公共文化空间，这个公共文化空间由许多公共的文化意涵构成，如市政厅、城市花园、街心广场、开放式的市民广场、剧院、咖啡厅、街头喷泉、步行街等。这个公共文化空间是城市所有人都可享受的、有某种不确定的权力和可以介入的空间。[③]但是，更多的是需要那些不用货币购买就能够享用的市民社会公共空间。“正如人们所说，意大利人有着世界上最广阔的起居室，这个广场就是街道上居民住宅的延伸。人们一天数次来到广场上，不只是在这里交谈、休息、领着孩子游戏，礼拜天还成为街道上的社交场所。”[④]人类城市的数量在增长，人类居住区的空间越来越具有资本性价值，现实的城市生活的空间越来越拥挤，个人与家庭的空间越来越具有私密性，交往的社会性就越来越显得重要，由于网络社会持续深化，城市人面对面交谈的机会也越来越少，而存在某种孤独症、忧郁症的人和在经济变革大潮中上下沉浮的人等也相对增多，对这样一种社会现象，如《左传・子产不

---

① ［法］亨利・列斐伏尔. 空间的生产［M］. 刘怀玉，译. 北京：商务印书馆，2021：565.

② ［美］克莱尔・库珀・马库斯，卡罗琳・弗朗西斯. 人性场所——城市开放空间设计导则［M］. 俞孔坚，孙鹏，王志芳，译. 北京：中国建筑工业出版社，2001：11.

③ 美国加州的第二大都市，圣地亚哥的荷顿广场（Horton Plaza）位于城市中心的心脏地带，“是市政府借由非营利的中心都市开发公司（Centre City Development Corporation）与私人开发者尔尼斯・韩有限公司（Ernest W. Hahu，inc.）共同合作的硕果，这些开发伙伴创造了一个别开生面的混合使用区，打破了一成不变的购物中心形态，将许多零售业、餐厅、办公室、娱乐场所以及休闲设计带回中心”。这一广场占地11英亩，面临圣地亚哥海滩，重要的建筑设施有多层集购物、娱乐、休闲于一体的综合区域购物中心，有国内著名的百货公司如摩文（Mervyn's）、罗伯森（Robinson's）、百老汇（The Broadway）、娜登斯装（Nordstorm），四周是宽广的街道，还有一个可容纳3000辆汽车的大型停车场。这虽然不是我们传统意义上的广场，但是它却告诉我们现代广场的空间意义和多功能的市民化与市俗化的发展趋势。参见：［美］哈罗德・史内卡夫. 都市文化空间之整体营造——复合使用计划中的文化设计［M］. 刘麓卿，蔡国栋，译. 台北：创兴出版社，1998：123.

④ ［日］芦原义信. 街道的美学（上）［M］. 尹培桐，译. 南京：江苏凤凰文艺出版社，2017：29.

毁乡校》中所说要“小决使道”[①]，创造更多的开放式交往空间，创造更多面对面的交往空间和机会。“在美国，一些早期的研究探讨了对波士顿和哈特福德的城市公园的利用，其中记录了两万名使用者在不同季节和每周不同的日子的利用数据。该研究发现，这两个公园在夏季的两个月被使用了三十万个小时。社会中的不同群体在不同的日期和时间段里采取了不同的使用模式。调查结果显示，为了躲避早高峰，单个的成年男性会在清晨利用公园，该期间的主导活动类型为静态型活动，例如散步、观赏、读书和摄影。在早上的购物时段，妇女和儿童会在公园进行社交或个人活动，例如阅读、观赏、喂食野生动物以及玩耍。研究显示，在午餐期间，这两个公园表现出‘极高’的活跃程度。”[②]

很多人不大理解城市广场到底应该展示什么，其意义在哪里。笔者曾反复强调过：城市广场的核心是人和人群。F.吉伯德在《市镇设计》一书中说：“人群是壮观的艺术，城市设计者不能把人群安排到有组织的构图中去，但是必须认识到它是城市画面中的重要视觉因素，在做城市设计时永远不应忘记。”[③]问题是，人群作为壮观的艺术在哪里显示壮观呢？从中国这些年来景区的拥挤度则可以看出城市广场——空间的价值，包括虚拟空间的价值与意义，当然，我们任何时候都不需要“人群拥挤式的壮观”，这是一种可怕的景象，恰恰说明我们公共社会空间规划设计有问题，公共空间的管理使用有问题，公共空间使用的信息控制有问题。在吉伯德看来，“人将生命的活动带到静止的城市景色中来了，虽然就其本身来说是不能设计的目标，但是穿着丰富多彩的人群是一种最美的景色，比如露天咖啡座上的夫妇，电影上演前的人群，就是这种特殊的、重要的景色。”[④]之所以说广场、特定的公共空间是“人群可以壮观的地方”，是因为人群在广场活动，可以观察别人，也可以被别人所观察，在观察别人中获得信息、美感和想法，在被观察中展示个人价值与意义，因为，人的动物空间本能，是占有、占据和控制空间的所有权，这是权力的基础表现，所以，人类有史以来的所有生产即两种：空间里的生活和空间的再生产。创造人们生产、工作和享受空间的意义就在这里。“让我们回到产生广场美景的元素上来。要想广场美起来，最基本的元素就是人，这是不言自明的，因此，我们也常常忽视了这个元素。为了吸引人，一个空间应该人气十足。要想人气十足，不能不讲究区位，如老话讲的那样区位、区位、区位。人气十足的地方应该是市区的核心

---

① “然犹防川：大决所犯，伤人必多，吾不克救也；不如小决使道，不如吾闻而药之也。”参见：［春秋］左丘明.春秋左传集解［M］.［晋］杜预，集解.南京：凤凰出版社，2015：565-574.

② ［英］海伦·伍利.城市开放空间［M］.孙喆，译.南京：译林出版社，2023：25.

③ ［英］F.吉伯德，等.市镇设计［M］.程里尧，译.北京：中国建筑工业出版社，1983：8.

④ ［英］F.吉伯德，等.市镇设计［M］.程里尧，译.北京：中国建筑工业出版社，1983：8.

区，而且紧挨着100%的街角，最好就在街角。”①从这个理论中，我们要更充分地理解，优势人文区位空间永远是稀缺资源，区位，永远受制于交通、能源和文化价值，因此，才有土地级差，才有空间占有与社会地位的差别。

而现代社会的广场有更多的消费空间，如传统的圣马克广场的现代化空间变化极为丰富，与周围的景观相互依恋，互相衬托，更富有特色，意大利人习惯在广场上与亲友约会，把广场叫作“露天客厅”，视为个人生活的一部分。在林奇笔下也有很好的描绘：圣马克广场“具有高度的个性，丰富多彩而又错综复杂，与城市的总体特征以及附近狭窄曲折的道路空间都形成了鲜明的对比。但它又与城市的主要特征——大运河紧密联系……广场内部也具有高度的个性与组织，共由两部分空间组成（Piazza/Piazzetta），还有许多各具特色的标志物（主教堂Palazzo Ducale，钟楼Libreria）。置身其中，感受它与周围环境清晰的关联，人们能够精确地进行定位。这个空间是如此特殊，以至于许多从未到过威尼斯的人也能一眼认出它的照片”②。圣马克广场成为这座城市重要的旅游资源要素、人文景观要素集聚空间，成为威尼斯城市经济与文化价值的体现，也成为这个“城市文化资本”再生产的空间体系，及城市文化符号体系的一个IP。皮埃尔·布尔迪厄认为“严格来说，没有什么物质遗产不同时是一种文化遗产的”，因为，人和人创造的一切都是文化，“家庭财产的功能不仅是在物质上证明世系的古老和连续性，并由此承认世系上与时间的永恒密不可分的社会身份，而且在实践上促进它的道德再生产，也就是价值、美德和能力的传承，价值、美德和能力建立了与资产阶级王朝的合法隶属关系”。国内外，从文化传承的角度看，那些世家大族，所谓书香之家的文化传承如“家规”“家训”“家风”和家庭特质的、文化的遗产传承，对个体和文化资本的养成是十分关键的，文化资本的三要素之一就是个体家传的文化素质与气质，这种家传的素质和气质及修养，往往是学校教育不可能完成的。一些家传的文化遗风，会让传承者产生很多文化爱好和文化偏好及习得的行为习惯，有些人“通过日常接触古物或定期光顾古玩店或画廊，或者更简单地，通过进入一个熟悉的和私人的物品的空间，如里尔克所说的‘在那里的、没有不可告人的意义，只有美好的、朴素的、确定的’物品的空间而获得的，显然是某种‘趣味’，这种趣味不是别的，恰恰是一种与有趣味的事物的即刻熟悉的关系”③，这就是文化遗产所具有的功能——教化和文化修养的

① ［美］威廉·H. 怀特. 城市：重新发现市中心［M］. 叶齐茂，倪晓晖，译. 上海：上海译文出版社，2020：121-125.

② ［美］凯文·林奇. 城市意象［M］. 方益萍，何晓军，译. 北京：华夏出版社，2001：50.

③ ［法］皮埃尔·布尔迪厄. 区分：判断力的社会批判：上册［M］. 刘晖，译. 北京：商务印书馆，2015：130.

孕育功能。

1666年，伦敦城市的大火，为近代城市的建设提供了一个机会。在克里斯托弗仑（Christopher Wren）的重建规划中，有10条大道与之交会的市中心广场的中间，既不是教堂，也不是宫殿，而是一个交易所，广场周围有邮局、税务所、保险公司及造币厂等，这种强调广场经济功能的规划反映了资产阶级的生存理念和价值取向。1827年前，伦敦市中心建了20多个广场[①]，伴随岁月的流逝，城市广场的元素也逐渐丰富起来，"广场是简单的几何图案：新月形、圆形、椭圆形、四方形，中间是绿地，四周有栏杆围起，边缘有街道，方便交通"[②]。19世纪末以来，人们不断地对城市规划理论进行新探讨。"田园城市""生态城市""城市区域核理论"等，多种城市规划理论逐渐取代了强调城市广场的单一中心城市的设计理念，加上城市人口剧增，广场可以不处于城市中央，这打破了古典的设计思想，广场的政治功能、文化功能和经济功能开始得到多元化发展，特别是文化交流更促进了城市的发展。

在现代城市生活中，广场越来越成为城市市民生活的重要构成部分，而且空间形式也越来越复杂，出现上升式、下沿式、高台式、地下式、立体式、复合式等多种形式，广场成为城市重要文化标志，在商业社会关系中，有些广场已经被直接赋予商业功能，很多大型商业设施被冠以广场的名称，这种情况已经在全世界普及，而且规模越做越大，从独立商业广场发展到商圈，成为城市的旅游目的地，在中国的省会级城市中都有多个这样的商业广场，并成为城市活力的体现。无论城市广场有多少种演变并发展到何种程度，面对社会多元化的发展，城市广场的发展趋势也必然是多元化的、多类型的和多功能的。"城市开放空间可以成为社区焦点的事实是显而易见的，因为许多活动确实需要空间，且不管是小型的还是大型的，都吸引了大量的人群——事实上，全国各地正在参与这些活动的估算人数，要比那些在城市开放空间中参与体育活动的人多得多。"[③]但是，从"城市文化资本"开发与创新角度分析，城市广场一定要起到城市"气眼"的功能，一定应该是城市文化的价值取向所在，一定是市民的意愿所在，任何商业化的城市，不能缺少为市民社会建设与发展的"城市市民广场"，而其市民广场所特有的意涵就是空间公平与正义和"却阶层化"的文化体系，这是一座城市居民幸福感深厚与否的前提。

---

① ［美］刘易斯·芒福德．城市发展史——起源、演变和前景［M］．宋俊岭，倪文彦，译．北京：中国建筑工业出版社，2005：414.

② ［美］刘易斯·芒福德．城市发展史——起源、演变和前景［M］．宋俊岭，倪文彦，译．北京：中国建筑工业出版社，2005：415.

③ ［英］海伦·伍利．城市开放空间［M］．孙喆，译．南京：译林出版社，2023：15.

面对城市社会的日新月异，城市广场规划，建设的目的、功能和广场的文化意义也在发生变化。

要重新认识城市广场的文化意义，规划设计者要能够成为城市广场和空间再生产的创新者。时代在变化，城市空间结构在变化，人的出行方式在变化，城市广场功能与类型在变化，城市广场传统功能是提供休闲、体育、集会社交、会展和文化咨询活动等的空间，但更多的不同规模、不同功能的综合性大型商业文化广场如雨后春笋般涌现。大型综合性文化商业广场集商业、文体旅游、文化教育培训、科研硅巷、自然山水、园林景观、儿童娱乐等为一体，而且是跨街区的空间体系，是城市的生活方式展示空间区域，也可以认为是一座城市政治、经济、文化、生态和生活的浓缩空间。那些大型城市的商业广场、城市商圈体现的是城市的集聚与扩散，实际上中国真正意义上的商业空间或称商业广场，是上海南京路从静安寺到黄浦江外滩的大型商圈，这个商圈服务了280多万户上海人和外来人，创造了一个世界城市商业的顶级模式和海派商圈的生活方式，也是一个世界级的旅游目的地。要重新认识城市广场的多元价值，城市空间再生产创新展示场域除了表现人性尺度空间文化外，各种空间格局也出现在很多城市，如多层次高台广场、高架花园广场、流水瀑布广场、立体商业文化广场、以图书馆为主体的知识广场、生态花园型立体公园式广场等，广场成为市民和所有阶层人生活、消费和文化学习的空间，是城市生活日常的一部分，而且可以在合适的尺度和多样化空间的过渡上，采取科技创新，如三度空间的超长跨楼层的电梯等，创造既具有亲情感又能符合老人和儿童、残疾人需求的广场。

城市景观和城市雕塑在城市广场上的建构提升了城市形象和对城市的辨识度。有些城市广场是城市形象的展示“点”，有些城市广场是城市形象展示的“面”，而有些城市广场与城市其他要素构成一种“线”的发展关系。广场是城市形象的展示“可介入空间”，对市民和任何外来者都可能产生直接感知与意向，并代表着城市的意向。广场是城市的“窗口”性展示区位，甚至也可以说是“城市的面孔”，因此，要慎重开发，慎重创造，使其成为一座城市的集体记忆的结晶。可以简单分析一下纽约时代广场的“城市文化资本”价值与功能，广场也可以凸显城市的伟大文化和时代意义。纽约时代广场[①]原名为朗埃克广场，因为《纽约时报》总部大厦曾立于此，后被称为“时报广场（Times Square）”，因其综合性的功能和曼哈顿的繁华，这里被称为“世界的十字路口”，甚至

---

① 纽约时代广场：举世闻名的纽约时代广场（Times Square NYC）享有“世界十字路口”（the crossroads of the world）的美誉，不仅因其优越的城市区位——汇聚了世界上最好的娱乐设施、美食酒店和令人眼花缭乱的LED广告牌的曼哈顿中城百老汇大道中心，也因其在纽约人心目中不可取代的地位——迎接新年和欢度庆典的重要场所。参见：周德武. 纽约没有“时代”广场［J］. 世界知识，2002（15）：37.

成为世界城市的“时代广场”，包括很多国家有重大节日和重大事件的时候，都会在时代广场做广告，并把这一行为看成是一个文化创举，所以时代广场几乎成为一些城市通用的广场名称，也具有了人类文化的某种共性，所以世界各地都将“时报广场”称之为“时代广场”，这是真正的时代和世界赋予纽约时代广场的新生命——在这里，是繁华世界的顶峰，也是世界各国想要发表想法的场所——纽约时代广场知道的，世界都会知道。

任何一个广场都是时代文化的反映，时代的变化和发展又会给城市带来新生机，不同时期会产生不同的城市广场。但是，这里强调的时代性，不是一种跟风的媚俗的文化设计，而是要有时代主题，这个主题本身所体现的是人类共性价值，而不是某个城市管理者的价值。而且城市对于广场来说已经是城市价值的一部分，是城市美学展示的空间和舞台，包括城市的整体品位与城市的细节美学的艺术性都希望在城市广场中体现——广场是城市舞台的中央[①]。

① ［美］哈罗德·史内卡夫. 都市文化空间之整体营造——复合使用计划中的文化设计［M］. 刘麓卿，蔡国栋，译. 台北：创兴出版社，1998：150.

优术篇

Optimize Strategy

会聚全球创新人才：想要在创意都市的道路上走得更远，我们必须学会与世界“共同创造”。换句话说，就是开放式创新。所谓“开放式创新”，不仅在技术和商业模式领域十分重要而且在社会和文化领域也是一个不容忽视的概念。纽约、伦敦和巴黎等国际大都市集中了大量的企业、研究所和教育机构，为全球的优秀人才提供相互竞争的平台。例如，旗下拥有路易威登、迪奥和纪梵希等众多奢侈品牌的LVMH路威酩轩集团，虽然总部设在巴黎，但是负责各品牌商品店铺设计和广告活动的创意总监，大多不是法国人。巴黎作为世界的时尚中心，拥有来自全球的优秀人才，LVMH可以在这些人才中进行筛选，为各个品牌寻找合适的优秀设计师。[①]

——梅泽高明，楠本修二郎

---

① ［日］梅泽高明，楠本修二郎，等. 新世代东京：面向未来的国际大都市创新发展之路［M］. 王宇，周鹏远，译. 北京：清华大学出版社，2021：17.

第二十三章
“善解人意”的东京——文化在包容中才能创新

“早在1991年‘全球城市’（the Global City）提出者哥伦比亚大学社会学终身教授萨斯基娅·萨森（Saskia Sassen），在其经典著作《全球城市：纽约、伦敦、东京》中曾将东京置于全球顶级城市之列。”[①]20世纪90年代以来，日本为改变“东京一极集中”[②]的发展模式，在国土空间规划上进行了多次调整，国家经济出现多点增长的势头，朝着相对均衡化的状态发展。东京文化特色也在经济繁荣中得到彰显，并作为亚洲文化中心性城市和全球一线城市，走出了一条传统文化与现代文化结合创新的特色发展道路。令人瞩目的是，在世界现代化的城市建设发展中，能够完整地、系统地以原生态环境的方式保护本国文化的国家之中，东京可以说是传统文化与现代文明相容共生的世界典范，被誉为经济、科技与文化艺术同步繁荣的世界创意文化之都。

---

① ［日］梅泽高明，楠本修二郎，等. 新世代东京：面向未来的国际大都市创新发展之路［M］. 王宇，周鹏远，译. 北京：清华大学出版社，2021：3.

② 东京一极集中（とうきょういっきょくしゅうちゅう）：指的是日本的政治、经济、文化、人口以及社会资源和活动过度集中于东京都及其周边县的问题，“一城独大”现象也因此引发了严重的问题。如一旦关东地方发生大地震，其损失与影响都将难以估量；而最严重的问题是高人口密度造成的高压力，造成少子化问题。参见：［日］堺屋太一. 新規の世界・転機の日本：「新戦後」90年代を読む［M］. 京都府：PHP研究所，1992. 当前“东京一极集中”的情况仍在继续，即人员、货物和资金都集中在东京地区，尤其是东京大都市，2016年3月的《首都圈发展规划》指出，除了通往市中心的通勤时间长、交通拥堵等大城市的传统问题外，还存在首都直下地震、大洪水等重大灾害风险。2008年3月通过的现行《首都圈发展计划》（2016年）认为，“必须强化东京地区的功能，同时纠正人口集中在一个地区的现象”。参见：［日］第204回国会（常会）. 大都市区发展年度报告：促进大都市区发展：2020［R］. 东京：国土交通省，2009：123-124.

一、立体时空非连贯性空间再生产：国家空间的增长战略

东京之所以也被称为“魔都”，是因为这座城市的文化包容性、文化多元性和文化异质性超乎你的想象。现代的东京，就是世界的一个缩影，这也和日本文化在近代以来的“文化拿来主义”有关，只要是日本需要的或者是日本人喜欢的，日本一是可以引进，二是可以照搬，三是可以在模仿中创造。日本东京发生与演进的历史虽然有多种版本，或有些是“史焉不详”，往往有多种解释，但是日本历史及文化的发展进程和阶段性还是比较清楚的。英国人写的《东京传》中这样说：“1630年江户的人口为50万人，而到了17世纪末，人口翻了一倍，这使得江户成为当时世界上人口最稠密的城市。然而，当时整个世界没有意识到江户的存在，也尚未发现它蕴藏的非凡物质与灿烂文化。”[①]事实上，江户在当时还算不上是世界上人口最稠密的城市，17世纪的中国和欧洲还有很多比江户人口更多、更稠密的城市，从其发展历史过程看，从江户时代到东京时代一直是一个相对比较开放的城市。英国学者描述东京城市起源过程时说：“1590年，武士家族首领德川家康来到了这个在沼泽的怀抱中蜷缩成一团的凄凉渔村，开启了它崛起成为世界最大城市之一的历史进程。他们占领关东，圈地为王，并以小田原城为大本营对领地进行监管。德川家康策划了一场针对北条氏的军事战役，而江户据点与围绕着它的关东八州则是他的回报。”[②]有关记载曰：江户始建于1457年（康正三年），1603年（庆长八年）德川家康在江户城建立幕府，1868年（明治元年）废除幕府制度，改江户府为东京府，意为“东方的首都”，1943年（昭和十八年）正式设东京都。从日本“明治维新”以后，日本把学习的目光从中国转向了西方，开始了日本近代化和现代化的进程。在文化选择上，日本长期坚持“拿来主义”[③]政策主张，并一直在走开放的道路。二战侵略失败后，一部分日本民众和社会精英有所反思，在美国的压力下，国家进一步开放并学习西方发达国家的经验，促成日本经济、文化和社会的“文化转向”与转型，成为世界发达国家。

---

① ［英］斯蒂芬·曼斯菲尔德. 东京传［M］. 张旻，译. 北京：中译出版社，2019：29.

② ［英］斯蒂芬·曼斯菲尔德. 东京传［M］. 张旻，译. 北京：中译出版社，2019：2.

③ 拿来主义：鲁迅所创关于外国的和古代的文化遗产要批判继承的一个重要著名论断，语出鲁迅1934年6月7日在《中华日报·动向》上发表的《拿来主义》一文。在这篇杂文中，鲁迅以如何对待一所祖上留下来的大宅子作比，对当时流行的三种错误倾向作了批判。拿来主义的中心意思是，对外国的和古代的文化遗产正确的态度应该是占有、挑选。既反对盲目排斥的虚无主义，也反对把糟粕当精华的复古主义。要善于区别对待，分别采用“或使用，或存放，或毁灭”的三种态度。而要真正做到这些，就必须具有“沉着，勇猛，有辨别，不自私”的无畏勇气和科学精神。参见：彭克宏，马国泉，陈有进，等. 社会科学大词典［M］. 北京：中国国际广播出版社，1989：977-978.

东京一直定位或被定位为亚洲乃至世界东方文化之都，在这一方面，东京的确是长期坚持不懈努力的，从2023年的发展水平上看，在文化立市的战略上，一直是与纽约、伦敦、巴黎、新加坡、中国香港和上海竞争，在城市文化建设和城市文化产业发展上有突出的表现。从20世纪90年代开始，东京就提出了亚洲及东方文化建设的战略目标，并在2021年又进一步明确和强化了到2030年东京文化之都创建的具体计划和实施方案。根据东京都厅的有关资料："东京都是日本的文化之都。为打造可持续的、数字化的和谐共生社会，东京都生活文化和体育局编制有《东京文化战略2030》规划，通过艺术和文化为城市注入活力；让都民有机会接触艺术，启发都民并为他们带来幸福感；宣传日本文化，使东京成为国际文化都市。"东京是青年人向往的城市，也是日本高等教育的典范城市，高等院校不仅质量高，而且数量多，有一定的规模化效应。2022年东京有大学160所，专科学校401所。正因为有了这些好的文化、科技、教育和人才基础，东京都的第三产业占比，在全球范围城市间的比较中不仅最高而且质优，更重要的是以生产型服务业为主导，形成专为创新服务的产业体系。东京三产的产值在2021年占东京都内生产总值的90%左右，应该是"全球城市"中三产占比最高的城市，而任何城市三产的发达程度首先是要看金融产业和金融服务产业的发展水平和规模，这既是生产型服务产业的必须要素，也是为生产发展服务的基础条件，东京都境内共有1213家银行（2021年，包括分支机构），是世界五大金融中心城市之一。另外，东京都境内共有2182家上市企业，东京都是全球文化产业最发达的城市之一，主要包括动漫、出版、影视制作、玩具、音乐和文化旅游等。整个东京，在对历史文化保护、传承、创新和发展的每一个环节上都在强化日本文化核心价值和文化特质。对此，有学者这样描述："日本文化一个都不能丢，外来文化一个都不能少"，这种文化兼容性、包容性和融合的再创新性，重新建构了日本文化在世界文化中的地位。东京都之所以被人们称为"世界文化之都"，主要原因是：在将日本本土文化核心价值传承强化的同时，还敢于充分地开放、引进、融合外来文化，使本土现代化的文化和发达国家的优秀文化很好地嫁接和融合为一体。

日本本土文化核心价值的维护与弘扬是很成功的，为其他国家和民族文化保护、传承、创新做出了范本，而文化核心价值的创新，造就了东京城市的文化自觉和文化自为。在构建一般意义上的都市圈的同时，东京能够有意识地、主动地创造性建设东京文化都市圈的共同体文化模式，并在世界都市圈建设的文化模式上产生世界性的影响。另一方面，东京都市圈的经验是：首先，创造了"高质量经济结构化发展圈"，并能够进入全球化城市文化价值链的高端环节；其次，在政策上强化了东京自然生态空间的打造，创造了"自然原生态保护发展圈"——典型的森林生态之城；最后，坚持国际化的开放政策，学习任何国家的先进经验为己所用，在这种意识中创造并通过城市市民社会与社会精英群体的共同努力，形成了"开放式的文化共同体生态圈"，这样就出现了一个典型的物质化的发展新空间和新场景——“三圈合一”的“大东京文化创新都市圈”，成为日本举足轻重的、具有全国和全球引领性的现代化的城市化区，将日本的政治文化、经济文化、生态文化、生活方式文化和国际化相互融合，构成一个巨大的、能够代表国家可参与全球竞争的经济、生态和文化三位一体的有机体，还可以利用已经完成了城市化的东京，再去创造城市后现代化的都市区。

早在20世纪20年代，东京与纽约、伦敦和上海就已经被称为世界“四大魔都”①，而东京可能是最具本土特色的文化魔都。按照城市化和城市现代化的理论来分析，城市化水平如果达到85%，就已经基本完成城市化过程了，而东京的城市化水平达到95%以上，实际上已经完成了城市化的发展过程。当下，东京所面临的是如何再现代化和后工业社会的高级化发展问题。在空间的创新和空间再生产方面东京具有创新经验，除了有绿化保留区域、原生态保留区域外，在城市中也可以偶尔看到农田，给人以一种城市规模虽然很大，但仍然植根在大地之上的感觉。整个大东京文化都市圈几乎可以用“都市延绵区”“都市联统区”“城乡文化等值都市化区”等最新名词来说明，因为东京有很多个面孔，无论哪个面孔，都可以看到东京的创新型发展方式。在大区域空间和城乡一体化上，东京到大阪之间550千米左右沿途已经没有传统的乡村了，而是由很多小城和新型“反边地”社区组成的区域，是一个典型的现代化城市风貌与田园风光融合的后现代都市化区域。这种空间再生产的情况，可以追溯到更早。很多资料已经说明，日本城市的更新和城市现代化，在政府主导的总体规划的指导下，基本形成了一种规律，如日本学者梅泽高明和楠本修二郎等人在研究中说：“过去100年间的东京，每隔10—20年，都会经历一个新的发展阶段，并各自保留一些重要的建筑项目。而这些重要项目所形成的交错纵横的脉络，也反映出东京持续更新的许多特点。”历史上很多有著名时代印痕的标志性建筑，如20世纪20年代的日本桥三井总部大楼、丸之内大厦是具备鲜明近代建筑特点的作品，“类似于上海外滩的万国建筑风格；30年代以日本国会大厦为代表的一系列坐落于霞关地区的日本中央政府办公设施；50年代丸之内、日本桥、虎之门等一系列商务办公区；60年代，以代代木竞技馆为代表的一系列大型公共场馆建筑；八九十年代从净水厂到东京都政府驻地的新宿副都心，尤其是新宿站的站城一体化开发区域；90年代的六本木、品川为代表的一系列大规模城市更新与综合体项目等；直到近十年来，为迎接2020年奥运会，对中心城区须更新的重

---

① 世界四大魔都：分别是指美国纽约、英国伦敦、日本东京、中国上海全球四大城市，这四座城市特色鲜明，极具魅力，带有一种极致的魅惑，用“魔”字来形容最为贴切。同时，这四座城市也有着很高的发展速度，并且社会阶级分化严重，社会文化多元化。更重要的是，这四座城市表现的世界文化包容性，使得城市文化在表现上除了可以想象的绚丽多姿以外，还表现为文化的多层次性、多类型化和异质性的魔幻感。

要地段，例如丸之内、日本桥等，也包括为国内熟知的筑地海鲜市场搬迁等，仍旧持续进行着城市改造。”[①]是的，城市文化的历史就是这样显示生命力所在的，将市场化和政府主导的城市规划结合，发挥专家和市民社会的自治机制，创造以精准保护为前提的建筑发展模式，所以在东京空间文化的创新上，具体的历史建筑、历史地段、历史街区等都能够在政府的统一管理和市民的参与下，制定政策法律规划，实施精准保护下的精准开发。同时，结合市场需要和制度安排，城市历史文化保护、城市更新和城市建设都能够遵循城市法制和社区自治的要求而有序建设，简单说，应该保护的都保护了，而能够创新发展的都在法律的监督下有序进行。

东京是全球空间再生产创新最好的城市之一，是一座在空间上充分利用的立体城市，也被称为是一座“有良心的城市”[②]，还是一座能够充分利用地下空间再生产的城市，对地下40米进行大深度立体的开发。日本向来土地资源稀缺，各大城市都立志于地下空间的立体开发，曾经有人夸张地说，通过开发地下空间，能够将1个日本扩大成为10个日本。东京到底有多大，也许不仅仅是计算其平面面积，还应当充分考虑到其立体开发层面的空间容积和空间内容。在“纵”“横”和竖向开发的空间再生产方面，东京创造了独有的空间开发模式。东京有3万平方千米的都市延绵区，大东京都市圈，在日本国内被称作“首都圈”[③]，其范围是以东京为中心，半径100千米以内的地区，包括东京（Tokyo）、埼玉（Saitama）、千叶（Chiba）、神奈川（Kanagawa）、茨城（Ibaraki）、栃木（Tochigi）、群马（Gunma）、山梨（Yamanashi）一都七县[④]。日本政府为统合东京及周边区域发展而制定的《首都圈整备法》，则将东京首都圈未来的涵盖范围扩大至整个关东地区（茨城县、栃

---

① ［日］梅泽高明，楠本修二郎，等. 新世代东京：面向未来的国际大都市创新发展之路［M］. 王宇，周鹏远，译. 北京：清华大学出版社，2021：269.

② 有良心的城市：“阴渠，就是城市的良心，一切都在那儿集中、对质。在这个死灰色的地方，有着它的黑暗处，但秘密已不存在。”这句话出自雨果的小说《悲惨世界》，而后常被人引申为“下水道是一个城市的良心”。参见：朱达志. 关于“城市良心”雨果究竟是怎么说的［N］. 中国青年报，2016-07-12. 东京具备强大的防范水灾的城市建设，东京大学生产技术研究所准教授加藤孝明说：“放眼望去，东京众多市区建设在海拔为0的地带上，水淹风险极高。而另一方面，广阔的亲水空间也孕育出了丰富的生活文化。下一时代，要重新看待国际大都市的水域空间，重新思考河流与市区之间的关系。今后的方向是，平衡河流的恩泽与威胁，与水害风险智慧共存，创造新的文化。而这将成为世界上唯一的应对气候变化的适应模式。”参见：［日］加藤孝明. 东京都市白书CITY VIEW TOKYO（2015）——打造与水害风险智慧共存的近水都市［R］. 东京：东京都都市整备局城市建设政策部广域调整课，2023：35-36.

③ 本文中提到的“大东京都市圈”“首都圈”是同一层面意义上的两种说法，区域范围包括“一都七县”；而“东京都市圈”则特指其中的内部圈层——东京都和千叶县、神奈川县、埼玉县这“一都四县”。

④ 日本的“都”“道”“府”“县”均相当于中国的“省级”行政单位。

木县、群马县、埼玉县、千叶县、东京都、神奈川县）以及山梨县。另一种描述是东京都市圈一般是指从千叶向西，经过东京、横滨、静冈、名古屋，到京都、大阪、神户的范围[①]。这个区域的面积有3.5万平方千米，占日本全国的6%，人口将近7000万，占全国总人口的61%[②]。东京城市空间立体化、大深度地下空间开发计划起始于20世纪90年代，主要针对东京、近畿、中部三大都市圈范围内进行的大深度地下空间开发，其主要的原因是经过半个多世纪的地下开发，这些城市的浅表层地下建设空间趋于饱和，地下空间的开发迫切需要向更深发展。大深度地下主要的项目更倾向于城市的公共建设事业，如三大都市圈内的道路、河流、铁路、水电气、电信、下水道等基础设施的建设[③]。

“东京”涉及的五个层面空间范围说明[④]

	都心六区	东京都区部	东京都	东京都市圈	首都圈
内涵	东京中心城区/CBD	行政意义上的东京市区	日本的一级行政区，类似于直辖市概念	日本三大都市圈之首，由《首都圈整备法》界定	国土规划界定分区，由《首都圈整备法》界定
范围	千代田区、中央区、港区、新宿区、涉谷区、文京区	由23个区级行政区组成	在23区之外，还包括26市、5町、8村，其中26个市部是重要地理分区，主要是近郊卫星城	东京都，以及相邻神奈川县、千叶县、埼玉县	一都三县外，还包括山梨县、群马县、栃木县和茨城县
面积	86.9平方千米	621.9平方千米	2190.9平方千米	13500平方千米	36600平方千米
人口	129.6万	924.1万	1351.5万	3612.7万	4382.8万

东京是“亚洲最昂贵的地方”，有着充分发展的日本式商业空间文化模式，因为人口密度大，真正是寸土寸金，一般意义上的商业空间都有可能创造较高的利润，所以在城市空间再生产方面，东京可谓发挥到极致。东京银座的八个丁目——八个特色街区，与中央大道贯通，其街道文化的创新，堪比巴黎的香榭丽舍大道，并与纽约第五大道并列为世界三大繁华城市中心街道。一个商业CBD，被誉为日本的三大文化符号之一：历史、自然和现代生活方式——京都、富士山和银座。而且这三个伟大城市的街道都是世界级的旅游和消费目的地。让人感觉特别新奇的是，东京新宿地

① 佚名. 世界五大城市群［J］. 创造，2012（04）：38.

② ［日］第171回国会（常会）. 大都市区发展年度报告：2008［R］. 东京：国土交通省，2009.

③ ［日］深层地下利用规划办公室. 新的城市价值空间：大深度地下［R］. 东京：国土交通省，城市与区域发展司，城市与区域政策处，2005：1.

④ ［日］梅泽高明，楠本修二郎，等. 新世代东京：面向未来的国际大都市创新发展之路［M］. 王宇，周鹏远，译. 北京：清华大学出版社，2021：312.

上和地下空间创新所展现的空间与文化特色的混杂性、空间与交通使用无序到有序的连续性（当然更有人说是在无序中创造有序），或可以得出这样的结论：新宿被称为"亚洲第一不夜城"，这座城市文化的"片断"和立体街区，被称为东亚"最大"地铁站的空间体系，有178个出入口，最高峰时有近400万的上下乘客，"拥有复杂的历史和多样的面孔。新宿站是全世界客流量最大的地铁站，为了吸引乘客购物，这里聚集了东京最多的百货商店和电器城等商业设施"[①]。在空间再生产方面，东京显示了市民社会公共治理的发展模式，首先，强调的是城市公共空间——地上与地下城市走廊（Urban Corridor）的布置。在其地域内包含美术馆（Museum）、集合式住宅（Residential Tower）、泉花园塔楼三个主体建筑，在平面组织上，通过纵向城市走廊（Urban Corridor）使三个主体建筑——地铁六本木一丁目车站[②]、Fitness Club、美术馆前绿化公园相互连通。城市走廊作为公共开放空间，既起到了衔接各个功能单元的作用，更丰富了城市公共空间，使得区域的城市空间成为一个整体[③]。其次，强调的是社会公共服务功能组织的快速服务，创造了一定程度上均好化和复合化的利用模式，在区域内包含了公园、美术馆、住宅、酒吧等多种功能空间，泉花园塔楼[④]更是集商业、餐饮、办公、旅馆、会馆等功能为一体，充分体现了多种功能复合化的开发和使用，通过复合化的利用，创造多元化的城市空间，使人获得多样化的体验[⑤]。最后，强调城市立体的空间再生产，特别是地上与地下的综合性的开发和利用发展，为整座城市市民和国家造福，既创造了城市安全，又创造了城市经济、文化和社会效益。

地下空间开发利用是东京城市最具有科学性和城市韧性的最大亮点，在地下一层，泉花园塔

---

① ［日］梅泽高明，楠本修二郎，等. 新世代东京：面向未来的国际大都市创新发展之路［M］. 王宇，周鹏远，译. 北京：清华大学出版社，2021：24.

② 六本木：东京六本木新城是继新宿之后又一个新崛起的高品质商务商业体，并逐渐发展成为东京的一个副都心，是日本都市再开发计划中规模最大的项目。该项目占地接近12万平方米，总建筑面积为76万平方米，总投资达到2700亿日元。六本木新城是一座集办公、住宅、商业设施、文化设施、酒店、豪华影院和广播中心为一身的建筑综合体，具有居住、工作、游玩、休憩、学习和创作等多项功能。主要建筑体包括摩天大楼、朝日电视台大楼、露天广场、毛利庭园和四座高档公寓。参见：赖阳. 世界城市宜居商业研究［M］. 北京：中国经济出版社，2012：131.

③ 王士刚. 掘"金"城市地下空间［J］. 建筑，2013（20）：32.

④ 泉花园塔楼（泉ガーデンタワー）：也称泉花园大厦，是日本东京都港区六本木中的一栋摩天大楼，由日建设计事务所设计，住友不动产开发，其特色是一栋全玻璃外墙的大楼，大楼外有突出的独特形状的电梯，名称中的"泉"来自住友集团的屋号"泉屋"。参见：佚名. Izumi Garden Tower［EB/OL］.（2013-06-30）［2023-10-28］. Skyscraperpage.com.

⑤ 万昆. 建筑综合体"城市化"特征初探［J］. 华中建筑，2011，29（06）：15-18.

楼直接与地铁六本木的一丁目车站相连通，通过自动扶梯进入城市走廊。城市走廊为一个三层退台式中庭，在平台内侧为Fitness Club，使人们能驻足停留。地铁、地下街、庭院与城市空间整合为新的城市开放空间①。“从长远历史来看，事实并非总是相关的，东京是现在的亚洲第一大城市这个事实却有其重要性。另一些在伟大文化的影响下诞生的城市也许已然消逝，或者如大莱普提斯一般被碾为沙砾，或者只剩下了建筑遗迹；然而东京在它的每一次转型中都积累了更多的资本，进一步发展壮大。混合都市主义让东京变成了一个如此令人振奋的地方，没有理由可以认为这条路径已经走到了终点。”②从“单极”到“一极集中”的东京，再到多中心的节点发展的城市，东京在空间有机生长方面创造了多样化的可能，构成了“东京一极+立体空间创新+历史文化+N”的城市空间发展模式，笔者认为可以把这种城市空间结构归纳为自主构建了“多中心节点增长式网状空间结构体系”③，这样的空间结构，适合东京也适合其他城市，因为有无限可能的韧性。

首都圈是以东京为中心的“一极集中”的模式，圈内其他地区以及圈内各行业部门对于东京的依赖程度非常高，这同时也带来了东京城市内部的诸多城市病④，所谓“分布式与分散型网状结构”指的就是一种全域一体化的都市圈城市空间关系。任何一个单独的城市都无法构成完整的经济体系，任何一个单独的城市也无法做到完全自给自足。同样，任何一个单独的城市也不可能完全承担其居民和各企业、机构所需要的全部的城市功能，以及未来可能出现的城市功能需求。但是通过区域内的空间再生产和不同功能空间相互组合、功能互补，以都市圈作为一个更大的经济社会独立体，就能够在一定程度上解决单个城市的发展瓶颈和功能局限⑤。大东京都市圈正是在这个意义上试图建构的一个完整、独立和开放的巨型综合体。东京之所以成为世界首屈一指的大都市圈，与其东京都市圈文化共同体的文化价值网链的建构、合理区域空间地域生产布局和高效的都市圈管理体系以及多核心的功能结构是分不开的。如有学者研究认为：“在东京，它们却渗透到了城市最中心的区域。为了缓解拥堵，使交通运行得更为通畅，更多的高速道路分支通过一种类似多重心脏搭桥

---

① 王士刚.掘“金”城市地下空间［J］.建筑，2013（20）：31-32.

② ［英］斯蒂芬·曼斯菲尔德.东京传［M］.张旻，译.北京：中译出版社，2019：177.

③ ［日］国土交通省国土规划厅都市区规划处.三大都市区的未来愿景［EB/OL］.国土交通省官方网站.［2023-10-28］.http://www.mlit.go.jp/kokudokeikaku/vision/index.html.

④ ［日］国土交通省官方网站［EB/OL］.［2023-10-28］.http://www.mlit.go.jp/kokudokeikaku/vision/index.html.

⑤ 张鸿雁.都市圈一体化发展的经验与借鉴［EB/OL］.（2012-04-25）［2023-10-28］.https://www.doc88.com/p-580676792663.html.

的手术被嫁接到现存的交通系统中。政府试图通过在地下约40米处建设高速路网来让城市挥别首都高速老化的架高部分……今天的首都高速延伸至300千米以上。新的规划将实现把直接跨越地标日本桥的2000米长高速路转移至地下的长久夙愿。”[①]东京首都圈的“分布式网状空间组合型结构”明显分为内外两个圈层，组成了网状结构中重要的“节点”功能，这项规划始于日本1986年的第四次全国首都圈规划。1988年，日本《多级分散型国土形成促进法》颁布，正式确立了业务核心都市制度，发展业务核心城市的意图是把部分产业和政务功能分解出去，缓解中心区的压力，解决东京的住宅紧张和远距离通勤等城市问题[②]。这种经济结构能够为东京城市功能的分散转移与集中创造“引力”和“拉力”[③]，具有很好地“集中与分散”的有机疏解功能，使东京成为一个吸纳、容纳百川的“巨型海绵城市”。

1小时都市圈体系的系统集成是东京文化共同体生产的前提。随着空间和时间发展的结构性变化，生活其中的生命与时间价值也因此而改变。东日本铁路和东京都的城市轨道是支撑整个大东京都市圈最主要的“骨架结构”，也是诠释大都市圈生活带给人们的那种便捷快速的交往感和流动感的最佳手段。在文化和人文经济与空间正义方面，东京都的管理者做出了很多努力。回顾东京的城市空间再生产与城市文化发展历史，“尽管东京多次陷入废墟重建之境，但它仍旧近乎完美地保存了自身的传统气质，无论是江户城的风貌，还是大正和昭和时期的风格，都存留下来……而东京只是将自己拼凑成原来的样子，直到现在，东京都心三区依旧是沿袭过去大正时期的街道模式。”[④]难能可贵的是，在城市人性化的管理上和“城市如家”的理念上，东京可能是世界上做得最好的城市，“却阶层化”空间的公平与正义在交通上最能体现出来。早在2006年，东京都内的地铁、电车

---

① ［英］斯蒂芬·曼斯菲尔德. 东京传［M］. 张旻，译. 北京：中译出版社，2019：179.

② ［日］梅泽高明，楠本修二郎，等. 新世代东京：面向未来的国际大都市创新发展之路［M］. 王宇，周鹏远，译. 北京：清华大学出版社，2021：320.

③ 推拉理论（Push and Pull Theory）：最早可追溯到英国经济学家和社会学家E. G. Ravenstein于19世纪80年代提出的迁移法则（The Laws of Migration，1885，1889），其后经过不少学者的补充修正，直到Everatt. S. Lee提出较系统的迁移理论，才形成今天所说的完整的“推拉理论”。在分析农村劳动力转移现象时，经典的“推拉”理论是常用的理论工具，这一理论认为迁移行为的发生是由于迁出地的推力和迁入地的拉力互相作用产生的。在各种迁移者当中，有些人迁离原住地可能完全是因为推力的作用，另外有些人则可能完全是因为迁入地引力的影响。当然更多的可能是同时受推、拉力影响。客观上迁出地和迁入地必然存在种种差异，但推、拉力因人而异。参见：向洪，张文贤，李开兴，等. 人口科学大辞典［M］. 成都：成都科技大学出版社，1994：674–676.

④ ［日］梅泽高明，楠本修二郎，等. 新世代东京：面向未来的国际大都市创新发展之路［M］. 王宇，周鹏远，译. 北京：清华大学出版社，2021：268.

等轨道交通站台的无障碍通行实施率达到了43%，在全球的大城市中属于领先地位；在交通设施建设上进行“无障碍”改造，即无论针对残障人士、普通人群还是外国游客，城市的街道和其他交通形式都尽可能地实现“不摔跤、不迷路、放心步行”的目标，实现市政设施的外文配套服务和全面的人性化设计，这才能够体现城市的一种境界和温度。

二、从“拿来主义”到创造作品城市：艺术、创意与科技结合

东京既能代表日本的过去，也能代表日本的现在和未来，这就是“东京价值”，而一座城市的人发展的可能性，在某种程度上也取决于城市价值，这个观点很简单，城市价值越大，这座城市的舞台就越大，人生的选择就会越宽广。日本《东京白皮书》引用一个音乐人的话说：“东京是这样一座城市——能够对于接受过丰富教育的每一个生命本身的价值进行正确的评价。”东京以及世界几个“全球城市”的城市文化发展战略都有一个共同特点，就是对个体的尊重，对生命价值的尊重，都会强调以一个城市家庭成员的身份来看待他人和自己，并希望在东京生活的人，都能够成为舞台上的成功者。如，有东京市民说：“在被驰名海外的舞蹈团或乐团录用为首席表演者的人生之外，必须为他们提供这样一种场所——能够进行从幼儿期就渗入血液中的技能训练的场所。经常听到要将涩谷的十字路口变为纽约时代广场的声音，如果能做到就更好了。那未来东京就会云集世界性人才。”[①]其实，笔者读到这段话的时候，很受感动，一座城市，的确可以成就一个人，如果能够成就更多的人，让更多的人幸福，这就是一座伟大的城市。

东京的城市文化多样性和涵容性也可以用文化万花筒来形容，这是一件很奇妙的感觉，世界最好的、最高雅的和与巴黎同步的文化时尚等都可以在这里看到。同时，偶尔还能看到高楼大厦后的农田、农家文化意象的小院、东京小街巷子里古色古香的住宅……以及很多人都不理解的红灯区[②]，

---

① ［日］椎名林檎. 东京都市白书CITY VIEW TOKYO（2015）——作为文化之都的东京［R］. 东京：东京都都市整备局城市建设政策部广域调整课，2023：27-28.

② “到了奥运会的时候在屋顶下放置守护佛像的风俗已经见不到了。另一些旧迹清除措施可以追溯到奥运会之前。在这场盛会之前，政府告诉公众，西方人不喜欢看到随地小便的现象，并在地铁中放置了标识牌作为提醒。城市红灯区的大量站街女和上野公园中的流浪人口或自愿或被迫地消失在了人们的视线中。在城市让自己体面地招待世界的强烈决心之下，被牺牲的还有约20万条流浪或遭遗弃的猫和狗。人们在将之围捕之后，用二氧化碳将其闷毙。”参见：［英］斯蒂芬·曼斯菲尔德. 东京传［M］. 张昊，译. 北京：中译出版社，2019：155-156.

可以用典型的“克里奥尔化”[①]文化现象来形容东京，是一个“文化混血巨人”、一个有千万张面孔的文化大都市……这就是“魔都”文化的“混合化”[②]、文化杂交化和自我文化精准保护相容的城市，世界所有的文化都可以在这里上演，但这里永远都不抄袭而持续原创，这是某些研究日本文化的学者的观点，虽然有些不尽然，但是至少可以强调的是，在这混杂的文化体系中，日本文化创新的范畴与成就是非常清晰的，正如日本学者认为的：“抄袭永远抄不来‘原创’的魅力。东京人应该站在东京人自己的角度，做自己力所能及的事情。东京的每个地区都有与众不同的魅力，因此才孕育出了‘折中主义’的文化。我十分期待东京人能够通过自己的努力，将东京的魅力发扬光大。”[③]一座成功的城市一定能够使城市的核心文化价值得到有效传承，而文化的进化具有脱胎换骨的性质，“如同迪拜巨型摩天楼之于崩塌的沙城麦地那，今天的东京与它江户时代的前世——甚至明治时期的自我——没有什么相似之处……面对衰败与腐蚀，东京的回应是自我转变。在这个无常与变化的世界，历史建筑或街区的象征价值只需保存在名义中便已足够。”[④]这一评价尽管有些偏颇，但是任何城市发展的每一步都是对过去的否定，就是“否定之否定的进化”，就如笔者在很多文章中都指出过：今天的城市与古代的城市已经不是同一事物，具有本质性的变化，正是因为这样的城市性质，才使城市具有了社会发展的动力，城市才具有了作为现代化的过程和现代性的结果。

一座优秀的城市，文化一定是多元的和多源的，各种文化要素“经常可以相互交换使用”，进而形成文化的互动和创新。值得特殊说明的是：在日本，全世界的文化都可以拿来为自己所用，而自己的传统又能完整、强化保护，使很纯粹的日本文化传统得以精准地传承，犹如活化石一样保存下来，如京都、奈良等城市整体的保护是世界的典范。还如社会生活中混杂型的文化与生活要素多样化的存在，日本的皇室礼仪传统、服饰、神社及祭祀活动（日本有一万多个大大小小的神社）、

---

① 克里奥尔化（Creolization）：“全球本地化的另一个同义词就是克里奥尔化，克里奥尔这个术语一般指混种的人，但它已被延伸到语言的克里奥尔化这一概念……克里奥尔化与混合化经常可以相互交换使用。”参见：［美］乔治·里茨尔. 虚无的全球化［M］. 王云桥，宋兴无，译. 上海：上海译文出版社，2006：110.

② ［美］乔治·里茨尔. 虚无的全球化［M］. 王云桥，宋兴无，译. 上海：上海译文出版社，2006：110.

③ ［日］梅泽高明，楠本修二郎，等. 新世代东京：面向未来的国际大都市创新发展之路［M］. 王宇，周鹏远，译. 北京：清华大学出版社，2021：217.

④ ［英］斯蒂芬·曼斯菲尔德. 东京传［M］. 张旻，译. 北京：中译出版社，2019：185.

浮世绘[①]、日式茶道、艺伎、歌舞伎町、俳句与武士、西阵织[②]、相扑、生活习俗、新生代文化、动漫……东京又是东西方文化礼仪集中展现的地方，在现代化的进程中，还能够把皇室文化保留并加以适当的权力改造，作为日本文化的隐喻性象征……这一切在全球范围的城市文化发展中也堪称典范。当然，东京也是世界文化的容器，东京有大批的外国高管、企业家和教师，如“住在江户川区廉价住房内的印度人，搬进池袋的中国人，以港区为家的美国管理阶层，六本木等地区的尼日利亚籍夜总会酒吧老板和俄罗斯女招待以及在服务行业工作的下层阶层，比如护工、厨子、侍应生、洗碗工、便利店店员、工人、酒吧女招待、社交陪同、保镖、音乐人、艺人、按摩师和街头小贩。这些男男女女来自西非、东南亚、印度、俄罗斯亚洲区、白俄罗斯和波兰。他们是真实存在的，尽管他们中的许多人穷得无法享受东京的便利设施，住在城市中却没有成为城市的一部分。一个曾经否定多样化的城市将不得不承认它事实上已经通晓了多国语言，并且从新时代文化多元的都市生活中汲取力量与灵感。”[③]但有一点是明确的，无论是哪个国家的人，要想加入日本的国籍都需要经过一个严格的筛选过程，这也是日本在继承和保护日本传统文化中的一种守护底线的方法。东京也是典型的市民社会城市，最繁华、最奢华的商业中心和最具烟火气的街巷并存。如“‘Cat Street’（猫

---

① 浮世绘（うきよえ）：江户时代（1603—1868）流行的风俗画，分为手绘和木刻版画，题材以江户市井生活和风景为主。由当时的武家政权（德川幕府）所在地江户（今东京）的市民阶级孕育的大众美术。“浮世绘”版画吸收了西方写实绘画的立体透视画法，但整体仍保留着日本传统绘画的平面装饰特色。“浮世绘”作为美术的特色在于，不同于朝廷与武家等贵族阶级所崇尚的传统雅致风格，率直地传达了人间真情和具有革新意义的民俗表现。“浮世绘”描绘出不断变化的现实社会的流行时尚与生活在当时的人们的欲望，并运用新的技法与样式，可谓美好地反映鲜活日本的“时代之镜”。参见：潘力. 浮世绘［M］. 石家庄：河北教育出版社，2007：5，12.

② 西阵织（にしじんおり）：江户时代末期的作家柳亭种彦（りゅうていたねひこ）曾说：“京都人是奢侈的，他们在衣服上花了很多钱，以至于失去了财富。这个词表达了京都人的高雅，他们在衣服上花费了大量金钱，以至于失去了自己的财产。”京都的染织代表是“友禅染”和“西阵织”。“西阵织”作为当地丝织中心，主要生产领带、和服和腰带织物，以及一般人并不熟悉的“金兰”。西阵生产的纺织品种类繁多，但都不是日常使用的休闲纺织品，而是用于成人仪式等人生大事的高品质纺织品，为日常生活增添色彩。参见：［日］冨家靖久. 西阵织の过去・现在・未来：シリーズ「地域に根差した纖维产业」［J］. 纖维制品消费科学，2022，63（2）.

③ ［英］斯蒂芬・曼斯菲尔德. 东京传［M］. 张旻，译. 北京：中译出版社，2019：181.

街）[①]连接着原宿后街和涩谷，是日本街头文化的象征。我们应该继续开发猫街，为街头小摊提供集中营业的区域，欢迎流动摊贩和街头音乐家们入驻，打造一个年轻创造者们活跃的平台。这些措施可以提升猫街的魅力，吸引观光者在这里驻足久留。”[②]文化多样性、多层次性和多类型性以及文化包容性，使东京成为世界重要的旅游目的地，2022年，东京接待旅游人次达5.6亿左右[③]。

东京的文化魅力不言而喻，东京是名副其实的“博物馆之都”，截至2021年（令和三年）末，东京都共有博物馆290座。按展览类型分，有综合类博物馆41座，历史类博物馆109座，艺术类博物馆94座，科技类博物馆26座，动物园4座，植物园7座，动・水・植物园4座，水族馆5座……[④]可见东京作为“伟大的文化容器”当之无愧。在都市发展政策上，东京都专门有文化艺术产业的扶持计划与政策。东京是一座历史古城，也是日本的文化艺术高地，在城市发展和城市更新的过程中，东京通过对文化艺术场馆的多样化建设和产业化运作，为城市文脉找到了延续的办法，也为城市街区带来了活力，更是给东京乃至全日本文化、艺术的发展指明了方向。东京也是世界主要的几个文化艺术创源地之一。

文化的价值在于沟通和融合。东京不仅能够接收来自世界各地的文化输入，更能作为一个文化输出的重要据点，不断向世界发送其独具特色的“日式多元文化”的信息。在东京，几乎所有的公立文化场馆都对未成年人免费开放，私营的文化场馆也对学生有一定程度的优惠，这在无形中培育了未来的文化艺术鉴赏群体和消费群体，是十分明智且具有远见的举措。顺应时代的发展，以东京市政府牵头的一系列对艺术创作和艺术家的支援活动也开展得如火如荼。将艺术作为城市竞争力的

---

① 猫街（Cat Street，キャットストリート）：位于日本东京，原宿和涩谷间长约半英里的街道，这里有各式各样独具风格的商店，举凡衣服配件、时尚精品、餐厅、咖啡厅、杂货店、古著店等等，应有尽有，因此吸引了许多时尚人士聚集于此。Time Out Tokyo称，“猫街是东京充满活力的街头时尚文化的精神家园。尽管在过去几年中，猫街一直稳步进入高档市场，但它仍然是东京购物狂潮中衣着时髦的青少年的主要购物管道。亮点包括安藤忠雄（Tadao Ando）设计的大厦，里面设有Armani Casa室内品牌，以及可收藏的人物商店Pook et Koop。”

② ［日］梅泽高明，楠本修二郎，等．新世代东京：面向未来的国际大都市创新发展之路［M］．王宇，周鹏远，译．北京：清华大学出版社，2021：21.

③ 佚名．东京到访游客达5.4亿人次，已恢复至疫情之前水平［EB/OL］．（2023-07-25）［2023-10-28］. http://www.jpchinapress.com/static/content/SH/2023-07-24/1133307088236724224.html.

④ ［日］东京都厅．东京都统计年鉴［R］．东京：東京都生活文化スポーツ局，2022.

一部分，用艺术来装扮城市、美化城市，这样的理想正在东京成为现实。艺术支援举措主要有①：Tokyo Wonder Site（TWS）计划②、艺术之墙计划（Tokyo Wonder Wall）③、街头涂鸦计划（Street Painting）④等，并且都有相关经费补助⑤。这里仅列举规模较大、有一定历史和影响力的本土化著名文化博物场馆⑥：美术馆·画廊类有Chihiro美术馆（东京都练马区）——世界第一家画册收藏馆、练马区立美术馆（东京都练马区）、国立西洋美术馆（东京都台东区）、台东区立朝仓雕塑馆（东京都台东区）等；博物馆·纪念馆类有东京国立博物馆（东京都台东区）、国立科学博物馆（东京都台东区）、大名钟表博物馆（东京都台东区）、日本文具资料馆（东京都台东区）、相扑博物馆（东京都墨田区）、屏风博物馆（东京都墨田区）、通讯综合博物馆（东京都千代田区）、科学技术馆（东京都千代田区）、彩票梦想馆（东京都千代田区）、香烟与食盐博物馆（东京都涩谷区）、纽扣博物馆（东京都中央区）、风筝博物馆（东京都中央区）、东京国立近代美术馆电影中

---

① ［日］都立の美術館・博物館・ホール一覧［EB/OL］.（2020-03-25）［2023-10-28］. http://www.seikatubunka.metro.tokyo.jp/bunka/shien/index.html.

② Tokyo Wonder Site（TWS）计划：TWS是指为了支援年轻的艺术新人而建设的艺术基地，类似于国内的一些东京艺术园区，不同的是政府通过这项计划为支援艺术事业做出了大量的具体努力，所以某种程度上可以将其称为“艺术的孵化器”。2001年TWS本乡店开业，2005年TWS涉谷店开业，2006年TWS青山店开业。其中在2006年新建的青山店是附带有住宅设施的，可提供给艺术家一定时期的居住生活空间。TWS会为青年画家举办画展提供一定帮助，并策划一些贴近东京市民生活的话题，举办音乐会、演讲等文化项目，促进艺术工作室、艺术家以及其他领域人群之间的交流活动。

③ 艺术之墙计划（Tokyo Wonder Wall）：为那些具有划时代意义的优秀艺术家提供展览机会，展出地点是在东京都政府大楼的室内墙面和东京都现代美术馆内，十分吸引人。这项计划每年公开招募一次，入选者作品都将展示在东京都现代美术馆中。在入选的作品中再评选出“Tokyo Wonder Wall大奖”，获奖作品能够获得在政府大楼内展览的机会。日本的行政大楼一般都是对公众开放的，市民进出自由，并有专门部门不定期举办一些活动吸引参观者来访。艺术家的作品在政府大楼展出，不仅能获得更多来自社会的关注，而且有可能获得一些大型企业的资助。因此，这项计划一经推出就受到了艺术家群体的广泛好评。

④ 街头涂鸦计划（Street Painting）：由政府开放部分公共设施和建筑墙面作为涂鸦墙，为优秀的青年艺术家们提供全新的表现场所，同时也能扩大城市中的艺术空间，丰富城市景观。如东京体育馆室内游泳池馆前广场的一处墙壁，创作主体为“MUSUBI”（团结）；在代代木公园的立交桥下、六本木隧道中以及奥林匹克公园内的墙上都留下了艺术家们精心绘制的色彩。

⑤ 由东京都政府提供的经费补助项目有：艺术文化发信事业补助（东京都）和创造活动支援事业（东京都历史文化财团）等。此外，还有来自文化厅、日本艺术文化振兴会、地域创造等事业补助金、企业艺术支援协议会等机构和企业的各种经费支持，东京都的政府也协助开展这些经费项目的咨询、联络及报名工作。

⑥ ［日］东京都生活文化体育局官方网站［EB/OL］.［2023-10-28］. http://www.seikatubunka.metro.tokyo.jp/bunka/sisetsu/index.html.；［日］东京の博物馆・资料馆［EB/OL］.［2023-10-28］. http://japan-city.com/tokyo/htmb/bji201.html.

心（东京都中央区）、目黑寄生虫馆（东京都目黑区）、燃气博物馆（东京都江东区）、物流博物馆（东京都港区）等；动植物园·其他类有东京都恩赐上野动物园（东京都台东区）、梦之岛热带植物馆（东京都江东区）、井头自然文化园（东京都武藏野市）、多摩市立Green Live Centre小剧场（东京都多摩市）、Tepia数码广场（东京都江东区）等。实际上，东京周边包括首都圈范围内的文化场馆数量远远不止这些。比起政府官方开设的文化场馆，由民间自发建设和运营的文化场馆数量更是数以万计。由此可见东京真是名副其实的“文化之都”，并以“博物馆文化之都”作为核心支撑。

所有的产业都需要创意，所有的新发明都需要有创意的过程。东京是世界上动漫产业最集中的城市，东京发展的重要战略目标就是创造一个“世界第一的创意都市”，从目前的情况看，这个目标已经达到，并为世界的创意产业的发展奠定了基础。所以，日本学者说：为了发展创意产业，必须创造更多的创意空间，创造更多为创意产业发展创新的空间，而且也要进行空间文化创新，“因此，我们必须拥有魅力多样的文化街区，以及来自全球各领域的人才。桃李不言，下自成蹊。做到了这些，创新型的人才自然而然就会向充满创意的街区汇聚。”[①]显然，日本在这方面创造了很多经验，包括创意产业的发展政策、人才引进和培养方面的经验。

动漫文化产业之所以能在日本有大规模的发展，首先是因为日本的文化内质就有“动漫图画文化”的基因，看图说话是日本的一个文化传统。在日本，连环画和中国式的“小人书”在社会的各个阶层都有市场，几乎所有的历史阶段都有相应的动漫图画和连环画，和岛国文化的狭窄空间所逼迫出的想象力、幻想力的需求有关，日本既有儿童喜爱的各种各样的连环画，还有满足青少年及老年人需求喜爱的连环画，同时在很多生活领域都有连环画文化，如具体生活需要的各种“烹饪连环画”“老人生活连环画”“育儿连环画”“推理小说连环画”等，而且很好地与现代型动漫文化产业结合在一起，不仅提高了科学文化知识普及率，而且由于现代动漫产业与电脑、计算机、网络及高新技术结合度越来越高，形成了一个以科创、高新技术和艺术相结合为核心的文化创意为表征的动漫产业体系，现代很多科学技术和具体生活所用商品的发明创造，有一部分也受到了来自动漫文化的启示。所以，一提到日本东京，许多人就会联想到那奇妙缤纷的动漫文化世界。动漫产业是东京特色文化产业的支柱，根据日本动画协会发布的《2021年最新日本动漫产业报告》统计数据，截至2020年，日本共有811家公司从事动漫及相关产业，其中，仅仅东京就有692家，占日本所有动漫

---

① ［日］梅泽高明，楠本修二郎，等. 新世代东京：面向未来的国际大都市创新发展之路［M］. 王宇，周鹏远，译. 北京：清华大学出版社，2021：32.

公司比例的85.32%[①]。而这其中，“又以东京都的杉并区和练马区的动漫产业集聚最为出名和有特色，号称‘日本最大的动漫产业聚集地’”，另外，“很多动漫企业的管理总部也都设在东京，东京被誉为‘动漫之都’”[②]。

作为一种文化创意产业，以东京特别区之一的杉并区为例，这是一个以动漫产业为主的产业集群区域，也是带动地区经济发展的先行区。动画导演宫崎骏，就出身于杉并区立大宫中学校。20世纪60年代，正是日本动漫产业崛起的时期，在杉并区内，以著名的动漫工作室“东京电影”（Tokyo Movie）为中心，大量动漫设计和动漫制作的工作室在这里聚集起来。现如今，杉并区内集中了70多家动漫制作工作室，这种“工作室”性质的公司多以动漫创意和动漫设计为主要的产业内容。尽管日本的动漫产业和动漫市场十分发达，但是却一直没有得到国家从产业层面的重视。直到2004年，日本政府才将“动漫产业”列入新产业行列并推行产业促进和保护战略。相对于此，杉并区在国家动漫产业战略提出前的2000年起就开始大力发展动漫产业，指出动漫产业能够成为东京的未来增长性行业。在2000年“杉并区21世纪展望”的规划中，首先提出要通过振兴动漫产业提供更多的就业机会，吸引年轻人群体定居。此后，杉并区就推出了一系列振兴动漫产业的相关举措，如举办2001年杉并区动漫节和多样的动漫展活动，成立杉并动漫振兴协会，与动漫工作室联手开设动漫培训班，把动漫制作融入小学生实践课程等等。同时，在杉并区综合会馆中开辟了专门的动漫资料室，后扩建成杉并动漫博物馆，负责动漫作品的保存和展览，还一并设有动漫人才培训机构和动漫研究所。2005年，杉并区政府也将动漫产业提升到新产业的高度，为其设立了专门的管理科室。

动漫产业的文化核心价值不仅仅只是一个文化产业，动漫产业内容创作的无边界性可以和科技深度结合来创新，加之，这一产业的最广大受众虽然是全年龄人群，但是最忠诚的群体还是以青少年为主，表现出极强的时代性、时尚性、先锋性和个体价值，就是所谓的“酷”，其内涵与外延非常宽泛，很容易获得不同民族、不同国家和不同群体的文化认同，如果能够将国家形象和城市形象的建设有机联系起来，其开发与创作空间更具有无限性。“‘Cool Japan’一词大约在2000年首次在西方学界出现（Douglas Mc Gray. Japan’s gross national cool，Foreign Policy，2002），是一个高度评价动漫、电玩、音乐、时装、美食等日本流行文化国际影响力的表述。2009年日本政府的《新成长

① ［日］日本动画协会. 2021年最新日本动漫产业报告［M］. 杭州：浙江出版集团数字传媒有限公司，2021：3.

② ［日］梅泽高明，楠本修二郎，等. 新世代东京：面向未来的国际大都市创新发展之路［M］. 王宇，周鹏远，译. 北京：清华大学出版社，2021：280.

战略》中第一次出现‘酷日本’的说法。”这是一个国际化的文化传播创新和新概念的使用，就如韩国曾针对中国的影视市场需求，提出“韩流”[①]一样，由于全球网络社会的崛起，这一概念很快被传播和再创造。“2010年，日本政府正式将‘向海外推广酷日本’确立为国家战略，并将其与日本‘软实力’‘品牌国家’等概念一起，同知识产权战略文化产业战略、经济增长战略、对外宣传战略、外交战略等相关政策进行协同，成为日本政府增强整体国际竞争力的重要战略。”[②]

在杉并区之后，新一轮动漫产业的活性化开发重点区域在练马区。练马区是东京市中心23区中人口第二大区，也是日本动漫产业的发祥地。日本最初的长篇彩色动画电影《白蛇传》（1958年）和日本最初的电视动画片《铁臂阿童木》（1963年起播出）就是在这里诞生的。2010年，仅练马区一个区内就包括了日本最大的动漫制作公司——东映动画公司在内的超过90家动漫制作企业[③]。此外，练马区还居住着众多日本有名的或无名的漫画家，区内有手冢治虫故居和石森章太郎故居，日本许多著名漫画家都在东京练马区生活居住过，因而这里也成为许多动漫作品中主人公生活环境的街道原型，成为一代日本人心目中的“动漫之乡”。作为东京都新一轮产业集聚的重点地区，2003年，在练马区和东京商工会议所练马分部的积极推动下，练马动画理事会成立，由该区的动画相关企业组成，成员公司数量超过50家。2007年12月，练马动画理事会作为有限责任公司成立，每年都会参加东京国际动画博览会和其他活动。此外，以日本贸易振兴机构（JETRO）的地区交流支持（RIT）项目为立足点，支持与法国的地区间文化交流[④]。2008年，东京都政府制定了《练马区地域共存型动漫产业集聚活性化计划》[⑤]，致力于对该地动漫企业的作品生产、人才培养和国际业务拓展

---

① 韩流：“韩流”的说法最早出现于20世纪90年代的围棋界，当时韩国在国际围棋大赛上频频夺冠，因此被称作“韩流”。后来，“韩流”是指影响他国的韩国时尚与流行文化潮流。它包括韩国的服饰、发型、电影、电视等。同时“韩流”与“寒流”同音，形象地表现出韩国的经济文化等对周边国家和地区，尤其是对中国的广泛影响。参见：宋子然. 100年汉语新词新语大辞典：下册［M］. 上海：上海辞书出版社，2014.

② ［日］梅泽高明，楠本修二郎，等. 新世代东京：面向未来的国际大都市创新发展之路［M］. 王宇，周鹏远，译. 北京：清华大学出版社，2021：230.

③ 练马区地域共存型动漫产业集聚活性化计划：2009—2014［EB/OL］.［2023-10-28］. http://www.city.nerima.tokyo.jp/sangyo/anime-plan/index.html.

④ 练马未来项目第2号“城市的吸引力和活力”研究文件［C］. 东京：练马区基本构想议会圆桌会议，2009：3-4.

⑤ 计划中明确提出练马区动漫产业要与地方经济、文化和就业岗位培育紧密结合起来，并明确地针对现有集聚区提出动漫文化营造和城市旧区整治方案。参见：练马区地域共存型动漫产业集聚活性化计划：2009—2014［EB/OL］.［2023-10-28］. http://www.city.nerima.tokyo.jp/sangyo/anime-plan/index.html.

进行支援，并将在动漫文化的普及和区域产业合作上展开进一步的工作。

日本东京的动漫产业在杉并区和练马区的聚集，最初都是源于区内有大型动漫制作企业。这些龙头企业对于动漫产业在一地的聚集起到了不可磨灭的带动作用。另外，由于动漫的制作流程非常复杂，可以细分为原画（漫画形式的作品）、动画、上色、背景、摄影、配音等一系列工序，每道工序都需要花费大量的人力和时间。从某种程度上来说，除了最初的剧本创作和漫画创作阶段，动漫产业是属于典型的劳动密集型产业，而并不是完全符合“文化创意产业”的一贯理解。动漫制作有分工细、工量大、周期短等特点，需要这些企业在地理上具备最大程度的接近性。再加上有强大的动漫龙头企业提供源源不断的生产项目，中小型制作企业和大型动漫传播公司结成了联手合作的关系，并在杉并、练马两地不断聚集起来，形成了这里独特的产业魅力和地域文化特色。日本内容产业（创意与动漫产业）包括漫画、动画、电影、音乐、游戏、在线游戏、现场娱乐、移动信息服务、广播、新闻、出版等。根据2022年日本的《数字内容白皮书》，在273家动画制作企业中，总公司所在地最多的都道府县是“东京都”（243家），约占总数的九成，随着数字化、网络化的发展，总部集中在某一区域的状况有所变化[①]。同时，日本的动漫产业中的很大一部分也正在走向世界。早在2014年，《日本与世界媒体与内容市场数据库》就提出：世界10个主要国家的媒体及文化信息市场规模×15个领域及类别的市场构成。在世界20个主要国家和地区中，日本一直保持着仅次于市场规模为其3倍以上的美国的第二大市场地位，但是考虑到今后日本人口的减少和国内市场的局限性，为了发展必须向海外展开。日本采取的是“海外授权”的产销模式，动画（在电影、电视节目中也占很高比例）和漫画（大部分是出版）占据了六成以上。出货和服务的销售额大部分是家庭用游戏软件的出货和PC、手机应用程序的游戏销售额。海外的日本文化市场（海外用户消费额）主要由动漫、游戏构成[②]。而动漫产业的“海外授权”有更深远的意义，这是国家形象和城市文化形象传播的最好载体，而且可以赢得不同阶层的认同，在打破政治、宗教的文化偏见的同时，会产生经济与文化的双重效应。还有另外一个原因是，一旦有动漫产业中的影视作品在国际上传播，就可以实现传播的有效性和长期性，如果有好的跨文化的佳作实现全球发行，会影响一代人的文化认知，日本动漫文化从20世纪90年代以来对中国的强势传播就很明显地起到了这样的作用。

日本东京在文化创意产业特别是动漫产业的发展上，非常重视人才的培养和引进，如“新世代

---

① ［日］赤泽阳平. 数字内容白皮书2022［R］. 东京：经济产业省商务信息政策局，一般财团法人数字内容协会，2022.

② 日本与世界媒体与内容市场数据库2014.

东京计划”提案中的重要内容就是“进一步接收高级设计人才，所谓高级设计人才，即拥有高水平的设计能力，在产品制作、服务开发和商业经营等各个领域引领创新的人才”。而且“新世代东京计划”还针对所谓“设计”提出了新的构想和主张，认为：设计，“并非只是外观设计（形状、颜色和花纹等）和商品的功能价值（例如性能和耐久度），同时美观程度和便利程度所影响的顾客心理（例如认为商品帅气拉风，或在使用过程中感到愉悦和喜爱）也都是‘设计’时需要考虑的方面。因此，一个优秀的设计师需要站在顾客的角度，在保持高水准的同时，满足商品的功能价值和顾客的心理需求。‘设计’的应用范围，已经扩展到了网上的UI设计（用户界面设计）和现实中的服务设计。站在用户的角度考虑所有与用户体验（UX，即user experience）相关的细节，便是一个设计师的工作。在美国，越来越多的高级设计人才已经参与到了风险企业的管理和经营。民宿服务网站Airbnb和照片共享网站Pinterest的创办者中，就有一人是设计师”①。显然，这是对一个创意阶层的培养思路，所有的设计过程都是不断创新和创意的过程，东京的设计人才观是值得借鉴的，换个角度说，一个好的企业家也都需要战略思维，而任何战略也都需要“设计”。

全球城市化的发展，需要参与全球竞争的城市具有科技创新能力，东京的筑波研究学园城市——“官产学研文旅住”联动标杆，作为“城市文化资本”的核心竞争力，起着重要的作用。筑波研究学园城市位于东京市中心东北60千米处，地处茨城县南部地区，同时距成田国际机场40千米左右，北依日本关东名峰筑波山，东靠日本第二大淡水湖霞浦湖，地理条件十分优越。筑波研究学园城市是东京首都圈整治和大东京城市职能分散化的一个重要战略城市，也是日本高新技术产业的集中地，号称“东方硅谷”，现有人口20.7万人，其中研究人员有1.2万余人（2008年）。筑波城的规划基于专项法律《筑波研究学院城市建设法》，于1998年由国家和其所在的茨城县分别制定了《研究学园地区建设规划》和《周边开发地区整备规划》。规划人口35万人（2030年），其中研究学园地区10万人，周边开发地区25万人；规划面积28400公顷，其中学园城市2700公顷，周边开发地区25700公顷②。筑波城的建设动因有两点：一是为了振兴日本本土科学技术和高等教育的实力；二是为了接收东京中心区科研机构的外迁，解决东京城市密度过高、城市功能“单极”集中发展的现象。2021年，东京国土交通省编制了《筑波超级科学城概念》，并在2022年3月决定将该市指定为

① ［日］梅泽高明，楠本修二郎，等. 新世代东京：面向未来的国际大都市创新发展之路［M］. 王宇，周鹏远，译. 北京：清华大学出版社，2021：65.

② ［日］土地、基础设施和交通部城市和区域发展司都市区域发展处. 筑波研究学园城市［R］. 东京：国土交通省，2008.

“超级城市型国家战略特区”，其目标是形成一个最大限度地发挥科技集聚效应，不断创新的产、学、官合作基地，使由此产生的新企业和新产业达到国际水平，并通过树立国际典范，为推动日本经济增长和解决全球性问题作出贡献，截至2021年末，有九个研发项目正在进行[①]。

市民社会的文化场域是科学创新的基础，东京在规划原则与目标上，强调创造依托官、产、学、研、住的科研产业的完整产业网链体系，筑波研究学园城市旨在促进高水平科研及教育活动的相互有机结合，在引进大量国立试验研究机构的同时，积极引入研究型的民间企业和私立大学的建设项目。在城市开发战略上，不同于单一的科技园区和开发新区的做法，而是以建设一座完整城市作为其出发点，对研究学园地区和周边开发地区两大分区进行规划治理，为科技园区提供丰富的文化配套设施和健康生活设施，以取得两大分区的合理、均衡发展。筑波研究学园城市的发展目标主要定位为以下三点：第一点是科学技术中枢型城市。在积极研究尖端技术的同时，成为依托高科技产业的新的增长中心，建立科学型国际会展城市。第二点是筑波都市圈核心城市。充实并强化城市中心的高层次城市功能设施，凸显城市高便捷性的特征，成为一定区域范围内能够自立的都市圈核心城市。第三点是“生态·生活·典范”城市。作为提倡21世纪新居住文化和生活方式的标杆城市，提倡自然风光和田园风光型的和谐的城市风景以及丰富的城市文化与多样化的居民交流活动[②]，在空间再生产体系上，研究学园地区是筑波城的主要中心区域，分为研究与教育设施用地、市中心用地和住宅用地三种主要用地类别。在科教机关的引入上基本遵循“北部文教类、西北部建筑类、南部理工类、西南部生物类”的选址要求。

从研究学园地区的土地使用计划图来看，超过半数的土地用于研究和教育设施用地，其中日本国立科研机构和国立大学院校又占到了绝大多数。据统计，早在2009年，入驻筑波城的科研机构主要有以下45所[③]：包括文教类8家[④]、建筑类5家[⑤]、理工类16家[⑥]、生物类16

---

① ［日］第204回国会（常会）. 大都市区发展年度报告：促进大都市区发展：2020［R］. 东京：国土交通省，2009：119.

② ［日］第171回国会（常会）. 大都市区发展年度报告：2008［R］. 东京：国土交通省，2009.

③ ［日］土地、基础设施和交通部城市和区域发展司都市区域发展处. 筑波研究学园城市［R］. 东京：国土交通省，2008.

④ 日本国立公文书馆筑波分馆、图书馆信息大学、筑波大学、筑波技术短期大学、高能源加速器研究机构、国立科学博物馆筑波研究资料中心、国际协力机构筑波国际中心、国立教育会馆学校教育研究所。

⑤ 日本防灾科学技术研究所、国土地理院、土木研究所、建筑研究所、NTT信息网研究所。

⑥ 日本金属材料技术研究所、无机材质研究所、国立环境研究所、工业技术院总务部筑波研究支援综合事务所、产业技术融合领域研究所、计量研究所、机械技术研究所、物质工学工业技术研究所、生命工学工业技术研究所、地质调查所、电子技术综合研究所、资源环境技术综合研究所、气象测量仪器检测实验中心、气象研究所、高空气象台、宇宙开发机构筑波宇宙中心。

家[①]。在空间拓展上，周边配套地区的开发强调科学的理念。筑波城周边开发地区环绕研究学园地区，面积广阔，环境优美，城乡结合。开发计划将此地建设成为集商业、商务、服务、文化、生活等多种功能于一体的配套城区，有计划地逐步推进交通基础设施的建设，与研究学园地区均衡发展，并促进当地的城乡协调发展。利用筑波城现已形成的科技集聚优势，进一步吸引高新技术产业和智识创造型产业的集聚。在农业开发上转为都市型农业和高科技农业，主要发展蔬菜种植、有机栽培、城市园艺、品牌大米等种类。经过一段时间的发展，周边配套地区也开发了几个主要的工业园区，以民间的研究型机构和企业为主，企业数已经超过200家，主要集中在医药、化学、电子电气、机械、建设等行业。截至2021年末，已有29家国家级和其他科研教育机构迁入或落户筑波研究学园城市（筑波科学城），此外，大量民营研究机构和以研发为导向的企业主要分布在周边开发区的研发型产业园区[②]。随着人口的不断流入，在筑波研究学园城市中心，开发了最先进的城市基础设施，公共沟渠、区域供暖和制冷系统、有线电视（CATV）、行人天桥等尖端城市基础设施，以及作为城市象征的筑波中心大厦、大型购物中心、图书馆、美术馆和市民交流等设施[③]。随着周边配套地区城市基础设施和生活、文化设施的不断充实与完善，筑波研究学园城市正在朝着一个完整社区型科研城市和“生活—就业一体化”开发区的模式不断创新发展，并成为日本东京城市特有“官产学研住”联动发展的标杆。根据《筑波科学城建设法》，政府正在推进筑波科学城的建设，以利用科学技术的积累来振兴城市，并沿着筑波快线推进城市发展[④]。当前，随着城市化的发展与老龄化问题的日益凸显，筑波智能城市委员会制定了“筑波智能城市行动计划”，并将筑波大学等29家国家级研究机构和约2万名研究人员聚集的筑波科学城作为示范地，致力于将人工智能和物联网等先进技术尽早推向社会[⑤]。

---

① 日本物理化学研究所生命科学筑波研究中心、国立传染病研究所筑波医学实验用灵长类中心、国立医药品食品卫生研究所筑波药用植物栽培试验场、种苗管理中心、农林水产技术会议事务局筑波事务所、农业研究中心、农业生物资源研究所、农业环境技术研究所、畜产实验农场、果树实验农场、农业工学研究所、蚕丝与昆虫农业技术研究所、家畜卫生实验农场、食品综合实验农场、国际农林水产业研究中心、森林综合研究所。

② ［日］第204回国会（常会）. 大都市区发展年度报告：促进大都市区发展：2020［R］. 东京：国土交通省，2009：126.

③ ［日］国土交通省都市地域整备局都市地域政策课广域都市圈整备室. 首都圈发展——筑波科学城：城市现状［EB/OL］.［2023-10-28］. https://www.mlit.go.jp/crd/daisei/tsukuba/genjo.html.

④ ［日］国土交通省政策局政策课. 国土交通白书：推动支持地方振兴举措：2022［R］. 东京：国土交通省，2022：147.

⑤ ［日］筑波智能城市委员会. 关于智慧城市实施支持项目报告［R］. 东京：国土交通省城市事务局，2023：1.

东京发展的模式与特色就是“艺术+金融+创意+科技+N”的东京价值与东京模式。当然，这是笔者个人的认知。

三、建构创新服务型城市：“都市文化产业”的空间集聚

用什么创造城市的可持续增长？这是很多学者都在探索的问题，经济学意义上一定是讲金融资本投入，讲研发投入，讲产业结构转型，讲创新经济等，特别是从技术层面上讲科技创新、引进科技人才、引进高新技术需要、创造高新技术产业园区等。但是，我们发现全世界所有的国家都朝着这个方向发展，当我们在给某些城市做战略规划、产业规划和旅游规划时，几乎都有同样的问题，即资金从哪来？人才从哪来？谁来投入？甚至所有的城市管理者都明确强调缺乏资本、缺乏资金、缺乏人才……但是没有一个人强调缺乏文化、缺乏创新的理论土壤、缺乏人才的成长环境、缺乏人才创新与生活的文化环境、缺乏对人才和产业的引力，没有构成“人文区位”空间……笔者为什么一再强调“创新的土壤比创新本身更重要，发展的方式比发展本身更重要”的意义就在于此。因为，中国的城市和开发区都有“五年发展规划”，而且每一届管理者的任期都很少在“五年规划”期内，很容易产生短期效应，往往是急功近利而盲目推进，急于上项目，上重大项目，这已经成为一种通病。应该在认识到金融资本的重要性、人才资本的重要性的同时，更要知道文化资本的深刻意义，特别是“城市文化资本”再生产对于城市、开发区的可持续价值。没有了投资环境，没有好的人才成长环境，没有构成“人文区位”价值，就不可能成为投资的热土，没有肥沃的创新土壤，何以有创新的发展？而东京城市和东京都市圈文化共同体发展经验给我们的启示就是构建区位的人文价值，让城市成为个体充分成长的家园。

第一，关注塑造“创新土壤”与“城市文化资本”。东京在城市的建设中非常注重城市的国际化文化的认同，直接参与全球城市环境标准和指标建设，至少是一个引导性的发展模式，即向世界优秀的发达国家看齐，在很多领域都能够走在世界的前面，特别是在城市宜居、居艺文化和“东京城市生活方式”的文化意境创造上，显示了文化之都的特色。在欧洲综合杂志《MONCLE》的“世界宜居排名（2015年）”中，东京排名世界第一，同时被评为“世界最安全城市”，在这一点上，对一个投资者和创业者来说至关重要。英国《金融时报》每两年就会对全球经济增长潜力等6个方面进行分析，对全球163座城市进行了评估，东京名列第二，显示了经济的增长性和投资者的收益性，而且东京在这方面一直保持着领先的地位。科尔尼的全球化指数是在全球被认可的，在多次排名中东京都是第四，

第一是纽约，第二是伦敦，第三是巴黎，而这四座城市都是公认的“全球城市”。另外，在有关经济与文化的国际交流方面东京也是排名第四，而前三名分别也是伦敦、纽约和巴黎。显然，东京是世界投资的热点城市，与以下的几个要素分不开，即宜居、安全、经济高成长、全球化发展、国际的文化交流……显示出东京是城市文化软实力和城市经济发展硬实力的“双轮驱动城市”。

第二，关注创造“泛艺术文化自由空间”。把城市当作艺术品来打造，这是东京城市空间与城市形象创新的要点。东京在文化创意产业与科技的结合上，创造了独特的“都市智慧型文化产业”模式。东京通过“泛艺术文化自由空间”的创新，走出一条世界文化相容的城市特色文化发展的道路，提出了世界文化都市建设的独特标准，并与其他“全球城市”为伍“对标”发展，建构有日本文化核心价值的文化产业体系——文化创意与动漫等内容产业和相关支持系统及产业细分，以文化创意和动漫产业为主体的推动世界一线城市发展的模式建构，使东京成功发展成为全球公认的“世界动漫之都”。同时，融合东京“世界金融中心”的地位，构筑“世界文化中心”“世界交通枢纽中心”的“世界信息港”等多重身份，成为日本参与全球竞争的主体和载体。《东京都市白皮书》说：“东京是一个肩负着日本国内外企业核心业务的商业枢纽。即使某一个区域处于重建期，其他区域也将发挥功能，而不会影响到东京的经济活力。各个据点在分担着各自作用的同时，彼此又互为一体，共同发挥作用，支撑着东京的发展。”[①]东京将城市内的文化产业给予艺术文化空间“泛化”[②]，让设计的自由思想放飞的文化感知渗透到各个领域，朝向“创造和创意结合型都市型智慧产业模式”[③]的方向发

---

① ［日］东京都都市整备局城市建设政策部广域调整课. 东京都市白书CITY VIEW TOKYO：2015——持续运转的商业枢纽［R］. 东京：日本政府城市发展局，2023：5-6.

② “泛化”与“特化”两个词是一组范畴。“泛化”与“特化”二词在多个学科领域均有涉及，从计算机学科来讲，其含义在于“泛化—特化结构中的‘泛化’部分是另一个抽象类的特化对象时，该抽象类的每个子类都必须出现在这个泛化—特化结构的‘特化’部分中”。参见：吴祖玉. 信息系统工程基础［M］. 南京：人民邮电出版社，2001：142. 也可以解释为“‘泛化—特化’是现实世界中一般性实体与特殊性实体之间的关系，一般性实体是特殊性实体的泛化，特殊性实体是一般性实体的特化”。参见：彭江平，黄万良. C++语言及面向对象程序设计［M］. 长沙：湖南大学出版社，2004：377. 在生物学领域，“泛化与特化资源可利用性降低时，种群向广食性发展，扩大资源利用率及适应性，生态位宽度一般应该增加，这可称为生态位的泛化（generalization）。而特化（specialization）的结果是生物向寡食性发展，同时适应性减弱。”参见：任南琪，马放. 污染控制微生物学原理与应用［M］. 北京：化学工业出版社，2003：97. 可见，“泛化”和“特化”是一组相对的概念，“泛化”是指将一种经验或知识推广到其他相似的情境中，从而形成一些普遍的规律和概念，而“特化”则是指将一个普遍的规律或概念应用到某个具体的情境中，从而形成一些特殊的事实和结论。

③ 张鸿雁. 都市圈一体化发展的经验与借鉴［EB/OL］.（2012-04-25）［2023-10-28］. https://www.doc88.com/p-580676792663.html.

展，促进城市功能向更高级转化与更新，从不同的文化方向创造“东京价值”。

第三，以空间再生产文化创造来提升“东京价值”。从一般意义上讲，世界上所有城市的价值都是从土地的存量开始的，并加上人才和劳动的生产价值，只有土地和生产活动的良性结合才能创造价值，用现代的空间价值来表述，只有空间里的生产和空间再生产结合的优化，才能创造经济与文化价值。有人说“城市价值，决定房地产价值”，这也是从空间意义上讲的，因为任何实体空间即可再生产的空间都是附着在土地之上的，空间价值除了本身的空间与时间的经济与资本价值外，还包含了土地的价值，空间是所有生产的前提同时也是有限的。在同样的土地上，东京创造了一座立体多元空间的城市——地下的东京、空中的东京及海上的东京——在以土地为前提的空间，东京使空间生产成为容量大于城市本身的空间再生产，东京的城市空间再生产应该说是创造了一个人类奇迹，为“城市文化资本”再生产和投融资提供了丰富而多样化的空间。特别是“空间的生产型服务业”的新发展创造了新的“文化动力因”和“文化场域”关系，即市民社会文化的自由思想放飞的第三空间，创造了创意阶层、创意产业、动漫产业和天才型人才成长的“文化氛围空间”，在空间的多样化的再生产方面，东京为全球提供了经验，虽然不能完全模仿，但是从一定层面上为土地资源缺乏的解决提供了一种方案。

第四，“商贸+科技+创意+文化+N”的都市商贸文化产业创新模式。彼得·阿克罗伊德曾这样“描写伦敦：‘主宰这个地方的神明永远是金钱。’这句话同样适用于东京。如果你让东京选择一位主宰的神明，结果很可能是惠比寿——象征商业及一切可获利之物的神明”[①]。就目前东京都和首都圈的制造业排名情况来看，东京都的大型制造业存在圈内同质化现象，重型制造业比重仍然较大，劳动力依赖程度较高。随着大东京都市圈的进一步发展和东京都市定位的转变，东京都的产业格局也需要顺应时代进行发展和更新。而流通、枢纽、信息港和消费旅游目的地成为“东京”新的代名词——“新世代东京计划”的全新商业模式。“东京：丰富的文化和健康的生活方式；东京：积极开放，汇集全球人才与资本；东京：产业文化不断创新。”[②]综合看来，东京都的商贸服务产业有显著的优势[③]：首先，东京是高端企业集聚的高地，具有大企业、大公司的集聚优势，而且这个势头一直都很旺盛，早在2008年，东京总资产10亿日元以上的大企业数量占全日本的48.7%；其次，目

---

① ［英］斯蒂芬·曼斯菲尔德. 东京传［M］. 张旻，译. 北京：中译出版社，2019：163.

② ［日］梅泽高明，楠本修二郎，等. 新世代东京：面向未来的国际大都市创新发展之路［M］. 王宇，周鹏远，译. 北京：清华大学出版社，2021：6.

③ ［日］东京都产业劳动局. 东京的产业与就业：2008［EB/OL］.［2023-10-28］. http://www.sangyo-rodo.metro.tokyo.jp/monthly/sangyo/graphic/2008nen/index.html.

的地消费市场已经形成，仍然有巨大消费潜力，而且市场广阔，商品销售总额占全日本的32.8%；其三，资本市场基础雄厚，存在和流通量巨大，股票交易额占全日本的96.1%；其四，东京是全球高级人才集聚与流动的中心，因为集聚大量的跨国公司和高端产业群，加之以全世界排名靠前的大学和研究所，特别是东京的研究生院在校人数占全日本的26.4%；其五，东京是文化创意产业的产品、商品和作品的全球交流中心，动漫、图文、影像、声像、出版制作企业数量占全日本的50%以上；最后，东京是一座世界文化多元的高度国际化城市，外资企业数量占全日本的80.7%。东京的商贸科技文化型的都市产业类聚概念，很具有日本文化的特点和属性。根据东京都市圈的产业模式和东京世界500强企业集聚度高的情况，东京提出了“创造和创意结合都市型智慧产业模式”。

第五，以“都市公共需求型智能科技文化产业”立市。一是智能机器人产业，构成了日本公共需求型智能都市产业的创新之源，工业机器人、家庭服务机器人、医疗机器人、仿生机器人、微型机器人和物联智能技术以及数字产业化等，在日常生活、电子、电器、医疗、工作、航空和武器产业等方面已经广泛使用。事实上，世界上第一台产业机器人是1961年由日本汽车制造商丰田公司开发的，整个社会对机器人有一种典型的文化心理认同，这与日本和科技进步、文化国际化和历史传统文化有直接关系，即把科技发展创新视为现代生活的一部分，而其中的特殊性在于，日本是世界上较早进入老年型社会的国家，又是一个少子社会……对智能机器人的依赖度非常高，也形成东京特有的“都市公共需求型服务产业”[①]。在环境发展服务、健康养生服务、福利需求服务、危机管理服务等领域，全面进行科技研发，生产新的产品和创新服务需求，提升现代城市社会的现代化水平，基本上表现为公共服务领域有各种各样的新产品用于公共服务需求。“纵观世界，没有一个城市比东京的重建进行得更为活跃。东京的能源需求集中，也在努力开发中，若能通过城市建设积极推进低碳化，则不仅在经济方面，而在环境方面也可以引领世界潮流。在这一过程中，要考虑到民营企业的价值，最终让市民享受到低成本能源所带来的‘所有人都幸福’这一点是极为重要的……通过这种充满智慧的能源利用方式，可以飞速提高东京的都市价值，并使其成为备受世界瞩目的城市。”如日本的高龄少子化现象，一方面阻滞了某些现代化服务的发展，另一方面又产生很多新的科技型生活服务需要。如劳务派遣服务、货物物流服务、产业废弃物处理服务、不动产管理服务、娱乐服务、特色餐饮服务等，还有社区服务需求和社区照顾体系的深化发展，以及定制化的家庭与个人服务等。东京的服务产业的成长性关键在于以科技文化为核心，既需要“硬科技”又需要“软

---

① 张鸿雁. 都市圈一体化发展的经验与借鉴［EB/OL］.（2012-04-25）［2023-10-28］. https://www.doc88.com/p-580676792663.html.

服务”，其中的文化核心价值非常重要，即对人的尊重[①]。

东京都的城市文化的确有其独特性，如果说巴黎有“101种生活方式”，那么东京则有“102种另类时尚”流行文化与生活方式，而且变化无穷，这也是东京文化的魅力所在。“对于外国人来说，无论是六本木、合羽桥还是筑地，每个地方都有着与众不同的魅力。东京的有趣之处就在于完全不同的景观和文化可以在同一座城市里和睦共存。”[②]经过“1964年的东京奥运会、1991年的东京都厅搬迁，以及命运多舛的2020年的东京奥运会。围绕这些历史事件的演进，政府展开一系列大规模基础设施建设、关键资源与要素的再布局、文化与城市形象的推陈出新，以及更为重要的——东京市民的信心提振与城市精神的巩固”[③]。东京都内空间产业定位、新经济、新业态、新场景都在几个大型的国际化活动中得到充分表现，在空间正义的理论背景下，通过平等协商创造了东京都相对均衡的增长，使人才比重、产业结构、产值比重、金融活力、创新能力、休闲引力、交通枢纽等城市经济、社会、文化的各个方面都得到了新发展。城市建设成了“一种特殊的活力——永不停歇的变化、‘嗡嗡’作响的白噪声，构成了东京生活不变的配乐，它们是这座城市正常运转的标志。若是终有一天它沉默了下来，那么这安静便预示着城市已走到了生命的尽头”[④]。

如果说大东京都市圈蕴含的是一种基于空间合理分布的都市圈发展动力，那么可以发现，东京的首位度首先就体现在这种动力因上，即作为空间交往和沟通的枢纽功能。“东京之所以充满魅力，正是由生活在这里的人们以及维持繁华的人性尺度打造而成的。建筑物之间邻近的小巷是‘公共空间’的原型。今后东京面临着少子老龄化的问题，如何发挥一边照顾孙子、退休后仍然继续工作的老人们的作用？一座城市如何让老人也能维持与社区的联系，可以独立自主地生活呢？其答案就在于人性尺度，在进行城市设计时，要重视加入人类视点这一理念，比如人行道、林荫树、自行车道等等的设置。这样一来，就可以向世界展示一个充满人性尺度而又体贴入微的大都市——东京。”[⑤]

---

① ［日］梅泽高明，楠本修二郎，等. 新世代东京：面向未来的国际大都市创新发展之路［M］. 王宇，周鹏远，译. 北京：清华大学出版社，2021：19.

② ［日］梅泽高明，楠本修二郎，等. 新世代东京：面向未来的国际大都市创新发展之路［M］. 王宇，周鹏远，译. 北京：清华大学出版社，2021：214.

③ ［日］梅泽高明，楠本修二郎，等. 新世代东京：面向未来的国际大都市创新发展之路［M］. 王宇，周鹏远，译. 北京：清华大学出版社，2021：261.

④ ［英］斯蒂芬・曼斯菲尔德. 东京传［M］. 张旻，译. 北京：中译出版社，2019：169.

⑤ ［英］大卫・西姆. 东京都市白书CITY VIEW TOKYO：2015——轻松的都市空间的形成：东京，善解人意的大都市？［R］. 东京：东京都都市整备局城市建设政策部广域调整课，2023：13-14.

在黑格尔主义那里，“生产”（production）具有根本的作用：首先，（绝对）观念生产出了世界；其次是自然生产出了人类；接下来临到人类，凭借斗争与劳动，既生产出了历史、知识，又生产出了自我意识——从而精神又再生产出最初的也是终极的观念。[①]

亚当·斯密大大前进了一步，他抛开了创造财富的活动的一切规定性——干脆就是劳动……有了创造财富的活动的抽象一般性，也就有了被规定为财富的对象的一般性，这就是产品一般，或者说又是劳动一般……[②]

——亨利·列斐伏尔

其中特别值得一提的是，一件作品的视觉肌理结构（visual texture）和它的主题素材的呈现之间的丰富的一致性，被置换为单纯地为了满足社会需求而进行的实际技能的运用（功利性目的——译者按），而非作为艺术家对于媒介的把握。再次需要说明的是，还原主义和对于消费者重要性的强调等观念，将“制作/创作”本身的重要意涵消解了。[③]

——芦原义信

---

① ［法］亨利·列斐伏尔. 空间的生产［M］. 刘怀玉，译. 北京：商务印书馆，2021：102.

② ［法］亨利·列斐伏尔. 空间的生产［M］. 刘怀玉，译. 北京：商务印书馆，2021：103.

③ ［英］保罗·克劳瑟. 视觉艺术的现象学［M］. 李牧，译. 南京：南京大学出版社，2021：19.

第二十四章
浪漫巴黎VS绅士伦敦——不同风范与相似气质

很多人经常把巴黎与伦敦相提并论，两座城市虽然同被誉为人类的伟大城市，但是却有着不一样的风情和风骨，各自美丽。巴黎是一座世界浪漫之都，“一座无与伦比的城市”①；伦敦是一座以“绅士文化”为表征的城市，是“世界第一金融文化之都”。两座城市同样的文化特质是：既有古朴、典雅的艺术气质，又有厚重的历史和不断创新的时尚，各自有各自的端庄。一路走来，两座城市获得的桂冠很相似，如世界文化艺术之都、世界品牌之都、世界美食之都、世界香水之都、世界时尚之都、世界服装之都、世界鲜花之都、世界体育之都、世界避暑名城、奢侈品之城、世界光明之城（La Ville Lumière）等等，风情万种不足以说明这两座城市文化的绚烂多姿。在与全世界所有城市的比较中，作为各自国家首都的巴黎和伦敦，首先是国家的政治、经济、文化、金融中心，同时也是欧洲和西方的文化中心。两座城市在不同要素上的世界排名略有差异，各有先后，在同一性上相对一致的表达之一就是：欧洲的“双城记”文化，作为欧洲及世界文化艺术的中心性城市，也是空间结构创新的代表，城市空间景观文化的识别性各自独具风格，有人说：一眼就可以认出巴黎与伦敦的区别是——“浪漫美女”和“绅士风度”，虽然表达过于简单，但却能直接说明城市的文化属性与文化特质，特别是在城市形象塑造、城市空间再生产和“城市文化资本”的建构方面，经过历史岁月的打磨、洗礼，两座城市的人民创造了两部永恒作品——巴黎和伦敦，认识这两座城市需要选择一个恰当的窗口和视角，因为你从任何一个角度来认识它们都会得出不同的甚至相反的结

① 奥地利著名的诗人里尔克说过：“巴黎是一座无与伦比的城市。”里尔克（R. M. Rilke，1875—1926）是奥地利象征主义诗人，他生活的时代正值资本主义走向衰落，社会主义开始诞生，他的作品对社会的贫困和资本主义“异化”现象有所反映，充满梦幻、伤感色彩。他的诗歌讲究韵律，刻画细腻，比喻奇特，富有音乐美和雕塑美，许多诗歌带有民歌风味，对现代诗歌的发展起了有益作用。参见：胡敬署，陈有进，王富仁，等. 文学百科大辞典［M］. 北京：华龄出版社，1991：702.

论，正如早年恩格斯曾评论巴黎一样，“随便沿着哪一条道路信步走去，到处都可以看到那样美丽的环境，那样别具风味地利用每一个地方，那样优美和精致，而这颗城市中的珍珠，是自己给自己创造了这样一个绝美的托盘的。”[①]而英国散文家查尔斯·兰姆（Charles Lamb）是这样描述当时的伦敦：“我置身于伦敦的冬夜之中，在荧荧闪烁的万盏路灯下，沿着滨河街散步之时，我简直如痴如醉，想象不出还有比这更美的地方。”[②]可以用这样一句话说：破烂不堪的城市大体一样，而美丽的城市各有各的美丽。

一、巴黎五个城市面孔意象：式样、拼贴、先锋、作品和格调

巴黎就如一颗巨大精美的钻石，有无数反射的闪光面能够让你去感觉其光彩。其实，这也给所有城市的文化与艺术创造提供了一个思考，即城市文化的全球反射功能，既能够接受和接收世界文化的光耀，又能将光芒反射给世界，给世界带来文化的享受、光明和创新，就如玫瑰既能够自带清香又能够洒芳香满人间。

日本学者芦原义信从城市街道美学和城市色彩角度评价巴黎说：“在巴黎的街道上，人行道铺着灰色的石板，建筑物外墙也是用这种灰色石头建造，路灯、公寓栏杆都是用黑色铸铁制造，遮阳百叶、照明灯光和霓虹灯大体上都是白色，整个街道基本上是从白到黑的无色彩系列，其间再点缀以七叶树、悬铃木等行道树的自然色彩。”这段评论和对城市街区空间的具体观察，是芦原义信在与日本城市的比较中来理解巴黎的，不同文化土壤中生长出来的城市必然有差异，不同文化中的城市市民文化养成也会有差异，芦原义信不仅直观地说明了城市街道的空间文化意涵和色彩，而且还对城市街道空间中移动的人——个体作为一种文化载体进行了描述，从中窥见了文化的差异，也表现了他在街道美学的研究中的系统性思维。他说：在巴黎的“街上经常可以碰到令人赞叹不已的美人，她们的朱

---

① ［德］马克思，恩格斯. 马克思恩格斯全集：第3卷［M］. 中共中央马克思恩格斯列宁斯大林著作编译局，译. 北京：人民出版社，1974：550-551.

② 查尔斯·兰姆（Charles Lamb，1775-1834）是英国散文家、评论家。兰姆的文学生涯始于诗歌，写过诗剧，写过评论，但最高成就是随笔。从1820年开始，连续十余年，兰姆以“伊利亚”为笔名在《伦敦杂志》和其他刊物上发表随笔，他的代表作是《伊利亚随笔》两集（“Essays of Elia”，1823；“Last Essays of Elia”，1833）。参见：丁光训，杨慧林，曹利群，等. 基督教文化百科全书［M］. 济南：济南出版社，1991：362.；［英］查尔斯·兰姆. 伊利亚随笔选——兰姆及其伊利亚随笔［M］. 刘炳善，译. 北京：三联书店，1987：译序1-17.

唇、秀发和颜色鲜艳的服装，使人觉得格外显眼。这些美丽的巴黎女郎若是走在日本繁华的街道上，马上就会被街道上的五颜六色所压倒，很难充分体现出人本来的美。如果在京都数寄屋建筑的朴素墙面和纸隔扇前面，什么色彩都会觉得显眼，日本传统建筑的协调色彩是由天然材料所形成的。”[①]作者在赞美巴黎城市美学文化的同时，也赞美了日本的街道美学，这显然是两种文化范畴的美学审美的表现。街道空间与人本身自带的文化应该是和谐而有序的，一个民族的审美选择是需要长期的历史过程的，巴黎和京都之所以那样不同，是因为都经过千年文化的筛选和与自然文化、空间环境逐渐相匹配和淘汰的过程。在日本学者的研究中，我们可以发现，城市美是在主客观一致之后的认知比较中得出来的，而空间、空间里的人和空间色彩一定是一个协同性的系统逻辑关系，而日本文化基因多来自华夏文明，在这新的“文化场域”内，空间结构和空间色彩的政治、文化和民俗属性，规范了人们的衣着和行为。芦原义信在文化心理上对巴黎空间——街道的认知也是在这一点上的对比中得来的，对巴黎或者对任何一座城市美的理解，就如有一百个哈姆雷特一样……

1.“巴黎式样”与“巴黎元素”。“式样”一般认为是一种缘起标准，即一开始就有的一种起点性标准，同时也表现了一种公认的“样式”作为标准，就如中国从古代社会到近代社会农村妇女手工制作的鞋子，都以家庭手工为主，很多家庭主妇以能够找到或者做出好看、穿着舒服的纸做的鞋样为荣，并在家家流传好的鞋子“式样”。宋代欧阳修《与薛少卿书》：“奉告作鞍……相次专人附银去，式样一依官品可也”[②]，就是说要按照官家的样式来制作。明末清初王夫之《姜斋诗话》卷二说：“《考工记》乃制度式样册子，上令士大夫习之，勾考工程，而下可令工匠解了。”[③]说到底就是在长期生产和生活经验中总结和比较之后被发现的生活标准——“式样”。巴黎的城市街区空间、城市景观风貌、建筑外观形式、巴黎服饰和城市生活方式都已经成为现代性意义上的生活方式“式样”，就如有些炫耀型流行语是——“我喜欢巴黎式样的服装”“我只喝巴黎的红酒”“我要巴黎式风格的装修”……一座城市创造了一种文化模式。“式样”和“样式”被全球效仿实属不易，全球很多国家所谓上层社会的人多自喻追求贵族和绅士生活方式的人，都以巴黎生活方式为“式样”，这种文化选择本无可厚非，而意在强调巴黎文化的影响，特别是巴黎文化所创造的生活方式所产生的影响，这也许是巴黎城市本身在诞生之初并没有想到的——成为全球的“生活式样”，这是一种具有某种人类文化学意义的文化隐喻。

---

① ［日］芦原义信. 街道的美学：下［M］. 尹培桐，译. 南京：江苏凤凰文艺出版社，2017：79.
② ［宋］欧阳修. 欧阳修全集［M］. 北京：中华书局，2001：2505-2506.
③ ［明］王夫之. 姜斋诗话［M］. 长沙：岳麓书社，2011：851-852.

“巴黎式样”来源于“巴黎元素”，而巴黎元素又是巴黎“样式”文化范畴概念的“类”，每一种巴黎文化元素都可以成为一种“巴黎式样”，不能从“巴黎式样”的角度全面论述巴黎所有元素的价值，但在城市空间与文化创新上，特别是在巴黎都市圈的成长和城市核心区的文化转型上，巴黎是具有样板性的，因为所有“式样”文化的实现都必须以空间存在作为生产和生活的前提，所以“巴黎式样”文化必须以空间文化的观察为起点。我们可以看到，巴黎的街道和社区空间与自然文化的融合结构构成了巴黎生活“式样”及生活方式的一部分，尽显巴黎人对城市空间自主建构的想象力和本色。现代经典之作——拉德芳斯（La Défense）①，在继承了巴黎的历史传统之上，创造了城市更新经典作品。在城市更新与更替中，拉德芳斯的地段开发和巴黎历史与现代性无缝衔接，成为巴黎城市新的地标和新的城市集体记忆。

以巴黎为核心的巴黎都市圈融入自然空间并与新产生的空间互镶互嵌，而不是成为一种前后“矛盾的空间”，集优美的自然景观和人造景观于一体，其中千姿百态的建筑文化、世界知名的企业组织与商品品牌、享誉全球的大学和研究机构、文化博物馆和体育场馆、历史文化古迹活化与城市本体成为一个文化连续空间共生体。每个新的空间就像一个经过修整的参天大树，枝叶茂盛，与世界上的东京、纽约、伦敦都市圈的空间文化有相通、相类之处，表现了人类优化、进化型有机都市圈的文化共性——宜居、宜业、宜生活、宜交通、宜享受，再加上“宜未来”，因此，巴黎也长期与纽约、东京、伦敦并列为世界四大经济与文化都市圈，成为世界经济发展的巅峰力量和全球城市能级提升的标杆。法国社会学家皮埃尔·布尔迪厄曾说：“严格来说，没有什么物质遗产不同时是一种文化遗产的。”巴黎作为人类城市文化的经典之作充分体现了这一点，这座城市里的建筑、街区、园林、城市家具……都是经典“式样”，就好像一个大家庭里有无数可以传承的财产——“城市文化资本”，而“家庭财产的功能不仅是在物质上证明世系的古老性和连续性，并由此承认世系上与时间的永恒密不可分的社会身份，而且在实践上促进它的道德再生产，也就是价值、美德和能力的传承，价值、美德和能力建立了与资产阶级王朝的合法隶属关系。”巴黎是世界上第一个提出把历史文化作为遗产的同

---

① 拉德芳斯（La Défense）：巴黎商务商业区之一，位于巴黎市的西北部，巴黎城市主轴线的西端，于1958年建设开发。该地区占地7.5平方千米，核心商务区为1.6平方千米，就业人口为15万，居住人口为2万，主导产业为金融、保险、房地产、生产性服务业等产业。拉德芳斯作为立体新城的代表，以巨型城市平台广场和立体交通网络为特色。地下快速交通系统、大型下沉式广场、高楼地下的多层立体停车库、11部电梯组成的地下换乘枢纽、地下快速道路两边的商务中心以及为附近大楼提供能源、信息和动力源的共同沟使这一地区真正成为集办公、商务、购物、生活和休闲于一体的现代化多层立体城区。参见：顾新，于文悫，等.城市地下空间利用规划编制与管理［M］.南京：东南大学出版社，2014：139.

时，也把城市遗产作为一种产业来继承和发展的，而这其中最值得珍视的是城市历史美德、城市精神、绅士文化、经典作品的文化价值传承与创新等，进而使城市历史文化精华和历史文化本身转化为“城市文化资本”，成为城市可以创新发展的文化土壤，在一个由处处是“城市文化资本”要素构成的环境中，普普通通的巴黎人，或曰每个巴黎人，都可以“通过日常接触古物或定期光顾古玩店或画廊，或者更简单地，通过进入一个熟悉的和私人的物品的空间，如里尔克所说的‘在那里的、没有不可告人的意义，只有美好的、朴素的、确定的’物品的空间而获得的，显然是某种‘趣味’，这种趣味不是别的，恰恰是一种与有趣味的事物的即刻熟悉的关系”①。而明显地可以看出，城市本身所创造的文化“式样”，会强化培养人的文化“趣味”，这座城市中的市民所表现的个人“趣味”是城市的一种品位，是一种城市文化格调、一种城市时尚，也是一种城市理性与理想的追求……更是一种价值——也是巴黎“城市文化资本”所创造的“巴黎式样价值”。

巴黎城市视觉美学感是人们对巴黎向往的主要原因之一。克劳瑟在《视觉艺术的现象学》中认为：“在视觉语言中，这些概要性的特征，可以依据从具体实在的形状（例如，圆柱体、球体、立方体、长方体、金字塔形、多面体，以及上述形状的不规则变形），或者那些经过改变的一整套的二维几何形状的组合，以及使用以颜色为基础的媒介等处而来的结构素（constructs），进行分析。以视觉视角看来，任何特定的三维物体，都可以被认为是以上要素通过不同的组合而形成的、具有不同程度的复杂性的结构体。”②巴黎现存的建筑及城市景观堪称西方建筑空间文化的大汇聚，包括继承的古希腊和古罗马的文化遗产，更包括中世纪城市文化复兴所创造的新文化成果，所有的大体上都包含了几何要素构成的空间艺术的组合。一位东方摄影爱好者说：在巴黎街头拍照，不用认真取景，不用思考色彩的关系，甚至不用思考近景与远景的关系……整座城市犹似中国古代园林所描述的：步移景异，处处是景，几乎在城市中的每个空间，甚至每个角落都可以成为很好的背景、衬景和场景，虽然这种说法有些夸张，但是，所到之处都可以显见巴黎城市的细节美，正如人们常说的“细节决定成败”，而巴黎的成功也在于城市空间细节的艺术化和作品化的成功。英国学者迪耶·萨迪奇说：“拿破仑三世从外省调来公务员，在将近二十年的时间里，他以修建林荫道为要务……在奥斯曼作战时开始了他的工程。他定做了约15英尺（4.57米）长、9英尺（2.74米）高1：5000的巨型巴黎地图并分发给所有下属。就像战争前夕的将军一样，他一直把自己的刻印本‘作战图’放在办公室里特制的滚动

---

① ［法］皮埃尔·布尔迪厄. 区分：判断力的社会批判：上册［M］. 刘晖，译. 北京：商务印书馆，2015：130.

② ［英］保罗·克劳瑟. 视觉艺术的现象学［M］. 李牧，译. 南京：南京大学出版社，2021：52.

架上。”[①]如果能把城市作为一个艺术品来打造，那么这座城市肯定是人民喜爱的城市，而把图纸上的城市通过规划来实现，就如作战一样，需要科学的管理型战略与战术的落实。

城市中人的行为文化包括肢体语言是城市形象和城市文明素质的一个外在形式，而这里讲的城市语言，是城市空间及相关所有细节所表达的意涵，包括对残疾人的尊重。在时空上所表达的“城市语言”模式，指的是城市所有的规划设计内容和形成的结果所表现出的城市文化和“城市语言”内涵，就如到了北京，看到北京的街区、社区、建筑、街道和城市风貌，就能悟出北京城市空间文化所具有的“城市语言”特质、内涵及政治属性特征；如果到了上海，看到上海城市文化和风情的方方面面，就可以从中理解到“海派文化”的特质与文化模式……所有的城市规划、设计、创意形成的城市整体空间和风貌，构成了城市特有的“城市语言”，也可以叫作“城市风”，即城市空间语言的文风。对于巴黎来讲，巴黎市民、中产阶层、绅士阶层或者贵族等各阶层所构成的城市风范，会集中在某些方面以表现巴黎特有的“巴黎式样”，或称巴黎独有的“城市语言”[②]——从建筑、到街区、再到人的行为……“如果巴黎是一个人的话，那它肯定是一个十分健谈的人。这个首都源自一个已然降低了速度、给人印象极深的语言的巨流。它从一种文化中喷涌而出，但这种文化却深受工业化之苦，同时它又被许多新的学科，许多新的社会实践——比如旅游事业的出现——而被分成许多类别。”[③]正如笔者在书中前几章中说的那样，巴黎的城市和巴黎的香榭丽舍大街培养了“巴黎的闲逛人”，更创造了“巴黎式样”所培养出的所有领域的大家，巴黎是一个不断创新、不断生长的世界新艺术之都，却又是那样慢条斯理和温文尔雅——本身就是一座风情别样的城市，巴黎城市贵族和绅士文化气质是从其厚重的“文化中喷涌而出”而仍然演绎着别样的现代情怀。

2.“多源巴黎”与“拼贴[④]巴黎”。巴黎特性的复杂性在于文化的“多源性”，旨在强调巴黎文

---

① ［英］迪耶·萨迪奇.城市的语言［M］.张孝铎，译.北京：东方出版社，2021：147.

② ［英］迪耶·萨迪奇.城市的语言［M］.张孝铎，译.东京：东京出版社，2021：147.

③ ［法］克里斯多夫·普罗夏松.巴黎1900——历史文化散论［M］.王殿忠，译.桂林：广西师范大学出版社，2005：3.

④ 拼贴（collage）一词，也是源于法文“Coller”，胶水的意思，20世纪开始，拼贴被视为创作方式。在《拼贴城市》一书中，“拼贴”表达的是一种组合形态，探讨建筑与城市之间关系的建筑设计的“技术”与“思想状态”。参见：［美］柯林·罗，弗瑞德·科特.拼贴城市［M］.童明，译；李建华，校.北京：中国建筑工业出版社，2003：138.柯林·罗（Colin Rowe）认为城市是复杂与多元的，建筑应是社会和人们根据自身对绝对参考和传统价值的解释结合在一起的产物，这样的建筑设计是对纷繁的城市状态的积极响应。而“技术”层面上的“拼贴”是指建筑设计要建构在对城市肌理的尊重之上，以多样化的方式应对具体的情况，达到与周围的环境协调，而不是冲突。参见：贾新峰，黄晶.“拼贴”与中国城市的更新［J］.建筑学报，2006（07）：12-14.

化原生态来源的多元性，能够由“多源”文化整合之后构成一个自己独立的文化内核，同时能够将各种优秀文化组成并编织在一起，通过融合、整合不同而多元的文化，构成巴黎文化的“钻石文化特性”——具有多源和多面反射的功能，在强化传统文化“核心源”价值的同时，创造性地利用“多源”文化新价值，不断创新与时俱进的巴黎新文化。从一开始，巴黎就是西方文化和某种意义上的世界多元文化的集合体，在以西方文化整体为主内核的意义上，演绎出了巴黎独特的城市文化，构成“拼贴巴黎”的城市整体图景，更是“多源”文化和“多元”艺术综合化的体现，因为是“多源”的，所以创作、“拼贴”起来更具有艺术天才特色。巴黎城市继承了中世纪城市文艺复兴的成果，在文化个性的张扬和人性的解放方面具有典型的市民社会属性，每个人都可能成为有价值的个体，每个个体都具有某种空间文化“源”的意义，因此，每个人都可能是一个文化创作的单元和来源。法国能够出现那么多文学、哲学、艺术、绘画和思想领域巨匠和大师是有原因的，这个原因就是个性的文化与思想的解放，人的个性可以充分解放是新思想文化源泉的根，每个人都是城市创新与发展的源泉，才有可能出现更多的思想、文化和艺术巨匠①。还有另外一个因素，巴黎充满着奇异与拼贴的创新空间，一座城市有无数的寓言，曾在毕加索和布拉克笔下转移了无数个“拼贴画”，“‘在波德莱尔那里，巴黎第一次成为抒情诗的主题。那些诗不是地方民谣；这位寓言家以异化者的目光注视着巴黎。这是一个都市漫游者的注视。’这个漫游者是个都市漫游者，他沿着巴黎的街道和拱廊，以一种无尽止又明显矛盾的关系和人群发生联系。”②简单说，巴黎在伟大文化中创造了个体——人生存的“烟火气”，在这个“多源”的文化艺术“拼贴”空间中可以让所有人都有可能成为巨匠。

全世界的城市都有巴黎文化要素展示的场域，巴黎文化不排斥任何文化，任何文化也都不排斥巴黎文化，是文化的“多源”性与“拼贴”的艺术性才产生世界意义上的文化认同。早在16世纪，巴黎文化要素包括巴黎皇家宫廷大餐就传遍了欧洲，是巴黎文化本身的涵容性，让巴黎文化走向了全世界。如，近代以来，上海虽然是世界最具“万国风情”的城市，但唯有巴黎文化在上海演绎得最为精彩，巴黎文化在老上海成为最时髦的文化符号，如巴黎餐厅、巴黎餐具、巴黎服饰、巴黎家具、巴黎咖啡……都已经成为当时上海追求时尚的符号。即使在当代中国仍然有很深的巴黎文化情愫存在，在很多城市里都有与巴黎文化有关的地名、商号和中国生产的产品，如北京的“巴黎公寓”“小凡尔赛

① 在《城市文化资本论》的第十一章第一节中，专门研究了巴黎文化土壤中产生的文化巨匠，如“艺术三杰”“文坛三杰”和无数大师及产生的时代背景。参见：张鸿雁.城市文化资本论[M].南京：东南大学出版社，2010：580-590.

② 李欧梵.上海摩登——一种新都市文化在中国：1930-1945[M].杭州：浙江大学出版社，2017：49.

宫”、上海的“巴黎风情城”“法兰西世家”“皇家巴黎阳光名苑”以及扬州的“巴黎春天”小区等等。甚至在很多县城都有与巴黎文化有关的楼盘小区名称和地名，一方面，说明巴黎文化对世界文化的影响和文化认同，另一方面，说明巴黎文化本身的艺术价值和审美具有人类共同价值的感知。巴黎既能够以自己的文化走向全世界，又能够以自己的文化空间包容世界，这显然是伟大的优点，但是，在当代世界的文明冲突中，城市文化价值的冲突也会有某种弊端。自从巴黎圣母院被焚烧之后，人们对巴黎城市文化的发展走向就开始产生担忧，对外来文化不加选择地引进整合，有可能使城市文化出现某种历史性的倒退。显然，21世纪以来的巴黎城市文化建设与发展明显地缺乏文化精英的引导，也就是说，21世纪20年代的巴黎已经不是世界级文化大师辈出时代的那个巴黎了。

尽管如此，在“多源文化”和“拼贴文化”整合、融合的滋养下，巴黎并没有完全失去昔日的光彩和伟大，毕竟，巴黎很好地诠释了城市文化学家芒福德所强调的城市是文化容器的学理性内涵。在这一方面，巴黎仍然是一个典型的市民社会，具有文化创新的“文化场域”机制，是一个所有市民都具有良好社会风范的城市——“好的学校”，更是一个世界级的伟大文化容器。仅从全法国所拥有的各种文化容器的实体空间来看，就可以感受到巴黎文化在世界上的地位，法国有各种博物馆（包括民间的）3000多个，因为法国国家注册的和民间的博物馆类型很多，所以相关资料统计结果各有不同。有一种说法是巴黎拥有134座博物馆，另一种说法是有52家注册博物馆，加上艺术馆共140余家、170多家歌舞厅、141个剧院以及64所市属公共图书馆等。城市通过“拼贴”手法，创造了无穷无尽的文化宝藏：卢浮宫（远古和古代艺术）、奥塞美术馆（近代艺术）、蓬皮杜中心（现代艺术）、达利蒙马特空间（超现实主义艺术）、大皇宫（1900年世界博览会展馆）、夏佑宫（1937年世界博览会展馆）等。巴黎有民间文物保护组织2000多个，在这样的文化场域中，巴黎创造了人们能感受到的所谓“一百零一种生活方式”[①]，这句话说的是，只要你有思想、有创新能力、有创意主张，还有创意的行为——你就会有空间，空间也会为你带来新的灵感。比如，“游客一般对地标性的小酒馆怀有浪漫化的想象，比如花神咖啡馆（Café de Flor）和双叟咖啡馆（Les Deux Magots）。很多著名的作家与哲学家，像西蒙娜·德·波伏娃和让-保罗·萨特，甚至欧内斯特·海明威，在这些店里醒来，守着一杯咖啡，书写他们的思想。法式小酒馆能够提供一种‘传统’的怀旧法式体验，为它们更添魅力的，还有符合人们刻板印象的年轻男侍者，精心修剪过的植物，摆在繁忙的街边人行道上的桌子。不过，只要去这些地方打过卡，了了心愿，越来越多的游客会径直奔赴巴黎的精品

① 张鸿雁.城市定位的本土化回归与创新：“找回失去100年的自我”［J］.社会科学.2008（8）：64-71，189.

咖啡馆，他们更熟悉那里的咖啡文化。”[①]空间，本源上具有个体文化的价值属性，创新的载体本质上是个体和个体所属的空间，这是创新的原动力和动力源，一个人就是一种空间，一种思想空间。

巴黎还拥有世界上最为丰富的空间创新发展类型：庄园、教堂、博物馆、发明间、画室、皇宫、私人住宅、图书馆、手工作坊、私人诊所、私人实验室、家族府邸、各种创意工作坊、出版社、农场、城堡、大学和更多的“第三空间”。多样化的空间，可以让各种文化思想在此放飞和表现，“左岸”咖啡的文化代表了一种深沉自内心的人文气质，咖啡馆和咖啡杯里隐藏的是一份浓烈的自由与艺术气质……这些无数的场景都组成了巴黎丰富的生活——“一百零一种生活方式”，而这“一百零一种生活方式”生动地构成和拼贴出了巴黎的城市：漫步“左岸”，徜徉于塞纳河畔，听着圣母院的钟声，品尝着各式各样咖啡馆里的咖啡，有时驻足在博物馆陈列精美的文物之间，有时在餐馆里享受葡萄酒的醇香——在作画、在设计、在写作、在演讲、在辩论、在发明创造、在谈生意、在唱圣歌、在读书……这就是“多源”与“多元”文化的“巴黎生活”。

3.“先锋巴黎”与“浪漫巴黎”。如果用“先锋派”[②]来形容巴黎显得有点过于老旧，那么用“超时尚”+“先锋派”来描述巴黎城市文化时尚可能更贴切一些，只有在巴黎，才有和城市一样纯粹的、为时尚而生的著名街道及街道上行走的人；只有在巴黎，才有和城市一样有魔力的“巴黎法式大菜”；只有在巴黎，才有奢华与品位的保证；只有在巴黎，才有与巴黎城市名称一样变化无穷的——从“巴黎制造”到“巴黎智造”的化妆品……因为巴黎城市本身就是一个“技术进步促进社会生产的新产品”——“例如精心设计的行车道、步道和房屋”，巴黎的每一栋建筑都显得有“时尚味道”。巴黎把自己的“先锋派文化”和“超时尚”嵌在自然里：“‘有人认为，只有自然环境的精致之美，可以激发精神的重生和道德水平的提高，而这正是发展郊区理念所希望造成的影响。’自然被认为是重要的，因为它能提供新鲜的空气和健康的环境，以及众多活动的机会，例如园艺、阅读、社交，以及动态型和静态型消遣，例如运动和散步等。”[③]但是，巴黎以自己的“先锋性”，超出了自然本身的魅力，又源于自然而创造了超然的自然。

人们认为，时尚起源于远古，那时的人们把动物的牙齿和美丽的石头做成项链和首饰，用动物

---

① Ella McElroy. Old and New, Side by Site 新旧咖啡文化对垒的舞台［J］. Drift，2022（10）：12. 笔者曾多次造访花神咖啡馆，深切感受当年的西蒙娜·德·波伏娃和让-保罗·萨特读书的场景。

② 先锋派（Avant Garde）：即“现代主义”。该词出自法国军事战术教科书，意指为主要部队开道的前卫、先驱部队。随着西方现代主义艺术运动的发展，该词成为西方现代主义诸种流派的总称。参见：朱立元. 艺术美学辞典［M］. 上海：上海辞书出版社，2012：340.

③ ［英］海伦·伍利. 城市开放空间［M］. 孙喆，译. 南京：译林出版社，2023：43-44.

的皮毛和鸟类的羽毛做成五颜六色的服饰，美丽在劳动的生活中产生，总有那些或者一部分率先美丽起来的人，与其他人相比呈现出不一样的美的表现——这就是生活与生产结果的“先锋”。先锋文化起源于历史的现代化过程，在每一个时代都具有不同时代的“现代性”，从而引领时尚性和某种意义的超前性。“先锋派”最主要的一点就是，在每个时代都有能够走在时代和时尚前面的人，突破传统并引领人类的时尚进步，巴黎城市的先锋性是大多数城市无法做到和模仿的，关键是，先锋派的文化能够和浪漫文化有机结合，创造了不一样的先锋文化和不一样的巴黎专有浪漫文化，如有人所言，“一直被模仿，但从未被超越”。最显性的文化符号是时装文化潮流发源地巴黎，在100多年的发展进程中，巴黎始终是世界服装时尚的研究中心、制造中心、创新中心——被誉为“世界服装中心的中心”，它造就了时尚的顾客群，也造就了时装设计大师①。虽然在这方面日本东京有赶超之势，曾经号称“东京与巴黎的服装同步”，但是巴黎处于世界服装时尚和浪漫中心的地位——这里强调的是“服装时尚中心”的地位没有被撼动。巴黎服装形成自己的“产业网链”体系，关键在于巴黎的时尚文化价值具有“城市文化资本”性意义而独立存在。世界各地的人们都喜爱巴黎的服饰，一个流行评语是“这是巴黎的款式”，如前所述，就是“巴黎式样”，一言而尽在其中。

巴黎城市空间结构具有浓郁的艺术商业文化味道，这里强调的就是商业文化本身被赋予“人文经济”的特质，不是无情的市场关系，而是表现为有情的人体工学的艺术价值。巴黎“商业城市开放空间，包括商业广场、滨水景观和办公楼广场。商业广场等和办公相关的空间往往与商业存在着很紧密的联系；而滨水景观并不一定是一个完整的空间，它也可能是一个空间中的一个元素，有些人可能会认为滨水景观应该被包括在健康或消遣类开放空间中，甚至是在邻里开放空间的类别里”。任何时尚空间当然都是与水文化相关联的，“浪漫”两个字，在中国的词语中，就有柔情似水的意涵，在城市中“不同类型的水体元素可以在任何种类的城市开放空间中存在，但是它们之所以被列入公共商业空间中，是因为它们往往可以在广场和办公区域被找到”②，从中也会让人感受到巴黎的艺术和似水柔情之美。很多国家都有以“巴黎之恋”为主题的电影和文学作品③，“闻香

---

① 付宝华.城市主题文化与世界名城崛起［M］.北京：中国经济出版社，2007：115.

② ［英］海伦·伍利.城市开放空间［M］.孙喆，译.南京：译林出版社，2023：137.

③ 与“巴黎之恋”相关的电影作品有美国电影：《巴黎之恋》（*Parisian Love*，1925）、《巴黎之恋》（*Les Girls*，1957）、《巴黎狂恋》（*Paris Blues*，1961）、《忘情巴黎》（*Forget Paris*，1995）；韩国电影：《巴黎恋人》（파리의연인，2004）；法国电影：《巴黎》（*Paris*，2008）等，其中大部分为爱情主题片。相关文学作品，如：法国作家亨利·特罗亚特的《巴黎之恋》（*Les Compagnons du coquelicot*，1985）；美国作家A. E. 霍奇尼的《巴黎之恋》（1986）、埃莉诺·布朗的《巴黎之光》（*The Light of Paris*，2019）；塞尔维亚作家雅丝米娜·米哈伊洛维奇的《巴黎之吻》（*The Paris Kiss*，2018）等。

识巴黎”可以成为巴黎的专属性符号，无论是巴黎香水还是巴黎街头的鲜花与咖啡，都可以由此感知、了解和“闻”到巴黎的气息。“闻”在中国的语言中，有“听”“听见”“听到”“听到事情”“消息”“见识”“知道”“懂得”“声望”和“闻名”等意涵。浪漫之都必然到处弥漫着浪漫与爱的气息，在爱情的文化里，巴黎是浪漫的代名词，据说是全世界求婚率最高的城市，是全世界情侣度蜜月的首选地。在巴黎的街道上，时不时可以见到互相拥吻的情侣，他们毫不在意身旁的路人，尽情地表达着自己的情感。在希腊神话里，与巴黎同名的帕里斯（Paris）[①]是一个与神有着“金苹果之约”的风流男子，据说可以得到世上最美的女人。巴黎与这个浪漫的特洛伊王子同名，本身就是一种极大的浪漫。

巴黎还有“世界花都”的美称且名副其实。在巴黎，无论是小街、餐桌，还是商店的橱窗、庭院、阳台上，到处都可以看到盛开的鲜花，空气中弥漫着花香的芬芳。化妆品产业[②]是巴黎的另一个“美丽面孔”，巴黎也是“世界美容之都”，化妆品行业被称为是“把希望装在瓶子里出售”的行业，“巴黎”两字总是被化妆品企业骄傲地放在产业品牌之前，例如我们熟知的“巴黎欧莱雅”“巴黎春天”等，似乎“法国制造”和“巴黎生产”就是化妆品质量与品牌的保证。国际著名美容品牌集团的总部、研发中心、生产基地和销售网络云集巴黎大区，使它成为全世界开展美容品业务的宝地。巴黎在国际上十大最知名化妆品品牌有：欧莱雅（L’ Oréal Paris）、香奈儿（Chanel）、娇兰（Guerlain）、兰蔻（Lancôme）、伊夫圣罗兰（Yves Saint Lauren）、娇韵诗（Clarins）、纪梵希（Givenchy）、迪奥（Dior）、明爱（Carita）、欧缇丽（Caudalie）等，这个

---

① 帕里斯（Paris）：又称作亚历克山德罗斯。在《荷马史诗》里，因为预言，他出生后被抛到伊得山上，在那里神女俄诺斯（Oceanus）爱上了他。后由于“帕里斯的裁判”，阿佛洛狄忒（Aphrodite）把世界上最美的女子许配给他，于是他拐走海伦（Helen），从而引起特洛伊战争。帕里斯擅长放冷箭，数名希腊名将为此受伤。特洛伊战争将近结束之时，特洛伊王子帕里斯与特洛伊盟友阿波罗（Apollo）暗箭射中阿喀琉斯（Achilles）的脚踝，致使阿喀琉斯最后死亡。阿喀琉斯死后，帕里斯被愤怒的希腊神射手菲罗克忒忒斯（Philoctetes）用毒箭射死。参见：罗念生. 荷马史诗：伊利亚特［M］//罗念生全集：第五卷. 上海：上海人民出版社，2004.

② 法国化妆品谷（Cosmetic Valley）于2005年7月正式冠名，形成了以奢侈品领域十个著名公司为核心的产业集群。法国化妆品谷聚集了800家以上的法国企业，其中有78%为中小型企业，这些企业一同为法国化妆品产业贡献了超过半数的销售额。在法国的化妆品香水领域，小微型和中小型企业的数量占据了行业总数的81%。正在兴起的初创企业“队伍”也为化妆品香水产业注入了新的活力，如：法国初创公司PAT（Plant Advanced Technologies）能够从珍稀植物中提取生物分子，这一独家技术被不少国际大牌相中，香奈儿（Chanel）就是其众多的重要客户之一；生物学公司（Global Bioenergies）开发可再生资源转化为烃类的发酵工艺，全世界只有少数几家同类公司，欧洲也仅此一家。参见：文页. 法国化妆品产业引领全球的动力究竟是什么？［EB/OL］.［2017-05-26］［2023-10-28］. https://cbo.cn/article/id/42081.html.

“光之城”对时尚奢华的化妆品并不陌生，从永恒的优雅到尖端的创新，在这些著名的化妆品品牌中真正囊括了所有经典的法国美感[①]。同时，大多数化妆品公司也都在巴黎大区开设了研发、生产、物流、设计和包装等战略性部门。根据《2020年巴黎大区资料与数据》，巴黎大区的香水与化妆品行业共有600个成员，包括80家大型集团、520家中小企业[②]。

巴黎无可争议地成为世界时尚之都，众多顶级的奢侈品品牌汇聚于此，但与经济效应比起来，法国政府更加看重奢侈品为巴黎创造的文化效益，认为正是由于这种奢侈品文化创造的“软实力”，才使得巴黎具有吸引全世界人的眼球的能力[③]。

4.“艺术巴黎”与“作品巴黎”。艺术和智识结构在一起，应该说是一种极具创新的感知。“智识”——就是科学思维与远见，包括创新能力，任何艺术作品的本质都是伟大个体的创新，如果你在巴黎的地铁里踩着一个人的脚，那个人一定是艺术家[④]，而每一个或每一种艺术的创新，都具有伟大的创意价值，素有“法兰西莎士比亚”之称的维克多·雨果曾说过：“别处有的，巴黎都有。”巴黎保留了大量完美的建筑，可以信手拈来，如凡尔赛宫、卢浮宫、波旁宫、巴黎圣母院、凯旋门、埃菲尔铁塔等等，这些名胜都是享誉世界的艺术景观。巴黎还收藏了众多世界知名大师的艺术品，如达·芬奇、罗丹、塞尚、梵高、米勒等。这里也产生过各种思潮与主义，如古典主义、浪漫主义、表现主义、超现实主义等等。对于这些，巴黎都有实物印证[⑤]。朱自清先生曾在《欧游杂记》中写到他去巴黎的感受：“我们不妨说整个儿巴黎是一座艺术城。从前人说六朝的卖菜佣都有烟水气，巴黎人谁身上大概都长着一两根雅骨吧。你瞧公园里，大街上，有的是喷水，有的是雕像，博物院处处是，展览会常常开；他们几乎像呼吸空气一样呼吸着艺术气，自然而然就雅起来了。”[⑥]

“智识巴黎”是一个能够穿越历史、有远见卓识的城市智慧。伟大的城市文化一定是一种精英

---

① Simply France. Paris’s Top 10 Most Renowned Cosmetics Brands［EB/OL］.（2023-05-04）［2023-10-28］. https://simply-france.com/zh-CN/pariss-top-10-most-renowned-cosmetics-brands/.

② 2020年巴黎大区资料与数据——欧洲中心蓬勃发展的科技中心［R］. 巴黎：巴黎大区投资促进局，巴黎大区研究院，巴黎大区工商会，2020：26.

③ 全球最大的奢侈品集团LVMH总部就位于巴黎，集中了全球50个奢侈品品牌，如迪奥、路易威登、TAG等。2004年LVMH公司的时装和皮具销售额为43.62亿欧元，钟表和珠宝的销售额为4.96亿欧元；2005年LVMH公司的化妆品和香水销售额达到了21.53亿欧元。此外支撑巴黎时尚产业发展的还有遍布全国的生产基地以及从事时尚行业人才的培训和技术研发机构。参见：上海市商业经济研究中心. 2005国际商业发展报告［R］. 上海：上海科学技术文献出版社，2005：252.

④ 王端廷. 巴黎——艺术家的天堂［J］. 文化月刊，2004（04）.

⑤ 黄秀丽. 感受巴黎艺术的震撼［J］. 中国信用卡，2006（20）：64-69.

⑥ 朱自清. 欧游杂记［M］. 济南：山东画报出版社，2002：112.

文化历史创造的结晶，巴黎是文化与科技融合为一体的城市，科技、文化、金融、数字产业很好地构成了巴黎财富集聚的高度，巴黎与其他三座全球城市——伦敦、纽约和东京的共同之处在于生产要素的高度集聚。城市圈聚集了整个法国几乎所有的国际领先知名企业，如IBM、法国巴黎银行（BNP PARIBAS）和TOTAL等。这里也是全世界第二大国际组织所在地，仅次于布鲁塞尔，某些方面远远超过伦敦和纽约。巴黎大区的文化产业也占据着十分重要的地位。作为巴黎大区的特色产业——文化产业领域包罗万象，如奢侈品产业、博览产业、会展产业、旅游产业、影视娱乐产业、艺术品产业、珠宝产业等，作为“永恒的朝阳工业”，文化产业已经成为巴黎都市区新的经济增长点，而巴黎都市圈也势必会成为世界文化产业集聚的文化交流与发展中心。当前，巴黎大区以高度多元化的经济格局和领先产业而闻名，其中包括生物技术、纳米技术、电信、3D动画、航空航天和汽车工业，凭借顶级的高科技集群和研究中心，巴黎大区持续以高度多元化的经济而不断蓬勃发展①。“创业巴黎”和“创意巴黎”可以让每一个人都有机会创造作品，而关键是使每个创业者都可以获得新生，因此，巴黎地区被公认为具有吸引外地人才的强大能力，巴黎地区有来自世界所有国家的从业者，巴黎地区的世界500强企业总部数量也仅次于东京，位居世界第二位。

巴黎是巴黎人的作品，如果说得更有意义一点，巴黎也是人类的作品，能够被称为“作品”的人类成果，一定是具有唯一性的、具有天才性的创作，巴黎的成功在于文化的原创性，在于是独一无二的作品。首先，作品的价值具有天才创作的原真性；其次，巴黎的每一个历史文化遗产都是世界级著名“作品”；最后，巴黎是原创作品高产的城市，巴黎的可贵之处在于，甚至可以夸张地说，有无数个天才型的作品。截至2021年7月31日第44届世界遗产大会闭幕，法国共计拥有49项世界遗产，遗产包括42项文化遗产、6项自然遗产和1项文化与自然双重遗产，其中1项与西班牙共有，1项与比利时共有，1项为6国共有，2项为7国共有，1项为18国共有，遗产数量并列世界第4位②。其中，巴黎大区的世界历史文化遗产有凡尔赛宫、枫丹白露宫和塞纳河—左右岸等。除此之外，巴黎大区著名的历史文化遗产还有埃菲尔铁塔、凯旋门、巴黎歌剧院、巴黎圣母院等。巴黎市区内有108座图书馆，其中的81家都是免费向公众开放的。一些散落在社区的公共图书馆的藏书量甚至超过了高等院校的图书馆，而且最重要的一点是，它们都是免费的。居民只要办理一张免费的借书证，就可以利用图书馆的资源。

---

① 2020年巴黎大区资料与数据——巴黎大区，一个焕发活力、高速发展的全球化大区［R］. 巴黎：巴黎大区投资促进局，巴黎大区研究院，巴黎大区工商会，2020：5.

② 法国巴黎大区拥有的世界遗产包括凡尔赛宫和园林、塞纳河沿岸、枫丹白露的宫殿和园林、普罗万中世纪古城、勒·柯布西耶（Le Corbusier）建筑作品、法国钟楼、法国圣雅各伯朝圣之路等。

巴黎都市圈拥有众多保护完好的文化遗产及众多的文娱设施作品，历史给巴黎留下许多的文化遗产，同时也赋予这座城市永恒的文化魅力。如果巴黎的伟大是以过去的时刻来衡量的，那么抹杀它过去留下来的轨迹，那无异于抹杀了它的伟大①。巴黎就是一座没有围墙的图书馆、博物馆和艺术殿堂。

5. “场景②巴黎”与“格调巴黎”。巴黎创造了历史与现代文化结合之后能够创新增值的空间体系。对巴黎城市来说，每一空间都强烈地表现“地点精神”和“场景文化”的内涵，就犹如提起巴黎的某些地名和著名的建筑，不仅有很强的历史时空感，还有很强的现实“场景”画面感，如无论何时何地人们一提起“左岸”（Rive gauche）③，几乎这里所有的细节和场景要素就会涌入人们的头脑而形成一个强烈的历史切面。巴黎塞纳河左岸，通常指法国首都巴黎在塞纳河南边的部分。“左岸”，在当代中文中是一个新的流行语、一个时髦词汇，具有浓厚的文化或意识形态意味，其中衍生出很多新的空间街区可以称为“左岸公社”“左岸文化”“左岸创意空间”等，或可以创造与“左岸文化”相关联的空间，如“左岸咖啡”等，中国的房地产广告中也常用“左岸”彰显楼盘所谓的文化品位和品质④。“右岸”（Rive droite）⑤文化有很深刻的市民社会属性，巴士底广场（Place de la Bastille），

---

① ［法］克里斯多夫·普罗夏松. 巴黎1900——历史文化散论［M］. 王殿忠，译. 桂林：广西师范大学出版社，2005：35.

② 场景（Scenes）：从起源来看，“场景”一词来源于戏剧，早期是指古希腊和古罗马的戏剧，原意是舞台，现在用来表述影视剧作品中一定时空内发生的活动画面。当前借用这一概念形成的研究大多是从这一本义出发形成的概念延伸，如欧文·戈夫曼的“社会拟剧理论”、约书亚·梅罗维茨提出媒介场景理论。2000年以后，场景理论（the theory of scenes）的相关研究逐步完善，并以2016年芝加哥学派丹尼尔·西尔和特里·尼科尔斯·克拉克出版的《场景——空间品质如何塑造社会生活》（Scenescapes：How Qualities of Place Shape Social Life）为标志，对场景的概念、要素和价值观形成更加系统的论述。参见：刘泉，史懿亭，赖亚妮. 智慧城市场景的概念解读与特征认知［J/OL］. 国际城市规划，2023：1-13.

③ “左岸”（Rive gauche）：是指巴黎塞纳河的南岸。在这里，河流大致向西流，将城市分为两部分。当面向下游时，南岸在左边，北岸（或左岸）在右边。左岸与艺术家、作家和哲学家有关，有巴勃罗·毕加索、亚瑟·兰波、保罗·韦尔莱恩、亨利·马蒂斯、让-保罗·萨特、欧内斯特·海明威、F.斯科特·菲茨杰拉德、詹姆斯·鲍德温，以及蒙帕纳斯伟大艺术界的其他数十名成员。参见：［美］华盛顿·埃勒里.“詹姆斯·鲍德温斯的巴黎”［N］. 纽约时报，2015-07-29.；［美］罗伯特·惠勒. 海明威的巴黎——语词和影像中的作家之城［M］. 北京：中信出版社，2018.

④ 沈辉. 从功能目的论看杭州楼书的翻译［J］. 浙江树人大学学报（人文社会科学版），2012，12（05）：68-72.

⑤ “右岸”（Rive droite）：通常是指塞纳河流经巴黎市区河段的右岸。右岸拥有诸如旺多姆广场（Place Vendôme）这样的地方，现在可以用来指在左岸所不具有的优雅的水平和复杂的程度。毋庸置疑，右岸最著名的街道是香榭丽舍大街（Champs-Élysées），其他著名街道还有和平街（Rue de la Paix）、里窝利街（Rue de Rivoli）和蒙田大街（Avenue Montaigne）。参见：Steve Fallon，Nicola Williams. Paris: City Guide［M］. Paris：Lonely Planet，2008.

位于巴黎塞纳河右岸，巴黎市区东部，是昔日巴士底狱所在地。史称它始建于1370年，本意是作为国王查理五世的王宫，后来又被改为监狱。这里还有一座“新桥（Pont Neuf）”[①]，位于西岱岛的西边，连结巴黎的“左岸”与“右岸”，是巴黎塞纳河上最古老的桥，这个名称是为了从许多连结两岸的桥梁中区别出来而取的。这一历史地段的场景意义具有强烈的地点精神，表现了格调空间、时尚咖啡、背景事件……这里有著名的告白纪念馆，这里安葬着对法国和世界文化具有重要贡献的人，如卢梭、雨果、左拉、伏尔泰、若海斯、居里夫妇等，在左岸蒙巴纳斯公墓还安葬着萨特、莫泊桑、罗德、波特雷尔等一大批历史文化名人，联合国教科文组织总部也落户于此……这些场景和画面带给这座城市的就是伟大的文化价值，关键是这类场景在巴黎比比皆是，而其中的城市精神和英雄人物所构建的巴黎的“城市文化资本”成为人类共同的永恒价值。

巴黎是由无数个场景构成的，而每个文化场景都具有世界范围的识别度。在这里，仅选择其中的几个场景来说明：

场景一：巴黎的首选场景当然是埃菲尔铁塔（La Tour Eiffel）。“埃菲尔铁塔本来是作为世博会入口的醒目标志而提议建造的，然而它无论在美学还是技术上，与城市空间结构和谐地拼贴在一起，都是一个不小的挑战，都会有无数的名人来评判。从1887年1月26日到1889年3月31日，250名埃菲尔工厂的工人，组装了18000块钢铁和铆钉，搭建出了像麦卡诺·组合玩具一样的结构。尽管当时遭到了47名艺术领袖的公开批评，埃菲尔铁塔实质上仍然被视为技术进步的赞歌。这个325米高的埃菲尔铁塔如今屹立在巴黎，成为巴黎永恒的标志。”[②]埃菲尔铁塔得名于设计它的桥梁工程师居斯塔夫·埃菲尔，到目前为止，是世界上被拍照片最多的景观和场景，用最普通的也是最时髦的话语来表示：埃菲尔铁塔是地球人都知道的地方，也是真正的世界级“网红”打卡点。

场景二：巴黎圣母院（Notre-Dame de Paris）[③]。在巴黎西岱岛的东南端，位于整座巴黎城的中

---

① “新桥（Pont Neuf）”：横跨法国巴黎塞纳河的最古老的桥梁。它矗立在西堤岛（Île de la Cité）的西部，西堤岛位于塞纳河中央，在公元前250年至225年间是巴黎的发源地，当时被称为卢泰西亚（Lutetia），在中世纪时期是巴黎的中心。新桥的名字是为了区别于两边都是房屋的老桥，在所有老桥都被取代后，新桥的名字仍然保留了下来。尽管桥名如此，但它一直是巴黎最古老的塞纳河大桥，自1889年起，就被法国文化部列为历史古迹。参见：Base Mérimée：la plateforme ouverte du patrimoine——Pont-Neuf［EB/OL］.［2023-10-28］. https://www.pop.culture.gouv.fr/notice/merimee/PA00085999.

② ［法］丹妮尔·查第奇，多明尼克·勒伯涅. 巴黎：一个伟大城市的故事［M］. 林付蕾，译. 北京：中国友谊出版公司，2018：266.

③ 巴黎圣母院（Notre-Dame de Paris）：这幢教堂建于1163年，随后的百年里陆续加建，完成于1250年，历时182年。因此其外貌既有罗马式建筑的特色，也有哥特式的独特精神，是法兰西早期哥特建筑的典型实例。大作家雨果在小说《巴黎圣母院》中，将它形容为“石头的交响乐”。以后，欧美建筑的哥特式建筑都带有巴黎圣母院的痕迹。参见：徐公芳，等. 中外建筑文化［M］. 上海：复旦大学出版社，2011：173.

心。巴黎圣母院是一座哥特式风格的教堂，是古老巴黎的象征。它的地位、历史和价值无与伦比，是历史上最为辉煌的建筑之一。始建于1163年，是巴黎大主教莫里斯·德·苏利决定兴建的，整座教堂在1345年才全部建成，历时180多年。

场景三：巴黎凯旋门[①]。位于巴黎戴高乐星形广场的中央，面对香榭丽舍大街。凯旋门是法国皇帝拿破仑·波拿巴（1769—1821）为纪念奥斯特里茨战争的胜利而建立，1806年8月15日奠基，1836年7月29日落成。凯旋门为单一拱形门，高50米，宽45米，厚23米，它的设计师是沙勒格兰。

如果说中国古典园林里处处皆为景的话，巴黎则是处处是场景，还如，荣军院、巴黎歌剧院（又叫加尼叶歌剧院）、圣礼拜堂、先贤祠、圣心堂、玛德莲教堂、卢森堡公园（法国参议院所在地）、拉德芳斯区新凯旋门、卢浮宫（远古和古代艺术）、奥塞美术馆（近代艺术）、毕加索博物馆、波旁宫（法国国民议会所在地）、克吕尼博物馆、小皇宫（1900年世界博览会展馆，现为小皇宫美术馆）、巴黎西侧塞纳河南岸、亚历山大三世桥、红磨坊夜总会、凡尔赛宫、枫丹白露宫、小丘广场、巴黎爱墙[②]、塞纳河……粗略研究了一下，就有60多个可圈可点的场景，犹如中国的古都城市流传的十八景、二十八景等，仅南京就有“金陵四十八景”。当然，中国古都的历史风景，一般是历史上具体存在的自然与人文结合空间，是公认的集体记忆，多在古代名人的绘画和诗词中被流传下来，而巴黎就是由无数个实体空间场景所构成的城市。

6.“咖啡巴黎”与“思想巴黎”。咖啡的意义不在于咖啡本身，而在于咖啡带来的思想和文化。“咖啡”一词源自希腊语“Kaweh”，意思是“力量与热情”，喝咖啡是一种生活方式以增强思想者的精神能量，是情侣追求爱情的添加剂，更是生活中的一种文化能量，有时候也是一种心情的表达。所有的人都要面临着对生活的新思考，而咖啡正是思考者的伴侣。

---

① 巴黎凯旋门：巴黎雄师凯旋门位于巴黎戴高乐广场中央，是拿破仑为纪念打败俄奥联军下令于1806年修建，1836年完工，由查尔格林仿照古罗马康士坦丁门放大一倍设计的。门两面有4组浮雕，最著名的是“马赛曲”一组。这样大的建筑物却采取了最简单的巴黎凯旋门构图，方方整整，没有柱子和壁柱，也没有线脚，墙上的浮雕，同样也是尺度异常大。参见：萧继楠. 三百个中外七千年建筑之最［M］. 昆明：云南人民出版社，2014：143-144.

② 巴黎爱墙（le mur des je t'aime）：建于2001年2月14日情人节，其创立者是一个叫弗雷德里克·巴隆（Frédéric Baron）音乐家，上面用311种字体和280种语言写同一句话“我爱你”，是法国巴黎的地标性建筑之一。这面约有40平方米的爱墙，以深蓝色为主基调，在墙的正上方还有一幅可爱的漫画，画中一个俏皮女郎身穿蓝色吊带裙，斜倚在一张小桌旁，画旁边一行小字写道“请在爱中保持理智，不要强求”，或许这是法国人对爱情真谛的温柔提醒与诠释。参见：陈海燕. 巴黎爱之墙，来自世界各地情侣用311种语言说“我爱你”［EB/OL］.（2017-04-19）［2023-10-28］. https://static.nfapp.southcn.com/content/201704/19/c378409.html.

1730年，仅在未来民主革命旋风中心的巴黎一地，就有大小咖啡馆近4000家，到了2012年巴黎的咖啡馆已经有12000多家，2023年的巴黎咖啡馆数量可能就没有那么多了①。在欧洲最古老、最具有特色的12家咖啡馆中，巴黎城市里就有4家，但是，事实上欧洲第一家咖啡馆并不是在巴黎诞生的，是1650年在牛津大学里产生的，并成为一个被大家公认的“开放的思想文化交流空间”。在咖啡馆里见面，是一切社会关系的一种隐喻，早在300年前的欧洲，咖啡馆已经成为社会交往的“第三空间（Third Space）”②：家、办公室和咖啡馆，是哲学家、艺术大师、文学巨匠、历史学家和社会各种阶层都可以集聚的地方，在欧洲大陆，咖啡馆最初也是因为资本主义经济而发达的致富者的象征，咖啡馆成为能够代表中上层人士身份象征的场所。

巴黎之所以如此负有盛名，在一定意义上也是与咖啡馆和咖啡文化分不开的，“穿戴着右岸的名牌，品尝着左岸的咖啡”③。在巴黎街头，一杯咖啡，一个座椅，或许就是一个下午。世界上再没有哪座城市，会像巴黎的咖啡馆那样，给你如此悠闲自在且有学问的感觉。心理学家拉马尼·德瓦苏拉（Ramani Durvasula）表示，喜欢喝美式咖啡的人个性直接；凡事喜欢保持简单、讨厌复杂。在最古老的圣日耳曼教堂周围，有最早的弗洛咖啡馆（Café de Fiore）④，诞生于1887年，这家咖啡馆

---

① 当前，由于餐饮空间的属性更加多样化和综合化，咖啡馆也逐渐与其他餐饮模式相结合。根据巴黎“社会保险费及家庭补助金征收联合机构”2021年12月公布的数据，2020年巴黎大区共有28120家餐厅，其中就包括巴黎咖啡馆、有机咖啡馆等，使巴黎大区成为一个人声鼎沸的美食胜地。参见：2020年巴黎大区资料与数据——人声鼎沸的美食胜地［R］. 巴黎：巴黎大区投资促进局，巴黎大区研究院，巴黎大区工商会，2020：39.

② 第三空间（Third Space）：由美国学者爱德华·W.索亚（Edward W. Soja）提出并运用的一个重要的跨学科批评概念，作为人文地理学的一种变革性方法，“第三空间”激励人们以不同的方式来思考空间意义。而概念的直接来源是马克思主义理论家列斐伏尔，他对人类存在的空间性、历史性和社会性具有先知般的领悟，并创造了一套贯通现代世界复杂情境的研究方法，在跨学科立场上把握日常生活和空间生产的辩证法。他力图冲破对二元对立逻辑的束缚，提出空间性、社会性和历史性三元辩证法，解构线性时间观和历史主义的单一统治，在物质空间性、空间想象以及空间建构力量的迷宫之中展开对人类生活形式的思考。参见：汪民安. 文化研究关键词［M］. 南京：江苏人民出版社，2020.

③ 原句出自作者丛杰的一篇散文：《左岸漫步：巴黎不止是格调》。

④ 弗洛咖啡馆（café de Fiore）：也称为“花神咖啡馆”，是巴黎最古老的咖啡馆之一，位于巴黎第六区圣日耳曼德佩街（Saint-Germain-des-Prés）的圣日耳曼大道（Boulevard Saint-Germain）和圣贝诺特街（Rue Saint-Benoît）的交汇处。以其著名的顾客而闻名，过去的顾客包括知名作家和哲学家。咖啡馆的名字取自林荫大道对面的一座芙罗拉雕塑，芙罗拉是罗马神话中的花神，也是春天的女神。作家约里斯·卡尔·魏斯曼（Joris-Karl Huysmans）和雷米·德·古尔蒙（Remy de Gourmont）是这里最早的两位知名常客。19世纪末，查尔斯·莫拉斯（Charles Maurras）在咖啡馆一楼写下了他的著作《Au signe de Flore》；1899年，《法兰西行动评论》也在这里创刊。参见：Café de Flore，à Saint Germain des Prés［EB/OL］.（2015-06-15）［2023-10-28］. https://www.evous.fr/Cafe-de-Flore，1120181.html.

和旁边的德玛格餐厅（Auy Deux Magots）是著名的哲学家萨特和他的情人波伏娃几乎天天消磨时光的地方，直到现在在咖啡馆的菜单上还印着萨特的语录："自由之神经由花神之路……"[①]双偶咖啡馆（Les Deux Magots）[②]，创立于1873年，"Les Deux Magots"的名字来源于咖啡馆墙壁上雕刻着的两个穿着中国古代服装的老叟，这里曾作为中国人在巴黎经营的第一家丝绸店而名噪一时，后来丝绸店被改造成咖啡馆，成为巴黎名人出没的场所。除此之外，这里还有诞生于1847年巴黎蒙巴那斯大街的丁香咖啡馆（la closerie des lilas），1686年诞生于巴黎左岸圣日耳曼大街13号的Le Procope咖啡馆……都是巴黎新思想、新思潮、新文化和新潮艺术的碰撞之地，也常常是创意灵感迸发之地。例如法国巴黎艺术家Shani Ha为纽约第七大道上的小咖啡馆设计了一张非同寻常的餐桌，这张餐桌被透明玻璃分割为二，一部分在酒馆内，一部分则直接裸露在街头，设计师将之命名为"Table for two"。

"穆罕默德·达维什（Mahmound Darwish）说：'城市有属于它们自己的气味：……莫斯科是冰块上的伏特加味，开罗是芒果和生姜味儿，贝鲁特弥漫着阳光、大海、烟雾和柠檬的气味。在巴黎到处都能闻到现烤面包、奶酪和各种各样迷人之物的香气。大马士革有股茉莉和干果味。在突尼斯，你在晚上能闻到麝香和盐的味道。拉巴特有指甲花香和蜂蜜的馥郁香气。一座城市若没有独特的气味，绝对是不可靠的。背井离乡的人都有一种共同的气味：渴望的气味，这种气味与另一种气味很像。那是一种脉动的怀旧气味，犹如一张旧旅行地图，可以指引你，让你找到气味的诞生地。'"[③]贝尔在谈及"后工业社会"的定义时提到："如果工业社会的定义是根据作为生活标准

---

① "当时巴黎煤炭奇缺，电力供应严重不足，萨特住的房间又冷又暗，根本无法写作。于是萨特几乎每天都到一家叫'弗洛'的咖啡馆去；那里用乙炔照明，感觉没有那么冷。萨特的整个写作活动几乎都是在那里进行的。因此，萨特的哲学也可以称之为咖啡馆哲学……"参见：黄忠晶. 传奇萨特[M]. 北京：中共中央党校出版社，2005：289. "于是波伏瓦和萨特常到弗洛咖啡馆来度过难熬的时光。他们几乎每天都要来'弗洛'。一大早就到，在靠近炉子管道的桌子旁找个好座位，要杯咖啡，开始一天的写作工作。除了中午回旅馆吃饭，波伏瓦和萨特一整天都在'弗洛'，直到晚上关门。"参见：黄忠晶. 超越第二性——百年波伏瓦[M]. 北京：中共中央党校出版社，2007：142.

② 双偶咖啡馆（Les Deux Magots）：也称"双叟咖啡馆"，位于"左岸"的圣日耳曼德佩区。它曾经拥有巴黎文学和知识精英聚集地的声誉。作为巴黎著名的咖啡馆，它的声誉来自来此光顾的超现实主义艺术家西蒙·波伏娃和萨特等知识分子，以及欧内斯特·海明威等年轻作家，加缪和毕加索也是这里的常客。双叟咖啡馆曾多次出现在著名电影中，如1959年的《狮子座》（*Le Signe du lion*）、2011年的《逆转人生》（*Intouchables*）等。自1933年以来，每年法国小说颁发双偶文学奖都在此地举办。参见：By Caroline Wyatt. Bidding goodbye to the Gauloises[N]. BBC News，Paris. 2007-02-01.

③ [加]贝淡宁，[以]艾维纳. 城市的精神2：包容与认同[M]. 刘勇军，译. 重庆：重庆出版社，2017：166.

巴黎街头的咖啡馆

标志的商品数量来确定的话，后工业社会的定义则是根据服务、舒适——保健、教育、娱乐和文艺——所计量的生活质量的标准来确定的。”[①]咖啡馆的意义在于思想的交流，互相的“阅读”，阅读行为的对象可以是书籍、报纸等媒介，也可能是面对面的思想者，而思想的交流是最好的“阅读”方式，在他们学习、掌握知识的基础上，通过思想交流而产生碰撞，产生火花，这就是公共空间里思想交流的价值。芒福德说：“城市主要地还是一种贮藏库，一个保留者和积攒者。城市是首先掌握了这些功能以后才能完成其最高功能的，即作为一个传播者和流传者的功能。”[②]思想交流一定需要某种空间，适应思想交流的空间一定具有美学价值和适合思想的空间，而在这样的空间里创造的是一种文化氛围，一种“文化场域”关系，从而这样的空间就是历史价值空间。

“城市本身就是人类文化资本的集中地，并有着吸纳和保存人类文化资本的能力。每一座城市都有个性化的自然空间、个性化的人文景观和个性化的历史遗存，这些本来就可以直接转化为城市的经济、社会与文化资本。”[③]齐美尔在讨论现代文化的危机时提到：“首先，生活的目的臣服于其手段，从而不可避免地使许多不过是手段的事物被人们认为是目的；其次，文化的客观产品独立发展，服从于纯粹的客观原则，二者都游离于主体文化之外，而且它们发展的速度已经将后者远远地甩在了后面。”[④]“公共领域的一部分由各种对话构成，在这些对话中，作为私人的人们来到一起，形成了公众。那时，他们既不是作为商业或专业人士来处理私人行为，也不是作为合法团体接受国家官僚机构的法律规章的规约。当他们在非强制的情况下处理普遍利益问题时，公民们作为一个群体来行动。因此，这种行动具有这样的保障，即他们可以自由地集合和组合，可以自由地表达和公开他们的意见。当这个公众达到较大规模时，这种交往需要一定的传播和影响的手段；今天，报纸和期刊、广播和电视就是这种公共领域的媒介。当公共讨论涉及与国家活动相关的问题时，我们称之为政治的公共领域（以之区别于例如文学的公共领域）。”[⑤]咖啡文化的思想性交流与阅读空

① ［美］丹尼尔·贝尔. 后工业社会的来临——对社会预测的一项探索［M］. 高铦，王宏周，魏章玲，译. 北京：新华出版社，1997：138.

② ［美］刘易斯·芒福德. 城市发展史［M］. 宋俊岭，倪文彦，译. 北京：中国建筑工业出版社，2005：104.

③ 张鸿雁. 城市形象与“城市文化资本”论——从经营城市、行销城市到“城市文化资本”运作［J］. 南京社会科学，2002（12）：24-31.

④ ［德］齐奥尔格·西美尔. 时尚的哲学［M］. 费勇，吴謇，译. 北京：文化艺术出版社，2001：173. ［德］G. 齐美尔. 桥与门——齐美尔随笔集［M］. 涯鸿，宇声，等译. 上海：上海三联书店，1991：173.

⑤ ［德］尤尔根·哈贝马斯. 文化与公共性［M］. 汪晖，陈燕谷，主编. 北京：生活·读书·新知三联书店，1998：125.

间在一定程度上是思想冲突与生成的过程，在一般意义上将消费空间作为一种文化空间，这也是城市现代性价值的一个体现，即在市场经济关系中的交流，包括思想的阅读性交流。如瑞泽尔在《赋魅于一个祛魅的世界》中提出“消费圣殿”的概念，很多消费殿堂具有文化的层次感，是在消费中划分阶层的一个外在符号，但更多的空间是“却阶层化”的，是真正文化意义上的空间正义。“迪士尼世界……代表了一种新消费工具，换句话说，是一种使得我们能够消费各种商品和服务的设施或建筑物”①，“这些新的消费工具往往被人们成功地建造成具有迷人的，有时甚至是神圣的、宗教的表征，所以我们可以将它们比喻为‘消费圣殿’”②。这是所有人的消费需求。

我们在巴黎可以看到一座城市应有的样子：街角、街边、街头一边的餐桌上摆放了咖啡杯、吸引路人坐下，与餐桌另一边的人互动交谈，时而兴奋、时而沉默、时而激辩、时而轻语……有人说：“Coffee and love are best when they are hot”，咖啡和爱情都是在火热的时候最好③。17世纪，发现血液循环原理的英国著名医师威廉·哈维在临终前，请求律师拿一颗咖啡豆给他，端详许久后，他说道：“没想到这颗小小的咖啡豆，却是幸福和价值的源泉所在。”之后，他请求律师帮他立下遗嘱，捐款给伦敦外科大学，捐款的数目等于他一生用来喝咖啡花的钱，他还请律师转告受赠人，在每月祭祀他的清晨以喝咖啡的方式来纪念他④。还有什么比坐在咖啡馆里喝着咖啡，看着世界流逝更法国的呢？在咖啡馆里，一杯咖啡、一本书、一个阳光午后，就是一种生活方式。博尔赫斯的诗作里这样说：“我心里一直都在暗暗设想，天堂应该是图书馆的模样。”⑤愿你徜徉书海，在阅读中自在盛放，让阅读变得有趣起来，也让学习、让进步、让优秀成为一种习惯！阅读是最好的净化心灵的途径，让我们找到人生的出路；阅读是最宁静从容的生活方式，让我们找到精神的归宿；阅读是最富有诗意的生活体验，让我们寻找到心灵的慰藉。

---

① ［美］乔治·瑞泽尔. 赋魅于一个祛魅的世界——消费圣殿的传承与变迁［M］. 罗建平，译. 北京：社会科学文献出版社，2015：8.

② ［美］乔治·瑞泽尔. 赋魅于一个祛魅的世界——消费圣殿的传承与变迁［M］. 罗建平，译. 北京：社会科学文献出版社，2015：11.

③ 德国有关咖啡与爱情的谚语：“Kaffee mit Liebe Es ist die beste heiß.”参见：佚名. 咖啡名言|如果喝一杯咖啡就爱上生活，那就很有趣了［EB/OL］.（2019-02-25）［2023-10-28］. https://www.sohu.com/a/297420295_135494.

④ 参见：佚名. 漫猫咖啡：你所不知道的咖啡与名人的故事［EB/OL］.（2018-06-08）［2023-10-28］. https://www.sohu.com/a/234603856_100099802.

⑤ ［阿根廷］豪·路·博尔赫斯. 博尔赫斯全集：诗歌卷：上：传奇关于天赐的诗［M］. 王永年，林之木，等译. 杭州：浙江文艺出版社，2006：150.

二、伦敦“充满选择机会”VS巴黎“历史荣誉传承”

与巴黎的浪漫并把“历史荣誉传承”作为一种特色产业相比，伦敦是一个“充满选择机会”的城市，当然，一座城市如果真正做到了“充满选择机会”，那一定是每个人对现实和未来的生活与工作方式都有自己理想的选择，选择自己热爱的工作、选择自己理想的途径……选择的那座城市一定是可充分展示个人才华的宜居之城，虽然这是一种追求和“理想类型”，但事实上，伦敦在这方面不仅一直在追求，而且做得很优秀。

一座能够在世界上创造很多第一的城市，才有资格追求“让城市充满选择机会”的理念。伦敦曾创造了很多世界第一，如世界上第一条地铁就是在伦敦出现的，这也是世界上第一条用电力机车做牵引的电气化地铁，那是1863年的事情（正值中国清代穆宗爱新觉罗·载淳，同治二年）。伦敦不仅是英国的政治中心、经济中心和文化中心，还以“世界金融之都”的实力展示着欧洲第一大城市的风采，在领跑世界金融经济发展的同时，还是一个世界排名第一的宜居和宜业城市，最值得提及的是，2024年《全球最佳城市》排名出炉①，伦敦已经连续九年名列第一，而前四名还是被“四大全球城市”所占据，巴黎第二，纽约第三，东京第四，排列第五的是新加坡，北京排名第十八，上海排名第六十二，关键是这个排名指标体系和文化因子等要素是比较权威的，包括城市景点、地标、步行指数、夜生活消费、教育程度、初创公司数量以及高等教育、博物馆运营等几十项指标，经过多年的评选实践，相关指标体系能够充分反映城市的经济与社会发展状态，能够在全球排第一名，足以说明伦敦城市经济硬实力和城市文化软实力的影响力，既能够证明伦敦为生活在这里的人提供了很多选择机会，也能够证明伦敦在全球经济、文化发展中举足轻重的作用。

---

① 《全球最佳城市》是由加拿大的一家世界公认的权威咨询公司Resonance Consultancy发布并更新的，对世界顶级城市目的地的独家排名榜单，其目标是使“最佳城市”成为游客、投资者和居民眼中最可靠的城市表现来源，旨在使“最佳城市”成为世界上最可靠的城市绩效来源。Resonance Consulting对“最佳全球城市”的排名主要通过地方公平的六大支柱评估每座符合条件的城市，分别为：Place（地点）、Product（产品）、Programming（规划）、People（人群）、Prosperity（繁荣）、Promotion（推广），以形成对一座城市的竞争身份类别。在最新发布的《WORLD'S BEST CITIES 2024》中，根据官方网站的解释，其选择2024年全球最佳城市的方法是结合来自全球400座城市的核心统计数据和用户生成的评级和评论，通过三个关键因素——Livability（宜居度）、lovability（可爱度）、prosperity（繁荣度）来解释这些数据，以定义“地方权力评分”的概念。参见：Resonance Consultancy. The World's Best Cities. All In One Place，The World 's 100 Best Cities 2024［EB/OL］.［2024-03-12］. https://www.worldsbestcities.com/.

伦敦的成功是有多种原因的，而其中之一是城市文化发展作为领先战略起着关键性作用，以伦敦为中心城市的都市圈，在本质上是一个都市文化圈，其特色之一是从都市圈形成之初就显示了一个清晰而有独特边界的“都市圈文化共同体”，伦敦在这个文化共同体中不仅居于中心位置，而且表现了强大的日益增长的城市首位度功能，每年对英国及欧洲经济的增长发挥着重要作用。2021年以伦敦为核心的英伦城市群共涉及318个地方行政单位，包含伦敦、伯明翰、格拉斯哥、利物浦、布里斯托尔、曼彻斯特、谢菲尔德、利兹、爱丁堡、加的夫、诺丁汉、纽卡斯尔等12座核心城市，总人口有5536万人，土地面积约为13.53万平方千米，面积在全英国占比54.42%，包括了英国多数大型城市。早在1944年，伦敦在全世界率先制定了第一个都市圈——《大伦敦规划》方案，从单一中心的“同心圆”封闭模式，以放射路与同心环路直交的交通网，向各个方向延伸50千米的范围进行开发和建设。在城市整体空间结构上，与巴黎的凯旋门为基点的放射状道路空间布局大同小异，为伦敦的空间再生产奠定基础。到1969年又编制《大伦敦发展规划》，这一时期纽约、巴黎、东京等都提出了50年以上的城市规划战略，这一轮规划中提出了在伦敦圈新城之外发展第二圈新城，这也是因为高速公路、铁路、远距离公共交通的发展、私家车的兴起以及航空业的发展，使城市的半径增大，使一小时都市圈成为可能，加上高科技和新型工业化及后工业社会来临，特别是城市更新与城市变迁的加快，城市规划对于城市发展来说，被提到了城市发展战略的高度。而中国城市50年以上的规划和执行在20世纪90年代后期才开始被提及，但还没有开始规划，所以在中国的20世纪80年代到90年代以及21世纪初，改革开放下的城市化与城市现代化使很多城市形成了高速发展的状态，如深圳等城市15年以上的规划不到五年就已被超越实现，很多城市的发展就超出了城市规划的空间要求，所以，中长期城市发展规划在中国的很多城市都很难落实，“修规”成为一种常态，其原因有两点：一是远期规划经验不足，二是城市建设过于急功近利。

1992年，伦敦战略规划委员会提出了《伦敦战略规划白皮书》，1994年该委员会又发表了新的《伦敦战略规划建议书》，其基本前提是强化伦敦作为世界城市的作用和地位，另外也明确指出伦敦大都市圈和东南部地方规划圈之间的关系和发展战略。这次建议书的主要内容包括四个方面：第一，重视经济的重新振兴；第二，提高生活质量；第三，提升面向未来的持续发展能力；第四，为每个人提供均等的发展机会。关于城市结构的组织和发展，在保持原有政策的基础上，该建议书强化了城市中心的重振、城市间网络的联系以及绿化带和河流在城市景观中的作用[①]。提

① 章昌裕. 伦敦都市圈建成的经验[N]. 中国经济时报，2007-01-04.

高环境质量方面的一个案例是：伦敦的第一个市民公园是维多利亚公园，因为参观人数超量，“如此庞大的游客数量让政府当局不得不出台相关规定，以限制那些会接触到草地的玩耍活动；安装了围栏，以控制人流的进入和使用；还设立了公园警察，以管理规模庞大的来访人群（Nicholson-Lord，1987）。”[①]这也是伦敦城市开放空间的一种表达方式，而且在伦敦的城市社区中，在一定距离内就会有相邻的街心公园，公园里会有休闲座椅、雕塑、喷泉、高大树林及有特色的护栏……这样的公园也具有社区公共空间和社会交往空间的作用。在笔者几十年的城市规划与空间再生产理论的研究中，唯有在伦敦的城市规划系统里，好像看到了英国建筑学家霍华德“田园城市”[②]“花园城市”理论与设计思想的影子，或许是伦敦延续并传承了英国中世纪庄园经济的文化，城市本身具有田园文化表达的内涵与意味。“在欧洲，广场可能是城市设计元素之一，或者仅仅是对于道路的拓宽，使其围绕一个地标物扩散，例如喷泉、纪念碑，或者一尊雕塑（Heckscher，1977）。一些城市，例如佛罗伦萨，广场来源于对建筑物的拆除，为了让位于宏伟的开发计划。”[③]事实上，伦敦的确深受“花园城市运动的独特影响，也先于城镇规划本身而演变成为一个更广泛的、分散的新城市运动。例如，它对大伦敦发展计划（1969）的影响是深远的。事实上，1899年成立了花园城市协会，1914年又成立了城乡规划协会。城市规划最终与区域规划和乡村（农村）规划区分开来：直到最近，人们才真正地认识到大都会或大都市规划对城乡分离、新城镇和地方分权的解决方案，以及对因此产生的绿化带和娱乐目标的集中关注，显然都影响和制约了积极的城市规划方法。”[④]英国——伦敦不愧是霍华德的故乡，城市所表现的生态价值和文化生态价值，成为这座城市的“护身符”。

---

① ［英］海伦·伍利. 城市开放空间［M］. 孙喆，译. 南京：译林出版社，2023：110.

② 田园城市：E. 霍华德的“田园城市”规划思想主要集中在他的著作《明天一条引向真正改革的和平道路》（1898）一书中。他认为，城市环境的恶化是由城市膨胀引起的，城市具有吸引人口聚集的“磁性”，城市无限度扩展和土地投机是引起城市灾难的根源，只要控制住城市的“磁性”便可以控制城市的膨胀，而有意识地移植“磁性”便可以改变城市的结构和形态。参见：赵和生. 城市规划与城市发展［M］. 东南大学出版社，1999：9. 1919年英国“田国城市和城市规划协会”经与霍华德商议后，共同明确提出田园城市的含义：“田园城市是为安排健康的生活和工业而设计的城镇，其规模要有可能满足各种社会生活，但不应太大，被乡村带包围，全部土地归公众或者托为社区代管。”［英］埃比尼泽·霍华德. 明日的田园城市［M］. 金经元，译. 上海：商务印书馆，2000：32.

③ ［英］海伦·伍利. 城市开放空间［M］. 孙喆，译. 南京：译林出版社，2023：142.

④ ［英］格雷姆·埃文斯. 文化规划：一种城市复兴？［M］. 李健盛，编译. 北京：北京师范大学出版社，2022：132.

而伦敦在2004年又出台了一轮《大伦敦地区空间发展战略规划》（The London Plan 2004）[①]，这个规划更多地关注土地、生态、空间和环境等，应用新概念、新方法较多，将公共空间的生态化、艺术化和公共空间再生产的公平与正义纳入整体规划之中，城市在更深远的意义上体现了人文精神和公共文化空间的公平，体现了伦敦特有的“绅士文化”的成长。特别是在新的城市规划理论和概念层出不穷的时代，伦敦也采用了很多新的理论与方法，如循环经济理念、社会平衡协调发展理论等，强化城市的可持续方案的推行等[②]。总之，伦敦都市圈文化共同体的空间规划进入全面创新的阶段，并在全球有领跑性意义，成为全球城市规划、都市圈规划学习的样本，最值得强调的是，伦敦在诞生之初就是一个园林城市——城市就是公园。最让人关注的是2021年发布的《大伦敦地区空间发展战略规划》（The London Plan 2021）[③]，增加了都市圈文化共同体规划上的创新内容，在

---

① “2004年，大伦敦政府制定了第一版《伦敦规划》（The London Plan 2004），作为城市总体战略规划进行伦敦空间治理，其中首次提出机遇区（Opportunity Area）的概念和规划政策，第一批机遇区被定义为‘具有新开发能力的主要棕地区域和具有显著密度增加潜力的地区’，作为规划中指定的增长极，将空置和未充分利用的工业区作为更新和增长的重点，希望通过促进棕地更新，突破剩余土地难以开发的瓶颈，更加高效和可持续地利用伦敦的内部空间，提高交通基础设施的密度，以满足伦敦日益激增的住房和就业需求。”参见：Mayor of London. The London plan 2004［EB/OL］.（2021-08-20）［2023-10-28］. https://www.london.gov.uk/what-we-do/planning/london-plan/past-versions and-alterations-london-plan/london-plan-2004.；程嘉梵，陈明星. 英国机遇区规划对中国国土空间规划的启示［J］. 自然资源学报，2022，37（11）：3020-3021.

② 中国城市规划设计研究院副院长李迅在其《关于中国城市发展模式的若干思考》一文中，对城市发展模式的理论和概念进行了系统性梳理，具体如下：E. 霍华德（Ebenezer Howard）的田园城市（Garden City Theory）、昂温（Unwin）的卫星城市（Satellite Town Theory）、索里亚·玛塔（Arturo Soria y Mata）的线形城市（Linear City）、弗兰克·劳埃德·赖特（Frank Lloyd Wright）的广亩城市（Broadacre City）、伊利尔·沙里宁（Eliel Saarinen）的“有机疏散”理论（Organic Decentralization Theory）、帕特里克·盖迪斯（Patrick Geddes）的城市区域思想、勒·柯布西耶（Le Corbusier）的光明城市（La Ville Radieuse）、城市群及大都市连绵区发展模式、紧凑城市、精明增长、新城市主义、亚尼茨基（O. Yanitky）生态城市理论（Ecological City Theory）、低碳型城市、张鸿雁的循环经济型城市、互动型城市及连玉明的综合发展模式。该文明确说：“张鸿雁运用城市社会学的研究视角，首次提出了‘循环型城市社会发展模式’的理论和理想类型。”这一理论的依据除了思考中国资源匮乏的特有国情外，更主要是创造了零耗能的城市社会发展的理想理念和理想类型。参见：李迅. 关于中国城市发展模式的若干思考［J］. 城市（2008年杂志创刊20周年特刊），2008（11）：23-33.

③ “在《伦敦规划2021》（The London Plan 2021）中，机遇区（Opportunity Area）增长到47个，预计可为整个伦敦提供496100—497100套新住宅和728600—735000个新工作岗位。机遇区的定义也发生了改变，‘具有发展能力的重要地点，可以容纳住房、商业开发和基础设施等所有类型，与公共交通连通性和容量现有或潜在的改善相关联’。新定义中不再关注机遇区的棕地属性，说明为了满足急速增长的用地需求，未来机遇区将会转向更加丰富多元的属性，而非仅限制于工业用地，同时还强调了机遇区在拉动区域范围内和跨区域协作中基础设施投资、供应和协调发展的功能。”参见：Mayor of London. The London plan 2021［EB/OL］.（2021-08-20）［2023-10-28］. https://www.london.gov.uk/what-we-do/planning/london-plan/new-londonplan/london-plan-2021.；程嘉梵，陈明星. 英国机遇区规划对中国国土空间规划的启示［J］. 自然资源学报，2022，37（11）：3021-3022.

总体定位上，创造性提出了以都市圈的“良性增长”作为发展的总体目标和规划理念，在建构都市经济圈和经济都市圈的同时，强化建设伦敦都市圈文化共同体，提出了一种整合空间的发展模式，而这一规划也很快在其他城市引起反响。上海也以此为蓝本，提出“大上海都市圈的‘1+8’国际都市化圈的模式”，在上海的新一轮都市圈总体规划上可以看到伦敦都市圈空间体系和思路的影子。从体系上看，以伦敦为核心的英伦城市群呈现“1–3–5–12–26”的“金字塔形”结构或称梯度结构，其中包括：1个顶级核心的“发展极”城市——伦敦，并作为“全球城市”一直保持着发展记录；3个具有“综合性独立结点”功能的世界级城市——曼彻斯特、伯明翰、布里斯托；5个有专业特色的世界性城市——利兹、利物浦、卡迪夫、诺丁汉、莱斯等，而且在产业空间布局上，有明确的地域生产力的格局分工，其中还有1至2个国际化的特色产业功能城市；12个具有国际化意义的全球特色产业功能性节点城市，强调国际化和特色功能，城市核心竞争力清晰，如牛津、剑桥、雷丁、斯温顿、巴斯等均是具有世界影响力以科技创新为主的城市或是世界文化旅游目的地城市，具有很强的区域“协调极”的功能，在全球网络社会发展中，相关城市功能与价值也更为明确和显性化。另外，还有26个地域化节点城市、镇，也是因为全球网络的发达，可以成为世界某一产业的集散地和交易平台城市，占据着全球城市文化价值链的重要环节。

回顾历史可以看到，“整个19世纪见证了伦敦的迅速扩张，城市周边的田地、村庄都被吞噬在这股迅猛的发展浪潮中，取而代之的是砖瓦和水泥……20世纪的前40年里，伦敦的建成区域面积又翻了一番……伦敦的扩张速度惊人，直到20世纪30—50年代，城市绿化带的建立才终止这一扩张浪潮……城市的急速扩张也给伦敦人留下了一个永久性问题：城市大得离谱，人们要是想四处走走该怎么办？”[①]这种发展历程在全世界的城市中普遍存在，第三世界的大城市空间的增长成为国家经济与人口增长的主体，从理论上说，城市的涵容性和适应性决定，城市空间结构化增长是具有无限性的，只要是产业和就业布局合理，城市化的过程是一个投入与资本循环无限增长的过程，其成功的关键在于，伦敦既有横向发展空间的战略历程，又有纵向空间发展规划的落实，一个空间立体化的、与东京相似的地上地下空间一体化的伦敦，整体空间结构性增长一直没有停止过，或者说，企业在生产产品，而城市在生产空间，伦敦就是这样，但有的城市空间增长是“恶的循环”，即具有破坏性的发展，而伦敦的空间是“善的循环”，空间在生产的前提下，也是一个文化艺术人文空间，这也使伦敦成为一个以“绅士文化”为主流的经济与文化良性发展的

---

① ［英］杰里·怀特. 伦敦：一个伟大城市的故事［M］. 逄亚萍，译. 北京：中国友谊出版公司，2018：27.

城市，空间结构是永恒的有机生产过程，或称一个空间垂直、立体的伦敦是一棵不断生长的参天大树。

伦敦都市圈由原来相对封闭的状态，转化为开放式放射状的空间结构状态，在发展中建构了圈层结构，而这一圈层结构演化成相对合理的“差序化格局”，在“差序化格局”的都市圈结构中，伦敦作为都市圈的“发展极”，在“极化”发展中，能够创造适度的空间与产业均衡的地域结构，促进了都市圈产业结构和公共空间的优化，并形成当代的样态——一个多层次的、以中心城市极核为主的、多核心的圈层差序空间体系[①]。伦敦之所以能够成为世界上在“全球城市”排名中排在第一的城市，正是因为长期坚持生态花园型理想的结果。伦敦之所以有这么多世界第一，其关键因素有三：

第一，伦敦是以创造“一个充满选择机会的城市”作为发展的理想类型，这一目标的意义在于，给人以更多的希望和选择，能够体现人的自我价值，除了有充分就业机会可选择外，还可以选择自主创业，和别人不一样有自我特色的生活方式，甚至可以选择对自己更有意义的学习、工作和生活方式。在文化选择论的意义上，让更多的人有多种方式、多种层次实现个体的理想，追求多样化的人生和终极价值。

伦敦的选择机会比其他城市多吗？无法从具体数字上加以比较，伦敦能够在全球最佳城市排名中获得第一，从中可以窥见伦敦一定是具有充分就业和创新、创业的文化土壤，才能够获此殊

---

① 章昌裕. 伦敦都市圈建成的经验[N]. 中国经济时报（第四版），2007-01-01. 1937年，英国政府成立“巴罗委员会”，1942年，委员会遵循“调查—分析—规划方案”的方法开始编制伦敦规划，1944年完成轮廓性规划报告，其后又陆续制订了伦敦市和伦敦郡规划。当时的规划方案是在距伦敦中心半径约为48千米的范围内建设4个同心圈：第一圈是城市内环，第二圈是郊区圈，第三圈是绿带环，第四圈是乡村外环。大伦敦的规划结构为单中心同心圆封闭式系统，采取放射路与同心环路直交的交通网路连接。1946年《新城法》通过后，掀起了新城建设运动，到1950年末，在离伦敦市中心50千米的半径内建成了8个被称为伦敦新城的卫星城。建设8个卫星城是为了解决城市人口集中、住房条件恶化、工业发展用地紧缺等问题，目标是“既能生活又能工作，内部平衡和自给自足”。为了达到这个目标，新城千方百计引进工业，并注意避免工业部门单一化，为新城居民提供相当数量的工作岗位。在新城区，配有完善的基本生活服务设施，以满足居民工作和日常生活需要。1960年中期，大伦敦发展规划编制，该规划试图改变同心圆封闭布局模式，使城市沿着三条主要快速交通干线向外扩展，形成三条长廊地带，在长廊终端分别建设三座具有“反磁力吸引中心”作用的城市，以期在更大的地域范围内解决伦敦及其周围地区经济、人口和城市的合理均衡发展问题。1970年，英国政府调整了疏散大城市及建设卫星城的有关政策，1978年通过《内城法》，开始注重旧城改建和保护。经过1960年的调整，直到1971年由内伦敦、大伦敦、标准大城市劳务区和伦敦大都市圈四个圈层构成的圈域形成都市圈。参见：裴志扬. 城市群发展研究[M]. 郑州：河南人民出版社，2009：122.

荣。充分就业与创业是都市圈经济与都市圈文化的“黏合剂”，更是都市圈经济与文化的向心力所在，“充满选择机会”的范畴与概念中更深刻的意义在于，我们在人生中经常遇到的最大困难莫过于没有选择机会，因此，“充满选择机会”是一种“文化场域”，作为伦敦建构世界级城市的核心概念和城市精神理念之一，说明伦敦创新的本底是务实。伦敦，是市民社会的城市，更是人民的城市。

充分就业是城市经济与文化繁荣的前提，也是空间再生产的前提，空间的再生产不仅仅创造空间，而是要创造更多的“空间里的生产者”，生产的核心是创造空间里的生产，空间即生产的前提要素，没有在“空间里的生产”和“空间里的生产者”，空间也不会产生任何价值，就如马克思曾强调的：土地和土地上的劳动者劳动，才是真正的财富，土地本身并不直接构成财富。

伦敦的工作空间与居住空间——商务办公与居住功能既能显著分割，又能有现代科学技术和网络社会意义上的“空间合并”，工作和创新可以随时随地进行，通过互联网创造多中心、多节点的城市就业体系。正如有人所说：只要有一个“绅士文化”的理想心态，无论什么国家的人都可以在伦敦感受“充满选择机会”的文化氛围；只要能够适应伦敦的城市生活规范、节奏和文化环境，就可以在这里生活、工作和创业，选择自己的人生坐标。伦敦不仅是英国的就业中心，也是创新中心和创业中心，是人们所向往的就业、旅居的目的地城市。杰里·怀特在《伦敦：一个伟大城市的故事》一书中写道：“不只是新兴产业具有强烈的进取精神”，包括新兴产业可以带来就业这一方面，“传统产业也是一样。作为伦敦的老牌产业之一的服装行业同样在锐意进取”，“不断满足市场的需求，充满活力。许多初来乍到的外国人都在这一行业找到了谋生的方式，得以安家乐业”。伦敦多元文化的包容性，也体现在就业人口的多元性上，在伦敦城里可以看到：“包括胡格诺派教徒、犹太人、塞浦路斯人、孟加拉人等，他们靠辛勤劳作很快地在这一领域拥有了一席之地……创新一直与时代同行，从未懈怠。电影电视、动画、电脑游戏以及计算机软件，这些产业的发展为一些长期在人们视域边缘的地区注入了新的活力，如豪斯顿和南肖迪奇。”[①]这种存在现象清楚地说明：伦敦不仅在现代工业和科技文化产业领域吸纳了更多来自伦敦之外的就业人口，而且传统文化产业仍然在发展，也能成为创造充分就业的“空间里的生产”。

---

① ［英］杰里·怀特. 伦敦：一个伟大城市的故事［M］. 逄亚萍，译. 北京：中国友谊出版公司，2018：160-161.

伦敦的CBD[①]是世界最有影响力的城市高端就业的空间区域。城市CBD最核心的产业是金融产业和金融服务产业，在这一方面伦敦是世界首屈一指的城市，占据全球城市金融产业链的最高端环节。伦敦都市文化圈共同体作为全球闻名的现代都市圈在后现代理论指导下的规划中，创造了城市区域功能分隔的模糊化空间体系，早在20世纪90年代，SOHO、LOFT等集办公、居住功能于一体的模式就已经出现，给都市圈CBD空间的发展带来了革命性的变化，这种城市空间的创新也为世界“金融之都”的金融产业带来了持续的发展动力。在伦敦都市圈核心区内的伦敦城（City of London）或称为“一平方英里”（Square Mile）是伦敦乃至世界最大的金融中心[②]，也是世界著名的金融资本和贸易中心，已有600多年的金融业历史。伦敦城又名“金融城”，城内分布着许多的银行、保险公司和金融机构，大约有一半以上的英国百强公司和100多个欧洲500强企业均在伦敦设有总部，全球大约有31%的货币业务在伦敦交易。其中，伦敦证券交易所是世界上最重要的证券交易中心之一[③]。“伦敦城共有500多家银行（至1991年），银行数居世界大城市之首，其中外国银行有470家，在伦敦拥有的资本总额达1000多亿英镑。伦敦城每年外汇成交总额约3万亿英镑，是世界最大的国际外汇市场。伦敦城还是世界上最大的欧洲美元市场，石油输出国的石油收入成交额有时一

---

① 伦敦的CBD：内伦敦和外伦敦组成大伦敦的市区，大伦敦市区规划确定的伦敦市中心区是维多利亚、帕丁顿、金斯克劳斯和滑铁卢四个火车站所围合的地区即伦敦城（The City）。伦敦从功能上可分为伦敦城、西区、东区、南区、北区以及外伦敦。今天，伦敦城拥有国际金融中心（IFC），但同时西敏寺城（West End威斯敏斯特部分地区）已发展成为总部办公和专业服务区。直到21世纪初金融和商务办公的活动范围都是很有限的，随着商务办公机构的大量增加，逐渐扩展到了西区，侵占了原有的高档住宅区。20世纪80年代以来，外伦敦道克兰（Dockland）的堪那瑞（CanaryWharf）被规划为商务办公区。从性质看，内伦敦将继续保持和加强国际金融中心的地位，而堪那瑞根据规划意图会逐渐发展为总部办公区，因此，21世纪伦敦CBD将由这新老两部分构成。参见：李沛. 当代全球性城市中央商务区CBD规划理论初探［M］. 北京：中国建筑工业出版社，1999：34-35.

② 在英语里，伦敦城的一个常用别称是“the City”（“城”，或仅称“City”——大写“C”与整个伦敦城市区分），此外由于其面积为1.12sq mi（2.90平方千米），又俗称“一平方英里”。参见：City of London Resident Population，CENSUS 2001，HISTORICTRENDS［R］. London：Department of Planning & Transportation Corporation of London，2005. 伦敦城是整个伦敦的商业与金融中心，与纽约市曼哈顿同样，对于全球金融业具有相当的领导地位。参见：Mark Yeandle，Michael Mainelli，Adrian Berendt. The Competitive Position of London as a Global Financial Centre［R］. London：Z/Yen Limited，2005. 因此，“The City”的用法同时也成为英国乃至欧洲金融业的别称，因为在大英帝国时代，全世界的金融服务业几乎是由聚集在这狭窄面积内的大小公司行号所控制，因而如此转喻。这两个名字都经常被用作整个英国的交易和金融服务业的代称，伦敦城作为这些行业的集中地，已有相当长久的历史。参见：THIS IS MONEY. City of London still tops finance league［EB/OL］.（2011-03-25）［2023-10-28］. https://www.thisismoney.co.uk/money/markets/article-1716751/City-of-London-still-tops-finance-league.html.

③ 牛继舜. 世界城市文化力量［M］. 北京：经济日报出版社，2012：77.

天可达500多亿美元，占全世界欧洲美元成交额的1/3以上。英国中央银行——英格兰银行以及13家清算银行和60多家商业银行也均设在这里。清算银行中最有名的是巴克莱、劳埃德、米德兰和国民威斯敏斯特四大清算银行。”[①]“金融之都”的成功在其本质而不在于金融本身，在于这座城市为金融的发展提供了技术和文化融合的空间。全球所有的一线城市，包括中国的一、二线城市，都曾把建设城市CBD金融中心作为城市规划与发展的重大战略措施提出，以提高城市经济与文化发展的能级，除了北京、上海之外，南京、杭州、深圳、成都、重庆、广州、西安、沈阳、武汉和宁波等，虽然都提出了城市金融产业中心城市的发展目标和发展战略，但是，多未能如愿。

“金融之都”的建构至少需要创造七个前提：一是金融产业长期稳定的发展和增长，为投资者长期的投资回报建立信心；二是金融产业和金融服务产业的完善和制度化；三是世界500强企业的集聚度和结算方面在城市的集中度；四是城市整体的生活环境与质量，可以成为中产阶级生活的天堂；五是个人生活、工作的选择度，给人以自我更新的自由度；六是商业的信誉保障，一定是一个守信誉的城市社会；七是尊敬与被尊敬要成为日常的行为，在伦敦，社会交往礼仪已经成为一种习惯——绅士文化为主的城市社会……世界金融中心如古罗马城一样：“不是一天建成的。”

第二，伦敦是引领全球文化创意产业、文化工业发展的城市。1998年，英国文化、传媒与体育部对创意产业做了如下定义：源于个人创造力、技能与才华的活动，而通过知识产权的生成和取用，这些活动可以发挥创造财富与就业的成效[②]。文化、传媒与体育部定义的创意产业主要包括13个产业部门：广告、建筑、艺术品与古董、手工艺、设计、时装设计、电影与录像、互动休闲软件、音乐、表演艺术、出版、软件与计算机服务、电视与广播[③]。这一界定也被世界文化创意研究者所认同。2001年英国创意产业产值约为1125亿英镑，占英国当年GDP的5%，已超过任何制造业对GDP的贡献[④]。到了2022年，伦敦的文化创意产业已经成为仅次于金融服务业的第二大支柱产业，占伦敦年度经济总增加值的16%—20%左右[⑤]。创意英国集团（Creative UK Group）在其2020—2021年度报告中说：“我们为（英国的）创意人才提供资金、网络、指导和发展计划，帮助他们茁壮成长。

---

① ［美］迈克尔·R. 布隆伯格，［英］戴维·J. 博尼. 我们造就的这座城市：纽约的城市设计与建造［M］. 田云飞，译. 北京：机械工业出版社，2018：3.

② 朱晓明，等. 现代印刷包装产业发展战略研究［M］. 上海：复旦大学出版社，2007：290.

③ 何增强，花建. 创意都市——上海创意产业的发展之路［M］. 上海：上海文艺出版总社，百家出版社，2007：10.

④ Department for Digital，Culture，Media & Sport. Creative Industries Mapping Documents 2001——Demonstrating the success of our creative industries［R］.［S. l.：s. n.］, 2021.

⑤ ［英］大伦敦政府经济委员会. 2002年创意产业发展报告［R］. 伦敦：大伦敦政府，2004.

我们为游戏、电影和电视、艺术等领域的自由职业者和企业（从初创企业到成熟组织）提供支持，使更多的创意从业者和企业受益。在这一年里，我们通过8项计划支持840多家创意企业和企业家进入下一个发展阶段。我们还与北泰恩联合管理局（North of Tyne Combined Authority）共同发起了一项价值260万英镑的文化与创意投资计划，这是首个为创意自由职业者和企业提供的资金和业务支持。”①伦敦的历史文化遗产在某种程度上扮演了“抵制城市变化的安全区和庇护所的角色，似乎是一种稳定不变而可见有形的历史参照物”②。即使城市流传下来的传统文化空间能够得以保存，又使这些历史文化空间成为“城市文化资本”的要素构成，而且在这些传统文化空间中还创造了新兴的文化创意产业，这种空间文化的革命性转型，是一个无可争辩的有价值的理论与实践，不像有些城市，在一个传统建筑空间中放进一个咖啡馆，也会引起巨大的争论而被迫放弃，似乎，在传统空间中就容不下现代文化符号，这是一种很大的文化误区，也是一个保守的文化行为与认知。

文化创意产业的特色就是以智慧型脑力生产劳动为主，就业方式、时间、地点可以自由选择，伦敦依靠着文化创意产业的兴起，完成了一次又一次的都市产业转型升级，由此引起伦敦这座城市社会阶层结构的转型——创意阶层的崛起③，伦敦的“文化创意产业”六分之一的工作岗位来自创意行业④。此外，在伦敦的文化创意产业的构成中，广播电视业、出版业和电影业是其三大支柱文化产业，也是全球三大广告产业中心之一和全球三大最繁忙的电影制作中心之一，在享誉全球国际设计之都的荣称下，可以看到2/3以上的国际广告公司的欧洲总部都设在伦敦⑤。伦敦，向全世界展现了一个从工业之都到文化创意产业之都实现精彩蜕变的国际化大都市⑥。

在伦敦城市社会与城市经济转型的变迁中，从外在形式上看是从工业主导向生产型服务业主导转化的经济发展模式，但在本质上是从经济主导型发展向文化核心竞争力建构主导型的发展方向转型。20世纪70年代末到80年代初，伦敦以金融业、制造业和服务业取代了传统工业，此后

---

① Creative UK Group. Annual Report 2020−2021［R］. London：Creative Industries Federation，2021：15.

② ［英］史蒂文·蒂耶斯德尔，蒂姆·希思，［土］塔内尔·厄奇. 城市历史街区的复兴［M］. 张玫英，董卫，译. 北京：中国建筑工业出版社，2006：16.

③ ［美］理查德·佛罗里达. 创意阶层的崛起［M］. 司徒爱勤，译. 北京：中信出版社，2010：3.；伦敦都市圈［EB/OL］.（2008−03−31）［2023−10−28］. http://www.ah.xinhuanet.com/ahws/2008−03/31/content_12840360.htm.

④ ［英］伦敦市长办公室. 伦敦全民文化［R］. 伦敦：大伦敦政府，2018：11.

⑤ 周学政. 伦敦——世界创意产业之都［J］. 半月谈，2007.

⑥ ［英］杰里·怀特. 伦敦：一个伟大城市的故事［M］. 逄亚萍，译. 北京：中国友谊出版公司，2018：46.

30年，文化创意产业和法律服务、会计服务、商业咨询为主的商务服务业在伦敦异军突起，使城市的经济与文化地位显著提升，而最近的10年，随着全球金融服务业发展的多中心化，文化创意产业和科技产业的创新为伦敦注入新的活力和发展的“文化动力因”。制造业就业人数虽然在减少，但直接服务于金融业、制造业的生产型服务业及文化创意产业人数在强劲增长，成为促进城市就业、带动城市经济增长的有生力量[①]。城市“软文化”成为城市的“硬实力”，特别是科技、金融和文化产业的数字化、信息化、智能化以及AI、“数字人”和元宇宙的应用，推动了生产型服务业包括文化创意产业的快速扩张。金融产业和文化产业的存在的中心化转而形成了多元文化发展的格局，反而在城市整体上进一步推动并提升了伦敦作为世界性就业中心性城市的功能，强化了金融产业和金融服务产业的垄断地位。“大约60%的伦敦人是土生土长的，其他的大多是来自五湖四海的不同种族的人。生活在这座城市的750万的人中，有那么一批人就像世世代代的先人一样，经过不懈奋斗，成功跻身于伦敦的‘名人堂’。”[②]同时，生产型服务业的工作者——创意阶层成为城市社会主体阶层和样板阶层，伦敦逐渐成为全球经济的高端服务产品供给者之一，耀居于世界城体系的顶端[③]。

伦敦可以有效协调都市圈的文化资源，并且可以做到有效整合、合理配置、集聚创新，使城市空间在具有艺术性和自然生态属性的同时，增强了“城市文化资本”再生产价值的创造，其中能够看到这样一条文化脉络，即伦敦在总体的发展模式上遵循了英国学者霍华德“花园城市”的核心理念。虽然这是非显性理论表达，但是在伦敦的整体发展思路的潜意识里，能够看到自然生态与城市空间文化有机结合的文化共识。伦敦都市圈文化共同体的建设，显见了科学规划和地域生产力优化合理的格局，形成了以特色“城市文化资本”为主轴的产业“价值网链”的结构布局，实现了有效的文化治理模式，形成了有机、有序的统一体管理结构，实现了产业集群、产业网链结构和产业集群平台的联动效应，使伦敦都市圈文化共同体朝着技术高端化、产业数字化、文化工业化、专业领先化和产出高效化的方向发展，在信息、人才、资本等方面都是世界级的集散地，关键性的生产要素在整个大都市圈的地域内得到优化配置。各个不同层级的、大小不等的“增长极”节点城市，由

① 陈建华，谢媛. 服务业发展与国际化城市空间极化——以上海市为例［J］. 上海经济研究，2007（10）：51，56-62.

② ［英］杰里·怀特. 伦敦：一个伟大城市的故事［M］. 逄亚萍，译. 北京：中国友谊出版公司，2018：51.

③ Saskia Sassen. The Global City: New York［M］. London，Tokyo，Princeton：Princeton University Press，2001：109.

快速的现代化交通网有效连接起来，进行最高效的联动配置，展现了伦敦作为“信息港”“金融港”“枢纽港”“创新港”四位一体的“全球城市”风采。

第三，伦敦城市空间艺术化、市民化、公共化、公平化和市场化的有机整合，创造了“空间里的生产”和“空间再生产”的系统关系，伦敦到处是有“地点精神”的艺术文化空间，正如有学者所论：在强化“供应产生需要”的同时，创造了“一个良好的新空间产生一个新的使用者”[①]，使城市空间的再生产过程，成为城市充分就业的一个保障性前提。同时，仅有空间也是不够的，必须创造城市充分就业机会来增加市民的收入，而在这一理论认知上，伦敦清楚地知道“消费也是生产”的理论价值与意义，并通过创造多元化的“包容性空间”与文化艺术有机结合，为“空间里的生产者”提供了充分的选择机会。

伦敦市长提出致力于打造一座安全、开放、包容、日夜充满活力的多元化城市。伦敦有三分之一的劳动者在夜间工作，伦敦市长委任“夜间特使（Night Czar）”支持伦敦成为一座24小时不夜城，并重点保护各类夜间活动场所和女性的安全。市长还成立独立的夜间委员会，帮助实现上述愿景[②]。为了进一步繁荣文化创意产业并使之可持续发展，推出了伦敦《艺术计划》，这个计划并“没有采用以戏剧、舞蹈、音乐、视觉艺术等传统的‘艺术形式’为基础的分析方法，而是吸纳了其他地区和国家提出的方法。它以一种更规范的方式布置文化设施，并促进可及性的推广（公平——文化的和社会的、新的受众）”[③]。这种空间上的公平与正义，使伦敦在创造空间的延展上，提升了城市空间的“时间宽度”和价值，城市“时空切面”的意义就是空间里的“城市文化资本”再生产创新。正是因为这样，伦敦城市本身也成了一个文化艺术消费的空间载体，同时，也是文化艺术消费创新的巨型文化综合体。也正因为这样，“在伦敦，就像在欧洲其他国家的每一个首都一样，春天预示着其文化朝圣者的到来，人们涌向特拉法加广场及其周边，追随国际旅游业的良好发展轨迹，带领我们走向所谓西方知识和艺术遗产之根。摄像机准备好了，我们在博物馆和画廊里搜寻，随时准备记录从我们的旅游指南中得知的欧洲集体历史的重要遗迹的所有相关部分。在我们的目录上高居榜首的就是这一时期的珍品，它们构成了广为人知的西方艺术和知识传统——欧洲

① ［美］威廉·H. 怀特. 城市：重新发现市中心［M］. 叶齐茂，倪晓晖，译. 上海：上海译文出版社，2020：121-122.

② ［英］伦敦市长办公室. 伦敦全民文化——伦敦市长的文化战略［R］. 伦敦：大伦敦政府，2018：22.

③ ［英］格雷姆·埃文斯. 文化规划：一种城市复兴？［M］. 李健盛，编译. 北京：北京师范大学出版社，2022：200-201.

文艺复兴。”[①]据有学者研究，“1700年，伦敦已建有1700家咖啡馆，在英国，伦敦的咖啡馆相当于巴黎的沙龙，并且成了展开理性批判辩论的有教养的环境。而且，正如波特指出的：‘如果清教徒教堂已经成为17世纪的自由堡垒，那么，到了19世纪，咖啡馆就是英国自由的场所……与教会不同，它们对所有的教派开放。’但是，这种咖啡馆协会在它们的成员方面仍是极度排外的、所谓精英主义的（几乎不接纳女性）场所。”[②]1700年就有了1700家咖啡馆的伦敦，足够证明城市的开放性和宽容性，足以证明市场化的契约精神在第三空间里的思想碰撞，资本主义发生之初的市场意识的核心理论概念有：商品、流通、资本、利润、剩余价值、公平竞争和“时间就是金钱”……只有长期坚持这些理念，才能养成一个“金融之都”，而在创造、赋予时代新的理念——契约精神、公平竞争、股份制的社会化和具有“人文精神”的“新经济资本”理论，加上城市特有的“绅士文化”和“绅士风度”，就更足以创造出一个全球金融中心的城市。

城市空间的开放性是一个鲜活的城市有机地吐故纳新和茁壮生长的内生性力量，没有开放空间的格局和胸怀，城市既不能有内生性生长，也不能通过内外部循环创造城市的文化自信与文化自为，当然，也不会有“城市文化资本”再生产的创新。“城市开放空间对于每一个人的日常生活都十分重要，不论你是儿童、少年、年轻的母亲、父亲或看护孩子的人、丢掉了工作的人、从事着一项枯燥职业的人、面对着一项紧张工作的人、在一家医院看病的患者、退休的人，还是监狱里的犯人。在人生的每一个时期，多种多样的开放空间所能提供的效益和机会都可以提升你的生活品质”[③]，城市社会学的空间价值基本原理就是：城市的空间也是人、植物和动物共同生存与发展的空间，人的一生就是为了获取更大更有利的生存、生活、工作和享受空间。空间是有多重价值的，包括经济价值、政治价值、宗教价值和文化价值等，没有空间则不存在生活与生产的前提，从中国传统的理论来讲，没有工作与生活空间，则可谓为“无以家为也”。创造城市的空间，就是创造人超越自然的生存环境，“不论它们是家庭的、邻里社区的，还是公共的，也许它是花园，或者是学校操场、自然绿地、公园、当地的运动场、毗邻办公楼的广场，又或者是一个从医院、办公室或者监狱的窗口能够看到的美景，它们都可以为你带来这些益处。无论这些当中的哪一个是你的日常生活，而且研究也证明了这一点。如果你有机会到达，或者能够看到，甚至仅仅是知道有一个特定的

---

① ［英］格雷姆·埃文斯. 文化规划：一种城市复兴？［M］. 李健盛，编译. 北京：北京师范大学出版社，2022：293.

② ［英］格雷姆·埃文斯. 文化规划：一种城市复兴？［M］. 李健盛，编译. 北京：北京师范大学出版社，2022：63-64.

③ ［英］海伦·伍利. 城市开放空间［M］. 孙喆，译. 南京：译林出版社，2023：179-180.

开放空间在那里存在，你的生活质量品质都将得到提高。”[①]至少，空间宽阔、明朗、舒适是幸福感的重要因素，全球范围内人们所向往的城市，都是能够给人以全新的、自然的、足够的空间价值感，每一个在寻求发展和创新发展的时候，潜在意识就是“我需要空间”——实体和虚拟的，“这样的空间是我需要的”……城市空间的多样化而充分，可以归结为这样一句话来表达空间创新的价值：既可以在这样的空间里获得创业与就业的机会，也可以在这样的空间里惬意而幸福地生活。

巴黎是一个沉浸于艺术与浪漫融合为一体的“文化场域”，随着城市空间与地域范围的不断扩张，巴黎有时显得无序，多次来巴黎的外地人，甚至是生长在巴黎的人，也很难说清楚巴黎空间的变化规律，但是，大家非常熟悉巴黎的城市中心、文化地标、文化节点、历史地段和那些著名的历史文化建筑及文化体育消费空间，又可以帮助人们很容易地认识和熟悉巴黎，历史和时代坐标没有变，但无论怎样看待巴黎，“塞纳河是巴黎设计发展的主心骨”，就是具有浪漫情怀的“城市项链”这个概念应该不会有人怀疑，所以，巴黎有“塞纳河之女”的别称。塞纳河应该是世界上水岸经济与水岸空间文化创新的典范之一，城市空间“由此垂直伸展出一系列的轴向开发……这些开发与香榭丽舍及其他林荫大道分支逐步交织，相互连接在一起，形成一个地区网络的开端。”[②]这样的城市空间创造出一种与水文化相关的城市文化性格，在流经大约13千米的地段上有38座桥，形成了以塞纳河为纽带，街道为轴线，广场为节点，公园（森林）为绿肺的公共空间体系，打破了原本左岸和右岸的边界，将传统、经典的左岸和现实、市民化的右岸联系起来，创造了城河一体的文化生态价值高地，创新河岸经济的聚合共振模式，打造人气集聚的创意产品体系，并建立空间增值互动运营机制，创造并已经成为国际化知名的文化人文区位，也构成了巴黎的品牌活力称号。从当下的巴黎水岸经济带打造来看，已经构建了水岸经济的新内涵，即文化与生态保育+时尚品质与滨水休闲+文化体验与商务度假+智能科创与公共服务+奢侈品牌和独立IP……的“文化连续统”。

巴黎水岸经济的创新可圈可点，可以归纳为：资源共用、客群共享、空间共塑、交通共建、产业共创、品牌共推。在特定空间和历史地段有很时髦的口号：“左岸是梦想，右岸是生活”，这是一句带有广告性色彩的话语，流传得非常广，至少告诉了我们巴黎的生活样态和伦敦有相似之处，即可以自己选择，当然，巴黎的101种生活方式的可选性也是巴黎城市生活的

---

① ［英］海伦·伍利.城市开放空间［M］.孙喆，译.南京：译林出版社，2023：179-180.

② ［美］埃德蒙·N.培根.城市设计［M］.黄富厢，朱琪，译.北京：中国建筑工业出版社，2003：193.

事实。为加强城市空间与塞纳河之间的联系，巴黎政府对河畔两岸进行城市更新，改造后的塞纳河左岸成为展现巴黎艺术和浪漫的地方。“城”与“河”是一对伴生的产物，城市河共生的有机样本主要有以下几种：商业推动模式——受CBD的溢出效应，将滨水区变为综合游憩商业区；旅游资源推动模式——利用丰富的历史遗迹结合商业街区发展旅游业；历史资源带动模式——对历史遗留的建筑及各类设施等加以修缮、复原或者改造，创造一种历史感的氛围。巴黎利用综合模式进行城河经济项目开发，以“城河＋文化＋N”的发展路径，开创了“城市即景区”的文化模式。巴黎被誉为“西方文化大都会”，巴黎有野心也有雄心，要创造欧洲及世界的文化中心性城市，或者是世界级枢纽城市，而在成为欧洲中心性城市的过程中，巴黎已经踏踏实实地迈出了一大步。

合理的城市空间扩展方式是决定都市圈建设成功与否的关键。随着城市化进程的加快，巴黎都市圈的地域空间组织也经历了由单核心布局向“轴线——多中心的空间格局”发展①。法国已经是一个没有传统农民的国家，法国学者孟德拉斯在《农民的终结》②一书中说得十分清楚，这本书是在20世纪60年代出版的，当时孟德拉斯勇敢地首创法国传统农业的“挽歌”，他说法国农民“站在工业社会入口处”，农民将要消亡，他这本书出版后，很多法国人和法国农民的后代都不同意他的观点，而在时隔20多年以后的1984年，孟德拉斯在《农民的终结》一书的《跋》里写道：法国的农民正像他说的那样，已经没有了传统农民，而他们的生活方式、工作方式和生产方式已经与城市里的人没有什么两样，反而，在传统农业地带居住的人，房子比城市里人的大，甚至说到冰箱都比城市里人的大，在交通方式和娱乐方式上，也已经和城市里的人没有什么区别了……《农民的终结》这本书是非常具有学术价值和历史价值的著作，至少论证了人类社会城乡结构变迁的结果性意义在于：人类发展的方向就是城市化和城市现代化，就是城市文明所创造的生活方式。在巴黎，这种生活——城市文明生活的普及率已经达到100%③，根据Knoema数据平台统计，2022年法国的城市人口

① 张鸿雁. 都市圈一体化发展的经验与借鉴［EB/OL］.（2012-04-25）［2023-10-28］. https://www.doc88.com/p-580676792663.html.

② ［法］H. 孟德拉斯. 农民的终结［M］. 李培林，译. 北京：社会科学文献出版社，1991.；张鸿雁. 侵入与接替——城市社会结构变迁新论［M］. 南京：东南大学出版社，2000：409-503.

③ 从1932年的《巴黎地区国土开发计划》到1956年的《巴黎地区国土开发计划》和《大巴黎地区整治与城市规划总体指导方案》，到1976年的《法兰西岛地区国土开发与城市规划指导纲要（1975～2000）》，再到1994年的《巴黎大区总体规划》，前后经历六十余年，巴黎大区的规划一直离不开规范化的法律条文与规定，巴黎都市圈的空间布局的形成与政府的决策也是分不开的。

总百分比已达到81.5%[①]，而在乡下也是与城市相同的文化生活方式。

在没有传统农业的巴黎大区中产业部门齐全，作为经济和城市化水平高度发达的地区，第三产业无疑占据主导地位。为人们的消费创造了无限的可能。市场关系是通过消费需求来进行生产的，只要市场有需求，生产就会尽其所能来满足消费者，“它体现了一个‘颠倒的经济世界’的文化观念，也是构成布尔迪厄所说的文化资本概念的一个重要因素，正如他在《区隔》（1984）和其他著作中所阐述的那样，文化资本涉及一个世纪之后巴黎人消费的高、中、低档艺术。……在20世纪六七十年代，它构成了布尔迪厄所说的文化分层、趣味和预期消费的一个关键部分。”[②]正是因为这种社会观念，巴黎把自己的核心竞争力放到了文化创意产业方面上来，创造性地提出了巴黎的“都市性——现代性文化创意产业”，并带来了无限的产能，形成了历史文化传统与现代工业、后工业社会产业和网络智慧产业多赛道与创新领域并举的新局面。

巴黎大区聚集了整个法国几乎所有的国际领先知名企业，也是全世界第二大国际组织所在地，仅次于布鲁塞尔，远远超过伦敦和纽约。巴黎大区不仅是世界第三大工业和第三产业聚集地，还是欧洲第二大战略职能部门聚集地，排名在西班牙加泰罗尼亚之前。当前，巴黎大区以高度多元化的经济格局和优势行业（包括高增值服务业和高科技制造业，即人工智能、清洁技术、深度科技、金融科技、IT服务、生物技术、电子医疗、文化产业、动画、航空航天、汽车工业、智能行业等）而闻名于世[③]。巴黎曾采用所谓的“8+1”，即指“八大行业集群”和“特色文化产业”的主体产业模式，此模式在巴黎已经发展了20多年了，这一策略现在看上去仍然没有过时。其中，八大行业竞争力集群分别是指航空（ASTech）、汽车（MOV’EO）、化妆品（Cosmetic Valley）、生态行业（Advancity）、图像与多媒体（Cap Digital）、健康—生命科学（Medicen）、金融服务（Finance Innovation）、信息与通信技术（Systematic Paris Region）。特色文化产业则包罗万象，如工艺品制作、博览、会展、旅游、影视娱乐等行业。八大领先行业，创造出了两种竞争矩阵模式，即“竞争

① 城市人口指按照国家统计局规定居住在城市区域内的人。France - Urban population（total percentage）［EB/OL］.［2023-10-28］. https://cn.knoema.com/atlas/.

② ［英］格雷姆·埃文斯. 文化规划：一种城市复兴？［M］. 李健盛，编译. 北京：北京师范大学出版社，2022：49-50.

③ 2020年巴黎大区资料与数据——欧洲中心蓬勃发展的科技中心［R］. 巴黎：巴黎大区投资促进局，巴黎大区研究院，巴黎大区工商会，2020：13.

力集群”[①]和多元化、高质量的“竞争力极点”，这两个战略模式也适用于当前的文化创意产业[②]的发展。

文化创意产业从20世纪以来就被誉为是“朝阳工业”，近三十年的发展历史证明，它已经成为全球新经济的持续增长点，许多的大都市圈或城市群，与其说是强劲的经济增长极，不如说是强劲的文化创意产业增长极，因为城市经济和产业结构的转型升级，主要表现在生产型服务业的升级，而这其中的产业核心价值主要体现在文化创意产业的增长方面，区域经济发展极，同样也是文化发展极。

历史文化与遗产——以文化传承经典成为城市的文化产业，是巴黎首创。并“力求让这座汇集着世界文化珍品的千年古城，在延续历史传统和实现现代化发展之间找到平衡点，在风格迥异的世界大都市中保持自己独特的城市身份。”[③]“自20世纪初以来，巴黎人就认为，巴黎的主要优点和吸引力在于它始终如一的法规规定了建筑物的高度、屋顶的排列和材料、传统的街道立面以及任何可能改变巴黎街道外观的东西。……巴黎就像一组盒子，盒子不会改变，但它们的内容会不断改变。”[④]这不变的文化要素构成了巴黎的伟大文化元素，巴黎的城市之名不仅因为其历史文化的积淀

---

① 2005年7月12日的法国领土整治和发展部际委员会（CIADT）决定授予67个分布在全国各地的项目“竞争力集群”标签，后来发展为71个竞争力集群。参见：徐从才，等. 江苏产业发展报告2011——江苏战略性新兴产业［R］. 北京：中国经济出版社，2012：65. “竞争力集群”是指在特定的地理范围内，一些企业、公司或私营研究机构以合作伙伴的形式联合起来，相互协同，共同开发以创新为特点的项目。这种合作一般以共同的市场或科技研究领域为基础，寻求优势互补，提高竞争力。其具体实施途径是，选择有潜在竞争力和培育前景的地区，围绕创新项目，帮助企业、培训中心和研究机构建立合作关系。参见：李学梅，郑甦春. 法国：“竞争力集群”提升科技创新水平［N］. 经济参考报，2012-03-27. “竞争力极点”计划主要特点是：企业、研究机构和培训中心开展合作，形成伙伴关系，共同研发具有国际影响力和竞争力的新发展项目。参见：刘慧，羌建新. 全球金融危机形势下的政府采购与公共市场研究——应对全球金融危机·政府采购与公共市场改革论坛文集［C］. 北京：中国经济出版社，2010：11.

② “‘文化产业’这个词与战时德国的阿多诺和霍克海默（1941）有关。此外，这是对好莱坞机械和批量生产相关设备的贬义看法，并且它的特洛伊木马进入了欧洲文化之中。在1962年的两次电台讲座中，阿多诺解释说，他们第一次使用‘大众文化’一词时，只是用‘文化产业’来取代这个概念，以区别于‘群众本身自发产生的文化’，即目前流行的艺术形式。因为从定义上说，文化产业不同于这门艺术。然而，对繁荣的文化商品和‘服务’贸易（如现场表演）的支持，当然已经确定了那些前工业时代的文化城市及其所谓创新环境。”参见：［英］格雷姆·埃文斯. 文化规划：一种城市复兴？［M］. 李健盛，编译. 北京：北京师范大学出版社，2022：214.

③ 王意静. 世界五大都市圈探访录——巴黎：传统文化艺术与现代化的完美结合（1）［EB/OL］.（2008-03-10）［2023-10-28］. http://news.sina.com.cn/w/2008-03-10/114915115329.shtml.

④ ［美］阿兰·贝尔托. 城市的隐秩序——市场如何塑造城市［M］. 王伟，吴培培，朱小川，译. 北京：中国建筑工业出版社，2022：253.

与延续，更在于其精心的延续性经营[①]。在此，针对巴黎的“精心地延续型经营”，提出了巴黎历史文化传承的HIP（Honor & Industry & Policy）模式，即“以产业传承、以政策传承和以荣誉传承的一体化模式”[②]，HIP模式也成为对巴黎文化传承与保护工作的肯定[③]。我们说巴黎把历史与荣耀作为产业的意义在于，对历史和人民创造了新生，而城市文化特别是在建筑文化的保护立法上，巴黎树立了标杆。“多亏一系列控制措施，巴黎的标志性遗产得以保存。根据1913年起文物保护的各种做法，超过1000处历史遗迹、大楼和公寓被完好地保存了下来。1962年的马尔罗法（Malraux Law）规定了玛黑区310公顷的区域以及圣日耳曼区420公顷的区域为‘保护区’，给这两个区域提供了额外的保护。1994年，塞纳河低岸地区被联合国教科文组织列入‘世界遗产’，从河岸或者河上的37座桥梁上俯瞰塞纳河，风景极佳。”[④]“保护历史建筑，不造高楼的巴黎，面对大量涌入的外来人口，还是陷入了城市功能老化、住房资源稀缺、区域发展不平衡等一系列矛盾之中。她也像世界上其他大都市一样，越来越不堪重负。”[⑤]这是巴黎经历过的一段沉重的历史过程，过度的移民文化渗入，造成了巴黎的某种社会文化撕裂，而且这一矛盾一直没有解决。作为法国的首都，巴黎大区还受到来自法国全社会的不平等及贫富分化的影响。而由此所导致的社会矛盾，终于以一种很激烈的方式呈现出来——2005年发生了震惊世界的“巴黎骚乱”[⑥]，这起事件持续时间长、参与人数多、连锁反应强、波及面广、规模空前、国际社会影响大，很值得我们深思[⑦]。它不仅仅是法国或者说是

---

① 胡荣. 以公共利益为牵引提升社会、文化效益——巴黎历史性公共空间复兴的启示［J］. 国际城市规划，2008（2）：83-87.

② “HIP”分别代表英文中honor（荣誉）、industry（产业）和policy（政策）。为了表述的连贯性，在文中进一步阐述时，采用的是产业、政策和荣誉的描述顺序。

③ 丁杰华，等. 法国文化政策：兼收并蓄［N］. 文学报，2003-12-11（003）.

④ ［法］丹妮尔·查第奇，多明尼克·勒伯涅. 巴黎：一个伟大城市的故事［M］. 林付蕾，译. 北京：中国友谊出版公司，2018：322.

⑤ 王意静. 世界五大都市圈探访录——巴黎：传统文化艺术与现代化的完美结合（3）［EB/OL］.（2008-03-10）［2023-10-28］. http://news.sina.com.cn/w/2008-03-10/114915115328.shtml.

⑥ “‘巴黎骚乱’爆发于2005年10月27日晚，当时，巴黎郊区的克利希苏布瓦市发生青少年街头骚乱，警方在追捕时有3人情急之下从一处电厂围墙跳下，不幸撞上变压器触电，造成2死1伤，两名死者分别只有17岁和15岁。此后，当地每天晚上都有数百人聚集进行示威。一些闹事者同维持秩序的警察发生冲突。他们捣毁沿街店铺，烧毁停靠在路边的汽车，并向现场警察投掷石块等物。接着，克利希苏布瓦的骚乱又向巴黎郊区其他地方蔓延。”参见：张祝基. 巴黎郊区发生骚乱［N］. 人民日报，2005-11-4（003）.

⑦ 马振超. 我国转型期可能面临的社会危机问题分析——由巴黎骚乱引发的思考［J］. 北京科技大学学报（社会科学版），2006（2）：50-54.

巴黎的社会矛盾长期积累并激化的结果，同时也是法国政府草率处理移民[①]问题的恶果。巴黎都市圈与东京、纽约都市圈并称为世界前三大都市圈，相较于东京发达的都市型工业，巴黎望而却步。同时，相较于东京对都市圈周边城市的辐射能力来说，巴黎的辐射能力不足，与其世界经济决策中心之一的地位不相符。这些都成为巴黎在某些方面落后东京和纽约的因素。如今，在全球都市圈化的现代化过程中，一批新的世界级都市圈异军突起，如伦敦都市圈、首尔都市圈、北美五大湖都市圈、大上海国际化都市圈、成都—重庆都市圈等。巴黎城市和巴黎都市圈面临着巨大的压力，如何完善产业结构类型、突出文化艺术之都的特色，从而提升巴黎大区的整体竞争力，这是巴黎都市圈接下来所必须面临的问题。

以文化创新建构巴黎"竞争力极点"是一项很有创新意义的政策，旨在将某一地区内有竞争优势的企业联合起来，整合它们的资源优势，通过协同企业间生产的方式，提高该行业领域的整体竞争力，以群体优势和创新的项目与技术抗衡来自全球范围内日益严峻的竞争。这一政策使得巴黎都市圈的汽车、电子、航空、金融和信息技术等领先行业得到了政策上的认可。同时，法国政府将给予具有"竞争力极点"标签的项目以资金上的资助，根据该政策，一些优先扶持的文化企业在2006年至2008年内最高可免除全部收入税，而在此后一段时间仍可继续享受免除50%收入税的待遇，充分体现了政府对于产业发展的支持[②]。因此，巴黎地区都市圈内所集中的全球财富500强企业在世界上排名第二，这一切显得顺其自然。一直以来，巴黎悠久的历史与深厚的文化底蕴一直都为巴黎人甚至全法兰西人所津津乐道。法国政府在政策上也一直将巴黎的历史文化遗产保护作为重中之重。在巴黎地区，不仅巴黎市政府、区政府、文化组织，甚至是普通市民都对文化具有强烈的保护意识。通常对于一座旧建筑的使用、维修和拆除都要经过一套详细而严格的审查程序，同时还要举行听证会征求市民的意见才予以批准处理。

在城市化一浪接一浪的冲击之下，巴黎并没有失去自我[③]。它依旧怀揣众多保护完好的文化遗产，高举着"世界文化艺术之都"的旗帜，不仅守望着这座城市，而且是在创新这座城市的新文

① "这个移民政策缺失的地方是，它把移民引入社会以后，移民为社会做出很多贡献，但是它安置移民的方式有问题。首先它在巴黎郊区建立大量的移民居住聚集区，统一安排移民住在那个地方，移民与法国主流社会其实是分裂的。"参见：王朝晖. 专家谈法国骚乱：移民难融入主流社会（实录）［EB/OL］.（2005-11-08）［2023-10-28］. https://news.sina.com.cn/w/2005-11-08/12558244680.shtml.

② 陈俊侠. 法国推出"竞争力集群"应对经济全球化［N］. 新华每日电讯，2005-07-14（006）.

③ 张鸿雁. 都市圈一体化发展的经验与借鉴［EB/OL］.（2012-04-25）［2023-10-28］. https://www.doc88.com/p-580676792663.html.

化；不仅守望这座城市的历史传统，而且还在持续创造未来世界“集体记忆”中的巴黎。

三、相似的绅士化城市野心：从时尚向高尚迈进的世界文化之都

与巴黎相比，同样作为全球城市典范的伦敦特色在于：人类社会从工业化以来，为世界提供了市民社会的“绅士文化”土壤，全民认同的“绅士风度”文化养成了独具特色的全球城市——“伦敦风度与价值”，甚至成为全球性的城市生活和符号化标识的样板。英国诗人霍普金斯在谈及绅士文化时曾满含激情地说：“即便英格兰民族不能给世界留下别的什么东西，单凭‘绅士’这个概念，他们就足以造福人类了。”[①]早在19世纪末维多利亚后期，以伦敦为主的“全民绅士化”文化就已渗透于市民的血液之中。而且伦敦是这一文化的发源地和创新地，从传统绅士文化提倡的“诚实、慈爱、自由和勇气、等级与责任”，转化为现代绅士的“进取、果敢、冒险、积极”的文化，这可以理解为是养成伦敦成为第一“全球城市”的价值理念与文化土壤[②]。

有人说中国也有“绅士”和“绅士文化”，笔者认为，中国的确有“中国式的绅士”，但缺少“绅士文化”，与英国的“绅士文化”即西方的“绅士文化”并不属于同一文化范畴。在某种意义上说，中国的“绅士文化”和英国的“绅士文化”是在两种文化土壤中生长出来的绅士文化，在西方社会可以视为一个群体或阶层，在中国只能视为绅士，以个体方式存在的绅士，没有构成一个阶层和一种文化样态，或没有构成一种“绅士文化”模式，两者无论在文化价值观、社会发展中的地位、经济与文化主张、社会担当文化等都有本质的不同。可以翻译为“绅士”作为同一个词汇，但是，两者是不同文化质性的“异质性文化群体”——一个是市场经济、契约关系文化与环境中的产物，具有民族和人本价值的思想主张；一个是封建经济专制制度下、地主文化和封建体系下士大夫文化的附庸符号，所以我们必须用一种“转译”的手法来说明和论证东西方两种“绅士文化”存在的形式与文化现象，从而促使中国城市社会在现代化的过程中，能够取其精华、去其糟粕，为当代所用，也能够从城市市民社会的创新土壤中，创造、养成和生产出来真正有利他主义倾向的“绅士”和“绅士文化”，而不是封建制度经济的、费孝通先生所说的“自私文化的代表及附庸”。

---

① 彭莹，蒲珏雯，范雨欣.浅析英国文学中的绅士文化[J].海外文摘，2021（10）：7.

② 张鸿雁.网络社会视域下的全球城市理论反思与重构[J].探索与争鸣，2019（05）：158-172，176.

拉图尔在论及理解一件事情或创造一种理论与行动，并能够成为让他人能够理解并产生认同和付诸行动的时候，可以以“转译（Translate）”[①]的概念和方式来说服受众，通过一种方法让人们理解如何建构一种与市民社会同步的“绅士文化”，这里有一个文化背景：在中国城市化和城市现代化的建设中存在着一个很明显的问题，即在城市化的发展即城市“文明普及率”的创造过程中，真正的市民社会文化尚没有形成，如马克思所说的“城市早熟和市民社会的晚熟”[②]，特别是在当代社会变革与城市社会的变迁中，人们的道德观念和行为文化少了某种主张，城市社会缺乏一个样板阶层，在前些章节中也论述了有关“城市社会样板阶层”的问题，中国城市长期在农业社会中生存与发展，如马克思所论是“乡村文化对城市的渗透”，使得大量的城市和乡村还居于传统农业社会文化的状态和样态，包括我们当下的城市人，上查三代都是农民……无论是在城市还是在乡村，都还存有小农社会的思想文化，有些地方还没有把高雅文明行为作为标杆和行为准则。一个市民社会绅士阶层的主要概念是：让高尚与高雅成为日常行为习惯——在中国城市化进程中有时被遗忘，有些地方甚至还十分缺乏，这也是本书在对巴黎与伦敦城市文化的比较研究中，专章来研究伦敦和巴黎的绅士文化，专门研究这两个城市社会样板阶层存在的意义，目的之一是为中国的城市现代文明的建构提供一些样板。

法国巴黎学派创立者拉图尔在《科学在行动》一书中提出的“转译”概念与策略有五种：第一，“我想要的正是你想要的”。第二，“我想要它，你为什么不？”就是说服别人，改变他人的兴趣。第三，“如果你稍微迂回一下……”第四，“重组兴趣和目标”。第五，“变得不可或缺”。似乎“转译”这个词已经获得了一种霸权[③]。“绅士文化”是笔者作为一个城市研究者一直提倡和主张的，也是城市作为文明载体的一种文化结晶。如何让这种城市文明的结晶——“绅士文化”成为“他者文化”确实需要一种科学主张和一个宣传的“转译”过程，让不理解的人能够理解，用一种符合人类情感的文化“说服别人”，而这样一种文化既能够在尊重别人的过程中获得

---

① 转译（Translate）：指在信息传递中，由一种形态转换为另一种形态。图书情报学上的“转译”，指非直接译自原语种的翻译方式，即根据由原语种直接或间接译成的另一种语言或语言变体的内容，再进一步翻译成其他语种。参见：王绍平，陈兆山，陈钟鸣，等. 图书情报词典［M］. 上海：汉语大词典出版社，1990：477. 分子遗传学上的“转译”，是指遗传信息从mRNA流向蛋白质，由mRNA的核苷酸碱基排列顺序形态转换为蛋白质的氨基酸排列顺序形态，其遗传信息内容不变。因此，遗传信息从mRNA流向蛋白质并发生形态转换的现象叫转译。参见：李庆臻. 简明自然辩证法词典［M］. 济南：山东人民出版社，1986：417.

② 张鸿雁. 论中国封建城市经济发展的总体特点［J］. 中国史研究，1997（03）：3-12.

③ ［法］布鲁诺·拉图尔. 科学在行动［M］. 刘文旋，郑开，译. 北京：东方出版社，2005：195-204.

尊重，又可以在对别人的尊重中建构自己的日常行为，并使其成为一种高质量的生活方式，同时，在利他、尊重他人的过程中获得尊重、赢得尊重而成为一个对社会对自己都有益的人，就是要明确一个社会样板阶层——“绅士阶层”，并以“绅士文化”为参考，创造一种可行的、对所有人有益的、被社会整体认同的、必须遵守的行为准则，这个准则一定是有利他主义倾向的文化行为和主张，而且一定具有高尚性和自我规范的自律性。

“绅”在《词源》中被解析为：“束在腰间，一头垂下来的大带。”[①]《论语·卫灵公》：“子张书诸绅。”[②]清代阮元疏：“以带束腰，垂其余以为饰，谓之绅。”[③]《周礼·春官·典瑞》曰：“王晋大圭。”[④]郑玄注引，汉代郑司农曰：“晋读为缙绅之缙，谓插於绅带之间，若带剑也。”[⑤]《礼·玉藻》载：“绅长制：士三尺，有司二尺有五寸。”[⑥]也就是说，中国古代在西周时期以降，“绅”多是有身份的人束之。后来一般称有地位、有权、有势、有身份的人为“绅”，后世称的“乡绅”“士绅”“绅士”即是。“士绅社会”（gentrysociety）最早由费正清提出，他认为“绅士”就等于“士绅”“乡绅”“绅衿”“缙绅”“搢绅”和“乡贤”。最简单的解释是有些绅士一般是指有官阶、有职、有钱、有学问的人，退居在乡下后的人士。“衿，青衿，生员所服，指生员。”[⑦]泛指地方上体面的人。蒲松龄《聊斋志异·盗户》：“章丘漕粮徭役，以及徵收火耗，小民常数倍於绅衿。”[⑧]在《儒林外史》中：“汤父母到任的那日，敝处合县绅衿，公搭了一个彩棚，在十时牌迎接。”[⑨]中国乡间“绅士”与西方城市化过程中产生的“绅士”比较需要用一种“转译”的手法，相对比较复杂，这可能是中国中庸文化的特点，加以改朝换代对某些提法多有变动和变通。

中国从春秋战国时代起就已经有“士”这个阶层[⑩]，但有人认为没有“绅”这个阶层，实际上

---

① 檀作文，译注.声律启蒙［M］.北京：中华书局，2019：121-125.

② 陈晓芬，徐儒宗，译注.论语：卫灵公篇第十五［M］.北京：中华书局，2015：183-197.

③ ［清］阮元，校刻.十三经注疏：卫灵公第十五［M］.清嘉庆刊本.北京：中华书局，2009：5467-5472.

④ ［清］李文照，撰.周礼集传：卷之三：春官宗伯第三［M］.长沙：岳麓书社，2012：361-426.

⑤ ［宋］陆游.陆游全集校注——丞相率文武百僚贺寿皇正旦表［M］.钱仲联，马亚中，主编.杭州：浙江古籍出版社，2015：86-88.

⑥ ［汉］郑玄，注.礼记注：玉藻第十三［M］.北京：中华书局，2021：389-416.

⑦ 咸增强，杨强，校注.河东盐法备览［M］.郑州：中州古籍出版社，2020：150-155.

⑧ 于天池，注；孙通海，等译.聊斋志异：盗户［M］.北京：中华书局，2015：2091-2096.

⑨ ［清］吴敬梓，撰.儒林外史：第四回［M］.北京：中华书局，2013：24-30.

⑩ 张鸿雁.春秋战国城市经济发展史论［M］.沈阳：辽宁大学出版社，1988：139.

也很难分得十分清楚。从总体上看，是多“乡绅”少“绅士”，这是一种比较型的文化认知。“士绅”一般是指地方上有势力的地主或退职官僚。“乡绅”是中国封建社会一种特有的阶层，一般主要指的是有一定知识，并往往是因科举及第未仕或落第士子、当地较有文化的中小地主、退休回乡或长期赋闲居乡养病的中小官吏、有文化的宗族元老，还有所谓“元外郎”等一批在乡村传统社会关系、宗法关系、血缘关系中有某种影响的人物构成。乡间的“绅士”与乡村地主大同小异，异在有一定的文化。《警世通言·桂员外穷途忏悔》：“施还年幼，岳丈支公虽则乡绅，是个厚德长者。”[①]《平山冷燕》第五回：“见押解去了，（宋信）便依旧阔起来，到乡绅人家走动。”[②]所谓“乡绅”，就是乡间的“绅士”，即士大夫居乡者多。这主要由两部分人组成，一部分是有官职而退居在乡者，此即所谓的“绅”或“大夫”；一部分是未曾出仕的读书人，此即所谓的“士”与“元外郎”。“绅士阶级”有时也叫作“士大夫”阶级，虽然两者之间还有一定差异，但是有一点是相对一样的，即“学者—官员”，有一定学问的官员。所以，“绅士”阶级与学者、官员群体有着较密切地联系。一个生长在“绅士”家族里的人，并不一定能成为一个传统中国的学者或官员，当时的中国交通不便，各地方言有别，中国封建制情形各地差异极大，各地对“绅士文化”概念与范畴及文化认知方式也不同，“绅士”在不同地区的社会地位、作用等差异很大[③]。

中国文化在历史传承和发展上，文化核心价值一直没有变，这也是中华文化强大而生生不息的原因所在，但因朝代更迭和农民战争、外强入侵、南北人口迁徙和不断的天灾人祸……使得多数家庭的家族文化没有得到很好的传承而断裂，包括中国文化的某些方面也发生了很多断裂，晚清以后，一些“新绅士发动了中国的文艺复兴运动。它是一个本土文学、科学研究、民主和现代道德的运动。回国的留学生和中国大学内的学生一起共同努力发起了这个运动。他们中的大多数是有土地的绅士的孩子。”[④]笔者对于费孝通说的观点并不能完全赞同，不是新绅士发动了中国的文艺复兴，而是新一代的文化人，发动了文化启蒙运动，还谈不上是文艺复兴，但有一点是可以认同的：费孝通说，近代以来的思想文化运动大多数是“有土地的绅士的孩子”——是有钱、有一定地位和有一定学问和文化家庭的孩子——青年人开启的新文化运动。费孝通眼里的绅士是这样的：“我们已经看到：绅士是一个优越的寄生阶级。问题是：这样一种剥削体系，怎么会维持这么长的时期？

---

① ［明］冯梦龙，编撰.警世通言：第二十五卷［M］.北京：中华书局，2009：246-261.

② 李致中，校.平山冷燕［M］.沈阳：春风文艺出版社，1982：52.

③ 费孝通.中国绅士［M］.惠海明，译.北京：中国社会科学出版社，2006：3.

④ 费孝通.中国绅士［M］.惠海明，译.北京：中国社会科学出版社，2006：131.

与农民很少产生关系的绅士取得的文化成就，是否能为绅士的存在而作出充分的辩护？镇上的富人必须做出更为明确具体的贡献来赢得农民的尊重和感激。的确，农民是传统结构中被剥削的阶级，而绅士是他们的直接剥削者。”绅士阶层的存在与“维持是靠经济上有地，政治上做官”，还不能构成一个显性的文化阶层①。显然，在很多学者眼中，还是以传统政治经济学的视角来看待和分析中国的绅士阶层，在某些方面说出了中国绅士阶层的本质，也道出了中国绅士的出身和思想局限，因为他们缺乏整体社会的责任意识，还没有构成当时社会的先进阶层，不可能创造文艺复兴的文化结果。

中国传统绅士文化与英式的绅士文化之间存在着很多不同。中国的绅士有这样的基础特质：（1）绅士礼仪与仪式的阶层化尚没有形成，阶层化标识和文化思想缺失与断层，在理论上没有说法，没有主张，在群体的仪式和礼仪方面缺少高雅的行为文化；（2）权力者与知识分子的身份混杂，传统“士”和士大夫阶层本质上即权力者和权力者的附庸；（3）缺乏“绅士文化资本”意义上的“身体感”和身份感，缺乏家庭教育和文化资本传承，家学几代传承与习得文化容易断裂，没有社会文化资本体系的支撑；（4）没有形成社会发展“样板阶层”，无论是外在的还是内在的，无论是在城市还是在乡村，绅士的社会识别符号和阶层符号的清晰度不够，所以很难产生样板性效应；（5）绅士缺乏阶层建构和文化内视与外部认知的文化认同，很少自认为是“绅士阶层”，外部评价缺乏社会认同且名称多变，有的历史时期把“绅士”“乡绅”与地主等同，甚至把“乡绅”和“土豪”联系在一起——“土豪劣绅”是中国社会变迁中文化变迁时的传统评价语汇；（6）没有完整的与“绅士风度”表达的“式样”和相对应的仪式——“文化特质”没有构成“文化丛”，当然不可能有“绅士文化模式”；（7）没有绅士阶层的文化符号化的表达，这也许是内敛的一种表现，特别是专有的服饰文化、符号文化、行为文化和一般意义上的文化符号等都没有建构，当然谈不上传承；（8）缺少与绅士阶层相对应的绅士社交语言或贵族语言体系，特别是表现的敬语和行为经常出现文化断裂；（9）缺少自我英雄感——因为绅士是权力体系和科层制体系的一个文化符号——在官僚体系下是官，在社会经济体系内是富人，在整体文化体系中的某一方面特别是儒家意义上是“文人”，往往容易产生文化人格分裂和角色错位；（10）缺少责任和担当，主要是缺乏对女性专属的尊重责任，往往固守传统、家规、族规，有时家规、族规高于法规，当然也高于时尚，而不能有创新。而费孝通认为“绅士的理想是在官方的庇护下享受闲

---

① 费孝通. 中国绅士［M］. 惠海明，译. 北京：中国社会科学出版社，2006：115，119，127.

适的生活。生产是农民的事情，它被认为是低下的。绅士在经济活动方面的积极性被长期地压制了”[①]，这是一种很好的诠释。

“gentleman”的词根来自法语的“出身高贵”“贵族”“优雅的”，核心词根是“有教养”。英语中的“gentleman”意译之一，就是绅士，包括对立法机构的男性议员的称呼，内涵有中国文字中的“先生”“阁下”“君子”“有教养的人”“有身份的人”以及“彬彬有礼的人”等之意。而在现代社会一般是指行为优雅有礼的男士或女士，在理论上讲是有文化资本的人，并在三个方面一起构成并证明是有一定文化资本的个体，即有家传的知识文化、行为风度和气质的人；有社会制度认可的学历及各种技术证书的人；一般意义上有自己的成就和各种各样“作品”的人，这是全称意义上的个体文化资本的存在形式，也可以构成一种“绅士风度”，是有文化资本的人的另类表述和代言词。

对于西方绅士相关的资料，我们也做了比较性的研究和总结，去寻找一些我们能够认知的文化特质，特别是在比较中发现了很多需要我们学习的，特别是在现代城市社会现代化和城市文明的建设中，创造中国城市社会文明和高尚文化的城市社会生活方式，应该是中国社会发展的当务之急。我们可以看到西方社会“绅士文化”的一些现象：（1）“绅士文化”包括内视和外审的绅士生活方式，绅士风度的固定表达和文化隐喻，强调社会整体意义上的文化认同。西方绅士（gentleman）和绅士文化是从中世纪英国“gentry”绅士阶级所表达的一种文化模式演化而来的一种社会存在，有着中世纪“骑士文化”的影子和内质，可以构成社会样板阶层并可以促使一个阶层内涵的外化，其核心概念是：上流社会、贵族精神、生活方式、有品位的生活方式和冒险等，即使你没有出身贵族，只要你有这种精神和行为表现上的“绅士风度”并追求“绅士文化”的行为和思想，就可以成为真正的绅士。（2）“绅士文化”有一定的社会礼仪文化和特定的“绅士文化模式”，这是一个建构过程，是绅士文化的社交礼仪化的整体建构，并成为社会存在的一道风景线，构成了一种阶层流动和转换的标志和符号，只有具有这种精神和文化资本，才可以跨阶层而成为被社会所认可的、受人尊敬的“绅士阶层”中的一员。（3）“绅士文化”的样板性，是在尊重他人的过程中而获得被尊重，成为社会理性和文明化的“柔和剂”“润滑剂”和“社会文明调节阀”，使整个社会表现为一种柔性结构和柔性社会关系，从而展现城市与国家的“文化韧性”，某种意义上代表人类文明社会的表达方式。（4）个体的独立精神与强化的共同集体记忆。一种独立于权力

---

① 费孝通.中国绅士［M］.惠海明，译.北京：中国社会科学出版社，2006：119.

结构的文化主张和奉献精神。14世纪英格兰有首歌，是绅士阶层专有的歌曲，歌词大意是：“诚实、慈爱、自由和勇气，四项之中缺三项，不能称之为绅士。”[①]显然，这一形式是绅士文化的自我建构和规训，从精神到行为的文化主张，并能够感染同行的人，因为具有高尚性的文化外在符号，所以很容易“把我们的主观变成你们的主观，成为大家共同追求的理想”。（5）传统“骑士精神”[②]是“绅士文化”的基因，具有某种内在文化的传承性。“绅士”一词融合了骑士文化中浪漫和传奇的理想，这种文化现象的核心词有浪漫、热情、勇敢、忠诚、侠义等，是一种年轻人奔放文化情感的体现，“绅士文化”与骑士文化的文化内核相似。（6）“新绅士精神”是传统“绅士文化”伴随时代进化的一种结果，他们提出了一些新的理想主张，强调“进取、果敢、冒险和积极”，这是“绅士文化”的主要价值取向，在本质上与资本主义精神的文化内核相一致，是与资本主义新教伦理共同成长的过程，在理念和文化理性上不谋而合，特别是英国是人类社会资本主义和资本主义文化精神发展最早的国家之一，在发展上，“绅士文化”和资本主义新教伦理两者具有文化的同步性和同质性，因而获得了社会广泛的文化认同。（7）“全民绅士化”是一句口号也是一种城市社会新文明的主张，具有城市文明建设的普及性价值和创新价值，这里显示的是一种城市文化自觉和城市文化自为，也成为推动资本主义经济与文化再繁荣的动力。正因为“绅士文化”与资本主义的文化理性在本质上是相通的，所以“绅士文化”的价值表达，成为整体社会的一种文化自觉，这种文化渗透在市民的血液之中。到了19世纪末的维多利亚后期，无论你是谁（包括平民），只要你有绅士行为和绅士应有的文化与知识，那么不论出身高低，贫穷与否，你都可以成为绅士，这种全民性、普及性的绅士观念，扎根于每一个英国国民的意识里，这种文化建构的方式是值得学习和借鉴的。

---

① “也就是说，即使你出身良好，但要成为绅士还必须具备这四项条件中的两项。这是典型的英国式的思维方式。对于绅士，人们并不期待他们具备四项品德，而只要求最低的限度。”参见：刘金源，洪霞.潮汐英国人［M］.成都：四川人民出版社，2001：373.

② 骑士精神：封建的中古时代以地方性、区域性为特征，但是整个封建上层阶级却有一种共同的精神：骑士精神。英文“骑士精神”一词是从法文“骑士”（chevalier）转变而来的，它最初只是战士的简单信条，但以后演化为受封建贵族推崇的一种基本精神素质和生活信条。参见：庄锡昌.世界文化史通论［M］.杭州：浙江人民出版社，1989：164.欧洲中世纪骑士阶层流行的一种精神状态，它是封建骑士制度的产物。在中世纪，为了适应封建割据的形式和频繁战争的需要，于是封建领主、贵族便把他们的子弟和中小地主训练成享有特权的骑士阶层，后来领主的家臣和富裕农民也有成为骑士的。骑士有所谓三大信条，即：（1）忠君（忠于领主）；（2）护教（维护基督教）；（3）行侠（见义勇为、锄强扶弱）。参见：李水海.世界伦理道德辞典［M］.西安：陕西人民出版社，1990：1087.

通过比较，我们可以这样问：中国历史上和现代社会中有绅士吗？回答是有的，但是与西方的绅士还是有所差别的，包括在文化品位方面，其前提是因为，我们中国城市社会来临得比较晚，英国在1850年成为世界上第一座城市人口超过农村人口的城市，城市人口超过50%，而中国是在2010年左右城市人口才接近50%，工业化和城市化及城市市民社会形成得比较晚，所以真正有文化资本的“绅士阶层”尚未形成更没有成熟。但是，我们已经看到，改革开放四十多年来，中国的中产经济阶层在划分上已经形成，有一个存量比较庞大的中等收入群体，但是，在文化资本的意义上，在文化心理结构上，在成为社会样板阶层的建构上，还没有形成典型的且可以与西方类比的“绅士阶层”和“绅士文化”。

从理论上讲，“绅士文化”有其深刻的社会基础和经济基础，是与市场经济、法制经济和社会的文化综合治理相关联的，本质上是韦伯的《新教伦理与资本主义精神》一书中所阐述的资本主义精神——与“契约精神”理性构筑的文化理念相适应，也与马克思提出的“交换过程确立的交换者的平等”的精神相一致，强调平等、公平、正义、爱国主义和“利他主义”精神等等。这些都是“绅士文化”的内在特质，虽然不能说明全部，但至少告诉我们，一个有学问、有良知、能够主动为他人创造便利、尊重和被尊重成为习惯的人……一定是社会中的文明人，也一定是在国家危难之时可以担当的人。大家都希望能够成为一个受人尊敬的“绅士”，也许正因为这样，“绅士文化”作为社会文明的文化符号，从内在到外显都表现了一种“城市文化资本”来表达个人文化身份的识别标志，“绅士文化现象”与“绅士风度”文化符号和文化隐喻，从“城市文化资本”的意义上说，如果一座城市的市民，人人都有成为绅士的理想，这座城市的文化、文明和城市形象就会具有无限的魅力。

我们在绅士文化外在文化的显示上可以看到这样的内容，也是我们作为一般城市公民所应有的文化符号和行为模式：（1）服饰与身份文化相匹配，强调对他人尊重和自尊，即在某种场合一定和身份、服饰和行为具有合意的表达，至少是干净、整洁、搭配合理和表现一定的审美能力。（2）在行为的表达上，一定是有文化修养，有文明教养，有知识和诚实……是个体文化资本身体性和行为上的表达，透过行为和言谈举止能够看到从家庭习得而来的素养和家教背景及社会化的行为方式。（3）在个体文化与符号性文化特质上，表现为某种个性、高雅和幽默，能够表现“地点精神”与自己的文化行为相符合，即不同的场合都有不同的文化与文明表现，而不是行止失措。（4）尊重他人为先的交往规范，首先是尊重女性，对所有的人能够表达善意，在细节上注意个人行为并关心他人。（5）懂得适当场合的主动交流为前提的文明语言与时尚，从现代性意义上表达文明语言的价值与意义：文明用语或贵族语言符号，包括女性“绅士文化”的文化认同和普及。（6）在“绅士文化”的阶层化和行为方式上约定俗成，一旦“绅士文化”作为一种时尚型并在某种程度上表达尊贵和教养的时候，人们不仅会在文化上认同，而且还会在行为上认同，并表现一些固化和受人尊重的行为，包括很多生活和行为细节的表达，在生活细节上能够看出人的教养、修养和文化能力。（7）懂得和习得“绅士文化”统一的表达仪式进而确定某种“文化权威”，这种权威不是政治权威，而是一种文化尊重，而这个文化权威是行为细节和行为礼仪，包括对某些社会交往礼节程序上的熟悉等，就如当代中国人在出国前，一些较大的公司和公务员以及在新员工入职前都会进行礼仪培训一样，必须熟悉日常行为礼仪、社交礼仪等，通过这些礼仪行为可以表达一种身份感和自然修养的外在美。（8）“绅士文化”中的社会责任和国家责任的担当和“英雄感”，在社会发展危机的关键时刻能够挺身而出，这不仅仅是一种义务，也是绅士阶层当仁不让的责任。上述几方面，虽然不能完全概括“绅士文化”的外在与内在的文化价值和符号化意义，但是，至少我们能在外显的文化符号与行为中获得一种感知，当代社会现代化的建设，需要相应的绅士和“绅士文化”，或者是采用与“绅士文化”相似的文化价值取向，无论如何，上述的几种概念可以成为人们共同要做的事情，其中包括个体文化修养和“城市文化资本”的建构。

伦敦和巴黎都是具有绅士文化内涵的世界级城市，同时，两座城市的文化精神和市民生活都是“绅士文化”的典型代表。在“绅士文化”的日常生活中，我们看到英国和法国贵族文化与贵族精神文化的价值，成为西方城市生活方式的一道风景线。2012年伦敦在申办世界奥运会的时候，在宣传伦敦城市的品牌与文化时，把“绅士文化”符号展示得淋漓尽致。“绅士文化”符号的系统性表达，不仅丰富了日常生活，也增加了生活的仪式感、品位和趣味，同时创造了一个能够使个体朝向高尚迈进的阶梯，这也是城市文化与文明发展、进化的标志。而其文化的伟大之处还在于：一个值得永远追求的、人们理想中的绅士生活所表现的文明与高雅文化，创造了伦敦和巴黎城市生活的样板阶层，并成为英国和法国走向世界的一个名片，而且这个“绅士文化”是上下贯通的文化主张，从王室到贫民的各个阶层都有“却阶层化”的文化认同，特别是英国王室的礼仪文化也是英国绅士文化的一部分，而且王室与英国贵族都能够成为“绅士文化”的践行者、创造者和获益者。如“在现代伦敦的日常社会生活中，王室依旧会举办气派的游行盛典。1953年，全国各地的电视台直播伊丽莎白二世加冕典礼的实况，这是电视台有史以来第一次播放君主的加冕典礼。即便当时王室第一次遇到加冕典礼上车夫人力缺乏的情况，但是女王的金马车实在是华丽得令人瞠目结舌。每当有国家元首到访，一路被护送前往白金汉宫时，伦敦都会按例安排隆重的欢迎仪式，不仅当地人可以观看，世界各地的游客都可以大饱眼福。伦敦大概是世界上最擅长举办盛大典礼或者仪式的地方了吧，因为它沿袭了悠久的历史传统，且经验丰富。”[①]或者说，伦敦是一个仪式之城和“绅士文化”保存与守望之城。在认同“绅士文化”的研究与日常生活中，“绅士化”已经成为一个专有学术名词，虽然这个名词在中国被理解得有些偏差，但是，其研究的方向是对的，最好还能够在比较中，在国家与民族文化背景中和历史的演变中，来看待中外“绅士文化”的区别与价值。

在迪耶·萨迪奇的研究中我们看到，“无论是在绅士化区域保护的酒吧和街角的商店免于被财大气粗的新租户挤走，还是限制机动车的使用，企图利用规划限制和鼓励措施来实现最高目标的做法，常常会适得其反，产生与预期结果截然相悖的意外后果”[②]。引用这句话的目的是让读者和我们研究者自己能够从更深刻的意义上看到，英国人和法国人在自己的文化上认同“绅士文化”的存在，从“绅士化区”的住宅区概念应用中就能看得十分清楚，西方社会和学者在整体上认同城市的过程中存在着“绅士化区”，当然在这一概念中蕴含着对绅士阶层的承认，或许“绅士化区”这个概念还包括了富人和中产阶层的内涵，但至少让我们知道了“绅士化”的文化变迁与空间变迁。在整个伦敦，甚至在整个欧洲都有“绅士化区”变迁的“独立辩护词”，这是任何事物存在合理性的前提，或是社会客观存在的一种文化现象。在城市规划领域、城市更新研究领域和在城市社会学研究领域，“城市绅士化”“绅士化”“绅士化区域”大体上说的是中产阶层或者富人阶层对某一以低收入阶层为主的居住区域所做的“侵入与接替”的城市生态变迁过程，这种现象从中国20世纪90年代以来，在很多城市都发生过。英国生物学家托马斯·赫胥黎有一段著名的论述：社会的进步意味着检验宇宙的每一步进程，并用另一种进程取而代之，这种进程可以被称为伦理的进程。这是罗马俱乐部成员E. 拉兹洛在《决定命运的选择》一书中引用的一句话。这一观点从更高的层面上告诉人们，社会进步，一方面是对人类认识自己创造宇宙发展的一种检验，另一方面，社会任何进步，说到底也是社会文化再造的文化密码——是人类伦理的一种进步，“绅士化”应该具有社会伦理进步的意涵，这种伦理进步可能使人类社会在进化中，社会整体功能能够越来越多地为社会大多数或者是为社会全员着想，进步的合理性包括对社会理性的人的全面解放，城市社会的进化正在展现社会整体生活质量的提高和人素质的提高，城市进步的结晶越来越多地成为城市社会全体成员的意志和愿望[③]。

---

① ［英］杰里·怀特. 伦敦：一个伟大城市的故事［M］. 逄亚萍，译. 北京：中国友谊出版公司，2018：73.

② ［英］迪耶·萨迪奇. 城市的语言［M］. 张孝铎，译. 北京：东方出版社，2021：174.

③ 张鸿雁. 人类城市化的“城市文化基因”与“城市社会再造文化因子”论——城市社会进化的人类学与社会学新视角［J］. 社会科学，2003（09）：65-73.

当然，从城市化和城市现代及“城市文化资本”再生产的理论基础上认识“绅士化”的全过程，我们还要有新的视角和新的理论支点来看待“城市绅士化”和“绅士化区”的发展，其核心价值是如果能够从某种意义上使一座城市或国家实现整体上的“绅士化”，并表现为全体市民社会的文明和风范，那么这个国家和城市一定是世界级城市。当然，这种理论解释具有一定的理想类型的说辞，而实际上，一座城市或一个国家在整体上“绅士化”是不可能实现的。我们十分清楚的是，每座城市都有中产阶层的存在，但是，不是每座城市都有“绅士阶层”和“绅士文化”的存在[①]。

① ［日］梅泽高明，楠本修二郎，等. 新世代东京：面向未来的国际大都市创新发展之路［M］. 王宇，周鹏远，译. 北京：清华大学出版社，2021：69.

巴洛克时期与中世纪的比例颠倒，道路宽度为建筑物高度的两倍，亦即D/H=2。以上已在《街道的美学》中阐述。这就是说，在欧洲传统中，建筑高度与前面道路或广场宽度的比例关系，是作为重要因素来考虑。到19世纪后半叶，正如西特所关心的，在作为城市景观的D/H的考虑上，取决于线路或交通的功能因素占了主导地位，而从城市美学观点出发的这一比例关系则逐渐被忽视。在这种状况下更加遭受到的决定性打击，恐怕是20世纪初现代建筑的兴起。不管怎么说，勒·柯布西耶是不大喜欢西特的，他在《城市》一书中曾说："一天，在读维也纳人西特的一本著作时，我不知不觉被城市美所吸引。我认为西特的证明是巧妙的，他的理论是正确的。它们是基于过去。说实话，它们是过去——那些都是小型的过去、感伤的过去，是路旁的不足摘取的小花。那种过去不是处在顶峰的过去，而是妥协的过去。"[①]由于这样的过程，20世纪现代建筑理论中，城市景观的指标D/H这一观念逐渐消失了。也就是说，分析建筑空间的结果，不论D/H到底是多少，总之不是作为城市景观来考虑D/H是1还是2了。[②]

——芦原义信

---

① ［法］勒·柯布西耶. 城市［M］. 樋口清，译. 东京：鹿岛出版会，1967：13.

② ［日］芦原义信. 街道的美学：下［M］. 尹培桐，译. 南京：江苏凤凰文艺出版社，2017：60−61.

第二十五章
长三角城市群一体化区“双极双核”模式样板

上海不仅是中国的“经济发展极”，也是中国的“文化发展极”，同时，还是长三角城市群和长江城市经济带发展的“创新区域核”。之所以这样认识上海的定位模式，旨在强调中国长三角和长江流域经济与文化在整体上提升的一个战略思考。中国地域广阔、人口众多，在整体经济发展布局上设定“发展极”的布局，要强调中国全域一盘棋的整体性和相对平衡发展方式的建构。以往人们都注意“经济发展极”的创造，而很少有人注重“文化发展极”的建设，忽视地域文化的创新，而上海和北京在文化上明显是两大地域上的两大风格派别，长江南北的“京派文化”和“海派文化”，各自引领风骚。“京派文化”充分显示了中国传统文化的强大生命力，而“海派文化”则充分演绎了中外文化融合的跨文化属性，对中国改革开放和时尚文化具有样板性和创新性。长三角是中国经济发展最发达的地区，上海以“海派文化”为特色的文化创新，对推动长三角的创新发展起着至关重要的作用，而作为长三角整合发展的“经济区域核”和“文化区域核”的双重价值，已经成为国际上有影响的就业、创业、生产和创新发展中心，构成了完整的“综合独立区域核”功能，是中国及长三角、长江经济带的“创新服务产业的新发展中心”。长江经济带和长江国家文化公园的建设，是中国经济与文化发展的重大国家级战略，必须应该有一个引领性的创新发展和服务中心，而上海应该当仁不让而勇于担当。

所以笔者明确提出上海的“双极双核”创新发展模式，首先是因为作为一座国际化的文化大都市和迈向“全球城市”的上海应该发挥更大的作用，在参与全球经济与文化竞争的过程中成为标杆而起到示范作用。其次，“双极双核”发展定位的提出，主要是因为一些城市研究者和管理者经常讲“经济发展极”而忽视了“文化发展极”的价值与意义，如果没有“文化发展极”的内在作用，没有在大区域和流域经济中发挥“创新服务区域核”的整合协调功能，很难真正成为对世界有影响的国家级“经济发展极”和世界大区域经济“文化发展极”，也很难成为世界一线的创新范本——“全球城市”[①]。

一、从“大上海国际化都市圈”[②]到“全球城市”联合统计区

从“全球城市”的发展历程来看，能够成为“全球城市”的因素很多是个性化的，或经济的，或政治的，或文化的，或自然环境的，但其中的共性也很多，本篇不是专门研究“全球城市”共性的问题，已经有人作过很多文章，这里只是强调一点，“全球城市”最突出的共性也是最突出能力和价值，是对人类优秀文化的包容、认同和再创新。

从全球的视野来看，经济发达地区都是城市群繁荣的地区，同时，也是区域文化和“城市文化资本”显性化发展的地区，中国以上海为经济与文化“发展极”的长三角地区就是这样，这一地区是多重经济政策和文化覆盖的文化整合地带，从中国传统的历史文化看，有吴文化、越文化、楚文化、江淮文化、沪文化……特别是有长江中下游的水韵文化，即在长江、太湖和运河文化的整合下，发展出了具有代表性的江南文化，而且这一文化所创造的模式，被中国文化认同为一种精致型的生活方式区，也是中国文化最具有样板性的地理文化域。除此之外，也有近代以来，长三角地区颇受世界发达国家文化影响，国际化的发展、外来文化的侵入与接替和海洋文化漫染，形成了与北

---

① 笔者在1994年第6期《城市问题》题为《论市场经济的发展与中国城市现代化道路及方式选择》文章中，提出了建立“长江城市带”“黄河城市带”的构想，原文：“创造内陆城市群与沿海城市带的整合关系，建立流域城市带，通过水路和陆路连接城市群的各种经济关系。1.建立以上海为龙头的长江城市带，这是中国经济发展的第二发达地带，可分为三个中心段：重庆和成都城市圈、武汉和长沙及南京和上海城市圈。2.珠江三角洲城市群，是我国经济高速发展地区。在理论上应该明确珠江三角洲城市群的龙头功能，以带动贵州、云南和广西城市群的经济发展，关键点是能否理顺这种关系，如果能在经济关系上相应制定某些针对性措施，以珠江为连结纽带的高速经济发展区是可以形成的。3.黄河城市带，这一地带相对而言，经济发展水平偏低，而且差距比较大，如果能从政策上注入新的条件，逐渐扩大城市圈覆盖面，黄河城市带发展前景十分广阔：兰州和西宁经济圈；泾渭水与关中经济圈；郑州、洛阳和安阳城市圈；济南与胶东沿海城市圈。在操作上长江与黄河城市带还应该建立横向金融、商品经济关系和分工协作的经济发展关系。同时，沿江、河向两翼扩展。从这个意义上说，黄河城市带可以视为我国经济发展的‘中间地带’或称‘后发达地带’，如果能在城市化的整体设想中发挥黄河城市带的作用，古老的中华民族文明发祥地之一的黄河流域将会再放光华。”文章中相关概念和观点提出得比较早，从2023年的中国城市发展格局看，基本上是按照这样的逻辑发展的。

② 张鸿雁.“大上海国际化都市圈”整合建构新论——中国长三角城市群差序化格局创新研究［J］.社会科学，2007（05）：4-13.

京为核心的京派文化相对应的两大文化体系。另外，中国还形成了多个区域性文化中心，如以广州和香港为核心的岭南文化，以西安和兰州为核心的西北文化，以武汉、长沙和郑州为核心的中原文化，以济南和青岛为核心的齐鲁文化，以沈阳、长春和哈尔滨为核心的黑土地文化等，还有多个少数民族文化区域。在中国改革开放的大潮中，以上海为核心的长三角城市群和以香港、广州为核心的珠江三角洲城市群走在了中国经济发展前列。在区域经济文化共同体意义上“国际化大上海都市圈”①正在成为世界上发展最快的地区，这一地区与香港、广州为核心的珠三角城市群不同，在一定意义上，特别是在文化上，长三角发展的现代性具有一定的均好性和地理空间的多增长点的模式。

纵观国内外城市群、城市带和都市圈发展经验，真正能够成为核心增长“区域核”的都市圈和城市，或者能够成为国际化意义上的区域经济“发展极”的城市，都是文化发展有创新、具有城市文化“软实力”和国际文化相容创新能量的城市。与其说长三角城市群、都市圈和区域发展的核心城市是以经济影响力为主，不如说是文化影响力更为重要，这一区域的“海派文化”“江南文化”和“江浙文化”创新力在深层次上的影响和扩张比经济的集聚与扩散来得更为重要和更为深透，因此成为一个城市群的文化共同体，或者是都市圈文化共同体，而其核心是城市群和都市圈的文化认同机制。区域“发展极”的建构和区域现代化的发展，是全球现代化发展中的一个重要的发展趋势和格局，从经济发展规律看，现代化不可能同时在全球和某一国家甚至某一区域均衡发展，只能是局部地区率先发展，而文化引领性是其核心价值，简言之，有创新思想的区域空间才有可能成为“发展极”和新的增长点。

弗朗索瓦·佩鲁（François Perroux）在20世纪50年代最先提出这一理论的时候，全球还没有形成网络社会和智能化的全球网络体系，因为，全球化的网络社会为离心化和中心分散化创造了条件，以往认为发展极大多发生在人口规模大和产业群体密集的地方，而网络社会创造了新的增长模式，即某种人才集聚、某一特色平台集聚、某一营销模式集聚和集聚产品装配模式等，都有可能成

---

① “大上海国际化都市圈”模式与空间结构：第一圈层是“核心结构金三角结构”，以上海为核心，包括嘉兴、苏锡常、南通在内构成核心城市群；第二圈层是“主体框架金三角结构”，即上海—杭州—南京三角区域空间，是长三角发展的“三个支点”，其中上海为核心发展极，以南京（宁镇扬）都市圈、杭州都市圈为“区域协调极”，整体形成互为依存的发展空间；第三圈层是“整体框架金三角结构”，即以上海为核心，包括安徽合肥及芜马铜（芜湖、马鞍山和铜陵）为三角结点之一，以浙江温州和江苏连云港为两翼，构建“大上海国际化都市圈”。参见：张鸿雁. “大上海国际化都市圈”整合建构新论——中国长三角城市群差序化格局创新研究［J］. 社会科学，2007（05）：4-13.

为经济发展的“增长极”，存在着集中与分散同步化的结果和形式，“经济发展极”有可能会在中小城镇甚至在村庄里发生，中国与世界各地出现的一些特色小城镇、淘宝镇和淘宝村经济，有的占全球经济比重和市场占有率竟高达60%—70%以上，打破了传统“发展极”理论的认知局限。弗朗索瓦·佩鲁在《略论增长极概念》中写道：“增长并非同时出现在所有的地方，它以不同的强度首先出现于一些点或增长极上，然后通过不同的渠道向外扩散，并对整个经济产生不同的终极影响。”[①]当下在中国出现的“全球化乡村”[②]经济，就是通过全球网络的虚拟与实体空间的产业与商品集聚，占据全球市场份额，这个空间也可以称为“网络区位空间”，理论上是虚拟的，在具体的经济的、信息的商品的流通中具有实体性意义，也可看作是虚拟与实体空间的结合点。在一定区域空间，经济和文化发展是不平衡的，在先发达地区和后发达地区之间会有一个“经济回波效应[③]”地带，或者叫作集聚与扩散效应的不均衡空间，如果发达地区的经济增长较快，而相邻落后地区或经济欠发达地区腹地经济发展没有长进，就不能形成互动关系，就会起到相反作用：发达地区的经济会因为没有经济腹地而使发展速度放缓。长三角地区城市经济文化在上海国际化都市发展极的带动下，与长江流域城市间融合形成合作关系，并通过长江的通道作用可以形成高效传导功能，可以直接影响长江两岸及周边地区，进而形成长江流域经济、文化发展的整体协调性效应，发挥长三角一体化区城市群的核心——上海的“双极双核”功能，与江苏段八座城市形成长江经济与流域经济的龙头作用，可以带动整个长江流域特别是中游武汉和上游重庆的同步发展，整合长江经济带，创造中国经济发展具有高强度物流空间的主干地带，并以长江为“轴”带动中国中东部大面积地区进入

---

① “1955年，法国经济学家F.佩鲁（François Perroux）首创增长极概念。作为经济学家，佩鲁观察到，经济空间是由中心或极、焦点组成的，这种中心或者极，本质上是指推进型企业。”参见：苗长虹. 增长极概念的演化与区域发展重点的转变［J］. 区域经济评论，2016（04）：7-9. 增长极理论是一种合成理论，它是由那些通过解释地区的发展过程，说明在增长中的都市中心确实诱使周围地区经济增长的各种假说组成的。参见：［英］戈尔. 争议中的区域发展理论［M］. 伦敦：麦休恩，1986：2；王缉慈. 增长极概念、理论及战略探究［J］. 经济科学，1989（03）：53-58.

② “全球化乡村”是网络社会出现后的一种现象，在一个乡村里可以知道世界、了解世界，并通过网络可以销售和购买全球任何一个地方的产品，而在中国这些乡村已经是世界旅游目的地。最早提出这个概念的是笔者，在主持中国国家哲学社会科学重大招标课题“特色文化研究”时，其成果之一是“特色文化城市研究”丛书，其中由邵颖萍撰写的《落脚乡村与民宿经济——莫干山特色文化重构》由南京凤凰教育出版社于2019年出版。

③ 回波效应（Backwash Effects）：指在一国经济发展中，由于推行发展极战略，在要素收益地区差异的调节作用下，经济落后地区的资本、劳动力、人才、资源等被经济发达地区吸走，给落后地区经济发展造成不良影响，结果使国内地区间的经济差距扩大。参见：孙自铎. 论我国经济发展中的回波效应及其防范［J］. 特区经济，1993（12）：33-36.

现代化进程，这是长三角一体化上升为国家战略的重要意义所在，也有可能成长为世界范围的一个以城市群为特征的“经济发展极”，或者成为世界第六大城市群中的一个最有特色、最具竞争力、最能吸引世界人才、最具创新力和最具文化特色的城市群。

在长三角一体化上升为国家战略的推进过程中，长三角应该创造性地成为一个现代化发展的国家级巨型“公共创新协同平台”，在改变产业发展空间布局的同时，加上交通快速发展的整合和可达性的充分性，从而形成一个“长三角都市圈的生活方式共同体”，即从经济共同体到“文化共同体”的转化。长三角“四极”（沪、宁、杭、合）发展协同意义非常深远，这四个省级区域也是中国江南文化积淀和发展最为深厚的地区，作为中国文化根柢的集中表现地，还是国际化交流、后现代科技文化与经济生活创新发展最充分和最时尚的地方。随着全球网络社会发展，这一地域的交通方式、交往方式、通信方式、工作方式及各种壁垒的打通和同城化正在形成，居民的生活选择机制更加充分，每个人都能很及时地参与和享受整个长三角都市圈发展带来的以江南文化为底蕴的生活方式，因而未来会构成中国现代化发展的领先地区。

长三角未来一定是以上海为文化主体中心的“多个中心文化发展极”共同发展模式，并结构化为多个都市圈和特色城市构成的地域生产力共同体，其中有上海都市圈、南京都市圈、杭州都市圈、合肥都市圈为“四极”发展体系，而其内部还可以自主演化成结构化都市圈，如苏锡常都市圈，芜湖、马鞍山和铜陵都市圈等。以多种形式的都市圈组成的城市群地域生产力结构，以不同层级的多极、多中心空间再生产模式，在长三角城市群的政策引导和文化涵容的作用下，可以优化进而形成相对具有合理均好性的多极结构的城市群。对长三角一体化发展战略这一命题的研究在中国学术研究领域已经超过40年了，除了长三角一体化发展的理论逻辑外，长三角应该是中国现代化及后现代化发展的示范区，同时也应该是一个文化时尚和文化创意产业的集聚区，并成为领先世界的文化综合治理的文化时尚高地，以自然生态涵养为价值取向的、以高新技术创新发展为核心的宜居、宜业、宜商、宜游、宜学的世界花园城市、旅游目的地城市，甚至可以描绘是后现代的大都会区，同时，可以与美国加州的科技文化发展为标杆，创造与加州比肩的长三角科技文化创新区①。

上海作为长三角城市群的核心与发展极和“创新区域核”，应主动提倡打破各种各样的壁垒，合理、科学地跨区域整合资源，遵循市场化的区域经济发展逻辑，打破行政边界构成的经济与文化

---

① ［英］格雷姆·埃文斯. 文化规划：一种城市复兴？［M］. 李健盛，译. 北京：北京师范大学出版社，2022：293.

壁垒，能够在整个长三角区域内统一整合资源，特别是调整、融合土地资源，能够在长三角区域内进行合理的产业布局，能够集中人力、物力、财力和区位空间（土地）等生产要素，集中力量打造世界的科技与文化创新高地，否则，长三角一体化会长期滞留在文件里和口号的表达上。如必须思考能否在长三角区域内创造由四省区统一的"中国长三角硅谷"，专门研发半导体、新材料、数字产业、新医药和创新技术，建构世界级的人才流动高地，集聚世界的优秀人才为我所用等，这只是国家规划战略中的一种策略描述，即区域经济一体化的作用何在？关键在于如何通过一体化达到统一规划、统一调动资源和一体化区域内经济相对平衡发展的目的。长三角一体化的创新大体可以从五个方面加以思考：

其一，"创造发展极，培育新硅谷"。长三角城市群一体"文化发展极"功能与价值的释放，需要在文化创意产业的发展上进行广泛创新，提供更有意义的艺术文化空间和思想碰撞的第三空间，提升长三角一体化区的文化产业智能数字化的发展能级，与其他"全球城市"一样，把文化创意产业作为城市的主体和支柱产业，以培育长三角一体区创意阶层崛起的经济与文化土壤，创造性地推动长三角城市群的社会结构、经济结构和文化结构向后现代社会转型，如伦敦、纽约、巴黎和东京一样，创造世界范围的科技、文化和人才引力，提出具体政策与对策，在长三角建构多个世界先进制造业产业集群、国际金融和金融服务产业集群、智能数字化产业集聚、文化创意产业集群，并使四类产业形成有机互补合力，以长三角一体化的整体直接参与全球竞争，以中国的国力和长三角一体化城市群的合力，建设能比肩美国"西部硅谷"的中国"长三角硅谷"，实实在在地提升中国长三角一体化城市群"发展极"——上海的"全球城市"的文化身份识别体系。具体的政策与行动逻辑之一是，推动长三角"四极"（沪、宁、杭、合）合力发展，长三角"四极"中的每一极都能成为长三角一体化区多个都市圈的"创新区域核"和"文化发展极"，创造各自的特色文化和特色产业，并要求长三角一体化中的"四极"在经济与发展中能够互补，而不是仅仅配合上海的发展。如以南京为例，作为一个经济高速发展的省会城市，第一要务是在"对标"世界一线城市的同时，制定出南京追赶"全球城市"的具体方案和方法，在比较中取长补短，寻求跨越发展。

其二，"人力资本为上，人才资本为峰"。国际化高新技术创新人才的集聚高地是"全球城市"的首要文化特质，只有成为全球人才的向往之城才有可能成为全球一流的创新城市。长三角一体化城市群区域要进行顶层发展战略规划与设计，而且特别要指出的是，这种顶层规划设计一定要从宏观、中观和微观三个层面来解决具体问题，包括解决可持续发展问题。必须包括产业规划、就业规划、管理运营和城市特色产业的地域分工，通过大数据的分析、通过科学化的"预可研”分析及相关研究报告，可以创造一个预设没有失误的和可实施的规划方案，现代科技发展已经需要这样的规划设计了。其中要明确长三角一体化区各都市群内所有城市包括县城和县级市的城市经济与文化发展定位，建构长三角一体化城市群产业与文化的差序格局，充分发挥好沪、宁、杭、合及各都市圈的核心城市功能定位，在省域经济规模、成长性和未来发展的预期模式的基础上，站在长三角城市群一体化、整体化和互融化的角度来为所有城市进行近期与远期的发展定位，包括通过经营模型和赢利模式的商业化，创造一个可预见的未来和解决实际问题的方案，世界上已经有很多这样的成功经验，我们或可以说，有时，“失败不是成功之母，而恰恰是成功才是成功之母”。吸纳国际成功经验，让长三角一体化区城市群中的每一座城市都能有效发展作用和产生价值，这在过去看起来只是一种规划的“理想类型”，但是，现实则是可以通过真正科学的研判和规划，同时运用科学的手段，包括大型数据库的利用与分析，通过高超的“算力”来解决相关问题，使用“城市智慧大脑”创造和模拟场景，集高端人才、专家的科学决策，推动规划、决策在程序上的公平性、正义性和科学性，一定是能够“多流汗水，不留遗憾”，这不仅是智能网络时代的一种说辞，而且是一种时代的、科学的和理性的呼唤。因为，有太多的反思告诉我们，有些地方和城市发展在政策上的失误、规划上的失误、决策上的失误、技术上的失误带给我们失败的遗憾和遗留问题太多，这种情况在网络和大数据及智慧产业的时代应该少些、再少些或者应该杜绝。

保证发展决策的科学性办法之一是在比较研究中来认识解决问题的方法。通过比较可以看到，中国长三角一体化区除上海外的三个省——江苏、浙江和安徽的人口大体上与欧洲的德、英、法相当[①]，从人力资源的比较上看几乎没有差距，但是，人才资本、人力资本和创新人才资本在存量上和培养能力上还有很大差距，特别是我们还缺乏国际型一流科学家、一流技术人才包括一流的经营管理人才和文化创意人才，长三角一体化城市群要在整体上参与全球竞争，并在竞争中能够脱颖而出，必须成为世界一流人才的流动、培养与集聚高地，通过人才的集聚，推动产业向高级化转型，不能让区域经济一体化城市群的概念仅停留在宏观战略层面，长三角一体化城市群的建设要有一大批一流科学家作为“操盘手”的能人，来开创新局面，至少有赶超世界一线城市的雄心和能力，从具体的创新方案上入手，创造性提出长三角一体化区的总体地域产业整合与分工，通过长江流域经

① 江苏省面积为10.72万平方千米，人口是8515万人；浙江省面积为10.55万平方千米，人口是6577万人；安徽省面积为14.01万平方千米，人口是6127万人。英国国土面积为24.41万平方千米，人口是6697.1万人；法国国土面积为55万平方千米，人口是6804万；德国国土面积为35.8万平方千米，人口是8440万。

济的再整合，形成长三角经济一体化两岸相对同步发展、与世界同步发展、长江流域整体发展的势态。如在作为江苏省省会城市的南京，处于长江黄金T字形水道之滨，应该主动引领、带动南京都市圈和“南京—合肥都市圈”及整合苏南苏北协调发展，将江苏和南京真正打造成长三角“四个发展极”中的高端科技产业及文化创意产业结合的“区域核心创新发展极”，充分利用江苏省高校多、科研院所多、大型企业多、高等级旅游景区多及历史文化资源丰厚的特点，创造江苏省域意义上的“城市文化资本”再生产，强化“水韵江苏”生态好的特点与优势，将“世界文学之都”、世界消费中心城市、世界旅游目的地城市、世界创新名城等城市名片进行一体化和系统化思考，遵循建设国际化经济大省、国际化文化强省和国际化大都市的建设路径、方法，创造中国经济与文化创意产业发展的世界高地，补充上海经济文化发展之不足。

其三，“弥合区域发展缝隙，缩小文化差异鸿沟”。长三角一体化城市群发展模式，应该事先预设区域发展的相对均好性，在拉开城市群发展框架、创造更大产业发展格局的同时，关注长三角一体化城市群中的新差别、新矛盾和新问题，在都市圈与都市圈之间、城市与城市之间、县域与县域之间及四个省域（沪宁杭合）接壤的偏远区域之间的融合、平衡发展问题的管理上，注意尽可能缩小区域社会发展的梯度差异、社会文化断层和不同层级行政区域边缘区社会的矛盾和差异，推出区域结构性空洞矛盾的弥合机制与对应政策，尽可能逐渐消除城市群之间的“灰色”地带和显性的落后文化地带，不能让“新二元经济结构”发生与发展。应该说，区域与行政区划边缘地带的经济落后问题，曾长期作为中国经济现代化区发展的社会问题而存在，而且这些“灰色”地带和“三不管”区域空间，往往是产生社会问题的渊薮，成为现代化和现代文明发展的滞后力，这种情况不彻底改变，都市圈、城市群的经济与文化一体化的有序发展是很难推进的，这类问题的存在也是一些地方政府故作表面文章的产物。另外，当下的智能化网络时代，个体信息资源占有不仅有量的差异，更重要的是还有质的差异和信息有效性的差异，这也是现代“风险社会”出现某种文化蜕变的重要原因之一，所以，消除信息占有的差异，是区域一体化特别是文化一体化需要改变的重要内容。有西方学者早在20多年前就曾指出：未来社会阶级的分化和财富的拥有所形成的社会地位差异，也可以用信息拥有量、占有量、使用量的差异来说明，经济上的富人——文化资本的拥有者，必然是大量信息的占有者，反之，这是信息占有得少，可能和信息贫困有关——虽然对这种说法有不同的解释，但是，在现实中我们已经可以看到，人的现代性的差异，已经表现在对社会信息的获取方式、社会信息占有量和对信息的处理能力及理解能力的差异上了。

其四，“放开视野，拉开框架，创造机遇，超前定位”。长三角城市群及影响区域，初步形成了在“发展极”整合下的全域空间再生产功能，或者叫作“全域空间再生产的产业化价值重组”。在产业发展上，无论是乡镇、县市还是省一级，产业空间布局都在向高度集聚化和高素质化方向发展，有些发展较快的地方，行政壁垒在某种程度上或在某一方面被打破，这已经是一种进步，可以在跨行政区域界线的情况下发展经济和进行产业布局，这种情况虽然已经在一些城市出现，但还没有形成一种市场化的、法制化的发展机制，需要在长三角城市群的文化共同体内进行更大空间里的产业集聚和布局，创造新的产业集群、“产业流”、信息流和新的跨区域的产业集群式的协作体系，包括形成全球性产业集聚和城市文化价值链。而且这个城市文化价值链可以与国际上的全球价值链进行有效链接，进而形成一个新的有比较优势的“区位熵”[①]，使长三角在整体上成为世界城市群高地，在长三角城市内的各城市产业发展中形成一种“共生性竞争关系”，从而可以改善、优化长三角城市群的地域生产力结构，在全球产业分工特别是“全球新文化产业分工”参与竞争性的分工上，建构有中国特色的产业集群发展世界高地，成为世界经济与文化发展的中心性城市群。

所谓拉开框架，就是说在长三角城市群的一体化空间发展规划指导下，统一协调产业布局和国际化的发展布局，创造全域城乡一体、城乡等值化和全域城市现代化，特别是要创造长三角一体化城市群全域城市之间的快速交通梯度化结构体系，创造长三角一体城市群节点城市的高铁、轻轨1—2小时的全域可达性。长三角一体化城市群是中国经济最具活力、开放程度最高、创新能力最强的区域之一，也是中国万亿GDP城市最集中的城市群[②]。作为长三角组成部分的城市，在主动融入长三角一体化的国家战略过程中，各省区要敢于担当，从主动配合到主动融入，再到主动服务和主动自主创新，形成与上海的结构性嵌入关系。排在策略第一位的应该是采取“超前定位”战略，即“争先定位”战略，每座具有国际化发展目标和能力的城市都要独自形成文化自觉：先走一步、领先一步、快走一步、早走一步，不仅仅是在城市群内部直接竞争，而是直接跨入全球化体系中，直接对标世界一线的“全球城市”，直接介入全球市场、全球经济网络和全球创新城市的竞争中，

---

① 区位熵：由哈盖特（P. Haggett）首先提出并运用于区位分析中。区位熵用于衡量某一区域要素的空间分布情况，反映某一产业部门的专业化程度，以及某一区域在高层次区域的地位和作用等方面，是一个很有意义的指标。参见：陈晓雪，谢忠秋，王志华，等.苏南民营经济发展研究：基于常州的经验数据［M］.北京：中国经济出版社，2011：46.“区位熵”的计算方法是用一个地区特定产业的某个发展指标与该地区所有产业相应发展指标的比例，再除以全国该产业发展指标与全国所有产业相应发展指标的比例后的比值。参见：林源源.区域旅游产业经济绩效及其影响因素研究［M］.南京：东南大学出版社，2013：56.

② 参见2019年南京日报对笔者的采访报道。宋广玉.探索中心城市带动区域一体化发展新模式［N］.南京日报，2019-02-27.

创造发展国际化的"蓝海"。在这一角度至少有四个思考点：一是学习东京"韧性城市"[①]文化，在创造立体城市空间和在规避各种风险中，创造城市发展的公平与正义的、属于城市市民的公共空间；二是学习巴黎的"艺术城市"建设模式，把城市当作艺术品来打造，将"历史文化传承和荣誉作为文化产业"的内核，共同创造城市"集体记忆"的世界价值；三是学习伦敦的"充分就业"主张，在"城市如家"文化中，创造多种多样高端的就业机制，以吸引全球的人才；四是学习纽约的包容性和其全球性城市建设实践，在对世界文化包容的同时，创造属于南京的城市文化价值。

长三角一体化城市群具有很好的文化向心力和文化认同性，江苏、浙江、安徽从近代以来的传统文化意义上比较认同上海文化，同时，上海与其他三省都既地处江南，又都十分认同江南文化，而在江南文化上又表现了长三角一体区的城市文化共性，具有共同的江南文化和沿海文化属性。上海作为长三角的"文化发展极"，是带动区域发展极的核心要素和重要力量，也是城市文化自觉与自为的原动力，长三角一体化区的都市圈和城市群之间的这种文化认同，是长三角一体化区能成为中国乃至世界区域增长极的一个特定优势。其中一个重要优势的创新点是：可以创造江苏和上海的"多式联运组合港"功能，实现江苏沿海经济现代化、沿江经济现代化和创造新国际贸易的发展体系。其中包括江苏的沿江八市和连云港、盐城的港口码头优势，创新通江达海的"海上战略""海洋战略"，在直接面对全球竞争中，创造苏锡常一体化的国家级现代化示范区，同时创造上海与江苏沿江八市的科技文化融合、文旅融合以及农文旅商一体化战略机制，这是一种具有战略和方案意义上的行动逻辑。江苏、浙江和安徽都要从主动配合向主动融合转型，在融入上海的一体化战略中，突破地域局限。安徽合肥可以和上海直接合作，并通过建设直通上海的悬浮式列车，创造人文

---

① 东京"韧性城市"：东京地处环太平洋火山地震带，地震、海啸等自然灾害频发。其狭长的国土特征一定程度上限制了人口与经济活动布局，容易受到突发灾难的较大冲击，因而韧性城市建设对于东京而言至关重要。为此，东京制定了一系列预防地震等自然灾害、维护公共治安的应急预案，一定程度上增强了东京的城市韧性。同时，可持续发展理念本就与韧性城市建设一脉相承，东京在应对环境问题、气候问题时也强调提升城市的应急预案水平与危机响应能力。参见：李国平，杨艺. 面对灾难，城市如何保持韧性——国际大都市为韧性城市发展规划铺路［N］. 光明日报，2020-04-09. 在2021年的《东京都城市规划纲要》中，多次提到"防灾区改造项目"，这是一项旨在提高城市密集区中从防灾角度看具有危险性的旧建筑物及其用地的防灾性能的项目。该项目旨在开发防灾区，为确保城市密集区的特定防灾功能做出贡献。除了现有的针对建筑密集区的各种系统之外，本项目还旨在进一步促进建筑密集区的发展。该项目于2003年6月通过修订《促进城市密集区防灾发展法》而设立。在东京，已有11个地区实施了这一制度。参见：［日］东京都城市规划纲要［R］. 2021年版. 东京：日本政府城市发展局，2021：89.

区位关系，以合肥城市的大科学装置和安徽经济腹地广阔的优势条件，与上海形成互补关系，也要建设多式联运组合的中心枢纽，直接融入上海，直接创造长三角一体化中的“合肥科技文化创新价值”。

其五，“强化优势，建构特色，空隙定位，沪宁互补”。强化优势战略是长三角一体化城市群“四极”之一的南京所应该采取的优先发展战略定位。特别是要主抓南京历史文化资源雄厚的优势，建立历史文化产业的创意、创新发展的新高地。南京要集中力量办好事、办成事、办一些可以看作是世界最前沿的事。“取法乎上，得乎其中。”对南京来说，直接介入全球竞争，才更有可能服务长三角，才更有可能在全球化经济竞争中创造发展的“蓝海”①。

同时，我们也要设一个“南京之问”？上海需要南京什么？南京需要上海什么？回答是明确的，南京和上海的发展要强调各自的特色，从综合实力来讲，南京和上海还不是一个同量级的城市，南京在创造综合竞争力的同时，必须创造特色才能找到自己的竞争优势，南京只有在某些方面比上海有优势、有特点、有长处并有创新在前，上海才需要你，长三角才需要你。至少南京一定要有这样的雄心壮志：在融入长三角一体化发展的前提下，创造城市和都市圈的新功能以补充上海之不足，进而在特色发展上超越上海。南京的产业发展、创新能力和人才特色，一定要有超过上海的地方，才能成为长三角一体化发展的有力“支点”，和“全球城市”相比，南京最缺的是高端国际金融产业，南京必须想方设法建构国际金融体系和国际科创中心的新体系。同时，南京也要在历史文化丰厚优势的基础上，创造“全球城市”的文化认同机制，包括城市文化所表现的城市温度，就是城市创新必须有的本底，即市民社会的“文化场域”，成为全球高端人才和创新人士喜爱的城市……这样的典型城市就如加州及加州的硅谷，是科教文化硅谷与人文硅谷的人文区位引力，才成就了加州的硅谷。南京应该利用与上海一体化的优势，作为长三角一体化的特大城市，可以选择或

---

① “蓝海”：指蓝海战略（blue ocean strategy），“红海战略”的对称，竞争战略之一。指打破现有产业的边界，在一片全新的无人竞争的市场中进行开拓的战略。目的是摆脱竞争，通过创造和获得新的需求、实施差异化和低成本，获取更高利润率。因把无人竞争的市场比作没有血腥的蓝海，故称。参见：陆雄文.管理学大辞典[M].上海：上海辞书出版社，2013：98.《蓝海战略》一书写道：“蓝海战略要求企业突破传统的血腥竞争所形成的‘红海’，拓展新的非竞争性的市场空间。与已有的、通常呈收缩趋势的竞争市场需求不同，蓝海战略考虑的是如何创造需求，突破竞争。”“与之相反，蓝海则意味着未开垦的市场空间、需求的创造以及利润高速增长的机会。尽管有些蓝海是在现有的红海领域之外创造出来的，但绝大多数蓝海是通过扩展已经存在的产业边界而形成的，正如太阳马戏团所做的那样。在蓝海中，竞争是无关的，因为游戏规则还有待建立。”参见：[韩]W.钱·金，[美]勒妮·莫博涅，[韩]金伟灿.蓝海战略——超越产业竞争，开创全新市场[M].吉宓，译.南京：商务印书馆，2005：前言，4-5.

集中办好这样八件事：一是推进创新文化空间的建设，建构科技创新与高校结合区域，集中打造一个国际一流的智慧产业园区，发展机器人、3D打印、数字人等智慧产业；二是结合南京优势集中力量办一个世界一流大学特色专业群，建立一个完整的国际化人才集聚与流动高地；三是完整打造国际化金融服务产业中心，形成对标全球城市——伦敦的基本标准，形成区域金融中心的“金融港”功能；四是创造国际化交通枢纽结构体系，既要通江达海又要推进海上丝绸之路的建设，又要与上海无缝对接，创造海洋经济文化意义上的南京，就是南京要把自己当作沿海城市来打造；五是打造国际化人才的社区生活体系，完善国际化法律、医疗、教育服务等，凸显南京的国际化城市社会生活有机生态环境；六是在网络智能信息产业、数字产业和智慧城市建设方面，直接面向国际，创造国际“信息港”功能；七是建设世界级旅游目的地城市，利用传统文化优势争取游客总量能比肩上海；八是要把南京打造成一线国际商务旅游养生会展、会奖中心，集中力量办一个真正的国际化会展经济体的“产业网链”，创造世界有特色的会展“会奖”经济模式。南京可在建设具有全球影响力创新名城的过程中，通过做大专利创新创业会展产业来做大做强会展经济，希望未来能看到世界专利博览会在南京举办。

二、从同城一体互为前提到都市圈内生性动力机制

长三角一体化已经上升为国家战略，其重大意义不言而喻，长三角一体化城市群中的城市，不能仅仅以配角的方式存在，而是要以自己的特色融入、共襄长三角一体化高质量发展，创造新产业、创造新优势、创造新功能，进而构成与上海的互补关系，创造全球城市群竞争发展的蓝海，在产业特色、创新能力、科教文化、区域空间特色及城市功能增长等方面，拉长板，补短板，特别是在某些方面的创新发展特色要超过上海，使之能够在配合、融入的意义上裨益上海、补充上海之不足，上海以外的省区城市才能真正成为长三角一体化发展的新支点、新经济“发展极”、经济“区域核”和区域经济的“协调极”，才能在长三角一体化发展中有所作为，而不是一味地简单对接上海、服务上海，或是单纯地接受上海的辐射和产业转移等。

事实上，上海在长三角城市群一体化的发展中，已经认识到了上海的首位度还需要加强和提升，上海自己的都市圈要做实做优，还要做强、做大、做高，否则，其应有的发展极集聚与扩散、集中与分散的功能就很难显现，当然，进一步提升上海城市的首位度所做的第一件事情就是要提升上海市域都市圈的人口数量和土地资源优化的利用率，要把周边的优势资源纳入都市圈的发展范

围，保证国际高端产业、高端人才集聚投资创新发展用地指标。上海在2020年《上海大都市圈空间协同规划》[①]中，将上海大都市圈的规划范围确定为上海市以及周边苏州市、无锡市、常州市、南通市、嘉兴市、湖州市、宁波市、舟山市在内的“1+8”市域行政范围，总面积约5.6万平方千米，2020年常住人口约7742万人，分别约占长三角的15%和34%左右。上海大都市圈各城市文化同源、水脉相通、地缘相近，是一个充满生机活力的区域生命共同体，也是一个整体实力可以比肩世界顶级都市圈的高收入经济体。《规划》明确，到2025年，上海大都市圈初步建成卓越的全球城市区域，经济规模接近20万亿元。到2035年，上海大都市圈基本建成卓越的全球城市区域，经济规模将达到30万亿元。到2050年，上海大都市圈全面建成卓越的全球城市区域，经济规模将超过50万亿元[②]。规划策略仿同伦敦，内涵与结构相似：一是共塑全球领先的创新共同体。打造14个支撑自主创新发展的知识集群。围绕生物医药、新一代信息技术、高端智能制造、新能源、绿色化工、汽车制造等七大核心产业领域展开。二是共建畅达对流的高效区域。加快建设“轨道上的都市圈”，力争上海大都市圈内城市间1小时互联、县级行政单元至上海主城区90分钟可达。三是共保和谐共生的生态绿洲。构建区域一体化的生态建设保护机制，建设京杭大运河、太浦河等10条区域性清水绿廊，以环太湖生态核心，打造长江、钱塘江、滨海三条生态带。四是共享诗意栖居的人文家园。打造上海国际都会、江南水乡小镇等10个旅游圈以及5条区域精品游线。而且其空间结构就是伦敦的翻版，卓越的全球城市区域形成“1–3–6–12–19”的功能结构：1个顶级全球城市，上海市区全球各领域达到一流水平；3个综合性全球城市，即苏州市区、宁波市区、临港新片区，与上海共同组织全球核心功能，迈向全球城市“第二方阵”；6个专业化的全球性城市，无锡市、常州市、南通市、嘉兴市、湖州市、舟山市等市区在专业领域发挥国际影响力；12个全球功能性节点，包括上海的嘉定区、松

---

① 《上海大都市圈空间协同规划》：早在2017年12月，国务院在《上海市城市总体规划（2017–2035年）》的批复中明确要求，“充分发挥上海中心城市作用，加强与周边城市的分工协作，构建上海大都市圈”。2019年5月，中共中央、国务院印发《长江三角洲区域一体化发展规划纲要》，进一步强调“推动上海与近沪区域及苏锡常都市圈联动发展，构建上海大都市圈”的要求。2022年1月，上海市人民政府、江苏省人民政府、浙江省人民政府联合印发《上海大都市圈空间协同规划》。这是沪苏浙两省一市为深入落实长三角一体化发展的国家战略，“构建上海大都市圈，打造具有全球影响力的世界级城市群”而携手制定的纲领性文件；也是中共中央、国务院《关于建立国土空间规划体系并监督实施的若干意见》颁布实施以来，经自然资源部同意并指导，全国首个由省级地方政府、有关省辖市政府联合编制的跨区域、协商性的国土空间规划。参见：上海市规划和自然资源局. 上海大都市圈空间协同规划［EB/OL］.（2022-09-28）［2023-10-28］. https：//ghzyj.sh.gov.cn/gzdt/20220928/398a780306ca4e4fbbb03e38208ab89c.html.

② 王可. 上海大都市圈空间协同规划发布［N］. 中国证券报，2022-09-29.

江区、青浦区、奉贤区，江苏的江阴市、昆山市、常熟市、张家港市，浙江余姚市、慈溪市、嘉善县、桐乡市承担全球特色功能……

在全球区域经济协同化发展趋势的影响下，城市群成为中国经济发展的重要经济形态。那么，区域一体化发展有哪些规律和趋势可循呢？区域创新一体化中如何打造重要的协同创新载体呢？从中国经济几个重要增长极的发展规律看，广州都市圈发展的特点是，统合建设“广州—佛山一体化文化共同体”与上海都市圈的“发展极”作用的区别是：文化共同体中的城市有自己的发展强项，不是强调对接，而是强调统合性发展，即在各自创造优势的前提下，强调一体化，形成优势联合与强项融合的方式。从中我们可以总结出：城市群与都市圈的融合是建立在“文化动力因”主体下的都市圈中的文化认同和文化自觉之上的，佛山作为广州都市圈的一个重要“角色”，产业特色非常鲜明，两者在文化和产业上有高度的互补性，而且在总体发展上，需要佛山与广州在文化价值与生活文化上形成更深的互补关系，创造佛山文化特色优势的结构体系，形成广州与佛山在经济与文化上的错位发展，在这一点上，广佛一体化、同城化的过程中应该学习上海空间再生产创新经验，打造以粤港澳大湾区为背景的“综合独立节点城市”，要与广州形成特色双赢的“双城记”体系，佛山在更多领域应该具有特色优势而超过广州，与广州之间形成一个互为前提发展的城市，这种“融合型一体化”才具有深刻意义。一般来说，一个有三百万以上人口的城市建造地铁比较经济①，两座城市之间通勤时间在30分钟到一个小时左右是同城效应最高的②。所以广州和佛山之间的交通引力、人口引力，对广州每年到佛山就业的人口和结构要有一个清晰的分析，才能继续推进广佛同城。以苏锡常为例，苏州和无锡、常州不仅经济体量达到了万亿级别，而且三座城市加在一起的国民经济总产值与“广佛”相当，这三

① 在国务院办公厅2003年下发的《关于加强城市快速轨道交通建设管理的通知》（国办发〔2003〕81号）中，对申建地铁城市的要求是：“地方财政一般预算收入在100亿元以上，国内生产总值达到1000亿元以上，城区人口在300万人以上。”在2018年的《关于进一步加强城市轨道交通规划建设管理的意见》（国办发〔2018〕52号）中申报门槛有所提高。对申建地铁的城市相关标准的要求变为：一般公共财政预算收入在300亿元以上，地区生产总值3000亿元以上；申报轻轨项目的城市一般公共财政预算收入、地区生产总值也分别由60亿元、600亿元调整为150亿元、1500亿元。虽然规定中对于“人口的规模300万人以上”没有改变，但把“城区人口”变为了“市区常住人口”。参见：谢玮. 国办52号文立“新规”：哪些城市将无缘新建地铁[N]. 中国经济周刊，2018-07-24.

② 2016年，剑桥大学、兰德公司等联合多家机构针对英国的34182名在职雇员展开的广泛调查发现，通勤时间超过60分钟的人，患抑郁症风险相比通勤较短时间的人高33%，产生与工作相关压力的风险高12%，每晚睡眠时间不足7小时的可能性也会高出46%，肥胖的可能性也会提升21%。同时，国际上多个都市圈的调查统计数据也验证了都市圈通勤时间的相对稳定性，通勤出行平均时间一般不超过1小时。东京都市圈的平均通勤出行时间从1978年的41.4分钟增加至2018年的47.7分钟。

座城市还都是重要的旅游目的地城市，一体化的本质是区域经济与社会文化的共同发展，还要看这一地区有没有人才流动和成长的基础，看高校和研究所的存量。广州高校也比较多，而苏锡常多是借用上海和南京的人才力量并得益很多。“广佛”人才在全国也是名列前茅的，2022年，广州高新技术企业、科技型中小企业数量分别突破1.23万家、1.67万家，占全市企业总量千分之六的高新技术企业，贡献了全市国内税收收入的七分之一，科技企业特别是高新技术企业成为高质量发展的中坚力量。截至2021年末，广东省高等学校在校学生数达254万人，企事业单位专业技术人员16万人[①]，其中，仅广州就集结了全省80%的高校、70%的科技人员，在校大学生总量居全国第一，可见广州和佛山的互补性是比较大的，这是跻身世界级城市群也是一体化发展的重要推动力[②]。

以城市群为主的大型区域城市系统，构成了世界范围的经济发达地区和国家的可持续发展机制和动力。当前，中国在整合区域经济与区域空间再生产方面，已经进入了“都市圈文化”和大城市发展为主导的时代，大概可以形成23个左右不同规模的城市群、都市圈和地域文化共同体。粤港澳大湾区和长三角一体化都已上升为国家战略，在全球范围的竞争中，大湾区更需要城市间的产业与创新的良好协同，尤其是广佛同城对于融会珠江两岸的经济发展有着重要意义。中国城市群发展的制度障碍正在逐步减弱，在全球化智慧网络发展的前提下，城市通过文化和“城市文化资本”再生产的创新，直接可以参与、介入全球城市经济与文化价值链的高端环节。应该特别关注的是，中国出现了很多同城一体化的规划案例，省会城市几乎都掀起了合并和同城化高潮，中国较早提出了城市群和都市圈“长株潭一体化”[③]的同城化建设，但是，经过长期的政策关注

---

① 广东省统计局. 广州统计年鉴2022［EB/OL］.（2022-10-25）［2023-10-28］. http：//tjnj.gdstats.gov.cn：8080/tjnj/2022/.

② 叶青. 广州着力构建科技企业梯次培育体系［N］. 科技日报，2023-03-30.

③ 长株潭一体化：“2002年，省政府批准实施《长株潭产业一体化规划》，中国城市规划设计院编制了《湘江生态经济带开发建设总体规划》；2003年省政府颁布实施，在连接三市的480平方千米的沿江带状区域内，建设集沿江道路、防洪堤、高新技术产业园、大学城、大型旅游休闲设施、各类住宅区于一体的湘江生态经济带；2005年，完成了《长株潭城市群区域规划》，着力构建现代化、生态化的网状城市群，该《规划》是我国内地第一个城市群区域规划；2006年4月，中共中央、国务院《关于促进中部地区崛起的若干意见》提出，要‘以武汉城市圈、中原城市群、长株潭城市群、皖江城市带为重点，形成支持经济发展和人口集聚的城市群，带动周边地区发展’，这标志着长株潭城市群的发展已经上升成为国家战略；2007年12月，国家批准长株潭城市群为‘全国资源节约型和环境友好型社会建设综合配套改革试验区’；2008年5月，省委召开常委扩大会议，专题研究长株潭城市群‘两型社会’综合配套改革试验区建设方案。”参见：朱翔. 长株潭城市群发展模式研究［M］. 长沙：湖南教育出版社，2009：97. 长株潭区域一体化发展历经几十年有效探索，如今长株潭区域是湖南发展的核心增长极，已成为湖南省现代化建设和全方位开放的战略支撑。

和实施才有了较大进展。为什么过去注重“单打独斗”的城市而现在都希望和更强调“区域一体化”呢？在总体上说，一是经济发展的总体趋势使然，二是领导和学者在理论与实践上的智识增量使然，三是世界区域城市群和都市圈发展的成就使然……这其中有什么阶段性的规律吗？就广佛一体化而言，笔者认为：佛山正谋划建设三龙湾高端创新集聚区，要抢抓粤港澳大湾区发展机遇，佛山一方面要和广州就产业互补做详细的规划及顶层设计，另一方面佛山绝对不能仅仅依赖广州来发展，而是要大胆作为，跳出广州城市群直接对接全球高端价值链，成为在以香港为核心及粤港澳大湾区中的“区域创新核”，成为与深圳、广州并列的三大中心节点城市。简单说，佛山强在特色产业，要与广州形成互补优势，才能真正发展自己本身，并推动广佛一体同城高质量发展。

城市群结构优化、空间优化是地域生产力构成优化的前提之一。高速公路、高速铁路、城际轨道交通和空港经济及通用航空的发展，使城市和区域在更大范围的整合成为可能，也为在更大地域空间进行新的产业布局成为可能，同时，现代全球网络社会智能化等科学技术的发展，也使跨区域、跨城市间的科学有效管理成为可能，传统的行政地域空间，已经不能够满足新的发展需要，长三角之所以比其他城市群能够有较快和较高层次的经济社会与文化发展，并成为中国经济最发达的地区，其主要原因之一就是这一地区城市群内部的城市文化认同性起了至关重要的作用，城市之间逐渐形成了具有开放的、一体化的、国际化的城市群空间结构。在技术层面，远距快速公共交通的建成，使大区域之间的互动性加强了，高速公路、高铁及现代网络数据管理技术，为城市圈的地域空间结构性变迁带来了新的动力来源和技术保证，城市的半径扩大，以往人们认知的100千米半径，已经扩展到200—300千米左右为半径的大都市圈和都市区的概念，即高铁一小时都市圈时代，都在300千米左右，甚至可能更长。都市圈在其“发展极”“创新经济区域核”以经济、文化一体化的整合之下，就会在都市圈内部产生“自觉内生互动机制”，形成互补和“互吸效应”，即也是“区位熵的互补效应”[①]。

每座城市都必然有“资源匮乏”的一个方面，每座城市必然存在它内在的需求力和内在表现的扩张力，往往会形成大小不等的“极化”效应、特殊资源需求效应，比如深圳和广州的发展，这两座城市既表现了对外部某种资源的依赖性，又表现了自身发展的“极化效应”。能够成为城市区域“发展极”的城市都是特色经济与文化产业鲜明的城市，如深圳文化创新和广州外贸经济产

① 参见2021年新华日报对笔者的采访报道。蒋浩，等. 为长三角一体化构建“宁合”新力量［N］. 新华日报，2021-03-23.

业就各自具有“发展极”功能，进而表现了城市功能的“极化效应”，其关联性就是，当城市极化效应达到一定高度之后，必然产生吸纳人才、资本和技术的“虹吸效应”区，引起各种产业要素的循环流动而形成城市成长中吐故纳新的过程，甚至包括经济发展与企业向外扩张式迁移等，“发展极效应”的对流会形成新的增长点，所以在广州和深圳之间的东莞发展起来了，这是区域经济“发展极”的集聚扩散效应的结果。相比较，“文化发展级”的本质、效能的核心在于，在“城市文化资本”再生产推动下，形成发展极化的文化感召力、政策影响力、文化观念整合力及城市文化与社会文明的构筑力。在城市群和都市圈内部的竞合关系变化中，来自城市自身产业经济规模和产业能级、科技创新发展的内在需要，使城市群和都市圈逐渐深化发展成为有共同利益的文化共同体，特别是金融产业在一定区域的一体化、城乡规划的一体化、通信经济的一体化、医疗社保的一体化、公共交通的一体化、教科文卫的一体化、旅游资源的一体化和经济产业政策的一体化等推进与实施，会在投入中产生“循环累积性因果效应”，在经济与社会发展进化的常态下，这样多种方面的一体化会产生经济社会发展的叠加效应，每一个或两个以上的区域一体化方式的建设投入，会累积为一种发展创新的要素或创新因子，进而逐渐完善“创新服务区域核”的功能和资本性价值，这其中还包括区域一体化的文化认同与共同认知的一体化，这种一体化模式在整体上会建构“区位熵”结构关系体系，成为区域城市群和都市圈发展的内生动力。因此也可以这样说，城市群和都市圈的一体化，不是随便画个圈就是城市群或都市圈了，而其中从经济“发展极”到文化“发展极”，通过多种方式的一体化才会形成“创新服务产业”的价值链，最终反哺城市群和都市圈发展的本身。

世界发展较为成功的城市群和都市圈在产业以及科技创新方面有着良好的“协同性地域生产力分工”，这种分工是市场经济的内在规律发展而通过“自组织”机制形成的，并不是人为制定的。相比较而言，中国城市群市场化的内在机制还没有很好地形成，虽然在很多方面已经有突破，但还是政府制度型主导下的城市结构体系。传统的中国城市群和都市圈存在着四个壁垒：第一是行政壁垒，是显性的，也是制度型的，比如“宁镇扬都市圈”三座城市都有自己独立的规划，独立的政策体系和人才体系，独立的土地市场，甚至还存在某些方面独立的市场体系，包括对国外或对其他城市的市场禁入等，这也被称为“诸侯经济”。第二是自然空间壁垒，既是显性的也是隐性的，比如说高山大川、大江大河、大湖洼地以及其他一些天然的或人工的障碍等，相应带来了交通阻碍，交通的可达性受到阻滞，其经济一体化实现难度增大。第三是经济水平发展梯度壁垒，主要是资金投入能力不足影响市场需求的障碍，当下这种情况有所改变，在国家政策和地方城市政府政策的引导下，一些城市和区域经济实力增长，市场需求度高，隔江隔海隔山都可以改变，天堑可以变为通途，并在时空上发生变化，但对于很多经济不发达地区来说仍然是一个问题。第四是文化价值观念壁垒，这个壁垒是具有本质性的，一座城市或者一个都市圈内部缺乏文化认同，包括政策文化、语言文化、风俗文化成为壁垒，在历史的文化演进中形成“文化鄙视链”，对区域经济一体化会有负面影响，如不同区域的文化认知不同，文化心理上就相互排斥，其都市圈一体化的文化共同体建设就相对较难实现。

21世纪20年代的中国经济，已经发展到了都市圈、城市群管理体系进行机构整合、机制整合、行政关系整合、文化整合和市场法制整合的关键期，2024年中国城市化水平已经达到了66%以上，近40年来的城市化高速发展，已经使7亿—8亿农民从乡村来到城市，中国已经进入“城市社会”[①]发展的中高级阶段，所有的城市都呈现出结构性扩张状态，前面已经有论述到，中国每一座城市，包括所有的县城都新建设了一到两个新城或新区，同时，近年来，还开始了全国范围的城市更新，无论是城市研究学者还是城市管理者，或是城市市民等都已经意识到了城市群、都市圈发展的现代性意义，要创造统一的大市场体系，是破除制度性障碍的关键。以宁镇扬都市圈为例，原来三市各自有各自的规划，各自有各自的产业布局，各自有各自的城市空间发展方向，当然各自有独立的城市管理机构设置，虽然在南京都市圈之上设置了相关的联合管理机构，但是没有实质性权力，没有对空间管理和土地资源等配置的权力和手段，很多针对城市群、都市圈的规划一般都停留在总体发展战略层面，在规划管理上缺乏有效的监督管理机制，有些地方的城市群和都市圈规划中有“跨界镇”“跨界市”等概念的提出，似乎想用以弥合城市之间的物理空间和心理文化空间的隔阂，但是，在实际的工作中，都市圈行政管理上的问题或是城市群间的“结构性空洞”尚未得到很好解决。

城市群、都市圈发展的最大障碍还是文化心理上和文化价值观上的障碍，开放的意识和全球

---

① “城市社会的来临”的概念是笔者于1999年在南京大学召开的一个全国社会学术研讨会上报告的文章里首次提出的。从一般意义上，一个国家和地区，城市人口超过农业人口，即达到50%的城市人口占用率的时候，就可以称为进入了“城市社会”，而人类历史上第一个进入城市社会的国家是英国，1850年的英国，人类社会城市人口第一次超过农村人口。1999年，中国城市化水平还刚刚到30%左右，进入城市化的高速发展的初始阶段。从人类社会近现代的城市化发展规律来看，城市人口每25年左右翻一番，所以1999年在国内首先提出的“城市社会来临”观点在当时曾引起了较大的争论，主要是由于中国城市化借助改革开放的东风，发展速度前所未有，到2010年中国的城市化水平就达到了50%，由此，中国城市化已呈现又一个10年高速发展。从几个相关的数据结点，可以看出中国城市化的发展进程：“1949年10.9%、1978年17.8%、2000年31.5%、2010年50%、2023年已经达到66%左右。有关“城市社会来临”的相关文章：张鸿雁.一个全新的时代——中国城市社会的来临［J］. 中国名城，2008（01）：35-37.；张鸿雁.“中国式城市文艺复兴”与城市社会来临——从胡适的文艺复兴观论起［J］. 南京社会科学，2009（03）：86-93.

化发展意识在很多地方未能得到充分认识，发达国家的经验或者是城市化完成的国家经验告诉我们，未来的城市化和城市现代化，不是所有的人都要居住在大城市里，而是要居住在大城市“联合统计区”内，城市文明普及率高的地方，即使在乡村也能享受到与城市同样的生活方式和公共文化服务资源，更多的人会成为不在城市里居住但享用城市生活方式生活的市民——城镇人并享受和创造城市文明，在城市群的结构体系内，形成“都市群（圈）结构化差序格局”，城市群和都市圈构成一个大型的城镇网状结构体，合理的梯度结构：由大城市、中等城市、中小城镇、田园城市、特色小镇、特色居民点、大型农场、家庭、大公司厂区、各类型的产业园……节点城市镇村等组成，笔者多次使用丹尼尔·贝尔在《后工业社会来临》书中说的那样：未来的城市、城市群，一方面，城市应该是“无底、无形、无边”的，像纽约、东京、芝加哥、旧金山、伦敦等城市一样，即使在飞机下降着陆的时候，坐在飞机上的人们可以从飞机上观察城市只是灯海一片而看不到城市的边际；另一方面，住在城里的和住在原农业地带的“乡下”人，都可以通过同样的交通方式、交往方式、通信方式、工作方式、流动方式而呈现某种“城乡等值化”的生活，农村里的农业属性转变为农业工业化和一、二、三产深度融合的“六次产业化”，以及科技农业、智慧农业、精准农业形成的新型农业的生产方式，不仅创造广大农村地区田园风光的城乡一体化、城乡融合等连片区域空间，而且也创造了新型农场主、农业科学工程师与技术员、农业白领阶层兴起……也可以称为是在“大城市生活方式连统区”内工作和生活，这在美国、加拿大、澳大利亚、英国、法国、德国、丹麦、日本、以色列等发达国家已经实现。在中国一些发达地区的农业地带，出现了现代性意义上的“城镇农业”“都市农业”和一批特色大农业产业集聚的城市、城镇和村庄。

广州、浙江等省最早提出“镇级市”的概念，这是城市化进化的典型表达方式，在有些发达地区可以看到：小村变成小镇，变成城区，变成开发区；有的小镇变小城，小城变中等城市，中等城市变成大城市，大城市转化或极化为都市圈，在都市圈内需求扩张的过程中，演化为一定区域的城市群、都市带……在大都市“发展极”的引领和推动下，一些区域成为世界级城市群一体化区，而城市的中心则演变为国际化都市区。在广东、福建、浙江、山东和江苏等省，原来的一个小镇、小村，有的已经发展成为十几万人、几十万人甚至上百万人，这本身就是人类城市进化和人类文明发展的过程。一个很典型的例证是：南京都市圈内的南京江宁区汤山镇演变为街道，和镇江句容市黄梅镇（现在已经是街道），两个街道合在一起的未来规划是人口60万以上的跨界“镇级市”，汤山街道的文化旅游很有特色，现在已经是“世界温泉小镇”，和土地空间连在一起的黄梅街道在行政规划下和人口的自然集聚下，两条街道在空间上已经弥合在一起，这里的人口在户籍上是两个地方的人：南京人和镇江人，工作交通方式成为社会学所描述的“钟摆人”[①]，一部分人在南京工作，一部分人在镇江工作。南京栖霞区仙林街道和镇江市句容的宝华街道两地也弥合得分不清界线了，而且人们也已经淡化了居住的行政区域属性概念，因为，交通方式、通信文化、消费方式、娱乐方式等在城市之间、城乡之间几乎不存在传统样态的差异，这种情况在中国近30年的城市化发展中屡见不鲜，已经成为区域发展现代化的一个表征，甚至我们已经看到了上海和苏州在地理空间融合化和两地的经济文化等值化的发展样态。

在这种情况下，不论你生活在哪里，都是城市人，从事农业领域的劳动者称为“农业工人”和“农业白领”。当然，所有的“区域双核或多核心的区域城市群”“双城记”城市、城市群中的大中小城市，关键是都要创造城市自身的“反磁力中心”功能，否则，大中城市对小城市及乡村的虹吸作用，会影响中小城市的发展，而这个“反磁力中心”是霍华德“田园城市”理论中的一个概念，只要乡村或者小城镇比城市里收入高、生活品质高、环境质量高和就业体系完善等，就会对大城市产生反磁力作用，但是，网络社会本身在某些方面就已经具备了“反向心力”，具有“反磁力中心”的作用，其本质差异是，在全球网络化社会，即使不在大城市工作，也可以实现个人的理想，就如一个网络工程师，在自己乡村的工作室里，也可以完成一系列的创造和创意，因此，现代意义上的城市发展极的本质是“创新服务区域核”的作用与价值，能够独立完成一定区域的充分就业所创造的文化向心力，也是城市文化价值——“城市文化资本”的含量所在。从现有的发展情况看，长三角一体化中的宁镇扬都市圈的一体化发展还存在很多问题。伴随着长江经济带和长三角一体化国家战略的提出，长江经济带需要全流域联动整合发展，需要目前已经存在的多个都市圈的中心性共同发展来支持两个国家战略的最终实现，这是一种全方位的竞合共生关系，南京必须在强化建构宁镇扬都市圈同城化内部文化合力的同时，强化与上海都市圈和整个长三角城市群文化共同体的整合和融合，如果长三角一体化城市群和长江流域城市带的各都市圈之间的文化认同度低，那么，整个长三角一体和长江流域经济带的发展也会缺乏整体创新力和文化软实力，当然也会缺乏凝

---

① “钟摆人”（pendulum clan）：也称“钟摆族”，是指突破城市界限，工作生活双城化、房子两地买、婚姻周末化，社交网络多城交叉的一类人。参见：刘海润，亢世勇. 现代汉语新词语词典［M］. 上海：上海辞书出版社，2015. 复旦大学社会学系教授于海说，“现在已经进入超级城市引领全球的时代，上海、北京等大城市都成了国际都市，有限的城市空间变得更为拥挤，房价、物价随之上涨，年轻人只能去郊区或其他城市买房或租房。另一方面，中国进入高铁时代，高铁放大了城市空间。比如，上海到南京只要73分钟，年轻人会觉得住在南京、到上海上班也没什么。”参见：王聪聪，方莉. 84.4%的人确认身边存在“钟摆族”，67.4%的人认为青年成为“钟摆族”是由于城市生活成本高［N］. 中国青年报，2010-08-03.

聚力和整体竞争力。

在具体的发展中，需要在实体空间内创造共同利益和共同的文化发展目标，以多个同城化城镇群为主体参与到整个长江经济带的竞争与合作格局之中。如宁镇扬都市圈的同城化中规划了“南京六合区与扬州仪征合作产城融合区”，南京与扬州合力共建的跨界城镇，同时，扬州还提出了要“着力对接南京江北国家级新区建设”等设想，应该说，这些对策的提出本身是合理的，但是，对政策与对策除了要有理论和战略高度外，还要有具体措施和抓手，要有目标实现的途径和保证性。以下三点对宁镇扬都市圈的整合是比较重要的：一是拓展以江北国家级新区为发展中心，加快各等级城市间、开发区之间的业态调整，及时注入新业态，实现新的产城融合、新的城乡融合、新的文旅融合“新场景”，从而使南京都市圈形成辐射安徽与苏北的重要功能区和发展极。二是构建梯度分明的城镇化差序格局，在都市圈各市形成发展重点明确和协同分工的责任，明确同城化的路径与政策，在南京要突出世界级的科教创新中心、金融服务中心和文化创意中心的定位，创造南京都市圈的“创新服务区域核”；镇江应直接利用滨江的“城市文化资本”，发展高端制造业与区域物流产业；扬州应突出精致、幸福、创新的城市发展理念，强化高环保、新能源智慧和全域文旅融合产业。三是更多地进行跨行政区空间体系的创新，除了打造跨界区、街道、镇和村等创造新空间外，产业布局要跨区域规划和跨区运营招商，实行分税制等合理分配土地和收益，核心要务之一是，南京都市圈一体化要有三个市以上的省级统一管理体系，并创新管理机制，使南京都市圈成为统一建设的互助共性利益共同体。

全球经济一体化发展的竞争，过去主要是以企业为依托来参与全球竞争，现在是以城市为主体和依托参与全球竞争，这就是对城市作为“地域生产力”时代价值越来越高的集中说明。就佛山而言，要有一系列的制度创新体系和政策创新体系来配合广州的发展，并由此使广州更加开放、更加国际化。佛山要打造高端产业集群，成为广佛一体并形成某种平衡发展的担当者，首先自己就要设定让什么样的产业进来，其次是要和什么样的企业合作，再其次是怎么让产业走向世界前列，最后是怎么让那些“集产业研发、服务、生产和投资于一体”的世界级团队到佛山来，这四个层面都很重要，缺一不可。同城化的核心是城市群利益的共享机制和优势互补的强强联合，这个“强”就在于自己的优势。

比较宁镇扬都市圈的城市，呈现出“一强两弱”的特点，虽然能够互补，但是，缺乏平衡共振。在具体的发展上，南京都市圈同城化建设应该进入具体实施阶段：第一阶段是“主动对接服务”，应该说，城市间的主动对接，在交通、通信、旅游、医疗保障、金融、教育、土地和人才等八个一体化中正推进落实。长三角和江苏省也提出了一些整体的战略规划，南京都市圈也进行了多轮的规划，其中一轮规划了宁镇扬都市圈的“六个跨界镇（街道）”，空间结点的规划也非常清楚，但是，

“诸侯经济”关系所形成的利益和本性，使都市圈一体化在整体上的推进还不如人意。第二阶段“主动融入跨界发展”。都市圈城市间的对接，对于城市管理者来说，只要有钱就可以办成，但是，融入是需要自身的能力、优势、特长和城市能级的。在江苏盐城召开的一次“盐城融入长三角一体化”的会议上，笔者也提出了一个“盐城之问”：在长三角一体化的进程中，盐城需要上海什么？上海需要盐城什么？盐城和上海相对匮乏的经济与文化要素是什么？上海需要盐城什么样的人才？技术？产品？……上海的发展对盐城有某种依赖吗？盐城的发展对上海的需求与依赖有哪些？其实笔者提出的“盐城之问”和“南京之问”在城市群和都市圈的建设上是有普遍意义的，任何城市群、都市圈中的大中小城市，都要问一问自身：城市所处的位置、城市价值、城市产业与产品的对外输出等，对其他城市的经济、社会、文化、生态的发展有补益吗？是一种依赖型需求吗？这也是中国城市群、都市圈整合所需要真正研究和思考的普遍问题。第三阶段是“互融互嵌”，就是要做到优势“互补”，创造优势互补的条件，形成一加一大于二的效应，否则，创造城市群和都市圈一体化的意义何在呢？所谓“互补”强调的是创造各自的经济、产业、文化、生态优势，创造现代意义上的内循环和外循环结构的开放式结构，而其中开放式的循环社会结构才是关键。

每个城市管理者要想建设好自己的城市，就必须清楚地了解本城市的家底和家底的动态变化，需要精心整理城市所属的土地资源、生产要素和空间再生产的可能，优化土地与相关空间体系，特别是要关注城市中的低效用地和正在变成低效用地的地区和区位，这是寻求城市可持续发展的重要前提，而且是被很多城市管理者所忽视的。如南京紫金山东面的地区，具有很好的区位熵。这也是一个需要省会城市内的四个区域县级政府行政地域空间“结构洞”[①]弥合的问题，核心区域有几十平方千米没有开发，而且其内在的资源丰富而特殊，这里有大学城、高新技术开发园区、创意产业园区、六朝文化遗存、麒麟高科技产业园等，还有紫金山、青龙山、栖霞山、九乡河等自然山水资

① “结构洞”（structural holes）：该理论首先是由社会学家罗纳德·伯特（Ronald. S. Burt）1992年在《结构洞》一书中提出的。所谓结构洞，即社会网络中某个或某些个体和有些个体发生直接联系，但与其他个体不发生直接联系。无直接或关系间断（disconnection）的现象，从网络整体看好像网络结构中出现了洞穴。伯特认为：“结构洞是两个非冗余的关系人之间的裂口。作为他们之间存在‘洞’的一个结果，两个关系人提供的网络利益，在某种程度上与其说是重叠的（overlapping）不如说是累加的（additive）。一个在信息利益上最优化的网络能够被描述为它的关系人或者关系人之间的联结。”［美］罗纳德·伯特. 结构洞——竞争的社会结构［M］. 上海：格致出版社，2008：45–48. 伯特指出，在社会网络中存在两种形态，其中一种是处于网络中的个体（个人或组织）与其他任何一个体都存在着联系；另一种形态更为常见，即网络中的个体仅与部分个体存在直接联系，而与其他个体都不存在直接联系。这样，在第二种形态中，整个网络中就出现了某些个体与另外一些个体联系断裂的现象，就像网络结构中出现了洞穴一样，故称为“结构洞”。参见：张燕. Web2.0时代的网络民意：表达与限制［M］. 上海：复旦大学出版社，2014：209.

源，完全可以与浦东的建设和发展模式相类比，可以打造南京都市圈“融入长三角一体化”的门户区、宁镇扬同城化的核心区、长三角创新发展的新增长极和世界级生态文旅新标杆[①]。应该说，这种城市群空间的结构性空洞在中国现存的行政区划体制下是一种普遍和必然的现象，因为，在城市群的土地与空间管理的体现上可以看出市场机制整合的缺乏。

为了确立在长三角城市群中的地位，南京在提升中心城市首位度和省会城市功能方面做了很多努力，南京长期面临着发展空间严重不足这一实际问题，在全国“省会城市首位度热”竞争的潮流中，省会多以吞并其周边城市为傲，所有的城市都在以吞并、合并其他城市空间的方式扩张并以此扩大容量，提升和表现城市的首位度，这本身就是一种认识误区，首位度与空间和资源规模有一定关系，但是，实体空间的增长并不能代表经济与文化产值总量的增加，更不能证明城市影响力的增大和城市能级的增长，特别是不能代表全球资源的集聚与辐射能力的效能增长，只是有空间的扩张而没有空间里的再生产，这对于整个国家经济来讲，并不是一种优化发展方式，但是，这种首位度的竞争，对于城市区域空间和省域空间发展的竞争大有裨益。仅从南京城市的空间特点来说，南北长、东西窄，横向和整体发展空间受局限，提升中心城市首位度和省会城市功能必须走内涵式的质量型发展道路，特别是金融国际化的发展道路。关键是要在自己原有的空间内形成高质量、高品位、高效用和国际化的充分发展，土地单位地效应该名列世界前茅。目前，主城西面的河西新城已经发展起来了，南面的雨花台、江宁也发展得很好，北面确立了国家级江北新区。只有向东，有一块真正的洼地——也就是紫东地区，处在四个行政区之间的结构性空洞，包括闲置土地、碎片化居住与生产空间，仍然存在大量落后的传统村落尚需改造，大量的各种文化旅游资源需要开发和提升。在南京总体空间发展的战略上，“应该把紫金山变成南京的城中山”——“拉开城市框架，走国际化开放空间的道路”，这是笔者在1998年前后就提出的一个观点，因在当时城市经济实力不足和城市内外交通条件发展不充分的前提下，城市空间框架没有被拉开，应该对城市空间进行有效的重整和重新规划，与世界一线城市一样，创造多中心的发展结构。一般意义上的国际化大都市，半径都在100—150千米左右。有一些大都市，在人口上有“统计区”“联合统计区”和“大都市区”[②]

① 笔者于2019年主持的“江苏省南京市紫东地区文旅产业发展战略研究”项目。

② 西方发达国家对大都市区（metropolitan area/region）的概念及其界定标准最为权威的规定来自美国预算局。早在1949年，美国预算局就提出了大都市区的概念和界定标准，在随后的50多年时间里，美国大都市区的概念以及界定经历了多次变革和反复。其中包括“大都市区（MD）”“标准大都市区（SMA）”“标准大部市统计区（SMSA）”以及核心基础统计区（CBSA）等。参见：王旭. 美国城市发展模式：从城市化到大都市区化［M］. 北京：清华大学出版社，2006：304-306.

等概念。比如，芝加哥的人口直接“统计区”有170多万人，“联合统计区”有700多万人，这些年又有很多新的变化。南京应该通过整体空间和产业布局的新调整，采取“五纳策略”：“纳城入山、纳山入城、纳河入城、纳湖入城、纳林入城”……就可以将紫金山、栖霞山、青龙山和江北的老山等打造成南京的城中山，南京就可以打造成为真正的“城市在山林中，山林在城中”的生活意境和城市意象，拉开城市发展框架的目的是对城市发展空间进行有效、合理布局管理。以半径100千米计算，溧水、高淳、六合就是南京的“城市化生活方式区”，只有在这个意义上，南京才可以称为国际化都市区，才可以在长三角的发展和南京都市圈的文化共同体的发展中，因有为而有位①。

从传统的“城堡思维”到创新发展思维——建构创新驱动之都，是南京应该有的一种文化选择。即使到了20世纪80年代，南京人都会觉得明城墙以外就是乡下了，像中山门外、玄武湖北、外秦淮西和老城南的里里外外等都是乡下。1990年，笔者刚到南京工作的时候，从新街口出发，坐6站公交车就到“乡下”了，显见当时农业社会空间对城市空间结构的“侵蚀”是很严重的，马克思称这种现象是农业社会对城市社会的一种渗透。南京城墙周边的小桃园、鬼脸城和城南一带，当时都是低矮潮湿的棚户区和棚户屋，河西的奥体中心一带有很多外来人口聚焦的村落，有“河南村”“固始村”“新疆村”等，但现在已经今非昔比了……

随着城市发展框架的拉开，人们的思维方式、行为方式均会发生巨变。开放意识，首先应该从城市的开放空间开始。

从单一购物中心到多元化消费中心——共筑世界消费之都的梦想。我们的城市建设和发展，说到底是为了提高人们的物质文化生活水平，满足人民群众日益增长的物质生活与文化生活需求。谈到这一点，笔者觉得南京70年来还有一个变化值得我们关注，城市多中心的建设发展，城市形成了多个“区域核”，这也是符合国际城市发展规律的。以前，南京的商业主要集中在新街口，是南京唯一的CBD，但是这个CBD也是不完全型的CBD，至少是金融中心的功能较弱。但是，老南京人对新街口的依赖性十分明显，现在人们已经习惯了多中心的消费生活。过去，经济发展落后的阶段，人们认为一个社区综合商业配套只要达到人均2.4平方米就够了，后来发现随着经济的发展和人均收入的增长，城市社会创造了一个大众消费时代。记得20世纪90年代就有专家对新街口的商业设施“过度”发展提出疑问，认为新街口的商圈超前发展得太快太多了，甚至很多如家乐福、大润发、麦德龙等商业综合体都立足南京，“惊呼商业过度发展了”。可是，事实上，面对人们越来越高

① 参见2019年南京日报对笔者的采访报道。宋广玉. 建设更国际、更包容、更现代的新紫东——对话南京大学城市科学研究院院长张鸿雁教授［N］. 南京日报，2019-04-30.

质量的生活需要，南京的商圈还只是处在一个大发展期，因此，在1995年的“南京城市建设还缺什么”的访谈中，笔者建议配合市区范围扩大对城市生活配套设施进行调整，增加商业网点、文化以及休闲娱乐设施建设，而事实上，在市场经济的体制下，一只无形的手会根据市场需求自动对商业网点进行配置，在大众消费时代来临的时代，国际经验表明，当人均GDP达到5000美元后，经济的快速发展不仅带来了经济总量的增长，还带来了社会经济结构、组织形式、利益关系和分配方式的日益多样化，以及消费的持续增长——在市场经济这只“无形的手”控制下，南京全市发展起来多个新的商圈和商业中心，除了新街口商圈外，还有江宁百家湖商圈、栖霞金鹰商圈、河西建邺金融CBD等，另外各类型商业综合体如雨后春笋，根据不完全统计：城南有雨花客厅、虹悦城、板桥家具城；河西有万达、金鹰和未来的鱼嘴三大商圈；中山北路有鼓楼、中央门、山西路、湖南路沿线多个商业综合体；老下关有建宁路批发商圈等多个新兴大型商业设施；仙林有东城汇、仙林中心商圈、万达茂等商圈；江宁有沙之船、奥特莱斯等；江北也正形成一大批新的商业中心并大有形成江北CBD的趋势，如浦口东方万汇城、江北虹悦城、六合欢乐港等，而且很多商业综合体已经成为城市人和外地人的旅游消费目的地。

消费商圈的增多，不仅让市民的消费中心从单一走向多元，而且改变了市民的生活方式，也提升了市民的生活质量，改变了就业与生活的关系。因为现有的商业设施大多是综合体，里面不仅有餐饮、购物，还有休闲、娱乐、教育培训等，市民消费的是商品，更是一种生活方式，市民的消费方式、消费质量随之改变，现代商圈消费生活方式的塑造，也是南京正在建设世界消费之都的一个基础。城市商圈建设就是在创造城市的“区域核”，在这里可以实现创业、就业、生产、工作、休闲、消费、娱乐一体化，人们对城市中心区的依赖越来越低。

与世界一线城市比较，南京还有很多典型的经济与社会问题：一是综合性枢纽交通和立体交通结点比较少，有待提升。二是有些商圈的商业业态还处在传统层面，需要全新的创新理念。三是南京市内部的人才挖掘有限，单纯向外市吸引人才是一种人才创新的误区。南京有这么多高校，如果南京还缺乏人才，那其他城市怎么活？应该想办法让南京现有的人才能够人尽其才，创造一个有激情的创业创新环境，培育百千万个成长型的创业创新企业。四是从集约发展到集束发展，集中力量攻关，建立矩阵式管理模式，把高校和科研院所资源有效整合起来，集中力量在智能制造、智能机器人等重大关键核心技术方面取得突破，推动这些产业的集束发展。五是创新政策供给不足，大多鼓励企业发展的政策还不大符合企业的实际需要。六是应该加快江北的“区域核”建设，江北独立于江南发展之日，才是南京真正崛起之时。七是发挥南京六朝古都的文化价值，重新让南京伟大起来，不仅要引进外来的文化项目，还应该创造南京自己的地域文化旅游项目，如南京十朝文化旅游区、南京栖霞山的文化整合创新、秦淮河的国际化旅游目的地建设等，以及南京文化价值再造，如在整体上建设"金陵派"的创新体系等，创造南京"城市文化资本"再生产的场域和城市文化软实力的世界性的身份识别。八是提升南京的国际化创新能力，培育成长型的市民社会。一个国际化大都市，一定是市民社会比较成熟的城市[①]。

南京要培育创新土壤，创造市民的文化自觉，通过建立国际化创新服务体系，奠定国际化发展基础，增强国际化大都市的文化底蕴，展现出自己的国际化都市特色，要培育"全球城市"的养成土壤，而不是单纯地对标找差。

三、从文化混杂化的"魔都"到后现代"魔都"的"祛魅"

20世纪20年代，世界"四大魔都"中唯有上海最为精彩、最具特色，而且还是辉煌至极，"魔极一时"，之所以这样说，是因为近代上海的文化时空被折叠了，上海在当时是世界上最开敞的一个文化容器，也是一座有充斥、涵容"异质性"文化和"多元亚文化群"的城市，还是"酱缸型文化"的经典——一座能够在文化上感染外地人、在生活及思想观念上同化外地人、在本体文化上能够让外地人效仿的城市。用现在的标准来说，能够改造人的城市就是在文化上获得全球认同的"全球城市"，或许，20世纪的二三十年代，上海可以被誉为那个年代的"全球城市"。为什么呢？上海是中国古老国度中两千多年的封建社会文化与世界文化嫁接的产物，到了近代，成为中国对外最早开放的城市之一，自从开埠以来，快速成长为亚洲及世界金融、贸易和中外文化交流的中心城市，那时的上海城市里面盛满各种文化流：一个中国及世界的近代文化、西方文化的现代化文化、残存的中国封建社会制度及封建地主文化、民间各种帮派文化、奴隶制度残存的文化、西方殖民地文化以及世界各国的文化集成在一起而构成了一个文化大拼盘，用简单的话说，这座城市是包容世界文化变迁与变幻的万花筒，每一天都以魔幻的方式演绎魔幻，一种复合型的人类城市"魅影"，而我们必须进行"祛魅"，让一个在近代史上能够创造"魔都文化"奇迹的城市，还能够在100多年以后的——21世纪的20年代以后的岁月再创造新的文化奇迹，在"祛魅"中揭示和创造一个领先或能够引领世界文化时尚、以"海派江南文化"为底蕴的"新魔都"——上海。

---

① 参见2019年南京日报对笔者的采访报道。宋广玉. 拉开城市发展框架，创业创新迈向国际化[N]. 南京日报，2019-06-26.

上海为什么叫“魔都”已经有很多文章研究过，其名称大体上是从1923年日本作家村松梢风的作品演绎而来。村松梢风到上海游历，与当时中国的很多文人、文化名人如田汉、郭沫若、郁达夫、梅兰芳等人有交往。好多人都认为，村松梢风是第一个将上海称为“魔都”的人，实际上，当时的上海被称为“Paris of the Orient”“The Greatest City of the Far East”，在日本文化里，当时世界上有四座城市被称为“魔都”，除了上海还有东京、纽约和伦敦都被称为“魔都”，而这个“魔都”在当时还有“摩登都市（Modern City）”的意涵，这也是日本人对国际化、现代化都市的称呼。村松梢风的《魔都》是1924年由日本小西书店出版的，他在书中的“自序”中说：“我上海之行的目的，是想看一下不同的世界。我企求一种富于变化和刺激的生活。要实现这一目的，上海是最理想的地方了。”[①]后来，村松梢风还发表了很多有关江南文化和南京、杭州等城市风土人情的文章。“魔都”在当时还包含有“现代性”“现代化”的意味，在20世纪20年代，上海应该是一座国际化的大都市，是亚洲金融和文化中心城市，既有当时的资本主义现代文化，也有中国传统封建地主的文化；既有租界里的“洋人文化”生活方式，也有来自各地的“乡下人”的生活场景；既有高楼大厦十里洋场的繁华，也有各种各样低矮破烂的下支角；有万国建筑风情，也有江南水乡风貌……所有的这一切是现存的也都是共存的，文化是多元的、多层次的，甚至是分裂的、二元的，用社会学的观点说，是社会存在典型的“文化异质性”群体……当时的社会文化林林总总、形形色色，可谓斑驳陆离，光怪陆离。村松梢风的书名原本叫《不可思议的都市“上海”》，后改题为《魔都》，从此上海就成了现代化意义上的“魔都”。

“老上海”的魔幻很大程度上在于上海对世界文化的容忍和涵容，当时的“大世界”就是上海的一个代表和缩影。1917年7月号称远东第一俱乐部的上海“大世界”开业，主要以四大类业务为主，包括“游乐世界”“博览世界”“竞技世界”“美食世界”，对于老上海来讲，的确是一个能够容纳当时所有文化要素的“大世界”，有各种大人小孩的游乐项目、戏曲项目、电影院里的好莱坞大片；多种多样的小戏台，来自中国各省的演出、杂耍、戏曲、曲艺、歌舞等；有露天飞艇和当时很少见的哈哈镜；有中西餐馆、书场、各种小吃、小商品等等，是花花世界的“大世界”，在里边既能看到在中国很少见到的文化娱乐项目，只要有钱，在这里能够看到中国和世界上最多的精彩内容。从1920年到1949年，特别是经过1926年到1936年以金融产业为主的国际化混合型经济与文化的发展，在一些人眼里，或者见诸有关媒体报道，那时的上海是投资经营者的舞台，是“冒险家的

---

① ［日］村松梢风. 魔都［M］. 徐静波，译. 上海：上海人民出版社，2018：6.

乐园”，以及后来的价值评判语言表达的“旧社会文化的大染缸”[①]等等。

从当时“旧上海”城市职业和劳动者的构成与表象上看，社会整体构成也可以用一个阶层、职业和行业等文化混杂来表述，从城市人的职业和人口构成方面则可以发现多样化的、社会阶层相对模糊和社会上下流动快速的现状，在这里只有一些见诸报端和历史记载的名称，随机列入：投资人、资本家、外商、买办、亭子间作家、报人、出版商、掮客、公司经理和大班、银行家、“红头阿三”锡克教徒、赌场经营者、饭店老板、公司职员、张家姆妈、白相人、书画掮客、商场营业员、舞厅里的舞者、码头工人、包身工、评书艺人、西崽、纺织女工、大学教师、租界警卫、黄包车夫、乡下地主和形形色色的外国人和外地人……20世纪二三十年代的上海表现了中国历史上也是世界上前所未有的杂乱、混杂和相容性，几乎可以夸张地说：不同时代的人在同一座城市里生活和竞争——封建社会里的人、资本主义社会的人、殖民半殖民地的人、社会主义国家来的人——各色人等在这里呈现某种现代化的样态及文化涵容的世界性，街上的人穿着几乎不是同时代的服饰，西服、长袍、马褂、民国服装、清代服饰，几乎能够看到世界所有国家的人，用另外一种说法是，中国当时最先进的文化和中国当时最落后的文化；世界上当时最先进的和世界最落后的文化都在这里集聚、表现、表演和冲突……一座世界转型的代表城市，不能不让人感觉魔幻，又不能不让更多的人产生冲动而成为“魔都文化”的实践者。在一个典型的农业社会还存在有几千万个地主，而只有几千名资本家包括买办的封建国度，存在一个能触摸世界流行文化的地方——上海，更是一个当时让很多人看不懂的国际化的世界级大都市，各种文化在上海滩发生、成长、冲突、竞争、融合、嫁接和创新，多种“文化基因+N”的融合与整合，建构了一个从历史上来看具有划时代意义的，并且是能够引领中国文化时尚、先锋、流派和文化自觉创新、与北京文化类型相对应的文化类型——“海派文化”，并因其文化精英和文化自身所表现的上海城市文化自觉，“海派文化”已经成为中国文化开放的代名词[②]，而20世纪二三十年代的上海，被称

---

① 鲁迅先生在《两地书·四》中深感“中国大约太老了，社会上事无大小，都恶劣不堪，象（像）一只黑色染缸，无论加进什么东西去，都变成漆黑。”参见：鲁迅. 两地书：四［M］//鲁迅全集：第11卷. 北京：人民文学出版社，1981：20. 鲁迅这句话意指中国社会问题很多，但是说真话很难。参见：张铁荣. 灯下录：谈鲁迅、现代文学及其他［M］. 天津：天津人民出版社，2014：34.

② 笔者从20世纪80年代起在上海华东师范大学师从吴泽先生攻读博士学位，在上海学习、工作近7年。在华东师范大学博士毕业后留校任教，学生时代被选为华东师范大学研究生会主席和上海市研究生会副主席，并被选为上海市普陀区第九届人大代表，在1990年晋升为副教授，在上海广泛参与各种各样的学术研讨会和学术沙龙，对上海历史与文化有意识地深入接触，对很多名著的里弄、私家园林和著名建筑都有一定研究。特别是从东北来到上海，对南北方文化的差异及反差有深刻的领会，对上海和上海文化有一种“第三者”的眼光来评判，特别是对具有江南文化基因的“海派文化”的特质、文化品质、文化时尚、文化格调及文化模式的理解具有特殊性，也发表过与“海派文化”相关的文章多篇。

为“老上海”，也成为一种时髦的怀旧文化[①]。

文化交流、碰撞、冲突和融合的空间是文化创新的土壤，而文化融合和创新是经济社会发展的永恒命题和动力，两种以上文化的交流、交融和碰撞会产生新的文化结晶。上海地处华夏文明的地理空间的边缘区位，属于海洋文化城市范畴，与外界文化有直接接触的空间与人文区位，也就是世界上东西方文化、中国新旧文化的碰撞和交融之地，也必然会产生一种新的文化结晶，这就是我们所看到的，也成为中国人集体记忆中的“海派文化”。

人类社会从诞生那天起，就没有停止过文化交流和发明创造，没有停止过革新进化，没有停止过变革和更新，没有停止过以不同的方式、不同程度的创新来推动社会的进化和发展，创新是人类社会进化的原动力[②]。从现代性和后工业社会文化创新的意义上来说，在空间中能够具有文化的时代性表意符号的，还是“第三空间”文化的丰富性具有代表性，因此，上海现代文化的研究也必须从具有自由思想意识的第三空间谈起，必须关注上海第一家专营咖啡馆开始的年代。“作为‘舶来品’的咖啡，最早传入上海的时间可以追溯到1844年，英国药剂师在大马路花园（今南京东路）1号开的老德记西餐馆。”[③]而且，在这样一个小小的空间里，也是文化混杂空间的存在，或称“克里奥尔化”：“留着长辫子的老上海人喝咖啡、跳交谊舞成了当时国内西风东渐的独特风景，起初他们接受不了那股咖啡味道，还说这洋玩意是‘咳嗽药水’。”[④]还有一种说法是，真正的咖啡馆是在1866年开办的虹口咖啡馆，它主要对航海人员开放，不仅卖咖啡，还卖各种啤酒[⑤]。对于上海历史上第一家咖啡馆的诞生时间和内容，有多种说法，但无论哪种说法，最终都可以说明，上海对外来文化的吸纳和包容，以至于今天的上海成为世界咖啡之都绝不是偶然的，而是在于开放的文化基因。在20世纪的老上海，“张若谷总结了去咖啡馆的三种乐趣：首先，咖啡本身的刺激，效果‘不亚于鸦片和酒’；第二，咖啡馆提供了与朋友长谈的地方，‘此乃人生至乐’，最后也很重要的是，咖啡馆有动人的女侍，她们的文学形象是因郁达夫翻译莫尔（George Moore）的《一女侍》而首次被介绍给中国读者的，并且在一九二三年大地震前因为东京的酒吧和咖啡馆的女侍而变得非常著名。

---

① 张鸿雁. 上海文化核心价值的缺失批判与“新海派文化”的建构研究——上海城市发展与规划战略纠谬与创新[J]. 中国名城，2011（02）：8-16.

② 张鸿雁. 城市创新发展论——兼评《高成长企业发展研究报告——以南京为例》[J]. 现代城市研究，2021（07）：130-132.

③ 陈新光. 走向全球的上海咖啡文化[EB/OL].（2021-04-15）[2023-10-28]. https://column.chinadaily.com.cn/a/202104/15/WS6077dddaa3101e7ce9749549.html.

④ 西坡. 上海珍档——雅俗上海的43份档案[M]. 上海：文汇出版社，2007：99.

⑤ 周芷若. 上海，咖啡界内卷风暴中心[J]. 中国食品，2022（08）：141-143.

然而，张若谷并不仅仅把咖啡馆当作‘现代城市生活的点缀’和‘一个很好的约会地点’，他把它和电影院、汽车一起看成是现代性的重要标志，认为它比后两者对现代文学的冲击还要大。他骄傲地提到一些他心爱的作家，像莫莱亚（Jean Moreas）、戈蒂耶（Theophile Gautier）、侣德（Maxine Rude）、雷彦（Henri de Regnier），说他们都是顽固的咖啡嗜好者。”[①]李欧梵说：张若谷写这篇文章的时候是在1929年，“上海文学似乎整个地沉浸在‘咖啡馆’风潮里，不仅有张若谷的文章、郁达夫的译文，还有田汉的戏剧《咖啡店之一夜》以及无数的文学作品。田汉甚至给他的新书店‘南田剧社’登广告时，说里面有一家咖啡馆，‘女侍者的文学素养好，可以让顾客在喝咖啡的时候领略好的文学作品，享受交谈的快乐’。自然，所有这些异国情调都体现在他们波西米亚的自我形象上。”[②]

论上海的“魔都”文化，之所以从咖啡和咖啡馆文化谈起，是因为在全球都认为咖啡文化具有时尚性和现代性的代表性，而咖啡文化和咖啡文化空间是中国上海具有典型代表性的“海派文化”城市符号意象，研究的目的是如何将旧有的传统小农经济文化中的“魔都”，转化成为现代性文化海洋里的世界文化的“魔都”，强调传统文化中“魔都”的涅槃重生。根据CBN Data发布的《2018中国咖啡行业洞察》报告显示，中国咖啡消费年增长率约15%，预计2020年，中国咖啡市场销量规模将达到3000亿元人民币，2025年有望突破10000亿元人民币。而《新民晚报》2023年5月20日报道：“《2023中国城市咖啡发展报告》显示，上海已拥有8530家咖啡馆，位列全球第一，远超纽约、伦敦、东京、巴黎等城市。在上海，咖啡行业正焕发出蓬勃绵长的生命力，咖啡文化也早已根植于海派文化基因，成为这座城市的生活方式。”[③]值得关注的一种文化现象是，中国建设银行上海市分行发布了《全力支持咖啡产业高质量发展六条举措》，其中包括提供50亿专项信贷额度支持、“魔咖贷”普惠金融专项产品、推动商户数字化经营等内容，助力上海咖啡产业更上一层楼。在上海的文化时尚引领下，中国各城市的咖啡馆如雨后春笋般涌现，近年来城市排名一直是在迅速变化，前十名城市几乎是除了上海之外，排序都在变化，城市咖啡馆与日俱增。很显然，影响经济发展的最终力量是文化的力量，咖啡馆的文化除了具有经济价值之外，还有空间价值、空间里的消费

---

① 李欧梵. 上海摩登——一种新都市文化在中国：1930–1945［M］. 杭州：浙江大学出版社，2017：28–29.

② 李欧梵. 上海摩登——一种新都市文化在中国：1930–1945［M］. 杭州：浙江大学出版社，2017：30.

③ 张钰芸. 8530家咖啡馆在上海，位列全球第一！全城免费“恰咖啡”，精彩活动玩不停［N］. 新民晚报，2023-05-20.

安特生镜头下的老上海[①]

① 图片出自《安特生的远东相册》，为瑞典东亚博物馆收藏的在20世纪初瑞典考古学家安特生亚洲之旅的影像记录。安特生（Johan Gunnar Andersson，1874年7月3日—1960年10月29日），瑞典考古学家、古生物学家、地质学家。单页面上有一张或多张照片，大小不等，全相册共有2519张（编号20628至23147），照片下有英文注释。照片拍摄时间约1914年至1938年。

价值和空间里的思想创新文化交流带来“城市文化资本”再生产的空间文化场域和文化土壤，带动了城市文化创意阶层的崛起，也会创造一个创新不止的城市文化形象和城市文化软实力。

所谓“创新土壤”就是多数人的思想解放而构成的一种社会文化环境；多数人不是落后文化的守护者而是追求新文化的时代踏浪人；多数人具有集体良知而讲诚信；多数人有正义感和社会责任感……多数人敢于突破传统而勇于创新，能够形成世界上一线城市的社会环境，而上海作为世界文化融合城市和“海派文化”发祥地，加之又是地处具有创新传统的江南福地，具有某种意义上的创新文化土壤，所以，上海一直走在中国社会发展前列。从上海城市文化创新的角度回顾老上海的魔都，需要新上海对老上海进行文化祛魅，如何让上海的海派新文化具有时代性和新时代的世界领先性，需要以文化反思、文化转型、文化重构和文化创新为前提。

在现代和未来的城市现代化的可持续发展中，全球经济的新变革给上海带来了新的机遇和挑战，如何在世界大变局中创造上海定力非常关键。在那样动荡的年代，上海能够独创“魔都文化”显示了其文化实力和定力，在当下百年大变革的不确定的时代，上海仍然要寻找定力和定位，创造自己发展确定性，既要发挥上海的优秀文化传统，又要不被潮流所裹挟，更不要出现“旧海派文化”、老上海文化的“定格化”、“海派文化”的移位现象，从创造上海“城市文化资本”再生产能级的视角出发，对“旧海派文化”核心价值进行批判性、建构性反思，对新海派及江南、江浙文化进行研究并加以创新，建构21世纪的“新海派文化”和“海派江南文化”，以求促进上海城市的可持续发展，并希望上海能够再一次引领中国文化时尚潮流，成为21世纪中国式城市文艺复兴的创造者和引领者。

其一，“海派文化”的世界性和本土性文化特色的双重建构。在全球网络社会一体化潮流中，上海“海派文化”在怀旧中“漂移”和“断裂”。世界格局的变化，主要体现在中美贸易和文化的矛盾与冲突，在其影响下，世界范围内的很多城市都在失去自我，城市内生性的文化变迁和文化自觉、城市文化自为已经被提到每座城市发展面前，关键是如何保持城市文化主体性、城市竞争力特色性和城市文化创新的动力。中国的传统城市形态之所以能够成为世界城市形态与空间文化的一种独立文化体系，甚至是与西方文化相对应的一种城市建筑与空间居住模式，主要源于源远流长的中华民族文化积淀与创新、中国本土化地域文化的整合。中国地域文化和地方性的文化空间符号自古有之。从先秦时代起，中国的长江与黄河流域就出现了显性化的地域城市文化，春秋战国时期七国的空间格局，构建了中国地域文化基础，秦汉以来，伴随中国长江和黄河流通区域经济、社会与文化重心的南移，虽然地域文化逐渐表现出时空的整合性，但直到明清时期，这种地区性区域文化、城市文化仍然凸显出地方性特色。

自中国近代社会以来，科学技术与世界文化的东西方交流与碰撞日益显性化，特别是当西方列强打开中国的大门，中国在饱经战火的同时，经济与社会发展渐进融入世界经济一体化中，地域文化处于动荡性的社会整合之中。在1949年后的政治与文化因素的影响下，国家一体性文化价值在提升，地方性的传统城市文化出现衰落的景象。1978年改革开放后，中国地域性文化、乡土文化在一定程度上仍然以其特有的形态存在和活动，但是在总体上来说，地域性文化概念渐渐模糊，城市文化开始千篇一律。虽然基于区域概念上的文化依旧比较强势，例如东北黑土地文化、西北黄土地文化等，但是在以城市为载体发展起来的城市文化表现十分缺乏，“千城一面”的城市化发展导致城市在主流空间形态上不是典型的“独立法人意义上的城市”，没有现代的“中国味道”，要么是明清文化建筑的再版，要么是欧陆风的建筑景观复制。从区域性的城市文化发展来看，仅有“京派文化”“海派文化”和“港派文化”得以彰显并在当代占据一定文化主导性，成为影响中国人经济、政治和文化生活的本土性三大文化体系。如果进一步分析，我们还可以看到：1978年以来，中国在主动走向世界的过程中，“港派文化”以其特有的强势介入与冲击，使上海的城市文化出现某种颓势；“京派文化”虽然表现了某种程度上“本土化”的发展趋势，但是“京派文化”的“钝化”“固化”和过度“政治性商业化”，使其本身的历史性、地方性和现代性均有缺失；相比较，“海派文化”虽然能够在世界性、国际化和现代性方面有长足的进步，但是，“海派文化”的怀旧文化的“历史定格化”、历史记忆符号的僵化、精英群体底层化和核心价值的碎片化，使得“海派文化”出现典型的结构性文化缺失，主要表现是核心价值离散、时代特征缺乏、后续创新乏力、当代“海派文化”要素缺乏认同，没有形成稳固的“海派文化模式”。特别是近年来由于“海派文化”的某些保守性，将“老上海”文化误认为是当下的“海派文化”，是一个很明显的问题。在21世纪初丧失了某种主导性，使上海这座城市在全球一体化大潮中正在丧失原有的世界性文化传统，又没有建构上海地方性的场域精神，即江浙、江南文化的空间与文化精神价值，不能不说这是一种历史性的文化失误！

其二，传统“海派文化”向“新海派文化”的转型与重构。从“旧海派文化”转化为“新海派文化”才是时代选择。“海派文化”在某些方面表现了“魔都”文脉的断裂——海派历史文化的“定格化”是上海文化怀旧的经典镜像。无论上海人还是外地人，一提到“海派文化”就想到“老上海”“老弄堂”“老洋房”“老石库门”“老上海的西式花园”以及老上海的挂历。似乎只有20世纪二三十年代的上海形成的文化才是真正的“海派文化”，才是正宗而纯粹的“海派文化”，抑或可说“海派文化”是历史上的，而不是今天的。应该说，老上海文化曾经真的辉煌过，也是上海的荣耀。时至21世纪的今天，上海仍然把这一时期的文化内涵当作“海派文化”的一种表现和张扬方式，最能够体现上海味道的酒吧、宾馆、饭店、会馆、咖啡馆等都是把过去的“老上海”文化符号拿来张扬，好像上海只能是“袭一身旗袍裹着羊毛披肩的洋场少妇”，定格在“老上海”文化的怀抱里，或者是在老上海文化的影子里！我们不知道今天代表上海“海派文化”的符号有哪些？应该创造什么样的文化？！上海今天的“海派文化”在哪？在过去？在未来？在20世纪30年代？应该说，老上海在近代以来形成的“海派文化”成果，确实构成了历史文化产业和上海的“城市文化资本”再生产的要素之一，而且这一文化一直有着历史文化穿透力。应该说，“海派文化”的精华多于糟粕，而创新是“海派文化”的核心价值之一，“海派文化”不能仅仅作为上海城市文化的历史记忆被封存，也不能在当下仅仅通过被模仿来纪念，而是要使“海派文化”进行再创新，转化为与时俱进的“新海派文化”①和“新海派江南文化”作为江南文化的先锋派。

“海派文化”的符号要保存、传承但不能固化。上海的城市空间与城市符号具有某种中西合璧的特点，例如近代中国特有的上海石库门，其相应的被社会广泛认同的文化符号非常多。这些近代老上海元素在其他城市是不曾见到的，信手拈来可以有几十种：租界建筑群、传统商会会所、西式花园洋房、老虎窗、百老汇、近代传媒（《申报》《万国公报》）、特定的建筑（外白渡桥、上海国际饭店）、具有中国传统经营文化理念的老字号（亨得利、天厨味精、雷允上、永安百货）、特定宗教建筑与历史文化建筑（徐家汇教堂、城隍庙）、海派地方性文化艺术（沪剧、亭子间作家）、海派小吃（浦东鸡等）、地方性文化符号（洋泾浜、弄堂小店、张家姆妈），加上从人们共同认知的石库门居住空间走出来的上海人和居于其间的海派家庭文化特质等，这些文化符号连缀成海派生活方式体系，这也是上海城市的集体记忆！在这样的文化环境中，人们对“海派文化”的理解认知是一种心灵深处的感知，是一种扑面而来的文化氛围！徜徉其中会有一种被感染和溶解的感觉，甚至有一种与“海派文化”历史对话的感觉，这是一种完整的文化模式特有的感觉，亦如在巴黎有一百零一种生活方式一样！是一种文化物化符号与心灵符号的对话！由于既有中国千年文明结晶的江南风格，又有西方文化的生活要素，因此，传统“海派文化”成为人们认同的一种经典城市生活方式体系。可是近60年来，上海的“海派文化”是否有新的发展？这一模式的结构性空间的连缀性还存在吗？当代上海城市的建筑空间文化为“海派文化”增添了什么？是建筑的高度？还是与

---

① “新海派文化”：“新海派文化的审美性和当代美学有密切关系。新海派文化审美性的一个重要作用，就是使物质文化审美化。张扬人文精神，必须提倡新海派文化，只有新海派文化中的审美性才能激活和重建人文精神，而人文精神正是现代人最重要的素质和精神文化的精髓。精神文化和精神文明必然在新海派文化中得到体现。上海的文化和精神文明建设，实质上就是新海派文化建设。”参见：陈超南，刘天华，姚全兴.都市审美与上海形象［M］.上海：上海社会科学院出版社，2008：209.

西方同样的建筑？还是那些与其他城市一样以外国地名命名的楼盘小区？

其三，海派城市文化的时代价值再造。文化空间特别是“海派文化”空间意象断裂——传统与未来历史地段记忆丧失。上海的里弄生活具有传统的中国里坊制关系的内涵。邻里出入相友、守望相助，更具有中国传统城市首属邻里的文化特质，这也是上海城市市民化生活的表现。这种文化空间内最大的价值是新型传统邻里的情感互动和生活互助，在很大程度上也是上海市民生活与海派生活方式的文化底色。笔者很同意罗苏文的观点，他在《近代上海都市与社会生活》一书中说：“里弄在清末民初发展成为上海市民最主要的民宅建筑，构成都市生活方式的基本景观之一，反映出都市居民构成具有多元一体的特点。”[①]里弄空间的出现是中国传统居住空间的延伸，在“里弄的功能与演变”一节中，作者明确提出：“石库门里弄住宅的单体平面及结构脱胎于传统三合院、四合院民居形式，兼有独院独宅和集居住宅之长。”[②]石库门单元的内部设计在一定程度上兼顾到江南来沪居民的原有习惯，很显然，这一居住文化形式的本质是地方性的文化特质，“海派文化”生长的土地是中国江南文化。所以我们说，“海派文化”的本质是中国的，在中国城市建筑史上和城市空间结构演化史上是非常重要的篇章。

那么，我们关注的是，近40年来，当代上海城市的空间意象和建筑文化符号，也能够如当年石库门及里弄空间文化那样，成为一种有历史价值的文化符号和空间意象派别吗？能与“海派文化”一脉相承并成为上海未来的城市记忆吗？进一步说，从1949年以来或者从1978年以来，上海创造属于“海派文化”的建筑居住空间要素了吗？这种创造不能是石库门和传统里弄的简单重复，而是应当创造与石库门有同等历史价值的建筑与空间符号，即新海派城市的空间意象和建筑居住空间应该成为一种新的文化流派与时尚。或者我们试问：近30年来的上海建设，哪些区域或者区位可以成为“海派文化”的代表？应该说，上海城市文化的代表符号是有成功经验的，如上海陆家嘴等地——但是，这种空间是否可以理解为“海派文化”的新要素？陆家嘴地区，与其说是上海的城市标志，不如说是西方建筑文化要素在上海的再版或者是后现代建筑文化空间要素在上海的实验。西方文化与各类建筑的形式引进对上海的发展来说是一种必要的文化选择，但是，上海更应该将中西文化的城市空间与建筑要素转化为有中国底色的“海派文化”的建筑风格！这种风格一定不是万国建筑的拼图！更不是“西洋规划”的翻版！事实上，我们也承认，上海城市经济与文化的成长及价值是充分的，但是，作为“海派文化”的创新是缺乏历史感和有机性的，也是缺乏文脉延续与内涵传

---

① 罗苏文.近代上海都市与社会生活[M].北京：中华书局，2006：53.

② 罗苏文.近代上海都市与社会生活[M].北京：中华书局，2006：54.

老上海里弄民居与传统民居文化

承的！

从城市空间再生产的意义上，推动“新海派”创意阶层的崛起。时尚文化中的某种断裂，表现出上海精英文化的衰落，至少是在整体上的文化、文学和艺术创作方面，上海并没有走在中国的前列。上海世博会无论是对于中国还是上海来说都是一次难得的科学与技术交流、学习、发展与创新的机会，同时也是引领中国和世界经济文化时尚的一个机会。可以肯定，上海世博会在创造会展经济赢利方面、在整体展出完成任务方面、在世界大型活动管理方面等都非常出色和成功，但作为中国城市的经济与文化的特大型城市，“海派文化”的固化、定格化、断裂化使上海城市成为一个典型的超经济体，而不是“海派文化”的全新文化场域和“城市文化资本”的再生产场域①。当然这也不仅仅是上海的问题，很多城市的文化发展都缺乏精英与英雄文化的主导，而上海表现得更为突出，因为，上海应该是中国文化精英辈出的城市。遗憾的是，“海派文化”到了当代却没有自己的文化巨匠。恩格斯高度评价“文艺复兴”在历史上的进步作用时曾强调：“这是一次人类从来没有经历过的最伟大的、进步的变革，是一个需要巨人而且产生了巨人——在思维能力、热情和性格方面，在多才多艺和学识渊博方面的巨人的时代。”②然而，上海在世界经济一体化的大潮中、在经济的高速增长中正在失去文化自我——失去海派自我！非精英化、过度媚俗化使上海的整体性文化地位在衰退，在城市社会转型的变迁期中，上海城市的文化精英未能完整建构，巨匠无人！而我们理想中的上海应该和巴黎并列——两个世界文化之都！

我们可以看到，当一座城市只单纯地把某一段历史作为可以炫耀的文化资本的时候，这足以预示着这种文化现象的衰落！

“海派文化”符号价值的断裂——“城市文化资本”价值的失落。“城市家具”文化作为一种城市文化符号，是“城市文化资本”的要素之一。如伦敦和巴黎的城市符号等都非常具有显性化，包括公共巴士、电话亭、报亭、的士、街角景观、街心公园、街区护栏、路灯和店招店牌、广告橱窗以及其他城市家具等，既有很强的识别性又有特别的地方性文化内涵。值得一提的是，巴黎160多年前由奥斯曼创造的城市符号体系，在当代进行了创新性的整合沿用，城市符号化的历史脉络十分清楚。而上海在这一方面是整体性的缺失，既没有历史符号的延续，也没有现代符号的建构。到目

---

① 张鸿雁.上海文化核心价值的缺失批判与“新海派文化”的建构研究——上海城市发展与规划战略纠谬与创新［M］.中国名城，2011（02）：8-16.

② ［德］马克思，恩格斯.马克思恩格斯全集：第3卷［M］.中共中央马克思恩格斯列宁斯大林著作编译局，译.北京：人民出版社，1972：160.

前为止，上海没有属于自己城市符号中的家具文化符号、交通文化符号、景观文化符号——没有属于上海独有的城市IP符号系列——而其中的某些城市要素系列，如高架桥文化，表现了典型而过于沉重的工业化痕迹，既缺乏城市美学艺术感，又缺乏相关城市文化功能辅助效果。在全球城市化和城市全球化的今天，世界范围内的城市都受到各种各样的世界一体化的文化冲击，上海是中西方文化的冲击地，是两种文化撞击产生第三种文化的重要城市。但是这第三种文化——即海派文化不是纯粹的外来文化，它在本质上是中国文化的派生体，是中国文化百花园的一株奇葩！这是新时期对“海派文化”重拾、重缀、重构和重塑的一种前提认知。

其四，“新海派文化”内涵的探讨。城市空间西方化及城市建筑高度的刷新，从一个侧面证明了上海城市与世界文化发展的某种同步性。究竟何为“海派文化”？近代社会以来的社会达人和学者对此多有论述，如描述为：具有文化包容性、国际化、涵容性、变革意识、精明文化、万国文化集萃、小市民文化、经商文化、海洋意识及追求时尚等。这些论述都具有其特有的指向性说明，例如有观点认为：“海派文化”主体是外来文化，是中国文化西化的产物，其文化因子是多元构成的。虽然众说纷纭，但我们必须重新梳理和认知海派文化的内核与价值：

1.“海派文化”中的中国元素——江南文化是海派之文化基因。从先秦以来形成的江南文化的核心，成为“海派文化”的“质性主体”。江南水乡的空间意象、江南文化的生活方式、江南文化的艺术表达和传统的经商伦理观念等，都是“海派文化”的核心“文化因子”。“海派文化”是以中国江南文化为根柢的文化分支，而且是在全面包容江南文化要素的同时，吸纳了外来文化而形成的一种文化体系。正因为“海派文化”是一种以中国江南地域文化底蕴为主体的文化模式，才使得其成为中国人整体认同的一种文化类型和模式！这其中的原因在于江南文化是中国文化的精华所在。“海派文化”在世界化文化的表象中深含着“中国味”，这才是真正的“海派文化”价值！

2.长江和黄河文化是海派之文化血脉。长江流域形成的中国本土文化要素是“海派文化”得以生存的动力和人文精神。“龙文化”的通江达海，到了近代发展到一定高度。长江文化和黄河文化是“海派文化”的魂，为“海派文化”提供了生生不息的华夏因子——种子和土壤。“海派文化”的土壤是秦汉以来中国经济重心南移与长江中下游的吴越楚文化融合构成的，特别是先秦、两汉、唐宋及至明清二千五百多年来，在江南之地曾有繁华的苏州、常州、杭州、宁波、南京和无锡等城市，为这一地区近代的“海派文化”的形成提供了营养，提供了物化的自然与人文基础。吴越楚文化的历史，不仅是“海派文化”的文脉，更是“海派文化”的主体价值之核和文化之魂的血脉。上海作为一个移民城市，其创造者的主体人口主要来自这些地区。

3.中国传统和华夏国学是海派之文化脊梁。“海派文化”主体是传统的中国文化，在这一文化的表现上就是民族自强不息的精神，近代上海在反对侵略、创造民族产业、开发民族文化、出版中国化的传媒方面，是中国近代文化新学之兴的创原地之一。创造全新的出版印刷机构，上海成为中国重要的国学文化、传统人文精神的发扬地和创新地。“海派文化”的发展，其中一大部分是在挖掘、保护、开发和创新中国传统文化。无论商务印书、文化书局、报纸杂志，还是电影文化、文学艺术，都在开放中创造爱国主义的传统文化。这也是“海派文化”伟大之所在。

4.外来文化是海派之文化羽翼。上海具有特殊的沿海区位优势，与海外文化的交流、接触、冲撞、互动、融合，使得上海成为中外文化结合的空间场域，创造了上海新的“城市文化基因”之一。这种文化冲突与中西文化的直接交流带来西方人的文化价值观和行为模式，也带来了西方化的日常生活文化和习惯，为上海及其周边地区居民的社会生活创造了范式——无论是外在文化如服饰，还是内在文化如道德观念，或者是新的科技手段，都在很大程度上颠覆了中国人“天朝大国”的传统文化价值观。在中西文化的交流中，世界各地闯荡上海滩的中外投资人和开发者，在此既可以获得西方的文化与财富，也可以看到中国文化的博大精深和特有的财富价值。上海作为商人和冒险者的集中地之一，在创造城市贸易的同时，也创造了典型的海派城市空间和海派城市生活，为传统的城市增添了新翅膀，表现出一定的新生活品质、新文化体验、新消费模式、新空间表现、新艺术形态和现代的新生活与生产资料，使中西生活要素并存于日常生活之中，如石库门建筑的传统性文化创新、前店后厂的里弄商铺文化、西方文化艺术时尚的流行，以及现代教育和民主化的文化建设。总而言之，上海建构了新的人文区位优势①。

5.中国沿海文明是海派之时间切面。中国沿海的海洋文明，素有创新、创业之文化取向。与海共生，拥抱大海，有江南的温柔，有长江的大气，有传统儒商的雅致，更有西方文明中有闲阶级现代生活的品质。中国的海洋文明虽然开发较晚，甚至缺乏深度，但是这种文明所特有的中国智慧、冒险与变革精神是较之内陆而更为充分的。这样的文化场域模式为“海派文化”提供了思想解放和新行为主义创新的基础。秦汉以来，特别是唐宋元明清以降，中国沿海城市就已经开始走出国门，如唐宋时期的宁波港、明代郑和“七下西洋”等，这种深植于社会之中的创业意识，为“海派文化”的生存提供了思想观念的基础。特别是中国近代以来现代性意义上的城市管理制度，如市政管理机构、警察保安机构、城市公用事业机构、城市公共文化机构、市民公共文化设施等，多数最早产生于上海及天津等沿海城市——这本身就喻示了“海派文化”内在的创新价值取向。

---

① 张鸿雁．欧洲中世纪城市文艺复兴启示录——从再造人类“集体记忆”与“城市文化资本”说起[J]．探索与争鸣，2009（03）：9-13.

6.近代港口经济的繁荣与国际贸易是海派之“城市文化资本”。贸易为上海带来商业与文化的繁荣，创造了现代化过程的经济、知识、人才与技术基础。海上贸易衍生出新的经济与文化体系，为这座城市注入了经济活动与文化交流的方式与手段。港口贸易使人们获得了西方的财富，包括艺术品、生活用品、奢侈品以及哲学、宗教和消费方式，同时创造了一批受过西方科学、民主教育的“海派文化”的工作者、生产者、开发者、利益享受者和混杂人。在近代上海城市的市场上，可以找到世界各地的商品，可以满足任何有钱人的需要。“海派文化”的发展过程也是中西文化相互学习的时期，也是中国近代社会新兴阶层与阶级结构化的典型社会转型期，这时的上海不仅出现了前所未有的职业、生产形式、生活方式、空间要素等，还出现了新的文化形式与文化传播形式，甚至在某些文化方面的超前性表现出了与世界文化发展同步的现象，如电影、服饰、文化娱乐等。这恰恰是“海派文化”得以张扬的一个特殊原因——即在一个典型的农业社会里，通过接触西方新的文化与制度，创造新的地域空间——“海派文化”生产场。在这个文化生产场内，生产出了以港口经济贸易繁荣为表征、以中国文化为底蕴的“海派文化”系列元素，如海派城市雕刻、城市绘画、城市建筑、城市音乐、城市文学艺术等，包括“海派文化”表现的观念解放和世俗化的发展，也找到了最新的和多样化的表达方式，城市日常生活方式超脱了从远古时代起就一直占有主导地位的、以皇权为核心的传统农业社会生活类型，是一种全新的“类市民化”的上海城市人生活。

通过上述几种历史文化因子和特定空间区位的分析，我们完全可以这样认为：“海派文化”的“根”植在中国，“海派文化”的“根”扎在中国，“海派文化”的“根柢”主导是中国文化元素。进一步说，“海派文化”元素表现了典型的中西合璧的文化特质，但是其核心主体价值的文化属性是：中国根柢的“海派文化”！

但是，我们也必须指出，20世纪二三十年代发展而来的“海派文化”必然有其特有的时代局限：一是“海派文化”具有单纯生活方式的指向价值，缺乏人本主义的人文关怀价值；二是“海派文化”是一种西方文化强介入引发而形成的文化，在很多领域是对西方文化的模仿，具有典型“复西主义”的文化倾向；三是“海派文化”缺乏技术科学思想观的引导，缺少对社会技术层面的推动与创新；四是“海派文化”是社会中上层阶层的文化，贵族化和小市民文化倾向比较显性，对社会底层文化认知相对缺乏；五是“海派文化”的商业化价值取向比较显性，过于计较和庸俗；六是“海派文化”的小市民文化的内在特质较为明显，缺乏伟岸和大气的文化感觉；七是“海派文化”尤其关注市民化的物质生活，在思想与情操方面的塑造上显得乏力等。正如所有的事物都存在负面因素一样，这种负面的文化特性掩不住“海派文化”作为人类集体记忆的价值。

本文提出对当代“海派文化”的“定格化”，主体价值丧失化和本土化文化的缺失提出批判，是因为“海派文化”的现代性创新不足，包括人们对“海派文化”的认知也不足。“海派文化”是中西文化交流的一个结果，我们可以参考胡适对“五四运动”新文化的评价来认识“海派文化”的发展。胡适说：中西文化的交流，“与陌生文明的接触带来了新的价值标准，本族文化被重新审视、重新评估；而文化的自觉改革、更新就是这种价值转换的自然结果。没有西方文明的紧密接触，就不可能有中国的文艺复兴”①。同时胡适还说：“中国的文艺复兴正在变成一种现实。这一复兴的结晶看起来似乎使人觉得带有西方色彩。但剥开它的表层，你就可以看出，构成这个结晶的材料，在本质上正是那个饱经风雨侵蚀而可以看得更为明白的中国根柢——正是因为接触新世界的科学、民主和文明而复活起来的人文主义与理智主义的中国。”②“海派文化”的生成与发展也是如此——乍看起来是西方文化入侵的结果，但是其核心、质性、主体价值、文化底色和整体的内在价值体系就是“中国根柢”。正因为我们忽视了“海派文化”的“中国根柢”，才需要在世界经济一体化的浪潮中，找到上海，找到自我——这也是上海应该创造“新海派文化”的理由与意义！

其五，以“新海派文化”姿态重构上海的“全球城市”地位，创造“新海派城市集体记忆”。上海应该也必须是世界性都市，这是中国经济与文化发展的需要③。建构“新海派文化”，就是要在新的历史时期，创造上海新的历史风格、新的城市形态、新的城市空间结构、新的产业模式，找到当代上海人特有的文化个性，为人民、为历史对上海文化进行重塑，为中国对上海城市进行重新定位！

“新海派”城市空间形态与文化的再定位与创新——“新海派文化”建构与创新。上海首先应该是“世界文化生产场域”。上海的城市建设应该不再是世界万国建筑的拼贴地和实践场。不能仅仅以石库门和“老上海”作为炫耀的资本，也不能以建筑的高度作为城市形态发展的主体诉求，而应该创造“新海派”建筑文化模式，包括建筑结构、城市立面、街区结构、建筑符号、建筑色彩、建筑模式、建筑理论、里巷肌理等，应该是一种中西合璧的世界经典。

上海应该亦如芝加哥一样，在一座城市里创造出很多学派，如芝加哥城市学派、芝加哥建筑学派、芝加哥心理学派等。至少目前没有看到上海相关学派体系的发生与发展。应该有意识地自觉地

---

① 胡适. 中国的文艺复兴[M]. 北京：外语教学与研究出版社，2001：2，183.

② 胡适. 中国的文艺复兴[M]. 北京：外语教学与研究出版社，2001：151.

③ [美] Edward W. Soja. 后大都市：城市和区域的批判性研究[M]. 李均，等译. 上海：上海教育出版社，2006：289.

创造“海派建筑学派”“海派城市学派”“海派城市景观学派”“海派后现代艺术学派”等——其本质意义在于创造具有中国本土化的、上海城市地方性的“新海派文化”，使“新海派”城市形态、“新海派”建筑形态在中国建筑文化的历史上及世界建筑的历史上，有自己独立的篇章。上海应该是本土化的“新海派文化”城市建筑空间的创新场，而不是西方建筑的复制场。

城市文化的真正价值在于其能够在中西文化的交流中，找到自己的文化主体性。创造“新海派文化”的城市“文化底色”，这个底色一定是在主体性的价值取向上，具有跨文化的特点，并成为中国文化走向西方、走向世界的传播者。从本质上说，上海应该是继中世纪欧洲文艺复兴后的中国式文艺复兴的发源地！如“新海派”色彩、“新海派”服饰、“新海派”观念、“新海派”学理等。“新海派”城市文艺复兴的价值再造的前提是首先要把城市当作艺术品来打造。上海的城市景观体系缺乏世界级的文化价值取向，其原因是缺乏主体性价值和地方性唯一意义。我们都知道巴塞罗那的城市文化艺术，城市即是艺术品。具有独立人格的“新海派”艺术群落的建构是城市文艺复兴的起点！

城市是人类社会发生以来最伟大的财富价值体现[①]。“积累和集中资本的过程也导致城市的产生。”同时，“当资本在一片领土内积累和集中时，这片土地上就会出现城市的增长。”[②]海派“城市文化资本”的再生产，必须进行结构化、模式化和全球价值链的高端化建设，包括这样几个维度和层面：其一，创造新上海“新海派文化”的城市精神、城市理念、城市价值观、城市市民精神与特有中产阶级、市民社会化的高尚文化行为，这其中既有精神文化的建构，也要有物质文化的支撑。其二，建构全新的“新海派文化”制度型文化体系，创造全新的城市社会福祉，建构城市如家的城市生活文化。其三，对城市自然资源、人文资源的要素进行整合，对物化的遗存与流芳千古的中国文化和上海地方文化精华、人物思想、现代文明精神进行重塑与建构，倡导一种“新海派文化”的城市哲学价值体系——这种整体性文化思想与“城市文化资本”的建构，其价值具有取之不尽、用之不竭的意义，其伟大的文化核心是市民社会的整体认同和参与，思想观念的解放才是最终的解放。其四，城市自身创造的一系列文化象征与文化符号等，在“新海派文化”的建构过程中，都可以通过文化再生产的方式，使之具有鲜明的“城市文化资本”属性和现实的资本意义[③]。

---

① ［加］埃伦·M. 伍德. 资本帝国［M］. 王恒杰，等译. 上海：上海译文出版社，2006：102.

② ［美］查尔斯·蒂利. 强制、资本和欧洲国家：公元900—1992年［M］. 魏洪钟，译. 上海：上海人民出版社，2007：20.

③ ［美］弗雷德理克·詹姆逊. 文化转向［M］. 胡亚敏，等译. 北京：中国社会科学出版社，2000：139-140.

其五，“新海派文化”还要提出技术与科学层面的建构，包括“新海派文化”文化经济综合体的建设，创造属于上海的垄断性文化经济要素，这些唯一性文化通过文化再生产，在创造“城市文化资本”的同时，亦能够提升上海在国际经济与文化发展中的首位度和世界性文化之都的价值。我们最终提出的是，中国和世界应该有“新海派流”！

“新海派文化”城市文化人格与“伟大城市文化”的铸造。“是纽约造就了它的人民；在别的地方是人民造就城市。”[①]上海与纽约有相通之处，即国际性和商业化的发展，从“城市文化资本”理论观的角度来认识城市的文化价值，城市不仅需要理念的铸造，还需要品位品质的铸造，具有高雅文化的市民生活体系，其本身就是一种伟大力量！要创造上海“新海派文化”的行为范式，其相关的价值链的创造还包括城市视觉系统物化的艺术成果表现。在“新海派文化”的整体上，实现小市民社会向典型的后现代市民社会——“绅士社会”转型。从思想到行为，形成“新海派”城市文化性格——或许我们对上海有了太多的期望！

但凡能够成为世界名都的城市，一般都会表现出一种特有的城市人格，包括城市群体的伦理、价值取向、人性以及个性化的文化力量。人类一直在不断地试图塑造城市的文化性格，同时，人类又不断地被自身创造的城市文化性格再“形塑”——因而，具有优秀文化的城市，必然也都是具有优秀品质的城市和具有良性文化人格的城市。“城市是一种心理态度，是各种礼俗和传统构成的整体。”“城市已同其居民的各种重要活动密切地联系在一起，它是自然的产物，而尤其是人类属性的产物。”[②]“城市是一种心理态度”的视角告诉我们，当一个城市人能够有善良友好的心态和行为，或者一座城市的多数人能够具有良好的心态和友善的行为，这座城市一定具有文化品位和品质，而这种品质也一定是建立在某种经济基础之上的。所以，我们必须认识到城市人格与品位的力量。当我们能够重新审视城市与人、城市与自然、城市与社会发展的意义和关系时，我们更会认同塑造“城市文化资本”的行为，实际上是在创造城市社会全员的社会福祉。

我们可以借用阿伦布洛克评价西方文艺复兴的观点来认识建构“新海派文化”的历史意义与价值：“即使我们接受哲学家们对启蒙运动所持的赞许观点，把它看成是一部伟大戏剧的一部分，文艺复兴只是其中的第一幕，这部戏剧就是把人们的思想从束缚它们的恐惧、迷信和虚假信仰中解放出来，那就很清楚，他们以为自己的一幕就是最后一幕的想法是完全错了。没有最后一幕：如果人

---

① ［美］托马斯·科斯纳. 资本之城［M］. 万丹，译. 北京：中信出版社，2004：序言.

② ［美］R. E. 帕克，E. N. 伯吉斯，R. D. 麦肯齐. 城市社会学：芝加哥学派城市研究文集［M］. 宋俊岭，吴建华，王登斌，译. 北京：华夏出版社，1987.

类的思想要解放的话，这是一场世世代代都要重新开始的战斗！"[①]站在当下中国的立场而言，上海对于承担起中国式城市文艺复兴的重任，责无旁贷！重新找回上海"海派文化"城市形态的核心价值，创造21世纪的"新海派文化"，势在必行！促进、助力上海成为中国式城市文艺复兴的发祥地，承担起中国式城市文艺复兴的重任，推动世界的进步，重构上海的"新海派文化"的"城市文化资本"！[②]

"祛魅"的本质是弃旧图新，要进行上海文化的创新，而创新就是创造新的事物。我们要问的是：为什么不同的民族、国家和城市却有着不同的创新发展能力和速度呢？有很多科学家都有这样的"科学创新之问"——为什么？当然，回答是多种多样的。不同时代的城市和社会环境给予创新土壤、"文化场域"和创新人才的成长机制以及个体个性思想的解放程度是不一样的，从而导致创新发展能力、创新动力、创新重点和创新发展速度就会不一样。创新是人类社会发展知识积累的结晶和过程。在中国古代就已经对创新有了明确的认识。"创新"是典型的汉语词语，亦作"刱新"，一是指创立或创造新的事物；二是指最初、肇起、首先之意；三是制造、创作新的作品。"创新"一词最早出自《南史·后妃传上·宋世祖殷淑仪》："据《春秋》，仲子非鲁惠公元嫡，尚得考别宫。今贵妃盖天秩之崇班，理应创新。"[③]古语所谓"改弦易辙""上下求索""穷则思变""与时俱进"等等，都具有创新的意涵。因此，创新是一个民族赖以存在和发展的基本动力。创新发展和进化的历史结晶是生产工具——即从石器工具到计算机工具的过程。从原始社会石制工具的发明，到国家形态诞生前的农业和手工业的分离，再到城市社会关系出现后所建构的脑力劳动与体力劳动分工的发生；从原始国家权力机器演化生成，到青铜器和铁器时代的到来，再到中世纪经济地理大发现和纺织工业以及大机器工业的出现，演化到近代工业化和现代化的发展，特别是现当代，全球城市化和城市现代化的发展，航天、新材料、数字经济、网络科技、智能机器人和电子工业等新科技突飞猛进，整个社会进入了一个智慧网络化社会时代，新的生产形式、新的工作方式、新的交通方式和新的生活方式迭代、叠加涌现，形成全球化的智能网络社会产业格局。回顾社会发展创新和科技文化创新的进化，创新发展是一个优秀民族的优先选择，特别是中国从1978年来40多年的经济社会发展，通过各个领域的不断创新发展，中国正在以世界范围内经济发展速度最

---

① ［英］阿伦·布洛克. 西方人文主义传统［M］. 董乐山，译. 北京：三联书店，1997：126-127.

② 张鸿雁. 上海文化核心价值的缺失批判与"新海派文化"的建构研究——上海城市发展与规划战略纠谬与创新［J］. 中国名城，2011（02）：8-16.

③ ［唐］李延寿. 南史：宣贵妃［M］. 北京：中华书局，1975：323-324.

快国家的身份屹立于世界民族之林——这一切归结于改革开放后中华民族的不断创新发展和创新开放以及创新土壤的建构，在很大程度上，是上海近代开放文化的一种延续。在智慧网络的后现代社会，智能、智慧不仅是生产过程也是产品结果，而且已经成为社会发展的整体财富资本、智力资本和“城市文化资本”。上海当代的科技文化的创新发展仍然是中国的样板。

城市发展需要一种特定的“文化场域”和生存土壤，而全球化、全球一体化和全球城市现代化的发展已经证明：文化向来是强者的“武器”！创新发展应该成为城市文化高成长的生存法则，城市文化混杂化在一定时代具有很强的世界先进性，而在全球网络社会发展前提下，城市文化一定是要在核心文化价值充分发展的基础上进行创新，一定是在包容世界文化的同时，有自己民族和城市的文化主体创新，这是上海城市文化和传统的“魔都”文化“祛魅”的灵魂所在。城市创新一定是全域的创新，包括政治、经济、社会、文化、科技、生态和社会管理等各个领域的创新，从总体上看，可以简单归结为人们日常理解的城市创新，至少有这样三大领域：一是社会国际化的发展，涉及社会管理和职业行为等领域——主体表现为城市制度、政策、社会结构与服务管理模式等创新，如人才政策和营商环境创新等；二是行业、企业和科技文化领域——主体表现为技术、工艺、产品、品牌和文化等创新，在城市内创造高成长企业的出现和新材料新技术的发明的社会土壤和创新服务体系等；三是学术、学科和思想文化领域——主体表现为知识、方法和文化艺术的创作创新等，如科学性新概念、新范畴、新学科、新作品和新体系等。当然，创新的范畴还可以通过不同的方法进行类型化的解释。城市是一个巨型有机综合体，城市整体创新是城市发展命脉[①]。

最终创造上海的“新海派文化”“海派江南文化”和上海的世界价值——上海价值。

---

① 张鸿雁. 城市创新发展论——兼评《高成长企业发展研究报告——以南京为例》[J]. 现代城市研究，2021(07)：130-132.

所谓世界城市有三个：伦敦、纽约和东京。它们可以勾勒出过去150年间经济权力主导格局的变化。伦敦不仅是英国的首都，更是一个……延伸到加勒比海包含了印度次大陆的绝大部分地区以及非洲大部的庞大商业帝国的首都。伦敦就是中心，发生在这里的交易将茶叶饮客和生产者、缅甸的森林和全世界的家具制造商、美国的谷物种植者和欧洲的面包消费者牵连到一起。[①]

——约翰·伦尼·肖特

---

① ［英］约翰·伦尼·肖特.城市秩序：城市、文化与权力导论［M］.郑娟，梁捷，译.上海：上海人民出版社，2023：69.

第二十六章

场域文化熔炼——“金陵派文化”① 唱响与再建构

在中国的地域文化演化中，出现了很多地方性的文化流派和学派，唯有“海派文化”和“京派文化”最为显性，而“金陵文化”在两大强势文化之间立足，虽然靠近“海派文化”，但是，却没有被“海派文化”同化，反而在一个强大的“海派文化”的“身边”，以独有的文化特质成长起来，创造了独特而鲜明的个性文化、地域性文化，并有庞大的文化体系，构成一个地方之文化——“金陵派文化”。

“金陵派文化”之所以能独树一帜，其中的原因有很多，而主要原因之一是：“金陵派文化”的根基深厚而历史久远——据六朝古都文脉引学术之繁盛，掌六朝贵族风雅引玄对山水之文气；集十朝皇家风华揽四方人才，聚国派大家阅八方书香；集学子赶考有士人大家文章宏论，汇士庶凡子有市井生活日常文学……六朝时期的南京和罗马并称为“世界古典文明两大中心”，有着影响深远的江南“士”爱国情操遗风。“金陵派文化”与中国其他文化类型的相同性在于，有强大的中华文化基因所构筑的生命力和文化的涵容性，居长江两岸和运河边，最为能够接受和吸纳大江南北、黄河上下及运河串联的东西南北之华夏文明，可谓集“京派文化”和“海派文化”之精华，而又能够在中国文化的汪洋大海中独树一帜，“独霸”一方，有鲜明的识别性和地域性特征及“场所精神”，

---

① 笔者提出“金陵派文化”的概念，主要是因为南京地处上海和北京之间，与“京派文化”和“海派文化”比较，“金陵派文化”存在着自己独有的特色。虽然已经有专家对“金陵文化”做过研究介绍，但是，没有从中国几大地域关系中分类并厘定出来“金陵派文化”的主体范围、相关地域、文化本质、文化特色、内容系统以及发展方式等。本书只是针对“京派文化”和“海派文化”提出“金陵派文化”，并从“金陵派文化”在都市圈文化演变中找寻其意义的同时，从社会学、人类学、文化学等多学科角度分析如何建构“金陵派文化”，目的是在中国地域文化的百花园中，培养出更多的文化类型与地域文化，促进华夏文化与中华文明在世界范围内的文化丛中能够更加灿烂、辉煌。

特别是在世界范围内南京又被认定为世界创意城市网络的“世界文学之都”，则可以显见“金陵派文化”伟大而深刻的内涵。在中国的城市定位中，我们一直主张：南京这个“六朝古都”“十朝都会”和中国的“四大古都”之一，而且还是长江沿岸唯一的古都城市——有深厚而伟大历史文化底蕴、有人文区位优势和现代科技文化的创新名城，应该以世界一线城市“全球城市”的文化发展作为标杆，促进并创造南京成为中国及东方乃至世界的重要文化之都，特别是能够担当起中国传统文化之守望者和创新者的责任①。

本章提出“金陵派文化”的概念旨在创造一种新的地域文化认同，创造宁镇扬文化都市圈一体化的文化核心和价值主体，创造“金陵派文化”存在与发展的“文化场域”，并通过“文化场域”的深化扩展创造宁镇扬都市圈“金陵派文化”的文化集聚力、向心力和扩散力。当然，很多学者可能会提出金陵文化与扬州文化、镇江文化相比有很大的区别，扬州虽属于“淮扬文化”体系，但却与南京有着相近的南北融合的文化包容性和相似的文化特质。镇江地处江南，有深厚的吴越文化②历史影响，自创了很多特色鲜明的“文化丛”，在本质上与金陵文化同根、同源、同脉且相邻……而本书的主旨是研究“中国城市文化资本”理论与实践，本章也并不是要专门研究宁镇扬三个城市文化类型之异同的问题，因为相关研究成果已经有很多，也取得了很多成就，但是，宁镇扬都市圈文化圈如何共同建构“金陵派文化”则是一个大问题，也是一个需要长期研究的命题，谨此提出该命题希望能够引起更多学者的关注。

诚然，宁镇扬都市圈内的城市之间发展存在文化差异，这也是哲学的基本命题，即世界万物的同一性和差异性是普遍存在的。应该说，在中国整体地域文化格局上，能够创造一种与“京派文化”和“海派文化”等一起争锋的新的文化是非常有意义的事情，也是宁镇扬都市圈一体化建设的历史与现

---

① 2019年，南京作为中国唯一的“世界文学之都”，被纳入“全球创意城市网络”；2020年南京被评为“国家生态园林城市”，同时在中国城市高质量发展排名、中国城市科技创新发展指数排名中仅次于北上广深，中国城市营商环境综合排名第6，亚洲第11、中国第5的“亚洲百强城市”，并跻身“全球科研城市20强”；2021年，又成功跻身“全球科研城市10强”；2023年，南京已成为国家创新型城市中创新能力指数仅次于深圳的创新型城市，被列入“全国城市创新能力百强榜”。

② 《吴越春秋》中有太伯、仲雍奔吴，这段历史在1954年镇江大港烟墩山出土的宜侯夨簋铭文中有真实记载。春秋战国时代的吴越，其地理范围特指今天的江苏、浙江、上海和安徽、江西的部分地区。春秋晚期，吴国建都姑苏（今江苏苏州），越国建都会稽（今浙江绍兴）。两国之间连绵不断的争霸战争，使得具有近亲关系的远古吴文化（北阴阳营石器文化、湖熟青铜文化）和越文化（河姆渡文化、良渚文化、马桥文化）进一步融合为一体，形成独具特色的东南沿海区域文化。参见：冯天瑜，何晓明，周积明. 中华文化史：上［M］. 2版. 上海：上海人民出版社，2010：329.

实要求，目前，还没有人从“金陵派文化”这个意义上提出都市圈建设的文化整合机制。同样，从哲学和文化学角度上分析，世间万物都有同一性，即物的存在性与物质性，宁镇扬文化一直存在于南京这个“十朝都会”——都城的政治、经济与文化圈内，南京与扬州距离只有93.3千米，与镇江只有60千米左右，以现代的生活方式来说，是在典型的30—60分钟生活圈内。宁镇扬在历史发展中创造了各自有特色的文化，但因长期生活在一个特定的“南京作为省会城市”的地理接壤的文化圈内，也能够深刻地创造出其同一性、相似性和相关性的一面。因此，在这里我们要反复强调的是：宁镇扬都市圈应该同心勠力地创造“金陵派文化”，创造宁镇扬一体化都市圈文化同一性和整体性上的“金陵派文化”价值区，最终创造宁镇扬都市圈意义上的整体城市文化自觉，有意引领中国城市文艺复兴的再兴起，是以引导一种地域新文化模式的再创新，并在经济文化一体化中的都市圈核心文化要素创新的配合与整合的过程中，推进宁镇扬一体化的整体现代化同步，让“金陵派文化”成为宁镇扬都市圈共同享用的地域文化主体，并以都市圈文化主体价值的形式参与全球“新文化产业分工”。

一、世界语境：中心首位，极化效应，核心集散，三城一体

南京有四个具有地方性和地点精神并且是非常典型的文化标识——“和平金陵，博爱之城，天下文枢，文学之都”，这是南京城市文化的功能定位、城市文化愿景定位和未来发展的文化价值定位的一种表述，也应是南京和南京都市圈坚守的城市“伟大文化”[①]理想之一。诚然，这些“伟大城市文化”的理想标识和要素更多的是代表过去，然而，我们需要建构更好的未来，追求更“伟大的城市文化”的理想和新时代的文化担当，即：南京还应该成为中华优秀传统文化核心价值的守望者、传承者和创新者。在世界上，对一个国家和民族历史文化能够担当并圆满完成守望责任的城市可谓屈指可数，在现实中，一些古都和古城在历史的发展中，在文化保护与传承方

---

① 城市“伟大文化”：“意大利著名政治哲学家乔万尼·波特若（Giovanni Botero）早在1588年就提出《论城市伟大至尊之因由》之论，强调‘城市伟大文化’的建构与认知：何谓城市及城市的伟大被认为是什么？城市被认为是人民的集合，他们团结起来在丰裕和繁荣中悠闲地共度更好的生活；城市的伟大则被认为并非其处所或围墙的宽广，‘而是民众和居民数量及其权力的伟大。人们现在出于各种因由和时机移向那里并聚集起来：其源，有的是权威，有的是强力，有的是快乐，有的是复兴’。”参见：［意］乔万尼·波特若. 论城市伟大至尊之因由［M］. 刘晨光，译；林国基，补注. 上海：华东师范大学出版社，2006.；张鸿雁. 城市“伟大文化”的建构与创新——南京城市精神的历史、现实与未来的责任［M］//曹劲松，卢海鸣. 南京学研究：第六辑. 南京：南京出版社，2022：78.

面有过很多失误和遗憾，过去不可追，未来有可期，亡羊补牢犹未晚也。保护历史和创造新城市的未来是每一代人的责任，对于宁镇扬都市圈来说，创造成为全人类意义上的“集体记忆”需要有踏踏实实的城市文化自觉，需要再创造和再创新城市的核心文化价值系统，形成“城市文化资本力”“城市文化核心竞争力”“城市文化综合竞争力”“城市特色文化竞争力”和“城市文化软实力”的“五力一体结构”，创造全新的发展方式与永续动力，不断向“全球城市”的目标迈进。

从世界城市群和都市圈的发展规律来看，往往是因为有一个中心性城市作为“发展极”而带动周边形成共振式发展，国家和区域城市群内的“发展极”则表现为强劲的集聚力、辐射力、向心力和扩散力，一般能够成为城市市民的心理文化中心、消费中心和政治中心①。特别是那些特色文化鲜明的中心性城市，若同时又是古都城市，会表现出强大的城市文化基因而顽固传承城市文化和某种文化创新，展现出“城市文化资本”的历史性和文化价值刚性。越是具有政治中心性质的城市，地域文化往往会随着时间推移的积累而越来越深厚，文化中心城市和文化“发展极”城市的“文化转向②力”就会越大，与此相适应的，是特色文化产业和高品质文化艺术成果也会形成高度集聚，反过来成为城市文化轴心的旋转、转型、进化的推力。

南京曾是中国十个朝代③的政治中心，作为国家和朝代的都城往往会集聚当代一时之人才，而成为一方文化的“发展极”和“文化高原”或“文化高峰”，或可能成为皇权文化的附庸而形成极致

---

① 张鸿雁. 全球化的城市空间与世界城市［N］. 社会科学报（第二版），2008-03-12.

② 文化转向（The Cultural Turn）：在《文化转向》一书中詹姆逊写道：“一种新型的社会开始出现于二次大战后的某个时期。新的消费类型，有计划的商品废弃，时尚和风格的极速变化，广告、电视和媒体以迄今为止无与伦比的程度对社会的全面渗透，城市与乡村、中央与地方的旧有紧张关系被市郊和普通的标准化所替代，超级公路庞大网络的发展和驾驶文化的来临——这些特征似乎都可以标志一种与战前社会的根本断裂。”参见：［美］弗雷德里克·詹姆逊. 文化转向［M］. 胡亚敏，译. 北京：中国人民大学出版社，2016：20. “文化转向”始于翻译学词汇。翻译学经历了语文学学派、语言学派、文化学派等的转向，“文化转向”正成为西方翻译研究的趋势，面对翻译学与哲学、语言学的转向与发展，以苏姗·巴斯奈特和安德列·勒弗维尔合著的《翻译、历史与文化》的问世为标志。哲学、解释学乃至文化学派“文化转向”（目的论、操纵论、解构主义、女性主义、后殖民主义等）的哲学基础，其思潮是反传统的、反理性的、反权威的怀疑主义，它否定中心拆解结构，批判了结构主义语言学转向的工具理性、语言逻各斯中心主义以及二元对立的观点，主张意义是不确定的，意义在对话中生成。参见：曾文雄. 翻译学“语用学转向”：“语言学转向”与“文化转向”的终结［J］. 社会科学家，2006，（05）：194.

③ 十朝都会：南京是中国历史上著名的十朝都会，历经东吴，东晋，南朝的宋、齐、梁、陈，南唐，明初，太平天国，民国政府。南京城经历了历朝的修建扩建，至今，透过南京城市遗存的城郭格局和历史建筑，仍可以感受到源远流长的历史文化的余韵。参见：王纪武. 人居环境地域文化论：以重庆、武汉、南京地区为例［M］. 南京：东南大学出版社，2008：224.

化的发展，或可能成为城市市民的地方文化，而产生地方艺术结晶、地域学派、地域艺术流派等，例如中国各省及一些城市都有各自的地方戏曲剧种，就是这种文化地方性成长的见证。而都城最能集聚人才，比较典型的，也是早期最具古典意义的是春秋战国时的齐国都城临淄，作为当时七国都城中最大的城市，史载有7万余户，达50万人以上，“稷下学宫”在齐国都城，集聚天下人才，而后衍生出的“稷下学派”[①]即是如此。中国四大古都中的北京、西安和洛阳在历史上皆是文化鼎盛之都，政治中心城市必然是文化中心性城市，同时，政治中心城市往往因个人或群体的理想实现程度高，具有人才汇聚的引力与向心力，很多个体和不同阶层的人为跃升和发展而汇聚京城和经济发达城市——中国的传统文化之一“进京赶考”中就有这种寓意。文化精英群体聚集的结果之一是，各种人才之间相互交流学习，会产生在思想上、技术上、学术上、文学上、艺术上等多样化的文化创新成果，所谓城市精英型文化群体因为每个个体都有文化资本和不同的工作技能——自带某种文化创新和个体文化自觉，再通过社会“文化场域”提供的文化氛围的自我塑造及个体文化资本的合理交换，会产生某种意义的地方学派和文化艺术流派的创新个性，而个体与阶层上升的理想实现路径相对宽阔且多样，这是一般意义上作为国家或地域中心城市的基本文化特质，也是政治中心城市与乡村之间差异化的城市现代性文化分野的代表，国家及区域的政治中心还会形成政治与文化的向心力、辐射力，而形成都城或称古都（首都）及大城市文化区。在当代，全世界各国的首都各自都形成了一个典型的文化区或文化圈，而中国古代称国都之地域为京畿[②]（王畿文化区），不同时代的科技与交通发展程度会有所不同，距离越远，都城或古都的文化力影响力就会递减。

都市圈经济与文化集聚度越高，辐射影响范围就会越大，在文化学或文化地理学上也可以称为

---

① “稷下学宫”与“稷下学派”：“稷下学宫”是春秋战国时期齐国设立的一所高等学府，位于今临淄区的范围。当时，齐国“稷下学宫”里聚集了许多学者，这些学者们被叫作“稷下先生”，他们的思想学说被后人称为“稷下学派”。在“稷下学派”里，有着各种各样的思想和派别，将老子哲学思想进行发挥、形成新的道家思想的，就有三派，因此说，“稷下学派”实际上是一个学术争鸣的团体。参见：张峻声. 齐国故都巡礼[M]. 济南：山东人民出版社，1982：38-40.

② 京畿：指国都及其附近的地区，出自汉代潘勖《册魏公九锡文》“遂建许都，造我京畿，设官兆祀，不失旧物”。[清]严可均. 全上古三代秦汉三国六朝文——册魏公九锡文[M]. 北京：中华书局，1958：943-944.《北齐书·封述传》：“迁世宗大将军府从事中郎，监京畿事。”[唐]李百药. 北齐书[M]. 北京：中华书局，1972.11：572-574. 从周代开始，把王城周围千里的地域称为“王畿”，特指丰京、镐京、成周、王城及其周边直接统治的区域。《周礼·夏官·职方氏》：“乃辨九服之邦国，方千里曰王畿。”[宋]王安石. 周官新义：卷十三：夏官二[M]. 上海：上海书店出版社，2012：392-398. 孙诒让正义：“方千里曰王畿者，谓建王国也。《大司马》云国畿，《大行人》云邦畿，义并同。”[清]孙诒让. 周礼正义[M]. 北京：中华书局，2015：3221-3247.

“文化区”①，还可以称为“文化圈”②，文化中心集聚力越强，其辐射力就越大，文化区或文化圈的外延也就越大，实体空间就会有某种边界感，而文化因子形成的文化区以及相关的虚拟空间往往会没有明显的边界感，如“海派文化”可能会影响超越行政区划的地域范围。从文化传播的一般规律上来看，文化的传播会因距离的远近而形成递增或递减的效应，但是，思想、观念、时尚和价值观的文化传播影响会超越地域限制，这主要是看文化的影响力、文化的国际性和世界文化的认同性，是否建构了本身的文化自觉所具有的文化接受与反射能力。如受“海派文化”影响最多的地区之一是江浙两省，而沿长江和沪宁线上来看，有苏州、南通、无锡、常州、泰州、镇江、扬州和南京，不同城市所受“海派文化”的影响程度是有很大差别的，而城市本身对“海派文化”的接受能力和再传播能力也有着巨大的差别，所以有人认为从以往的情况看，沿沪宁线，从苏州、无锡、常州到丹阳、镇江的“海派文化”递减比较明显，丹阳还一度被称为“小上海”，还能较多地看到“海派文化”的影子，但到了镇江，“海派文化”明显相对减弱。苏北地区经济与文化的创新发展在江苏的排名一直较为落后，而南京虽然能够独创“金陵派文化”，但是在接受“海派文化”方面还是略胜镇江一筹，因为南京“金陵派文化”既具有地方性，又具有文化涵容性，特别是表现出一种对新文化接受、吸纳和文化反射的能力，这也是“金陵派文化”能够在夹缝中崛起的原因之一。

一种流派文化能否突破地域文化的屏障，是其文化价值的具体表现，如在中国其他很多省份都

① 文化区（cultural region）：文化区是一个从文化空间角度来概括文化内容的地理空间单位。文化区也叫文化区域，主要是指具有相似文化特征和生存方式的区域分类或空间分布。最早使用“文化区”一词的是美国的奥·梅森（O. T. Mason），他曾把拉丁美洲的土著文化划分成十八个文化区或文化环境。20世纪初美国的文化人类学家把这一概念扩展运用于对不同地区不同文化群体考察和分类研究，于是成为文化人类学中一个普遍使用的术语和研究工具。最早对文化区作理论上的定义并影响较大的是C. 威斯勒（Clark Wissler），他在1922年出版的《美国的印第安人》一书中指出：“我们把各种特质同时加以考虑，然后把我们的眼光转向社会或部落单位，就能分成适当和固定的团体，这也就是按照文化特质所分成的文化区，或文化团体之分类。”萨丕尔（Edward Sapir）则这样给文化区下定义：“文化区是地理上相邻接的部族群，他们有许多共同的文化特质，使他们和别的同样部族群成一对照。”参见：覃光广. 文化学辞典［M］. 北京：中央民族学院出版社，1988：113-114.

② 文化圈（cultural sphere）：文化圈是一个地理空间上的概念。文化圈作为一个关键性概念最先使用的是德国文化人类学家格雷布内尔（F. Graebner），他在对埃塞俄比亚文化进行研究的过程中，就采用了这一方法。继格雷布内尔之后，奥地利民族学和语言学家施密特（Wilhelm Schimidt）进一步发展了文化圈的概念和研究，提出了文化发展的四个阶段和对应的文化圈理论。对格雷布内尔和施密特的有关文化圈概念和理论进行比较，格雷布内尔的文化圈理论强调的是传播，他认为人类的创造能力是有限的，某一器物只能出现一次，其他都是传播的结果。因此，一个器物若在别的地方出现，则它们必定同属于一个文化圈。而两个文化圈之间相互叠压，则形成文化层。而施密特的文化圈理论则强调进化，因此，它由不同的发展阶段组成。参见：陈华文. 文化学概论［M］. 上海：上海文艺出版社，2001：121.

出现了一种现象——“海派文化”的飞地，不在上海，但被称为是某某地的“小上海”，如河南的“小上海”洛阳、安徽的“小上海”芜湖、吉林的“小上海”辽阳、安徽的“小上海”界首、湖南的“小上海”衡阳、山东的“小上海”威海、山西的“小上海”阳泉等，诸如此类还有很多，这类的命名不外乎有三个原因，一是“小上海”比本地周边其他地方经济相对发达繁荣；二是“小上海”人的思想相对开放，人的文化素质相对较高，文化时尚性相对鲜明；三是“小上海”的生活环境与景观环境表现出一定的高质量，相对可以称为是宜居、宜业、宜商的感觉。这种“海派文化”传播的方式——以“小上海”的名义为欠发达地区的一些小城镇冠名，多数是民间自发的，更是自喻和内外部共同感知的结果，这种现象是对“海派文化”最大的文化认同和褒扬。

南京作为宁镇扬都市圈的中心性城市，有着人文区位的优势特点，既是省会城市，又地处长江边，同时又与安徽省会合肥距离比较近，有着很强的政治地缘与经济地缘优势，加之，有比上海更为悠久的历史文化，所以除了能够成为宁镇扬都市圈的经济和社会发展中心外，还具有可以控制、协调苏南、苏北和安徽部分区域政治、经济和文化发展的功能，并具有跨省区的“发展极”的文化价值和功能，被民间笑喻为“徽京”文化。虽然有调侃之意，但是也有现实的文化影响和文化消费偏好相似之实，而南京这样的特大城市在发展上可以与上海、杭州、合肥一起作为长三角城市群的四个重要“发展极”之一，固然是有其原因的，南京在具有古都政治与历史文化的基础上，叠加当代省会城市的政治、经济与文化中心的功能，在省域内外广大经济和文化的腹地上，完全可以创造与“海派文化”“京派文化”相媲美的“金陵派文化”。而我们所认识的关键前提之一是“金陵派文化”有着强大的“城市文化资本”体系，可用雄厚而强大来描述，甚至在一定意义上可以和“海派文化”“京派文化”在文化创新上“分庭抗礼”——因为，也可用极简的语言来说明：“金陵派文化”的主要核心载体——7000多年文明史、近2500年建城史和近500年古都史的南京，结合2500年—3000年历史的扬州和镇江文化，加上南京又是四大古都中唯一屹立于长江之畔的，构建“金陵派文化”应该当仁不让。从文化特色、文化特质、文化丛、文化区、文化圈和文化模式上来看，“金陵派文化”已经构成了一种独特的地域文化并长期存在。诚然，有学者会说，宁镇扬都市圈中的三座城市各自都有某种独立的文化特点和地域风格，也是自然与风俗文化发展的一种必然。但是，在一定的地域空间内，宁镇扬三市的城市文化还有很多共性，主要是因为，宁镇扬三座城市多年来以南京省会城市作为政治、经济和文化中心，三座城市在文化主体上具有同质属性，如在江南文化、吴越文化、吴楚文化、南京省会政治文化、长江文化等，使三座城市有共同的文化底色，在整体上可谓大同小异，而这恰恰是地域特色中的必然，在三座城市的共同努力下，可以再构筑、再发展、再创新“金陵派文化”的同一性特质、地域文化属性和各自的特色文化优势。多年来，三座城市的城市管理者、城市文化精英、研究学者和市民大众对宁镇扬一体的建设付出了大量心血。创新“金陵派文化”，希望在中国文化的大百花园中，能够有更多的地方文化崛起，创造百花齐放的局面，而“金陵派文化”一定是那个最有特色的文化类型之一，而未来，则需要有更多的人一起来建构和丰富“金陵派文化”。

地域文化现代化的核心就是人的现代化和核心价值观的现代化，其中，人的现代化是国家和城市及区域现代化的本质。但是，我们还必须从一定空间、文化圈的意义上来研究“金陵派文化”存在的前提与创新发展的必要性。全球网络社会深化发展的现实，使长三角城市群一体化的发展已经出现了不同层级的中心化新趋势，如我们所看到的长三角区域内有“浙派文化”“徽派文化”“新海派文化”“金陵派文化”及“赣派文化”，而且都已经有了新的时代性发展，表现出地方文化根深叶茂繁盛之势，这与一个区域的城市群、都市圈的空间结构性转变不无关系。宁镇扬都市文化圈作为长三角一体化中的一个重要经济与文化增长极，在发展过程中会对周边城市经济与文化产生新的需求，文化核心呈现出向外扩张的增长趋势，为了保证地方文化的存在合理性和所在地域大众文化的集体记忆性，在长三角城市群一体化已经成为国家战略的前提下，各城市间、各都市圈之间既有合作也会有竞争，而更需要“抱团发展”形成互补的结构状态。

在国际经济环境的变革中，每一座城市都需要发展，需要创造新经济来保证发展的可持续性，在新发展中，新事物创新性生长的前提是需要一个“文化场域”——创新文化的土壤、创新文化的空间以吸引和容纳这种创新型人才群体，比如在一个现代化的都市圈，新领域中的高新技术人才群体，既需要一个很好的工作环境，还需要一个很好的宜居环境和实现理想的生存与发展空间，“文化发展极城市”必须学习“全球城市”的世界性开放空间体系，要有一种亲情化、市场化以及个人能力最大化的创造性发展空间，在某些语境下可以使用这样一句话“一个好城市就是所好学校”来表达城市文化的魅力和创新力。一座城市一定要有优化创新、创业、创造和创意的社会文化空间体系，如美国加州被称为“硅谷”[①]的地方，得州奥斯汀被称

---

① 硅谷（silicon valley）：美国硅谷的“斯坦福科研工业区”是美国电子和计算机工业中心，位于美国西海岸加利福尼亚州北部旧金山南郊，圣克拉拉县和圣胡安两城之间的一条长48千米、宽16千米的长条形地带上。由于它集中了全美国96%的半导体公司，而半导体的基本元件是硅片，所以该地区被称为“硅谷”。参见：张胤鸿. 新世纪经济科技热典［M］. 北京：中国物资出版社，2001：134. “正如曼彻斯特、萨尔山谷和匹兹堡曾是工业发展的中心一样，微电子工业也有它的一个中心地区。硅谷位于加利福尼亚州旧金山到圣何塞之间这30英里长、10英里宽的地带。如今硅谷已经闻名于世了，但在它最初发展的20年里，此地甚至连个名字也没有。当时人们提到它，用的是多少有点绕口的称呼，如‘西海岸的电子工业’‘帕洛阿尔托’或‘圣克拉拉县’等。后来，到了1971年，一家专门报道半导体工业的周刊——《微电子新闻》的编辑唐·C. 霍夫勒给它起了个名字：‘硅谷’。这个名字起得蛮合适，半导体芯片是用硅做成的，它是这地方一些高技术产业的基本产品。”参见：［美］罗杰斯，拉森. 硅谷热［M］. 范国鹰，等译. 北京：经济科学出版社，1985：38-39.

为“硅丘”[①]的地方等，已经成为全世界青年科技文化人才所向往的地方。两座城市科技文化产业的高度集聚为青年人搭载了创新发展、展示个人价值的平台，而城市本身更表现出一种有特色文化和独有文化主张的城市价值，因为城市价值会影响和决定个人价值，如城市文化的包容性、全面开放的竞争性与市场经济的法制关系能够融为一体等，个体所具有的文化资本和城市所具有的“城市文化资本”属性要有机结合，城市才能创造最佳文化环境而成为能够被世界所认同的宜居、宜业之地，这样的城市才有可能发展成为世界人才集聚与流动的高地，才能创造“全球城市”文化价值体系中既相似又相通的“文化场域”。而作为南京都市圈所要建构的“金陵派文化”，其创新发展不可能是一蹴而就的，从历史发展到今天，“金陵派文化”概念的提出，既需要挖掘、整理、研究过去的历史文脉，更需要现代与未来的文化整体建构和创新，而使之成为创造宁镇扬都市圈文化凝聚力的“文化动力因”和文化软实力。

宁镇扬都市文化圈已然面临着内部文化发展高级化的压力，因此，“金陵派文化”也需要像“海派文化”和“京派文化”一样，不断地进行焕新、创新。在“海派文化”与江南文化如何结合创新的讨论上，有专家学者认为应该将“海派文化”与“江南文化”进行优势重组，创造“新海派文化”，而事实上“新海派文化”更适合“大上海国际化都市圈”文化的气质和风范。由此可见，任何“都市圈文化”和长三角内部的次一级城市群或综合节点城市文化等，若不积极加快寻找、建构文化的主体性、同一性和同步性发展，就有可能在文化发展的潮流中形成“文化坠距”，在文化演变中被边缘化。创造南京都市圈同城化的文化主体性和同一性——“金陵派文化”的建构，是一个从国家层面的超前性文化定位，目的之一是在长三角城市群一体化中创造南京都市圈的发展定力，不能使“金陵派文化”式微甚至被其他文化所取代，否则不仅是一个文化现象消失的悲哀，也是民族文化的悲哀，如果不能创新进化，就必然被边缘化和退化，或者成为各文化板块夹击中的结构性空洞。

从江苏文化大省和文化强省的发展思维方式与认识高度来看，宁镇扬都市圈板块的文化中心地位必须加强，文化发展极城市的能级必须提升，这关乎苏南、苏中、苏北三大板块联动发展和谐态

---

① 硅丘（Silicon Hill）：奥斯汀（Austin）坐落在得克萨斯州（Texas）的中部，此区域多为丘陵，在得克萨斯州的圣安东尼奥、达拉斯和休斯敦三座大城市之间，地理位置十分优越。奥斯汀作为美国智能城市的代表之一，有很多与众不同之处：既是得克萨斯州的首府也是美国得克萨斯州大学（The University of Texas）的所在地，拥有众多高科技企业。因其地处得克萨斯州丘陵地形的起点地带，所以奥斯汀也被称为“硅丘”，和西部的硅谷遥相呼应。参见：吕康娟，帅萍，孙章玥. 世界智慧城市案例：实践与经验·智慧城市——美国奥斯汀［M］. 北京：社会科学文献出版社，2015：105-115.

势的形成。作为江苏省的政治、经济、文化中心城市为载体的南京，其本底是“金陵文化”，而加上一个“派”字，强调的是在京海派文化之间的“金陵文化”，应该形成一个新崛起的并可以与京海派文化并驾齐驱的文化形态，这也是从最大意义上保护、丰富、传承、繁荣和创新的地方文化，应该说这是中国城市与区域文化发展的创新举措，作为区域“文化发展极”城市的南京，作为中国人都熟悉的“六朝古都”“十朝都会”……应该有强大的文化价值和文化创新功能而辐射江苏乃至影响全国，从文化的意义上造福民众。我们不能像以往那样，仅仅是在强调接受“海派文化”、传导“海派文化”，而忽视了创造自己的文化。事实上，“海派文化”辐射到了南京就已经开始减弱了，南京以北特别是到了苏北几乎看不到“海派文化”的影子，而作为江苏政治中心的南京及南京都市圈，除了应该具有“海派文化”超导区的功能，即开放的、国际化的超导区功能之外，还应该能够对苏北经济、文化的高质量发展起到推动作用，同时，还应该创造属于这块土地的新时代文化——南京都市圈文化的主体“金陵派文化”，担当起江苏省域“文化发展极”的作用，在全省范围内甚至长三角地区成为推动率先实现现代化的一股力量。在全球城市化和全球网络社会中心多元化发展的今天，仅仅具有“海派文化”超导区的功能是远远不够的，应该能够创造独特的“金陵派文化”体系，补充“海派文化”之不足，自带开放发展的逻辑和世界文化的眼光，直接面向大海，成为中国的一方文化流派——“金陵派文化”。

宁镇扬都市文化区自然生态与文化资源优势十分明显，适度、科学、精准地推行宁镇扬“抱团互补式创新发展”模式是非常有必要的，积极推动宁镇扬文化共同体的形成，创造超越行政区域边界的文化溢出效应。江苏从20世纪90年代末就提出了“文化大省”的建设目标，而这个目标重要的担当者当仁不让地落在了南京身上。“金陵派文化”的建构与创新，一是关乎江苏从文化大省到文化强省的战略转型再提升问题；二是关乎从长三角一体化城市群的一个文化“发展极”到有国际影响力的区域文化“发展极”的转型；三是关乎中国文化的主体性在总体发展的同时，如何创造区域性文化多样性发展创新的问题。根据2024年中国经济发展的总体状态分析，江苏是中国经济最发达的地区，也是力争在中国率先实现现代化的地区，“率先”不仅仅是经济发展水平的“率先”，还应该是文化和思想解放的“率先”，其中的核心价值之一就是人的现代化和城市再现代化的国际化经济与文化环境能够成为全球的经济增长极[①]。

---

① 张鸿雁，汪毅. 现代化进程中城镇化与城市功能转型——以江苏的城镇化发展为例［J］. 探索与争鸣，2013（04）：51-56.

提升与构建宁镇扬都市文化圈的中心地位[①]，进而在江苏省地域空间内形成优势互补的多个"都市圈""城市群"和"城镇带"的空间增长极，这是全球区域现代化的一般经验[②]。宁镇扬一体化必然会出现梯度化发展的"差序格局"，一方面，要强调南京作为中心性城市功能的全面发挥，其中之一就是文化主体"金陵派文化"的再创新；另一方面，要强调通过政府的公共政策和市场化法制机制的疏导，以调节、配置资源，创造相对均好化的公共文化服务体系，要建立镇江、扬州是南京都市圈城市"中心区"的意识，甚至可以这样说：镇江和扬州的主城区，应该是南京都市圈主城结构的构成部分，形成逐级梯度化的文化"扩散区"和"集聚区"，使其不断获得"自立性"和文化向心性，让南京都市圈的三座城市能够发挥最大优势，消减行政区划隔离机制的文化障碍，使三座城市形成三足鼎立的结构：三座城市之间优势可叠加，劣势可补短，资源可整合，发展可协同，创新可共享等[③]。

城市群和都市圈的内在价值发展到一定阶段，可以在都市圈内部形成"自组织"系统和文化自觉的动能。随着都市圈内部互动加深，必然会出现经济与文化的梯度转移和需求互补性的市场化蜕变，这就是市场经济的一般性"无形的手"的舞动规律。城市空间本质是资本，空间的流动也是资本的流动，因为，前文已经说过，地球上的任何实体空间都是与土地结构化结合在一起的，土地和空间结构化为一体本身就具有经济资本价值，是所有生产和生活的前提，而"循环累积因果理论"对都市圈一体化中土地与空间价值的再整合具有直接的指导意义。但是，很多城市管理者和城市研究者对这一理论都缺乏充分了解，"都市圈一体化"结构内部存在经济互补性需求和互动的经济发展联系，也是土地级差的一个演化过程，必然是实现梯度转移理论里的最好实践之一，这也是当下一些城市在新兴工业化的阶段，对生产生命周期阶段理论的延伸性实践。强调地区的发展阶段性与

---

① 2013年国务院批准的《苏南现代化建设示范区规划》中强调，"推动宁镇（扬）地区同城化发展，加强重大基础设施对接、产业合作和公共事务协作管理，推进相邻乡镇共建共享，强化宁镇（扬）在南京都市圈中的中心地位和作用。"参见：国家发展改革委. 关于印发苏南现代化建设示范区规划的通知[EB/OL].（2013-05-06）[2023-10-28]. http://www.gov.cn/zwgk/2013-05/06/content_2396729.htm.

② 张鸿雁，汪毅. 现代化进程中城镇化与城市功能转型——以江苏的城镇化发展为例[J]. 探索与争鸣，2013（04）：51-56.

③ 在《南京市国土空间总体规划（2021-2035年）》草案中，根据生态安全、集约高效和凸显特色原则，形成全市"南北田园、中部都市、拥江发展、城乡融合"的总体格局。在功能体系上，规划形成五级中心层级，其中新街口、河西、城南和江北为4个市级中心，是城市核心功能的承载区；仙林、东山、大厂、六合、溧水、高淳6个为市级副中心，作为市域片区的综合服务中心。参见：何钢，吴春霞.《南京市国土空间总体规划（2021-2035年）》草案发布[N]. 南京日报，2022-10-29.

主导产业部门的生命周期关系，即一个地区的主导产业部门处于创新阶段，则会带来该地区的经济快速发展，会使之成为高梯度经济发展地区，反之，则为低梯度地区。而当高梯度地区已无法满足社会对新产品的需求时，邻近的低梯度地区则将获得梯度转移，就如水往往是从高处往低处流动一样，可谓上善若水。因此，梯度转移是围绕经济与文化多层次的城市关系系统展开的，也是都市圈、城市群得以产生的前提条件之一：即市场半径需要的物资、物流与配置是都市圈文化发展的基础。缪尔达尔（G. Mydral）的“循环累积因果论”认为，在地区经济发展中，“极化效应”“扩散效应”和“经济回波效应”这三种效应是共振型规律性地发挥作用，并共同形塑地区生产分布的集聚和分散情况。所谓“极化效应”是强调处于高梯度地区的经济发达区由于在经济发展中积累了巨大优势，就越有可能从规模经济和集聚经济中获得收益，实现乘数效应；“扩散效应”是指所有位于高梯度地区的周围地区，都会随着与扩张中心地区的基础设施的改善等情况，从中心地区获得资本、人才等，并被刺激而促进本地区的发展，逐步赶上高梯度地区；“回波效应”[①]是指经济活动中扩张的高梯度地区将会从低梯度地区吸引人口流入、资本流入和贸易活动，从而加快自身发展。

在1978年以后的中国改革开放的前三十年中，有很多发达国家和地区优秀或先进的商业模式、商业业态、经营模式、营销模式、品牌创新模式、企业管理模式、资本投资模式、时尚文化和思想观念等，被转移到中国的很多相对欠发达地区，曾一度非常有效地带动了这些欠发达地区经济与文化的快速发展。当然，在改革开放之初，也有一些污染型、高耗能型、产能低及技术落后型的企业因需要廉价劳动力而向欠发达地区梯度转移，虽然，这种现象在当下经济的发展中正在获得改变，有些地区对低效益产业转移的接受已经受到立法的限制，但是，梯度转移的经济与文化现象，是一种必然存在，在全球发达区域之间和发达地区与欠发展地区之间仍然广泛存在着，因为，这是一种特有的经济与文化发展规律：国家和区域都永远存在经济与文化发展不平衡的差异化问题，“二元经济结构”是永远存在的，只是“二元经济结构”的内容、形式和矛盾冲突的程度与方式有所不同。“差异是永恒的社会存在”——梯度转移是经济与社会必然非平衡发展及差异化存在的一种必

---

① 回波效应（Backwash Effect）：缪尔达尔在《经济理论与不发达地区》一书中系统阐述了循环累积因果原理，并倡导以“回波效应”（又译作“回流效应”）和“扩散效应”（又译作“扩展效应”）概念阐述区际经济关系。参见：Myrdal G. Economic theory and underdeveloped region［M］. London：Duckworth，1957. 因此，其区际经济传递理论又称为“回波效应—扩散效应学说”。地理二元经济结构的存在，使得经济要素的流动存在一定的方向性。缪尔达尔认为，由于集聚经济效应的作用，一个区域的扩张既会对另一个区域产生不利影响，也会对其产生有利的影响。前者称为“回波效应”，后者称为“扩散效应”。所谓回波效应，即指劳动力、资本、技术、资源等要素因收益率差异或其他一些非经济因素而发生的由落后区域向发达区域流动的现象。参见：吴传清. 区域经济学原理［M］. 武汉：武汉大学出版社，2008：227-228.

然结果，所以，这也是引出“发展极”理论的一个原理根据，即经济不可同时在所有地方同时发展。戈特曼则认为：城市群在国家发展中承担着枢纽与孵化器的双重功能。就前者而言，戈特曼用一种较为形象而生动的词汇描述：以“街道（streets）”和“交叉路口（crossroads）”的概念来比喻“城市群”在国家发展中的作用，虽然有些牵强，但是，在某一方面还是说明了问题的关键①。宁镇扬同城化的发展，一方面要求宁镇扬都市文化圈必须形成全新的有机整体，承担区域发展格局中的枢纽与孵化器功能；另一方面则要求通过市场机制的作用与政府引导，积极培育板块内的增长极，实现产业集聚、资金集聚、信息集聚、技术集聚和人才集聚的极化效应，并实现增长中心到增长由中心向周围传播的升级发展。对上述这些理论观点的认知，是世界经济与文化发展的规律性的说明语境，由此也证明，都市圈和城市群的中心性首位城市的存在意义。发展极是城市首位度的另类表述，而同城化朝着一体化发展，也是城市群存在的一种社会性自然法则。人类是需要以群体居住的方式与自然相处的，而人类本身也需要以社会群体存在的方式来生存，人类社会的竞争有时是合作性竞争，有时是共生性竞争，有时是敌对性竞争……总之，人类是在矛盾中进化，在竞争中发展，人类自身也是一个矛盾的对立统一体。

宁镇扬都市文化圈创新发展的方法之一就是建构一种“有机拼贴”组合性的区域空间“文化场域”，通过城市群或都市圈的空间格局重构，实现各种生产要素和文化要素在区域内的合理配置与流动，在经济发展的过程中，会“自组织”形成有机联系的、相互交融的、文化特色鲜明的空间一体化区域，在正态发展的过程中，中心性城市往往具有被“发展极化”的效应，城市首位度会被逐渐提升。对于区域一体化发展而言，其空间联系、发展、演化是依赖中心城市发挥“初步集聚—扩散—再集聚—再扩散—高水平集聚”功能而实现的不断重复、重组与循环，因此，中心城市对于一

---

① 1961年，曾任牛津大学地理学院主任的地理学家戈特曼（Jean Gottmann）发表《城市群：美国城市化的东北部海岸》，在书中第一次从正面提出了“城市群”概念。这是对以“国际化大都市”与“世界级城市群”为中心的都市化进程的正式命名。戈特曼的城市群研究，大约始于1940年，最初的对象是美国东北部海岸。戈特曼将其研究对象称为“连绵的大城市链条”或“城市链”，主要由波士顿、纽约、费城、巴尔的摩和华盛顿5个较大的大都市区组成。按照1950年的统计，其中每个大都市区的人口都超过了100万，同时，在这5个大都市区之间和西邻的还有其他大都市区，它们中的任何一个，人口也都在20万至80万之间。巨大的空间与人口，赋予这一研究对象极大的特殊性，也很难再用“城市”来描述它。究竟应如何称呼自己的研究对象，戈特曼本人一定也颇费了一番斟酌，最后他想到了源自希腊语的Megalopolis（特大城市），为了与古代的称呼区别，他特意将其第一个字母大写。“城市群”（由于翻译不同也被称为都市群、都市带、大都市连绵区等）概念由此诞生。参见：刘士林. 城市群理论半个世纪的风雨历程——从戈特曼《城市群：美国城市化的东北部海岸》谈起［N］. 光明日报（第12版），2010-07-21.

体化区域的发展而言往往具有关键性的影响。

宁镇扬同城化需要排除那些看上去具体，实质上零散又不可操作的规划设计，而需要进行发展模式、战略战术与解决方案的设计。基于对宁镇扬都市圈发展文化背景与存在问题的研究认为，借鉴相关理论与国际经验，提出针对宁镇扬都市圈的对应性空间发展模式，可以这样说：“发展极+首位城市—核心城区+扩散区—创业+就业中心—科技+文化产业网链”的拼贴式区域发展模式，应该成为宁镇扬同城化发展的一种总体模式，如果发展极首位城市不是就业、创业和创新中心，那么这座城市的首位度一定不具有可持续发展的特性。宁镇扬同城化的发展，极为依赖城市之间能否形成有机互补关系和在文化上是否互相认同，与世界一线城市比较，南京中心城市的地位、经济与文化吸引力还有些不足，特别是服务职能还不能完全全域性覆盖，向心力进而也会不足。因此，必须创造南京“发展极中心首位城市”的经济与文化价值高地形态，通过发挥经济协调中心、社会生活服务中心、科技孵化中心、文化创新中心、人才创业中心、社会就业中心和生态维护中心等多重服务功能的耦合作用，让扬州和镇江人民在经济与文化公共服务上获益，加快南京与镇江、扬州之间的生产、生活、文化、资源要素的充分流通和充分共享，通过宁镇扬同城化政策性和内生性的利益驱动，强化推进南京与镇江、扬州一体化顶层战略的分工与合作细则，使得区域资源整合与配置能够实现充分、高效利用，真正在“发展极中心性城市”的整合、主导和带动下，使宁镇扬成为一体化都市圈“有机整体”发展的样板，通过积极承接中心城市的辐射，最终实现由宁镇扬三市共同建设的“同频谐振”的创业、就业和创新发展网状结构的都市文化圈共同体。因此，还需要从以下五个方面进行再创新：

一是完善“发展极中心性城市”的有机集散功能，创造高效有序的协作分工体系。宁镇扬都市文化圈可以围绕南京“金陵派文化”主体化的文化模式，打造“金陵派文化”价值链的“产业网链”结构，促使都市圈的人口、经济和文化活动及生产要素在更大范围形成规模集聚，发挥同城化“有机差序格局”体系下的整体效应，强化中心城市文化的国际化语境，实现“金陵派文化”的跨区域和世界性文化识别的要素创新，构建中国江苏宁镇扬都市圈的“金陵派文化流”，以形成国际化的城市文化传播语言体系，精心策划、规划和设计“金陵派文化流”的品牌，以都市圈文化品牌的整体运作和整合营销传播的方式，创造“金陵派文化”增长极核，在中国率先提出南京都市圈文化整体的“城市文化资本”再生产文化价值主张，以引领中国式城市文艺复兴的新发展。创造新时代的“城市文化资本”要素和宁镇扬都市圈文化的集体记忆，优化科技、文化和创意产业结构，以形成融合型的配套、错位分工和互动发展的格局。在宁镇扬同城化的进程中，尤为重要的是产业与就业的同城化，在宁镇扬都市圈的意义上，三市联合创建上下游“产业网链”，既紧密相连，又各有侧重，由此形成同城化的城市生活方式与同城化的产业价值网链，合作共赢并给三座城市的市民生活带来新的生活福祉，给三座城市的市民提供实现理想的多元化通道。都市圈文化的主体——“金陵派文化”的构成要以“文化资本”为基础，在文化符号的表达上要有创新，要有独立的宁镇扬共同认可的IP形象，可以尝试和“京派文化”“海派文化”等相提并论，尽最大可能创造“金陵派文化”的新优势，培育文化的城市个性和个性化的文化城市，使之内生性地建构一个有无限生命力的、能够促进中国式现代化健康发展的城市群和都市圈文化模式，并继续通过主动建构和文化赋能，丰富“金陵派文化”的内涵和体系，使之成为一个永续增长的地域文化“发展极”和“金陵派文化”的文化创新中心。

二是创造中国第一个“金融科技文化组合型创新都市圈”。南京是国家级文化和科技融合示范基地城市，在坚持凸显南京的城市文化个性、发扬南京比较优势的原则下，通过纵向梳理南京的历史发展脉络，横向比较南京在周边城市的文化特点与优势，强化提出“金融科技文化组合型创新都市圈”的内涵与价值，面向长三角，面向全世界创造可识别的科技金融文化融合系统。世界一线城市都是金融中心城市，而宁镇扬以科技金融文化融合为主线，应该以创造普惠人民的金融经济文化体系为己任①，而这一概念恰恰与南京“博爱之都”的传统文化理念相符合。孙中山在做三民主义讲演时说：“以外还有博爱的口号，这个名词的原文是‘兄弟’的意思，和中国‘同胞’两个字是一样解法，普通译成博爱，当中的道理，和我们的民生主义是相通的。因为我们的民生主义是图四万万人幸福的，为四万万人谋幸福就是博爱。”②孙中山认为的“博爱”是最能够形成广大人民的文化认同及价值取向，人人在自己创造幸福的城市，可以表现人与人之间的兄弟般的情谊，金融科技文化整合创新，简单说，就是“新经济资本”价值和“城市文化资本”价值的融合，创造“人本经济”和“民本经济”，提高人民的生活福祉。宁镇扬都市圈应该效仿伦敦，朝着国际金融中心城市目标迈进，把金融服务产业和金融服务文化与创意型都市产业、知识型服务产业的建设结合为一体，将“金陵派文化”内含的“民本经济”思想作为宁镇扬都市圈文化的一个发展理念，将科技金融与文化创意结合为一体，创造一种都市圈金融文化创意产业之都会。同时也要效仿巴黎，把“历史文化和荣誉传承”作为一种都市文化产业的内核来发展，形成历史文化创新+金融的新经济业态，依据南京都市圈的教育、科技和历史文化底蕴深厚的特点，创造并建构“科技金融+文化+N”的发展体系，促进南京都市圈文化转化为“科技金融文化共同体”，以宁镇扬都市文化圈共同体的合力

① 我市首次亮出城市旅游新形象：“博爱之都——世界第一城垣”[N].南京日报，2003-03-10.

② 宋方灿.专家解读孙中山“博爱”称有利于世界、社会和谐[N].北京日报，2007-04-30.

来参与全球竞争。

在宁镇扬同城化的建设进程中，南京还需要瞄准建设“文化创新服务与孵化发展极”城市的目标，立足于区域内优异的文化教育资源，促进知识要素、信息要素、金融要素的全面流动，全面发挥中心城市的知识和“城市文化资本”的溢出效应，创造“南京—上海国际金融中心组合城市”的特色化发展战略，规避其对金融资源的虹吸效应，将南京和南京都市圈建设成与上海有机互补的区域性金融产业服务中心，创造文化金融与“城市文化资本”再生产的新格局和新体系，包括创造“金融与文化结合的创意型都市产业”、“创新服务产业”的培植等[①]，并倡导新经济、新业态的创新性发展，形成文化科技创意型都市产业中的民本经济体系。建构宁镇扬都市圈的“科技文化硅巷”——开放的城市硅谷。一方面，确立以金融文化科技产业立市的发展战略，实现创意型都市产业、科技产业和高新技术产业的融合发展，利用现代科技提升文化产品的功能形态与消费方式，同时借助文化科技提升传统文化产品的附加值；另一方面，形成立足于南京各类非物质文化遗产的创意型都市产业群落，鼓励挖掘、保护、发展中华老字号等民间特色传统技艺和服务理念，培育具有地方特色的创意和设计企业，这也是“金陵派文化”的产业特色。

发展极首位城市功能与文化发展极创新服务功能

结构系统与功能结构	极化效应	具体功能定位
经济功能	经济发展增长极	1.国家科技创新与研发中心/高新技术产业研发孵化中心
		2.现代金融服务产业集聚与辐射中心
		3.科技文化创意型都市产业创新服务中心
文化功能	文化创新增长极	4.国际都市型商务文化旅游服务中心
		5.高端科技文化创意人才集聚与交流中心
社会功能	社会生活服务极	6.时尚商贸商务生活服务中心与创业、就业促进中心
		7.教育医疗康养与交通服务中心
生态功能	生态统筹调控极	8.循环型“黄金水岸经济”管理与发展中心
		9.自然生态与文化生态环境治理中心
政治功能	行政管理协调极	10.都市圈“一张网”智能管理中心

三是把宁镇扬一体化都市圈打造成“智识开放型网络服务都市圈”。以宁镇扬都市文化圈丰富的科教资源为依托，重点发展高新技术产业和智力密集型产业，强化创造“文化转向”与“社会转

① 吴晓隽，高汝熹. 试析全球化时代都市圈中心城市极化效应的新模式及对中国的启示［J］. 世界经济研究，2006（11）：28-33.

向”的自主创新机能，从“制造强市”向“智造强市”再到“世界级金融服务”文化强市圈转型，敢于放弃一些外围的低能制造项目，将产业化优势基地逐步向镇江、扬州转移，实现三市的共同优化成长，以高端并能起到引领作用的新兴产业和传统产业的转型升级为主，保证总部经济和研发创新集聚形成合理分布，使宁镇扬都市文化圈内的科技、文化的发展形成高起点、多中心的发展势态，而金融服务产业和国际先进研发管理指挥中心与创新研发中心在发展极城市中合理布局，三市要直接介入全球500强、中国1000强企业的垂直分工体系，吸引其在南京都市圈内建立研发中心与地区总部，除了在三市集中建一个发展极中心总部经济外，其他城市还可以分组、分级创造不同级别、不同类型的小总部经济，都市圈内的城市可以获得发展极辐射的产业价值链的布局收益，这样的话，就会对南京介入全球产业高端价值链提出更多、更高的要求。南京应直接面向全球500强企业，清楚世界500强企业发展的需求和未来发展的战略目标，对应性地完善政策环境、生产环境和生活环境的配套与服务，积极吸引其在宁镇扬一体化区设立研发中心和总部基础，促使本地企业和配套产品能够直接进入全球500强企业的全球产业链和营销网络，发挥“头部”“总部”和“城市大脑”功能，通过政府的政策倾斜与扶持，创造性地运用贝尔的“中轴理论”①，完善城市技术咨询、工程咨询、国际法律咨询、战略咨询等生产型服务产业，建构“发展极”城市知识型服务产业创新平台，一方面可以为区域内集聚的高新技术企业和现代制造业的发展服务，另一方面也有助于扩大南京作为中心城市的辐射半径。

四是创造“国际商务型世界旅游目的地”，打造世界消费时尚文化都市圈。将文化旅游产业真正培养成国民经济的支柱产业，以时尚文化的先锋性和商贸商务生活服务的品质性为战略入径导入，创造宁镇扬一体化的商圈文化体系。城市商圈已经发生了质变，其销售的已经不是简单的商品，而是一种商圈经济文化的“商圈生活方式”——作为商品。纵观世界的旅游目的地城市，

---

① 中轴理论（Axial Principle）：由美国社会学家丹尼尔·贝尔（Daniel Bell）提出的用于研究未来社会结构的一个基本原理。该理论认为，社会结构由概念性图式反映出来，通过这样的概念性图式能够以社会的某一因素为轴心来说明社会系统的结构特征，并构造社会的模型。“中轴原理”说明的是什么东西成为各种事物的中心，各种事物怎样趋向这个中心。贝尔认为，不同的社会领域从属于不同的中心原理，不同领域的行动可以用不同的中轴作为衡量标准。参见：庞元正，丁冬红. 当代西方社会发展理论新词典［M］. 长春：吉林人民出版社，2001：539–540. 贝尔认为：“概念性图式和中轴结构之所以有价值，是因为它们允许人们在设法了解社会变化时采取多重视角，而且不摒弃在特定主题下理解关键结构或中轴原理的‘首要逻辑’的价值。因此，封建主义、资本主义和社会主义这些名词，都是马克思主义框架内以财产关系为中轴的概念序列。前工业社会、工业社会和后工业社会这些名词是以生产和所应用的知识为中轴的概念序列。”参见：［美］丹尼尔·贝尔. 后工业社会的来临［M］. 高铦，等译. 南昌：江西人民出版社，2018：102–103.

如东京、新加坡、巴黎、伦敦、曼谷等，作为国际文化消费的中心城市和大都市，生活性的服务协同和高质量发展亦不可或缺①。因此，宁镇扬应适当调整生产性服务业和生活性服务业的结构，给予高端生活性服务业特殊政策支持，提升国际化的服务质量，理想类型是：把整座城市作为特色文化服务空间，满足区域内世界游客及民众不同的生活服务需求。有意识地建构“国际都市型商贸商务旅游文化中心性城市”，打造全球旅游目的地都市圈。在宁镇扬都市圈不仅需要建设多个、多类型的5A级旅游主题景区和国家级旅游度假区，以形成世界级旅游度假产品序列，创造与南京都市圈经济文化发展相适应的公园城市，还要创造世界旅游目的地城市的文化价值②。全面放大宁镇扬都市圈特有的会展文化品牌，将会展经济纳入整体城市文化价值链之中去设计，使其成为新兴的国际化商贸旅游会展之都，由此形成信息流、资本流、商品流、人才流、物流在南京的汇聚。宁镇扬拥有良好的会展品牌，如首创于2004年的南京世界历史文化名城博览会③，其成功举办亦对南京文化产业和文化事业的发展形成持续的支撑力。会展产业作为一个关联系数大、带动效应强的产业，应在南京作为重点产业予以发展，构建“展、会、节、赛、演”的完全意义型文化会展业，形成具有经济辐射、政治传播、文化教育、信息传递和宣传营销等功能的国际化水准的文化会展业。

五是创造“国际化循环型水岸经济文化发展示范都市圈”。依托南京与上海的长江“T字形黄金水道”通江达海的区位效应，直接参与世界海洋经济的竞争，建立江岸、水岸、湖岸特色循环产业体系④。以大绿化率、大生态观、大文化观、大历史观和保护、传承、创新、开发一体化治理的

---

① 2014年10月15日，全国首个针对生活性服务业的发展意见——《上海市人民政府促进本市生活性服务业发展的若干意见》发布，上海将围绕“新开门七件事”的需求，到2020年基本建成布局合理、层次清晰、主体发达、功能完善、管理规范、便捷高效优质的生活性服务业体系。上海发展生活性服务业将以“保障民生、注重多元、完善功能”为总方针，以新技术应用、新模式引领、新业态发展为重点。参见：上海在全国率先发布促进生活性服务业发展意见［EB/OL］.（2014-10-16）［2023-10-28］. http://newspaper.jfdaily.com/jfrb/html/2014-10/16/content_25600.htm.

② 张鸿雁. 被长三角结构空洞化的南京城市定位批判研究与建构——中国城市“十二五”规划雷同化纠谬与创新［J］. 中国名城，2011（03）：11-19.

③ 笔者首创了南京第一届“历史文化名城博览会”的规划文本，并受到江苏商报、国际在线等新闻媒体的报道，发表了《南大教授：“名城会”策划初稿两周形成》《2004名城会·居住文化展》等报道性文章。参见笔者2004年主持的《中国南京世界历史文化名城博览会策划案》、2006年的《第二届中国南京世界历史文化名城博览会策划方案》等。

④ 张鸿雁，邵颖萍. 中国区域城市化进程中的社会问题——以江苏省为例［J］. 城市问题，2011（07）：2-10.

新理念，构建“一江两岸三城”的互融互嵌的同城化大发展格局，旨在使宁镇扬一体发展城市群，能够在中国总体发展格局创造超前发展的定位。通过大面积生态绿化景观、亲水景观空间的设计，创造“人文经济”与科技文化相融的沿江、沿河、沿湖与古都山水江城林有机结合的世界级山水城市。宁镇扬三市跨江一体化发展，必须创造三市互襄而鼎立的平衡有效发展机制，三市合力一体，不仅可以创造长三角城市群中的一个特色经济文化发展极，而且还可以集宁镇扬三市之文化优势，创造中国的区域性文化一个新的增长极——“金陵派文化”。

二、文化引领：文化同根，文脉同理，水韵同源，民俗同风

建构“金陵派文化都市圈”的目的之一，就是要打造可以和伦敦、巴黎媲美，可以和上海比肩的、有“伟大城市文化”属性的都市圈文化，其重点在于如何建构“金陵派文化”使之成为中国文化的中坚力量，首先要在理论范畴与概念上进行厘清，当然在这方面还有很多工作要做，本书只是提出一种引发性思考，希望能够有更多的学者参与研究、建构。世界城市文化发展历史已经证明，单体城市孤立地发展，相对来说可持续发展能力较弱，凡是具有都市圈和城市群地域文化结构的区域，也都是经济与文化比较繁荣的地方。一座能够参与世界城市文化价值链高端环节竞争的城市，也都有明确的某一城市所属的经济与文化生态圈，如大伦敦区域文化体系、大巴黎区域文化体系及其他具有国家影响或区域影响的城市无不如此，在发展过程中都是以自身及周边构成的都市经济与文化圈来参与全球竞争的。一个区域性都市圈空间结构体，可以在一定程度上满足其中一些单体城市资源匮乏之不足，都市圈所构成的区域空间越广泛，其内部资源互补性也就越充分，内生性的自我生长能力也就越强，所形成的经济与文化需求互动频率就会越高，互动频率越高就会进一步促进都市圈内生力量的循环性成长，进而直接提升地理区位空间的经济与文化价值，这是多种“区位论”的基本理论所支撑的要素之一，也是在网络社会出现后对区位价值功能的新认识，也可以称为“网络社会区位论”。任何城市如果以都市圈或以城市群的方式存在，在一定距离空间内就存在着都市圈或城市群“互动依赖式需求势能”，一方面创造都市圈或城市群中更紧密的依赖关系，另一方面就会产生一种新开放式的发展动能需要，在一个正态发展的前提下，都市圈或城市群会出现空间无限增长的可能性，而且如果它发展得足够强大，有足够的创新力和集聚高度，就会形成世界经济发展大区域中心和经济文化枢纽，在一定条件下可以成为影响世界经济发展的“全球城市”。因为这一经济和文化融合、演变过程会反向发力，就“促进了其他资源集中和积累中心的产生。当这

样两组中心通过物质的和智力的高速公路相互联系在一起时，广泛的变化在生产者和消费者的经济视野和计划中就显示出来了”[①]。

都市圈向心力的本质动力首先是文化因素，其次是经济因素，最后则是政治与行政管理因素，这个文化因素也包含了某种特有的政治文化因素，政治的中心性会通过行政壁垒在深层次上影响着都市圈和城市群的发展。为什么笔者要提出对“金陵派文化都市圈”进行特殊关照呢？因为笔者从20世纪90年代中期，就开始研究都市圈和城市群的问题，包括长三角城市群、宁镇扬都市圈及相关的城市群一体化发展理论，特别是在宁镇扬一体化问题上对承担的省、市重点课题进行了几轮研究。从总体上说，近40年来的南京都市圈一体化进程应该说是缓慢推进而心有余而力不足的，只看到了政府多方面政策的出台和号召，在很多方面虽然取得了一定进展，但是在一体化、跨江融合化的发展上还有很长的路要走。宁镇扬都市圈在中国城市群的空间结构布局中，在区位与空间上具有典型性，隔江相望、地理相交，近20多年来，区位交通得到了巨大的改观，在交通“区位熵”的意义上已经具备了南京都市圈一体化的基础和前提。宁镇扬都市圈所面对的是一个非常有价值的“城市文化资本”场域，甚至在某种意义上说，宁镇扬三市可以互为“城市文化资本”，借力借船下海发展城市经济，以提升“城市文化资本”的含量。

此仅以镇江一个文化现象为例：镇江有3000多年的发展历史，有一种“宜文化”很具有典型性，但是却没有从文化再创新的角度把它弘扬。1954年在镇江新区大港烟墩山出土的国宝级文物，被称为“宜侯夨（cè）簋（guǐ）”[②]，可以说是有文献记载的镇江城市文化史的巅峰。“宜”字的文化内涵深厚，有多种解释和说法，但是，万变不离其宗，其中，以“舒适美好”和“适宜、最好”为上。一是“恰好”，会意正解，意在指定处所用力，即《仓颉篇》所言“宜：得其所也”[③]，现喻为精准发力。二是通“仪”“适度”，古意为法度、标准，即《诗经·小雅·由

---

① 郭熙保. 发展经济学经典论著选［M］. 北京：中国经济出版社，1998：344.

② 宜侯夨（cè）簋（guǐ）：西周早期青铜器。“宜侯夨簋”于1954年6月在江苏镇江大港镇烟墩山出土，共有铭文120余字。收藏于中国国家博物馆。参见：王卫平. 吴文化与江南社会研究［M］. 北京：群言出版社，2005：5. 鸟身兽首半环形四耳，圈足较高，腹部饰一周浮雕涡纹和夔纹，圈足饰凤鸟纹。此类高圈足浅腹四耳簋流行于西周早期。簋内底铸有铭文12行126字，记述周王查看武王、成王伐商的地图，以及东国的版图，王亲临宜祭，册封虞侯夨，将其迁徙至宜地为侯，并赏赐给夨土地、城邑、人口、香酒、美玉和弓箭等，宜侯夨赞颂天子美德。铭文言时王审视武王、成王伐商之地图，故而时王应为周康王，宜侯夨簋年代应该在西周早期康王世。参见：中国国家博物馆. “宜侯夨”青铜簋［EB/OL］.（2021-08-02）［2023-10-28］. https://www.chnmuseum.cn/zp/zpml/kgfjp/202108/t20210802_250932.shtml.

③ 刘桓. 新见汉牍《仓颉篇》《史篇》校释［M］. 北京：中华书局，2019：10-16.

仪序》所载“万物之生各得其宜也”[①]，现寓意为规矩。三是通“谊”，合理的道理、行为，即《管子・明法》所言“案主当宜，行其正理”[②]，现寓意为言行得当。四是“适宜”，如《吕氏春秋・察今》所载“世易时移，变法宜矣”[③]，现寓意为恰好合适。五是“好”和“丰收”，如《奉和人日宴大明宫恩赐彩缕人胜应制》所言“垂旒一庆宜年酒，朝野俱欢荐寿新”[④]，现寓意为美好愿景。六是“应当”“适合”，语气副词，如《出师表》所言“宜付有司论其刑赏”[⑤]，现寓意为表明态度。所以，镇江城市文化可以界定为“宜文化之都”，并且是以吴越文化和江南文化为基础的。从镇江城市文化历史中可以推演、延伸到宁镇扬一体化都市圈的文化传承与创新，三座城市的文化可以互鉴、互补，与“金陵派文化”的历史文化内在气质和核心价值相符。南京作为“天下文枢”“世界文学之都”和“博爱之都”天生就有“宜文化”之魂，扬州则以精致文化和美食之都为上，宜福、宜精致、宜创新，所以可以这样来定位描述：宁镇扬三市可以“各美其美，各得其宜”，“宜得其所，宜行其道，宜正其理，宜行其善，宜应其民，宜成其美”。

很显然，三座城市的文化在发展个性文化的同时，再创造新的同一性，是一个深刻的城市文化理论科学与严肃的实践创新问题。人们对城市、都市圈和城市群增长机理的认识还有很多不足，一个具体而客观的事实是：宁镇扬三市的单体城市资源是不充分的，特别是在空间——土地资源方面都明显不足，如何在都市圈的融合发展中，合理利用土地资源、科学挖掘文化资源、创新发展模式是重要的问题。宁镇扬都市圈空间里的生产和空间的再生产如何在可持续的文化理论指导下，创造资源、创造空间、创造新业态和创造新场景，在空间的再生产中，合理布局产业群并在都市圈内的整体上创造合理的产业格局是一个建构世界级城市必须解决的前提。“在过去的时代，人们懂得古老城市的美和舒适的特质，但是他们没有走向极端。当然，由于与现代生活的紧迫感不一致，大多数古代的魅力已经无可挽回地丧失了，但是，我们也不能完全听之任之。我们必须在城市规划中尽可能多地保留艺术活力，我们必须要懂得什么可以予以保留，什么应该加以抛弃。”[⑥]“金陵派文化”创新的目的之一就是“尽可能多地保留艺术活力”，在文化都市圈的建构中，让南京、扬州和

---

① ［清］阮元.校刻十三经注疏［M］.清嘉庆刊本.北京：中华书局，2009：897-898.

② 李山，轩新丽，译注.管子：明法第四十六［M］.北京：中华书局，2019：706-710.

③ 陆玖，译注.吕氏春秋：察今［M］.北京：中华书局，2011：513-519.

④ ［清］彭定求，等.全唐诗：奉和人日宴大明宫恩赐彩缕人胜应制［M］.北京：中华书局，1960：773-773.

⑤ ［清］吴楚材，吴调侯.古文观止：前出师表［M］.北京：中华书局，2011：451-456.

⑥ ［奥］卡米诺・西特.巴黎：一个伟大城市的故事［M］.仲德昆，译.南京：江苏凤凰科学技术出版社，2017：109.

镇江的城市文化价值重新伟大起来，虽经朝代更迭，外敌侵入，并在历史上被多次屠城和历经了多次灾害，但宁镇扬都市圈的三座城市始终以虎踞龙盘之势，汇“天下文士，半集维扬”，于“京口瓜洲一水间”“雄视滚滚长江东逝水”，以特有的姿态屹立世界东方。

对于南京来说，有道不完的文化史脉，说不尽的沧海桑田。千年古都，文化发轫不已。我们可以以小见大，透视南京文化的精华部分和文化特质——南京织锦技艺表现了中国历史技艺的最高水平：“江南好机杼夺天工，孔雀妆花云锦烂，冰蚕吐凤雾绡空，新样小团龙。”[①]还有魏晋这个“文学的自觉时代”产出的刘勰《文心雕龙》，明代百科全书《永乐大典》，生于南京江宁的清代著名女算学家、天文学家王贞仪[②]（她不仅在美国畅销书《勇往直前：50位杰出女科学家改变世界的故事》排名前三位，而且在茫茫星空中的金星上，还有着以王贞仪命名的一个陨石坑）……这一切的一切，在南京历史上都是繁星银汉，是数不清的，似乎是可以看作“金陵派文化”的脊梁。

南京城市是中国长江上下、黄河南北及运河与长江黄河交叉、融合的节点城市，也必然是大中华文化杂糅的城市之一，文化杂糅往往会产生一加一大于二的效果。简述之，南京夏代隶属于华夏古九州之一的扬州，《禹贡》[③]一书中所描述的九州之一扬州的范围相当于淮河以南、长江流域及岭南地区，而南京不仅是居于古九州——扬州的中枢区位，而且还是长江与江南运河两大水系交汇区域的古都，在这个地域上创造、融合了吴越文化、吴楚文化、江南文化、江淮文化的水韵生活方

---

① 郑万钟，等.中国风物特产[M].北京：中国商业出版社，2004：201.

② 王贞仪（1768—1797），字德卿，江宁（南京）人。她兴趣广泛，不仅爱好文史，同时刻苦钻研自然科学，在自然科学方面有突出的成就，对医学、天文、历算、气象和地理等方面的造诣很深。她在学习天文、历算、气象等科学时，不仅要冲破封建礼教的束缚（当时女子学科学为大逆不道），还要克服缺少科学仪器的困难。对研究气象科学，王贞仪在利用前人的研究成果的基础上，通过自己实践，不断地进行总结。王贞仪通过对西方天文学说的研究，对宇宙也有科学的认识，她在《地圆说》一文中写道，人所居住着的地球，是处于四周都是天空的空间中，在宇宙间是没有绝对上下左右之分的。她还阅读了大量古代历法算术著作，尤其清初大数学家梅文鼎的著作，王贞仪反复进行阅读和研究。她认为梅文鼎的《筹算原本》深奥难懂，不利于普及，便将深奥的原理用浅显的文字和方程写出，“截用六法，只用乘除”。这本改编的书即《筹算易知》，使初学者容易掌握。参见：李济民.金陵逸事[M].南京：南京出版社，1991：111，113-114.

③ 《禹贡》：我国最早的地理著作。文中详细地记载了古代政治制度、九州的划分、山川的方位和脉络、物产分布、土壤性质等等，总结了古代劳动人民对于土壤的深刻认识以及水土治理的丰富经验，内容是十分丰富的。再加上体系之完整，结构之严密，诚为远古时代不可多得的地理名著。尤其可贵的是，《禹贡》在内容上基本上抛弃了神话迷信的成分，其中的记载大都凿凿有据，因而开创了地理学征实派的先河，对后世地理学的发展有一定的影响，因此这篇文献数千年来一直受到人们的重视。中国历代研究《禹贡》的学者，不下数百家，著述十分丰富。其中的代表作有程大昌《禹贡论》及《禹贡山川地理图》，傅寅的《禹贡说断》等。参见：王世舜，译注.尚书译注[M].成都：四川人民出版社，1982：43.

式，创造了融江南江北文化特色的鱼米之乡。南京的文化杂糅性，也就是文化涵容性，更具有文明的包容性，这是南京文化的一个鲜明特点，因为南京城市历史的发展和这一地区的居民就是由几次迁徙之后而形成的民族文化融合之产物，在创造了地域文化特性的同时，还显示出强大的宽容性、扩展性和文化包容性，这也许是南京创新文化和构成“金陵派文化”的“底气”。

“金陵派文化”地处“京派文化”和“海派文化”两大地域文化之间，或可以说，南京一直在努力创新，虽然在科技文化创新方面相比于北京、上海和深圳等来说是望尘莫及的，但是，努力的情节和文化的成长是非常显著的，有人类文化学家说：历史的厚重在某种意义上也会成为一种文化包袱，或许如是，在某些方面，南京及宁镇扬三市还未能显现城市先锋派文化的发生。有人在形容世界科技创新中心的旧金山城市时是这样说的：“旧金山是值得奋斗的地方。这座城市换上了各式各样引人注目的外观。旧金山的特点是棋盘路、色调偏白、木制和抹了灰泥，在40多座小山上蜿蜒起伏，城市建筑在加利福尼亚海岸山脉延伸入海的最后一刻强化了它的这一形象。许多有价值的抗争都是以维护这些美丽和错综复杂的景致之名而进行的——反对破坏了天际线的广告牌、使当地商店破产的连锁商店、迫使穷人离开的不公正的租户驱逐。而一些旧金山人则十分热爱城市那种传统的美感。”[①]的确，南京还没有成为世界一线城市，在江苏还有一个强劲的对手城市——苏州，但南京在某种保守文化氛围中，一直有一股执着的文化力量在涌动。因为，南京的某种保守，是部分智识分子阶层的保守，我们曾把南京城市文化和上海城市文化做过比较，南京市民心中职业声望排在第一位的是教授，而在上海排在第一位的是金融家，排在第三位的才是教授。人们都说，南京的六朝文化遗风、玄学犹存，而传统知识分子、农业社会知识分子的“士人”遗风也尚存。中国自1949年以来，知识分子群体大多数来自农村，而上大学是农村学子的一个重要上升渠道，这种文化现象除了几座沿海城市以外，应该大体都是如此。

长江之畔，秦淮之滨，梧桐林荫道，青砖白墙……南京在城市空间的历史感和艺术感方面，与巴黎风格有相似之处，即在一百个人眼中，更有一百种别样的感知，因历史上的创伤过多过重，南京一直在坚持和平文化之都的建设。和平，是人类共同的美好愿望，南京一直为之奔走呼号，为铭记历史，主动创造“和平文化之都”，并在持续的努力之中，使南京以“和平之城，博爱之都”的独特城市文化形象得到外界一定的认可。宁镇扬一体化都市圈的发展，既是经济圈也必须是文化圈，也是文化共同体，在中国创造广泛意义上的跨区域“城市群经济共同体”是国家整体现代化的

---

① ［英］爱德华·罗宾斯，鲁道夫·埃尔·库利. 塑造城市——历史·理论·城市设计［M］. 熊国平，曹康，王晖，译. 北京：中国建筑工业出版社，2010：163.

必由之路[1]，这也是构建“金陵派文化都市圈”的经济基础。

“金陵派文化都市圈”的构建意义，就如笔者曾建议把“长三角城市群”改成“大上海国际化都市圈”一样，可以在一定的范围内形成“一极中”的首位“发展极”，创造都市圈内的科技文化发展高峰型高地，而不是高原，在一个高峰型“发展极”的体系下，创造一体化产业、文化共同体，有利于都市圈内文化资源的进一步整合和统一规划，也有利于“城市文化资本”在一体化区合理的聚集与创新。不仅对内可以形成文化上的向心力与共同的地域归属感，而对外作为“文化高地”，也可以对周边地区产生示范与带动效应。“大南京都市圈”的文化价值主体表述就是“金陵派文化”，内在的各类文化资本可以在跨区域空间上整合资源，合理布局产业，通过合理的规划向外辐射，在南京进行国际化的升级与运作之后，再辐射到都市圈内的其他城市。因此，“大南京文化圈”的构建实际上是一个经济与文化资源互通有无的共同体，是“城市文化资本”集聚与扩散再生产的过程，也是一个“1+1＞2”的过程。换句话说，就是要在南京形成一个“城市文化资本”的交易与运作的市场和场域；以比喻的方式来说，宁镇扬都市圈的三座城市就是“三大股东”，“城市文化资本”这一特殊市场不仅能对南京都市圈内的城市形成有效辐射，而且由于其文化资源的独特性和文化资本的流动性，其影响所及范围可以扩展到全中国乃至全世界。宁镇扬三市正好位于吴越文化区、荆楚文化区、江南文化区、淮扬文化区的交汇、叠加地带，同时，又有纵贯都市圈及中国南北的古代中国经济大动脉——京杭大运河，使得南京都市圈成了沟通南北文化的枢纽，既向北传导了江南文化和文明，又常常受到中原文化与文明的熏陶。因此，位于如此特殊的地理位置之上的“金陵派文化都市圈”的成功构建，将对中华文化的延续与文化国际化具有重大的战略意义。

“金陵派文化都市圈”在以大上海为首的长三角城市群的整合下，将同“京派文化圈”“海派文化圈”“港派文化圈”“川渝文化圈”“武鄂黄文化圈”等一起，形成齐头并进的发展之势，一起构成现代中国地域格局重组、整合后的一个文化“发展极”，其中“京派文化圈”承担中国北方中原文明复兴的重任，辐射整个华北、东北、西北地区；“大上海文化圈”作为中国现代文明的开创者与传播者，辐射整个长三角地区与沿海经济带；而“金陵派文化圈”，一方面作为江南文化的守望者、复兴者，另一方面又承担起融合中国传统文化与西方文化的重任。“金陵派文化都市圈”的辐射力沿京杭大运河贯通南北，又沿长江东接长三角，西向直达中部、西部地区，成为未来中国三大文化极中重要的一极。“金陵派文化都市圈”必须找准定位，明确发展的目标与方向，有的放

① 张鸿雁.中国城市化理论新模式的建构[J].学术月刊，2012，44（08）：14-22.

矢地制定政策、采取措施，在对自身文化充分研究的基础上，创新“金陵派文化”的理论与方法，补充“金陵派文化”的先锋性、时尚性、引领性和创新性之不足，并直接参与全球城市文化价值链体系的全面竞争①。

南京城市的历史与文化魅力寄托了无数文人墨客的追古幽情，他们在南京留下了无数动人的故事和许多脍炙人口的诗文佳作。自司马氏东渡之后，南京作为中原文明南下的第一站，文化繁盛，名士云集，王导、谢安、司马睿、刘裕、祖冲之、梁武帝、昭明太子、陶弘景等留下的许多故迹无一不成为今日南京的名胜。唐宋时期，南京虽然不再作为政治中心，但经济依然繁华，吸引了李白、杜牧、刘禹锡、韦庄、王安石、苏轼、辛弃疾、李清照等名人雅士前来游览凭吊，并留下许多脍炙人口的诗篇，韦庄的一句“无情最是台城柳，依旧烟笼十里堤”②，引得后世多少文人对南京神往不已。明清两代，南京作为南直隶和两江总督的治所，是当时中国最富庶的江南地区的中心城市，经济、文化发达程度又达到一个新的高峰，朱元璋、常遇春、郑和、李渔、曹雪芹、吴敬梓、王贞仪、邓廷桢、洪秀全、袁枚、李瑞清等英雄才子在南京或建功立业，或著书立说，成就了一段段流传千古的佳话。清末以后，革命风起云涌，南京又横空出世，先是作为太平天国的天京，后又成为中华民国的首都，将闭关落后的中国一步一步推向近代化。民国时期的南京，既是达官贵人的舞台，也是学者名流的活动中心，郭秉文、傅抱石、陶行知、徐悲鸿、赛珍珠、拉贝等长期居住在南京，位于南京的中央大学，不仅师资与科研最强，而且经常开风气之先，引流全国高等教育的走向。

对南京历史与文化资源及相关元素进行梳理的各类文献和文章很多，我们仅是从“金陵派文化都市圈”的角度做了一些初步的概念分析和理解，在理解城市特色文化的前提下，建构宁镇扬城市的文化共性特质，在科学分类的前提下提出了初步层面的共性分析，这是一项艰难的工作，之所以称之为艰难的工作，是因为对某些历史文化遗存、掌故的理解往往是仁者见仁，智者见智。我们从文化特质来认识“金陵派文化”的伟大意义，所谓“文化特质”在文化和文化人类的概念上是“文化的最小单位”，虽然是最小单位，但也最能表达文化的地域性、乡土性和文化个性，当然也很容易被认为是一个地方和一种文化类型的集体记忆。

“天下文枢，智慧之都”③及四大古都之一的地位，确立了南京“金陵派文化都市圈”的文化

---

① 张鸿雁. 构建宁镇扬融合型同城化发展模式［N］. 南京日报，2017-04-05.

② 出自唐代韦庄的《台城》：“江雨霏霏江草齐，六朝如梦鸟空啼。无情最是台城柳，依旧烟笼十里堤。”［清］沈德潜，选注. 唐诗别裁［M］. 北京：中华书局，1964：144.

③ 张鸿雁. 专访：城市文脉的制度保障［EB/OL］.（2004-12-21）［2023-10-28］. http://www.landscape.cn/interview/541.html.

主体性地位。南京是世界文学之都，可谓盛名之下，名实相符，江南佳丽地，金陵帝王都，有多少文人雅士在南京经历了种种悲欢离合，又有多少帝王将相在南京上演了一幕幕胜败兴衰大戏。自古“天下财富出于东南，而金陵为其会”，作为十朝古都的南京，真可谓“衣冠文物盛于东南”，其磅礴壮丽的历史演变，深厚凝重的文化内涵，无不透露出南京大气儒雅的城市气质。如前所述，定位必须具有一定超前性、战略性、指向性，而不仅仅是对现有地位的确认或重新表述。例如，我们经常听到南京的文化定位于六朝古都的说法，其实这根本不叫定位，因为无论这一定位的有无，南京始终是六朝古都，这是不可更改的事实，因此，这样的定位毫无指导意义。笔者在1995年就提出：“南京城市文化的总体定位应该是‘金陵文化’，因为这一提法，蕴含着历史性、地域性和风格性。”①而2023年又提出将南京文化及南京都市圈定位为“金陵派文化都市圈”，就是在深刻理解和研究南京及宁镇扬都市圈文化的基础上，提出创新发展型定位的视角，这也是一种很好的文化进化论的思考与研究角度。本文根据“文化资源挖掘—文化品位评价—文化底蕴提炼（文化因子分析）—文化定位”的模式，对都市圈首位城市南京作如下文化定位：

宁镇扬一体化都市圈的未来经济与文化发展的重点是跨江融合、向海，接轨上海、杭州和合肥，成为长三角的一个发展极，在总体的定位上应是与大上海都市圈组合为一体结构关系，相应地在文化上，南京都市圈应该没有边界感，至少不是长三角一体城市群的边缘，如欧盟一样，是一个开放型经济与文化共同体。在与南京的一体化关系中，扬州应发挥“运河名城，精致扬州”及“扬州学派”和世界美食之都的文化优势，建构“宁镇扬金陵派文化都市圈”核心文化“发展极”之一的地位。扬州市因一个瘦西湖的“瘦”字，显示了扬州精致文化的内核，“天下三分明月夜，二分无赖是扬州”②，扬州的美不同于杭州的丰腴美，不同于苏州的文化深厚，扬州的美是一种纤纤之美，因为扬州有运河，有杨柳。这样的美，张扬而不失精致，温柔而又温暖，这样的美，叫作“精致温婉”。而镇江有“山林城市，人文荟萃”及滨江旅游景区的崛起和“楼台两岸水相连，江北江南镜里天”③的文化特色，已经确立了长江文化公园重要文化节点城市的地位。有着3000多年悠久历史的镇江，自古人文鼎盛，历史遗存十分丰富，1986年被国务院列为国家历史文化名城。镇江是一

---

① 张鸿雁. 论国际化大都市发展战略与南京城市文化发展［J］. 南京大学学报（哲学社会科学版），1995（01）：158-167.

② 出自唐代徐凝的《忆扬州》：“萧娘脸薄难胜泪，桃叶眉尖易得愁。天下三分明月夜，二分无赖是扬州。”参见：马蓉，等点校. 永乐大典方志辑佚：艺文［M］. 北京：中华书局，2004：496-509.

③ 出自北宋诗人沈括的《夜登金山》：“楼台两岸水相连，江北江南镜里天。芦管玉箫齐送夜，一声飞断月如烟。”参见：沈昱. 沈括［M］. 杭州：西泠印社出版社，2010：169.

座滨江城市，同时又是一座运河城市，扼南北要冲，得山水之胜，有著名的三山之景，是名副其实的山林城市；镇江钟灵毓秀，代有人才出，在南京留下传世好文的名人大家，也大都在镇江留下优美诗篇。

宁镇扬三市文化千秋各领风骚比肩，可以看到中国城市优秀传统文化脉络以“金陵派文化”为盛，“十朝都会”文化滋润而成就了南京城市的文化性格①，也影响了扬州和镇江的文化——谓“发轫创新，博爱福民；天下文枢，刚健至臻”，同显“金陵派文化”大气。城市精神文化，说到底就是一座城市的哲学和城市的价值观，就是一座城市生存方式与发展方式的理念、愿景和灵魂，这个理念与灵魂的本质就是让城市人幸福，并带动国家及区域经济社会发展，让更多的城市繁荣发展。南京从诞生的那天起，就显现了得天独厚的自然与厚积薄发的人文优势，这是一笔古老的遗产和“城市文化资本”，并且是在不断地被经营和被创新。世界上有很多伟大文化的城市，我们之所以说南京文化伟大，是因为南京与那些有伟大文化的城市有着一样的历史和文化创造，南京被誉为“世界文学之都”是千年来从未停止的文化、艺术创新的结果，与另一个有世界伟大文化之都之称的巴黎相比也是如此：“巴黎永远是首创精神，是向前发展的尊严之故乡，是才智的中心和发源地，是想象力的火山。”②南京虽然追随其后，但亦有独特超然之特质，并各自有世界东西方文化之都的风韵。

宁镇扬文化都市圈——“金陵派文化”同质性的寻觅：

一是地缘相邻，人文相亲，南北交融，东西互补，揽吴抱越，拥湖跨江，文化相旺。“京口瓜洲一水间，钟山只隔数重山。”③历史上南京、扬州和镇江就属于同一个管辖区。新中国成立后，扬州和镇江早在1986年初就加入了“南京区域经济协调会”，无论在地方人文抑或是特色民俗上都表现出多重的相容相似性，如宁镇扬共有的母语属于北方的江淮方言。如此基于共同区域文化的相容性和文化认同的黏性，有助于形成一个区域分工内的价值基础，降低交易成本④。对一座城市或者都市圈进行定位，并不是仅仅对它现处的状态、角色、地位进行描述和认定，还必须在此基础之上提

---

① ［英］爱德华·罗宾斯，鲁道夫·埃尔·库利. 塑造城市——历史·理论·城市设计［M］. 熊国平，曹康，王晖，译. 北京：中国建筑工业出版社，2010：187.

② 张鸿雁. 城市“伟大文化”的建构与创新——南京城市精神的历史、现实与未来的责任［M］//曹劲松，卢海鸣. 南京学研究：第六辑. 南京：南京出版社，2022：74-79.

③ 出自宋代王安石《泊船瓜洲》：“京口瓜洲一水间，钟山只隔数重山。春风又绿江南岸，明月何时照我还。”参见：［宋］王安石. 王安石文集［M］. 北京：中华书局，2021：483.

④ 曾群华. 新制度经济学视角下的长三角同城化研究［D］. 上海：华东师范大学，2011：84.

升一个层次而建构新的愿景，并提出相应的框架以供该城市或都市圈实施和文化追求——“金陵派文化”的共同创造，而在城市发展定位上必须具有超前性、唯一性、战略性、历史性、差异性、指向性等战略战术及原则。

二是崇文重礼，勤学好思，耕读人家，创业治家，积善传家，行其当行，止于至善。宁镇扬都市圈自东晋以降，便是文化繁盛之地，士民读书好学之风一直十分浓厚，涌现出的文人名家灿若繁星，文人达士的名著典章如汗牛充栋，文人的数量和作品数量与知名度均居天下之首，是典型的名人之乡、文物之邦[①]。其崇文重教、善学好思、臻于至善等儒雅型品质和文化特质代代相传，已经深深镌刻进南京都市圈居民的精神里，成为南京都市圈——“金陵派文化”的基因。过去发生的历史事件一再告诉我们，这座城市并不是一块守旧的土地，居住其上的人民也不是守旧的人民，相反，却有着不囿于常规、求新思变的文化特质。无论是发生在南京的革命运动，还是扬州八怪的画风革新，还是现今涌现的许许多多创新创业的故事，无不体现着它的开拓型特征。南京都市圈内地处大水之边的城市和城镇，或滨湖或临江，又有青山绿水藏于城中，成就了南京、镇江、扬州等城市的“山水城林”特色。清新秀丽的自然风光与崇文重学的文化一起孕育了这一文化区域国民秀外慧中、清丽俊美的气质，也发展出精细精致精美的手工技艺，无论是扬州的园林、玉雕与漆器工艺，还是南京的云锦、刻经与秦淮灯扎，又或是镇江的绒花、翻簧竹刻、丹阳风筝等等，三市各有不同的精彩，但却也有着同样的文化底气——处处洋溢着一股灵动雅丽的精致型特征。

三是兼收并蓄，博文高雅，自由放达，革故鼎新，刚柔并济，古韵悠长，八方共处[②]，创造了地理文化上融合长江南北，长江连带海上、运河横跨长江黄河、水韵联网长三角，思想文化上一个以江南文化为底蕴的“金陵派文化”模式。公元前495年，吴王夫差在冶城山设置冶城（今朝天宫一

---

① 2023年南京都市圈有三座国家历史文化名城：分别为南京、镇江、扬州。仅南京市一地就有全国重点文物保护单位43处，而镇江市有全国重点文物保护单位17处，扬州市有全国重点文物保护单位24处。参见：南京市文化和旅游局. 全国重点文物保护单位名单（49处、103点）[EB/OL].（2018-02-02）[2023-10-28]. http://wlj.nanjing.gov.cn/.；镇江市文化广电和旅游局. 我市新增8处全国重点文物保护单位[EB/OL].（2013-05-06）[2023-10-28]. http://wgl.zhenjiang.gov.cn/.；扬州市人民政府. 扬州市省级以上文物保护单位一览表[EB/OL].（2023-03-22）[2023-10-28]. http://www.yangzhou.gov.cn/.

② 在这八种文化中，吴越文化、荆楚文化是中国历史上两种特色鲜明的地域文化，而六朝文化特指在南京建都的东吴、东晋、宋、齐、梁、陈六个朝代的士人风尚风貌，江南文化则特指形成于唐宋、鼎盛于明清的江浙一带（包括今皖南、上海）的文学艺术工商与民风民俗，至于运河文化、秦淮文化则特指该河流影响下的流行于沿岸的特殊地域文化，前者纵贯都市圈南北，途经淮安、扬州、镇江，后者仅限于南京一地。

带），以铸造兵器。公元前472年，越王勾践命范蠡在今雨花台下秦淮河口的长干里筑越城（又名范蠡城）[①]，南京建城史以此为开端，南京都市圈的历史文化、风土人情，自始至终受到吴越文化、吴楚文化和江南文化等多种文化融合熏陶，从而奠定了南京都市圈南北文化兼具、刚柔并济、古韵悠长的文化底蕴和城市性格。公元前333年，楚威王灭越，在石头山（今清凉山）设“金陵邑”[②]，一直到公元前223年秦灭楚，在这长达110年的历史中，南京一直位于楚国地界内，亦受着荆楚文化的熏陶。楚国原本是一个地域狭窄的蛮夷之邦，后来通过兼并，发展到“地方五千里”[③]。南北交融时代——“六朝”的国都南京，这一时期是社会经济文化在中国历史上乾坤颠倒、战争频仍的时代，也是精神自由、思想奔放的时代[④]。六朝时期，儒、道、玄、佛各流派思想都得到了重塑性发展，杜牧的千古名句“南朝四百八十寺，多少楼台烟雨中”[⑤]，描绘出当时南京佛寺遍布全城的情景。另外，六朝时期的文人名士，空前关注自身的生命价值，他们重自由、喜放达的个性特征，贵自然、好风雅的审美旨趣，使他们在书法、绘画、文学、思想等领域均取得了很高的成就，仅南京一地涌现出来的名人就有：陆机、陆云、谢安、王羲之、王献之、刘勰、昭明太子[⑥]、顾恺之、谢灵运、鲍照、陶弘景等。南京都市圈特别是其中的南京、镇江、扬州三市，作为六朝时期的重要都市，自然

---

① 蒋赞初. 南京史话［M］. 南京：江苏人民出版社，1980：215.《秋陵图志·吴越楚地图考》曾载：“越勾践用范蠡谋将图楚，称伯江淮，乃筑城于金陵长干里，以强威势。”参见：李显杰. 商圣范蠡研究［M］. 北京：中国商业出版社，2005：101.

② 蒋赞初. 南京史话［M］. 南京：江苏人民出版社，1980：215.《太平寰宇记》：“石头城：楚威王灭越置金陵邑，即此也。后汉建安十七年，吴大帝乃加修理，改名石头城。”参见：［宋］乐史. 太平寰宇记：上元县［M］. 北京：中华书局，2007：1782-1792.

③ 《战国策·楚策一》中提到“楚，天下之强国也。楚地西有黔中、巫郡，东有夏州、海阳，南有洞庭、苍梧，北有汾陉之塞、郇阳，地方五千里。”参见：［明］董说. 七国考：郡［M］. 北京：中华书局，1956：121-122. 公元229年，吴大帝（孙权）自武昌还都建业，南京作为国都的历史自此始。317年，司马睿建立东晋政权，定都建康（今南京）。420年，刘裕代晋称帝，国号宋。479年，萧道成代宋称帝，国号齐。502年，萧衍代齐称帝，国号梁。557年，陈霸先代梁称帝，国号陈。吴、东晋、宋、齐、梁、陈均都建康（今南京），合称六朝。参见：蒋赞初. 南京史话［M］. 南京：江苏人民出版社，1980：215.

④ 作为六朝国都的建康（今南京市），民营商业一直较繁荣，直到陈朝末年，建康城里仍是一派“小人率多商贩，君子资于官禄，市廛列肆，埒于二京”的景象。参见：郑学檬，中国企业史编辑委员会. 中国企业史：古代卷［M］. 北京：企业管理出版社，2003：159.

⑤ 出自唐代杜牧《江南春》：“千里莺啼绿映红，水村山郭酒旗风。南朝四百八十寺，多少楼台烟雨中。”参见：［清］王相. 千家诗［M］. 北京：中华书局，2011：232-233.

⑥ 昭明太子：南北朝梁武帝萧衍的长子萧统（501—531），聪明过人，酷爱读书，未及即位而死，谥昭明，世称昭明太子。编辑《昭明文选》三十卷，这是有史以来第一部纯文学作品集，首次把文学作品和历史、哲学论述分开。萧统在扬州的读书台，竹翠水清，是避暑的清凉之地。参见：萧望卿. 古今名胜对联选注［M］. 北京：北京出版社，1983：47.

受六朝文化熏陶极深，而且三市都有许多十分宝贵的六朝遗存，如著名的南朝石刻、昭明太子读书台，扬州大明寺因始建于南朝宋孝武帝大明年间（457—464年）而得名，扬州博物馆藏有南北朝时期的精致又精美的青釉覆莲鸡首壶……博文高雅、自由放达和山水文化情愫无疑是南京都市圈的人文底蕴之一。

四是崇文好学，清秀婉约，山水清音，科举中元，市井凡尘和江南文化精华之地。南京都市圈的形成有着深厚的历史基础，唐宋时称“江南道”，元朝时称“江南路”，明朝时是南直隶，公元1645年（清顺治二年），改南京为“江南省”，“应天府”为“江宁府”[①]，此后，南京又作为两江总督（辖今江苏、上海、安徽、江西）的治所，因此明清两代，南京一直是江南地区的中心城市。而现今南京都市圈的范围正好是昔日“江南省”的核心部分。清秀婉约的江南文化被吴越文化所覆盖，而吴越文化中精华部分，是江南文化富庶与财富的象征，也是经济与文化繁华的代名词。在画家的印象里，江南是小桥流水、粉墙黛瓦的古镇街巷；在唐代大诗人白居易[②]的记忆里，江南是红胜火的江花，是山寺里的桂子；在现代诗人戴望舒的印象里，江南是一条悠长的雨巷和一个撑着油纸伞像丁香一样的姑娘。中国京杭大运河自隋炀帝开凿之后，由于盐运、漕运的兴盛，逐渐形成了灿烂的运河文化，并在明清时期达到鼎盛。运河河道本身及其沿岸的工程设施、城镇商埠、民风民俗等历史文化元素构成了运河文化的基本形态。融流动性与稳定性于一体，开拓进取、开放融合的运河文化是南京都市圈乃至全中国的宝贵财富。秦淮河是南京的母亲河[③]，沿河两岸文化积淀十分深厚，王谢两家的乌衣巷，王献之迎妾的桃叶渡，唐代颜真卿的放生池，明朝建的鹫峰寺，宋明清的文庙、学宫、江南贡院，世界瓮城之最的中华门城堡，明朝开国功臣徐达府第——瞻园，《儒林外史》的作者吴敬梓的故居等名胜古迹……可信手拈来，如同串串珍珠镶嵌在秦淮河沿岸，因此，这里素有“十里秦淮十里珠帘”的美称。六朝时的秦淮河两岸商业纷繁，酒馆林立、灯火万家，河面上画舫穿梭，莺歌唱响，文人雅士蜂拥而至。因此，六朝与秦淮河，一个作为历史意象，一个作为空间载体，最能代表南京的文化，是历代文人诗词咏唱

---

① 蒋赞初. 南京史话［M］. 南京：江苏人民出版社，1980：229.

② 原句出自白居易《忆江南》（三首）：“（一）江南好，风景旧曾谙。日出江花红胜火，春来江水绿如蓝。能不忆江南？（二）江南忆，最忆是杭州。山寺月中寻桂子，郡亭枕上看潮头。何日更重游？（三）江南忆，其次忆吴宫。吴酒一杯春竹叶，吴娃双舞醉芙蓉。早晚复相逢。”参见：［宋］郭茂倩. 乐府诗集：忆江南三首［M］. 北京：中华书局，1979：1155.

③ 笔者曾为秦淮河做过三轮规划，进行了全面而详细的资源调查，并形成了近40万字的文本和上千本规划图本。

中最常见的对象，李白的“三山半落青天外，二水中分白鹭洲”，刘禹锡的“朱雀桥边野草花，乌衣巷口夕阳斜”，韦庄的“江雨霏霏江草齐，六朝如梦鸟空啼”等名句，无不以六朝、秦淮为咏叹物。其中杜牧《泊秦淮》可算是众多歌咏秦淮河的诗作中用意最为深刻的一首：“烟笼寒水月笼沙，夜泊秦淮近酒家。商女不知亡国恨，隔江犹唱后庭花。”到了明清，这里是江南贡院的所在地，酒肆、茶社、妓院、商铺、旅店鳞次栉比，是富商大贾的销金库和安乐窝，也是文人墨客吟诗填词作画的艺术创作中心，涌现出了一大批名人佳作，如孔尚任的《桃花扇》描写的正是秦淮河的艳丽与繁华。以秦淮河沿岸为中心的南京老城南地区，是南京本土文化的根，南京的方言、云锦、绒花、白局、灯会、盐水鸭、“秦淮八绝”、秦淮灯会等传统民风民俗也都发源和兴盛于此。尊文重礼、绚丽多彩的秦淮文化是曾在南京闪耀过的所有文化中最具南京特色、底蕴最深厚的文化。而且，由于南京处在江南地区政治经济中心的地位①，使得秦淮文化也影响到南京统辖的其他区域，特别是今南京都市圈内的各座城市。

每一座伟大的城市，都有一条伟大的河流，而每座伟大的城市也都有一个影响历史发展的文化流派，而仅仅将“金陵文化”限于南京城墙之内，则有违背十朝都会改天换地的文化初衷，要有历史责任的文化担当，宁镇扬南京都市圈就应该举起“金陵派文化”创新的旗帜，与“京派文化”“海派文化”分庭抗礼。

三、全面依赖②：城厢相近，社区相邻，习得相似，守望相助

城市的经济结构、文化结构和产业结构能够合理并优化，是一座城市可以创造充分就业的前

① 例如，明代南京先是作为京师，后是作为南直隶的治所，清代南京是两江总督的治所，是中国最大的科举考场——江南贡院的所在地。

② 城市群通过内在空间整合，促进并构建“城市群区域社会”的“全面依赖关系”。“社会的全面依赖关系”是马克思在论述资本主义市场关系中一个重要认知，即社会整体关系与需求在市场经济的要素整合中形成区域社会的经济发展机制，对于传统的权力社会结构关系来说，“社会的全面依赖关系”是一种进步，是以市场关系为纽带的社会共同体。伴随城市社会结构变迁和城市新型服务业的成长，城市群在演化中会出现某种规律性的发展过程，即聚集→中心化→扩散→结构性繁衍→空间重集聚→首位空间极化→再扩散→首位度提升→再扩散形成城市群（镇）经济社会的全面依赖关系结构。由此而演化成“城市区域社会依赖型合理差序化格局”的都市圈，使城市社会结构处于不停地发展运动与区域“重新集聚和组合”的过程中。参见：张鸿雁.城市化理论重构与城市化战略研究[M].北京：经济科学出版社，2012：298.

提，而充分就业也是一座城市或者一个都市圈范围内文化认同的基础，就如珠三角城市群一样，市民的荣耀感在于生活在香港、广州、深圳、珠海繁华、时尚有创新氛围文化圈的文化体系之中，正如有市民这样说：“我居住的城市距离香港、广州和深圳都很近……”这样的居住区位与空间文化感，一般是城市市民表示身份荣誉感的一种说辞。

都市圈的“全面依赖”是有特定内涵的：一是产业集群并不是指单纯的“企业扎堆”，而是指在某种条件下，在“某一特定区域下的一个特别领域，存在着一群相互关联的公司、供应商，关联产业和专门化的制度和协会”①。其本质上是指某一地方创造了“人文区位”属性的空间后，区位空间具有人文凝聚力，就会形成某种产业集聚引力，继而形成产业集聚并构成“产业网链”。当交通成本被改变和忽略后，在突破传统“区位论”的基础上会形成新的产业优势互补的集聚形式，而对于城市来说要形成有效集聚和集聚后的有效产能，才能构成城市竞争力的核心要素，这也需要在城市整体产业定位的前提下，首先建构科学的相关政策以创建“人文区位”。二是在比较都市圈经济结构和市场需求及产业发展前沿的基础上，确定产业定位，定位城市的主体产业集中在哪几个领域，并提出优先的战略选择。三是根据产业发展创造人才引进与自我培养成长的通道，必须与产业发展相匹配。“城市产业定位是根据国际产业价值链的产业分散模式和本地区的强势产业、可持续产业、有远大发展前景的产业来进行定位的一种模式。产业定位实质上是注重分离中的集聚，通过产业的分离形成新的集聚，从而形成优势产业，形成产业领域的‘发展极’。”②当然，包括产业分类的细分领域、行业的定位等，这样的城市定位和城市产业定位会更准确并有一定的指导意义。迈克尔·波特的思想核心就是产业竞争力理论③，所有的产业定位都需要思考如何在竞争中发展，在发展中定位，正因为波特的

① ［美］迈克尔·波特. 国家竞争优势［M］. 李明轩，邱如美，译. 北京：华夏出版社，2002：2.

② 张鸿雁，张登国. 城市定位论：城市社会学理论视野下的可持续发展战略［M］. 南京：东南大学出版社，2008：216.

③ 产业竞争力理论：在国内外的竞争力研究中，可以划分为国家（国际）竞争力、产业竞争力、企业竞争力等层次。其中，国家竞争力主要强调一个国家在国际贸易、金融、投资中的地位，强调一个国家所能提供的基础设施、所达到的科技水平、社会发展水平和经济状况，以及政府行为和政策干预等因素为国际资本流动创造的条件。参见：任海平，等. 各国综合国力排行榜［M］. 北京：中国经济出版社，1998. 人们也往往通过这些指标的分析、评价与比较，来确定一个国家的竞争力。而产业竞争力和企业竞争力则主要强调产业或企业的经营管理行为、企业家和劳动者的素质、劳动成本等因素。各个层次的竞争力各有侧重又相互联系和影响。竞争战略专家迈克尔·波特在其名著《国家竞争优势》中提出产业竞争力就是这个产业在大市场中的竞争表现，并集中体现出一个区域的竞争力。而IMD（International Institute for Management Development，国际发展管理学院）的竞争力理论中仅把竞争力分为国家竞争力和企业竞争力，并认为企业竞争力是国家竞争力和区域竞争力的核心，而产业竞争力则被大大淡化了。参见：邬义钧，胡立君. 产业经济学［M］. 北京：中国财政经济出版社，2002：286-287.

产业思想核心之一是“产业竞争理论”，所以在波特构建的“钻石体系”[①]中，设定了特殊的产业竞争的内部和外部因素，他的理论强调产业竞争力是由生产要素的需求条件、相关产业和支持产业的表现、企业的战略和结构及竞争对手等因素所决定的，还包括“机会”和“政府”的行为与行政表现等[②]。因为各种影响因子的设定相对合理，所以波特的“钻石体系”比较受研究者的欢迎，他在这一理论中强调国家及各级政府作为产业发展政策的引导者和产业发展战略的制定者，对区域产业竞争力的形成和提升担负巨大的责任。而一个科学的城市产业定位，会明确城市产业竞争力的发展方向，为城市竞争力的构成与提升创造一个清晰可辨的目标和相对可行的操作模式。

中国“都市圈化”的发展模式开始为世界所关注。2023年的中国已经基本实现了“都市圈化”的初期形态，在现已经被感知的20多个都市圈内，通过中国高铁“八纵八横”的空间格局形成了比较合理的空间连接，建构了一个比较科学的、结构化的、具有地域生产力的结构与格局。新经济地理学、文化地理学、城市社会学将都市圈看作是由特定地域空间上的产业集聚扩散所导致的一种“集中与分散”“核心与边缘”结构的空间再生产模式，这是一个有机生态化的城市结构形成过程[③]。

都市圈机制的形成有多种原因，但是产业集群的文化引力视角多被人们忽视，产业集群化成为当今时代区域经济的一个发展主流。传统“区位论”理论中，降低交通成本是产业集群存在的一个基本理由，而在网络智能化时代的今天，智能技术、数字技术、智能快速交通技术、数字产业化技术等使得所有的交通成本都大幅下降，甚至有些可被忽略，生活与工作空间被速度平面化、虚拟化和远距离同步化所取代，产业在物化实体空间上的集聚在有些时候就成为非必要。1890年，马歇尔在其《经济学原理》一书中将相关部门的企业在特定地区形成的集群称为“产业区”[④]，并提出了“内部经济”和“外部经济”的概念[⑤]。“我们可以把任何一种商品的生产规模之扩大而发生的经济分为

① 钻石体系：迈克尔·波特给出的一个产业竞争力的决定模型。他认为，一个国家的经济是由各种产业集群所组成，这些产业集群弥补并提供竞争优势（当然也可能造成劣势），反映了经济的发展。各国竞争优势形态，都是以产业集群的面貌出现。波特所构建的国家竞争优势的“钻石体系”中的四个基本因素是值得参考的：一是生产要素——一个国家在特定产业竞争中有关生产方面的表现；二是需求条件——本国市场对该项产业所提供产品或服务的需求如何；三是相关产业和支持产业的表现——这些产业的相关产业和上游产业是否具有国际竞争力；四是企业的战略、结构和竞争对手——企业在一个国家的基础、组织和管理形态，以及国内市场竞争对手的表现和两个附加要素（机会和政府）。参见：［美］迈克尔·波特.国家竞争优势［M］.李明轩，邱如美，译.北京：华夏出版社，2002：66-69.

② ［美］迈克尔·波特.国家竞争优势［M］.李明轩，邱如美，译.北京：华夏出版社，2002：66-69.

③ ［美］保罗·克鲁格曼.发展、地理学与经济理论［M］.蔡荣，译.北京：北京大学出版社，2000.

④ ［英］阿尔弗尔德·马歇尔.经济学原理［M］.北京：商务印书馆，1991：281-290.

⑤ 邵颖萍.全球城市价值链中的产业集聚——以台湾新竹科学工业园IC产业集群为例［J］.中国名城，2012（04）：33-38.

两类：第一类是有赖于这种工业的一般发达的经济；第二类是有赖于从事这种工业的个别企业的资源、组织和经营效率的经济。我们可称前者为外部经济，后者为内部经济。”[①]德国经济学家韦伯（Alfred Weber）早在1909年发表的《工业区位论》中对工业区位选择以及促使工业在一定地区内聚集的原因进行了探讨，韦伯试图寻找“区位因子”，研究影响工业区位的因子及其作用大小[②]。区域因子主要也是运输成本（运费）与劳动力成本（工资），而实际上对区位起作用的位置因子则包括集聚因子和分散因子，这个理论对传统工业化的发展起到了有益的作用。佩鲁（François Perroux）在1950年提出了“增长极理论”，他认为“增长并非同时出现在所有的地方”。它以不同的强度首先出现于一些增长点和增长极上，然后通过不同的渠道向外扩散，并对整个经济产生不同的终极影响[③]。那么，为什么会出现“增长极”，在理论认知上的观点有很多，但是在发展的过程中越来越多地证明，一个有“人文精神”“人文经济”和“城市文化资本”丰厚的地方会使企业趋之若鹜，一旦形成“人文区位”下的产业集聚并形成产业区，就会具有很强的区域一致性，集体企业家互动文化，柔性专业化氛围，竞争与合作的共存机制，信息的迅速扩散与共享，经济、社会、文化和生态的融合以及发展目标的一致性等特征[④]，并依靠政府的行政规划来发展壮大而形成多样化的发展途径，新产业区位论的核心就是依靠区内大量企业的“联合行动”自下而上的力量来发展区域经济[⑤]。

我们发现：多数与区位论相关的理论都会强调距离、交通成本对产业集群所产生的巨大影响，这在当时的人看来是理所当然的——科技的限制使得他们难以想象也无法做到逾越时空的界限。然而，现代社会非物质性的“新人文区位”正逐步开始超越传统物质性的区位要素，发挥着越来越大的作用[⑥]。现代社会的“新人文区位”的价值包括有：营商政策环境、社会文明风尚、政府清廉高效、精英群体开放意识、和谐人际关系、旅游休闲文化、时尚文化品质、消费生活质量、土地空间价值、历史文化传统、开放与国际化等[⑦]。区域经济发展的核心竞争优势就是通过特定的产业优势而

---

① ［英］阿尔弗尔德·马歇尔. 经济学原理［M］. 北京：商务印书馆，1991：279-280.

② 林竞君. 网络、社会资本与集群生命周期研究：一个新经济社会学的视角［M］. 上海：上海人民出版社，2005：16.

③ ［法］弗朗索瓦·佩鲁. 略论增长极概念［J］. 经济学译丛，1988（9）：57-62.

④ E. Darcy & B. Guissan. Local economic development: changing the parameters［J］. Entrepreneurship & Regional Development（8），1996.

⑤ 邵颖萍. 全球城市价值链中的产业集聚——以台湾新竹科学工业园IC产业集群为例［J］. 中国名城，2012（04）：33-38.

⑥ 邵颖萍. 全球城市价值链中的产业集聚——以台湾新竹科学工业园IC产业集群为例［J］. 中国名城，2012（04）：33-38.

⑦ 张鸿雁. 中国沿海城市群与内地城市“嵌入性结构关系”论——一个关于国家可持续安全发展的重大战略［J］. 城市问题，2007（11）：2-14.

形成的持续竞争力，因此产业集群已成为提升企业竞争和促进区域经济、城市经济繁荣的核心竞争力之一。对于产业而言，人文区位的产业集中性就好像一个磁场，会把高级人才和其他关键要素吸引进来①。在经济学范畴内，威廉·配第最早地论述了劳动分工，并指出劳动分工对一座城市的价值，即制造业在大城市的集聚与升级②。以劳动分工理论闻名的亚当·斯密在《国富论》中讲道，劳动分工的发展促使劳动变得越来越精细和专业，不仅能够提高生产效率，促进技术的专业化发展，还有利于生产制度的创新③。在社会学范畴内，经典社会学家涂尔干在其开山之作《社会分工论》中指出："在同一个城镇里，各种不同的枝叶可以同时存在，互不侵害，因为它们追求的目标是不同的。……他们不仅能够提供共同的服务，而且也能够和谐一致地进行服务。"④涂尔干认为社会分工是一种普遍存在的社会结构，社会分工可能是由经济层面的劳动分工导致的，也可能是出于社会自身属性的需求。在城市学范畴内，将城市看作是一种巨型的经济组织结构，也必须强调城市和城市之间及城市内部的专业化分工。城市分工主要是指通过城市区域专业化职能的分布，消除城市自给自足的封闭状态⑤。关于地域分工与城市分工的相关主要论述还见于西方的托伦斯、西尼尔和陶西格等人。马克思、恩格斯也对城市之间商业和生产分离的现象进行了论述："生产和商业间的分工随即引起了各城市间在生产上的分工。在每一座城市都有自己的特殊的工业部门占据优势。"⑥在都市圈的地区结构中，这种城市分工表现得尤为明显。"这种都市圈背景下的城市分工合作结构关系之所以能够形成，主要是因为任何城市的资源都具有'不完善性'或者是结构性资源的稀缺性，这些不完善性和资源的结构性稀缺是城市结构扩张与对外发展需求的基础和原动力。"⑦因此，都市圈背景下的城市分工，是我们进行"宁镇扬文化都市圈"空间定位的理论前提。

"金陵派文化都市圈"不仅历史文化积淀深厚，而且主要城市的政治地缘、文化地缘和工作

---

① ［美］迈克尔·波特.国家竞争优势［M］.李明轩，邱如美，译.北京：华夏出版社，2002：148.

② ［英］约翰·伊特维尔，等.新帕尔格雷夫经济学大辞典：第一卷［M］.北京：经济科学出版社，1996：977.

③ ［英］亚当·斯密.国富论——国民财富的性质和起因的研究［M］.谢祖钧，等译.长沙：中南大学出版社，2003：13.

④ ［法］埃米尔·涂尔干.社会分工论［M］.渠敬东，译.北京：三联书店，2000：219-225.

⑤ 张鸿雁，张登国.城市定位论——城市社会学理论视野下的可持续发展战略［M］.南京：东南大学出版社，2008：199.

⑥ ［德］马克思，恩格斯.马克思恩格斯全集：第3卷［M］.中共中央马克思恩格斯列宁斯大林著作编译局，译.北京：人民出版社，1979：59-60.

⑦ 张鸿雁."大上海国际化都市圈"的整合与建构——中国长三角城市群差序化格局创新研究［J］.社会科学，2007（05）：4-13.

“业缘”也相近，在本质上有相对同一的“空间里的生产”型的文化特质，这是“宁镇扬文化都市圈”创建并发展的基础与动力。同时南京、镇江和扬州三座城市是著名的国家历史文化名城，为南京都市圈在整体上叠加并增添了浓厚的文化底蕴。南京与周围城市自古以来有着几千年的密切关系，加上自20世纪90年代开始，南京及周边城市道路状况的明显改善，催生了快速现代化与城市化过程中南京都市圈概念的形成。“金陵派文化都市圈”对内强调“共生性竞争”，对外强调各自可以直接参与全球竞争和参与全球文化产业分工，不同规模的城市和村镇都应该在各自特色文化创新的基础上参与全球产业分工。

美国芝加哥学派创立的城市社会学最早提出了“人类生态学”[①]的概念，也包括了“人文区位学”的内涵，芝加哥学派早期的研究正是借用了生态学上的“共生”理念，提出了城市中不同人口和文化背景及社区之间的“共生关系”。都市圈发展与区域空间结构演变的根本动力，正是来自城市之间与城市内部要素的这种竞争、协调和文化互补共生关系，这个互补的首要内容就是能够给都市圈内的城市提供充分就业和创造就业机会，而城市首位度，包含了“发展极”城市的就业、创业的首位度[②]，这是一个非常关键的要素，世界一线城市都具有充分的就业涵容能力。都市圈的形成、发展和提升城市与都市圈的能级，关键在于“空间里的生产”和“空间的再生产”的发展创

---

① 人类生态学（Ecological Anthropology）：人类生态学是城市社会学的一个门派，它试图运用生态学在动、植物世界所归纳出来的规律去分析人类社会。美国社会学家帕克（Robert Ezra Park）是第一个做出这个尝试的人。20世纪20年代到30年代中期是人类生态学派的全盛时期，除派克外，伯吉斯（W. Burgess）及健时（R. D. Mc Kenzie）等学者都努力将生态学的原理应用到美国的城市社会研究之中。帕克认为，人类社会是由生态及文化两个层次组织起来的，竞争是共生层次的基础，而沟通及共识是文化层次的基础，两个层次是整个社会的两面。而社会秩序是多层式的，由下至上分别有生态、经济、政治及道德层，在生态层，竞争是不受限制的；在道德层，竞争受到最大限制。人类生态学主要研究人口、科技、习俗与信念及自然资源之间如何不断保持生态平衡及社会平衡。参见：刘贵利. 城市生态规划理论与方法［M］. 南京：东南大学出版社，2002：40.

② 南京就业机制在数字经济发展前提下有新的突破：南京雨花经济开发区（江苏省省级工业园区），2002年3月，一期被南京市批准为首批“市重点乡镇企业园区”；2006年5月，经国家发改委审核成为第六批省级开发区之一；2007年3月，被省发改委正式授牌“现代服务业集聚区（现代物流业）”；2011年6月，被国家新闻出版总署批准为“江苏国家数字出版基地”。参见：南京雨花经济开发区简介［EB/OL］.［2023-10-28］. http://ytldq.njkjgzz.org.cn. 凭借着政策引导与自身发展，雨花区科技与数字产业发展明显，2023年创造出了全市40%、江苏省20%的软件与信息服务业产值，成为当之无愧的南京经济引擎。有6000家科技企业、722家高新技术企业、1013家“四上企业”、51家独角兽&培育独角兽&瞪羚企业、34家市级以上孵化器，30余万涉软件企业高知精英，科技、人才、资本源源不断汇流。2025年随着南京涉软产业万亿蓝图的恢宏启幕，“雨核”涉软收入将冲顶4500亿，占据南京2025年软件信息服务业规模万亿目标的45%，从业人数预计达到40万人。

新程度，简单说，城市的企业数量是城市吸引力的核心要素和指标。如据《中国日报》中文网的文章说：2022年中国城市创新活力的表现是，北京高新技术企业有28360个，上海有24050个，深圳有22310个，苏州有12780个，而人口与企业数量比是，“深圳为每万人拥有高新技术企业数量最多的城市”[①]。当然，高新技术企业数量多，也意味着深圳是中国高新技术人才集聚度最高的城市之一。另外，2023年的一个相关资料还对中国城市企业数量进行了排名：资料显示，中国一线、二线城市，“90%以上的企业都是民营企业，苏州达到92%，深圳更高达97%”，这一资料还分析了城市中的企业数量排名，在前25名中，上海排名第一，有276.45万家；深圳第二，有245.77万家；北京第三，有193.3万家；广州第四，有190.5万家；成都第五，有146.6万家；重庆第六，有106.99万家；杭州第七，有88.2万家；苏州第八，有87.74万家；西安第九，有81.68万家；郑州第十，81万家……“从总量上来看，只有上海、深圳超过200万户。北京、广州都只有190万户，而多数城市都在100万户以下，东北四大中心城市均不到50万户。”[②]从这些城市的企业数量排名就可以看出中国大学毕业生如何选择城市、选择什么样的城市、选择什么方向与就业目的地。诚然，城市企业数量越多，就业才能越充分，就业越充分，才能有较高收入，有较高收入才能安居乐业和再创业，反过来再激发、激活城市“循环累积性因果效应”。从数字中不言自明——东北人大量外流的原因了。无论是在自然界，还是在人类创造的社会体系内，个人之间以及组织之间的竞争，说到底都是生存空间的竞争，其相关的发展、进化也主要表现为生存空间结构的成长和扩张[③]。我们对南京都市圈发展极的定位最重要的概念就是“担当充分就业中心”的作用，区域空间的定位，就是站在这样的空间竞争与区域整合发展的合力基础之上，站在城市之间复杂的共生关系之上进行研究与探讨，这既是对芝加哥学派城市“人文区位论”思想的一次历史回应，更是对南京都市圈区域“竞和关系”和“金陵派文化”创新发展的一次超前建构。

都市圈的中心城市“文化首位度”越高，都市圈的凝聚力就越强，与创业、就业和人才吸引力才能成正比，上海、伦敦和东京都市圈文化的发展已经告诉我们这样一个事实，没有充分就业的引力，

① 钟经文.《2022年度中国城市活力报告》发布，从爱企查大数据看产业创新活力指数［N］. 中国日报，2023-05-16.

② 凯风. “抢企大战”突然爆发，谁是赢家？［EB/OL］.（2023-10-31）［2023-12-28］. https://new.qq.com/rain/a/20231031A03WQ600. 不同研究平台提供的数据统计资料具有一定的偏差，此文引用数据的目的是在一定意义上说明所研究问题的意义，从企业数量来探讨城市能级、城市活力和城市就业引力。

③ 张鸿雁. “大上海国际化都市圈”的整合与建构——中国长三角城市群差序化格局创新研究［J］. 社会科学，2007（05）：4-13.

“发展极”城市也不可能具有创新的引论性。美国发展经济学家弗里德曼在佩鲁的“增长极理论”基础上，把增长极模式与各种空间系统发展相融合，提出了“中心—边缘理论”，认为经济活动的空间组织中，通常具有强烈的极化效应与扩散效应①，中心区和边缘区相互依存机制的形成，是通过中心区自身经济的不断强化，而形成对边缘区的支配态势。另一方面他也指出，中心城市不可能脱离经济区域而孤立地发展，经过一定时期，中心城市的发展和区域经济的发展必然呈现一体化趋势，虽然这一理论在某些方面已经过时，但是中心城市区域与边缘区域的关系是必然存在的，只是随着科学技术，特别智慧网络数字技术的发展，这种区域边缘的痕迹越来越模糊，而赫希曼提出的“极化效应”和“涓滴效应”等概念在今天还可以显见——其重要观点是：核心城市在区域经济发展中起到不可替代的带动作用②。他主张发展中国家应充分利用其有限的资本和资源优先发展具有发展潜力的优势产业，以它们的集聚为引擎和增长极，带动周边落后地区经济的发展，最终实现区域内全面的经济振兴③。

“金陵派文化都市圈”必须创造文化核心凝聚力，在都市圈的区域发展上应该有从“城市文化资本”意义上建构的城市空间再生产体系，即首先是“人文区位空间”的整合、发展、创新，其再生产是强调与文化创意产业的发展相适应，而不仅仅是与工业化和科技发展相适应，这也是人文经济学所需要思考的问题。其中，主要是伯吉斯“同心圆”理论的实践与再应用，在“同心圆”理论的生态结构变迁中创造不同的“综合结点”与“独立节点”，确立“金陵派文化都市圈”差序格局关系结构。“综合结点”就是以城镇和各种类型的经济开发区和高新技术产业园区为中心，形成科技与文化集聚的综合效应，并能成为新的经济与文化增长极。“独立节点”一般是特色产业集聚的

---

① 弗里德曼的“中心边缘理论”将区域发展过程分为四个阶段：工业化过程以前资源配置时期，核心边缘阶段时期，经济活动向边缘部分地域扩散时期，空间经济一体化时期。他认为在第三阶段中，人口和经济活动过度地集中于少数主导的大城市，引起集聚成本提高，土地费用上涨，极化增长赖以存在的规模收益递增转向它的反面，市场机制会自动引导经济向扩展效应倾斜。弗里德曼还较为深刻地刻画了中心—边缘结构模式，从一般意义上把它分解为四个部分：核心增长区，向上转移地带，向下转移地带，资源边际区。参见：钟秀明，武雪萍.城市化之动力［M］.北京：中国经济出版社，2006：35.

② 赫希曼在1958年出版的《经济发展战略》（*The strategy of Economic Development*）一书中认为，增长在区际间不均衡现象是不可避免的，核心区的发展会通过“涓滴效应”在某种程度上带动外围区发展，但同时，劳动力和资本从外围区流入核心区，加强核心区的发展，又起着扩大利益差距的作用，“极化效应”起支配作用。赫希曼同样认为，要缩小区域差距，必须加强政府干预，支持发展某些私人资本不愿意投资的薄弱部门，从而加强对欠发达区域的援助和扶持。参见：［美］艾伯特·赫希曼.经济发展战略［M］.曹征海，潘照东，译.北京：经济科学出版社，1991：169-170.

③ 赫希曼强调不平衡增长，目的是要实现更高层次和更高水平的平衡增长，通过“不平衡增长”的手段，实现“平衡增长”的目的。

郊区、街道和特色产业村镇，而且在网络社会的前提下，也可以参与全球的经济与文化产业分工。当然也可以看到，“结点”与“节点”目前在网络科技的影响下，都可以成为全球化的居住与产业发展空间，如淘宝村、淘宝镇和个人都可以成为某一产业新的增长点，所以在“金陵派文化都市圈”区域空间内可以规划多样化的特色“综合独立节点”单位，包括某种形式的“最小单位”，等同于城市多核心、生活多核心、产业多核心等概念的应用，在区位理论中表现为“中心地”“市场”“增长极”等概念，这也是“反边地中心理论”的实践样板。

“金陵派文化都市圈”的“全面依赖关系”，就是要形成广泛的充分就业网络与“产业网链”，创造智慧与智识创新实力的网络社会，最终表现为一种特定的空间网状结构，由点、线、面、轴等各种城乡空间关系交织在一起，成为整体的、联动的、流通的网状地区空间合理结构体系。宁镇扬都市圈一体化网状结构的意义还在于，可以打破大城市中心区过度集中化的倾向，同时避免过度城市化的“摊饼式”和城市街道空间的浪费，合理利用空间有效机能，以可持续的方法实现都市圈范围内的生态空间“留白”。都市圈网状结构具有智能性和可复制的空间价值，只有在合理的网状结构中，人群的流动和信息流动才能够得到高速准确的传递和表达，基于城市空间点、线、面和立体空间结构的信息传递，再结合网状构造之后会使相关信息量能够以几何式的数量翻倍，这种传递速度和方式能够体现在都市圈经济、社会等各个方面的“都市圈智慧”模式，是城市群发展到一定高级阶段之后才会体现出来的空间再生产的独立价值。“金陵派文化都市圈”的网状圈层结构要进行融合创新，每个都市圈都是由多座城市组成，它们分布在不同的地理区位，并在政治、经济、社会、文化和自然地理空间等方面存在一定的差异，因此可以根据一定的标准将这些圈内城市划分为不同的等级圈层，围绕着都市圈的核心发挥不同的功能与作用。

“金陵派文化都市圈”“一极三中心”以及多节点网状结构空间体系，构成“独立综合结点”城镇群体结构繁体，创造真正跨江融合发展的“宁镇扬一体化都市圈”。都市圈格局的特点之一就是，对其中心城市的首位度和引领能力提出更高的要求，使“该集中的功能更加集中”，尤其是在地方管理权力要创造企业快速生产的土壤方面，实现南京能够在长三角城市群“四个发展极”中起到优势、强势“发展极”的功能与作用。

长三角四极之一的南京，要强化创造与合肥形成共生、协调、互补的“双核组团城市”关系，在互相合作式的竞争中提出双方可以共同提升省会的城市价值——“宁合都市圈”的建设，其策略是：一是“固本强基”——提高中心性城市的首位度，参照世界级“全球城市”体系来规划设计，创造性形成中心放射状的发展模式，创造外围多组团中心性独立综合城市，构建都市圈外围的“人文区位核”；二是“固魂强文”——文化是发展的灵魂，不仅仅是创造性地提出了“金陵派文化”的发展问题，关键是宁镇扬文化都市圈要建立多个人文经济聚集点，并以“拼贴城市”理论意义上的城市组团区块模式，创造最为集中、发达、高效的核心城市地区，每一个片区都可以拥有一至多个“人文区位核”，其体量可大可小，具体作用相当于城市的中心商务区和多功能的文化“硅巷型”商圈；三是“固网强智”——城市经济与文化要“一张网”管理，要创造中心商务集中服务和文旅融合区域的空间[①]，建构国际重要的区域国际商务和会展中心，促进数字文化产业、新能源和智能机器人产业等新兴产业的高端发展，通过高聚集创造“宁合都市圈的新势能”。强化都市圈的组合战略，南京都市圈国际化发展的动力是来自国家经济战略和国际市场引力的双重推力，那么在地域层面，来自广域范围内的地域合作、地域集聚和地域空间融合则是“宁合都市圈”自身发展的“内因发力”，是城市格局扩大化、地域联合紧密化、都市圈实力扩大化和空间布局合理化的内生需求。南京都市圈与合肥都市圈紧密相连，是中国距离最近、交往最密切的两个省会城市，这里将最终形成以南京、合肥两座大城市组成的“宁合双核都市圈”，两大都市圈最终将相互重叠在一起，形成双核心带动下的更大范围内的城市圈组合形态。不管这样的区域格局最终是否能够实现，“宁合都市圈”的跨省域特点已经开始形成。南京在向西的城市体系中扩展，并能够处在经济、产业、文化、技术等方面领头城市的“首位地位”，对长三角城市一体化的发展具有积极作用，也是南京从有为到有位的发展入径。

“南京为中国古都，在北京之前，其位置乃在一美善之地区。其地有高山、有深水、有平原，此三种天工，钟毓一处，在世界中之大都市诚难觅此佳境也。而又恰居长江下游两岸最丰富区域之中心……南京将来之发达，未可限量也。”[②]强化特色定位，出奇制胜，以特制胜，以文制胜。如前述，将金融文化与“城市文化资本”再生产结合，发展自然创造特色优势。古语有云：“事物之独胜处曰特色，言其特别出色也。”[③]而作为由城市多年发展历史积累和沉淀而来的特质聚集而成的特色竞争力，既包含了时间的脉络，即城市的历史沿袭和现实状况，也囊括了空间的结构，即城市的地理位置和周边关联；既有硬性的指数，如人均可支配收入、固定资产投资等，也有软性的标准，如南京、镇江和扬州共同构成的“金陵派文化”等。城市特色定位是差异化优势的构建，城市特色主要包括：城市产业特色、城市建筑特色、城市景观特色、城市环境特色、城市资源特色、城市形态特色、城市历史人文特色、城市空间特色等方面[④]。首先可以借鉴幸福城市的评选标准，例如自然

---

① 张鸿雁.江苏省城市现代化研究基地：推进宁镇扬同城化建设的创新思路与建议——江苏省决策咨询研究基础成果报告提要（二十一）[J].决策参阅，2016.

② 孙中山.建国方略[M].牧之，方新，守义，选注.沈阳：辽宁人民出版社，1994：145-146.

③ 张弢，等.发展县域经济新思维[M].合肥：合肥工业大学出版社，2006：208.

④ 张鸿雁，张登国.城市定位论——城市社会学理论视野下的可持续发展战略[M].南京：东南大学出版社，2008：177.

环境、交通状况、经济发展状况、医疗卫生与教育水平、生活便利性等指标，都与个人的幸福感程度存在密切关系。人文经济和中华文化民族新文明的文化核心就是共同富裕，国内外众多都市圈的发展经验表明，都市圈虽然是由多个分布比较密集的城市构成，且相互之间存在着分工与合作的紧密关系，但是各大都市圈都有一座或多座城市化水平较高、经济发达，并且具有相对完善功能的城市作为都市圈的中心城市，中心城市是都市圈形成的前提和先决条件。城市的服务功能涉及民众生活的方方面面，例如城市的街道整治与管理、饮用水安全、社会福利机构的建设与使用、公共休闲场所的建设与利用、交通路线的建设与管理、医疗卫生与教育机构的建设等。与此同时，城市的服务功能也包含诸如金融服务、物流服务、科技研发、人才成长服务、教育服务和创新发展服务等方面的内容①，而城市的这些基本服务功能，都是与城市的中心性价值有关——创造充分就业。

重构“金陵派文化都市圈”的地域文化性格，共建共赢创造一个跨行政区的文化共同体，就是创造一种“金陵派文化”模式，使每座城市在其长期发展中都形成一种特有的“文化模式”，而这种模式是一种文化惯性使然，通过创新不断发展，形成一种具有地域特点的历史传承意义的城市文化模式。与之相适应的还有经济模式与政治模式，而在这种模式之上的是一种城市哲学——城市精神创造思想文化模式，而思想文化模式会直接影响到城市发展创新的原理、结构和可持续性。“模式”这一概念拥有系统的哲学意涵，它来源于英文单词Pattern，也被翻译成为“范式”。最早提出“范式”一词的是美国著名科学史家、科学哲学家托马斯·库恩（Thomas Samuel Kuhn）。他认为：“科学理论不是能被经验证实或证伪的个别命题的集合，而是由许多相互联系、彼此影响的命题和原理组成的系统整体。这一系统整体被称作范式，它是某一科学共同体在长期的探索、教育和训练中形成的共同信念。这种信念规定了他们共同的理论观点和研究思路，为他们提供了考察问题和解决问题的共同方法，从而形成该学科的一种共同传统，并为其发展确定了共同方向。”②库恩由此提出“范式理论”，并把范式作为科学研究的核心概念。他解释道：“按既定的用法，范式就是一种公认的模型或模式……我采用这个术语是想说明，在科学实际活动中某些被公认的范例——包括定律、理论、应用以及仪器设备统统在内的范例——为某种科学研究传统的出现提供了

---

① 倪鹏飞. 中国城市竞争力报告NO.1：让中国城市沸腾（2003）[R]. 北京：社会科学文献出版社，2003；谷永芬，宋胜洲，洪娟，等. 大都市圈生产性服务业——以长三角为例[M]. 北京：经济管理出版社，2008：33.

② Thomas S. Kuhn. The Structure of Scientific Revolutions. Chicago：The University of Chicago Press，1996：10.

模型。”[①]库恩认为，范式就是“公认的模式”，概括他对范式的定义，主要包括以下几个要素：第一，范式在一定程度内具有公认性；第二，范式是一个总结而成的整体，具有研究纲领的性质；第三，范式具有可模仿性。“模式”的科学哲学意涵更加注重其方法论和信念意义，从数学统计的视角来分析“模式”，它具有严谨的模型建构特点。《史学理论大辞典》[②]中对“模式”的定义偏向这一层面，更加注重模式的模型建构：“模式是以记号、画面（如图表、曲线）、方程或描绘为手段建立起来而合乎历史研究对象特征的表象”，这种表象是一种抽象化的工具，具有某种操作意义。这一定义解释道：“建立了模式，研究者就有可能说出一系列问题，做出各种假设，于是对于对象的描述就演进为对其进行分析和解释。”它注重模型的建构和检验，认为模式的建立实际上是经验考察与理论思考二者结合的产物，可以广泛运用于各个研究领域。更具有典型性的是《统计大辞典》[③]给出了具有数学性质的定义，认为模式是全局的逻辑结构，是数据分析的框架，它包含了数据的名称、特性、数据之间的相互关系等要素，具有很高的抽象程度和很强的可分析性。

城市发展模式是“模式”的又一运用。“城市发展模式”，即在城市的发展过程中，通过融合某种特有的驱动元素，经过长期的积淀或演化，以共有信念的方式主导城市发展方向，并贯穿城市发展过程的一种均衡路径的自我维持系统[④]。城市发展模式是城市发展规律的体现，具有一定的阶段性和借鉴性[⑤]。成熟的城市发展模式，注重共同信念，能够提供可模仿、可分析、可操作、可检验、可运用的方法，并重视模式内部的元素关系。城市发展模式的内涵清晰明了，外延也就有了相应的分类。不同领域和学科对“文化模式（Cultural Pattern）”与模式理论创新的理解是不同的。不同的社会形态本身就是不同的“文化模式”。C. 威斯勒创造性地提出了文化模式的概念[⑥]，并提出了文化的普遍模式和特殊模式范畴，正如前文所述，其概念涵盖的范围极广。不同的社会发展阶段，不同的社会领域，都可能在实践中总结出不同的模式。概括地说，模式广泛运用于以下四个大

---

① Thomas S. Kuhn. The Structure of Scientific Revolutions. Chicago：The University of Chicago Press，1996：23.

② 蒋大椿，陈启能. 史学理论大辞典［M］. 合肥：安徽教育出版社，2000：1185.

③ 郑家亨. 统计大辞典［M］. 北京：中国统计出版社，1995：1094-1095.

④ 关于“城市发展模式”的概念，在学术界上并没有明确的界定，研究比较多的是“城市化发展模式”，但是“城市发展模式”和“城市化发展模式”是两个不同的概念。这里，我们所使用的对于“城市发展模式”的概念的界定来源于：冯伟. 城市发展模式研究：以我国副省级城市为例［J］. 产经评论，2010（4）：112.

⑤ 冯伟. 城市发展模式研究：以我国副省级城市为例［J］. 产经评论，2010（4）：112.

⑥ ［美］克拉克·威斯勒. 人与文化［M］. 钱尚南，傅志强，译. 北京：商务印书馆，2004：69-71.

类，我们将通过研究这些模式的要素和经验，对“模式”的理论发展有一个更好的理解。“文化模式”是社会学与文化人类学研究的重要课题。它是分析群体心理的工具，是连接心理与文化的桥梁。在本尼迪克特那里，文化模式是相对于个体行为来说的，在其《文化模式》一书中系统地研究了文化模式的概念。她分析了文化习俗的产生、文化的差异与整合、文化与社会的关系、文化与个人的关系等。书中，她大量运用了三个部落的田野调查资料，通过比较，阐释了不同模式在各个行为领域里表现出来的不同价值取向和塑造的不同行为类型[①]。她认为是文化性而不是生物性塑造了地域性社会，是文化塑造了一定地域中的个人；各种文化都有自己的价值取向，有自己与所属社会相适的能力。对文化模式的分析，应该抱着一种相对主义的态度，发挥其优点，提倡文化间的相互交流与理解。在特定文化模式的描述中，更应该注意的是一个民族的行为方式，还包括价值取向，经济、政治、社会交往等方面的模式系统。

所有的科学体系和发展都需要“模式”和模式的建构，有的自然形成，有的在文化自觉与自为中创造模式。因此，厘清“模式”就是厘清发展的思想和目标，在总结各自文化模式研究的基础上，我们认为“文化模式”的理论研究要注重以下四个维度：一是强调共同信念。共同信念是模式的基础重心，在模式的运用中必须构建聚合的众多要素和众多成员的精神支撑。二是注重建模。建模强调模式的方法论意义，它作为一种工具，是可建构、可分析、可检验的。任何一种模式，都可以用图像或抽象简洁的理论描述出来。三是注重元素关系。模式的内涵也包含众多元素，它们之间相互联系，具有一定的逻辑性。因此在共同信念的支撑下，在模式的建构过程中，应该梳理清楚模式内部元素的关系。四是强调类推的思维方式模式。不仅要重视信念和方法，同时也要注重思维方式和知识形式的建设和推广。如意大利哲学家阿甘本所说的“从特殊走向特殊”，它不仅是提供方法、可以模仿的模式，更是一种从实际出发，具有自我更新能力、自我生长能力的发展思维。只有深入地域的模式，才是最富有生命力的。

对传统城市文化发展模式及主流理论的批判以及“金陵派文化”模式的建构，是一种创新型的探索，也是一种在创新城市规划时，创造出的一种“城市文化模式”，这是从更高的意义上创造、建构“城市价值”[②]。

---

① ［美］露丝·本尼迪克.文化模式［M］.王炜，等译.北京：生活·读书·新知三联书店，1988：4.

② ［英］格雷姆·埃文斯.文化规划：一种城市复兴？［M］.李健盛，译.北京：北京师范大学出版社，2022：23.

城市更新与更替："1.保存（preservation）：保持对象的自然现状，不在它上面增添或减少任何东西；2.修复（restoration）：将对象恢复到其形态发展过程的某种早期阶段的物质状态；3.翻新（保护和调整）（refurbishment）：对建筑的实际状态实施改善以保证其结构和空间的正常使用；4.重新组建（reconstitution）：在原址或新址以原有构件将一座建筑一点点地重新装配起来；5.转化（适用性再利用）（adaptive use）：赋予一座建筑以一种新的功能；6.重建（reconstruction）：在原址上重建已消失的建筑；7.复制（replication）：建造一座已有建筑的精确复制品。"①

——史蒂文·蒂耶斯德尔，蒂姆·希思，塔内尔·厄奇

---

① ［英］史蒂文·蒂耶斯德尔，蒂姆·希思，［土］塔内尔·厄奇.城市历史街区的复兴［M］.张玫英，董卫，译.北京：中国建筑工业出版社，2006：171.

第二十七章
城市更新美学——大城市中心区的衰落与复兴①

城市更新与更替是城市再现代化的一种方式，看上去是城市物化空间的一种变革，而实质上则是人类居住文化的一种进化型变革，而且这种变革——城市更新与更替会永远伴随人类城市生活方式变革与城市同存而成为一种永恒，或曰：城市存在，就会有城市更新的存在，从发生到发展再到衰落和重生是所有事物所必须经历的过程，是一种自然法则。城市的街区、建筑、景观也会在时间的流逝中衰落变老、变旧——那些老街、老房子就是这一过程的时间切面……城市更新就是赋予这些“老化”的和正在“变老”的空间新的生命、新的文化和新的灵魂与地点精神。在现实的城市建设中，城市更新往往存在“权力与资本干预”过度的问题，导致出现很多以城市更新为名，实则是急功近利的房地产开发项目等，以某个项目开发的形式进行城市更新本无可厚非，因为所有的城市更新都需要有资本的投入，但是，如果单纯地以房地产开发为目的进行城市更新，过度追求经济利益，这种城市更新往往会造成某种“建设性破坏”。城市是一个动态体，自产生的那天起，就从来没有停止过流动、运动和变迁。人在流动，物在流动，信息在流动，货币在流动，新的街区在生成，旧的街区在老化……无时无刻不在吐故纳新。从空间社会学的意义上来看，城市的更新与接替是永恒的，只是不同时空流动的方式、形式、规模有差异。人们对“城市更新”已经赋予了很多种定义，但从空间再生产理论上的定义是很明确的——城市更新是空间再生产的重要形式和内容。而笔者认为的城市更新是：将城市中已经不适应现代化城市社会生活的地区、地段进行必要的、有计划的改建，以维护、整建、拆除等方式，使城市土地得以经济、合理地再利用，从而强化城市功能，提高生活品质，促进城市健全发展。城市更新是一座城市从现代化到再现代化的过程，是一个

① 本章是笔者主持的南京市熙南里、南捕厅等历史街区、历史地段的策划和规划项目文本的一部分，笔者和团队跟踪研究多年，有些内容是我们研究团队的创新性想法、创意性策划和建议。

城市高质量发展的过程，也是创造使人民舒适就业创业空间和机会的过程。

一、原生态街区文化再造：矛盾空间人格化嵌入

“发展壮大城市群和都市圈，实施城市更新行动，完善住房市场体系和住房保障体系，提升城镇化发展质量。”[①]这是“城市更新”这个概念，首次写入“十四五”中国政府工作报告中，这意味着中国已经到了必须解决城市更新与城市再现代化关系发展问题的新阶段。城市化和城市现代化的高速发展，使城市化率快速提升，导致城市人口增多。在改革开放的40多年里，已经有7亿左右的农业人口走进城市，很多城市的基础设施、服务功能的不完善性日益凸显，特别是在那些大城市和特大城市中这种问题更为突出，因此，城市内部需要不断更新改造，来满足城市人口的生产生活需求。同时，科学技术的不断发展、日渐发达的交通路网和私家车交通方式的普及，改变了人们的工作方式、交通方式和就业方式，也迫使原有的城市空间格局得以改变——城市半径变大了，空间框架拉开了，城市越来越国际化了，各具新功能的新城区出现了，城市在“被迫”处于日新月异的更替之中，变化成了常态，而更新也成为城市进化的表征。同时，人民对城市社会生活高品质要求的日益提升，以及政府主导下的城乡高质量发展要求，使得城市更新与更替迫在眉睫。从世界一线大城市——全球城市的再现代化发展规律来看，城市更新与更替是一种“现代性”意义的创新与创造，也应该是城市再现代化和后现代化的美学场景再造过程，否则，有些城市更新项目就是“狗尾续貂”，也破坏了城市原有的美学意义。从理论上认识，城市更新是城市空间再生产的一种创新、永续的过程，而且也是医治“城市病”的必然选择之一，与“城市高质量发展”的目标互为表里，即让城市更宜居、更宜业、更生态、更美丽。与世界上很多国家的城市发展历程类似，在经历了最初无序的工业化、以投资驱动和增量发展为主的城市化发展阶段后，中国城市便进入了以转型为发展思路，以存量资源为载体的发展阶段。在以内涵提升为核心的存量乃至减量的空间规划新常态下，城市更新更加注重城市内涵发展、城市空间优化发展，更加强调以人为本，强调人民城市为人民，更加重视人居环境的改善和城市活力与品质的提升。

从美学价值与城市更新结合的角度来看，利用以下三点是值得注意的：其一，城市更新不是

---

① 王瑞芳. 两会政府报告解读｜于今：“城市更新”首次写入总理政府工作报告意义重大［N］. 中国青年报，2021-03-08.

消除、替代传统空间而重建新的空间，而是一种内在空间场景的蜕变与进化过程，空间文化内核与场所精神的保持和创新，同时赋予空间以新的时代美学价值和时代的文化灵魂，是后现代意义上的空间再生产创新；其二，赋予人、时间和空间三维一体的空间艺术美学，包括空间再生产的艺术哲学价值与自由思想的文化价值，进而转化为“城市文化资本”所建构的城市气质；其三，城市更新应该表现为城市“有机更新进化”的全过程，既要有历史过程的完整性和时间切面的艺术性，又要有不同时代的空间文化、空间结构及景观的时间结晶，并与城市发展创新的内容有焦点聚合，强调“原生态空间”的价值创新，还要有历史岁月的印痕、风貌和根脉的延续，更要有超越时空的历史价值。城市更新与城市美学创新的结合，应是这个时代城市发展的关键问题之一。

城市从诞生的那一天起，城市更新就已经成为城市发展的永恒主题。特别是在第二次世界大战之后，全球开始进入城市社会，很多国家大都市的中心区都出现了衰败和没落的景象。为了防止这种衰败和没落，一些城市开展了大规模的城市更新和“城市造美”运动，用以焕发城市发展的新活力。特别要注意的是，城市更新是以土地及占有土地的空间转移和再生产为主体内容的，必然有权力与资本介入，在城市更新的过程中造成了很多意想不到的结果：过度商业化使某些城市更新变成了新房地产开发项目；有些所谓的“城市更新”是对一些历史街区、历史地段的建筑实施大规模的推倒重建，甚至使某些历史文化荡然无存；有些虽然号称是“城市更新”，但实际上既破坏了城市文脉传承，也破坏了街区空间肌理的原生性和完整性：更有甚者，某些城市盲目地进行城市更新，不懂得城市更新的原理，则出现了两种结果，一种是只有单纯的保护而没有传承和发展创新，另一种是只有商业开发而没有保护，造成历史性的巨大损失。回望历史，我们不仅要深刻反思以往城市更新的做法和问题，还要把空间再生产意义上的城市更新的创新放到提升城市品质、城市美学气质和创造本土化城市空间特色的高度上来认识，并且要创造一系列符合中国城市现代化发展的城市更新理论和方法，以保证中国的城市化和城市现代化能够健康地高质量发展。

具体来说，如何做好城市更新？应该说这是一个永恒的命题，每个城市更新项目都有新的问题，需要新的思考和新的对策。同时城市更新是一座城市可持续发展的伟大工程，既要挖掘存量，如通过改造老厂区、旧厂房和老旧社区进行城市更新，并赋予其新功能与新使命，又要让城乡空间更具中国文化底蕴的人文价值，如城市空间的艺术性美化、城市空间的多元化创新再生产、城市空间的居艺美学等，而且必须构建符合国际化标准和城市社会高质量发展要求的城市新空间。需要说明的是，本章所研究的不是普遍意义上的城市更新问题，而是大城市中心区的城市更新与城市更新美学建构的问题，重点是以古都型大城市中心的历史地段作为研究对象，强调大城市中心区的经济价值、文化价值、美学价值和社会心理意义的文化价值创新。“一般的中心性（centrality）和特殊的城市中心性，并不是一个很简单的问题，它充斥于空间问题的各个方面。中心性与精神空间。”[①]城市更新在表象上是物化的环境空间更新，其核心是强调城市文化的更新和社会的更新，不仅需要创造有吸引力的城市空间使城市更宜居、更有美学价值，而且还需要让居住在这里的人能够充分就业和创业，成为城市经济与文化持续发展的新增长点，通过历史文化传承与发展来重构大城市中心区空间的吸引力，让衰败的大城市中心重新崛起[②]。作为大城市和古都中心性的区位具有特殊的“中心性效应”，不仅是城市文化特色的集中展示地，又是伯吉斯“同心圆理论”所强调的——城市中多数人在生态上和心理上的中心位置和最短距离，具有“生活心理中心”的意义。城市中心性的区位还具有生活方式的指向性、时尚引导性和市民文化心理的消费依赖性。大古都城市传统的中心区位，对于一座城市来说还具有历史性、高价值性、文化中心性、地点身份性、民俗文化地方性、老建筑文化的怀旧性等等“城市文化资本”的价值属性，在民风民俗、城市文化传说、原住民生活特质等方面都具有属于这座城市特殊的总体性象征性意义。一个外地人也包括本地人，初识一座新的城市，最想知道的就是这座城市的中心在哪？这里有许许多多的想象和可能！可能是最繁华的地方，可能是最有地方风味的地方，也可能是消费与居住最高档的地方等等，所有的人都会对城市中心区寄予无限的希望，城市中心区位，往往是这座城市历史的起点……

为什么要把古都型城市中心区历史地段作为城市更新的案例来研究呢？简言之，主要是因为大城市中心区的城市更新难点集中，如各方矛盾交叉多、历史问题积压多、产权复杂纠纷多……在理论和实践及操作上，最具有社会问题交织的典型性和挑战性，所以要严格把握城市更新的精准性原则：一是要精准保护历史建筑与文脉；二是要精准高质量建设与创造性发展；三是要精准创造就业和消费环境以求社区要素健全；四是要精准地保证历史地段内原住民的生活方式和生活质量；五是要精准地解决各种遗留问题包括产权关系问题；六是要精准地复原自然生态和文化生态空间要素；七是要精准地把握历史地段的空间风貌和建筑风格及空间轮廓，并保证这种风格的有机延续性等等。因此，本章仍然使用我们创造的一些新理论、新概念和新方法来指导城市更新与美学的研究，

---

① ［法］亨利·列斐伏尔. 空间的生产［M］. 刘怀玉，译. 北京：商务印书馆，2021：488.

② Hans Kjetil Lysgård. The definition of culture in culture-based urban development strategies: antagonisms in the construction of a culture-based development discourse［J］. International Journal of Cultural Policy，2013（02）：182-200.

如以“循环型城市社会理论”①“城市定位理论”②“有机城市更新理论”“城市文化资本”理论③等为指导，综合研究和思考古都型城市中心区的更新与创新，并以南京老城南南捕厅历史地段及周边区域的城市更新为主要研究对象，提出文化历史地段的总体定位、城市更新的创新方法、未来发展方向与具体更新及微更新策略等。城市更新要从宏观、中观到微观的整合打通建构，亨利·列斐伏尔说：“它与另外一种对空间层次的分析相类似，这种分析不是分离了而是分辨了‘微观’层面（建筑，居住与住宅，邻里）、‘中间’层面（城市，城镇规划，城乡分离），以及‘宏观’层面（空间战略，城乡规划，以及国家、全球或世界视野下的土地）。”④因此，既关注历史建筑的文化传承，又关注居民的生活方式的保持；既关注城市经济与文化的发展，又关注邻里关系与社区的再造；既关注老建筑立面的恢复和出新，又关注新建筑外观立面的历史文化感知；既关注街区上商业业态与空间艺术的耦合性，又关注物化的文化与非物质文化的再创造；既关注新中式主义现实的塑造，又关注江南文化的传承和发扬——更要关注如何塑造一种与古都中心区历史、生活方式的原生性和现代性的结合。通过南京老城南区域的有机更新，我们创造了一个具有创新文化意义的概念，并以此为主张，在南京策划、规划和设计了“江南七十二坊”的概念设计与定位，力求打造具有中国传统文化和江南文化底色的“城市慢生活方式”文化空间，创造南京的与“三坊七巷”相似的社会文化生活氛围，实现产业、就业、工作、人文、历史、社区、邻里、情感、生活、精神和江南文化等要素能够有机融合的生活方式空间，创造结构紧凑、生活多样、绿色生态、主客共享、网络智慧、精准保护的后现代历史文化地段，其中，表现出现代“和谐城市”的五种特质：“凝聚、循环、韧性、社区和同情。”⑤

大城市中心区的城市更新与城市文艺复兴是世界性的难题，全球各国大城市都面临有同样的问题。总结世界上现存的城市化模式和城市发展战略，一般可分为：一是以大城市群发展为主体的模式，二是以大城市为区域核的发展模式，三是以大城市和中小城市两条道路的平衡发展模式，四是以中小城市发展为主的发展模式，五是以城乡二元结构分异为主的发展模式，六是以城乡一体化为主导的发展模式，七是以城市整体现代化为主的发展模式，八是以后现代城市社会深度发展为主的

---

① 张鸿雁，等. 循环型城市社会发展模式——城市可持续创新战略［M］. 南京：东南大学出版社，2007：1.

② 张鸿雁. 城市定位论：城市社会学理论视野下的可持续发展［M］. 南京：东南大学出版社，2008：16.

③ 张鸿雁. 城市文化资本论［M］. 南京：东南大学出版社，2010：3.

④ ［法］亨利·列斐伏尔. 空间的生产［M］. 刘怀玉，译. 北京：商务印书馆，2021：571.

⑤ ［美］乔纳森·罗斯. 什么造就了城市［M］. 谢幕娟，译. 北京：时代华文书局，2021：20-22.

模式[①]。中国城市化现行的发展模式是以都市圈、城市群、大城市为主体，大中小城市差序化格局全面发展的新模式，这其中“大城市为主”的政策和概念表达说明，从全球视野出发，中国大城市和都市圈的发展不仅走在了世界前列，而且速度空前并还在迅猛扩张。面对以大城市发展为主体的城市化，必然会出现城市更新规模化的发展，由此会相对集中地产生较多的各种社会问题。雅各布斯在《美国大城市的死与生》一书中，专门提出了大城市的发展问题，在我们的研究成果中，也对大城市的发展问题做出了自己的回答。如果从人类城市进化论和社会变迁，及从城市文明形态、国家总人口发展趋势、地理环境演变以及城市生活方式的提升等多重视角来分析，这一问题更易形成统一的认识，即中国应该走以大城市为主体的城市化发展道路，同时要使大中小城市（镇）网状结构并存，这是由中国特殊国情所决定的[②]。我们在以中国大都市之一——南京的南捕厅历史地段作为研究样本时，采用文献研究、文脉梳理、实地考察访谈、规划设计与业态赢利模式结合等全过程多样化、多层次的研究方法，研究大城市中心区更新与更替过程中的矛盾与冲突、主客体博弈和城市更替过程中的“城市文化资本”再生产等，通过创意、策划、研究、规划、设计等系统集成服务来创造城市历史街区的重生。

通过创意、策划、规划和设计，我们力图打造以江南文化为文化内核和底色的“都市慢文化空间”与“都市慢生活方式”，从而创造“金陵派文化”风格的城市更新，并创造新的城市中心区生活方式。美国学者罗伯特·J.桑普森在《伟大的美国城市》一书中说：“最近芝加哥和纽约的‘旧城更新’总结出‘无数的邻里正发生天翻地覆的变化’。但是如果我们高屋建瓴地审视所有邻里，而不选择变化本身的话，引发本书关注的各种因素又将怎样呢？迎来了一系列全新社会动荡的21世纪的第一个10年又会怎样？”[③]城市作为人类最伟大的艺术作品[④]，是人类的发展中心和主要动力，是地域生产力构成的集中表现，应该是一个理想的、可以实现的生活方式空间。城市，特别是大城市在左右着人类社会发展的进程，城市作为人类文化的容器[⑤]，积累、保存、传承人类文化的精

---

① 张鸿雁.城市化理论重构与城市化战略研究［M］.北京：经济科学出版社，2012：295.

② 张鸿雁，邵颖萍.中国大城市的死与生——论中国大城市的发展模式［J］.中国名城，2012（12）：10-16.

③ ［美］罗伯特·J.桑普森.伟大的美国城市［M］.陈广渝，梁玉成，译.北京：社会科学文献出版社，2018：91.

④ ［美］刘易斯·芒福德.城市文化［M］.宋俊岭，周鸣浩，李翔宁，译.北京：中国建筑工业出版社，2009：xvii.

⑤ ［美］刘易斯·芒福德.城市发展史——起源、演变和前景［M］.宋俊岭，倪文彦，译.北京：中国建筑工业出版社，2004:14-16.

华，大城市的中心地带更具有城市的集体记忆性和强烈的“城市精神的表达性”。从文化地理学对空间认识的角度上看，南捕厅区域属于南京的“老城南”——金陵没落贵族文化与市井烟火气相融合的历史人文风情社区，是孕育和创造南京地方特色文化的重要区域之一，也是南京人的社会、文化、生活在心理上具有高度文化认同感的地方，是“老南京”“老地方”“老城南”……对于“老南京人”来说是一个具有特殊情愫的文化心理符号。

在我们的研究中，一直提倡本土化城市形态的民族性与世界城市性的对话——并要创造新中式主义城市形态的新主张[①]。一座伟大的城市一定有独特的历史文化和城市空间肌理，也是一个让人留下永恒记忆的地方[②]。这些记忆正是城市文化与历史地段文化要素的时空组合。南京南捕厅地段的空间景观文化元素，主要包括区域内的明清古建筑、院落型格局空间、老地名街巷空间、特殊性建筑空间肌理、民风民俗以及部分文物遗存，组合而成的文化景观意象构成了一组长长的历史、民俗“文化丛”，在物化的历史文化遗存之间缭绕的，是关于“老城南”地区的生活传说、市井民俗、家长里短、你来我往的生活日常构成的“城南旧事”，是典型的城市型“首属群体”的邻里生活方式，是附着于南捕厅街区文化空间并代表南京人文化行为方式的一种象征，又是典型的“里坊生活”，或者说是属于“金陵派文化”的“街坊生活”，可以说，这是一种城市里的“熟人社会”。这样的中式主义城市空间文化不仅表现在建筑与街巷之间，更表现在由这些硬质景观所富含的文化元素所象征的文化意象方面，是一种中式主义的风格、一种传统民族的文化腔调、一种江南人生活的底色，具有秦淮人家的“城市语言”。故而我们说，南京南捕厅拥有的不仅是传统建筑空间、街巷肌理、地名意蕴，而且是唤起人们心中对于传统中国都市生活的怀旧与“城愁”……

全球城市化和城市现代化的竞争，使得各国的城市都在努力改变自身的城市形象、经济构成和城市的核心竞争力，通过城市更新与更替，创造后现代意义上的“城市文艺复兴”，实现从工业城市向“文化之都”的转变，如伦敦、巴黎、东京、纽约和新加坡等[③]，都是通过依赖构建城市国际化的良好城市形象来参与全球竞争的。南京是一座正在全力融入全球化的大都市，应该直面并对标沙森教授提出的“全球城市”指标体系，面对全球化，南京必须创造“全球城市标准”的“世界文化身份”识别符号，这是城市更新的重要目的之一。南京南捕厅区域空间的再生产，具有深刻的社会

---

① 张鸿雁.城市化理论重构与城市化战略研究［M］.北京：经济科学出版社，2012：331.

② 张鸿雁.再论中国大城市死与生——新型城镇化语境下大城市的发展与创新［J］.中国名城，2014（01）：4-12.

③ Evans Graeme. Cultural Planning: An Urban Renaissance?［M］. Oxford: Taylor and Francis，2002：1-5.

生活空间向“空间再生产”的结构性转型意义，在都市功能区的表现上，南京南捕厅作为城市中心区的“城市客厅”，既是“抽象的社会空间”，也是“实体化的城市中央空间”，应该朝着城市现代性的价值提升方面进行全面形塑：一方面要创造南京良好的国际城市形象和文化识别度，创造具有全球化意义的文化识别符号和独立IP，从而使南京能够创造具有地方性和国际性的经济与文化双重价值，而南京中心区的空间应该完全具有“城市文化客厅”的功能；另一方面要创造城市多中心的国际化文化圈与国际商贸文化价值高地，而南京南捕厅历史地段更新后的定位一定是“金陵派文化”的价值高地，将会成为一个具有高端文化消费、国际高端商务活动和国际创意群体集聚办公之地。亦如西方发达国家经历的那样，创意阶层、“创客”阶层的新崛起，并使其回归到城市中心区居住和创业，这样的新阶层所形成的新就业群体，必然会与新的生活方式、新的生活品位空间相联系，引导城市生活方式和文化崇尚新格调[①]。另外，还可以创造传统街区空间的现代商务新功能，可以学习威尼斯的圣马克广场文化——传统历史保护空间里经典的现代商业文化和奢侈品文化。以南捕厅历史街区这一中国古典式空间，创造新型的国际时尚商务、新中式办公场所、新业态的消费空间，创造具有国际化商贸特色的中心区、有地方文化传统特色和外向型程度高的都市中央商务休闲消费区。南京南捕厅这样的街区空间，可创造新的文化艺术空间概念，集江南文化传统、艺术文化、商业文化之大成，在老城南文化记忆永固的前提下，注入江南美学文化元素，创造南京老城南与江南文化融合的特色文化空间——一种能够使各种创新文化有机相容的“文化场域”。

自近代工业化以来，几乎在全世界范围内的城市中都经历了都市中心区的兴衰过程，可谓是潮起潮落的几番轮回。从南京南捕厅的具体空间结构分析，其中式明清建筑空间容积率较低，特别是在1949年以后，由于各单位对于城市内部空间无序的竞争与“抢占”，很多建筑成为各个国营单位和私人的房产，加之1976年后大量知青返城，在街区内无序地乱搭乱建，使南捕厅区域的居住空间涌入了大量新住户，在原有建筑空间的基础上，大量的违章搭建填满了整个街区，出现了前所未有的空间衰败，其中表现形式存在的问题有：一是形成了极其恶劣的生活环境；二是高密度的居住人口；三是生活设施的不配套，大部分老居民仍然保持着某种“原始的生活方式”，甚至表现为“底层社会”的生活样态。另外，在城市化的发展中，本区域的拆迁、重建，增加了安置成本，形成显性化的矛盾。这一旧有空间的衰败与复兴的过程所引出的城市更新，具有城市化和城市现代化发展与老城区改造发生矛盾冲突的案例典型性，可以作为大城市中心区位以及老城区衰败与重生研究的样板。

① 张鸿雁.城市文化资本论[M].南京：东南大学出版社，2010：64-65.

20世纪50年代以来，大量违章建筑和不合理的空间搭造，不仅改变了历史建筑空间风貌，也改变了原先的建筑肌理与街巷布局，同时，作为历史风貌街区，南捕厅正因为具有历史地段的价值，在保护性开发方面有各种各样的限制规定，保护、修复、开发的空间再生产与现实居民住房需求之间的矛盾非常突出，空间发展的主体与现实居住和商业化需求存在尖锐冲突。更重要的是，历史文化风貌区的保护性开发、街区肌理文化保护与空间的现代利用具有法律政策的敏感性，有些物业空间的产权关系不明确，由于历史上城市管理体制的原因，无法探明和探求南京南捕厅地段一些住户的合法权属来源，因此在政策性的搬迁和生活需求补偿方式有难度。片区开发的主题创新、原生文化的复兴以及传统街巷文化风情的表现，三者之间有着文化交织性的文化困境，在当下的住户中绝大部分不是历史民俗学文化意义上的原住民（原著民），并不能代表该地段的历史文化与生活记忆，他们也是作为“制度性”安排入住的群体，而并非具有自然历史延承关系的文化继承。这个地方在城市化进程中，由于新型的市政生活配套设施空间占有的大量增加，导致建设、改造成本升高而出现“投入不经济”的困境。更让人惊讶的是在原来破落的大院里还存在着高密度的居住模式，有的一户人家只占有几平方米的居住面积，而一些住户获取的地段赔偿面积和价值总额无法交换获得一个正常的居住空间，甚至有使之成为无房户的可能。当然，原住户既希望获取高额的赔偿，与又希望借原住民的名义获取本地安置的便利性之间的矛盾也比较难以解决等[①]。

在这样一个城市中心的老城地段，城市更新的目标之一，就在于要为南京塑造一个具有国际化、民族性、特色文化意义的城市客厅，同时兼具市井生活烟火气的生活空间，这样的城市才有温度，有个性，才能做到“城市如家”。美国学者乔纳林·罗斯在他的《什么造就了城市》一书中提出了“和谐城市的五种特质”，这一论述具有独创性，而且被理论界所接受。“和谐城市”的第一种特质是凝聚（coherence），他强调这和《平均律钢琴曲集》所体现的“城市需要一个框架来让不同的项目、部门和想法意愿实现融合统一”相一致。“和谐城市”的第二种特质是循环（circularity），就是要合理地流动、循环而不耗能，笔者曾经提出“循环型城市社会发展理论”，也是在这个意义上所讲的，最终使人类社会发展成为一个“循环型零耗能城市社会”。“和谐城市”的第三种特质是韧性（resilience），是指城市能够适应自然、回归自然，更宜居、更舒适，可避免各种天灾甚至人祸。“和谐城市”的第四种特质是社区（community），要形成和谐的社会网络和人际及邻里关系，这就需要有更好的“社区照顾体系”，从而形成一种社区如家的生活体系。

---

① Asaf Arch. Sustainable Urban Renewal: The Tel Aviv Dilemma [J]. Sustainability，2014，6（5）：2527–2537.

即“普遍的繁荣、安定、健康、教育、社会联系、集体效率以及公平的福利分配等良好的社会福祉”。“和谐城市”的第五种特质是同情（compassion），强调个人幸福和集体利益之间的平衡关系，当灾害来临之后，“恢复秩序的一个关键条件就是同情。它是个人和集体之间的纽带，让我们关注那些超越自我之上的东西，关心他人，是通向个人完整以及群体完整的大门。”[①]这五种城市特质，一定程度上说明了城市在现代社会中的意义，笔者所理解的是，一个好的历史街区的重生，也应该遵循城市的这五个特质，也可以把它视为某种原则。

斯宾格勒说过，“一切伟大的文化都是城市文化”，“但是真正的奇迹是一个城市的心灵的诞生”[②]。文化是城市发展的动力源，全球化加剧了城市竞争，文化策略俨然是现今城市生存的关键[③]。南京南捕厅历史街区的城市更新要以文化为引擎和动力，特别是在原生态文化的保留上，要注意三个层面的问题：一是现存的文物、古建筑等具有历史文化元素与价值的物化遗存；二是现存记载的与南京南捕厅区域相关的文化记忆；三是住户中零星流传下来或创作的非物质文化遗产。对于这三个层面的原生态文化，除去文本的文化记忆，无论是物化遗存还是非物质文化遗产，现状都已经处于逐步弥散状态，要深度挖掘、精准保护、精准规划和精准施策。人，如果没有记忆，就是苍白的，等于没有灵魂，是不可能有作为的；城市，如果也没有了记忆，城市必然会失去文化灵魂而没有积累、没有创新能力。丧失了城市记忆，自然就丧失了城市自己独有的文化特性，必然会降低城市的生存力和创造力……更重要的是失去了城市的记忆，在很大程度上就失去了民族文化认同的内有机制，这是民族文化的一种悲哀[④]。

城市记忆是可以穿越时空的文化价值符号，既拥有过去，也拥有现在，更拥有未来[⑤]。集体记忆存在于历代人的生活阅历中，当你走进南京南捕厅历史地段时，物化的历史遗存零散且随处可见，但是想象中“老城南”的传统市井生活已是往事如烟独留风痕而已……原本的南京南捕厅就如同一个破落的“城中村”，道路拥挤，环境恶劣，空间狭窄，垃圾、噪声、臭水沟等污染现象充斥其间——这就是2009年以前真实的老城南——南捕厅片区。重现南捕厅的人类生活集体记忆，就必须在保护物化遗存的同时，重新梳理、整合、重缀、创造与创新。

历史文化名城保护最大的文化误区就在于不开发而只是单纯地保护，这样的文化遗存往往是因

---

① ［美］乔纳森·罗斯. 什么造就了城市［M］. 谢幕娟，译. 北京：北京时代华文书局，2021：17.
② ［德］奥斯瓦尔德·斯宾格勒. 西方的没落［M］. 吴琼，译. 上海：上海三联书店，2006：24.
③ Zukin S. The Cultures of cities［M］. Oxford: Blackwell Publishers，1995：271.
④ 张鸿雁. 城市化理论重构与城市化战略研究［M］. 北京：经济科学出版社，2012：287.
⑤ 张鸿雁. 城市化理论重构与城市化战略研究［M］. 北京：经济科学出版社，2012：34.

经费不足或管理不善而在单纯的保护中慢慢死亡。要想保护、解放、创造和再生产一个传统空间，就必须进行“空间的生产”创新和“城市文化资本”的再生产。城市更新为南捕厅原生态文化的再创造和保护提供了机遇，一方面，现有物化遗存通过精准保护，寿命可以延长；另一方面，项目的文化创意整合，将有助于各种文化记忆与非物质文化遗产的整体保存与延续。文本的文化记忆，只有获得物化空间的再创造，才能迸发出内在的张力与文化感染的功能。非物质文化遗产，只有经过整体化、整合化的组织、学习、扩散、溢出、再创造的过程之后，才能表现出其真正的价值。

二、老街区细节怀旧文化：城南旧事与市井烟火结合

南京元素的内涵与其在空间的分布中，不仅有着中山陵的“博爱情怀”、夫子庙的“天下文枢”、颐和路的“民国公馆”、明故宫的“皇家院落”，也应有南京南捕厅历史片区的“都市民俗与风情”……在这些“老城南”的风土人情、市井烟火中，蕴藏着民国时代商业繁华、明清士人的社会生活。然而，这些南京都市民俗文化元素仅仅分布在各类文本记忆、物化历史文化资源之中，并没有以更加集中和城市街区内在肌理性组织的形式展现出来。任何文化元素、文化资源在没有构成“城市文化资本”之前，都难以直接表现文化价值和经济价值。在南京南捕厅区域的城市更新与发展中可以系统梳理出南京都市民俗的文化元素，可以用更加凝练的概念主题与更富创意的形式来展示。如此，甘熙故居、八角楼和传统街巷等物化遗存资源可以被赋予更多的都市民俗文化意义，能够成为南京真正的都市民俗文化资本，发挥其应有的价值，促进城市文化与民俗文化要素“产生崇高影响”，并创造“永恒的利息”[①]。而最值得创造的是“一个活的六朝古都”、一个“动感的六朝古都”，进而可以推动南京文化走向世界前列。

在城市更新和更替的文化认知上，不同的学者有不同的理解。“雅可布斯认为，美国的城市已经由于国际风格的不恰当应用而变得语无伦次：‘与过去……决裂的实践剥夺了美国城市的自然秩序感和空间感。’麦克纳尔蒂，是宜居空间伙伴的创始人，他引用了肯塔基州应对经济衰退的一个早期例子。”[②]世界城市的发展，使人们认识到了城市文化基因的保存方法，把城市衰败后沉淀的

---

① 张鸿雁. 城市化理论重构与城市化战略研究［M］. 北京：经济科学出版社，2012：88-93.

② ［英］格雷姆·埃文斯. 文化规划：一种城市复兴？［M］. 李健盛，编译. 北京：北京师范大学出版社，2022：331.

历史片断、历史地段和碎片化的遗存作为城市文化延续的“筋脉”，从时间与空间的切面中，寻找建筑历史文化以创造未来，并以特定的概念范畴成为法律上保存的历史文化依据。1976年发布的《内罗毕建议》正式表述了“历史地段”的概念，指出其应包括“史前遗址、历史城镇、老城区、老村庄、老村落以及相似的古迹群”①。1987年的《华盛顿宪章》还对历史地段的概念进行了进一步的完善，提出历史城镇和城区保护范围还应包括“该城镇和城区与周围环境的关系，包括自然的和人工的”②。Tim Heath等人将城市历史地段概括为“具有相对较小尺度、混合功能、良好的步行环境（满足但不鼓励使用汽车）、不同类型与尺度的建筑以及使用权的多样化”③。历史地段表述的空间具有相对性，与“历史地段”相类似的概念还有“历史地区”“建筑、城市和风景遗产保护区”“历史风貌区”等。“历史文化街区既是历史文化名城的有机组成部分，又是广大人民群众日常生活的场所，更是城市发展的文脉所在。”④保护好城市的历史地段，是传承和发扬城市文脉的一种方法，亦是缓和城市更新中保护与发展矛盾的重要手段。而在历史地段的更新与更替中，艺术的嵌入性（Embeddedness）或被译成“镶嵌”“根植”之意，则可以看作为一种有特殊意义的方法和理论。20世纪80年代，美国新经济社会学代表人物格兰诺维特将波拉尼的“嵌入性”概念引入社会学。而南京南捕厅的城市更新就是用一种文化“嵌入性”的城市更新策划设计方法，在不破坏原有建筑风貌、街区景观和空间肌理的基础上，进行“艺术嵌入性”的根植，打造新的空间景观，从以往的“乡愁”到今天的“城愁”——创造具有文化历史连续性的文化价值链。

以往的城市记忆已经成为人们心中的情结，那挥之不去的就是“嵌入性”的旧城。“城南旧事”，如同老北京胡同的城市记忆一样——曾经是皇城根下的“嵌入性”生活。对于南京老城南的南捕厅来说，纵然守着几处文化源远流长的深宅大院，却掩不住城南居民区空间衰败和居民对拆迁改善居住的期望。对于将与老城南告别的原住民来说，这里的旧城、旧影、旧事、旧情是一代人的伤感，而改善居住环境，提高生活质量是最紧迫的现实问题。老城南中最有价值的东西，是这一带的街巷空间、建筑肌理、建筑风格以及那些沿用了几百年的老地名。对于一般的城市来说，城市的

---

① 国家文物局法制处. 国际保护文化遗产法律文件选编——关于历史地区的保护及其当代作用的建议［M］. 北京：紫禁城出版社，1993：102.

② 国家文物局法制处. 国际保护文化遗产法律文件选编——保护历史城镇与城区宪章［M］. 北京：紫禁城出版社，1993：172.

③ Eley Peter. Revitalizing Historic Urban Quarters［J］. URBAN DESIGN International，1996，1（2）：189-190.

④ 单霁翔. 保护历史文化街区 延续城市发展文脉［N］. 中国文化报，2011-01-19（005）.

建筑艺术往往是在各种艺术中独树一帜的，建造任何空间都不能单纯地考虑空间表现，不管是建造住宅、教堂还是其他室内空间，都不仅是建造一个适用方便的空间，而是建构一个内部的生活方式世界①，体现的是城市与人的价值、理念、精神、文化、记忆和未来。其更新的方法有很多，从保护的角度看，有这样几个基本原则：一是保护原生态结构，保护传统街巷肌理，保护原住民的文化风俗；二是强调空间轮廓、建筑与景观的视觉角度，在进行建筑尺度控制的同时要错落有致并能曲径通幽；三是还原老地名文化并为其打上城市历史变迁的烙印，构筑历史信息载体，使南京老城南的里巷地名作为一座历史文化名城历尽沧桑但可记忆的人文符号，希望能够通过城市更新使之再传千古；四是要使南京老城南的街坊四通八达，纵横交错，街街相望，巷巷相通，路路相连，形成网状结构。因此，活化城南旧事，寻找城南旧影，注入城南街巷组织的文化，建构南京城南南捕厅老街老巷的文化风俗场景，可能会使一个古都真正成为一个城里人和旅居者都喜爱的城市。

城市更新的目的之一是赋予空间文化以新的生命价值。南京拥有悠久的文脉和丰厚的历史文化底蕴，理应是“中国传统优秀城市空间文化”的典型代表，在城市更新的美学意义上，南捕厅街区空间的创新在于以求“实”和求“似”相结合的原则，不仅要原汁原味地保留明清的宅院、会馆、旅社、洋房、筒子楼、里弄式住宅以及一些1949年后有历史价值及年代特色的厂房、宿舍等，使其能够为本地的建筑历史研究提供丰富的样本，在城市更新中，还要把这些特定的实体空间文化要素抽象化，“抽象空间文化”要素符号化，并能够使其结构化、系统化和可识别化，成为老南京文化中一个具有地方文化特质的完整符号系统②。“大量事例表明，针对某个特定过程的经验研究方法，总是拒绝将其描述并提升到概念的高度，尽管在那个高度有可能会出现辩证的（冲突的）活力。例如，某些处于高速发展剧痛中的国家，很轻易地就能破坏了它的历史空间——房屋、宫殿、军事或市政建筑。如果能够从中得到好处和利润，古旧的东西立刻就会被清除一空。然而后来，或许到了高速发展时期的最后阶段，同样是这些国家，却希望找回这些空间，并将它们纳入对文化消费的服务中、对‘文化本身’的服务中，以及对那些几乎是前景无限的旅游休闲产业的服务中。到了这个时候，他们在美好年代曾经轻易拆除的每样东西，都以巨大的代价再重新建设。在破坏不彻底的地方，‘修复’变成日常的秩序，或者是模仿，或者是复制，出现了新这个或新那个。”③在南

---

① ［意］布鲁诺赛维.建筑空间论［M］.张似赞，译.北京：中国建筑工业出版社，2006：91–92.

② Qingxi Fan. Repair, Rebirth and Recreation in Urban Renewal［C］. Proceedings of the 2016 2nd International Conference: Arts, Design and Contemporary Education，2016：764–768.

③ ［法］亨利·列斐伏尔.空间的生产［M］.刘怀玉，译.北京：商务印书馆，2021：529.

京南捕厅历史街区非常适合创造有南京文化品位的古典历史景观文化场景，可以通过“涉旅化”改造的方式，创造街区的历史文化回归，并在一代人具体而微的生活细节上加以展现。南京南捕厅地段的城市更新可以让部分老城南人回迁，保持原住民的生活场景和生活方式，为南京民俗文化提供丰富保护型的生活样态。从文化的地方性和文化底色来看，南京六朝遗风的“士文化”和秦淮河边的“市井文化”并存，养成了一种特有的南京“城市慢文化”和“金陵派文化”，可谓是六朝“名士文化”与秦淮市井文化中具有烟火气的“金陵派文化”的文化杂糅特质。本地段作为“江南文化”和“金陵派文化”元素的集中地，所具有的丰富而多样商业文化的消费可选择性及高集聚度的人口流动性是其一大亮点，因此，在城市更新中也必须选择和创造安全、便捷、舒适和特色的交通文化，包括在南捕厅历史地段的更新设计中，车道可以全部留在地下，所有的地上空间都可以安全地散步，自由地呼吸新鲜空气[①]。

著名藏书家甘熙在《白下琐言》中说：“金陵五方杂处，会馆之设甲于他省。”[②]南京是一个南北文化汇集的地方，而南京南捕厅片区曾经也是人文荟萃的地方，这样有文化底蕴的历史地段在城市更新的实施过程中，本身必须创造权威性的文化概念表述、高水平的实践创新结果和有独特思想文化的创意，从地方文化的溯源中汲取营养，在打造具有世界经典建筑文化的历史街区中，复建或创建经典空间的再生产文化，在整体上表现城市历史文化与现在和未来的文化对话，而不是简单地延伸、增建和模仿，要能够在中国城市形态空间的文化演绎中创造独一无二的城市更新“作品”，创造“金陵派文化”建筑空间文化的时间结晶，而不仅仅是做一个“假古董”。通过现代科技方式与传统工艺的结合，对古建筑的“复原式+创新式+N”的整合建设，将零星分布的建筑文化元素集成化和系统化，既保留有原汁原味的感觉，又具有作者创作作品的时代属性。更重要的是，在城市更新与文化的接替中，力求创造具有时代特质的街区文化符号，也就是能够使“作品”穿越时空而流传，使之成为中国人所创造的建筑文化中的一个经典。

南京南捕厅片区作为一个历史地段，总体上还是一个小体量空间，必须从尊重历史的角度，来创造文化价值、经济价值和历史价值，形成空间与土地效益的最优结合，最终形成一个成功的作品型案例。一定要在精致、精准和美学渗透上下功夫，创造一个真正联通过去、现在和未来的时空切面，把一个传统历史街区当作艺术品来打造。通过文旅融合和文化创意的手法，将空间转化为“时

---

① Cui Jianqiang et al. Underground space utilisation for urban renewal [J]. Tunnelling and Underground Space Technology incorporating Trenchless Technology Research，2021：108.

② ［清］甘熙. 白下琐言：卷二［M］. 南京：南京出版社，2017：24.

间的切面”、历史瞬间的文化凝滞，将空间的各部分细节进行艺术化、历史的再现设计，增强空间的阅读性与文化深度，使南捕厅区域的历史文化空间成为一个“南京集体记忆中的老城南历史风尚生活方式区”——一本“写在大地上的老南京史书”。

有学者说：“现在有人错误地理解保护古城、古镇、古村落就是恢复历史建筑，重建古建筑物，热衷于盖庙修塔，新建传统（明清）特色街，以至于拆了‘真古董’去做‘假古董’。”[①]这一问题值得重视，核心问题是不仅不能以假代真，更重要的是我们这个时代能不能有自己的城市空间创新，一味地复古，而且只是“复古清代一条街”，这是十分值得研究的问题，可以这样说，该问题的核心并不是古董本身的真假，而是我们能不能创造具有时代性的新事物的问题，假设，未来的100年后，有些人要模仿我们这一代人的建筑和建筑风格文化，那么要选择模仿哪一种建筑风格呢？我们这一代人创造的建筑是什么风格呢？这是一个深刻的而又深远的问题。面对当下的城市更新，我们对待仿旧建筑应该采取什么样的策略和态度呢？如果仅仅为了经济利益模仿古建筑，任何假的古建筑都不会有文化灵魂，同时也是一种对传统文化亵渎的行为。而这关键在于我们是否能够抱着一种对历史负责的态度去建设一座城市，每一个建筑的设计与建造是不是以百年建筑为目标，还是以经济利益为目标？其文化价值可以立见分晓，所以结论是，我们既要用鲜明的思想主张保护古建筑和历史文化，同时我们更要创造属于我们这个时代的建筑和建筑文化。

我们一定要有这样一个历史观和发展观：21世纪的20年代，应该有什么样的中国时代建筑风格？我们这一代人设计的建筑，能否成为100年后中国人的城市记忆？我们这一代人所创造的建筑有自己的风格和流派吗？

应该指出的是，任何城市的城市文脉都不仅包括古代文化的传承，也包含当代市民文化中提炼出的新精神、新文化和新时尚。南京老城南区域的城市更新，要在弘扬城市文脉与传承历史文化的基础上，注重历史文脉的重构与创新发展。如南京老城南的文化空间，虽然有些地方是有特色意向的，但是，用一句现代语言概括起来则是：老南京及老城南的文化是碎片化的，甚至有些是已经被遗忘的，一些老建筑要进行抢救性修复，要尽可能地做到整体性的恢复。南京城南的街巷，具有江南文化的风格底蕴——“多进穿堂式建筑群组合”，是一种民俗画卷式的风情空间，可以演绎出很多过往时代和现代性意义的符号。此仅举一例：明清时期，具有“江南烟雨”时尚的南京，每遇梅雨时节，家家都会搬大缸摆在庭院中间以收集雨水（那时的人还没有对雨水清洁过滤的意识，当

① 王蔚，等. 大拆建·假古董·商业化——直击传统村落保护三大怪相［N］. 中国建设报，2014-12-01.

然，那时的工业浸染也比较少），用雨水来烹制当年新茶，这是中国天人合一，直接利用自然、享受自然的一种文化。徐士宏曾赋诗曰："阴晴不定是黄梅，暑气熏蒸润绿苔。瓷瓮竞装天雨水，烹茶时候客初来。"[①]《金陵物产风土志》也明确记载："雨水较江水洁，较泉水清，必判分昼夜，让过梅天，炭火粹之，叠换缸瓮，留待三年，芳甘清冽；所谓为忆金陵好，家家雨水茶是也。"[②]这一时期，南京人不但用梅雨烹茶，还形成"雨集"的生活习惯，其中以妙相庵的"雨集"最为称著。文献学家陈作霖在《可园备忘录》中曾记述："五月，雨集妙相庵……皆具并文社会饮也。"[③]把"雨集"作为一种社会交往的文化活动，可以使"汇文"和"汇饮"相聚。因此，老城南的空间更替与更新不仅应该保留南京的物质性居住文化空间经典，还应保留这种非物质性文化经典场景，让这种文化也有存在的空间，也有能够进行时代性表现的场所与场景。另外，对这种传统空间文化符号和文化行为也可以演绎创新，可以在居住环境的建设中体现，如保留古井文化符号，给瓮缸留下放置空间以及创造创新性的"雨集"文化等，这也是城市的细节。我们强调把城市当作艺术品来打造，就是要创造这些城市的细节文化，来提升城市品质，创造"城市家居"和"城市如家"的文化感知要素。

南京，首先是一座具有优秀传统的文化之城，这是一笔古老而巨大的遗产和资产，做得好可以把这种遗产和资产转化为"城市文化资本"，可以使历代南京人取之不尽，用之不竭。保持一个古都的文化和风范，必须不断地经营和创新这座城市，本书所提及的"新经济资本"具有人文经济的价值指向，可以成为城市实现再发展的"文化场域"创新土壤，如是，南京才能成为像巴黎一样的城市，成为与巴黎相对应的东方文化之都。"巴黎永远是首创精神，是向前发展的尊严之故乡，是才智的中心和发源地，是想象力的火山。"[④]这其中最令人感触深刻的一句话是"向前发展的尊严之乡"，一座城市有尊严，那这座城市的市民也一定会有尊严，反过来说，每一个城市里的人都懂得创造尊严，那么这座城市也一定会有尊严，因为城市的尊严来自城市人的自觉创新。

城市的"人文价值""金陵派文化"是南京城市形象的主体和核心部分——"天下文枢"孕育出"世界文学之都"，创造出博爱金陵，龙盘虎踞的和平之都。南京的灵魂在"十朝都会"的千年

---

① 孙锦宜.南京梅雨茶俗［J］.农业考古，1999（04）：86.

② ［清末民初］陈作霖.金陵物产风土志［M］.陈济明，点校.南京：南京出版社，2008：128.

③ 南京市地方志编纂委员会办公室.教谕公稀龄撮记·可园备忘录·凤叟八十年经历图记［M］.南京：南京出版社，2020：92.

④ ［法］克里斯多夫·普罗夏松.巴黎1900历史文化散论［M］.王殿忠，译.桂林：广西师范大学出版社，2005：3.

生长中，一直在创造、在更新，但是需要再明确：要重构南京的城市“风雅”与“名仕”文化形象，强化城市精神建构的未来性，其精神内核的关键词是“博爱”“文枢”“创新”“和平”，可以归结为与海派文化、京派文化同台竞舞的一种文化——“金陵派文化”；强化城市空间文化的艺术性价值再创造——建筑文化的可读性、时代性及地方性的场所精神是城市的骨架和灵魂支撑，而独有的城市空间本身就是“城市文化资本”；强化城市细节品位、高雅格调的塑造，在统一认知的前提下创造文化的多样性和世界性，即在一个文化主体下的多样性和多元性，以“金陵派文化”丰富的文化本体，创造性地开发“南京居住与文学故事”①。

人们对于一座城市的想象和记忆往往源于某些作家的描述和想象，20世纪80年代初，南京曾拍摄了一部电视连续剧，叫《秦淮人家》，这部连续剧以老南京城南的大院日常市井生活为背景，一共拍摄了110集，已成为一代人的集体记忆，而笔者当时还在上海求学攻读博士学位，作为一个东北人，笔者就是从《秦淮人家》中逐渐理解了老南京的文化价值。

当下，可以用时空穿梭与历史经典相结合的方式，用“元宇宙”等数字化创新手段——还原“一个仍然鲜活的十朝都会”。城市空间不是也不应当是永远凝固不变的，每一个时代都在城市中留下了属于那个时代的痕迹和业绩，这些支离破碎的城市映像，需要经过整合，让其更有风韵、更有风雅、更有风范——创造新旧结合的艺术化空间，以表达时代在一定建筑空间和时间中的定格。

三、老城厢里的空间蝶变：传统里坊与人文经济植入

建筑即社会历史的镜子，是凝固的音乐，也是城市历经沧海桑田的见证者。梁思成说过：“我们有传统习惯和趣味：家庭组织、生活程度、工作、游憩，以及烹饪、缝纫。室内的书画陈设，室外的庭院花木，都不与西人相同。这一切表象的总表现曾是我们的建筑。现在我们不必削足适履，将生活来将就欧美的部署。我们要创造适合于自己的建筑！”②是的，世界的本原是多样性的，每个国家和民族都有独立的原生态文化，这种现象是世界文化包容性和多元发展的体现和本质。在科技

---

① 这是笔者2009年主持南捕厅街区规划项目文案里的一个策划方案，现在南京已经成为“世界文学之都”，完全可以用更加丰富的方式加以创作和策划新的内容。参见笔者2011年主持的《“江南七十二坊”概念深化设计及“江南七十二坊·国际人才公寓”概念设计》方案等文本。

② 梁思成. 中国建筑史［M］. 天津：百花文艺出版社，1998：6.

现代化和全球经济及网络一体化的发展中，全球的城市都卷入了越来越深刻的竞争和越来越普遍的文化趋同现象，这在某种意义上说是一种进步，因为世界是开放的，这种文化学习与交流必然会发生同一性的转化。但是，另一方面，对于原本多样性和多元化发展的世界来说，人类社会中的某些特质在全球一体化的进程中也失去了很多，这在某些方面来说又是一种“退步”或“退化”，在全球一体化中，有些弱小的民族和国家的文化形态和文化类型“被消失”了，如有些地区的某种特定民族语言、民族艺术、民族服饰、民族风俗、民族建筑文化类型、民族街区空间样态……甚至一些物质文化和非物质文化及日常生活细节等都在失去自我，甚至被取代……面对这样的全球一体化，中国文化虽然有着伟大的优秀传统和顽强的生命力及鲜明的文化本体性、本位性、核心价值性、民族性和创新性，但在某些方面还是出现了一些特殊的变化，有些文化要素正在消失，有的城市空间也正在因被改变而丧失文化本体性。因此，要明确提出、强化、推行并创新“中式城市空间形态”“中式城市空间文化肌理”“中式建筑文化风格”“中式空间文化结构”“中式建筑装饰文化风”等等，这并不是一种排斥外来文化的行为，而是为了使世界性文化更好地被建构，一定是在汲取外来优秀文化价值和内涵的基础上，创造21世纪的“中国城市本土化城市形态”[①]“中国风建筑”等一系列的“中国风”或称“华夏文化流”——对世界文化的一种贡献，应该是继西方中世纪城市文艺复兴后的又一个世界性的城市文艺复兴；而其引导者应该来自中国——中国式城市文艺复兴。

中国古都城市是经过几千年磨砺、几千年风雨和几千年烽火而留传至今的中式建筑文化符号及空间结构化而形成的，有着鲜明的“中国风”的特色，是全世界几大主要的建筑流派构成之一，并深刻影响了整个亚洲乃至世界其他一些国家的建筑文化风格，已经成为世界城市文化建筑空间的独立文化身份标识。世界正处在一个非常迫切的文化转化和文化转向的关头，现代科学技术、新材料和智能化，为建筑的空间创新开辟了一个全新的时代，建筑的建造不仅速度快，而且呈现出空间结构异型化、空间跨度超长化和建筑装饰新材料化等特征。几乎所有的建筑材料都可以用新材料和新技术来表现，民族符号化的空间结构面临着全新的挑战，可以说传统建筑与现代化文化之间的关系从来没有像今天这样接近，用夸张的话说：城市和建筑空间“瞬息万变”。因此，我们必须从乡村的文化自觉转向城市的文化自觉，面对全球城市竞争和百年变局一体化浪潮袭来的时代，“中式”“中式话语”“中式语前缀”“中国元素”[②]应该以前所未有的姿态走向世界舞台，并将成为世

---

① 张鸿雁. 中国本土化城市形态论［J］. 城市问题，2006（08）：2-9.

② 张鸿雁. 城市定位的本土化回归与创新：“找回失去100年的自我”［J］. 社会科学，2008（08）：64-71，189.

界意义上的整体认同。"中式""中式的"和"新中式"作为一个范畴的文化表意限定词，成为21世纪全球的时尚、流行和热点潮流之一[①]。对中国城市与街区空间文化元素的发掘与重现，既具有世代传承的价值和意义，又具有世界文化范畴的创新意义。

策略一：将城市文化资源转化为"城市文化资本"，给予空间文化"新经济资本"赋能。广泛推行"城市文化资本"理论与实践创新，通过创意、策划、规划、设计和赢利模式设计等创造"城市文化资本"再生产的实际生活过程，从一般资源创造"城市文化资本"的"产业网链"，对古都南京城市中心区位空间中具有唯一性的中国文化元素进行创新塑造，其中包括对江南文化元素、"金陵派文化"元素和老城南唯一性文化元素进行融合性的发掘与重塑，把原有碎片化的历史风物进行梳理、重提、重构，将南京老城南中心的文化"集聚+拼贴+文化+N"组合后成"网"、成"链"、成"群"，构成可观且具有规模化的文旅融合型产品，并促使其成为南京人甚至所有中国人都喜欢的一个世界名城历史地段，就有可能成为南京引以为荣的"城市文化资本"要素，通过科学和文化赋能使之进一步完善，其终极意义是能够创造出一个可以千古流芳的中华文化经典城市空间文化体系。把城市文化资源转化为"城市文化资本"并进行再生产，应该是城市管理者、城市研究者和城市规划者的责任，这一过程和结果会成为人类集体记忆中的共同财富，具有世代传承的价值。城市真正有了"城市文化资本"价值，就会具有"公共性"、历史价值刚性和城市发展的可持续性[②]。

策略二：将南京老城中心区的传统怀旧空间改造成为"具有当代与未来双重价值的城市客厅"。现在的南京南捕厅历史地段是由具有一定历史文化风貌的传统多进式院落型民居、传统沿街商铺、现代商住两用住宅和特色商业街区等空间组成，应该说这是一个传统且带有某些落后文化的空间体系，但是，它的价值在于这是南京"老城南"和老南京的文化集中地，在这里可以唤醒对这个地方的历史记忆，创造性给予文化赋能，加之这个地段本身又是大城市古都南京的中心区位，可谓是寸土寸金的地方，因此可以强调"金陵派文化"的人文区位和地点精神再造，把一个古都的中心区打造成世界文化旅游目的地城市的中心点：首先，要创造"大城市古都中心区超时代客厅"的概念，是城市新旧文化、历史代际交汇、时空重叠而可以作为"城市面孔"的文化资本价值，具有强烈的可接近性和文化识别性，它将会使南京特色风土人情、"城南旧事""秦淮市井""夜泊秦

---

① 张鸿雁．"中国式城市文艺复兴"新论——布尔迪厄"社会炼金术"的启示［J］．社会科学，2009（03）：9.

② 张鸿雁．"中国式城市文艺复兴"新论——布尔迪厄"社会炼金术"的启示［J］．社会科学，2009（03）：9.

淮”等文化得以充分展示。其次，要创造“古今交融”的文化汇集空间，也是南京重要的历史和现代消费空间的集聚地，与南京新街口、夫子庙、朝天宫等文化空间形成一个具有整体性和特殊性的“连续空间系统组合”，建构一个老城南的整体城市意象空间群。最后，要使后现代“文化混杂化空间”再融合，形成可以混合型用地的空间再生产，将园林、办公、商务、居住、历史街区、古建筑、地方民俗文化等概念进行重组，创造一个具有文化民族性与国际化混合的概念，而这源于“克里奥尔化”的文化现象，“全球本地化的另一个同义词就是‘克里奥尔化’，‘克里奥尔’这个术语一般指的是混种人，但它已被延伸到‘语言的克里奥尔化’……‘克里奥尔化’与混合化经常可以相互交换使用”。下面的例子或许可以用来说明这两个概念（以及全球本地化的概念），“坐在伦敦的一家（星巴克）咖啡店里（现在，它们在那里非常普遍了），伴随美国的‘海滩男孩’乐队的演唱‘但愿她们都是加利福尼亚姑娘’，喝着一位阿尔及利亚的侍者送上来的意大利浓咖啡”[①]。一个古都型大都市的中心复兴，一定要有某种国际化的场景表达，同时还要有本地性文化的表达，如伦敦、巴黎、罗马、开罗等等所有的世界名城那样，有自然而然的自我，又有充分的世界文化为我所用。古都城市中心区一定是文化与旅游高度融合、消费与时尚高度融合、传统与现代高度融合的地方。

策略三：从“天人合一”的自然法则应用，到人文城市面孔与有机更新美学的创新型利用。建筑不仅承载着“空间里的生产”，还是展现被生产的空间，城市空间占有区位的优劣、多寡是社会阶层地位的标志之一，城市中心区位空间不仅承载着居住者、劳动者和生活者的情感、希望和对家的温情，还承载着外来人口对城市的一种期望，城市中心区是所有对城市向往之人心中的中心。在城市更迭与更新的过程中，中国的各个地方都不应该忘记对地方风貌文化创新的诉求，地方性文化的再造，也就是对某种文化风格唯一性的创造。南京南捕厅空间文化在整体上亦应体现新中式风格，即创造“苏式文化”“苏派文化”和“苏式江南文化”为底色的“金陵派文化”风格，简洁而委婉、明快且朦胧、舒适而高雅……以中式建筑符号为母体和母语，白墙黛瓦为主色调，空间收放进退有序，天际线高低错落有致，色彩拼贴增加时代感，以现代工艺书写中国传统“居艺文化”精髓。在建筑设计中，继承中式建筑的理念精髓，可以表达传统院落“庭院深深”的情怀，其创造的初衷应该是打造城市中“原生态”的自然空间，创造“无修饰的新自然主义城市生活”，这是“道

---

① ［美］乔治·里茨尔. 虚无的全球化［M］. 王云桥，宋兴无，译. 上海：上海译文出版社，2006：110.

法自然”文化观念的现代化呈现①。在现代的水泥——灰色的城市中，绿色是那么珍贵，从江南文化的地方特色出发，南京的城市复兴要借鉴江南园林的造园技巧，叠山理水，建亭筑台，莳花种树，通过移步换景，以小见大，以实化虚，用借景框景等手法，再现自然造化之神奇。但是这其中一定要有现代人的意识和主张，而不是纯粹的复古，要创造居住在传统中式园林里的现代绅士生活体系，通过景观的精妙塑造强调人与自然最大化的接触，以后现代的人文精神，创造“原生态文化”的自然空间，使人在其中实现物我两忘的生活方式。

策略四：从对传统历史街区文化的重缀、重拾和重构入手，建设一种具有折叠空间的时代性记忆空间。如建构新的有地方文化和商业老字号文化内容的“江南七十二坊”②，再现“六朝金粉地，金陵帝王州”的贵族、绅士和“智识者”的“金陵派文化”。明朝初年的都城是南京，当时被作为政治和经济的中心，后明成祖迁都北京，设南京为留都，明初设置了许多官营的作坊，并在南京的城南屯兵十万，其中就有“十八坊”这一名称。清代南京的丝织业很兴盛，清政府在江宁府设有江宁织造署（局），“乾、嘉间，有织机以三万余计。其后稍稍零落，然犹万七八千”③，从业人数超过十万，所产“江绸、贡缎之名甲天下”。从历史的传承来说，南京老城南，本来就是商业、手工业的文化传统汇集地，这就是场所精神的一种表达。如德波拉·史蒂文（Deborah Stevenson）所说：“场所，象征性的和富有意义的领域关系到归属、共同感和身份。”即使到了民国时期，这里的老字号也特别多，有较为繁华的餐饮店、理发店、摄影店、中药店等生活服务型商业，构成南京传统商业老字号的文化符号代表。从某种程度上讲，打造传统商业街正是规划重塑一种场所精神的必要手法，因为，我们所关注的核心是城市文化，以及城市中人的生活，最终目的是给人以归属

---

① 张鸿雁. 城市定位的本土化回归与创新：“找回失去100年的自我”［J］. 社会科学，2008（08）：64-71，189.

② 江南七十二坊：笔者在2009年提出的一个创意概念，主要是因为在老城南的南捕厅一带做策划、规划时，发现大江南一带的江南文化正在被人们忘却，在笔者做过的有关江南文化的研究中，特别是在研究中国与世界的城市文艺复兴问题的文章发表后，在社会上得到了一定程度的关注，让笔者更深刻地意识到创造性挖掘、恢复、弘扬江南文化已经到了关键时刻，并且南京应该有这个担当意识，设想在南京也能打造一个如“福州三坊七巷”那样的空间体系，并以江南文化为内核，创造性地建设南京的“江南七十二坊”，并将江南文化中的产品与七十二坊相结合。在策划、规划后，各方相关的领导和管理者都很满意，“江南七十二坊”的名字也已经被甲方注册了。但是，又由于其他某些原因最终没有真正打造出来，实在是可惜。具体的规划与策划方案将在后文进行详细描述。

③ ［清］莫祥之，甘绍盘，修；汪士铎，等纂. 同治上江两县志：卷七：食货［M］. 南京：江苏古籍出版社，1991：9.

感和认同感[①]。

策略五：从“历史地段”的城市更新到“场所精神”文化的集大成。这一历史地段的主要特征是区位——大城市古都中心区的传统街区——实际上具有多重要素：“大城市”“古都”“中心区”“传统街区”“老城南”。因此一定要有适合这五层要素的存在，针对这五层要素创造产业和就业的机制与空间。针对上述情况，有必要注意如下几点：要素一是要强化地方本色、老南京特点和国际化的融合；要素二是要尊重历史、传承历史和开发创造新的历史；要素三是要注意城市中心区的经济与文化价值再造，特别是“城市文化资本”要素的再造；要素四是要实现文化风貌与商业业态的融合化和国际化，既要有民族品牌，也要有世界品牌；要素五是要有老南京的“文化味道”和老南京的文化品位。在这五层要素的基础上，历史地段的业态文化的融合、更新包括：文旅经济、商圈经济、老字号经济、高端商务经济、商务会展经济、文化创意经济、品牌组合经济消费、科技研发经济等生产和生活型服务经济。规划、设计的核心是为在这个地方生活的人、旅居的人、创业的人、就业的人、消费的人创造被服务型的幸福生活，城市更新的核心是从人人能就业到有良好居住与充分就业。

策略六：从一般意义上的江南文化品牌，到强化“苏式江南文化品牌”的创建。“江南”一词最早见于《左传·昭公三年》[②]（约公元前400年），近年来也有很多江南文化的研究成果，不仅是中国历史文化地理和文化区以及现实生活中的一个重要概念，更是人们心里对高质量生活追求的文化地理概念，也是美好生活的一种代名词，如“塞北江南”是对一种区域生活方式的地理概念理解。江南就像一种生活方式的摇篮和样板，曾是众人向往的生活地，孕育了独特的江南文化，创造了多姿多彩的江南文学，也造就了丰富的民俗文化。而老城南就具有很典型的江南文化特质，通过本次城市更新，将江南的水乡肌理文化和“城区里坊文化”加以整合，融入建筑文化及商业业态之中。“储存文化、流传文化和创造文化”[③]应该是南京的一种文化担当和基本使命，老城南的城市更新与更替的目标之一是要打造新中式居住的江南生活样板区，就是要创造一种有“苏式江南文化”内涵的生活样板区，在造景方面以“江南元素”来弥补、织补传统里坊空间里的拘束和刚硬，强化

---

① Hudec O, et al. Stepping Out of the Shadows: Legacy of the European Capitals of Culture, Guimarães 2012 and Košice 2013 [J]. Sustainability, 2019（05）：1469.

② 最早见“《左氏·昭公三年》傅云：‘王以田江南之梦’。”参见：［宋］吕祖谦. 左氏博议：楚子赋诗 昭公·三年 [M]. 杭州：浙江古籍出版社，2017：321−322.

③ ［美］刘易斯·芒福德. 城市发展史——起源、演变和前景 [M]. 宋俊岭，倪文彦，译. 北京：中国建筑工业出版社，2005：33.

唯美、柔美和时尚美的水乡式城市里巷空间结构美学。《中国国家地理》曾以“何处是江南”为主题，邀请气象学者、地理学者、历史学者、经济学者、中国语言学者分别从各自的学科视角为“江南”划界。当这些不同的“江南”重叠在一起的时候，所得到的共同的“江南”是太湖和西湖流域，就是苏州和杭州周边地区。其实，就像某种文化表达一样，每个人都有自己心中的江南，这是人们对美好生活的重塑，也是这个社会心理空间的再造过程。存在于我们的集体记忆和常识中的那个江南，就是白居易“日出江花红胜火，春来江水绿如蓝”中的江南；也是王安石“春风又绿江南岸，明月何时照我还”中的江南……至此，“江南”从一个普通名词演变为一个专有名词——一种生活方式。由一个抽象符号和空间演变为一个蕴含丰富意义和内容的地方，每个个体都有自己的理解。“集体记忆不是一个既定概念，而是一个社会建构概念。”①城市是靠记忆而存在的，一个属于市民的公共空间具有集体记忆的价值，是属于一个群体记忆的文化，因而会对社会产生凝聚效应②。本书所创造的“江南七十二坊”要打造的就是这样一种记忆载体。作为一块由民意划分的区域，江南凝结了无数次提炼和过滤之后的地方情感，是传统中国人居生活的典范——与西方人的“彼岸”不同，江南是中国人生活世界里的“天堂”——“上有天堂，下有苏杭”，是一种触手可及的幸福和希冀。

策略七：从街区空间到创造“里坊经济”再到“文化硅巷”建设的空间创新。“前店后场”“下店上场”“前街后坊”的手工业创意工匠坊，是有温度城市的必然选择，在纽约、新加坡、东京、伦敦、大阪、京都、奈良等城市中都可以看到这种城市的宽容和温度。2023年的中国，很多大城市都在打造城市的“市集”烟火气，在苏州的“双塔集市”成为一个网红打卡地之后，就已经说明了这个道理。里坊，或称里、坊③，是古代城市的基层居住单位，在先秦时期就已出现。《诗·郑风·将仲子》有“将仲子兮，无逾我里”之句，毛传曰：“里，居也。”西汉长安城被划分成160里，且“室居栉比，门巷修直”④。尔后，里坊制度逐步完善，隋唐长安城达到鼎盛。此时，在城市布局上，里坊整齐划一，“千百家似围棋局，十二街如种菜畦”⑤，诸坊“棋布栉比，

---

① ［法］莫里斯·哈布瓦赫. 论集体记忆［M］. 毕然，郭金华，译. 上海：上海人民出版社，2002：39.

② 张鸿雁. 城市空间的社会与“城市文化资本”论——城市公共空间市民属性研究［J］. 城市问题，2005（05）：2-8.

③ 在先秦称为“里”“闾”或“闾里”，从北魏开始出现了“坊”的称呼，从隋朝开始正式改称“坊”，及至唐代“里”和“坊”的称呼还是经常互用。

④ 陈直. 三辅黄图校证：长安城中闾里［M］. 北京：中华书局，2021：37-38.

⑤ ［清］曹寅，等. 全唐诗［M］. 北京：中华书局，1960：5041.

街衢绳直，自古帝京未之有也"[①]。其意义非常深刻，不仅要打造出产品文化，更是要打造一种中国"工匠精神"。就非物质形态而言，"明代十八坊"的历史文化"副产品"影响深远。首先，"明代十八坊"为江南区域资本主义萌芽的出现打下了深厚的基础，延续了江南地区财富积聚的传统；其次，纺织业的蓬勃发展，为南京云锦的诞生创造了可能性；最后，南京所特有的"白局文化"，亦是手工艺人在劳动过程中创造出来的。俗语有："三百六十行，行行出状元。"中国史料中关于行业的记载，始于唐朝的三十六行[②]。在唐朝三十六行的基础上，衍生出民间常说的七十二行或三百六十行的行业分类之说。宋元时期就有一百二十行之说，15世纪末已增至三百六十行[③]。据《清稗类钞·农商类》记载："三十六行者，种种职业也。就其分工约计之，曰三十六行，倍之则七十二行，十之则三百六十行。"[④]由此可见，三百六十行仅是对市井各种谋生行当的统称。

我们提出了"江南七十二坊"的概念，这是基于中国对于行业统称的文化传统，同时强调社会分工细化、职业衍生发达的现代社会背景，将"三百六十行"的约数翻倍，创新性地提出中国的"七百二十行"。另外，"七十二"这个数字有非常重要的文化内涵：《周易》中"三天两地"衍生出天九地八乃是最大的天地数，即阳数和阴数之极，七十二为两个极数之积，具有天地交泰、阴阳合德、至善至美的意义[⑤]。而这里，在本质上强调的是一种虚数表达，是一种一般性比方，代表了多重意义。将来，也许会有更多的坊，就是那些现代"创客"所创造的各种工作坊，也是在推进现代意义上的创意阶层崛起，助力创意产业的发展。"江南七十二坊"的概念，实际上是对当代都市生活的意象阐释，也是为了向今人乃至后人呈现出过去中国江南地区的生活场景——这些生活场景既包括对从前历史记忆的怀旧再现，也不失对当前现实生活的忠实记录，更可能是未来生活、创业、就业的标杆模型。

策略八：从"市井集市"生活场景区到现代都市时尚消费特色区，强调的是城市街区历史地段文化生态和"文旅融合"的景观化创新。造园和造景的宗旨是最大程度地发挥生态环境、社会

---

① ［宋］宋敏求，［元］李好文. 长安志图：唐城市制度［M］. 西安：三秦出版社，2013：16-22.

② 三十六行是中国唐代主要行业的统称，其论述见宋代周辉的《清波杂录》：肉肆行、宫粉行、成衣行、玉石行、珠宝行、丝绸行、麻行、首饰行、纸行、海味行、鲜鱼行、文房用具行、茶行、竹木行、酒米行、铁器行、顾绣行、针线行、汤店行、药肆行、扎作行、仵作行、巫行、驿传行、陶土行、棺木行、皮革行、故旧行、酱料行、柴行、网罟行、花纱行、杂耍行、彩兴行、鼓乐行、花果行。

③ ［美］黄时鉴，沙进. 十九世纪中国市井风情——三百六十行［M］. 上海：上海古籍出版社，1999：1.

④ 蓝翔，冯懿有. 中国·老360行［M］. 天津：百合文艺出版书，2006：1.

⑤ 杨希枚. 中国古代的神秘数字论稿［J］. 民族学研究所集刊，1972：89-118.

文化、休息游览和经济等方面的综合效益，实现人与自然的和谐共存。在此过程中可以充分运用“桥、亭、廊、舫、楼、井”等江南园林的单体建筑形态或组合建筑形态，作为南京老城南的历史地段，更有机会在一个传统建筑与现代建筑结合的空间里，形成以怀旧为首要文化符号和江南园林景观的，并以城市街区消费特色文化旅游为目的的城市更新样板。

策略九：从创造新业态、新经济、新供给到数字江南文化产业的新兴地，“江南七十二坊”的业态选择是一种创意，也是一种新的规划创新，即我们主张的：“没有产业和就业的规划都是鬼话。”永乐迁都北京后，南京民间工商业的发展、留都设置和当地官府衙门各级官员盛行奢靡享乐之风，使得这个地方的商贸与游乐成为当时的首要特征[①]，可谓有呈六朝奢靡之风，延传弥散到民间，“城之南隅，康衢四达。幢幢往来，朝及其夕”[②]。甚至到了民国时期的南京，仍然是一个典型的消费娱乐之城。而今天打造的“新江南主义”强调的是“江南七十二坊”这个品牌，在继承原老城南商贸、游乐功能的基础上，着力于江南文化元素的凝练和地区文化品质的提升，以文化为引力带动地区经济的发展。“江南七十二坊”业态分类，强调的是“手工业创意产业群落”的概念，“江南七十二坊”分别从顶级购物体验、美食休闲分享、高雅艺术传承、传统技艺保留、创意产业激发、交流往来互动、健康生活倡导等七个功能出发，通过打造轻奢版、味蕾版、雅韵版、灵动版、创意版五种不同版本的江南形象，勾勒出“前世今生，绝版江南”的街区文化意象。

策略十：从“江南坊文化”到“苏派江南坊文化”的转换，强调空间文化创意与象征文化的核心在于“金陵原生态文化创意与创新”。除了强调原生态文化的在地性和本地性外，还重点强调具有“金陵派文化”的特质与江南文化的象征性。如强化南京及江苏特有的非物质文化遗产和地方性文化原汁原味的保留和复原，同时也强调江南文化中特殊符号的应用。譬如，江南音乐，唐代韦应物在苏州做官时，对江南音乐情有独钟，评价江南“丝竹飘飖入青天”[③]，可谓“声色江南”；如国画泼墨，有人说：“听丝竹之声，而天下治。”江南丝竹是“丝竹”乐的分支，流行于江南，盛行于沪宁杭地区。2006年国务院批准江南丝竹进入首批国家级非物质文化遗产名录。“江南七十二坊”必定设置“丝竹坊”，以丝竹坊为例，内部可设置：一是丝竹乐器制作工作堂，二是相关乐器展示堂，三是丝竹制作学艺坊，四是丝竹乐器售卖堂，五是丝竹乐器学习堂，六是丝竹乐器演奏

---

① 沈旸.明清南京的会馆与南京城[J].建筑师，2007（04）：68-79.

② ［明］周诗，等修；李登，等纂.万历江宁县志：卷一[M].1598年（万历二十六年）刻本.

③ 原句出自唐代韦应物《金谷园歌》云：“洛阳陌上人回首，丝竹飘飖入青天。”参见：［唐］韦应物.韦应物诗集系年校笺：金谷园歌[M].北京：中华书局，2002：33-35.

坊，坊间可循环演奏“江南丝竹八大曲”[①]，以歌南风[②]，琴瑟江南。另外，还有很多可创新、创造的地方。如古琴坊内可设古琴知识堂、名琴陈列室[③]、练琴室、听琴室、古琴书籍室等，同时可定期举办琴会切磋琴艺，广交琴友。还有所谓江南烟雨“色”——江南春色，强调淡墨青岚[④]，卷轴江南，以及江南染料坊等，可谓创意无限。

很多江南产品包括文化产品，都可以与“坊文化+N”结合，可制作、可展示、可浏览、可游玩、可学习、可观赏……有“采采翘英”[⑤]，沁香江南：洞庭碧螺春、西湖龙井、庐山云雾……江南自古出名茶。有衣袂飘飘，嫣然江南：华服坊内分为展示区、售卖区和定制区三部分；锦绣坊内设绣品室、绣娘坊、生产工艺展示厅等。有凤凰涅槃[⑥]，荣华[⑦]江南：绒花盛行于武则天时代，清朝更是作为“宫花”，南京的三山街至长乐路一带是康熙乾隆时期有名的“花市大街”。2006年，南京绒花被评为省级非物质文化遗产。目前，南京市绒花的继承人仅存一位，绒花技艺被称为“一个人的绝唱”。绒花坊内设绒花工作室、绒花展馆和少儿绒花学艺堂等。有花间一壶[⑧]，醉心江南：黄酒是全球最古老的酒类之一，唯中国有之，和啤酒、葡萄酒合称世界三大古酒。黄酒作为江南文化的代表[⑨]，具有两千多年的历史。以吴文化为代表的惠泉黄酒和以越文化为代表的绍兴黄酒，是两支风格各异的黄酒流派。黄酒坊内设有酒文化陈列馆、酿酒室、品酒室等。有比德于玉[⑩]，温润江南：

---

① 《中花六板》《三六》《慢三六》《慢六板》《行街》《云庆》《四合如意》《欢乐歌》。此外，流行的江南丝竹乐还包括《老六板》《快六板》《快花六》《柳青娘》《霓裳曲》等。

② 《礼记·乐记》：“昔者舜作五弦之琴，以歌《南风》。”五弦之琴即指古琴。参见：［汉］郑玄. 礼记注：注乐记第十九［M］. 北京：中华书局，2021：481-519.

③ 古琴造型优美，常见的为伏羲式、仲尼式、连珠式、落霞式、灵机式、蕉叶式、神农式等。古代名琴有绿绮、焦尾、春雷、冰清、大圣遗音、九霄环佩等。

④ 北宋沈括《图画歌》云：“江南董源僧巨然，淡墨轻岚为一体。”说的就是国画中的水墨画。参见：［宋］郭若虚. 图画见闻志校注：董源［M］. 上海：上海书画出版社，2020：257-301.

⑤ 唐代刘禹锡《西山兰若试茶歌》云：“僧言灵味宜幽寂，采采翘英为嘉客。”“翘英”指茶叶。

⑥ 南京绒花唯一传人赵树宪老师一直在构思一件绒花作品，叫作《凤凰涅槃》，寄望中国的文化遗产能绝处逢生。

⑦ 绒花谐音“荣华”，寓有吉祥祝福之意。

⑧ 唐代李白《月下独酌》云：“花间一壶酒，独酌无相亲。举杯邀明月，对影成三人。”参见：［唐］李白. 李白全集编年笺注［M］. 北京：中华书局，2015：594.

⑨ 邓云乡. 历史·文化·园林［N］. 人民日报，1989-07-20.

⑩ 《礼记·聘义》：“昔者君子比德于玉焉。温润而泽，仁也。缜密以栗，知也。廉而不刿，义也。垂之如坠，礼也。叩之其声，清越以长，其终诎然，乐也。瑕不掩瑜，瑜不掩瑕，忠也。孚尹旁达，信也。气如白虹，天也。精神见于山川，地也。圭璋特达，德也。天下莫不贵者，道也。”参见：［汉］郑玄，注. 礼记注：聘义第四十八［M］. 北京：中华书局，2021：820-826.

琢玉坊内设有玉器知识堂、玉器展示厅、玉器定制房等。有蚌娘采珠，妩媚江南：珍珠坊设在护城河边的画舫上，主要陈列珍珠饰品和珍珠工艺品。有白釉青花，素雅江南：瓷器坊内包括“陶瓷之路”[①]模型馆、瓷器知识堂、瓷器展示厅等。有红莲满城[②]，写意江南：灯笼坊内设有陈列室、制作室和点灯祈愿室。有舞衫歌扇[③]，摇曳江南：古扇坊内设置古扇陈列室、扇面DIY工坊等。有丁香[④]结愁[⑤]，烟雨江南：雨巷坊其实是油纸伞坊，设有油纸伞陈列馆和油纸伞制作区。有童年记忆，市井江南：游戏坊再现老城南居民童年游戏的场域，所展示的游戏包括斗鸡子、一二三到下关、太平天国、翻沙包、吸驼子（也就是跳马）、官兵捉强盗、挑金针、拍洋画等。

“江南七十二坊”坊名概念设计汇总表

1.皮具坊	2.中药坊	3.珠宝坊	4.钟表坊
5.鞋帽坊	6.胭脂坊	7.蓝印花布坊	8.雪茄坊
9.绒花坊	10.华服坊	11.云锦坊	12.灯笼坊
13.黄酒坊	14.珍珠坊	15.桂花鸭坊	16.紫砂壶坊
17.龙井坊	18.古扇坊	19.江南地街	20.昆曲坊
21.经书坊	22.丝竹坊	23.泼茶坊	24.古琴坊
25.丹青坊	26.女工坊	27.赌书坊	28.江南书坊
29.客栈坊	30.魔术坊	31.陶艺坊	32.竹简坊
33.乌篷船坊	34.汤泉坊	35.唱片坊	36.藕香坊
37.创意坊	38.绸布坊	39.老洋行坊	40.香油坊
41.宠物坊	42.古玩坊	43.杏林坊	44.雨巷坊（油纸伞坊）
45.辑里丝坊	46.青团坊	47.苏绣坊	48.国瓷坊

---

① “陶瓷之路”是日本古陶瓷学者三上次男先生在20世纪60年代提出的，人们多称之为“海上丝绸之路”。

② 北宋欧阳修《蓦山溪·元夕》云：“纤手染香罗，剪红莲、满城开遍。”“红莲”即“莲花灯”，此处引申为灯笼。参见：［宋］欧阳修. 欧阳修全集：蓦山溪一首［M］. 北京：中华书局，2001：2038–2039.

③ 北宋苏轼《朝云》云：“经卷药炉新活计，舞衫歌扇旧因缘。”参见：［宋］苏轼. 苏轼诗集：朝云诗［M］.［清］王文诰，辑注. 北京：中华书局，1982：2073–2074.

④ 戴望舒《雨巷》云：“撑着油纸伞，独自彷徨在悠长、悠长又寂寥的雨巷，我希望逢着一个丁香一样的结着愁怨的姑娘。”参见：戴望舒. 戴望舒作品精选［M］. 胡慧莉，周少华，选编. 武汉：长江文艺出版社，2003：34.

⑤ 南唐李璟《浣溪沙》云：“青鸟不传云外信，丁香空结雨中愁。”参见：［清］张宗橚. 词林纪事：南唐嗣主［M］. 南京：凤凰出版社，2019：29–30.

（续表）

49.霓裳坊	50.云糕坊	51.小笼包坊	52.发艺坊
53.四宝坊	54.大闸蟹坊	55.饮冰坊	56.巧克力屋
57.膳食坊	58.酒酿坊	59.糕点坊	60.咖啡馆
61.龙泉坊	62.怀旧坊	63.钱业公所	64.梨园坊
65.江南食坊	66.典当坊	67.秦淮坊	68.五德坊
69.杭帮坊	70.东江鱼坊	71.车轮饼坊	72.青花瓷坊

上表为策划初设的“坊”名意向，其核心是要让“江南七十二坊”具有就业、创业和消费功能，每个“坊”都能够成为一个集制作、展示、销售、娱乐、消费于一体化的场景化空间。

这是推动江南文化再复兴的策划和规划，也是一个全新的“文化规划”，“文化规划涉及构成一个社会文化资源的活动、设备和便利设施。这种规划的框架已经得到了发展，在一定程度上体现了从文化规划视角为政策制定提供的不同领域：‘一个监测并对城市文化资源的经济、文化、社会、教育、环境、政治以及象征意义发挥作用的过程。’”[①]但愿，我们的策划、规划和创意能够实现。

① ［英］格雷姆·埃文斯. 文化规划：一种城市复兴？［M］. 李健盛，译. 北京：北京师范大学出版社，2022：12.

所谓文化创新，是指一个品牌传达了创新的文化表述。如同我们已经论证的那样，世界上一些最有影响力与最有价值的品牌之所以成功，是因为它们能够提供创新的文化表述。因此，要理解文化创新的话，就必须首先理解文化表述在创造消费者价值方面的中心作用。然后就需要理解特定的文化表述是如何以一种新的蓝海为目标，即我们所说的意识形态机遇，通过更加常规的创新的产品和市场营销战略来超越竞争者。[①]

——道格拉斯·霍尔特，道格拉斯·卡梅隆

“条条道路通罗马，道路条条人寻归。一座好城市，应该是一所好学校。一所像学校的城市，必定是一座好城市。”“城市文化资本”再生产的目的就是为城市谋幸福！

——张鸿雁

---

① ［美］道格拉斯·霍尔特，道格拉斯·卡梅隆.文化战略：以创新的意识形态建构独特的文化品牌［M］.汪凯，译.北京：商务印书馆，2013：176.

第二十八章
参与全球竞争——城市价值与品牌文化的世界性

城市价值，在于人民对这座城市的热爱和向往，在于人民愿意在这座有伟大文化的城市里居住、工作、创业和生活……这样的城市能够尽可能让每一个人充分创造自己的最大价值，努力追求和实现理想。其实，这种说法很简单，人人有价值、人人创造价值就是城市的价值所在。

有的城市能够创造充分就业，有的城市能够让人感觉舒适，有的城市能够给每个人提供多样化的选择机会，有的城市让人觉得在这里可以生活一辈子，所谓“择一城而终老……”在具体的生活中，人们对不同的城市会有不同的评价，或肯定或否定或不置可否，这些感知都是在大众心理的价值，或曰：民众心理有杆秤，就是对某一事物的终极评价。很显然，有好的口碑并能够流传的就是一种城市品牌价值。由此可以这样说：我们必须建构良好的城市形象，不仅仅是为了宣传推广城市，更多的是为了提高城市市民的生活质量和文化自信，让城市真正成为国家和民族经济、社会、文化创新发展的动力。

城市品牌和品牌城市的创新就是要建构核心竞争力资源，就是在创造城市价值和提升城市价值，正如每座“全球城市”都敢于提出自己的城市价值和价值主张一样，如“伦敦价值”“东京价值”“巴黎价值”“纽约价值”等都有理想主义的表述和具体的价值主张及做法，当“全球城市”和一些在世界上有影响的一线城市在宣布、推广自己的城市价值和价值主张时，往往会产生强大的文化感召力、文化认同力，表现城市文化软实力的引导力，而某些二、三线城市虽然也提出过自己的城市价值主张，但往往是社会认可度不高，甚至没有出现任何反应的。显然，城市品牌和品牌城市的本质就是城市价值，而城市价值的核心是城市所带给人民的幸福。通过比较不难看出，在全球经济与文化的竞争中，都是以城市作为竞争的主体和载体的（前文已经论述过），中国城市的未来发展，必须创造与“全球城市”比肩的价值以适应全球新文化产业分工的需要。通过创造可以培育出创新文化的土壤，以实现全球高端的经济要素、产业要素、科技文化要素、国际人才资本要素等向中国一线城市集聚，中国的某些一线城市也已经处在世界城市发展的第一方阵序列，如北京、上海、深圳和广州等，但是与“全球城市”标准和城市价值相比还有较大差异，需要在百年不遇的大变革时代，抓住机遇、创造机遇，以建构全新的科技、文化、生态和生活方式的综合化、国际化和高质量的发展模式，在中国城市价值的创造上领先一步。

一、城市品牌文化的全员共识——品牌通道与品牌管理

从整体上看，中国一些城市在城市品牌和品牌城市建设上还存在着一些误区和知识短缺：不知道城市品牌和品牌城市为何物？品牌如何凝聚文化来代表城市？城市品牌如何区别于商品品牌而创造城市形象？以为一句口号、一个产品品牌、一个标志或一个IP就是城市品牌了。事实上，城市品牌是一个历史过程产生结果的系统构成，包括城市文明体系、城市服务体系、城市管理体系、城市生活体系、城市环境体系、城市精神体系、城市行为体系、城市就业体系、城市消费体系、城市视觉体系、城市形象传播体系等，必须通过有意识地建构、培养、塑造和创新而成，是一个完整的、系统的“城市文化资本”再生产过程。如中国人的集体记忆之一“上有天堂，下有苏杭”这一句词话，包含着历史过程和无限内容，而这一创作也表达了很深层次的意涵：“西湖烟水茫茫，百顷风潭，十里荷香。宜雨宜晴，宜西施淡抹浓妆。尾尾相衔画舫，尽欢声无日不笙簧。春暖花香，岁稔时康。真乃‘上有天堂，下有苏杭。’”[①]该散曲既描述了杭州的山水环境美，也描述了这个地方四季安康、风调雨顺的生活美，另外，其描述也隐喻地表达了这个地方的一种幸福、平静和安全的江南生活样态，关键是这种“天堂印象”和感知从古至今代代流传，没有因为经历时间推移的磨砺、朝代更迭的沧桑变幻而改变人们对苏州和杭州的“天堂印象”，历代无数文人墨客竞相赞美江南、赞美苏州和杭州的生活场景，并把这两座城市作为江南文化与江南生活方式的代表，从这样的历史事实中可以悟出一个道理：即能够让天下都认可的美好城市，不是一句口号、一次活动就可以说明的，一定是有深厚的历史积淀和当下城市创新所建构的城市价值以及精致而幸福的现代生活，才有可能使城市成为人们心目中的模样——“美丽江南的天堂城市”。

品牌（brand）一词来源于古挪威文字brand，意思是留存于消费者心中的文化烙印。品牌文化既

---

① ［元］杨朝英. 新校九卷本阳春白雪［M］. 隋树森，校订. 北京：中华书局，1957：14-15.；隋树森. 全元散曲（双调）蟾宫曲［M］. 北京：中华书局，1964：152-153.

包含了品牌的价值与价格，也包含买卖双方的身份价值与消费者之间情感沟通关系的平等位置。对于一般消费者而言，品牌就是一种文化符号和使用者身份的表达与象征，是消费者自我人设并区别于他人的一种文化符号，正如有的学者说的那样：使用奢侈品品牌，最终是为了证明自己。城市对于一个市民来说，人们荣耀于自己所生活的城市，那么这座城市一定是有价值的城市，能够把城市作为自己的身份背景和资本，这样的城市一定是人们公认的有价值的城市。如“我是北京人”“阿拉是上海人”“我是香港人”“我是深圳人”“我是杭州人”“我是沈阳人”……所有人对所生活的城市都会有不同的印象和内心的评价标准，有时，只是一种意会而不能言传，这种行为和心理活动是文化心理结构构成的潜意识和文化心理定势。

城市品牌不同于商品或产品品牌，虽然在单纯的品牌意义上说，名称与标牌有着某种品牌联系，但也只是部分表达，世界十大奢侈品的品牌和一个不知名的产品品牌都有商品名称，但其内涵和价值是不能相提并论的。真正的品牌具有鲜明的社会属性，可以通过产品质量来表达社会责任及社会地位符号等；有些品牌文化的溢出价值可以创造消费者的满足感，进而创造忠诚的客户群和可持续的消费行为，而这一过程是通过消费者和旁观者的价值取向来创造的。但是，城市作为一种品牌或用品牌代表城市，与商品品牌相比有着十分清楚的界线：城市是国家机器的一部分，城市品牌表达的城市文化是国家的形象和利益，具有鲜明的公共性价值、居民群体愿望构成的价值、个体需求对公共服务要求的价值、社会环境品质的社会责任价值及大多数人的利益表达和获得感的价值等等，城市品牌与商品品牌区域的核心词是：国家利益、公共性、历史性。

我们经常能够看到人们在城市品牌和品牌城市的理解上存在的偏差和文化误区：一是不清楚城市品牌在消费领域传播的规律与社会应用价值，城市品牌传播的受众有时不一定是消费者，而只是单纯的受益者和政策的服务对象；二是在城市形象与城市品牌推广上不清楚“流量”与城市品牌吸引力的关系，城市传播有时不仅仅是引导受众产生“购买”行为，而更多的是引起受众的关注，在关注中产生并创造需求和价值，城市品牌是为了让受众——消费者，获得应该获得的利益和最好的服务；三是不清楚受众的需求意向内驱力，而只是单向地采取灌输性的“宣传自己想要宣传的内容，而不是受众想要的内容”，有时会适得其反；四是不清楚城市形象塑造的体系、内容和方法，把创作一首歌曲或搞一场演唱会等同于城市品牌推广，有时几乎没有任何作用；五是不会利用各种商业综合体、购物中心、旅游景区与城市品牌、城市形象来构建整合营销的关系，特别是各种各样的城市政务、商务服务窗口，是城市形象的“门面”和“脸面”；六是不知道城市所有的管理者、服务者、市民和外来者等本身的行为文明与否所表现的文化素质，也是城市形象的重要内容。

网络社会与“镜像社会”从双向朝我们走来，品牌传播接收和反馈的方式已经发生了质变，现代城市形象与品牌传播包括所有商业品牌的传播，一定是交互式、融合式、立体式、组合式、矩阵式、直接式、“通道式”以及准确的“靶向式”“点对点式”的直接传播形式。你、我、他和众人之间的传播已经不是从A到B再到C，而是从A到N并可以通过无数个点对点传播的同时，实现共时性的同步传播，城市品牌和商品品牌一样，在传播中，A+B+C+N……都在一个“共时空”里并且会形成某种共情，甚至无数的消费者和传播者会同时获得传播者、消费者的各种信息，双方都可以清楚地知道传播者的目的和使用者的目的，同时知道同类品牌的不同认知信息，并以此获得正反两方面的反馈意见。因此，品牌传播在强势表达的同时，还运用科技的工具理性，赋能以文化亲情化的表达方式与受众和消费者之间的沟通。在宣传推广的过程中，要避免可能出现的负面因素。正如哲学理论上“证伪主义”①的观点那样：一个“凡天鹅皆白”的命题，可以因为出现一个黑天鹅而被否定，这就是时代的特殊性和特点所在。

真实、诚信、义务和责任，可以成为当下网络社会传播实现真正成功的一个真谛。虽然传统营销的传播方式、基本方法仍是客观存在，但是在观念上、主客关系上、传播方式上和第三方面评价的意义上，使得传播更具有竞争性、挑战性、复杂性甚至还有进化性，特别是当智能网络和AI的出现，智能虚拟拟人化的传播方式日渐成熟，这也可以说是一种可怕的“进化”，当然也是科技发展的双刃剑，有可能会带来相反的结果。传播过程本身就是一个复杂的竞争过程，变量较多，竞争附加了很多例外因素，使某种失败的传播会出现“失速”和“失控”的现象，像多米诺骨牌一样，结果难以想象和预料。城市形象品牌一定是相对完善和相对完美地建立在大多数人认可的基础上形成

---

① 证伪主义（falsificationism）：波珀关于科学方法、科学分界标准和科学发展模式的学说。在《科学发现的逻辑》中做出系统阐述。该说反对归纳主义和以证实原则作为科学分界标准，认为没有一个普遍科学陈述可以从观察陈述推演出来，或者可以描述为观察陈述的真理函项。单个观察事实足以证伪全称陈述，科学与非科学的划界标准是经验证伪原则。证伪主义强调的科学方法是猜测一个反驳方法或试错法。任何科学理论都是试探地被提出，然后加以检验。如果检验的结果表明这个理论是错误的，这个理论就要被放弃，为新的理论所代替。试探性理论总有可能是错的，在科学中应该贯彻批判的精神，通过批判性的讨论和研究，人们认识到这些错误，从错误中吸取教训，推动科学发展。科学方法的格言是“大胆尝试，严格检验”。证伪主义提出了科学方法的图式和科学发展的模式。参见：金炳华，等. 马克思主义哲学大辞典［M］. 上海：上海辞书出版社，2003：387-388. 波珀在书中说道：“理论在经验上是决不可证实的，假如我们想避免实证主义者所犯过的错误……那么我们就必须选择一个标准”，“可以作为划界标准的不是可证实性而是可证伪性，换句话说，我并不要求科学系统能在肯定的意义上被一劳永逸地挑选出来，我要求它具有这样的逻辑形式，它能在否定的意义上借助经验检验的方法被挑选出来，经验的科学的系统必须有可能被经验反驳”。参见：［英］波珀. 科学发现的逻辑［M］. 查汝强，邱仁宗，译. 沈阳：沈阳出版社，1999：19-20.

的，强化传播者的优势、特点、美好、责任和义务等，全过程必须是以真实、诚信和集体良知为根基的，否则，若发生信誉、信用危机的话容易产生相反的效果。如一座城市往往会通过会展、会演等活动推出一座城市某一方面的城市品牌和城市形象，信息的共时性使得传播必须事先建构危机处理的快速反应机制，以保证传播的正常和有效进行。在宣传方案的推演阶段就要进行各种各样的案例结果和舆情监测，在过程中可能会出现A、B、C+N方的多样性评价的可能，要进行评估预测，用大数据的手段对海量因素进行分析，包括受众的倾向性感知等。在城市形象和城市品牌传播中的优先战略与战术选择要采取“空隙定位战略”“超前定位战略”和“亲情化的伙伴定位战略”三重复合型的品牌传播战略，这是“镜像社会”左右着的现代信息传播和生活方式下的一种必然选择，每个人既是使用和实践者，又都是传播者，每个人还是事件价值评判者。

传统企业的营销更多地注重“顾客”对商品价值的满意程度，商品价值包括一系列的服务，特别是售后服务等，而城市形象与城市品牌营销在注重顾客价值需要和满意度的同时，更注重城市社会整体利益的需要和文化价值的社会导向功能，能否对一个城市社会整体形象产生文化认同，这就需要多方面的社会建构、文明塑造和文化创新。注重历史赋予城市的责任是不可或缺的，城市品牌文化传播要打破21世纪初兴起的“经营城市”的理论与观念，城市营销不只是针对受众进行的“文化消费”，更重要的是追求推动城市创新发展的价值，最终创造城市的社会责任和全民福祉的最大化。全球城市的研究机构每年都会发布城市发展和城市形象塑造的研究报告，并提出下一年度的发展目标和未来愿景，其核心的价值取向是关注城市自身品质的塑造和市民的生活质量。英国学者史蒂文·蒂耶斯德尔也有同样的观点：“地方（城市）行销的目的不仅仅是为了作广告，它更致力于重建地区形象。所以那些特殊形式的活动，包括能够反映和支撑城市形象的旅游和文化活动通常就成为其主要表现形式。地方行销的首要目标是为投资者、观光者和居民建立一种新形象来代替现有的城市形象。现有的城市形象要么太模糊，要么就有负面的内涵。进一步讲，地方行销不仅能推广和宣传本地区，还能够调整‘产品’以更好地适应‘市场’的需求。”[①]城市形象行销的目的之一，是让人们认识到我们的城市是一个投资热土，是可以创业的地方，当然，一个适合创业的地方，一般来说一定是一个适合居住的地方。适应市场需求是城市生存的王道，在终极目标上，城市形象的传播与行销是为了解决城市自身的可持续发展和高质量发展问题。早在20世纪90年代，菲利普·科特勒（Kotler）对欧洲等发达国家城市高速发展后出现的问题进行研究，他认为城市彼此之

① ［英］史蒂文·蒂耶斯德尔，蒂姆·希思，［土］塔内尔·厄奇.城市历史街区的复兴［M］.张玫英，董卫，译.北京：中国建筑工业出版社，2006：70.

间存在竞争，要么在竞争中发展，要么在竞争中衰退，总之，竞争加剧了城市社会问题的演化，如城市土地流失问题，高速发展的城市化，使土地和劳动成本上涨，传统产业向城市外迁移，城市人口生活水平差异拉大，城市失业现象较为普遍，还包括城市税收短缺、城市犯罪增加，以及都市设计与规划滞后等问题。对于城市在高速发展中出现的问题，科特勒认为："城市在发展中必然会产生更多的社会问题，迫使城市政府必须通过营销手段来经营城市、管理城市，创造投资环境吸引人才和资金以求推动城市经济快速发展。"城市形象与城市品牌营销的举措还包括政府行为中的城市基础建设服务、改善城市生活与投资环境，同时还包括如何改变传统落后的、封闭的传统文化价值观，在提高城市市民品质的同时，建立与城市形象推广相一致的新价值观，并将全新的时代文化价值观、社会责任意识和经济高质量发展相融合后进行科学而有效的行销与传播。有关资料表明，即使是发达国家城市中的企业，每年制定的宣传与行销计划不到26%，其中58%是因为缺乏专业知识，42%是因为预算不足。近些年来，这种情况在中国有了很大改观，世界上的一、二线城市每年都会发布城市形象与城市文化发展报告，用大量的篇幅来介绍和推广城市形象、城市品牌、城市营商环境等，以求使城市形象宣传能够获得最佳投资。2024年世界最佳城市排名前10的是：英国伦敦、法国巴黎、美国纽约、日本东京、新加坡、阿拉伯联合酋长国迪拜、美国旧金山、西班牙巴塞罗那、荷兰阿姆斯特丹和韩国首尔[①]。

在"城市文化资本"理论视角认知下，现代城市必须创造全新的创意文化产业、创意阶层的发展机制，通过特定的文化创意和科技生产+文化的创新，把城市形象和城市品牌创造作为城市核心竞争力提升的关键性生产环节。城市可以用无数个城市要素来说明城市价值，城市内有无数个要素都可作为城市品牌来打造，如商品品牌、企业品牌、旅游景区品牌、文化艺术品牌、酒店餐饮品牌等等，既可以无限组合，又可以无限分类表述。人们会很自然地将某个名牌产品、商品与它的产地结合起来，把它作为这个地区的文化符号和象征。如加州的硅谷、上海的张江、南京的夫子庙、北京的王府井、上海的南京路、西安的大唐芙蓉园等，都从特定的方面代表了城市的发展特色，因为，无论哪一种名牌的产品都可以作为城市文化与形象要素的载体，有效地传达城市的信息和价值，不仅提升了所在地区的经济和文化实力，而且还提高了这些城市的城市形象和城市知名度。同时，每

---

① 咨询公司Resonance Consultancy，发布了2024年世界最佳Top100城市排名。其评分指数分为三大维度：宜居性（Livability）：步行指数、景点与地标、机场通达度、博物馆、高等教育等；可爱性（Lovability）：文化、夜生活、参观、购物、谷歌搜索、社交媒体数据等；繁荣度（Prosperity）：教育程度、GDP、贫困率、世界500强公司、初创公司数量等。Resonance Consultancy. The World's Best Cities. All In One Place，The World's 100 Best Cities 2024［EB/OL］.［2024–03–12］. https://www.worldsbestcities.com/.

个名牌产品都蕴含着丰富的文化内涵，或是城市历史的，或是商业老字号的，或是民族文化的，又或是有科技含量的等等，也有很多城市的一些品牌的影响力和知名度大于城市本身。因此，从商业品牌文化的角度来说，城市产品品牌是城市的一张名片，政府应加大力度支持本地名牌企业、名牌产品和与企业相关的名人——企业家，针对城市内产业发展的具体情况，选择有实力、有文化、有责任感、有代表性的企业产品，可以作为城市形象和城市品牌宣传推广的一个载体，进行技术创新和文化赋能，逐渐将其培养成在中国乃至世界范围内具有较高知名度的名牌产品，既增加提升了企业的生存能力又创造了城市的发展动力。世界上的“全球城市”都是品牌城市，“全球城市”的价值很大程度上表现在各种各样的商品品牌价值上，因为，所有能够成为世界品牌的商业都是在创新的基础上发展起来的，都具有浓厚的民族文化质性，全球一线城市的城市形象传播在很大程度上是依靠城市生产的世界名牌来向世界传递的。

城市服务创新是城市品牌的重要组成部分，这在发达国家近代化以来就出现了。但是，现在却发生了更多深刻的变化，从一般的生产型和生活型服务产业创新的范畴来说，如果中国城市要向“全球城市”看齐而实现高级化跃升发展的话，就要创造性地提出：建构为“创新服务产业”——专为创新服务的产业。因为，世界已经进入一个“创新时代”，几乎所有的国家、城市和企业都在提出创新发展的理论和战略模式，“谁来为创新发展服务？”必须在城市的发展中创造性地建构城市创新服务产业和创新服务的系统集成服务模式。城市不仅要创造与生产一般意义上的产品与核心技术，还要创造和生产“服务形态”与“服务方式”“服务模式”，城市管理的本身就是一种社会服务系统，进一步说，服务是城市的一个必然性产品，只是看为谁服务、怎样的服务。城市是市场的载体，城市是人们的生活消费中心，只要城市存在，服务内容与形式就必然存在，服务是城市的一个本质属性，就是马克思强调的人与人的服务关系，城市管理本身就是服务，城市创造产品也是为社会和消费者服务。我们会发现，不同的城市服务水平是不一样的，比如在东京、新加坡、中国香港等城市，在飞机场、火车站、商店、宾馆和政府服务的各种窗口与内地的某些城市是不能相提并论的。在城市“印象”、意象和感觉中，人们对任何城市的好感程度，都与城市的服务相关。城市形象塑造最重要的意义在于城市内部创造的凝聚力和城市外部创造良性的注意力。在《皮尔松那形象法则》一书中说：“成功的最大障碍是没有人看见你的成就，一个人即使再优秀，再有才华，经验再丰富，如果消费大众不知道你的存在，你就不可能成功。”[①]人们对城市的感知是社会信用体

---

① ［美］德瑞克·李·阿姆斯壮，余金伟. 皮尔松那形象法则——成功打造个人和企业的金字招牌［M］. 张美惠，译. 北京：经济管理出版社，2001：3.

系的一部分，城市靠什么创造信用？最好的品牌都是以特有的文化为背景的，最好的品牌也一定是一个讲信用城市的背书。

城市危机从表面上来看是具有偶然性的，但在其本质上还存在着必然性，任何城市文化都存在着与时代不相适应的要素，世界是变化的，在变化中社会各阶层也都会发生某种变化，一部分群体的某些利益会在社会的变迁中受到影响，并成为社会的矛盾因子之一。城市的存在，本来就是文明要素与野蛮要素并存的综合体，城乡二元结构又加大了社会问题的深刻性。不良的城市文化观念和行为会在城市内部产生，包括社会犯罪和群体事件等，这就要求城市形象、城市品牌建构和宣传要与市民社会需求具有同一性，前提是建构共同的文化价值观和共同的城市愿景，减少城市危机及负面文化现象发生，主要方式是沟通：第一是直接沟通，第二是直接沟通，第三还是直接沟通……直接沟通是消除误会最有效的方法，是建立宣传者与被宣传者之间最短的通道，让城市宣传主导者、城市市民和城市的外来者快速形成共识，强调主客共享的城市文化价值体系——这样的立意本身就使城市宣传成功了一半。城市文化认同需要创造双方的主观意向相互介入——共同了解和共同理解的机会，并以共同的利益为基点进行广泛的沟通，其方式有很多种，包括对话、互动、接触、互容、适应、融合、兼并和同化等等，用一种文化综合治理的方式来解决社会问题，创造多元共存的价值观、共生性竞争的价值观和城市社会整体互相依赖性竞争生存的文化价值观。

城市形象推广区别于一般的城市单向宣传的要点之一，就是要强化城市形象传播的主观介入与共享——受众满意与建构忠诚机制的内在法则。星巴克的成功是因为它为一个非常重要的观念提供了一个独特的并能引起共鸣的文化表述——社会阶层。星巴克富有竞争力地传达出一种身份，学者称之为文化资本，更常见的称之为品位。“为了理解星巴克关于‘品位’的文化表述为何能够激发强烈的共鸣，我们需要将它拆解为三个构成元素：意识形态、神话、文化密码。”[①]中国城市形象传播的文化密码的核心应该是真诚、契约关系与共同利益。城市形象塑造是城市在整体上的一种创新，城市形象推广的最终目的不仅仅是展示城市外在形象，更深层次上的含义是让城市市民对城市整体的生活环境、工作环境、发展环境达到日益增长的欲望的“满足”或称“满意度”。在“满足”与使“受众”满意的层次上，罗格森伦早在1974年就绘制了“满足范例”[②]，尽管这个范例不是十分完善，而且在

---

① ［美］道格拉斯·霍尔特，道格拉斯·卡梅隆. 文化战略：以创新的意识形态建构独特的文化品牌［M］. 汪凯，译. 北京：商务印书馆，2013：179.

② ［英］丹尼斯·麦奎尔，［瑞典］斯文·温德尔. 大众传播模式论［M］. 上海：上海译文出版社，1997：105.

层次上的表述也不够明晰，但可以启发人们的进一步思考，如果对罗格森伦的“范例”进行重要组合的话，也可以这样解释，当然这是笔者个人的解释方式，大体可以分为七个层次：

第一层次主要是个人满足体系，这主要是运用了马斯洛的“七层次需求说”，包括个人的生存、安全、交往、社会关系、自尊、他尊、自我实现及理想实现。第二层次是个性化需要在社会环境中的体现及社会条件相互作用而产生的问题。这个“问题”就是需求的一个表现，受众不能得到应该得到的“满足”，就会发生相关“问题”，就必须通过创造受众满意来达到社会宣传的效果。第三层次是强调除了消费文化意义之外的媒介社会责任价值体系，各种的宣传和推广要考虑其“社会后果”。在现代社会特别是后工业社会时代，“消费媒介”与“媒介消费”是城市人生活方式的构成部分，没有媒介的生活方式是无法想象的。因此，任何城市形象的建设具有“城市文化资本”的意涵，在媒介消费的领域也能充分得到解释和说明。第四层次是受众中的不满意与满意的差异及社会意义的观察与分析，如何满意、满意什么，更重要的是如何不满意，为什么不满意，如何让不满意的群体满意起来，这是21世纪传媒与城市形象宣传的重要形式和任务，这是在“人性化、平等和非歧视的意义上的传媒运作”，也是本书提出的重要观点之一。第五层次是宣传形象传播的效果意义，即政治的、文化的、生态的、心理的和经济的意义。第六层次是尊重每一个人的存在价值，并尽可能地帮助个体实现自尊意义上的价值理想，当自尊也能够成为城市社会的一种文化表征时，当自尊和被尊重成为日常的习惯时，城市社会整体文明的高度发展也就为期不远了。第七层次当然是在个体理想的实现中，完成群体理想，这个前提是社会整体必须存在一种“利他主义倾向”的文化，社会中要充斥着“绅士文化”，尽管这个词可能有些不当。是的，中国的社会必须有一个样板阶层，成为社会整体的“模板”，而这个模板的核心价值是“关爱他人”，这似乎与我们古代社会提出的“大同社会”①有相似之处。当我们把城市形象的构建作为“城市文化资本”运作的一个过程

---

① 《礼记·礼运·大同》篇曰：“昔者仲尼与于蜡宾，事毕，出游于观之上，喟然而叹。仲尼之叹，盖叹鲁也。言偃在侧，曰：‘君子何叹？’孔子曰：‘大道之行也，与三代之英，丘未之逮也，而有志焉。大道之行也，天下为公。选贤与能，讲信修睦，故人不独亲其亲，不独子其子，使老有所终，壮有所用，幼有所长，矜寡孤独废疾者皆有所养，男有分，女有归。货恶其弃于地也，不必藏于己；力恶其不出于身也，不必为己。是故谋闭而不兴，盗窃乱贼而不作，故外户而不闭，是谓大同。今大道既隐，天下为家。各亲其亲，各子其子，货力为己，大人世及以为礼。城郭沟池以为固，礼义以为纪。以正君臣，以笃父子，以睦兄弟，以和夫妇，以设制度，以立田里，以贤勇知，以功为己。故谋用是作，而兵由此起。禹、汤、文、武、成王、周公，由此其选也。此六君子者，未有不谨于礼者也。以著其义，以考其信，著有过，刑仁讲让，示民有常。如有不由此者，在势者去，众以为殃，是谓小康。’”参见：［明］王夫之. 礼记章句［M］. 长沙：岳麓书社，2011：535-549.

时，就必须强调在这种经营过程中社会责任的第一性。

文化有数百种概念，物质层面的、制度层面的、精神层面的，人和人创造的一切都是文化[1]。文化具有传统性、习惯性、流动性、传承性和溶解性。城市文化是一种地域形态的组织文化，是在一定自然与人文历史背景下创造出来的物质的、精神的、制度的和由其他多种文化遗存的多种形态特质所构成的复合体。从文化学的普遍意义上讲，城市文化一般都会显现某些文化共性与特征：（1）城市内部会产生大体相近的文化价值取向和地域文化认知。（2）一定意义上的同质性生活方式和异质性文化并存。（3）区别于乡村的是属于城市独有的文化特质和文化模式。（4）在一定社区范畴内会有共享的文化知识和习得经验并能够建构起集体记忆。（5）每个相对独立的社区都会拥有地方性的文化丛，如地方性语言与交往方式、特有的婚丧嫁娶文化行为等。（6）一座城市在整体上有相似的地域性城市文化人格特征。（7）对他城、他乡及外来文化都有不同程度的文化排异性。（8）一方水土养一方人，城市自身会生长出本地精英文化，并具有一定的地方保守性，在某种程度上会影响城市文化的发展及走向。（9）内地城市比沿海城市在文化上相对保守。无论城市的发展水平如何，让城市市民获得城市形象要素的满足感是非常有必要的，让市民充分了解城市文化与城市形象的内涵，包括城市形象建设的城市规范与原则。城市内部要形成一个具有文化共识，全员参与的城市形象建设活动，而且要强调“每一个人都是城市文化形象元素”“每一个城市人都能代表城市形象”，如果能够让这一认识深入人心，形成某种“主观介入”的文化自觉状态，城市社会的文明和城市形象的提升只会是一个时间问题。

以“城市文化资本”运作的模式推广城市形象，并不完全是以“市场性”取向为前提的，而是强调社会整体和人民的利益为第一性，建设美好的城市形象是为了“城市市民生活更美好”，是以提升城市社会生活质量、提升国家城市化和城市现代化质量、提升城市全员的经济与文化品质为终极目的。虽然不是以追求经济效益为最终目的，但是在这一过程中也必须认识到，“市场机制在增加城市土地供应，转变土地利用方式，设定土地消耗量、建筑面积和建筑高度方面是有效的。市场通过土地价格在空间和时间上的变化来塑造城市”[2]。正因为这样，必须以城市市民全员利益与城市可持续发展为基本原则，通过城市品牌+独立IP的运作使城市全员受益，而不是仅限于少数人受益，这就是“都市性”—“现代性”的价值，也就是城市存在的意义，包括城市文化自觉与城市空间美

① 张鸿雁.城市文化资本论［M］.南京：东南大学出版社，2010：507.

② ［美］阿兰·贝尔托.城市的隐秩序——市场如何塑造城市［M］.王伟，吴培培，朱小川，译.北京：中国建筑工业出版社，2022：49.

学的高尚性都是如此，“这种转变的关键在于要把历史遗产看作一种财富而不只是一种责任”[①]。由于城市本身就是一个竞争性的社会，而正是因为有了这种竞争，城市才能够成为个人和群体发展及生活的舞台；同样也正是因为有了比乡村更充分的竞争空间，才引发人们产生不公平感的个体空间占有方式和这个空间的获取方式。“再也没有什么比‘都市性’（urbanité/urbanness）更加充满矛盾的了。”[②]城市精英群体文化理念的再现是“都市性”的一种表现，因为，大多数的中小城市没有典型的城市精英群体，缺乏城市文化自觉的引导性。一个人的文化资本主要源于受教育程度和受教育后获得的知识与能力；一个家庭的品位源于一个家庭的文化资本，而一个家庭的文化资本主要源于家庭的整体文化教育及文化转化成经济资本的能力；一座城市的文化品位源于城市市民的素质和城市市民社会的成熟程度，而一个城市社会市民的成熟源于城市居民的整体受教育程度和获得教育后的应用能力，这一能力集中体现在城市的教育与科学技术发展水平……在全世界都能够看到，一座有良好城市形象的城市，都有良好的市民社会表现，都有一个文化精英群体作为城市文化创新的中坚。同时，在全世界范围内都还可以看到，世界级的城市所表现的城市形象，都是以一流的科学技术与一流的高等教育作为基础的[③]。

二、伟大街道与商圈文化转化为城市硬核：以品牌建构城市品质

现代城市的传统街道已经移进了室内，而且街区的室内化已经发展为室外化和立体化，日本的六本木，就将自己打造为一个立体的城市。

一座伟大的城市，一定有一个伟大的街道！这是雅各布斯的一个重要观点：街道是一个可教育人的空间。2008年，我们在做南京的某街区规划时就提出了街道的“十六可”概念，其首位是可以学习借鉴的。雅各布斯说：很多城市都有“许多优秀的街道、伟大的街道，以及昔日很多伟大的街道。需要知道，并非只有这些街道才能成为我们提供学习的素材。世界上有许多杰出的街道——有的意义非凡，有的声名显赫，有的独一无二，有的独树一帜，它们都能教给我们很多东西，就连不

① ［英］史蒂文·蒂耶斯德尔，蒂姆·希思，［土］塔内尔·厄奇. 城市历史街区的复兴［M］. 张玫英，董卫，译. 北京：中国建筑工业出版社，2006：68.

② ［法］亨利·列斐伏尔. 空间的生产［M］. 刘怀玉，译. 北京：商务印书馆，2021：569.

③ ［美］詹姆斯·E. 万斯. 延伸的城市——西方文明中的城市形态学［M］. 凌霓，潘荣，译. 北京：中国建筑工业出版社，2007：12-14.

那么美的街道，也不是完全没有东西值得借鉴……”我们研究街道“包含如下要素：建筑高度、建筑长度、店面宽度、人口间距、行人数量”等。城市街道的主人是城市的市民和行人，这是很多人文主义学者的认识观。“在大街上，每个人都被假设为不会攻击对方，任何一个违反这种法律的人都会被谴责为犯罪行为。这种空间的预先假定存在一个紧密联系的‘空间性经济学’，虽然它与人们常说的‘经济学’并不完全一致。这种经济学为特定地点（商店、咖啡馆、电影院）带来了稳定的人际关系，因此也造就了一种关于这些地方的含蓄的话语；而这些反过来也导致了一些共同理解和惯例，据此，例如人们认为这是一个没有麻烦的、宁静的地方，在这里人们和平相处，度过一段美好时光，如此等等。”①街道，是公共空间，而且是有边线、界线的空间，更是一座城市具有交通用途的道路空间，而人和物，利用交通道路空间时是要遵守交通规定和相关法律规定的，在理论上是安全的。街道可以分为不同的类型和等级，在总体上说城市街道是一个交往的空间和通道，也是人类的社会消费品，越是现代化的社会，街道空间的消费价值就越大，因此，在城市社会发展中，街道也在转型升级和多样化发展，因此需要有更多类型的空间。

当然，各种街道因国情不同、社会文化不同，其内在意义也有很大的不同，包括空间形式也有着重大差异。比如在中国，城市街道与社区及社区公共空间的关系有独特性，即大部分城市街道两旁的社区、居民小区基本都是封闭型的，有着严格的门禁制度，社区、居民小区里的道路与城市公共交通的连通度较低，这种情况与很多国家开放型社区相比有很大的差异，若按和辻哲郎所说的“西欧式的空间统一”来考虑取消围墙的话，中国的城市社会空间关系就会出现某种问题，不大符合中国国情。中国的居民小区楼盘内部的交通道路及相关空间土地是属于小区业主的财产，具有产权属性，因此，居民小区楼盘的道路不能成为公共交通的一部分而使城市交通出现“中国式问题”。西方的城市则不然，“围墙是在街道周围建立的，而不是在庭院周围建立的，这就是西方的观点。世界上有不少没有围墙的大学、植物园、公园、社区和庭院。可能有人会提出如何管理的问题，这只是思想方法的问题，往往内部空间多戒备森严，一般市区的警戒听之任之，外部空间则毫无戒备。像日本这样治安教育非常普及的国家，是不需要围墙的，主要是从空间领域的观念上需要围墙。”②我们一直强调的是城市发展的前途在于开放，不仅要在思想观念上开放，更重要的是在实体空间上开放，使之与世界融为一体③。

---

① ［法］亨利·列斐伏尔.空间的生产［M］.刘怀玉，译.北京：商务印书馆，2021：85-86.

② ［日］芦原义信.街道的美学：上［M］.尹培桐，译.南京：江苏凤凰文艺出版社，2017：196.

③ 张鸿雁.中国古代城墙文化特质论——中国古代城市结构的文化研究视角［J］.南方文物，1995（04）：11-16.

中国的城与墙是一个古老而复杂又涉及面广的问题，国家的边境有长城——巨型的墙；城市郊区有外城郭，城市围有城墙，城墙里有内城墙，内城里有宫城墙，街区上有里坊墙，里坊墙里有胡同墙，胡同里有四合院墙，四合院门口还有一道墙——照壁。一个从传统农业社会走出来的城市，在生活方式上还是以往乡村中地主、绅士的深宅大院的方式，而且在现在的城市文化当中，人们仍然还在津津乐道"大院文化"——除了"机关大院""部队大院""政府大院"还有"银行大院""文工团大院""石油大院"等等。这也曾是某一群体和阶层的集体记忆，甚至还衍生出很多"大院子弟文化圈"等等，在很多文学作品中都有体现，这些大院的一个重要标识是有围墙、有门卫、有同质性群体等，我们从中可以看出这样一种空间发展的特殊现象。而现在在世界上很多国家的城市中都出现了"封闭型社区（gated community）"，每个国家有每个国家的特色，"这种社区用大门把除了住户及其亲友以外的其他一切闲杂人等都阻挡在外。私家保安、高墙、大门、电篱笆都表明人们对安全问题有所担心，对于城市中的他者恐惧不已。而大门反过来又加强了我们对于彼此的恐惧。这些小小的社区对城市中其他人群心怀恐惧，构成一个个分割的隔离区：城市的公共空间就成了这般模样。集体利益的概念也散碎成了形形色色的个人忧惧"。如迈克·戴维斯（Mike Davis）等学者把这种现象称为："刻画出当代的圈地运动'坍塌的公共空间''禁忌的城市''暴虐的街区环境''作为警探哈里的法兰克·盖瑞''圆形监狱般的购物中心''从商业保安到铁甲威龙'。对于全世界的其他城市来说，这些标题在不同程度上同样适用。"①相比较来说，中国的围合型封闭式小区更多一些，几乎所有的小区都有围墙和安保系统，在某些方面上也带动了部分就业。而我们要说的是，有形的墙和无形的"墙"的围合和有某种"社会围合"的空间都容易产生同质性文化，从整座城市来说，这类空间就会产生出不同类型的价值观和文化类型，就如人类历史上的一部分人走进有围墙的城市一样，城市里和城市外就产生了重大的差异——城市文化和乡村文化，并分别代表着先进与落后、保守与开放，这是人类社会空间文化的一种社会与文化属性所在，也是人类社会对空间的一种本能选择。人类社会从产生那天起，人们对于空间的获取、争夺就没有停止过，今天国际上的领土争端，仍然是世界不安定的因素之一。

从中国城市居住空间和住区结构来看，或者是从中国社会阶层分化在空间占有和获取的方式来看，全部开放型的住区楼盘或住区内的交通与公共空间的连通暂时还不适应。也"有人认为，在19世纪，城市公园是一个能在城市中体验乡村环境的机会，不同于现在某些人所认为的乡村应有的特

---

① ［英］约翰·伦尼·肖特.城市秩序：城市、文化与权力导论［M］.郑娟，梁捷，译.上海：上海人民出版社，2023：34.

征是荒野和蓬乱”，这种观点笔者比较认同，当代人正是经过对整个城市公园改造、规划和设计，使之变为城市和城市人的休闲生活空间，“这种体验是通过一种温和而整洁的形式提供的，例如修剪过的草坪和美丽的花卉，对于一些人来说，这可谓是市民公园运动的一个悲哀的终点。其他一些人并不认为这标志着市民公园的终点，而是预示着一种新的开发趋势，这种新的类型会伴随我们进入21世纪”①。1898年霍华德就提出了“田园城市”的理论，虽然这一理论带有理想类型的思维方式，但却影响了全世界城乡规划者朝着这个理想类型而努力，把城市里高楼大厦林立、产业集聚高、就业机会多等优点，与乡村田园风光的优点结合在一起，对此霍华德说：城市和乡村要“结婚”，在回归自然生态的同时创造后现代化的生活方式。在中国传统的文化体系中，传统乡村是封闭的，不仅在空间上是封闭的，关键是在思想观念和行为文化上也是封闭的，至今这种封闭的思想在乡村仍然占有重要位置。城市在本质上是开放的，因为城市人的关系不是以地缘、血缘关系为生存纽带的，城市是一个陌生人的世界，人们需要创造自己的“事本性”和个人的文化资本来创造为社会服务的能力，通过个体对社会的服务能力，创造生存与社会发展的关系，这就是城市区别于乡村的社会理性。

而最具有历史性意义的是，从古代起商业街区和某种商圈——不同的市场类型都是开放的②，这也是市场经济的本性，没有开放的空间就没有客流，也就不会产生更多的交换和交换所产生的价值，而现代兴起的商业街区和商圈的涉旅化改造是商业空间具有时代性的一种新变革，这与城市的存在理念具有同一性，正如人们在论及城市的存在价值时往往会说：城市是市场经济的载体。有西方研究成果介绍：“1926年，在德国的埃森市基于工业紧凑的城市结构，人口居住密度高的现状，在‘林贝克’大街（Lin Becker Street）禁止机动车辆通行，成为最早的‘无交通’（Traffic Free Zone）。1930年又将‘林贝克’大街建成林荫大道，使商业获得巨大成功，成为现代步行商业街的雏形。”③这只是对西方城市中商业街区类型布局产生的一种解释，理论上讲，传统的市场空间都是可以步行的，区别只是街道的长短有所不同，而英国学者提出的观点只是在汽车时代出现以后，而把不通行机动车的商业街称为步行街。马克思在《资本论》中指出：“商业依赖于城市的发展，而

---

① ［英］海伦·伍利.城市开放空间［M］.孙喆，译.南京：译林出版社，2023：111.

② 张鸿雁.春秋战国城市经济发展史论［M］.沈阳：辽宁大学出版社，1988.在这本书中，笔者用大量篇幅说明了春秋战国时期的市场空间、街道空间和市场交易与城市生活。

③ 对于步行街的发生与发展，还有不同的资料说明，此不赘述。戴志中，等.国外步行商业街区［M］.南京：东南大学出版社，2006：3.

城市的发展也要以商业为条件，这是不言而喻的。”[①]城市的主体是人，城市人何尝不是依赖城市发展呢？包括乡村人也是以依赖城市发展为前提的，没有城市的发展也就没有社会整体的进步，那么，我们可以深入思考一下，城乡一体化的发展又何尝不是以商业繁荣、商圈及各种商业购物中心等设施在城乡布局的均好性为前提条件呢？

传统商业与现代商业的时代背景不同，马克思的观点是：传统商业是以贩运商业为主的。而在2023年的中国，在全球网络社会普及和私家车普及的条件下，城市与乡村人的消费方式正在趋同化，法国学者孟德拉斯在《农民的终结》一书中有详细的研究，而现代的世界和中国与孟德拉斯描述的情况相比又有了更惊人的变化：即使生活在偏远乡村也能买到世界各地的商品，同时，私家车的普及也使个人和家庭购物距离的半径越来越大，商圈也成为乡村人购物的主要目的地（在中国的沿海城市周边基本上如此）。雅各布斯的《美国大城市的死与生》一书中最有影响力的一节是，在讲到哈德逊街小老板的生活时，她没有批评其肮脏势利，而是欣赏他们的忙乱干净、世俗和睦及关心邻里的布尔乔亚美德。小店主是街巷永恒的芭蕾舞者！这才是生活真实的恬静！拿破仑说英国是个小店主国家，这或许是西方城市成功的原因，城市是市民的舞台，舞者是市民！街道也好，街区也好，街巷也好，室内商业空间也好，都是城市空间价值的组合类型，空间越具有复合性、多功能性、多样性，才越有可能对居民的生活产生多重价值性。在这一点上日本有自己的经验，即“功能混合是日本步行街的一个基本要素”，步行街不是单一的商业文化空间，“功能混合是日本街道比我们的街道更有意思的主要原因，现代的街道和传统的街道都比我们的街道有意思。与美国的城市规划不同，日本没有实施分区规划，不实行严格的功能分离，日本城市鼓励不同功能的混合，不同的功能不仅相互靠在一起，而且在新建筑里重叠起来，我们会看到展示厅、商店、电子游戏场、办公室混合在一起，拥有玻璃墙的餐馆摞着餐馆，3层、4层、5层。这种白天的混杂到了晚上可能很扎眼，这种混杂就显得生机勃勃。”[②]日常生活本身的需求就是“混杂”的和个性的，每一个人都有一种自然的需求，在中国很多公司的办公场所中都能够观察到（包括我们自己的规划团队），每天中午休息时员工对外卖和饮料的需求千变万化，即使公司内部已经准备了咖啡机可以随便取，公司的员工还要再叫外卖买不同品位的咖啡，以满足多样化需求。

---

① ［德］马克思，恩格斯. 马克思恩格斯全集：第25卷［M］. 中共中央马克思恩格斯列宁斯大林著作编译局，译. 北京：人民出版社，1965：371.

② ［美］威廉・H. 怀特. 城市：重新发现市中心［M］. 叶齐茂，倪晓晖，译. 上海：上海译文出版社，2020：102.

从日本东京的步行街到法国巴黎的香榭丽舍大街，再到纽约的曼哈顿、伦敦的牛津街；从上海的南京路到北京的王府井，再到台北的前门町……世界上所有的城市为了繁荣经济和满足市民的消费，都在掀起城市商圈和步行街的建设浪潮，中国的房地产商也在效仿发达国家城市商业中心区的模式，创造中国式混合型业态的文旅商业综合体，如商业旅游地产、体育运动文化地产……在全球发展的城市中，都能看到大综合、大组合、大复合的商圈和商业综合体的身影，并且都已经成为城市形象、城市能级和城市旅游消费目的地的代言标识：不到王府井，就不算逛了京城；不到南京路，就不算欣赏了大上海；不到汉正街，就等于白来了武汉；不到春熙路，就等于没有去过成都……从某种意义上说，百年老街见证了城市历史的沧桑，浓缩了中国城市商业文化的兴衰，更折射出一个城市的消费文化和消费行为特征，而新型商圈和商业街区显现了一座城市的现代化和国际化的程度和水平。

商圈文化是一种生活方式，不同的商圈有不同的文化生活。一般来说，能够展现出一座城市形象的大型商业街和商圈，几乎都能同时展现百货、零售、连锁、超市、游乐、体育、演出、影视、餐饮、会议、亲子、养生、教培、美容等多种商业业态，现在更大规模的商圈其内容更为繁杂，集创业、就业、办公、购物、休闲、娱乐、游览、教育、居住、旅居、养生、医疗、博物馆、艺术馆、体育活动、商务会展等商业文化旅游于一身，成为城市的一道具有城市品牌价值的新“商业文化风景”，而且在中国的一、二线城市，这种情况已经发展成为新型的城区和城乡一体区域，展现了商圈在服务城乡融合、城乡一体化和城乡等值化方面的功能和价值。在21世纪初，就有很多省会城市提出要建设100个以上商圈的战略规划目标，在空间分布上，商业和文化公共服务的均好化——缩小了城乡之间文化与消费生活的差异。大型综合性商圈的空间与土地结合显现的是资本在空间里流动的一种方式，也是资本的集聚与扩散、集中与分散的有机生态过程。“资本流动会给社会空间造成一定的影响。资本本身就是一种社会关系，存在于不同社会群体之间的技术、法律和经济安排之中，这些群体具有不同立场、策略和资源。戈登等人（Gordon et al.，1983）将这种地理分布叫作积累的社会结构（Social Structure of Accumulation，SSA）。在积累的社会结构和投资/撤资的循环之间，存在着复杂的关系。前者被连续不断的资本流动所塑造，其不平衡发展会造成不同的结果，而后者会对这些结果做出空间层面上的反应。”[①]正是这种经济、文化、资本和旅游型商业业态结合，在某种程度上有效整合了城乡空间结构和城乡之

---

① ［英］约翰·伦尼·肖特. 城市秩序：城市、文化与权力导论［M］. 郑娟，梁捷，译. 上海：上海人民出版社，2023：80.

间的地域关系，更是推广了城市文明和城市生活方式，通过消费方式的创造使城市文明普及率增高。

大型商圈经济除了资本集中和土地与空间集中外，还能够在一定程度上左右城市经济与文化的发展，高质量的、国际化的、规模化的商圈能够提升城市经济与文化能级。中国所有的一、二线城市甚至一些名镇、名村都有名声在外的特色商业街区和不同类型的商圈，如南京江宁是南京城郊接合部的一个行政区域，在发展中积累了城乡一体化、城乡融合化和“城乡等值化”的一些经验，虽然在全国不能说是最优秀的，但是，其中一个方面的经验是可以借鉴的，也是常被相关研究者所忽略的——即商圈经济文化综合体的地域空间合理布局，是促进城乡融合深化发展的元素[①]。最为显性的是，大型商圈经济文化综合体成为城市空间再生产——城市向乡村空间扩张的一个“经济文化动力因”，也成为城市经济与社会现代化发展的一个城市品牌，不同层级城市商圈构成的“城市文化资本”和向外的扩张力，是城乡融合重要的经济与文化动力推手。

南京市江宁区城乡整合的发展历史过程，也证明了城市空间再生产表现方式的创新性及空间再生产的价值。2000年12月21日，国务院批准江宁县撤县设区，从此开始了一个新城区的城乡一体、城乡融合和四化同步发展进程。江宁区是南京下属最大的行政区，科技与经济发展一直走在南京的前列，城市商业综合体、城市商圈经济文化和“城市文化资本”在城乡之间的流动、扩展中，有效地整合了城乡空间的地域与文化结构。江宁区下辖的10个街道，分别是东山街道、秣陵街道、汤山街道、湖熟街道、淳化街道、麒麟街道、谷里街道、禄口街道、横溪街道、江宁街道，136个社区，71个行政村，总面积1561平方千米。2022年末，全区常住人口196.99万人，其中城镇人口154.33万人，占总人口比重（常住人口城镇化率）的78.34%，是典型的高城镇化区，2022年末全区户籍总人口126.83万人[②]。因此，江宁自古以来就有“六代豪华之地、十朝京畿要地”[③]之称。

截至2023年11月，江宁区累计建成1500多个美丽宜居乡村，从现状看，已经脱离了传统乡村的

---

① 由笔者主持并组织带领匠工营国规划设计团队完成了江宁区的全域旅游规划的总结项目《全域旅游的江宁发展之路：江宁织造双面绣——“五位一体”城乡统筹》，并获得2021年江苏省旅游优秀专著二等奖。张鸿雁，等.全域旅游的江宁发展之路：江宁织造双面绣——“五位一体”城乡统筹［M］.北京：中国旅游出版社，2020：5.

② 江宁区统计局、国家统计局江宁调查队.2022年国民经济和社会发展统计公报［EB/OL］.（2023-05-16）［2023-10-28］.http://www.jiangning.gov.cn/sjfb/tjgb/202303/t20230331_3876653.html.

③ 李子俊.古代名家用诗歌带你“云”游江宁［N］.金陵晚报，2021-08-25.

生活方式，表现了完整的城市生活方式样态，其中，有市级以上美丽乡村453个，被命名的省级特色田园乡村21家，数量名列全省第一。乡村旅游品牌数量领先，拥有中国历史文化名村1家、全国乡村旅游重点镇1家、全国乡村旅游重点村7家，占据南京总数近半，还拥有中国传统村落1家，江苏省乡村旅游重点村4家。从总体上看，虽然其农、文、商、体、工、旅等融合发展在全国不是最典型的，但是，在商圈整合城乡关系、建构城乡一体化方面还是有某种特点的，从整体上看，建立商圈的目的并不是为了城乡一体化，而是为了满足城乡人口的消费需要，虽然不是有自主意识而为之，但是其商圈在客观上起到了推进城市一体化的作用。

江宁作为南京市的一个重要区县，商圈规模格局已经初步形成：以百家湖商圈为核心，引领着东山商圈、河定桥商圈、九龙湖商圈、竹山路商圈、大学城商圈、方山商圈、上秦淮商圈、滨江商圈、汤山商圈、禄口商圈等11个商圈构成一种大格局，有很多商圈在原来的农业地带上也表现出了城市生活方式的均好性。截至2022年末，百家湖商圈2000平方米以上的主要商业网点有16家，经营面积共计95万平方米，聚集1912街区、江宁金鹰、景枫中心、21世纪太阳城等商业综合体，成为南京仅次于新街口的第二大商圈，而这个第二大商圈的空间特点是，除了传统的商业综合体、商业街区、高档商驻、总部经济、文化硅巷及小街小巷小店之外，还有一个2500亩的湖面——百家湖，湖上有4座桥，其中白龙桥横跨湖心，长度约1000米，是集风景观光、商业文化和旅游会展于一体的旅游景区式商圈。从2023年的发展情况看，江宁区现有各类商业载体总面积合计约357万平方米，在南京各区主要商业载体面积总和排名第一，但商业载体人均面积仅1.22平方米，排名倒数第二（南京建邺区商业载体人均面积3.24平方米，排名第一，建邺区仅有86平方千米左右，2022年末，常住人口54.85万，是江宁区的三分之一）。江宁区的人口与商圈发展的均衡性和人均占有率的现状仍然是不完全相匹配的，仍然有可再发展的空间，虽然城乡之间的重点区位、区域商圈大格局已经形成，但是在全球网络社会的整合下，综合性商圈的布局密度还需要增大，继续做大、做强、做优、做高百家湖等商圈，尽可能聚焦全球高端的品牌资源，扩大国内外品牌首店、旗舰店、概念店等的规模，引育、培养中国独立设计师品牌、本土优质品牌等，江苏百家湖商圈在南京宁镇扬都市圈内可以与“中国第一商圈”——南京新街口，以德基为主体的综合性商圈形成竞争格局，以此提升江宁及南京的城市能级和文化影响力。

百家湖商圈可以选择区域品牌化、特色文化——“旅游文化资本”的发展模式，放大百家湖商圈的综合文化品牌价值，我们已经明确提出，建构“商圈不仅销售商品，而是销售一种有品位的生活方式”的理念，做好百家湖“文化硅巷”和旅游目的地的建设，提升地标商圈的国际影响力、区域辐射力和品牌集聚力。以特色圈带动江宁城乡等值化发展；以农、工、文、旅融合助推江宁城乡一体化的高质量发展，把百家湖商圈打造成国际消费中心城市内的重要商业中心①。

从南京江宁区的发展案例中，我们可以看到中国城市化进程中城乡融合的一般情况。在城市发展空间的再扩张和郊区化的再现代化发展模式中，商圈所具有的市场性功能和对市场空间的需求具有敏感性，商业的繁荣与否是市场经济及经济活动度的晴雨表，换言之，商业对市场消费者的需求会通过市场经济这“无形的手”敏感而有效地配置资源，其中，对空间区位的需求最强烈，没有空间，就不可能有商业业态和商圈的存在。一般来说，所有的商业业态都会抢占最有区位优势的资源性空间，城市的集聚与扩散本质上来说就是商业的集聚与扩散功能，集聚与扩散是商业——市场经济的一个属性，在集聚与扩散中开辟新市场、占领新市场、占有新市场和改变城市空间格局，任何产品和商品的效益都可以用市场占有率来衡量，而市场占有率，用更为深刻简洁的语言来表述就是市场空间的大小——包括实体和虚拟空间的占有率，在城市化和城市现代化的发展中，商业在某种程度上说是城乡融合“流动的黏合剂”，商业与商圈的深化发展使城乡更接近，更是在创造经济消费、文化消费和公共资源消费的均好性。

如何使乡村空间不失优秀传统而又能有现代城市的生活方式和工作方式，这是一个全新的认识和思考。因为，在一些老年学者和老一辈人记忆中的乡村，就是他们曾经生活过的贫穷乡村的样子，或者是1978年以前的乡村模样，又或者是1949年前的乡村模样，受到一定群体的影响下，在下一代的群体中会形成一个深刻的“刻板印象”②，这主要是因为中国在1978年以前还是一个典型的农业社会，在当代的城市人中，上查追溯三代以上都是来自农村的人，直至现在，每年春节城市里几乎是万人空巷，都回老家过年去了。我们在对一些乡村进行改造规划的过程中，专门访问了一个生长在乡村里的著名雕塑家，当问及他对生活过的乡村建筑空间进行改造的意见时，回答是：“乡村里不能增加有色彩的房子，不能出现别的样式和色彩，乡村就是黑白灰，就是原本的建筑形式或与徽派相似的建筑风格……”我们的乡村似乎永远都是过去的样子，可是青年人却不这样认为，从历史发展的角度来认识也不应该有这样的结论，唐代的房屋建筑、村落和夏商周三代相比也是有很

---

① 笔者对江宁的民宿经济有较多的研究，2016年在江宁汤山世界温泉小镇策划、规划、设计和建设了一个有文化特色的民宿——匠村IN VILLAGE温泉民宿。

② 刻板印象（Stereotype）：又称刻板成见，是新闻传播学者沃尔特·李普曼1922年在《公众舆论》中提出的概念，并首次将其引入社会心理学领域。他在《公众舆论》中对“刻板成见”有这样的描述：“这就是地道的成见，其特点是先于理性被投入应用。这是一种感知方式，它在我们所意识到的信息尚未经过我们思考之前就把某种性质强加给这些信息”，“在一定程度上，来自外部的刺激，尤其是印刷品和口头语言发出的刺激，可以唤起一个成见系统的某个部分，就是说，真实感觉和先入之见会同时进入意识。”参见：［美］沃尔特·李普曼. 公众舆论［M］. 阎克文，江红，译. 上海：上海人民出版社，2006：74-75.

大变化的，每个时代都应该有每一时代的建筑文化特色和风貌，这是历史进步的过程。应该强调的是，所有的变化都是在中华文化核心价值系统内的变化，万变不离其宗。当代的青年人通过互联网，能够看到世界上多样化的乡村，也可以通过回望、研究看到中国不同时代的乡村，更可以预想他们可能需要的田园城市和乡村文明的生活方式——原农业地带的村庄，不应该到处都是传统乡村的黑白灰色，更应该是赋予和谐色彩后的现代乡村模样……[①]应该有现代文明，具有现代舒适型的高质量生活方式，要创造属于我们这一代人的乡村模样——“全球化乡村”[②]。

中国的城市化正改变着传统乡村的落后文化，城乡一体、城乡融合是其重要方式，也是一种社会变革，创造性地让城市文明向乡村流动，并通过城市文明来改造乡村，其方法就是创造新型城乡市场经济关系。从城市的本原价值上讲，城市是市场经济的载体，而乡村是自然经济的载体，城市有改变乡村的历史责任。

在中国，现代意义上城市商业步行街的兴起是从20世纪90年代开始的。对于中国传统城市和市镇的市井文化来说，早在中国的先秦时代就已经有了独立的城市市场空间，从最初以物易物的“市井”，到商周时期手工业和农副产品交换的集市，再到春秋战国城市出现的“前朝后市”[③]空间结构中的街区、“肆”“市”“集”等，而且市集、集市、墟市在唐宋时代以后一度十分繁荣。有形市场经济的繁荣也是城市经济繁荣的集中反映，自然经济时代中商品的交换活动主要是“贩夫贩妇”的流动型商业，谓为“行商坐贾”[④]，在城市内规划有一定的空间街区——称为“市”，“市”内的街区中有“列肆”[⑤]，或有临街的“市井”[⑥]和一定空间围合式的“街

---

① 邵颖萍.落脚乡村与民宿经济——莫干山特色文化重构［M］.南京：江苏凤凰教育出版社，2019：4-6.

② 由笔者及所属的匠工营国团队创意、规划、设计和咨询运营，集非遗传承、文化体验、沉浸演出等为一体的淮剧小镇，已成为当地文化旅游的新地标。

③ 前朝后市：《周礼·考工记》记述了一套营建国都的规制：“匠人营国，方九里，旁三门，国中九经九纬，经涂九轨，左祖右社，前朝后市。”参见：［清］李文照.周礼集传：考工记［M］.长沙：岳麓书社，2012：522-561.

④ 行商坐贾：“商”是行商，流动贩卖的人。“贾”是设肆售货的人，即坐商。《周礼·天官·大宰》：“六曰商贸，阜通货贿。”参见：［清］孙诒让.周礼正义：司市［M］.北京：中华书局，2015：1269-1295.郑玄注释说：“行曰商，处曰贾。”因而有“行商坐贾”的说法。参见：［清］阮元，校刻.十三经注疏：天官冢宰第一［M］.清嘉庆刊本.北京：中华书局，2009：1373-1383.

⑤ 列肆：开设商铺或曰谓成列的商铺。《史记·平准书》：“今弘羊令吏坐市列肆，贩物求利。”王叔岷.史记斠证：卷三十：平准书第八［M］.北京：中华书局，2007：1231-1262.

⑥ 市井：立市如造井之制。《管子·小匡》：“处商必就市井。”李山，轩新丽，译注.管子：小匡第二十［M］.北京：中华书局，2019：363-410.尹知章注：“立市必四方，若造井之制，故曰市井。”参见：［春秋］左丘明.国语集解：桓公自莒反于齐［M］.北京：中华书局，2002：215-225.

巷”[①]，如汉、北魏和唐代的“东市”和“西市”等。街区型的市场自然会形成步行街的概念。而现代意义的步行街，主要是指以步行为主并且没有机动车的商业步行街。如“日本一直都保持着它的步行街传统。东京就是随着线型展开的商店和商业活动而形成的，所以，街道通常很窄。例如，通往东京观音寺的那条步行街。它大约17英尺宽，由于两边的店铺都把货架摆到了街上，所以，那条步行街的实际宽度大约只有15英尺。著名的观音寺每年都要举行各种寺庙活动……不过，人群的拥挤程度适宜，适配那个时间和地点。”[②]对于中国来讲，现代商业步行街的发展，可谓是风起云涌，全国开花，每座城市几乎都有一条特色鲜明的商业步行街，这也与中国人的收入和消费水平提高呈正相关。有的城市商业街道虽然发展起来了，但是街道空间美学却没有建构起来，缺乏审美意识和审美能力。一直以来，城市街道的建设是科学和美学结合占据主要位置，还是权力和资本结合占据主要位置呢？应该说这是一个使人长期困扰的博弈问题。在日本“为使‘街道的美学’成立，必须建立‘内部’空间与‘外部’空间的明确领域观念，即住宅以内考虑为‘内部化’，住宅以外考虑为‘外部化’。这两个领域要同样作为空间来考虑，或者说把空间统一来考虑是很重要的。在大家族制度崩溃而个人受到尊重的今天，西欧那种内外空间境界的划分方式，以及内外空间统一的方式，对我们来说越来越有必要了。”[③]在权力和资本结合的绝对干预下，纯粹科学和哲学美学很难有展现的机会。日本和中国的文化不同，是“小政府大社会”的管理模式，社会文化精英群体具有较强的审美引导力，可以在一定程度下监督并保证权力控制下的资本不能滥用。

城市地区“公共开放空间中有80%都是街道”，“街道在城市生活中扮演着许多角色，例如作为指示方向的路线、作为提供服务的地点、作为住宅和商业房屋前的空间，而且往往会成为公共和私人生活之间的界限，但它依然经常会被专业人士、政治家和决策者们忽视。到了20世纪末，车辆带来的交通流量已经远远超过了20世纪初的预测，如今，大多数街道已经成为并将继续由各种车辆所主导。在许多地方，几乎没有人把街道视作一个步行环境，这也进而导致了雅各布斯所描述的‘街道眼’的消失。”[④]商业街和商圈是展现城市经济与文化活力的指标，街道上的建筑外墙起着重

---

① 街巷：街道里巷。《史记·平准书》：“众庶街巷有马，阡陌之闲成群，而乘字牝者傧而不得聚会。”参见：［清］王念孙. 广雅疏证：释兽［M］. 北京：中华书局，2019：884-896.《宋史·仪卫志二》：“凡街巷宽阔处，仪卫并依新图排列。”参见：［元］脱脱，等. 宋史［M］. 北京：中华书局，1985：3386-3391.

② ［美］威廉·H. 怀特. 城市：重新发现市中心［M］. 叶齐茂，倪晓晖，译. 上海：上海译文出版社，2020：102.

③ ［日］芦原义信. 街道的美学：上［M］. 尹培桐，译. 南京：江苏凤凰文艺出版社，2017：192-193.

④ ［英］海伦·伍利. 城市开放空间［M］. 孙喆，译. 南京：译林出版社，2023：130.

要作用，“或者反过来说，正是建筑外墙决定着街道。如果把决定建筑本来外观的形态称为建筑的‘第一次轮廓线’，把建筑物外墙以外的凸出物或临时附加物称为建筑的‘第二次轮廓线’，那么西欧城市的街道是由‘第一次轮廓线’所决定的；相对地，日本这些繁华街道则是由‘第二次轮廓线’所决定的，这一点已在前著《街道的美学》中阐明。以如此美感而创造出内部空间的日本人，为什么反而对建筑物外观以及街道的美这么无所谓呢？”[①]一般的街道两侧要么是建筑，要么是墙体，要么其间有一个由绿植构成的隔离带，以构成城市不同空间的隔离机制。

城市的步行街往往都是城市重要的中心性商业区域，同时往往也毗邻城市商业中心区，特别是已经形成的城市CBD中心区的城市商业区[②]往往与不同的商业街相连接在一起，而且，有些已经形成了特定的室内化空间。“对于规划师来讲，最高形式的内部空间就是中庭、拱廊商业街、大厅，用分区规划的术语讲，有顶步行区。花旗银行的中庭就是室内化空间的一个典型类型，西格拉姆大楼推动了广场分区的形成，而花旗银行新增了一种内部空间类型，这种内部空间有天窗，有数层商店和餐馆，也有很多可以落座的地方并可以很好地组织娱乐活动。这样的地方甚至还有公共厕所！菲利普·莫里斯大厦里的惠特尼雕塑花园，IBM大厦里的花园和画廊，都是这类有顶步行区的成功案例。”[③]世界各地的城市商圈、商业街区和大型综合商业设计等都在谋求有穹顶的、室内化的、有高山流水的综合型旅游商业街区化空间体系，有些甚至是用“引山入室”“引河入室”“引森林入室”“引田野风情入室”等新型方式，内容化、创意化、组合化、拼贴化各种各样的综合商农文旅+N的商业文化空间模式层出不穷。中国长春市有个商业综合体“这有山”，就是成功“引山入室”的场景化商业综合体模式[④]、南京的水游城[⑤]商业综合体就是学习模仿日本难波城商业综合体内部引

---

① ［日］芦原义信.街道的美学：下［M］.尹培桐，译.南京：江苏凤凰文艺出版社，2017：23.

② 康少邦，张宁.城市社会学［M］.杭州：浙江人民出版社，1987：80.

③ ［美］威廉·H.怀特.城市：重新发现市中心［M］.叶齐茂，倪晓晖，译.上海：上海译文出版社，2020：282.

④ “这有山”商业综合体处在红旗街与同德路交会处，与万达广场和长影博物馆呈现“三足鼎立”的状态，是集旅游、美食、商业、休闲为一体的综合性商场。据了解，这个以旅游、休闲为主题的“山丘景区小镇”高30米，由山坡盘旋至山顶，沿途打造各种大气、逼真的景致，顺着“这有山”的上山路爬山而上，可以领略到不同风景。“这有山”有休闲逛玩组团、小吃街组团、聚会餐组团、电影院组团、夜生活组团等不同内容组团，可以满足消费者的一站式需求。在每个组团都有着自己的主题特色的情况下，方便消费者定位的同时，各店铺也可着重突出建筑特色，将自己的特质发挥到极致，带来了更多沉浸式体验。参见：胡晓萌.看山见山·不必远方——这有山商业文旅街区［N］.长春晚报，2021-04-14.

⑤ 由笔者主持，并组织博士生和研究生完成的一个课题“水游城——时尚商业综合体研究”。参见：汪洋.水游城——时尚商业综合体研究［M］.北京：中国建筑工业出版社，2012：2.

水、引河、引溪入室的模式……商业综合体空间的巨型化、空间结构的大跨度化、商业业态的复合化，为商业与科技、自然、生态等文化相融合创造了条件。例如，美国加利福尼亚环球步行街总长457米，自东向西，其中央由带有拱顶的庭院相连，拥有约40家餐馆和各种专门店。从西侧进入步行街，可以看到由拱顶覆盖的圆形街心广场，拱顶使得加州的烈日变得柔和，石材铺砌的广场内暗藏了数百个喷水孔，在计算机的控制下，喷水时跳时跃，展示出不同的水景，给炎热的加州带来了凉意。又如日本的银座从东京北面京桥到南边新桥，在一条长1100米、宽700米的街区上有4家大型百货店，500家品牌店，2000家饭店，1600多家酒吧和歌舞厅，30多家歌剧院和100多处画廊。这条街从1970年起实行星期天和节假日步行制度，日本银座[①]也成为日本东京经济与文化发展的重要标志，更是形成特有的“银座文化”。

不同街区空间类型的文化要素各有千秋，作为城市的文化表现，商业街区的空间往往具有独特性，威廉・H. 怀特“关于主街，贝克（Russell Baker）这样写道：‘当我们站在主街上，我们可以告诉我们自己，这是市中心，所有的事情汇集成了一个点，我们觉得不可思议但很舒服，这种舒适源于我们知道我们身处何处，什么状况……在购物中心，我们知道我们不是站在市中心，而是市中心没有抓住的一个边沿。’我的感觉很像贝克的感觉。生活在城镇里的那些人最能感受到他们的城镇产生的场所感。但是，这种场所感对住在市中心之外的人也很重要。一个有着紧凑核心边界清晰的城镇可以凝聚这个乡村。如果那里真有值得一去的地方，那里就是一个比较好的可以住进去的地方。”[②]怀特的论述关键在于，商业街创造了城市环境的新品质，至少是丰富和完善了人们的生活内容和需求，而有很多著名商业街区和商圈能够创造引领时尚，成为时尚消费的样板空间。人们在城市中生活，都需要有更多的活动空间、交往空间和沟通空间等，城市应该创造并提供这种活动空

---

① 日本银座（ぎんざ）：银座是日本东京中央区的一个主要商业区，号称“亚洲最昂贵的地方”，象征着日本的繁荣，以高级购物商店闻名。“银座”的地名源于江户时代的“银座役所”。1603年开创了江户幕府的德川家康将位于骏府的银币铸造所迁至现在的银座2丁目。银座的街区是由德川家康创建、在明治砖街改造时重新整治的历史街区。无论哪一个时代，银座大街一直都是银座的象征。1970年8月2日，银座大街首次实施了步行购物区。当时的步行购物区被命名为“步行假日”，银座其后将8月的第一个周日定为“步行假日”，每年都会举办活动。进入21世纪，银座有许多前所未有的大规模开发项目被提出，在2010年对面向银座4丁目交叉口的三越的东侧街区进行了一体化改造，扩大了营业面积。另外，位于银座6丁目的“银座小松”虽未将街区连片，进行的一体开发将使西侧建筑物和通道连在一起。参见：竹沢えり子. ヒストリー［EB/OL］.［2023-10-28］. https://www.ginza.jp/zh/history.

② ［美］威廉・H. 怀特. 城市：重新发现市中心［M］. 叶齐茂，倪晓晖，译. 上海：上海译文出版社，2020：381.

间。1962年，哥本哈根首度将主要街道辟设为人行步道，这虽然是一个不经意的创新，但是所带来的城市空间再生产模式的创新，使空间有了新的内容和价值，并能够创造更高更多的经济价值和文化资本。还有拱廊商业街，类似中国南洋和上海金陵东路的骑楼风，最早起源于印度贝尼亚普库尔（Beniapukur），是英国人首先建造的，称之为“廊房”，上海或南洋一些国家都有骑楼风式的商业街区。“纽约的大部分拱廊商业街都是破破烂烂的，把它们说成一种空间类型有失公允，暗淡阴冷的拱廊商业街不知从哪儿冒出来，也不知它们会走到哪里去。不过，还是让我们想想这种拱廊商业街的好处。如果把这种拱廊商业街与那些有商店的横穿街段的通道结合起来，的确会有吸引力，伦敦的伯灵顿拱廊商业街就是一例。克利夫兰和普罗维登斯有美国最好的拱廊商业街。”[①]这种商业街区的特点是即使在阴雨天消费者也可以照常行走，并创造较好的营业营销空间，上海金陵东路是上海唯一的骑楼街，每逢下雨的时候，骑楼下就挤满了人，同时也可以很好地烘托商业文化氛围。

无论城市大小，都有一条“老街”，这是城市变迁后留下来的一个城市集体记忆，甚至一个小镇上也有一条“老街”。20世纪90年代以后，中国兴起了“老街”建设高潮，核心是以文化“怀旧”、历史建筑保护修复和文化复兴为由，开始了中国城市“明清建筑风格一条街”的风潮。几乎每一座县级以上的城市都有这样明清风格的街区，当然是以修复、保护和传承历史文化的名义而建的，似乎没有步行街就不是一座完整的城市一样，没有步行街区的城市也是缺乏旅游功能的城市，所以无论是大城市还是中小城市，都在发展、创造、建设多条步行街。从积极的一面看，这是繁荣经济拉动消费的举措之一，但是，仅从多数城市在建造清代历史街区的角度来讲，其消极的一面也很明显，主要是历史街区的建设几乎是“千街一面”，过于雷同而成为败笔，有的在建设完成后逐渐成了“摆设”。列斐伏尔说：“当一般人离开了消费的空间（l’espace de la consommation）——这个消费的空间与资本积累的历史方向相一致，也与生产的空间和被生产的空间相一致——一个时刻就来临了；这是市场的空间，各种流（flows）通过这个空间能够循着它们的路径而动，这也是一个国家控制的空间，因此，它也是一个被严格量化的空间。当人们离开这个消费的空间，他们就转向了对空间的消费（consommation de l’ espace）（一种非生产性形式的消费）。这是一个出发的时刻，是人们的假日，从前只偶尔有之，现在则是必不可少的时刻。”[②]明清文化街区一窝蜂地建设引发出一个值得人们深层次思考的问题，我们过去只懂得或关注空间里的消费，并没有把空间作为商

---

① ［美］威廉·H. 怀特. 城市：重新发现市中心［M］. 叶齐茂，倪晓晖，译. 上海：上海译文出版社，2020：282.

② ［法］亨利·列斐伏尔. 空间的生产［M］. 刘怀玉，译. 北京：商务印书馆，2021：519.

品来消费，这也是经济不发达和市场经济没有深化发展的结果，到了“老街”消费的时候，很多人自己并非十分清楚，在这样的怀旧空间里，到底是在消费商品还是在消费空间？是在空间里消费，还是因为空间引发了消费的欲望？说到底，当经济社会发展到一定程度之后，人们在生活与消费的过程中，很多时候更多关注的是空间与场所的审美和艺术化，关注与自己身份符合的文化消费环境，因此说，新空间包括怀旧空间——时髦的、时尚艺术感的空间就成为消费者的消费首选。

老街区、老房子、老地方、老字号的怀旧空间，在本质上是时尚的，是有历史文化价值的时尚，更是有经济价值的文化资本性的表达。怀旧，是时尚街区的一种隐喻，本质上说，空间里的怀旧是在寻找生活旧影，寻找历史定格的那一种文化身份和“贵族感”的回归，老房子——一般都是当年有身份的大户人家的老宅大院，在心理上或者是以当下的身份作为未来空间的商品表达，能够引导某种怀旧的空间，都是时代具有代表性的时空切面，是引起消费者的身份与老旧空间及街区的耦合，自己在创造消费，就如当下流行的浸入性消费一样，自己是消费者又是消费品本身，但无论怎样都是以空间里的和空间的消费为前提的。

三、创造“城市文化资本”品牌是介入全球城市文化价值链的钥匙

“佳能相机的最新广告里有一句广告语，‘形象就是一切’。不管是真是假，这句话确实捕捉到城市文化生产中的一个重要元素：城市形象的创造。”①通过各种渠道和方式，我们自觉或不自觉地获得了“全球城市”的品牌识别。之所以能够成为“全球城市”，是因为全球的多个城市研究机构都设定了一些评价指标，“全球城市”的指标不仅代表了世界上最发达城市的发展总况，也是一种城市形象系统的创新性表达，让全世界都知道了全球创新型城市的标杆是一种良好的、有效的、具有代表性的信息系统——验证了佳能相机带有哲理性的广告语（城市形象就是一切）的合理性。“全球城市”这一概念就是城市形象的最好说明，就如一个人得了奥运会冠军本身就是一种广告一样，获得的逻辑认知是：良好的城市形象需要有庞大的、强大的、多维的、系统性的伟大创造和历史性可持续的支持条件。

“全球城市”的核心价值在于是创新文化的引领者。创新行为和成果能够发生在某些城市，是因

---

① ［英］约翰·伦尼·肖特. 城市秩序：城市、文化与权力导论［M］. 郑娟，梁捷，译. 上海：上海人民出版社，2023：359.

为这些城市存在着创新的土壤和创新的“文化场域”，使得各种生产要素能够得到最大化的发挥和利用，并得以价值最大化。“城市文化资本”不是能够用一般资源所替代的，不同的个人、组织和群体在现代社会形成差异的本质原因就是“文化资本力”所表现的文化品质、品格、智慧和气质，这是一个人或者是一座城市的文化底蕴和底色，仅用黄金和金钱是无法堆砌成功的，必须用知识、品行、智慧、能力和文化资本来建构，我们可以把这种城市气质和文化力完整地称为“城市文化资本力”，这是现代后工业社会的一种新的社会动力机制，这样来思考和认识的重要性在于，“城市文化资本”的创造，会把一定区域与人群的文化特质和品质联系起来，这就要求一座城市在经济与社会的发展中不能以道德的沦丧为代价，不要产生社会发展的“文化坠距”。城市形象和城市品牌创建就是“创造讨人喜欢的城市形象以赢得市民的热情支持，促进旅游业发展……然而最近由于城市间竞争愈加激烈，以及产业和投资的流动变得更加自由”[①]。城市社会学理论对城市特有的且与乡村不一样的功能进行了系统分析，其中的一个功能就是城市不仅有文化容器的功能，还有为人类所进行财富积累的功能，因此，城市也被定义为社会的“财富中心”，也正是因为这一种推论，从财富的中心性推导出文化财富的中心性，再经过人类优秀群体的打造，城市就具有了“城市文化资本”再生产的功能。当回首城市的历史，我们看到的人类历史与文化精华，无论是精神的还是物质的，主要集中在城市里，城市作为一个“容器”本身就已表现出人类经济价值与文化价值的叠加性和再创造性，任何一种文化在历史的发展中，经过城市社会的洗礼，与其他文化融合都有可能创造全新的文化价值与文化内涵。“人人都想把自己的文化放进自己的博物馆中。”[②]城市本身具有人格化的意义，西方中世纪以来的城市具有“城市法人”的意义，即存在着具体的精神与“持久的‘性情’形式”，更存在着客观状态的“文化资本”，包括经济学意义的“文化资本”[③]。我们说城市比乡村更具有“文化资本”的意义和社会属性，是因为“城市文化资本”是以城市自身存在的文化自觉为前提的，城市的社会结构、经济结构和文化结构构成特有的关系，才能产生创造与创新并建构“城市文化资本”再生产的过程，城市是创新与现代性的本体，具有创新的内在自觉机制和机理。任何一座城市的任何类型的文化都具有可能被

---

① ［英］约翰·伦尼·肖特. 城市秩序：城市、文化与权力导论［M］. 郑娟，梁捷，译. 上海：上海人民出版社，2023：359.

② ［英］格雷姆·埃文斯. 文化规划：一种城市复兴？［M］. 李健盛，译. 北京：北京师范大学出版社，2022：379.

③ 布尔迪厄认为：“在客观化状态中的文化资本会呈现一些特征，这些特征只有放在与具体化的文化资本关系之中才能被定义。在物质和媒体中被客观化的文化资本，诸如文学、绘画、纪念碑、工具等等，在其物质性方面是可以传递的。”参见：［法］皮埃尔·布尔迪厄. 文化资本与社会炼金术——布尔迪厄访谈录［M］. 包亚明，译. 上海：上海人民出版社，1997：198.

挖掘的“文化资本”资源，但其中必须强调“挖掘过程”和创造、创新的方式和方法，就是“城市文化资本”的生产与再生产，无论是城市的历史文化还是现存文化，抑或是城市的人文精神和物质文化财富，都具有强烈的潜在文化资本属性，而这一属性在以往的城市管理中，仅仅被视为一种“文化存在”，很多人都会如数家珍地叙述和罗列城市的种种文化存在，却没有很好地把这一文化视为一种文化资本来进行创造和运作。我们现在所从事的“城市文化资本”与城市形象文化的整合与传播，就是从“城市文化资本”运作、创新的意义上，推广城市形象——“城市文化资本”再生产过程，这也是一种“人文经济”价值层面的再构建和运营，这种运营体系的核心是对城市形象所具有的内在资源提炼为文化元素进行再整合，并构建一个符合大众社会传播模式的文化体系，而这一模式应该能够应用于一切合理的城市形象构建与传播。把城市的一般文化和一般性资源，转化为“城市文化资本”和相应的经济资本，提升并创造城市全新的且有价值的形象，不断积累城市的无形资产，这是让城市走在世界前列的路径与方式。

对于城市形象的塑造和城市品牌的推广来说，只能采取“超强定位的首位品牌战略”（包括服务优先和核心技术开发战略）、空隙战略、唯一性战略和亲情化的福民富民的四重结合的结构化战略模式，即要表现“城市文化资本”的唯一性和垄断性，又要创造性地开发城市文化系列品牌，创造所属城市特有的“城市文化资本”运营模式。城市品牌文化战略主要包括以下三点：

一是任何城市的形象传播都需要有伟大而真实的故事，而不是编造的故事。在城市整体形象传播的过程中，要挖掘城市伟大文化的故事，使之能够成为一座城市和一个国家的集体记忆。如有学者说，古典时期“荷马史诗中的故事——已经被以一种形式固定下来了，在这一固定下来的形式中，文本包含着从上一代到下一代，以及从一个地方到另一个地方的流传过程中出现过的口述中的各种变化。这种被固定下来的形式或许因此可以被看作一种具有独裁性质的对于一种艺术形式风格（即口头文学——译者按）的强力介入，这种艺术风格，原来是通过一种与核心叙事及其中所包含的角色的具有灵活性和能动性的互动，而使作品流传于世的。”[①]虽然，笔者引用了保罗的观点，但是，并不认同他观点的全部，一个故事之所以能够千古流传，主要在于其具有值得传诵的内容，而这个内容一定代表着人类文化的共同认知，而其故事的文化精华一定是能够与人类文化所共情的。

二是任何城市形象和城市品牌传播都需要一个国际化的和世界文化认同的载体。需要一个属于城市品牌的载体和大众参与的载体，要有文化人才、文化产品和创意阶层的参与崛起，既需要城市

---

① ［英］保罗·克劳瑟.视觉艺术的现象学［M］.李牧，译.南京：南京大学出版社，2021：238.

文化和城市文化传播的研究和应用型人才，更需要专家型综合型人才，还需要懂得“城市文化资本”再生产和城市文化品牌推广的人才，其中包括城市文化形象融合推广和品牌运营的专业人才。任何人都会相信，城市品牌竞争的核心是人才竞争，一流的品牌是由一流的人才群体创造并完成的。要创造城市成为吸引人才集聚资本的高地，使城市集聚世界一流人才，塑造城市文化新形象，塑造新的“城市形象运作人”、城市品牌的“策展人”、“城市文化资本”运作人等。从城市品牌创新的内在结构来说，人才是品牌的原动力，而人才的国际化创造是城市形象走向世界的核心概念。我们一再强调，一个好的城市品牌，还包括城市整体社会空间的再创造——城市整体建筑结构系统的艺术化。在城市中，人们、自然与社会发展应该是一个和谐空间体系，人们在城市空间中的感觉不仅是对空间大小的感知，还包括人在城市空间所体验到的城市味觉——空气清新和宽松、安全、自由以及对每个人来说都存在的发展机会。

三是任何城市形象传播和品牌文化推广都需要品牌文化人和创意群体生产工作空间的创新，包括相关的城市文化产业与品牌集聚区的空间再生产。一个城市文化创新人才的载体空间与空间集聚越多，城市文化创新发展就越具有生命力。城市品牌生产的空间和宣传推广运作的空间是需要不断进行创新的，当我们回首城市发展的历史时，能够发现今天依旧被人们津津乐道的城市，都是那些有特殊人文情结、有人文情怀的人所创作出的成果，使城市才有了自己的历史和自己的文化。但是，今天的很多城市建设，在表现现代化的同时，却少了城市自己的“人文情结”，在传播推广中找不到自己独有的“城市语言”文化，包括我们应该有与城市文化相契合的城市空间的文化生产和城市空间再生产。如北京的“798艺术区（798 Art Dist）”[①]，它具有强烈的空间里的生产的经典状态，又是一个新空间再生产的样板；杭州创意设计中心，是西泠冰箱厂老厂房旧址改建而成的文化创意园[②]；LOFT49创意产业园，是杭州市首家创意产业园，也是原杭州蓝孔雀化学纤维（股份）有

---

① 798艺术区（798 Art Dist）：原为1950年由苏联援建、民主德国负责设计建造、总面积达110万平方米的重点工业项目798联合厂，即北京第三无线电器材厂。1980年到1990年，798厂逐渐衰落。从2002年开始，由于租金低廉，来自北京周边和北京以外的诸多艺术家工作室和当代艺术机构开始聚集于此，逐渐形成了一个艺术群落。这批入驻者包括设计、出版、展示、演出、艺术家工作室等文化行业，也包括精品家居、时装、酒吧、餐饮、蛋糕等服务性行业。在对原有的历史文化遗留加以保护的前提下，他们将原有的工业厂房进行了重新定义、设计和政造，带来的是对于建筑和生活方式的创造性的理解。这些空置厂房经他们改造后本身已成为新的建筑作品，在历史文脉与发展范式之间、实用与审美之间，与厂区的旧有建筑展开了生动的对话。参见：中国国家画院公共艺术中心.798艺术区［J］.城乡建设，2017（07）：22-23.

② 周夏.再过三天，杭州人都扎堆赶去这个老冰箱厂玩？这里竟能看到全世界！［EB/OL］.（2017-06-13）［2023-10-28］.https://hznews.hangzhou.com.cn/chengshi/content/2017-06/13/content_6577145.htm.

限公司的锦纶分厂所在地……[①]从2000年前后开始，中国城市兴起了文化创意产业园建设的高潮，特别是在省会以上的城市里如雨后春笋般涌现，北京、上海、杭州、深圳、南京、武汉等每座城市有百个以上不同类型的文化创意产业园，不断集聚着中国新生的创意阶层到这样的空间里生产和对空间的再生产。南京“创意东八区”是南京第一个文化创意产业园，也是南京第一代创意产业园，具有南京文化创意产业发展的划时代意义——为城市中心区创造了新的就业空间，创造了创意人才的创意产业集聚效应，为创业者提供低成本创业空间，创造了相对完整的文化创意产业群和“产业网链”，改变了城市景观风貌和城市生活环境品质。

我们经常谈到这样一个问题，世间的万物是有差异的。但是，我们还要看到，世间万物又是有同一性的，也是很容易雷同的。商品的同一性在于，必须来“讨好”满足消费者，否则就没有市场，这也是马克思主义哲学观的方法论，虽然一切事物都有差异，但是，在当代市场经济关系中，城市名牌和相关产品的竞争也已经进入“无差异化领域”，即城市品牌的寿命、功能、样式、结构、质量和艺术美学表现的差异在缩小，新的品牌文化层出不穷，而新的产品只有创造新差异才能生存，这就要求城市品牌文化的创新要“天天讲”，日日新。

城市特色品牌论是需要一个完整的IP体系的，也需要用图形的方式来传达和表意，用以显示其象征性和代表性，“图像所再现的，以及它们所使用的再现方式，可以明指或者暗指更为宏大的象征性含义，这些含义超越了视觉行动的范围，例如，虽然我们可以说被描绘的东西所象征的，是国家的勇气或者自然的野性。……那些更为宏大的关联，是基于对图像创作的语境以及认知用途的理解（或者是通过相伴随的语言性描述的使用），而得以实现的。这些关联乃是源于图像与逻辑性的外部要素之间的关系，而非源于图像自身的独特性。”[②]中国的城市形象用图形和某件事物来代表城市的历史比较短，是在改革开放后才开始的，而很多发达国家的城市标识在中世纪就已经出现了，这源于西方城市较早的经济与文化独立性。城市标识的表达，虽然有些也是非常复杂的图形与图像表达，但是，还具有某种比较“抽象艺术”的表达，“实际上，一个重要的事实是，‘抽象’是一组不同的、但被用来描述一些相关的实践活动的词汇中的一个，其他的词汇还包括诸如‘非客观’（non-objective）和‘非具象’（non-figurative）等，它们或许会被用来强调这些实践的历史特殊性特质。”[③]城市的标识或者IP具有很重要的作用，甚至是城市形象传播系统中的一个核心文化符号，

---

① 黄煜轩. 保留老厂房，打造创意城市先行区！LOFT49会是杭州版上生新所吗？［N］. 都市快报，2023-01-28.

② ［英］保罗·克劳瑟. 视觉艺术的现象学［M］. 李牧，译. 南京：南京大学出版社，2021：51.

③ ［英］保罗·克劳瑟. 视觉艺术的现象学［M］. 李牧，译. 南京：南京大学出版社，2021：147.

并且可以用其演绎出更多的文化体系的创新，但是，从民众需求的消费角度看，在日常的传播中，更能给大众创造具有更深刻的永久印象的还包括“城市特产”文化系列，当然，这个所谓的城市特产是广义的“文化特产”，包括城市IP、城市故事、城市景观、城市商品品牌等，关键是一定要有代表性，要有世界文化认同性，就如瑞士手表、巴黎香水、伦敦绅士的雨伞、文明棍“文化配件”等，是城市品牌的符号和载体[①]。

通过对城市品牌和商业空间的消费，提高城市文化形象的知名度、消费引力知名度，从而创造城市的消费美誉度、忠诚度，推动城市创造具有全球影响力的国际消费中心城市，因为如果没有国际消费中心城市的功能，也就没有城市介入全球城市文化价值链高端环节的参与。城市品牌特别是城市消费品牌，是“城市文化资本”的价值核心之一，没有消费，哪来生产？没有生产，哪来就业？没有就业，何以谈城市的幸福和城市社会的现代化？而在纽约，城市人在“挑选食材的时候，更倾向于选择身边农场种植的作物。这一观念的改变导致农作物的物流成本降低；消费者花费同样的钱，就可以买到品质更加优良的产品，有机蔬菜等健康食品也走入了寻常百姓家……小规模的农场越来越多，就连超市也有了自己的专属农场……当然农场的土壤来源等问题目前还没有得到有效解决，因此屋顶农场的具体建设方案依然处于研讨阶段”[②]。很显然，消费促进了生产，甚至改变了生产供给方式，而供给方式的创新是一种品牌价值，因为“我”的生产方式、流程不同，所以“我”的产品也与其他产品不同，创造消费的认同，必须要有消费者认同的品牌，消费不仅创造消费者的分层，生产者生产的产品，在消费过程还传播生产者主体的文化与思想。同理可证，城市产业经济和商业流通创造城市品牌，同样也传递着城市的信息、城市的形象和城市所表达的责任和社会义务。

创造具有“城市文化资本”价值的城市文化形象意义上的品牌，实际上是在创造介入全球城市文化价值链高端环节的“钥匙”，需要从全球和社会需要的角度来思考创新：

其一，打造艺术、娱乐、休闲、运动、餐饮为一体的潮流消费品牌集聚高地，聚焦Z世代、α世代等新一代主力消费人群，开展圈层营销、社交营销、事件营销和融媒体整合营销等综合模式，充分挖掘消费潜力和增量空间，持续增强城市时尚消费供给，形成一个完整的城市消费场景品牌的创新驱动战略。

---

① ［英］保罗・克劳瑟.视觉艺术的现象学［M］.李牧，译.南京：南京大学出版社，2021：251.

② ［日］梅泽高明，楠本修二郎，等.新世代东京：面向未来的国际大都市创新发展之路［M］.王宇，周鹏远，译.北京：清华大学出版社，2021：210-211.

其二，需要建立国际化生活休闲消费旅游目的地，综合构建现代的休闲、运动、研学、康养产业体系，以国际化平台思维筑就新时代流量消费目的地城市。布局一批国际化康养度假、医疗养生、体育健康、会议会展等业态产品，完善与国际接轨的旅游服务体系和服务队伍。点亮中国式城市文艺复兴的新坐标。

其三，需要塑造新时代世界性的“文化信息港”“文化枢纽经济”和“金融文化中心型城市”体系。以交通的数字经济创造国际化交通枢纽文化，提出“美丽舒适畅行城市”的理念，拓展文化和“交旅融合”的新境界，布局交通消费新空间，依靠城市空港经济文化会展中心，培育全球展览业协会认证的企业，推动传统会展项目向数字化转型，在多式联运体系下打造临空商旅产业集群。

其四，需要建构城市文化“品牌矩阵”，打造总部经济新高地，除生产型服务业总部经济外，要强化引进一批国内外生活性服务业企业总部，加大“三总部六中心”（洲际总部、国家总部、区域总部，研发中心、销售中心、投资中心、运营中心、采购中心、结算中心）的招引力度。扶持城市生活性服务业龙头企业成为本土优势企业的总部，通过资本经营、战略合作和业务重组等方式拓展分公司业务。集聚一批生活性服务业创新型企业总部，拓展文旅休闲、健康养老、高端商贸等服务业总部经济，改变以往单纯引进生活型企业总部的现状，创造中国城市服务全球的理念。

其五，需要创新智慧虚拟品牌代言品牌，拓展数智消费新渠道，开发元宇宙消费应用场景，利用城市原有或者创造新空间，引入“增强现实”、声光电等新技术，建设虚拟试穿、AR导购、AR互动游戏等项目，打造元宇宙商圈消费场景。依托著名旅游景区深度运用XR、MR等技术，开发线下主题场景与线上开放世界相结合的文旅新业态，扩大数字藏品规模，拓展文旅经济发展新路径，带动数字文化消费提质升级。鼓励商圈引进数字文创项目，促进数字文创与夜间消费、假日消费、首店消费等潮流消费深度融合，优化城市“生产—消费”“场景—服务”产业链条，打造多元化数字消费空间。

另外，还要提出一种“终极需要”的概念，任何城市首先要能够宜居才是发展的前提，把宜居作为城市国际化形象的重要内容提出：世界一线城市都是宜居城市，宜居才能立业，宜居才能民安，宜居才能立国。有如伦敦城市那样，连续八年被评为世界宜居城市第一名，这也是伦敦之所以被公认为全球城市的核心价值——伦敦宜居价值。

人类的创意是最根本的经济资源。创意经济时代的到来，正在改变整个世界的社会和文化价值观。如果你是一名科学家或工程师，建筑师或设计师，作家、画家或者音乐家，或者你的创意才能在你所从事的商业、教育、健康保健、法律或者其他任何职业中扮演着重要的角色，那么，你就是这个新生社会阶层——“创意阶层”中的一员。

——理查德 · 佛罗里达

佛罗里达的“创意阶层”（the creative class）主张，不仅与创意城市的概念息息相关，更是其中很重要的一面。这群人包括设计师、科学家、艺术家与脑力劳动者等，也就是在大家眼中需要用创意来从事自身工作的人。这些人最关心的，就是“地方的质量”（quality of place）并会自问自答：……无论是街头生活的活力、咖啡馆文化、艺术、音乐、人们从事的户外活动等，一切都是积极的、令人兴奋并富有创意的尝试……[1]

——查尔斯 · 兰德利

---

① ［英］查尔斯·兰德利. 创意城市：如何打造都市创意生活圈［M］. 杨幼兰，译. 北京：清华大学出版社，2009：20.

第二十九章
以创意产业为纽带——江苏沿江八市[①]“文化+N”深度融合

全球城市化和城市现代化的发展动力，正在从以工业化为主的时代，转化为以智慧、知识、技术、文化和创新驱动为主的时代。

创意阶层和创意城市的崛起，为经济与文化的发展提供了多种无限可能——具有典型性文化科技属性的创意城市已经成为世界经济发展的主流力量，查尔斯·兰德利在《创意城市》一书中谈到创意经济和创意文化作为社会资本时说，“‘创意城市典范’（creativity city paradigm）与‘创意经济’的概念息息相关……21世纪经济的特征包括：创新、密集智识交流与技术转移开放，以及极富适应力的全球技术性劳动人口。而智识则与劳动效率，或是天然资源相抗衡，成为经济成长与财富创造的来源”[②]。查尔斯·兰德利教授虽然没有明确认识到创意经济和创意文化本身的价值是可以归类为“城市文化资本”的范畴，但是，他的论点从某种角度说明了创意经济与“城市文化资本”之间的关系，创意经济和创意文化是现代社会“经济成长与财富创造的来源”。在全球化的竞争中，发达国家都把“文化科技型创意城市经济”发展作为国家文化软实力和硬实力提升的首要任务，中国及江苏首创并提出建设“扬子江创意城市群发展战略”，以实力打造“世界级创意城市群”高地，这是一种新的制度型创新和地域生产力结构优化的创新性探索，而创意城市发展则是全球竞争

---

① 张鸿雁. 建构扬子江创意城市群，打造世界级创意经济新高地［N］. 新华日报，2022-04-22. 对此，江苏省在《江苏省促进文化产业竞争力提升行动计划（2022-2025年）》也提出了发展目标：至2025年，沿江八市文化产业增加值将突破6000亿元，文化产业增加值全国贡献度超10%，居民人均文化娱乐支出占消费支出比重超过6%，创造文化及相关产业就业岗位200万个以上，形成2个以上千亿级文化产业集群，扬子江城市群成为全球领先的数字文化产业发展新支点、创意经济示范应用新高地、“一江两岸”协同开放新样板。

② ［英］查尔斯·兰德利. 创意城市：如何打造都市创意生活圈［M］. 杨幼兰，译. 北京：清华大学出版社，2009：21.

中特色城市文化竞争力的主体价值表现，以文化创新驱动的创意城市正在成为国家和区域城市经济发展的关键引擎。

一、以创意城市为增长节点，促进区域经济强可持续发展

城市策划、规划、设计也是一种创意过程，甚至可以说是高级创意过程，因为城市规划不仅涉及空间的再生产，还涉及产业、就业、生活民生等有关人民幸福的问题。从广义上说，与智慧、思想运作相关的，如规划、设计、创作包括绘画、雕塑、文艺表演等等，都具有创意经济的社会属性、文化属性和价值。真正的创意就是一种发明和创新，就是一种天才意义上的创作过程，而一个完整的、科学的，有学术性、有艺术美学价值和应用价值的创意本身就是独一无二的“作品”，具有某种天才性的思想产品才能成为作品。从古到今及至未来，所有新的产品都是创意出来的，都具有创意的文化资本价值，当然包括所有的新商品，只要不是模仿、抄袭的，都是必须经过头脑创意完成的，哪怕是最原始的一个新工具也是创意出来的，在科学的角度讲，人类的科技进步、生产工具的进步历史就是一部创意发展史。

1.科技文创——科技、创意和文化三位一体，形成混合型的数字科技文化和创意产业新模式。在网络社会化的前提下，文化创意产业与网络数字经济具有高度融合性，创意社会环境生成的前提是知识信息的全球化交流，而在知识信息高度频繁的交流中其自身会转化成“增殖效应”的价值元素，具有“繁殖裂变”的扩散效应，很容易使文化创意产业在全球产业价值链中占据高端环节，当然这首先是脑力劳动和天才性的创造、生产的结果，而这种现象已经在全球形成一种全新的产业发展潮流。目前，在社会上可以看到，AI、ChatGPT、元宇宙、智能机器人等，其快速的更新换代包括仿生型的自我更新换代就显示了创意与科技充分结合所体现出的价值无限性，特别是网络智能化在创意产业中的应用，有着重大的社会与科技革命性意义。关键是，传统的产业链是单一链条，而网络社会的发展，让我们看到了经济与产业的无常性和产业发展的综合性、杂糅性、跨领域的渗透性，因此，我们创造了新的概念，即在2008年前后，我们提出有关文化创意产业链，包括文旅融合产业链的一个很重要的思想创新认知：在新的世界格局和网络社会面前，除了必须把产业链做强、做大、做全、做宽和做长外，还必须解决不能只是建构产业的“单链”，即单一链条问题，而是要创造性建构文化创意产业“网链”，即“网状产业链”，既能够使信息高速传播，又能使信息个性地形成无数个“点对点”的直接传播，即产业、科技、文化、生态等信息会形成“共时性”的传播

与生活方式，产业主体的“发展面”越宽越好，产业的根基越深越好，产业的结构越紧密越好，产业上下游产业群越广越集中越好，核心产业越精越高越尖越好，从而构成一个“产业网链结构”，互构、互联、互通、互依、互鉴、互助，这样才可以抵抗风险社会带来的瞬息万变的社会状态，创造企业、城市和国家的永续发展之道。

江苏首创建设扬子江创意城市群，这是一种新的制度型创新和地域生产力结构优化的前瞻性探索，是作为长江经济带“龙头城市群”的必然担当，所以应该主动参与全球竞争并介入全球城市文化价值链高端环节的全面战略创新。创意城市的建构中最伟大的创新是，在一个广大的空间地域上，创造空间里的再生产和空间的再生产。在列斐伏尔的空间再生产研究中，其理论表达充满了创意和创新，给予我们的启示是，城市发展需要一个具有“人文区位”价值空间的基础，就是城市人文区位空间价值和区位间的文化资本性。他说：“社会空间包括——并（或多或少地）分配适当的位置给以下两个方面：一是再生产的种种社会关系，即性别群体之间与年龄群体之间的生理—心理的关系，以及家庭的特定组织；二是生产的种种关系，即劳动分工及其具有等级制形式的社会功能性组织。这两个系列的关系，即生产关系与再生产关系，彼此之间是无法分离的：劳动分工对家庭施加影响，并与它合为一体；相反地，家庭组织干扰妨碍劳动分工。然而，社会空间肯定要对二者加以区分——可以说并不总是成功的——为了把它们‘定位化’（localize）。”[①]江苏省沿江八市[②]的人文区位空间具有典型性，处于江南文化历史的涵养区位，在长江黄金水岸的廊道上，又是江苏最发达的苏南地域，还是中国经济文化最发达的地区，同时还邻近世界级城市群发展极——长三角城市群的中心上海市，江苏沿江八市是中国科技、文化、经济、生态融合发展的现代化先导区，可谓是钟灵毓秀，得天独厚。查尔斯·兰德利总结创意城市属性特点时说：“创意城市的特征往往包括：谨慎冒险、广泛的领导、朝某处迈进的概念、坚决但不固执、拥有超越政治循环的力量；更重要的是，能维持策略性原则与足智多谋的弹性。”[③]与中国其他内地城市相比，江苏沿江八市的突出特点是具有创新意识，从最早的20世纪80年代开创乡镇企业萌芽开始，到改革开放初的小康社会建

① ［法］亨利·列斐伏尔.空间的生产［M］.刘怀玉，译.北京：商务印书馆，2021：49.

② 截至2022年末，南京、镇江、扬州、泰州、常州、无锡、南通、苏州沿江八市，市域总面积为51012平方千米，占中国国土总面积的0.53%；总人口数（常住人口）5510.76万人，占中国总人口数的3.82%；2022年GDP总量为95171亿元，占2022年全国GDP的7.86%。根据江苏省及各市2022年国民经济发展报告提供的统计数据计算整理。

③ ［英］查尔斯·兰德利.创意城市：如何打造都市创意生活圈［M］.杨幼兰，译.北京：清华大学出版社，2009：序5.

设，再到苏南现代化示范区的率先起步，及当代中国科技文化创新和历史文化及生态保护的样板性发展，一直走在中国经济与文化发展的前列。

查尔斯·兰德利在《创意城市：如何打造都市创意生活圈》书中说：“当新旧融合时会产生创意摩擦，因此，创意城市需要维持一个充满动能、偶尔具备张力的平衡状态。而要提供这种平衡稳定性，就要为创意与时俱增的城市提供整体指导原则的伦理架构。”这句话的含义之一就是创意城市要有创新、创意、创造思维生长的文化环境，要有“具备张力的平衡状态”能力，很多创新在最初容易被视为“另类文化”，容易“出圈”，对新事物要给予有“张力”的宽松而平和的空间。从全球创意城市发展经验看，如果已经充分具备创意城市的一些功能，就意味着城市人口阶层的构成发生了变化。在中国改革开放之初的1978年，城市人口是以“蓝领”——工人阶级为主，而在21世纪初以来，经过改革开放与世界接轨，中国城市的主体产业在整体上开始从以工业生产为主向以服务产业为主转型，城市人口构成从以“蓝领阶层”为主，转向了以“白领阶层”为主的社会转变，而从2005年前后，中国一些一、二线城市又从以“白领阶层”为主转向了以“创意阶层”为主的城市社会构成，如是，城市本身就会具有张力，就会充满动能，就会有一定平衡稳定的状态。这样的城市一定是以生产型和生活型服务业双重平衡发展为主的城市，就如“全球城市”那样，生产型和生活型服务产业占城市GDP和就业人口比例均是86%以上，使得“全球城市”既具有强大的抵御风险能力，又具有强大的可持续发展能力。“城市需要致力于‘为了世界’成为最富创意的城市，而不是‘成为世界上最富创意的城市’。‘为了’这个词所指的，便是回馈地球村，并肩负起责任；例如，在应对环境挑战时，就要尝试在手法上发挥创意。”[①]显然，无论是创意阶层的出现与发展，还是创意产业的发展，都是以智识经济为主的发展过程，也是后现代社会在保护环境的前提下，在以科技文化为核心的“中轴理论”[②]认知下的发展模式。

创意产业与文化产业、生产服务型产业等具有高度融合性和综合经济效益性，已经朝着全面数字化的方向发展，其以产业链长、科技含量高、自主创业机会多、创造就业机会多等特点，为城市

---

① ［英］查尔斯·兰德利. 创意城市：如何打造都市创意生活圈［M］. 杨幼兰，译. 北京：清华大学出版社，2009：8.

② 中轴理论（Axial Principle）：贝尔在《后工业社会的来临》（1973年）一书中提出了“中轴原理”的概念。贝尔认为：在后工业社会，任何领域的“发展日益依赖于理论工作的优先性。它汇集整理已知的东西，同时为经验验证指出方向。实际上，理论知识正日益发展成一个社会的战略源泉，即中轴原理。同时整理和充实理论知识的场所——大学、研究组织及学术机构则成了未来社会的中轴结构。”Daniel Dell. The Coming of Post-Industrial Society: A Venture in Social Forecasting［M］. New York：Basic Books，Inc. Publishers，1973：26.

经济的现代化发展注入了新活力。创意产业正在引领形成一种全新的城市经济与产业创新发展潮流。根据联合国教科文组织于2015年发布的《文化时代——首张文化创意产业全球地图》统计，文化创意产业平均每年创造产值2.25万亿美元。2019年创意产业为英国直接贡献了约1159亿英镑的总增加值，伦敦每六个工作岗位中就有一个来自创意行业，2011年至2017年之间伦敦创意产业的就业率增加了31.8%。更有美国认为“资本时代已经过去，创意时代已经来临”的观点，其创意产业增速达14%，占GDP的30%以上，是美国第一大出口产业。由“从事科学与工程学、建筑与设计、教育、艺术、音乐和娱乐的人们”，构成“创意阶层人士”的主体，早在2000年“创意阶层人士”就占到美国就业人口的近三分之一（欧洲平均也在25%—30%），整个创意产业的薪酬将近占到全美所有产业薪酬的一半，相当于制造业和服务业薪酬的总和。《城市、文化和创造力》是2023年出版的报告，研究框架内容“借鉴了全球案例及世界各地9个不同城市的经验，为一系列行为的主体——国家政府、州（省）和城市；创意产业和相关私营部门组织；创意从业人员；文化专业人士和民间社会团体——提供了具体指导，以利用文化和创意，促进当地创意经济发展，建设富有韧性、包容和充满活力的城市”。报告中一个重要的数据是“世界各地主要城市创意产业的城市就业率高达13%”[①]。发达国家包括中国的一、二线城市，不仅形成创意阶层的崛起，而且创意产业平均每年创造的产值，以高出传统产业24倍的速度增长，发达国家的创意产业就业人口占从业人口的三分之一以上，在英、美、法、德等发达国家，仅创意产业的直接收入已占国家GDP的10%—20%，仅次于金融服务业，其增速平均在14%左右。这些数据足以证明创意经济正凭借着高融合度、高影响力、高增速和高价值溢出等特征成为世界经济中最具活力的增长点。

2.创意经济与文化科技型城市构成的智慧网络型创新模式，已经成为发达国家谋求创新发展的必由路径，同时也成为提升城市“世界文化身份识别”的战略战术首选。“除了有利的空间和技能之外，创意从业人员还需要有利的社交网络、推动因素，以及技术和金融资助，以帮助其企业和艺术获得蓬勃发展。”[②]与网络社会数字经济结合的创意经济，不仅改变了人们的生产方式和工作方式，在一定程度上也改变了人们的生活方式和就业方式，全球出现的“零工经济”（2023年中国两亿左右的“零工经济”就业人）与全球文化创意产业的高速发展有一定关系，创意经济还是衡量国

① 城市、文化和创造力[R].巴黎：联合国教育、科学及文化组织，华盛顿特区：国际复兴开发银行/世界银行，2023：4.

② 城市、文化和创造力[R].巴黎：联合国教育、科学及文化组织，华盛顿特区：国际复兴开发银行/世界银行，2023：4.

家和地区经济发展水平的重要指标，是生产型服务业的核心内容之一，许多国家都在大力扶持文化创意产业，主要原因是创意产业具有可持续发展的无限可能性和数字经济融合的全面应用性。“更多的数字网络接入可以使创新和不断扩大的市场超越城市边界。创意城市可以使文化专业人士、艺术家和他们的社区之间实现在线网络连接。他们可以投资数字基础设施，支持各种形式的创意集群，如孵化中心、枢纽、加速器、超大市区、创意街区等。”[①]英国作为全球最早提出“创意产业”概念的国家，制定了世界上第一个有关创意产业发展的政策文件。1988年《英国创意产业路径》发布后在全球引起巨大反响，随后，纽约、东京、伦敦、巴黎和新加坡等经济发展水平较高的城市在大力发展创意经济的同时，也都纷纷制定了创意城市发展的战略目标。

2010年以后，中国将文化创意产业作为重点领域进行统筹后，全国各地相继制定了创意产业和创意城市的发展战略，如北京发布《关于推进文化创意产业创新发展的意见》、成都出台《成都市关于推进创意经济发展的实施方案》。2017年12月15日，上海市政府新闻发布会发布《关于加快上海文化创意产业创新发展的若干意见》之后，到2018年全市挂牌的文化创意产业园区就已有140多家。2023年4月6日，上海《文汇报》中发表的《锚定数字经济“核爆点”，上海打造文创高质量发展“新引擎”》一文中说：“2022年上海文化创意产业总产出占全市GDP的13%左右，文创从业人员人均产出达170万元；6家上海企业入选全国文化企业30强及提名企业。上海创意设计产业总产值达1.64万亿元，同比去年增长1.17%，其中数字设计产业总产出6789亿元，显示出强劲的发展势头，数字经济已经成为上海文创产业高质量发展的‘新引擎’。”由上海市经济和信息化委员会等印发的关于《上海建设世界一流“设计之都”的若干意见》中也指出：“到2025年，（上海）基本建成设计产业繁荣、品牌卓越、生态活跃、氛围浓郁的‘设计之都’……创意和设计产业总产出保持年均两位数增长，到2025年超20000亿元。”[②]联合国教育、科学与文化组织及世界银行的《城市、文化和创造力》报告还指出：“纵观全球，各个国家和地区的城市虽然在规模、资源、策略等方面条件各不相同，但以文化创意产业推动城市可持续发展的策略是共通的。在中国，创意部门在2018年创造了超过2700万个工作岗位，该数字自2013年以来增长了30%以上。在英国，文化和创意产业增值额占总增值额的5.2%，在2013年，文化和创意产业在一年内增长了9%，远远超过了整体经济增

① 城市、文化和创造力［R］. 巴黎：联合国教育、科学及文化组织，华盛顿特区：国际复兴开发银行/世界银行，2023：93.

② 上海市人民政府. 上海市经济和信息化委员会等关于印发《上海建设世界一流“设计之都”的若干意见》的通知［EB/OL］.（2022-01-28）［2023-10-28］. https://www.shanghai.gov.cn/nw49248/20220217/ccb9be53e1e64fec891d32cb3ae6fb9c.html.

长率。韩国文化体育旅游部估计，该国文化和创意产业提供了66.7万个工作岗位（占总就业人数的2.4%），创造了230亿美元的附加值，相当于该国GDP的2.6%，比就业份额还大；该产业还带动出口增长了1.5%以上，这对于通常与非贸易服务相关的行业群体来说意义重大。越南的数据表明，文化和创意产业产值占全国GDP的8.9%，其中包括文化旅游、美食和广告所占份额。”这些数据统计口径复杂，有些不一定准确，但是，却告诉我们一个新的参考性认知，即科技越发达的国家和城市，创意产业的发展越具有潜力和动力，而且相比较工业的发展，文化创意产业可以渗透到所有领域，而与之相应的科技、文化、旅游产业获益更多，因为不会产生污染，所以受到所有国家在政策上的支持，包括农业与旅游业、食品类和文化结合的文化创意产业在经济发展中也越来越受青睐，同时也可以看到，文化创意产业与相关产业的数字化融合，在很多领域都有突破，如“文化工业”在创意产业的发展中，发展势头比较好，企业规模大、产值高，已经形成新的产业集聚，在这一方面苏州的文化工业与创意产业的结合创新发展有很多新的成功经验。

3.创意经济与智慧城市治理结合，创新智慧型人才的高集聚属性，使之成为全球网络经济一体化的创新服务经济模式。创意经济是衡量国家和地区经济发展水平与质量的主要指标，具有发展的无限可能性。美国学者佛罗里达在《创意阶层的崛起》一书中把经济发展分为农业经济时代、工业经济时代、服务经济时代和创意经济时代四个时期，虽然不同的人对其历史阶段的划分有不同的看法，但是，从人类社会以科技进步为主轴发展的角度看，不是不无道理，因为，所有的科学发明和技术创新都需要有一个创意过程。创意产业的兴起催生出创意城市的概念，通过推动城市人居环境改善、创意人才汇集、城市创意科技进步、文化氛围提升，实现城市多种产业联合互补的发展模式，也是未来城市转型发展的必然趋势。查尔斯在《创意城市》一书中说：在崭新的创意城市经济框架下，创意融合科技是其主要的内容，主要表现为“好奇心”“想象力”“创意”“创新”“发明”这五个关键词①，这个产业类型的核心价值是生产型服务业和生活型服务的双重创新经济模式，上海在这一方面的政策与城市经济的发展上走在了中国其他城市的前面。中国上海市文化创意产业推进领导小组办公室近期制定了《2023年度上海市促进文化创意产业发展财政扶持资金项目申

---

① 《创意城市》一书中写道：“在崭新的城市架构下，创意是主要的通货之一。好奇心（curiosity）、想象力（imagination）、创意（creativity）、创新（innovation）与发明（invention）这五个关键词，则形成了无懈可击的五重奏；无论是‘好奇’（curious）、‘富创意’（creative）、‘充满想象力’（imaginative）、‘善于创新’（innovative），或是‘有才干’（talented），都是同义词。它们虽是不同的词汇，但却有类似的意义，稍加厘清将会有所帮助。”参见：［英］查尔斯·兰德利. 创意城市：如何打造都市创意生活圈［M］. 杨幼兰，译. 北京：清华大学出版社，2009：序3.

报指南》，对网络视听、数字出版、AI和元宇宙、文化产品国际贸易、演艺、电影、文学艺术和绘画创作等给予了大力支持。可以看到，这一扶持政策在很多方面体现了对公共文化服务、公共文化需求、文化创意产业对外贸易和日常生活需要等方面的关注与重视，这也是“全球城市”所共同的特征——后现代型都市产业，以文化科技、历史传统、艺术创意和高品质城市生活服务为主要内容，构建人们向往的可充分就业的宜居之都。联合国教科文组织于2004年开展了“全球创意城市网络”活动，以促进世界各城市间在创意产业发展方面的合作交流。截至2023年10月31日，又有55座城市被批准加入联合国教科文组织的“创意城市网络”，计入新成员后，创意城市网络目前包括来自100多个国家的350座城市（中国成员城市从2022年的16个扩展到19个，其中江苏有三座城市：南京、苏州和扬州），分属7个创意领域：手工艺与民间艺术、设计、电影、美食、文学、媒体艺术、音乐①。这些能够入选全球创意城市网络的城市，都是城市经济、文化和科技发展水平高，城市文化特色鲜明，并在全球范围内有一定影响力的城市。

二、以科技与文化充分结合为内生动力：建构世界级创意城市群

城市群的一般特征是，一个或多个“发展极”城市作为城市群或都市圈的核心引领者，通过“发展极”城市主导产业的集聚与扩散、集中与分散及侵入与接替的城市圈生态演变过程，再加上日益发达便捷合理的交通体系，使城市群中城市区位熵的需求处于一个可以互动互补的变化当中，构成一个经济与文化辐射互补的共振区域，在长期的发展中，这样的区域性空间内的居民会形成一定的心理文化认同感，从而在都市圈或城市群的范围内构成经济、文化发展和就业选择有向心力的空间，由此形成区域性的、相互依赖的、可以互补的和经济文化的共同体城市群结构关系。如中国的长三角城市群、京津唐城市群、成都重庆城市群等，中国所有20多个大小不同的城市群结构关系大体上如此。而长江江苏段的沿江八市从创意文化产业和创意经济发展的角度看，通过持续建构可以构成一个有特色文化产业的城市群关系，加之，未来沿江八市的交通体系等基础建设已经开始了一体化空间关系的建设。在这样的结构当中，沿江八市以长江为“轴”和纽带，虽然隔江相望，但都已经提出跨江发展的具体要求战略，而且能够明显地看出，在地域生产结构和格局上，以南京和

① Thomas Mallard. 世界城市日，55城加入创意城市网络［EB/OL］.（2023-10-31）［2023-12-26］. https://www.unesco.org/zh/articles/shijiechengshiri55chengjiaruchuangyichengshiwangluo.

苏州作为沿江八市城市群中的两个“发展极”，形成了一个在空间区位上具有特殊优势、在文化地理空间上又有共性的“江南文化”——作为同一性的文化底蕴，构成了一个中国经济最发达城市群的地域空间结构，可以通过创意产业的“淬火”与“城市文化资本”再生产，创造高质量发展的世界级城市群（带）关系，形成一个可以被发现、被创意和被整合创新的区域性经济文化共同体，并可以直接参与全球化的城市竞争，使之构筑成为高端产业发展的世界级创意产业城市群。

1.沿江八市以雄厚、具有可持续增长的综合经济实力，为扬子江创意城市群发展成为世界级城市群奠定了发展基础。作为江苏省经济发展最快的区域，沿江八市具有典型的城市群的结构关系，而且长期以来，江苏省政府在政策和基础建设的投入上，一直为江苏沿江八市的城市群建设打基础，早在20世纪90年代，人们就曾把“苏锡常”看作了一个完整的城市群，而且是中国经济和社会现代化发展最快的城市群之一。另一个是宁镇扬城市群，江苏省政府给予了很强的政策和经济投入支持，并取得了一些显著的成就，在宁镇扬一体化方面有长足的发展[①]。可以明显地看到，江苏沿江八市一直处于上海都市圈和长三角城市群的结构关系之中，也是长期在接受上海经济与文化发展的带动下，成为具有国际化城市空间结构特点的城市群，特别是在多层次政策指导和扶持下——在长三角一体化、宁镇扬同城一体化、苏锡常同城一体化下多层结构的结构化互动整合的作用下，江苏沿江八市呈现出不同特点的繁荣和发展，也构成了区域空间的内在引力和外在推力。

在区域经济发展的比较上，沿江八市在经济总量、进出口规模等方面在中国及江苏占据着举足轻重的地位。中国的城市群要想在世界城市全球竞争的关系中占据世界经济价值链的高端区位，必须创造合理的、跨行政区域的、有内在市场机制关系的“城市群差序化格局”，并通过构建新型的城市群结构体系，直接参与城市全球化的竞争，创造中国区域现代化示范区[②]。2022年，江苏省GDP为122875.6亿元，沿江8市以5.1万平方千米的面积创造的经济总量为95171亿元（占全省77%），超过北京（GDP：41610.9亿元）和上海（GDP：44652.8亿元）GDP之和86263.7亿元，江苏沿江八市

---

① 张鸿雁. 建构宁镇扬融合型同城化发展模式［N］. 南京日报，2017-04-05. 笔者从20世纪80年代就开始了关于长三角一体化、苏锡常一体化和宁镇扬一体化的研究，并发表相关论文十几篇。笔者在做江苏省宁镇扬同城化课题时，用了两个概念：一是“反磁力中心”的概念，一是“反边地中心”的概念。“反磁力中心”最初是霍华德提出的，其实也是田园城市理论的基本原理之一。而雄安新区的规划核心概念也应该采取“反磁力中心”的概念，基本逻辑就是雄安城市要建构完整的“区域核”，独立完整的就业、工作、生产、生活、消费、娱乐和分配综合发展的一体化体系，使自己的城市人口、产业和经济要素不至于被其他大城市所吸走，实际上，多年来笔者一直致力推出“城市区域核”理论、概念和创新实践。

② 张鸿雁.“大上海国际化都市圈”的整合与建构——中国长三角城市群差序化格局创新研究［J］. 社会科学，2007（05）：4-13.

雄厚的经济实力为建构世界级创意城市群奠定了坚实的基础。

空间创新和空间的再生产是无止境的。上海作为长三角城市群国家战略的龙头城市，长期以来是中国发展的样板城市，而且在空间规划和创意产业规划方面也走在中国前列，在城市空间规划和产业规划的结合方面也显示了上海作为世界级城市的眼光。上海能够打破传统的城市规划模式，表现手法和思路是城市“文化规划”先行，在城市规划理念上具有强烈的创新性。上海非常注重自己作为长三角城市群“发展极”城市的核心价值和核心竞争力建构问题，强调要创造上海都市圈和长三角一体化城市群的核心圈层，把上海本身的经济与文化做实、做强、做优。首先是如何把握空间、土地和人口的合理利用使之价值最大化，就是要求上海的土地空间利用必须创造新格局，并能够使产业布局有空间、有土地以及有人才施展才能和创新发展的空间。在此基础上，要能够使人口和人才集聚到上海主城本体，因此，上海创造了“一地五中心”[①]的主体规划模式，“一地五中心”中的“五个中心”需要培育并创造成为大上海主体区城市的多个“增长极”和区域经济与文化的“协调极”，使上海核心圈的经济与社会发展可以呈现出全域均好性和整体性增长模式，而且上海主体区域的“节点性城市”必须具有国际化功能，也必须具有综合发展的城市现代化特色，而使上海整体进入后工业社会，特别是在上海郊区的中小城市和城镇，与大上海的主体区、核心区之间还存在“二元经济结构”关系，这往往是城市社会问题产生的重要根源，而在整体上创造上海的城市与郊区平衡发展、融合发展也是上海大城市治理的一种必然选择。

根据上述城市规划战略和城市文化规划的思想，2018年对上海城市内部空间结构又进行了再现代化的、城市更新式的规划创新，而且这个规划是具有独立视角的“空间里的生产”和“空间再生

---

① 一地五中心：上海提出，到2035年，“五个中心”（即国际经济、金融、贸易、航运、科技创新中心）功能全面升级，重要发展指标达到国际领先水平，城市能级和核心竞争力显著提升，基本建成具有世界影响力的社会主义现代化国际大都市。上海的“五个中心”是将此前讨论的“四个中心”和科技创新中心并称为“五个中心”，作为上海需要深化的核心功能。从“四个中心”到“五个中心”，上海发展战略的全球站位不断提高。参见：薛亮.上海这五年，“五个中心”从这里启航[J].上海人大，2022（07）：53.具体来说，上海将基本建成综合经济实力雄厚、产业能级高、集聚辐射能力强的国际经济中心。基本建成与中国经济实力以及人民币国际地位相适应的国际金融中心，集聚各类重要金融机构，加快建设全球资管中心，大力发展金融科技，基本形成具有国际竞争力的金融机构体系。上海还将基本建成在全球贸易投资网络中具有枢纽作用的国际贸易中心，优化货物贸易、服务贸易结构，做大转口贸易、离岸贸易、数字贸易，加快形成进出口并举、内外贸并重的贸易发展新格局。上海将着力发展海铁联运、水水中转，加快建设外高桥铁路进港专用线和大芦线等内河航道，基本形成现代航运集疏运体系。同时，上海还将形成具有全球影响力的科技创新中心基本框架。2020年上海大力推进“五大中心”建设[EB/OL].（2020-01-15）[2023-10-28].https://www.gov.cn/xinwen/2020-01/15/content_5469526.htm.

产”的战略发展高度，同时对上海及郊区的土地和人口及产业空间进行了优化融合创新，在全国率先提出“一地五中心”模式的规划模式，对上海嘉定、青浦、松江、奉贤和南汇的规划做了很多具体规定，包括土地分配、人口总量、综合发展等都做了明确的规划和设计。上海的规划不止于此，2022年又提出了“上海大都市圈‘1+8’规划战略，建设全球城市区域空间体系”，目的是“构建上海大都市圈，打造具有全球影响力的世界级城市群”。其中的“1”是指上海，“+8”包含了江苏省的四座城市：苏州、无锡、常州、南通和浙江省的四座城市：宁波、嘉兴、湖州、舟山。

2022年江苏“沿江八市”和“1+8大上海都市圈”GDP对比

<table>
<tr><td>沿江八市</td><td>GDP/亿元</td><td colspan="2">“1+8”上海大都市圈</td><td colspan="2">GDP/亿元</td></tr>
<tr><td>苏州市</td><td>23958</td><td colspan="2">上海市</td><td colspan="2">44653</td></tr>
<tr><td>南京市</td><td>16908</td><td rowspan="4">江苏省</td><td>苏州市</td><td>23958</td><td rowspan="8">87983</td></tr>
<tr><td>无锡市</td><td>14851</td><td>无锡市</td><td>14851</td></tr>
<tr><td>南通市</td><td>11380</td><td>南通市</td><td>11380</td></tr>
<tr><td>常州市</td><td>9550</td><td>常州市</td><td>9550</td></tr>
<tr><td>扬州市</td><td>7105</td><td rowspan="4">浙江省</td><td>宁波市</td><td>15704</td></tr>
<tr><td>泰州市</td><td>6402</td><td>嘉兴市</td><td>6739</td></tr>
<tr><td>镇江市</td><td>5017</td><td>湖州市</td><td>3850</td></tr>
<tr><td rowspan="2">总计</td><td rowspan="2">95171</td><td>舟山市</td><td>1951</td></tr>
<tr><td colspan="2">总计</td><td colspan="2">132636</td></tr>
</table>

这一规划和战略发展模式在国内引起了广泛的反响。长三角一体化本身就是国家战略，其发展的方式是“一个极核”统领——上海，“三极”——南京、杭州、合肥引领发展，上海作为长三角的核心，必须把上海都市圈本身的经济、科技、文化和生态做强、做实。固本，才能使上海成为世界城市群“发展极”的高地，而上海大都市圈的“全球城市区域空间体系”的“1+8模式”就是要把江苏的苏州、无锡、常州、南通四个市在上海的一体化带领下，打造成为具有全球影响力的城市群中的一员。如此高端化的战略规划模式，江苏为何不与上海一道谋求世界级城市群的建设呢？

在长三角一体化的发展中，浙江、安徽和江苏不仅是要反复讲“服务和对接大上海”，而是更应该反复讲“主动融入大上海”，与“上海一体化”比翼齐飞，并在此基础上，创造创新，有为而有位，长三角的每个省份都要成为长三角一体化城市群的“发展极”，在发展本省特色产业、核心竞争力的同时，要能有资格成为上海所需要结构的构成部分，而不是仅仅接受上海的经济与文化辐射。在建设长三角一体化的发展上，上海以外的城市不能只当配角，而应该是要当各有核心竞争力和经济发展特色的“主角”，事实证明，传统“卫星城”的模式会导致区域经济发展的非均衡性，使“卫星城”失去文化自觉和自信而丧失创新力。上海新一轮世界城市高地的规划，其创新的重点在于强调了城市群“文化维度”和科技文化网络智慧创新的高度，同时还提出了“城市群文化圈”的概念，具有很强的文化融合性、认同性和互补性，上海和其他八座城市，亦可谓“九市拥有水脉相依、河网密布的生态圈和文化同源、人缘相亲的文化圈”。这样做的一个十分重要的意义在于，在空间再生产创新的同时，又可以强化大上海城市圈的文化认同，形成紧密互补型都市圈，形成一个有特色的文化共同体，从而把上海周边的经济、科技、文化和生态圈做实、做强、做优、做高，使以上海为龙头的长三角城市群，能够真正成为世界级的文化创意产业高地。

2.以独有的文化创意产业城市特色，为扬子江世界级创意城市群提供结构优化的产业支撑。学术界普遍认为，“文化产业”概念的提出起源于对“大众文化”的争议[①]。法兰克福学派阿多诺（Theodord Adorno）和霍克海默（Max Horkheimer）在1944年出版的《启蒙的辩证法》中，首次提出“文化工业”的概念。文化产品在工厂中凭借现代科学技术手段，以标准化、规格化的方式被大量生产出来，并通过电影、电视、广播、报纸、杂志等大众传播媒介传递给消费者，最终结果是文化不再扮演激发否定之意的角色，反而成为统治者营造满足社会现状的控制工具。他们从否定的角度提出“文化工业”，本质上是对“文化产业”的否定批判。随着经济社会的发展，“文化工业”一词最初产生的语境被新的语境所置换，它渐渐发展成为一种中性概念，也就是今天普遍使用的“文化产业”的概念。如今，中国对文化及相关产业的分类依旧参照国家统计局于2018年4月2日印发的第43号文件《文化及相关产业分类（2018）》。在这个分类中，将文化及相关产业划分为三层，第一层为9个大类，第二层为43个中类，第三层为146个小类[②]。其中1–6大类为文化核心领域，分别为新闻信息服务、内容创作生产、创意设计服务、文化传播渠道、文化投资运营、文化娱乐休闲服务；7–9大类为文化相关领域，分别为文化辅助生产和中介服务、文化装备生产、文化消费终端生产。在研究国内外文化与创意产业发展的关系时，不同的专家学者有多种观点，甚至歧义丛生。从现有的理论与资料来看，文化产业与创意产业是一个“文化同心圆”，具有同质性，核心是文

① ［德］马克斯·霍克海默，西奥多·阿多诺.启蒙辩证法［M］.渠敬东，曹卫东，译.上海：上海人民出版社，2006：107.

② 国家统计局.文化及相关产业分类：2018［R］.国务院政策文件库，2018.

化，主导方式是创意，而创意也可以归为大文化产业，互为里表，互为前提，除了产业范畴的外延有所差异外，本质上是同一类概念下的产业类型。

江苏沿江八市各自具有文化特色和特色文化产业，其中已经有三座城市被“全球创意城市网络”命名，可以与世界级的文化名城媲美。南京作为“世界文学之都”有着充分依据，在坚持“创新发展，名城保护”建设的同时，聚焦新一代信息技术、数字经济、网络文学和金融发展，积极打造全国文化科技融合示范中心和文学创作中心城市，并在“世界文学之都”的基础上，强化创意、创作的文化事业与文化产业的发展，同时，在“世界文学之都”的文化标签上，与文旅融合再结合作为城市文化景观的空间再生产内容，将“世界文学之都”的内涵转化为“城市文化资本”，用“城市文化资本”理论来剖析文学价值，其个体本身就是“文化资本”的主要构成要素，作为以城市命名为“世界文学之都”表达的意涵就是：成功的文学作品都是天才创作出来的所属“城市的作品”，而自然具有文化资本物化符号的资本属性，南京“世界文学之都”的称号和事实已经构成了南京的“城市文化资本”，是一个取之不尽、用之不竭的文化资源，具有伟大文学的美学意义，也是世界将南京作为休闲、学习和旅游目的地的理由之一。

苏州作为“世界手工艺与民间艺术之都”①应该说是中国传统文化的一个伟大而精彩的结晶，可圈可点的要素非常多，同南京“世界文学之都”一样，是典型的“城市文化资本”要素构成的伟大作品，甚至可以说，每一件手工艺和民间艺术作品都是苏州“城市文化资本”的要素和因子，构成了一座城市的伟大文化。之所以这样说是因为：首先，苏州的遗产保护传承和利用水平位居全国前列，有着强大的世界影响力。2018年，苏州被联合国世界遗产组织授予“世界遗产典范城市”的称号，成为世界遗产城市组织的正式会员，是中国唯一的正式会员城市。其次，苏州牵头推动江南水乡古镇申遗项目，12个申遗古镇中苏州就占7个。再其次，苏州市出台了《苏州国家历史文化名城保护条例》等地方性法规，城市正在形成全面保护发展的新局面。最后，苏州还是具有深厚高质量资源禀赋的历史文化名城，非遗的资源十分丰富并覆盖十几种类型；非物质文化遗产资源等级高，列入人类非物质文化遗产代表名录的世界级非遗项目共有6项（占总名录的12%），国家级非遗项目33项，省级非遗124项；非遗类型多以传统技艺为主（占总数的39%），结合现代文化创意产业、高端数字文化装备制造业和特色工艺美术业为重点领域，同时，苏州也是国际时尚设计之都。

---

① 因本书有章节专门研究南京问题，因此在此章节仅对苏州文化资源的研究与分析作重点说明。

苏州市非物质文化遗产名录表

序号	名称	序号	名称	序号	名称	等级
传统技艺（63）						
1	中国桑丝织技艺（苏州宋锦）	2	中国桑丝织技艺（苏州缂丝）	3	传统木结构营造技艺（苏州香山帮传统建筑营造技艺）	世界级（3）
4	民族乐器制作技艺（苏州民族乐器制作技艺）	5	国画颜料制作技艺（姜思序堂国画颜料制作技艺）	6	装裱修复技艺扩展（苏州书画装裱修复技艺）	国家级（11）
7	绿茶制作技艺扩展（碧螺春制作技艺）	8	宋锦织造技艺	9	苏州缂丝织造技艺	
10	香山帮传统建筑营造技艺	11	苏州御窑金砖制作技艺	12	明式家县制作技艺	
13	制扇技艺	14	剧装戏具制作技艺	/	/	
15	苏州灯彩	16	苏州民族乐器制作技艺	17	姜思序堂国画颜料制作技艺	省级（49）
18	装裱技艺（苏州装裱技艺）	19	陆慕蟋蟀盆制作技艺	20	绿茶制作技艺（苏州洞庭碧螺春制作技艺）	
21	糕团制作技艺（黄天源苏式糕团制作技艺）	22	糕点制作技艺（稻香村苏式月饼制作技艺）	23	糕点制作技艺（叶受和苏式糕点制作技艺）	
24	采芝斋苏式糖果制作技艺	25	陆稿荐苏式卤菜制作技艺	26	豆制品制作技艺（苏式卤汁豆腐制作技艺）	
27	常熟叫化鸡制作技艺	28	汤面制作技艺（昆山奥灶面制作技艺）	29	风筝制作技艺扩展（沙洲风筝）	
30	盆景造型技艺（苏派盆景）	31	太仓槽油制作技艺	32	太仓肉松制作技艺	
33	木渎石家鲃肺汤制作技艺	34	苏州织造官府菜制作技艺	35	彰锻织造技艺（苏州彰锻织造技艺）扩展	
36	苏派酿造酒酿造技艺（铜罗黄酒）扩展	37	苏派酿造酒酿造技艺（后塍黄酒）扩展	38	苏派酿造酒酿造技艺（王四桂花酒）扩展	
39	糕点制作技艺（乾生元枣泥麻饼）扩展	40	吴罗织造技艺（四经绞罗织造技艺）	41	吴罗织造技艺（纱罗织造技艺）	
42	传统鸟笼制作技艺（苏派鸟笼制作技艺）	43	青铜失蜡铸造技艺	44	苏帮菜烹制技艺	
45	羊肉烹制技艺（藏书羊肉制作技艺）	46	缂丝织造技艺（苏州缂丝织造技艺）扩展	47	传统建筑营造技艺（香山帮传统建筑营造技艺）扩展	
48	传统砖瓦制作技艺	49	家具制作技艺（明式家具制作技艺）扩展	50	苏州漆器制作技艺扩展	
51	传统木船制作技艺（七桅古船）扩展	52	传统木船制作技艺（古船制作技艺）扩展	53	传统棉纺织技艺（雷沟大布制作技艺）扩展	

（续表）

序号	名称	序号	名称	序号	名称	等级
54	酱菜制作技艺（角直萝卜制作技艺）	55	苏州碑刻技艺	56	常熟花边制作技艺	省级（49）
57	宋锦织造技艺	58	苏州缂丝织造技艺	59	香山帮传统建筑营造技艺	
60	苏州御窑金砖制作技艺	61	明式家具制作技艺	62	制扇技艺	
63	剧装戏具制作技艺	/	/	/	/	
传统美术（22）						
64	桃花坞木版年画	65	苏绣	66	灯彩扩展（苏州灯彩）	世界级（7）
67	泥塑扩展（苏州泥塑）	68	核雕（光福核雕）	69	玉雕（苏州玉雕）	
70	盆景技艺（苏派盆景技艺）	/	/	/	/	
71	苏州石雕（金山石雕）	72	苏州石雕（藏书澄泥石雕）	73	桃花坞木版年画	省级（15）
74	苏绣	75	光福核雕	76	苏州玉雕	
77	苏州泥塑	78	虞山派篆刻艺术	79	苏州砖雕	
80	竹编（后塍竹编）扩展	81	盆景技艺（苏派盆景）	82	苏绣（苏州发绣）扩展	
83	玉雕（苏州玉雕）扩展	84	木雕（苏州红木雕刻）扩展	85	木雕（佛像雕刻）扩展	
传统体育、游艺与杂技（2）						
86	江南船拳	87	抬阁扩展（东山台阁）	/	/	省级（2）
传统舞蹈（6）						
88	滚灯	89	千灯跳板茶	90	花鼓（浒浦花鼓）	省级（6）
91	龙舞（陆家段龙舞）扩展	92	莲湘（角直连厢）	93	灯舞（常熟滚灯）扩展	
曲艺（11）						
94	昆曲	/	/	/	/	世界级（1）
95	昆曲	96	苏剧	97	滑稽戏	国家级（4）
98	苏州评弹（苏州弹词、苏州评话）	/	/	/	/	
99	昆曲	100	苏剧	101	苏州评弹（苏州弹词、苏州评话）	省级（6）
102	滑稽戏（苏州滑稽戏）	103	木偶戏（七都提线木偶）	104	锡剧	

（续表）

序号	名称	序号	名称	序号	名称	等级
传统医药（8）						
105	中医传统制剂方法（雷允上六神丸制作技艺）	/	/	/	/	国家级（1）
106	医药传统制剂方法（雷允上六神丸制作技艺）	107	闵氏伤科疗法	108	郑氏妇科疗法	省级（7）
109	吴氏疗科	110	针灸（宋氏耳针）	111	传统中医膏方制作技艺（雷允上膏方制作技艺）	
112	儿科疗法扩展（塘桥陆氏中医儿科）	/	/	/	/	
传统音乐（11）						
113	古琴艺术	/	/	/	/	世界级（1）
114	古琴艺术（虞山琴派）	115	江南丝竹	116	苏州玄妙观道教音乐	国家级（4）
117	古琴艺术扩展（虞山琴派）	/	/	/	/	
118	古琴艺术	119	苏州玄妙观道教音乐	120	十番音乐（辛庄十番音乐）	省级（6）
121	吟诵调（苏州吟诵）	122	江南丝竹	123	十番音乐（十番锣鼓、木渎十番）扩展	
民间文学（20）						
124	吴歌	125	宝卷（吴地宝卷）	/	/	国家级（2）
126	吴歌	127	寒山拾得传说	128	谜语（海虞谜语）	省级（18）
129	吴歌（河阳山歌）	130	吴歌（白茆山歌）	131	吴歌（芦墟山歌）	
132	吴歌（双凤山歌）	133	吴歌（胜浦山歌）	134	宝卷扩展（同里宣卷）	
135	宝卷扩展（锦溪宣卷）	136	宝卷扩展（河阳宝卷）	137	宝卷扩展（胜浦宣卷）	
138	吴歌（白洋湾山歌）扩展	139	吴歌（阳澄渔歌）扩展	140	吴歌（昆北民歌）扩展	
141	吴歌（石湾山歌）扩展	142	宝卷（吴地宝卷）	143	谜语（平望灯谜）扩展	
民俗（20）						
144	中国端午节（苏州端午习俗）	/	/	/	/	世界级（1）
145	端午节	146	苏州甪直水乡妇女服饰	147	庙会（苏州轧神仙庙会）	国家级（4）
148	庙会（金村庙会）	/	/	/	/	

（续表）

序号	名称	序号	名称	序号	名称	等级
149	端午节	150	苏州角直水乡妇女服饰	151	七夕节（太仓七夕习俗）	省级（15）
152	灯会扩展（古胥门元宵灯会）	153	庙会扩展（苏州“轧神仙”庙会）	154	庙会（东山庙会）	
155	水乡妇女服饰扩展（胜浦水乡妇女服饰）	156	苏南水乡婚俗	157	湖甸龙舟会	
158	庙会（金村庙会）扩展	159	虞山三月三报娘恩	160	邓尉探梅	
161	上鹞灯	162	庙会扩展（妈祖祭）	163	庙会扩展（圣堂庙会）	

扬州城市的精致犹如扬州的漆器，扬州漆器在制作时，最多要经过几十道工序才能完成，其中包括了十大工艺门类：点螺工艺、雕漆工艺、雕漆嵌玉工艺、刻漆工艺、平磨螺钿工艺、彩绘（雕填）工艺、骨石镶嵌工艺、百宝嵌、楠木雕漆砂砚工艺、磨漆画制作工艺……[①]堪称精致手工艺术作品的典范。扬州美食与漆器同属于精致中国文化之瑰宝，也是中国传统四大菜系之一淮扬菜系的发源地之一，可以当之无愧地被评为世界创意城市网络中的“世界美食之都”，这种精致文化是扬州城市文化的基石。扬州在科技创新、历史文化和文旅融合发展的基础上，还聚焦于美食产品的创新、创意和创造，打造“幸福文旅融合产业”[②]，有精致文化特质的扬州，已经是中国人的一个特色文化城市旅游目的地。应该说，江苏沿江八市的历史文化各有千秋，都有可能成为“全球创意城市网络”中的一员。无锡依托影视产业探索建设全国数字影视名都；常州的动漫电竞产业长足发展，是国内外著名“恐龙文化主题乐园”之都；南通有国际家纺设计版权、品牌和国际贸易产业，同时还是张謇文化和近代工业的文旅融合创新发展之城；镇江数字出版崛起，正在打造“永不落幕的镇江文创展”和“东亚文化之爱情之都”；泰州正以“泰州学派”为城市文化名片，同时也在打造梅

① 扬州漆器髹饰技艺：早在2300多年前的战国时期，扬州漆器髹饰技艺就已开始出现，从出土实物可以看出，当时漆器的造型和髹饰技法已有了较高水平。到了汉代，漆器被广泛用于许多领域，造型和装饰手法更为精美多变。扬州市郊出土的汉代漆器不下万件，以彩绘漆器居多，器型繁多，图纹丰富。唐代扬州的脱胎干漆、金银平脱、螺钿镶嵌等工艺技法已相当成熟，漆器被列为24种贡品之一。明清时期，扬州漆艺臻于鼎盛，出现剔红雕漆、平磨螺钿镶嵌、软螺钿镶嵌、百宝镶嵌等著名品种，形成特有的地方风格。乾隆年间，扬州出现多条以生产漆器命名的街巷，漆器产量和品种均达到历史最高峰。现代扬州漆器制作工艺有点螺、雕漆、雕漆嵌玉、刻漆、平磨螺钿、彩绘、骨石镶嵌、楠木雕漆砂砚、磨漆画制作九大门类，品种齐全，技艺精巧，绚丽多彩，格调清新，极富东方神韵。参见：国家级非物质文化遗产代表性项目名录：扬州漆器髹饰技艺［EB/OL］.［2023-10-28］. https://www.ihchina.cn/art/detail/id/14360.html.

② 张鸿雁教授：扬州文化旅游产业化要走幸福旅游路［EB/OL］.（2010-04-20）［2023-10-28］. https://www.chinanews.com/cj/news/2010/04-20/2236272.shtml.

兰芳戏曲文化和有“千亿创意产业的东部吉祥文化之州”[①]。这八座城市都是历史文化名城，也都分别在探索智慧网络文化和科技创新融合之路，都在创造全新的国际文化旅游名城、全国数字内容创意名城，沿江八市既能保持自身的鲜明特色，又能相互赋能共进，诠释了“共生、同进”的江苏扬子江创意城市群的文化共同体创新之路。

江苏省共有79个中国传统村落，其中67个位于沿江八市，约占全省85%。截至2022年底，江苏省共创建十批特色田园乡村，命名乡村总数量达593个，其中沿江八市共355个，约占全省60%。江苏沿江八市的文化底色就是江南文化，是值得发扬光大的传统文化。非物质文化遗产具有“苏派文化”印记的经典性——南京的云锦和金箔、苏州的缂丝和香山帮传统木结构营造、扬州的剪纸和雕版印刷、无锡的紫砂和惠山泥人等等。总之，江苏长江段沿江八市在文化产业上各具风格，各领风骚，通过整合、建设完全可以成为世界级的创意产业城市群。中国有很多学者一直在研究，为什么中国不能有一个媲美美国加州那样的硅谷？硅谷的成因很多，包括人文区位、政策、气候、交通、人才与经济发展水平、大学占有的位置等，通过扬子江创意城市群的策划、规划和战略性的宏观、中观和微观思考，我们有这样一个认知，即我们还缺乏空间再生产与科技文化结构化的顶层战略，以及用于战略具体化的实施方案，应该说，如要建设一个中国硅谷，从区位优势来看长三角城市群应该是不二选择。

3.以文化创意产业为纽带，以文化同源襄鼎互承，扬子江世界级创意城市群自带文化自觉，必然能够成为一个有文化自信和文化自为的城市群文化高地。中国经济发展在很多省市都被分为特定区域，而区域的划分往往以江、河、湖、山等自然障碍作为区域经济板块的某种界线，如江苏以长江为界分为苏南和苏北，形成经济发展的梯度空间，而江苏长江江苏段的沿江八市完全可以创造两岸一体、两岸融合的发展模式。2022年底，江苏过江通道已建成18座，相关规划提出到2025年过江通道将突破30座，而到了2035年过江通道达44座。长江江苏段干流总长约430千米，预计至2035年，过江通道平均间距将由现状24千米左右缩短到12千米左右，过江通道的建设实现了两岸交通的通达性，能够有效促进两岸平衡发展、跨江融合发展。江苏沿江地区的八座城市共有42个经济开发区，也是中国开发区最密集的地区之一，其中的32家国家级开发区，集聚了大量科技、文化、装备和产能产业。在南京、镇江、苏州、南通、江阴、泰州还有6个亿吨大港，组成了实力雄厚的沿江港口群，可以与上海形成一个江海一体的组合港，成为世界性的经济中心枢纽之一。江苏沿江八市还是

① 张鸿雁，邵颖萍.嬗变与融合——泰州、四平和南京城市文化资本再生产［M］.南京：江苏凤凰教育出版社，2019：137-149.

中国文化旅游资源最丰厚的区域，截至2023年11月，现有21个5A级旅游景区（全省26家），136个4A级景区（全省222家），6个国家级旅游度假区（全省7家），27个省级旅游度假区，5个国家级生态旅游示范区，22个省级生态旅游示范区。沿江八市是中国高端旅游景区资源最密集的地区，在整体上，完全可以创造一个世界级的旅游休闲和旅居目的地。

创意产业的核心竞争力之一是创意人才，因创意城市的聚集而必然崛起一个创意阶层。江苏沿江八市共拥有普通高等院校115所、国家重点实验室26家。沿江八市还有2个首批国家级文化产业示范园区：南京秦淮区特色文化产业园和苏州元和塘文化产业园。因依托长江而串联沿江八市，因此有着共同的文化“根”与“源”——长江文化、江南文化和运河文化构成了水韵江苏的本底，可谓地缘相近，人文同理，乡里乡亲……可谓“同饮一江水，彼此无限情”，有强烈的历史文化认同和创新时尚的价值认同。平台是基础，人才是关键，“创意经济的人才或科学家犹如艺术家般，都是这个阶层的核心族群之一”[①]，创造江苏沿江八市创新城市群，就是创造一个国际化的综合发展平台，可以集聚世界级稀缺人才，所以要建设创意人才创新与创意再生产的“文化场域”，让他们能够“广泛复制‘某处硅谷’（Silicon Somewhere）模式中”，成为一个创新的种子队伍，而能够在城市群中开花结果。以长江空间为轴，长江文化为纽带，充分利用黄金水道释放“黄金效应”，加之，长江与大运河在江苏呈十字交汇，造就了沿江八市在长江国家文化公园和大运河国家文化公园建设中的双重关键地位，为沿江八市赋予了通江达海之力，使扬子江创意城市群提升为世界级创意城市群的高地成为可能。

三、以地方经验和全球视野，创造新的区域性成长策略

这是一个全新的空间组合创新，也是在创造良好空间里的生活模式，更是在创造发展型的国家级大区域地理体系的空间再生产，即鲜明地表现了一个高位战略的规划模式，是在创造新的地域生产力优化布局。从产城融合、跨江融合、城乡融合三个维度，合理规划江苏沿江“八市一体”的扬子江创意城市群空间发展格局。协调、整合沿江八市国家级高新区、经开区、旅游度假区、高等级景区、文化产业重点园区等创新、创意载体，构建“扬子江文化产业走廊”。重点瞄准南京数字技

① ［英］查尔斯·兰德利. 创意城市：如何打造都市创意生活圈［M］. 杨幼兰，译. 北京：清华大学出版社，2009：21.

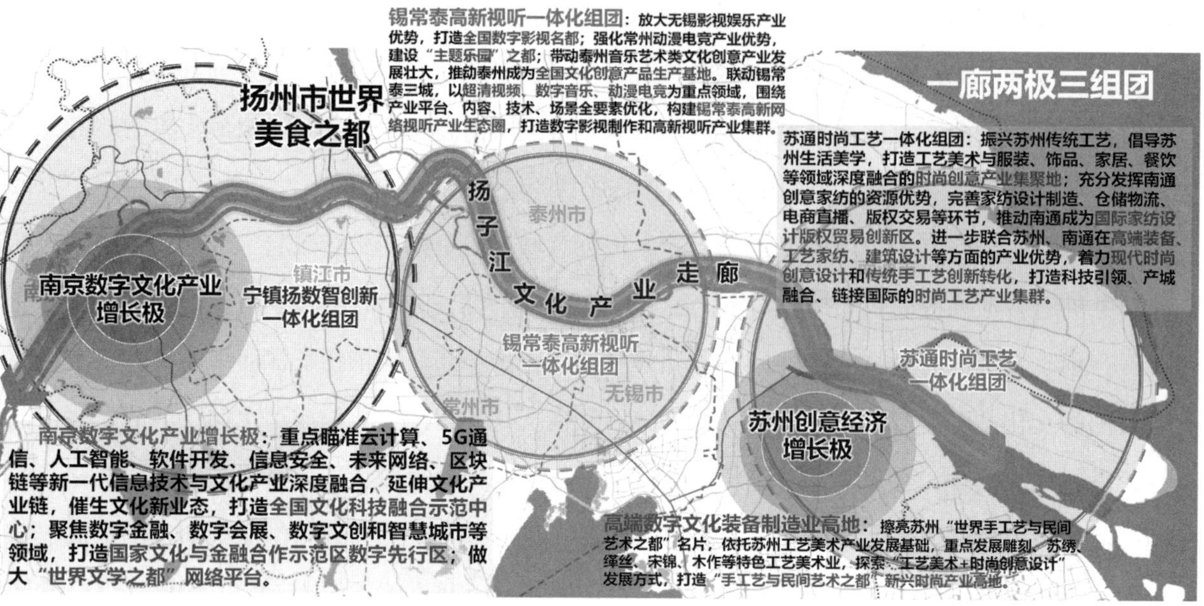

江苏沿江八市建设世界级扬子江创意城市群空间及产业格局

术、苏州创意设计产业和文化工业发展的优势，以南京数字文化产业增长极和苏州创意经济及文化工业增长极，打造扬子江文化产业走廊发展的前沿阵地和核心引擎，可谓是“抓两头，带中间”，依托南京网络文学、镇江数字出版、扬州文化旅游、无锡影视娱乐、常州动漫电竞、泰州音乐视听、苏州科技文化时尚美学、南通建筑美学与家纺等内容的创意产业优势，谋划建设“宁镇扬都市圈数智创新”“锡常泰高新视听产业创新”和“苏通时尚工艺与文旅融合”三大产城组团融合一体化的空间体系，形成长三角地区的高质量发展区域，补充和创造上海文化与产业发展的某些不足，成为长江经济带、长江国家文化公园文化带的龙头区域，利用江苏长江段的文化科技优势，创造与美国西部硅谷比肩的“中国式文化硅谷”。在空间上，可以在沿江八市中提出整合性的空间规划，即“一廊两极三组团”产业空间战略，既符合地域结构和产业实际，也符合全球创意城市发展的规律，具有很强的科学性。

中国传统文化中的“创意”“犹言立意”，多指文章中新的见解。“创”字，还有“最初”和“发轫”的意涵，在本质上说：创意就是创新，做前人没有做过的事情。对于扬子江创意城市群这一新生事物来说，需要制定一整套切合实际发展的战略、战术与实施方案，沿江八市要互嵌、互容、互洽、互助，整合协同发展创新机制。根据国际经验、国家政策和江苏沿江八市的具体实际，特提出五个方面的创新发展思考。

其一，打破行政区域壁垒，优化产业空间布局，推进技术创新研发，打造数字创意高地。以全局意识、战略思维和世界眼光，进一步协调整合江苏沿江八市主城区创意集聚区、创意产业园区等创新创意产业资源优势与空间载体，在更大空间上整合配置资源，更有效地集聚高端文化创意产业要素，鼓励构建市场互通、优势互补、分工协作的扬子江创意城市产业联盟新格局。夯实沿江八市高新技术与装备制造产业基础，鼓励通过新兴数字技术推动先进制造业朝创意化、高端化和增值服务化方向发展，引导先进制造业与先进服务业两业融合转型升级。围绕沿江八市本地优势资源，强化宁镇扬、锡常泰、苏通跨江联动，构建创意产业高质量发展的创新集群网络，引导从“生产的空间”到“空间的生产”的创意城市群复合生长新模式。实施文化产业数字化战略，围绕创意产业高端方向、高端领域、高端环节技术创新需求，集聚重点实验室、企业技术中心、重大科技孵化器、新型研发中心等创新机构资源，支持发展高精尖文化装备，深入推进数字化转型共性技术、关键技术的研发应用。实时搜索辨析未来创意产业数字创新颠覆性技术与重大原创性突破的研发热点、竞争焦点、发展重点，发挥未来网络、云计算、新型人工交互、全息成像等新一代信息技术对创意领域内容创作、产品研发、模式创新的支撑作用，提升影视动漫设计制作、光影戏剧互动展演、非遗文博传承创新等方面的数字化、智能化、科技化水平。

其二，加强核心载体建设，拓展文化创意空间，突出企业主体地位，增强市场发展活力。加强统筹规划和规范管理，优化布局景区、旅游度假区、文化和科技融合示范园区（基地）、文化产业示范园区（基地）、文化创意产业园、文创街区等载体，培育和集聚一大批链接全球创意网络的节点型、枢纽型和功能型创意空间载体，进一步整合创意资源，推动创意重点门类成链集群。有效盘活工业厂房、空置楼宇资源，在保留历史原貌的基础上，植入总部办公、科技服务、人文生活等功能，进一步拓展城市创意空间，优化创意资源配置。吸聚国内外知名文化创意型企业在沿江八市设立总部或区域总部，鼓励本地有实力的企业进行跨地区、跨行业、跨所有制兼并重组，打造具有主业突出、市场竞争力强的大型文化企业集团，建立健全扬子江创意企业库，支持龙头企业推进前沿产业研究、引领行业力量集聚、洞察市场发展趋势；实施文化创意“独角兽”“瞪羚”“雏鹰”企业孵化工程，重点支持内容创作分享、虚拟沉浸式体验、无人智能游览等领域“专、精、特、新”的中小文化创意企业发展，持续扩大市场主体规模，进一步提升整体实力，不断增强发展活力。

其三，推动服务平台共建，加快要素资源共享，实施人才培育计划，建立创意人才智库。面向艺术创作、高新视听、数字出版、创意设计、文化装备等领域，健全完善投融资服务体系，全方位建立城投公司、文投公司、文创基金会等多渠道的投融资服务平台。加强数字文化领域公共技术支撑平台建设，构建线上线下完美结合的高新技术平台。积极搭建产学研联合平台，推进企业、高校、研究机构之间的交流合作。打造提供孵化、登记、维护、开发、交易、输出等服务的综合性知识产权平台，提高资源整合、价值转化能力。紧密围绕创意主体诉求，创建集“资金支持、技术支撑、智力共享、权益保障”四位一体的扬子江创意城市群开放式大平台，构建沿江八市在投资、技术、管理、人才和贸易之间的“创意纽带”，促进创意要素自由有序流动。实施梯度合理的高新技术和文化创意人才培育计划，支持学历教育与职业培训并举、创意设计与经营管理结合的人才培养新模式，培育壮大新兴创意阶层。加强高校新兴交叉学科研究，大力推进新文科、新艺科建设，培育更多具备高原创力的高层次创意精英。鼓励政府、企业、社会团体通过多种渠道招揽高端文化创业创意人才、文创企业高级管理人才和尖端技术人才，引入有国际影响力的创意、美学、艺术、音乐等名师大家，培育本地木雕、苏绣、云锦、紫砂、漆器、玉雕、金箔等优秀传统工艺匠人，建立扬子江优秀杰出创意人才智库。

其四，优化城市创意氛围，引导多元创意生活，聚焦跨界融合创新，探索新型创意经济。强化江苏的沿江八市图书馆、电影院、体育场馆、游乐园、酒吧、咖啡馆、历史建筑和古旧街区等硬件设施建设。举办形式多样的艺术展览与文化活动，呈现丰富多彩的城市街角艺术与街头文化。倡导低碳生活和城市可持续发展理念，推进城市街心花园、口袋公园建设，营造有利于激发创意灵感的自然人文审美氛围。构建新的生活方式，提升市民学习和鉴赏水平，强化城市创意营销，引导公众参与创意城市标识设计、街区改造、业态植入、活动策划等内容，容纳各种形式和各种类型的创意活动，提高市民对城市的创意文化认同，建设成为人人可以释放自己的创意、人人可以舒适的生活、人人都为他人提供支持的地方。推动创意经济与信息、农业、体育、旅游、娱乐、教育等领域融合发展，助力分享经济、绿色经济、直播经济、体验经济、时尚经济、居家经济等新兴经济发展。促进文化金融融合发展，加大艺术品交易、非遗传承贷等文化金融产品开发力度。顺应消费升级趋势，发展夜间消费、首店消费、网络消费、定制消费、智能消费、互动消费、无接触式消费、无人消费等线上线下消费新模式，培育智慧零售、知识付费、数字藏品、社交电商、线上剧本杀等新兴消费业态。探索非遗文博、艺术社交、戏剧演艺、休闲度假等场景的创意表达，打造扬子江文化魅力彰显的创意经济应用主阵地。

其五，构建创意城市品牌体系，促进区域经济一体化发展，完善政策保障供给机制，营造国际开放发展环境。深入挖掘江苏沿江八市同根同源的长江文化、江南文化。推出长江文化特色IP与文创产品系列，打响新时代长江文化品牌。聚焦沿江八市城市的个性表达和创意品牌塑造，举办具有国际影响力的文创展示、时尚发布、影视科技、动漫电竞等多种主题的世界品牌活动，充分诠释并发扬江南文化、金陵派文化、淮扬文化、吴越文化等特色鲜明的地域文化，提升南京“世界文学之都”、苏州“世界手工艺与民间艺术之都”、扬州“世界美食之都”的品牌知名度，积极利用南京名城会、大运河文化旅游博览会、苏州创博会等国际大型会展的溢出效应，协同构建长江龙头创意品牌体系，扩大扬子江城市群的创意集聚力和世界影响力。促进区域交流合作，强化信息资源整合，在积极融入长三角区域一体化的同时，创造长三角一体化创新支点，支持对外文化推广与贸易联通，拓宽文化“走出去”渠道，加快形成覆盖区域、服务全国、联系亚太、面向世界的创意开放共同体。设立扬子江创意城市群发展基金，完善相关扶持政策和金融服务，合理安排重大文化创意产业项目用地计划指标，为未来新兴创意产业群的孕育形成提供充盈的资金支持与充足的土地承载，促进产业蓬勃发展。加强创意、设计知识产权保护，健全激励和评估机制，推进产学研用结合，活跃知识产权交易，为保护和鼓励创新、更好实现创意和设计成果价值，营造开放、协力、互动、共享的发展环境，把江苏沿江八市打造成为世界级创意产业城市群和世界文化创意产业高地。

范式篇

Establish Paradigm

帕克（Robert Park）等人说过：“具有优秀文化的城市，必然也都是具有优秀品质的城市和具有良性文化人格的城市。”[①]

——R. E. 帕克，E. N. 伯吉斯，R. D. 麦肯齐

上海决心要让每个来到这里的人都知道即将发生的事情何等壮观，它用富有时代性的语言提醒着人们，在低矮的花岗岩墙上用中英文刻着‘坚持浦东开发开放不动摇’。而在外滩，象征着奢华和档次的，依然是小心翼翼以最小限度保存下来的帝国主义建筑。面对自己的过去，上海开始采取更加微妙的态度，或者说，回望过去，立足当下。在地区层面上上海在为自己的长三角核心位置谋篇布局。它已经建了一圈卫星城，按德国、意大利、斯堪的纳维亚和中国的都市风格设计。在国际层面上，上海在与新加坡和东京竞争。它从制造业转向更先进的服务业，比如软件设计、金融和时尚行业，也像每一座雄心勃勃的城市那样，将文化主导的城市复兴当成议程表上掷地有声的一项。现在，上海已经有了自己的迪士尼乐园以及毗邻的主题购物区。[②]

——迪耶·萨迪奇

---

① ［美］R. E. 帕克，E. N. 伯吉斯，R. D. 麦肯齐. 城市社会学：芝加哥学派城市研究文集［M］. 宋俊岭，吴建华，王登斌，译. 北京：华夏出版社，1987：42.

② ［英］迪耶·萨迪奇. 城市的语言［M］. 张孝铎，译. 北京：东方出版社，2021：128.

第三十章
“城市文化资本”再生产——沪宁杭合竞合时空切面

在全球城市化与后工业化融合发展的时代背景下，城市间的竞争呈现出一种新的发展趋势，也称为一种世界城市发展的“文化转向”，城市竞争的范式从经济领域的竞争，逐渐向“城市文化资本”再生产建构的竞争方向转移，即在竞争中有合作，合作中有竞争，互相融合、互相借鉴，呈现一种特殊的“竞合关系”，这是全球城市网络化时代城市文化发展竞争的时代新特征，比如，全世界的城市都在汲取“全球城市”发展的经验与智慧，结合本国实际对城市的科技、经济、文化、生态和宜居等方面进行全面的学习与创新。从区域性城市群结构来看，上海、杭州、南京、合肥已经成为长三角城市群中的四座重要节点城市，而我们认为其也应该作为长三角城市群的四个“发展极城市”而被明确提出，这四座城市规模不同，文化影响力不同，但必须作为区域性的经济与文化“发展极”来发挥重要作用，这四座城市占据着长三角不同区域经济、政治和文化的“首位城市”地位，这四座“发展极”城市的发展水平、质量和国际化开放度及创新能力，决定着长三角一体化城市群的整体发展水平，因此，有必要进一步研究这四座城市的文化差异、文化特色、文化共性和“城市文化资本”要素构成及再生产能力等，旨在长三角一体化城市群能够在这四个“发展极”的共同作用下，实现整体发展、均衡发展、高质量发展，进而建构世界一流的长三角一体化城市群。

一、城市硬核打造之文化滥觞：城市特色文化维度建构

西方理论界侧重的是国家“软实力”的研究，而并未明确提出“城市文化软实力”[①]和“文化

① 张鸿雁.城市文化资本与文化软实力——特色文化城市研究[M].南京：凤凰教育出版社，2019：59.

软实力”的概念。“软实力”（soft power）的概念最早是由哈佛大学教授约瑟夫・S. 奈（Joseph S. Nye, Jr.）在其1990年出版的《美国注定领导世界？——美国权力性质的变迁》一书中，指出一个国家的综合国力既包括由经济、科技、军事实力等表现出来的“硬实力”，也包括以文化和意识形态吸引力体现出来的“软实力”。2005年，约瑟夫・奈教授在新著《软力量：世界政坛成功之道》一书中，对“软实力”概念进行了补充，他所说的“软实力”，主要包括文化吸引力、政治价值观吸引力及塑造国际规则和决定政治议题的能力，其核心理论是：“软实力”发挥作用，靠的是自身的吸引力，而不是强迫别人做不想做的事情。此外，美国文化人类学家莱斯利・怀特（Leslie white，1988）认为：“决定民族国家特征的不是其内部种族的外部结构，而是固存于他们身上的特殊文化心理和意识。”①文化是厚植于国家和群体的集体意识，在某种程度上具有顽固性和识别性。荷兰学者冯・皮尔森（1992）提出“21世纪的发展无非是文化的发展”，文化软实力将成为衡量国家发展的重要指标。英国政府自1900年起开始策划文化发展战略，并于1993年正式提出了《创造性的未来》文件②。1995年，日本政府出台了《新文化立国：关于振兴文化的几个重要策略》，提出21世纪的文化立国战略，旨在推动国家文化软实力的提升，将其转化为国际竞争力的有效工具③。国外关于“软实力”的研究绝大多数是聚焦于国际政治领域，他们将国家“软实力”看作是国际政治博弈的筹码，认为世界上拥有最多“软实力”资源的国家注定领导世界。文化作为“软实力”的核心要素已得到普遍认同，如何以文化建设为着力点提升国家“软实力”始终是国外学者研究的核心话题。但是，他们并没有提出“文化软实力”概念，也没有针对“文化软实力”的专项研究，而是将文化视为“软实力”的主要产生源泉。2008年，伦敦发展署曾发布《伦敦：一次文化大审计》（*London: A Cultural Audit*），报告中比较了伦敦、纽约、巴黎、东京和上海这五座城市的文化魅力，这是首次在世界范围内进行的国际城市“文化软实力”的评比，但因为数据获取难度大，该研究仅就文化指标进行了比较④。

国外学者多从国家实力的角度进行“文化软实力”的研究，几乎很少涉及“城市文化软实力”概念与命题，国外学者主要从两个角度展开“文化软实力”研究：一是“文化软实力”基本理论研究，以约瑟夫・奈教授为代表，他们搭建并完善了“软实力”理论体系；二是以“文化软实力”

---

① ［美］莱斯利・怀特. 文化科学——人和文明的研究［M］. 曹锦清，译. 杭州：浙江人民出版社，1988：145.

② 胡惠林，等. 国家文化安全研究导论［M］. 上海：上海人民出版社，2013：389.

③ 时胜勋. “文化立国”与中国的文化立场［J］. 理论与改革，2007（02）：117.

④ 庄德林，陈信康，李影. 全球六大国际都市软实力比较研究［J］. 人文地理，2010，25（06）：73-78，113.

的视角审视、分析国际关系、区域政治和外交实际问题，包括用以判断国家的文化影响力和经济实力，如美国国立东北大学的威廉·鲁格博士在《美国在阿拉伯国家中的软实力与公共外交》“American soft power and public diplomacy in the Arab world”中将“文化软实力”理论应用于美国外交关系的研究中，讨论数字革命对美国外交和“软实力”两个方面的影响[①]。另外，近年来很多学者对日本、韩国、印度及欧洲等不同国家的“软实力”发展现状进行的实证研究取得了一定的成果[②]，主要是对国家“软实力”构成要素和影响因素以及其在国际竞争中的作用进行了分析[③]，事实证明，“软实力”本质上表现的国家“硬实力”，换个角度说，一个国家“硬实力”的建构是建立在“文化软实力”之上的，“软实力”除了某些学者所描述的要素外，还包括一个国家的创新发展环境、文化影响力、政策感召力、经济吸引力、科技创新力等等，没有文化软实力，国家的硬实力也无从谈起。就研究的目的而言，核心意义是为增强国家的文化竞争力和文化影响力，从而在国际竞争中获取优势地位。与国外侧重“软实力”的研究相比，中国国内学者更加注重对“城市文化软实力”的研究，可以说，从“文化软实力”到“城市文化软实力”再到“城市文化资本”的理论研究，是中国学者对“软实力”理论本土化运用的一个表现。

截至2023年11月7日，在中国知网（CNKI）中以“软实力”“文化软实力”“城市文化软实力”为主题的文章共计可检索文献4.26万篇，其中学术期刊文章2.99万篇，学位论文4453篇，报纸文章4320篇，特色期刊文章2395篇，中文图书26部，另外还有其他类型的文章千余篇。文章研究的次要主题主要包括硬实力、国家文化软实力、文化体制改革、影响力、文化自信、文化产业等，涉及11个学科，主要有文化、中国政治与国际政治、企业经济、高等教育、工业经济、文化经济、经济体制改革等。

从目前来看，国内关于“城市文化软实力”的研究可以归纳为五个方面：一是“城市文化软实力”的概念及意义研究，二是“城市文化软实力”的评价体系构建与测评，三是“城市文化软实力”的构成要素及提升方法，四是特色文化城市研究，五是“城市文化资本”再生产研究。其中我们重点关注的是建构和提升“城市文化软实力”与“城市文化资本”之间关系的研究。陶建杰（2011）在《上海文化软实力的实证评价及国际比较》一文中，从“文化基础力、文化保障力、文

---

① Rugh William. American soft power and public diplomacy in the Arab world［J］. Palgrave Communications, 2017，3（1）：104.

② Syed Hasanat Shah and Hafsa Hasnat and Steven Rosefielde. Comparative Analysis of Chinese and Indian Soft Power Strategy［J］. Asian Politics & Policy，2017，9（2）：268-288.

③ Nissim Kadosh Otmazgin. Contesting soft power: Japanese popular culture in East and Southeast Asia［J］. International Relations of the Asia-Pacific，2008，8（1）：73-101.

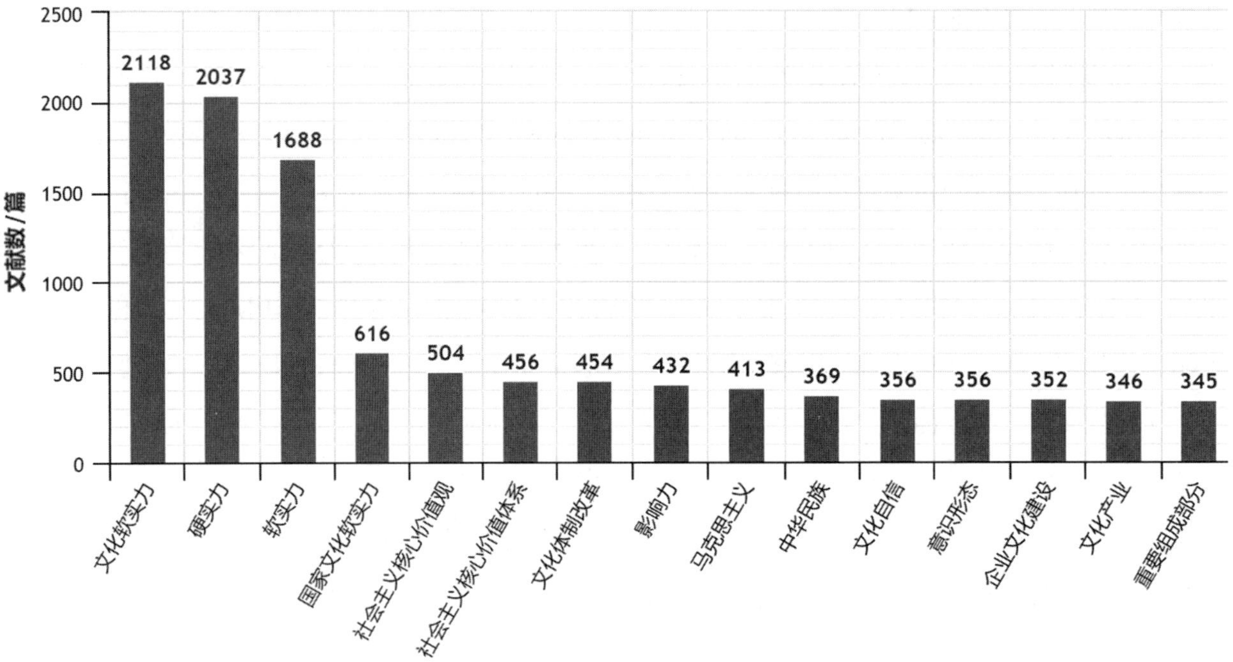

有关“软实力”“文化软实力”“城市文化软实力”研究的次要主题①

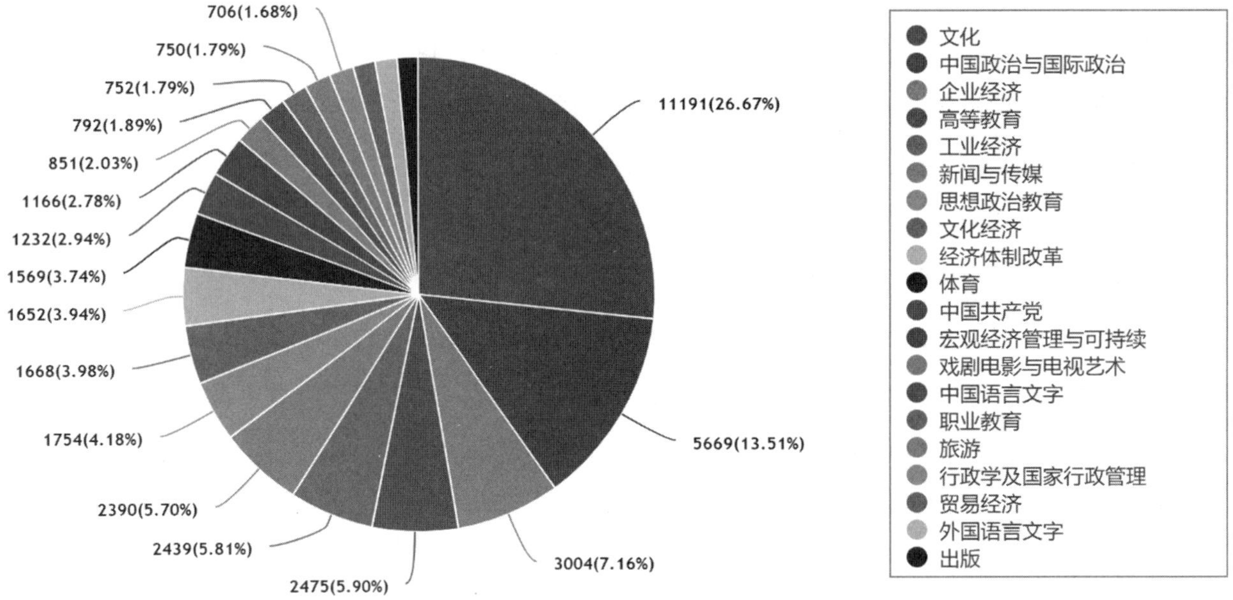

有关“软实力”“文化软实力”“城市文化软实力”研究的学科分布②

① 数据来源：中国知网。

② 数据来源：中国知网。

化生产力、文化传播力、文化吸引力、文化创新力"这六个方面，搭建了"城市文化软实力"的评价体系[①]。李亚娟（2017）在《探寻城市内涵：当前中国城市文化研究的进程与范式》一文中认为，"城市文化软实力"是"城市人与区位结合与互动的产物"，结合"城市文化软实力"可表现在三个层面，"城市文化软实力"的培育就是在存量和增量两个向度上，对"城市人、城市区位、城市社会和城市制度"进行培养和建设[②]。综上所述，以传媒资源、教育发展、商务吸引、文化形象、城市品格等为重要内容的国际沟通力和城市居民的生活质量都是国际化大都市软实力的主要构成要素。本文认为"城市文化软实力"，在某种意义上说就是"城市文化资本力"，作为一种真正的"文化软实力"，必然要转化为"城市文化资本力"，才能够使"城市文化软实力"真正发挥作用。复旦大学中国城市软实力调查研究课题组自2008年开展的国内首次关于城市"软实力"的调查中，将"城市文化软实力"的研究细分为：文化号召、教育发展、科技创新、政府执政、信息推动、形象传播、城市凝聚、社会和谐、区域影响、商务吸引等十个方面并进行充分考虑[③]。高维和与史珏琳（2018）在对上海以及纽约、伦敦、巴黎、东京四座全球城市的文化资源配置力水平进行实证评价时，通过分解全球城市文化资源配置力的内涵，认为存在"文化基础资源配置力、文化产业资源配置力、城市文化国际配置力、城市文化活力、城市文化吸引力和城市文化保障配置力"等六类资源配置要素[④]。解萧语和褚婷婷（2019）在对北京文化软实力发展分析及其评价体系研究中，认为"城市文化软实力综合考虑了城市发展与文化的关系，既包含城市文化等精神力量，也包含其衍生的物质形态"，因此设立了"文化基础力、文化生产力、文化流通力、文化消费力、文化吸引力、文化创新力"的多层次评价体系[⑤]。显然，对"城市文化软实力"的研究、理解已经呈现出多元化的发展趋势，但是仍存在着欠缺之处。首先，"城市文化软实力"的测量指标过于理想化和抽象化，各个构成要素之间也存在一定的重复性，如有的研究提出社会和谐、政府执政、文化整合力等维度，此类评价指标过于抽象，可操作性比较低。其次，构建的指标要素体系过于庞杂，有些指标

---

① 陶建杰. 上海文化软实力的实证评价及国际比较［J］. 新闻记者，2011（06）：66–70.

② 李亚娟. 探寻城市内涵：当前中国城市文化研究的进程与范式［J］. 中华文化论坛，2017（01）：77–84.

③ 陈绪敖，姚晓玮. 基于区域品牌创建视角的欠发达地区软实力提升策略研究［J］. 林业调查规划，2020，45（04）：154–158.

④ 高维和，史珏琳. 全球城市文化资源配置力评价指标体系研究及五大城市实证评析［J］. 上海经济研究，2015（05）：53–61.

⑤ 解萧语，褚婷婷. 城市文化软实力综合评价研究——基于北京市文化软实力发展分析［J］. 价格理论与实践，2019（10）：149–152.

体系的三级指标甚至有百余项，重点不突出，同时指标的量化份额也难以拿捏。最后，要素指标选取缺乏一定的标准性，实际的操作中也缺乏统一的统计口径，从而使最终的研究结果表面上看起来数据光鲜，而真实性和可信度不高。

二、沪宁杭合特色文化城市文化价值和竞争力比较

综合沪宁杭合“城市文化软实力”、特色文化研究和“城市文化资本”再生产研究发展现状，并根据数据的可得性和可信度，对上述指标的划分进行融合和扬弃，最终从特色文化和“城市文化资本”再生产的双重视角下，以及融合“城市文化软实力”的理论及总体思维构架下，将评价维度进行整合，尽可能地使指标的概念范畴能够处于同一平行线或同一维度上，基本设定为“城市人才吸引力”“城市教育培养力”“城市数字化创新力”“城市文化资本力”“城市形象识别力”“城市文化消费力”六个方面，内容边界清楚，符合城市文化发展的主导性价值取向，更可以让使用者简明扼要地了解“城市文化软实力”和硬实力的总体水平。需要说明的是，明确这六个特色城市文化的评价维度，仅作为城市特色文化研究的参照指标，是从更容易理解的角度和可操作的角度来看待城市文化的特色性，并不是一个完整的量化研究视角，只是一种城市特色文化属性的质性证明，旨在探寻城市发展特色本质的文化属性和“城市文化资本”再生产的文化创新点[①]。

1.城市人才吸引力——文化包容性的比较。无论“软实力”还是“硬实力”都可以归结为“人才资本力”这一核心问题上，这就要求城市具有一定的人才吸引力。“城市文化软实力”是一种通

---

① 2014年曾对沪宁杭三市的城市文化软实力进行了比较分析，研究成果《特色文化视角下的城市软实力建构——以沪宁杭为例》已在期刊公开发表。参见：陈然，张鸿雁. 特色文化视角下的城市软实力建构——以沪宁杭为例[J]. 城市问题，2014（12）：17–24. 本书本章节对上海、杭州、南京和合肥四座城市重新进行了数据整合与研究分析。首先，是将研究的城市相关数据时间更新到2022年或2023年，在研究结论方面都进行了新的全面比较分析。可以发现四座城市的城市文化核心竞争力指标上的变化是很大的。其次，是对六大指标赋予了新的定义，将“城市文化软实力”视角改为“特色文化城市”视角，评价维度锁定为：城市人才吸引力、城市教育培养力、城市数字化创新力、“城市文化资本力”、城市形象识别力和城市文化消费力六个方面。在二级指标中也进行了部分调整，如将城市数字化创新力中“专利申请量”更替为“专利授权量”，将“每百户家庭接入互联网计算机数”替换为“固定互联网宽带接入用户数”等。再者，在比较方法上也有创新，如在对城市人才吸引力的研究上，除了运用原本研究中以人口净流入作为佐证材料外，还引用了智联招聘与“泽平宏观”课题组共同发布《中国城市人才吸引力排名：2023》中的人才吸引力排名的相关数据，以对城市对人才的吸引力进行更为客观全面的研判。

过吸引和影响来获得对方的认同，而不是通过强制手段来达到目的的软性力量。在对城市人才吸引力的研究上，一方面，参照《价值线》杂志关于中国城市吸引力排名的研究方法，根据城市人口净流入数来进行城市吸引力判定。另一方面，根据"智联招聘"与"泽平宏观"课题组共同发布的《中国城市人才吸引力排名：2023》[①]，对中国城市人才吸引力进行排名，以此对中国人才流动的特点进行先行分析。

2022年中国最具有人才吸引力城市排行榜（前20名）[②]

排名	城市	常住人口/万人	户籍人口/万人	人口净流入/万人
1	北京	2184.30	1427.70	776.60
2	**上海**	2475.89	1503.83	972.06
3	深圳	11766.18	4657.77	7108.41
4	广州	1873.41	1034.91	838.50
5	**杭州**	1237.60	846.75	390.85
6	**南京**	949.11	739.36	209.75
7	成都	2126.80	1571.60	555.20
8	苏州	1284.78	762.11	522.67
9	武汉	1373.90	944.42	429.48
10	无锡	749.08	519.01	230.07
11	青岛	1034.21	851.00	183.21
12	长沙	1042.06	718.25	323.81
13	济南	941.5	819.95	121.55
14	宁波	961.8	621.07	340.73
15	佛山	955.23	495.40	459.83
16	厦门	530.80	293.00	237.80
17	东莞	1043.70	292.45	751.25
18	天津	1363.00	1161.30	201.70
19	**合肥**	963.40	800.16	163.24
20	西安	1299.59	1014.59	285.00

---

① 任泽平. 2023中国城市人才吸引力排名［EB/OL］.（2023-05-31）［2024-04-02］. http://finance.sina.com.cn/zl/china/2023-05-31/zl-imyvrtce6702444.shtml.

② 各城市的常住人口和户籍人口数据是根据2021年各市国民经济和社会发展统计公报汇总，人口净流入=常住人口-户籍人口，表内常住人口和户籍人口的数据来源于各市2023年的统计年鉴或2022年的国民经济和社会发展公报。

从上表中可以看出，本文研究的四座城市对人才的吸引力从大到小依次为上海、杭州、南京和合肥，城市的人口净流入量与人才吸引力指数基本成正比。2022年，上海的人才吸引力位居第2位，仅次于北京，而人口净流入972.06万人，低于深圳；杭州的人才吸引力位居第5位，人口净流入390.85万人；南京的人才吸引力位居第6位，人口净流入209.75万人；合肥的人才吸引力位居第19位，人口净流入163.24万人。可以看出，上海依托繁荣的经济现状和融合的文化环境具有比中国绝大多数城市更大的人才吸引力。

从整体趋势角度来看，中国人口净流入量主要得益于城市雄厚的经济基础，一线城市仍然是人才流动的首选地，依托产业发展与人才引进政策，经济发达城市的人才吸引力表现更为突出。在长三角、珠三角地区人才持续集聚，但流动性有所下降，由于对薪酬待遇、发展空间、职业前景等要素抱有更多期待，高学历、高收入人群更愿意打破城市界限，去经济发达的城市或更加合适的岗位寻求新的发展。一方面，在产业“虹吸”的效应下，IT互联网、制造业和文化创意等产业地区发展的相对成熟，也能够促进成熟人才在跨区域间展开流动。另一方面，城市对人才的吸引力依托于各地积极发展的优势产业、因地制宜推出的各项人才引进政策等，对不少城市的人才吸引力产生了重要影响。

从分城市角度来看，上海作为一线城市，根据中国经济学家任泽平分析，2022年人才净流入占比全国第一，原因主要有上海新经济促进政策初见成效，且落户政策放宽，上海也逐渐代替天津，成为北京人才流出的第一目标城市，人才吸引力指数位居前列。杭州2022年人才净流入逐年攀升，原因主要有杭州的电商、直播等产业发展迅速，且平均薪酬在重点城市中位居前列，因此人才吸引力排名较为靠前；但也可以看出杭州的常住人口约是上海的二分之一，其城市人口净流入仅占上海的三分之一左右，除了相关人才的政策优惠外，人们也更为看重迁入地的经济环境和城市友好度，可见杭州与上海等城市相比仍有差距。南京的人口流入量较往年来说较为稳定，可见当地高新技术产业发展迅速，以及近几年来南京“宁聚计划”实施、落户政策宽松的成效；但作为省会城市南京市的人口净流入量却远低于苏州市，甚至数量不及苏州的二分之一，相较于苏州，除了城市本身的经济实力、GDP增速、区位优势（与上海距离）之外，表现出南京作为区域性中心城市的“文化首位度”不高，并未充分利用好现存的资源禀赋，导致城市的人才吸引力不足。学者李哲睿、甄峰等人在以“人口集聚、国际开放、设施服务、产业活跃、创新引领”为指标体系对南京的首位度指数进行评估时，发现杭州与合肥的首位度指数远超江苏省首位城市南京，原因是前两座城市在省内具有不可撼动的城市能级，而南京则受到了省内苏州在多个方面的“压制”，而从“创新引领度与人才集聚度”来看，南京也没有完全承担起省会城市的职能，其在“创新、知识、技术等新兴功能网络中的中心性偏低，以致无法充分利用网络关系来吸引稀缺性发展要素”[①]。合肥作为安徽的省会城市，素有“合一省之力，肥一座之城”的称号，但是其人口净流入量与其他省会城市相比排名较为落后，虽然坐拥着中国科学技术大学及其附属的国家实验室，科教引力相对充足，但这座城市对人才的吸引力仍然不足。

2.城市教育培养力——城市人才内生力比较。城市的教育培养力取决于一座城市的教育基础设施、人才培养机制、教育从业人员素养等方面的实力，是评估一座城市人才内生力的重要因素。一座教育体系完整且多元的城市，不仅能够培育一批综合型的人才，并且具有提高城市居民文明素养的能力。而城市所具备的普通高等教育资源的“量”与“质”则是能够合理量化其教育培养力的指标。因此，为了直观地比较沪宁杭合四座城市的教育培养力，下文主要从普通高等学校数量、普通本科学校数量、全国100强高校数量、高等教育在校生总数、普通高等学校在校专任教师数量这五个方面进行分析。

2022年沪宁杭合四市教育培养力比较

城市	普通高等学校总数/所	普通本科学校数量/所	全国100强高校数量/所	高等教育在校学生数/万人	普通高等学校在校专任教师数量/万人
上海	64	40	9	55.48	5.04
南京	51	34	10	119.07	5.08
杭州	40	28	3	61.31	3.67
合肥	54	19	3	87.65	3.33

数据来源：2023年上海市统计年鉴、2023年南京市统计年鉴、2023年杭州市统计年鉴、2023年合肥市统计年鉴；2023软科中国大学排名[②]。

① 李哲睿，甄峰，徐锋.城市能级和城市网络结合视角下的南京城市首位度评估与提升研究［J］.现代城市研究，2023（06）：104.

② “软科中国大学排名”前身是“中国最好大学排名”，自2015年首次发布以来，以专业、客观、透明的优势赢得了高等教育领域内外的广泛关注和认可，已经成为具有重要社会影响力和权威参考价值的中国大学排名领先品牌。“软科中国大学排名”的评价体系源自自主研发的可视化评价专利技术，依托“大学360度数据监测平台”的大数据支持，设置办学层次、学科水平、办学资源、师资规模与结构、人才培养、科学研究、服务社会、高端人才、重大项目与成果、国际竞争力共十个评价模块，细分36个评价维度，内嵌104项评价指标，涉及320个评价变量，是对中国大学办学水平的立体化监测式评价。参见：2023软科中国大学排名［EB/OL］.（2023-08-15）［2024-04-02］. https://www.shanghairanking.cn/rankings/bcur/202311.

2022年，从普通高等学校的数量上看，上海（64所）、合肥（54所）和南京（51所）明显多于杭州（40所），上海和南京处于国家三大高等教育中心的地位，但是在长三角异军突起的城市——合肥，拥有54所普通高等学校，高于南京并仅以微弱的劣势居于上海之下，这也奠定了合肥未来将成为长三角乃至全国的另一个科教中心的基础；就普通高校在校生总数而言，南京（119.07万人）远高于上海（55.48万人）、杭州（61.31万人）和合肥（87.65万人），可见南京具有更强的高等教育吸引力，对于择校的学生而言南京是这四座城市中的首选，而合肥的在校学生数均高于上海和杭州，可见合肥在教育培养力上具有“量”的优势；就高校质量而言，在全国高校100强排行榜中，南京10所，上海9所，而杭州和合肥都仅有3所；就普通本科学校数量而言，上海以40所的优势仍是稳坐第一把交椅，而合肥的本科院校仅占高校总数量的三分之一左右，可见合肥的教育培养力显然“量”大于“质”；就普通高等学校在校专任教师数量而言，上海、杭州和南京均处于基本匹配的状态，但是合肥的教师数量与学校数量、学生数量并不匹配，可见其师资力量较为薄弱。综上，在2021年沪宁杭合四市普通高等教育培养力的比较中，南京与上海不分伯仲，甚至在某些指标上与上海相比略胜一筹，但仍存在部分差距，因此，南京应进一步强化自身的教育培养力，擦亮“天下文枢”的品牌形象。在教育培养力上，杭州与上述二者相比优势并不显著而有待提升。同时，我们也能够清晰地看出合肥在教育资源的“质”上存在明显的缺失，是亟须调整的。结合以上的数据与分析，从提升区域“文化软实力”的视角出发，我们并不否认宁杭合三市与上海在高等教育培养质量上的差距，但也需要明确这三座城市在进一步提升教育培养力的过程中，要不断向上海学习更加先进的研究生培养体系，并积极地与国际接轨。

3.城市数字化创新力——城市科技综合力比较。城市数字化创新力是推动国家和城市“文化软实力”不断提升的内在动力，同时也是国家和城市科技综合力竞争中的重要显性指标。城市数字化创新力的核心包括创造（create）、创意（creativity）和创新（innovation）。然而，根据现有的统计数据，沪宁杭合四座城市在评价城市数字化创新力的指标上尚未实现统一，而且各城市的关注重点也存在一定差异。因此，下文依据四座城市的统计年鉴和国民经济与社会发展统计公报所发布的数据，选用科学研究与实验发展（R&D）经费支出占GDP比重、R&D经费支出、全年专利授权量、国家科学技术奖励数和国家重点实验室数量五个可比性强的指标进行研究。

2022年沪宁杭合四市数字化创新力比较

城市	R&D经费支出占GDP比重/%	R&D经费支出/亿元	全年专利授权量/件	国家科学技术奖励数/项[①]	国家重点实验室数量/个
上海	4.44	1981.58	178323	48	44
南京	3.82	645.30	86900	24	31
杭州	3.86	723.03	121302	29	25
合肥	3.90	469.48	59340	12	12

数据来源：2023年上海市统计年鉴、《2022年上海科技进步报告》[②]；2023年南京市统计年鉴，《2022南京科技统计要览》；2023年杭州市统计年鉴、2023年杭州市政府工作报告、2023年合肥市统计年鉴、安徽省科技厅发布国家重点实验室名单。

通过上表可以看出，2022年上海的R&D经费支出占GDP比重为4.44%，与发达国家和城市的水平持平甚至更高[③]，2022年上海城市R&D经费支出为1981.58亿元，投入远多于杭州（723.03亿元）、南京（645.30亿元）和合肥（469.48亿元）。根据国际发展的经验和规律，高强度的R&D投入是提升国家和城市数字化创新力与科技综合力的前提。就其他四个指标而言，上海也具有压倒性优势，因此，上海无疑更具有科技创新的优势。南京在专利申请量和国家科技奖励数量上都低于杭州，仅在国家重点实验室数量方面略胜一筹，说明杭州整体的数字化创新力领先于南京。而合肥作为后起之秀，其R&D经费支出金额相对较少，但占GDP的比重高于南京0.08%，高于杭州0.04%，全年专利授权量远低于宁杭，可见从投入产出比来看，合肥是不如南京与杭州的。

综上所述，首先，上海是长三角城市群中城市数字化创新力与城市科技综合力最强的城市，也是其他城市争相学习和赶超的对象。这不仅取决于上海科技创新的高投入，也得益于上海较高的科技投入产出效率。根据上海市科学技术委员会发布的《2023上海科技进步报告》，2023年上海牵头承担国家重点研发计划项目239项，获批国家自然科学基金项目4900个，累计启动实施市级科技重大专项25个，科学家在《科学》《自然》《细胞》发表论文120篇……[④]基于此，上海应当继

① 由于国家科学技术奖励数指标2021年的数据群信息较为完整，因此取其2021年的相关数据。

② 上海市科学技术委员会. 2022年上海科技进步报告[R/OL].（2023-01-10）[2024-03-28]. https://stcsm.sh.gov.cn/newspecial/2022jb/pdf/kjjdbg2023.pdf.

③ 参考2021年不同发达国家的R&D经费支出占GDP比重：韩国4.93%、美国3.46%、比利时3.43%、瑞典3.42%、瑞士3.36%、日本3.30%、奥地利3.26%、德国3.14%。参见：联合国教科文组织（UNESCO）统计研究所. 研发支出（占GDP的比例）[EB/OL].[2024-04-02]. https://data.worldbank.org.cn/indicator/.

④ 上海市科学技术委员会. 2023年上海科技进步报告[R/OL].（2024-01-22）[2024-03-28]. https://stcsm.sh.gov.cn/newspecial/2023jb/pdf/kjjdbg2023.pdf.

续强化基础研究，聚焦战略前沿技术，打造战略科技力量，构建原始的创新先发优势。同时，上海还应当推进科技与金融相结合，促进成果转化，并构建创新人才的集聚优势，强化人才的引进和培养。为了构建全球创新枢纽的优势，上海也应当更为积极地融入全球创新网络，更好地代表国家参与国际科技的合作与竞争。

其次，南京整体的城市数字化创新力相对于上海还存在明显差距，同时也逊色于杭州。这表明南京尽管拥有着丰富的高等教育资源，但尚未充分地将这一优势转化为数字化创新的竞争优势。数字化创新需要综合考虑高等教育、研究机构、创新生态系统等多个方面因素的协同作用，以实现城市科技综合实力的全面发展。作为苏浙两省的省会城市，南京和杭州在提升城市“文化软实力”区域性竞争力的过程中，必须注重科技和创新向生产力的转化，通过自主知识产权、搭建创新创业平台、优化科研环境和推进国际合作交流等方式，来促进城市数字化创新力的进步。

最后，相比而言，合肥的城市科技综合实力整体偏弱，很大一部分原因是科技创新人才的流失。根据智联招聘课题组等发布的《中国城市95后人才吸引力排名：2023》①，沪宁杭三市位居榜单前十，合肥则位于第22位，根据此项研究分析，合肥的“95后”人才主要流入南京、苏州、杭州等周边重点二线城市。但根据科技部科学技术信息研究所发布的《国家创新型城市创新能力评价报告2023》，沪宁杭合四市均跻身全国创新型城市排行榜前10，其中合肥在国家创新型城市创新能力指数排名中以70.85分排名第10位，创新治理力榜单中以74.12分排名第8位②，可见合肥城市在科技创新方面又是有一定优势条件的。因此在数字化创新方面，合肥应当加强自身与长三角都市圈的协调联动发展，提升自主创新能力，形成创新驱动的内生动力；强化技术供需对接机制，提供高质量成果供给，促进科技成果转化；加强与高校院所的对接联系，以最大程度地发挥科研院所的支撑作用；同时政府也要强化政策支持引导机制，建立健全科技成果转化的政策支持体系。

4.“城市文化资本力”——文化资源转化为文化资本能力比较。“城市文化资本力”涉及城市如何运用文化产业的模式来开发文化资源，这不仅反映了城市在文化和经济等领域的产业化运营能力，还通过文化产业链的延伸，以文化产品、文化服务和文化贸易为媒介，传播城市的文化价值和人文优势，扩展其影响力和竞争力。这一概念突出了文化产业在城市发展中的关键角色，强调了文

① 任泽平. 中国城市95后人才吸引力排名：2023［EB/OL］.（2023-11-01）［2024-04-02］. https://new.qq.com/rain/a/20231102A000GY00.

② 刘小容. 合肥排列国家创新型城市第十《国家创新型城市创新能力评价报告2023》发布［N］. 合肥日报，2024-01-15.

化资源的有效利用和文化产业的战略重要性，以推动“城市文化软实力”的提升。本文将从文化资源和文化产业两方面，选取五个可视化指标进行数值分析，分别为文化产业，包括文化产业增加值和文化产业增加值占GDP比重，文化资源包括国家5A级景区数量、公共图书馆数量和国家级文保单位数量，意为全面地对沪宁杭合四市进行“城市文化资本力”的比较。

2022年沪宁杭合“城市文化资本力”综合比较

城市	文化产业[①]		文化资源		
	文化产业增加值/亿元	文化产业增加值占GDP比重/%	国家5A级景区数量/个	公共图书馆数量/个	国家级文保单位/处
上海	2389.64	6.1	4	20	76
南京	1119.00	6.62	2	15	55
杭州	2420.00	12.9	3	16	48
合肥	632.70	5.6	1	9	10

数据来源：2023年上海市统计年鉴、《2023年上海旅游业统计公报》、2022年上海市文化统计年报主要统计指标；2023年南京市统计年鉴、南京市国家等级旅游景区名录（截至2022年12月31日）、南京市文旅局发布南京全国重点文保单位名单55处112点（一至八批）；2023年杭州市统计年鉴、浙江省文物局公布浙江省全国重点文物保护单位名单；2023年合肥市统计年鉴；中华人民共和国文化和旅游部公布的5A级旅游景区；国务院发布通知核定并公布第八批全国重点文物保护单位。

根据各市统计局发布的数据来看，2022年在文化产业的总体规模方面，南京（1119亿元）的文化产业增加值不足杭州（2420亿元）的二分之一。在文化产业增加值占GDP比重方面，杭州（12.9%）显然明显领先南京（6.62%）。这表明杭州的文化产业不仅在规模上相当可观，而且对城市经济有着较高的贡献率。此外，这也反映出杭州的文化产业发展速度较快，占GDP比重达到12.9%，文化产业已经可以视为该城市的重要支柱产业。这进一步强调了文化产业在城市经济中的战略地位和重要性，以及其对城市“文化软实力”的积极贡献。就文化资源而言，沪宁杭合四座城市某些指标相差不大，上海作为开发较早、开发程度较高的城市，其在世界文化遗产数量上面却极为薄弱。但是，作为国际性大都市，上海（20个）拥有的公共图书馆数量远超杭州（16个）、南京（15个）和合肥（9个），国家5A级旅游景区的数量也是处于领先地位。合肥虽然文化资源现状尚可，但是文化产业的产值却不尽如人意，文化产业占比GDP数值仅有5.6%，还需要进一步的发展。相比之下，杭州文化产业的最大特点是重视新兴产业的发展，如仅次于北京的影视产业，居全国第一的动漫产业。因此，南京除

① 由于文化产业相关数据统计口径不统一，上海和合肥的文化产业相关数据为2021年度，城市始终处在一个动态发展的过程中，此处的数据旨在说明“沪宁杭合”四座城市的相关性。

了发挥自身历史文化资源的优势外，更要紧跟时代潮流，注重新兴文化产业的培育和发展。同时，南京和合肥都可以充分借鉴杭州经验，鼓励民间资本注入文化产业发展，充分实现文化创意产业的数字化、智慧化和多元化，使其“城市文化资本力”全面提高。

5.城市形象识别力——城市文化整合营销传播比较。城市文化软实力的重要组成部分之一是城市形象识别力。城市形象识别力指的是一座城市通过品牌形象建设、新闻媒体传播等方式来塑造和影响人们对该城市形象的认知。城市中存在一定数量的知名品牌企业不仅有助于提升城市的综合竞争力，同时也对传播城市形象方面具有重要意义。这些企业的成功和活力反映出城市的商业环境、创新能力以及吸引力，从而有助于构建积极的城市形象，进一步增强城市文化软实力。上海、南京、杭州和合肥又都是具有国际知名度的区域性中心城市，因此，本文主要选取了跨国公司总部及功能性机构数量、入选中国企业500强数量、入选全球企业500强数量、城市机场年游客吞吐量和城市的国际形象排名等五个方面的指标，来比较四座城市的城市形象识别力。

2022年沪宁杭合城市形象识别力比较

城市	跨国公司总部及功能性机构数量/家①	入选中国企业500强数量/家	入选全球企业500强数量/家②	城市机场年游客吞吐量/万人次	城市国际形象得分及排名/百分制
上海	891③	30	12	2889.00	74.89（2）
南京	60④	8⑤	–	1214.05	9.29（11）
杭州	--	22⑥	7	4117.04	28.32（3）
合肥	--	3	–	1117.13	4.28（17）

数据来源：2023年上海市统计年鉴、2023年南京市统计年鉴、2023年杭州市统计年鉴、2023年合肥市统计年

① 虽然安徽与浙江尚未公布相关数据，但两者也都加大力度吸引跨国公司企业总部、外资研发中心等功能性机构。浙江省在2023年5月颁布的《浙江省人民政府办公厅关于印发更大力度吸引和利用外资工作若干措施的通知》，对符合条件的跨国公司、世界500强企业总部在政策有效期内每年按当年度实际利用外资额3%的比例给予奖补。安徽合肥市也发布《合肥市支持总部经济发展若干政策（试行）》，以加快促进总部经济发展。

② 2022年《财富》世界500强的城市分布变化［EB/OL］.（2022-08-07）［2023-10-28］. https://www.fortunechina.com/shangye/c/2022-08/07/content_416733.htm.

③ 杨一宁. 上海：“总部经济”动力强，2022年新认定跨国公司地区总部60家［EB/OL］.（2023-01-04）［2023-10-28］. http://news.cnr.cn/native/gd/20230104/t20230104_526113803.shtml.

④ 克良辰. 南京市外商投资企业协会总部专委会正式成立［EB/OL］.（2023-08-09）［2023-10-28］. http://www.njdaily.cn/news/2023/0809/5565501429266476003.html.

⑤ 南京市人民政府. 我市8家企业跻身2023中国企业500强榜单入围中国500强，它们“强”在哪？［EB/OL］.（2023-09-25）［2024-04-02］. https://www.nanjing.gov.cn/njxx/202309/t20230925_4018752.html.

⑥ 杭州市人民政府. 22家在杭企业上榜中国企业500强［EB/OL］.（2022-09-07）［2023-10-28］. https://www.hangzhou.gov.cn/art/2022/9/7/art_812266_59064879.html.

鉴；2023年《财富》世界500强排行榜、2023年《财富》中国500强排行榜；中国企业联合会、中国企业家协会发布“2022中国企业500强”榜单；民航局发布2023年全国民用运输机场生产统计公报；浙江大学传媒与国际文化学院发布的《2023中国城市国际传播影响力指数报告》①。

从上表可以发现，在上述五项指标的比较中，上海显然占据着绝对的优势，特别是在拥有891家跨国公司总部及相关机构方面，突显了上海高度的国际化水平。这些跨国公司在全球范围内进行活动的同时也在间接宣传上海的城市形象，进一步提升了该城市的形象识别力和国际声誉。然而，根据提供的数据，与上海相较而言，南京的跨国公司总部及相关机构的数量仅为60家，这反映了南京在吸引跨国企业方面的能力相对不足，而相较于杭州而言，其吸引力也明显较弱。根据2023年《财富》中国企业500强的入选情况，南京仅有8家企业入选，占比仅为杭州25家的三分之一，而合肥仅有3家，这表明宁合二市在依托品牌企业进行国内城市形象传播方面的能力相对较弱，与杭州相比存在明显差距，特别是南京虽然具有一定的国际形象知名度，但是却缺乏系统性的城市文化整合营销传播手段，这在一定程度上制约了南京城市形象的进一步传播。除上海机场具有较高的游客吞吐量外，通过比较南京、杭州和合肥三座城市的机场年游客吞吐量数据，发现杭州萧山国际机场的游客吞吐量高于南京，并且远远超过合肥，高人流量必然会加速城市形象传播的速度和广度。根据《中国城市国际形象传播影响力研究报告（2023）》的数据，杭州的得分与排名远高于南京8位，这证明了杭州在国际形象传播方面也相对更为成功，显然跨国公司总部及相关机构的存在对此起到了积极作用。而合肥仅位于第17位，表明合肥不管是在国际城市形象识别力方面，还是在城市文化整合营销的传播力方面都远低于其他三座城市。

南京和合肥在城市形象识别力方面仍需加强。首先，南京和合肥都需要明确定义城市形象的定位，并通过主导形象定位来引导城市形象的传播。例如，杭州将城市形象定位为“东方休闲之都、生活品质之城”，这一定位既突出了城市休闲和品质的核心特点，同时也传达了城市形象的多维内涵。而南京作为有着丰富历史的十朝古都，可以将“国际文化之都”的巴黎作为参照，将城市定位为“东方文化古都，天下智慧文枢”，这将有助于将南京打造成为区域文化中心。通过这一明确的城市形象定位，一方面，南京可以更好地传达城市的独特魅力和文化底蕴，吸引更多的人关注和认可；另一方面，也有助于塑造城市的文化软实力，推动南京在国际舞台上发挥更大的影响力。合肥亦是如此。其次，南京和合肥要塑造城市形象的品牌识别系统，找出不同城市形象的亮点进行品牌

① 韦路，陈曦. 2023中国城市国际传播影响力指数报告［J］. 对外传播，2024（2）：32-36.

化打造，如伦敦邮筒、公共巴士和乡村风光等形象符号已经成为伦敦形象的重要代表。最后，南京和合肥需要进行国际化的形象传播，充分借助公共关系、大事件和城市文化节庆等方式实现城市形象的整合推广营销。

6.城市文化消费力——城市人均收入与消费比较。消费是城市经济发展的一个引擎，城市发展的目的之一就是满足人们日益增长的物质消费、文化消费。一个消费经济充分发展的城市，一定是充满活力和经济繁荣的城市，也能比较集中地反映一个城市的生活质量水平。而近些年来，很多城市的发展目标就是打造世界消费目的地城市。因此，本文选取四座城市的人均可支配收入、城市居民人均消费水平、城镇居民人均教育文化娱乐消费、固定互联网宽带接入用户、城市时尚消费力指数和城市人均GDP六个指标，来进行沪宁杭合的文化消费力比较，以此评估一座城市的文化消费潜力。

2022年沪宁杭合城市文化消费力比较

城市	人均可支配收入/元	城市居民人均消费支出/元	城镇居民人均教育文化娱乐消费/元	固定互联网宽带接入用户/万户	2023消费活力城市排名①	城市人均GDP/元②
上海	84034	48111	3314	1071	2	179900
南京	76643	43629	6620	624.39	11	178781
杭州	70281	54103	4465	675.00	7	161129
合肥	48820	32964	3652	488.00	16	125798

数据来源：2023年上海市统计年鉴、2023年南京市统计年鉴、2023年杭州市统计年鉴、2023年安徽省统计年鉴、2023福布斯中国·消费活力城市榜。

根据上表中的数据，沪宁杭合的人均GDP均高于10万元人民币。国家信息中心经济预测部王远鸿认为，人均GDP的增加，代表着可支配收入也在增加，收入决定消费，这就意味着中国的消费规模还将整体持续扩大，消费升级也可以持续推进，而一般来说，当国家或地区的人均GDP突破1万美元时，居民消费支出中文化消费的占比将会上升[3]。因此，从整体上看，随着四市居民收入水平的提高，居民的文化消费将进入跃升阶段。虽然南京和杭州的人均GDP、人均可支配收入和人均消费支出相差不大，但是南京城镇居民的人均教育文化娱乐消费支出却远高于杭州，这表明南京城镇居民比杭

① Forbes China.2023福布斯中国·消费活力城市榜正式发布[EB/OL].（2023-05-19）[2024-04-02].https://baijiahao.baidu.com/s?id=1766314971148717697&wfr=spider&for=pc.

② 此处城市人均GDP按城市常住人口计算。

③ 杨曦，夏晓伦.我国人均GDP突破1万美元[N].人民日报，2020-01-17.

州的居民拥有更好的文化消费观念。这一趋势的分析有助于了解不同城市居民的文化消费态势，以及潜在的文化市场发展机会。根据《2023年福布斯中国·消费活力城市榜》可知，上海的城市时尚活力排名在第2位，与其他三市相比遥遥领先，而杭州的城市时尚消费力属于总榜单第7位，可见与上海的差距是巨大的。南京的排名低于杭州居于第11位，未能跻身于榜单前十，而合肥以绝对劣势处于第16位，得分仅为24.56。根据社会学家让·鲍德里亚（Jean Baudrillard）的观点：“无论怎么进行自我区分，实际上都是向某种范例趋同，都是通过对某种抽象范例、某种时尚组合形象的参照来确认自己的身份，并因而放弃了那只会偶尔出现在与他人及世界的具体对立关系中的一切真实的差别和独特性。”①他认为时尚是一种周期性的文化消费实践，也是建构社会身份和地位的标记。齐奥尔格·西美尔则认为：“时尚是既定模式的模仿，它满足了社会调适的需要；它把个人引向每个人都在行进的道路，它提供一种把个人行为变成样板的普遍性规则。但同时它又满足了对差异性、变化、个性化的要求。”②因此，上海城市居民时尚消费以碾压之势决胜其他三座城市，能够充分体现上海居民具有比其他三座城市居民更强的自我实现的需求。综上所述，上海的城市文化消费力明显强于其他三座城市，一方面取决于上海独特的城市文化氛围，另一方面也与长三角地区高学历人才在上海的集聚是分不开的。总之，其他三座城市为了进一步提高城市的文化消费力和缩短与上海之间的文化消费水平差距，既要千方百计地提高城市居民收入，又要鼓励城市居民进行积极的文化消费。

三、沪宁杭合“城市文化软实力”比较与类型特色认知

通过以上六个特色维度的对比分析，我们对沪宁杭合四座城市的“城市文化软实力”有了整体性的认知，也充分认识到“城市文化软实力”是作为一个整体的文化要素系统来发挥作用的，同时在城市综合竞争中发挥的作用日益增强。在沪宁杭合“城市文化软实力”的比较过程中可以清晰地认识到，决定一座城市文化竞争力的不仅仅是已有的文化资源优势和发展积淀，更重要的是一座城市文化资源的资本化运作能力和文化创新能力。具体来说，通过上文的比较，可以得出以下四个基本结论。

1.沪宁杭合作为长三角城市群的四极发展——“大上海城市文化圈”正深化融合。沪宁杭合作为长三角都市圈的核心节点城市，具有各自的文化根柢和截然不同的城市文化类型。上海是“海派

---

① ［法］让·鲍德里亚.消费社会［M］.刘成富，全志钢，译.南京：南京大学出版社，2014：81.

② ［德］齐奥尔格·西美尔.时尚的哲学［M］.费勇，译.北京：文化艺术出版社，2001：72.

文化”的代表，杭州是“浙派文化”的代表，南京是“金陵派文化”的代表，合肥则是“徽派文化”的代表①。其中上海的城市文化类型是典型的“海派文化”，其主要特征就是吴越文化、江南文化与西方文化的交融，因此，我们在上海既可以看到独具西方建筑特色的外滩建筑群，又可以领略到石库门里弄住宅的地方“场所精神”。杭州则是西湖吴越文化的代表，素有“人间天堂”的美誉，具有江南水乡的风韵，杭州能够成为“世界休闲文化之都”也是西湖文化的魅力所在。合肥作为安徽的省会，传承了典型的徽派文化，不管是马头墙上的徽派建筑，还是商运亨通的徽商文化，都是合肥的文化符号和印记。不同于这三座城市，南京是秦淮文化的典型象征——正在崛起的“金陵派文化”，作为中国第一批历史文化名城，其历史文化底蕴更为浓厚。

2.文化自觉与全球视野构成“城市文化软实力”的内外驱动机制。在全球化和信息化高速发展的今天，每座城市都不可避免地陷入全球城市化的网络之中。由于受制于城市政策、精英群体、国际化外部因素的影响等，每座城市对全球文化融合化和全球城市化的应对能力是不同的。一些城市在决策者和精英群体的推动下，率先把握住了城市文化发展的趋势，并站在全球视野的高度来确定城市的文化定位和发展方向，以此迅速确立了城市在全球城市网络体系中的文化地位。在比较中我们可以发现，同样作为省会城市的杭州和南京，两者在推动自身城市全球化过程中的文化自觉和全球视野是不一样的。例如，早在2016年，杭州市人民政府办公厅就发布了《“标准化+”行动计划提升城市国际化水平实施方案》的通知，提出要以“五大发展理念”为引领，围绕建设“独特韵味、别样精彩”世界名城总目标，以提升城市综合实力、创新活力、人文魅力和国际影响力为着力点……为杭州建成世界名城发挥重要的基础性、战略性作用②。随后在2018年5月确立了《杭州市城市国际化促进条例》，并在2018年8月发布了《杭州标准国际化创新型城市示范创建工作实施方案（2018—2020年）》的通知，确立了要“建立与国际接轨的标准化管理体制和标准体系、促进标准化国际合作交流量质并举、标准化改革创新取得突出成效”的目标，使杭州在城市国际化、城市科技创新力、城市综合竞争力和可持续发展能力等方面显著提升③。2021年发布了《杭州市推进“一带

---

① 张鸿雁，吴新兰. 沪宁杭城市群文化产业的特色认知［J］. 上海城市管理职业技术学院学报，2007（01）：22-27.

② 杭州市人民政府关于印发实施“标准化+”行动计划提升城市国际化水平实施方案的通知（杭政函〔2016〕190号）［EB/OL］.（2016-12-23）［2023-10-28］. https://www.hangzhou.gov.cn/art/2017/1/9/art_1241194_3960.html.

③ 杭州市人民政府办公厅关于印发杭州标准国际化创新型城市示范创建工作实施方案（2018—2020年）的通知［EB/OL］.（2018-08-01）［2023-10-28］. https://www.hangzhou.gov.cn/art/2018/8/1/art_1229063382_1760200.html.

一路”建设和城市国际化“十四五”规划》[①]的通知，可见杭州较早地就将国际化原则渗透到城市的旅游、文化创意产业和全球城市形象的推广之中。相比之下，南京在决策层面正式提出有关城市国际化建设和提升的时间较为滞后，在2021年和2022年先后发布《南京市创建国际消费中心城市三年行动计划（2021年—2023年）》[②]和《南京市建设国际交往中心城市行动方案（2022—2025年）》[③]的相关通知。由此可见，城市行动主体层面的文化觉醒和全球化视野也是推动“城市文化软实力”发展的双重机制。

3.城市文化资源的资本化运作构成真正的城市文化竞争力。在现代城市社会中，人们似乎在依靠资本而生活。从理论上讲，“讲资本就得讲资源所作的投入，换句话说资源的初始所有权总是趋于只投入在盈利为目的的运营活动中，其目的是让资本‘生出利润’。为了使资本‘生出利润’，以盈利为目的的运营活动从根本上说是有选择性的。”[④]每座城市都拥有独特的历史、文化和自然资源，这些资源具有独特性和垄断性。然而，文化资源本身并不足以构成城市文化竞争力的真正意义，只有通过将文化资源转化为“城市文化资本”，这些资源才能释放出其潜在价值，成为提升城市核心竞争力不可或缺的要素。这种文化资源的有效管理和运营有助于城市吸引人才、推动经济增长、提升国际形象，以及丰富城市生活，从而使城市在全球竞争中脱颖而出。在此过程中，要强调“城市文化资本”的重要性以及如何将其转化为城市竞争力的关键因素。通过上文的比较，我们得出的一个基本结论就是，南京的文化教育资源和历史文化资源在长三角地区具有很强的资源优势，但是，南京的科技创新能力和文化产业的规模却比不上上海和杭州，甚至在有些环节弱于合肥。简而言之，南京的优势文化资源并没有充分转化为城市的创新能力和科技生产效率，也没有充分发挥其综合价值。因此，文化资源只有形成文化资本和文化产业时，才具有生产力和竞争力。

4.准确定位和寻找比较性优势是“城市文化软实力”提升的前提。一座城市可能在某一方面具有极高的禀赋，但并不能构成一座城市的综合文化竞争优势。一座城市的竞争力是由多方面因素高

---

① 杭州市发展和改革委员会. 关于印发《杭州市推进“一带一路”建设和城市国际化“十四五”规划》的通知［EB/OL］.（2021-09-06）［2023-10-28］. http://drc.hangzhou.gov.cn/art/2022/5/11/art_1229545271_4035895.html.

② 南京市人民政府.《南京市创建国际消费中心城市三年行动计划（2021年—2023年）》解读［EB/OL］.（2021-10-18）［2023-10-28］. https://www.nanjing.gov.cn/zdgk/202110/t20211018_3161790.html.

③ 南京市人民政府. 我市举行推进国际交往中心城市建设座谈会 着力提升城市国际化水平 加快形成全方位开放格局［EB/OL］.（2022-07-22）［2023-10-28］. https://www.nanjing.gov.cn/zgnjsjb/jrtt/202207/t20220722_3651521.html.

④ ［法］弗朗索瓦·沙奈. 资本全球化［M］. 齐建华，译. 北京：中央编译出版社，2001：11.

级化的共同发展决定的，要有效且迅速地增强城市竞争力，就必须构成“城市文化软实力”，实现“城市文化资本”再生产，在创造综合城市竞争力各个指标的同时，共同发展、相互促进。巴黎、伦敦、纽约、东京和上海之所以能够成为国际性的文化大都市，并能够在国际文化竞争中一路领先，既取决于其本身综合化和多元化的文化竞争力，也取决于城市自身所具有的城市创新力和核心竞争力，“全球城市”包括上海在内，它们在时尚、金融、文化创意、国际形象等方面无不具有无可比拟的优势。在上述四市的各项数据比较中，我们也可以得出这样的结论：作为衡量“城市文化软实力”的六项维度指标中，上海的每项得分几乎都是领先的，可以说上海自身已经构成了一个相对完整的且具有文化自觉和核心竞争力的文化系统。

综上所述，“城市文化软实力”的综合性和多元性是构建全球文化中心的关键因素。在全球网络化的时代，城市不再只是经济活动中心，而更多地成为科技与文化活动中心、创新与创意文化交流中心。城市的竞争力不仅仅取决于其经济实力，还取决于其文化软实力和“城市文化资本”的再生产能力。在衡量一座城市的文化软实力时，需要考虑多方面的要素。在“城市人才吸引力”方面，不仅要关注科技研发人才，还要关注艺术、文学、音乐、电影、美食、戏曲、舞蹈、工艺、设计等多个领域的人文经济型人才，这些方面的繁荣和多样性可以吸引国内外的文化爱好者和创意人才，也可以丰富城市生活并向高品位方向发展，从而为城市带来新时尚、新思想和新的城市“作品”；在“城市教育培养力”方面，高校对于一座城市来说是得天独厚的文化软实力基础，十年树木，百年树人，高校是城市的一个巨型财富，要经过上百年的集聚才能够使几十所高等院校集聚在一座城市里，是典型的“城市文化资本”要素，城市要与各种高校深度合作，才能发挥高校在城市发展中的积极作用。高校是培养人才和传承文化的关键机构，高质量的教育体系能够培养出有才华的人才，在提高城市的文化素养水平的同时，也有助于城市文化的创新和发展；在“城市数字化创新力”方面，数字产业和数字经济是21世纪20年代以来发展的重点，是国家和城市文化软实力的关键组成部分，科技的进步不仅促进了文化产业的创新，还有助于文化的数字化和国际传播，城市在科技领域的投资和发展也会增强其国际竞争力，因此可以得出这样一个结论：在网络社会智能化一体的时代，数字经济决定着一个国家和城市的未来；在“城市文化资本力”方面，城市首先要能够成为一个真正的文化容器，其次要有完整的文化创意产业、文化艺术产业和文化科技生产等系统的组合，这类产业的繁荣发展会为城市经济带来活力，使城市更适合所有人生活，特别是适合年轻人生活与创业，进而带来国际文化的整合力；在“城市形象识别力”方面，任何想要走出国门的城市都必须建构城市形象识别系统，创造在国际竞争中和国际政治舞台上的声誉和吸引力，特别是身份识别符号的定位，即我们的城市在世界人民的眼中是一种什么样的形象，识别的符号标识是什么？

必须利用有效的国际传播战略来增加游客、投资者和国际文化交流频率，从而提高城市的综合竞争力；在“城市文化消费力”方面，一座城市的文化消费力是提升城市居民和城市外来者的生活质量、服务质量和营商环境质量的重要内容，要对所有的受众——客户提供优势的产品和优质服务，创造丰富的文化活动、文化产品和文化服务需求是提升城市文化软实力的具体要求，文化消费的繁荣有助于推动文化产业的增长，同时也能够满足城市居民日益增长的文化需求。

“城市文化软实力”的建构需要在多个方面取得平衡和协调，政治、经济、文化、生态、环境和宜居等要素之间要相互协调，并相互促进、共同发展。对于那些致力于在国际文化竞争中脱颖而出的城市，深化文化软实力的多元化、综合性、国际化创造是至关重要的，其发展目的就是要促使城市成为全球文化舞台上的亮点。

空间被大规模地界划、勘察、发现和再发现。它将被彻底地占据、充满、移民和转变的潜力，正在不断增加：简言之，它的前景是一种被生产出来的空间，它的自然则仅仅是一些遭受生产技术不断破坏的原材料。更何况，我们现在有办法将所有的知识、信息——无论距离它的来源地有多近或有多远——都收集到一个对其进行加工的地点。数据收集和计算机科学消除了距离，它们能够充满信心地忽视分散在空间（或时间）中的物质性。中心性理论隐含了一种全新的“集中”的能力，这种能力以前只有大脑才拥有，事实上只有天才的大脑所拥有。[①]

——列斐伏尔

---

① ［法］亨利·列斐伏尔.空间的生产［M］.刘怀玉，译.北京：[M]商务印书馆，2021：493.

第三十一章
规划终极目的——充分就业与“产业网链”价值再造

我们主张：城乡规划、旅游规划、产业规划、区域经济规划等与空间再生产有关的规划，都要思考其核心价值——为了空间里的生产、生活和工作，其价值核心在于为充分就业创造前提。规划就是设计蓝图，为某一地方的人民谋划幸福和未来的发展，这是任何形式的规划都不应该放弃的思想理论和宗旨——充分就业和人民的幸福。

思想的解放是所有理论与实践创新的前提。马克思说：“最好是把真理比作燧石——它受到的敲打越厉害，发射出的光辉就越灿烂。”在某种意义上说，有些传统经验是不足以指导未来的，特别是有些因准备不足而失败的经验更是不足以指导未来，反而那些优秀的、成功的、有创新的经验，才有可能指导我们的未来，这其中还有很多他山之石作为成功的经验需要我们去寻找、去发现、去学习，并根据本地具体的实际情况进行融合性创新并加以应用。

所有成功的规划都包含着策划、规划、设计、创意、创新和精准解决问题的全案全程系统集成过程。

一、城乡规划的文化选择：“产城融合”与“城乡等值”

我们从城市社会学、城市经济学和城乡规划学的三重视角来研究产城融合向城乡融合、城乡等值化方面转化是非常有必要的，这样可以从社会、经济和空间三个维度来研究项目的可落地性，从理论、实践和项目实际的应用操作上进行整合创新。从目前的研究成果看，产城融合、城乡融合的新理念、新思维、新方法已经有很多，相关研究成果的新视角也很多，而我们强调的是大融合、大综合和跨学科的规划理念。城市本身就是一个复杂的有机综合体，单一的学科视角很难建构一种完整且系统的研究逻辑体系，我们秉承罗素的学术研究理念——运用复合型、综合型和多视角的学术研究方法进行城乡空间融合发展规划。

从方法论创新的角度提出宏观、中观与微观三个层次结合的研究方法，强调理论研究、方法应用研究与新场景规划设计相结合，当规划的思路、理论、方法、方案和思想转化为规划图纸时，就应该贯穿宏观、中观和微观三个层面的结果场景表达，是一种理论与实践的再现，这不能仅仅停留在图纸阶段，而是要使规划、设计成果在具体的实施中跟踪服务或者是根据实际需要进行适当、合理、微调型的纠偏，在当代，更应该是以数字化的再现来表达项目所面临的所有可能，并在所有的可能中寻找不可能性，以确保规划设计项目万无一失。城乡规划必须本着掌握当代最先进的理论前沿和科学方法的原则，并且每一种规划都需要有适合的理论加以指导，至少要寻找并排列五个或五个以上的相关理论与规划项目结合应用，结合的紧密程度也决定着规划结果的认识高度和实践结合的深度。

从产城融合到城乡融合的规划至少需要重点强化三个层次的认识：

一是要针对具体规划项目有针对性地提出相关理论的研究，对项目加以指导并结合应用，并能够从内在逻辑中显现出指导和被指导的关系，进而使项目的双方都有对理论与实践间关系的解释，也都知晓相关理论对具体规划项目指导后的价值与具体应用，而不是如当下某些城乡规划的成果，只是凭借感觉来规划，而不是根据理论与实践的结构关系来进行规划，显得理论研究与具体规划是“两层皮”，甚至毫不相关，这种规划很难具有顶层设计思想的高度和价值，更不会对未来有指导功能。

二是对任何项目都要像做学术研究一样有针对性地寻找各种相关理论，甚至是对某种理论的反证，用以强化对所在项目规划的指导和引领，旨在强调规划项目的前瞻性和可行性，这其中还有逻辑、结构和规律的认识与建构。必须以做学术研究的心态进行相关项目的规划和设计，而不能仅仅只是做一个规划的画图人。

三是在具体规划设计项目的实践中，要时时牢记项目服务对象的要求和终极价值，也要时时关注项目的就业、创业和投资回报的效率及相关的可能性，特别是要关注所规划的项目能否具有可持续发展性，是否能够为后期的经营、运营提升空间的再生产价值。也就是说，任何需要规划的项目都要预设“空间里的生产”价值和持续性发展，在城乡规划的空间价值上，更要强调注重根据“区域核”理论规划就业中心的人文区位，强调运用有机生态的理论来规划设计城乡空间的关系，包括要精通霍华德“花园城市理论”的精髓，旨在强化生态规划在城乡融合规划中的历史与现实价值，创造性地提出并规划出“反磁力中心”的“截面反射”和能力，使“产城融合”能够自觉形成和建构成“循环型城市社会发展模式”，使城市不论大小都能够具有综合的独立结点区位功能与价值。

城市化与城市现代化的未来表现形式之一就是“产城融合”“城乡融合”“城乡等值化”，说到底就是马克思主义学说中“消灭城乡差别”概念的再现，这也是寻求创造高质量现代化发展的一个重要实现路径。产城融合的核心是为大众创造城乡平等、乡村人与城市人一样的生活方式和就业机会，城乡融合的过程就是创造生态、生产和生活——“三生融合”的现代新文明，核心的文化价值取向在于创造城乡可持续发展的内生动力和城市文明普及率。

城乡规划需要与时俱进，需要引领时代的发展，需要具有前瞻性，任何规划都在规划明天、规划未来的发展。所有的城乡规划必须有远见，包括对“空间里的生产”及“空间的再生产”都需要具有超时代的感知和预设，要有强大的应变能力和思想理论模式，必须掌握城乡空间规划和城乡研究的世界前沿理论，以广域的智识应对全球数字经济带来的百年大变局，在规划的理论与方法上要不断更新，应对数字化和相关智慧技术手段上对规划带来的转型、变革和冲击，以更超前的理性、独立思维能力和创意创新能力，并能够充分利用智能思维感知技术来预测、规划未来，“做一个有准备的规划人”，绝不能被不断进化的智能技术所取代。事实上，虽然不可能被完全取代，但是，智能技术的全面挑战已经到来，只有做一个跨学科的、有学术创新研究能力的规划人，才不会在科技高速发展的时代洪流中所淘汰。

在这具有不确定性的混沌世界中，找到或创造个人和群体生存发展的确定性才是王道。事物本身的确定性不完全是外部给予的，很多时候是自己创造的，一个人就是一个“文化场域”，每个人都可以构成一种“能量环境”，以此建构并影响自己和他人的环境，其前提是首先要有能力适应环境，更要有能力创造特定环境，创造有利于自己发展的环境——包括个人的文化资本，这也是规划者的历史责任：规划就是在创造一种新的生存和发展环境。

创造适应网络智慧时代和后工业社会的工作方式、思维方式和创新服务发展方式，就要充分认识到当代“全球新文化产业分工”的现实特点和发展趋势，从城乡融合的角度创造城乡高品质发展的内生动力。2023年的世界和中国，乡村社会发展也已经可以用多类型化、多层次化、差异化甚至可以说是多极化模式来描述，要推行有针对性的、有利于地方特色发展的规划政策，准确把握世界前沿层出不穷的经济模式和蓬勃增长的新兴产业，特别是要关注并驾驭在某种程度上改变社会发展方式和发展动力体系的经济、技术发展变化规律。在诸多革命性的变化当中，新的思维方法、创新经济模式和智慧产业的通用性变化具有本质性和新价值增长性，城市和乡村的文化自觉与自为是城乡高质量发展的关键动力要素，强调以人为本，就是让城乡居民从文化自觉到文化自为再到文化自强，主动参与全球地域生产力的分工方式。在规划中要强调创造中国本土化城乡空间形态的意识，用以突显民族文化的城乡融合及时代价值，这要求规划人必须对中国历史文化有着充分的研究和掌握，并能够在具体的规划中应用实施。面对新的世界格局和科学技术发展的竞争，我们必须在规划领域有独立创新的能力，要有走在世界前沿的现代化、本土化的城乡规划理论指导，否则我们还会被局限于西方传统规划的理论框架内而不能创新，特别是在乡村振兴的思想方法上，绝不能让传统落后的乡村生活模式和现代的城市生活方式对立起来，事实上的确有些不科学的规划结果给一些城市的发展制造了问题。

在规划的理论与方法上，不能完全采用拿来主义的态度，而是要根据中国的国情、市情甚至是村情，来确定我们的规划理论与应用方案，即使是目前人们都在强调大数据的条件下，我们仍然要进行学科跨界和精准规划分析设计，并要进行具体而深入的现场调查研究，强调“到场性”和“在地性”，并能够在规划项目的同时成为该项目的专家和管家，对规划项目的对象的了解和研究，甚至要比项目所在地的管理者和群众知道的要更多，不但要清楚项目所在地或基地的全部家底，甚至是对某一具体项目相关知识储备的丰富程度要超过当地人和当地的领导。规划完一个项目，就应该是这个项目的专家，要比当地人更了解这个项目的实际情况，更具有比较性的认识和学术性的认知，既要知道项目在世界上的位置和区域的比较价值和比较优势，还要知己知彼，知道规划对象在整个国家和地区所处的政治、经济、文化和生态的位置和地位，根据项目的土地资源和文化资源状况，进行精准规划和精准施策，同时，在技术路线上必须创造个性化的逻辑体系。

要做到规划理念与方法的融合、产业与空间的融合、市场与社区的融合、空间要素与社区服务功能的融合……在整体大融合的视角下，形成产城融合与城乡融合的叠加效应，使原来的乡村资源要素向城市的单向流动，转化为城市与乡村间的双向流动。城区、乡镇和产业园都要进行“融合式布局”的升级，把原来的低效用地进行调整，在符合相关政策的前提下，从原来的高投入、高污染、高消耗转化为低投入、低能耗、低污染，创造高质量的土地和空间的产出效能。

从“产城分离”到“产城融合”是城乡规划的一个发展趋势，而其核心要义是创业、就业和生活半径的新场景。美国社会学家甘斯（H. Gans）在《人与规划》（*People and Plan*）（1968）中提出了这样的概念：人的生活是由经济、文化和社会权力结构所决定的，而不是规划师们所认为的物质环境（Physical Environment）及其规划所决定的。美国规划师杂志（1966）中说：“我可以稍带夸张，但却颇有几分真理性地说，一代人的规划会成为另一代人的社会问题。在规划工作中所取得的那些‘成绩’，往往会成为产生困难的根源。”[①]这就是很多学者和相关专家担心的问题，有些城

① 顾朝林. 城市社会学［M］. 南京：东南大学出版社，2002：26.

乡问题是规划出来的。当代社会的发展越来越需要全新的整合型规划，中国目前推广的“多规合一规划”虽然遇到很多阻力，但是，这是非常有必要的，规划的本质是对社会发展的规划，而社会本身就是复杂的，不仅包罗万象而且还变化万千，某些单一的、不规范的和不科学的规划，往往会造成更多社会问题的发生。J. B. Mclonghlin提出：“规划在本质上是一种引导式的控制管理”，“规划不只是一系列理性的过程，而且在某种程度上，它不可避免地是特定的政治、经济和社会的历史背景的产物。”[①]20世纪60年代中期后，西方城市规划领域提出：城市规划的性质发生了改变，强调咨询和协商（Consultation and Negotiation）的价值与功能。上述的每一种认知，都带有某种学科的特定意见甚至有某种偏见，但是，至少现实给了我们一种警示：即城乡规划以及文旅规划，单一的学科已经无法解决问题。

在经济转型的背景下，“产城融合”“文旅融合”规划是中国现代化发展的新要求，全国每座城市都建设了新城，但多数都出现了“产城分离”的现象，缺乏产城融合所具有的内生发展动力。很多新城建设亟待提升完善城市功能来相互协调，要使“以产促城，以城兴产”，或是使城乡一体化向网络服务化、协同智能化、生态化、融合化、城市场景化和空间适旅化方向转型发展，才能更好地带动新城的创新发展。

南京沿江的A区新城项目，面积为86平方千米，原是乡镇所在地。基地特点：一是空间格局混杂，土地利用低效且碎片化，产城严重分离，没有完整的城乡交通体系。已建成的开发区有22平方千米，我们称之为“工厂与农村混合型社区”。二是严重缺乏资源整合，特别是没有高标准的规划设计与开发，虽然地处长江边，但实际上不仅是产城分离，而且并没有利用沿江优势，产区、城区、港区各自为战，基本上可以用犬牙交错、格局混乱和生活质量低下来形容。三是只有两个孤立存在的产业——芯片和汽车企业，其他产业均未形成与主导性产业的服务关联与网链体系。四是城市生态绿化景观建设不足，缺乏休闲游憩旅游体验空间，厂区生活与社区隔离。五是从土地利用规划来看，整个项目基地的三线都没确定，用地未能科学复合化，存在大面积的低效用地和空地。六是产业发展偏向外向型经济，自主可控高新技术占比少，自主市场驱动机制不成熟，企业之间耦合效应不明显，规模以上企业总体数量偏少等。

在产城融合的规划与设计中，在与上位规划进行充分衔接的同时，我们力争有新的补充和创新，特别是在“产业网链”的规划设计上要有更多的新思路，并能对产业链环节加以补充。在城

---

① 张京祥.西方城市规划思想史纲[M].南京：东南大学出版社，2005：163.

市产业发展战略上，南京曾主张“4+4+1”的主导产业发展模式，包括新型电子产业、绿色智能产业、高端制造、高端装备制造等4个现代服务业和1批未来产业，重点打造三大产业地标：人工智能、新能源汽车和集成电路产业，而在规划项目上有两个产业是比较典型的，一个是集成电路，一个是新能源汽车，形成了我们事先设定的概念——“芯片之城”的重要载体。正因为在项目范围内有这样两个如此重要的产业，所以需要有一个全新的思维和全过程的创新，我们对这个地方的产业集聚度、产能与销售、缴税与创新、产业网链系统等进行全面摸底，对每一个产业类型的产业链环节进行比较分析，以求能够在整个空间内重新打造“产业网链”。在区域结构上，把产业和社区、生态、生活、艺术、文化结合在一起，强调给城市带来福民富民、充分就业、生态环保等经济与社会效益，目的是能够使国际化人才在这里创新、创业和生活。

为此，针对A区新城项目，我们提出了从产城融合到城乡融合的“十二要素”和创新规划路径：（1）在创新发展理念上，创造一种融合化、混合型的城市与乡村等值化的发展方式。（2）在理论指导上，应用“区域核理论”+“花园城市+N”和“城市文化资本”再生产理论+“循环型城市社会”发展模式等理念来指导规划的全过程。（3）在战略模式上，产业网链+新供给、新经济、新基建、新场景和未来社区模式。（4）在发展定位上，建构区域性的宜商、宜业、宜游、宜居的城市生活体系。（5）在空间价值创新上，从“硅巷”到创业、创意文化街区的打造；从城市公园到“公园城市”的“泛公园”的产城融合规划。（6）在城市文化价值提升上，秉持“让城市充满选择机会”的理论，创造充分就业机制和空间体系，规划多核心的就业创业商圈组团。（7）在“以产业为核”的发展上，“科技+生态+人文”三结合为引领的文、体、旅、工、农、商、养等产业深度融合，形成区域产业体系。（8）在文旅融合的要素整合上，创造城市新型服务产业与后现代新产城融合的“旅游十六大要素”及“六次产业模式”建构。（9）在规划方法上，运用大数据+跨界学术+底线思维+差异化战术+高端占位+精准“到底到边到社区到人”的系统创新。（10）在城市文化上，以人本主义为根基，强化人文经济，挖掘城市文化集体记忆，以寻求“城市文化资本”再生产的创新路径，建构“城市文化资本力”。（11）在全域统筹和全域旅游规划上，提出“城区即景区，产业园区亦为景区”的理念，创造旅游产业的发展创新即投资环境发展与创新的理念，创建旅游幸福产业网链。（12）在行动逻辑创新上，统筹多方社会资源参与产城融合的规划建设，强调“弹性、精准、共建、共享”的“100+N”的具体行动落实计划。

从“产城整合”和“城乡融合”的本质实际上是“城乡产城融合”和“城乡等值化”的建设，从而形成一定的“人文区位”。因此，在规划中提出了“新城规划人文区位建构四要务”。

第一要务是直接发现和解决产城融合发展的核心问题，并能够有针对性地在规划中给予答复和解决。高新技术产业人才集聚是关键，首位是创造吸引人才和劳动力的工作、生活和创新的场域空间环境。一个新城或一个开发区，只有宜居、宜业、宜商、宜游、宜消费……的高质量生活，才会吸引人才和创业者集聚。营造人才生长的土壤是产城融合的最高境界和文化自觉。

第二要务是建构企业与企业之间创新空间的耦合效应。产城融合规划应该使城区、园区、社区和村落形成产业链、企业网链、产业群、产业簇群和生产型服务业的产业网链，使之不仅在空间上布局合理，而且在产业链的环节也有结构性创新。A区新城产业的结构空洞非常明显，针对这一问题，我们在产业规划上对其补链条、补环节、补要素、补功能……后来我们在产业发展定位和战略模式上，建议增加了2—3个关键型产业：一方面是新材料产业，因为很多高科技产业发展往往受制于新材料，中国的新能源和半导体往往都是受新材料产业发展制约的；另一方面是建议增加智能交通产业（高铁），这个产业在当地原本就有很好的基础，原本就有一个历史悠久的老车厂，在此基础上把新材料和智能高铁产业融入进去，整个产业群在规划上就表现为一定意义上的整体性和“全产业网链”结构。

第三要务是深刻发掘当地的文化，建构“城市文化资本”再生产的文化场域空间。对A区新城的规划，我们外延了“城市文化资本”概念的内核，通过挖掘和梳理本地文化资源，我们发现该地区在文脉上有两大特点：一个是这里在历史上曾经很繁华的河——石碛河，是明清以来繁华的商贸通道；另一个是这里有多个文化类型与要素存在，如楚汉文化、吴越文化和地方性的书法文化、美食文化和小镇商贸集聚地文化……历史上的古石碛河曾被称为“小秦淮”，我们通过对“城市文化资本”的再生产，规划和建构了城市的高质量生活空间、城乡特色景观街区和特色文化的地貌，包括设计了一些与旅游相关的生态景观、建筑文化景观等，进而为文化产业、创意产业发展奠定了基础，将其打造为一个以产城融合城市规划为特色的旅游目的地城市，包括规划了有特色的新城中心商圈、湿地公园和沿长江边的旅游文化景观等。同时，我们提出要建设“社区照顾体系”等，在更高的层面上，形成城乡融合的田园城市风光。

第四要务是针对项目具体的问题和特点，提出“四个关注”“四个聚焦”和“四个打造”。

“四个关注”：（1）注重项目地块内的乡村治理、新型城镇化及乡村产业创新；（2）关注地块内的资源分布特点、类型及空间创新组合方式；（3）关注地块内开发的重点区域、重点项目及空间布局；（4）关注地块产业与周边区域的有效衔接和互动关系。

“四个聚焦”：（1）聚焦地块周边资源的高效整合与合理利用；（2）聚焦地块生态基底的生态修复及景观整治；（3）聚焦地块旅游产业的发展现状及跃升策略；（4）聚焦地块的基础设施配套和公共服务标准。

“四个打造”：（1）完成品牌的有效推广和知名度的打造；（2）完成地块的总体发展体制机制的创新；（3）完成地块的商业模式及赢利模式构建；（4）完成地块土地流转和项目规划与策划。在整体上重构发展洼地价值，实现城市空间创新和再生产。

乡村振兴有两种方式，一种是把现代乡村变成原来传统的乡村；一种是把乡村变成有契约精神的、有城市文明的市民社会，但景观生活仍然是田园风光。马克思主义经典作家很早就提出城市是社会发展的动力和中心，马克思在《政治经济学批判》中说“现代的历史是乡村城市化”[①]，这已经是被证实的人类社会发展规律。反观当代，城乡问题不仅多且很深刻，社会发展深陷于城乡二元结构的非平衡经济发展之中。有些偏远乡村仍然存在当年晏阳初所说的“愚、穷、弱、私”四大病症，城市化质量还不高，例如苏北某县人口仅34万，自然村达900多个。苏北某市还有15%—25%的空心村存在，人口过度分散，基础设施不到位，仅就垃圾污染而言已经是一个大问题。但是，从整体上说，江苏的乡村振兴还是走在了全国前列，其中以苏州发展为优，如旅游风情小镇和产业型特色小镇建设创造新产业集聚和产城融合的成功经验；无锡的田园综合体模式已经成为乡村发展的一种样板；南京高淳国际慢城的规划建设已经成为“就地城市化”的典范。在江苏已经创造出了多类型的乡村振兴和特色乡村发展模式，如历史遗产型、产品密集型、生态发展型、智慧创新型、文艺复兴型、主题游乐型、乡村民宿型、特产文化型、文化主题型等等，新兴特色村镇如雨后春笋。

相比较发达国家来看，美国只有600万农业工人和农业白领，200多万个大小不等的农场创造了世界第一的农业经济；瑞士更是令人刮目相看，以4%的农业人口创造了新的“全球化乡村”，法国实际上已经没有了传统意义上的农民……面对世界农业经济和农业科技的革命性变革，我们必须改变传统思维方式，改变以往落后地区搞农业、发达地区搞工业的传统型分工模式，要高起点地创造“精准农业”“智慧农业”“观光农业”“循环农业”“旅居农业”等。中国科技的发展已经为农业现代化打下了坚实的基础，乡村振兴就是要“网络+智慧+创意文旅+文化资本+N”等等。如法国有8000多万人，3万多个不同样态的小镇（居住点），虽然居住在原农业地带上，但是实际上都是城市市民，可以自觉地创造城市生活方式和市民的契约文化。80%的美国人在10万人以下的小镇里生活。贝尔在《后工业社会的来临——对社会预测的一项探索》一书的《导论》中对后工业社会进行了“广泛的、概括的”五个方面的变革：“1.经济方面：从产品生产经济转变为服务性经济；2.职业

---

① ［德］马克思，恩格斯. 马克思恩格斯全集：第46卷［M］. 中共中央马克思恩格斯列宁斯大林著作编译局，译. 北京：人民出版社，1979：480.

分布：专业与技术人员阶级处于主导地位；3.中轴原理：理论知识处于中心地位，它是社会革新与制定政策的源泉；4.未来的方向：控制技术发展，对技术进行鉴定；5.制定决策：创造新的‘智能技术’。”[①]同时贝尔还指出未来的城市形态是无底、无形、无边的，城市的边界只是城市文明生活方式的普及范围。城市化在本质上是城市生活方式的普及，也是新文化与契约精神的普及。同时，我们不希望这场中国的乡村振兴是一场“运动”，而是有科学理性的、有技术的、有模式的、有方向和有多元化的，而不是以复制的方式构成建设性破坏。

城乡融合发展主要是城市文明生活和生活方式的引领性普及和融合创新。让农民从生活方式和思想上转化为市民，成为一个有理想和有“利他主义倾向”的人。城乡融合的第一步应该是培养相对完善的现代人性文化人格，“让尊重和被尊重成为一种义务”，“让集体良知”（collective conscience）成为每一位市民的文化伦理行为，在法治社会的意义上，建构社会公平与正义的生活品质。从学习型城市到“哲学型城市”，再到“独有的城市哲学”是城乡高质量建设的内在精神文化品质。从生活空间到公共空间的高质量建设，再到城乡一体的“三生融合”是一种文化价值表达。无论城市大小，无论是繁华闹市还是穷乡僻壤，都要把城乡居住环境当作艺术品来打造，生活和环境细节体现品质和现代化程度，这就是人们所向往的花园城市。

城乡融合发展创新，在本质上就是“城乡等值化”的再建构。所谓“城乡等值化”就是乡村人获得和城市人一样的生活感知，在教育、医疗、就业、创业等保障和条件上，创造机会平等和合理的公平。乡村经济要振兴，关键是要发展现代农业以确保粮食安全；生态要宜居，城乡“三生融合”各表经济、文化和环境特色；治理要有效，创新村民自治和法制关系，通过多种经济形式如合作股份制经济，让农民全员参与；乡风要文明，强化乡土文化、集体记忆的保存与挖掘，培育农民的文化自觉与自为；生活要富裕，创造充分就业和创业机制，建构乡村发展的造血机制；人才要培育，扶植“新乡绅”，培育新农民的知识、伦理和技术的成长；资本运作要创新，盘活集体各类资产和资源，分类整合乡村经济与文化资本，集体资产资本股份化；地方文化要创新，规划要先行，注重地域特色，体现风土风情，精准保护和精准开发传统村落。创造“为民谋幸福”的城乡大服务体系，让城市重归自然，创造性运用霍华德田园城市理论：让各类城镇“大于现有大城市的‘引力’”，形成不同类型的“独立区域核”，无论城镇大小和距离远近，都能具有以就业为中心的创业、生产、就业、流通、消费、娱乐一体化的城、镇、村的“区域核”节

---

① ［美］丹尼尔·贝尔. 后工业社会的来临——对社会预测的一项探索［M］. 高铦，王宏周，魏章玲，译. 北京：新华出版社，1997：14.

点，通过特色发展，使小村、小镇、小城镇都能产生某种对大城市的“反磁力中心”作用，汇集城市的优点和乡村的优点，形成新的田园城市结构特色，这是城乡高品质发展的真正实现路径和切入点。

从“产城融合”向“城乡融合”的规划，我们还要有三条感悟：第一，在现代规划体系中，单一的规划已经不能够适应和解决当前的城乡发展问题；第二，专项规划要和总体规划融合，并能够通过大融合规划，全案、全程和整体规划为甲方、政府、人民提供一个解决方案；第三，规划人同时也是建设者，好的规划就要给当地人创造充分就业和富民福民的条件。从本地智慧资本到全球城市价值链的高端介入，是城乡融合高质量发展的愿景之一。特色竞争力是所有城市面对全球一体化的必然选择，既适合乡村的发展，也适合各类城市的发展，成为全球化网络时代的竞争手段，中国很多城市都在对标“全球城市”的指标体系，这是全球城市价值链高端环节介入的必要方式。

二、文旅融合规划与设计：“旅游文化资本”的创造与反思

旅游，在本质上是个体对时间的自由支配，在旅游时，最好的价值就是使个体成为时间的主人。在马克思看来“自由时间，可以支配的时间，就是财富本身”①。而现实的旅游产业发展出现很多新问题，需要我们去“反思”，在反思中进行规划和建设才能获得新的发展②。

任何规划的目的之一都应该是建构、创造一个有准备的、有可持续发展能力的城市或旅游景区等空间体系。城市规划与旅游规划既有区别又有相通之处，共同之处在于都有典型的空间领域型的规划，也都有土地与空间的结构性规划，都是以土地和空间作为生产和再生产前提的规划内容，目标也是一致的，即为了创造美好未来，而规划就是建构一种发展前提，这里所强调的“有准备”，就是要规划并创造一个有应变之心、应变之策、应变之能和应变之力的可持续成长的、安全的、有韧性的城市和景区。中国是世界人口最多的国家，14亿人口的流动容易出现旅游目的地城市、旅游景区等游客突然爆满的情况和其他人口集聚的意外情况。古人云：预则立，不预则废！规划本身就是“预”的一个步骤，尤其是面对高新技术、全球网络一体化、数字经济与智能化的发展，这些智能化的高新技术

① ［德］马克思，恩格斯. 马克思恩格斯全集［M］. 中共中央马克思恩格斯列宁斯大林著作编译局，译. 北京：人民出版社，2001：282.

② ［法］让·保罗·萨特. 存在与虚无［M］. 陈宜良，等译. 北京：三联书店，1987：217.

已经使现代社会转化为典型的“风险社会”[①]，我们必须顺应时代快速变迁带来的风险挑战，时时要对风险社会有预警意识，使城市经济、社会发展及旅游产业立于可持续的发展之中。

何为“文旅融合”？很多人都有过回答，虽然看上去是一个很简单的问题，但又是一个非常复杂的问题。最为直接的解释就是：将文化注入旅游和旅游产业之中，给予旅游和旅游产业以文化灵魂的再造，使旅游资源转化为“城市文化资本”和“旅游文化资本”，让旅游和旅游产业具有更鲜活的生命力和人民性，让旅游产业更具有人文精神和人文经济的指向，在文化和旅游的融合中创造更广域的融合型“产业网链”，使文化和旅游产业融合后成为长期造福人类的幸福产业。

旅游作为一种文化现象，有着悠久的历史，当人类有了审美意识，也就有了旅游的爱好。旅游是人类对自然及客观现实展现的美经主观审美后的一种文化行为，是人类对美和美好生活追求的结果，也是人类创造美好生活的一种行为逻辑，甚至可以说，旅游，是人类的天性，亦如爱美是人类的天性一样，旅游是生活美的一部分。

在旅游的发展历史上，还有很多值得深入研究的问题。“旅游”的概念和范畴看似清楚明了，但是还有很多需要再厘清的内容和问题。“旅游”在字面上的理解可以分为两个部分——“旅”和“游”，现实生活中人们经常把“旅游”看作是一种纯粹的游动、游玩、远足和参观或观光的活动，也可以说是一种走马观花，这当然也是旅游的重要内容和功能。在古代词语中“旅”和“游”各有两层意思，“旅”更多时候表达的是与“军旅”相关的内涵，军人常常要远征，处于“寄居”和“客居他乡”而作为“客处”之人的表意，“旅”有时是指居住，如《诗经·大雅·公刘》：“止旅迺密，芮鞫之即。”[②]在先秦的文献中还有很多相关载述，西周及春秋战国时把“宾馆”称为“逆旅”或“传舍”等，“逆”字在《说文》《尔雅》和《方言》等书中是表达欢迎的意思，“逆，迎也”，有迎接、迎候、迎受等意思，包括“迎宾”等意涵。《尚书·顾命》：“虎贲百人，逆子钊于南门之外。”[③]翻译其内容就是“迎接子钊于南门之外”。《尚书·吕刑》也记载

---

① 风险社会（Risky Society）：德国社会学家贝克（Ulrich Beck，1944—）分析现代社会使用的术语。他认为，现代社会的一个典型特征是“风险社会”。与传统农业社会、工业社会不同，随着现代工业化的持续发展，高科技、个人主义及全球化危机成为风险社会的主要构成要素。具体表现为：高度发展的技术风险、生态风险、个体风险和全球风险等。参见：奚洁人. 科学发展观百科辞典［M］. 上海：上海辞书出版社，2007：526；在《风险社会》一书中贝克认为：“现代性正从古典工业社会的轮廓中脱颖而出，正在形成一种崭新的形式——（工业的）‘风险社会’。这种情形需要对存在于现代性内部的连续性与断裂之间的矛盾做出一种细致的权衡，此种矛盾也反映在现代性和工业社会之间、工业社会和风险社会之间的对抗状态中。”参见：［德］乌尔里希·贝克. 风险社会［M］. 何博闻，译. 南京：译林出版社，2004：序2.

② ［清］刘沅. 十三经恒解：诗经恒解［M］. 笺解本. 成都：巴蜀书社，2016：274-276.

③ ［宋］张九成. 尚书详说：顾命［M］. 杭州：浙江古籍出版社，2013：621-632.

有："尔尚敬逆天命，以奉我一人。"[①]还有荀悦的《汉纪·景帝纪》说："梁孝王入朝，景帝使使持节乘舆驷马，迎梁王于关下。"[②]从上古到明代，宾馆、客栈等名称就有几十种[③]。"游"具有行动、走动、游走、移动等意思，所以我们要明确一个概念，宾馆、客栈称为"逆"，而"旅"亦为"馆舍"，"旅游"的过程实际上是"旅居"游玩的过程。《论语》有云"父母在不远游"，此处"游"有游学、游玩之意。在《学记·礼记篇》中也有"君子之于学也，藏焉，修焉，息焉，游焉"[④]，说的是：君子要想学习好，有时要安静独处，有时要修身养性，有时还要去旅游，其中特别提到的"游"，实际上是一个人生历练的过程。旅游可以行万里路，读万卷书，看山川大河，阅山海文物，长见识，富阅历，炼气质，宽心胸……是一种特殊的学习过程，既包括对自然、地理、历史等知识的学习，还包括审美、品位、志趣、眼界的提升。笔者曾去新疆帕米尔高原考察，站在雪山之父——慕士塔格峰（7600米）脚下，高山仰止，心里复述着这里的很多传说：西王母、冰山公主和雪山王子、共工怒触不周山……一眼望去，周围四野白雪茫茫，雪山高原空气稀薄而寒冷，偶遇福建夫妻要开着汽车翻山越岭一路艰辛来到这里旅游。那么，古人是怎么游历帕米尔高原的呢？当时的地理学家们没有科学的仪器和工具，怎么去了解并详细描绘这里的地形、地势、地貌和山川河流的总括呢？《山海经》笔者已阅读过多遍了，书中的内容和眼前的一些内容稍加对比，心中蓦然升起一种尊重感和自豪感，远古时代的地理学家们与壮美山河一样伟大，他们带着理想和责任克服千难万险，游历、踏查并且记录、整理人迹罕至的帕米尔高原概貌，为后人提供了珍贵而详尽的地理知识，每思之可谓感慨万千。对所有的人来说，通过旅游了解世界的过程，更是创造性地解释、认识客观世界的过程——旅游，打开了认识世界、认识人生、认识社会的新窗口。

旅游也是个体或群体文化价值建构的过程。在《城市形象与城市文化资本论——中外城市形象比较的社会学研究》一书中提到："文化（culture）"的词根"cult-"，它原始意义是指"耕作、劳动、培育"等行为，说明早期人类"文化"的概念本义与"农耕"文化相关，也是和人类原始部落时代文化相适应的一种文化说明。中国和西方对"文化"的词义理解略有区别，中国古代在对"文化"一词的认识上，强调"文明教化"之意，从广义文化而言，通过文明和教化才会有文化，人和人创造的一切都是文化，从古到今各行各业的创作、创造、生产的成果都是文化影响下产生的

---

① ［宋］张九成. 尚书详说：吕刑［M］. 杭州：浙江古籍出版社，2013：649-657.
② ［汉］司马迁. 史记：梁孝王世家第二十八［M］. 北京：中华书局，1982：2081-2092.
③ 邵颖萍. 落脚乡村与民族经济——莫干山特色文化重构［M］. 南京：江苏凤凰教育出版社，2019：53-58.
④ ［明］王夫之. 礼记章句［M］. 长沙：岳麓书社，2011：875-878.

结果，当然，旅游也是广义文化范畴的一个重要构成。狭义的文化可以分为艺术文化、美术文化、科技文化、电影文化、行为文化、文化学、旅游文化等等，什么都可以装到文化这个概念当中，所以，有学者喻讽文化的某些研究“文化是个大箩筐，什么都可以往里装”，如“老年文化学”“青年文化学”“儿童文化学”……甚至“课桌文化学”“麻将文化学”“厕所文化学”等等，这种现象也说明文化是由于人类的劳动和产品而产生的结果。文化是人类作为智能、智识和高级动物可以创造文化的一种价值表达，人和动物的区别就在于人可以直接创造文化、记录文化、承载文化、传承文化、传播文化和创新文化，而旅游也是人类文化实践和创造文化的一种形式，包括记录文化、发现文化、传播文化等，所以今天我们论及的旅游，不仅仅是指单纯地跑到景区去看一看，而是有更多更深层次的含义，即旅游景区内所有的要素都是由文化的要素所构成，而那些具有唯一性、垄断性、公共性、历史性、社会性、价值性等文化要素的景观，就是文化和“城市文化资本”。换言之，旅游资源，就是文化资源，有价值的旅游文化要素构成旅游产业可持续发展的节点和动力，而能够提供赢利模式和文化附加值的文化要素就是“旅游文化资本”。

旅游的过程，也是重新创造文化、重新学习文化、重新理解文化的过程。我们在三峡考察的时候，看到高高的山顶上有人家居住，轻烟缕缕，白云飘飘，人在山上走，云在山腰浮，山上人家在白云之上，可谓“白云生处有人家”①，有一种诗画当空的场景感；当看到瀑布从山崖扑面而来，“飞流直下三千尺，疑是银河落九天”②的诗句直接涌出……山水注入了人文情愫就变得有了情感，大自然与人文精神的交汇就是神韵，江河就会变得懂得人的心境。古人游历高山大川，阅美景写诗篇，留佳句抒胸臆，往往是“诗言志”③，是人文精神赋予自然以生命的价值，文化和旅游融合

---

① 出自唐代诗人杜牧的《山行》：“远上寒山石径斜，白云生处有人家。停车坐爱枫林晚，霜叶红于二月花。”参见：［清］袁枚. 随园诗话［M］. 杭州：浙江古籍出版社，2015：778.

② 出自唐代诗人李白的《望庐山瀑布》：“日照香炉生紫烟，遥看瀑布挂前川。飞流直下三千尺，疑是银河落九天。”参见：［宋］王象之. 舆地纪胜：庐山瀑布诗［M］. 杭州：浙江古籍出版社，2013：980–981.

③ 诗言志：中国古典美学关于诗的早期概念，为诗歌美学“开山的纲领”。意谓诗歌是用来表达作者思想情感的艺术形式。《尚书・尧典》：“诗言志，歌永言，声依永，律和声。”《左传・襄公二十七年》：“诗以言志。”《荀子・儒效》：“诗言是其志也。”《庄子・天下》也指出：“诗以道志。”中国最早的“诗”泛指生产、祭祀、庆功中所用的言词，也包括带有审美意味的原始诗歌。所以此时的“诗言志”还不是一个美学概念。随着社会和文艺的发展，“诗言志”才成为创作和审美品评的原则。但在中国美学史上对其理解有两种不同的倾向：一种意见偏重于从社会教化作用上规范诗的思想内容，排斥个体情感因素，所以“志”被解释为忠君、事父的伦理原则。这种思想被宋儒发展到极端。另一种意见倾向于从感性和理性的统一上理解此命题。参见：方克立，等. 中国哲学大辞典［M］. 北京：中国社会科学出版社，1994：464.

在一起，旅游就被赋予了新的能量。旅游本身就是由文化元素构成的，比如在各类旅游景区、景点的文化构成中，有景观文化、园林文化、建筑文化、花卉文化、风景文化、雕塑文化、餐饮文化、住宿文化、休闲文化、水景文化……由无数个文化要素构成旅游文化的整体意义。特别是，人文给予江、河、湖、海、岛、山、林、湿地、草原、冰川、天空等文化赋意，一切与人有关的自然物就会变成有文化意义的生命体，成为有情、有义、有美感、有价值的文化景观，所以，这也是文化和旅游融合的一个终极价值体现。

在文旅融合规划的实践上，我们团队起步是比较早的，2010年我们在对湖北蕲春县做规划时，首次提出了“药旅联动”的战略，并在十年跟踪研究和规划中，以“药旅联动”的战略作为城乡空间规划、产业规划和旅游发展规划的核心价值，前后共撰写了两百多万字的规划与策划文本。自蕲春县政府从2010年提出“药旅联动”战略以来，时至2023年仍然在坚持这一战略，并创造了巨大的经济、社会和文化价值与效益，也获得了当地人民群众的支持与认可。

蕲春县是明代医圣李时珍的家乡，他的著作《本草纲目》[①]全书收纳诸家本草药物1518种，增收药物374种，合1892种，共辑录古代药学家和民间单方11096则，附图1100余幅，是文学巨著也是伟大的艺术作品，在1951年维也纳举行的世界和平理事会上，李时珍被列为古代世界名人，他的大理石雕像至今屹立在莫斯科大学的长廊上。《本草纲目》是世界著名的融科学、文学、训诂、语言、文字、历史、地理、动植物等研究为一体的著作，仅从文化、文学和历史的角度看，可以成为文化与旅游融合的结晶。李时珍60岁和70岁时曾两次上门请王贞之为《本草纲目》作序：“愿乞一言，以托不朽”[②]，其中还有很多曲折的故事。明代大文豪王贞之在《序中》写道：“予观其人，晬然貌也，癯然身也，津津然谈议也，真北斗以南一人。”[③]书中“性理之精微，格物之通典，帝王之秘

---

① 《本草纲目》：明代杰出科学家李时珍的《本草纲目》，写成于明万历六年（1578年），出版于万历二十四年（1596年）。这是一部流芳千古、誉满寰球的科学巨著。早在两千年前，汉代人就称药物为本草，从此有关药物著作，多以本草命名。《本草纲目》，顾名思义，是我国药物学著作，其中包含的科学知识极为丰富，不能仅仅作为药物学著作看待。《本草纲目》问世以来，不少中外知名学者高度评价了它的科学成就。参见：唐明邦. 国学经典导读：本草纲目［M］. 北京：中国国际广播出版社，2011：3.

② 钱远铭，等. 李时珍史实考［M］. 广州：广东科技出版社，1988：1.；［明］李时珍. 钦定四库全书：子部五：医家类：本草纲目卷上之上（影印古籍）：本草纲目原序［EB/OL］. 中国哲学书电子化计划. https://ctext.org/library.pl?if=gb&file=52716&page=%E6%9C%AC%E8%8D%89%E7%BA%B2%E7%9B%AE&remap=gb.

③ 钱远铭，等. 李时珍史实考［M］. 广州：广东科技出版社，1988：11.；［明］李时珍. 钦定四库全书：子部五：医家类：本草纲目卷上之上（影印古籍）：本草纲目原序［EB/OL］. 中国哲学书电子化计划. https://ctext.org/library.pl?if=gb&file=52716&page=%E6%9C%AC%E8%8D%89%E7%BA%B2%E7%9B%AE&remap=gb.

箓，臣民之重宝”，评价甚高。为《本草纲目》写序，王世贞仅用了600余字，是字字珠玑，一字千金，不仅总结了《本草纲目》的精妙之处，还大大称赞了李时珍多年的辛苦努力：“李君用心，加惠何勤哉！”文章虽短，亦成千古文章。后来就是《本草纲目》金陵初刻本，共52卷、约192万字，规模之大，超过以往任何一部本草学著述。达尔文称之为“中国古代百科全书”；英国科学史家李约瑟在《中国科学技术史》①中评价说：“毫无疑问，明代的伟大的科学成就就是李时珍那部攀登到本草著作之顶峰的《本草纲目》。”李约瑟的秘书、第二任妻子鲁桂珍，祖籍是湖北蕲春，其父鲁茂庭为药剂师，亦在南京行医。她早年在金陵女子大学学生理学，1936年前往剑桥大学生物化学实验室攻读博士学位，是她让李约瑟了解了中国，并有了“李约瑟之问”②。

我们在蕲春做规划时，发现蕲春当时还没有把李时珍和李时珍文化的文化资本挖掘好、利用好、发扬好、创新好。李时珍和《本草纲目》是中华民族的文化骄傲，是蕲春县乃至中国的“城市文化资本”，当然也是世界的且造福世界的文化遗产。我们团队还长期做各种产业和县域经济发展战略规划，我们当时认为：蕲春的中医药产业，在李时珍和《本草纲目》这一世界级大IP的引导下，完全可以成为中国县域经济的新型主体产业，并为中国的经济做出贡献。在十余年间，笔

---

① 《中国科学技术史》：李约瑟于1948年在剑桥大学着手撰写*Science and Civilisation in China*，1954年，该书第一卷问世。随后于1956年出版了第二卷，1959年出版了第三卷。这部著作自开始出版以来，就受到了学术界的高度重视，在全世界范围内持续不断地产生着广泛而深远的影响。英国著名历史学家汤因比（Arnold Toynbee，1889–1975）曾对这部书作了如下的评价：“李约瑟博士著作的实际影响，正如它的学术价值一样巨大，这是比外交承认更高层次的西方人的‘承认’行动。”参见：［英］李约瑟. 中国科学技术史：第一卷［M］. 袁翰青，等译. 北京：科学出版社，2018：导论（中文本序）x.

② 李约瑟之问：又称为李约瑟之谜、李约瑟难题。在其编著的《中国科学技术史》的第一卷总论中，李约瑟对中国科学思想和技术的发展问题提出了一系列疑问：“中国人在这以后的各个时期里有些什么贡献？中国的科学为什么会长期大致停留在经验阶段，并且只有原始型的或中古型的理论？如果事情确实是这样，那么，中国人又怎么能够在许多重要方面有一些科学技术发明，走在那些创造出著名的‘希腊奇迹’的传奇式人物的前面，和拥有古代西方世界全部文化财富的阿拉伯人并驾齐驱，并在公元三世纪到十三世纪之间保持一个西方所望尘莫及的科学知识水平？中国在理论和几何学方法体系方面所存在的弱点，又为什么并没有妨碍各种科学发现和技术发明的涌现？中国的这些发明和发现往往远远超过同时代的欧洲，特别是在十五世纪之前更是如此（关于这一点可以毫不费力地加以证明）。欧洲在十六世纪以后就诞生出现代科学，这种科学已被证明是形成近代世界秩序的基本因素之一，而中国文明却没有能够在亚洲产生出与此相似的现代科学，其阻碍因素又是什么？从另一方面说，又是什么因素使得科学在中国早期社会中比在希腊或欧洲中古社会中更容易得到应用？最后，为什么中国在科学理论方面虽然比较落后，但却能产生出有机的自然观？这种自然观虽然在不同的学派那里有不同形式的解释，但它和现代科学经过机械唯物论统治三个世纪之后被迫采纳的自然观非常相似。这些问题是本书想讨论的问题的一部分。”参见：［英］李约瑟. 中国科学技术史：第一卷［M］. 袁翰青，等译. 北京：科学出版社，2018：2–4.

者先后主持做了《湖北蕲春县城空间发展战略规划（2010年）》《蕲春城市形象与城市文化资本发展与战略规划（2010年）》《蕲春药旅联动战略规划（2010年）》《蕲春中医药产业发展战略规划（2010年）》《蕲春中医药产业网链升级战略（2011年）》《蕲春县新型城镇化全域综合规划（2012年）》《蕲春“药旅联动”战略与实施方案（2012年）》《关于申请蕲春千亿级“药旅联动”经济产业示范区的报告（2012年）》《“蕲创天地”：蕲春文博艺术综合体规划与设计（2016年）》《蕲州镇旅游发展战略与概念规划（2014—2030）》《蕲春全域旅游总体发展规划（2012—2030）》以及《蕲春县多规合一规划（实际上是八规合一）（2014—2030）》，包括1个总报告、7个专题报告、1个文博园的专案策划和15个乡镇规划建设与工作方法的操作手册等等。在规划实践中我们的团队也在不断成长，更重要的是与当地的老百姓建立了很深厚的感情，所以其中有些规划是无偿的。自2010年跟踪研究、服务蕲春县政府的“药旅联动”战略以来，在空间再生产、产业规划和文旅融合规划方面有这样三个重点：

一是有关蕲春县城的空间发展战略。2011年第一次来蕲春做规划时，看到穿县城而过的雷溪河的环境还非常脏乱差，当时我们团队负责规划设计了县城的空间发展战略，针对有关规划设计单位给蕲春提出的发展战略，县城要越过蕲河建新城，我们通过调研之后直接而明确地提出了反对意见，并重新无偿地做了一个县城和县域城镇空间的规划，规划中轴线大道，其中的一个思路就是，提出蕲春应该从“雷溪河时代”走向“蕲河时代”，再从“蕲河时代”走向蕲春的“长江时代”，必须把雷溪河打造成一条具有旅游功能、休闲功能、商贸功能和文化创意产业功能相结合的繁华之河、美丽之河，时至今日已经基本实现。因为只有这样，蕲春才能通过医药产业的壮大来参与全球医药产业发展竞争。为了更好地有针对性地做好规划，在开出良方之前，必须做到对规划对象的了如指掌。连续十年，笔者先后几十次奔赴蕲春县乡镇进行调查研究，对全县2398平方千米（2022年末户籍人口有98.50万）进行了全面、深入的田野调查，而且，当时蕲春县的主要领导，多人、多次和我们团队一起深入荒山野岭，可以说有时是筚路蓝缕，走村访户，为的是获得第一手资料。蕲春县有15个乡镇，578个行政村，每个镇和行政村我们都去做过田野调查，组织9912个自然湾（村）中的人力和当地群众一起进行入村、入户填写登记工作，了解每村的户数、每一户家庭的人口数、每户占有的土地面积及每户外出务工的人数、家庭收入等。当时有“五条控制线”（基本农田保护红线、生态保护红线、城镇建设用地控制线、乡村建设控制线、产业区控制线），“三类空间”（城镇、农业、生态），我们谨慎规划，创新规划，尤其是在建立数据库、数据平台方面我们是领先一步的。创造新型城镇化就必须要从科学和法理的高度，从理论性、科学性和实践性的多重视角加以建构，根据县域、镇域、村落的自然区位特点、资源禀赋、历史文化传承和地域生产力结构差异等要素进行精准化的分类研究和分层设计管理，对最偏远山区乡镇的调研也要掌握第一手资料，在规划中我们进行地毯式的综合摸底，历时性的分类研判，是非常难得的经验积累，团队服务蕲春十几年，在这片土地洒下过汗水，也留下了美好的记忆和深厚情谊。

二是数字化规划和数据库的实际应用。2014年在“多规合一”的规划中，建立了涵盖全县9912个自然湾（村）的基本数据、全域产业空间与土地数据、全域历史文化资源数据等全域现状综合数据库，并自主研发基于GIS平台的“蕲春县‘六规合一’综合管理系统”，成为蕲春县经济社会管理的重要手段，也是全国同类规划中的首创。数据库的主要内容包括：第一类是针对县直各个部门制定专门的资料清单和访谈，与主要部门多次访谈沟通，收集了大量有价值的资料（规划、研究思路、专家意见、部门意见等）。第二类是乡镇相关规划的调研资料：（1）各乡镇的相关规划（城市总体规划、土地利用总体规划、旅游发展规划、农业规划、工业规划、新农村规划、重点项目，重点地块的规划与设计等）。（2）各乡镇社会经济状况摸底，尤其是产业发展的详尽摸底（四次调查，一图九表，持续反馈）。（3）各乡镇文化历史资源摸底（农家书屋、乡镇综合文化站、乡村文化室、文化企业、文化人才、特色历史街区与村落、民间文化艺术团体等）（四次调查，一图七表）。（4）县域各村（到自然湾一级）的详细摸底（四次调查）。第一轮调查的调研对象：578个村委会（居委会、大队及农林渔场），5105个村民小组（小队）。调研内容：各村民小组人口、户数、空闲宅基地、外出人口、土地流转等情况。而且这次调研是在全县三级干部会议上的党政一把手参加的全面动员会，在此基础上，我们与县委县政府包括乡镇政府一起，前后进行了四轮实地调查研究。全县578个行政村，每村“一图两表”，我们事先设计好定制化表格，制定十分详尽的填表流程和填表要求，并在全域调查和填表之前进行培训，培训村长和留在本地的年轻人，每张表格都必须有责任人和填表人签字。乡村数据库，包括已建新农村数据库、规划新农村数据库、行政村产业数据库、自然湾（村）人口数据库、自然湾闲置宅基地数据库等。完成后的《全域综合数据库》主要有十三大类内容：A.蕲春全域卫星影像图。B.蕲春15个乡镇基本情况数据库。C.蕲春578个行政村人口摸底数据库。D.蕲春578个行政村产业摸底数据库。E.蕲春9912个自然湾（村）基本情况数据库。F.蕲春已建新农村数据库。G.蕲春全域土地利用数据库。H.蕲春全域产业空间数据库。J.蕲春历史文化资源数据库。K.蕲春公共服务设施数据库。L.蕲春综合交通数据库。M.蕲春市政基础设施数据库。N.开放性的数据库，如城乡建设用地增减挂钩、城中村改造、重大项目等。

三是在2010年为蕲春提出“药旅联动”战略以后，我们团队仍然在持续跟踪研究蕲春的发展现状，全方位服务蕲春的空间规划、产业规划和旅游发展规划及相关实务，包括县委县政府相关文件和方案的撰写等。根据规划思路要求，蕲春在2013年后，开始整合全县的中药制药和中药种植企业，解决当前中医药企业多、小、散、乱的行业格局，培育大型现代化中医药制造与加工企业集团，广泛推行中药材GAP认证工作，促进中药材企业快速发展，改变产业链协调性差的不利局面，注入文化和人文精神，“以药促旅，以旅兴药”，农、商、工、文、旅的全球融合联动。据人民网报道，截至2022年，该县已开发蕲艾产品20个系列，共800多个品种，拥有准、械、消、妆字号27个，基本实现蕲春中医药产业链的现代化转型，构建上下游有效衔接的产业链条，完善技术创新的产学研体系和产业服务平台，充分发挥县域中医药资源优势，将传统的“产、学、研”一体模式扩展为大综合、大融合模式——“文化、政府、产业、学校、研发、商贸、资本、中介、体育、养生、研学、网络、会展+N”与文化旅游紧密结合，创造全链条的“网链产业”模式。全县中药材种植面积超过40万亩，其中蕲艾20万亩，夏枯草4万多亩，栀子3万多亩，银杏4万多亩。道地药材产量10.2万吨，产值6.6亿元。而在2010年我们团队刚到蕲春做规划时，只有几万亩的中草药种植，我在2010年就直接向当地的领导提出：“蕲春种植中草药不能少于46万亩。”当时领导们都惊讶不已。目前，蕲春仅蕲艾“产业网链”构成中的各种企业已突破3000家，蕲艾品牌价值跃至105.08亿元，名列全国区域品牌第30位，是唯一入围前30强的湖北地标品牌。可以说，蕲春的发展是“文旅融合”的创新样本和经典案例①。

为什么要从“文旅融合”的角度发展文化产业和旅游产业？在文化人类学和文化学的本原意义上讲，文化产业和旅游产业的边界并不十分清晰，是一个“同心圆”结构。从广义的角度看，“人和人创造的一切都是文化”，而旅游中强调的各种各样的旅游景区、休闲度假区、主题公园、公共事业文化平台、农业观光旅游、农事活动旅游、会展旅游、文化体育旅游、艺术演出旅游、商圈旅游及商业街区旅游等等，都可以划归为广义的文化产业范畴，都可以看作是一种文化经济现象，文化的发展本身在中国还要分为两类：文化产业类和文化事业类，文化事业中的很大一部分也是文化产业同时又是文化公共服务产品。“任何地方的旅游业发展，公共部门一般都在旅游策略的建立和协调中扮演关键角色。不过，公共和私人部门在创建成功的旅游目的地时，不可避免地要时常接触

---

① 见媒体报道：张鸿雁院长应邀授课“蕲阳大讲堂”［EB/OL］.［2023-10-28］. https://ius.nju.edu.cn/e1/83/c9746a188803/page.htm. ；蕲春借脑引智广纳发展“金点子”［EB/OL］.（2011-10-26）［2023-10-28］. http://www.hg.gov.cn/art/2011/10/26/art_30_13622.html. ；蕲春药旅联动剑指“华夏中药谷”［EB/OL］.（2012-03-06）［2023-10-28］. kmzyw.com.cnhttps://www.kmzyw.com.cn/news/20120306/1331015390000.8168.html. ；湖北蕲春：在服务大局中深化创先争优［EB/OL］.［2023-10-28］. https://news.ifeng.com/c/7fbOugA5Sg8. ；谋划发展战略，助推城镇建设——蕲春系列规划获高度好评［EB/OL］.［2023-10-28］. https://ius.nju.edu.cn/e1/7e/c9742a188798/page.html.

许多因素，都有可能会促使公共部门在城市历史街区内发展旅游业，这其中包括经济、社会环境等方面的因素。政府可以抓住这种机会促使地方经济多样化，并创造新的就业机会或鼓励私人企业以刺激经济增长。与此相关的社会因素可能同时包括改善或提供新的公共设施，以及增强当地的自信心和幸福感。在环境方面，公共部门通常也要承担起保护物种和文化环境的责任，旅游通常被认为是达到这一目标的一种手段。”①即使是旅游过程产生的消费，也可以划分到消费文化学和消费文化行为学，甚至还可以再进行细分，如怀旧消费文化、炫耀型消费文化等等，即使有一些“文化工业”如电子智能穿戴设备商品等，也可以归类为文化创意产业的大文化产业类系列。因此，文化和旅游的融合也是根据广义文化价值体系性而言的，任何事物的存在都有文化意义，而文化意义又是事物本质、特质和生命价值所在，同时，任何事物都需要有文化价值主张赋能才能被他者认同，而任何经济行为都可归结为文化行为的本质和意义，任何商品都需要通过文化主张来影响消费者，任何事物也都需要强调事物本身的社会属性和文化属性及社会关系来证明自己存在的意义。旅游景区和旅游产品等都需要经过策划、创意、规划、设计、管理、运营——旅游产业的生产全过程，也都具有文化和创意产业的社会与经济属性、内涵和范畴，“文旅融合”就是为消费者创造文化产品和使用产品的文化价值，如我们经常举例的是北京的长城和故宫、巴黎的埃菲尔铁塔和卢浮宫、南京的紫金山和夫子庙等等，在空间和具体的事物上，它是一种文化结果，是一种文化符号，是一种民族历史文化的结晶，然后才是一种有文化意义上的旅游产品，没有文化意义的旅游产品就是没有生命力的产品。

中国的文化发展，特别是在文化产业上的发展，从上到下呼吁了很多年，也出台了很多政策。但是，始终未能使文化产业真正成为国家和城市的支柱型产业，很多城市的文化产业在GDP中占比并不高，究其原因有很多，但主要是由于在文化产业的研究中很少研究文化产业与文化资本的关系，很少有人了解文化产业和“城市文化资本”的内在联系。在城市文化的建设与发展上，有的人认为其中的一部分可以划分为文化事业，文化事业是不需要也不能完全依靠市场化来发展的。我们稍加深入地研究或思考一下这个问题就会知道，即使是纯粹的文化事业也需要靠政府投资来运行，而政府投资运行的资金是从哪里来的呢？政府的资金来自市场化的资本运作和各种企业赢利创造的税收。表达这样观点的意义在于，所有的产业和事业都需要有资本作为发展的前提和基础，研究资本应用时需要知道：任何产业生存与发展的前提都是依靠资本作为基础来支撑的，汽车工业、房地

---

① ［英］史蒂文·蒂耶斯德尔，蒂姆·希思，［土］塔内尔·厄奇. 城市历史街区的复兴［M］. 张玫英，董卫，译. 北京：中国建筑工业出版社，2006：71.

产、科技研发、装备制造业……随便找一类产业和一个企业，没有资本，任何产业和企业既不能生存，也不能发展，更不能创新发展。研究工业和农业领域的学者、经济学家都十分重视资本的价值与意义，而研究文化学的学者却很少关注资本，更少有人关注文化资本和“城市文化资本”再生产以及现在提出的“人文资本”的价值与意义。文化产业没有资本，其发展必然是一句空话，我们也经常看到，文化学界、城乡规划学界、旅游学界等甚至很少有人知道“文化资本”和“城市文化资本”的科学意义，特别是很少有人研究“文旅融合”如何与“城市文化资本”结合，没有文化资本、没有“城市文化资本”再生产理论作为基础和前提，如何谈文化和旅游可以发展成为国家和城市的支柱产业呢？而2023年中国经济社会发展的事实已经证明，“文旅融合”在现实中已经作为经济发展的一个“牵引绳”和社会经济消费拉动的一个“文化动力因”而在发生巨大作用，一个是“拉力”，一个是“推力”，建构“文旅融合”产业的模式，对国家和城市经济、文化发展既有“拉动”作用，又有“推动”作用，所以可以这样认为：文化产业或曰“文旅融合”产业不与文化资本和“城市文化资本”结合，很难会走出新路子。在分清楚文化产业和文化事业关系的前提下，做好文化和旅游产业与“城市文化资本”结合的大文章，并从“城市文化资本”创造性地转化为“旅游文化资本”——其结论很清楚：任何产业的发展都需要与资本结合，关键是什么样的资本！

可以把“文旅融合”作为推动社会高质量发展的幸福产业来打造。“文旅融合”发展的关键是要排除传统旅游文化模式，要全面推出新理念、新经济、新业态、新消费、新场景和新的未来数字文化产业，实现传统旅游向现代旅游的转型。“文旅融合”的研究与建设正在全国各地广泛兴起，很多城市在发展战略中，都提出了文化产业、旅游产业发展倍增的目标，也从更深层次的意义上知道了城市文化软实力、文化创意产业价值与“城市文化资本”再生产对于推动经济社会发展的价值与意义。所有的产业如制造业、金融业、新型农业和商贸业等长期以来都大谈特谈资本、投资模式—商业模式与产业如何结合，都在强调资本投入与产业规模的关系，唯有文化产业、创意产业、旅游产业却很少论及文化资本再生产的理论与实践模式。有西方学者认识到，当工业化发展到新兴工业阶段，很多国家都通过发展旅游业来振兴经济发展，早在20世纪80年代，许多工业城市都在提倡旅游业的发展，其原因有二：其一，这些城市很多都经历过反工业化（de-industrialization）过程，具体表现在制造业、仓储业运输业等行业的就业机会减少，导致高失业率和许多内城用地被荒弃，自然地，城市就开始寻求能够创造就业机会和重新利用废弃土地与建筑的替代产业；其二，旅游业之所以被看作是一个朝阳产业，部分原因是人们闲暇时间的增多和旅游机动性的提高，因此，这一进程得到地方当局的鼓励和刺激，目的是在城市核心区发展一定程度的旅游和文化活动。

一个重要的问题是，一些城市核心区的历史街区通常必须因此而改变成为旅游景点。与巴斯（Bath）那样的城市不同，这些地方不仅仅因其物质环境而成为景点，它们的历史背景也起到了关键的作用，如“从美国的老工业城市巴尔的摩（Baltimore）、克利夫兰（Cleveland）、底特律（Detroit）和匹兹堡（Pittsburgh），英国的老工业城如布拉德福德（Bradford）、伯明翰（Birmingham）、利物浦（Liverpool）和曼彻斯特（Manchester），到欧洲大陆的杜伊斯堡（Duisburg）和里昂（Lyons），旅游业的发展都是如此进行的”[①]。而我们把这种情况叫作“城市更新与文旅发展的结合”，城市更新与“涉及旅游化改造的结合”，也使得原来的老工业、老街区等空间转型成为可以在“空间里生产”的空间，是一种城市转型的发展模式。城区、产业园区、景区、街区、厂区、社区和商圈等进行“城市文化资本”赋能，就是一种“文旅融合”的发展模式，中国各城市都在建设网红街区、网红打卡点、网红商业综合体等，可谓如火如荼，都在设想如何创造旅游目的地城市街区和景区。据有关资料统计，中国大概有各类主题景区三万多个，但能够被消费者识别并有首选效应的景区屈指可数，为此，各个城市和旅游景区都在创造“高识别度”，包括创造、规划和设计IP、网红场景等，而“网红街区”当前是旅游目的地城市最好的景点之一。

在中国，虽然几乎所有的城市（包括一些小城小镇和小村）都有个步行街，都在试图创造网红打卡街区，但是，很多街区、景区只是单纯设立了网红打卡点，而不具有完整的旅游产品属性，没有完整的“产业网链”功能，就如有的地方——比如某区文旅部门的管理者，把一个很小的仅有几平方米的文物遗址和一个有历史文物属性的砖头称为旅游产业，甚至是旅游景区或景点。应该说，作为历史文化要素遗址和一个历史文物是要有价值的，而一些有历史与文化价值的文化要素也不一定构成完整的旅游产品，只是一个重要文物而已。这种情况还有很多，很多城市往往因旅游产品不完整而让消费者失望，如有的地方把单纯的销售活动或一场晚会称为旅游产业，实质上采摘也好，晚会也好，只是旅游产业和文化旅游活动中一个简单的促销活动，只是在用一种方法卖产品，或作为一种文化活动；还有的地方把根本没有人参观的博物馆也称为旅游产业或景区……更多的人会把一般公园等同于旅游景区，把一段残留的城墙也会称为景区等等。这些只能说是旅游产业当中的一个要素和环节而已，而不构成完整的旅游产品。

旅游产业的特殊性在于，旅游产业是一个全产业链条，甚至是网状链条的束集。传统的六要素“吃喝玩乐游购娱”的时代已经是过去时了，而现代旅游产业链是在“十六要素+N”的基础上可以有无限创意性的产业。譬如，城市公园，不是所有的公园都具有旅游功能和旅游价值，而只有那些

---

① ［英］史蒂文·蒂耶斯德尔，蒂姆·希思，［土］塔内尔·厄奇.城市历史街区的复兴［M］.张玫英，董卫，译.北京：中国建筑工业出版社，2006：69.

具有特殊历史文化主题、有休憩文化功能、有风景园林要素构成、有一定娱乐文化功能、有特色餐饮文化功能以及有相对完整的文化消费服务功能的某些城市公园才具有旅游功能和旅游经济价值。旅游产业的最大特点就是以“产业网链”的形式存在着，相当多的管理者只是认为有一个景观、有点花花草草、有个亭子、有个文物（或是一个石碑，或是一个老屋等）就等于是旅游景区了，这是一种普遍性的文化误区。文物的价值不能代替旅游的价值，同样旅游的价值也不能等同于文物的价值，不具有完整“旅游产业网链”功能的公园、景区、街区和历史地段都会因缺乏“城市文化资本”而没有可持续的内在发展动力。

可以把“文旅融合”作为福民富民的民本经济来建构。在城市经济创新与转型的发展中，旅游业在各地以前所未有的势态发展着，许多城市都把旅游作为新一轮经济发展的支柱产业来打造，并且对中国城市与区域产业转型有着某种引导和带动作用。面对全国性旅游业发展的浪潮，旅游业本身的再发展必须进行全新的战略设计和选择，对城市旅游进行重新定位。以扬州为例①，前文第十四章已有详细描述。

任何产品注入人类文明的精神思想文化、注入法制公平与正义和理念，注入市场契约关系的诚信与责任等，就可以让任何产品都具有文化意义上的生命价值，就会在所创造的产品上附加人的情感诉求，就会有品牌文化价值与经济价值的溢出效应，就会在生产者和消费者之间产生心灵沟通，就会有新产品主义的文化价值主张——生产是为了造福人类，而不仅仅是为了满足私欲，旅游是为了让更多的人有幸福感而不仅仅是为了经济效益。如果我们在生产产品的过程中就能加入具有人类情感的美学艺术理念，就会使生产的产品具有“人体工学”②意义上的文化溢出价值。应该说，某

---

① 笔者主持《三个扬州——幸福、创新和精致》的城市定位与策划、2011年扬州市政府课题项目“三个扬州”发展模式研究。参见：“三个扬州”尽展城市精致魅力[N]. 扬州日报，2011-6-29.；张鸿雁院长解读扬州模式：精致、创新、幸福[EB/OL].（2011-07-01）[2023-10-28]. http://city.ifeng.com/cspl/20110701/110723.shtml.

② 人体工学（Ergonomics）：“人体工学研究的是人与机器或某个环境系统之间的相互作用，使设计的产品、机器或者环境系统更好地契合人的生理和心理特点，让使用者可以高效、安全、舒适地进行生产或生活。人体工学对应的英文词是ergonomics。这个词源于希腊文，由‘ergo’（指工作、劳动）‘nomos’（指规律、效果）两个词根组成，从词根的意义上就可看出人体工学这门学科的本质。工业革命至第一次世界大战期间，人体工学开始成型，主要表现为以机器为中心，大量生产机械设施，同时考虑如何避免工作疲劳和提高工作效率。”参见：善本出版有限公司. 产品设计中的人体工学[M]. 武汉：华中科技大学出版社，2018：7-8. 国际能源机构于2000年采用的人体工程学（或人体工学）的定义是：人体工程学是一门了解人与系统中其他元素之间相互作用的科学学科，是一门将理论、原则、数据和方法应用于设计，以优化人类福祉和系统整体性能的专业。参见：The International Ergonomics Association. What Is Ergonomics (HFE) ?[EB/OL].[2023-10-28]. https://iea.cc/about/legal-status-structure/.

些产品之所以能够成为世界名牌产品，是因为世界名牌在本质上都已经被注入了人类共同的文化价值主张，才能够被世界认同而被称为世界级品牌，也正因为如此，才有了那么多有关世界名牌和世界奢侈品品牌的文化故事。我们还可以从中看到，世界著名的商品品牌营销价格、价值及内容已经超出了产品本身的存在意义，品牌文化的社会属性、个性化的标识、个人身份及社会地位等文化附加值会超出国界而成为影响世界的文化符号。当生产厂家和销售商（包括旅游产品）在对客户的服务过程中赋予人性、博爱、亲情、责任、尊重等人文精神时，就有了主客共享幸福的文化场域——人们喜爱的消费空间和旅游景区空间。比如迪士尼乐园的服务理念就是“为旅游者及其家庭创造幸福”，无论是否每时每刻都能做到，至少口号是鲜明的。同时，迪士尼乐园还被赋予了许多旅游者的“怀旧文化”消费内容，以母爱、回忆、亲情、关怀、尊重他人和尊重自然等文化要素创造了一个寓教于游、于玩、于乐、于学、于康的过程。“作为旅行的城市：城市还可以被看作是旅行的背景。从荷马的《奥德赛》到班扬的《天路历程》和索尔·贝娄的《奥吉·马奇历险记》，旅行的概念作为对于生活历程的一种隐喻，一直是对于人类处境创造性描绘中的一个主题。比如，现代侦探小说正是这个重要流派中的一员，它们通过描述城市的社会地形，剖示出人类生活的一个横截面，揭示出高档次生活与低档次生活、富裕与贫穷、光明与黑暗、善良与邪恶之间的联系。”[①]迪士尼乐园体现一种对朴素、传统的建筑形态和古典浪漫主义的怀念，取古代建筑的“样态”作为造型的出发点和创意点，并在一定程度上复原古老建筑的石料、木材等建筑材料，采用传统的建筑技巧，概括起来就是艺术性、功能性、技术性三者兼顾的历史复兴理念而不是完全的复制和模仿。如果说，某一景区或城市，能够创造主客共享的快乐，就会产生幸福生活的共享性张力，而成为一个人们向往的地方。文旅融合创新的本身就已经被赋予包括技术含量在内的情感含量、责任含量、为他人创造幸福的含量等新的内容。

让消费者获得应该得到的价值和服务是文旅融合的目的之一。仅以各地都存在的采摘活动举例：如多数采摘草莓的活动只是有采摘活动，采摘完毕，整个活动就结束了。我们曾对很多有采摘活动的地方进行调查，问：“采摘后还有什么活动？”回答：“你来采摘的，还要啥？”甚至有人回答：“采摘的地方不采摘，想做啥？”用自主采摘的方式来销售草莓，这是很多果园、菜园做活动的核心内容，仅此而已。但是，很多果园、菜园等农业的生产地，经过策划、规划和整合资源后，创造了很多与采摘相关的特色产品和特色服务内容，如小动物参观喂养、亲子互动活动、听15

① ［英］约翰·伦尼·肖特. 城市秩序：城市、文化与权力导论［M］. 郑娟，梁捷，译. 上海：上海人民出版社，2023：211.

分钟植物趣味课程、喝茶或咖啡饮料、吃特色餐饮（有的地方有草莓饼、鲜花饼等）、看一场小型表演、参与游戏比赛和运动项目，还可以一家人住下来……消费者——家长能购买到草莓以外的农副产品，儿童能获得适合的特色纪念品，大家都能够通过采摘活动获得实物、购物以外的精神文化层面的快乐。这一系列的活动作为旅游产品，一是要有时间构成要素，即时间成本；二是要有质量构成要素，即消费成本；三是要有优质服务内容，即享受成本；四是要有超值消费要素，即获得预期成本；五是要有文化品位构成要素，即快乐成本；六是要有产品链条构成要素及在采摘中有意外获得，有惊险刺激内容，有审美和学习内容等等，即获得感产生的成本……好的营销服务过程会获得消费的美誉、偏爱、忠诚、口碑传颂及持续消费购买等，创造规模越来越大的忠诚客户群。

相对于其他产业的产品来讲，有必要反复强调：旅游产业的产品是以“链状”“网链状”存在的，是由多样化的产品、亲情化的服务、合理的时间安排、多元化的项目供给、让消费者满意的文化附加值等组合起来的，而且各要素之间组合后构成合理的价值与价格比，这样才能算是构成了相对完整的旅游产品，而且旅游产业网链结构是一个永续发展的过程，因为，消费者的需求是永续增长的。

“文旅融合”包含着“三次产业融合”理念，文化和旅游融合会产生更多的价值——“文化+旅游+N”的产业裂变。比如“第六次产业”的概念是国际上关于三产融合、产城融合、城乡融合发展中产生和创新的说法，将一、二、三产业相乘或相加都等于六，意在倡导第一、第二和第三产业的深度融合发展。经过日本等国的具体实践及相关学者的研究探讨，“第六产业”并不是单纯的线性结合，而是三大产业在与网络相互渗透融合后，形成“网链型”产业结构的建构过程。

“文旅融合”产业与“第六产业”的发展路径有相通之处，可谓殊途同归：

一是“强基”。立足第一产业，以创造“精准农业”为路径，通过智慧农业、立体农业、创意农业、观光农业及规模农业等，夯实“第六产业”的基础，加大农业产业科技含量，农文旅+文创+N的融合，使农业成为科技、文化、旅游产业的结构化构成部分。

二是“溶接”。深化与二产的融合，壮大第二产业，发展装备制造业。对一产而言，要强调与之相适应的深加工、精加工、DIY和订单农业的发展，创造一系列的工业化、科技化、智能化生产农产品的企业，创造新型工业化模式下的“工业与农业+文化旅游的混合经济结构”，在培育以都市农业为前提的农业工人、农业白领和一大批农场主时，以订单农业为发展方式，增强“第六产业”的新型工业化、科技化、数字化、智能化生产实力、生产规模和产值。

三是“网链”。打通第三产业与一、二产业的边界，形成“产业网链结构”。特别是生产型服务产业通过网链结构，渗透到一产和二产的生产和管理全过程，增添“第六产业”的商品文化、科研和创新价值，增强“六次产业”的“旅游文化资本”的价值和文化活力，形成以现代农业托拉斯型的产业体系和模式，促进“六次产业”能够形成“农商文旅工体+N”广域融合的“产业网链结构”。

城市发展旅游经济，创造文旅融合的发展空间，就是要把城市建构成一个宜居社区，或者说，城市应该是一个社区整体，这就需要我们建构理想类型的社区，创造有幸福生活、幸福产业、幸福空间环境的城市，并把一般意义上的城市、城镇、村庄等，创造性地打造成有旅游价值的宜居之地。“按照哈佛大学罗伯特·普特南（Robert Putnam）在20世纪90年代提出的观点，社会资本由‘市民的参与、良好的社区机构、互相帮助的规范和信任’所组成。社会资本把‘人’的这个概念从‘我’扩大到‘我们’，鼓励人们共同解决他们的社区问题。在研究基础上，普特南认为，即使在有效的民主机制下，社区生活也要依靠非正式网络的凝聚力和反馈强度，非正式网络只有通过大量的社区组织和街区团体才能形成。普特南提出有了社会资本，社区蒸蒸日上；没有社会资本，社区则运行维艰。”[①]让每一个具有旅游功能或者具有旅游目的地功能的城市都成为“首善”社区。

“首善”一词最早出现在东汉《汉书·儒林传序》中：“故教化之行也，建首善自京师始”[②]，它宣扬教化老百姓的首善文化应该从京师开始，向全国各地传播。其后，首善与地域建立了紧密的联系，《金史·礼志八》中有“京师为首善之地，四方之所观养”[③]，《续资治通鉴·宋哲宗元祐元年》有云“学校为育才首善之地，教化所从出，非行法之所”[④]，提出学校的“首善”地位。首，就是第一个；善，就是最优最好。因此“首善之区”通常借指首都。中国之“善”，“可欲之谓善”是我国春秋战国时期人们对善的理解，也是最早先贤们对“善”的解释。善就是“可欲”，就是人的欲望可以得到满足，而旅游，是大多数人的“可欲”。在一份市民调查问卷中，问人们的爱好时，几乎所有的人都回答爱好“旅游”，正如我们所说“旅游是幸福产业”，爱好旅游，就是向往幸福。旅游的过程就是一个典型的消费和消费行为过程，中国有一句俗话“穷家富路”，其含义是：在家过日子可以节俭一些，在旅途上，就要让自己像富人一样，吃好住好。相对消费理论认为，幸福水平取决于相对性而非绝对性。一个人消费特定数量的消费品所产生的效用受

---

① ［美］彼得·卡尔索普，威廉·富尔顿. 区域城市——终结蔓延的规划［M］. 叶齐茂，倪晓晖，译. 南京：江苏凤凰科学技术出版社，2018：49.

② ［汉］班固. 汉书：卷八十八：儒林传第五十八［M］.［唐］颜师古，注. 北京：中华书局，1962：3589-3597.

③ ［元］脱脱，等. 金史：宣圣庙［M］. 北京：中华书局，1975：815-817.

④ ［元］脱脱，等. 宋史：刘挚［M］. 北京：中华书局，1985：10849-10858.

到与他人比较的影响，即幸福水平取决于相对性而非绝对性。

凡勃伦（Thorstein Velben）提出炫耀性消费（conspicuous consumption）的概念[①]，他认为消费是一个社会问题，最有意义的消费行为通常是在其他人的注视下公开进行的。杜森贝（James S. Duesenberry）提出相对收入假说，认为一个人从自己同其他人的消费水平的对比中，获得效用或满意[②]。卢特默（Luttmer）认为，我们的幸福感与邻居的富裕程度成反比，如果你的周围都是富有的邻居，就会感觉不幸福。纽马克（David Neumark）和波斯威特（Andrew Postlewaite）认为，当一个人的配偶或家庭成员的收入高于自己时，自己的满意度就会低[③]。而在旅游过程中的消费，一般都是消费计划中的消费，都是有目的的消费，表现为一种快乐型消费，是为了满足某种欲望而进行的消费过程。而有些旅游景区、有些城市让游客是"有钱无处花"，没有很好的消费供给产品，这是很多景区存在的共同问题，而在消费者喜欢的消费品当中，占比越来越高的是对服务产品的消费，一些景区不仅直接型的旅游产品不丰富，而且，在消费者服务满意度上面更是远远不足，而我们在做旅游策划、规划和设计时要常常设问：让游客来这里的十大理由是什么？苏轼对旅游喜乐的"十六大乐事"[④]"十六种风雅""十大煞风景"[⑤]，对我们有什么启发？……古代文人提出的旅游文化的

---

① 凡勃伦认为："一个人要使他日常生活中遇到的那些漠不关心的观察者对他的金钱力量留下印象，唯一可行的办法是不断地显示他的支付能力。"参见：［美］托斯丹·凡勃伦. 有闲阶级论——关于制度的经济研究［M］. 蔡受百，译. 上海：商务印书馆，2002：69.

② Duesenberry，James Stemble. Income, Saving and the Theory of Consumer Behavior［J］. Review of Economics & Statistics，1949，33（3）：111.

③ Neumark D，Andrew Postlewaite. Relative Income Concerns and the Risein Married Women, Employment［J］. Journal of Public Economics，1998，7（1）：157-183.

④ 南朝宋诗人谢灵运《拟魏太子业中集诗八首序》说："天下良辰、美景、赏心、乐事，四者难并。"但赏心乐事的具体内涵，却有不同见解。参见：［南朝宋］谢灵运. 谢康乐诗注［M］. 北京：中华书局，2008：146-147.《东坡赏心十六事》见于明《望海录·燕居笔记》，为明代通俗类书籍，刊刻于明代末年，实物亦不可考。清光绪同文书局上海石印本《集古名公画式》亦明确记载《东坡赏心十六事》。苏轼认为人生赏心乐事甚多，不止四件，而是有十六件："清溪浅水行舟、微雨竹窗夜话、暑至临溪濯足、雨后登楼看山、柳阴堤畔闲行、花坞樽前微笑、隔江山寺闻钟、月下东邻吹箫、晨兴半炷茗香、午倦一方藤枕、开瓮勿逢陶谢、接客不着衣冠、乞得名花盛开、飞来家禽自语、客至汲泉烹茶、抚琴听者知音。"因此，旅游策划、规划和设计的重点之一就是探寻：如何回归"腹有诗书气自华"和苏轼的"赏心十六事"的文化"旅游式样"。

⑤ 关于"杀风景"可引《西清诗话》曰："义山《杂纂》，品目数十，盖以文滑稽者。其一曰杀风景，谓清泉濯足，花上晒裈，背山起楼，烧琴煮鹤，对花啜茶，松下喝道。"参见：［唐］李商隐. 李商隐文编年校注：冯浩辑李商隐文佚句［M］. 北京：中华书局，2002：2299-2304. 据考，唐朝诗人李商隐在《杂纂》中对"杀风景"所列的共有十二例，即："花间喝道，看花泪下，苔上铺席，斫却垂杨，花下晒裈，游春重载，石笋系马，月下把火，妓筵说俗事，果园种菜，背山起楼，花架下养鸡鸭。"

价值诉求和“欲望”——“可欲”也是多元的，应该是“可欲有可求”，古人旅游的“可欲”与我们所做的现代旅游之间相差有多远？这些问题都是值得反思的。

旅游文化的创新与反思之一，不能把某些文化糟粕也说成是民族特色文化。有人说，民族的就是世界的。其实笔者不认同这样的观点。应该说是民族文化中优秀的“精华”部分的文化才是世界的，或者能够充分反映人类共同价值观的优势文化才具有世界性，否则，有些只是文化“糟粕”罢了。中国历史上有很多陋习，如让女人裹小脚缠足、世界上最早的太监制度、“三从四德”及一些传统文化陋习等都可以说是所谓民族的“传统文化特色”，很多是中国特有的文化现象，这些文化糟粕怎么可能成为世界的呢？

因此，需要我们反复呼吁：民族文化中优秀的那一部分精神和文化才是世界的。重新认识民族传统文化中的糟粕，摒弃陋习，并把它剥离出来重新进行思考、认识的文化精华才是世界文化的一部分，否则，虽多难，却难以兴邦！中国古代，以传统农业立国，小农经济只能是靠天吃饭：翻遍历史典籍《十三经》《二十二子》《二十五史》《资治通鉴》和各种汗牛充栋的历史文献，饿殍遍野、烽火不已、青黄不接、灾荒连年、沿街乞讨、哀鸿遍野等词汇……不绝于正史和民间野史及传说。农业社会靠天吃饭，天灾连年而人祸不已，人们都饿怕了！还记得小时候，人们见面的第一句问候语不是问“你好”，而是问“吃饭没？！”因此，一年忙到头，就是盼过年，除了团聚之外就是杀猪宰羊——大鱼大肉吃起来！亲朋好友在一起，就是一个字“吃！”什么都吃！什么高雅音乐会和公共活动等统统没有，过节，春节的另类表述就是“闭门吃的节日”。二百多年来，有多少智者都提出移风易俗，创造新文化、新生活运动等，最后的结果往往皆是惘然，而近些年更有甚者，长桌宴、百人火锅宴、万人火锅、百家宴、千家宴，甚至创纪录的万家宴等，有过之而无不及，几十双筷子在一个火锅里涮来涮去，唾液交换……不言而喻，可想而知！要建构新城市与乡村的文明生活方式，要从摆脱低俗走向高雅，从高雅走向高尚，这才是马克思说的市民社会、绅士社会——历史真正的出发点和舞台！培养有时代精神的绅士风度！生活质量与生命质量的双重价值寻觅——要有良好的生活习惯，追求高尚、品质、健康的旅游生活方式。

旅游文化的创新与反思之二，对传统旅游核心要素要赋新与变革。日常人们熟悉的旅游就是传统的“六要素”：“吃、住、行、游、购、娱。”在中国历史上，以农业立国，“吃”的文化一直占居首位，民以食为天也是必然的。应该说，在传统农业温饱问题几千年都没有解决，“吃”成为一种特殊文化，也表现了一个民族和国家的文化丛，当然，“吃”曾经是旅游的第一要素，甚至是旅游的一个目的。今天，特别是改革开放以来，中国多数人的温饱问题已经得以解决，人们对旅游的追求已经不仅仅是“到处找好吃的”活动，旅游的目的之一就是把别的地方的美味佳肴带回来，同时还到处购买不容易买到的东西。当代网络社会的购物已经是：“我在家里可以买到世界任何地方的产品”和“我在家里可以把商品卖到世界任何地方”。在这样的时代潮流下，旅游者追求更多的是：在休闲、度假、养生、商务、会展、赏景、游学、购物中感受以自然为主和自我为主的生活过程，可谓是行万里路，等于读万卷书，“吃”已经成为旅游者的“附庸”，不是第一位的事情了。在旅游消费的过程中，大多数人已经从传统温饱型旅游的“穷游”，迈向了“做时间的主人”“做休闲的主人”“做自然的主人”“做生活的主人”的转化，旅游正在呼唤一种高尚旅游文化，正在呼唤高品质旅游文化，正在呼唤幸福旅游文化！我辈应该出手，唱响新的旅游文化、旅居生活、旅居创业等新的生活方式，或说：高尚生活从旅游开始。应该改变的是：从传统农业社会型的“吃、住、行、游、购、娱”旅游，向“现代高尚型文化旅游”转型：在传统“旅游六要素”基础上，建构“新传统旅游六要素”+“现代旅游新十要素”。创新“新传统旅游六要素”是“科学吃”“清洁住”“安全行”“乐学游”“特色购”“文体娱”。创新“现代文旅融合十+N模式”：学、养、商、会、亲、健、浸、参、探、禅——学习游、养生游、商务游、会展游、亲子游、健体游、浸入游、参与游、探险游、禅休游——“高尚旅游文化生活方式”，在敬畏自然、尊重自然的意义上，创造旅游文化生活的新产品和新品牌。旅游产品的生产单位、旅游服务单位，不仅仅是要推销旅游产品本身，而是要推销“高尚旅游文化生活方式”，在旅游中创造社会价值和个人价值。走出中国新旅游文化创新之路，建构中国式的旅游绅士生活方式。

旅游文化的创新与反思之三，打破“拼盘化”没有文化灵魂的旅游规划。很多人都有这样的感觉，到了某一景区，虽然传统旅游“六要素”全都有，但是很少有游客到此一游。到了某些城市的仿古街区，总是让人觉得“似曾相识燕归来”。你也许曾看到这样的场景：一条一眼看到头的老街，老街的一头有一个仿制的牌坊，牌坊两边多是两层或三层明清式的建筑，沿街是简陋的饭店、货摊，偶尔有一两个没有客人的茶社，偶有烤红薯的吆喝声来表现乡土风情，老街的另一头放一个大碾子，有时还会有一个不能用的古戏台，两边的房子里是到处都可以买到的小商品……有关负责人会如数家珍地告诉你，我们这里“吃住行游购娱”旅游六要素全都有，而且还会告诉你，这里有饭店、有水、有树、有花、有草、有船、有桥、有塔、有农家乐……但是，唯独没有一个属于自己的唯一性文化要素。中国有大大小小三万多个不同类型的旅游景区和景点，多数呈现“旅游要素拼盘化”的僵局，而且，还有一些盲目投资巨大但基本没有收回成本且可能烂尾的景区。我们之前所说的传统旅游六要素已经不适应当代社会及市场的发展，即使是传统旅游六要素内容全都有，但如果没有服务创新、没有文化要素的唯一性、没有文化主题性灵魂，也没有消费者心中的首选效应价值创造，其发展结果是可想而知的！

在反思之后，应该有一种文化主张和创新发展的思维，建构服务是第一性的中国式旅游文化新体系，主题就是“以客户幸福为主张”，可以学习迪士尼文化模式的十个要素：（1）文化宗旨——以个体和家庭幸福快乐为内核。（2）“人本主义”和“人性理念”的创新，它的主题是“世界最快乐的地方”，强调以“幸福家庭”和“家庭幸福”为表达形式。（3）为客户创造文化价值的文化取向，包括人生价值、善良伦理文化价值、生活乐趣体验价值及完善人生的价值取向等。（4）一个好的主题公园就是一所好学校。迪士尼创办的大学培养学生的宗旨就是“为他人服务创造快乐”。（5）跨文化整合价值。迪士尼建构了一个全产业链和全球文化价值链：跨中西文化的从产业链到商品链、从文化符号到文化资本链。（6）文化模式叠加整合，从特许经营到完整的文化品牌营销再到文化模式。（7）科技智慧和VR科技视角下的“人体工学”营销。亲情与情景产品创新文化融合。（8）社会责任与生态环保创造文化价值。迪士尼在建设前期就对土壤进行了置换整治。（9）全休闲生活方式的体验。强调全时空、全年龄段、全要素、全过程体验等，如体觉、视觉、味觉、感觉、听觉、触觉、知觉、感官、情感、认知、身体、体验和价值融合。（10）形成典型的跨文化、跨行业、跨年龄服务的产业综合网链效应。

三、文化规划的关键词：创造千年历史记忆传承与穿越

古希腊罗马时代及中世纪有很多城市的文化景观一直存续至今，在欧洲的一些著名城市，人们可以看到从古典时代起，各个时期保存完好的经典作品，文化的延续性和景观文化的保护性积累在城市中徜徉，给人一种从古希腊罗马时代到现实的穿越感。相较而言，中国自先秦以来，从春秋战国到近代社会，城市完整的文化景观包括城市雕塑作品等存续的历史相对比较短，即使有一些上古时期的景观作品遗存，也大都是断壁残垣的文化遗址及景观，破损的比较多，这与中国历史发展的特殊性——“改朝换代”频繁和天灾人祸较多有关，也与中国的自然环境有关，同时也与中国古代建筑及景观造景多以土木结构为主有关，容易在风吹雨打中损坏。而很多城市中的景观多是在战火中被烧毁……相反，在欧洲的城市如伦敦、米兰、罗马、巴黎、雅典、佛罗伦萨、威尼斯等，甚至在一些小村镇的大街小巷都能够欣赏精美而完整的从古希腊罗马时代保存至今的建筑及各种文化景观，不仅数量繁多，而且还保存完好。一个经典案例，也是让人感到惊奇的是佛罗伦萨这座城市，它是欧洲文艺复兴的发源城市之一，人口不多，既有很多在公元9世纪前后保存完好的建筑、景观、街道等，也有10世纪时期的城市轮廓和城市天际线的美丽，让人油然而生一种崇敬感。城市内有60

多座宫殿和大小教堂，著名的有韦基奥宫建于1299年，是当时的市政厅——这仅仅是一个保存完好的例证。“规划也被定义为‘通过一系列选择来确定适合未来的一个过程’。”因此，在设施规划的情况中——正如蒂茨在他关于设施定位的开创性著作中所认为：“公共决定的设施……在塑造城市的物理形态和城市里的生活质量中（具有）一定的作用。”[①]也就是说，最难能可贵的是欧洲有很多城市空间还保持着中世纪时期的空间样态、结构和机理，很多小城、小镇、小村也仍然是中世纪时期原本的风貌和肌理，这看上去是一种建筑文化及景观的保存，实际上是一种文化核心价值的传承与发展，应该是人类城市文化保护、传承与创新发展的样板。

中国有很多千年古城，如前述，城市中有保存相对完好的、历经几千年留下的完整的古建筑和历史景观相对较少。中国最古老的城市在春秋时代就有两千多个，很多在原址肇起的三四千年没有变化，这些都是见于文献记载的[②]，可以信手拈来。如商丘城市历史有4400年、开封4100年、洛阳4000年、西安3100年，北京3000年、南京2500年、苏州2500年……主要是指城市建设的历史，这些古老的城市一般都发生在第二台地[③]上，依山傍水，适合早期的原始人类居住，也是区域性的人类文明发祥地之一，如南京，城市的历史有2500年左右，原始居民早在7000年前就居住在现南京一个叫北阴阳营[④]的地方。

中国古代早期城市相对发达，以城市为核心的地域文化丰富，是中华民族文化自信的源泉。从中需要反思的是，一些城市的建筑和文化景观，保护、存留较多的是明清两代的部分建筑和景物，明代以后，以北京为最，从一般意义上看，保存完整的遗址有皇宫、王府、富家大院、城墙、陵墓、碑刻、城门、寺院等，具体来说，相对保存完整、面积大的还是北京的城市建筑和街区。北京

---

① ［英］格雷姆·埃文斯. 文化规划：一种城市复兴？［M］. 李健盛，编译. 北京：北京师范大学出版社，2022：9.

② 张鸿雁. 春秋战国城市经济发展史论［M］. 沈阳：辽宁大学出版社，1987：序言2.

③ 第二台地：也称“二级台地”。台地，边缘为陡坡的广阔平坦的高地。1906年顾琅等《中国矿产志·导言》：“秦岭以北，因遇数断层，遂生台地。”1941年谌亚达译《中国区域地理》第一章：“在西南高原，即云、贵开析台地，形容这里是一个人类博物馆。”参见：黄河清. 近现代辞源［M］. 上海：上海辞书出版社，2010。

④ 北阴阳营：以南京北阴阳营遗址下层文化为代表的文化遗存主要分布在南京地区，其他地区未见同类文化遗存。和北阴阳营遗址下层遗存相似的文化遗存，还有南京南郊的太岗寺遗址的下层遗存。北阴阳营遗址经过四次发掘，共发现墓葬266座。这些墓葬大多数集中分布，无墓穴，均用含烧土和陶片的黄土掩埋。用生产工具随葬是北阴阳营下层文化葬俗的一个特点：第一、二次发掘的225座墓葬，用生产工具随葬的就有159座。随葬的工具以石簇最多，石斧次之。随葬的装饰品有玉管、玉璜、花石子等，以前者的数量最多。参见：张之恒. 中国考古学通论［M］. 南京：南京大学出版社，1991：154-155.

建都始于金完颜亮贞元元年（公元1153年），历经明朝（1368年—1644年，共计276年）及清朝接续，作为都城的历史有870周年（截至2023年）。现存的北京城从明代开始全面兴建，重要的古建筑景点有太庙、紫禁城、雍和宫、卢沟桥、北海公园、白云观、天宁寺塔、孔庙、玉泉山、颐和园等。太庙位于北京市东城区东长安街天安门东侧，始建于明永乐十八年（1420年），清代以后，又有很多新建筑增加。特别是北京的胡同，从1267年元代建大都开始规定建设胡同的制度，据元末的《析津志》载：“大都街制：自南以至于北，谓之经；自东至西，谓之纬。大街二十四步阔，小街十二步阔。三百八十四火巷，二十九衖通。衖通二字本方言。”[①]“胡同”在方言中原本是水井的意思，从此一发不可收，北京“胡同”的建设历经700多年，原来有几千条，到2022年北京还有1320条胡同存在，应该说是中国城市空间街区历史中一笔最大的宝贵财富。从全球的视角看，同时期的巴黎圣母院[②]始建于1163年，也有一定的空间街区保留至今。从城市街区、街巷的文化保护情况来看，南锣鼓巷[③]是中国最早的也是保存得最好的街巷空间之一，并有很浓重的中国文化神韵，现今是北京市东城区的一条胡同，全长786米，南北走向，北抵鼓楼东大街，南至平安大街，位于北京历史文化保护区中。南锣鼓巷始建于元代，曾名罗锅巷，清朝乾隆十五年（1750年）绘制的《京城全图》改称为南锣鼓巷。南锣鼓巷是中国唯一保存完整的元代胡同院落肌理以及规模最大、品级最高、资源最丰富的棋盘式传统民居区，这也是中国城市空间文化特色的经典案例和值得骄傲的历史文化空间

---

① 华学诚. 扬雄方言校释汇证［M］. 北京：中华书局，2006：1344-1347.

② 巴黎圣母院：大教堂的历史与法国的历史紧密相连。大教堂始建于12世纪中期，历时200年，是法国哥特式建筑的杰作。18世纪进行了改造，19世纪进行了重大修复工程。大教堂的内部建筑分为三层，由大型彩色玻璃窗照明。中堂周围有一个双回廊。哥特式风格的特点是其交叉拱顶。圣母院的彩色玻璃窗是哥特式艺术的杰作之一，彩色玻璃艺术标志着中世纪建筑的独创性，它们占地近千平方米，有些是时代性的，有些是广泛修复的。大教堂与法国和巴黎的历史息息相关，自建成以来，它一直是最杰出的政治人物举办重大活动的场所。1862年，巴黎圣母院被法国历史古迹委员会列入法国遗产纪念碑清单。2019年4月15日，维修中的巴黎圣母院起火，大火导致标志性尖顶倒塌，三分之二的屋顶被毁，整座建筑损毁严重，圣母院主体结构保存完好，暂停对外开放。参见：Cathédrale Notre-Dame de Paris. DÉCOUVRIR：Histoire、Architecture、Sculptures、Peintures、Musique、Objets d'art［EB/OL］.［2023-10-28］. https://www.notredamedeparis.fr/en/.

③ 南锣鼓巷：位于北京市东城区境内，与元大都同期建成，呈南北走向，北起鼓楼东大街，南至平安大街，长787米，宽8米。明朝属昭回靖恭坊，称锣锅巷。清乾隆十五年（1750年）属镶黄旗，称南锣鼓巷。一度改称辉煌街，后恢复原名。参见：段柄仁. 北京胡同志：上［M］. 北京：北京出版社，2007：84. 2022年3月，南锣鼓巷被北京市人民政府公布为首都功能核心区传统地名保护名录（街巷胡同 第一批）。参见：北京历史文化名城保护委员会办公室. 关于公布首都功能核心区传统地名保护名录（街巷胡同 第一批）的通知［EB/OL］.（2022-02-21）［2023-10-28］. https://ghzrzyw.beijing.gov.cn/zhengwuxinxi/tzgg/sj/202202/t20220228_2618382.html.

样板。

从全世界城市历史文化保护、传承和利用的比较视角看，我们在城市历史文化保护方面有很多认识误区，走过很多弯路，也留下引人扼腕的遗憾。而城市伟大文化的特点之一就是：城市市民社会的城市文化觉醒，表现为城市文化自觉和城市文化自为——反思与创新，从更高的理论层面认识城市作为一个民族和国家的文化容器，可以成为国家和城市的文化核心竞争力、“城市文化资本”再生产的重要因素。在改革开放的四十多年里，我们在古城保护、历史街区保护、历史地段保护、历史建筑保护、历史文脉挖掘与传承及开发利用创新等方面，取得了辉煌的成绩。南京和苏州历史年代大体相似，历经了3000—4000年建城史①，可以说自明清以来的城市历史地段的保护是有一定成效的，特别是在苏州的老城保护、南京的古城保护等方面有了重大进展，历史文化和城市历史文化景观的保护成为城市建设的一个重要内容，应该说，当下的中国，在历史文化保护意识和传承与创新发展的建设上，在全国范围内已经形成共识，在政策法规上也在逐渐完善，但是，在全球范围内来看我们还是应该见贤思齐，从古希腊罗马时代城市文化景观一直保存至今的经典历史案例中进行反思。

建筑构成城市的空间体系，无论是实体空间、虚拟空间还是新的未来型空间，因为在现实中是附着在土地之上的，本质上都有某种社会属性、经济价值和某种文化意义，但因为在空间里的生活方式、工作方式和生产方式不同，空间里的主人会着重建构空间的存在类型和存在方式，所以，推而论之，城市空间、建筑空间等一般意义上的空间是有优劣之分的，也会有经济和文化价值的高低之分，就如一个商品，在不同的空间结构中会产生不同的价值，一个优质的空间，不仅可以使空间使用功能最大化，而且还能够使空间给人带来愉悦的心情和多功能的、合理的、舒适的使用价值。“建筑能用这种内容意蕴灌注到它的素材和形式里，其多寡程度就取决于它在上面加工的那种确定内容有无意义，是抽象的还是具体的，是深刻的还是肤浅的。”在这方面建筑可以达到很高的成就，甚至于能用它的素材和形式把上述内容的意蕴完满表现为艺术品。“我们所说的设计并不仅指

---

① 3000多年前，南京沿江河一带密布着史称“湖熟文化”的居民聚落，商代到西周时期，不仅在金川河和秦淮河流域，而且在玄武湖滨和大江两岸各支流的台地上，都较为密集地分布着青铜时代的居民聚落，约两百处之多，周灵王元年（前571），楚国在六合区境设棠邑，置棠邑大夫，南京有政区设置就此发端。参见：南京市地方志. 历史沿革［EB/OL］.（2023-08-15）［2023-10-28］. https://www.nanjing.gov.cn/zjnj/lsyg/201910/t20191014_1676341.html. 而苏州自有文字记载以来，已有4000多年历史，公元前11世纪西周泰伯、仲雍南来，号勾吴，春秋时，东周寿梦于公元前585年称王，建吴国，吴王阖闾于公元前514年始建苏州城，为吴国都城。参见：苏州市地方志编纂委员会办公室（市方志馆）. 政区沿革［EB/OL］.（2023-06-01）［2023-10-28］. http://dfzb.suzhou.gov.cn/dfzb/jzyg/202306/ad1342c0c6a445208ab9135732114a6a.shtml.

建筑的外观，其含义延伸至建筑物的细节、材料和施工体系的耐久性，建筑的形态对其功能的支撑以及最难以把控，同时也是最重要的一点：如何通过使用和享受这些建筑所提供的服务，来提升人们的生活质量。我们需要从维特鲁威（Vitruvius）提出的坚固、实用和美观这三个要素来全面理解设计的含义。”[①]迈克尔·R. 布隆伯格等学者所论述的观点还有不全面的地方，例如“坚固、实用和美观”只能说明建筑的最低功能，或者是必须具备的功能，还应当包括“建筑的特征正在于内在的心灵还是与它的外在形式相对立的，因此建筑只能把充满心灵性的东西当作一种外来客指点出来”[②]。因此，建筑还有很多时代所需要并能够适应时代需要的功能，如建筑空间与周边自然环境的融合性功能、建筑与人文环境的适应性功能、建筑与艺术创造价值的功能、建筑与社会空间所表现的公平与正义功能、建筑空间与现代科学技术及新材料应用的技术性功能等。但是到了这一步，建筑就已经超越了它自己的范围，而接近比它高一层的经济、文化与艺术[③]，即建筑本身就是“城市文化资本”再生产的前提和基础。

研究城市景观的文化价值，特别是研究城市景观文化的传承问题，就不能不论及城市景观中的雕塑文化和雕塑景观及相关场景。对于景观作品来说，“并不针对纪念一个事件、一个人物，不悼念也不庆祝任何事物，不再现任何的权力中心，只是促成‘公共空间’的‘出现’以及‘交流’，不做无谓的添加，根据现场状况，找出场所中所缺的东西，以最少的介入去促成”[④]。如以城市雕塑来说，那些具有历史传承价值的雕塑作品，可以被称为是城市的点睛之笔，应该是城市多维空间文化符号焦点的场景表现，并能够体现人类文明中城市的文化特质与集体记忆。如从民国到今天，全国城市中有多少座孙中山的雕像呢？粗略统计了一下，在南京、上海、武汉、广州、澳门、杭州、清远、连城、赣州、厦门、桂林、清江、青岛、开封、梧州、台北、宜兰等地均有孙中山的铜像或塑像，并已经成为城市的地标和代表城市的符号。另外，还有很多大学、研究所、图书馆等内部也有孙中山的塑像，而且，中国至少还有40多个中山公园……显然，孙中山雕像在某一城市落户都是有缘由的，至少是能够显示这座城市在近现代及现代历史和文化发展上的地位，也会为城市增添一定的景观文化内容。以往人们容易简单地认为，城市雕塑只是一门综合性的三维空间艺术，或是立

---

① ［美］迈克尔·R. 布隆伯格，［英］戴维·J. 博尼. 我们造就的这座城市：纽约的城市设计与建造［M］. 田云飞，译. 北京：机械工业出版社，2018：7.

② ［德］黑格尔. 美学：第一卷［M］. 朱光潜，译. 北京：商务印书馆，1997：106.

③ ［德］黑格尔. 美学：第一卷［M］. 朱光潜，译. 北京：商务印书馆，1997：105-106.

④ ［法］卡特琳·格鲁. 艺术介入空间：都会里的艺术创作［M］. 姚孟吟，译. 桂林：广西师范大学出版社，2005：9.

体艺术创作中的一种。但从城市文化景观发展的历史考察，我们可以看到，那些曾有过很多雕塑的城市，在某一阶段，某些雕塑突然就没有了，“泥牛入海无踪迹”了，作为“城市文化资本”的理论与实践研究，很重要的是强调“城市文化资本”再生产对于城市来说所具有的无限可能性，需要思考的是任何可以作为“城市文化资本”的要素，都应该具有历史的延续性和资本价值的历史刚性，是从城市发展的角度，强调城市空间在民族文化建构中的深层次思考，要使中国城市的文化景观，成为千年古都和不朽之城的“骨相”和枝杆，这才是城市景观文化特别是城市雕塑景观文化所需要的深层次思考。

在城市自然美、人工美和心灵感觉美的生活与工作环境中，如果缺少了城市景观或者缺少了真正意义上的城市艺术景观作品，整座城市的美就会大为逊色。景观丰富的城市在很大程度上为城市注入了新生命和“文化动力因”，正如我们所论述的：城市文化景观虽然是自然物的堆集与拼贴，但是如果赋予了伟大的文化和思想，这个景观就是有生气的，就是这座城市伟大的精神所表述的“城市语言”。保罗·克劳瑟说：“图像艺术基本上是在一种虚构的意义上表现三维形态的，而建筑作品从实体上便是三维的；虽然雕塑作品本身也具有如此的三维实体性，但是建筑作品之中的三维特性是在一种更为深远的意义上而言的，建筑物通过其自身而能动地实现和促成了其所彰显的三维特征是可居（occupancy）、可移（movement）和可感（perception）的。这意味着建筑具有一种其他艺术形式所没有的、本质上的功能性。”[①]具有生命力的城市景观，即使是一个物件，也会有人去保护它，人们喜爱有些景观，使原本没有生命的事物，变得有生命力，并代表人类的本原精神——进化与爱人。但是，在后工业社会的发展中，还应该加上时间的维度，以形成与人类共同价值相适应的城市雕塑艺术体系。在中国，有太多的历史故事告诉我们，很多雕塑仅仅是一时的存在，一旦政治文化和时代背景发生变化，一些城市里的雕塑或被毁坏或无影无踪。中国从古至今延续的雕塑艺术仅仅存在于寺庙里，而城市街区空间的雕塑历史与文化却有过多次的断层。中国城市中有一些雕塑过于庸俗化，有一些缺乏美感、艺术感和历史感，更有一些过于媚俗，缺乏人类文明的共同文化价值意向，伴随着社会的进步和人们对高尚的追求，这些雕塑逐渐被时代所抛弃。

全球的城市景观文化及雕塑已经走入了一个新纪元，传媒的网络化和自媒体的社会全员化，使那些相对比较好的、有美学价值的城市景观和雕塑都会成为人们的打卡点，都会很容易被传到网

---

① ［英］保罗·克劳瑟.视觉艺术的现象学［M］.李牧，译.南京：南京大学出版社，2021：249.

上，而在全世界范围内都可以被欣赏和评判。城市景观文化及城市雕塑是一个公共视点，更是一座城市的文化符号，因此，时代的变化在更高的层次理念上告诫我们：城市景观文化包括城市雕塑的创作一定要有人类文化核心价值的主张与意涵，应该有人类本性价值的一面，而成为人类美学的结晶，成为城市优秀文化和集体记忆的结果。将人类集体记忆文化的精华和优秀的民族文化，转化为具有时代意义的文化标识，才是城市景观能够得以长留人间的正道。正如历史是有例证的：“在巴黎，像任何一座名不虚传的城市一样，中央集权性和纪念碑性的联合影响还没有走到尽头。这些趋势中的每一种，都建立在由特定的空间因素所推动的、既包含又排斥的基础之上。”①

在我们所能看到的雕塑艺术馆里，在古希腊罗马时期的雕塑中有那么多震撼人心的作品，有那么多启迪人类灵魂的作品，后代人似乎能够与这些雕像对话，笔者就有这种特殊的感受，每当走进一座博物馆去欣赏那些伟大的雕像和雕塑作品，似乎像是在阅读一本书，似乎像是在与伟人、历史人物对话……在这样的景观文化中包括的雕塑作品，才是人类的伟大思想与伟大情操所在，这也是中国文化应该重建的一种景观文化理念。

我们在中国古代的城市空间、城市街区中很少能够看到雕塑景观，特别是人物雕塑景观，也许是没有流传保存到当代。城市景观文化中的雕塑、雕像等文化，对于城市空间、园林和建筑空间来说是城市文化之“魂”的表现之一，特别是人物塑像，无论是在园林里，还是在建筑空间之上，又或者是在历史的街区之中，如果流传至今仍然栩栩如生……就如现代人与古人相遇而同时会有主客体的超然之感，会自然产生隔空中历史与当代的对话……这样的空间越多越会使城市充满活力，同时，也越会使当代人充满怀旧感而自然成为城市文化的守望者，更重要的是创造了一个特殊的历史与现实结构化的场景，营造了一个特定的历史文化氛围，会让人有一种历史的升华感，所以有人说优秀的雕塑作品是“城市的眼睛”，是城市历史文化生命意义的保护与放大。通过城市雕塑景观最终表现的是一种城市精神，表现的是城市的终极价值！黑格尔说：“所以雕刻以古典艺术类型为它的基本类型。因此，在雕刻里感性因素本身所有的表现都同时是心灵因素的表现，反之，任何心灵性的内容如果不是完全可以用身体形状呈现于知觉的，也就不能在雕刻里得到完满的表现。”②景观和“雕塑的欣赏具有一种审美特性，它直接指向的是一种可感知的结构，并且具有一种相对‘无功利’的逻辑基础，例如，我们并不需要知道任何直接有关创造这个作品的历史背景知识，或者任何有关创作这个作品的艺术家的个人情况，而去欣赏它的独特风格。不过，我们必须知道的是，随着

① ［法］亨利·列斐伏尔. 空间的生产［M］. 刘怀玉，译. 北京：商务印书馆，2021：568.
② ［德］黑格尔. 美学：第一卷［M］. 朱光潜，译. 北京：商务印书馆，1997：107.

媒介和呈现方式的发展，这一作品的历史地位和价值会相应地发生何种转变（即是说，雕塑的审美价值和意涵，是与媒介、形式与风格的变化相关的——译者按）”①。综合世界城市的景观雕塑文化，至少我们可以看到这样一个重要的文化共性现象，即主题的历史性、民族性、地域性和人类文化正义的同一性，同时，主题还具有某种连续性和相关性，使这座城市本身的雕塑更具有故事性、趣味性及共同的感知性，从而使这些雕塑与城市核心竞争力构成一体化关系，由此形成城市魅力，进而成为对世界旅游者的引力！

日本学者芦原义信从审美的角度提出自己的认识：“我越来越确信，勒·柯布西耶与其说是建筑师，不如说是画家、雕塑家、思想家。然而，作为雕塑家，他远远比我们所想象的更加伟大。几百年之后，要是今天的建筑还存在，怕只有勒·柯布西耶的建筑了。密斯或菲利浦·约翰逊的玻璃与金属建筑也好，赖特、路易斯·康（Louis Kahn）、保尔·鲁道夫（Paul Rudolph）、凯文·洛奇（Kevin Roche）等人的建筑也好，全都会毁掉。白色派、灰色派以及最近流行的矫揉造作的建筑兴许会最先毁掉。”②无论是建筑还是景观及城市雕塑，能够被社会所认同和具有历史认同感的，一定有“城市文化资本”价值，或者说能够成为有意义的并可代表城市形象的标志，使其可以穿越时空而流传。核心价值是艺术，因为“并非所有的雕塑起初都是被制作为艺术品的，而且很多即使被有意识地制作为艺术品的雕塑，实际上并未唤起我们的审美感知。为了能理解雕塑作品与超验之间的关系，我们首先必须理解，究竟在什么条件下，雕塑成了艺术品”③。事实上很多不能够被历史承认和具有历史传承价值的雕塑，大体上也都是没有艺术价值和审美价值的，更不具有人类原生态美学意义的属性。

当前，中国的一些城市景观装置和城市雕塑还存在着某些文化误区；一是权力者意志的产物，二是过度政治化的产物，三是缺乏历史感和文化感的产物，四是粗制滥造的产物，五是没有文化属性的产物，六是用材用料和主题背离时代地点精神的产物……以历史人物、事件叙事、购物生活、风土人情等静态动作为主题的写实雕塑景观，具有生动而活泼的表现力，朴实而逼真。而现代值得重视的景观变化是原材料和设计方式的变化，出现了多种装置性艺术景观，已经出现了多种类型。有集合型艺术景观及智能型和数字化景观装置，这些装置性景观有很多种类型，如有临时建筑型，一般不占有土地权属；有动感变化型景观，其中有些还可以走动变化；有生态型景观，创造一种生态变化，景观本身犹如一个复合型什物，会伴随时间的变化而不断生长变化；有永久固定型景观，

---

① ［英］保罗·克劳瑟.视觉艺术的现象学［M］.李牧，译.南京：南京大学出版社，2021：127.
② ［日］芦原义信.街道的美学：上［M］.尹培桐，译.南京：江苏凤凰文艺出版社，2017：189.
③ ［英］保罗·克劳瑟.视觉艺术的现象学［M］.李牧，译.南京：南京大学出版社，2021：126.

包括有“可介入性空间”和“非可介入性空间”等。保罗·克劳瑟曾论及这种景观文化，他说：“所谓装置/集合艺术，是指艺术家把一些物品集中在一起，来定义一个具体的被观看的空间或者一个被观看并可以在其中进行活动的空间，另外，还给予了这个空间以特定的内容。我们在此所说的这个空间，可以是在一个已经存在的空间（例如一个房间），或者一个可以通过外力介入而能动地改变其地点的空间，抑或一个对进入其中的视觉条件进行控制的空间中，（重新）建构或者组合而成的。”装置/集合艺术在20世纪90年代末期以来，就已经有一定发展，“可以说它或多或少地成为当代艺术实践的主流。分布式数码图像（以及一般意义上的计算机技术）在提升和扩大装置/集合艺术的视阈和眼界方面的重要性，一直不断地让这一艺术形式迸发出新的活力和可能”①。生态型景观概念最早是20世纪30年代由C. Troll提出的，其理论认为：景观是代表生态系统之上的一种尺度单元。美国学者R. Forman和法国学者M. Godron在1986年提出景观生态是由相互作用的镶嵌体构成，并以类似的形式重复出现，具有高度空间异质性的区域②。城市生态从来就是与城市生活方式相关联的，早期的城市开发更注重生活需求，强调产业和就业。如美国的城市开发，城市生态建设与城市地域结构变迁相伴随，从20世纪40年代开始，向郊区转换的不仅仅是住宅和人口，还包括新型的商业和服务体系③，在城市生态结构上，迁往郊区的各种机构有：购物中心、超市、车存式银行、汽车式影院、中学、游乐场、高尔夫球场、大学等。到了20世纪60年代前后，人们对城市与城市生活方式及生态的要求进一步提升，不仅仅需要单调的住宅，还需要完备的医院、综合运动场地，甚至还要求有打猎、露营的森林、可开游艇的湖泊等。城市在进入后工业社会的过程中，人们生活的物质需求开始强调生态、森林、野趣等④。

城市人工景观文化是人类创造的城市生态系统要素之一，从生态景观文化的发展来看，“整个欧洲将建成实验性的生态村，其中有些生态村会以原本的环境为基础，而其他会在现有的地点

---

① ［英］保罗·克劳瑟.视觉艺术的现象学［M］.李牧，译.南京：南京大学出版社，2021：226.

② Forman，R.T.T.，Godron M. *Landscape Ecology*［M］. New York：John Wiley，1986：161.

③ 张鸿雁.侵入与接替——城市社会结构变迁新论［M］.南京：东南大学出版社，2000：452.

④ 杨裕富，译著.各国都市计划［M］.台北：明文书局，1990：84.美国新的城镇与郊区建设、规划“带出了如下具有魅力的新开发原则：（1）形成社区：这是指以往的小城镇或个别主义的开发的住宅区。住宅区形成村落（Village）而不是形成一户户不相干的住户。（2）引进休闲设施：湖水、自然林、运动设施、休憩设施的提供。（3）重视步行者空间：形成步道网，从住户到村中心（Village Center）步行400米内可到达。（4）公共运输系统与自用汽车的平衡：预留了未来大众捷运系统接线的空间，这一点与日本社区开发不太一样。美国新社区的开发往往预留了相当充分的交通用地。（5）创造高感度的都市景观：中世纪式样、意大利式样、巴洛克式景观及各式各样的求新求变的都市景观”。

重建。”[①]也就是说，城市人造景观系统应该是城市生态系统的补充，有学者在批判现代工业化的发展时说：“现代工业社会从人本主义哲学出发，把地球视作一个巨大的免费货仓。他们并没有认识到地球本身也是一个生命体系，作为一个有生命的机体，它的要求也应当得到应有的关注和尊重。生态学家把这种关系称为‘该娅定则’（GAIAPRINZIP），他们借用希腊神话中大地女神‘该娅’的名字来称呼我们所居住的这颗星球，并提出了一个崭新的观点，为了使地球上的生命得以延续，同时也是为了人类的下一代。”[②]这种思想的本质强调生态价值与人类价值之间的关系是密不可分的，同时，对于生态文化的价值取向，也涉及社会正义和非正义的认知与行动。“美国于20世纪90年代开展的‘河流课程项目’，最开始仅是在密西西比河和伊利诺伊河沿岸的八所高中开展试点，如今已发展成为一个在二十三个州实施的教育计划。”[③]对于水文化特别是水景观文化，是西方古典时代开始就有的城市生活的一部分，而且也是当时人们审美生活艺术化的体现。古罗马城市有1212座喷泉[④]，这是当代古罗马城考古发掘的阶段性成果说明，有关古罗马城的资料不断被补充和刷新，后来在有关记载中说古罗马“还有926处私人开办的小型浴池”[⑤]，“大约30多处公园或花园——起初是富人私家享用的，后来被合并到公共用地中，而且这不包括700处公共池塘和小湖和500处喷泉；另外还有130处水塔或水库向这些喷泉池压水。”芒福德还用这样的口吻说：“顺便说，这最后一项，即喷水池，大约是古罗马城对现代城市最精彩的馈赠，特列维喷水池便是证据。”[⑥]正如当代有人形容的那样，即使在21世纪的罗马城内，水文化胜似当年，在城市里到处可以听到潺潺流水之声，夜晚各种喷泉、瀑布、流水，构成一曲美妙的音乐，或淙淙溪流，或泉水叮

① ［芬］艾洛·帕罗海墨. 欧洲的未来——后工业化社会环境设计前瞻性思考［M］. 南京：东南大学出版社，2005：23.

② ［巴西］何塞·卢岑贝格. 自然不可改良［M］. 黄凤祝，译. 北京：三联书店，1999：41-42.

③ ［英］海伦·伍利. 城市开放空间［M］. 孙喆，译. 南京：译林出版社，2023：40.

④ 关于古罗马城中的喷泉数字有多种版本，但以1000以上为多。“传说中，母狼乳汁养育的双胞胎兄弟之一罗慕洛于公元前753年在帕拉丁山建起了一座城市，这就是罗马的起源。后来的近千年间，罗马城100多万人，每天在500多个豪华的浴场里游泳、娱乐，在全城1152个公共喷泉、36个凯旋门间聚会聊天；想看戏剧或者角斗表演，城里有两个硕大无朋的杂技场、两个大角斗场、两个露天剧场、三个半圆形剧院；想安静地读书，城里有28个图书馆；想做生意，则有两个大集市和190个谷物交易所任你选择。”参见：圣光. 感悟废墟［N］. 人民日报（12版），2007-06-13.

⑤ ［美］刘易斯·芒福德. 城市发展史——起源、演变和前景［M］. 宋俊岭，倪文彦，译. 北京：中国建筑工业出版社，2005：252.

⑥ ［美］刘易斯·芒福德. 城市发展史——起源、演变和前景［M］. 宋俊岭，倪文彦，译. 北京：中国建筑工业出版社，2005：252.

咚，如似淅淅沥沥的雨声，亦如“大珠小珠落玉盘”，可谓是自然构成的交响曲、催眠曲——是一种城市生活的图景，也是孕育并养成城市市民高雅文化和时尚格调的源泉。

四、城市规划研究的前置条件：文化资源的梳理与融合

每一座城市都具有鲜明的有机社会生命体的地域文化特征，由此孕育了独具魅力的城市，并养成犹如人的指纹一样独一无二的文化。英国城市学和建筑学家约翰·伦尼·肖特说：“人的身体曾经，并且将持续反映在城市之中。比如，高耸入云的大厦正是生殖崇拜的象征。许多大城市的现代轮廓线常常都是雄性生殖力和男性力量的隐喻，有时这种关系还会更加明显。人类身体堪称对城市进行想象设计的最有效模板。甚至在我们所使用的术语中，有一部分就是暗示性的，比如：城市心脏，运输动脉，交通循环，健康的城市经济，病态的建筑。”①建筑空间文化所表现的人的价值和意向，是无所不在的，人是城市的主人，城市是靠记忆而存在的，必须清楚历史文化，才有可能做好规划。在任何规划设计之前都必须对规划项目的经济、社会、历史、文化和生态环境进行深入而细致的调查研究和详尽的文脉梳理，由此开始探寻城市历史文化的内在价值、城市文化家底和城市精神的源头所在。而最终目的是能够将城市文化资源变为“城市文化资本”，提炼属于城市独有的核心竞争力文化体系，赋予城市与众不同的身份和有机生命价值，以此提升城市的能级，为城市未来的发展提供坚实的支撑，使一座城市能够突破地域限制而走向世界。

在对宿迁城市文化的研究与梳理上，既有理论认识上的创新，又有研究方法上的创新，还有文化资源如何转化为“城市文化资本”再生产创新的思考和运用②。宿迁，古称下相、宿豫、钟吾、

---

① ［英］约翰·伦尼·肖特. 城市秩序：城市、文化与权力导论［M］. 郑娟，梁捷，译. 上海：上海人民出版社，2023：329.

② 本书选取宿迁作为内容之一是有原因的。2012年开始，笔者主持国家哲学社会科学重大招标课题《特色文化城市研究》，课题完成要求是：除了主报告之外，还包括出版一套丛书即“特色文化研究”丛书，对泰州、四平、南通和宿迁四个地级市做过相关的战略规划、空间规划，还做过城市经济、文化、旅游及“城市文化资本”建构发展规划，并在2019年出版了《嬗变与整合——泰州、四平和南通城市文化资本再生产》一书。虽然，宿迁市也是课题研究内容之一，但是，因篇幅所限没有纳入出版计划。另外，宿迁市是中国“四化同步”的试点城市，我们做宿迁市的城市文化发展战略研究时，共完成了30万字的宿迁城市文化研究与文脉梳理研究的报告，其研究成果对大部分城市特别是地级市城市的规划与文脉梳理有一定的借鉴作用。

司吾、下邳，乃西楚霸王项羽的家乡，坐落于黄河故道和长江的交汇之处，境内有京杭大运河如一条玉带穿城而过，南临江淮水域，北可饱览齐鲁风光之地。因地处江苏的苏北黄泛区淮河流域，地势较低，宿迁这条“洪水走廊”曾多次遭受黄河的侵袭，同时，宿迁人民也深受黄河的恩惠而积淀下深厚的历史文化底蕴。但宿迁由于洪泛水患而经历了多次历史变迁，许多历史文化在此过程中被湮灭、被消亡，选取宿迁这座城市作为重点研究对象，能够在此过程中重拾、重缀、重构宿迁的文化资源，赋予其文脉梳理以重要价值。英国学者史蒂文·蒂耶斯德尔等人认为：“在城市历史街区中，所有新开发项目所追求的主要设计品质是‘和谐’，即创造‘一种视觉上统一的’，但并不一定同质的城镇景观。理查德·罗杰斯不同意那种文脉和谐只能通过模仿周围风格的观点，他认为，这种和谐能通过几种方式实现。他确认了两种获得文脉和谐的方法：其一是文脉统合，其二是文脉并置，这种并置概念延续了现代主义者的设计观念。还有第三种方法，即文脉连续或传统转型/演变，这与某种后现代的城市设计观点是一致的。”[①]总体上，我们就是采用了“文脉统合”“文脉并置”的方法，通过一种连续融合的方式从城市文脉中提炼出一个新时代的概念，并通过文化加工、生产、创意把城市文化资源转化成资本，这就是“城市文化资本”再生产的过程。

宿迁文化历史悠久、类型丰富、亮点突出，具有连续性和唯一性的特征，但是需要对其文化进行重新审视，从三个新角度进行深入的分析：一是重新审视城市独特的文化特征，包括“年轻的老城市”文化特质、山水文化以及与英雄历史之间的文化联系等；二是重新梳理并总结、整合、创新城市独特的文化资源，实现从文化遗产到“城市文化资本”再生产的创造过程；三是重新提炼城市品牌的文化内涵、定位与价值，实现从文化创新再出发到建立文化特色高地的目标。在此过程中，研究并深度挖掘了宿迁的城市文化资源，对4000多个文化资源进行盘点入库，对14大类60亚类的文化资源分类整理，并使45张文化地图精准落地[②]。

宿迁的历史有其特殊性，历史很长但建市时间短，可谓“年轻的老城市”并与水结缘。宿迁是江苏文明之根，淮河文明之源，顺山集遗址文化是江苏境内已发现的最早的新石器文化，它的出现将江苏文明史向前推进了1600年，填补了淮河下游史前文明的历史空白。历史上的宿迁城市

① ［英］史蒂文·蒂耶斯德尔，蒂姆·希思，［土］塔内尔·厄奇.城市历史街区的复兴［M］.张玫英，董卫，译.北京：中国建筑工业出版社，2006：188.

② 笔者主持宿迁文脉梳理的课题一共有30万字，本文是在原课题文本的基础上进行重新提炼并做了相应的再分析。

空间与城市名称几经变迁[①]，秦以后到清朝，宿迁的地名和行政所属多有变动。历史上发生在宿迁的重要事件多与“治水”相关[②]，也被称为“华夏文明之脉、淮河文明之源、楚汉文化之魂”，据不完全统计，宿迁有重要历史人物共76人，主要分为王侯、武将、文臣、文人、科教文卫、其他六大类型。从人物类型上看，宿迁古代人物呈现文武兼备状态，其中文臣与文人的数量较多，但著述作品多散失无法收集。从资源现状来看，重要历史人物的相关资料散杂而缺乏系统的梳理与核实，历史人物相关的遗迹遗存等缺乏精准保护与科学开发。一方山水养育一方人，一方水土养育一方文化。据古代《宿迁县志》记载，唐宝应元年为避讳代宗李豫名讳，改宿预县为宿迁县[③]，这是史志上首次出现“宿迁”之名，而对于“宿迁”的含义，民间还有多种说法，一说是此地为春秋时期宿人的迁居之地；另一说是因洪水泛滥，有连夜迁城搬家之意。据统计，宿迁具有一定文化特点的地名共126处，其中山水实体类23处，行政区划类87处。在山水实体中，地名起源以神话传说与人物史实居多，共16处，约占70%。在行政区划中，地名起源以人文与水文居多，共65处，约占63%。可见在宿迁的地名中，大量体现了当地深厚的历史人文底蕴以及与水文化源远流长的关系。

宿城区在春秋时为钟吾国[④]的一部分，后又相继为吴、楚国属地，秦时在此设下相县[⑤]。1987年12月5日，国务院批准宿迁县改为宿迁市（县级），宿城区是1996年9月伴随地级宿迁市组建而设立的行政区域[⑥]。宿城区地名多有变化，钟吾国—下相县—宿城区。宿豫区在上古历史上是中原黄河流域钟吾诸侯国的属地。至于县名“宿留”有两种说法：一种说法是“厹犹”[⑦]的谐音，即此处

---

① 宿迁县地名委员会编. 江苏省宿迁县地名录［M］. 南京：江苏新华印刷厂，1982：1–2；宿迁市宿豫区地方志办公室. 宿迁风物志［M］. 北京：方志出版社，2011：19–20.

② 孙广东，田川，王以超，等. 全域理念下的宿迁市中心西南片区水环境治理［J］. 中国给水排水，2022，38（12）：42–47.

③ 臧励龢. 中国古今地名大辞典［M］. 上海：上海书店出版社，2015：789.

④ 钟吾国地处今新沂县和骆马湖之间，厹犹先亡，地入于鲁，鲁亡属宋。参见：尹增淮. 宿迁市骆马湖以东的考古调查［J］. 东南文化，1990（04）：196. 清代顾祖禹所撰《读史方舆纪要》中载：“今南直邳州宿迁县即古钟吾国。”参见：［清］顾祖禹. 读史方舆纪要：春秋战国［M］. 北京：中华书局，2005：9–27.

⑤ 宿迁市宿豫区地方志办公室. 宿迁风物志［M］. 北京：方志出版社，2011：5.

⑥ 宿城区统计局. 宿城区2019年国民经济和社会发展统计公报［EB/OL］.（2020–03–31）［2023–10–28］. http://www.sqsc.gov.cn/scq/tjgb/202003/cdf78ecefa224dd78923e9fece47f76c.shtml.

⑦ “厹犹”是泗阳县的古称，已有三千余年。《史记》卷七十一记载：“临淮有厹犹县也。”参见：［汉］司马迁. 史记：卷七十一［M］. 北京：中华书局，1982：2307–2321.

西周时为厹犹国都，秦至汉初为厹犹县治；另一种说法为有“宋人迁宿”[①]所留之处的意思。公元405年（东晋安帝义熙元年）于下相县东南置宿预县，公元762年（唐代宗宝应元年），为避代宗李豫名讳，改宿预县为宿迁县[②]，另有宿国迁至今江苏省宿迁县境的说法。东魏天平元年（534年），设沭阳郡。北周建德六年（577年）改怀文县为沭阳县，因县城位于沭水之阳而得名[③]。《元和郡县志》卷十一中海州沭阳县载：“在沭水之阳，故以为名。”[④]泗阳县古称桃园，传说在王母娘娘蟠桃会[⑤]结束后，将桃核撒向人间，落在古泗阳境内，不久便长出千顷茂盛的桃树，由此得来“桃园”一称。西汉元鼎元年（前116年）置泗阳县，故城在古泗水北岸，因此命名[⑥]。南北朝梁天监八年（509年）徐城为高平郡治，因土城只剩一半，故又名半城。泗洪县的前身与古泗州有关，泗州以泗水得名，最早出现在南北朝时期。1947年6月建立泗洪县，县名取泗南县与洪泽湖首字而得，此为“泗洪县”地名首次出现[⑦]。

在绘画雕刻方面，据不完全统计，清朝以来，全市共有63名知名画家与雕塑家。绘画领域中涌现出清代著名的“芦雁派”[⑧]大家薛怀、被誉为“中国画画得最好的三个画家之一”[⑨]的全能画家范子登、新中国杰出的画家和教育家卢沉等代表人物。雕刻领域则以众多非物质文化遗产传承人的作

---

① ［宋］张洽.春秋集注：庄公［M］.北京：中华书局，2021：71-121.

② 宿迁市宿城区人民政府.政区沿革［EB/OL］.（2020-08-25）［2023-10-28］.http://www.sqsc.gov.cn/scq/zqyg/lmtt.shtml.

③ 宿迁市宿豫区地方志办公室.宿迁风物志［M］.北京：方志出版社，2011：23.

④ ［唐］李吉甫.元和郡县志：四十卷［M］.广州：广雅书局，1899：310.

⑤ 根据民间传说，每年的农历三月初三，是王母娘娘的生日，王母娘娘会在瑶池举办一场大型的蟠桃盛会，宴请各路仙人，而各路神仙则以被邀请参加蟠桃盛会为荣，认为是地位尊崇的象征，所以当前，农历的三月初三也就成为道教的一个重大节日。《西游记》第五回中说：“土地道：有三千六百株：前面一千二百株，花微果小，三千年一熟，人吃了成仙了道，体健身轻；中间一千二百株，层花甘实，六千年一熟，人吃了霞举飞升，长生不老；后面一千二百株，紫纹缃核，九千年一熟，人吃了与天地齐寿，日月同庚。”笔者根据网络参考资料整理。

⑥ 宿迁市宿豫区地方志办公室.宿迁风物志［M］.北京：方志出版社，2011：21.

⑦ 宿迁市宿豫区地方志办公室.宿迁风物志［M］.北京：方志出版社，2011：23.

⑧ “芦雁派”是指清代产生的一群“以芦雁自命、以画雁名世”的杰出画家而形成的画派，其集大成者是“扬州八怪”之一的边寿民（1684—1752），其《芦雁图》是典型的文人派画风、文人画笔法。薛怀（1717—1804）是其侄，因自幼在淮安随边寿民学画，故耳濡目染，得其真传，亦以芦雁驰名，在清代花鸟画中具有重要位置。现淮安市博物馆收藏有作品《芦雁图轴》。参见：黄颖，王厚宇.清代花鸟画名家薛怀《芦雁图》［EB/OL］.（2016-12-26）［2023-10-28］.http://www.peopleart.tv/.

⑨ 画坛一代宗师张大千曾高度评价范子登为“国画画得最好的三个画家之一”。

品为代表，如郝钧的泥塑[①]、云守阳的桃雕[②]、陆裕臣的影雕[③]等。宿迁籍诗人创作的诗歌，最早可以上溯到西楚霸王项羽所作《垓下歌》[④]，其他的诗作可查史多至明清以后。据不完全统计，自唐以来歌咏宿迁的古今诗词800余首楹联130余副，例如明代邹辑所作《咏白洋河》[⑤]，清代袁枚所作《题虞姬庙》[⑥]、清代张鹏翮所作《骆马湖》等等。宿迁市境内文化场馆共有34处，其中文化馆8所，图书馆9所，艺术馆4所，博物馆13所。其中较为重要的有沭阳图书馆，其是一个保存沭阳文化财富的机构，担负着保存沭阳文化典籍任务。晶·世界玻璃艺术馆，位于三台山国家森林公园南侧，总建筑面积约17000平方米，全馆以“一粒砂的旅程”为主题，共分五大篇章，分别是玻璃之源、玻璃诞生、工厂故事、科技创新、艺术设计等。沭阳龙头节作为沭阳县市级非物质文化遗产[⑦]，在婚嫁上，有“二月二，龙抬头，家家户户带活猴（出嫁的闺女）”的习俗[⑧]。“皂河龙王庙会”作为皂河古镇省级非物质文化遗产，在举办的524年间从未间断[⑨]，是徐淮海地区庙会文化一大奇观，集祭

---

① “郝氏泥塑”，起源于宿豫区来龙镇的郝家，其代表性传承人是“耕闲斋”的主人郝钧。据《史记》记载，宿迁有“五色土”。郝钧经过多年考察勘探，采集当地30多种不同质地不同色彩的黏土，整理得出红、黄、青、白、黑五种色彩较为浓艳的泥土。据考证这就是“五色土”，古时是贡土。郝钧将其用于泥塑创作，甚至还将其作为颜料使用，使作品更具质感。他制作的泥坯绵润，干后不裂，适宜上彩。参见：韩震霞，崔欣．“郝氏泥塑”被列入宿迁第三批市级非物质文化遗产名录［EB/OL］.（2017-11-06）［2023-10-28］. https://jsnews.jschina.com.cn/sq/a/201711/t20171106_1169105.shtml.

② 云守阳是江苏省泗阳县人，以桃核为原料从事雕刻多年，技术精湛，工艺独特，形成了较有影响的“云渡桃雕”艺术风格，现为宿迁人传统文化项目代表性继承人，2008年2月被江苏省经贸委授予“江苏省工艺美术名人”称号。参见：佚名．云守阳：泗阳当代人物专题［EB/OL］.［2023-10-28］. http://ren.bytravel.cn/history/8/yunshouyang.html.

③ 陆裕臣是宿迁市宿城区人，出身于石雕世家，自幼爱石如痴，从十八岁起专攻影雕。所谓影雕，是指在黑石板上雕刻人物、动物、山水影像。他的影雕作品融摄影、绘画、石雕艺术为一炉，雕刻手法多变，表现题材丰富多彩，形成了自己独特的艺术风格。参见：郑奇恩．石雕骄子陆裕臣［EB/OL］.（2022-04-12）［2023-10-28］. http://www.sqsc.gov.cn/scq/index.shtml.

④ 先秦项羽的《垓下歌》：“力拔山兮气盖世。时不利兮骓不逝。骓不逝兮可奈何！虞兮虞兮奈若何！”参见：［汉］司马迁．高祖本纪汇注［M］．太原：三晋出版社，2021：156-176.

⑤ 《泗阳县志》记载明代邹辑《咏白洋河》：“白洋河下春水碧，白洋河中多沽客，春风二月柳条新，却念行人千里隔。行客年年任往来，居人自在洋河曲。”

⑥ 原句出自清代袁枚的《题虞姬庙》：“为欠虞姬一首诗，白头重到古灵祠。三军已散佳人在，六国空亡烈女谁。死竟成神重桑梓，魂犹舞草湿胭脂。座旁合塑乌骓像，好访君王月下骑。”参见：［清］袁枚．小仓山房诗集：过虞沟题虞姬庙［M］．杭州：浙江古籍出版社，2015：840.

⑦ 李志宏，陈浩，郑岐恩．宿迁风情［M］．北京：中国文史出版社，2009：116-118.

⑧ 汪玢玲，张志立．中国民俗文化大观：上［M］．长春：吉林人民出版社，1999：67.

⑨ 李志宏，陈浩，郑岐恩．宿迁风情［M］．北京：中国文史出版社，2009：113.

祀、文化展示、商品贸易为一体，辐射鲁皖豫等省份①。

根据宿迁市博物馆、泗阳县博物馆提供的相关材料，2019年对宿迁市境内出土的文物进行不完全统计，时限上起新石器时代，下至清代，主要分为陶器、瓷器、铜器、金银器、玻璃器等类型，共有2015件可移动文物。其中，根据材质分类，陶器917件、瓷器178件、铜器177件、金银器41件、玻璃器22件、铁器13件、漆器3件、度量衡器2件、珐琅器1件、其他661件。从类别分布看，在所有的可移动文物类别中，陶器数量最多，瓷器和铜器数量相差无几，而金银器、玻璃器、铁器数量偏少，漆器、度量衡器、珐琅器更是近乎为零；根据文物等级分类，一级文物9件，二级文物34件，三级文物108件，未分级的有1864件；从级别分布来看，一级、二级文物数量稀少，三级相较偏多，未达到评级标准文物的数量较多，占比达到90%。宿迁市拥有一级文物共9件，从类别看，分为铜器、玉器和瓷器，以铜器、玉器为主；从朝代上看，主要集中在汉代（5件），明清只有2件。二级文物共34件，从类别上看，以瓷器（9件）、铜器（7件）和玉器（5件）为主；从朝代上看，主要集中在汉代（10件）和明清（8件）。三级文物共108件，从类型上看，以铜器、陶器、瓷器为主；从朝代上看，集中在汉代。通过对宿迁城市景区内的地上、地下的不可移动文物，以及对已登记的不可移动文物进行复查，主要可以将宿迁的非物质文化遗产分为古遗址、古墓葬、古建筑、古石碑石刻、近代重要革命史迹及代表性建筑、古树名木等五大类型。据统计，宿迁市不可移动文物共有445处，其中，古遗址194处，古墓葬77处，古建筑93处，古石碑石刻7处，近代重要革命史迹及代表性建筑69处，其他5处②。

宿迁市境内河网密布，水域面积率达27.7%，特殊的地理位置和气候条件决定了宿迁水资源的保护在经济社会发展中具有举足轻重的地位③。大运河宿迁段在全省乃至整个大运河沿线所处的地位是治河咽喉、漕运转轴。运河的沟通与融合，治河的坚韧与创新，塑造了兼收并蓄、开放包容、敢为人先的宿迁运河精神和文化④。大运河宿迁段堪称一座流动的运河文化博物馆，2014年中国大运河被列入《世界遗产名录》，其中大运河中运河段和龙王庙行宫分别入选中国大运河的遗产段和遗产点⑤。针对大运河宿迁段的相关文化进行梳理，可将其分为5大类，18个亚类。京杭大运河宿迁段运

---

① 程芳银，等.宿迁特色文化［M］.苏州：苏州大学出版社，2006：145-147.

② 详细资料见张鸿雁主持的《宿迁市历史文化系统梳理研究项目》文本，第76-84页。

③ 张海明，吴泽雄，许广东，等.宿迁市水资源变化分析与保护利用建议［J］.人民黄河，2020，42（S2）：84.

④ 武蕾.浓墨书写城市特色“文化符号”［N］.宿迁日报，2018-08-14.

⑤ 石玄军，侍炜.沧桑运河换新颜——宿迁中河发展简述［J］.档案与建设，2019（07）：76.

河是苏北地区的黄金水道，也是国家南水北调工程的主要输水河道，境内至今都保留着大量与漕运工程相关的水利工程设施遗产和丰富的历史文化遗产资源[①]。宿迁段运河共分为三段，分别是京杭大运河中运河段、黄河故道、老汴河，总长266千米。中运河全长112千米，清康熙二十七年（1688年）为避黄行运而开挖；黄河故道全长121千米，元明时期作为京杭运河主航道的黄河故道（原泗水下游）；老汴河全长33千米，隋唐大运河之通济渠入淮河的尾闾[②]。对于大运河宿迁段所具有的价值，首先，大运河宿迁段是全国唯一拥有三个不同时期主航道的运河；其次，大运河宿迁段构建了运河全线最庞大、最复杂的堤防系统；最后，大运河宿迁段见证了自隋唐以来中国南北文化的对话、交融与发展。

宿迁水治理最早可追溯至大禹治水时期，《水经注疏》载：“偃王治国，仁义著闻，羽舟行上国，乃沟通陈蔡之间。”[③]同时，在运河开凿、水道疏浚、水患防治等方面涌现了诸多重要历史人物，如沭阳主簿沈括[④]、治水大臣潘季驯、河道总督靳辅、沭阳知县袁枚[⑤]等，康熙、乾隆多次下江南巡视河道，并驻跸宿迁，足以见宿迁段大运河在历代水务中的重要性。

宿迁段大运河历代水治理事件

时间	事件	人物	概况
上古时期	大禹治水	大禹	曾经治理过淮河及其支流泗水、汝河等
隋大业元年（605年）	隋炀帝开凿大运河	隋炀帝、皇甫仪	隋炀帝任命皇甫仪开通济渠，从洛阳西苑引涧水经宿迁市泗洪县东南于盱眙县城北入淮河[⑥]
宋皇祐六年（1054年）	沭阳主簿沈括修“百渠九堰”	沈括	沭河长期失修，堙塞成灾，民生维艰，沈括组织县民疏浚沭河、六塘河，修“百渠九堰”“得上田七千顷”

① 秦立建，胡继满，周大伟. 对宿迁水文化建设的思考［J］. 江苏水利，2011（05）：46-47.

② 古代传说中海水所归之处，现多用来指江河的下游。承接所有的江水、河水并且汇聚这些水的地方。“尾闾，水之从海水出者也，一名沃燋，在东大海之中。尾者，在百川之下故称尾；闾者，聚也，水聚族之处，故称闾也。在扶桑之东，有一石方圆四万里，厚四万里，海水注者无不燋尽，故名沃燋。”参见：［元］郝经. 续后汉书［M］. 上海：商务印书馆，1958：1027-1040.

③ ［北魏］郦道元. 水经注校证：卷八：济水［M］. 北京：中华书局，2007：202-223.

④ 沈括（1031—1095），字存中，号梦溪丈人，浙江杭州钱塘县人，是我国宋代科学家之一。沈括代表作《梦溪笔谈》，内容丰富，集前代科学成就之大成。参见：［元］脱脱. 宋史［M］. 北京：中华书局，1985：10653-10657.

⑤ 袁枚（1716—1798），字子才，号简斋，晚年自号仓山居士、随园主人、随园老人。参见：［清］赵尔巽，等. 清史稿［M］. 北京：中华书局，1977：13382-13383.

⑥ 据《书集传详说》中记载：“隋人广之即通济渠也，而江淮舟船始通。”参见：［朝鲜］朴文镐. 书集传详说：禹贡［M］. 南京：凤凰出版社，2019：121-194.

（续表）

时间	事件	人物	概况
万历八年（1580年）	潘季驯修建归仁堤	潘季驯	在归仁集至洋河镇筑归仁堤，使淮河流域水由洋河镇附近入黄河，亦保护明祖陵。淮河始以洪泽湖大堤为屏障，淮河下游特大型水库洪泽湖，始具规模与定型
康熙十六年（1677年）	河道总督靳辅开挖中运河	靳辅	开挖皂河至窑湾接洳河之河道、皂河至支河口的支河、支河口至杨庄的中河，形成至今仍用的中运河，黄运彻底分开，取得河安漕通的成效
康熙二十三年到四十二年（1684—1703年）	康熙"南巡"入宿迁阅河工	康熙	康熙二十三年（1684年），巡视宿迁县城北拦马河及黄河肖家渡险工等。康熙四十二年第四次"南巡"，二月到达宿迁视察，并在桃源登舟遍阅黄河工情，并向大臣们指示治河方略
乾隆八年（1743年）	袁枚治沭河	袁枚	乾隆六下江南五次驻跸宿迁，赞"江山第一春好处"

宿迁的中运河、骆马湖、洪泽湖是南水北调东线工程的重要节点，从江苏省扬州附近的长江干流引水，利用京杭大运河以及与其平行的河道输水，连通洪泽湖、骆马湖、南四湖、东平湖，并作为调蓄水库，向华北地区输送生产生活用水[①]。在科学技术价值上，宿迁大运河水利工程技术在全国乃至世界领先，例如刘老涧船闸民国遗存，是苏北地区唯一的民国船闸遗存，反映了民国时期我国自行设计建造的水利工程的技术水平；皂河抽水站建于1978年，曾荣获国家优秀设计金奖。它配备了当时世界上口径最大的混流泵，具备在抗震和弱电控制等领域的世界领先技术创新。这座抽水站在技术水平上取得了显著的突破，为水资源管理和供水系统的可靠性做出了杰出的贡献。

乾隆南巡阅河工图

① 王菡娟.高质量"送水"的背后[N].人民政协报，2018-11-08.

桃源知县李廷鹏在今城厢街始筑土城，九年竣工，城周长3里，高1.5丈，设城门4座①。宿迁由于“渔文化”底蕴深厚，在民俗类农业文化遗产上主要与“渔文化”息息相关。洪泽湖渔鼓，又称“打端鼓”“端鼓舞”“端鼓腔”，源于古代萨满②文化驱鬼逐疫的祭祀仪式中的萨满舞，自唐初传入洪泽湖，经一千多年的传承，已经形成了独具特色的民俗舞蹈，被誉为民间舞蹈的“活化石”。到了宋以后，洪泽湖渔鼓便逐渐参与到洪泽湖敬大王仪式。在长期的民间活动过程中，洪泽湖渔鼓形成了一套严格的活动程序，如“开坛”“展鼓”“拜坛”“祭神”等程序。洪泽湖渔鼓的传承全靠祖辈口传心授。明清时期是洪泽湖渔鼓发展的鼎盛时期，2014年11月，洪泽湖渔鼓入选国家级非物质文化遗产保护项目。另外，宿迁的民俗文化还有洪泽湖敬大王仪式③、湖水煮湖鱼④等。

宿迁作为中国平板玻璃生产的发源地，石英砂矿产丰富，拥有江苏省第一条平板玻璃生产线、第一条浮法玻璃生产线。1903年，近代实业家张謇⑤等人创办了中国近代第一家日用玻璃企业——耀

---

① 清代黄之隽在《江南通志》卷二十中载：“明正德六年，知县李廷鹏因旧址修筑，周三里，高一丈，五尺门，四池深一丈。”原书来源：浙江大学图书馆. 江南通志［EB/OL］//钦定四库全书：史部十一：地理类.［2023-10-28］. 影印古籍. https://ctext.org/library.pl?if=gb&res=5582&remap=gb.

② 萨满（saman）：满语，译为狂舞之人。最早给萨满一词下明确定义的是俄国学者道尔吉·班札罗夫（1822—1855），他在1846年撰写的论文《蒙古的黑教或称萨满教》中指出：萨满是想象很锐敏和切求自然力量知识的人。《不列颠百科全书》（1980年版）解释为“无所不知的人”。参见：傅波，等. 满族经济与文化［M］. 辽宁：辽宁民族出版社，2002：307-308. 而萨满文化是史前时代分布极为广泛的一种世界性原始宗教现象，它在东北亚和北美曾获得最充分的发展。萨满文化强调巫师在沟通天地、人神即神圣存在与世俗存在之间的重要媒介作用，认为凡人不能直接与天、帝相互沟通，只有巫师才掌握、控制着通往神圣之路的知识源泉。参见：祁连休，程蔷. 中华民间文学史［M］. 石家庄：河北教育出版社，1999：19.

③ 穆墩岛渔民敬大王仪式起源于唐代，“敬大王”仪式是集洪泽湖渔区渔民传统宗教信仰、民间风俗、音乐舞蹈等多种文化元素于一体的祭祀仪式活动，其中“洪泽湖渔鼓”已于2014年列入第四批国家级“非物质文化遗产”名录。参见：陈闯. 洪泽湖渔鼓祭祀舞蹈田野调查——江苏省泗洪县半城镇穆墩岛“敬大王”仪式［J］. 黄河之声，2017（13）：110-111.

④ 自古以来，洪泽湖上的渔民即以“湖水煮白鱼（湖鱼）”，洪泽湖白鱼属于名贵鱼类，一贯被视为上等佳肴，从隋朝开始就成为进献皇室的贡品。后来，经过洪泽湖区渔民潜心制作，创出了清蒸洪泽湖白鱼这道传统名菜，登上了圣宴之席。参见：洪泽区人民政府. 走进洪泽·名优特产［EB/OL］.（2023-01-29）［2023-10-28］. http://www.hongze.gov.cn/col/927_757537/index.html.

⑤ 张謇（1853—1926），字季直，号啬庵，江苏南通人，清末状元，著名实业家。他毕生坚守孔孟之道，“父教育、母实业”，一生创办了40多家企业、近400所学校，其品德、思想、事业、成就深为人们所景仰，是“儒商”典范，是中国近代化、工业化的开拓者和先驱，是中国民营企业家的先贤和楷模。张謇提出“实业救国”是对当时中华民族面临的亡国灭种灾难的回应。参见：梁林军. “父教育 母实业”——张謇的企业家精神［EB/OL］.（2020-11-30）［2023-10-28］. https://zjs.ntu.edu.cn/2020/1130/c4187a157362/page.htm. 后来，张謇把主要精力放在实业、教育、文化、水利、交通、城市自治和建设以及慈善事业上。其中，他创造性地经营南通城市建设并取得了非凡的成就，由此南通被誉为“中国近代第一城”。参见：中国科学院. 张謇与南通“中国近代第一城”［EB/OL］.（2003-08-22）［2023-10-28］. https://www.cas.cn/xw/zjsd/200906/t20090608_643187.shtml.

耀徐玻璃厂

徐玻璃厂，拉开了宿迁玻璃产业发展序幕。宿迁的丝绸工业以苏丝和玖久丝绸为代表，创新求变贯穿了企业发展始终。苏丝是来自上海的“百年品牌”，前身是1923年浙江南浔“朱勤记丝绸”掌柜朱节香在上海创办的中和绢丝厂与中孚绢丝厂。

沭阳县的花木种植始于唐代、盛于明清，清代小说家李汝珍所著的《镜花缘》①一书中即有“沭阳石榴甲天下”的记载。沭阳县所有乡镇场（新城、街道）都有花木种植，是江苏省面积最大的花木生产县，形成了以树桩盆景、干花、盆栽嫁接桂花、花木电商为主的地方特色产业②。除此之外，宿迁的三台山国家森林公园作为国家4A级旅游景区，其总占地面积约12.7平方千米，是苏北最大的天然次生林，也是宿迁市唯一的国家级公益林，在2017年被评为国家级森林公园。三台山地处马陵山南麓，南端为天然草坪，中间为丘陵，北部为平原，西侧为湖泊。境内有锅框山、鏊子山、三台山三座山峰，其中三台山海拔73.4米，为市域最高点。清末书法篆刻家窦燕客有诗《三峰夕照》描写三台山：“马陵北望有三台，雨后浮云四面开；斜日一轮无限好，半山晴翠送将来。”③宿

① 《镜花缘》是清代文人李汝珍创作的长篇小说。小说前半部分描写了唐敖、多九公等人乘船在海外游历的故事，包括他们在女儿国、君子国、无肠国等国的经历。后半部写了武则天科举选才女，由百花仙子托生的唐小山及其他各花仙子托生的一百位才女考中，并在朝中有所作为的故事。其神幻诙谐的创作手法数经据典，奇妙地勾画出一幅绚丽斑斓的天轮彩图。参见：［清］李汝珍. 镜花缘［M］. 北京：人民文学出版社，1955：1-2.

② 张毅，吕述谡，宋涛. 沭阳：花木产业精彩“蝶变”［N］. 宿迁日报，2018-09-27.

③ 佚名. 宿迁5首诗词晋级，《垓下歌》一马当先［N］. 现代快报，2017-04-18.

泗阳绢纺厂

迁的三台山国家森林公园占地12.7平方千米，总水面约2000亩，南北长约1000米，东西宽约800米，森林覆盖率达98%，负氧离子含量高达2万每立方厘米[①]。

在教育文化方面，宿迁境内最早的书院见于明代，但当前宿迁境内的古代书院遗址基本无存，仅能从相关典籍记载中略窥一二。1577年，宿迁知县喻文伟在新城南门内建凌云会馆（亦称凌云书院）一所。清道光、乾隆年间，宿迁地区较著名的书院有钟吾书院、怀文书院、泗阳书院（原名为淮滨书院）、沭邑书院等，书院经宋、元、明、清的兴衰嬗变，至清光绪二十七年（1901年）改书院为学堂而终止，历时近千年，为宿迁传播文化、培养人才发挥过积极的历史作用。淮滨书院，原名为泗阳书院，位于学宫东侧，圮废已久，创建不可考。清道光二十七年（1847年），重建于旧址，名曰“淮滨书院”。院内聘山长1人主持教务，每月有斋课、县课各1次。斋课由山长主讲，县课由知县主讲。光绪二十八年（1902年），增建进德斋、藏书楼等，规制略备[②]。光绪二十九年，淮滨书院改设“青选学堂”。光绪五年（1879年），知县杨凤朝为重振书院昔日雄风，延请著名学者王诩为书院主讲。诸生慕名纷至沓来，投足于王诩门下。王诩造士有方，进士张庚铭、李映庚皆出其门下，书院名声大振[③]。

针对宿迁文化输出的代表性的文化符号，简述如下：

从宿迁地域文化的视角来看：一是在历史脉络上，宿迁是江苏文明之源，四千年水政双脉，孕

① 笔者2017年主持“三台山衲田风情小镇专题规划”项目。

② 清光绪十九年（1893年），中国地理学萌芽时期的开拓者张相文在淮滨书院讲学。据《泗阳张沌谷居士年谱》称：“斯时文章之美，江淮莫逮，名声大振。”参见：陈宝国，李玉静. 大众地学史［M］. 济南：山东科学技术出版社，2015：182.

③ 光绪己卯（1879）王诩主讲怀文书院，以性情造士，士爱敬如慈父。张庚铭、李映庚两进士并出其门下而以诗名海内。为山阳鲁一同入室弟子。参见：江庆柏. 江苏艺文志：宿迁卷［M］. 南京：凤凰出版社，2019：379-380.

育了宿迁上善若水的城市性格。二是在历史人物上，宿迁拥有一王两帝，武属泗洪，文当沭阳，四民先驱，科尚理论，才女咏絮。三是在文化交融上，宿迁浩瀚徐风，豪气齐鲁，精致淮扬，南北兼具，柔顺而坚韧，敦厚而雅秀。四是在地名文化上，宿迁在水一方，逐水而居，群姓聚集。五是在饮食菜系上，盐酒米面大头菜，山楂贡酥车轮饼。六是在民风民俗上，沭阳龙头节——二月二，祈丰收；出嫁女，回门望；弯弯顺，如意有；稚驱虫，道吉祥。七是在宗教文化信仰上，溯初唐大圣寺，千载极乐极安；望历朝道教，属近代多艰；伊斯兰教初传老泗阳，再入顺河集；基督教创福音堂，天主教建玫瑰堂；四大水文化信仰，另辟天地人三皇。八是在艺术文化上，书法篆刻——笔走龙蛇，铁画银钩；绘画篆刻——如行云流水绕素笺，展瀚海崇山依旧颜。

从宿迁文化遗产遗存的视角来看：一是在物质文物遗产上，一级文物春秋青铜汉代玉，明朝铜像清代瓷；二级文物战国玉器西汉陶，明代龙泉清五彩。二是在非物质文化遗产上，传统戏剧代表泗州戏——淮洪两岸唱风情，雅俗共赏道民心；曲艺类代表苏北琴书——民间小调打扬琴，苏北黄淮两相怡；传统音乐代表天岗锣鼓——锣鼓激昂显气概，磅礴恢宏振人心；传统舞蹈代表洪泽湖渔鼓——洪泽湖畔渔鼓起，国泰民安百家怡；传统美术类代表云渡核雕——夭桃千顷桃雕乡，避邪纳福送吉祥；民间文学代表《水漫泗州城》——水下庞贝古泗州，唯见黄河水悠悠；传统技艺类代表洋河酒蒸馏酒酿造技艺——甜绵软净香，制踩发酿藏；游艺类代表桑墟纸牌——桑墟大姐会裱牌，上可御供传万家。

在对宿迁市文化资源系统梳理的基础上，总结出其特色地域文化，并从基本特征、传播广度和认可程度三个维度，选取国内外经典地域文化案例进行对比分析，另外对其文化因子进行提取，对宿迁在地化的文化资源进行云图绘制。同时，在三个方向对宿迁进行特色文化竞合比较，首先，从质和量的角度，比较文化与同类型文化之间的差异来研究其基本特征。其次，根据线上线下的渠道和关注度，评估文化的传播广度和群众反馈。最后，比较同类型文化在全国乃至全世界的影响力并分析其认可程度。

一是楚汉文化。宿迁的西楚文化在基本特征上，以楚霸王项羽为核心人物，表现为与之相关的旧址遗迹、风物特产、民风民俗等内容。在当地文化认同意义上，西楚文化精髓和项羽个人精神特质逐渐演变为现代“宿迁精神”，西楚文化以“仁”“信”“智”“勇”“忠”为内涵，其中“仁”是其精髓。

二是运河文化。宿迁是全国唯一拥有大运河三个历史阶段不同航道的城市，有156项水文化遗产，这一特殊地理位置使宿迁成为大运河历史文化的珍贵见证，也反映了它在中国历史中的重要地位。这三条不同的航道代表了大运河在不同历史时期的演变和发展，对于研究和传承大运河文化具有重要的价值。

三是生态文化。宿迁在建市之初就坚持“生态优先”的方针，以“森林式、环保型、园林化”定位城市。在传播广度上，宿迁主要着眼于建设生态宜居之城、江苏生态大公园和生态景点等。

四是酒文化。宿迁的洋河酒、双沟酒是其城市品牌的代表，也是中国唯一拥有五个酒类“中国驰名商标”的地级市。

五是渔文化。宿迁“渔文化”主要是围绕洪泽湖水域形成的特色地方文化，有洪泽湖渔鼓、洪泽湖敬大王仪式和湖水煮湖鱼等民俗文化。

六是英雄文化。宿迁历史上多灾多难、艰苦恶劣的生活环境，造就了宿迁人坚忍不拔、嫉恶如仇、富有正义感的秉性，以项羽、杨泗洪和朱瑞等英雄人物为代表，在文化认同上，“宿迁有三宝，英雄、美酒、生态好”的说法深入人心。

每一座城市的文化都有其本土性与独特性，决定了城市的精神与气质。在创造性地建构宿迁城市文化特色的时候，我们注重挖掘宿迁城市文化的独特性，树立文化自信、文化自觉和文化担当，用文化来引领城市未来的发展。“因此，假如与传统文脉之间存在着一种积极的联系，那么一种传达用本地文脉和历史文化的方法并不会必然导致模仿品的产生。传统文脉适合于诠释和融合创新而不能模仿……所以应当将过去转化为现在的一部分而不是僵化地利用它。文脉延续性要求对地方传统进行发展和变化。‘历史是一种对过去的记录，传统意味着在传递过去的过程中的一种更加积极的变化’（Middleton，1983）。麦科马克通过解释卡尔·波普尔（Karl Popper）的观点认为，新的或改变后的传统‘从现有的传统中脱离出来……通过渐进的而不是革命的过程，推动了建筑艺术的进步。’”[①]我们用麦科马克这句话的意义是为强调发展中的一个关键，即要从传统文化中“脱离出来”，在深入挖掘宿迁文化并进行细分特色的同时，谋求文化的进步，创造文化的国际站位，这样，宿迁才能成为一个有特色文化城市形象的城市，要让世界看见宿迁。“让世界读懂宿迁”是宿迁发展的一个重要创新点。宿迁城市历史久远，传统意象特征多元，但尚需明确和强化。要使宿迁这座城市在人们心中产生存在感和认同感，必须注重现代宿迁的城市意象营造，将宿迁打造成可识别、可阅读的城市。

---

① ［英］史蒂文·蒂耶斯德尔，蒂姆·希思，［土］塔内尔·厄奇.城市历史街区的复兴［M］.张玫英，董卫，译.北京：中国建筑工业出版社，2006：195.

参数建模，特别是关系到增量式分期和不对称积累，允许甚至是鼓励进一步转变，以满足使用者不能预测、不断发展的需求和需要。在计算科学上的新发展可以满足基于体量和空间三维关系的无穷尽的分析模型。这与传统的平面叠加式的普通设计方法大相径庭，它允许我们去创造极富个性化但又整合在一起的空间。这里还有关于形式方面我们觉得需要提及的其他几点。[①]

——汤姆·梅恩

龟山村曾经是一个空心村，在我主持策划、规划和设计实践中总结提出了乡村振兴"九原文化模式"：（1）原文化根底；（2）原生态结构；（3）原地点精神；（4）原文化肌理；（5）原住民生活方式；（6）原地材料使用；（7）原空间样态；（8）原乡愁守望；（9）原集体记忆……

——张鸿雁《龟山村规划手记》

---

① ［美］汤姆·梅恩. 复合城市行为[M]. 丁俊峰，王青，孙萌，郝盈，译. 南京：江苏凤凰科学技术出版社，2019：6-7.

第三十二章
传统村落保护与开发一体化规划——“九原文化模式”①

龟山村，一个空心村复活的经典案例，从中可以见证中国城市化和乡村振兴的沧桑。

乡村，不只是广袤的土地和田野的延伸，更是因时间流转后乡村集体记忆和怀旧文化的寓所，世代相传下来的传统文化是乡村生活的灵魂，承载着人们永恒的情感和乡愁。中国是农业大国，农业文明源远流长，有着五千年的悠久历史，中国自古以农业立国、重农抑商，农业发展一直被视为国家之要事，因此使人们对农村生活的怀旧情感和对土地的眷恋，长久地深植于中国文化之中。为什么要对一个传统村落进行保护与开发一体化规划呢？随着城市文明的逐渐“侵入”，乡村开始受到城市生活方式的影响，传统与现代文明在乡村交融，使乡村文化面临新的挑战与机遇。费孝通先生曾提出的“文化自觉”概念，是指一个文化或社会群体在面对现代化、外来文化冲击的情境下，能够自觉地保护和传承自身的文化、价值观和传统，同时也能够适应现代社会的发展和变化，重点强调文化自我认知和自我保护的能力。“文化自觉”强调了文化的动态性、活力和自我更新能力，以保持文化的独立性和特色。“乡村文化自觉”就是需要乡村在面对城市化、现代化冲击时，不但需要融入时代潮流进行发展，还要能够保护和传承乡村的优秀传统文化、风土人情、地方习俗、农业文化等传统的乡土文化底蕴，在开发中保护，在保护中开发，以便乡村在现代化的进程中也能够保持文化的独特性和现代性。

---

① 笔者2015年3月主持“洪泽老子山龟山村传统村落保护与开发一体综合规划”。本章节是在原规划文本（240页）的基础上进行的重新整理撰写，并重新加以注释和增加资料。

一、规划理论与方法创新：数据资源转化为数据资本

中国传统村落数量巨大、种类丰富，是中华民族最宝贵的遗产之一。2023年3月，住建部、国家文物局等六个部门公布了第六批中国传统村落名录，1336个传统村落榜上有名，目前中国传统村落总数已达8155个①。那么，为何要选择龟山村进行单独的探讨与分析呢？龟山村因其拥有独特的历史背景和丰富的文化底蕴，是集传说、遗迹、建筑、空间等多重唯一性要素于一身的重要载体而值得被特别关注。自上古时代此地因有水怪巫支祁为患一方，大禹曾与其大战并擒获巫支祁于龟山脚下而淮水始安②，到龟山村深受中国第四大淡水湖洪泽湖的恩泽，此外清代乾隆六下江南到此驻足停留，为龟山留下了不同寻常的历史故事与文化资源。随着城市文明的入侵，龟山村曾一度成为空心村，村落中青年人外流，老年人留守，使房屋空置，农田荒芜，村落清冷，这是一种深受现代生活方式冲击后的时代演变。然而，乡村需要发展，但也需要保留和传承那些珍贵的文化和记忆。因此，我们通过研究和分析来探讨如何挖掘并复兴龟山村的独特文化，着眼于传统村落保护与开发的一体化规划，使龟山作为空心村重新焕发活力，并在中国现代化的进程中重新确立自身的定位。而在更高层面上，龟山村必须将自身传统村落的保护与发展放在全球化舞台之上，以更高的视角将龟山村打造为具有全球唯一性的传统村落保护与开发创新样板和目的地，从而实现龟山村自身发展的国际化。因此，我们深入到龟山村本体，去深入挖掘与探究其历史文化的内涵、特色文化基因以及龟山遗产，从而建构起龟山历史沿革与文化资源数据库，为龟山村的保护与开发奠定扎实的基础。

龟山村位于淮安市洪泽区老子山镇西南处③。对于入选传统村落名录的龟山村来说，在外部大背景与自身发展诉求的双重叠加之下，以往传统村落沿袭至今的保护与发展路径已经不再适用于自身未来的发展。龟山村立足于“长淮第一村”的美誉与担当，在面对新背景下的新挑战与新机遇，更应展现出其保护与发展的创新性、战略性、全局性、引领性，为中国古村落的保护与开发、新型城

---

① 姜燕. 第六批1336个中国传统村落名录公布，总数已达8155个［N］. 新民晚报，2023-03-22.

② 《淮阳记》按《古岳读经》云：“禹治水，三至桐柏山，乃获涡水神名巫支祁……徙淮泗阴，搅龟山之足，淮水乃安流注于海。”参见：［元］陶宗仪. 南村辍耕录［M］. 北京：中华书局，1959：368-369.

③ 龟山村因山得名，山因形若巨龟浮于水面而名龟山。一个飞地，与老子山镇隔湖相望，两地直线距离约为8.56千米，行水路约为9.5千米，陆路公路约为11.85千米，原本是属于淮安市洪泽区老子山镇（2014年时还是洪泽县）。

镇化建设提供“苏北样本”。此次洪泽老子山龟山村的传统村落保护与开发一体综合规划，正是要实现一个规划主题的贯彻——实现龟山村传统村落保护与开发的一体化、持续化与增值化[①]。我们正在进入一个文化资本化的时代！所有城市与乡村变革的命运都与资本的介入有关，资本对城乡发展的介入呈现两种结果，一个是保护建设发展，一个是开发过度，忘却历史。“城市作为文明之地常常被用来和小城镇以及农村地区的落后进行对比。许多纽约市民都认为文明在这个城市的边界之外就不存在了。当纽约人使用‘偏僻’一词时，脑子里就想象出一片蛮荒之地，在那里，电力供应时断时续，好吃的贝果圈也无处可寻。大多数大城市对于世界的观念都是自己想当然的图景，其中与城市相关的区域占据了地图上绝大部分内容，而除此以外的部分都只是遥远的充斥着陈词滥调的小地方。”[②]然而，事实上，一些偏远的村庄往往是被遗忘的角落，甚至可以说是离现代文明还很远……特别是一些空心村有可能就是因文化被淹没而成为“蛮荒”之地。因此，对一个村庄的规划与设计，其目的之一就是让这个村庄死去的文化得以复活、活化，成为现代生活的人文精神与人文经济，丰富人类的历史文化。文化不再仅仅是停留于传说、博物馆、书本以及人们记忆当中的简单符号，文化已经成为一种品牌、一种动力和一种象征。归根结底，文化已经成为一种“资本”，一种依托特定文化要素、具有较强差异性且具备“溢价性增殖”的独有资本[③]。龟山村本身具有悠久的历史、丰富的遗迹、传统的建筑、自然的空间、原始的居民等等，都是打造自身独有“文化资本”的重要基础和要素。必须深刻意识到这些文化要素不仅仅是需要保护、留存的遗产，更是与民生、经济、产业、未来紧密关联的宝藏，必须以恰当的方式实现自身文化要素“资源化、资本化、资产化”的发展跨越。

龟山村的发展轨迹承载着历史文化的演进，可以被缕析为不同的时期和文化特色。远古时期，大禹锁巫支祁于龟山脚下。在古籍和民间传说中，大禹曾在此疏道治淮。彼时水怪巫支祁为患一方，大禹曾与巫支祁及其所属几十万山精水怪大战，擒获巫支祁于龟山脚下，自此淮水始安[④]。秦末汉初，屯兵筑城依托淮水天险，龟山地理位置十分重要。魏晋南北朝，一度为县治，始名龟山城。

---

① 张鸿雁，房冠辛. 传统村落“精准保护与开发一体化”模式创新研究——特色文化村落保护规划与建设成功案例解析［J］. 中国名城，2016（01）：10-26.

② ［英］约翰·伦尼·肖特. 城市秩序：城市、文化与权力导论［M］. 郑娟，梁捷，译. 上海：上海人民出版社，2023：350.

③ 张鸿雁，房冠辛. 传统村落“精准保护与开发一体化”模式创新研究——特色文化村落保护规划与建设成功案例解析［J］. 中国名城，2016（01）：10-26.

④ 鲁迅，校录. 唐宋传奇集全译：卷三［M］. 杜东嫣，译. 上海：上海古籍出版社，2014：74.

南北朝曾为县治[①]。刘宋文帝时期（424—453年）在原项王城基础上筑龟山城。隋唐时期，商贾往来，龟山始兴。隋代开通济渠后，这一时期的淮河交通繁忙，沿线兴起一批集镇，隶属盱眙的龟山镇即在此列。龟山商贾往来增多，人口渐增，城镇渐兴。此时佛教在淮河、洪泽湖地区兴盛起来，龟山始建寺院。唐《元和郡县志》记："洪泽浦在盱眙县北三十里，本名破釜涧。隋大业十二年，炀帝幸江都经此，宿时亢旱，至是降雨流泛，因改破釜为洪泽浦。"[②]元丰六年（1084年）开龟山运河，置淮南、淮东漕运司，置务税令，龟山镇一时"人烟繁盛，倍于淮阴"[③]，位列盱眙三镇。后宋金以秦岭、淮河为分界，龟山居淮南，属南宋[④]。明清时期，略有复苏，辉煌不再，清代龟山村一度成为清河重镇，康熙二十四年（1685年）泗州学移建龟山之麓，学员二十人，另有凤阳学府旧额二名，这是龟山有史以来的最高学府[⑤]。清末龟山屡遭战争灾难，规模缩小逐渐寂寥。到了近现代，龟山归于宁静的临河小村，古寺年久失修。其中较为知名的寺庙有如下四处：淮渎庙——祭祀淮河之神的庙宇多名"淮渎庙"，龟山淮渎庙位于龟山西南麓，直至明清发展到鼎盛[⑥]。先福寺——建成于唐玄宗时期，真寂大师到此后不断募化、改扩先福寺。先福寺曾有真寂大师像、罗汉井、圣井碑等[⑦]。龟山寺（龟山水陆禅院）——唐代高僧于龟山敕建寺院居之，弘道元年（684年）中宗皇帝（李显）赐额"普光"，即龟山寺最早起源。北宋天禧二年（1018年），断臂祈雨的金臂祖师通过扩建而得龟山寺[⑧]。安淮寺（重建龟山寺，易名而得）——清道光十七年（1837年），无梁殿法器浮于水面，铁佛4尊、铁罗汉20尊、铁钟、铁镬等相继被发现。铁钟上"皇帝万岁，重臣千秋"的字样清晰可辨[⑨]。

---

① 刘昫，等. 旧唐书［M］. 北京：中华书局，1975：1444.

② ［唐］李吉甫. 元和郡县图志［M］. 北京：中华书局，1983：1074–1076.

③ ［宋］徐梦莘. 三朝北盟会编：卷一百二十八［M］//文津阁四库全书：第121册. 北京：商务印书馆，2016：759.

④ ［清］王先谦. 尚书孔传参正：禹贡第一［M］. 北京：中华书局，2011：244–360.

⑤ 原文为"康熙二十四年，（泗州）州城湮，移建泗州学于龟山之麓。"参见：［清］王锡元. 盱眙县志稿：卷二：山川［M］. 癸卯重校本. 淮安：盱眙县志局，1903（清光绪二十九年）：13.

⑥ ［清］王锡元. 盱眙县志稿：卷三：建置［M］. 初刻本. 淮安：盱眙县志局，1891（清光绪十七年）：11–13.

⑦ 马培荣. 唐代盱眙先福寺住持高僧——真寂大师［EB/OL］.（2021–05–05）［2023–10–28］. https://xuyilt.com/. 原文见：北宋李昭玘的乐静集：卷七：敕谥灵慧大师传. 或见：清代乾隆《盱眙县志》卷四《山川・井》。

⑧ ［宋］王象之. 舆地纪胜［M］. 成都：四川大学出版社，2005：1875.

⑨ ［清］麟庆. 重修安淮寺碑记. 转引自：淮安市政协文史委员会编《淮安园林》。

龟山历代诗词集

朝代	类别	作者	诗词文章	朝代	类别	作者	诗词文章
唐代	诗词	元稹	《修龟山鱼池示众僧》	元代	诗词	张以宁	《泊龟山》
唐代	小说	李公佐	《古岳渎经》	元代	文章	郝经	《祭淮渎文》
北宋	诗词	汪藻	《龟山上方诗》	明代	诗词	郑真	《龟山水母庙》
北宋	诗词	苏瞬钦	《晚泊龟山》	明代	诗词	陈道	《泊舟龟山》
北宋	诗词	苏轼	《龟山》	明代	诗词	潘叔权	《龟山寺晚钟》
北宋	诗词	苏轼	《龟山辩才师》	明代	诗词	叶本	《龟山寺晚钟》
北宋	诗词	朴寅亮	《过龟山》	明代	诗词	黄景夔	《龟山寺晚钟》
北宋	诗词	苏辙	《过龟山》	明代	文章	云崖	《淮渎庙和柳地宫韵》
北宋	诗词	贺铸	《晚泊龟山》	明代	文章	唐龙	《重修淮渎庙碑记》
北宋	诗词	米芾	《龟山晚钟》	清代	诗词	张相文	《龟山望明陵》
北宋	诗词	秦观	《龟山塔院遣侍儿朝华》	清代	诗词	陶澍	《龟山览古》
北宋	诗词	张舜民	《龟山寺诗》	清代	诗词	陶澍	《游龟山访禹迹》四首
北宋	诗词	杨万里	《题龟山塔》二首	清代	诗词	纪映钟	《龟山寺晚钟》
北宋	诗词	张禧	《题龟山水母井》	清代	文章	麟庆	《重修淮渎庙附祀僧伽大圣记》
北宋	诗词	张耒	《望龟山》二首	清代	文章	麟庆	《重建安淮寺碑记》
北宋	文章	沈括	《泗州龟山水陆禅院佛顶舍利塔记》	清代	文章	阮元	《移建安淮寺碑记》
北宋	文章	张耒	《龟山祭淮河词》	/	/	/	/

文化旅游资源和旅游文化资本评价是旅游业发展中的重要环节，有助于了解和利用文化元素以提高旅游吸引力和竞争力。根据龟山文化资源的实际情况，参考国内已有文化资源普查的实例，对龟山现存文化资源进行分类逐项梳理评级和空间分布分析。

历史文化遗存：以龟山遗址为核心，主要分布在宋、明、清三代，数量丰富，以石碑居多，大多蕴含丰富的历史信息和文化内涵。其中，龟山遗址①是省级文物保护单位，文物保护范围北至村民宋德福家后竹林，东至村民马德民家前村民路，西、南至石工墙。目前主要包括“圣旨”碑、“移建安淮寺碑”、龟山寺塔地宫、“重修淮渎庙碑”“陶澍”“麟庆碑”“御码头”、明代“石工墙”等。控制建设范围为东、北自保护范围外100米，南、西两面与保护范围线重合。

① 2006年龟山遗址被公布为第六批江苏省文物保护单位。

龟山历史文化遗存

名称	简介	评级
龟山运河	北宋元丰六年（1083）兴建	二
安淮寺遗址	清代，有残缺门墩	一
淮渎庙遗址	有残缺经幢	一
龟山寺塔地宫	宋代，即民间俗称“支祁井”“圣母井”。地宫建置巨大，顶部已缺损露空	四
御码头	相传为建炎元年（1127年）赵构所至而建，历代沿用。共15级，下五层台阶口呈弧形。传说清乾隆皇帝曾登临	四
石工墙	明代，长200米，驳岸中部略有坍塌，东段残缺。南端为石阶码头。保存状况较好。与御码头相连	四
“圣旨”碑	明代，高2.65米，宽1.15米，厚0.23米，弧形碑额。楷书，字迹侵蚀严重	三
“移建安淮寺碑”	清代，“清太子太保予告体仁阁大学士扬州阮元撰并书”，额满浮雕蝙蝠祥云图，碑座赑屃	三
“重修淮渎庙碑”	明代嘉靖庚寅（1530年），“议大夫都察院右副都御史前总漕运兼抚凤阳等处地方兰溪渔石唐龙撰书”，背有碑记一篇	三
“游龟山访禹迹题咏碑”	清代，陶澍所撰	二
“再查淮渎庙碑”	清代，麟庆所撰	二
“题咏古碑”	两块，当年钦差大臣唐龙题写，现镶嵌于村支书胡明江家墙上	二
龟山摩崖石刻遗存	残件	一

在非物质文化资源方面，共计八项，以民间故事传说为主，包括一项人物资源。仅洪泽湖渔鼓舞和水漫泗州城传说两项与他地共享，其他民间传说均为龟山特有，具有很强的传奇性和独特性。洪泽湖渔鼓舞、水漫泗州城传说、巫支祁传说三项被列入省级非物质文化资源遗产名录。

龟山非物质文化资源①

名称	简介	评级
水漫泗州城	明朝皇帝朱棣因修祖陵抓民夫而破了水母娘娘和李守志的美好姻缘，水母娘娘为报复淹没明祖陵的同时也淹没了泗州城	四
巫支祁传说	相传大禹治水，曾三至桐柏，获淮涡水神巫支祁，并将其锁于龟山之足，淮水始安。传说乾隆皇帝下江南时路过龟山曾揭开支祁井，那浑身长满青苔的水妖被拉出水面，恶狠狠地对乾隆皇帝说：“我若不看你是一国之主，我一口就把你吃掉！”吓得乾隆连忙命人把井盖上。鲁迅先生曾考证，巫支祁是《西游记》中孙悟空的原型	五

① 2009年淮安市政府公布第二批市级非物质文化遗产名录。

（续表）

名称	简介	评级
洪泽湖渔鼓舞	前身是流传于北方的“跳神”，明末清初由北方难民传入洪泽湖地区。清代以后，渔鼓作为渔民用于祭祀活动中跳神者的伴奏工具，形成了原始的渔鼓舞。传承过程中吸收渔歌及说唱等歌舞曲艺门类，表演风格不断走向成熟	五
金兀术不焚龟山寺	金兀术占领龟山后，意图焚烧龟山寺。忽见一老僧冒死上前跪见金兀术苦苦央求道：“此寺万不可焚，否则你将遭如来惩罚。”金兀术用铁棒猛击老僧头额，致使老僧头破血流。稍后金兀术巡视寺内罗汉洞时，竟见五百尊铁罗汉中，唯首座罗汉也是头破血流不止，恰如刚才被击老僧一模一样。金兀术心想：罗汉本是铁制之身，哪有流血的道理？莫非刚才被击老僧就是罗汉化身？他愈想愈觉得蹊跷，不由惊慌失措，仓惶而去。龟山寺躲过一劫，幸免被焚之灾	三
龟山与小龙女	相传一只修炼千年的洪泽湖雄乌龟，与东海小龙女相爱。但东海老龙王坚决不允，小龙女唯有以死相逼。龙王假意答应婚事，要求乌龟备好彩礼嫁妆后再择日来，却暗地命令停降大雨。水系迅猛枯竭。乌龟游至今老子山境内湖面再也无法前行，备受日照煎熬。老龙王见乌龟未死，请来张果老登上龟背，种下一棵神树银杏。银杏树根系遇到了龟血，日扎数米、茎长数丈，树根穿透了乌龟的心脏，将其固定在湖面上。痴情的乌龟变成了湖中的一座山，小龙女闻后悲痛欲绝，冲破阻挠来到洪泽湖上空缅怀已变成青山的乌龟，之后每年农历二月初二都是如此。传说这天龟山上空都会天降细雨，细雨是东海小龙女思念恋人的眼泪。千年来龟山山清水秀，唯独那棵银杏树被小龙女的眼泪淹死，至今朽木犹存	四
龟山足下百牛潭	唐永泰初年，有渔人夜钓于龟山之足，鱼钩被东西拉扯住无法拔出。渔者下水查看，看见大铁锁盘绕山足，立即禀报时任楚州刺史李汤。李汤命数十人，加五十余头牛，拉动铁索。一时惊涛翻滚，锁的末尾出现一头高五丈、似猿猴的怪兽，怪兽欲发狂怒，围观者奔走散去。稍后怪兽便引锁拽牛入水，不再出现。五十余头牛故作百牛之说，史书记之为百牛潭	三
乾隆皇帝找父亲	乾隆母亲进宫后，其父于龟山做和尚。乾隆下江南经过龟山，赐每个和尚一件袈裟，个个跪下谢恩，唯有一个不下跪，自称“八×和尚”不拜主，乾隆回京听太后解释后，方知“八×”即“父”字，父不拜儿。乾隆二次到龟山时，其父已走，后来下旨在龟山大修庙宇，并将庙的正门叫“午朝门”，因为皇帝来过这里	三
龚开	宋末元初画家，字圣予，号翠岩，龟山人。擅诗文书画的文人画家，山水画师从米芾、米友仁，人物、鞍马则学曹霸，亦能画梅、菊等花卉。特别喜欢用水墨画鬼魅及钟馗，“怪怪奇奇，自成一家”。著有《龟城叟集》一卷	四

龟山村的自然景观共计五项，包含河、湖、岛、山、树，数量较少，但面积较大，且其中几项具有突出的观赏价值或历史文化价值，水文资源潜力较大①。按村域面积3.4平方千米计算，共有5大

① 龟山村：“国字号”传统村落古韵新景［EB/OL］.（2018-10-12）［2023-10-28］. http：//www.hzxw.net.cn/showinfo-21-23386-0.html.

类26个项目，应该属于资源较为丰富型的村落。然而，与其他传统村落相比，龟山有一半以上的资源是古迹，缺少古建，至今仅存近代和近代的传统民居，这就导致了村落建筑文化和村落整体的弱化。从数量上看，比较优势不明显，以历史遗迹为主。从资源的空间分布来看，聚落状态良好，主要资源聚集在村庄南部，紧邻河流，聚落的高度集聚，有利于整体的保护与开发。在重点资源的质量上，有明显的优势，但是有很高的同质性。龟山是一处具有很高历史价值和文化价值的区域，被列为省级重点保护单位。与巫支祁有关的故事，具有很强的趣味性和很高的知名度。佛教文化和运河文化与洪泽湖其他区域具有高度的一致性。无论是从保护传承，还是从发展的角度来看，它都缺乏活力，发展相对落后。但由于文化资源保护落后，加上当地居民对历史与传说的认识不足，使得该地区的文化资源开发几乎是一片空白。

传统村落的保护与开发模式是一个复杂而重要的议题，它涉及文化传承、生态平衡和社会可持续性，我们对传统村落保护与开发模式的相关案例进行了研判。国内外有众多传统村落保护与开发的经典案例值得我们借鉴学习，在管理模式、资源利用、产业发展、资金支持等各方面有独到的长处与经验，为此我们专门开发案例库，也将龟山村保护与开发一体经验总结作为其中的案例之一。此外，国外经典的案例还包括，日本白川乡合掌造聚落：人造的童话。日本岐阜县白川乡的建筑，因其屋顶呈人形，像是双手在合十，被称为“合掌造”，其设计被誉为“极端合理，就连日本境内也相当罕见的传统庶民建筑”[①]。合掌村在管理模式、资金支持、资源利用上积累了丰富的经验。管理模式上，坚持以村民“自救”为主。白川乡的发展离不开村民们的“自救”行为，真正实践了“全民参与”的管理模式。努瓦耶村位于法国勃艮第地区约讷省[②]，虽然村域面积较大，有35.7平方千米，但是地广人稀，人口仅809人。村庄里至今还散落着各个时期的建筑，或是完整，或是残垣断壁，整个村庄显得悠闲、安然，建筑物与自然风光错落有致。努瓦耶村的保护与开发在组织领导、主导产业调整方面效果尤其显著。在组织领导上，加入了“法国最美的村庄”协会。该协会是1982

---

① 丁红. 罕见的传统庶民建筑——日本白川乡合掌村［N］. 光明日报，2008-12-20. 原文来自德国的布鲁诺·陶特所著《日本美的构造》，又名《日本美的再发现》。

② 勃艮第大区：1983年，法国《地方分权法》颁布，勃艮第政府拥有了遗产保护领域的自主权以及“遗产保护规划”的规划权。勃艮第-弗朗什-孔泰地区致力于支持从世界遗产地到乡村喷泉的修复政策，旨在支持具有强大文化和旅游影响力的区域遗址，从研究成本到有助于改善的费用，包括修复工作，旨在增强勃艮第-弗朗什-孔泰地区的吸引力。通过该计划，总区支持志愿者、融合或考古发掘项目，旨在恢复该地区的遗产元素并促进公民和团结价值观，其目的是培训专业知识，并为跨文化和代际会议和交流创造空间。参见：Aides à la restauration du patrimoine［EB/OL］.［2023-10-28］. https://www.bourgognefranchecomte.fr/. 勃艮第的努瓦耶村是其文化遗产保护的经典案例之一。

年为了保护法国村庄地区独特历史文化遗产由60多个小镇联合成立的[①]。每年，协会都会为努瓦耶村的发展提供大量的支持，涵盖“民众、企业、专家、政府”四个层次，例如通过与法国或当地的旅游运营商合作来推广努瓦耶村等。在主导产业上，强调旅游之外的生存之道。努瓦耶村的农业非常兴旺，这里的大片土地种植着玉米等粮食作物。葡萄酒产业也是当地居民经济的重要部分，一个个葡萄酒窖像珍珠一样散布在村庄各处。

贵州省六枝梭戛生态博物馆在贵州省六盘水市六枝特区境内的梭戛苗族彝族回族乡（下文简称梭戛乡）[②]，这里生活着一个几乎与世隔绝的少数族群——长角苗。这一分支的人数非常少，目前仅剩4000余人，长角苗又称作“箐苗”，因为他们最初生活在箐林中，过着与世隔绝的日子。梭戛乡保护与开发的重点主要体现在模式创新、资料保护以及概念实践三个方面。模式创新方面，梭戛乡建起了亚洲第一座生态博物馆[③]。20世纪90年代以前，中国没有“生态博物馆”的概念。这一概念诞生于法国，它与传统博物馆的区别在于，“生态博物馆”不是指某一座具体的、有围墙的建筑，而

---

① 法国最美的村庄协会：成立于1982年，是法国最具影响力的乡村保护协会之一，分布超过21个大区和68个省，建成了近155个最美乡村，为乡村传统文化的保护发挥了积极作用。法国乡村小镇的活态化过程，即将原来荒废的建筑经过修复或改造，兼具传统与现代，不仅保存了古建筑的外在整体风貌，还保证了内部使用的便利性。参见：李芬芬，戴博. 法国乡村建设特点与成效［N］. 中国社会科学报（第2038期），2020-11-02.

② 梭戛苗族彝族回族乡：“整个村寨隐蔽在高山上，距公路有4公里之遥，从外面完全看不到村寨。村寨的后面是一片原始森林。对面山上，建有石头营盘。很显然，他们是出于战争的考虑而选定了这个易守难攻的寨址。其他11个村寨也同样建在高山隐蔽处。这个群体很可能是被战争驱赶或受其他迫害逃避到深山中并定居下来的。”参见：安来顺. 在贵州省梭戛乡建立中国第一座生态博物馆的可行性研究报告：中文本［J］. 中国博物馆，1995（02）：8-14. 中挪合作贵州省生态博物馆项目负责人苏东海说：“像这样经济十分落后，与主流社会隔离的民族村寨，在中国还有很多。由于封闭，他们还传承着多种多样的传统文化，保存着中国文化的多样性……他们一旦融入主流社会，古老文化就逐步丧失了固有的社会环境而濒临消失。因此在中国，在这些正在摆脱贫困的民族村寨中建立生态博物馆最紧迫的任务就是唤起和帮助村民保护与保存传统文化的精华。”参见：苏东海，中国博物馆学会. 中国生态博物馆的道路［C］//2005年贵州生态博物馆国际论坛论文集. 北京：紫禁城出版社，2006：5.

③ 生态博物馆（l' écomusée）：其概念最早于1971年由法国人弗朗索瓦·于贝尔和乔治·亨利·里维埃提出，在1990年代被引入我国。国际博物馆协会编的《博物馆学关键概念》对生态博物馆的表述为：在生态博物馆最初概念的原则之上，也就是一种结合一个地区发展与保存、展示、说明此地区拥有的、并能代表地区生活与劳动环境的自然与文化遗产，同时也能加以研究的博物馆制度。在一定区域的生态博物馆透过此区域的时空，表现人类与其自然的关系；它由具有受肯定的科学与文化意义且能代表地区遗产的资产组成：非建筑的不可移动的遗产、自然保存区、人工化的自然空间、建筑遗产、可移动的遗产与可替代的遗产。生态博物馆是一个致力于社区发展的博物馆化的机构。参见：［法］安德烈·德瓦雷，方斯瓦·梅黑斯，ICOFOM. 博物馆学关键概念［M］. 张婉真，译. Paris: Amand Colin，2010：40.

是将整个具有某种保护意义的社区范围纳入，建设原汁原味的、以生活为场景的博物馆，这是目前世界上较为流行的一种文化遗产保护方式。1997年，中国决定和挪威合作在这里建立中国第一座生态博物馆，也是亚洲第一座生态博物馆。自这一理念和模式引入中国后，其他多个地方也相继建立了生态博物馆来保护传统文化遗产。1998年，贵州省六枝梭戛乡生态博物馆资料信息中心建立。在这里，具有历史意义的文物得以保存，博物馆还收藏了具有当地苗族特色的物件，如刺绣、头饰、木鼓等，可以直观地展示长角苗的文化。另外，资料中心还建有档案室、视听室等场所，能够全面地保存文字、影视资料等。有形和无形的文化遗产都纳入保护和传承的范围。强调原生态村落的保留，在建馆后的十余年来，当地的自然风光、生态环境没有被破坏，长角苗的民族特色、古朴文化也得到了周全的保护。新建的石头房在设计上、材料上都尽可能地与周边环境相协调。自2012年12月17日起，我国开始了对传统村落名录的认定，至2023年的第六批，江苏共有79个传统村落入选，龟山村于第三批入选①。

通过国内外的传统村落和景点案例梳理，我们总结出传统村落保护与开发的四种经典模式。一是博物馆式——博物馆的方式侧重于保护传统村落的原生态，即保留原汁原味的村落，并不对原有的村落格局、村民生活方式进行改变，强调“原真性”。这种博物馆式的保护模式源自西方的理念，即“生态博物馆”，又被称为“活态博物馆”。主要代表有贵州省六枝特区梭戛乡生态博物馆、堂安侗族生态博物馆、浙江省安吉生态博物馆等。二是重点街区及院落式——从现实的传统村落保留情况来看，并不是每一个传统村落都在村域范围内完整地遗留下来，更多的是只剩下某一条浓缩了村落发展的街道或者某一个保存完好的典型院落。从历史街区和院落中，我们能感受到传统村落千百年来的变迁与发展。主要代表有陕西省西安市的碑林历史街区、安徽省黄山市屯溪老街等。三是拼贴式——顾名思义，便是将具有保护价值和历史意义的建筑物或其他单体拼贴到一起，是一种集散为整的保护模式。这种模式能够提高文化遗产保护的效率和效果，便于统一保护和管理。同时，也为新农村建设创造了空间上的条件。主要代表有日本白川乡等。四是文旅融合创新式——文化和旅游融合的应用是最广泛的一种传统村落保护和开发模式，几乎可以应用于所有的传统村落。一方面，这种模式能够通过旅游业的发展获取传统村落改造和建设的资金，提高当地的经

---

① 截至2023年，住建部共公布了六批列入中国传统村落名录的村落名单，共计8115个。其中第一批646个，江苏3个；第二批915个，江苏13个；第三批994个，江苏10个；第四批1598个，江苏2个；第五批2666个，江苏省5个；第六批1336个，江苏46个。根据国家住房和城乡建设部等部门历年公布的《列入中国传统村落名录村落名单》数据整理。

济水平。另一方面，利用旅游来促进发展，也使得政府和村民增强保护传统村落的意识，以质量更高的自然文化景观来吸引游客。在国内外的传统村落中，即使不以旅游业作为支柱产业，也会多少涉及这种模式的运用。

在规划传统村落的建筑保护与开发之前，对龟山村建筑保护与开发的量化指标体系进行创新构建，以便更全面、客观地开展评估和规划工作。在龟山村传统村落保护与开发一体综合规划过程中，人们主要关注以下四个重点：一是编制规划的实施。总结各项规划实施情况，查找不足，调整方案，保障规划的顺利实施。二是在开发中强调原真性。在保护和开发中，不能为了经济利益而破坏传统村落的原真性、完整性。一方面，对于现存的传统民居等文化自然景观要爱护和保存；另一方面，新建的建筑需与原始环境相协调。三是重视前期调查。国家级和省级的相关法律法规都要求通过开展摸底调查，了解当地的历史文化资源，根据具体情况提出保护与开发措施。同时，要为传统村落建立档案，包括文物、古建筑、非物质文化遗产等。四是根据法律规定实施保护与开发计划。2014年当地市级和区级的相关法律法规都相对缺失，在传统村落的保护和发展上，淮安市和洪泽区都没有出台相关的规章。由于法律法规的缺失，各地在保护和发展中没有具体政策的指导和参照。从目前龟山村的保护与开发来看，只能从国家和江苏省的层面寻找相关政策，但这些政策的操作性不够强，也不能针对淮安市及洪泽区的具体情况。

我们首先对前期的大量资源进行研究梳理，通过构建龟山村建筑保护与开发量化指标体系、产业选择量化指标体系、房屋现状的量化指标体系用以更好地指导其保护与开发。保护与开发量化指标体系包含三个层级十六项指标，通过区分强力保护指标与创新开发指标来引导发展规划。强力保护指标为控制性指标，对龟山村传统村落的特色性、完整性与历史性进行保护；创新开发指标为引导性指标，对龟山村的宜居性、潜力开发做出未来发展引导。产业选择量化指标体系的权重赋予如下图所示，三级指标体系共同构成了龟山村进行建筑保护与开发遴选的重要量化评价标准，覆盖了建筑保护与开发过程中的特色性、完整性、历史性、宜居性和潜力性五大核心指标，并下设十六个二级指标体系，从而构成了依据龟山本地实际情况，符合国家传统村落保护要求的中国唯一传统村落保护与开发指标[①]。

① 2012年12月12日，中华人民共和国住房和城乡建设部等部门印发《关于加强传统村落保护发展工作的指导意见》。

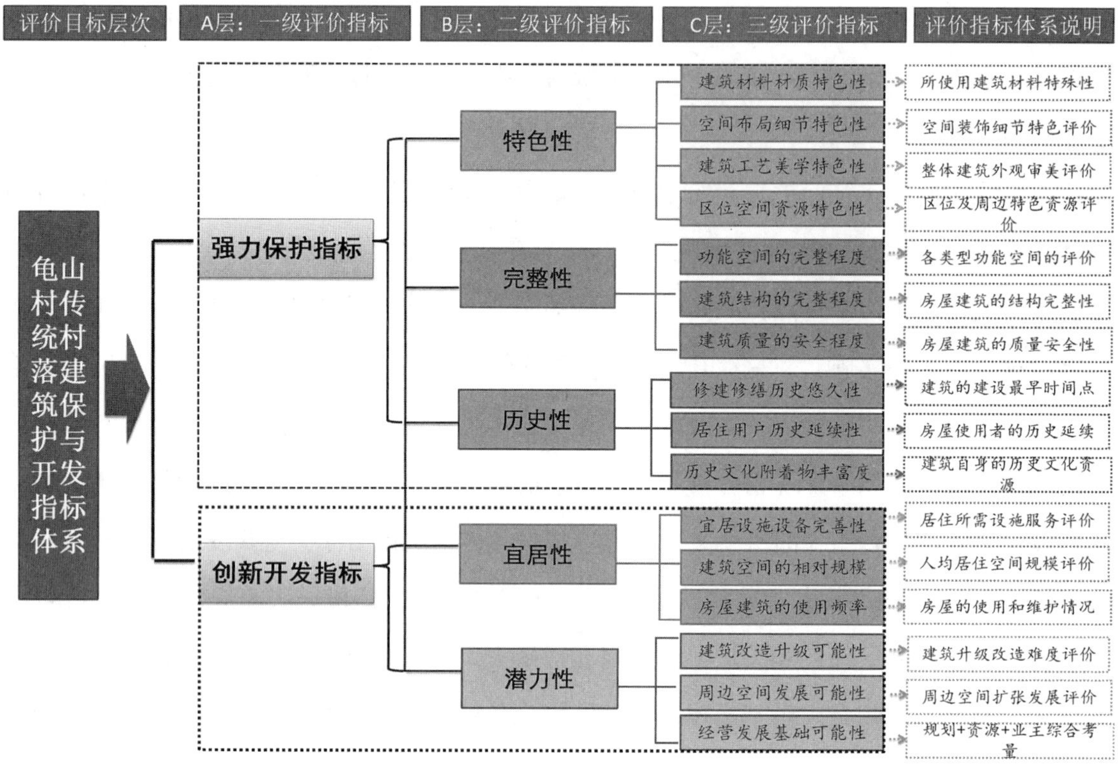

评价目标层次	一级评价指标	权重	一级评价指标	权重	二级评价指标	权重	合成权重
龟山村传统村落建筑保护与开发指标体系	强力保护指标（A1）	0.6	特色性指标（B1）	0.5	建筑材料材质特色性（C1）	0.3	0.090
					空间布局细节特色性（C2）	0.15	0.045
					建筑工艺美学特色性（C3）	0.3	0.090
					所属区位空间特色性（C4）	0.25	0.075
			完整性指标（B2）	0.2	功能空间的完整程度（C5）	0.3	0.036
					建筑结构的完整程度（C6）	0.45	0.054
					建筑质量的安全程度（C7）	0.25	0.030
			历史性指标（B3）	0.3	修建修缮历史悠久性（C8）	0.5	0.090
					居住用户历史延续性（C9）	0.2	0.036
					历史文化附着物丰富度（C10）	0.3	0.054
	创新开发指标（A2）	0.4	宜居性指标（B4）	0.4	宜居设施设备完善性（C11）	0.5	0.080
					建筑空间的相对规模（C12）	0.3	0.048
					房屋建筑的使用频率（C13）	0.2	0.032
			潜力性指标（B5）	0.6	建筑改造升级可能性（C14）	0.4	0.096
					周边空间发展可能性（C15）	0.25	0.060
					经营发展基础可能性（C16）	0.35	0.084

相应指标体系建构说明：三级指标体系，共同构成了龟山村进行建筑保护与开发遴选的重要量化评价标准，覆盖了建筑保护与开发过程中的特色性、完整性、历史性、宜居性和潜力性五大核心指标，并下设十六个二级指标体系，从而构成了依据龟山本地实际情况，符合国家传统村落保护要求的中国唯一传统村落保护与开发指标。5档评分制度：很好（5分）、较好（4分）、一般（3分）、较差（2分）、很差（1分）

龟山村传统村落建筑保护与开发的量化指标体系构建与分解

二、从顶层策划与规划到精准保护与精准设计再到精准保护开发

在龟山传统村落保护与开发的顶层规划中，我们通过对核心问题与发展导向的研判，确立未来发展定位，最终建构目标体系，使得核心理念与目标都源自顶层，内部要素都能围绕着核心理念和顶层目标，形成关联、匹配、有机衔接的整体，从而保证顶层设计的可实施性与可操作性。

龟山村作为一个亟待保护与发展而已经成为空心村的传统村落，必须明确自身的发展问题与发展导向，从而为以后的强力保护和创新开发确定明确的方向和着力点。从龟山发展的实际情况出发，结合已有的案例参考、区域分析和资源禀赋等，从保护与开发的双重导向视角着手，为龟山村传统村落设计明确的“索引性”准则。同时，由于龟山村目前尚未形成规模明显的开发路径和项目，我们认为应当将问题与导向结合在一起分析，避免两者的人为割裂。基于龟山村本身的实际情况，我们认为六大关系的妥善处理构成了龟山村作为一个传统村落的核心导向与诉求，这六大关系在实际上构成了龟山传统村落保护与开发的创新突破关键，这也是对以往传统村落发展过程中那种静态、僵化、割裂规划路径和运作方式的突破与再反思，既是龟山村未来发展必须面向的指引方向，同时也是龟山村尝试成为传统村落发展创新模式的核心要素和框架。

一是精准保护与创新开发融合。龟山村必须实现强力保护与创新开发的融合，杜绝过分偏重保护或是开发的既有路径，转而将“全流程、全环节、全要素”作为三大核心要求，在龟山村历史文化的保护开发过程中，要将保护与开发的互相融合贯彻始终，在资源梳理、现状分析、主题定位、功能分区、空间特色、项目设计、运营服务、营销推广等各环节明确强力保护与创新开发的各自侧重和着力点，实现强力保护与创新开发在龟山村整体发展过程中的协调与融合。

二是历史文化传承与未来发展衔接。龟山村必须实现历史延续与未来发展的融合，就是将龟山村发展的潜力性和可能性设计为长时间段的有效分布，将龟山村发展的历史、现在与未来进行统合性思考，以历史珍贵遗产为基础，以现实幸福村落建设为核心，以未来永续发展为目标，三者联动考虑，互相渗透，不断推进整个龟山村在历史、现在、未来三大发展阶段的贯穿融合，从而可以最大化地实现历史延续的价值、最大化地创造自身发展的意义、最大化地推进未来永续的可能。

三是地方特色与全球介入串联。通过全球网络社会一体化发展的现实，龟山村必须实现本地特色与全球介入的串联，必须深刻认识到本地性与全球性的内在统一，必须深刻认识到localization与globalization的双向嵌入性。将龟山村自身的地方性特色要素进行挖掘、梳理、集聚、展示、创意、设计、宣传和运营，并以全球化的专业性、市场性和产业性进行重建、重构、重缀和重拾，让龟山村本地的唯一性资源在全球化的体系之下成为自身发展的核心竞争力，并借助全球性的资本、市场

与组织架构，实现龟山村自身价值的最大化[①]。

四是产业运作与“原生活态”文化精准保护兼顾。对于龟山村来说，“原生活态”与产业运作必须进行一体化的思考，“原生活态”要求的是对于原文化、原住民、原建筑、原风格、原习俗、原生活、原材料使用和原地点精神等一系列“原”要素的活态保护，形成维持既有活力与生活样态的留存形式。

五是乡村文化自觉与以人为本的统一。在新型城镇化的发展背景之下进行龟山村的保护与开发，必须将“人”这一核心要素放大，要认识到不论是保护还是开发，人都是最核心的着力点与关注点。因此，整个区域的发展也必须“以人为前提、以人为动力、以人为目标”，在龟山村的整体发展过程中，必须以村民为主体，将村民自身生活与收入水平的提升与整个龟山村的区域发展相互协调，形成良性互动。

六是乡愁文化与现代生活的互动。龟山村必须实现传统乡愁与现代生活的互动。传统村落的保护与开发，一方面是为了维持传统乡愁，留存历史记忆，真正做到望得见山，看得见水，守得住乡愁[②]。但同时，必须深刻认知龟山村的发展实际上就是一种生活方式的变革，任何对于传统的继承都不是简单粗暴地全盘吸收，而是有取舍地进行选择，因此必须实现现代生活方式的引入与普及，让传统乡愁与现代生活可以在龟山村得到较好的互动。

在规划中我们提出：精准定位，创意与精准靶向目标“十大目标”概念（此处仅选择一部分内容），“小龟山，大故事”；“淮水龟山村，洪泽桃花源”；“在龟山，寻觅最美传统村落”；“洪泽明珠，苏北故事——中国龟山村”——对于这片美好之地，我们在其整体发展定位中寄予了深厚的期待与想象。

首推整体发展定位——“首位定位法”和“历史定位法”结合[③]：“千年龟山里，淮水第一村。”“千年”实际上是在强调龟山本身的历史悠久、自然丰富，是一个不可多得的传统村落，同时“龟山里”则是鲜明地点出龟山村的龟山特色与位置优势（一个与世隔绝的世外桃源），两者结合在一起实际上是在对龟山村本身的优越位置、历史、自然等资源进行精炼式阐释，展现龟山村本

---

① 张鸿雁，房冠辛. 传统村落“精准保护与开发一体化”模式创新研究——特色文化村落保护规划与建设成功案例解析［J］. 中国名城，2016（01）：10-26.

② 彭俊. 中央城镇化工作会议：好一句“记得住乡愁”［EB/OL］.（2013-12-16）［2023-10-28］. http://views.ce.cn/view/ent/201312/16/t20131216_1924485.shtml?tdsourcetag=s_pcqq_aiomsg.

③ 张鸿雁，张登国. 城市定位论——城市社会理论视野下的可持续发展战略［M］. 南京：东南大学出版社，2008：218.

身由上天赐予与历史积淀下来的优越资源和特色。“淮水”是针对龟山村区域性水韵文化定位的描述，也是突出龟山村与淮水以及淮水文化的紧密相关性，而“第一村”则是旗帜鲜明地指向龟山村的未来建构目标，要依托自身优越的地理位置，成为“淮水第一村”，这个第一村，既是淮水文化历史传统延续保护的第一村，也是淮河特色发展谋求创新的第一村，具有典型的双重意义。因此，“千年龟山里，淮水第一村”是从历史、未来，保护、开发，天造、人为等多维度的双重视角出发，对龟山村进行综合定位，既是对龟山村既有历史沿革、文化资源、相应优势的总结，也是对龟山村未来发展方向、保护与开发特色、整体目标的设计与展望。

特色定位法——文旅融合的视角。龟山村的景观具有唯一性，美丽的传说非常多。“枕水洪泽龟山美，半自偶得半天工”，这个定位将“一”与“半”的关系作为龟山传统村落过去、现在与未来发展的核心特色进行呈现和精炼。“枕水洪泽”意在说明龟山村的地理位置与文化特点——即淮河文化、洪泽湖文化、渔家文化，这构成了龟山村的核心文化特征，而龟山美则是点出龟山作为一个村落呈现出半封闭状态，成为一个完整的历史、文化、居住和生活空间，其最大的特点就是美。“半自偶得”是用来说明龟山村的珍贵、秀美有一部分原因是上天的赐予，自然风光、地理位置、悠久的历史和珍贵的文化遗产等等，这些都是在时间演替过程之中被上天赐予龟山的重要资本和资产。“半天工”则是用来说明龟山村的另外一个重要特点就是后天的努力，通过龟山村本地居民、老子山镇、洪泽区乃至淮安市的规划、建设、发展、经营，龟山村未来的发展会更加美好，虽非天力，但却能巧夺天工，创新发展。这个定位是从龟山的历史、现在、未来三个角度出发，从自然禀赋和后天建设，从保护、发展等辩证角度进行了思考和总结。与此同时，这个定位还与本轮龟山的规划空间格局有类似之处，本轮规划以龟山山脊为界限，西边三大片区，多强调后天建设、功能创新等相关项目的设计与策划，而东边三大片区，则是紧密依托龟山传统村落的现状，将传统历史价值的最大化放在首要位置。

目标体系建构的创新思维，通过构建十大目标体系，全面助力“龟山淮水第一村”的保护与发展[①]。

“全・要素”资源基础构建：必须打破单一资源视角来审视传统村落的现状，转而以具有增殖性、辐射性和带动性的资本视角形成传统村落的资源基础。必须充分认识到，传统村落实际上具有全要素资源基础的发展能力，必须将村庄形态、空间布局、建筑风格、原住居民、传统风俗、生产

① 该“十大目标体系”是笔者为龟山村规划设计时的首创性提出。参见笔者2015年3月主持的《洪泽老子山龟山村传统村落保护与开发一体综合规划》文本。

方式、生活习惯、文化传说、语言口音等都纳入资源考量，形成以传统村落地方“文化资本”为内核的全要素资源基础。

“分 · 空间”功能板块划分：依据龟山村自身的村庄空间脉络肌理，结合龟山村未来发展的产品策划需要，在审慎考量已有建筑、文化资源等留存情况的基础之上，确立龟山村未来保护与开发的功能空间板块分区，形成科学合理的村庄空间布局，并为每一个空间板块确定相应的发展主题与功能定位，确保整个龟山村的未来发展，同时兼顾历史文化强保护与创新产业运作开发的双重需求，从而可以更好地支撑、推动整个龟山村的健康发展。

“准 · 定位”发展主题确立：为龟山村确立具有唯一性的定位主题，将传统村落的保护与开发作为龟山村定位的两大核心要素，明确提出“千年龟山里，淮水第一村”的整体定位，并围绕这个整体定位，出具一系列相应细分定位，从而可以在竞争激烈的传统村落保护与开发的过程之中形成自己的独有竞争力和主题定位。

“大 · 数据”现状情况摸底：作为淮安市目前唯一的传统村落，任何针对龟山村的保护与开发都必须将现状的详尽梳理和有效掌握作为前提基础，因此，必须形成针对龟山村的空间、建筑、居民、文化、遗产等多重现状要素的大数据掌握，以三大专项数据库结合信息化网站管理系统为载体，共同形成大数据式的龟山现状情况摸底。

“创 · 项目”策划产品设计：必须形成覆盖全空间的龟山产品体系，真正将保护与开发的理念与措施落实到执行环节。因此，要立足龟山本身的历史、现状、文化、要素，以唯一性、文创性、功能性、民本性、性价比性等为核心考虑要素，为龟山村落打造数量庞大、等级有序、特点突出、落点明确的项目产品库，并进行针对性策划。

“强 · 保护”历史继承模式：必须形成对龟山村特定要素（包括人、建筑、文物遗迹、民俗等）形成特定的强保护村落保护思维，通过特定要素的梳理、保护等级的分区、保护办法的解释、重点项目的策划四大核心步骤，形成对龟山村传统村落的强力保护和明确落地，真正将村落保护的工作落实到空间上，形成自上而下与自下而上相结合的保护思维。

“跨 · 业态”村落经营策略：依托龟山村本身作为传统村落的重要资源和已有优势，将历史文化作为核心要素，成为支撑龟山村一二三产联动的核心要素动力，尤其要强调三产跨界联动对于整个龟山村发展的重要性，以“农旅联动、文旅联动、工旅联动”为三大核心着力点，在传统村落主题要素贯穿之下，形成龟山村的村落产业发展创新策略。

“惠 · 人民”发展导向创新：必须牢固贯彻“以人为本”的发展思路，做到原住民、原建筑、原文化、原习俗、原生活的完整保留，除了在保护阶段强调充分尊重村民的意愿和相应习惯之外，

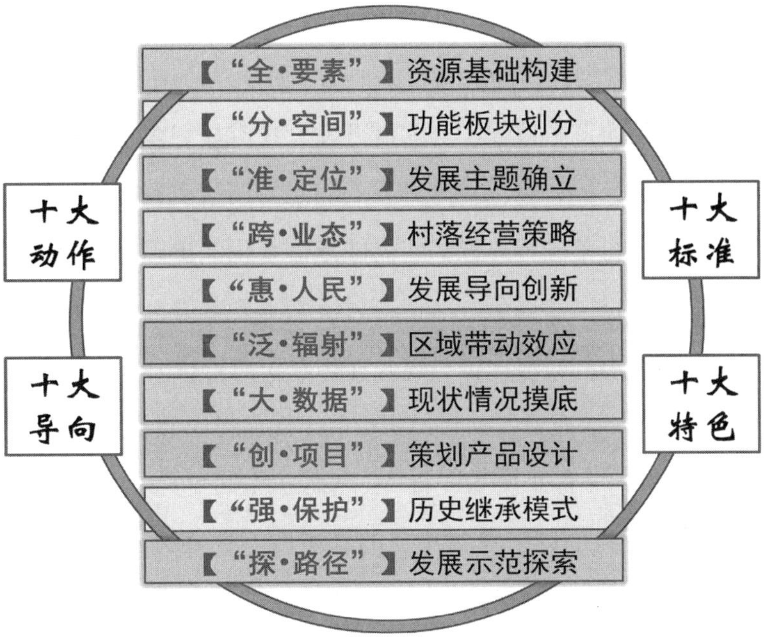

龟山文化模式

更为重要的是，在发展过程中必须将“富民福民”的民本经济发展导向放在首位，着力提升居民生活水平、收入水平、就业水平，提升龟山居民的幸福感与自豪感。

“泛·辐射”区域带动效应：龟山村的发展不应该仅仅局限在提升自身村落的发展水平与人民收入，更为重要的是龟山村作为淮安唯一的传统村落，必然要成为一个重要的区域发展极核，在功能上、产业上、路径上、模式上都具备辐射带动老子山镇、洪泽区乃至淮安市发展的重要驱动力，成为整个苏北区域在传统村落保护与开发上的重要样板。

“探·路径”发展示范探索：传统村落的保护与开发在国际上有着较为成熟的模式，但在国内，由于自身情况的特殊性，目前的传统村落多半还停留在保护与开发相互分离的阶段。在这种情况下，龟山村保护与开发一体化运作就具有很强的探索意义，通过规划、建设、运营、宣传、服务等各个流程的联动思考，形成中国传统村落保护与开发的“龟山模式”。

精准把握基础现状，分类融合与精准保护提炼。设立保护专案标明龟山村保护与开发规划，将“保护”置于绝对优先的位置。通过详细分析龟山村保护现状、构建整体保护框架、确立五大保护工程，以先保护后开发的原则推进龟山村的发展建设。

三大保护基础：一是文化资源的全面摸底。邀请专业人士参与，对龟山村历史文化资源进行全面摸底，整理各类有形无形的文化资源，为古村落保护奠定物质基础。二是文化身份的名录认可。成功列入中国传统村落名录、江苏省历史文化名村，有利于保护工作获得专业认可、社会关注和上级支持。三是文化保护的规划指导。以《老子山镇龟山村规划》《老子山镇龟山村旅游景点规划》《龟山村历史遗产保护与发展规划》，确立文物保护与旅游开发协调发展的基本方向。

三大保护难点：一是如何协调村落保护与旅游开发？现有规划多从旅游开发角度出发，未聚焦村落保护。应避免重旅游、轻保护，将保护与开发的二元协调落实到行动措施，而非简单地停留在指导纲领。二是如何实现传统村落的整体保护？尚缺乏体系化保护思路，保护集中在文物古迹。缺乏整体思考和层次规划，未对村民、民居、非遗等村落基本要素进行针对性保护。三是如何激发村民参与保护的热情？村民未作为古村落保护主体，保护意识有待提升。在大量村民外出、对本村的文化缺乏基本了解的情况下，难以充分发动村民积极性、提高村民参与热情。

保护框架的逻辑构建，“24字保护要求”与“三级保护空间”：

尊重历史——坚持保护优先原则，尊重历史的真实性。立足历史价值，实现文物古迹原址保护、村落格局原态保护、历史传说原真保护，不随意更改、过度修饰村落面貌和历史。

留住乡愁——坚持本地特色原则，实现集体记忆的延续性。以物质资源为依托，强调非物质形态文化的保护传承，留住本地文化，留住村民归属感，避免千村一面和情感记忆流失。

整体保护——坚持整体思维，实现保护的内容整体性和空间整体性。摒弃只重文保单位的保护思路，对实体资源、空间环境、历史内涵等进行完整性和系统性的全域保护。

村民主体——坚持尊重村民原则，培养文化自信、建立文化自觉、实现文化自主。为村民参与保护提供可能性。以村民本身为保护内容，实现保护主体和被保护主体的双重身份。

活态传承——坚持传承乡村生活生产方式，保持乡村永续活力。借鉴生产性保护理念，推动对文化资源的重新利用，将传统物件、民风民俗和现代生活重新融合，避免见物不见人。

科学开发——坚持保护性开发原则，实现开发的适度性。在保护的基础上，优化生态和生活环境，丰富文化体验空间，提高经济效益，为龟山村保护开发提供持续动力。

“三级保护空间”：核心保护区——将文物集中区划定为核心保护区，以龟山遗址为主体，近乎覆盖龟山村全部文物，包含87—99号建筑，面积约20亩。“三不得”即不得改变片区格局、不得随意拆迁或扩建、不得破坏或移动文物。“三保证”即保证建筑修旧如旧、保证良好周边环境、保证历史空间活态利用。控制建设区——坚持三个控制、一个优化。将民居集中区划定为控制建设区，包括15—86号建筑及周边空间，涵盖龟山主要民居建筑，面积约55亩。“三个控制”即控制传统空间尺度基本不变、控制原有建筑风格基本不变、控制建筑总量和建筑高度。“一个优化”即优化绿化环境和人居设施。风貌协调区——落实三个协调。将整个村落划定为风貌协调区，凸显传统村落的保护强度，面积约204亩。“三个协调”即协调新建项目与传统建筑、协调人工环境与自然环境、协调该片区与其他保护区。

针对龟山村的具体情况，整理确定五大类保护对象，推行五大分类保护工程。以100户村民为核心，以文物、建筑和空间为依托，覆盖原住居民保护、乡村记忆保护、文物古迹保护、民居建筑保护、村落风貌保护。

原住居民文化保护工程：一项基本原则、三大保护方向、七大保护方案。坚持一项基本原则，主要从保证生活质量、保留文化特色、保护主体地位三大方面入手，制定七大保护方案。将延续龟山村传统生活状态与创造乡村生活新样态有机结合，保护村民基本利益，以留住原住居民、避免空心村情况恶化，实现传统村落开发过程中的原住居民保护。基础设施方案——三类十一项基础设施。逐步建设、加快完善龟山村基础设施体系。就业服务方案——分类指导、重点扶持、技能培训。改善本地就业结构，吸引外出打工人员回村就业创业。组织成立龟山村就业创业服务办公室，做好相关引导、指导和扶持工作。便民商业方案——以平价便民超市为核心的农村商业体系。以本地村民为服务对象，借鉴“社区商业”①的概念，以形成满足村民日常生活消费为目标的小型便民商业。避免商业配套定位过高、只为游客服务，而忽略了原住居民日常生活需求。构建以平价便民超市为核心的农村商业体系，提供生活所需的各类日用品和食品等。实现日常生活在村里、大件商品跑县乡。开发补偿方案——分类安置、五级补偿。落实搬迁补偿，提供回迁和集中安置。针对开发对生活影响大小的不同，制定差异化一级到五级的补偿方案，逐渐增加补偿力度和金额。渔业保护方案——保护渔业经济地位、保护传统渔业生产方式。龟山村以渔业为主，反映出鲜明的地域特色和文化意义。应扶持渔业经济的显著地位，部分保留传统渔业生产方式及生产习惯，积极发展休闲渔业。以原住居民为依托和核心，保护以渔业为主的生产方式，以保护原住居民的传统经济来源，保留龟山村文化特色。生活保护方案——保护乡村生活形态、再造传统生活空间。乡村传统生活形态是构筑乡土社会的重要内容，龟山村作为一个较少受到城镇化影响的小渔村，存有传统乡土社会的生活习惯和气质。村民参与方案——意见征询、直接参与、监督反馈。随时保持与村民的互动沟通，提供村民的意愿表达渠道、直接参与渠道和监督反馈渠道。

创建“乡村记忆文化保护工程”，这是我们团队的首创：拯救记录、普及共享、传承延续。目前年轻一代的村民，对龟山村文化相对不够了解，因此对乡村记忆的保护工作尤为重要。以政府为

① 社区商业（Community Commerce）：根据我国商务部商业改革发展司的建议，社区商业，指以居住区的居民为主要服务对象，以便民和满足居民生活消费为目标，提供日常生活需要的商品和服务的属地型商业。参见：钱国靖. 房地产经济学［M］. 北京：中国建筑工业出版社，2010：60.

主导，面向全体龟山村民，以外界力量为助力，推动非遗、历史事件及人物、风俗传说、集体记忆等龟山乡村记忆的有效保护。包含拯救记录、普及共享和传承延续的六大保护计划，保护个人、家族和村落三重记忆。“历史档案计划”——收集历史资料、编撰《龟山村志》、采写口述档案。收集整理大量反映历史沿革、历史故事、重要人物、重要活动的文字和影像资料等档案资料，按时间顺序和资料类别进行梳理，拯救、集合并加工历史基础材料。“龟山日记计划”——扫描今日龟山全景，记录当代发展过程，包括民居建筑、古井磨盘、古树绿化、街巷布局、人口面积、经济水平等，以图文结合的形式，记载龟山的今日面貌。记录当代发展过程，选择记录重要的发展节点和阶段性变化，留下今天的龟山故事、成为明日的乡村记忆。积少成多，使龟山拥有最丰富的乡村日记。“说书人计划”——生动讲述龟山历史、乡村记忆的创意传播。政府牵头，安排讲书人在村民的业余和农闲时间，定期为龟山村民讲史。以说书、讲故事、百家讲坛的形式，演绎稍显沉闷的乡村发展史。以更生动、更通俗的方式进行历史教育培训，丰富村民业余文化生活，推动乡村历史记忆的普及和传播。在村民中选拔职业龟山说书人，对说书人进行一定的技能培训。培训内容包括龟山历史演变过程、重要历史人物、重要历史事件、古代传说等历史知识和基本说书技巧。“村民导游计划”——持证上岗的村民导游，无意识的乡村记忆传承，传统村落的每一个角落都有故事可循，每一位龟山村民都是最好的故事讲述者。由持有龟山解说资质的村民直接担任导游，带领游客亲近龟山村，提供个性化的讲解服务，介绍每一个遗迹的背景、每一座老房子的故事、每一样渔具的使用。“非遗造血计划”——活态传承、以产养遗。坚持活态传承，促进非物质文化遗产的利用；坚持“以产养遗”，形成非物质文化遗产自身发展的良性循环，成为具有造血功能的完整系统。“乡土教育计划”——趣味乡土课程夏令营，以龟山村青少年为主要目标，面向周边适龄儿童开放，促进认识乡土环境和乡土文化。

文物古迹文化保护工程：坚持三项保护原则，为不同行为主体制定四项针对性措施。以《中华人民共和国文物保护法》为出发点，结合龟山实际情况，明确保护主体和相关职责。保护对象为以龟山遗址为主的龟山村历史文化遗存。旅游引导系统——文保牌引导、介绍语引导、志愿者引导，引导旅游中的文物保护。文保牌引导中突出龟山遗址的“省级文物保护单位”标志牌，以文保牌提醒游客已进入文物保护范围，需注意文明旅游行为和强化文物保护意识。介绍语引导是在各项文物古迹处布置统一标识的文物介绍牌，介绍文物的年代、范围、内容和文化意义等信息。以此引导游客关注文物的历史价值，注重保护文物古迹。志愿者引导是通过选取村民担任文保志愿者，介绍相关文物古迹，引导游客尊重相关文保规定，督促游客的文明游览。整体保护计划——收集散落的可移动文物，统一管理、统一规划、统一保护。针对不可移动文物的相对集中性，对龟山村的文物古迹进行整体保护，将多项不可移动文物划入一个整体的龟山文保圈（核心保护区），实行统一管理、统一规划、统一保护。收集散落在村内各处的石刻、经幢等可移动文物，根据其原属位置和同类文物位置进行移位保护。《龟山村民文物保护公约》——村民文物保护行为规范。以《中华人民共和国文物保护法》及其《实施条例》为基础，选取村民代表，共同制定《龟山村民文物保护公约》。内容涉及龟山村文物基本情况、保护文物观念、强制行为、建议行为和禁止行为等。加强对村民的文物保护宣传，定期组织公约的培训活动，增强村民文物保护的自觉性和自主性。学术研究推动——奠定学术基础、增强重视程度、推动资金投入。以学术研究为遗迹保护奠定学术基础，同时以学术研究推动对本地文物保护工作的重视和资金投入。做好文献查阅、归纳梳理、登记造册和研究现状总结，全面掌握文物古迹的状况、历史背景和文化意义；特聘历史研究顾问，邀请高校专家学者担任龟山村历史研究的总顾问，基于现有考古和文献资料的学术研究，强化本地遗址、遗迹的历史文化价值；必要的情况下，做好抢救性考古调查、勘探、发掘等工作。

民居传统建筑文化保护工程：重点强调“五项保护手段”+“一个保护成果评分体系”。在前期调研中，将龟山村的民居建筑分为迁移型、翻建型、修缮型和保护型。实行高覆盖率的民居建筑保护工程，除拆迁型以外的建筑均在保护范围以内。全面普查、统一规划——本轮规划已对龟山村全部100户民居建筑进行了全面普查，建立了建筑档案、建筑评分体系和建筑数据库。

通过普查，可以看出龟山村民居建筑总体量一般、分布较集中，材料具有一定特殊性，单体价值较低，乡土气息浓厚。根据以上特征总结，龟山村民居建筑需要统一规划、统一保护，保留原有空间上的群聚状态，形成龟山村民居建筑群。统一划定建筑类型，统一制定保护方案。分级保护、差异保护——针对保护型、修缮型、翻建型三类建筑，制定对应的三级分级保护体系。根据分级不同，制定差异化的保护思路，保护强度由强到弱，原有建筑保留的成分和比例越来越少。风格指导、修旧如旧——通过提炼众多村内民居的建筑元素，参考周边乡村同类的建筑特色和风格，形成龟山村建筑指导风格。对于传统民居建筑的外立面改造坚持修旧如旧的思路。对于新建房屋，实行改旧措施，最大程度体现龟山村建筑的整体外观特征。内部提升、环境整饰——依靠内部提升和周边环境整饰，改善建筑人居环境，保持建筑对人的吸引力，活态保护以延续建筑活力；在保持传统风貌和建筑形式不变的前提下，布置乡土特色鲜明、简洁大方的室内装修，设施进行现代化提升；加强建筑周边环境的整饰工作，增加绿化面积，杜绝脏乱差。政府引导、项目带动——政府做好引导作用，选取一两栋房屋作为首批政府修缮保护对象，起到示范带动效应，吸引居民和投资商积极参与到民居的保护开发中来。对于不作为商业开发的建筑，由政府进行统一修缮保护。以旅游开发项目为主要驱动力，主要是指特色民居客栈的项目开发，以项目开发带动民居的保护和修缮工作。

村落风貌文化保护工程设定了10条基本保护标准。该工程旨在保护传统村落的整体面貌，保证开发建设过程中村落的整体环境、整体风格、整体格局、整体位置、整体景观不发生巨大改变，保留可辨认的视觉印象和历史沿革痕迹。颁布10条保护标准，从控制龟山的自然原貌、街巷布局、空间节点、原有景观视廊、建筑外观及高度等方面，实现村落整体风貌的保护和延续。（1）保护优先——坚持保护优先的原则，拒绝大拆大建和任意扩张，强化龟山村作为渔村的文化个性，保留并加强村落中相关特色性元素。（2）量化管理——建立传统村落档案，记录村落的整体风貌、传统建筑，细化到古井、古树等重要景观，特别是对文物古迹的整体位置记录，以便日后对比分析。（3）色彩管控——制定龟山村色彩风貌规划，选取与龟山景观环境、文化内涵和个性特征相符合的村落主色调。保持龟山村整体色彩的基本和谐统一。（4）空间继承——以保护特色和便利生活为出发点，基本维持了原来的空间尺度，基本保留原有街巷布局，后期村落道路体系建设以现有乡间道路为基础，保持现有民居的总体位置和集聚状态不变。（5）景观通达——保留原有的视觉走廊、视点及主要景观节点，并着重保护淮河及龟山山脊上的观景点及观景景观。（6）山水原貌——保持龟山山体的自然原貌，坚决禁止任何形态的山体破坏。维系水系的现有形态，保留水系、蓄水、泄洪等通道，保护湿地生态系统。（7）生态优先——保留并提升现有的鱼塘、小型林地等生态用地，不主动改变生态用地类型，并适当扩大生态型用地面积，对村落的生态环境进行改善，增加绿化面积。（8）建筑统一——提炼村落的现有建筑元素，进行龟山村民居建筑的风貌定位。以乡土风格为基本方向，以石头建筑为特色类型，总结提出建筑的几大基本特色元素以供选择。尽量维持村落建筑在整体风格上的统一性，和历史风格、文化特色的延续性。（9）分区控制——对新建建筑进行高度、密度和体量控制，根据核心保护区、控制建设区和风貌协调区的三级保护分区，确定不同的建筑控制标准，以保证村落格局的和谐美观。（10）环境提升——将环境整治与村落保护有机结合，建立干净、整洁、有序的乡村环境，对屋边、路边、田边、水边的裸露垃圾进行大清扫，保持村落景观带的美观整洁。

三、空间结构艺术化：一个空心村数据库勾起集体记忆

在空间结构布局上，强烈表达出一种对原有古村落空间肌理的尊重性保护，确立“一轴·两环·六区”的空间结构。一轴——中央景观轴线；两环——观光旅游环线、亲水步行环线；六

区——综合服务片区、特色商业片区、乡村生活片区、核心文化片区、滨湖美食片区、生态休闲片区。

道路系统规划：龟山村的规划道路分为观光车道、游客步行道和生态景观廊道三大类型。其中观光车道可供景区内观光车和游客共同使用；游客步行道只供游客步行游玩；生态景观廊道可供游客步行观赏和休憩。水系资源规划：龟山村除了南北两个通向外部的出口道路之外，村子几乎四面环水，西临淮河，东环水塘，水系资源极为丰富。除此之外，村内还拥有七个大的水塘，当地人称之为七仙瑶池。在规划分区与其中具体的空间节点设计上，以下仅举例若干：

核心文化片区：该片区以“传承历史、创意未来”为主题，承担龟山历史文化的展示体验功能。将文化资源与旅游产品相连接，注重历史文化的创意表达和产品设计的多层次体验，以旅游体验带动文化传达。“尝茶看画亦不恶，问法求诗了无碍”[①]，围绕片区内御码头、淮渎庙遗址、古银杏、支祁井等核心资源，打造、创意、规划、设计系列产品供地方政府和投资方根据具体情况选用。其中，淮渎庙遗址公园——复合式文化博览综合体。遗址公园以淮渎庙遗址为中心，包括经幢、重修淮渎庙碑等文物资源，为了更好地保护并延续龟山历史，将空地和周边建筑打包提升，打造融历史展览、餐饮住宿、休闲游憩为一体的综合文化空间；古寺遗址园——核心室外保护空间，集怀古、游园、禅思于一身。注重文物遗迹的整体保护和禅意环境的细节设计，

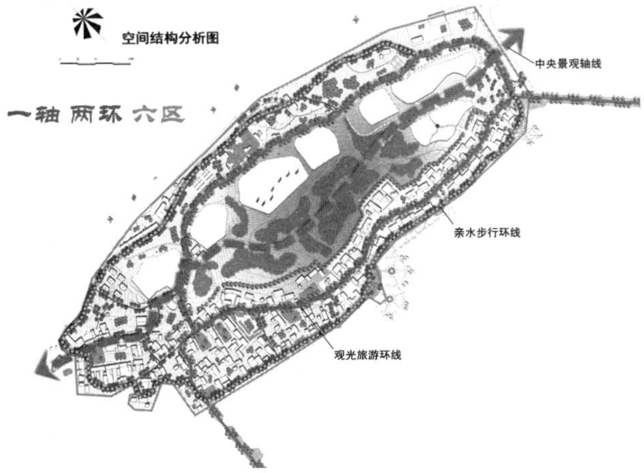

龟山村空间结构分析

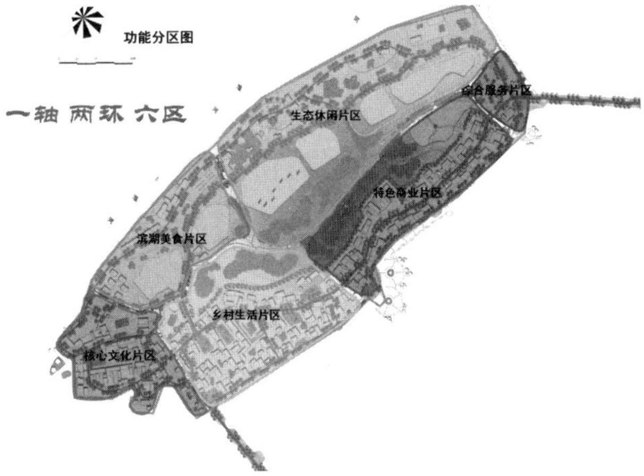

龟山村功能分区图

① 选自宋代苏轼的《龟山辩才师》：“此生念念浮云改，寄语长淮今好在。故人宴坐虹梁南，新河巧出龟山背。木鱼呼客振林莽，铁凤横空飞彩绘。忽惊堂宇变雄深，坐觉风雷生謦欬。羡师游戏浮沤间，笑我荣枯弹指内。尝茶看画亦不恶，问法求诗了无碍。千里孤帆又独来，五年一梦谁相对。何当来世结香火，永与名山躬井硙。”参见：［宋］苏轼. 苏轼文集编年笺注：龟山辩才师［M］. 成都：巴蜀书社，2011：254.

增加亭、廊、榭等休憩节点。包括村落历史博物馆的核心室内展陈空间，以时间线讲述龟山历史故事和淮渎庙兴废过程。综合休闲区：配套休闲服务空间，可布置五观堂（素斋）、禅茶馆、禅乐馆、禅弈馆等。其中，龟山物语体验馆——关于龟山的物化表达和互动体验。包括主要巫支祁井、圣旨碑多栋民居建筑及周边空间，整体提升打造为互动体验馆，将龟山的历史故事、地方风俗等信息通过实物表达出来。体验馆侧重与参观者的互动，参观者可触摸展览品、聆听讲解、体验展品功能等；巫支祁井——将巫支祁井纳入体验馆范畴，讲述巫支祁神话故事，并介绍宋塔地宫的考古发掘成果；铁佛寺——佛教主题的别样展品，布置龟山寺铁佛、铁法器、铁铃等；石头村——体现石碑（圣旨碑原址原物）、石头建筑、石磨等物件的历史之美、造型之美、工艺之美、使用之美；芦苇屋——以芦苇为材料的建筑、屋顶、生活生产用品等。渔耕区创造性展示龟山本土渔具和耕具体验。

根据不同建筑空间、不同建筑的区位和内部空间结构、院落现状，设定了一些具有自我造血功能的空间，即强调空间里的生产和空间的再生产，而且还要适合地方的发展需求。具体有：银杏工坊——手工创意产品工作室、原住家庭手工体验坊。依托古银杏，将97、98号建筑改造提升为创意工坊，保留98号建筑墙上的现有石碑和原有特色屋顶。古木爱情墙——银杏树下锁住爱情。在民间传说中，古银杏是龟山与小龙女凄美爱情的见证。以此为背景，将古银杏以栏杆围住，既是对古树的保护，也可悬挂“爱情锁”，形成一道环绕古树的爱情围墙。“元丰六年”客栈——历史主题精品庭院客栈。现有87–92号建筑及周边空间，整体打造为院落式精品客栈。通过对原有石质建筑物的改造与升级，改善基础设施与服务，实现室内环境的更新。以龟山运河和龟山繁荣的历史作为题材，通过细部的处理来体现其文化内涵。为人们提供既有浓郁的本土文化气息，又有现代品质的农村生活的体验，可参考“杭州法云安缦”。泗州书院——明清教育体系展示、古村休闲书屋。1685年泗州学移建龟山之麓，这是龟山有史以来最高学府。借鉴明清时期州学的形式布局和内部陈设，布置泗州书院。以书屋为主体，兼具书店、咖啡、茶饮、甜点等休闲功能。利用零碎室内空间，展示泗州学历史，科普明清教育体系。石垣苑——石头残垣景观、创意迷你绿地。这是原有村庄建筑所用的原材用料，而原来所有的院落和大多数建筑都是用石头为原料的，在原有石屋残垣断壁的基础上，规划建设一个创意绿地空间，作为核心文化区的中心绿肺，供村民和游客分享。同时作为变废为宝的景观改造案例，承担生态景观和休闲场地的功能。蒹葭洲——帐篷美食岛。充分利用湖上岛屿，延伸旅游空间，提供更原生态的餐饮体验。以中高端消费群体为主要客群，将其打造为一座集棋牌、餐饮、观光为一体的生态美食岛。在岛上布置水上帐篷餐厅，整个小岛保持芦苇丛生的原生环境，在芦苇门、芦苇陈设等细节设计上凸显芦苇主题——芦苇门也是当地建筑所用材料。老屋画室——龚开纪念画室、艺术体验空间。龟山是宋末元初画家龚开[①]的故乡，为此打造乡村画室，提供艺术体验和参与空间，增加龟山村的艺术元素。对老建筑进行创意改造，使其本身成为艺术品。龟山石——御码头入口标志。在御码头台阶旁树一大石龟，名曰“龟山石”。作为龟山村水路入口的标志性景观，可供游客攀爬嬉戏和拍照留念。御见咖啡——主题休闲空间。利用面向淮河、毗邻御码头和石工墙的优势位置，将67、68、99号建筑改造提升为创意咖啡厅，保留原有建筑布局、材质和细节。着重对内部陈设进行改造，提升屋内空间的整体氛围，营造悠闲有情调的咖啡馆环境，保留并设计陈列各类乡村生活元素。

在乡村原住民生活片区没有什么文化遗迹。考虑到保护原住民的居住环境，将这一部分作为“控制建设区”，基本保留村落的原始肌理和民居格局，依然作为村民的集中安置区域，同时为其赋予更多村落文化的产品，成为龟山村的活态保护区。少部分民居将会被拆除或改建，为旅游开发所用。这个片区的主要功能是展示古村落的文化，使游客能够体验古村落的生产和生活。乡村生活片区主要以“龟山六趣”为体验目的而进行打造，在这个片区中可选的项目有：渔具博物馆——渔家生产活动展示。渔具博物馆位于水塘边，其中陈列的展品全都是打渔的用具，例如渔网、渔船、鱼篓等，全方位展示渔家的生产活动。每一个渔具旁都有详细的解释展牌，并安排专人进行打渔表演，使游客在视觉上获得直观的感受。渔具博物馆的材质上可使用当地特色的扁形石头。童趣馆——带你回到久远的童年。童趣馆是一个能够把人带回童年的地方，这里提供了许多能够重温童年时期游戏的机会，对于儿童来说，让他们在iPad、电子游戏之外，体验父母年幼时的玩伴。对于成年人来说，他们可以从这些游戏中追怀过去，重温儿童时期的自由时光。童趣馆中还会提供一些古代儿童的游戏方式，设置多个小场地，有斗草台、跳房子场地、铁环道等。富陵人家——以渔家文化为特色的民宿组团。富陵人家是一个民宿组团，由沿水区域的几栋民居共同组成，经营者是村民。民居一层住着当地居民，二层是住宿的地方。“富陵”是洪泽湖的古称，名字上体现了龟山的位置特点和生产方式，而建筑外观上尽量朴素，保持渔家特色。富陵人家不仅提供住宿，还可以经

---

① 龚开（1222—1304）：宋元间诗文家、画家。字圣与，号翠岩。淮阴（今属江苏）人。宋末曾先后充任赵葵与李庭芝幕僚，为两淮制置司监当官。在李庭芝幕府时曾与陆秀夫共事。入元不仕，往来江浙一带，寄意绘画，风节高亮，颇负时名。其画山水师米家父子，画人、马师曹霸，笔意粗放，尤以画马著名，喜作瘦马以寄慨，尝作《宋江三十六人画像》，其画已佚，而所作题赞则收于周密《癸辛杂识》，是研究《水浒》的重要资料。所作诗文甚多，大都散佚，今存《宋文丞相（文天祥）传》和《宋陆君实（陆秀夫）传》，见陶宗仪所辑《草莽私乘》，又收入《宋遗民录》（《知不足斋丛书》本）。参见：钱仲联，傅璇琮，王运熙，等. 中国文学大辞典［M］. 上海：上海辞书出版社，1997：512.

营多项游乐业务。游客可以在河边垂钓，钓到的鱼虾由民宿的主人为其烹饪。另外，渔人湾提供小船，游客可划着小船欣赏河上风景。憩心山庄——以让游客体验农业文化为核心目标。山庄占地较大，是一个围合型的建筑群。其中设有采摘园、耕作园等，游客可以体验到躬耕的乐趣。渔鼓舞广场——在龟山村居民集中区的中间建立一个圆形的小广场，周边种植树木，树木外围一圈设置座位供人休息，组织渔鼓舞表演队在广场上表演。渔鼓舞广场可作为当地村民的生活娱乐广场，也是游客游玩的中转站、休息站。普济堂——养老服务中心的升级版。普济堂，即养老服务中心，由原来的服务中心改建而成，外观适当改造，与周边景点相协调，内部配套的设备设施更加完善。在普济堂内，建设一座小花园和一个锻炼中心。淮上人家——淮扬风格的民宿组团。淮上人家是龟山村的另一个民宿组团，与“富陵人家”相呼应。由相距很近的几户人家的民居组成。门前有一个高高的门楼，牌子上写着“淮上人家”，民居周围用栏杆围起，一层留有村民自用，二层的房间用于对外住宿。在淮上人家里开设一家小饭馆，主打淮扬菜。对弈亭——游客和村民的对弈休闲场地。对弈亭在山上地势较高的位置，是一座仿古的亭子，亭子中央设有石桌和石凳。石桌上刻画着围棋盘。游客或当地村民都可以在这里下棋。百草园——植物界的“大观园”。百草园是一座植物大观园，内部分为陆生植物区和水生植物区，园内的植物都选用龟山当地拥有的，以展览馆的形式普及植物知识。龟山土菜馆——原汁原味的龟山菜体验。龟山土菜馆主打龟山当地的土菜，以原汁原味的农家菜为特色品牌。菜馆的外观宜古朴不宜华丽。从外表到菜品的设计都充满了农家风情，其概念是远离城市的浮华喧嚣。

另外，这里还有原来的农场建设用地，可以用来开发小型特色商业街，有各种各样的农家客栈，农家客栈建设在环路的一侧，利用原来规模较大的8号房，从外观到内部都进行仿古的设计，让游客体验到古代客栈的风格。客栈的存在可以满足外地游客的住宿需求，在旅游旺季，其重要性尤为显现，在该区域的具体项目有：同福客栈——武侠文化的主题客栈。客栈建筑外观的设计和内部的装饰上都带有古风，门前木质的牌匾上写着“同福客栈”的字样。建筑一共有上下两层，主体结构上以木质为主，来者即是客，有缘聚同福，同福客栈以江湖气息为特点，陈列上多展示武侠文化。梨园小剧场——感受古戏古韵，陶冶新情新意。梨园剧场是当地人和游客听戏放松的场所。剧场的主要剧目是淮安当地的淮剧、淮海戏等。游客听戏需要买票，同时还可以喝茶、包厢点戏。枕水酒肆——赏风、观水、品酒的一体化体验。枕水酒肆建筑在水边上，在酒肆周边插上带有“酒”字的旗帜，营造出古代酒家的感觉，游客可一边欣赏湖边风光，一边就餐。通幽曲径——“曲径通幽处，龟山晚钟阁”，竹林中的一条木栈道，弯弯曲曲，最后与通上山顶的一条道路汇合，在曲径周围设置休息座椅，路段中建造茅草的蘑菇亭，两边安放宣传竹文化的标牌、路段指示牌。抚波台——亲近水波、亲近自然的平台。规划在龟山村东侧临近水域附近设置较为大型的亲水平台，供游人欣赏水上风光，并亲近自然。亲水平台的设计上以圆形放射状为主，在沿岸放置具有创意性的座椅，供休息使用。亲水平台上设立有趣的雕塑小品，如小乌龟等，使平台上充满生趣。

乡村型的游客中心——综合服务片区：该片区在龟山村的入口处，周围有三栋房子，还有一座快要被拆迁的小型造船厂，所以此处空地较多，地形也较为平坦。综合服务片区在地理位置上位于龟山村的入口处，作为景区的入口，承担着承前启后的功能，是从外界到龟山村正式景区的一个过渡。同时，综合服务片区能给游客提供相应的指导服务，是游客的集散中心和咨询服务中心。综合服务片区以提供游客服务和展示龟山形象为宗旨，在产品设计上既要满足游客的咨询、购票、交通及景区的行政活动，又要给人以龟山村的第一印象。

除此之外，还有一些能够体现田园风貌和原乡生活的景观节点，包括：桃源乡道——桃花深处是龟山。桃源乡道是从外界进入龟山村的入口道路，道路沿岸设置花草景点，以桃花的种植为主，春天桃花开放，就像天边的云霞，以体现“桃之夭夭，灼灼其华”[①]。同时道路两旁还栽植其他树木、花草，以求“四季有景”。龟山村就隐藏在桃花深处，“桃源”取义于“桃花源”，龟山村就像世外桃源一样，使人远离尘世喧嚣，获得内心片刻的安宁。觅源居——从这里开启“桃花源”之旅。在桃源大道的入口位置有一片房屋，不属于龟山村，但因位置的特殊性，也需要稍做改造。首先是色彩统一，整体色调上以黑白为主，墙体为白色，如果房屋有砖铺的屋顶，以黑色为主。其次是风格统一，在原有基础上无需做太大改变，保持农村的自然风格。最后是环境改造，沿街居住的村民，禁止将车辆、生活用品等放置到街道上，沿街进行绿化改造，增加树木、花草，并不定点地在道路周边设置景观小品，如有创意的垃圾桶、龟形的小雕塑等。

整个空间还有一个生态休闲片区，以保护为主、适度开放为辅。该片区临淮河，境内有龟山和五湖，具有良好的生态环境，以“慢行慢活、慢禅慢悟”为主题，主要承担乡村生态旅游功能，以龟山为界，山下“慢行慢活”，弘扬现代慢生活；山上“慢禅慢悟”，追溯龟山佛教渊源，布置十一大产品。如“龟山慢廊”——第一滨水慢行走廊。规划一座全长666米的游廊，东沿内环线，西面可观淮河。以中国传统龟文化为主要元素，打造慢游、慢赏、慢品的第一滨水慢行长廊。总体呈南北走向，与现有一段长廊无缝衔接，近乎贯穿龟山南北。其跨越生态休闲区和滨水美食区，途经

---

① 选自《诗经·周南·桃夭》：“桃之夭夭，灼灼其华。之子于归，宜其室家。桃之夭夭，有蕡其实。之子于归，宜其家室。桃之夭夭，其叶蓁蓁。之子于归，宜其家人。”参见：程俊英，蒋见元.诗经注析：桃夭［M］.北京：中华书局，1991：15-18.

六个湖泊，抵达淮河畔。廊上有画，廊梁作画，以龟山风景为主，以四灵、四象等乌龟图案和形象为重要元素。廊中夹亭，长廊之中有四个廊亭，作为重要的游憩节点。以与龟有关的神话传说为题材，分别题字和作图为断鳌立极（女娲）、河图洛书（伏羲、大禹）、驮土治水（大禹）、灵龟负书（仓颉）。廊侧有景，长廊西侧间歇布置有关乌龟的文化意象和景观节点，以供游览参与，以乌龟的不同文化内涵为题材，如凿龟数策——龟卜文化趣味体验；龟文鸟迹——甲骨文地雕；龟鹤遐寿——龟寿石；“龟”谜心窍——关于乌龟的歇后语和谜语，以灯谜的形式悬挂纸条，谜面在前、谜底在后；证龟为鳖——展示区分鳖与乌龟，玄武、赑屃与乌龟的形象差别；鼎玉龟符——龟符、龟袋曾为唐代身份的象征，金龟婿的来历；儿童“龟”去来兮迷宫——乌龟主题树篱迷宫。以望龟亭为中心，修建植物迷宫。以增加旅游趣味性、丰富该地块的景观构成。迷宫整体呈龟形，其间布置各类乌龟植物雕塑若干，游客可在途中反复邂逅各种乌龟。望龟亭为迷宫中心观景亭，取“忘归”谐音，可俯瞰整个迷宫造型和走势；塔影湖绿地——野餐、风筝、晒太阳。北宋时期，每当日照龟山，龟山寺的塔影便投映在洪泽湖上。龟山西侧的洪泽湖域因此被称为“塔影湖”。借用这一充满意境和想象空间的古称，在滨河空地打造塔影湖绿地。布置大面积草坪，配合塔影湖服务中心、卫生间等基础设施，提供野餐、放风筝、晒太阳的最佳场地，也可定期放映露天电影。

在龟山村北部打造游船码头，官码头主要承担洪泽湖及老子山方向游船的停泊功能。与村南的御码头、多条航线共同构成龟山水上交通体系的核心。龟山步道——龟山佛缘主题登山步道。自唐宋至明清，龟山上曾经寺院林立、香火缭绕，北宋苏轼、南宋皇帝赵构、清帝康熙等都曾到此拜佛。根据这一历史文化背景，将登山步道设计以“龟山佛缘”为主题，回顾龟山的佛教历史。步道全长340米左右，打造多个景观节点，以江淮名寺龟山寺为核心要素，贯以龟山佛教历史元素和故事。晚钟阁——龟山寺晚钟。龟山寺内曾有铜钟一口，每到晚课之时，钟声与梵唱声相伴，音色洪亮、清扬悦耳。“龟山寺晚钟”更是位列“都梁十景”之一。布置晚钟阁，内置铜钟一口，让钟声重回龟山。可书宋代大家米芾的诗句“龟山高耸接云楼，撞月钟声吼铁牛”。

在通过营销手段，激发龟山村品牌影响力时，有以下七大问题需要思考：一是营销推广的是什么，以什么来满足消费者的需求？二是怎样的营销组合能够提高旅游需求的增量规模？三是龟山景区营销面临着怎样的困难？四是怎样的营销策略才能吸引各地旅游代理商来合作？五是传播途径能否推动市场策略？六是营销方式能否找出既适合淮安市场特色，又有全国共性的传播表现？七是如何通过具体的操作，使龟山景区品牌得到传播？龟山村整体规模较小，历史文化资源缺乏整合，没有专门的运营机构来对龟山村进行宣传打造。自身定位不明确，营销主题不突出。龟山村在2014年入选第三批中国传统村落，当地由于对龟山村的历史、文化、资源、特色宣传少，认知度不够，而知名度不高。如何树立龟山村传统村落形象，加大传统村落推广力度，实现龟山传统村落旅游景区的品牌形象塑造与品牌吸引力是一个关键问题。

传统村落规划的核心在于保护、传承和创新，而第一步是精准保护。为此，我们对龟山村的100多栋建筑都做了精准的龟山建筑空间数据库，同时，对龟山村传统村落建筑的保护与开发制定了一套指标体系，主要涵盖了特色性、完整性、历史性、宜居性和潜力性这五个关键层面，旨在更好地了解龟山村的建筑遗产，有助于规划未来的保护和开发策略，为其保护和可持续发展提供有力的依据。以下将选取其中五个建筑进行展示，以小见大地了解龟山村的建筑遗产，窥探龟山村建筑的独特之处①。

GS001建筑指标数据和基本情况

建筑物编号	GS001		
特色性指标（B1）		1.75	
建筑材料材质特色性（C1）	空间布局细节特色性（C2）	建筑工艺美学特色性（C3）	所属区位空间特色性（C4）
0.09	0.045	0.09	0.3
完整性指标（B2）		2	
功能空间的完整程度（C5）	建筑结构的完整程度（C6）	建筑质量的安全程度（C7）	/
0.036	0.108	0.09	/
历史性指标（B3）		1	
修建修缮历史悠久性（C8）	居住用户历史延续性（C9）	历史文化附着物丰富度（C10）	/
0.09	0.036	0.054	/
宜居性指标（B4）		1.33	
宜居设施设备完善性（C11）	建筑空间的相对规模（C12）	房屋建筑的使用频率（C13）	/
0.08	0.048	0.064	/
潜力性指标（B5）		1.67	
建筑改造升级可能性（C14）	周边空间发展可能性（C15）	经营发展基础可能性（C16）	/
0.096	0.18	0.084	/

① 为了保留历史记忆，特摘录部分龟山村建筑数据库存内容，特别是一些记录2015年真实历史的图片。

（续表）

居民基本情况	湖边小船厂（修船及洗沙）用房，非住宅用房，无人居住
建筑基本情况	水泥平房一处，平面呈一大一小两个长方形。紧邻洪泽湖
房屋基本情况	非法建筑，有待拆除

GS004建筑指标数据和基本情况

建筑物编号	GS004		
特色性指标（B1）		4	
建筑材料材质特色性（C1）	空间布局细节特色性（C2）	建筑工艺美学特色性（C3）	所属区位空间特色性（C4）
0.27	0.18	0.45	0.3
完整性指标（B2）		2.67	
功能空间的完整程度（C5）	建筑结构的完整程度（C6）	建筑质量的安全程度（C7）	/
0.108	0.162	0.06	/
历史性指标（B3）		2.33	
修建修缮历史悠久性（C8）	居住用户历史延续性（C9）	历史文化附着物丰富度（C10）	/
0.18	0.108	0.108	/
宜居性指标（B4）		3	
宜居设施设备完善性（C11）	建筑空间的相对规模（C12）	房屋建筑的使用频率（C13）	/
0.24	0.096	0.128	/
潜力性指标（B5）		3.33	
建筑改造升级可能性（C14）	周边空间发展可能性（C15）	经营发展基础可能性（C16）	/
0.288	0.24	0.252	/
居民基本情况	宗族姓氏为高姓，常住人口3人，均为龟山本地户籍。家庭收入主要以养殖为主		
建筑基本情况	包括芦苇房两间、户外土灶一个、后院及鱼塘，屋龄8年左右，主要建筑材料为木头和芦苇。大间芦苇房为卧房、双坡顶，小间芦苇房为厨房、单坡顶。形成一个临水小院，由渔网和树枝围合，形态较完整、环境良好。自身诉求情况：希望留在本村		
房屋基本情况	自有产权		

（续表）

GS006建筑指标数据和基本情况

建筑物编号	GS006		
特色性指标（B1）		2.75	
建筑材料材质特色性（C1）	空间布局细节特色性（C2）	建筑工艺美学特色性（C3）	所属区位空间特色性（C4）
0.09	0.135	0.27	0.3
完整性指标（B2）		2.33	
功能空间的完整程度（C5）	建筑结构的完整程度（C6）	建筑质量的安全程度（C7）	/
0.108	0.108	0.06	/
历史性指标（B3）		1.67	
修建修缮历史悠久性（C8）	居住用户历史延续性（C9）	历史文化附着物丰富度（C10）	/
0.27	0.036	0.054	/
宜居性指标（B4）		2.33	
宜居设施设备完善性（C11）	建筑空间的相对规模（C12）	房屋建筑的使用频率（C13）	/
0.16	0.192	0.032	/
潜力性指标（B5）		3.67	
建筑改造升级可能性（C14）	周边空间发展可能性（C15）	经营发展基础可能性（C16）	/
0.384	0.24	0.252	/
居民基本情况	原为学校，现已废弃，无人使用		
建筑基本情况	包含房屋三栋和残破石头围墙两段，屋前空间较大，破损严重。GS006-1和GS006-2为校舍，屋龄30余年，为砖砌+水泥粉刷，双坡顶由芦苇席、草把和红瓦构成，共有教室5间。GS006-3为厕所		
房屋基本情况	自有产权		

GS010建筑指标数据和基本情况

建筑物编号	GS010		
特色性指标（B1）		3.25	
建筑材料材质特色性（C1）	空间布局细节特色性（C2）	建筑工艺美学特色性（C3）	所属区位空间特色性（C4）
0.27	0.18	0.27	0.225
完整性指标（B2）		3.33	
功能空间的完整程度（C5）	建筑结构的完整程度（C6）	建筑质量的安全程度（C7）	/
0.108	0.216	0.09	/
历史性指标（B3）		2.33	
修建修缮历史悠久性（C8）	居住用户历史延续性（C9）	历史文化附着物丰富度（C10）	/
0.27	0.108	0.054	/
宜居性指标（B4）		3	
宜居设施设备完善性（C11）	建筑空间的相对规模（C12）	房屋建筑的使用频率（C13）	/
0.24	0.144	0.096	/
潜力性指标（B5）		2.67	
建筑改造升级可能性（C14）	周边空间发展可能性（C15）	经营发展基础可能性（C16）	/
0.288	0.18	0.168	/
居民基本情况	宗族姓氏为王姓，家庭常住人口6人，均为龟山本地户籍		
建筑基本情况	由房屋三栋、后院、芦苇杂物间和猪圈构成，屋龄为30年左右。占地面积较大，屋旁有自家竹林，有茅草栅栏形成封闭院落。GS010-1和GS010-2为砖砌+水泥粉刷；GS010-3为厨房，主要建筑材料为芦苇。内部条件一般，无卫生间；自身诉求情况：不愿拆迁		
房屋基本情况	自有产权		

GS098-1建筑指标数据和基本情况

建筑物编号	GS098-1		
特色性指标（B1）		3.5	
建筑材料材质特色性（C1）	空间布局细节特色性（C2）	建筑工艺美学特色性（C3）	所属区位空间特色性（C4）
0.18	0.18	0.27	0.375
完整性指标（B2）		4	
功能空间的完整程度（C5）	建筑结构的完整程度（C6）	建筑质量的安全程度（C7）	/
0.144	0.216	0.12	/
历史性指标（B3）		3	
修建修缮历史悠久性（C8）	居住用户历史延续性（C9）	历史文化附着物丰富度（C10）	/
0.27	0.108	0.162	/
宜居性指标（B4）		4	
宜居设施设备完善性（C11）	建筑空间的相对规模（C12）	房屋建筑的使用频率（C13）	/
0.32	0.192	0.128	/
潜力性指标（B5）		4.33	
建筑改造升级可能性（C14）	周边空间发展可能性（C15）	经营发展基础可能性（C16）	/
0.384	0.24	0.42	/
居民基本情况	宗族姓氏为胡姓，核心人物胡民江现任龟山村党委书记，家庭常住人口5人，均为龟山本地户籍，家庭收入主要以养殖为主，在龟山村居住超过30年		
建筑基本情况	GS098-1为1987年左右修建，为砖混结构，用作卧室和厅堂，GS098-2为老宅，为砖木结构，GS098-3为近年修建的卫生间一处，是水泥建造，为太阳能淋浴空间。自身诉求情况：希望政府主导进行外立面改造，自己经营一些农家乐项目		
文物基本情况	墙壁中嵌有古碑，时间可追溯到顺治十四年，该建筑为原淮都庙旧址，屋前有凉亭一处		
房屋基本情况	自有产权，部分建筑从原水产公司获得		

龟山村场地原貌图1

龟山村场地原貌图2

城市与乡村之间的关系，实际上代表着一种不断变化的空间流动与互动。城市化进程可以被视为城市与乡村之间的空间转化，这一过程的核心是城市生活方式、城市文明的传播与影响。在城市化和城市现代化的发展中，我们看到了城市生活方式与城市文明向乡村强势的传递和影响，它正在改变着乡村的面貌，使乡村空间逐渐城市化——城乡等值化，同时也在城乡空间中促使城市生活方式和价值观的最大化发挥，以及使乡村的农业生产空间更好地适应人类生活多样化的需求。但无论是大城市，还是小乡村，都具有属于某一空间的地方性文化，因此，应当充分挖掘并创意其文化中的唯一性要素，使其成为本土化创新发展的文化资本。龟山村集传说、遗迹、建筑、空间、自然风貌等多重唯一性文化要素于一身，其自身文化具有珍贵性、独特性和影响力的价值，值得传统村落进行保护与开发一体化规划和发展建设研究。对龟山村这类传统村落想要进行保护与开发，还有三个方面值得关注：

第一是传统村落的保护要坚守传统文化传统村落的原始之美、原生态之美和原空间景观之美，并进行深度文旅融合创新发展。村落原生态的传统风貌和非物质形态文化的保护是规划建设的前提——前置条件，也是不可或缺的，需要深入挖掘村落蕴藏的丰富历史文化，将旅游开发与传统文化相互融合，呈现出文旅融合的独特魅力。

第二是应充分利用唯一性的文化资源，根据村落的文化特色、空间肌理特色、自然环境特色和建筑风貌及风俗特色等科学制定规划，真正从消费终端把当地丰富的旅游资源变成消费者认同的旅游产品，不仅要让游客参与到本地传统生活体验之中，感受原生态、“原生活态”的自然美景，也要体验浓郁的乡愁情感，沉浸在深厚的传统文化之中，这是传统村落发展的关键价值所在。

第三是要平衡传统与现代文化发展的关系。在传统村落保护和开发一体化过程中，既要注重旅游资源的挖掘，做好文物古迹的保护，保存好历史遗留给我们的宝贵财富，又要合理科学开发，发挥传统村落的优势，带动当地经济发展，将传统村落中的传统与现代和谐相融，这不仅是一种挑战，也是一次契机，以此更好地书写乡村未来田园诗篇。

全球化时代核心就是文化的全球化，这突出表现在文化产业新分工体系的建立，即在文化全球化的网络社会阶段，任何载体（包括个人、企业、区域、国家）都可以借助自身文化的唯一性、珍贵性、独特性和影响力直接介入全球化的竞争舞台之上，成为全球化多重主体的一部分。与此同时，我们必须深刻意识到全球竞争的主体已经从宏观的国家、微观的企业转变成了中观层面的区域城市间竞争，都市、乡镇、村落和个人都正在成为全球竞争的重要单位——文化单元，每一个层次的发展质量和水平都会影响一个国家的全球文化竞争力。

一切的品牌消费都具有不同程度炫耀性消费的文化特质。炫耀型消费的心理过程，是消费动机的原动力，所以才有消费心理学，这种消费心理具有普遍性和一般性。比如，凡勃仑在1899年发表的著作《有闲阶级论》中说道：“高雅的礼貌举止和生活方式，符合炫耀性有闲和炫耀性消费的规范。”他还指出：“贵重物品的炫耀性消费是有闲绅士提高声望的一种手段。随着他手中财富的积累，仅凭个人力量已不足以充分证明他的富裕。因此，他通过赠送昂贵礼物、举办高档宴会和娱乐活动，以获取朋友和竞争对手的助力。赠送礼物和举办宴会的最初由来或许不是单纯的夸耀，但它们很早就被用于这一目的，且该特征一直保留至今；因此，长久以来，这些惯例在这方面的效用都是其存在的坚实基础。”

——张鸿雁

第三十三章
“吴歌昆腔”与“粉墙黛瓦”——守护江南文化根柢

对城市意象的最高境界，普遍的认知就是“具有诗意的城市”，也正是诗人荷尔多林笔下的“诗意的栖居”[①]。“诗意”一词可以解释为“如诗如画的意象”。城市的诗意可以是天生的，但在更多情况下，是被“建构”和“酿造”出来的。“江南七十二坊”[②]的策划与规划初衷就是期望能够成为中国都市创造诗意栖居的典范，并传递一种属于中国的、属于江南的，并具有独特生活方式的“诗意”话语体系——江南文化+城市诗学+坊巷肌理+园林住宅+江南派72坊制布局+“多元绣花式”保护开发+“坊中坊”创意生产街区+“千花坊·十二朵”文化经济综合体+文化经济场馆四维表达+“甘”字型商业产业街+首创“场景里坊经济”模式+循环型城市溪流+空中花桥+南市北市生活场景+江南派水中寺院+安藤忠雄的江南“长屋”+N……这是一种策划中的想象，如果说城市就是

---

① 荷尔多林说：“充满劳绩，但人诗意地居住在此大地上。”参见：［德］M. 海德格尔. 诗·语言·思［M］. 彭富春，译. 北京：文化艺术出版社，1991：220.

② “江南七十二坊”的名称起源，是笔者主持课题项目——为了给南京的南捕厅—熙南里历史街区做策划、规划和设计时起的名字，那是2009年的事情，旨在复兴江南文化，唤起江南文化的创新意识，为南京的城市文化能级提供一个新的增长点。其中的重要原因之一是，笔者作为北方人——东北铁岭人，在北方工作学习时就阅读了大量描述江南的文学著作和各种诗篇文章，对江南文化可谓情有独钟，印象极其深刻。在上海学习、工作的7年里，曾因个人学术研究工作的需要，多次游历江浙皖的大城小镇和村庄，感受到了“江南好，风景旧曾谙，日出江花红胜火，春来江水绿如蓝”的江南好风光。但那时，笔者也发现了江南的一些城市和村镇，并没有十分重视自己的江南文化，而有些地方的城镇或许是因为乡镇工业的发展，使江南文化符号和形态正在慢慢消失……或许是“不识庐山真面目，只缘身在此山中”吧。笔者很重要的一个想法是恢复江南文化、重振江南文化、再创江南文化。因此，笔者设想在南京的南捕厅—熙南里历史街区中可以实现，正好有一个这样的地方历史街区规划项目，在这里既有江南文化的底蕴，也有明代朱元璋在此建立“明代十八坊”的故事，所以笔者想，这里既可以恢复南京的老城南文化，又可以创造新的江南文化，同时，也可以为南京的城市文化创造一个新增长点，所以起名为“江南七十二坊”。

一首永恒的诗，那么任何一个城市空间或者街区空间，都有独具魅力的"意象"和"诗品"。

城市"诗意栖居"从来就是一种整体性与细节性并存的综合意象。第一，"江南七十二坊"的"诗意"空间是可读的，"江南七十二坊"中新江南主义建筑艺术和造景艺术所带来的画面感无处不在。可读性也是都市审美的重要前提。第二，"江南七十二坊"是城南旧事记忆文化中的"诗意"，构成"诗意街巷"的意象，带给人们的不仅仅是视觉上的享受，更有全身心的认同感和自我价值的提升感。第三，"江南七十二坊"的"诗意"是可传诵和可传承的，在"诗意"的价值层面是具有世界共识性的"城市文化资本"，这种"诗意"本身就是一个跨越国度、跨越地域的"超文化概念"。总的来说，"江南七十二坊"就是"诗意栖居"的塑造，从整体概念定位到街区建筑和细节景观，都透露出"诗意"与建筑美学、"诗意"与日常生活浑然一体的美感。"江南七十二坊"就是要为居民、为老城南、为南京创造一个属于城市的新"城愁"与新"乡愁"。

一、"苏式"与"舒适"："自觉"+"上善""水韵美学"

江南文化的魅力在于文化创新和"文化自觉"，创造了独立的、有地域文化特色的，也是人们向往的一种江南生活方式和生活美学，其中具有典型性文化意义的是"苏式江南文化"。以江苏尤其是苏州为代表的"苏式江南文化"，是中国近代江南乡村美学及乡村文化产业振兴的发源地和创新地。在现代化的进程中，从中国文化根柢再建构、再创新角度来看，作为江苏应该敢于有这种文化创新的担当，以开创的方式提出"中国的乡村文化自觉从江苏开始"，是乡村文化自觉的典范和发端之一。所谓"诗性智慧"就是文化理性和浪漫的结合，在"诗性智慧"中"可以清楚地看到那种独特和永恒的人类特性，它表现为创造各种神话和以隐喻的方式使用语言的能力和必要性。"[①]从纯粹理性的角度说，"诗性智慧"江南就是一种文化自觉和文化自为。

之所以这样说，主要是因为"文化自觉"概念是由出生在江苏苏州的费孝通先生首创的。从1936年开始，费先生在苏州吴江开弦弓村陆续开展了十几次调研，创作了《江村经济》，人类学家马凌诺斯基称其为"将被人认为是人类学实地调研和理论工作中的一个里程碑""某些段落可以被看作应用社会学和人类学的宪章"[②]。此后，费孝通提出了乡村"文化自觉"的概念和主张，即

① ［英］特伦斯·霍克斯.结构主义与符号学［M］.瞿铁鹏，译.上海：上海译文出版社，1997：5-6.
② 费孝通.江村经济［M］.北京：生活·读书·新知三联书店，2021：序6.

“生活在一定文化中的人对其文化有‘自知之明’，明白它的来历，形成过程，所具有的特色和它发展的趋向，自知之明是为了加强对文化转型的自主能力，取得决定适应新环境、新时代文化选择的自主地位。”[①]更值得我们重视和为之大力推广、奔走呼号的是，费先生在1990年提出的著名观点“各美其美，美人之美，美美与共，天下大同”[②]，从中我们可以这样说：近代“苏式江南”的“诗性智慧”与乡村美学和乡村文化振兴缘起于苏州的开弦弓村。乔尔·莫基尔在《增长的文化：现代经济的起源》一书中说：“文化是一套能够影响人类行为的信念、价值观以及偏好的组合，它们通过社会（而非基因）传播，它们也被社会中的不同子集所共享。”[③]显然，江南文化中所自带的文化自觉使江南文化所养育的生活方式成为中国人的样板之一。

1.江南文化地域广阔，文化与自然山水构成互适耦合的文化样态——“五种江南文化类型与文化模式”。在历史的文化长河中，江南既是一个自然地理空间区域——长江以南，亦是一个行政上的、社会结构意义上的、政治区域上的、文化意义上的多类型文化空间组合，而其中的文化主脉是相通的，江南文化在整体上是中国文化底色的一种集中表达。有《史记》以来，“江南”一词就因长江流域的开发而越来越富有文化和人文区位价值。古代大运河的开发，江南温和的气候与土壤，加上耕读人家的地域文化风格，可谓人杰地灵、钟灵毓秀。唐朝时官方将江南作为行政区域的名称，唐太宗曾将领土分为10道，其中便有“江南道”，此后“江南道”的所辖范围和名称历经多次演迁，此不赘述。

文化上的“江南”既是地域上的，也是超越自然空间的“文化区”，更是心理上的“文化区”，是深层次的“乡土文化区”的概念。唐、宋、元、明至清时期以降，江南是中国经济、文化最为发达的地区，获得诸多文人雅士的青睐，因此，江南成为中华文脉最为昌盛的人文区位。马凌诺斯基在阐述文化的意义时说：“文化虽然产生于人类的生物满足需求，但它的本质，却使人类与其他动物截然不同。”这一观点也是大多数历史学家、人类学家和文化学家的观点，人是可以创造文化、使用文化和创新文化的高级动物，文化通过人类创造文字、语言、非文字符号、技术工具符号和各种各样的文化保存方式如博物馆等，文化既是人类创造的结果，也是推动人类社会进化的力量。“人是一个制造工具、使用工具的动物，是一个在团体中能够传达交通的社员、一个传统绵延

---

① 费孝通．费孝通文集：第14卷［M］．北京：群言出版社，1999：197.

② 余晓慧．世界历史语境中的文化认同研究［M］．昆明：云南人民出版社，2014：22.

③ 乔尔·莫基尔．增长的文化：现代经济的起源［M］．胡思捷，译．北京：中国人民大学出版社，2020：8.

的保证者、一个充为合作团体中的劳作单位、一个留恋着过去和希望着将来的怪物。最后，靠着分工合作和预先准备所获得的闲暇和机会，他又享受着色、形、声等所造成的美感。”①文化在人类的创造中，反过来创造了社会存在的纽带，成为社会进步与进化的根本力量。历史文献和诗书中的江南，从中到处都可以看到“粗缯大布裹生涯，腹有诗书气自华”②的文化自在精神，几乎成为江南文化独有的文化身份——腹有诗书，在某种意义上表达了一种在生命价值中更高层次的自我探寻和自我实现，包括江南美学的创造。在某种意义上讲，读懂江苏就读懂了苏州，读懂了苏州就读懂了“苏式江南”，就会在一定程度上懂得“舒适江南”（“舒适”谐音“苏式”）的文化意义，而这里可以用一句话集中表达江南文化符号化的隐喻：“粉墙黛瓦神州底色，吴歌昆腔华夏声音。”

文学作品中的江南——长长的雨巷、青青的石板路、弯弯的窗前溪、微微的堂前风、深深的庭院和轻风拂柳下的满眼荷花翠庭……在富庶繁华、风流儒雅、温婉柔情的外表下，“苏式江南”蕴藏着“上善若水”的柔情和“天行健”自强不息的文化气质。在赏析江南历朝诗词歌赋的深层次内蕴时，可以看到，苏州既有“春水碧于天，画船听雨眠”③的妩媚，亦有“男儿何不带吴钩，收取关山五十州”④的豪情，更有“天下兴亡，匹夫有责”的人文情怀。在研读江南文化的过程中，我们熟悉了数不清的江南名士、文人忠烈……这一切的一切都已经交织成为一种文化定式——江南不仅多文人，江南还多正气，江南亦多有豪气壮烈之士，或许这才是许多人向往江南的真正原因。一种意境，一种诗情，一种画意，一种韵味，一种贵族之气，都蕴含在山山水水、花花草草之中，缠绵在雨露岚雾之中，融会在禅意淡静之中……儿时朗诵的诗不时浮现在脑海中：“日出江花红胜火，春来江水绿如蓝。能不忆江南？”⑤“我们现在正需要一种经验的文化论。这种文化论是承认文化的差异性，不问文化的起因，而只问文化是什么，它怎么发生作用，怎样变迁。因为，唯有认清了文化现实和文化历程的定律，我们才能谈得上改造文化；除非以功能论为基础，播化论者和进化论者都不能建立其文化史。”⑥

---

① ［英］马凌诺斯基. 文化论［M］. 费孝通，译. 北京：华夏出版社，2001：100.

② ［宋］苏轼. 苏轼文集编年笺注——和董传留别［M］. 成都：巴蜀书社，2011：24-25.

③ 原句出自韦庄《菩萨蛮·人人尽说江南好》：“人人尽说江南好，游人只合江南老。春水碧于天，画船听雨眠。垆边人似月，皓腕凝霜雪。未老莫还乡，还乡须断肠。”参见：［清］王鸣盛. 蛾术编：温飞卿［M］. 北京：中华书局，2010：1618-1629.

④ 原句出自李贺《南园十三首·其五》：“男儿何不带吴钩，收取关山五十州。请君暂上凌烟阁，若个书生万户侯？”参见：［唐］李贺. 李长吉歌诗编年笺注［M］. 北京：中华书局，2012：512-514.

⑤ 原句出自白居易《忆江南三首·其一》：“江南好，风景旧曾谙。日出江花红胜火，春来江水绿如蓝。能不忆江南？”参见：［唐］白居易. 白居易诗集校注［M］. 北京：中华书局，2006：2598-2599.

⑥ ［英］马凌诺斯基. 文化论［M］. 费孝通，译. 北京：华夏出版社，2001：104.

江南文化作为一个广义的地域文化，在不同地理区域和空间形成了不同的文化特质和“地点精神”。从理性意义上分析，江南虽然也有着某种同一性文化表征和基本的地域范畴，但是，传统意义上的江南文化和所有的事物一样，内部不是“铁板一块”，有本质的同一性，又有多类型文化的差异性，既可以以文化细分，又可以在发展中获得整体感知。当然，江南文化必然是一个多类型化的“文化区”，必然是由不同文化差异的“文化丛”组成的一个个具有共同区域、地理、人文特点的“文化圈”，进而演化为江南区域组合而成的一种“江南文化模式”。但是，经过深入研究不难发现，江南文化基本可以分为以下五类：一是以上海为代表的“海派江南文化”，二是以安徽皖南为代表的“徽派江南文化”，三是浙江部分地区的“浙派江南文化”，四是江西的“皖南派江南文化”，五是以江苏苏州为代表的——“苏式江南文化”。大体上说，江南文化在同一性的基础上，是由五种有明显特色、地域差异、有特定文化特质的文化类型组成，或曰“江南五种文化模式”。

意象中的江南——通过简单的大数据梳理，传统区域中的江南文化，已经沉淀为某种文化属性的类型化存在样态，既有特殊符号化的表征，又有一般意义上的不同文化属性，这五种江南文化的区别是：第一，不同的自然山水空间，一方山水一方情调；第二，不同的集体记忆，不同群体创造了不同的文化；第三，不同的地点场域精神，当地文化精英创造独具各自风采的精神文化和艺术文化；第四，不同的原乡文化，构成了不同的人文区位和地方性知识结构；第五，不同的风俗人情，创造了不同人际关系的日常生活美学；第六，不同的日常习惯，创造了不同的生活方式和行为模式；第七，不同的人情世故，养成了不同的社会性格，或豪放或温婉；第八，不同的饮食构成及偏好，与自然的食材相结合创造了独一无二的地方美食；第九，不同的时尚格调，创造了江南多种类型的穿着、配饰和文化时尚，各领风骚；第十，不同的语言特质和方言，丰富了语言内容、形式和语言腔调带来的文化人格……经过大数据的分析，可以看到苏南、上海、浙江、安徽、江西的江南文化各自不同的文化符号化表现，以及构成的文化符号簇群。我们所强调江南文化类型之一的“苏式江南文化”的要素特质，旨在说明以苏州为代表的“苏式江南文化”的“文化区”模式和类型。

在文化地理学上，“文化区”一般有两种形式，一种是有行政范围的文化区，如某省、某市、某县甚至某镇的文化，都有严格的行政边界作为主要区分；另一种是没有行政边界划分的“形式文化区”，往往是以某种流行时尚区，一种或多种文化行为礼仪认同区，或是一种至多种文化习俗区，或以某种特定的语言语调流行区，或以某种流行的乡土音乐为代表形成的一定范围的“文化区”等，如苏南某地流行的一种传统文化“跳五猖”，在江苏南京的高淳、溧水，常州的溧阳、金坛，安徽宣城的郎溪、广德以及江苏的无锡、苏州的部分地区都有文化遗存流传。当对某一“文化区”进行深入研究时，就会发现苏南文化有着本质上同一性的“文化类型”表现，而且有长时间流

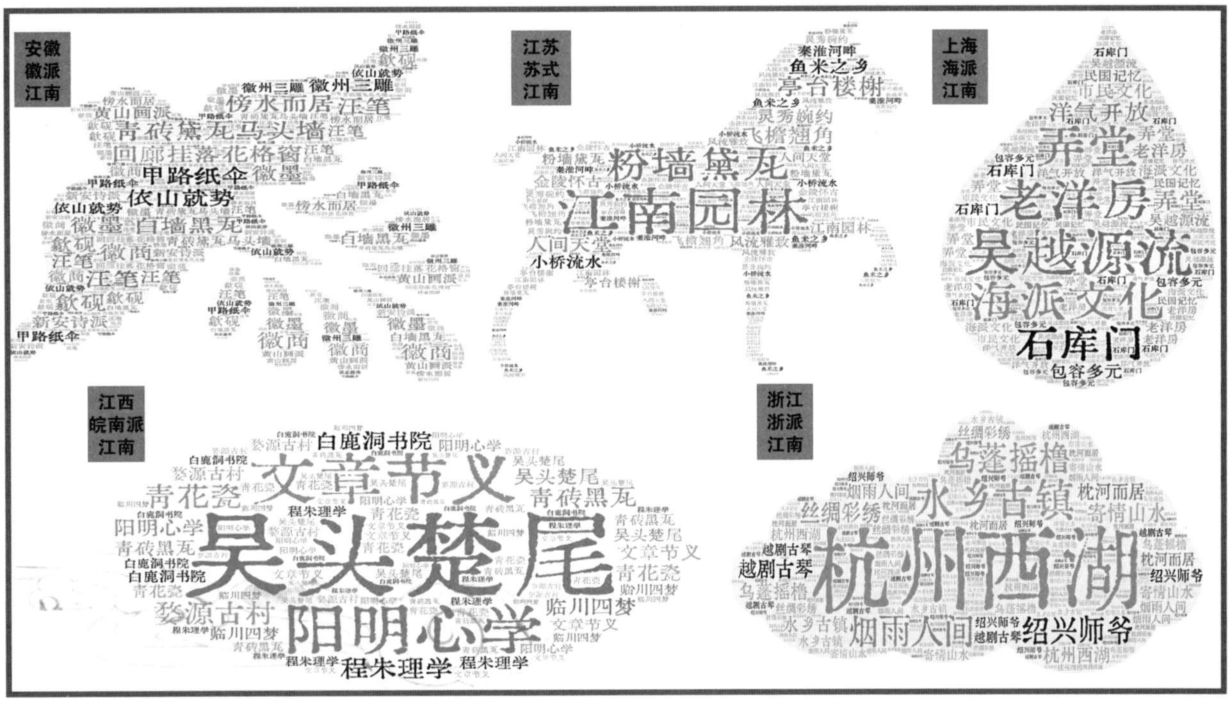

分类/地域	江苏	浙江	上海	安徽	江西
历史文化	泰伯奔吴、衣冠南渡、吴文化、金陵文化、明文化	良渚文化、马家浜文化、越文化	移民文化、明清文化、民国文化、吴越文化	淮河文化、新安文化、皖江文化、庐州文化、徽文化	吴头楚尾、赣文化、临川文化、庐陵文化、傩文化
自然地理	太湖、秦淮河、玄武湖（皇家园林）、虎踞龙盘、灵山	钱塘江、西湖、普陀山、京杭大运河	黄浦江、苏州河	黄山、九华山、新安江徽杭古道、桃花潭、巢湖	庐山鄱阳湖、三清山、赣江、井冈山
建筑特色	园林建筑：四大名园（亭台楼榭）；周庄古镇、高淳老街；粉墙黛瓦、飞檐翘角、前街后河、低层高密度、“进”“落”结合	乌镇水乡、西塘古镇；木拱桥、廊桥、堂屋、马头壁、水阁（枕河而居）、石板巷	上海豫园、枫泾古镇、朱家角、外滩民国建筑；老洋房、弄堂、石库门建筑（围合、石头门框）	西递-宏村古村落、屯溪老街徽州古建（民居、祠堂和牌坊）；徽州三雕、马头墙、青瓦白墙、依山傍水	滕王阁、赣州老城（江南宋城）、婺源古村；青砖黑瓦、天井山墙、赣派骑楼
思想文化	鱼米之乡、人间天堂；务实坚韧、风流儒雅、市井风情；秦淮文化、姑苏文化	崇尚自然、寄情山水、直爽率真、开拓冒险；温州模式、义乌商人、绍兴师爷	讲究契约、规范、信用；包容开放融合尊重多元；海派文化、都市文化、市民文化	重商：徽商（贾儒结合）宗族文化徽骆驼精神	书院文化、耕读传家“文章节义之邦”瓷文化、禅道文化、赣商（贾德）
文学戏曲	昭明太子、刘勰、刘禹锡、杜牧、韦庄、范仲淹、明四家、曹雪芹；昆曲、苏州评弹、常剧、锡剧、南京白局、单剧	沈约、周邦彦、陆游、谢灵运、宋濂、永嘉四灵、袁枚；越剧、湖剧、浙派古琴、绍兴莲花落、杭剧	茅盾、张爱玲、余秋雨申曲、沪剧、紫竹调	程颢、程颐、朱熹；徽剧、黄梅戏、泗州戏、庐剧	陶渊明、黄庭坚、晏殊、欧阳修、杨万里、王安石、文天祥、汤显祖、天工开物、临川四梦；赣剧、傩戏、采茶戏、弋阳腔
服食器用	双面绣、苏绣、苏样、苏意、云锦、宋锦、蓝印花布；苏帮菜、金陵菜、小笼包、大闸蟹、桂花藕、碧螺春、茉莉花茶	辑里丝、杭嘉湖丝绸、金银彩绣；浙菜、龙井茶、绍兴酒、梅干菜、藕粉、汤圆、金华火腿	旗袍上海本帮菜	徽菜、六安瓜片、太平猴魁、符离集烧鸡、砀山梨	客家服饰、庐山云雾茶、赣菜、赣南脐橙、南丰蜜桔、四特酒、粉蒸肉
民俗工艺	吴侬软语、金陵怀古；金陵折扇、秦淮灯会、南京金箔、剪纸、木版年画、灯彩	乌蓬摇橹、龙泉青瓷、湖笔、金石篆刻、王星记扇、泥金彩漆、东阳木雕、青田石雕	上海话、海派民俗、十里洋场；顾绣、嘉定竹刻、黄草编织	歙砚、徽墨、宣纸、澄心堂纸、汪笔、徽州篆刻、版画、徽派盆景	青花瓷、景德镇御窑、吉州窑、甲路纸伞、客家习俗
科教文化	江南贡院、乾嘉学派（顾炎武）、金陵画派、金陵八家、晚清四大名臣	永嘉学派、金华学派、永康学派	鸳鸯蝴蝶派、新感觉派文学；近代工业文明融合欧美文化为特征发展的文化	“东南邹鲁”、黄山画派、新安诗派、新安理学（程朱理学主要流派）、桐城派、建安文学、紫阳书院	程朱理学（起源）、阳明心学；白鹿洞书院、白鹭洲书院、江西诗派、临川派、江西画派

五种江南文化类型化研究与文化创新比较

传下来的文化脉络的一致性、文化的同根性和强烈的认同性。即以江苏江南及太湖文化圈为主要的地域空间，已经形成了以苏州为代表的一种“苏式江南文化区”，当我们进行田野调查研究时发现，这一带的人都自觉或不自觉地说自己是“苏南人”或“江南人”，可见“苏式江南文化”的自我认同度非常高。当深入“苏式江南文化”某一“文化区”进行深入研究时，就会进一步发现，“苏式江南”的典型性被更多的人所认同和向往。与北方的粗犷和大气相比，“苏式江南”表现出极强的地域文化特色：精致的生活空间、精致的生活方式、精致的耕读人家和精致的生活日常……在这里很少有宏大的叙事，而只是从精致中显现出“苏式江南”的博大。从苏州自古以来的苏绣、无锡的小笼包、常州的“龙城三宝”、南京的“秦淮小吃”中即可管中窥豹。“苏式江南文化”根植于中华文化的主脉，融入中华文化的主脉，在时空的变化中不断孕育和发展，呈现出“无边界的、流动的”人文魅力和美学精神，它代表着中国人对美好、精致、高雅、高尚、干净和格调生活的极致向往。

多类型的江南文化，在本质上有一个共同认同的文化内核，其价值在于是中国传统文化的守望者和创新者。“西化的观点认为，由于‘可口可乐殖民化、西方电影、音乐和跨国企业’，发展中世界的城市是消费品的被动受害者，‘西方文化正在逐渐地支配城市的生活方式，并导致了整个发展中世界的同质化’。正如波特和劳埃德所指出的那样，这样的消费文化，无论是产品、‘场所’，还是基于参与的文化，并不是所有人都能够拥有或得到的，内在的不平等是明显的，社会鸿沟（‘排除’）在增大。”[①]只有固守一片可以创新、可以开发的沃土，才能在世界的百花园里独放其香。一座城市就是一个地方，能够称之为“这个地方”的城市，其指证的前提就是这个地域有文化特质（Cultural Trait），即以文化最小单位证明的文化表现[②]。如一个人的动作、一种服饰符号、一种生活用具、一种文化行为、一种特定的习俗等。在地方性的表现上，每一座城市都能够创造性提出城市地域性文化丛（Culture Complex）、文化链、文化圈、文化类型与文化模式（Cultural Pattern）、文化区（Culture District）。

之所以论及或者是强调要把江南文化作为“文化类型化（Cultural Taxonomy）”来研究，这是从哲学与美学意义上对江南文化的高度认可，“类型化”的分析有助于提高我们对“文化区”“文

---

① ［英］格雷姆·埃文斯. 文化规划：一种城市复兴?［M］. 李健盛，译. 北京：北京师范大学出版社，2022：349.

② 张鸿雁. 论特色文化城市理论体系建构研究与实践创新——中国本土化特色文化核心价值的理论体系与范式建构［J］. 南京社会科学，2012（08）：1-11.

江南乡村美学诗意理想与文化类型化认知

化模式”“苏式江南文化”发展与创造的规律性把握。

2.“苏式江南”文化前提下的“文化类型区”文化特质隐喻。梁启超先生认为，江南文化精神的真谛在于：“探玄理，出世界；齐物我，平阶级；轻私爱，厌繁文；明自然，顺本性。”①“苏式江南文化”与其他类型的江南文化可比较的内容不胜枚举，这里仅从生活样态的角度加以思考：“苏式苏样”本身就是一种文化符号、一种类型和一种象征。从一种极简的角度认识，把江南文化分为“五种文化类型”本身便是一种文化创新。1939年在哲学家高山岩南出版的《文化类型学》中阐释了“文化类型学”概念，强调了“文化类型作为民族精神的风土性和历史性”意义。

苏州，从春秋的“阖闾大城”，到司马迁口中的“江东一大都会”，从唐朝时的“江南唯一雄州”，到明代的“天下四聚”，再到曹雪芹笔下“最是红尘中一二等富贵风流之地”②，无不体现了苏州历史文脉中“中华文化守望者”的地位和价值。自有唐以来，以“苏意”“苏样”“苏作”……为代表的“苏式江南文化”曾引领华夏时尚风潮，在历史的发展中不断创新，蕴藏着独特的、精致的、高雅的、与时俱进的中国文化韵味，是中华文化的东方美学代表。吴冠中如是说：“我这一生，总在陆陆续续地画江南……”③他画作中的“苏式江南”，就是人们生活和想象中的

---

① 梁启超.饮冰室文集之七：论诸家之派别[M].北京：中华书局，2015：15-29.

② 原句出自《红楼梦》第一回：“甄士隐梦幻识通灵，贾雨村风尘怀闺秀。”参见：[清]曹雪芹，高鹗，等.红楼梦[M].北京：中华书局，2014：1-23.

③ 张鸿雁.“苏式江南文化”生活方式与乡村美学探索[N].新华日报，2022-01-28.

美好江南。江南文化的伟大价值之一，是一直比较完整地保留了江南乡村美学特点，“苏式江南”的生活美学，耕读人文的价值美学，并给人们勾画出“苏式最江南”的生活方式，也表现了“苏式江南美学”的担当。如苏州状元文化甲冠天下，唐代8人、宋代8人、明代9人、清代26人，自隋开科举，至清末废科举，苏州状元共有51名，清代苏州状元人数占全国的四分之一，有族内连番鼎甲的现象，堪称奇迹。当代苏州的科技英才——中国科学院院士、工程院院士的总人数为139人[①]，籍贯或出生地为现苏州地区的两院院士（含外籍院士）总数居全国首位。

创新开放、精致格调本身是骨子里的“苏式江南”。随意从“苏式江南文化”中勾连点滴，可见其现代性的文化建构，苏州的城市是现代的，乡村也是现代的，甚至是世界的，苏州的乡村正在向世界展示全球化中的“全球化乡村美学价值”。

3.“苏式江南”：开弦弓村是近代中国乡村美学的发源地。在浩荡的乡村振兴——“再地方化”的图景中，全球化中的城市化将城乡关系裹入更复杂的境地，处于关系网络节点位置的乡村地方行动者参与全球生产网络的响应，被概念化为“全球乡村”，使原来封闭的乡村以乡村特色产业形态参与全球产业价值链分工，城乡融合带来乡村振兴经济的“文化反哺”。我们希望提出当今城市诗意建筑的需要，“在建造和重建我们这个世界的过程中，设计带来的是难以探讨却是最重要的品质”[②]。

以苏州吴江的“江村”（即开弦弓村）为样本，来研究“苏式”江南美学建构的示范路径。早在20世纪30年代，费孝通先生就以在江村的实际调研为基础，对江村的乡镇工业、居民生活方式、人际关系和小城镇发展的因素等进行了系统研究，费孝通先后探访江村26次，开启了乡村的文化自觉，并在发展中付诸实践。开弦弓村村民也在费孝通的指引下获得物质文化和精神文化的双重富足。1981年费孝通因此荣获人类学科的最高荣誉“赫胥黎奖章”[③]。“在某种意义上甚至可以说，风景，包括都市与乡村的风景，都可以纳入这个方面。低估、忽略与贬低空间的作用，便意味着过高地估计文本、书写物与书写系统，以及可读的与可视的，甚至赋予它们在可理解性方

---

① 徐瑞雅. 苏州新增4位两院院士总人数达139位［N］. 苏州日报，2021-11-22.

② ［美］汤姆·梅恩. 复合城市行为［M］. 丁俊峰，王青，孙萌，郝盈，译. 南京：江苏凤凰科学技术出版社，2019：7.

③ 赫胥黎奖章：1900年为纪念《天演论》的作者、英国博物学家赫胥黎而设立，是国际人类学的最高学术荣誉奖。赫胥黎生于1825年，曾以海军军医的身份航行到澳大利亚，研究海洋生物。著有《人在自然界的地位》《动物分类学导论》《进化论与伦理论》等书。《进化论与伦理论》的一部分由严复译成中文后称为《天演论》。它在清光绪年间对中国提倡变法图强和维新运动，起过积极作用。参见：唐进修，孟宪谟. 国际著名荣誉奖奖金和奖学金［M］. 北京：人民日报出版社，1992：165.

面以垄断地位。"①

从江南乡村美学创新的角度讲，至少有三个第一：第一个是地方性文化自觉。以江村为首的苏南乡村，建构了"苏式江南文化"乡村社会文化自觉的缩影。第二个是全球性的网络社会，使城市、城镇、村庄和个人都可以参与全球竞争，江南文化中的乡村文化自觉与乡村审美文化的创新，创造了世界范围的文化识别符号，江村已经是世界观察、认识中国乡村的一个窗口。第三个是现代性意义上的乡村文化自觉与文化自为，已成为江南文化创新的增长点。江村是中国近代首个探索乡村现代化、探索乡村文化自觉和江南乡村美学的村庄，国人创造了江南文化，江苏人创造了"苏式江南文化"，现在我们也要创造新时代的新江南文化，而使之成为未来人类的集体记忆，依托上述这些"首个"的文化表达，我们深入江村进行了进一步规划，赋予其特色定位：即产业美、文化美、生态美、环境美、生活美、乡风美……强调打造"三产联动""三生融合""产城融合"的示范区，也是"六次产业"革命的文化融合和文化自觉的创新。

多元的江南文化，构成江南文化的新世界，而这个新世界的本原也应该是文化类型多样、百花齐放，这样更能体现现代意义上的"全球化乡村"时代价值。我们则以费先生提出的"乡村文化自觉"概念为基底，提出"乡村文化自为"到"城市文化自为"。开弦弓村的文化价值兼具地方性、全球性、时代性，是"苏式江南文化""最江南"的文化经典符号之一，也是在江苏高质量发展中，世界观察中国乡村振兴的窗口，同时建议对开弦弓村进行更深层次的规划，赋予其更鲜明的特色定位，振兴乡村，福民富民，实现乡村文化资本的再生产。近代的乡村文化自觉从江村开始，这一文化资本应该进行进一步的"文化资本再生产"，而"中国江南文化"的文化自觉、文化自为在创新发展中，能够成为中国现代化再创新的典范。

二、"诗眼"与"平仄"："枕水"与"旧事""都市诗学"

江南是一块宝地。自古以来，这里地灵水秀、风物清嘉、经济发达、城镇繁华、人才辈出、文化璀璨。这里的吴侬软语、小桥流水、古城名镇、园林戏曲……不知影响了多少文人墨客为之讴歌，也孕育了具有细腻的审美习惯与特有的生活情趣之历史文化积淀，江南文化本底的文化性格就

---

① ［法］亨利·列斐伏尔.空间的生产［M］.刘怀玉，译.北京：商务印书馆，2021：93-94.

是开放与不断创新。建构、策划和规划一个“江南七十二坊”（2009年）是为了江南文化的复兴，而从传统文化的传承与创新发展来讲，恰恰对应着中国传统文化中七百二十行的历史文化。这既是对城市生活样态的一种完整诠释，也是对共同记忆中江南文化的经典再现。这里有江南的水、江南的天、江南的景、江南的桥，也有江南的建筑、江南的花草、江南的街巷、江南的生活、江南的故事……更有只属于江南的情感记忆和城市诗学。

之所以起名“江南七十二坊”是用一种自己的、空间化的语言体系表达出一种独特的“江南方式”，这种“江南方式”延续了《史记》中记载的“饭稻羹鱼，或水耕而水耨”①的文化和生活，也延续了一本本家谱中念念不忘的“木本水源”和六朝美学中的“山水情怀”，是一种源于生活又高于生活的审美精神和诗性气质，表达了一种生命在更高层次的自我探寻和自我实现的追求。换句话说，打造一个完美的“江南七十二坊”能够代表今日江南城市的精神内核之所在！

“静水是平，流水是仄。”水乡，是所有中国人对于江南的梦幻记忆。江南文化生于水，更离不开水的滋润和与水的互动。“江南七十二坊”的街道规则，首先是水文化元素的注入。游于水、憩于水、居于水、富于水……上善若水，这样的概念在城市内核区，能够创造更加丰富的街道表情和居住典范。在“江南七十二坊”中，水的形态可以多种多样：水在脚下、水在身旁；水在楼中、水在天上；流动的水、静止的水、滴落的水、跳跃的水、欢呼的水；清晨的水、正午的水、日落的水、月夜的水；生态的水、活泼的水、温柔的水、沉思的水……“坊内是平，坊外是仄”，里坊制是中国传统的邻里街坊制度，在长达二千多年里，至今仍然有很多城市中有里坊空间的存在，而创造理想型的现代里坊空间，是我们的一个创新想法。我们结合熙南里—南捕厅地块的具体情况，创造出“江南七十二坊”概念并构思提炼出与地块肌理相符合的概念，围合式的坊间倡导新型城市邻里关系和居住样态，传统的“细巷”唤醒人们对故乡的记忆和对江南小镇的向往；外向型的街市和多元化的空间业态能够适应都市产业和创意产业的进入，打造既具有人文关怀又富有新鲜活力的文化经济新高地。“水是平，坊是仄”“平平仄仄”“宽宽窄窄”“弯弯曲曲”“地地道道”……水乡风情与里坊制的合璧，组合成一首美妙动听的平仄诗，妆点出传统江南城市最具魅力的肌理与表情。

1.“异地重建”VS“原址保留”。“江南七十二坊”原址遗存了大量历史建筑，其历史渊源和建筑风貌不尽相同，建筑保存现状参差不齐。另外，基于区域整体更新开发的需求，一个有效的更新手法就是对有价值的历史建筑进行多元化保护，或是原地精准保护，或是原址精准修存，或是

---

① ［汉］司马迁，撰，史记：卷一百二十九：货殖列传第六十九［M］. 北京：中华书局，1982：3253-3283.

“异地精准重建”，或是局部改造式精准保护修建，或是数字化保护，或是整体迁至历史街区内使历史建筑相对集中等等，有多种方法，但是，其目的只有一个，即对历史建筑、优秀建筑进行严格保护，包括在历史空间整体意义的区位上进行集中的精准保护和更新开发。具体来说，所谓历史建筑原址保护可以称之为“针灸式精准保护”。例如平章巷、走马巷、踹布坊一带的保留建筑，尽管其建筑与规划开发的街区风貌未必完全一致，但通过将单体建筑进行修葺、改建之后，可以使之成为极具观赏性和文化联想功能的小型建筑景观小品，其目的就是将文化整体的“碎片化现状”转化为“文化联想式的拓展”。“异地重建”VS“原址保留”，看似两种相互对立的手法，实质其保护、盘活、灵活利用历史建筑的目标是一致的，正如诗词中两句对仗的用词一样，用不同的方式来指代同一种理想，表现同一种“原生态、原风貌、原汁原味”的多元化街区的全面性保护更新和创新思路。

一个好的抒情诗人，往往善于运用意象的叠加。有时候甚至不需要动词的联结，仅仅将一个个美丽的意象陈列出来，就具有了诗的韵味、画一般的想象。这就是古诗的一种特殊修辞手法——“列锦”[①]。如果说“江南七十二坊”是一首抒情的诗，她一定是空灵、含蓄、凝练、简约又富有意境感的，最擅长运用“列锦”的手法，把精彩“列锦”于世：一座座保留下来的历史建筑、走也走不完的蜿蜒水街、墙角偶然闪现的梅花、滴雨的青色屋檐……在视觉、听觉、嗅觉、触觉上，真实结合记忆再加上想象，营造出一个唯美、朦胧的“城中江南”的场景与地景。她的肌理、她的时尚、她的设计与品位，体现在街区的细节上就是“新江南主义”建筑风格、景观小品以及江南复兴主义空间场景的整体营造。“江南七十二坊”的景观设计如同诗词中的“列锦”手法一样，一处景代表一种意象，画龙点睛，提升“诗意”，做到言虽有尽而意却无穷。

2.“未来记忆”的诗意栖居与粉墙黛瓦。“如果生活纯属劳累，人还能举目仰望说：我也甘于存在吗？是的，只要善良，这种纯真，尚与人心同在，人就不无欣喜……充满劳绩，但人还诗意地栖居在这片大地上。”[②]19世纪德国诗人荷尔德林以这样一首独特的诗歌，提出了诗意栖居是人类

① “列锦”：它的产生最初是由于诗歌语言不断压缩，诗歌在有限的诗行、固定的句子长度中不得不省略一些语言成分而形成的，隋朝诗歌出现的动词省略是“列锦”的萌发形态，成熟的“列锦”产生于唐，至清无变化，现代“列锦”在使用范围、语言形式、表达效果三方面都有变化。同时现代还产生了一种被学术界称为“类聚格”的“列锦”的变异形态。参见：郭焰坤. 列锦辞格的产生与发展［J］. 修辞学习，2003（05）：32.

② ［德］马丁·海德格尔. 演讲与论文集［M］. 孙周兴，译. 北京：生活·读书·新知三联书店，2005：203.

内心最希冀的愿望。“江南风土欢乐多，悠悠处处尽经过。”[①]江南自古以来就是文人墨客喜欢停居、旅居、客居的好地方，“江南七十二坊”通过创造出富有禅意的生活，使之在城市中也能够清享自然。“诗意的栖居”是“江南七十二坊”想要传达的终极文化内涵。诗歌隐喻的意义来自一种顿悟，诗的意义产生在人与世界相遇的时刻。同时，“江南七十二坊”的文化内涵也来自这样的“相逢不相识—相逢再相知—相互认同”的过程，是一种对人生终极含义的顿悟，这种认同感是对世界及其事物的一种态度，是街区生活在当下的现实表征。今天，我们站在当下回想历史，我们同样也将会站在未来的某一天，想象并诚心守望着今日的创造。“古都夜市千灯照”[②]的情景、场景不仅表现在历史中，也同样能够存在于今日的现实和明日的记忆中。一座没有诗意的城市，终究逃不开被拆毁的命运，“江南七十二坊”本来应该是首诗，也是真正为未来都市创造的一处经久不衰的诗意栖居典范。

“中轴对称式”“方格状”“棋盘型”的里坊制城市格局，起始于中国春秋至汉朝时期，兴盛于隋唐时期，或许说创新复兴于“江南派里坊制格局”。在大城市中央，也可诗意栖居，应该说实属不易。其主要包括以下几个要点：（1）12块标准里坊：“江南派”里坊制风格的基本文化板块。根据原有地块实地面积、街巷建筑肌理情况，将本地块划分为十二大基本板块，为“12块标准里坊”，是“江南七十二坊”第一层面意义上的专门型“坊”式街区形态，力图打造开放式、外向型的“江南派里坊制”街坊模式，街巷中既有隔墙，也有临街店铺；既有隐秘，也有开放；坊巷相间，人车分流。（2）12幢“坊中坊”：“江南元素”文化创意产业园的传世珍藏。“江南七十二坊”中“坊”的概念体现在第二个层面以独门独户组合式建筑为单位的12幢“坊中坊”，散落于“江南元素”文化创意产业园中。（3）48个历史小屋：“一屋一坊一业态一文化一商品”。48个历史小屋中包括大量现存保留建筑，同时也有一些新建建筑，改造成与历史相似的建筑样态。街区风格：“草长莺飞，燕入华堂”——低层数、低容积、高绿化的生态水居别苑。在“江南七十二坊”，无论是商业街区还是里坊园林住宅，都应当遵循低层数、高密度、低容积率、高绿化率的街区设计准则。第一，“江南七十二坊”绝大多数建筑层数不超过3层，建筑高度控制在10—12米左右，整个街区保持完整的低层数格局，现有沿升州路高楼建筑和不符合设计风格的建筑建议拆除或改造立面及内部构造。“江南七十二坊”构成南京内城核心区一处“反城市化”街区——感觉天际

① ［唐］张籍. 张籍集注：相和歌辞·江南曲——江南行［M］. 合肥：黄山书社，1989：69-70.

② 原句出自唐代王建的《夜看扬州市》：“夜市千灯照碧云，高楼红袖客纷纷。如今不似时平日，犹自笙歌彻晓闻。”参见：［唐］王建. 王建诗集校注：辨证［M］. 成都：巴蜀书社，2006：344-345.

线的低点与城市现有轮廓相呼应，创造独一无二的街区整体意象，这无论对于“江南七十二坊”，还是对于整个南京乃至中国城市来说，都是一笔宝贵的“城市文化资本”，也将会具有超历史意义的时代价值和人文价值。第二，“江南七十二坊”建筑密度应略高于其周边新建写字楼、商业楼地块，并高于一般意义上的住宅小区，建议控制在40%左右。这首先是因为“江南七十二坊”提倡在现代城市中心复兴传统江南水乡里坊制格局，全地块实行地上地下人车分流，路面道路基本保持仅供行人通行的“里巷”样态，宽度不超过5米或更窄，蕴含“三尺巷”的历史故事，最大限度地将空间让渡给坊内建筑或半里坊化地带。另外，在该区域更新时还提出了“里坊经济”的概念，倡导园林景观坊内化、街区观光坊内化、休闲消费坊内化、文化观摩坊内化、公共空间坊内化……一系列坊内化的要求，只有在高密度的形态中才能实现，在“江南七十二坊”内的“屋檐、回廊”等建筑形态能够发挥填充公共开放空间的作用，所有沿商业街建筑的屋檐加长加宽，坊内坊间主要景观、建筑、广场等通过九曲回廊相连，大部分街区活动都能实现“在屋檐下进行”的设计意图。第三，通过低层数、低密度和园林高密度的合理组合，“江南七十二坊”最终实现1.1左右的低容积率和特有空间密度表达，其本身就是一个城市居住的新类型，也是城市建筑审美的又一种创新模式。第四，虽然“江南七十二坊”的非建筑面积是60%左右，但其绿化率可以高达70%甚至更多，其奥妙就在于屋顶绿化、立体栽培等技术的运用，打破以往社区绿地规划中绿地与房屋相互挤占空间的矛盾，将植物与建筑完美结合，房里房外、坊里坊外都是绿色植物，打造“有氧里坊”，堪称都市的“氧立方”里坊空间。

3.建筑元素：“小市千家聚水滨”——“吴蜀之巧”新江南建筑集群。“小市千家聚水滨，轻舟日日往来频。”“江南七十二坊”最重要的建筑元素是“水”，也是江南文化的本底。在目前的区域环境中，缺水、缺活水、缺美水、缺文化之水的现象非常明显。本区域在开发建设“江南七十二坊”的过程中，要充分考虑水的概念和水的文化，做到坊坊有水、户户临水，水从桥下、路旁、屋中流过，水就是江南文化的“命”，“江南七十二坊”的“脉”，在新江南建筑中不可或缺。北宋诗人苏轼曾赞叹并概括江南建筑风格为“吴蜀之巧”[①]。人们熟知的江南建筑符号诸如青砖、玄瓦、白墙、绿藤描绘出的淡雅色调，以及骑楼、花窗、隔扇、砖雕、小桥人家枕水而居，以及九曲回廊临河那一排“美人靠”，摇橹声、弹词唱，绕梁几许，都融入在江南建筑那份气吐如兰的娴静与沉

① 原句出自苏轼《灵壁张氏园亭记》：“蒲苇莲芡，有江湖之思；椅桐桧柏，有山林之气；奇花美草，有京洛之态；华堂厦屋，有吴蜀之巧。”参见：［宋］苏轼，撰．苏轼文集：灵壁张氏园亭记［M］．［明］茅维，编．北京：中华书局，1986：368-370.

着的气质中。

新江南主义建筑风格，是一种扬弃式继承的江南复兴思想，力求将传统和现代、江南和世界巧妙地融合，营造传统江南民居风格的宜居环境，又可满足现代人的生活需求。一方面，将传统建筑中一些已然和时代脱节的元素，如马墙、挑檐、小窗等，除了在个别特殊建筑上以景观装饰的目的进行表现之外，在大量实用性的新江南主义民居中可以割弃掉或改造后利用。另一方面，标志性的白墙黛瓦、变通的轩窗、青砖堆砌的步道、不可窥视的镂空墙、方圆组合的局部造型和多孔墙、镌刻历史的牌坊、提高空间通透性的漏窗、蕴含文化色彩的三雕等与现代生活不可背离的设计都可在“江南七十二坊”建设得到继承和发扬。扬州瘦西湖畔有“万花园”[①]，南京亦有自己的“千花坊”。南京的千花坊，就在“江南七十二坊”中，这里可以有一千种花卉、一千株开花树木，这里也可有十二大板块的里坊，均以花朵的名字命名。十二个里坊，正是千花中最精致的十二朵花，于是就有了“千花坊·十二朵”文化经济综合体的定位构思。大板巷与现已建成的熙南里一期街区紧密相接，便捷的位置和大量的人流优势，使这里非常适合开发成面向大众的精致餐饮一条街，街上的餐饮品牌可以引入体现江南元素、江南符号的精致店家。评事街是一条热闹的街道，也是一条具有人文气息的街道。可以将评事街开发改造成江南都市精品艺术街，中央道路汽车单向通行，街道两侧设计成宽敞、干净的十字路铺装人行步道，打造“街道就是广场”的艺术街区风情。历史上泰仓街有几家手工鞋铺，曾经在老城南风靡一时。可以在这里引进一批具有江南非物质文化遗产称号或同等历史文化价值的手工艺人进驻，并针对都市流行的DIY手工制作文化潮流进行手工体验业态的招商。“夜市千灯照碧云”[②]，东起绫庄巷、贯穿北市坊、途经评事街、西至南市街的“江南七十二坊”长街，是商业街中人流最大的路线，必将成为“江南七十二坊”中最繁华、最热闹的商业街区。这条长街主打江南文化产业，并灵活穿插各种江南都市时尚美食店铺，打造全国乃至全世界最完整、最全面的江南文化经济一条街。江南文化经济坊的表现形式，可采用“博物馆+手工作坊+产品零售+个性定做+N”的多元组合模式[③]。

---

① 笔者2006年主持的《扬州·蜀冈——瘦西湖风景名胜区万花园景观创意与市场运作概念策划案》《扬州·蜀冈——瘦西湖风景名胜区万花园策划案》等多个策划方案。

② 原句出自王建《夜看扬州市》：“夜市千灯照碧云，高楼红袖客纷纷。如今不似时平日，犹自笙歌彻晓闻。”参见：［唐］王建，撰.王建诗集校注：辨证［M］.成都：巴蜀书社，2006：344-345.

③ 笔者2011年主持的《“江南七十二坊”项目商业模式分析及宣传推广方案》。

“古桥净水醉红尘”[①]，可以在“江南七十二坊”地块最南端、升州路北侧新建一条循环生态型人工水街，丰富街区的亲水空间，同时构成商业街区完整的“回路”，加入空中花桥和诗词长廊等景观小品，增加“黏滞空间”的数量和质量，吸引游人长久逗留。全街水系循环自动净化，并具有雨水回流收集功能。水街深度不宜过大，最好以30—40cm为宜，部分地段可浅至5cm，供行人蹚水过街和儿童戏水，并通过水势落差制造小型跌水、瀑布、喷泉等水景观。具体的落实方面，第一，从鼎新路经泰仓巷至评事街一段的水街以商务休闲消费为主题，整体设计风格为江南小镇的水街形态——“两路夹一河”或“一路傍一河”，河边设青石走廊和“美人靠”等滨水步道及休憩长椅。“水村山郭酒旗风”，水街两岸店铺应尽可能接近水，融于水，或将水街水系引入餐厅大堂内，形成一体化的室内水街。第二，评事街至大阪巷一段的水街属于江南水上寺院板块，这段水街应紧密结合水上寺院的“佛文化”主题，与寺院内水系融为一体，减少水街两侧商业设施，多设置供游人休息、纳凉的公共空间，开辟景区大门的景观通道。第三，大阪巷至中山南路一段的水街属于区域的商务板块，可以在水街上设计建造一座“空中花桥”，为附近的商务人士提供更有趣、更生态的行走体验。可参照瑞士卢塞恩的“水塔花桥”[②]，在人工水街上方搭建木桥，木桥内外两侧和屋顶施以立体绿化，摆放或种植鲜花，桥内可种植攀爬藤类的开花植物。或以空中人行天桥、地面绿色步行长廊等形式进行立体绿化设计。滨水商业店铺可以以咖啡屋、小酒吧、便利店等现代化商务空间为主。

除此之外，主打“国际空间”理念，创造没有时差的商务服务会馆，设网络电视会议室、同声传译会议室、商务式餐馆、商务咖啡厅、商务酒吧等，提供免费无线网络接入点、自助复印打印传真中心、国际信用卡服务中心、订票中心等。同时，主打“女性空间”理念，创造纯粹的女性美容、健身、疗养、休闲的健康休闲会馆，以及如女性电影院、女性咖啡馆、女性酒吧、女性温泉等“无烟场所”[③]。

---

① 出自《同里春·七绝》：“碧柳黄莺啼早春，古桥净水醉红尘。晚来谁处渔家曲，翠色轻烟一径深。”佚名，出处不详。

② 水塔花桥：位于瑞士中部小城卢塞恩，也有叫卢塞恩为琉森的，琉森与卢塞恩是同义词。卢塞恩小镇有一座廊桥——卡贝尔桥，因桥头不远有圣彼得教堂，又称作教堂桥。还因桥旁建有水塔，桥两侧的栏杆上摆放了一盆盆鲜花，看似一座花廊，又称作水塔花桥。卡贝尔桥是卢塞恩的重要标志，始建于1333年，是欧洲最古老的木制廊桥。参见：王啟云，方伟. 海外风情 美丽的阿尔卑斯［EB/OL］.（2022-03-05）［2023-10-28］. https://cj.sina.com.cn/articles/view/7574154164/1c3746bb400100w8ps.

③ 笔者2011年主持的《“江南七十二坊”概念深化设计及“江南七十二坊·国际人才公寓”概念设计》方案。

三、“对仗”与“列锦”：“细巷”+“玄学”“金陵慢派”

福州有三坊七巷，已经成为城市的文化名片，承载着福州人文和建筑艺术的发展史，学术界称其为“明清古建筑博物馆”和“中国古代都市里坊制度活化石”[①]。“七街二巷”是“江南七十二坊”街巷景观整体江南风范最大的亮点，有意将其打造成“江南七十二坊”中最有特色的街区景观文化组团，创造人民心中的“最美街巷”。此处仅选取了其中三条特色街巷详细地论述：第一，“百般红紫斗芳菲”[②]——应该是构筑中国东方的九曲花街，江南十八弯的花街，花街对应的是“江南七十二坊”中12块标准里坊的定位设计——“千花坊·十二朵”文化经济综合体的创意概念，在江南七十二坊中对花文化进行强化与扩大，建设一条“花街”，一年四季繁花盛开、香飘满街。秉承中国江南园林造园风格“九曲十八弯”的理念；若无适当坡度，可结合地下车库入口的坡度设计一条“入地式花街”。第二，南京又名“石头城”，南京的雨花石精妙绝伦，石文化在这里有着特殊的集体记忆基础。因此，可以在“江南七十二坊”打造一条完全由石头铺设建造的“石街”，表现地方特色，弘扬南京石文化。石街的设计要素如下：石街的建设用料全部采用天然石材，地面铺装使用江南小镇常见的青石板，结合雨花石、鹅卵石等小型圆石进行图案设计，路面花纹或疏或密，有起有伏，增加行走乐趣；石街两侧坊墙全部以石头垒成，或在原有墙面上加贴碎石材料；石街的水景观也用石头堆砌、铺装；在石街上建设一栋完全由石头堆砌建成的“石街小屋”作为地标性建筑；石街就是一个室外的“江南奇石博物馆”，可在其两侧墙壁上打小型橱窗，连通电路，配备小型射灯，将搜集来的江南奇石放入密封的橱窗内进行街头展览，并用玻璃将橱窗进行封装。第三，“黄梅时节家家雨，青草池塘处处蛙”[③]——雨巷。雨是江南最常见、最有代表性也是最有文化引力的元素，因此，在“江南七十二坊”街区入口处设计一处“零碳零耗”的生态智能型景观建筑，取名“丝竹雨巷”，打造街区景观亮点和国内外知名的零碳、零耗能绿色生态建筑的典范：利用游人行走时产生的压力转化为能量，以及太阳能、

---

① 王炜，关瑞明. 三坊七巷历史街区旅游资源的保护与开发［J］. 福州大学学报（哲学社会科学版），2014，28（03）：99-103.

② 原句出自韩愈《晚春》：“草树知春不久归，百般红紫斗芳菲。杨花榆荚无才思，惟解漫天作雪飞。”参见：［唐］韩愈，著，［清］方世举，编年笺注. 韩昌黎诗集编年笺注［M］. 北京：中华书局，2012：479.

③ 原句出自赵师秀《约客》：“黄梅时节家家雨，青草池塘处处蛙。有约不来过夜半，闲敲棋子落灯花。”参见：［清］王相，编. 千家诗［M］. 北京：中华书局，2011：257-258.

风能等新能源动力混合发电，使用高性能蓄电池蓄电，为雨巷提供绿色能源；或设计成智能型感应式雨巷，每有游人经过，景观入口自动感应启动景观开关，随游人数量或游人体重自动调节雨量；雨巷两侧坊墙实为高科技感应屏，随着人的通过速度、频度以及读取人的动作等，即兴调节雨量，并随机奏响各种江南丝竹管弦乐器，打造独一无二、不会重复的“雨巷丝竹声”；以绿色能源驱动青石板路面压力感应器，在人走过的地方显示脚印或水的涟漪，表现在水中行走的感觉；墙面、地面均为感应式投影装置，能模拟江南水乡景色、水乡建筑街景、雨中景色及其他抽象图画。

英国把以下13个行业列为创意产业：广告、建筑艺术、艺术品与文物交易、工艺品制作、时尚设计、时装设计、电影及影像制作、互动休闲软件、音乐制作、表演艺术、出版业、软件开发、电视广播[①]。“江南元素”文化创意产业园的核心设计思路有：第一，江南文化元素的街区景观表达。在街区的景观小品设计上，应突出“中华元素”尤其是“江南元素”的设计风格，借用江南历史文化中的经典艺术造型进行创意设计。如：（1）将园区的入口设计成江南村落常见的牌坊形式；（2）垃圾桶、路灯等“街具”按照古风分别设计成木桶和灯笼等造型；（3）道路铺装以青石板为主，建筑色彩以素雅的水墨色为主；（4）多种植松、竹、梅等江南园林中常见的绿化植物；（5）园区增加可游憩性，引入凉亭、水榭、荷塘等景观设计；（6）景观小品和装饰设计植入诗词文化、戏曲文化、书画文化、饮食文化、服饰文化等江南文化特点。第二，有“江南文化元素”内涵风格的优秀企事业单位的引入。参照北京市对文化创意产业的分类，“江南元素”创意产业园可以积极引入以下领域的相关企事业单位：（1）江南曲艺、文艺创作及表演团队、民间组织；（2）江南民俗及文化遗产保护工作的服务性场馆、非物质文化产业化部门；（3）江南文化范畴内的社科研究部门；（4）各大新闻单位驻南京或驻江苏记者工作站；（5）主要致力于发扬江南文化、服务江南社会的图文出版、制作、发行的单位等；（6）服务于江南地区的广播电视相关单位及广电制作企业；（7）从事与江南文化有关或在江南地区取材摄影的电视、电影制作团队；（8）从事与江南文化有关的动漫作品创作、制作、发行的企业；（9）从事江南书画作品、艺术品、古董的展览、销售、拍卖等相关活动的单位；（10）主推江南文化、江南风情的房地产公司、建筑设计公司和室内空间设计公司；（11）主要从事江南一带城市规划设计、园林景观设计的规划设计事务所；（12）江南地区及南京都市圈范围内的旅游服务相关单位；（13）其他致力于江南传统文化要素产业化发

① 张京成. 中国创意产业的兴起与发展问题［EB/OL］.（2019-02-22）［2023-10-28］. https://www.cinn.cn/gywh/201902/t20190222_207085.html.

展和传承性继承的单位或组织。第三，自主知识产权企业及个人进园优惠政策。扶持江南一带具有自主知识产权的大中小规模创意型企业进园，并推行下列自主知识产权企业及个人优惠政策：（1）以自主知识产权作为企业和个人进驻“坊中坊”创意产业园区的首要优惠指标，根据其拥有的知识产权数量、影响程度等划分三级优惠幅度；（2）对拥有优秀自主知识产权、致力于在“江南七十二坊”“坊中坊”创意园区发展，进一步开展研发工作和市场化运作的个人，签署合作协议后，可提供珍藏级别的商住一体型独立工作科研室，并享受“江南七十二坊”商业街区店铺的优先租用权；（3）吸引拥有自主知识产权的企业和个人与“江南七十二坊”品牌管理运作公司展开多方合作，“江南七十二坊”有偿使用或买断优秀自主知识产权和使用权，并运用于“江南七十二坊”品牌营销及文化策划中有关产品的制作，品牌产品销售获利可与知识产权所有者分成。第四，创造属于“江南七十二坊”的独立品牌。在“江南元素”文化创意园中应有一处建筑作为“江南七十二坊”整个街区品牌的独立运作工作室，负责整个街区的营销活动、包装策划及周边文化产品开发等系列工作，成立专门的管理运作公司，并注册自主知识产权的街区品牌和文化用品品牌“江南七十二坊”。

“里坊经济”在中国多以“前店后场”“下店上场”的生产模式出现，上海曾长期存在“里弄经济”现象，而现在是一种商业业态的创新，创造一种“里坊深处有人家”的空间样态，打造类似安藤忠雄“住吉长屋”的“江南长屋”，营造“酒香不怕巷子深”的场景氛围。城市流动摊贩屡禁不止的原因在于，定位于低端市场的流动摊贩倾向于选择人流量大的马路两侧。相对于此，定位于高端客户或特定群体的服务行业往往倾向于选址在幽静、偏僻、不易到达、并非人人皆知的地段。“江南七十二坊”首创“里坊经济”模式，旨在创造闹市区中一处相对独立的、隐秘的、优雅的高档享受空间集中区域，构建现代消费的新时尚、新机制。在绫庄巷以北建设“江南七十二坊”之一“北市坊”，将传统意义上的“东市、西市”位于坊内的空间布局贯彻到底，设立坊墙，坊内仅一处常用出入口，并且要设计隐蔽，一般游客不易轻易进入，主要服务于事务接待以及常客、老客、熟客、贵客。里坊内的建筑格局可参见现有地块中已建成的“廿一”酒家布局，如组合建筑、园林式中庭、出入口回廊等设计，打造一系列“里坊经济”模式，如里坊宾馆、里坊SHOPPING MALL、里坊会馆、里坊养老院、里坊剧院、里坊餐厅等。“里坊经济”系列产业链具体如下：里坊餐饮：甘氏家宴，王谢家宴，江南72宴，桂华芳（主打桂花料理）；里坊住宿：坊楼式宾馆，里坊式养老院，合宿小屋，小产权住宅等；里坊小众消费：小众流行书店（如台湾诚品书店），独立咖啡屋，个性甜品、蛋糕、面包房（如云中蛋糕店），独立服饰品牌店，创意集市，小众型特色电影院，Cosplay小剧场等。

大阪的“住吉长屋”是日本闻名遐迩的建筑大师安藤忠雄的成名作①。旧式长屋是大阪相对普遍的房屋形式，特征是狭长，对称严整。住吉长屋坐落于大阪南部，总建筑面积仅65平方米。但封闭的长方体块结构充分利用了地基，中庭的最大化利用是这个建筑的亮点。完全敞开的中庭在竖直方向上将室外的光、风、水等自然要素引入建筑内部，使长屋与外界保持一种循环状态，借以领略气候和季节的变化。中庭是过渡空间，亦是整个建筑的中心。住吉长屋的中空式中庭，在极其狭小的空间内再现了日本传统的居住体验，下雨天的雨水可以直接滴落在院子里，从房屋的一端走向另一端甚至需要撑伞、换鞋。这种看似复杂的生活行为在某种程度上是对传统日本院落式住宅的追忆，并强调人居与自然的统一。

通过调研我们发现，位于评事街76号的保留建筑“温州会馆”的建筑结构类似于上述“住吉长屋”的格局，因此可以在更新改造过程中参照其“将中庭功能最大化”的做法，设计建设成为能够与日本大师安藤忠雄的成名作“住吉长屋”相媲美的中国南京“江南长屋”。安藤忠雄本人对中国文化也十分着迷，2002年起他在同济大学开始担任荣誉教授。除了在中国讲课、开办展览之外，他也积极参与中国各地的建筑设计和改造项目，如其参与主持了长沙“阳光100国际新城”项目，并为上海“中国设计中心”（曾用名“上海国际设计中心”）提交了设计方案。因此我们可以直接邀请安藤忠雄本人针对评事街76号“温州会馆”进行建筑更新改造设计，命名为“江南长屋”，从而发挥名人效应，提升该建筑的整体文化价值和知名度，也为“江南七十二坊”创造举世无双的“大师+大手笔”的建筑亮点。

街区更新——重塑一座城市的文化格调。究竟选择千城一面的枯燥单调，还是创造丰富多彩的千城千面，这是一个严肃的问题。中国城市更新在“左”和“右”中摇摆不定，仿佛每座城市都是暴发户，大兴土木，洋名遍布，叫人不知东西何处？有时又都像小脚女人，过于规矩，失去色彩，叫人不知时代变迁？总之城市个性特征越来越少。一说要尊重历史，要保护遗产，就一窝蜂地修旧如旧、整新如旧，整个就是假古董，到处皆是明清复古风格。但文化继承的多了，创新又少了，成为新一轮的千城一面。城市更新对城市既是一个挑战，更是一个机遇。通过更新，既能再次梳理城市的肌理，亦能再造都市繁华。我们当然不能一味地大兴拆建之风，

---

① 住吉长屋：位于大阪市一个旧街区中，占地面积仅为65平方米，建筑面积不足90平方米，用地极为狭窄，夹杂在一处拥挤喧闹带坡顶的日本旧民宅中。该建筑平面为一狭长的矩形，面阔一间，面阔与进深之比为1：4，住宅进深方向被均匀地三等分，高度二层。在住吉长屋中，居住所需要的私密、清新、宁静的空间与旧街区拥挤、嘈杂、混乱的环境形成了强烈反差，又仅仅一墙之隔。参见：潘宜，洪亮平. 居住建筑[M]. 武汉：武汉工业大学出版社，1999：26，28.

但节律性的城市更新本是城市发展的内在规律。很多城市通过更新，使城市街区充满了全新的活力，展现了城市全新的风格和格调。比较著名的如上海的新天地、北京的前门、杭州的清河坊等。西方城市的发展脉络也是如此，巴塞罗那、巴黎、伦敦、柏林等都经历过城市更新的阵痛，但最终都获得了全新的街区品质和城市格调。城市更新与街区改造，关键在于如何把握“文化再造”的平衡点。这个平衡点，是在传承街区历史感的同时，也要创造街区新功能、让街区焕发新活力。我们都不希望成为历史虚无主义，否定一切的极右，但也不能以历史的名义绑架创新的极左，应该以创造性地对话、沟通、交流、融合，做到精细的平衡，这样才不至于走错路。我们应该以城市更新为契机，群策群力去重塑一座城市的文化格调。“江南七十二坊”，塑造最江南的风格，这种理念或许为南京打开了一扇连接过去与未来的全新窗口，也是文化再造的一个机会，不妨让一个默默无闻的老城南，变成一个真正充满江南元素的新城南，以重塑老城南烟花雨巷的街坊文化格调。

与城市对话——灵魂栖息的家园。人居建筑是安顿生命的所在，也是灵魂栖息的所在，个体的生命与精神，有着无比多样的可能性，而建筑是人格的实体表现，所有人营造的建筑必然会渗透出个人独特的气质①。我们相信，城市亦如建筑一样是有生命的，是会说话的。在这里，熙南里的对话是流畅、是精彩、是欢笑、是闲适……熙南里就是如此的闲适，在人与建筑的交流中，散发幽雅的气息，宛如空谷幽兰②。人们称其是“原汁原味”的“江南文化”社区。低密度的建筑散落其间，没有拥挤的高楼，视野格外宽阔。要微笑着面对生活，要宽敞清新的房间，更要落地玻璃的景观阳台；要气派的会客厅，更要有智慧安保系统保证的安心生活；要风格独特的建筑和景观，更要邻里融洽的社区氛围。尽管坐在熙南里的房间里，但你依然能感受到与四季景致融为一体的感觉。这种带有某种古老韵味的熙南里以其优美而奢侈的环境，自由开放，又尊重个性，让人在享受闲适、诗意的居住环境中品味人生的成就感与归属感。

大都市的社会焦虑，价值观的扭曲，目的与手段的混淆，终极价值的变异，让很多人在人生道路上迷失了方向，忘记了生活本身的价值和意义，忘记了漫长生活过程中的享受。效率、快速、加速、压力、竞争、淘汰、考核等等改变了人生的轨迹，切实需要一种慢生活空间，让灵

---

① 尚品. 在新城与老城之间，在繁华与宁静之间[N]. 经济视点报，2006-04-13.

② 尚品. 在新城与老城之间，在繁华与宁静之间[N]. 经济视点报，2006-04-13.

魂得到静养和慢养。"慢生活"最早起源于1986年在意大利兴起的"慢食运动"[①]，由"慢食"发展出一系列的"慢生活"方式[②]。"中国·江南七十二坊"，是由慢文化、慢生活、慢空间、慢生活方式等组合而成的都市"慢生活"样板体验区，让人们可以在此反思生命的终极价值，可以打造南京的"左岸"，与南京高淳桠溪的"乡村慢"共同打造南京慢旅游的空间，目标就是让生活变得更精致。

"金陵派文化"的后都市时代的"慢文化"。不论人类这个物种的未来会是什么样，文化始终是人们用以解决其生存问题的机制。但是，一些人类学家无不关注而提到——并将此描述为一种趋势——人类的生存问题现在似乎正在超出任何文化的解决能力。主要的问题是：在解决现存问题的时候，文化会不可避免地产生出新的问题。用人类学家朱尔斯·亨利的话来说："尽管文化是为人'服务'的，但它们同时也是与人'作对'的。正如我们将要看到的那样，这两个难题现在给人类提出了严峻的新挑战。关于未来，人类学家能告诉我们些什么？"[③]"江南七十二坊"项目名称被各界所关注，所在的南捕厅历史文化街区建设工程曾获得国家发改委下达的关于"历史文化名城名镇名村保护设施建设中央预算内"补贴资金，还荣获"南京市现代服务业集聚区（文化服务业集聚区）"称号。"中国·江南七十二坊"前期"很国际、很中国、很江南"的总体文化定位和非物质文化遗产文化产业化开发的高端"活态保护"路径，已经开始被国家政策认可并被社会大众所接受，开始收获一定的美誉度。与一般意义上依靠引入现代生产技术和流程扩大生产规模的低端生产性保护路径不同，"江南七十二坊"以高品位、高投入、高附加值的精品化道路，将江南、金陵的传统文化符号放大，通过餐饮、会所、会展、表演等多种业态组合，以文润商，以商养文，开拓一条非物质文化遗产的生产性保护和创意性开发的高端实践路径，让传统文化重新活跃在现代人类品质生活之中。聚焦"江南七十二坊"下一轮的发展方向和重点，围绕打造"江南七十二坊·金陵慢文化"都市慢生活样板体验

---

① 慢食运动（Slow Food）：由卡洛·佩特里尼（Carlo Petrini）和一群积极分子于20世纪80年代发起，最初的目的是捍卫地区传统、美食、美食乐趣和慢节奏生活。在二十多年的发展历程中，"慢食运动"逐渐形成了一种全面的食物观，认识到食物、地球、人类、政治和文化之间的紧密联系。如今，"慢食"已成为一项全球性运动，涉及160多个国家的数千个项目和数百万人。参见：Slow Food：The History of an Idea［EB/OL］.［2023-10-28］. https://www.slowfood.com/about-us/our-history/.

② 吴佳，何宸希，张闻羽. "慢生活"理念下的金华乡村旅游建设研究［J］. 旅游纵览（下半月），2018（04）：102.

③ ［美］威廉·A. 哈维兰. 文化人类学［M］. 瞿铁鹏，张钰，译. 上海：上海社会科学院出版社，2006：492.

区的发展愿景，应对“中国·江南七十二坊”的总体文化定位进一步地调整和明确：从“很国际、很中国、很江南”到“慢国际、慢中国、慢江南”，同时享受国际“慢文化”的心灵浸润和江南“慢生活”的休闲惬意①。

“金陵派文化”的“文化左岸”——江南文化慢生活要素。法国巴黎塞纳河的左岸某种程度上是一处强力展现巴黎艺术生命并让巴黎人引以为豪的地方。左岸代表着巴黎乃至欧洲的人文气质，这里充斥着咖啡、鲜花和书卷的香味。这里曾诞生了达达主义、现代主义、存在主义等现代思潮，是人文艺术的摇篮。左岸是精致而闲适的，是文化宽容的，是巴黎人用来做梦的地方。“江南七十二坊·金陵慢”生活样板体验区应当打造南京的“文化左岸”。在纷扰的城市社会中，“江南七十二坊”让南京停下来思考，让中国腾出时间来思考，思考艺术、思考美、思考历史、思考生活、思考思考本身——在现代都市的同步高速运转下，“江南七十二坊”卓尔不群地举起后现代都市精神的旗帜：以都市慢生活为核心，依托江南文化要素和艺术表现，延伸出慢居、慢游、慢学、慢食、慢工、慢疗、慢养等国际多元慢文化内涵，以文化宽度对抗时间速度，以艺术生命对抗自然生命，走国际化、高端化、品牌化的定位路线，以慢国际影响慢中国，以慢江南诠释慢国际！“慢”所代表的行为方式，一直是中国人从古至今传统文化的精髓所在，是东方社会注重个人内在心灵修炼与提升的重要路径：慢条斯理、慢咽细嚼、慢工细活、慢做深行……在传统中国的价值理念体系和社会评价体系中，慢是优雅的、是精致的、是美的、是有品行的。昆曲、古琴、丝绸、茶道……都有一个共同的名字——“雅文化”。“江南七十二坊·金陵慢”文化生活样板体验区应当成为一个都市雅集！将传统的中国古典文化和江南古典文化原汁原味地保留下来，给予展示的空间和平台；同时，将这些“慢江南文化要素”渗透到都市人的生活习惯和生活方式中，让他们以不同的形式存在于人类当下的活动中，这种活态提炼是更高层次的保留！如果说，“江南七十二坊”都市慢生活样板体验区的江南文化雅集是慢文化的空间载体，那么，“江南七十二坊”都市慢生活样板体验区所倡导并渗透到都市人当下生活中的“慢江南文化要素”，则构成了更为广泛而深刻的江南文化雅集——在这场盛会中，每个人都携带着慢江南文化基因！

“金陵派文化”的后现代文化反思：建构后现代都市主义的苏式江南文化慢文化生活方式。以速度为价值准则的工业文明延续至今，自然资源、人类健康、生活乐趣全部被用来交换。“慢下来绝不代表无所事事，而是一种高尚的生活情趣，代表了一种生活态度，是奏响生活的美妙乐章，想

---

① 笔者2009年主持的《南捕厅历史文化风貌街区保护性开发概念策划》项目方案。

要享受自由的宝贵时间，就要放慢生活脚步。”[①]“江南七十二坊”都市慢生活样板体验区试图在“快世界”与“慢城市”之间寻找一个平衡点，尽量以音乐家所谓的Tempo Giusto（正确的速度）生活。“江南七十二坊”都市慢生活样板体验区提倡的慢生活，从本质上来说，是在能自由支配时间、拥有金钱的同时，又有闲暇的时间享受生活。慢生活是精英式的理想，是后都市时代的经营使命，具有后现代社会的样本性，主张回归生命和生活的本质：普遍意义的幸福。“江南七十二坊”都市慢生活样板体验区，致力于文化事业的传承和文化产业的创新，保留最原汁原味的江南文化景观、文化礼仪、文化形式的同时，也创造性地注入现时代的烙印和特质。“江南七十二坊”为人类保留的不仅仅是原始的江南记忆，也是当下的江南记忆——更确切地说，“江南七十二坊”贡献了一个江南文化的时光“双面绣”，一个江南文化的历史脉络。

“江南七十二坊”都市慢生活样板体验区通过昆曲坊、云锦坊、香道坊、影视坊、红木坊、古乐坊等72个主题坊组合而成的文化产业园，营造一个开放式的城市公共文化空间。通过文化经济服务业的集聚，以文化精品项目提升城市品质和品位，“江南七十二坊”都市慢生活样板体验区营造了浓厚的江南文化氛围，以环境涵容和空间规训南京市民的精神和行为，提升了南京的城市品位并引导了南京市民的集体审美。“江南七十二坊”都市慢生活样板体验区不仅仅以文化再造城市空间，更重要的是，以文化重塑创新创业、博爱博雅的南京市民精神。作为一个社会与文化友好型的历史文化示范街区，“江南七十二坊”开放、品质、人文的街区空间和环境为南京市民呈上了一道免费的精神大餐。而市民精神作为城市文化资本的一个重要组成部分，其建构与塑造的最终成果是城市社会生态、文化生态、政治生态和环境生态的和谐与城市社会理性的升华，最终获得利益的是城市社会的全员[②]。“在理解文化对经济繁荣的影响时，将心理模式用作过滤器，是有帮助的。心理模式是影响人们行为方式的基本信念。文化是一个更广泛的、宏观层次上的变量，心理模式则是微观层次上的变量。心理模式适用于个人和人群，而且是可识别的和可变的。文化反映的是个人心理模式的总和，反过来又影响着个人所具有的心理模式的类型。二者相联系于一个不断演化的体系之中。”[③]“江南七十二坊”以都市慢生活样板体验区为新阶段的发展目标和方向，与高淳椏

① 宋爱莉.爱上慢生活[M].青岛：青岛出版社，2008：11.

② 张鸿雁.城市文化资本论[M].2版.南京：东南大学出版社，2010：39.

③ [美]劳伦斯·哈里森，塞缪尔·亨廷顿.文化的重要作用——价值观如何影响人类进步[M].程克雄，译.北京：新华出版社，2010：345.

溪的“乡村慢”[1]形成默契的呼应，共同拼凑了南京慢的旅游空间。通过共享街区精神和地域文化资本，“江南七十二坊”都市慢生活样板体验区形成了“文创共享、商旅互动”的良好发展趋势和发展模式。“江南七十二坊”是文化服务业聚集区，也是文化创意产业先行区；是现代高端主题型商业街区的启动方，更是文化主题旅游、城市意象旅游、都市慢文化旅游的畅行地。“江南七十二坊”都市慢生活样板体验区的空间营造注重生态导入和留白，营造慢都市景观诗学和“天人合一”的城市感官空间。将传统江南的园林造景技术进行现代创意运用，通过室外景观室内化的空间借景技术、空中连廊的空间连缀技术、屋顶花园和地下室的空间延伸技术、零湿地距离的空间融入技术、段落区隔的空间分景技术等打造“江南七十二坊”都市慢生活样板，以体验区的慢水、慢屋、慢藤、“满”树、慢砖、慢瓦、慢巷，创造一个完全意义上的慢都市景观诗学。

“江南七十二坊”都市慢生活样板体验区通过给老城南生活区注入文化因素，以城市更新的文化核心战略带动城市功能的高端转型，将其从衰败的市中心“贫民窟”逐步打造成为文化产业和文化创意产业高地以及文化服务业聚集区。一方面，复兴了明清以来该区域的手工业文化、会馆文化、昆曲戏剧文化等江南文化精髓，充实“明代十八坊”的内涵和意义；另一方面，创新了江南文化的内涵和外延，为江南注入了时代精神和风格。通过慢餐、慢饮、慢养、漫游、慢画、慢闻、慢憩、慢聊等服务感受和活动设计，创造大隐隐于市的时空转换体验，构建具有中国特色的“都市慢”，成为传统金陵慢——《秦淮景》[2]的延续[3]。

---

① 笔者2011年主持的“中国桠溪‘国际慢城’概念规划与旅游策划——循环社会型样板慢城东方主义新田园生态慢城”。

② 《秦淮景》：电影《金陵十三钗》中为了配合一群能歌善舞的江南艺伎而作的地方民歌小调。由于南京是中国南北历史和文化的交汇点，纯属南京的元素或者性格不鲜明，或者没有得到当地人群的共识。为此，电影制作方不得不将寻找范围扩大到江苏省。经过很多论证和筛选，最终决定以民歌侉侉调（《无锡景》）为素材进行改编和填词，并根据影片需要，更名为《秦淮景》。

③ 笔者2013年主持的《“明代十八坊”整体策划与设计方案》。

列斐伏尔提出“空间生产”，强调从“空间中的物质的生产”到“空间本身的生产”，空间成为一种消费品，空间成为一种记忆载体，从“空间中物质的消费”到“空间本身的消费”，社会空间是一种社会关系、社会结构与社会价值的存在，在消费社会的携裹之下，“空间”也成为一种商品存在，这意味着空间是可以“被包装”“被消费”的。同时也意味着“空间”的立场、流动、边界等将更容易成为一种权力结构的表达对象，不仅是政治权力，同样包括在文化上的表达权力。

——张鸿雁

第三十四章
网络社会时代视阈下的全球城市理论反思与重构

全球城市理论的反思性研究是对全球网络社会一体化引发社会变革的一种反响。全球城市研究需要三个“文化转向”：一是从什么是“全球城市”的研究向“全球城市”养成社会与文化因素的研究转向；二是从“全球城市”经济秩序控制功能研究向全球网络社会的“去中心化”研究转向；三是从“全球城市”要素集聚研究向全球城市文化认同研究转向，进而发现全球城市进化与发展规律，为中国提供可借鉴的“全球城市”样本。

“全球网络社会时代”的发展，正在深层次上改变着人类的生产和生活。“全球城市”理论与其他事物一样，其内涵与范畴、要素与特点、结构与功能等在某些方面已悄然发生了革命性的变化。从“网络社会崛起”到“网络社会全球化”的社会建构，以及云计算、云机器人、人工智能、区块链、物联网、AI等数字智能化的爆发性成长，使全球网络社会从一体化向全球网络社会智能一体化方向发展，集中体现在“全球网络金融资本”与国际经济贸易、智慧网络物流与网络平台消费、AI与共享经济以及大数据应用等高新技术在生产、生活领域中的广泛应用，不仅改变着人们的思想观念和价值取向，也改变着人们的生产组织形式、媒介信息传播和全球范围商品贸易的整合营销方式，同时还改变着人们的交往方式、通信方式、交通方式和消费方式，甚至改变着人们的生产组织方式、工作方式、社会关系结构以及人际沟通方式等。几乎所有学科都面临着全球网络社会智能一体化所带来的新经济革命的挑战，这种变革既带来社会的进步与进化，也带来了社会问题与风险社会的深化和全球性的不确定性。因此，反思“全球城市”研究的相关理论，创新理论思维方式，这对中国建构“全球城市”是不无裨益的。

一、“全球城市”再建构——城市能级的世界性

全球网络社会一体化正在朝着网络智能化方向发展，这个过程本身就正在重新定义传统“全球城市”的内涵与范畴。雅各布斯说：“在本世纪诸多革命性的变化中，也许深层次的是那些我们可以用来探索世界的思维方法上的变化。我不是指新出现的机器脑，而是指已经进入人脑中的分析和发现的方法：新思维方法。”网络社会全球一体化迫使我们必须用创新思维认识这个时代的变迁，30多年前卡斯特对网络社会崛起的预言已经被证实：“作为一种历史趋势，信息时代的支配功能与过程日益以网络组织起来。网络建构了我们社会的新社会形态，而网络化逻辑的扩散实质地改变了生产、经验、权力与文化过程中的操作和结果……流动的权力优先于权力的流动。在网络中现身或缺席，以及每个网络相对于其他网络的动态关系，都是我们社会中支配与变迁的关键根源。”①网络社会全球化催生了新的社会结构生成与变迁，并改变着全球城市在全球经济秩序中的控制功能和地位。事实上，中国有些一、二线城市硬件设施已经不逊于发达国家，甚至在某些方面还强于一些发达国家。但是，为什么这些城市还不具有“全球城市”的功能呢？更没有相应的“全球城市”的世界文化认同呢？通过分析不难发现，全球金融中心城市生成的社会前提不是所有城市都能提供的；而很多政治中心功能往往是城市经济和文化衰落的一个重要原因；总部经济之所以在某些城市的某一区位集聚，不是因为其规模的大小而是与其国际接轨的政治、法律、政策和国际服务功能及城市的开放度有关。或可以说，我们的确应该关注“全球城市”已经出现的外在因素，但是更需要关注“全球城市”生成与发展的内在因素。

分析和归纳国内部分学者研究“全球城市”特征及指标的主要内容有：（1）国际化开放度。包括国际机构数量和参与国际事务能力，世界性组织和国际性机构数量居于前列。城市经济发展与国际关联性强，具有某类国际“信息港”功能。（2）创新发展度。高新科技创新居于世界前列，如新技术、新材料、新工艺、新产品、数字经济和智能化产业等，并具有国际认同的存在方式，成为全球科技的创新高地。（3）金融及金融服务产业集聚度。金融产业充分国际化，金融机构和金融服务产业高度集聚，构成世界金融主要中心之一，具有国际资本流动的“金融港”是“全球城市”的主要价值与功能。（4）跨国公司总部集中度。在某些经济领域具有全球资源要素控制与配置功能，全球城市的世界总部经济总数名列前茅。（5）国际高端商务活动数量与集中度。如国际化商业综合体

① ［美］曼纽尔·卡斯特. 网络社会的崛起［M］. 夏铸久，王志弘，等译. 北京：社会科学文献出版社，2001：569.

的数量、国际性会展的次数和空间面积居于世界前列，还有国际商务商贸会展服务业的层次及奢侈品消费的繁荣等。（6）国际化人才集中度。高新技术研发人才和科学技术发明专利数量及高端制造业企业、研究机构的数量等，并构成世界高精尖产品的研发中心和高端制造业的创新中心，处于全球产业链的高端环节。（7）世界级交通枢纽体系的中心性和便捷度。如重要国际机场、港口，多元化公共交通运输模式，现代化网络通信系统，包括优质且发达的多式联运体系等。（8）城市人口规模与集中度。包括国际型的社区生活等，有人认为全球城市中心区不能少于500万人。（9）多类型产业创新区的集中度。如多类型国际化交流平台、国际化科技发展平台以及类似硅谷的创新发展区等等。这些研究成果对中国的"全球城市"建设是非常有价值的，但比较来看，国内研究全球城市的现状总体表现为："全球城市"的外在特点、要素发展的内在成因、社会因素、文化因素与动力机制研究少；"全球城市"的标准、指标研究多，文化与制度的创新性原因研究少；全球城市战略规划与构想研究多，内生动力、政策机制和创新机制及解决问题的方案研究少。我们认为，"全球城市"研究和建构重点应该放在"全球城市"生长的成因和文化土壤方面，放在"全球城市"可持续发展的经济、社会、政策、制度、文化等构成机制上，以及由此孕育出的市民社会及契约关系等方面上来。必须清醒地认识到"人们自己创造自己的历史，但是他们并不是随心所欲地创造，并不是在他们自己选定的条件下创造，而是在直接碰到的、既定的、从过去承继下来的条件下创造。"①全球城市是有一个发生、发展和成长的过程，追问、探讨什么样的城市制度体系、城市社会结构、城市经济结构、城市文化结构最适宜转化、生成为"全球城市"，这才是解决问题之道。

在"全球城市"的研究上，沙森将纽约、伦敦和东京放在了世界城市的顶端位置并做了集中研究，"这些城市区域的特征是，以从属于直接控制着全球各地的经济活动的跨国银行和公司的金融和商业服务为基础的地方经济"②，并把这三座"全球城市"的能级与功能集中归纳为四个方面："一、世界经济组织高度集中的控制点；二、金融机构和专业服务公司的主要集聚地，其已经替代了制造生产部门而成为主导经济部门；三、高新技术产业的生产和研究基地；四、作为一个产品及其创新活动的市场。"③这些表述强调了对全球资源的"高度控制"，沙森特别针对金融业对全球城

---

① ［德］马克思，恩格斯．马克思恩格斯全集：第1卷［M］．中共中央马克思恩格斯列宁斯大林著作编译局，译．北京：人民出版社，1957：601.

② ［美］马克·戈特迪纳，莱斯利·巴德．城市研究核心概念［M］．邵文实，译．江苏：江苏教育出版社，2013：50.

③ ［美］丝奇雅·沙森．全球城市：纽约、伦敦、东京［M］．周振华，等译．上海：上海社会科学院出版社，2005：1-2.

市发展中的主体价值及作用给予了高度评价，同时，对全球城市创新产品和创新市场区位，并成为新社会经济秩序样板等方面进行了论证说明，这无疑是对全球城市研究和发展做出了重大贡献，并产生深远影响。

在此基础上，沙森也论及了“经济活动空间分散与全球一体化的组合，赋予主要城市一个新的战略角色”，从中可以看到沙森也关注到了网络社会给全球城市带来的影响，在其后来的研究中，她的理论观点也是伴随时代的变化而变化的。在全球城市理论引起关注后，许多学者对沙森全球城市理论的某些方面也进行了反思性研究，如安东尼·奥罗姆和陈向明等人提出：沙森对全球城市认识是“全球城市占支配地位的影响与其对当地造成的不良后果始终是共存的”①。在某种意义上，沙森全球城市的研究在很大程度上集中在全球“社会秩序”和“支配功能”上，其权力价值甚至超出了国家政策影响。美国和英国学者对沙森的“全球城市”研究有诸多质疑：如在金融中心化与“去中心化”问题、“全球城市”内在经济两极化问题等有不同的解释②。甚至对一些研究方法也提出了质疑，他们认为：“沙森甚至更粗枝大叶。她简单假设，曼哈顿可以代表整个纽约城的区域，而该区域实际由三个州构成——纽约、新泽西和康涅狄格——其总人口超过2000万，同时，她将被称为伦敦城的著名英格兰金融区与大伦敦实际正在扩张中的巨大区域合而论之。因为这种特殊的概念性错误，对所谓的‘全球城市’有其社会影响的分析便是十分令人怀疑的。不幸的是，许多城市学家还在继续犯着同样令人误入歧途的错误。例如，分析家们通常所说的‘纽约’，经过更近距离的数据调查之后才弄清，却原来只是曼哈顿行政区。”③姑且不论学者不同视角的认知与不同知识结构的表达，但在网络全球化的前提下，全球城市作为一种城市发展的极化效应正在发展变化，“去中心化”正在广阔的领域展开。卡斯特很早就提出这样的观点：“每一个城市的辖地都遭受新的紧张和分裂。分野正在加深，存在经济和文化活力的代表城市、活动减缓的和遭受排斥阶层充斥的城市……这些分界并不仅仅表现在空间上，甚至表现在国际竞争和城市活力方面。”④上述一些观点的学术批判意识是值得赞赏的，其价值不仅仅在于做了一种学术性的探索，更重要的是，也提醒了我

---

① ［美］安东尼·M.奥罗姆，陈向明.城市的世界：对地点的比较分析和历史分析［M］.曾茂娟，任远，译.上海：上海人民出版社，2005：61.

② ［美］马克·戈特迪纳，莱斯利·巴德.城市研究核心概念［M］.南京：江苏教育出版社，2014：51.

③ ［美］马克·戈特迪纳，莱斯利·巴德.城市研究核心概念［M］.南京：江苏教育出版社，2014：54.

④ ［英］安东尼·吉登斯.失控的世界［M］.周红云，译.南昌：江西人民出版社，2001：8.；［法］伊夫·格拉夫梅耶尔.城市社会学［M］.徐伟民，译.天津：天津人民出版社，2005：111.

们，对任何理论都应该有一种批判性的理性思维，特别是对外来的学术研究成果不应该采取拿来主义的态度，而应该在研究、分析、筛选、整合、反思、扬弃之后，再以创新的方式加以应用。

因此，我们要提出所谓的“全球城市”之问：为什么中国没有全球认同的“全球城市”？“全球城市”生成的内因是什么？什么样的社会结构才能催生“全球城市”？仅从网络社会全球一体化的视角提出三个层面的思考：

首先，培育“全球城市”创新、创业及市场经济关系的文化土壤——“全球城市”应该成为自由与公平的文化场域。伦敦被认为是“一个充满选择机会的城市”，是全球多年排名第一的宜居城市，有被广泛认同的创新文化土壤的市民型绅士社会等，这是从一般城市生长为“全球城市”最直接的原因之一：包容与个性发展是其文化内核。虽然“全球城市”是问题出现最多的地方，但是，同时也是经济社会现代化发展最快的地方，它能够用相对有效的手段，通过市场经济意义上的“文化综合治理”而成为全球文化认同的城市。创新的文化土壤使“全球城市”构成了某种垄断性的文化价值——“充满创新创业和就业机会的城市”，这才有可能成为金融产业、智能产业、数字经济、文创产业和哲学思想领域等高端人才的全球集聚高地，因而才能形成具有“全球秩序控制功能”的“全球城市”。大家熟悉的纽约、伦敦、东京、巴黎、新加坡及北京、上海、香港、深圳等，首先是创新创业中心，其次是就业与宜居生活中心，既有鲜明的城市特色竞争力，又有广泛的社会包容性，特别是在营商环境的涵容方面，城市具有吸引力、凝聚力、向心力和“城市文化资本”再生产的能力。事实上，我们也能感受到，仅靠花大价钱去搞基础建设，贪大求洋是砸不出“全球城市”来的，关键是城市的文化品质、市民的文明程度和个性文化的解放、国际化的开放程度和对所有人平等关怀的法制保证等。另外，过去我们更多地强调全球城市的综合实力，全球网络社会改变了城市效能和能级的创新方法和手段，更应该强调“五力合一结构”构成的城市价值能级，即“城市文化资本力”“城市文化核心竞争力”“城市文化综合竞争力”“城市特色文化竞争力”和“城市文化软实力”的“五力”结合，这是作为“全球城市”不可或缺的，而其中特色竞争力对大多数城市来说，是创造“全球城市”的必要前提。

其次，建构与“全球城市”同步的社会文化治理模式与制度创新机制——市民的平等与尊严、企业的平等与尊严是关键。吉登斯认为：正因为现代资本主义竞争的节奏加快，对“每一天都要进行精确的时间控制和管理，这种现象也许可以在修道院的钟声那里找到它的源头”，但是，“时间的商品化启动了工业生产的机制，瓦解了阶级分化社会中特有的城乡分化”，使“现代工业的发展却并不一定局限在某种特定类型的地区中”。现代城市生存特质是“强调随着时间的转移”，要创造“空间的商品化”，从而建立一种有鲜明特征的“人造环境”——具有伦理和社会关怀的机制，并由此“表现出现代社会中一些新制度关联方式”①。现代网络社会要求城市要有“社区照顾体系”，使“城市如家”的理想类型成为可以实现的梦想，这样的城市社会结构和机制最容易放大个体价值，养成创新的生产和生活环境，反之，如果城市市民社会的土壤和社会选择机制不充分，城市的宜居性及让人们能够扎根下来的理由也就不充分，社会各种要素集聚和创新当然也不充分，作为“全球城市”控制节点的功能也必然不能发挥出来。应该说，“全球城市”需要一个典型的中产阶层、需要一个有文化资本的绅士阶层、需要一个有思想的“创意阶层”、需要一个有创新能力的社会样板阶层……因此说，一座城市要能够让优秀的人才群体扎根是需要特定条件的，不仅要满足和创造人们生存的多种需要，还需要创造“灵魂的各种需要”②、理想价值实现的需要，这些需要包括了城市社会给予的“秩序”“自由”“责任”“平等”“荣誉”“惩罚”“安全”“风险”“私有财产”“集体财产”“真理性探索”等。而最核心的基本需要是——获得个人存在的尊严和对个体价值追求的尊重！并把这种尊严和被尊重构建成为一种社会义务，而义务的担当是市民社会个体存在的一种价值和“集体良知”的行为表现③。

最后，创造市民社会的契约关系和法制前提下的“集体良知”——国际化开放指数与城市社会文明指数有机结合。保罗·诺克斯、琳达·迈克卡西在其所著的《城市化》一书中引用V. Gordon Childe对城市化的解释：“Childe使用‘城市文明’这个术语，因为文明和城市在历史上就是珠联璧合的——拉丁文中的civitas（城市）就是civilization（文明）的词源。从一开始，城市就一直是人类进步中创造某些最不可思议的突破和发明的试验炉。”④马克思一直把城市发生作为人类文明的发端代表符号要素之一，“市民社会”（civil society）的深刻意涵是“历史的真正出发点和舞台”，市民社会的理性就是“契约型”社会关系，市民社会的“主体人格”构成了伟大城市的价值所在，正如马克思所说：“交换过程确立了主体间的平等”，市场经济越深化，社会法制关系和契约关系也就越进步，而文明正是建立在这种法制与契约关系基础之上的，在这一点上，被沙森确认为全球城市之一的东京，则具有很好的典范性和样板性。如仅就东京全城市民垃圾分类的行为来看，就已经是世界城市的样板、法制型社会文化综合治理模式的典范了。市民社会第一要素是由一套经济的、文化的、知识的、政治的“自主性机构组成的”，而且具有“一整套广泛传播的文明的抑或市民的

---

① ［英］安东尼·吉登斯. 社会的构成［M］. 李康，李猛，译. 北京：生活·读书·新知三联书店，1998：240.

② ［法］西蒙娜·薇依. 扎根——人类责任宣言绪论［M］. 徐卫翔，译. 北京：三联书店，2003：1.

③ ［法］西蒙娜·薇依. 扎根——人类责任宣言绪论［M］. 徐卫翔，译. 北京：三联书店，2003：3.

④ ［美］保罗·诺克斯，琳达·迈克卡西. 城市化［M］. 顾朝林，等译. 北京：科学出版社，2009：3.

风范（refined of civil manner）。第一个要素一直被称为市民社会；有时，具有上述特殊品质的整个社会被称为市民社会”[①]。这种观点的核心是市民社会必须要有“社会及个体自律”“自主性机构”等，由此形成不同类型的社会团体、新的“人造环境”和“新的制度关联方式”。对“市民社会结构”来说，虽然马克思在不同时代有不同的理解[②]，但是马克思曾强调：真正的市民社会从18世纪开始“大踏步走向成熟的市民社会”[③]，主要表现在社会契约的关系上，在法人资格的意义上，市民社会已分立出多种“权力综合体”，如“文化繁衍综合体”、沟通的自由、“社会整合权力综合体”、保证社会化权力综合体、私人关系、隐私权及人身不受侵犯等。“另有两类权力综合体，一个仅位于市民社会与市场经济（财产权利、契约权利和劳动权利）之间，一个位于市民社会与现代科层制国家（公民政治权力和当事人福利权力）之间。这些权力综合体的内在关系，决定着制度化的市民社会的类型。”[④]这是养成“全球城市”能级的土壤，也是使“全球城市”具有创新力的土壤。在这一点上我们还是有些望尘莫及。

二、“社会秩序支配功能”——从“全球城市”到“全球乡村”

在全球社会网络一体化理论认知视角下，“全球城市”在经济领域的高度集中和节点控制功能在发生某种改变，其最突出的是金融中心高度集聚功能的某种改变。美国学者马克·戈特迪纳等对沙森的“全球城市控制功能”等概念提出了诸多质疑：他认为现代全球网络社会的智能化发展，在一定意义上使金融中心“完全脱离了特定城市中金融活动的中心化”，譬如“证券交易商协会自动报价系统（NASDAQ）”已经成为世界第四大股票市场：与纽约、伦敦或东京的交易所不同，NASDAQ缺少交易场地（应该翻译为“不需要交易场地”），而是通过电话和光纤电缆将世界50万商人联系起来。与此类似，巴黎、比利时、西班牙、多伦多等，近期都废止了场地，金融从业者

---

① 邓正来，［美］J. C. 亚历山大. 国家与市民社会——一种社会理论的研究路径［M］. 北京：中央编译出版社，1999：33.

② 参见：由中共中央马克思恩格斯列宁斯大林著作编译局编译，人民出版社出版的《马克思恩格斯全集》，第1卷，第479页；第26卷，第586页；第7卷，第404页。

③ ［德］马克思，恩格斯. 马克思恩格斯全集：第2卷［M］. 中共中央马克思恩格斯列宁斯大林著作编译局，译. 北京：人民出版社，1957：86.

④ 邓正来，［美］J. C. 亚历山大. 国家与市民社会——一种社会理论的研究路径［M］. 北京：中央编译出版社，1999：203.

的“股东可以处于任何地方”[①]。他们还认为“‘全球城市’的命题在许多城市案例中总是会被简单化”，因为“新兴的信息经济，以及对各类型电子通讯的加速使用，即具有去中心化的反向趋势，又为包括多中心区域增长在内的新中心发展提供了支持”。这里强调了“去中心化”和“新中心”的发生，新的网络社会科技的繁荣和全球网络一体化，改变的不仅仅是相关理论，还包括改变着人们对世界的认知和改造的手段，从广泛的意义上同时获取信息又可以全球远距离管理控制工作的方式，不仅改变了工作岗位的空间区位定义，也改变了工作时间的定义，同时还改变了就业关系和企业组织形式。卡斯特在一次演讲中说：“全球化经济的另一个层面是金融市场，金融市场遍布全球，所有的东西都是放在金融界，金融的大云当中。而这个云是在以光速不停移动，货币与货币之间，国家与国家之间快速地流动实现货币价值的最大化。”[②]抑或可以说，“全球城市”之所以被称为“全球城市”，其核心价值就是在全球流通中对金融流通的主导性控制，在以往的“全球城市”理论中，哪座城市成为全球意义上的金融中心，哪座城市必然是“全球城市”，虽然目前仍然还是如此，但是内在却已发生了明显变化，特别是“全球网络一体化金融”和金融网络化的发展超出了人类的预期，为人类社会发展带来一种惊喜与意外，“伴随着许多次级活动被数字化和去中心化……在过去的10年中，伦敦已经见证了金融服务业岗位的大幅缩减。这些岗位将由商业服务的增加所弥补”。显然，中国金融业务岗位的缩减更加明显。更值得深思的是，《城市研究核心概念》的作者还认为：“伦敦经济中60%的就业岗位要指望地方和国家而非全球市场需求。所以，认为金融交易活动需要那种可形成在‘全球城市’中心街区聚焦的同类型的面对面的互动，这种假设现在有可能被高估了。”[③]作者对“全球城市”的金融中心控制能力、价值的怀疑是直截了当的，现代网络社会带来的工作方式革命，正在检验、校正“全球城市”的功能与价值，其变革率先在金融领域并不是偶然的，中国现实生活中普遍的非货币化倾向——穷乡僻壤也可以用手机付费，则从一个侧面反映了这一变化。

丹尼尔·贝尔在《后工业社会来临》一书中曾这样描述后现代社会的城市：从过去的“大量的城市集中”到今天的“大规模的通讯交往”，反映的是网络社会的结构性特征，“无定位城市区域（nonplace urban realm）正以一套复杂的社会和经济网络体系取代实际上的中心城市。随着迅捷的

---

① ［美］马克·戈特迪纳，［英］莱斯利·巴德.城市研究核心概念［M］.邵文实，译.南京：江苏教育出版社，2013：51.

② 徐勇.曼纽尔·卡斯特：网络经济有五个相互关联的维度［N］.人民邮电报，2019-03-19.

③ ［美］马克·戈特迪纳，［英］莱斯利·巴德.城市研究核心概念［M］.邵文实，译.南京：江苏教育出版社，2013：51.

交通使设址于中心地带沦为一种选择而不是必须，新的西部城市将采取远为松散、更为开放的格局。”[①]这一观点始于20世纪70年代，与此同时，万斯在1977年出版的《延伸的城市——西方文明中的城市形态学》中，描述的未来新型城市是没有中心、没有明确定位的。正如该书用一名记者对这种城市的评价是：未来城市将“无顶、无底、无形、无际……随机的、迷乱的、未加计划”的。“它的郊区是‘不定形的’，它是一个‘强烈进取的有机体’。”越来越多的城市发展表现了“全球城市”价值链中高端环节的控制功能，并直接参与“全球产业新文化分工”。现实的国际经济体系已经不仅仅是国家之间的竞合关系，在某种意义上也是由城市价值链相互联系或由互相贸易依赖形成结盟关系的各种共同体之间的竞合关系，全球构成了以“要素经济为纽带”的全球网络社会体系，“全球秩序控制节点”可能、可以发生在任何大城市，也可以、可能发生在任何中小城市或任何地点。所谓全球网络一体化在某种意义上是网络与智能技术、金融与人才市场、国际贸易与跨国生产以及某种程度的科技和专业劳动在内的“泛全球化分工”，即除了“全球城市”以外，某个村庄、某个有技能的个体也能够参与全球分工并创造新的控制节点。全球化网络社会体系使策略性影响、经济系统互动可以在全球各层次相互跨界连接，无中心化趋势是网络时代的一个结晶和时代财富，具有不可抗拒性和中心地点的模糊性，正在“创造着一个崭新的、全球性的社会结构”[②]，这个“全球性的社会结构”是全球网络社会嬗变的结果，并带来“功能均质化”和中心定位无序化的结果。金融中心在网络上的“区位熵”随时随地可再造，甚至出人预料。网络社会的金融集聚促成新中心结构并在任何地点都可以发生，虽然这种成长不是极端型的某一空间的发展，但在网络社会已经产生新的功能。长期研究网络社会的曼纽尔·卡斯特对网络社会带来的全球城市变化又有了新的认识，他说：网络经济有五个相关联的维度：第一个，网络经济是全球性的。“网络经济是基于全球的金融、生产、消费、商务、科学、技术和创新的网络。”全球主要的研究型大学，有90%都是在欧美国家。全球研发比例有75%都集中在欧美的企业和组织当中。这决定了城市发展速度和

---

① ［美］卡尔·艾博特. 大都市边疆——当代美国西部城市［M］. 王旭，译. 北京：商务印书馆，1998：135.；［美］詹姆斯·万斯. 旧金山海湾地区的地理与城市的演化［M］. 伯克利：加利福尼亚大学，政府研究所，1964.；［美］梅尔文·韦伯，等. 关于城市结构的探索［M］. 费城：宾夕法尼亚大学出版社，1964：79-153.

② ［美］曼纽尔·卡斯特. 网络社会的崛起［M］. 夏铸久，王志弘，等译. 北京：社会科学文献出版社，2003：120.；［美］莱斯特·瑟罗. 资本主义的未来：当今各种经济力量如何塑造未来世界［M］. 周晓钟，译. 北京：中国社会科学出版社，1998：112.；［美］尼葛洛庞帝. 数字化生存［M］. 胡泳，范海燕，译. 海口：海南出版社，1997：213-214.

科学技术设施的发展状况[①]。比较相关的数据我们可以知道，全球研究型大学、全球研发中心是全球城市发展的“文化动力因”之一，甚至具有某种因果关系，有了这样的内生动力和创新机制，才使纽约、伦敦、巴黎、柏林和苏黎世等城市成为全球经济秩序的控制节点。卡斯特提出的网络时代还有另外四个维度，也能够清楚说明“全球城市”功能与价值体系的变化：第一个是全球信息运用的竞争性，引入用于生产和流程中的创新能力。第二个是网络经济会创造新的组织结构，叫作网络体验。第三个是体现在工作流程上：劳动力和就业现在已经变得越来越具灵活性。第四个是知识和信息的不平等分配。他的第四个维度笔者不敢苟同，网络社会“知识和信息不平等分配”的观点有些过时，而网络社会的最大价值在于：“知识和信息可以平等获取”，因知识和信息不是“被分配的”，只要你愿意或在一个公平的社会机制内就可以随时随地获取知识和信息，这也是动摇“全球城市”垄断基石的根本原因所在。卡斯特的观点可以总结为：建构城市内在发展的能动性、创造性和自觉性，应该是“全球城市”研究和建设的重点所在。

全球网络社会智能化为全球化城市竞争创造了高速轨道，一方面迫使城市发展、竞争必须强化自身特色，寻找差异化定位；一方面又在创造多中心和多元化网络集聚模式，建构广域化的“长尾蓝海市场”，其结果孕育、催生了国际化意义上“全球乡村”的产生！它与“全球城市”概念构成一对范畴，表现了全球化多中心、多节点、多样态、多极化和去中心化的趋势，全球网络中心结点发生的模糊化和具有不可抗拒性的结果，反证了“全球乡村”发生的必然性。正如吉登斯所说：“全球化不仅产生向上的拉力，而且也产生了向下的拉力，给地方独立带来了新的压力。”[②]而这个新的压力集中体现在：“人类历史上第一次出现了任何东西都可以在世界上任何地方生产并销售到世界各地的现象。”[③]这一现象带来的结果是：使任何地方都可以产生新的经济要素集聚与扩散高地。全球社会网络化在建构“全球性的社会结构”——在传统城市化即农村人口向城市流动的图景下，如今浩荡的“全球乡村”重构——或者说在“再地方化”的图景中，全球化网络化将城乡关系嵌入在更加复杂的社会背景之中，处于全球关系网络节点位置的乡村与城市一样，以“地方网络行动者的身份”参与全球网络社会的生产分工，这一时代的回响超过任何时候！“网络社会好比摆在我们面前的城建用地，邀请我们设计和建设比特之城（即21世纪的都市）……这将是一个不依附于

---

① 徐勇. 曼纽尔·卡斯特：网络经济有五个相互关联的维度［N］. 人民邮电报，2019-03-19.

② ［英］安东尼·吉登斯. 失控的世界——全球化如何重塑我们的生活［M］. 周红云，译. 南昌：江西人民出版社，2001：8.

③ ［美］莱斯特·瑟罗. 资本主义的未来：当今各种经济力量如何塑造未来世界［M］. 周晓钟，译. 北京：中国社会科学出版社，1998：112.

地球上任何一个确定地点而存在的城市，其格局不取决于交通的便利和土地的有用性，而受互联性与宽带程度的制约。”①这在以网络身份参与全球分工的“乡村行动者”的行业中已产生结果，此仅举三例：一是全球范围“国际慢城文化”在中国乡村中的建设推广②；二是浙江莫干山“洋家乐”③民宿经济与民宿文化的兴起；三是“全球化乡村样板”、全球网络社会一体化的经济范式——中国淘宝村的崛起。截至2022年，淘宝村已经覆盖全国28个省（自治区、直辖市）和180个市（地区），数量达到7780个，较去年增加757个，增速11%；“淘宝镇”数量达到2429个，新增258个，可见数字经济与乡村深度融合仍然具有较大潜力④。被概念化为“全球乡村”⑤的徐州沙集镇从2006年以“网络+公司+农户”模式开始家具生产网络销售，短短几年从零到破万，产品品类不断丰富，销售渠道也越来越广，从单纯内销到出口创汇，2020年亚马逊平台销售额突破500万美元。沙集镇从最初的“淘宝村”已演化为当前的“沙集镇电商产业园”，截至2022年，沙集电商产业园共拥有服务型电商企业5家，产销型电商企业36家，9家企业年交易额超千万元，5家超2000万元⑥。一个村庄的网络集聚成为全球范围某种商品物流通的“全球节点”，在网络社会没有形成以前，这类“全球节点”一定是产生在大城市里，而现在则可以产生在偏远的乡村里。信手拈来的案例有：广东省狮山镇有30多家500强企业，产值超过千亿；江苏玉山镇产值650亿；江苏张家港永联村销售收入超过700亿；等等。另外，很多特色产业小镇的特色产业已经垄断了全球市场：如小提琴、钢卷尺、泳衣、

① ［美］威廉·J. 米切尔. 比特之城：空间·场所·信息高速公路［M］. 范海燕，胡泳，译. 北京：三联书店，1999：25.

② 笔者于2011年主持了中国第一个“国际慢城”的“南京桠溪国际慢城的概念规划与策划”，目前已经成为世界慢城总部，是全球化乡村的一个样板。

③ 浙江莫干山“洋家乐”：“从文化类型和社会类型的意义上来探究，莫干山‘洋家乐’具有在地化、非标化、国际化的显著特征。首先，莫干山‘洋家乐’是一个在地化概念。‘洋家乐’的品牌是地方有意识地在包装，通过城市论坛旅游推介、媒体宣传、数字营销等形式，不遗余力地在做。相较于保守的‘德清旅游’，‘洋家乐’的品牌更容易让人印象深刻，因为它的唯一性增加了它的可识别性和延伸性。其次，莫干山‘洋家乐’是一个国际概念。它应该是一种休闲理念、一种新的度假方式；而不能狭隘地理解成外国人做的农家乐。”“从经济类型和组织类型的维度上来讨论，以住宿业态为主的莫干山‘洋家乐’表现出青旅PLUS、酒店集团、民宿综合体、田园综合体等不同形态。”参见：邵颖萍. 落脚乡村与民宿经济——莫干山特色文化重构［M］. 南京：江苏凤凰教育出版社，2019：141-142.

④ 阿里研究院，南京大学空间规划研究中心. 2022年“淘宝村”名单［EB/OL］.（2022-11-01）［2023-10-28］. http://www.199it.com/archives/1513712.html.

⑤ 吴剑锋，崔师豪，武江民. “淘宝村集群”让部分乡村实现人口逆势增长［EB/OL］.（2023-03-08）［2023-10-28］. http://www.xinhuanet.com/mrdx/2023-03/08/c_1310701928.htm.

⑥ 江苏省商务厅. 服务强链，构建共赢生态——睢宁沙集电商产业园以电商推动家具产业高质量发展［EB/OL］.（2022-01-14）［2023-10-28］. http://doc.jiangsu.gov.cn/art/2022/1/14/art_78712_10317365.html.

淡水珍珠……很多产品生产和销售都占全球的30%到70%以上。

“全球乡村”节点控制功能有如下特征：一是控制着某类商品信息和价格指数；二是控制着经济领域某些产业的成长、发展和商品的全球流通广度，某种程度上控制着某一类产品的产量、价格和品质；三是控制着市场和商品未来的发展方向，如产品创新的功能和属性等，这就是“全球乡村”在“全球城市”面前的价值与意义。甚至可以说，一方面，在全球新产业分工中，“全球乡村”的“网络行动者”正在分担、分化着“全球城市”的某些功能；另一方面也在补充和优化“全球城市”的结构性功能不足。我们认同卡斯特的观点：“我们社会中主要支配性过程都接在网络里，这些网络连接了不同的地方，并且生产财富、处理信息以及制造权力的层级，分配每个地方特定角色和权力，而这最终决定了每个地域的命运。”[①]“全球乡村”使处于区域中心位置的“全球城市”正在被重新定义，淘宝村的口号是“我们在买世界和卖世界”，一个淘宝村可以定义和定位为全球市场，参与全球的产业分工，这也是网络社会条件下“全球乡村”的价值所在。“全球乡村”在某些方面已经产生了与“全球城市”相对应的价值与功能，虽然还处在发展阶段，但是对某些产业和行业在全球流通中的“依赖与控制”功能已经显见，“全球乡村”已经成为参与全球城市分工的一个结构化空间结点和“全球城市”价值链的一个关键环节。

从城市社会学视角来看，“全球乡村”正在重新定义全球城市化与全球城市文明普及率的内涵，城市化就是城市生活方式普及化。浙江德清“洋家乐”作为一种特殊的经济文化载体，在深山的村落群里自发形成国际化的“洋家乐”民宿群（散落在十几个村落），通过全球网络直接与世界联通，莫干山周边的十几个村庄已经成为国际知名的创业、就业、研学和休闲的“全球化乡村”，在这里可以全球预定并拥有统一的品牌、商标、网站、微信账号和整体对外营销形象。在村庄里，既有巴黎人、首尔人和开普敦人……也有开设各种各样“洋家乐”的上海人、北京人、杭州人和南京人等。一面改变、引导乡村人的生活方式；一面传递、创造城市文明，构建有特色的“全球化乡村”的生活方式。深山民宿的夜晚有来自世界各地的创客和游客聚会，是一个典型“克里奥尔化”的地方[②]。这样的乡村，融合着全世界，一面在创造网络社会时代的城市文明生活方式，一面在创造

① ［美］曼纽尔·卡斯特. 网络社会的崛起［M］. 夏铸久，王志弘，等译. 北京：社会科学文献出版社，2001：509.

② ［美］乔治·里茨尔. 虚无的全球化［M］. 王云桥，宋兴无，译. 上海：上海译文出版社，2006：110.

与世界一体化同步的全球化乡村节点。

全球网络社会改变着“全球城市”，也在构建着“全球乡村”，因应时代召唤，中国淘宝村给我们很多启示：经济增长要素的“集聚与扩散”，已经不以“集中与分散”的方式展开，传统实体空间区位价值正在被新的“网络区位空间”所替代，在全球范围展开的“去中心化”是一场新的经济革命，用淘宝村村长的话说：“网络世界让我们在全球范围内随时随地面对面工作与沟通，而不需要到大城市中心去。”

三、再定位——中国“全球城市”的“城市文化资本”再生产

以往认知中的“全球城市”，强调的是生产要素和经济要素的高度集中与集聚，在地理区位价值占据比较优势的时代，生产要素向某一中心区位“集中”是一种必然，主要是受限于区位交通与土地级差带来的成本障碍，这是在没有全球网络社会一体化和没有现代化交通体系下的认知结果。在全球网络社会结构变迁的视域下，“全球城市”所具有的“要素集中控制性”功能已经发生了某些改变，文化创意与制度创新要素、金融结算与流通等要素可以在任何地方产生和集聚，“集中”与“集聚”不受实体空间区位的限定。传统城市社会学和城市经济的社会变迁理论认为：“集中”一般代表某种要素向城市“中心区位的集中”进而产生“分散”，形成“集中与分散”的动态变迁范畴与概念，这种变迁往往是“集中效应”大于“分散效应”，如人才、资金、信息、财富等向城市中心区位集中等。然而，“集中”与“集聚”在全球网络社会一体化的时代，虽只有一字之差却有很深刻的学理意义：“集聚”不一定在某个区域的中心位置，可以在任何地方展开并带来特定的专业化效应，这种经济与文化要素“集聚”会产生相应的“扩散”效应，在一定意义上“集聚效应”和“扩散效应”具有等值性，甚至通过网络可以是“扩散效应”大于“集聚效应”，并在社会网络时代形成“集聚与扩散”的新范畴与新概念，这就是网络时代所提供的网络空间中的某种“特质均等化”、信息传递高速化、监管控制远程化和可视化等新公共共享平台的价值及功能，亦如网络流行语所言：“网络时代，我在哪里，哪里就是中心！”全球网络社会在改变着传统区位观和时空观，实体空间区位在智慧产业、高端服务业、网络金融业、文化创意产业、现代智慧物流业等领域已经不具有决定性影响，传统区位论中“土地级差”理论的影响因子和限制正在减弱。“生活是一连串感受的连续流，每个动作或每个瞬间总是由前一个感受所引导，并将成为即将来临的感受的序幕。如果我们承认生活的目标是获得和谐感受的过程，那么经历时间感受到的一个个空间之间的

关系，就成为设计的主要问题。”[①]一旦某一生活和经济要素形成集聚结点，就会构成某种“网络集聚动因”，通过网络社会一体化的整合，在原来非中心地带，快速集结构成新的集聚结点，并可以快速扩散和放大，这一“集聚与扩散”过程与传统的城市生态结构演变不尽相同，“集中与分散”更适用于传统区位观，而网络社会非中心化的“集聚与扩散”在更深层上表现了网络时代的特点，可以重塑和再造“人文区位”——全球网络社会时代的“全球乡村”的人文区位价值是可以人为创造的。

纵观和比较“全球城市”生长历史，其影响因子排第一位的是“文化吸引力”，这也是网络社会研究者所强调的《认同的力量》，我们把它解释为“文化认同的力量”。文化认同既有历史传统的价值与意义，又有建构、塑造、规划和创新的意义，它和历史沉淀下来的“集体记忆”和“集体良知”结合，是“全球城市”“本源价值”的原动力所在，能够成为一线的“全球城市”无不是具有全球文化认同价值的城市，也是文化软实力能级最强的城市。哈佛大学教授约瑟夫·奈的“软力量”（Soft Power）概念被广泛认同，其五个基本要素中占第一位的是“文化吸引力”，其次是“思想/意识感召力（价值观）”，其三是“政策影响力”（包括国际政策影响力和国内政策影响力），其四是“框架（机构体制）约束力”，最后才是“跨国公司控制力”[②]。前四项都具有深刻文化内涵的基础和前提，囊括了思想、机制、体制和政策等因素，然后才可能产生“跨国公司的集聚与控制力”，虽然“全球城市”必备的要素和功能有很多，但是能够形成并产生全球城市的“内生机制”——“城市文化自觉”作为首要因素往往被我们所忽视。不应否定的是：全球城市的“文化认同”，也是投资者、创业者、科技工作者的文化认同，同时也必然是全球休闲和高端商务旅游的目的地城市，纽约、伦敦、东京和巴黎等城市大体如此。“文化向来是强者的武器”[③]，非洲研究、开发管理协会创办人和会长埃通加·曼格尔提出一个基本命题“文化是制度之母”[④]。是什么样的文化养成并造就了全球城市的价值？回答是：市民社会的文化场域建构是一般城市能够发展为全球城市的内在“文化动力因”，也是终极“文化动力因”，同时还是文化自觉与自为意义制度的文化土

---

① ［美］埃德蒙·N. 培根. 城市设计［M］. 黄富厢，朱琪，译. 北京：中国建筑工业出版社，2003：19.

② ［美］约瑟夫·奈. 软力量：世界政坛成功之道［M］. 吴晓辉，钱程，译. 北京：东方出版社，2005：5.

③ Anthony D. King. Culture, Globalization and the World − System：contemporary conditions for the representation of identity［M］. Minneapolis：University of Minnesota Press，1997：99.

④ ［美］塞缪尔·亨廷顿，劳伦斯·哈里森. 文化的重要作用——价值观如何影响人类进步［M］. 程克雄，译. 北京：新华出版社，2010：120.

壤。然而，沙森在《全球城市：纽约、伦敦、东京》一书中并没有论及"全球城市"的文化要素，也没有论及城市所传承的市民社会的契约精神、制度文化等内容，更没有论及市民社会体系对"全球城市"成因的影响。2002年，沙森又主编了《全球网络：相互关联的城市》（*Global Network: Linked City*）一书，从"全球城市"网络的角度研究了大都市的功能与价值，但在"全球城市"网络时代的研究视角上，沙森仍然忽略了"全球城市"文化传统传承的价值与功能、内生动力与社会体系创新发展原因的研究和表述，忽略了"全球城市"之所以能够成为"全球城市"内生文化动力源泉的解析。当然，这一点也不应该苛求，或许只是研究角度不同，或许是研究范畴不同。但是，我们过度强调"全球城市"的现状与存在、要素与样态的价值，结果可能会导致中国"全球城市"创建只能在外部要素上进行装扮与模仿，关键是，网络时代的"全球城市"成长理论研究认知在本质上已经是今非昔比了。

我们可以看看纽约、东京、伦敦和巴黎全球城市在特色文化和"城市文化资本"再生产意义上所表现的文化自觉与自为，特别是全球城市养成的社会与文化土壤创新经验，对我们探究"全球城市"的本质是有价值的。有学者说："纽约是一座与众不同的城市。当提到波士顿、费城、芝加哥或者旧金山时，人们通常会谈论这些城市里的人们在想什么或者做什么，可是没有人在提到纽约的时候会谈论它的人民，而只会谈论这座城市本身。因为这座城市比它的人民伟大得多！是纽约造就了它的人民；在别的地方是人民造就城市。"①强调纽约城市的价值胜过"纽约人"的价值，的确，纽约发展的历程，表现了城市文化机制和创新土壤培育了"纽约人"，这一观点虽然有些偏颇，但至少告诉了我们：纽约作为"全球城市"的文化特殊性——城市已经成为一种文化类型和文化模式。很多学者都认同"纽约始终是一座'文化大熔炉'、一个新旧事物的交汇点、一种将新世界转变成美国所必需的催化剂。"②文艺作品所描述的纽约"既是天堂也是地狱"，是一个现实与未来空间与"时间折叠"的空间"文化场域"，"纽约是最能体现美国精神的城市……容纳着来自地球上每一个国家的人们，这座城市使他们受到的同化如此成功，以至于每天有300多人宣誓成为美国公民……纽约人并非与生俱来，而是被造就而成。作为一个经过残酷筛选过程后的幸存者，他们傲慢地坚信'没有任何其他地方更适合'他们。尽管存在种种矛盾和不幸，认为新世纪的挑战会击败这座令人赞叹的城市的想法是十分荒谬的。"③人们对纽约有各种各样的论断，充满了作者个人的

① ［美］托马斯·科斯纳.资本之城［M］.万丹，译.北京：中信出版社，2004：序言.
② ［美］乔治·J.兰克维奇.纽约简史［M］.辛亨复，译.上海：上海人民出版社，2005：1.
③ ［美］乔治·J.兰克维奇.纽约简史［M］.辛亨复，译.上海：上海人民出版社，2005：326.

认知、感知和偏见，但是至少告诉我们，城市作为“改造人类的主要场所”[①]是某种文化认同构成了纽约成为“全球城市”的土壤，市民社会的文化养育使纽约成为“全球城市”，并创造了“纽约价值”。

东京在“全球城市”成长道路上一直刻意独创“东京价值”——一种东西方文化融合、历史文化传承与世界文化融合的价值。在全球城市中东京首创了“创造型都市产业”体系，其本身就具有深刻的文化与制度创新意义，其发展内核是本地文化与全球文化的相互融合、相互渗透、相互嵌入的典型“东京文化+”的文化再生产价值。新制度经济学代表人诺斯指出：“制度是个人与资本存量之间，资本存量、物品与劳务产出及收入分配之间的过滤器。”[②]“东京文化+N”的价值创新策略是“本土自主创新”与“文化拿来主义”融合的产物，典型的“城市文化资本”+货币资本+创意阶层为结构体的“创新型都市产业”：首先，在东京的现代发展过程中，经济与产业选择重点之一是公共需求型产业的创新，在环境、健康、医疗、福利、文化和危机管理等领域研发新技术和新产品，并将成果重点应用于文化和社会公共需求的各个领域；其次，文化传播型产业的创新。充分利用东京个性文化和感性文化，以动漫创意、设计、时尚等文化附加值高的产业来丰富东京的文化内涵，提升东京文化软实力和世界范围的“身份识别度”，如在服装文化引领时尚创新方面可以与巴黎并驾齐驱。最后，建构了创新型的“都市功能促进型产业”政策机制，以“东京文化+N”的方式促进产品功能叠加并创造新价值，促进城市功能和城市生活方式的更新换代，进而也在成为世界消费与创新之都，如信息化家电、微型机器人和智能家居服务等。2006年东京公布了“10年后的东京”[③]，2009年又公布了“创造型都市产业”和“动漫文化产业活性化计划”等，在城市特色产业发展上，东京的突出特点是充分开放和融合化的国际化开放，强调主动与先进文化嫁接、互动、扬弃、创新、融合和整合。

2003年伦敦市长公布了《伦敦：文化资本，市长文化战略草案》，提出文化战略要维护和增强伦敦作为“世界卓越的创意和文化中心（international center of excellence for creativity and culture）”的声誉，要把伦敦打造成为世界级文化城市（a world-class city of culture）。同样，巴黎、柏林、

---

① ［美］刘易斯·芒福德. 城市发展史——起源、演变和前景［M］. 宋俊岭，倪文彦，译. 北京：中国建筑工业出版社，2005：582.

② ［美］道格拉斯·C. 诺思. 经济史中的结构与变迁［M］. 陈郁，等译. 上海：上海人民出版社，1995：225.

③ 张季风. 日本如何进行都市圈建设［EB/OL］.（2020-03-02）［2023-10-28］. http://ijs.cssn.cn/xsyj/xslw/rbjj/202003/t20200302_5095525.shtml.

纽约、东京、汉城（今首尔）、新加坡等全球城市都提出了全新的城市文化发展战略。伦敦这座在全球中最具文化个性城市的形成，既源于这个国家的历史传统，更源于这座城市社会文化精英群体的创造，最集中体现在城市个性文化符号——也是这座城市的文化资本方面：全球熟知的“绅士风度”文化和全球范围可清楚辨识的城市符号：老爷车、红色双层巴士、红色电话亭、红色邮筒和报亭、绅士雨伞、文明棍、礼帽……这座城市既创造了全球独一无二的文化，也创造了全球最具个性精神的理论“让城市充满选择机会”，如果一个人在城市里有无限可能，这座城市就必然有无限的创新力。伦敦市长文化战略中有这样一句话：“文化是促进理解、形成城市特征的强大力量。它可以跨越障碍，颂扬差异，激发灵感，带来教益，创造财富。”[①]其中“跨越障碍，颂扬差异”是很多城市难以做到的。

“某些著名的城市，始终能够代表他们民族的传统文化，并把其大部分留传给后代。”[②]我们更要关注的是这样一个文化价值取向，“城市增长不应被视为理所当然：……我一直认为，成功的城市就像磁铁，吸引着那些渴望加入其庞大劳动力市场的人作为一名城市规划师，我的大部分工作都在集中寻找管理城市增长的方法，即随着城市的扩张提高机动性和住房可负担性。”[③]每座城市的成长都有其独特原因，但必然是有发展的共性因素——创新和创新的文化土壤。芒福德强调的城市作为文化的容器，作为一种有教化作用的有机体，是养成全球城市的土壤和机制，而特色文化是“全球城市”最为显性化的隐喻与特质。所以，以往的某些研究忽略“全球城市”的文化要素和市民要素面向，忽略“全球城市”的优秀传统和文化场域表达，忽略“全球城市”的公平与公正及契约精神……这些，恰恰是“全球城市”的真正价值和内在动力所在，这些内容还包括：完整的知识产权保护机制与制度、国际化的法律与工程医疗服务体系、跨国际的研发机构与制度体系、跨文化的博物馆创新与运营体系、国际融合化的研究型一流大学、创意阶层与中产阶级的绅士化样板、市民的开放意识与爱国主义情操等等。“全球城市”除了要成为一定区域的政治、经济、金融、商贸、科技、生产、消费和创新发展中心之外，一定是某种意义上的“地点精神”“场域精神”、历史传统、文化传统体验的创新中心，也一定是一个国家和民族文明的展示中心。“（譬如）西方文明已经积累的经验、工业化、城市化、高技术、民族国家生活在‘快节奏’之中。他们对现代各种优先

---

① 参见：伦敦市政府网站http://www.london.gov.uk/lcsg/what-we-do；王文英，蒯大申. 2005年上海文化发展蓝皮书——文化体制改革与上海文化建设［R］. 上海：上海社会科学院出版社，2005：233.

② 陈一筠. 城市化与城市社会学［M］. 北京：光明日报出版社，1986：54.

③ ［美］阿兰·贝尔托. 城市的隐秩序——市场如何塑造城市［M］. 王伟，吴培培，朱小川，译. 北京：中国建筑工业出版社，2022：304.

权——职业、办公室、个人责任、科层制、自由民主、宽容、人道主义、平等主义、独立实验、评价标准、中立性程序、非人性法则，以及对理性化提出挑战。”[①]现代意义上的“全球城市”要创造全新的文化认知方式，这里要说的是，目前存在的全球一线城市，面对网络社会都已经产生了时代的“全球城市病”，某些功能已经在退化，基于文化认同感而形成的国家认同感“乃是他们个人安身立命最基本而不可或缺的认同所在，是他们赖以为生的社会价值所系”[②]，正如奈斯比特说：“越是全球化并在经济上相互依存，我们就越是做着符合人性的事情；我们越是承认我们的特性……越想紧紧抓住我们的根和文化。”

“全球城市”的发展建构关乎到了“新世界秩序观”[③]。全球网络社会的智能化使“全球城市”经济发展的控制方式被改变，建构新的“全球城市”价值体系已经成为一种全球竞争理念。“全球城市”的控制功能不仅有经济和政治意义，更有文化输出中心意义，并构成大多数“全球城市”协调社会、经济、生活的一种进化形式与理念[④]。当代“全球城市”理论研究必须因势而变，获得新的“赋义”和“赋能”，厘定新的概念与范畴。我们不得不承认“全球化不再是一个单纯的经济、政治和社会学问题，它同时也是一个文化认同问题”。全球城市成长与发展的根源研究，也是一个探求真理的过程，因此，我们反思“全球城市”理论，是对全球智慧型社会网络影响下，全球城市价值重构的回应，在新的层面上铸造适应网络时代要求新的“全球城市”，赋予“全球城市”新的意涵并发出新的理论光芒。

对“全球城市”理论的反思，是一种城市文化自觉与文化自为的文化自信，是应对全球网络社会一体化而引起的高速社会变迁所采取的理论创新行为，是对“全球城市”理论的学理性与科学性的一种反思。因为“反思可能是纯的或不纯的”，但我们应该采取一种方法，即“通过一种涤清（Katharsis）获得的”[⑤]，这种“涤清”就是对以往的（包括外来的）研究成果加以洗涤和扬弃，摒弃拿来主义的理念和做法，反思是为了更好的理论创新和建构。全球城市与世界上所有的事物一样，必然存在相应的问题，在哲学意义上，“事物存在的本身就是问题”，既存在着共性问题也存在着个性问题，而且在网络社会智能化发展的时代，新技术革命也使这一存在出现层出不穷的新问

① ［美］乔治·瑞泽尔. 后现代社会理论［M］. 夏立中，等译. 北京：华夏出版社，2003：12.
② ［英］埃里克·霍布斯鲍姆. 民族与民族主义［M］. 李金梅，译. 上海：上海人民出版社，2006：5.
③ 包亚明，Sharon Zukin. 城市文化［M］. 张廷佺，等译. 上海：上海教育出版社，2006：1.
④ Allen J. Scott. Globalization and the rise of city-regions［J］. European Planning Studies，2001，9（7）：813-826.
⑤ ［法］让-保罗·萨特. 存在与虚无［M］. 陈宜良，等译. 北京：三联书店，1987：217.

题，而且更加复杂又深刻。虽然我们的科学技术手段超过以往任何时代，但我们面对网络时代的社会问题，有时却显得无能为力。

通过反思与比较，在“全球城市”研究定位与构建上，中国应该把以往被忽略的关键性问题找回来，从探索本原的科学立场出发，找到建构“全球城市”亟待解决的问题，谨从三个层面提出中国“全球城市”建设的思考：

1.“全球城市”研究与建设缺乏世界性与地方性结合的经济与文化融合战略。纽约、巴黎、伦敦等世界一流城市十分重视本身的地方性文化价值再造，通过自身的“有为”，来充实城市的国际性价值。我们的一些城市，一味地迎合而不是自身独有的创造，在全球化的浪潮中因缺失了地方性文化建设，在本质上丧失了世界性价值，弱化了全球意义上的“身份识别度”。面对全球一线城市文化软实力建设，有四个维度要强化治理：市民社会的文化心理结构需要建构、城乡二元结构文化裂缝要弥合、市民社会文明风尚要纳入法制体系、城市现代文明生活样板阶层要重塑和建构。

2.“全球城市”研究与定位缺乏唯一性和创新性，缺乏世界范围的超前、超强和差异化“三位一体定位”的战略。多是模仿或总是亦步亦趋跟在他国的后面，原创价值不足，导致城市价值链缺少国际“网链式”的结构关系，往往处于国际城市产业与文化价值链的低端环节，同时，国内城市定位的雷同化竞争加剧了这一事态，使城市内部和城市之间存在典型的“产业结构空洞”和盲目计划与竞争，周期型的产业结构过剩和调整，使城市空间传统价值传承、传统产业文化传承、城市历史荣耀传承和城市政治的文化理念传承等，往往因人因事因政策，或变化或不持续或形成文化断裂。

3.“全球城市”研究与国际化开放及世界“身份文化识别”创新缺乏顶层战略。在体制文化、法律文化和市场文化等结构创新方面，特别是在文化综合治理上不能与国际相关领域相互融合，缺少差异化的文化认同与涵容能力，甚至在国内的城市之间也存在多种经济和文化壁垒。还因国际文化认同差异较大，国际高端人才和企业难以形成规模化和国际化集聚效应。如硅谷模式始终未能在中国发生，其中原因很多，但主要是既没有与国际接轨的法权和法人意义上的“城市法人金融体系”，也没有适应全球化的地方城市法规体系（中世纪以来，西方就有了城市法），城市也必然缺乏国际化生活体系的市民社会创新空间，“国际自由港”的生活体系需要在新层面加以创新。

“全球城市”的养成是一个历史进化过程，从经济与文化价值的“全球文化价值反射”的角度，应采取“全球城市”价值高端介入战略，培育“全球城市”创新文化的内生机制和内在动力。第一层次：培育“城市文化资本”与区域经济资本的再生产能力，建构吸收与反射全球城市创新要素的“介子”与“界面”，如在政策、法规、人才制度、开放准入、市民契约精神、国际化服务能力等方面，首先能够吸收，然后才是创新。第二层次：与“全球城市”建构“文化认同式”的文化直接对话，主动吸收、改造、嫁接、融合“全球城市”创新发展的因子，形成交互式的经济文化对接管理，强化与“全球城市”同步的价值取向。第三层次：建构适合“全球网络社会结构”发展的国际化创新体系，如国际文化认同意义上的社会诚信体系、与国际接轨的营商环境体系、与国际接轨的“非登记企业”经营模式的创新机制等，从国际经济的辐射中心发展为“全球有机秩序结点”，最终成为“全球城市”——“世界经济文化秩序控制中心”。“‘中国式道路’则是对一种真实关切的验证，这种真实关切即让人民与空间完全卷入一个建设差异化社会的过程。可以将这个过程构想为一个多维度的（multidimensional）过程，它不仅包括财富生产与经济增长，也包括社会关系的丰富与发展——表现为既在空间中生产各种各样的商品，也生产作为一个整体的空间，空间生产甚至可以更加有效地取用。在这个过程中，强项与弱项之间的分裂没有立足之地。不平衡发展将会消失，或者至少趋向消失。”[①]以创新获得文化认同是“全球城市”的基本功能，建构“全球城市”除了是要发展经济、参与全球竞争之外，更重要的是掌控“全球城市”的“话语权”文化体系，建构中国城市的文化首位度、识别度和文化认同度。“21世纪的竞争将不再是意识形态的竞争、经济的竞争、军事的竞争，而是文化的竞争。”[②]全球化带来了对传统文化认同的解构，新的文化价值和文化认同又因为过快的文化更替而缺少生长的稳定条件，导致当下中国社会普遍存在文化认同的“空场”现象。社会学家贝尔指出，“最终为经济提供方向的并不是价格体系，而是经济生存于其中的文化价值体系”[③]。文化认同是全球城市的底色，是产业、人才能趋之若鹜的根本动因，在网络社会一体化时代的地域比较优势中，其实质都是城市的人文区位优势，城市作为地域生产力的集中表现形式，人文精神意义上的文化认同是区位的“质性”价值。区域与国家间的竞争在从以往的以企业为主体的竞争，已经转为以城市为主体的——即使从价值链的垂直分工和全球空间再配置之间的关系看，国家与区域竞争者的空间存在实体形式就是城市[④]。因此：“我们必须使城市恢复母亲般养育生命的功能，独立自主的活动，共生共栖的联合，这些很久以来都被遗忘或被抑止了。因为城市应当是一个爱的容器，而城市最好的经济模式是关心人和陶冶人。”

---

① ［法］亨利·列斐伏尔.空间的生产［M］.刘怀玉，译.北京：商务印书馆，2021：621.

② Samuel P. Huntington. The Clash of Civilizations?［J］. Foreign Affairs，Vol. 72, No. 3（Summer），1993.

③ ［美］丹尼尔·贝尔.后工业社会的来临——对社会预测的一种探索［M］.高铦，王宏周，魏章玲，译.北京：商务印书馆，1984：305.

④ Kogut，B. Designing global strategies: Comparative and Competitive Value -Added Chains［J］，Sloan Management Review，1985，26（4）：15-28.

我们还是用费比恩在剑桥对全球城市的演讲——《伦敦作为梦想型城市》作为结尾："全球城市"（伦敦）应该是一个"多侧面"的城市，应该保留"紧凑多中心"的城市结构而且会使乡村得到保护；新的发展方向之一是"有利于公众交往"，"最大限度地增加人们的接触机会和发展多样性，促进积极的公共生活"；仍然要按照国际标准保证城市生活的公正性，成为"人人参与的自治城市，人人都可以公平地享受财富、正义和机会"；应该创造循环式的生态城市，做到"对环境的索取和相等的给予"；城市要有开放的胸怀，"能够接纳新建筑思想和容许进行新建筑形式的试验。应该巩固和加强作为一座美丽城市的声誉，让它的艺术、建筑和景观具有迷人的魅力"①。

"早在古老的罗马帝国时代，诗人卢提里乌斯·纳马提安努斯就写过一首赞颂罗马的动人诗篇，其中他称赞罗马'纳万民于一国，容举世于一城'。罗马历史上体现的这种全球性正是这座城市可以保持长久生命力的秘诀，这种生命力使它成为莎士比亚笔下的'兴盛之国'，也使它至今仍然是一座'永恒之城'。"②"正如我所建议的，到21世纪中叶，我们将看到两种类型的城市：一是，快速发展并吸引来自本国和国际移民的城市；二是，人口流失和抚养比越来越高的城市。"③我们要进行中国式的"城市草根文化"重建——创造一个让其中的每一个人都能够深感幸福的城市。

---

① ［英］费比恩. 进化［M］. 王鸣阳，译. 北京：华夏出版社，2006：84.

② ［英］克里斯托弗·希伯特. 罗马：一座城市的兴衰史［M］. 孙力，译. 南京：译林出版社，2022：435.

③ ［美］阿兰·贝尔托. 城市的隐秩序——市场如何塑造城市［M］. 王伟，吴培培，朱小川，译. 北京：中国建筑工业出版社，2022：310.

参考文献

［1］阿恩海姆. 视觉思维——审美直觉心理学［M］. 滕守尧，等译. 成都：四川人民出版社，1998.

［2］阿恩海姆. 艺术与视知觉［M］. 滕守尧，等译. 成都：四川人民出版社，1998.

［3］阿尔都塞，巴里巴尔. 读《资本论》［M］. 李其庆，冯文光，译. 北京：中央编译出版社，2001.

［4］阿隆. 社会学主要思潮［M］. 葛智强，胡秉诚，王沪宁，译. 上海：上海译文出版社，2005.

［5］阿姆斯壮，余金伟. 皮尔松那形象法则［M］. 张美惠，译. 北京：经济管理出版社，2001.

［6］埃文斯. 文化规划：一种城市复兴？［M］. 李健盛，译. 北京：北京师范大学出版社，2022.

［7］艾博特. 大都市边疆——当代美国西部城市［M］. 王旭，译. 北京：商务印书馆，1998.

［8］艾琳. 后现代城市主义［M］. 张冠增，译. 上海：同济大学出版社，2007.

［9］奥罗姆，陈向明. 城市的世界：对地点的比较分析和历史分析［M］. 曾茂娟，任远，译. 上海：上海人民出版社，2005.

［10］白居易. 白居易诗集校注［M］. 北京：中华书局，2006.

［11］班菲尔德. 落后社会的道德根据［M］. 伊利诺伊州：自由出版社，1958.

［12］班固. 汉书［M］. 颜师古，注. 北京：中华书局，1962.

［13］包亚明. 现代性与空间的生产［M］. 上海：上海教育出版社，2003.

［14］包亚明，ZUKIN S. 城市文化［M］. 张廷佺，等译. 上海：上海教育出版社，2006.

［15］鲍德里亚. 消费社会［M］. 刘成富，全志钢，译. 南京：南京大学出版社，2014.

［16］鲍曼. 流动的现代性［M］. 欧阳景根，译. 上海：三联出版社，2002.

［17］贝淡宁，艾维纳. 城市的精神2：包容与认同［M］. 刘勇军，译. 重庆：重庆出版社，2017.

［18］贝尔. 后工业社会的来临——对社会预测的一种探索［M］. 高铦，王宏周，魏章玲，译. 北京：商务印书馆，1984.

［19］贝尔. 后工业社会的来临——对社会预测的一项探索［M］. 高铦，译. 台北：桂冠图书有限公司，1989.

［20］贝尔. 后工业社会的来临——对社会预测的一项探索［M］. 高铦，王宏周，魏章玲，译. 北京：新华出版社，1997.

［21］贝尔. 后工业社会的来临［M］. 高铦，等译. 南昌：江西人民出版社，2018.

［22］贝尔托. 城市的隐秩序——市场如何塑造城市［M］. 王伟，吴培培，朱小川，译. 北京：中国建筑工业出版社，2022.

［23］贝克. 风险社会［M］. 何博闻，译. 南京：译林出版社，2004.

［24］本尼迪克特. 文化模式［M］. 王炜，等译. 北京：生活·读书·新知三联书店，1988.

［25］本雅明. 巴黎，19世纪的首都［M］. 刘北城，译. 上海：上海人民出版社，2006.

［26］波赖阳. 世界城市宜居商业研究［M］. 北京：中国经济出版社，2012.

［27］波珀. 科学发现的逻辑［M］. 查汝强，邱仁宗，译. 沈阳：沈阳出版社，1999.

［28］柏拉图. 柏拉图全集：第二卷［M］. 王晓朝，译. 北京：人民出版社，2002.

［29］波特. 国家竞争优势［M］. 李明轩，邱如美，译. 北京：华夏出版社，2002.

［30］波特若. 论城市伟大至尊之因由［M］. 刘晨光，译；林国基，补注. 上海：华东师范大学出版社，2006.

［31］伯特. 结构洞——竞争的社会结构［M］. 上海：格致出版社，2008.

［32］博尔赫斯. 博尔赫斯全集：诗歌卷［M］. 林之木，王永年，译. 杭州：浙江文艺出版社，2006.

［33］博伊姆. 怀旧的未来［M］. 杨德友，译. 南京：译林出版社，2010.

［34］布尔迪厄. 文化资本与社会炼金术：布尔迪厄访谈录［M］. 包亚明，译. 上海：上海人民出版社，1997.

［35］布尔迪厄，华康德. 实践与反思：反思社会学导引［M］. 李猛，李康，译. 北京：中央编译出版社，1998.

［36］布尔迪厄. 艺术的法则：文学场的生成和结构［M］. 刘晖，译. 北京：中央编译出版社，2011.

［37］布尔迪厄. 区分：判断力的社会批判［M］. 刘晖，译. 北京：商务印书馆，2015.

［38］布尔迪厄. 国家精英——名牌大学与群体精神［M］. 杨亚平，译. 北京：商务印书馆，2018.

［39］布尔迪厄，帕斯隆. 再生产：一种教育系统理论的要点［M］. 邢克超，译. 北京：商务印书馆，2021.

［40］布朗. 生态经济［M］. 林自新，等译. 北京：东方出版社，2002.

［41］布隆伯格，博尼. 我们造就的这座城市：纽约的城市设计与建造［M］. 田云飞，译. 北京：机械工业出版社，2018.

［42］布鲁诺赛维. 建筑空间论［M］. 张似赞，译. 北京：中国建筑工业出版社，2006.

［43］布洛克. 西方人文主义传统［M］. 董乐山，译. 北京：三联书店，1997.

［44］蔡沉. 书集传［M］. 北京：中华书局，2018.

［45］蔡勇美，郭文雄. 都市社会学［M］. 台北：巨流图书公司，1984.

［46］蔡元培. 蔡元培美学文选［M］. 北京：北京大学出版社，1983.

［47］曹雪芹，高鹗，等. 红楼梦［M］. 北京：中华书局，2014.

［48］曹寅，等. 全唐诗［M］. 北京：中华书局，1960.

［49］查第奇，勒伯涅. 巴黎：一个伟大城市的故事［M］. 林付蕾，译. 北京：中国友谊出版公司，2018.

［50］陈超南，刘天华，姚全兴. 都市审美与上海形象［M］. 上海：上海社会科学院出版社，2008.

［51］陈从周，刘天华. 园韵［M］. 上海：上海文化出版社，1999.

［52］陈华文. 文化学概论［M］. 上海：上海文艺出版社，2001.

［53］陈坤宏. 空间结构——理论、方法与计划［M］. 台北：明文书局，1994.

［54］陈立. 白虎通疏证［M］. 北京：中华书局，1994.

［55］陈寿. 三国志［M］. 裴松之，注. 北京：中华书局，1982.

［56］陈晓芬，徐儒宗. 论语［M］. 北京：中华书局，2015.

［57］陈晓雪，谢忠秋，王志华，等. 苏南民营经济发展研究：基于常州的经验数据［M］. 北京：中国经济出版社，2011.

[58] 陈晓燕，包伟民. 江南市镇：传统历史文化聚焦[M]. 上海：同济大学出版社，2003.

[59] 陈一筠. 城市化与城市社会学[M]. 北京：光明日报出版社，1986.

[60] 陈直. 三辅黄图校证：长安城中闾里[M]. 北京：中华书局，2021.

[61] 陈作霖. 金陵物产风土志[M]. 陈济明，点校. 南京：南京出版社，2008.

[62] 成中英. 中国文化的现代化与世界化[M]. 北京：中国和平出版社，1988.

[63] 程芳银，等. 宿迁特色文化[M]. 苏州：苏州大学出版社，2006.

[64] 程俊英，蒋见元. 诗经注析[M]. 北京：中华书局，1991.

[65] 程颐. 周易程氏传[M]. 北京：中华书局，2011.

[66] 村松梢风. 魔都[M]. 徐静波，译. 上海：上海人民出版社，2018.

[67] 戴望舒. 戴望舒作品精选[M]. 胡慧莉，周少华，选编. 武汉：长江文艺出版社，2003.

[68] 戴志中，等. 国外步行商业街区[M]. 南京：东南大学出版社，2006.

[69] 德波. 景观社会[M]. 王昭风，译. 南京：南京大学出版社，2006.

[70] 德瓦雷，梅黑斯，ICOFOM. 博物馆学关键概念[M]. 张婉真，译. Paris: Amand Colin，2010.

[71] 邓洛普. 镀金城市——世纪之交纽约城的丑闻与轰动事件[M]. 顾笑言，译. 北京：新星出版社，2006.

[72] 邓正来，亚历山大. 国家与市民社会——一种社会理论的研究路径[M]. 北京：中央编译出版社，1999.

[73] 第亚尼. 非物质社会：后工业世界的设计、文化与技术[M]. 滕守尧，译. 成都：四川人民出版社，1998.

[74] 蒂利. 强制、资本和欧洲国家：公元900—1992年[M]. 魏洪钟，译. 上海：上海人民出版社，2007.

[75] 蒂耶斯德尔，希思，厄奇. 城市历史街区的复兴[M]. 张玫英，董卫，译. 北京：中国建筑工业出版社，2006.

[76] 丁光训，杨慧林，曹利群，等. 基督教文化百科全书[M]. 济南：济南出版社，1991.

[77] 董说. 七国考[M]. 北京：中华书局，1956.

[78] 董仲舒. 春秋繁露义证[M]. 北京：中华书局，1992.

[79] 杜瑜. 中国历代疆域[M]. 北京：中国国际广播出版社，2011.

[80] 段柄仁. 北京胡同志[M]. 北京：北京出版社，2007.

[81] 凡勃伦. 有闲阶级论——关于制度的经济研究 [M]. 蔡受百，译. 北京：商务印书馆，1964.

[82] 凡勃伦. 炫耀性消费 [M]. 任海音，译. 北京：中国对外翻译出版有限公司，2012.

[83] 范成大. 范成大集 [M]. 北京：中华书局，2020.

[84] 范景中. 艺术与人文科学：贡布里希文选 [M]. 杭州：浙江摄影出版社，1989.

[85] 范晔. 后汉书 [M]. 李贤，等注. 北京：中华书局，1965.

[86] 方克立，等. 中国哲学大辞典 [M]. 北京：中国社会科学出版社，1994.

[87] 方世举. 韩昌黎诗集编年笺注 [M]. 北京：中华书局，2012.

[88] 房玄龄，刘绩. 管子 [M]. 刘晓艺，校点. 上海：上海古籍出版社，2015.

[89] 费比恩. 进化 [M]. 王鸣阳，译. 北京：华夏出版社，2006.

[90] 费孝通. 乡土中国 [M]. 北京：生活·读书·新知三联书店，1985.

[91] 费孝通. 乡土中国生育制度 [M]. 北京：北京大学出版社，1998.

[92] 费孝通. 费孝通文集：第14卷 [M]. 北京：群言出版社，1999.

[93] 费孝通. 中国绅士 [M]. 惠海明，译. 北京：中国社会科学出版社，2006.

[94] 费孝通. 江村经济 [M]. 北京：生活·读书·新知三联书店，2021.

[95] 费正清. 中国：传统与变迁 [M]. 张沛，张源，顾思兼，译. 长春：吉林出版集团有限责任公司，2013.

[96] 冯梦龙. 警世通言 [M]. 北京：中华书局，2009.

[97] 冯天瑜，何晓明，周积明. 中华文化史 [M]. 2版. 上海：上海人民出版社，2010.

[98] 佛罗里达. 创意阶层的崛起 [M]. 司徒爱勤，译. 北京：中信出版社，2010.

[99] 弗里德曼. 文化认同与全球性过程 [M]. 郭建如，译. 北京：商务印书馆，2003.

[100] 福山. 福山政治秩序与政治衰败：从工业革命到民主全球化 [M]. 毛俊杰，译. 桂林：广西师范大学出版社，2015.

[101] 付宝华. 城市主题文化与世界名城崛起 [M]. 北京：中国经济出版社，2007.

[102]《复旦学报》（社会科学版）编辑部. 断裂与继承——青年学者论传统文化与现代化 [M]. 上海：上海人民出版社，1987.

[103] 傅波，等. 满族经济与文化 [M]. 辽宁：辽宁民族出版社，2002.

[104] 富兰克林. 城市生活 [M]. 何文郁，译. 南京：江苏教育出版社，2013.

[105] 甘熙. 白下琐言 [M]. 南京：南京出版社，2017.

[106] 干宝. 搜神记[M]. 马银琴，译注. 北京：中华书局，2012.

[107] 高华平. 韩非子[M]. 北京：中华书局，2015.

[108] 戈尔. 争议中的区域发展理论[M]. 伦敦：麦休恩，1986.

[109] 戈特迪纳. 城市空间的社会生产[M]. 任晖，译. 南京：江苏教育出版社，2014.

[110] 戈特迪纳，巴德. 城市研究核心概念[M]. 南京：江苏教育出版社，2014.

[111] 格拉夫梅耶尔. 城市社会学[M]. 徐伟民，译. 天津：天津人民出版社，2005.

[112] 格鲁. 艺术介入空间：都会里的艺术创作[M]. 姚孟吟，译. 桂林：广西师范大学出版社，2005.

[113] 宫崎市定. 宫崎市定中国史[M]. 焦堃，瞿柘如，译. 杭州：浙江人民出版社，2015.

[114] 谷永芬，宋胜洲，洪娟，等. 大都市圈生产性服务业——以长三角为例[M]. 北京：经济管理出版社，2008.

[115] 顾新，于文悫，等. 城市地下空间利用规划编制与管理[M]. 南京：东南大学出版社，2014.

[116] 顾祖禹. 读史方舆纪要春秋战国[M]. 北京：中华书局，2005.

[117] 郭茂倩. 乐府诗集[M]. 北京：中华书局，1979.

[118] 郭若虚. 图画见闻志校注[M]. 上海：上海书画出版社，2020.

[119] 郭熙保. 发展经济学经典论著选[M]. 北京：中国经济出版社，1998.

[120] 郭翔. 犯罪学辞典[M]. 上海：上海人民出版社，1989.

[121] 郭沂. 子曰全集[M]. 北京：中华书局，2017.

[122] 国家文物局法制处. 国际保护文化遗产法律文件选编——关于历史地区的保护及其当代作用的建议[M]. 北京：紫禁城出版社，1993.

[123] 哈贝马斯. 文化与公共性[M]. 汪晖，陈燕谷，主编. 北京：生活·读书·新知三联书店，1998.

[124] 哈布瓦赫. 论集体记忆[M]. 毕然，郭金华，译. 上海：上海人民出版社，2002.

[125] 哈里斯. 建筑的伦理功能[M]. 申嘉，陈朝晖，译. 北京：华夏出版社，2001.

[126] 哈维. 后现代的状况：对文化变迁之缘起的探究[M]. 阎嘉，译. 北京：商务印书馆，2003.

[127] 哈维兰. 文化人类学[M]. 瞿铁鹏，张钰，译. 上海：上海社会科学院出版社，2006.

[128] 海德格尔. 诗·语言·思[M]. 彭富春，译. 北京：文化艺术出版社，1991.

［129］海德格尔. 存在与时间［M］. 陈嘉映，王庆节，译. 北京：三联书店，1999.

［130］海德格尔. 演讲与论文集［M］. 孙周兴，译. 北京：生活·读书·新知三联书店，2005.

［131］海明威. 流动的盛宴［M］. 汤永宽，译. 上海：上海译文出版社，2016.

［132］郝经. 续后汉书［M］. 上海：商务印书馆，1958.

［133］郝经. 郝经集校勘笺注［M］. 太原：三晋出版社，2018.

［134］何增强，花建. 创意都市——上海创意产业的发展之路［M］. 上海：上海文艺出版总社，百家出版社，2007.

［135］赫希. 城市经济学［M］. 北京：中国社会科学出版社，1990.

［136］赫希曼. 经济发展战略［M］. 曹征海，潘照东，译. 北京：经济科学出版社，1991.

［137］黑格尔. 美学：第一卷［M］. 朱光潜，译. 北京：商务印书馆，1997.

［138］亨廷顿. 文明的冲突与世界秩序的重建［M］. 周琪，刘绯，张立平，王圆，译. 北京：新华出版社，1999.

［139］亨廷顿，哈里森. 文化的重要作用——价值观如何影响人类进步［M］. 程克雄，译. 北京：新华出版社，2010.

［140］亨廷顿. 变化社会中的政治秩序［M］. 王冠华，刘为，译. 上海：上海人民出版社，2021.

［141］胡代光，高鸿业. 西方经济学大辞典［M］. 北京：经济科学出版社，2000.

［142］胡惠林，等. 国家文化安全研究导论［M］. 上海：上海人民出版社，2013.

［143］胡敬署，陈有进，王富仁，等. 文学百科大辞典［M］. 北京：华龄出版社，1991.

［144］胡朴安. 中华全国风俗志［M］. 石家庄：河北人民出版社，1988.

［145］胡适. 中国的文艺复兴［M］. 北京：外语教学与研究出版社，2001.

［146］华学诚. 扬雄方言校释汇证［M］. 北京：中华书局，2006.

［147］怀特. 文化科学——人和文明的研究［M］. 曹锦清，译. 杭州：浙江人民出版社，1988.

［148］怀特. 伦敦：一个伟大城市的故事［M］. 逄亚萍，译. 北京：中国友谊出版公司，2018.

［149］怀特. 城市：重新发现市中心［M］. 叶齐茂，倪晓晖，译. 上海：上海译文出版社，2020.

［150］黄河清. 近现代辞源［M］. 上海：上海辞书出版社，2010.

［151］黄时鉴，沙进. 十九世纪中国市井风情三百六十行［M］. 上海：上海古籍出版社，1999.

［152］黄忠晶. 传奇萨特［M］. 北京：中共中央党校出版社，2005.

[153] 黄忠晶. 超越第二性——百年波伏瓦[M]. 北京：中共中央党校出版社，2007.

[154] 惠勒. 海明威的巴黎——语词和影像中的作家之城[M]. 北京：中信出版社，2018.

[155] 霍布斯鲍姆. 民族与民族主义[M]. 李金梅，译. 上海：上海人民出版社，2006.

[156] 霍尔特，卡梅隆. 文化战略：以创新的意识形态建构独特的文化品牌[M]. 汪凯，译. 北京：商务印书馆，2013.

[157] 霍华德. 明日的田园城市[M]. 金经元，译. 北京：商务印书馆，2000.

[158] 霍克海默，阿多诺. 启蒙辩证法[M]. 渠敬东，曹卫东，译. 上海：上海人民出版社，2006.

[159] 霍克斯. 结构主义和符号学[M]. 瞿铁鹏，译. 上海：上海译文出版社，1987.

[160] 吉伯德，等. 市镇设计[M]. 程里尧，译. 北京：中国建筑工业出版社，1983.

[161] 吉登斯. 社会的构成[M]. 李康，李猛，译. 北京：生活・读书・新知三联书店，1998.

[162] 吉登斯. 现代性与自我认同：现代晚期的自我与社会[M]. 赵旭东，方文，译. 北京：生活・读书・新知三联书店，1998.

[163] 吉登斯. 失控的世界——全球化如何重塑我们的生活[M]. 周红云，译. 南昌：江西人民出版社，2001.

[164] 吉伊. 城市、公民与技术：都市生活与后现代性[M]. 许苗苗，李建盛，译. 北京：北京师范大学出版社，2022.

[165]《简明社会科学词典》编辑委员会. 简明社会科学词典[M]. 上海：上海辞书出版社，1982.

[166] 江敬虞. 十九世纪西方资本主义对中国的经济侵略[M]. 北京：人民出版社，1983.

[167] 江庆柏. 江苏艺文志：宿迁卷[M]. 南京：凤凰出版社，2019.

[168] 蒋大椿，陈启能. 史学理论大辞典[M]. 合肥：安徽教育出版社，2000.

[169] 蒋赞初. 南京史话[M]. 南京：江苏人民出版社，1980.

[170] 堺屋太一. 新規の世界・転機の日本：「新戦後」90年代を読む[M]. 京都府：PHP研究所，1992.

[171] 金炳华，等. 马克思主义哲学大辞典[M]. 上海：上海辞书出版社，2003.

[172] 卡尔索普，富尔顿. 区域城市——终结蔓延的规划[M]. 叶齐茂，倪晓晖，译. 南京：江苏凤凰科学技术出版社，2018.

[173] 卡伦. 城市景观艺术[M]. 刘杰，等译. 天津：天津大学出版社，1992.

［174］卡斯特. 网络社会的崛起［M］. 夏铸九，王志弘，译. 北京：社会科学文献出版社，2001.

［175］卡西尔. 人论［M］. 上海：上海译文出版社，1985.

［176］卡泽纳弗. 社会学十大概念［M］. 杨捷，译. 上海：上海人民出版社，2003.

［177］康少邦. 城市社会学［M］. 张宁，译. 杭州：浙江人民出版社，1986.

［178］柯布西耶. 城市［M］. 樋口清，译. 东京：鹿岛出版会，1967.

［179］科斯纳. 资本之城［M］. 万丹，译. 北京：中信出版社，2004.

［180］克劳瑟. 视觉艺术的现象学［M］. 李牧，译. 南京：南京大学出版社，2021.

［181］克鲁格曼. 发展、地理学与经济理论［M］. 蔡荣，译. 北京：北京大学出版社，2000.

［182］库恩. 科学革命的结构［M］. 金吾伦，胡新和，译. 北京：北京大学出版社，2003.

［183］昆德拉. 不能承受的生命之轻［M］. 许钧，译. 上海：上海译文出版社，2014.

［184］拉图尔. 科学在行动［M］. 刘文旋，郑开，译. 北京：东方出版社，2005.

［185］兰德利. 创意城市：如何打造都市创意生活圈［M］. 杨幼兰，译. 北京：清华大学出版社，2009.

［186］兰克维奇. 纽约简史［M］. 辛亨复，译. 上海：上海人民出版社，2005.

［187］兰姆. 伊利亚随笔选——兰姆及其伊利亚随笔［M］. 刘炳善，译. 北京：三联书店，1987.

［188］蓝翔，冯懿有. 中国·老360行［M］. 天津：百合文艺出版书，2006.

［189］劳丹. 美食与文明：帝国塑造烹饪习俗的全球史［M］. 杨宁，译. 北京：民主与建设出版社，2021.

［190］李白. 李白全集编年笺注［M］. 北京：中华书局，2020.

［191］李百药. 北齐书［M］. 北京：中华书局，1972.

［192］李贺. 李长吉歌诗编年笺注［M］. 北京：中华书局，2012.

［193］李吉甫. 元和郡县图志［M］. 北京：中华书局，1983.

［194］李济民. 金陵逸事［M］. 南京：南京出版社，1991.

［195］李明坤，黄绍伦. 社会学新论［M］. 香港：商务印书馆，1992.

［196］李欧梵. 上海摩登——一种新都市文化在中国：1930–1945［M］. 杭州：浙江大学出版社，2017.

［197］李沛. 当代全球性城市中央商务区CBD规划理论初探［M］. 北京：中国建筑工业出版

社，1999.

［198］李普曼. 公众舆论［M］. 阎克文，江红，译. 上海：上海人民出版社，2006.

［199］李庆臻. 简明自然辩证法词典［M］. 济南：山东人民出版社，1986.

［200］李汝珍. 镜花缘［M］. 北京：人民文学出版社，1955.

［201］李山，轩新丽. 管子［M］. 北京：中华书局，2019.

［202］李商隐. 李商隐文编年校注：冯浩辑李商隐文佚句［M］. 北京：中华书局，2002.

［203］李水海. 世界伦理道德辞典［M］. 西安：陕西人民出版社，1990.

［204］李文照. 周礼集传：考工记［M］. 长沙：岳麓书社，2012.

［205］李显杰. 商圣范蠡研究［M］. 北京：中国商业出版社，2005.

［206］李旭初，刘兴策. 新编老年学词典［M］. 武汉：武汉大学出版社，2016.

［207］李延，方昕. 中国萌［M］. 杭州：浙江大学出版社，2019.

［208］李延寿. 南史［M］. 北京：中华书局，1975.

［209］李玉静. 大众地学史［M］. 济南：山东科学技术出版社，2015.

［210］李约瑟. 中国科学技术史［M］. 袁翰青，等译. 北京：科学出版社，2018.

［211］李志宏，陈浩，郑岐恩. 宿迁风情［M］. 北京：中国文史出版社，2009.

［212］李致中. 平山冷燕［M］. 沈阳：春风文艺出版社，1982.

［213］里茨尔. 虚无的全球化［M］. 王云桥，宋兴无，译. 上海：上海译文出版社，2006.

［214］里夫金，霍华德. 熵：一种新的世界观［M］. 吕明，袁舟，译. 上海：上海译文出版社，1987.

［215］里克沃特. 城之理念——有关罗马、意大利及古代世界的城市形态人类学［M］. 刘东洋，译. 北京：中国建筑工业出版社，2006.

［216］厉以贤. 文化再制与社会再制［M］//布尔迪厄. 西方教育社会学文集. 台北：五南图书出版社，1992.

［217］郦道元. 水经注校证［M］. 北京：中华书局，2007.

［218］联合国人居署. 全球化世界中的城市——全球人类住区报告2001［M］. 司然，焦怡雪，李昕，司玲，译. 北京：中国建筑工业出版社，2004.

［219］梁启超. 新大陆游记［M］. 长沙：湖南人民出版社，1981.

［220］梁启超. 饮冰室文集［M］. 北京：中华书局，2015.

［221］梁漱溟. 乡村建设是什么［M］//梁漱溟全集：第1卷. 济南：山东人民出版社，2005.

［222］梁思成. 中国建筑史［M］. 天津：百花文艺出版社，1998.

［223］列斐伏尔. 空间的生产［M］. 刘怀玉，译. 北京：商务印书馆，2021.

［224］林竞君. 网络、社会资本与集群生命周期研究：一个新经济社会学的视角［M］. 上海：上海人民出版社，2005.

［225］林兰. 新加坡“文艺复兴城市”战略15年回顾［M］//邓智团，苏宁，等. 国际城市蓝皮书：国际城市发展报告：2017. 北京：社会科学文献出版社，2017.

［226］林奇. 总体设计［M］. 黄富厢，译. 北京：中国建筑工业出版社，1999.

［227］林奇. 城市形态［M］. 林庆怡，陈朝辉，邓华，译. 北京：华夏出版社，2003.

［228］林源源. 区域旅游产业经济绩效及其影响因素研究［M］. 南京：东南大学出版社，2013.

［229］刘海润，亢世勇. 现代汉语新词语词典［M］. 上海：上海辞书出版社，2015.

［230］刘桓. 新见汉牍《苍颉篇》《史篇》校释［M］. 北京：中华书局，2019.

［231］刘金源，洪霞. 潮汐英国人［M］. 成都：四川人民出版社，2001.

［232］刘邵. 人物志译注［M］. 北京：中华书局，2019.

［233］刘勰. 增订文心雕龙校注［M］. 北京：中华书局，2012.

［234］刘昫，等. 旧唐书［M］. 北京：中华书局，1975.

［235］刘沅. 十三经恒解［M］. 笺解本. 成都：巴蜀书社，2016.

［236］卢岑贝格. 自然不可改良［M］. 黄凤祝，译. 北京：三联书店，1999.

［237］卢格霍德. 纽约、芝加哥、洛杉矶：美国的全球城市［M］. 张玥，译. 上海：东方出版中心，2023.

［238］卢梭. 民约论：社会契约论或政治权利原理［M］. 何兆武，译. 北京：法律出版社，1958.

［239］芦原义信. 街道的美学［M］. 尹培桐，译. 南京：江苏凤凰文艺出版社，2017.

［240］鲁迅. 两地书［M］//鲁迅全集：第11卷. 北京：人民文学出版社，1981.

［241］鲁迅. 唐宋传奇集全译［M］. 杜东嫣，译. 上海：上海古籍出版社，2014.

［242］陆玖. 吕氏春秋［M］. 北京：中华书局，2011.

［243］陆雄文. 管理学大辞典［M］. 上海：上海辞书出版社，2013.

［244］陆学艺. 当代中国社会阶层研究报告［M］. 北京：社会科学文献出版社，2002.

［245］陆游. 陆游全集校注［M］. 钱仲联，马亚中，主编. 杭州：浙江古籍出版社，2015.

［246］陆云. 陆士龙文集校注［M］. 南京：凤凰出版社，2010.

［247］栾峰. 城市经济学［M］. 北京：中国建筑工业出版社，2012.

［248］伦敦市长办公室. 伦敦全民文化——伦敦市长的文化战略［M］. 伦敦：大伦敦政府，2018.

［249］罗 C，科特. 拼贴城市［M］. 童明，译；李建华，校. 北京：中国建筑工业出版社，2003.

［250］罗宾斯，库利. 塑造城市——历史 · 理论 · 城市设计［M］. 熊国平，曹康，王晖，译. 北京：中国建筑工业出版社，2010.

［251］罗伯森. 全球化——社会理论和全球文化［M］. 梁光严，译. 上海：上海人民出版社，2000.

［252］罗杰斯，拉森. 硅谷热［M］. 范国鹰，等译. 北京：经济科学出版社，1985.

［253］罗念生，水建馥. 古希腊语汉语词典［M］. 北京：商务印书馆，2004.

［254］罗念生. 荷马史诗：伊利亚特［M］//罗念生全集：第五卷. 上海：上海人民出版社，2004.

［255］罗斯. 变化中的中国人［M］. 公茂虹，张皓，译. 北京：时事出版社，1998.

［256］罗斯. 什么造就了城市［M］. 谢幕娟，译. 北京：北京时代华文书局，2021.

［257］罗苏文. 近代上海都市与社会生活［M］. 北京：中华书局，2006.

［258］罗素. 西方的智慧［M］. 亚北，译. 北京：中国妇女出版社，2004.

［259］吕康娟，帅萍，孙覃玥. 世界智慧城市案例：实践与经验 · 智慧城市——美国奥斯汀［M］. 北京：社会科学文献出版社，2015.

［260］吕祖谦. 春秋集解［M］. 杭州：浙江古籍出版社，2017.

［261］吕祖谦. 左传类编［M］. 杭州：浙江古籍出版社，2017.

［262］吕祖谦. 左氏博议［M］. 杭州：浙江古籍出版社，2017.

［263］马克思，恩格斯. 马克思恩格斯全集［M］. 中共中央马克思恩格斯列宁斯大林著作编译局，译. 北京：人民出版社，1965–2016.

［264］马克思. 资本论：第1卷［M］. 北京：人民出版社，1975.

［265］马库斯，弗朗西斯. 人性场所——城市开放空间设计导则［M］. 俞孔坚，孙鹏，王志芳，译. 北京：中国建筑工业出版社，2001.

［266］马凌诺斯基. 文化论［M］. 费孝通，译. 北京：华夏出版社，2001.

［267］马蓉. 永乐大典方志辑佚：艺文［M］. 北京：中华书局，2004.

［268］马斯洛. 动机与人格［M］. 许金声，程朝翔，译. 北京：华夏出版社，1987.

［269］马骕. 绎史［M］北京：中华书局，2022.

［270］马歇尔. 经济学原理［M］. 北京：商务印书馆，1991.

［271］迈尔斯. 系统思想［M］. 杨志信，葛明浩，译. 成都：四川人民出版社，1986.

［272］麦卡恩. 城市与区域经济学［M］. 李寿德，蒋录全，译. 上海：格致出版社，上海人民出版社，2010.

［273］麦克卢汉. 机器新娘：工业人的民俗［M］. 何道宽，译. 北京：中国人民大学出版社，2004.

［274］麦奎尔，温德尔. 大众传播模式论［M］. 上海：上海译文出版社，1997.

［275］曼斯菲尔德. 东京传［M］. 张旻，译. 北京：中译出版社，2019.

［276］芒福德. 城市发展史——起源、演变和前景［M］. 宋俊岭，倪文彦，译. 北京：中国建筑工业出版社，1989.

［277］芒福德. 城市文化［M］. 宋俊岭，周鸣浩，李翔宁，译. 北京：中国建筑工业出版社，2009.

［278］梅恩. 复合城市行为［M］. 丁俊峰，王青，孙萌，郝盈，译. 南京：江苏凤凰科学技术出版社，2019.

［279］梅泽高明，楠本修二郎，等. 新世代东京：面向未来的国际大都市创新发展之路［M］. 王宇，周鹏远，译. 北京：清华大学出版社，2021.

［280］孟德拉斯. 农民的终结［M］. 李培林，译. 北京：社会科学文献出版社，2005.

［281］孟元老. 东京梦华录［M］. 北京：中国商业出版社，1982.

［282］孟子. 孟子［M］. 方勇，译注. 北京：中华书局，2018.

［283］米尔斯. 白领——美国的中产阶级［M］. 杨小东，等译. 杭州：浙江人民出版社，1987.

［284］米尔佐夫. 视觉文化导论［M］. 倪伟，译. 南京：江苏人民出版社，2006.

［285］米切尔. 比特之城：空间・场所・信息高速公路［M］. 范海燕，胡泳，译. 北京：三联书店，1999.

［286］米切尔. 风景与权力［M］. 杨丽，万信琼，译. 南京：译林出版社，2014.

［287］缪文远，缪伟，罗永莲. 战国策［M］. 北京：中华书局，2012.

［288］莫夫汀. 都市设计——街道与广场［M］. 王淑宜，译. 台北：创兴出版社，1999.

［289］莫基尔. 增长的文化：现代经济的起源［M］. 胡思捷，译. 北京：中国人民大学出版社，2020.

[290] 莫祥之，甘绍盘，汪士铎，等. 同治上江两县志[M]. 南京：江苏古籍出版社，1991.

[291] 默顿. 社会理论和社会结构[M]. 唐少杰，等译. 南京：译林出版社，2008.

[292] 奈 J S. 软力量：世界政坛成功之道[M]. 吴晓辉，钱程，译. 北京：东方出版社，2005.

[293] 奈 J S. 美国注定领导世界？——美国权力性质的变迁[M]. 刘华，译. 北京：中国人民大学出版社，2012.

[294] 南京市地方志编纂委员会办公室. 教谕公稀龄撮记·可园备忘录·凤叟八十年经历图记[M]. 南京：南京出版社，2020.

[295] 尼葛洛庞帝. 数字化生存[M]. 胡泳，范海燕，译. 海口：海南出版社，1997.

[296] 倪涛. 六艺之一録[M]. 杭州：浙江人民美术出版社，2015.

[297] 牛继舜. 世界城市文化力量[M]. 北京：经济日报出版社，2012.

[298] 牛文元. 理论地理学[M]. 香港：商务印书馆，1992.

[299] 诺伯舒兹. 场所精神——迈向建筑现象学[M]. 施植明，译. 台北：田园城市文化事业有限公司，1995.

[300] 诺克斯，迈克卡西. 城市化[M]. 顾朝林，等译. 北京：科学出版社，2009.

[301] 诺思. 经济史中的结构与变迁[M]. 陈郁，等译. 上海：上海人民出版社，1995.

[302] 欧阳修. 欧阳修全集[M]. 北京：中华书局，2001.

[303] 欧阳询. 艺文类聚[M]. 上海：中华书局上海编辑所，1965.

[304] 帕克，伯吉斯，麦肯齐. 城市社会学：芝加哥学派城市研究文集[M]. 宋俊岭，吴建华，王登斌，译. 北京：华夏出版社，1987.

[305] 帕克，多克. 规划核心概念[M]. 冯尚，译. 南京：江苏教育出版社，2013.

[306] 帕克，等. 城市：有关城市环境中人类行为研究的建议[M]. 杭苏红，译. 北京：商务印书馆，2016.

[307] 帕罗海墨. 欧洲的未来——后工业化社会环境设计前瞻性思考[M]. 南京：东南大学出版社，2005.

[308] 帕森斯. 作为一种社会体系的班级：它在美国社会中的某些功能[M]//张人杰. 国外教育社会学基本文选. 上海：华东师范大学出版社，1989.

[309] 潘力. 浮世绘[M]. 石家庄：河北教育出版社，2007.

[310] 潘宜，洪亮平. 居住建筑[M]. 武汉：武汉工业大学出版社，1999.

[311] 庞树奇，范明林. 普通社会学理论[M]. 上海：上海大学出版社，2011.

［312］培根. 城市设计［M］. 黄富厢，朱琪，译. 北京：中国建筑工业出版社，2003.

［313］裴志扬. 城市群发展研究［M］. 郑州：河南人民出版社，2009.

［314］彭定求. 全唐诗［M］. 北京：中华书局，1960.

［315］彭江平，黄万艮. C++语言及面向对象程序设计［M］. 长沙：湖南大学出版社，2004.

［316］彭克宏，马国泉，陈有进，等. 社会科学大词典［M］. 北京：中国国际广播出版社，1989.

［317］彭震伟. 区域研究与区域规划［M］. 上海：同济大学出版社，1998.

［318］皮尔森. 文化战略［M］. 刘佳圭，蒋国田，李维善，译. 北京：社会科学出版社，1992.

［319］皮珀. 闲暇：文化的基础［M］. 刘森尧，译. 北京：新星出版社，2005.

［320］蒲岛郁夫. 我是熊本熊的上司［M］. 台北：野人文化出版社，2014.

［321］朴文镐. 书集传详说［M］. 南京：凤凰出版社，2019.

［322］普罗夏松. 巴黎1900历史文化散论［M］. 王殿忠，译. 桂林：广西师范大学出版社，2005.

［323］齐美尔. 桥与门——齐美尔随笔集［M］. 涯鸿，宇声，等译. 上海：上海三联书店，1991.

［324］齐新明. 城市风貌规划理论与实证研究［M］. 兰州：甘肃人民出版社，2014.

［325］祁连休，程蔷. 中华民间文学史［M］. 石家庄：河北教育出版社，1999.

［326］钱国靖. 房地产经济学［M］. 北京：中国建筑工业出版社，2010.

［327］钱远铭，等. 李时珍史实考［M］. 广州：广东科技出版社，1988.

［328］钱仲联，傅璇琮，王运熙，等. 中国文学大辞典［M］. 上海：上海辞书出版社，1997.

［329］任海平，等. 各国综合国力排行榜［M］. 北京：中国经济出版社，1998.

［330］任南琪，马放. 污染控制微生物学原理与应用［M］. 北京：化学工业出版社，2003.

［331］日本动画协会. 2021年最新日本动漫产业报告［M］. 杭州：浙江出版集团数字传媒有限公司，2021.

［332］汝信. 世界百科著作辞典［M］. 北京：中国工人出版社，1993.

［333］阮元. 十三经注疏［M］. 清嘉庆刊本. 北京：中华书局，2009.

［334］芮德菲尔德. 农民社会与文化——人类学对文明的一种诠释［M］. 王莹，译. 北京：中国社会科学出版社，2013.

［335］瑞泽尔. 后现代社会理论［M］. 谢立中，等译. 北京：华夏出版社，2003.

［336］瑞泽尔. 赋魅于一个祛魅的世界——消费圣殿的传承与变迁［M］. 罗建平，译. 北京：社会科学文献出版社，2015.

［337］萨迪奇. 城市的语言［M］. 张孝铎，译. 北京：东方出版社，2021.

［338］萨特. 存在与虚无［M］. 陈宣良，等译. 北京：三联书店，1987.

［339］桑普森. 伟大的美国城市［M］. 陈广渝，梁玉成，译. 北京：社会科学文献出版社，2018.

［340］瑟罗. 资本主义的未来：当今各种经济力量如何塑造未来世界［M］. 周晓钟，译. 北京：中国社会科学出版社，1998.

［341］沙奈. 资本全球化［M］. 齐建华，译. 北京：中央编译出版社，2001.

［342］沙森. 全球城市：纽约、伦敦、东京［M］. 周振华，等译. 上海：上海社会科学院出版社，2005.

［343］沙森. 全球城市：纽约、伦敦、东京［M］. 2版. 周振华，译. 上海：东方出版中心，2023.

［344］善本出版有限公司. 产品设计中的人体工学［M］. 武汉：华中科技大学出版社，2018.

［345］《上海之最》编委会. 上海之最［M］. 上海：上海人民出版社，1990.

［346］邵颖萍. 落脚乡村与民宿经济——莫干山特色文化重构［M］. 南京：江苏凤凰教育出版社，2019.

［347］舍勒. 资本主义的未来［M］. 罗悌伦，译. 上海：生活·读书·新知三联书店，1997.

［348］沈德潜. 唐诗别裁［M］. 北京：中华书局，1964.

［349］沈昱. 沈括［M］. 杭州：西泠印社出版社，2010.

［350］时蓉华. 社会心理学词典［M］. 成都：四川人民出版社，1988.

［351］史内卡夫. 都市文化空间之整体营造——复合使用计划中的文化设计［M］. 刘麓卿，蔡国栋，译. 台北：创兴出版社，1998.

［352］司马迁. 史记［M］. 北京：中华书局，1982.

［353］司马迁. 高祖本纪汇注［M］. 太原：三晋出版社，2021.

［354］斯宾格勒. 西方的没落［M］. 张兰平，译. 西安：陕西师范大学出版社，2008.

［355］斯蒂尔. 刻板印象——我们为何歧视与被歧视［M］. 陈默，译. 北京：民主与建设出版社，2021.

［356］斯福尔扎. 文化的演进［M］. 石豆，译. 北京：中国社会科学出版社，2018.

[357] 斯密. 国富论 [M]. 唐日松，译. 北京：华夏出版社，2005.

[358] 宋爱莉. 爱上慢生活 [M]. 青岛：青岛出版社，2008.

[359] 宋敏求，李好文. 长安志图：唐城市制度 [M]. 西安：三秦出版社，2013.

[360] 宋子然. 100年汉语新词新语大辞典：下册 [M]. 上海：上海辞书出版社，2014.

[361] 苏贾. 后现代地理学：重申批判社会理论中的空间 [M]. 王文斌，译. 北京：商务印书馆，2004.

[362] 苏轼. 苏轼诗集 [M]. 王文诰，辑注. 北京：中华书局，1982.

[363] 苏轼. 苏轼文集：灵璧张氏园亭记 [M]. 茅维，编. 北京：中华书局，1986.

[364] 苏轼. 苏轼文集编年笺注 [M]. 成都：巴蜀书社，2011.

[365] 宿迁市宿豫区地方志办公室. 宿迁风物志 [M]. 北京：方志出版社，2011.

[366] 宿迁县地名委员会编. 江苏省宿迁县地名录 [M]. 南京：江苏新华印刷厂，1982.

[367] 隋树森. 全元散曲 [M]. 北京：中华书局，1964.

[368] 孙江. “空间生产”从马克思到当代 [M]. 北京：人民出版社，2008.

[369] 孙诒让. 周礼正义 [M]. 北京：中华书局，2015.

[370] 孙中山. 建国方略 [M]. 牧之，方新，守义，选注. 沈阳：辽宁人民出版社，1994.

[371] 索罗斯. 开放社会——改革全球资本主义 [M]. 王宇，译. 北京：商务印书馆，2001.

[372] 索托. 资本的秘密 [M]. 王晓冬，译. 南京：江苏人民出版社，2001.

[373] 覃光广. 文化学辞典 [M]. 北京：中央民族学院出版社，1988.

[374] 檀作文. 声律启蒙 [M]. 北京：中华书局，2019.

[375] 汤志钧. 近代上海大事记 [M]. 上海：上海辞书出版社，1989.

[376] 唐进修，孟宪谟. 国际著名荣誉奖奖金和奖学金 [M]. 北京：人民日报出版社，1992.

[377] 唐芒斯. 制度经济学：它在政治经济学中的地位 [M]. 北京：商务印书馆，1962.

[378] 唐明邦. 国学经典导读：本草纲目 [M]. 北京：中国国际广播出版社，2011.

[379] 唐子恒. 晏子春秋 [M]. 南京：凤凰出版社，2017.

[380] 陶宗仪. 南村辍耕录 [M]. 北京：中华书局，1959.

[381] 特纳. Blackwell社会理论指南 [M]. 2版. 李康，译. 上海：上海人民出版社，2003.

[382] 滕尼斯. 共同体与社会：纯粹社会学的基本概念 [M]. 林荣远，译. 北京：北京大学出版社，2010.

[383] 藤田昌久，克鲁格曼，维纳布尔斯. 空间经济学——城市、区域与国际贸易 [M]. 梁

琦，译. 北京：中国人民大学出版社，2005.

［384］涂尔干. 社会分工论［M］. 渠敬东，译. 北京：三联书店，2000.

［385］涂尔干. 社会学与哲学［M］. 梁栋，译. 上海：上海人民出版社，2002.

［386］涂尔干. 职业伦理与公民道德［M］. 渠敬东，等译. 上海：上海人民出版社，2006.

［387］脱脱，等. 宋史［M］. 北京：中华书局，1977.

［388］万斯. 旧金山海湾地区的地理与城市的演化［M］. 伯克利：加利福尼亚大学，政府研究所，1964.

［389］万斯. 延伸的城市——西方文明中的城市形态学［M］. 凌霓，潘荣，译. 北京：中国建筑工业出版社，2013.

［390］汪玢玲，张志立. 中国民俗文化大观［M］. 长春：吉林人民出版社，1999.

［391］汪民安. 文化研究关键词［M］. 南京：江苏人民出版社，2020.

［392］汪洋. 水游城——时尚商业综合体研究［M］. 北京：中国建筑工业出版社，2012.

［393］汪子嵩，范明生，陈村富，等. 希腊哲学史：第一卷［M］. 北京：人民出版社，2014.

［394］王安石. 周官新义［M］. 上海：上海书店出版社，2012.

［395］王安石. 王安石文集［M］. 北京：中华书局，2021.

［396］王弼. 周易注［M］. 北京：中华书局，2011.

［397］王弼. 宋本周易注疏［M］. 韩康伯，注；孔颖达，疏. 北京：中华书局，2018.

［398］王夫之. 读通鉴论［M］. 北京：中华书局，1975.

［399］王夫之. 庄子解篇章［M］. 北京：中华书局，2009.

［400］王夫之. 姜斋诗话［M］. 长沙：岳麓书社，2011.

［401］王夫之. 礼记章句［M］. 长沙：岳麓书社，2011.

［402］王国维，罗振玉. 流沙坠简［M］. 杭州：浙江古籍出版社，2013.

［403］王国维. 人间词话［M］. 北京：人民文学出版社，2018.

［404］王纪武. 人居环境地域文化论：以重庆、武汉、南京地区为例［M］. 南京：东南大学出版社，2008.

［405］王建. 王建诗集校注［M］. 成都：巴蜀书社，2006.

［406］王鸣盛. 蛾术编［M］. 北京：中华书局，2010.

［407］王念孙. 广雅疏证［M］. 北京：中华书局，2019.

［408］王绍平，陈兆山，陈钟鸣，等. 图书情报词典［M］. 上海：汉语大词典出版社，1990.

[409] 王实甫. 西厢记[M]. 北京：中华书局，2016.

[410] 王世舜. 尚书译注[M]. 成都：四川人民出版社，1982.

[411] 王叔岷. 史记斠证：卷三十：平准书第八[M]. 北京：中华书局，2007.

[412] 王韬. 瀛濡杂志[M]. 上海：上海古籍出版社，1989.

[413] 王锡元. 盱眙县志稿[M]. 初刻本. 淮安：盱眙县志局，1891.

[414] 王锡元. 盱眙县志稿[M]. 癸卯重校本. 淮安：盱眙县志局，1903.

[415] 王相. 千家诗[M]. 北京：中华书局，2011.

[416] 王象之. 舆地纪胜[M]. 成都：四川大学出版社，2005.

[417] 王象之. 舆地纪胜[M]. 杭州：浙江古籍出版社，2013.

[418] 王秀梅. 诗经[M]. 北京：中华书局，2015.

[419] 王旭. 美国城市发展模式：从城市化到大都市区化[M]. 北京：清华大学出版社，2006.

[420] 王云度. 秦汉史编年：史部：编年类[M]. 南京：凤凰出版社，2011.

[421] 王志弘. 流动、空间与社会[M]. 台北：田园城市文化事业有限公司，1998.

[422] 王志艳. 咖啡店里的邂逅与哲学一生为伍的萨特[M]. 延吉：延边人民出版社，2006.

[423] 威廉斯. 关键词：文化与社会的词汇[M]. 刘建基，译. 北京：生活·读书·新知三联书店，2005.

[424] 威廉斯. 乡村与城市[M]. 韩子满，刘戈，徐珊珊，译. 北京：商务印书馆，2013.

[425] 威斯勒. 人与文化[M]. 钱尚南，傅志强，译. 北京：商务印书馆，2004.

[426] 薇依. 扎根——人类责任宣言绪论[M]. 徐卫翔，译. 北京：三联书店，2003.

[427] 韦伯，等. 关于城市结构的探索[M]. 费城：宾夕法尼亚大学出版社，1964.

[428] 韦伯. 新教伦理与资本主义精神[M]. 北京：生活·读书·新知三联书店，1987.

[429] 韦伯. 工业区位论[M]. 李刚剑，陈志人，张英保，译. 北京：商务印书馆，1997.

[430] 韦应物. 韦应物诗集系年校笺：金谷园歌[M]. 北京：中华书局，2002.

[431] 魏收. 魏书[M]. 北京：中华书局，1974.

[432] 邬义钧，胡立君. 产业经济学[M]. 北京：中国财政经济出版社，2002.

[433] 吴楚材，吴调侯. 古文观止[M]. 北京：中华书局，2011.

[434] 吴传清. 区域经济学原理[M]. 武汉：武汉大学出版社，2008.

[435] 吴敬梓. 儒林外史[M]. 北京：中华书局，2013.

[436] 吴晓，等. 我国大城市流动人口居住空间解析等——面向农民工的实证研究[M]. 南

京：东南大学出版社，2010.

［437］吴祖玉. 信息系统工程基础［M］. 南京：人民邮电出版社，2001.

［438］伍德. 资本帝国［M］. 王恒杰，等译. 上海：上海译文出版社，2006.

［439］伍利. 城市开放空间［M］. 孙喆，译. 南京：译林出版社，2023.

［440］武雪萍. 城市化之动力［M］. 北京：中国经济出版社，2006.

［441］西村幸夫. 日本都会叙事：一种阅读城市空间的方法［M］. 傅舒兰，译. 上海：同济大学出版社，2023.

［442］西美尔. 时尚的哲学［M］. 费勇，吴䜣，译. 北京：文化艺术出版社，2001.

［443］西蒙. 劳动、社会与文化［M］. 周国文，译. 北京：中国经济出版社，2009.

［444］西坡. 上海珍档——雅俗上海的43份档案［M］. 上海：文汇出版社，2007.

［445］西特. 巴黎：一个伟大城市的故事［M］. 仲德昆，译. 南京：江苏凤凰科学技术出版社，2017.

［446］希伯特. 罗马：一座城市的兴衰史［M］. 孙力，译. 南京：译林出版社，2022.

［447］奚洁人. 科学发展观百科辞典［M］. 上海：上海辞书出版社，2007.

［448］夏铸九. 全球化与社会认同［M］. 南昌：二十一世纪出版社，2001.

［449］咸增强，杨强. 河东盐法备览［M］. 郑州：中州古籍出版社，2020.

［450］向洪，张文贤，李开兴，等. 人口科学大辞典［M］. 成都：成都科技大学出版社，1994.

［451］肖特. 城市秩序：城市、文化与权力导论［M］. 郑娟，梁捷，译. 上海：上海人民出版社，2023.

［452］萧望卿. 古今名胜对联选注［M］. 北京：北京出版社，1983.

［453］谢彬. 中国邮电航空史话［M］. 上海：上海三联出版社，2014.

［454］谢灵运. 谢康乐诗注［M］. 北京：中华书局，2008.

［455］谢维和. 教育活动的社会学分析［M］. 北京：教育科学出版社，2000.

［456］休斯克. 世纪末的维也纳［M］. 李锋，译. 南京：江苏人民出版社，2007.

［457］修昔底德. 伯罗奔尼撒战争史［M］. 谢德风，译. 北京：商务印书馆，1960.

［458］徐公芳，等. 中外建筑文化［M］. 上海：复旦大学出版社，2011.

［459］徐桂兰，周万生. 欧美区域经济政策与四川跨越式发展［M］. 成都：电子科技大学出版社，2003.

［460］徐建国. 2005-2006世界服务业重点行业发展动态［M］. 上海：上海科学技术文献出版

社，2005.

［461］徐梦莘. 三朝北盟会编：卷一百二十八［M］//文津阁四库全书：第121册. 北京：商务印书馆，2016.

［462］许嘉璐. 庄子义证［M］. 杭州：浙江古籍出版社，2019.

［463］薛晓源，曹荣湘. 全球化与文化资本［M］. 北京：社会科学文献出版社，2005.

［464］雅各布斯. 城市经济［M］. 项婷婷，译. 北京：中信出版社，2007.

［465］雅各布斯. 伟大的街道［M］. 王又佳，金秋野，译. 北京：中国建筑工业出版社，2009.

［466］亚历山大. 秩序的天性：一篇关于建筑艺术和宇宙属性的随笔［M］. 加州伯克利市：环境结构中心，2002.

［467］亚历山大. 艺术社会学［M］. 章浩，沈杨，译. 南京：江苏凤凰美术出版社，2013.

［468］严可均. 全上古三代秦汉三国六朝文：册魏公九锡文［M］. 北京：中华书局，1958.

［469］扬雄. 法言义疏［M］. 汪荣宝，注疏. 北京：中华书局，1987.

［470］杨朝英. 新校九卷本阳春白雪［M］. 隋树森，校订. 北京：中华书局，1957.

［471］杨柳桥. 荀子诂译［M］. 济南：齐鲁书社，2009.

［472］杨善华. 当代西方社会学理论［M］. 北京：北京大学出版社，1999.

［473］杨时. 杨时集［M］. 北京：中华书局，2018.

［474］杨天才，张善文. 易经［M］. 北京：中华书局，2018.

［475］杨裕富. 各国都市计划［M］. 台北：明文书局，1990.

［476］姚承祖. 营造法原［M］. 姚承祖先生原著手稿影印本. 苏州：联合国教科文组织亚太区世界遗产培训与研究中心（苏州），苏州市园林和绿化管理局，2022.

［477］伊特维尔，等. 新帕尔格雷夫经济学大辞典：第一卷［M］. 北京：经济科学出版社，1996.

［478］于钦. 齐乘校释［M］. 北京：中华书局，2012.

［479］于天池，孙通海. 聊斋志异［M］. 北京：中华书局，2015.

［480］余晓慧. 世界历史语境中的文化认同研究［M］. 昆明：云南人民出版社，2014.

［481］袁林，沈同衡. 成语典故［M］. 沈阳：辽宁人民出版社，1981.

［482］袁枚. 随园诗话［M］. 杭州：浙江古籍出版社，2015.

［483］袁枚. 小仓山房诗集［M］. 杭州：浙江古籍出版社，2015.

［484］原作者不详. 城市社会学［M］. 康少邦，张宁，等编译. 杭州：浙江人民出版社，1986.

［485］乐史. 太平寰宇记［M］. 北京：中华书局，2007.

［486］臧励龢. 中国古今地名大辞典［M］. 上海：上海书店出版社，2015.

［487］詹克斯. 后现代建筑语言［M］. 李大夏，摘译. 北京：中国建筑工业出版社，1986.

［488］詹克斯，伯顿，威廉姆斯. 紧缩城市：一种可持续发展的城市形态［M］. 周玉鹏，楚先锋，译. 北京：中国建筑工业出版社，2004.

［489］詹姆逊. 文化转向［M］. 胡亚敏，译. 北京：中国社会科学出版社，2000.

［490］张传官. 急就篇校理［M］. 北京：中华书局，2017.

［491］张鸿雁. 春秋战国城市经济发展史论［M］. 沈阳：辽宁大学出版社，1988.

［492］张鸿雁. 民族偏见与文化偏见——中西文化比较新论［M］. 沈阳：辽宁教育出版社，1993.

［493］张鸿雁. 企业形象设计新概念—CIS设计与导入和文化整合［M］. 南京：江苏美术出版社，1998.

［494］张鸿雁. 侵入与接替——城市社会结构变迁新论［M］. 南京：东南大学出版社，2000.

［495］张鸿雁. 城市形象与城市文化资本论——中外城市形象比较的社会学研究［M］. 南京：东南大学出版社，2002.

［496］张鸿雁. 循环型城市社会发展模式——城市可持续创新战略［M］. 南京：东南大学出版社，2007.

［497］张鸿雁，胡小武. 城市角落与记忆：社会更替视角［M］. 南京：东南大学出版社，2008.

［498］张鸿雁，张登国. 城市定位论——城市社会学理论视角下的可持续发展战略［M］. 南京：东南大学出版社，2008.

［499］张鸿雁. 城市文化资本论［M］. 2版. 南京：东南大学出版社，2010.

［500］张鸿雁，谢静. 城市进化论——中国城市化进程中的社会问题与治理创新［M］. 南京：东南大学出版社，2011.

［501］张鸿雁. 城市化理论重构与城市化战略研究［M］. 北京：经济科学出版社，2012.

［502］张鸿雁，邵颖萍. 率先基本实现现代化进程中的文化传承与创新［M］//国家社科重大项目组. 区域现代化理论与实践研究. 南京：江苏人民出版社，2014.

［503］张鸿雁，邵颖萍. 嬗变与融合——泰州、四平和南京城市文化资本再生产［M］. 南京：江苏凤凰教育出版社，2019.

［504］张鸿雁. 城市文化资本与文化软实力——特色文化城市研究［M］. 南京：江苏凤凰教育

出版社，2019.

［505］张鸿雁，等. 全域旅游的江宁发展之路：江宁织造双面绣——“五位一体”城乡统筹［M］. 北京：中国旅游出版社，2020.

［506］张鸿雁. 城市“伟大文化”的建构与创新——南京城市精神的历史、现实与未来的责任［M］//曹劲松，卢海鸣. 南京学研究：第六辑. 南京：南京出版社，2022.

［507］张鸿雁，等. 城市社会学新论［M］. 南京：南京大学出版社，2023.

［508］张籍. 张籍集注：相和歌辞［M］. 合肥：黄山书社，1989.

［509］张九成. 尚书详说［M］. 杭州：浙江古籍出版社，2013.

［510］张峻声. 齐国故都巡礼［M］. 济南：山东人民出版社，1982.

［511］张洽. 春秋集注［M］. 北京：中华书局，2021.

［512］张弢，等. 发展县域经济新思维［M］. 合肥：合肥工业大学出版社，2006.

［513］张铁荣. 灯下录：谈鲁迅、现代文学及其他［M］. 天津：天津人民出版社，2014.

［514］张燕. Web2.0时代的网络民意：表达与限制［M］. 上海：复旦大学出版社，2014.

［515］张胤鸿. 新世纪经济科技热典［M］. 北京：中国物资出版社，2001.

［516］张之恒. 中国考古学通论［M］. 南京：南京大学出版社，1991.

［517］张志伟. 西方哲学十五讲［M］. 北京：北京大学出版社，2004.

［518］张宗橚. 词林纪事［M］. 南京：凤凰出版社，2019.

［519］章宏伟. 西方现代派文学艺术辞典［M］. 北京：社会科学文献出版社，1989.

［520］赵尔巽，等. 清史稿［M］. 北京：中华书局，1977.

［521］赵和生. 城市规划与城市发展［M］. 东南大学出版社，1999.

［522］赵蔚芝. 晏子春秋注解［M］. 济南：齐鲁书社，2009.

［523］赵晔. 吴越春秋辑校汇考［M］. 北京：中华书局，2019.

［524］郑家亨. 统计大辞典［M］. 北京：中国统计出版社，1995.

［525］郑万钟，等. 中国风物特产［M］. 北京：中国商业出版社，2004.

［526］郑玄. 礼记注［M］. 北京：中华书局，2021.

［527］郑学檬，中国企业史编辑委员会. 中国企业史：古代卷［M］. 北京：企业管理出版社，2003.

［528］钟纪纲. 巴黎城市建设史［M］. 北京：中国建筑工业出版社，2002.

［529］钟学富. 物理社会学［M］. 北京：中国社会科学出版社，2002.

［530］周光大. 现代民族学［M］. 昆明：云南人民出版社，2009.

［531］周密. 武林旧事［M］. 北京：中华书局，2020.

［532］周诗，等修；李登，等纂. 万历江宁县志：卷一［M］. 1598.

［533］周晓虹. 西方社会学历史与体系［M］. 上海：上海人民出版社，2002.

［534］朱立元. 艺术美学辞典［M］. 上海：上海辞书出版社，2012.

［535］朱熹. 周易本义［M］. 北京：中华书局，2009.

［536］朱翔. 长株潭城市群发展模式研究［M］. 长沙：湖南教育出版社，2009.

［537］朱晓明，等. 现代印刷包装产业发展战略研究［M］. 上海：复旦大学出版社，2007.

［538］朱自清. 欧游杂记［M］. 济南：山东画报出版社，2002.

［539］庄锡昌. 世界文化史通论［M］. 杭州：浙江人民出版社，1989.

［540］左丘明. 国语集解［M］. 北京：中华书局，2002.

［541］左丘明. 左传［M］. 郭丹，等译注. 北京：中华书局，2018.

［542］DAVIS F. Yearning for Yesterday: A Sociology of Nostalgia［M］. New York:Free Press，1979.

［543］DEBORAH S. Cities of Culture: A Global Perspective［M］. Oxford: Taylor and Francis，2013.

［544］DELL D. The Coming of Post-Industrial Society: A Venture in Social Forecasting［M］. New York: Basic Books，Inc.Publishers，1973.

［545］Duesenberry J.Income, Saving and the Theory of Consumer Behavior［M］. Cambridge，Mass: Harvard University Press，1949.

［546］FALLON S，WILLIAMS N. Paris: City Guide［M］. Paris: Lonely Planet，2008.

［547］FORMAN R T T，GODRON M. Landscape ecology［M］. New York: John Wiley，1986.

［548］GIDDENS A. Sociology: A Brief but Critical Introduction［M］.New York: Harcourt Brace Jovanovich，1987.

［549］GRAEME E. Cultural Planning: An Urban Renaissance?［M］. Oxford: Taylor and Francis，2002.

［550］JENKS C. Cultural Reproduction［M］. London: Routledge and Kegan Paul，1993.

［551］JEREMY R. The Age of Access［M］. Fairfield:Putnam Publishing Group，2000.

［552］KING A D. Culture, Globalization and the World-System: contemporary conditions for the representation of identity [M]. Minneapolis: University of Minnesota Press, 1997.

[553] KOTLER P, HAIDER D H, REIM I. Marketing places: Attracting Industry and Tourism to Cities [M]. New York: States and Nations The Free Press, 1993.

[554] KUHN T S. The Structure of Scientific Revolutions [M]. Chicago: The University of Chicago Press, 1996.

[555] LATOUR B. Reassembling the social: an introduction to actor–network–theory [M].New York: Oxford University Press, 2005.

[556] LEFEBVRE H. The Production of Space [M]. Oxford UK&Cambridge USA: Blackwell, 1991.

[557] MRDAL G. Economic theory and underdeveloped region [M]. London: Duckworth, 1957.

[558] PARSONS T. The Structure of Social Action [M]. New York: Free Press, 1937.

[559] ROBBINS D. The Work of Pierre Bourdieu: Recognizing Society Boulder and San Francisco [M]. Boulder: Westview Press, 1991.

[560] SASSEN S. The Global City: New York [M]. London, Tokyo, Princeton: Princeton University Press, 2001.

[561] SOROKIN P A, ZIMMERMAN C C. Principles of Rural–urban Sociology [M]. New York: Henry Holt and Company, 1929.

[562] SOJA E W. 后大都市：城市和区域的批判性研究 [M]. 李钧，译. 上海：上海教育出版社，2006.

[563] SUNSTEIN C R. Infotopia: How many minds produce knowledge [M]. Oxford: Oxford University Press, 2006.

[564] TURNER J H. 社会学：概念与应用 [M]. 张君玫，译. 台北：巨流图书公司，2000.

[565] VIRDEE D, WILLIAMS T. Focus on London 2003 [M]. London: TSO, 2003.

[566] W. 钱・金，莫博涅. 蓝海战略——超越产业竞争　开创全新市场 [M]. 吉宓，译. 北京：商务印书馆，2005.

[567] ZUKIN S.The Cultures of cities [M]. Oxford: Blackwell Publishers, 1995.

[568] 陈雯静. 日本对于传统文化的保护及启迪 [C]//湖南省城市文化研究会第六届学术研讨会论文集. 内部资料，2011.

[569] 黎晴，刘子长，陈玫. 大巴黎2050战略规划中的交通理念 [C]//城市交通发展模式转型

与创新——中国城市交通规划2011年年会暨第25次学术研讨会论文集. 巴黎：[s. n.]，2014.

[570] 练马未来项目第2号“城市的吸引力和活力”研究文件[C]. 东京：练马区基本构想议会圆桌会议，2009.

[571] 刘慧，羌建新. 全球金融危机形势下的政府采购与公共市场研究——应对全球金融危机·政府采购与公共市场改革论坛文集[C]. 北京：中国经济出版社，2010.

[572] 苏东海，中国博物馆学会. 中国生态博物馆的道路[C]//2005年贵州生态博物馆国际论坛论文集. 北京：紫禁城出版社，2006.

[573] QING X F. Repair，Rebirth and Recreation in Urban Renewal[C]. Proceedings of the 2016 2nd International Conference: Arts，Design and Contemporary Education，2016.

[574] STEINWAND J. The future of nostalgia in Friedrich Schlegel's gender theory:casting German aesthetics beyond ancient Greece and modern Europe[C]. Pickering J and Kehde S.(eds)Narratives of nostalgia，gender and nationalism.London:Macmillan，1997.

[575] 城市、文化和创造力[R]. 巴黎：联合国教育、科学及文化组织，华盛顿特区：国际复兴开发银行/世界银行，2023.

[576] 赤泽阳平. 数字内容白皮书2022[R]. 东京：经济产业省商务信息政策局，一般财团法人数字内容协会，2022.

[577] 大伦敦政府经济委员会. 2002年创意产业发展报告[R]. 伦敦：大伦敦政府，2004.

[578] 大卫·西姆. 东京都市白书CITY VIEW TOKYO（2015）——轻松的都市空间的形成：东京，善解人意的大都市？[R]. 东京：东京都都市整备局城市建设政策部广域调整课，2023.

[579] 第171回国会（常会）. 大都市区发展年度报告：2008[R]. 东京：国土交通省，2009.

[580] 第204回国会（常会）. 大都市区发展年度报告：促进大都市区发展：2020[R]. 东京：国土交通省，2009.

[581] 东京都城市规划纲要[R]. 2021年版. 东京：日本政府城市发展局，2021.

[582] 东京都都市整备局城市建设政策部广域调整课. 东京都市白书CITY VIEW TOKYO（2015）——持续运转的商业枢纽[R]. 东京：日本政府城市发展局，2023.

[583] 东京都厅. 东京都统计年鉴[R]. 东京：東京都生活文化スポーツ局，2022.

[584] 国家统计局. 文化及相关产业分类：2018[R]. 国务院政策文件库，2018.

[585] 国土交通省政策局政策课. 国土交通白书：推动支持地方振兴举措2022[R]. 东京：国土交通省，2022.

［586］加藤孝明. 东京都市白书CITY VIEW TOKYO（2015）——打造与水害风险智慧共存的近水都市［R］. 东京：东京都都市整备局城市建设政策部广域调整课，2023.

［587］倪鹏飞. 中国城市竞争力报告NO.1：让中国城市沸腾（2003）［R］. 北京：社会科学文献出版社，2003.

［588］上海市科学技术委员会. 2022年上海科技进步报告［R/OL］.（2023-01-10）［2024-03-28］. https://stcsm.sh.gov.cn/newspecial/2022jb/pdf/kjjdbg2023.pdf.

［589］上海市科学技术委员会. 2023年上海科技进步报告［R/OL］.（2024-01-22）［2024-03-28］. https://stcsm.sh.gov.cn/newspecial/2023jb/pdf/kjjdbg2023.pdf.

［590］上海市商业经济研究中心. 2005国际商业发展报告［R］. 上海：上海科学技术文献出版社，2005.

［591］深层地下利用规划办公室. 新的城市价值空间：大深度地下［R］. 东京：国土交通省，城市与区域发展司，城市与区域政策处，2005.

［592］土地、基础设施和交通部城市和区域发展司都市区域发展处. 筑波研究学园城市［R］. 东京：国土交通省，2008.

［593］王文英，蒯大申. 2005年上海文化发展蓝皮书——文化体制改革与上海文化建设［R］. 上海：上海社会科学院出版社，2005.

［594］徐从才，等. 江苏产业发展报告2011——江苏战略性新兴产业［R］. 北京：中国经济出版社，2012.

［595］中国连锁经营协会（CCFA）. 2021城市时尚消费力指数报告［R］. 上海：新一线城市研究所，2021.

［596］筑波智能城市委员会. 关于智慧城市实施支持项目报告［R］. 东京：国土交通省城市事务局，2023.

［597］椎名林檎. 东京都市白书CITY VIEW TOKYO（2015）——作为文化之都的东京［R］. 东京：东京都都市整备局城市建设政策部广域调整课，2023.

［598］2020年巴黎大区资料与数据——人声鼎沸的美食胜地［R］. 巴黎：巴黎大区投资促进局，巴黎大区研究院，巴黎大区工商会，2020.

［599］City of London Resident Population，CENSUS 2001，HISTORICTRENDS［R］. London: Department of Planning&Transportation Corporation of London，2005.

［600］Creative UK Group.Annual Report 2020-2021［R］. London: Creative Industries Federation，

2021.

[601] Department for Digital，Culture，Media&Sport.Creative Industries Mapping Documents 2001——Demonstrating the success of our creative industries [R]. [S.l.: s.n.]，2021.

[602] YEANDLE M，MAINELLI M，BERENDT A. The Competitive Position of London as a Global Financial Centre [R]. London: Z/Yen Limited，2005.

[603] 曾群华. 新制度经济学视角下的长三角同城化研究 [D]. 上海：华东师范大学，2011.

[604] 安来顺. 在贵州省梭戛乡建立中国第一座生态博物馆的可行性研究报告：中文本 [J]. 中国博物馆，1995（02）：8–14.

[605] 车辚. 南方丝绸之路上的陌生人——清末民初在云南游历和工作的外国人述略 [J]. 云南农业大学学报（社会科学），2015，9（03）：117.

[606] 陈闯. 洪泽湖渔鼓祭祀舞蹈田野调查——江苏省泗洪县半城镇穆墩岛“敬大王”仪式 [J]. 黄河之声，2017（13）：110–111.

[607] 陈建华，谢媛. 服务业发展与国际化城市空间极化——以上海市为例 [J]. 上海经济研究，2007（10）：51，56–62.

[608] 陈麟辉. 休闲文化：社会发展的新机遇——张鸿雁教授访谈录 [J]. 探索与争鸣，1995（12）：28–31.

[609] 陈然，张鸿雁. 特色文化视角下的城市软实力建构——以沪宁杭为例 [J]. 城市问题，2014（12）：17–24.

[610] 陈婋，陈一凡. 角色IP艺术孵化的策略研究——以日本熊本熊为例 [J]. 今古文创，2021（35）：73–74.

[611] 陈绪敖，姚晓玮. 基于区域品牌创建视角的欠发达地区软实力提升策略研究 [J]. 林业调查规划，2020，45（04）：154–158.

[612] 陈雅男. “灰空间” [J]. 现代装饰：家居，2012（9）：5.

[613] 陈占祥. 雅典宪章与马丘比丘宪章述评 [J]. 国际城市规划，2009，24（S1）：41–42.

[614] 陈志华. 内罗毕建议 [J]. 世界建筑，1989（04）.

[615] 程嘉梵，陈明星. 英国机遇区规划对中国国土空间规划的启示 [J]. 自然资源学报，2022，37（11）：3020–3021.

[616] 丁海斌，国婷婷. 唐代移都就食现象研究 [J]. 中原文化研究，2021，9（06）：78–85.

[617] 杜瑜. 中外古代城市比较研究的现状与展望 [J]. 中国史研究动态，1991（5）：4.

[618] 杜正贞. 上海城墙的兴废：一个功能与象征的表达[J]. 历史研究，2004（06）：92-104，191.

[619] 多尔蒂，李志. 用于全球冒险的文化资本[J]. 马克思主义与现实，2004（01）：56-63.

[620] 冯兵. 隋唐时期里坊制、坊市制与“市”的变迁[J]. 学习与实践，2016：125-132.

[621] 冯世鑫. 敢踢蒋介石的人——原国家商检局局长张化东的故事[J]. 中国检验检疫，2002（07）：61-62.

[622] 冯伟. 城市发展模式研究：以我国副省级城市为例[J]. 产经评论，2010（4）：112.

[623] 冨家靖久. 西阵织の过去・现在・未来：シリーズ「地域に根差した繊维产业」[J]. 繊维制品消费科学，2022.

[624] 傅隐鸿. 杭州西湖周边地质遗迹景观及其意义[J]. 地质论评，2020，66（02）：475，477.

[625] 傅玉兰. 巴斯古城的博物馆群——全城保护的世界文化遗产地[J]. 中国博物馆，2009（04）：118-128.

[626] 高梦梦，汤放华. 长株潭城市群发展制度变迁[J]. 城市，2017（07）：49-55.

[627] 高维和，史珏琳. 全球城市文化资源配置力评价指标体系研究及五大城市实证评析[J]. 上海经济研究，2015（05）：53-61.

[628] 郭焰坤. 列锦辞格的产生与发展[J]. 修辞学习，2003（05）：32.

[629] 郝诗楠. “熊本熊”与日本熊本县地方治理创新及其启示[J]. 重庆科技学院学报（社会科学版），2022（01）：30-36.

[630] 胡荣. 以公共利益为牵引提升社会、文化效益——巴黎历史性公共空间复兴的启示[J]. 国际城市规划，2008（2）：83-87.

[631] 华康德. 论符号权力的轨迹：对布尔迪厄《国家精英》的讨论[J]. 国外社会学，1995.

[632] 黄秀丽. 感受巴黎艺术的震撼[J]. 中国信用卡，2006（20）：64-69.

[633] 贾新峰，黄晶. “拼贴”与中国城市的更新[J]. 建筑学报，2006（07）：12-14.

[634] 解萧语，褚婷婷. 城市文化软实力综合评价研究——基于北京市文化软实力发展分析[J]. 价格理论与实践，2019（10）：149-152.

[635] 景普秋，朱俊杰. 资源丰裕区域产业多元化战略选择与经济绩效：迪拜与阿布扎比的比较研究[J]. 兰州财经大学学报，2015，31（05）：1-10.

[636] 李晨. “历史文化街区”相关概念的生成、解读与辨析[J]. 规划师，2011，27（04）：

100–103.

［637］李雪. 吉祥物经济：打造城市品牌建设的新思路——以日本熊本县吉祥物“熊本熊”为例［J］. 青年记者，2017（09）：92.

［638］李迅. 关于中国城市发展模式的若干思考［J］. 城市，2008（11）：23–33.

［639］李亚娟. 探寻城市内涵：当前中国城市文化研究的进程与范式［J］. 中华文化论坛，2017（01）：77–84.

［640］李哲睿，甄峰，徐锋. 城市能级和城市网络结合视角下的南京城市首位度评估与提升研究［J］. 现代城市研究，2023（06）：104.

［641］刘华明. 近代上海地区交通运输、邮电通讯工具的变迁：1840—1949［J］. 史学月刊，1999（03）：118–120.

［642］刘美忆. “网红”熊本熊的符号学解析［J］. 青年记者，2017，580（32）：84–85.

［643］刘泉，史懿亭，赖亚妮. 智慧城市场景的概念解读与特征认知［J］. 国际城市规划，2023：1–13.

［644］吕建华. 意境地图（Mental maps）人类头脑中的空间意象［J］. 地理译报，1987（04）：64–65.

［645］吕雄伟，俞宸亭. 构筑西湖群山景观廊道之我见［J］. 商业经济与管理，2003（04）：61.

［646］马旭东. 马斯洛自我实现理论的特点及其价值分析［J］. 昆明理工大学学报（社会科学版），2006（01）：49–52.

［647］马振超. 我国转型期可能面临的社会危机问题分析——由巴黎骚乱引发的思考［J］. 北京科技大学学报（社会科学版），2006（2）：50–54.

［648］苗长虹. 增长极概念的演化与区域发展重点的转变［J］. 区域经济评论，2016（04）：7–9.

［649］牛津. 徽州文化意象的整体建构与对外传播［J］. 学术界，2020（10）：162–163.

［650］佩鲁. 略论增长极概念［J］. 经济学译丛，1988（9）：57–62.

［651］彭莹，蒲珏雯，范雨欣. 浅析英国文学中的绅士文化［J］. 海外文摘，2021（10）：7.

［652］秦立建，胡继满，周大伟. 对宿迁水文化建设的思考［J］. 江苏水利，2011（05）：46–47.

［653］邵颖萍. 全球城市价值链中的产业集聚——以台湾新竹科学工业园IC产业集群为例［J］.

中国名城，2012（04）：33–38.

［654］申立. 上海里弄的空间变迁［J］. 城市问题，2012（08）：68–72.

［655］沈辉. 从功能目的论看杭州楼书的翻译［J］. 浙江树人大学学报（人文社会科学版），2012，12（05）：68–72.

［656］沈旸. 明清南京的会馆与南京城［J］. 建筑师，2007（04）：68–79.

［657］石玄军，侍炜. 沧桑运河换新颜——宿迁中河发展简述［J］. 档案与建设，2019（07）：76.

［658］时胜勋. “文化立国”与中国的文化立场［J］. 理论与改革，2007（02）：117.

［659］世界会展之都——巴黎［J］. 中国会展，2004（08）：48–49.

［660］宋磊. 文旅吉祥物的价值与设计［J］. 美术观察，2019（12）：23.

［661］孙广东，田川，王以超，等. 全域理念下的宿迁市中心西南片区水环境治理［J］. 中国给水排水，2022，38（12）：42–47.

［662］孙锦宜. 南京梅雨茶俗［J］. 农业考古，1999（04）：86.

［663］孙自铎. 论我国经济发展中的回波效应及其防范［J］. 特区经济，1993（12）：33–36.

［664］谭继和. 成都城市文化和基本性质及其特征［J］. 四川大学学报（哲学社会科学版），1988（03）：93–102.

［665］陶建杰. 上海文化软实力的实证评价及国际比较［J］. 新闻记者，2011（06）：66–70.

［666］童乔慧，包亮玉，刘天卉，张喆. 多元探索与结构创新——埃罗·沙里宁建筑思想及其设计作品分析［J］. 建筑师，2020（03）：77–84.

［667］万昆. 建筑综合体“城市化”特征初探［J］. 华中建筑，2011，29（06）：15–18.

［668］王端廷. 巴黎——艺术家的天堂［J］. 文化月刊，2004（04）.

［669］王缉慈. 增长极概念、理论及战略探究［J］. 经济科学，1989（03）：53–58.

［670］王景慧. 历史地段保护的概念和作法［J］. 城市规划，1998（03）：34–36，63.

［671］王士刚. 掘“金”城市地下空间［J］. 建筑，2013（20）：32.

［672］王炜，关瑞明. 三坊七巷历史街区旅游资源的保护与开发［J］. 福州大学学报（哲学社会科学版），2014，28（03）：99–103.

［673］韦路，陈曦. 2023中国城市国际传播影响力指数报告［J］. 对外传播，2024（2）：32–36.

［674］沃思. 作为一种生活方式的城市性［J］. 美国社会学杂志，1938.

［675］吴必虎. 中国文化区的形成与划分［J］. 学术月刊，1996（03）：13–14.

［676］吴佳，何宸希，张闻羽. “慢生活”理念下的金华乡村旅游建设研究［J］. 旅游纵览（下半月），2018（04）：102.

［677］吴晓隽，高汝熹. 试析全球化时代都市圈中心城市极化效应的新模式及对中国的启示［J］. 世界经济研究，2006（11）：28–33.

［678］谢元，张鸿雁. 行动者网络理论视角下的乡村治理困境与路径研究——转译与公共性的生成［J］. 南京社会科学，2018（03）：70–75.

［679］熊月之. 论近代上海城市文化的异质性［J］. 中国名城，2008（01）：15–20，43.

［680］许文伟，柏长虹. 关于紫东地区高质量发展“创新之城”建设的几点思考［J］. 现代城市研究，2020（04）：103–105.

［681］薛亮. 上海这五年，“五个中心”从这里启航［J］. 上海人大，2022（07）：53.

［682］杨程程. 文化产业视角下的日本城市吉祥物研究——以熊本熊为例［J］. 文化产业导刊，2019（06）.

［683］杨希枚. 中国古代的神秘数字论稿［J］. 民族学研究所集刊，1972：89–118.

［684］佚名. 世界五大城市群［J］. 创造，2012（04）：38.

［685］易元芝，蔡建娜. 区域经济发展的文化底蕴——以温州为例［J］. 上海经济研究，2008（09）：47.

［686］尹增淮. 宿迁市骆马湖以东的考古调查［J］. 东南文化，1990（04）：196.

［687］于良春，李勇. 中国自来水产业发展及相关产业组织政策［J］. 山东大学学报（哲学社会科学版），2006（05）：71–77.

［688］张海明，吴泽雄，许广东，等. 宿迁市水资源变化分析与保护利用建议［J］. 人民黄河，2020，42（S2）：84.

［689］张鸿雁. 西汉初“重农抑商”政策对经济发展的影响［J］. 辽宁师院学报，1982（06）：69–74.

［690］张鸿雁. 与西欧中世纪城市比较——春秋战国城市在兴起过程中的特点［J］. 沈阳师范学院学报，1983（03）：54–56.

［691］张鸿雁. 论中国古代城市的形成［J］. 辽宁大学学报（哲学社会科学版），1985（01）：45–49.

［692］张鸿雁. 中国传统文化新论［J］. 社会科学，1986（06）.

[693] 张鸿雁. 古希腊罗马城邦与先秦城市比较研究——从东西方古代商品经济关系透视城市本质特点[J]. 史学理论研究，1993（03）：80–96.

[694] 张鸿雁. 论市场经济的发展与中国城市现代化道路及方式选择[J]. 城市问题，1994（06）：9–15.

[695] 张鸿雁. 城市建设的“CI方略”[J]. 城市问题，1995（3）：2–6.

[696] 张鸿雁. 中国古代城墙文化特质论——中国古代城市结构的文化研究视角[J]. 南方文物，1995（04）：11–16.

[697] 张鸿雁. 论国际化大都市发展战略与南京城市文化发展[J]. 南京大学学报（哲学社会科学版），1995：158–167.

[698] 张鸿雁. 构建与市场经济相适应的崇高伦理道德观——理想与现实文化价值观“错位”的透视[J]. 南京社会科学，1996（04）：40–46.

[699] 张鸿雁. 论中国封建城市经济发展的总体特点[J]. 中国史研究，1997（03）：3–12.

[700] 张鸿雁. 专家评说“城市主色调”[J]. 中国经济快讯，2001（15）：20–21.

[701] 张鸿雁. 城市形象与“城市文化资本”论——从经营城市、行销城市到“城市文化资本”运作[J]. 南京社会科学，2002（12）：24–31.

[702] 张鸿雁. 城市现代化与城市社会的来临[J]. 理论参考，2003（04）：24–25.

[703] 张鸿雁. 人类城市化的“城市文化基因”与“城市社会再造文化因子”论——城市社会进化的人类学与社会学新视角[J]. 社会科学，2003（09）：65–73.

[704] 张鸿雁. 城市空间的社会与“城市文化资本”论——城市公共空间市民属性研究[J]. 城市问题，2005（05）：2–8.

[705] 张鸿雁，谢静. “制度投入主导型”城市化论[J]. 上海城市管理职业技术学院学报，2006（02）：23–25.

[706] 张鸿雁. 中国本土化城市形态论[J]. 城市问题，2006（8）：2–9.

[707] 张鸿雁. 循环型城市社会发展模式——社会学视角的理想类型建构[J]. 社会科学，2006（11）：71–83.

[708] 张鸿雁，吴新兰. 沪宁杭城市群文化产业的特色认知[J]. 上海城市管理职业技术学院学报，2007（01）：22–27.

[709] 张鸿雁. “大上海国际化都市圈”的整合与建构——中国长三角城市群差序化格局创新研究[J]. 社会科学，2007（05）：4–13.

［710］张鸿雁. 中国沿海城市群与内地城市“嵌入性结构关系”论——一个关于国家可持续安全发展的重大战略［J］. 城市问题，2007（11）：2-14.

［711］张鸿雁. 论当代中国城乡多梯度社会文化类型与社会结构变迁——依据“社会事实”对“二元结构”的重新认知［J］. 南京社会科学，2007（11）：74-80.

［712］张鸿雁. 中国式城市文艺复兴的发生与第六次城市革命［J］. 城市问题，2008（01）：3-5.

［713］张鸿雁. 一个全新的时代——中国城市社会的来临［J］. 中国名城，2008（01）：35-37.

［714］张鸿雁. 城市定位的本土化回归与创新：“找回失去100年的自我”［J］. 社会科学，2008（08）：64-71，189.

［715］张鸿雁. 中国城市化进程中的“合理性危机”论［J］. 城市问题，2009（03）：2-8.

［716］张鸿雁. “中国式城市文艺复兴”新论——布尔迪厄“社会炼金术”的启示［J］. 社会科学，2009（03）：9.

［717］张鸿雁. 欧洲中世纪城市文艺复兴启示录——从再造人类“集体记忆”与“城市文化资本”说起［J］. 探索与争鸣，2009（03）：9-13.

［718］张鸿雁. “中国式城市文艺复兴”与城市社会来临——从胡适的文艺复兴观论起［J］. 南京社会科学，2009（03）：86-93.

［719］张鸿雁. 城市化进程中的社会问题治理与控制论——城市管治与客户服务型城市政府的理论与行为创新［J］. 南京社会科学，2010（01）：68-75.

［720］张鸿雁. 中国城市化理论的反思与重构［J］. 城市问题，2010（12）：2-8.

［721］张鸿雁. 上海文化核心价值的缺失批判与“新海派文化”的建构研究术——上海城市发展与规划战略纠谬与创新［J］. 中国名城，2011（02）：8-16.

［722］张鸿雁. 被长三角结构空洞化的南京城市定位批判研究与建构——中国城市“十二五”规划雷同化纠谬与创新［J］. 中国名城，2011（03）：11-19.

［723］张鸿雁，邵颖萍. 中国区域城市化进程中的社会问题——以江苏省为例［J］. 城市问题，2011（07）：2-10.

［724］张鸿雁. 论特色文化城市理论体系建构研究与实践创新——中国本土化特色文化核心价值的理论体系与范式建构［J］. 南京社会科学，2012（08）：1-11.

［725］张鸿雁，邵颖萍. 中国大城市的死与生——论中国大城市的发展模式［J］. 中国名城，2012（12）：10-16.

[726] 张鸿雁. 中国城市化理论新模式的建构[J]. 学术月刊，2012，44(08)：14–22.

[727] 张鸿雁，汪毅. 现代化进程中城镇化与城市功能转型——以江苏的城镇化发展为例[J]. 探索与争鸣，2013(04)：51–56.

[728] 张鸿雁. 中国新型城镇化理论与实践创新[J]. 社会学研究，2013，28(03)：1–14，241.

[729] 张鸿雁. 再论中国大城市死与生——新型城镇化语境下大城市的发展与创新[J]. 中国名城，2014(01)：4–12.

[730] 张鸿雁. “文化治理模式”的理论与实践创新——建构全面深化改革的“文化自觉”与“文化自为”[J]. 社会科学，2015(03)：3–10.

[731] 张鸿雁. 江苏省城市现代化研究基地：推进宁镇扬同城化建设的创新思路与建议——江苏省决策咨询研究基础成果报告提要(二十一)[J]. 决策参阅，2016.

[732] 张鸿雁，房冠辛. 传统村落“精准保护与开发一体化”模式创新研究——特色文化村落保护规划与建设成功案例解析[J]. 中国名城，2016(01)：10–26.

[733] 张鸿雁. 网络社会视域下的全球城市理论反思与重构[J]. 探索与争鸣，2019(05)：158–172，176.

[734] 张鸿雁. 城市创新发展论——兼评《高成长企业发展研究报告——以南京为例》[J]. 现代城市研究，2021(07)：130–132.

[735] 张立红. 社会物理学视域下网络谣言传播模型及仿真[J]. 自然辩证法通讯，2021，43(11)：104–109.

[736] 张蔷. 中国城市文化创意产业现状、布局及发展对策[J]. 地理科学进展，2013，32(08)：1227–1236.

[737] 张新华. 信息时代国际政治的演变趋势[J]. 国际观察，1998(03)：24–28.

[738] 张新征. “奥斯汀模式”助力美国陆军改革[J]. 国防科技工业，2019(04)：56–58.

[739] 曾文雄. 翻译学“语用学转向”：“语言学转向”与“文化转向”的终结[J]. 社会科学家，2006(05)：194.

[740] 中国国家画院公共艺术中心. 798艺术区[J]. 城乡建设，2017(07)：22–23.

[741] 周德武. 纽约没有“时代”广场[J]. 世界知识，2002(15)：37.

[742] 周天怡，刘勇. 国内外金融CBD开发建设的经验借鉴与启示[J]. 国际经济合作，2009(10)：77–80.

[743] 周学政. 伦敦——世界创意产业之都 [J]. 半月谈，2007.

[744] 周芷若. 上海，咖啡界内卷风暴中心 [J]. 中国食品，2022（08）：141–143.

[745] 庄德林，陈信康，李影. 全球六大国际都市软实力比较研究 [J]. 人文地理，2010，25（06）：73–78，113.

[746] AGNUS E H. The Warp and Weft of Time时光的经纬 [J]. Drift，2022（10）：31.

[747] ARCH A. Sustainable Urban Renewal: The Tel Aviv Dilemma [J]. Sustainability，2014，6（5）：2527–2537.

[748] CHILDE V G. The Urban Revolution [J]. Town Planning Review，1950，21（1）：3–17.

[749] CUI J Q，et al.Underground space utilisation for urban renewal [J]. Tunnelling and Underground Space Technology incorporating Trenchless Technology Research，2021：108.

[750] DARCY E，GUISSAN B. Local economic development: changing the parameters [J]. Entrepreneurship&Regional Development（8），1996.

[751] FISCHER K H. Der begriff der gemeinschaft im denken von Karl Marx [J]. History of European Ideas，1994：401–406.

[752] HUDEC O，et al.Stepping Out of the Shadows: Legacy of the European Capitals of Culture, Guimarães 2012 and Košice 2013 [J].Sustainability，2019（05）：1469.

[753] HUNTINGTON S P. The Clash of Civilizations? [J]. Foreign Affairs，Vol.72，No.3（Summer），1993.

[754] HYSGARD H K. The definition of culture in culture–based urban development strategies: antagonisms in the construction of a culture–based development discourse [J].International Journal of Cultural Policy，2013（02）：182–200.

[755] JACOBS A，APPLEYARD D，金广君. 城市设计探新 [J]. 国外城市规划，1990（04）：6–12.

[756] KEAMS A，PADDISON R. New challenges for urban governance: Introduction to the review issue [J].Urban Studies，2000（37）：5–6.

[757] KOGUT B. Designing global strategies: Comparative and Competitive Value–Added Chains [J]. Sloan Management Review，1985，26（4）:15–28.

[758] LATOUR B.Postmodern?No，Simply Amodern!Steps Toward an Anthropology of Science [J]. Studies in History and Philosophy of Science，1990，21（1）:145–171.

［759］MCELROY E. Old and New，Side by Site新旧咖啡文化对垒的舞台［J］. Drift，2022（10）：12.

［760］NEUMARK D，POSTLEWAITE A. Relative Income Concerns and the Risein Married Women, Employment［J］. Journal of Public Economics，1998，7（1）：157–183.

［761］OTMAGIN N K. Contesting soft power:Japanese popular culture in East and Southeast Asia［J］. International Relations of the Asia–Pacific，2008，8（1）：73–101.

［762］PETER E. Revitalizing Historic Urban Quarters［J］. URBAN DESIGN International，1996，1（2）：189–190.

［763］RUGAR W. American soft power and public diplomacy in the Arab world［J］. Palgrave Communications，2017，3（1）.

［764］SACCO P L，BLESSI G T，TAVANO G. Urban Regeneration，Culture and Happiness. Bridging Communities through Cultural Policies: A Theoretical Framework［J］. Policy for Happiness，2007：16–24.

［765］SCOTT A J. Globalization and the rise of city–regions［J］. European Planning Studies，2001，9（7）：813–826.

［766］SHAH S H，HASNAT H，ROSEFIELDE S. Comparative Analysis of Chinese and Indian Soft Power Strategy［J］. Asian Politics&Policy，2017，9（2）：268–288.

［767］SPEHAR B，TONDER G. Koffka's Aesthetic Gestalt［J］. Leonardo(Oxford)，2017（1）：53–57.

［768］YOUNGELSON N H，NEAL A G，FRIED J. Global and local culture in the 21st century［J］. Journal of American and Comparative Cultures，2001，24（3/4）：31–36.

［769］陈俊侠. 法国推出“竞争力集群”应对经济全球化［N］. 新华每日电讯，2005–07–14.

［770］陈效卫. 莫斯科建成“森林城市”［N］. 人民日报，2014–08–10.

［771］创新高：超七成纽约选民认为，该市犯罪问题非常严重［N］. 中国经济日报，2022–02–14.

［772］邓云乡. 历史・文化・园林［N］. 人民日报，1989–07–20.

［773］丁红. 罕见的传统庶民建筑——日本白川乡合掌村［N］. 光明日报，2008–12–20.

［774］丁杰华，等. 法国文化政策：兼收并蓄［N］. 文学报，2003–12–11.

［775］段志飞. 越来越多人打零工，不敢想按时退休［N］. 新周刊，2023–05–22.

［776］韩昊辰. 上海：形成合力加快推进“五个中心”建设［N］. 文汇报，2018-01-04.

［777］杭州日报官方账号. 学与思|开启建设社会主义现代化国际大都市新行程［N］. 杭州日报，2022-04-06.

［778］何钢，吴春霞. 《南京市国土空间总体规划（2021-2035年）》草案发布［N］. 南京日报，2022-10-29.

［779］胡晓萌. 看山见山·不必远方——这有山商业文旅街区［N］. 长春晚报，2021-04-14.

［780］胡永秋，白宇. 我国有140座国家历史文化名城［N］. 人民日报，2022-06-20.

［781］华盛顿·埃勒里. “詹姆斯·鲍德温斯的巴黎”［N］. 纽约时报，2015-07-29.

［782］黄煜轩. 保留老厂房，打造创意城市先行区！LOFT49会是杭州版上生新所吗？［N］. 都市快报，2023-01-28.

［783］江永强，王传瑞，杨康. 连获三个“国字号”荣誉·产业升级推动“流量变现”·南京秦淮入选国家级文化产业示范园区［N］. 新华日报，2023-03-29.

［784］姜燕. 第六批1336个中国传统村落名录公布，总数已达8155个［N］. 新民晚报，2023-03-22.

［785］蒋浩，等. 为长三角一体化构建“宁合”新力量［N］. 新华日报，2021-03-23.

［786］蒋浩. 南京大学城市科学研究院院长张鸿雁解读《南京都市圈发展规划》［N］. 新华日报，2021-03-23.

［787］李芬芬，戴博. 法国乡村建设特点与成效［N］. 中国社会科学报，2020-11-02.

［788］李国平，杨艺. 面对灾难，城市如何保持韧性——国际大都市为韧性城市发展规划铺路［N］. 光明日报，2020-04-09.

［789］李学梅，郑甦春. 法国：“竞争力集群”提升科技创新水平［N］. 经济参考报，2012-03-27.

［790］李子俊. 古代名家用诗歌带你“云”游江宁［N］. 金陵晚报，2021-08-25.

［791］刘玲玲，刘慧，等. 从各国会展经济情况，看会展怎样为城市发展增添动力［N］. 人民日报，2022-09-04.

［792］刘士林. 城市群理论半个世纪的风雨历程——从戈特曼《城市群：美国城市化的东北部海岸》谈起［N］. 光明日报（第12版），2010-07-21.

［793］刘小容. 合肥排列国家创新型城市第十《国家创新型城市创新能力评价报告2023》发布［N］. 合肥日报，2024-01-15.

［794］鲁婧涵. 熊本熊是如何走红的？日本城市的文化IP意识［N］. 界面新闻，2020-01-13.

［795］陆绮雯. 城市符号是文化资本——张鸿雁教授的“城市文化资本论”［N］. 解放日报，2010-07-24.

［796］彭小玲. 中国“新的社会阶层”已近1亿人其中超六成有高等学历［N］. 新浪财经，2023-05-26.

［797］邱玥. 新版职业分类大典［N］. 光明日报，2022-09-29.

［798］“三个扬州”尽展城市精致魅力［N］. 扬州日报，2011-6-29.

［799］单霁翔. 保护历史文化街区延续城市发展文脉［N］. 中国文化报，2011-01-19.

［800］尚品. 在新城与老城之间，在繁华与宁静之间［N］. 经济视点报，2006-04-13.

［801］沈湫莎. 研发投入强度达4.1%，与全球重要科创城市相当［N］. 文汇报，2022-01-20.

［802］圣光. 感悟废墟［N］. 人民日报（12版），2007-06-13.

［803］宋方灿. 专家解读孙中山“博爱”称有利于世界、社会和谐［N］. 北京日报，2007-04-30.

［804］宋广玉. 建设更国际、更包容、更现代的新紫东——对话南京大学城市科学研究院院长张鸿雁教授［N］. 南京日报，2019-04-30.

［805］宋广玉. 拉开城市发展框架，创业创新迈向国际化［N］. 南京日报，2019-06-26.

［806］宋广玉. 探索中心城市带动区域一体化发展新模式［N］. 南京日报，2019-02-27.

［807］宋广玉. 推动中华优秀传统文化创造性转化和创新性发展——对话南京大学城市科学研究院院长、江苏省扬子江创新型城市研究院院长张鸿雁教授［N］. 南京日报，2023-11-01.

［808］谭业庭，杨奎臣. 美丽中国“视域下”美丽青岛解读［N］. 青岛日报，2013-05-11.

［809］王晨恺. 186家世界500强企业聚势青岛，放大跨国公司主场作用［N］. 中国报道，2022-06-21.

［810］王聪聪，方莉. 84.4%的人确认身边存在“钟摆族”，67.4%的人认为青年成为“钟摆族”是由于城市生活成本高［N］. 中国青年报，2010-08-03.

［811］王菡娟. 高质量“送水”的背后［N］. 人民政协报，2018-11-08.

［812］王峻峰. 新业态+新模式，商贸大省扩张新版图［N］. 江苏经济报，2022-10-19.

［813］王可. 上海大都市圈空间协同规划发布［N］. 中国证券报，2022-09-29.

［814］王璐怡. “诗画江南、活力浙江”是这样诞生的［N］. 浙江日报，2022-06-24.

［815］王瑞芳. 两会政府报告解读 | 于今：“城市更新”首次写入总理政府工作报告意义重

大［N］. 中国青年报，2021–03–08.

［816］王蔚，等. 大拆建・假古董・商业化——直击传统村落保护三大怪相［N］. 中国建设报，2014–12–01.

［817］王璇. 双塔市集：在菜场里遇见一整个苏州［N］. 中国建设报，2023–02–28.

［818］王燕文，谢正义. 全力推进“创新扬州、精致扬州、幸福扬州”建设［N］. 新华日报，2010–07–09.

［819］魏敏. 张鸿雁：休闲到优雅再到高尚是城市文化自觉［N］. 中国日报，2018–11–12.

［820］我市首次亮出城市旅游新形象：“博爱之都——世界第一城垣”［N］. 南京日报，2003–03–10.

［821］吴越. 巴黎城市公园，简约而不简单［N］. 解放日报，2021–07–05.

［822］武蕾. 浓墨书写城市特色“文化符号”［N］. 宿迁日报，2018–08–14.

［823］谢玮. 国办52号文立“新规”：哪些城市将无缘新建地铁［N］. 中国经济周刊，2018–07–24.

［824］徐瑞雅. 苏州新增4位两院院士总人数达139位［N］. 苏州日报，2021–11–22.

［825］徐勇. 曼纽尔・卡斯特：网络经济有五个相互关联的维度［N］. 人民邮电报，2019–03–19.

［826］杨曦，夏晓伦. 我国人均GDP突破1万美元［N］. 人民日报，2020–01–17.

［827］叶青. 广州着力构建科技企业梯次培育体系［N］. 科技日报，2023–03–30.

［828］佚名. “全球最适合居住城市”揭晓［N］. 天津日报，2005–10–10.

［829］佚名. 宿迁5首诗词晋级，《垓下歌》一马当先［N］. 现代快报，2017–04–18.

［830］于珊. 河南郑州“7・20”特大暴雨灾害调查报告公布［N］. 新华社，2022–01–21.

［831］余雯雯. 水墨淡彩，是杭州的一种恰到好处［N］. 钱江晚报，2016–09–29.

［832］余致远. 130岁，生日快乐！埃菲尔铁塔每年约600万人登塔，为法国增收113亿元［N］. 央视财经，2019–04–01.

［833］张鸿雁. 南京大学张鸿雁教授：提出“南京城市整体CI导入”构想［N］. 扬子晚报，1994–12–27.

［834］张鸿雁. 城市要为自身设计良好的城市形象［N］. 南京日报，1995–02–02.

［835］张鸿雁. 南京城市建设还缺什么——访南京大学城市科学研究中心张鸿雁教授［N］. 南京日报，1995–06–20.

［836］张鸿雁. 南京应该有成熟的商业文化［N］. 新华日报，1995-12-11.

［837］张鸿雁. 城市文化：城市可持续发展的资本——走近张鸿雁及其“城市文化资本论”［N］. 中国建设报，2005.

［838］张鸿雁. 全球化的城市空间与世界城市［N］. 社会科学报（第二版），2008-03-12.

［839］张鸿雁. 建构宁镇扬融合型同城化发展模式［N］. 南京日报，2017-04-05.

［840］张鸿雁. 创建“智慧网络型零工经济”平台的建议［N］. 资政专报（第29期），南京市社会科学院，江苏扬子江创新型城市研究院，2021-09-02.

［841］张鸿雁. “苏式江南文化”生活方式与乡村美学探索——“五种江南文化模式”研究［N］. 新华日报·文化产业周刊，2022-01-28.

［842］张鸿雁. 建构扬子江创意城市群，打造世界级创意经济新高地［N］. 新华日报，2022-04-22.

［843］张炯强. 全球第一张！13810个城市！同济团队精准绘制最完整的世界城市地图［N］. 新民晚报，2019-08-13.

［844］张璐晶. 诺贝尔奖得主谈城镇化：是中国经济变革的力量［N］. 中国经济周刊，2014-04-22.

［845］张婷. 罗素，拿下诺贝尔文学奖的哲学家［N］. 新京报，2020-05-18.

［846］张小玲，王睦广. 深圳“爆发力”：40年间人口增42倍，GDP涨1.4万倍［N］. 南方都市报，2021-05-15.

［847］张毅，吕述谡，宋涛. 沭阳：花木产业精彩“蝶变”［N］. 宿迁日报，2018-09-27.

［848］张钰芸. 8530家咖啡馆在上海，位列全球第一！全城免费“恰咖啡”，精彩活动玩不停［N］. 新民晚报，2023-05-20.

［849］张祝基. 巴黎郊区发生骚乱［N］. 人民日报，2005-11-04.

［850］章昌裕. 伦敦都市圈建成的经验［N］. 中国经济时报，2007-01-04.

［851］曾帅. 以打造面向世界的国际化大都市为目标找差距、提动力［N］. 潇湘晨报，2022-07-25.

［852］曾雪琦. 让长江国家文化公园成为江苏闪亮名片，6位专家建言献策［N］. 微讯江苏. 2022-07-18.

［853］赵强. 让创新成为深圳的城市符号［N］. 深圳特区报，2023-06-02.

［854］中国超高层建筑全球第一，部委再发“限高令”：新建不得超过500米［N］. 第一财

经，2021-11-01.

［855］钟超. “八横八纵”：大手笔续筑强国梦［N］. 光明日报，2016-07-24.

［856］钟经文.《2022年度中国城市活力报告》发布，从爱企查大数据看产业创新活力指数［N］. 中国日报，2023-05-16.

［857］周夏林. 2022世界珍珠大会在诸暨开幕，看诸暨这个珍珠小镇如何走向世界［N］. 钱江晚报，2022-08-28.

［858］朱达志. 关于“城市良心”雨果究竟是怎么说的［N］. 中国青年报，2016-07-12.

［859］WYATT B C. Bidding goodbye to the Gauloises［N］. BBC News，2007-02-01.

［860］阿里研究院，南京大学空间规划研究中心.2022年“淘宝村”名单［EB/OL］.（2022-11-01）［2023-10-28］. http://www.199it.com/archives/1513712.html.

［861］安徽发展研究. 500强出炉，安徽9家企业上榜［EB/OL］.（2022-09-06）［2023-10-28］. https://www.ahchanye.com/zixun/22081.html.

［862］巴黎大区投资促进局，等.《巴黎大区2022年资料与数据》最新发布［EB/OL］.（2022-09-13）［2023-10-28］. http://www.chooseparisregion.org/sites/default/files/pdf/Paris-Region-Facts-Figures-2022-Chinese-Edition/Paris-Region-Facts-Figures-2022-Chinese-Edition.pdf.

［863］巴黎会议和旅游局. Paris Convention and Visitors Bureau［EB/OL］.［2023-10-28］. https://parisjetaime.com/eng/tickets.

［864］邦城规划. 为梦想打造空间：新加坡未来50年规划［EB/OL］.［2023-10-28］. https://mp.weixin.qq.com/s/T5j-ouF_JM-rfvG3js-x2A.

［865］北京历史文化名城保护委员会办公室. 关于公布首都功能核心区传统地名保护名录（街巷胡同第一批）的通知［EB/OL］.（2022-02-21）［2023-10-28］. https://ghzrzyw.beijing.gov.cn/zhengwuxinxi/tzgg/sj/202202/t20220228_2618382.html.

［866］卞建军. 沭阳花木产业迈入品牌发展“2.0时代”［EB/OL］.［2023-10-28］. http://js.people.com.

［867］陈海燕. 巴黎爱之墙，来自世界各地情侣用311种语言说“我爱你”［EB/OL］.（2017-04-19）［2023-10-28］. https://static.nfapp.southcn.com/content/201704/19/c378409.html.

［868］陈新光. 走向全球的上海咖啡文化［EB/OL］.（2021-04-15）［2023-10-28］. https://column.chinadaily.com.cn/a/202104/15/WS6077dddaa3101e7ce9749549.html.

［869］陈洋. 为“熊本熊”祈福是对地震灾区的一种精神支持［EB/OL］.（2016-4-19）［2023-

10–28］. https://m.huanqiu.com/article/9CaKrnJUZeS.

［870］东京の博物馆・资料馆［EB/OL］.［2023–10–28］. http://japan–city.com/tokyo/htmb/bji201.html.

［871］东京都产业劳动局. 东京的产业与就业：2008［EB/OL］.［2023–10–28］. http://www.sangyo–rodo.metro.tokyo.jp/monthly/sangyo/graphic/2008nen/index.html.

［872］东京都立の美術館・博物館・ホール一覧［EB/OL］.（2020–3–25）［2023–10–28］. http://www.seikatubunka.metro.tokyo.jp/bunka/shien/index.html.

［873］东京都生活文化体育局官方网站［EB/OL］.［2023–10–28］. http://www.seikatubunka.metro.tokyo.jp/bunka/sisetsu/index.html.

［874］俄罗斯卫星通讯社. 莫斯科市约九成居民家旁有公园或街心花园［EB/OL］.（2022–006–05）［2023–10–28］. https://sputniknews.cn/20220605/1041766117.html.

［875］冯奎：打造“一网统管”升级版［EB/OL］.（2022–04–19）［2023–10–28］. ndrc.gov.cn/wsdwhfz/202204/t20220419_1322384.html.

［876］广东省统计局. 广州统计年鉴2022［EB/OL］.（2022–10–25）［2023–10–28］. http://tjnj.gdstats.gov.cn: 8080/tjnj/2022/.

［877］广东省文化和旅游厅. 深圳聚力塑造文化产业新优势GDP占比超8%获国务院督查激励［EB/OL］.［2023–10–28］. http://whly.gd.gov.cn/gkmlpt/content/4/4043/post_4043958.html#2628.

［878］龟山村：“国字号”传统村落古韵新景［EB/OL］.（2018–10–12）［2023–10–28］. http://www.hzxw.net.cn/showinfo–21–23386–0.html.

［879］郭倩，刘亮. 31省份最新城镇化率：9省份超70%，这10个省份城镇人口最多［EB/OL］.（2023–05–19）［2023–10–28］. https://news.cctv.com/2023/05/19/ARTI0AYSIeZl2Dq2YKQHTXTg230519.shtml.

［880］国家发展改革委. 关于印发苏南现代化建设示范区规划的通知［EB/OL］.（2013–05–06）［2023–10–28］. http://www.gov.cn/zwgk/2013–05/06/content_2396729.htm.

［881］国土交通省都市地域整备局都市地域政策课广域都市圈整备室. 首都圈发展——筑波科学城：城市现状［EB/OL］.［2023–10–28］. https://www.mlit.go.jp/crd/daisei/tsukuba/genjo.html.

［882］韩震霞，崔欣. “郝氏泥塑”被列入宿迁第三批市级非物质文化遗产名录［EB/OL］.（2017–11–06）［2023–10–28］. https://jsnews.jschina.com.cn/sq/a/201711/t20171106_1169105.shtml.

［883］杭州市发展和改革委员会. 关于印发《杭州市推进“一带一路”建设和城市国际化

“十四五”规划》的通知［EB/OL］.（2021-09-06）［2023-10-28］. http://drc.hangzhou.gov.cn/art/2022/5/11/art_1229545271_4035895.html.

［884］杭州市人民政府. 22家在杭企业上榜中国企业500强［EB/OL］.（2022-09-07）［2023-10-28］. https://www.hangzhou.gov.cn/art/2022/9/7/art_812266_59064879.html.

［885］杭州市人民政府办公厅关于印发杭州标准国际化创新型城市示范创建工作实施方案（2018—2020年）的通知［EB/OL］.（2018-08-01）［2023-10-28］. https://www.hangzhou.gov.cn/art/2018/8/1/art_1229063382_1760200.html.

［886］杭州市人民政府关于印发实施“标准化+”行动计划提升城市国际化水平实施方案的通知（杭政函〔2016〕190号）［EB/OL］.（2016-12-23）［2023-10-28］. https://www.hangzhou.gov.cn/art/2017/1/9/art_1241194_3960.html.

［887］洪泽区人民政府. 走进洪泽·名优特产［EB/OL］.（2023-01-29）［2023-10-28］. http://www.hongze.gov.cn/col/927_757537/index.html.

［888］湖北蕲春：在服务大局中深化创先争优［EB/OL］.［2023-10-28］. https://news.ifeng.com/c/7fbOugA5Sg8.

［889］黄颖，王厚宇. 清代花鸟画名家薛怀《芦雁图》［EB/OL］.（2016-12-26）［2023-10-28］. http://www.peopleart.tv/.

［890］江宁区统计局，国家统计局江宁调查队. 2022年国民经济和社会发展统计公报［EB/OL］.（2023-05-16）［2023-10-28］. http://www.jiangning.gov.cn/sjfb/tjgb/202303/t20230331_3876653.html.

［891］江苏省商务厅. 服务强链，构建共赢生态——睢宁沙集电商产业园以电商推动家具产业高质量发展［EB/OL］.（2022-01-14）［2023-10-28］. http://doc.jiangsu.gov.cn/art/2022/1/14/art_78712_10317365.html.

［892］江苏扬州将建“世界美食之都”展示馆宣传普及世界美食文化［EB/OL］.（2020-05-15）［2023-10-28］. https://baijiahao.baidu.com/s?id=1666754130671116152&wfr=spider&for=pc.

［893］凯风. “抢企大战”突然爆发，谁是赢家？［EB/OL］.（2023-10-31）［2023-12-28］. https://new.qq.com/rain/a/20231031A03WQ600.

［894］克良辰. 南京市外商投资企业协会总部专委会正式成立［EB/OL］.（2023-08-09）［2023-10-28］. http://www.njdaily.cn/news/2023/0809/5565501429266476003.html.

［895］礼森园区智库. 上海市文化创意产业园区建设对上海市特色产业园区的借鉴［EB/OL］.

（2021-12-07）[2023-10-28]. https://mp.weixin.qq.com/s/2_IjkPxsMlNfxRTOiZKYIg.

[896] 李大钊. 我的马克思主义观 [EB/OL].（2015-07-13）[2023-10-28]. http://www.philosophy.org.cn/zxlp/mkszyzx/mkszyzxzghsddzh/201507/t20150713_2748780.shtml.

[897] 李俊明，杨军. 以文化立城的西安迎来“丝路”黄金机遇 [EB/OL].（2016-12-05）[2023-10-28]. http://www.nbd.com.cn/articles/2016-12-05/1058711.html.

[898] 李时珍. 钦定四库全书：子部五：医家类：本草纲目卷上之上（影印古籍）：本草纲目原序 [EB/OL]. 中国哲学书电子化计划.https://ctext.org/library.pl?if=gb&file=52716&page=%E6%9C%AC%E8%8D%89%E7%BA%B2%E7%9B%AE&remap=gb.

[899] 李政葳. 全国备案博物馆总数达6183家　90%以上实现免费开放 [EB/OL].（2022-05-18）[2023-10-28]. https://culture.gmw.cn/2022-05/18/content_35744766.htm.

[900] 联合国教科文组织（UNESCO）统计研究所. 研发支出（占GDP的比例）[EB/OL]. [2023-10-28]. https://data.worldbank.org.cn/indicator/.

[901] 联合国经济和社会事务部. 世界人口日：释放性别平等的力量 [EB/OL].（2023-07-10）[2023-10-28]. https://www.un.org/zh/desa/World-Population-Day-2023_zh.

[902] 练马区地域共存型动漫产业集聚活性化计划：2009-2014 [EB/OL]. [2023-10-28]. http://www.city.nerima.tokyo.jp/sangyo/anime-plan/index.html.

[903] 梁林军. “父教育母实业”——张謇的企业家精神 [EB/OL].（2020-11-30）[2023-10-28]. https://zjs.ntu.edu.cn/2020/1130/c4187a157362/page.htm.

[904] 林小昭. 31省份城镇化率：8省份超70%，重庆居中西部第一 [EB/OL].（2022-06-15）[2023-10-28]. https://www.yicai.com/news/101434160.html.

[905] 临淄区人民政府. 桓公台 [EB/OL].（2013-11-22）[2023-10-28]. http://linzi.gov.cn/art/2013/11/22/art_6452_1089884.html.

[906] 伦敦都市圈 [EB/OL].（2008-03-31）[2023-10-28]. http://www.ah.xinhuanet.com/ahws/2008-03/31/content_12840360.htm.

[907] 伦敦市政府网站 [EB/OL]. [2023-10-28]. http://www.london.gov.uk/lcsg/what-we-do.

[908] 马培荣. 唐代盱眙先福寺住持高僧——真寂大师 [EB/OL].（2021-05-05）[2023-10-28]. https://xuyilt.com/.

[909] 谋划发展战略，助推城镇建设——蕲春系列规划获高度好评 [EB/OL]. [2023-10-28]. https://ius.nju.edu.cn/e1/7e/c9742a188798/page.html.

［910］南京市地方志. 历史沿革［EB/OL］.（2023–08–15）［2023–10–28］. https://www.nanjing.gov.cn/zjnj/lsyg/201910/t20191014_1676341.html.

［911］南京市人民政府.《南京市创建国际消费中心城市三年行动计划（2021年—2023年）》解读［EB/OL］.（2021–10–18）［2023–10–28］. https://www.nanjing.gov.cn/zdgk/202110/t20211018_3161790.html.

［912］南京市人民政府. 11家宁企上榜《财富》中国500强榜单［EB/OL］.（2022–07–14）［2023–10–28］. https://www.nanjing.gov.cn/njxx/202207/t20220714_3643457.html.

［913］南京市人民政府. 我市举行推进国际交往中心城市建设座谈会着力提升城市国际化水平加快形成全方位开放格局［EB/OL］.（2022–07–22）［2023–10–28］. https://www.nanjing.gov.cn/zgnjsjb/jrtt/202207/t20220722_3651521.html.

［914］南京市文化和旅游局. 全国重点文物保护单位名单（49处、103点）［EB/OL］.（2018–02–02）［2023–10–28］. http://wlj.nanjing.gov.cn/.

［915］南京雨花经济开发区简介［EB/OL］.［2023–10–28］. http://ytldq.njkjgzz.org.cn.

［916］彭俊. 中央城镇化工作会议：好一句“记得住乡愁”［EB/OL］.（2013–12–16）［2023–10–28］. http://views.ce.cn/view/ent/201312/16/t20131216_1924485.shtml?tdsourcetag=s_pcqq_aiomsg.

［917］澎湃金融中心. London|伦敦三大金融城［EB/OL］.（2020–10–28）［2023–10–28］. https://m.thepaper.cn/baijiahao_9758679.

［918］蕲春借脑引智广纳发展“金点子”［EB/OL］.（2011–10–26）［2023–10–28］. http://www.hg.gov.cn/art/2011/10/26/art_30_13622.html.

［919］蕲春药旅联动剑指“华夏中药谷”［EB/OL］.（2012–03–06）［2023–10–28］. kmzyw.com.cnhttps://www.kmzyw.com.cn/news/20120306/1331015390000.8168.html.

［920］清华经管学院互联网发展与治理研究中心. 长三角地区数字经济与人才发展研究报告［EB/OL］.（2018–10–24）［2023–10–28］. https://cidg.sem.tsinghua.edu.cn/info/1012/1080.htm.

［921］任泽平. 2023中国城市人才吸引力排名［EB/OL］.（2023–05–31）［2024–04–02］. https://finance.sina.com.cn/zl/china/2023–05–31/zl–imyvrtce6702444.shtml.

［922］任泽平. 中国城市95后人才吸引力排名：2023［EB/OL］.（2023–11–01）［2024–04–02］. https://new.qq.com/rain/a/20231102A000GY00.

［923］日本国土交通省国土规划厅都市区规划处. 三大都市区的未来愿景［EB/OL］.［2023–10–28］. http://www.mlit.go.jp/kokudokeikaku/vision/index.html.

［924］上海市规划和自然资源局. 上海大都市圈空间协同规划［EB/OL］.（2022-09-28）［2023-10-28］. https://ghzyj.sh.gov.cn/gzdt/20220928/398a780306ca4e4fbbb03e38208ab89c.html.

［925］上海市规划和自然资源局. 上海如何打造“15分钟社区生活圈”？这场发布会为您详解［EB/OL］.（2021-06-04）［2023-10-28］. https://ghzyj.sh.gov.cn/gzdt/20210626/efd244bf543d40cd92f45320dc4dd150.html.

［926］上海市人民政府. 上海市贯彻《长江三角洲区域一体化发展规划纲要》实施方案［EB/OL］.（2020-08-13）［2023-10-28］. https://www.shanghai.gov.cn/nw12344/20200813/0001-12344_63344.html.

［927］上海市人民政府. 上海市经济和信息化委员会等关于印发《上海建设世界一流“设计之都”的若干意见》的通知［EB/OL］.（2022-01-28）［2023-10-28］. https://www.shanghai.gov.cn/nw49248/20220217/ccb9be53e1e64fec891d32cb3ae6fb9c.html.

［928］上海市统计局. 2022年上海市统计局政府信息公开工作年度报告［EB/OL］.（2023-01-03）［2023-10-28］. https://www.shanghai.gov.cn/(tjj.sh.gov.cn).

［929］上海在全国率先发布促进生活性服务业发展意见［EB/OL］.（2014-10-16）［2023-10-28］. http://newspaper.jfdaily.com/jfrb/html/2014-10/16/content_25600.htm.

［930］苏州市地方志编纂委员会办公室（市方志馆）. 政区沿革［EB/OL］.（2023-06-01）［2023-10-28］. http://dfzb.suzhou.gov.cn/dfzb/jzyg/202306/ad1342c0c6a445208ab9135732114a6a.shtml.

［931］宿城区统计局. 宿城区2019年国民经济和社会发展统计公报［EB/OL］.（2020-03-31）［2023-10-28］. http://www.sqsc.gov.cn/scq/tjgb/202003/cdf78ecefa224dd78923e9fece47f76c.shtml.

［932］宿迁市宿城区人民政府. 政区沿革［EB/OL］.（2020-08-25）［2023-10-28］. http://www.sqsc.gov.cn/scq/zqyg/lmtt.shtml.

［933］王朝晖. 专家谈法国骚乱：移民难融入主流社会（实录）［EB/OL］.（2005-11-08）［2023-10-28］. https://news.sina.com.cn/w/2005-11-08/12558244680.shtml.

［934］王啟云，方伟. 海外风情美丽的阿尔卑斯［EB/OL］.（2022-03-05）［2023-10-28］. https://cj.sina.com.cn/articles/view/7574154164/1c3746bb400100w8ps.

［935］文松辉. 存在，或者虚无——萨特的世纪［EB/OL］.（2005-11-22）［2023-10-28］. http://www.people.com.cn/.

［936］文页. 法国化妆品产业引领全球的动力究竟是什么？［EB/OL］.（2017-05-26）［2023-

10–28］. https://cbo.cn/article/id/42081.html.

［937］吴博. 上海是打开近代中国的钥匙代表中国前进脚步［EB/OL］.（2021–05–10）［2023–10–28］. http://www.chinanews.com.cn/gn/news/2010/05–10/2272212.shtml.

［938］吴剑锋，崔师豪，武江民. “淘宝村集群”让部分乡村实现人口逆势增长［EB/OL］.（2023–03–08）［2023–10–28］. http://www.xinhuanet.com/mrdx/2023–03/08/c_1310701928.htm.

［939］奚大龙. 以新发展理念推进北京文化产业园区高质量发展［EB/OL］.［2023–10–28］. https://mp.weixin.qq.com/s/9J5bW4oGTHIrqyzv_WOYWg.

［940］新加坡市区重建局（URA）. 我们的梦想空间展示［EB/OL］.［2023–10–28］. https://www.ura.gov.sg/Corporate/Planning/Long–Term–Plan–Review/Space–for–Our–Dreams–Exhibition.

［941］扬州市人民政府. 扬州市省级以上文物保护单位一览表［EB/OL］.（2023–03–22）［2023–10–28］. http://www.yangzhou.gov.cn/yzszxxgk/wglj/202303/7713e090706048d09127978efca8cb9c.shtml.

［942］杨一宁. 上海：“总部经济”动力强，2022年新认定跨国公司地区总部60家［EB/OL］.（2023–01–04）［2023–10–28］. http://news.cnr.cn/native/gd/20230104/t20230104_526113803.shtml.

［943］叶欣. 游走酷MA萌的家乡日本熊本县：拜访熊部长办公室［EB/OL］.（2016–08–16）［2023–10–28］. http://travel.people.com.cn/n1/2016/0816/c41570–28640449.html.

［944］佚名. Izumi Garden Tower［EB/OL］.（2013–06–30）［2023–10–28］. Skyscraperpage.com.

［945］佚名. 菜市口［EB/OL］.（2020–01–10）［2023–10–28］. http://www.yanchengdj.com/topic/2675.html.

［946］佚名. 城市色彩，路在何方：印度焦德普尔城市色彩［EB/OL］.［2023–10–28］. http://www.landscape.cn/special/urbancolor/index.html.

［947］佚名. 东京到访游客达5.4亿人次，已恢复至疫情之前水平［EB/OL］.（2023–07–25）［2023–10–28］. http://www.jpchinapress.com/static/content/SH/2023–07–24/1133307088236724224.html.

［948］佚名. 韩国京畿道的小法国村Petite France［EB/OL］.（2015–11–09）［2023–10–28］. http://www.landscape.cn/planning/3452.html.

［949］佚名. 咖啡名言|如果喝一杯咖啡就爱上生活，那就很有趣了［EB/OL］.（2019–02–25）［2023–10–28］. https://www.sohu.com/a/297420295_135494.

［950］佚名. 漫猫咖啡：你所不知道的咖啡与名人的故事［EB/OL］.（2018–06–08）［2023–10–

28]. https://www.sohu.com/a/234603856_100099802.

[951] 佚名. 民国时期上海是如何打败北京成为金融中心的？［EB/OL］.［2023-10-28］. http://finance.efnchina.com/show-99-67168-1.html.

[952] 佚名. 全球十大最美菜市场，给你极致的购物体验［EB/OL］.（2020-06-28）［2023-10-28］. https://www.sohu.com/a/351527514_120143556.

[953] 佚名. 熊本熊自我介绍［EB/OL］.［2023-10-28］. https://kumamon-official.jp/kiji0031657/index.html.

[954] 佚名. 云守阳：泗阳当代人物专题［EB/OL］.［2023-10-28］. http://ren.bytravel.cn/history/8/yunshouyang.html.

[955] 张鸿雁. 拔根与扎根：从乡愁到城愁［EB/OL］.（2018-02-23）［2023-10-28］. zgxcfx.com/sannonglunjian/107836.html.

[956] 张鸿雁. 都市圈一体化发展的经验与借鉴［EB/OL］.（2012-04-25）［2023-10-28］. https://www.doc88.com/p-580676792663.html.

[957] 张鸿雁. 专访：城市文脉的制度保障［EB/OL］.（2004-12-21）［2023-10-28］. http://www.landscape.cn/interview/541.html.

[958] 张鸿雁教授：扬州文化旅游产业化要走幸福旅游路［EB/OL］.（2010-04-20）［2023-10-28］. https://www.chinanews.com/cj/news/2010/04-20/2236272.shtml.

[959] 张鸿雁院长解读扬州模式：精致、创新、幸福［EB/OL］.（2011-07-01）［2023-10-28］. http://city.ifeng.com/cspl/20110701/110723.shtml.

[960] 张鸿雁院长应邀授课“蕲阳大讲堂”［EB/OL］.［2023-10-28］. https://ius.nju.edu.cn/e1/83/c9746a188803/page.htm.

[961] 张化东：崇高形象永照汗青［EB/OL］.（2006-01-05）［2023-10-28］. http://news.sina.com.cn/cl2006-01-05/10358780019.shtml.

[962] 张季风. 日本如何进行都市圈建设［EB/OL］.（2020-03-02）［2023-10-28］. http://ijs.cssn.cn/xsyj/xslw/rbjj/202003/t20200302_5095525.shtml.

[963] 张京成. 中国创意产业的兴起与发展问题［EB/OL］.（2019-02-22）［2023-10-28］. https://www.cinn.cn/gywh/201902/t20190222_207085.html.

[964] 张晓芳. 各具特色！15家新增国家级文化产业示范园区“简历”来了［EB/OL］.（2023-05-10）［2023-10-28］. https://go.huanqiu.com/article/4CpeUTupMog.

［965］浙江大学图书馆. 江南通志［EB/OL］//钦定四库全书：史部十一：地理类. 影印古籍.［2023-10-28］. https://ctext.org/library.pl?if=gb&res=5582&remap=gb.

［966］镇江市文化广电和旅游局. 我市新增8处全国重点文物保护单位［EB/OL］.（2013-05-06）［2023-10-28］. http://wgl.zhenjiang.gov.cn/.

［967］郑奇恩. 石雕骄子陆裕臣［EB/OL］.（2022-04-12）［2023-10-28］. http://www.sqsc.gov.cn/scq/index.shtml.

［968］中国大百科全书［EB/OL］. 第三版网络版.（2023-05-31）［2023-10-28］. https://www.zgbk.com/ecph/words?SiteID=1&ID=494807.

［969］中国非物质文化遗产数字博物馆. 国家级非物质文化遗产代表性项目名录：扬州漆器髹饰技艺［EB/OL］.［2023-10-28］. https://www.ihchina.cn/art/detail/id/14360.html.

［970］中国国际贸易促进委员会浙江委员会. 2023全球高档和奢侈品牌价值50强榜单发布［EB/OL］.（2023-07-31）［2023-10-28］. http://www.ccpitzj.gov.cn/art/2023/7/31/art_1229557691_40555.html.

［971］中国国家博物馆. “宜侯夨”青铜簋［EB/OL］.（2021-08-02）［2023-10-28］. https://www.chnmuseum.cn/zp/zpml/kgfjp/202108/t20210802_250932.shtml.

［972］中国科学院. 张謇与南通“中国近代第一城”［EB/OL］.（2003-08-22）［2023-10-28］. https://www.cas.cn/xw/zjsd/200906/t20090608_643187.shtml.

［973］中国一带一路网. 莫斯科超美地铁背后，多的是你不知道的事［EB/OL］.（2019-11-20）［2023-10-28］. https://baijiahao.baidu.com/s?id=1650692757048893949&wfr=spider&for=pc.

［974］中华人民共和国国民经济和社会发展第十四个五年规划和2035年远景目标纲要［EB/OL］.（2021-03-13）［2023-10-28］. https://www.12371.cn/2021/03/13/ARTI1615598751923816.shtml.

［975］中华人民共和国人力资源和社会保障部.国家职业分类大典首次标识数字职业［EB/OL］.（2022-10-28）［2023-10-28］. http://www.mohrss.gov.cn/wap/xw/rsxw/202210/t20221028_489104.html.

［976］中华人民共和国文化和旅游部. 关于开展新一批国家对外文化贸易基地申报工作的通知［EB/OL］.（2022-07-15）［2023-10-28］. https://www.mct.gov.cn/.

［977］中华人民共和国文化和旅游部产业发展司. 关于国家对外文化贸易基地名单的公示［EB/OL］.（2023-06-01）［2023-10-28］. https://zwgk.mct.gov.cn/zfxxgkml/cyfz/202306/t20230601_944176.html.

［978］周夏. 再过三天，杭州人都扎堆赶去这个老冰箱厂玩？这里竟能看到全世界！［EB/OL］.（2017-06-13）［2023-10-28］. https://hznews.hangzhou.com.cn/chengshi/content/2017-06/13/content_6577145.htm.

［979］竹沢えり子. ヒストリー［EB/OL］.［2023-10-28］. https://www.ginza.jp/zh/history.

［980］2020年上海大力推进“五大中心”建设［EB/OL］.（2020-01-15）［2023-10-28］. https://www.gov.cn/xinwen/2020-01/15/content_5469526.htm.

［981］2022软科中国大学排名［EB/OL］.（2022-04-19）［2023-10-28］. https://www.shanghairanking.cn/rankings/bcur/2022.

［982］2022年《财富》世界500强的城市分布变化［EB/OL］.（2022-08-07）［2023-10-28］. https://www.fortunechina.com/shangye/c/2022-08/07/content_416733.htm.

［983］Aidesàla restauration du patrimoine［EB/OL］.［2023-10-28］.https://www.bourgognefranchecomte.fr/.

［984］Base Mérimée: la plateforme ouverte du patrimoine——Pont-Neuf［EB/OL］.［2023-10-28］. https://www.pop.culture.gouv.fr/notice/merimee/PA00085999.

［985］BATH PRESERVATION TRUST英国——巴斯保护信托基金. 皇家新月楼1号博物馆［EB/OL］.［2023-10-28］. http://lvyou168.cn/travel/uk/bath-preservation-trust/about_crescent.html.

［986］Caféde Flore，àSaint Germain des Prés"［EB/OL］.（2015-06-15）［2023-10-28］. https://www.evous.fr/Cafe-de-Flore, 1120181.html.

［987］Cathédrale Notre-Dame de Paris.DÉCOUVRIR: Histoire、Architecture、Sculptures、Peintures、Musique、Objets d’art［EB/OL］.［2023-10-28］. https://www.notredamedeparis.fr/en/.

［988］Clare J.A.Mitchell，Christopher R.Bryant.International Encyclopedia of Human Geography［EB/OL］.［2023-10-28］. https://www.sciencedirect.com/referencework/9780081022962/international-encyclopedia-of-human-geography.

［989］France-Urban population（total percentage）［EB/OL］.［2023-10-28］. https://cn.knoema.com/atlas/.

［990］Mayor of London.The London plan 2004［EB/OL］.（2021-08-20）［2023-10-28］. https://www.london.gov.uk/what-we-do/planning/london-plan/past-versions and-alterations-london-plan/london-plan-2004.

［991］Mayor of London.The London plan 2021［EB/OL］.（2021-08-20）［2023-10-28］. https://

www.london.gov.uk/what-we-do/planning/london-plan/new-londonplan/london-plan-2021.

[992] MBA智库[EB/OL].[2023-10-28]. https://wiki.mbalib.com/wiki/%E9%A6%96%E9%A1%B5.

[993] Resonance Consultancy.The World's Best Cities.All In One Place，The World's 100 Best Cities 2024[EB/OL].[2024-03-12]. https://www.worldsbestcities.com/.

[994] Simply France.Paris's Top 10 Most Renowned Cosmetics Brands[EB/OL].(2023-05-04)[2023-10-28]. https://simply-france.com/zh-CN/pariss-top-10-most-renowned-cosmetics-brands/.

[995] Slow Food: The History of an Idea[EB/OL].[2023-10-28]. https://www.slowfood.com/about-us/our-history/.

[996] The International Ergonomics Association. What Is Ergonomics(HFE)?[EB/OL].[2023-10-28]. IEA.https://iea.cc/about/legal-status-structure/.

[997] THIS IS MONEY.City of London still tops finance league[EB/OL].(2011-03-25)[2023-10-28]. https://www.thisismoney.co.uk/money/markets/article-1716751/City-of-London-still-tops-finance-league.html.

[998] Upwork.Freelance Forward 2022[EB/OL].[2023-10-28]. https://www.upwork.com/research/freelance-forward-2021.

[999] 冯天瑜. 中国人文传统论略[A]. 武汉：武汉大学出版社，1998.

[1000] Oxford Latin Dictionary[Z]. Oxford: The Clarendon Press，1968.

跋

——用生命赞美城市：学术即生活，城乡亦故乡[①]

我常认为，每个人的回忆都像一座城市，复杂而又纷繁。乍看永远是新生覆盖旧物一般，不断形成新的面貌；而一旦你走进它，就会知道它的本质是时空交错的巧妙雕刻：百年古塔与现代化的高楼共生，高速列车将人们送去巷口的慢生活，很多人一次次的闯荡与一年年的归乡……不同的时空以各自的方式留存与延续——这并不是简单的新与旧、南与北、优与劣的二元选择，而是每一代的城市“建设者、研究者们”的不断审视，是对可能性的肯定，也是在回首那些曾经并未察觉的地方。

一、记忆传承：极简自我—微尘补时—空间切面

作为城市的研究和建设者，伴随着时间的逝去和岁月的延续，有些事如被不断修葺的古建筑般记忆犹新；有些事已变得模糊不清；有些事和日子里的故事已经浸润心底和这座“心城”的“街巷”里，每当阳光灿烂的时候，那些感动自己的故事便涌上心头而成为心中的节日；但也有些事在心里刻画为苦涩的印痕，已无法抹去，无时无刻不沉浮于心，萦萦于怀，难以放下……在这层叠的

① 原文刊载于《侨园》2018年第12期。《侨园》是发行150个国家和地区的杂志，原文有15000多字。

面貌之下，于我自己，这座城的底色永远是“乡”。它像一根锚，让我从心中的城不断地走向社会中的城市，去寻找、审视、思考，并用脚步去丈量。

我的一生，用极简描述，是学习城市、研究城市的一生。我的一生，用极繁说明，是一次次起步、一次次归零、一次次深悟后看淡世事，永远不断蔓绕的城南旧事……

我以为，虽然，生活中有时很难躲过天降的灾难，但是，却可以一直努力优雅并不懈追求自己的理想生活；

我以为，个体既需要在现实生活中创造自己的价值以寻求自我存在的意义，更要创造能够经受时间检验的个人终极价值，以建构一个学者应有的穿越历史的存在意义。

我的一生很简单，简单到只关注两个地方：城市和乡村，以及它们的变迁。中国城市化高速发展，仅用40多年的时间就走过了西方近百年的城市化道路，城市人口从1949年占总人口的10%左右到2023年的67%左右，中国从几千年的传统农业社会直接闯入了城市社会。

一场突如其来的城市革命带来翻天覆地的城乡结构变迁，从1978年开始至今，已经有6亿—7亿多农业人口迁往城市成为城市市民，这是前无古人后无来者的城乡人口大流动，也是最为悲怆、最为壮观和最为深刻的城乡人口流动——在城市与乡村之间的路上，有着前无古人的社会大变迁！

这篇回忆自己人生之路的文章，最初撰写的原因是应《侨园》杂志之约，希望我写一篇个人传记以展示中国改革开放以来个人的成长历程，当时恰逢2018年12月13日，这是个特殊的日子，这一天邓小平《解放思想，实事求是，团结一致向前看》的讲话发表，为了纪念这个历史瞬间和历史过程，我答应写一篇有关我个人的小传。《侨园》杂志不仅帮助我精心编辑稿件，还破例给了我比别人更多的版面来发表这篇文章，本文在《侨园》杂志文章的基础上，增加了一些新的内容。

二、先祖轶事：开荒占场—关东耕耘—充当饱学

个人的成长是和家族的历史分不开的，叙述家族、个人的故事，也是中国历史研究的一部分。近代百年的中国沧海桑田，世事多变，是一个典型的跨时代的社会变迁和社会转型过程。在这变化不已、生活和工作场景高速变幻的社会情境中，在个人忙忙碌碌和拼命工作的几十年里，还未顾及上向父辈们问及家事、家史，而父辈和一些亲人已陆续离我远去，成为在天堂里凝视着我、惦念着我的人。

现在想来，既感觉悲凉，又感觉自己不懂事，更感觉歉疚。在追求自己的事业和理想中，有时

忘却了亲情，忘却了亲人的期望和祖训，每每思来，不时地深深自责和忏悔，特别是每逢佳节更是扼腕叹息——真的有点数典忘祖！——愿在天上的祖上及父母安好，并能够理解原谅自己的不孝。

我出生在一个那么美丽的小城里，县城坐落在辽宁铁岭西丰县美丽的猴石山麓，南边是弯弯的寇河，水绕城而过，是一座依山傍水的小城。小的时候，和小伙伴们经常爬山或到寇河里游泳。据县志记载，这里在清代曾是皇帝的“围场”，就是皇帝巡游、打猎的地方。清朝时，这里的梅花鹿等野生动物特别多，又因为皇帝在这里围猎，打到的梅花鹿也比较多，因此这个地方又称为“掏鹿”。每到春天，小城周围远近山头上都是粉红色或红色，是因为那时山顶上会开满迎春花，看上去整个山头都是彩色的，像一个少女戴着一顶盘满鲜花的帽子……是可以随意想象的美，当地人把这种花也叫“金达莱”，后来因缺乏管理，山上的花与树任人采折或作为柴火而被砍伐，现在这种景象已经看不到了。

长大以后，每每听到有人唱《小城故事》的歌曲时，就倍感亲切。我生活在充满旧事的小县城里，小城虽小，但故事特别多……我是1954年出生，农历正月初九，老皇历说，这也是玉皇大帝的生日。那年，父亲也正巧当选为西丰县团委书记，所以父亲对这天记忆犹新。在日常生活中，只是星星点点地听到父亲提起往事，在七八岁的时候，父亲领着我到一个远房叔叔家走亲戚，曾看过一次我们的家谱（原件丢失），我家的祖上是山东曲阜人，曾在曲阜的孔府任过“武侯”，太祖父那一辈从山东曲阜迁移到山东蓬莱，又从蓬莱闯关东到了东北营口，又从营口来到铁岭深山里的小县城掏鹿。1897年清政府“招民开垦”，并实行对垦荒移民进行奖励的政策，当地传说是叫“开荒占场”，另一说法是“开荒占草”，其意思就是鼓励开垦荒地，谁开垦的荒地土地就归谁所有。

那时的山东人闯关东就是奔着这黑土地去的。祖上族人们一同辛勤劳作、耕耘，据说开垦了上千亩的山坡地，后来人丁繁衍，就有了一个叫作“张家堡”的村庄。“张家堡”就是一个张姓村庄，周围筑有土墙，看上去是一个勤劳的耕读殷实人家。我从来没有见过我的爷爷，听我父亲说是1945年日本鬼子战败后放霍乱菌，东北很多地方发生瘟疫，村上死了很多人，我的爷爷、姥爷和姥姥都死于这场瘟疫。

那时，祖上应该算是种田大户，因为是开荒而来的山坡地，主要种高粱和玉米，因尚有余粮，就让子孙尽可能都读书。当时住的都是草房子，土围墙，但整个家族还算得上是富裕人家，爷爷读的是私塾，写得一手飘逸的毛笔字，逢年过节经常给邻居写对联。我的姥爷也是一个读书人，读的是当时的财会学校。因为爷爷经常给邻里乡亲写春联和帮助乡亲算账，熟悉我爷爷的人都称他为“饱学”，那个年代读书人不多，念过私塾的人就可以称为“饱学之士”——就是所谓“有学问”

的人①。

20世纪30年代到40年代初，日本侵占东北，灾祸连年，战乱不已，经济萧条，我的祖辈大家族的生活难以为继，1944年前后家道中落，大家族的大户分成小户，小户各自谋生，多有困难。因族人中有很多人读过书，我父亲——张福中也算是比较爱学习的人，考上了民国时的西丰县高中，那时学费很高，我奶奶虽然没有读过书，但是她还是很有眼光的。听我二叔告诉我：奶奶结婚时，有陪嫁的两亩山坡地，为了让我父亲能上学读书，就把那陪嫁的两亩地给卖了，替父亲交了学费。当时能读上高中学习，在当地就算是一个小知识分子了。我父亲高中毕业后家境更是困难，他年纪轻轻就经常给人写对子、写家书、做账谋生，当时周围的人也称我的父亲为“小饱学”。1947年父亲参加工作时，填写表格都要写成分是“知识分子”。

父亲在读高中时深受我五爷张化东影响，学习成绩很好，还会很多种乐器，如笛子、口琴、二胡和大正琴等，还学会了篆刻和书法。听父亲讲，在西丰高中读书时，学生们经常集体罢课，拒绝上日语课，曾经被日本教员打过耳光，并经常受到体罚。听父亲说，父母是娃娃亲，我母亲家也是一个比较有钱的人家。听母亲讲，她家院墙是砖墙，住的是青砖瓦房。父亲家院墙是土墙，就是所谓的“土围子”，也就是现在所说的黄土墙草房。爷爷家和姥爷家在当地都算是生活较好的两个大家族，经两家商议后，我父母被“指腹为亲”②，定亲后，直到18岁两人才第一次见面。见面时，我父亲用笛子吹奏一曲当时流行的由田汉作词、贺绿汀作曲的《四季歌》，想想有些让人不理解的浪漫和伤感。

到现在我自己也很惊奇，20世纪30年代，家族里，我的五爷竟然是个上过大学的人（后面会有介绍），从小就曾以我五爷为骄傲，这也许是因祖上曾在孔府“打过工”，受过文化熏陶的原因吧，或许这也算得上是家学渊源？

父亲高中毕业后，为了维持生活，到处打工，做点小买卖。后经人介绍当上小学老师，后来担任了校长。小时候跟着父亲出门，遇到的人都称我父亲为老师，当时还很奇怪，现在才明白，县城很小，小学校长在当地的知名度可能已经比较高了，因为整个县城就一个小学。1950年父亲调到西

---

① 那时因为读书的人少，会“识文断字”——会认识字，就算是有学问的人，一般把学问广博的人称为饱学。元代王实甫的《西厢记》第一本第四折：“老僧有个敝亲，是个饱学的秀才。”参见：［元］王实甫.西厢记［M］.北京：中华书局，2016：70-72.

② 指腹为亲：一种包办婚姻形式。双方尚在胎中，由父母预定，如为一男一女，即成立婚约。见《魏书·王宝兴传》：“宝兴母及遐妻俱孕，浩谓曰：‘汝等将来所生，皆我之自出，可指腹为亲。’”参见：［北齐］魏收.魏书［M］.北京：中华书局，1974：874-879.

丰县理论研究室工作一段时间后又当上主任。在后来的日子里，我知道的是父亲经常换工作，1954年担任了西丰县团委书记后，曾到团中央学校学习一年，先后当过县委宣传部部长、教育局局长、文化局局长、公社社长、县剧团团长、养鹿场场长、水库建设总指挥等，可以说应该是一个典型的“万金油”干部了。

有一种幸运就是小时候家里有很多书。1950年初，也许是因为父亲作为高中毕业生，算是学历比较高的吧，特别是担任县委理论研究室主任后，一直到“文革”前，家里有很多书，记得有《列宁选集》《斯大林全集》《毛泽东选集》以及那个时代的各种政治读物、小说和杂志等，《如把一切献给党》《钢铁是怎样炼成的》；还有20世纪50年代以来有名的文学刊物《处女地》《收获》等文学刊物。可以说，各种各样的书都有：如竖版繁体字的《红楼梦》《三字经》《古文观止》《今古贤文》等；还有很多苏联的小说，如高尔基的《我的童年》《在人间》《我的大学》三部曲和《卓越娅和苏拉的故事》，以及后来的《三家巷》《苦斗》《金粉世家》；还有《红旗飘飘》《艳阳天》《欧阳海》……当时在我同学眼里，我家里书很多很多，我有时因此也很得意。

和同龄人比较我算是幸运的。在县幼儿园上大班时，老师就教我们认识了很多生字，上小学后的课本对我来说几乎没有遇到生字。记得在父亲的引导下，我从小就背诵唐诗、宋词，小学三四年级时起就借着字典读《红楼梦》了，虽然不是很懂，但帮助我认识了很多生字和繁体字。当时我最喜欢读的书是《十万个为什么》。

从小时候起，我经常看到父亲看书、写报告到深夜，也时常听到母亲抱怨电费用得太多，督促父亲早点睡觉……

记得1967年的一天下午放学回家，看到院子里到处都是乱扔的书，远远地看见一些人在捡我家的书拿回家……我也不敢说话，又不敢靠近，只是远远地看着家里的书被人拿走，当时的心情不说读者也能理解，现在，我的家里还珍藏着那个年代剩下的几本我家里有的书，以作留念。

也是从小学一年级起，父亲只要有时间就检查我的作业，既要求我要考100分，又要求我必须天天写日记，只要他在家，或出差回来都会检查我的作业和日记本，虽然我没有真正长期坚持写下完整的日记，但是也断断续续写到了今天……记得小学二年级时，因为我的日记实在没有什么写的，我就写了一句话：“不平凡的一天，就这么平凡地过去了”，受到父亲严厉的训斥。父亲让我说说，什么是不平凡的一天，是如何平凡地过去的……回想起来，很是想念那个时候和我的童年……父亲从来没有打过我……

而父亲却几十年如一日，天天一边写日记一边练习书法，一直写到他去世前。为了不让离休在家的他感觉寂寞，我谎称我有朋友要买他的诗词字画，100元一幅，他犹豫了一下，但还是欣然同意了。其实，每张字画的钱都是我自己出的，一共写了好几百幅诗词字画，每次我给他钱的时候父亲总是说，是你朋友的事情，再给钱我就不写了……我说这已经很便宜了，人家很喜欢的……现在家里还有整整几箱我父亲写的没有装裱的字画。

父亲的日记本很多，虽然“文革”期间很多书和笔记本都丢失了，但现在我家里还剩50多本父亲的日记，满满记载着几十年来大大小小的各种事情，包括他老人家的读书心得、读报心得、日常生活大小事和市场的各种蔬菜价格、家庭开销及子女的成长故事等，有时不敢翻看，偶尔翻阅，会情不自禁睹物思人，潸然泪下！

2005年我把父母从铁岭接到南京与我同住，这时父母都已经80多岁了，几年后母亲得了老年痴呆，父亲因“文革”期间被批斗，耳朵失聪，腿已经不能行走，而且父亲的党费要交到铁岭的原单位，父亲病危这难忘瞬间的旧事，我写在了2010年出版的《城市文化资本论》一书的后记里。

2004年时，南京大学党委领导打电话给我，建议我参加当时江苏省省管领导干部的“公推公选”并替我报了名，也就是通过参加考试、面试、答辩和民主推荐等程序，应聘某大学担任副校长职位。我顺利地通过公推公选（见2004年9月20日的《新华日报》）并进入面试和答辩竞争环节，我当时考试、答辩都得了第一名，后不知道什么原因，第四名入选……其实，对我来讲，本来就不是我主动报名参加的，但父亲却一直记在心上。

2009年初父亲癌症住院，我个人出钱给他安排了一个单人（高干）病房，每天住宿要多花400多元，但我偷偷告诉他这是离休干部应该享受的，他老人家非常高兴和自豪，每当朋友来看他时，他都说：“我的待遇很好，住的是离休干部病房……”父亲在做癌症大手术进手术室前，他大声说：“不要忘记给我交党费……”我当时泪如雨下……这是他们这一代人的心理人格。

2009年7月父亲病危，临终前只留下一句话：“你这辈子当个教授挺好的……”我理解他的话，这其中有很多很多意涵……是的，父亲这辈子经历得太多太多了……为了能经常看望父母，我把他们葬在离他们的出生地1680.2千米的地方——我工作的城市——南京郊区。

三、家学旧闻：东北大学—西安事变—中苏谈判

这不仅仅是个故事，而是一个家族的历史，更是一个近现代社会变迁的缩影。值得特别提及的是我爷爷辈中我的五爷，我爷那辈的名字是按家谱排序的，是“保”字辈，我爷爷叫张保民，我爷爷的弟弟即我五爷叫张保中，张保中参加革命后改名为张化东，在《百度词条》中能够查到有关他

的很多相关记载和他自己写的文章。关键是，也是我感觉很惊讶的是，1936年我五爷张化东，竟然考上了张学良当校长的东北大学政治学系——这在当时更算是真正的“饱学之人”了。打小起我五爷就一直是我心中的偶像，也自然感觉是我们家族的荣耀，他虽然戎马一生，带兵打仗，但又是学生出身，也是一个文化人。

1932年我五爷在铁岭西丰高中读书，经赵一鹤介绍参加抗日救国会。1933年与宋黎一起参加东北学生抗日救亡活动，后考入东北大学政治系学习。1936年五爷加入东北军张学良的“学兵连”，这个连之所以叫“学兵连”，是因为大部分是东北大学的学生，也就是张学良的警卫连。1936年8月经傅纪纲先生介绍加入中国共产党，同年11月任张学良卫队营七连副连长，是因为张学良不同意指导员的名义，所以才改任副连长，但仍负责政治工作，后来我五爷又担任张学良将军卫队营副营长。

1936年12月12日我五爷参加了“西安事变”，有很多传奇故事都与我五爷张化东有关，如有文章说张化东是“敢踢蒋介石的人”①等等（可以在网上查百度、CNKI和其他相关资料）。1945年后我五爷曾任沈阳卫戍区司令部副司令员并兼做东北地下党人员的组织关系接转工作。1946年长春解放，我五爷入城后担任中共长春市委社会部长兼市公安总局副局长。

1949年12月，我五爷又跟随毛泽东主席、周恩来总理赴莫斯科，参加《中苏友好条约》谈判和《中苏贸易协定》的签订工作，当时由叶季壮和张化东代表中国政府签字。据我五爷说：当时“东北局副书记李富春同志找我谈话（我当时任东北贸易部副部长），说中央要我参加周总理率领的政府代表团，赴苏谈判签订《中苏友好同盟互助条约》和中苏政府贸易条约的问题。富春同志还要叶季壮、吕东和我准备有关经济建设项目贸易交往的资料，以备会谈时参考”②。那年的报纸上有相关内容的照片和各种记载。1950年后五爷先在东北局工作，后调回北京工作。1980年后调任中国国际贸易促进会代理主席、国家进出口商品检验总局局长、国家对外贸易部部长等职。

我经常听父亲讲五爷的故事，如“文革”中被监禁，五爷身体不好，我五奶如何给周总理写信，经周恩来总理多次关心给予医疗照顾，后来恢复职务等等，现在我的家乡西丰县有红色文化记忆，专门有介绍。我之所以回忆五爷，是因为一件与学术和文化古籍流传有关的事情值得回述。

1986年的夏天，我当时还在华东师范大学吴泽先生门下攻读先秦史博士研究生，吴泽先生的导

---

① 冯世鑫. 敢踢蒋介石的人——原国家商检局局长张化东的故事［J］. 中国检验检疫，2002（07）：61−62.

② 张化东：崇高形象永照汗青［EB/OL］.（2006−01−05）［2023−10−28］. http://news.sina.com.cn/c/2006−01−05/10358780019.shtml.

师是李达。我五爷约我去北京，说要帮助他写回忆录。20世纪80年代，我五爷家住在北京饭店后面的红霞公寓（当年所谓“部长楼”）。到他家后，五爷先对我提出要求，跟我说要如何写好他真实的个人回忆录，然后给我讲了很多往事：如西安事变、东北抗日、1945年后在长春和沈阳当公安局局长等故事，特别详细讲了1949年跟随毛主席去苏联谈判的事情。其中谈到关于《聊斋志异》的故事，这也是我回忆五爷的关键原因，但因故事很长，在这里只能简单叙事了。

1946年春，我五爷回家乡一次，当时西丰的很多老百姓都记得他坐着吉普车、带着队伍进县城的情形。这之前五爷多年在外杳无音信，家族里的人都以为五爷已经不在人世了，把他的坟墓都砌好了。有一个人叫刘伯涛，是我五爷的警卫员，也是一个有文化的人，西丰县解放时，他留在了西丰县政府当政务秘书。1947年冬，刘伯涛到当时西丰县的更刻公社乡元宝沟村检查工作时，正值土改，农会正在烧毁一些旧书，他在书堆里发现了一函蓝布皮线装书，拾起来一看封面上写的是《聊斋志异》，而且是竹制纸手抄本，他把书带回县里保存。一年后，已担任西丰县县长的刘伯涛一直把这件事情挂在心上，他查阅了《西丰县志》发现有关记载是：“蒲步瀛，字仙洲，原名英灏，山东淄川人。幼业儒未成而入伍……”后来他经过详细调查得知，曾任旧中国西丰县图书馆馆长的蒲文珊就是《聊斋志异》原著者的九世传人……中间还有很多曲折的故事，网上有很多种记述和说法——限于篇幅就不详叙了。

1951年春刘伯涛把两函四部《聊斋志异》原稿交给当时的辽东省人民政府，时任东北人民政府副主席林枫立即批示将《聊斋志异》交东北图书馆妥为收藏，并奖励原稿捐献者500万元（东北币）奖金（据说相当于现在的500元左右），刘伯涛如数将奖金转给了蒲文珊。从此，就有了《聊斋志异》手抄本在西丰——我的家乡被发现的历史故事，相关记载很多。也许我是学历史专业出身的原因，我很在意家乡关于《聊斋志异》手稿被发现的故事和过程，假设刘伯涛县长没有发现这个书稿、如果手稿当时被烧掉了的话……这种文化的悲哀真是悲哀至极，这个故事也应属于集体记忆了吧。我中学的时候就读过《聊斋志异》，对一些神奇怪异的故事多有记忆。后来，为了了结这一段心愿，当了大学教授以后，我专程到蒲松龄的老家——山东淄博蒲松龄纪念馆参观，为了表示我的敬意，还专门买了一个当地春秋战国时齐国的瓦当以作纪念，这也是一种潜意识的学术文化认知、传承或者是学术感知吧①。

我出生的小城，真的故事很多，在小城附近的西北沟有汉代时匈奴墓葬群，出土了很多金器，

① 《聊斋志异》原本被发现的故事版本很多，在网上可以查到更多的相关记载。

现在保存在中国历史博物馆里；在小时候玩耍的清澈寇河边，经常可以捡到原始时期的石斧、石凿等工具；周围的山里还有很多山寨，属于高句丽文化的遗存，在劳动之余还能发现瓮棺；等等。

当我看到《闯关东》那个电视连续剧时，感觉剧本写得还缺乏深层次的历史感，曾想过，如果以我家族变迁史的故事为背景写一部百年闯关东的故事，可能会有更多的精彩片段——家族百年，也是中国百年史的浓缩写照。

改革开放给每个人带来了选择机会，当大多数同龄人在读本科的时候，1978年我已经是先秦史专业的研究生了。回顾家族的历史，不是为了炫耀，而是为了不能忘却的纪念和逝去的先人。

四、城乡之间：远足求学—知青苦读—城乡之恋

活着就是为了解决问题的。因为，存在就是问题，生活中不存在完美，所以我和所有人一样，努力去追求理想、追求完美。

我虽然生在一个近乎是个大乡村的县城，但我一生中有四次从类似乡村的县城里下乡到大山里的农村生活经历，最后一次下乡是当上教授之后，这是一个漫长的过程，直至现在，我仍然走在城乡之间——在做城市与乡村的策划、规划和城乡变迁、融合研究。

所以，自喻为——城乡都是故乡！所以我在几年前创造了“城愁”这个词，2015年写了一篇文章《从“乡愁”到“城愁”》回忆生活的过往。

第一次下乡是刚5岁那年的事儿。1958年父亲被任命为西丰县安民人民公社社长，我虽年龄幼小，但有着清楚的记忆：两驾马车把我们全家拉到了父亲任职的公社所在地——西丰县安民公社。自己感觉坐马车很好玩，之所以有记忆，是因为途中自己的二姐姐从马车的车板缝里掉下去了，父母都不知道，走了很远了才发现二姐不在车上，我们把马车掉过头去，把二姐姐找了回来。当时记忆较深刻的“亮点”还有：公社吃大锅饭的那个特别大的大锅，盛到碗里没有几个米粒；有时晚上可以看到漫山遍野点燃的蜡烛和那一闪一闪的“大炼钢铁”炉火；“除四害”时全国都在打麻雀，我偶尔能吃到烧烤的麻雀肉……

那时，1958年时任公社社长的父亲，还挎着政府配的一个老式的匣子枪。父亲要经常骑着自行车到各个村里工作，有时很晚或者半夜甚至天亮才能回家。有一次深夜回来，因为没有路灯，父亲掉进一口枯井里，从井里面朝天开枪，有人听见枪声才把他救上来。

过了一年多，又跟着父亲回到了县城，先是上县中心幼儿园，7岁到县中心小学读书。在县中心

幼儿园时的记忆特别美好，老师每天讲故事，识字，唱歌跳舞，记忆特别深刻的是在县幼儿园时，老师就教我们小学课本里的生字，每天下午放学前，老师给我们每个小朋友洗脸、化妆还送半个苹果……在识字中度过了幼儿园大班的幸福时光。

小学读书时，父母对我疼爱有加。我一直想学小提琴，母亲知道我的想法，就省吃俭用给我买了一把小提琴，但因为没有老师教，又加上自己天赋不足，小提琴的学习中断，后来在中学又自学了扬琴和小号。

小学阶段，有两位老师留在了我永恒的记忆里。一是郝雅君老师，慈祥而善良，也写得一手好毛笔字。我的学习一向非常“毛糙”，粗心大意，考试总是差一两分不能满分，她总用东北土话批评我是“蔫巴淘”。她是旧中国时一个县政府官员的妻子，丈夫因此也成为“劳改犯”，我们经常在上学的路上看到他的先生在扫大街。郝老师总是小心翼翼地工作，她家只有她一个人有工资，家里有五个孩子，粮食也不够吃，总是趁着学生家里吃晚饭的时候家访，每次来我家家访，我母亲总是留她在家里吃饭，虽然我们吃的也只有高粱米饭和土豆、辣椒之类的饭菜，看到老师狼吞虎咽的样子，心里有说不出的感觉……小学四年级时，我第一次获得了唯一的全年级双科一百——语文和算术得了双百分。郝老师很高兴地找我谈了很长时间，记得她问我：什么叫鸿雁？只有飞得高，有远大理想才叫鸿雁……我之所以还记得这件事情，还因为她让我这个当了三年红领巾小队长的“蔫巴淘”学生，当上了班组劳动委员，戴上了“两道杠”。从此，我感觉开始对自己有信心了起来。所以我从未能忘记她，在后来，我们都知道她的生活经历很惨……

小学五年级时遇到的薛凤珠老师，是刚从师范中专毕业来农村的年轻新老师，美丽、大方又善良，应该是我人生善良认知的心灵导师，也常常在我人生的起伏中，泛起美好记忆的浪花……

当时正是“文革”初期，好多学校已经不上课了，那个年代，有的学生造反打骂老师，我看到的也是她看到的……有一次，有些学生又围攻、打骂老师（细节就不讲了），我偷偷跑到老师宿舍，告诉她们不要到教室来……或许是因为我每天清晨到学校给班组生炉子的原因，又或者是因为课堂上我是提问最多的学生，每每遇到学生围攻老师的情况，薛老师常常把我叫到一边，找到一个地方，私下里教我课本以外的知识，特别是当小学六年级时，她就经常在假日里教我一些中学课本里的知识。她讲得最多的是如何做一个善良的人的重要性，读书人不能打人骂人……她讲得最多的还是以后会好的，你一定要读上大学……那些日子，是她一直在唤醒我对人生的向往。

在她当班主任的那两年的冬天里，我每天清晨都是第一个到学校的，给同学们生炉子。大家都知道，东北山区非常冷。是的，冬天里，多数的日子是零下30多度，教室里只有一个烧煤的炉子。她当了不到两年的班主任，我坚持了两个冬天，每天早上提前到校后把教室里烧煤的炉子点燃，同学们到学校时，教室里已经很暖和了。而我，提前到校，也可以多看一会儿书……是薛老师在那个年代点燃我迷茫的心灵之火……那两个冬天寒冷的清晨到学校生炉子的事情，也许只有我自己记得，几十年来，却一直是我心里自己温暖自己的火焰，是因为有了薛老师对我人生心灵的关照。

第二次下乡是16岁那年的事儿。1970年1月，我在西丰一中读书，记得还在背诵当时《人民日报》的《元旦社论》。1月13日清晨，全家突然被下放到农村劳动改造，这次全家坐的是一辆大卡车。那天，东北的天气特别冷，接近零下40摄氏度，把我们全家和全部家当拉到了西丰县凉泉公社城子山下，群山环绕的只有几十户人家的自然村——德贤村。

当时，村里还没有电灯，家家都点油灯。我和我的父母、两个姐姐，住在一个有10口人的满族农民家里，他家有3间房，是东北特有的“连二大炕”。我家5口住北炕，他家住南炕……一家15口人在一个没有遮拦的屋子里居住生活……那种感觉真是不堪回首。

下乡的那个当晚，天还下着大雪，为了不让父母看到我伤心，我自己一个人跑到野地里，仰面躺在雪地上，看着茫茫天空和大雪覆盖群山，大喊大哭了一场，知道自己进入一个新的世界，但不知道未来……那时，曾看过《艳阳天》写农村的三卷本小说，以为农村很有趣……

在德贤村生活了4年，每天上学要走20多里路，翻1座山，蹚过2条小河，在西丰凉泉中学读完了高中。我算了一下，4年我走了4万多里路，以至于现在做城乡规划时进行调研的过程中，很多年轻人的体力都不及我。那时，农村喝的是井里的水，每天回家首先要到村头的井里挑水供全家用。

高中阶段，一直是学生班长，年年被评为“三好学生”“五好学生”，有时也担任起老师的责任。在凉泉中学读书的前两年，因为没有电灯，晚上看书的时候要靠近油灯，经常是头发被烧着，而且鼻孔常常是黑的。还是因为父亲在县里工作过，通过一些朋友的关系，给村里提前通电，安装了电灯。

清楚地记得，那一夜，我和全村的村民一样，整个村子的人都没有睡觉，我还写了一首诗，从点油灯到点电灯，恍惚有隔世之感。在高中学习期间，为了能够保住城市户口，保住学生的身份，我主动辍学在家干农活半年多，放猪、放牛、打柴、插秧、赶牛车马车、苫房子、扶犁、耕地……在生产队里所有的农活都干过，因为还比较能干活，村里的人都叫我外号“张小子”，那时，为了给家里减轻负担，每天放学路上，自己还在沿途山上打一捆柴火回家。说点题外的话：因为自己还比较能干农活，当时农村提亲的特别多。自己当然不想留在农村，每每看到家里来提亲的人，则望风而逃……想想自己有点可笑，但还是有“定力”的，很多农村同学早早就结婚生子了。

当时的农村书比较少，父亲也给了我特殊待遇，给我订了两本杂志：一个是《农业机械》，一个好像是什么《建筑》方面的，现在已经记得不是很清楚了。幸运的是在凉泉公社农村读高中的阶段，遇到了很多北京大学物理系、化学系下放到凉泉中学的青年教师，他们真的很认真地教书并充满青春理想，关键是我在偏远的农村能看到那个时候北京大学学生的风采，对我一生有着重大而深刻的影响。他们的穿着、言谈举止和多才多艺，给我的影响是深刻而深远的，他们带来了那个时代知识分子的形象……干净、有青春活力、有新知识，在他们的影响下，在那个阶段自己拼命地学习数学、物理、化学和各种乐器，心里想的是：或许有一天我也能像他们一样。

在高中阶段，我的作文《人勤春早》被选入《铁岭专区中学生作文选》，当时高兴了好多天，可是，这本书找不到了。有时，或许因为自己读书比农村同学多一点，经常代替老师上课，记得在高三时，老师病休在家，我代替老师给同学讲解柳宗元的《封建论》和毛主席《中国社会各阶级的分析》，还引来校长和其他老师听课……

还有一次，老师骑车摔了，休息了半个多月没有来上班，我是班长，带领全班去很远的一个山里割草，一个男同学平时很调皮，午间休息去抓蛇时，一不小心，手被蛇咬了一下，当时我们班同学都看到了是一条毒蛇，我一着急，拿过他的手，就用嘴吸其毒液，边吸边吐唾液，紧急安排人用马车把这个同学送到20多千米外的公社医院。因为毒蛇太厉害，这位同学后来还是很危险，几经抢救才好。而当时，当地的一个赤脚医生却告诉我：你可能更危险，如果你口腔有破口，你的命就没有了。那个晚上回家，我怕出危险，一直往外吐唾液，直到吐得昏睡过去……

记得父亲让我休学那天，我从学校走山路回家，背着二十几斤重的扬琴，那天20多里的上学路却感觉特别长、特别远……是辍学路上的伤感，走到其中一个山头上后，我放下扬琴，在山头上演奏起扬琴来，独自一人，山风微微，琴声悠悠，泪水汩汩，心事重重……

为了给家里减轻负担，我每天在放学后还要耕种自己家的自留地，一共有三分地，由我一个人耕种，三分地上种玉米、土豆、茄子、辣椒、大白菜、萝卜、香菜、茴香等，自己辛辛苦苦根据时令精心种的各种菜，经常被村里个别村民偷菜，每每看到有人到我家自留地偷菜，看到他们的生活很苦，我都忍住了，就让他们拿吧……那个时候，日子虽然艰苦，但其中也有快乐。每到假日就到山里去采蘑菇、采各种各样的野菜和野果，我那时已经认识了山里30多种野菜。

春天，会看到漫山遍野的金达莱并采一大捆抱回家；夏天，会为找到一大片蘑菇而欣喜若狂，偶尔也会在开满百合花的山坡上仰望蓝天遐想；秋天，会在山头的山里红树下、山葡萄藤下坐在地上狂吃一顿；冬天里，有时和村里大叔拿着猎枪去打猎，打野鸡和野猪……想来，那些日子也有很多快乐的时光，当然更重要的是怀揣幻想……

但是比较起来，还有更快乐的事情——读书。

高中阶段跟随父母下乡，和当地“青年点”一些沈阳来的比我年龄大的知识青年学生交上朋友，方圆几十里的“青年点”的书都借遍了。当时看过《罪与罚》《司巴达克斯》《马克思传》《围城》《历代通俗演义》等。记得有一次，听说山那边一个老师家里有一些书，离我住的村子有二三十里路。我腰间系上草绳子，带了一把镰刀别在腰上，到了这位老师家里借书。因为当时特殊的政治环境，他开始还不肯借给我，怕招来麻烦，后来经过很长时间攀谈，他也知道了我的家境和来意，便对我有了好感，一下子借了十多本书，记得有《三侠五义》《前七国志》《后七国志》《三言二拍》《忏悔录》等。背着书往回走时，已经夕阳西下，快到我住的德贤村时已经后半夜了。

冬天的夜晚，大山沟的雪夜照亮了山沟里的小路，虽然饿得很，但心里甚是高兴，快到村口时，远远看到母亲在村头等我，心一下子紧张起来，鼻子一酸，眼泪下来了……当我走到跟前，母亲严厉地责骂我不懂事，还象征性地打了我几下，因为那个时候，东北的山沟里还有狼出没……至今，母亲半夜在雪地里等我回家的身影经常出现在梦里……

第三次下乡是19岁当知识青年的那年。这时我以个人学生的身份正式下乡，当上了“知青”——“知识青年”。1973年1月13日。也是13日，在我的一生中，有个很奇怪的现象，很多关键时候和关键的事情都发生在13日。这一年，我刚刚19岁，高中毕业，虽然全家已经在下乡，但我家和我的户口还属于城镇户口，我必须再下乡，因为我在高中也是文艺队宣传队的骨干，于是再次下乡是以“知识青年”的身份，来到了西丰县成子山下的“西丰县五七干校”“青年点”参加劳动，这个“青年点”集中了当时辽宁省里一些有特长的优秀文艺尖子，除了农活之外，还要经常到部队和农村演出，那时因为我会弹扬琴和吹小号而被这个地方所接收。

因为到这时，我已经以中学生的身份在农村生活和参加劳动三年多，有一定的农活经验和体能，不到半年，领导就任命我当上农田生产队队长和文艺宣传队队长。20岁那年的年底又当上了基建队长，领导180多个农民工盖了一个3500平方米的药厂厂房，因此，多次被评为“先进生产者”和“学雷锋积极分子”等，后在1974年被优先转正为林业工人，每月就有了36元钱的工资收入，当时很多人都想走后门当林业工人。转正当林业工人那天，很多人高兴喝酒到天明，而我却失眠了一夜，这也是我人生中第一次失眠，因为我想上大学……

知青岁月，也是我的芳华。一边劳动，一边读书，一边演出，不定期到部队和农村演出，我主要是打扬琴、吹小号，不仅要当文艺队长组织演出，还要不停地写剧本，如编写拉场戏、相声和小品等。

1973年也是我拼命读书的开始，“五七干校”有很多马列主义的书以及相关的哲学、政治学、经济学、历史学和文学书籍。当时“五七干校”有个图书资料室，是我最好的去处，可以说“这边风景独好”。那个时候，非常盼着下雨，因为一到下雨天，就可以不出工了，可以“躲进小楼成一统，管他春夏与秋冬”，看书看个昏天黑地。记得比较深的是一个阴雨连绵的秋天，我躲在宿舍里看陀思妥耶夫斯基的《罪与罚》，看得半个多月都心情不好……

当生产队长要熟悉业务，因为自己年纪轻，既要管人还要服众。工作最大难题有四：

一是对农作物要熟悉。我们生产队里主要种高粱、玉米、大豆、小豆（红豆）、稻子、春小麦、甜菜、粟米（谷子）、糜子（大黄米，软黄米，学名称“黍”）、红薯、土豆……还有各种各样的蔬菜和药材等，我必须熟悉作物的习性，并使之和季节对应，要事先想好什么时候种什么庄稼，还要考虑适合种哪块地里。我们多是山坡地，有的需要水多一点，有的需要水少一点，有的还要考虑是否朝阳等。

二是对生产队的土地状况要熟悉。我们是山区，一个生产队除了山林地外，耕地只有350亩，在一个大山沟里，中间有一条小河，在沟两边的土地被分成了50多块耕地，最大的耕地只有25亩，最小的不到1亩，所以必须记住每块地有几亩几分地，还需要说出这个地块在哪个山沟和台地上。每天早上，上工前我都要分工、派工，必须清楚每块地多大，分配多少人去干活才能不误工时，不能浪费人力等。

三是对各种农活都要会或者懂得，要不有些年纪大一点的老庄稼汉是不服气的。比如手扶拖拉机必须会、赶马车必须会、扶马犁和牛犁耕地必须会……好在我读农村高中时在家劳动过，有一定的经验，基本农活都干过。有一天，让一个车夫到山里拉一趟柴火，他因小事不高兴，借口山路不好走，就说不去。我二话没说，拿起鞭子，套上三匹马，自己赶车就进了山……当天的工分没有给他。

四是要熟农时，二十四节气我背得滚瓜烂熟。如春天了，东北农村是要“开犁谷子末犁豆”，要抢收种！什么时候撒什么种子，非常重要，晚了几天都不行，农作物，特别是东北山区，夏天时短，到秋天就会赶上秋冻，作物就不会成熟。所以那时候提出“双抢”的概念：就是农民抢季节，抢时间，抢早稻收割，抢晚稻插秧等等。而且我也学会了每天看天气，每天都担心第二天会不会下雨影响农活，我会背诵好多东北农民总结的天气谚语，当了教授也自己常常预判天气，有点八九不离十。

读书、劳动还有很多值得回忆的地方。因为知青十几个人住在一个大宿舍里，按规定要10点必须关灯，个人不能开灯影响别人睡觉，而那时又买不起手电筒，便自己制作了一个看书的“灯”，用一个罐头瓶子里边放上蜡烛，瓶子外边用牛皮纸糊起来，中间留一个缝隙透光照亮看书；白天干活，有时天还没有亮就先起床到会议室看书，有一次被一个值班的女知青同学看到了，还特意为我写了一首诗，至今还记得她写的前两句："三星未横到书房，雄心胜过万丈墙……"

记忆最深的还有：因为我是生产队长，既要白天干活，晚上还要组织政治学习，学习后还要值夜班——就是民兵值勤站岗。那时，我们站岗手里拿的是没有子弹的美式卡宾枪。有一天，因为白天干了一天的活很累，晚上站岗正赶上下着大雨，我只能站在屋檐下手里端着枪，因为过度疲劳，不知不觉地站着就睡着了——半夜里，被年轻点的另一个"特别有想法"的同事，把我手里的卡宾枪偷偷抽出来交给了领导。半夜当我突然醒过来时，几乎吓个半死——枪没有了！后来别人告诉我，被某某人交给领导了。我被领导狠狠批评了一顿，说我脑子少了"阶级斗争这根弦"，并点名受处分被免职……我当时很气愤，那时年轻，找人把他打一顿解恨，这件事在我心里一生都是个"结"。

下乡还有很多危险的时候。有一次，我们队里盖房需要石头，我带几个人到山上采石头，就是要轮大锤，用钢钎打炮眼，装炸药，一连干几天，最后一天，所有的工序都结束了，最后一道工序是点火炸岩石，点火后我们躲在山后观看成果，可是，等了半天是个哑炮，这时就需要一个人重新上山排除哑炮，或者重新装炸药信管，要不这几天的工作就白干了。让谁去排哑炮呢？我现在感觉那时的年轻人都很有情怀，大家都没有退缩，都说要自己上。后来大家一致说：你是队长，你看着办，你说谁去就谁去。现场有6个人，其中两个女知青，我当时想我是队长只有我去了。我就一点点匍匐爬行上去……应该说那一会儿，自己感觉自己有点伟大，炸药随时可能爆炸的，还算命大，爬行到炮眼前炸药没有响，我迅速拔出雷管的药信子，大声叫大家一起上来，重装炸药，还是我来点的火。最后是山崩地裂，顺利采石归来。事后，当我和父母讲起这件事时，用现在的话说：他们"惊呆了"！

每到夏天，都需要砍"鹿柴"，一是为了解决鹿场饲料问题；二是为了柞树更好地生长，砍下柞树后让明年发出更新、更嫩、更宽阔的叶子。这个活一般是在夏天的七八月份干，天气正是炎热时，而且山上蚊虫叮咬非常厉害，几乎无法形容，可以说是一项非常艰苦的劳动，又没有什么劳动保护，为了防止蚊虫叮咬，大热天用衣服包着脑袋干活。在开工前一般会开会号召报名参加，我当然是主动报名到最艰苦的地方干活了。有一天，我们把一面山坡的所有柞树砍完，已经满脸是蚊虫叮咬的红肿包。

太阳西下，我们收工，已经又饿又累得哪怕是一根小草都有可能会被绊倒，走到山下时回头一看，完了！山顶上还孤零零地剩下一棵柞树，看上去非常显眼，按要求必须砍下来，要不，领导来检查肯定是不合格的。还因为我是头头，只得一个人爬上山，当我举起柴刀砍下去的一刹那，脚一滑，柴刀砍在手上，一个两寸长的口子，鲜血和白色的骨头当时就露了出来。我一手捂着出血的地方，一面奔跑七八里路，找到当地一个年纪很大的赤脚医生那里，他看了伤口后平淡地说："必须缝针，要不这个手就废了，但我这里没有麻药。"我当时想了想，只有一条路了，就看到他拿了一根很长的针和缝衣服的线，给我缝了五针，疼痛难以描述。我那时已经读过几遍《三国演义》了，还清楚地记得"关羽刮骨疗毒"的故事……可以用刻骨铭心来描述了，这样的事情，让当时的我油然而生一种英雄感……当然也成为我和同龄人炫耀的谈话资本了。本来，我小学一年级的时候，母亲给我买了一个小提琴，还从《霍曼小提琴基础教程》开始学起，虽然天赋不足，这次手被自己砍了以后，食指不太听使唤，弦乐类的乐器就不能玩了，从此，只能学习定音乐器了，如扬琴、吹小号等。

虽然岁月流逝，但手上的伤痕伴随时光的转移却愈发清晰了。在知青阶段还当过一年多的基建队长，就是建造一个药厂厂房，主要生产鹿胎膏、益母膏中药。建筑药厂从打地基开始，完整地指挥建造了一个3500平方米的三层药厂厂房，那时只有20岁。当时，因为自感前途渺茫，总是想要主动学点谋生的手艺和技术。在招来的农民工中，有很多是各种各样的瓦工、木工和电工等，有的已经是八级工了，就相当于现在的技术员或工程师。我一边当基建队长，一边跟着师傅学手艺，当然他们对我都很好，在瓦工方面，如学砌砖、抹灰、吊角、画线；在木工方面，学习推刨子来刨平木板、搓朱（油漆工）、划线等。在建造药厂厂房的过程中，在实践中学会了很多知识，看建筑与施工图纸，分析建筑结构，亲自参加制作水泥预制板、预制梁。学习建筑知识，研究预应力结构等，从基地放样、画线、打地基、做圈梁、做浇筑梁等。完成了一个土法建筑药厂厂房建设的全过程。因而，从此也引起我对建筑结构、建筑工程和建筑文化极大的兴趣。后来我在研究城市的过程中，深刻懂得了：城市空间在一定意义上也是建筑的空间组合，建筑的建造就是结构化过程，也是一种空间再生产……建药厂的过程，对我后来研究城市，做城市规划、乡村规划以及自己创办、建设乡村民宿等都有很大的帮助。

在建筑药厂厂房的过程中，还有几件事和片段印象深刻。深冬腊月，零下30多摄氏度，建楼房、打地基、挖基槽，需要给药厂楼房做好地基，往地基槽里灌浆，使地基更坚实，避免房屋出现不均衡沉降。因为上面领导对工期有要求：必须在春节前打好地基。那个时候一般情况下，东北的冬天是不能施工的，更不能打地基，否则，开春冰雪融化，楼房会不均衡沉降而使建筑质量无法保证。而且需要建到正负零后并打好圈梁，建造一个框架结构。东北的冻土层一般在1.7米左右，我们就星夜兼程，挖地基要突破冻土层，我们一下子挖到了2.7米左右，先是灌水沉淀，铺沙子再灌水沉淀、找平，因为冷冻不适合作水泥工程，我们架起大锅，同时安装了一个临时小锅炉烧开水，用热水搅拌水泥、石子和大石头块并加盐一起调和后趁热灌到基槽里，经过几天几夜干活，工程还必须连续作业把地基做完后才能保证质量，那么大的工地上加上保温层覆盖。那几天几夜自我感觉真可谓惊天动（冻）地，挑战极限，已看到了人的无限可能。所谓“惊天”还有另外一个小故事：是因为一天半夜，烧锅炉的工人累得不行了，私自跑回宿舍睡觉去了，锅炉烧得压力过大，惊天动地一声响，小锅炉烧炸了飞上天……好在当时没有人在场，没有伤亡……想来还是万幸。

正负零完成后，开始建造四层楼的药厂大楼，要走跳板、推独轮车上楼送材料，那时施工条件简陋，没有卷扬机，往二楼或三楼工地送砖头、水泥、钢筋等全靠每个人手搬肩扛，更多的时候是推着装满砖头或沙子的独轮车走脚手架上的跳板推送上楼，就是要推独轮车走一个30多厘米宽的独木板，从一楼到二楼再到三楼，还要到三楼楼顶，这当时也算是一个技术活，也必须有力气，既要控制平衡，还要随着跳板的弹性走，更要有力量。我也照样跟着干活，一天，我推着独轮车上三楼时，在二楼和三楼之间上的跳板突然断裂，我一下子从三楼至二楼的脚手架处摔了下来，后来到医院检查，胸部软肋严重挫伤，在医院住了十多天……想来也很坦然，那时也根本没有什么抱怨之情。

知青时代，是火一样燃烧的时代，有青春梦想的时代，我的经历中还有好多好多故事，有的很凄惨，有的很感人，有的很伤感，但更多的是遗憾，我会在以后的完整传记中叙说，也为了那个年代的集体记忆。

最青春的时光里，是在劳动与学习中度过的，也曾经遇到各种各样最美丽和最浪漫的事，以后会慢慢道来。除了隔一段时间要到部队、县城和农村演出外，在春天、夏天和秋天的一些傍晚，劳动归来，吃完饭后，几个文艺队战友凑在一起，有的拿起小提琴，有的拿起笛子、手风琴、二胡等乐器，而我有时拿出扬琴和小号，或伴着夕阳或伴着月色，在一起演奏各种乐曲，来洗涤一天疲劳——《莫斯科郊外的晚上》《红河谷》《草原上升起不落的太阳》……久久回荡在山谷——艰苦劳动之余的欢乐，是那么简单，也是那么清纯，这也是我们那个时候的一种“芳华”，带有一点野性、一点苦涩和一点浪漫，但更多的是单纯……后来，到了南京大学担任南京大学城市科学研究院院长后，在给全国各地做各种规划时，特别是做旅游景区和文化旅游整合发展规划时，我从更深层次的意义上理解了南朝诗人左思的“非必丝与竹，山水有清音”的意涵。

从一个知青农民，转换为一个林业工人，考大学，当了短暂的中学老师，又考取了研究生，留在大学当老师，后又考取博士研究生……

第四次下乡则是1993年当了教授以后的事情了，这是一个漫长的过程，更是一个从城市研究到乡村研究的过程，一直延续到现在，再到未来。我认为，学者写一本好书可以放在图书馆里，有的可以成为传世之作；企业家写一本好书是放在大地上的，可以创造经济与社会价值——这是一种比较，使我从心里产生一种共鸣——学者除了把自己的学术思想转化成为文章和著作放在图书馆之外，还应该有作品写在大地上，使学问能够经世致用，达到改造和建设社会的目的。

我崇拜罗素——这位被称为“20世纪的智者”的学者，他在所涉及的20多个学术领域中都有很高的成就；我心向罗素，愿自己的学问能从更广泛的意义上为社会服务。

所以，这一切又是新的开始。一如我未曾预料到家乡那座小城山头上的迎春花将会不复存在……我曾在1999年预料“中国城市社会的来临”，也曾在1994年就发表文章提出建设“中国长江城市带”的概念，漫长而又短暂的人生之路，我从未被困扰过，我终会在怎样的位置而存在，也从未被时代所牵引，却也未曾惧怕任何挑战。我唯一知道的是，尽我个人之力创造价值将是我永恒的追求，也有一生不变的人生哲学：“兰生幽谷不为莫服而不芳，舟在江海不为莫乘而不浮。”

五、自我启蒙：考古城堡—痴学先秦—研读城市

油灯和电灯是两个时代、两种生活方式的直接写照，也是传统农耕时代和工业化时代的分水岭。身临其境，那时的东北农民还穿着用牛皮做的“兀拉鞋”，是一种很简单的鞋子，没有专门的鞋底，在东北的冬天走起路来经常摔跟头，鞋子里面用当地山上长的一种草，叫“兀拉草”放在鞋子里保暖，所以叫“兀拉鞋”。某种意义上说，1973年的东北山村还是典型的自然经济。

农民一年到头愁吃愁穿愁工作，我看在眼里，记在心里，使我在青少年时对农村的贫穷状况就有一种刻骨铭心的感觉。从农村偶尔回到县城，或者来到当时东北沈阳等大城市时，对巨大的城乡鸿沟有一种强烈的反差感知，也不止一次发出感叹：城市与乡村几乎是两个世界。所以后来在读到马克思和恩格斯论及“城乡对立”的概念时，有一种强烈的心理反应：认同——是的，这是真正的一种科学的解释！

有一种“乡愁”叫贫穷。

我的心里一直在想，农村生活那么艰苦、落后，为什么不离开农村呢？当时的知识青年都像疯子一样想回城，我和当时下乡的知青都这样想：什么时候能够回城？回城工作是当时知识青年的一个梦想！那时中国的城市化率只有10%，90%是农业人口——9亿中国人8亿农民。

贫困的生活和农村落后的问题一直在困扰着我，一直心存疑问而想探求答案。大学时代的一次实习，开始了我真正的、毕生的研究城市、探索城市、创新城市理论的历程。

那是1977年在河南登封县告成镇王城岗考古实习，挖掘出一个夏代以前的龙山文化遗址，当时

我和中国历史博物馆考古所的张承志（他后来成了著名的作家）在一个探方里。在这边长不足百米的城墙遗址内，很多专家和著名学者都在论及这是一个史前城市，我当时还是一个在校大学生。在一次研究会上，我与当时河南省的一些考古专家争论得非常激烈，甚至从会场争论到厕所，当时号称“厕所辩论”。我的观点是：夏代以前是没有完全意义上的城市的，有城墙，而没有城市，城墙只是军事城堡的围合，没有形成市民社会关系和市场生活体系，不可能有真正的城市和商品交换的市场关系，这也是我在乡下当知青的时候从马克思那里学来的。

我在下乡当知青时就读过一些经典作家对城市、经济和国家产生的一些论述，如恩格斯的《家庭、私有制和国家的起源》一书学习之后得到的体会尤为深刻。在登封县告成镇城墙遗址挖掘时，我就提出过这样几个问题：一是在边长不足百米的城墙围合的空间内，能否构成以交换关系为主体的城市生活方式呢？二是当时即使是有简单的商品交换，那么，城墙里面市民交易的市场在哪里？三是什么人居住在城墙里边？四是有“城”无“市”可否称为城市？这涉及对城市产生和发展的科学认识，也是把握城市发生和发展规律的关键。中国史前的时代还没有完整的工商业系统，简单手工业前提下的商品关系，是以货易货为主，如《诗经》所说的“抱布贸丝”[①]，我当时认为这一时期不能产生完全意义上的城市。后经过思考和研究，我针对这一问题，提出了先秦时代城市发展、演化的三个阶段的分期，不是有了围墙就是城市，城市是一种生活方式，是社会分工发展到一定阶段时才会形成城市生活。

因为，那个年代，刚刚改革开放，研究城市的文章凤毛麟角，从此，这件事情，给我一生研究城市打下了基础，觉得可以开辟出一个新的路子，一生研究城市经济、文化和城市空间体系，研究城市可以作为一种活法和生活目标——城市研究的生活方式，让更多的农村人变成城市人……

1978年，硕士研究生一入学，我就定下了研究选题：中国先秦城市经济发展史研究。在硕士研究生阶段就发表过多篇学术论文，1982年受邀参加了在北京大学召开的中国考古学年会，我在大会上作了一个发言，论先秦城市发展分期问题，并提出了中国先秦时代“城堡阶段（夏及夏以前）—都邑阶段（商周时期）—完全意义上的城市兴起阶段（春秋战国时期）”的“先秦城市三个阶段”发展分期的表述，而春秋战国时代是中国历史上完全意义上的城市产生时期，中国历史上第一次提出“城市”这一名词最早见于《战国策》。会后，当时的《光明日报》对会议作了专门报道，提出我在会上提出的“先秦城市三阶段分期”的概念，在后来的《史学年鉴》上，又有学者在分析总结

① 王秀梅，译注.诗经：氓[M].北京：中华书局，2015：118-123.

先秦城市研究问题时，也把我的“先秦城市三阶段分期”作为重要观点提出①。之后，也成为我硕士论文对先秦城市发展分期的重要观点，其主要内容发表在1985年《辽宁大学学报》的《论中国古代城市的形成》一文中。

我硕士论文的题目是《春秋战国城市研究》，在当时还没有电脑的情况下，有关春秋战国城市研究的硕士论文就写了十余万字。在硕士研究生学习阶段开始发表学术论文，到2023年底我已经在学术刊物和报纸上发表了各种文章350余篇。

我的第一篇学术论文发表是在1980年。第一篇学术文章题目是《论刘晏的理财成就》，发表在1980年的《辽宁大学学报》上，有一万四千多字，是研究唐代“安史之乱”后，针对唐朝经济凋敝、社会动乱不宁，刘晏针对时弊，提出一系列改革，使唐朝中兴的文章。当时也正值中国经济改革的关键期，文章发表后，产生了较大的社会反响，还因学报编辑部把我的文章署名为“研究生张鸿雁”，可能因为那时研究生少之又少的原因吧，收到很多读者来信，甚至还有要求交友的来信。记得1980年发表一篇文章的稿费是56元，比我当时的一个月工资还多，所以记忆在心，用这个钱给我当时的女友买了一个温州产的项链。

从此，城市学科方面的教学和研究就成为我的日常。1980年初我又陆续发表《论战国城市的发展》等文章并引起同行的关注，均被当时高校文摘和人大复印资料全文转载，那时信息不发达，也有人写信给我，称我为“张老先生”，还有学校请我做研究生毕业论文答辩老师，而我当时还不到30岁。

1980年，是激情满怀、热情如火的年代，也是一个拼命读书的时代，真的可以用如饥似渴来描述。我在大学本科学习的是考古专业，硕士和博士期间专攻中国古代先秦城市史。在大学时代，觉得应该在以下几个方面为自己的发展打基础：

一是学好甲骨文、金文。我把当时所有甲骨文、金文与当时的《新华字典》一一对应标注，这个工作量非常大，但也为我后来的古典文献研究创造了良好的基础条件。

二是学好先秦文献。因是先秦史专业和先秦城市研究所必需，《十三经》成为我的手头必读书，《尚书》《左传》《春秋》《国语》《周礼》《礼记》《论语》《战国策》等先秦文献是课上、课下必读书。《管子》《孟子》《韩非子》《商君书》《晏子》等《二十二子》书，有的书是在老师指导下逐字逐句研究完成的，特别是“前四史”的学习——《史记》《汉书》《后汉书》

---

① 张鸿雁. 论中国古代城市的形成［J］. 辽宁大学学报（哲学社会科学版），1985（01）：45-49.

《三国志》，曾为之时而废寝，时而忘食。其中《史记》十卷本，在专业老师的指导下，在课堂上逐篇读过来。

三是边学习边研究出成果，可以快速提高自己的研究能力。如司马光的《资治通鉴》也是从第一卷读起，并摘录了所有关于重农抑商的政策与条款，在此基础上，在读研究生的过程中，完成了《西汉初“重农抑商”政策对经济发展的影响》①的学术文章并发表。

四是强化个人的知识记忆，对重要词语、重要文章、重要段落、重要知识点要强行背诵，我当时很在意一句话：强记忆也是一种天才。

在硕士阶段，对中国历史特别是对先秦城市经济史的研究中，我感悟颇多也终身受益。当时我不仅研究中国先秦时期的城市，而且集中关注了中外城市发生和发展的比较研究，在比较中提出中国本土化城市形态、中国城市原文化精神、城市集体记忆建构、中国文化根柢重构等观点，主要源于中国历史与文化对我的启蒙，特别是中国传统人文精神、传统城市文化思想等，成为我城市研究的灵魂，并左右着我城市研究的工作与生活，有人说张鸿雁“开创了中西方城市比较研究的端倪”。

事情是这样的：1990年《中国史研究动态》第5期刊登了著名历史学家杜瑜②的文章，题目是《中国古代城市比较研究现状与展望》，他总结了80年代到90年代中外城市比较研究的成果，其中有这样一段话：“中西方古代城市的比较研究是近几年才发展起来的新课题。张鸿雁在《沈阳师范学院学报》1983年第4期上发表《与西欧中世纪城市比较——春秋战国在城市兴起过程中的特点》一文开创了中西方城市比较研究的端倪。此后，他把这篇文章加以扩充，在他所著的《春秋战国城市经济发展史论》（1988年7月辽宁大学出版社出版）一书中专门写成一章，《与西欧中世纪城市比较——春秋战国城市在兴起、发展过程中的特点》，具体论述了中西方城市兴起的不同历史前提、城市经济结构与组织结构的不同，城市在社会发展中的‘聚力’与‘分化力’的区别。”杜瑜先生的这段评述，对我的研究是一个很大的鼓励和鞭策，做学术研究就应该有开创，有填补空白的功力

---

① 张鸿雁.西汉初“重农抑商”政策对经济发展的影响［J］.辽宁师院学报，1982（06）：69-74.

② 杜瑜，出生于1941年10月，祖籍江苏江都市，生于上海市。1965年毕业于复旦大学历史系历史地理专业，师承谭其骧教授。毕业后一直在中国社会科学院历史研究所历史地理室工作。曾参与《中国历史地图集》《中国史稿地图集》《国家大地图集·城市图·战争图》等的编绘工作，合编过《中国历史地理学论著索引》《中国历史地名大辞典》等工具书，独著有《中国经济重心南移——唐宋间经济发展的地区差异》专著和《海上丝路史话》《中国疆域沿革史话》等数本小册子，还撰著了《中国古代城市的起源与发展》《扬州历史地理综论》《上海港孕育轨迹》《从〈平江图〉看平江府城的规模和布局》等数十篇历史地理专业论文。参见：杜瑜.中国历代疆域［M］.北京：中国国际广播出版社，2011：作者简介.

才是。

三年硕士研究生做了几万张学术卡片，用拼命读书、废寝忘食等词汇不足以描述我和我们当时的学习状况。我和同学一样，学习痴迷、经常忘事已经到了可笑的程度。我有时穿着一只运动鞋和一只皮鞋就到了食堂就餐；很多时候在教室里看书就睡在教室里到天明；更有甚者，有时看书忘记他人也同在寝室，出门时不知不觉把同寝室的同学锁在房间里，中午吃过饭回来后常常惊讶不已，同学被锁在房间里不能及时吃中饭，被狠狠地一顿嘲笑，回想起来都是乐事……

城市本来就是一个有机综合体，一座很小的城市就可以有四亿个以上的可变参数，因此，单一的知识结构很难理解城市和研究城市。由于城市科学研究范畴特殊性，逼迫自己不得不进行跨界学习和研究，主要阅读哲学类、经济学类、经济史学类、建筑学类、地理学类、规划类、区域经济学类、景观学类、结构学和文化学类等书籍。1982年研究生毕业后我留在了辽宁大学工作，既讲课又担任辽宁大学学报编辑，1983年7月14日晋升为讲师，29岁，据有人说，在那个年代应该是中国最年轻的讲师。

在这一时期，我又再一次集中研究了《马克思恩格斯全集》中有关城市与商业的文章，并开始摘录他们有关城市与乡村、商业与社会分工、城市化与市民社会的论述，这个摘录工作一直持续到博士二年级，共计有30余万字。在《马克思恩格斯全集》中，3、12、23、24、25卷和46卷（上、下）我摘录得特别详细，在后来给学生讲课时，经常会直接背诵、引用其中的重要观点，这一研究过程对我的学术成长和城市经济研究有着深刻影响，特别是马克思恩格斯在46卷指出的：“近代历史是乡村城市化的历史。”这一论断已经被世界城市发展历史所证明，对马克思恩格斯有关城市论述的研究，使我终身受益，虽然也发现了城市社会在进化中质变，但马克思的基本理论和批判精神似乎也成为我的一种文化性格与人格。

研究生一毕业，留校当老师后，我主要在历史、中文系讲授中国古代史、古代汉语和断代史等课程，除了参与各种项目研究外，当时自己已经着手准备写一部《中国城市发展史》。

六、探索城市：选择海派—学习罗素—效仿帕克

1985年，我决定还要继续深造考博士生。当时全国招博士生的高校还比较少，符合我专业方向的导师有吉林大学的金景芳先生，是研究先秦史和经学的；另一位是华师大的吴泽先生，吴先生是两个专业方向的博士生导师，先秦史和史学理论，又是国务院历史学科的组长。1985年时各高校博

士招生考试时间不一样，我就同时报考了这两所大学的博士生考试。特别巧的是，我在同一天接到吉林大学和华东师范大学两所大学的博士录取通知书，现今还保存着吉林大学的人事录取电报和华东师范大学录取通知书。1985年9月26日《沈阳青年报》为我做了一个整版报道，记者用“每一次获取，都是下一目标的起点”为标题来诠释当时充满憧憬的我……

我经常讲，人生最难的就是选择。接到录取通知书后，我当时非常高兴，在兴奋之余又遇到了两难选择，又一次站到了人生选择的路口，所以后来我专门研究“选择理论”，包括布坎南的《选择经济学》及在2002年出版的《侵入与接替——城市社会变迁新论》一书中提出的创造“充满选择机会”的城市理念，也是源于此，后来发现萨特在《存在与虚无》一书中也有相类似的论述。

考博士时还有一段插曲。在吉林大学考试时，记得考试的主要内容是《左传·哀公二十四年》全译文解析。当时答完卷后我在卷纸上写了一段话，现在还记得部分内容“闻先生年年考《尚书》，《尚书》重要篇章或几能背矣！惟今年考《左传》，而《左传》又是吾辈枕边必读之书”云云。很意外的是，考完试的当天晚上，金先生让人联系我说，晚上到他家坐坐。

我当时怀着一颗忐忑不安和崇敬之心来到金景芳先生家里，还记得与金先生谈话的主要内容：我知道你是学过考古专业又是先秦史专业的，也看过你发表的文章，如果录取了就留校工作专门研究先秦史吧。那时博士生很少，就相当于师傅带徒弟一样，金先生这样说，我当时不知道说什么好，手足无措，只有感动和紧张。但是，在没有正式通知我之前，我心里还是没有底，便又参加了华东师范大学的考试。因为我对吉林大学当时还是一个“没有围墙的大学”有一点不大理解，在两难选择的焦虑之中，最终选择了上海华东师范大学，只是因为心中有一个小小的心愿：我的母亲可以到上海来看我，让母亲感受一下大上海的城市生活……1985年到华东师范大学报到后，因对金景芳先生有愧疚之心，便写了一封长长的信，既表示遗憾又表示歉疚，其中主要说的是：“晚辈永远是金先生的学生。”但是，没有收到回信，成为我一生的憾事。

空间是城市时间的切面，时间是城市的结晶。

20世纪80年代是一个魔幻的年代，在上海博士生学习期间也是我的思想大转变的时期，与中国改革开放大潮一起，在学海中遨游，一个北方人——“大城市”——东北铁岭人，来感受“海派文化”真正的大城市洗礼。一边主动积极参与各种各样的社会活动，一边依旧如饥似渴地“拼命”读书、写文章。

在读博士生期间，我被选为华东师范大学校研究生会主席、校务委员、上海市研究会副主席。1986年还在读博期间被选为上海市普陀区第九届人大代表。1986年参加上海高校辩论赛，作为主辩，使华东师范大学获得上海高校辩论赛第一名的成绩……并获得校优秀干部称号。1986年作为上海优秀学生代表，随上海市团委到西沙考察，返校后，受到当时上海市市长江泽民的接见，并共进午餐，我作为学生代表，就坐在江泽民同志的右手边……1986年我在《光明日报》发表的《商鞅"焚诗书"辩》（《新华文摘》全文转载）应该是回答和解决了一个千古之谜。在学术上，我的博士论文《春秋战国城市经济发展史论》获得华东师范大学一等奖，等等。在上海学习、工作、生活7年多，看到浦东的崛起，看到改革开放的成果，用现在的话说，对未来憧憬并信心满满。1985年到1988年，我和大家一样，只有一个理念——抢时间学习。那时学校有24小时读书教室，在上海图书馆每天都能看到边读书边排长队的人，在学校里，我每天只是"三点一线"，教室—图书馆—食堂。

那时，博士生人数比较少，很多时候在导师家里上课，全校才有几十个博士生，有时上完课后就在导师家里蹭饭，师生感情甚笃，既是师傅带徒弟，又情同父子，那一段时间的美好，铭刻在心。吴先生教导我最多的是，搞学术研究，既要有哲学理论和史学理论，又要学会考据，必须有跨学科的能力，必须有考据学的功底。我的博士论文中春秋战国城市的空间结构、空间形态、历史节点、数据等都是用考据的方法研究出来的，如春秋战国时中国有多少城市、城市的道路有多宽、城市里都居住着什么职业的人、城市的人口构成等等。

吴泽先生那时已经年过70，有一次生病住院，我连着在医院守护了二天二夜，为导师洗脸洗脚……后来，在导师去世的纪念会上，我赶回上海开会，在主席台上忍不住大哭，只是感谢导师教导和知遇之恩。记得，1990年4月29日离开华东师大到南京工作告别之时，在吴泽先生家里，先生偷偷地塞给我两百元钱，我们相拥而泣……

我的博士文章《春秋战国城市经济发展史论》共写了50多万字，在博士刚毕业的1988年正式出版了博士论文中的35万字，剩下的15万字，又经修改增加到20多万字，在1994年又出版了一本书——《城市经济与城市文化发展论》。

毕业时，当时国防大学、南京大学、军事科学院等都有意向让我去工作，包括北京大学地理系的侯外庐先生在家里也接待过我，希望我去北京大学工作，但是，在导师的挽留下，还是留在了华东师范大学。在这期间我创办了华东师范大学史学研究所和"东方学教研室"，并担任主任，同时还为华东师范大学创办了"行政区域城市研究中心"，就是现在华东师范大学教育部城镇化研究基地的前身。

1989年《华东师范大学》校报以《我的治学观》为题作了报道（原文）："十年磨一剑，不求捷径，不求疾至，革杀自我旧有的学识、偏知，抛掉孤芳自赏的稚气，方能以大海的情怀，畅饮万条江河新知的清流。做'真学问'并不是做'死学问'，不做与世隔绝的学问，也是己所不为的。

但求既有时代的光泽，又有经得起历史验证的‘韧性’。大方之家对治学之伟论甚多，我以为自己只拾得‘认真’二字而已。我非常喜欢这句话：兰生幽谷不为莫服而不芳，舟在江海不为莫乘而不浮。”

1990年3月在华东师范大学晋升为副教授。《我的治学观》一文在华东师范大学校史馆保留多年。斗转星移，1990年后，各大学竞争激烈，我当时就判断在新的教育改革条件下，各学校在全国的排位会发生变化，为了寻求发展，怀着恋恋不舍的心情离开华东师大，离开导师……奔赴在京海线上的南京，因为南京在“京派文化”和“海派文化”之间，必然有其存在与发展的理由——金陵，六朝古都，十朝都会，这也是我的第二故乡。

1990年，当时看到东南大学亟需招聘有博士学位的人才，便给当时东南大学韦钰校长（后来担任过教育部副部长）写了一封信，她非常快地回信并在其直接安排下，我来到了东南大学工作，不久担任东南大学社会科学系副主任，创办了长三角城市研究中心并担任主任一职。

1993年晋升为正教授，也是1993年获得国务院政府特殊津贴，同时在东南大学也获得了江苏省优秀青年称号等荣誉。在东大的四年中，也是我修正学术人生价值目标的四年，我以芝加哥城市社会学派为样板，进一步跨界发展自己，追求以经世致用的思想，努力提升个人价值与创造社会价值，获得江苏省首批企业注册咨询师资格。

1992年起，每周六的晚上11点到12点，到南京电台主持《张教授热线》直播节目，一播就是4年，在主持电台直播节目时，既传播知识，也了解了老百姓疾苦和他们关心的社会问题，在听众喜欢和认同的声音中自我也得到一定满足，但当时，我还有一点小小的私心，因为每周一次的主持节目还可以得到30元钱的劳务费以补贴家用……

我还是东南大学第二校歌《春晖曲》歌词的作者，登在东南大学的校报上。或许是在学术和工作上有点成绩并有点小名气，1994年4月的一天，南京大学曲钦岳校长亲自打电话给我，说邀请我到南京大学工作，因为南京大学那时的文科在全国排名位居前列，而南京大学社会系又要申报社会学博士点，缺乏教授层次的人才。1994年7月我来到南京大学工作，而曲校长又专门批示为我成立了“南京大学城市科学研究中心”，从此，我的跨学科研究又一次插上了翅膀。我给自己的定位是三个小理想：一是要像罗素那样活着，也能够成为跨学科研究的学者；二是要像社会学家晏阳初那样，做一个有社会责任感并能把知识直接用于实践而改变社会、改变落后乡村的学者；三是要像芝加哥城市社会学派创始人之一、美国芝加哥大学城市社会学教授帕克那样：带领自己的学生走遍芝加哥城市的角角落落并能解决现实的城市社会问题。第一个小理想不敢讲实现只讲追求。第二个、第三个小理想我一直在实践过程中——如，就对于南京来说，可以说是走遍了大小街巷。

是的，我在南京大学社会学系开设本科生的“城市社会学”、硕士生的“现代社会区论”和博士生的“城市化与社会结构变迁研究”等课程，在教学和指导硕士、博士研究生的过程中，带领他们经常做田野调查，深入社区，走访街道、乡镇、村落，探寻不同类型的空心村，走村访户，了解各个阶层的生活样态，了解城市社会的生活细节，了解城市的每一种记忆，认识城市的本质，了解鲜为人知的被人遗忘的城市角落……

为此，用我自己的横向科研经费为本科生、硕士生和博士生出版了“城市角落与记忆”丛书，其内容主要是我带领学生做的社会调查成果和我上课要求学生写的课堂作业。有关创建“南京城市学派”的奢望由来已久，早在1987年出版的我的博士论文第一章，就提出了建构“城市关系学派”的命题。在南京大学近30多年的城市学耕耘之下，南京城市学派已显雏形，我的学生们都已成长起来，我的城市社会学专业的硕士生和博士生有80多人，他们有的已经成为博士生导师和城市研究的专家，在各自的领域都有许多建树……我和我的博士生、硕士生于2023年在南京大学出版社出版了《城市社会学新论》一书，用以纪念我30年来在南京大学的城市社会学研究。

我前后在四所大学工作过，对自己的学习融合、学术综合和跨学科研究起了重要的作用。因各学校教学工作的不同需要，我在辽宁大学讲“中国古代史”“考古学”及“古汉语”等课程，还在《辽宁大学学报》担任编辑工作；在华东师范大学给研究生讲“国情学”“先秦史”“东方学”“城市经济史”等课程；在东南大学给本科生、研究生和研究生班讲授“城市管理学”“城市与建筑文化学”“企业策划与市场营销学”“城市形象与城市文化学”“城市经济史”“传播学”“企业形象与企业品牌”“中西文化学比较”和“企业危机管理”等课程；在南京大学讲给本科生、研究生和博士生讲“城市社会学”“城市管理学”“现代社区论”“城市危机管理”“企业形象与企业营销”“城市发展战略”“城市文化资本再生产”“文化与创意产业发展”“房地产营销与管理”“中国城市化理论与实践创新”“城乡规划与策划创新”“文化旅游融合发展规划与创新”等课程。

教学相长，迫使自己跨学科研究有了显性化的效果。1996—1997年南京大学开始设立“通识教育课程”，于是我在南京大学开设了《中西文化比较研究》的通识教育课程。没有想到的是，当时选课者竟达1300多人，在南京大学的大礼堂里上课，那半年的课也使我终生难忘，每天都怀着紧张而兴奋的心情讲完两个小时的课，生怕大礼堂太大，来的人会少，但是每次看到大礼堂里坐满了听课的学生，深感教学就像一场战斗，每次上完两个多小时的课下来经常是满头汗水……当年，《南京大学校报》全校海选投票，我还被授予了“优秀教师”称号。

1994年以来，我在南京大学先后担任南京大学城市科学研究中心主任、1997年担任社会与工程管理学院副院长、2000年担任公共管理学院副院长并兼社会学系副主任、2005年担任社会学院副院长、2009年南京大学城市研究中心后更名为“南京大学城市科学研究院”并任院长，同年，通过竞争被批准担任“江苏省城市现代化研究基地主任、首席专家”等职务。2009年为了照顾父母，自己主动辞去学校的行政职务，专一地进行城乡规划、文化旅游规划、城市发展战略规划和城市经济理论、“城市文化资本”理论等方面的研究。

在社会学术机构兼职方面，先后担任：中国城市社会学专业委员会会长、江苏城市经济学会会长、江苏城市智库理事长、南京文化创意产业协会会长、扬州历史文化名城研究院学术院长、南京高淳国际慢城研究院院长、长三角民宿研究院院长、江苏扬子江创新型城市研究院院长，还曾担任《中国名城》杂志主编，创办并主编《中国城市评论》和《中国房地产评论》等学术刊物。

在南京大学本科上课时还有一个小故事，那是1996年的事。这年春天，我在上城市社会学课时感冒发烧，但因为事先没有请假，还是坚持上课，城市社会学是三节课，到第三节课时，几乎要倒在讲台上了，后来还是努力走到南大校医院，到医院一测体温，已经39度多了，医生诊断为急性胸膜炎——肺部积水严重，马上住院，在南京大学校医院一住就是两个多月。在当时南京市领导的关怀下，后转院到鼓楼医院，经过医生的努力治疗才有所好转。值得回忆的是，住院期间当时的学生班长多次带着鲜花来看我，让我很感动，从此和学生结下新的不解之缘。由此，每年我都拿出一些钱，赞助学生们作为班费，一直到我退休前。

2005年获得南京好市民称号。2008年由我创意设计的上海世博会江苏展馆主题《花好月圆》，经参与江苏世博会馆策划的36位专家投票，我的策划文案获评为江苏省参展上海世博会的主题概念，并被推选为上海世博会江苏省世博馆的首席专家。

2010年在上海世博会上，受法国大使馆邀请参加了法国馆的“大使论坛”，并在法国馆里进行了《城市文化资本》专题演讲，充分阐述了“城市文化资本”的理念价值和资本意义。《解放日报》在2010年做了整版报道。

2011年，作为中国南京创意产业代表人物，与世界创意产业之父约翰·霍金斯在南京进行了一场创意城市与文化的主题对话。

我一直这样想：只考虑耕耘，不要考虑收获……特别是2010年我主持“南京高淳桠溪的国际慢城规划和策划”项目，当时提出两年“福民富民倍增”的策划概念。现在的“南京高淳桠溪国际慢城”已经成为世界的“中国慢城总部”所在地，并且成为“就地城镇化”的一个典型。

走过多少村镇、拜访过多少家户已经记不清了，寻访过多少街巷也已经记不清了，数得清和记得清的是一种“失却”与“忘却”的追思。印象深刻的是：有的地方面貌依旧，落后依旧！更重要的是，面对中国城市100年来建构性本土化形态的缺失，如何重新找回自我，已经成为一个城市社会学者的义务！如何创造中国更多的、新的城市理念与城市特有的思维，已经成为民族城市文化再兴的前提！

如何能够实现城市底层社会的改变，或者是城市如何能够实现“不同的高度，同样的理想与幸福”的理想类型追求，抑或可以说，如何找回中国本土化城市理论，找回中国城市的文化自信，才是现代城市社会学、城市规划学和文旅融合规划学应有之义。

在城市研究上，获得各种奖项有三十多项，江苏省政府哲学社会科学评奖是隔两年左右一次，2002年开始，连续四次获得江苏省政府哲学社会科学二等奖，到了2016年、2019年又两次获得江苏省政府哲学社会科学一等奖。其实，从2009年起时至今日，从“三边生活”到“四边生活”的转变：一边教学，一边做科研，一边发表学术论文，一边走在城乡之间的路上——做城乡空间发展规划、城乡文旅整合发展规划、城乡产城整合发展规划以及各种各样的城市发展战略规划……努力把更多的作品写在大地上……可以预见的未来，我心我行我故依旧。

张鸿雁教授学术简介

张鸿雁，南京大学教授，博士生导师，二级教授。现任南京大学城市科学研究院院长、江苏省城市现代化研究基地主任和首席专家、江苏省扬子江创新型城市研究院院长、江苏匠工营国规划设计公司董事长和首席专家、上海世博会江苏馆策划设计首席专家、南京长江文化研究院学术委员会主任委员、江苏省企业注册咨询专家、南京大学“赵世良讲座教授”。

先后在辽宁大学、华东师范大学、东南大学、南京大学任教，1983年晋升为讲师，1993年晋升为教授。1988年任华东师范大学东方学教研室主任；1991年任东南大学社科系副主任，创办“长三角区域与城市经济研究中心”；1994年任南京大学社会学院教授、博士生导师。从1994年以来，先后担任南京大学城市科学研究中心主任、南京大学社会工程与管理学院副院长、南京大学公共管理学院副院长、南京大学社会学院副院长和南京大学社会学系副主任等职。

其他社会兼职还有江苏城市经济学会会长、江苏城市智库理事长、南京文化创意产业协会会长、中国高淳国际慢城研究院院长、南京城市研究院副院长、扬州历史文化名城研究院学术院长、中国城市社会学专业委员会会长（2010—2013）、长三角民宿研究院院长、南京大学城市规划设计研究院有限公司技术委员会委员、南京大学城市规划设计研究院顾问、南京市文化和旅游局全域旅游发展专家顾问、中共江苏省委农业工作领导小组和江苏省农业农村厅乡村振兴专家咨询委员会委员以及多个县市发展战略顾问等。

一、长期从事城市社会学、城市经济学、城乡规划学、城市文化学、城市经济史学和城乡空间规划、文旅融合发展规划、乡村振兴规划研究、区域经济与产业规划、企业管理与营销策划等的教学和相关具体规划设计实务工作。主讲课程有：（1）城市社会学；（2）城乡规划理论与实践；（3）中国先秦城市经济史；（4）文旅融合的规划与实践；（5）中外城市建设与发展史；（6）城市文化资本论；（7）城市发展战略；（8）现代社区理论；（9）城市管理学；（10）区域经济学；（11）城乡融合发展规划；（12）城乡旅游规划；（13）城市形象整合营销传播；（14）城市更新与更替；（15）特色小城镇规划设计的理论与实践；（16）旅游景区的策划、规划、创意与设计等；（17）市场整合营销；（18）城市危机管理；（19）社会传播学；（20）社会变迁理论；（21）中国经济史；（22）策划学；等等。

二、首创“城市文化资本”理论、循环型城市社会理论、都市圈差序格局理论等理论概念，在2000年首次创新性地提出了“城市文化资本”和“城市文化资本”再生产的理论、概念与体系。从2000年开始出版了“城市文化资本”三部曲《城市形象与城市文化资本论——中外城市形象比较的社会学研究》（2002年）、《城市文化资本论》（2010年）、《城市文化资本与文化软实力——特色文化城市研究》（2019年）共计160余万字，并已经形成一种研究体系和范式，应用于当代城市经济、城市文化和旅游发展的建设当中。截至2023年12月，以“城市文化资本”作为研究概念和理论支撑的学术论文、博士论文、硕士论文，经CNKI系统检索统计共有810余篇；万方数据统计共4600余篇；维普数据库统计共820余篇。其中根据CNKI系统检索统计，所涉及的学术领域有城市文化、城市形象、城市更新、文化资源、城市文化空间等，个人的“城市文化资本”相关研究论文被引注1128次，总下载量为45296次。

三、主持国家级重大招标课题三项

1. 2012年主持国家社科基金重大招标项目“特色文化城市研究”（项目批准号：12&ZD029），同时获得“‘十三五’国家重点出版物出版规划项目”。主报告是《城市文化资本与城市文化软实力——特色文化城市研究》，于2019年由江苏凤凰教育出版社出版，并在2020年获得江苏省政府第十六届哲学社会科学优秀成果一等奖。同时，在这一国家重大课题下的子课题之一，2013年发表在《社会学研究》的《中国新型城镇化理论与实践创新》一文，在2014年获得江苏省第十三届哲学社会科学优秀成果二等奖。另外，围绕这一课题还出版了“特色文化城市研究”丛书（5本），其中有两本书获江苏省政府哲学社会科学奖。

2. 2005年获得主持中华人民共和国教育部重大攻关课题“城市化理论重构与城市化战略研究”（课题编号：05JZD0038），课题主报告《城市化理论重构与城市化战略研究》由经济科学出版社2012年出版，并在2016年获得江苏省第十四届哲学社会科学优秀成果一等奖。子课题之一《城市文化资本论》2010年出版，在2012年获得江苏省第十四届哲学社会科学优秀成果一等奖。子课题之二《城市定位论——城市社会学理论视野下的可持续发展战略》于2008年出版，在2011年获得江苏省第十一届哲学社会科学优秀成果一等奖。

3. 2003年获得国家哲学社会科学重点项目“城市化进程中的社会问题”（项目批准号：

03ASH004）。同时，被列为“‘十一五’国家图书重大工程出版规划项目”，以《城市进化论——中国城市化进程中的社会问题与治理创新》的书名出版。

1994年主持国家哲学社会科学项目“沿海城市发展战略研究”。另外还主持国家哲学社会科学重点课题子项目二项：“江苏城市现代化创新研究”和“江苏苏南城市化的文化自觉研究”。主持省部级课题项目30多项。如主持江苏省哲学社会科学重大项目“江苏省城市化进程中的社会问题研究”、主持江苏教育厅重大项目“江苏软实力研究”、主持江苏省哲学社会科学重点基地项目“宁镇扬一体化研究”。2023年又刚刚获得江苏省哲学社会科学重大课题一项，主持“长江国家公园江苏段特色文化研究”项目。

四、在全国范围内主持各类城乡规划、旅游规划、产业规划和博物馆策展、策划、规划、设计和战略研究项目等总计达400余个，主要有：《宁镇扬都市圈一体化规划》《江苏省关于贯彻落实国家文化数字化战略的实施意见》《江苏省文化数字化赋能乡村规划》《南京国家对外文化贸易基地创建（建邺区）》《三个扬州发展定位——创新、幸福和精致》《长江国家文化公园南京段建设思路研究》《苏州市“十四五”文化和旅游融合发展规划》《溧阳市“十四五”乡村旅游发展规划》《吉林省城市更新发展战略规划及实施策略》《南京高淳桠溪中国慢城策划与规划》《盐城市建湖淮剧小镇发展规划和顾问咨询》《南京秦淮河旅游发展规划》《浙江雪窦山文化旅游规划》《辽源新城空间与产业发展规划》《南京栖霞山文化旅游规划》《南京秦淮河文化旅游规划》《南京江宁全域旅游规划及研究著作》《南京聚宝山体育公园规划》《河南洛阳的文旅融合规划》《新疆克州“十四五”文旅游融合规划》《湖北蕲春县多规合一规划》《湖北浠水县城乡空间规划》《湖北浠水县产业发展规划》《新疆克州博物馆展陈设计与规划》以及国内几十个乡村文旅融合振兴规划等，还有全国各地一些5A级景区规划、国家级旅游度假区规划及4A、5A级景区创建等，还有多个国家级旅游度假区规划、世界旅游目的地城市规划、城市街区更新规划等。

五、出版各类学术专著30多部，主要有：《城市社会学新论》（南京大学出版社2023年版）、《城市更新与生活美学研究》（中国建筑工业出版社2023年版）、《城市文化资本与文化软实力——特色文化城市研究》（江苏凤凰教育出版社2019年版）、《嬗变与整合——泰州、四平和南通城市文化资本再生产》（江苏凤凰教育出版社2019年版）、《城市化理论重构与城市化战略研究》（经济科学出版社2012年版）、《城市社会学新论》（中国社会科学出版社2012年版）、《城市进化论——中国城市化进程中的社会问题与治理创新》（东南大学出版社2011年版）、《城市文化资本论》（东南大学出版社2010年版）、《五千年历史的切面：1949中国城市》（东南大学出版社2009年版）、《城市定位论》（东南大学出版社2008年版）、《循环型城市社会发展模式——城市可持续创新战略》（东南大学出版社2007年版）、《城市·空间·人际——中外城市社会发展比较研究》（东南大学出版社2003年版）、《城市形象与城市文化资本论——中外城市形象比较的社会学研究》（东南大学出版社2002年版）、《侵入与接替——城市社会结构变迁新论》（东南大学出版社2000年版）、《智典——张鸿雁教授策划智慧风暴》（东南大学出版社1999年版）、《社会经济形态转型论——中国社会经济发展研究》（辽宁大学出版社1994年版）、《民族偏见与文化偏见——中西文化比较新论》（辽宁教育出版社1993年版）、《城市经济与城市文化发展论》（辽宁大学出版社1993年版）、《春秋战国城市经济发展史论》（辽宁大学出版社1988年版）等。

六、在《社会学研究》《管理科学》《城市问题》《历史研究》《社会科学》《史学理论研究》《民族研究》《探索与争鸣》《中国史研究》《江海学刊》《南京社会科学》《哲学与文化》《城乡规划》《中国建设报》《光明日报》《人民日报》《解放日报》《天津日报》《文汇报》《新华日报》等国家级学术刊物和报纸杂志等发表学术论文350多篇，并先后担任《中国城市评论》《中国房地产评论》《中国名城》等学术杂志主编。

七、获得江苏省政府哲学社会科学一等奖二项、二等奖四项，其他各类学会、省市奖项及南京大学奖项等30余项。除了上述的国家课题成果获奖外，还有2001年《侵入与接替——城市社会结构变迁新论》获得江苏省哲学社会科学二等奖；《“都市转型病”能否避免》载于《解放日报》（理论版）2010年7月12日，《南京日报》转载，2010年获第十八届全国副省级报刊理论研究论文一等奖；《春秋战国城市经济发展史论》1989年获华东师范大学学术成果一等奖；2004年获得南京市第二届“南京好市民荣誉称号”；2004年获得江苏省优秀哲学社会科学工作者奖（省委宣传部、省社科联）；1997年获得南京大学教学标兵奖；1992年被评为江苏省普通高校优秀青年骨干教授（省教委）；1995—2004年八次获得南京大学青年教师奖教金育才奖等。

八、主编出版有关城市研究的丛书有：“城市科学前沿”丛书（10本）、“中外比较研究”丛书（10本）、“城市化理论重构与城市远见”丛书（8本）、“中国城市化建设”丛书（8本）、“后现代城市”丛书（5本）、“世界城市研究精品”丛书（20本）、“城市角落与记忆”丛书（2本）、“特色文化城市研究”丛书（5本）。

九、在东南大学担任社会科学系副主任时，因东南大学校报征集校歌而创作了《春晖曲》，并作为东南大学的第二校歌；1987年被选为上海市普陀区人大代表；1993年获得国务院政府特殊津贴。